Guide

ANGLAIS - FRANÇAIS

de la traduction

René Meertens

Chiron
ÉDITEUR

Achevé d'imprimer en octobre 2002
sur les presses de la Nouvelle Imprimerie Laballery
58500 Clamecy
Dépôt légal : octobre 2002
Numéro d'impression : 209121

Imprimé en France

ISBN : 2-7027-0745-9

Remerciements

Le présent ouvrage a fait l'objet d'une double révision, effectuée par des anglophones et des francophones qualifiés et bénévoles. Leurs observations ont permis d'améliorer considérablement l'ouvrage.

Je tiens donc à remercier chaleureusement Laurence Batista (traductrice à l'Organisation maritime internationale, Londres), Robert Bononno (professeur d'anglais, New York), Peter Boyle (traducteur à l'Organisation mondiale de la santé, Genève), Sylvie Breton (traductrice à la Commission européenne, Bruxelles), Alain David (traducteur indépendant, Genève), Diane Di Biasio (traductrice indépendante, Montréal), Delphine Eissen (traductrice à la Cour internationale de justice, La Haye), Jeff Henson (traducteur), Rachel Hutchins, Georgette Jabbour (professeur d'anglais), Linda Joffe (professeur d'anglais, Californie), Eric Johnson (traducteur indépendant, Colorado), Xavier Lachazette (professeur d'anglais à l'Université du Mans), Jocelyn Lebatteux, Anabelle Mooney, Roger Noël (président du département de langues vivantes étrangères de l'Université d'État de Géorgie, États-Unis), Claude Pardons (traducteur auprès de la Cour internationale de justice et du Tribunal pénal international à La Haye), Jenet Peers (traductrice indépendante, Royaume-Uni), Tracy Pettit (professeur d'anglais, Canada), Frank Porter (traducteur), Jean-Michel Quod (professeur d'anglais, Réunion) et Ian Rahn (traducteur, Canada). Je remercie aussi Miriam Lee, Michael O'Shea, Patricia Pabst et James Toner, qui ont rédigé une partie des exemples.

En ce qui concerne la deuxième édition, je remercie les personnes, trop nombreuses pour être toutes citées, qui ont formulé des observations sur l'ouvrage. Celui-ci en a été considérablement enrichi et j'incite les utilisateurs de ce livre à me faire part de leurs remarques en utilisant l'adresse électronique renemeertens@voilà.fr. Je tiens à remercier en particulier Sylvie Anzemberger, traductrice à l'Organisation mondiale de la santé, et Michel Ginguay, traducteur et lexicographe, pour les nombreuses suggestions pertinentes qu'ils m'ont communiquées. Enfin, mais surtout, je suis très reconnaissant à Claude Pardons, traducteur auprès de la Cour internationale de justice et du Tribunal pénal international à La Haye, d'avoir poursuivi le remarquable travail de révision du manuscrit qu'il avait entamé avant la publication de la première édition. Ses observations pénétrantes m'ont été très précieuses.

Comme aucune des personnes précitées n'a pu étudier l'ensemble du manuscrit, il va de soi que l'auteur est seul responsable des erreurs qui pourraient subsister.

AVANT-PROPOS

L'objet du présent ouvrage, qui s'adresse à des personnes possédant déjà une connaissance satisfaisante du vocabulaire anglais, est de faciliter la traduction d'anglais en français, en proposant divers équivalents d'un grand nombre de mots et expressions de la langue anglaise dont la traduction en français pose des problèmes particuliers.

Il s'agit donc d'un guide du traducteur, qui complète les dictionnaires bilingues généraux. On y trouvera notamment quantité de mots et d'expressions qui ne figurent pas dans les dictionnaires traditionnels, ainsi que des sens qui n'y sont pas abordés.

Cet ouvrage synthétise les résultats de l'étude d'un vaste corpus de documents : rapports de sociétés privées et d'organismes publics, comptes rendus de réunion, ouvrages didactiques, essais, brochures, articles de presse, etc. Il repose en outre sur 25 ans d'expérience professionnelle de la traduction. Les équivalents proposés ont donc été mis à l'épreuve d'une longue pratique.

Le sens des mots tel qu'il est enregistré par les dictionnaires courants est souvent éloigné de celui dans lequel ces mots sont utilisés dans la pratique. Le Guide répertorie les diverses significations des mots et expressions, et propose une gamme très riche de traductions présentées de façon ordonnée et illustrées par des exemples. Il devrait ainsi permettre de résoudre la plupart des problèmes de traduction. Une attention particulière est accordée aux pièges du vocabulaire anglais.

Les nombreux exemples traduits illustrent aussi bien les différents sens que les équivalents indiqués pour chacun d'eux. De plus, de multiples cooccurrents (mots fréquemment associés au mot-clé), présentés entre crochets, permettent de bien cerner le sens et l'usage, tout en n'occupant qu'un espace minimal.

La langue étudiée est celle qui est utilisée le plus fréquemment dans les textes auxquels sont confrontés quotidiennement les traducteurs professionnels. On ne s'étonnera donc pas de l'importance accordée à diverses disciplines, telles que l'économie, le commerce, la gestion, les finances, le droit, la politique, l'enseignement, l'informatique, etc.

Le Guide a fait l'objet d'une double lecture critique, effectuée par des anglophones et des francophones qualifiés, dont les nombreuses observations ont permis à l'auteur d'améliorer considérablement l'ouvrage.

Le texte de cette deuxième édition a été entièrement révisé, mis à jour et considérablement enrichi.

CONVENTIONS IMPORTANTES

Contrairement aux **exemples**, qui figurent dans le corps de l'article, les **expressions figées** sont regroupées en fin d'article, dans l'ordre alphabétique, après le symbole ✪. Il faut rechercher les expressions figées à l'article correspondant au premier nom ou adjectif qu'elles contiennent. Par exemple, l'expression « acting partner » figure sous la lettre A et non la lettre P. Par ailleurs, certaines expressions figées sont elles-mêmes illustrées par des exemples traduits, qui alors sont placés après elles, entre crochets.

Par exception à cette règle relative au classement des expressions figées, aucune expression figée n'est en principe mentionnée dans les articles consacrés à des verbes, étant donné que, dans les expressions verbales, le verbe utilisé le plus couramment dans l'expression peut souvent être remplacé par un synonyme. Cependant, comme la distinction entre une expression figée et un simple exemple est parfois subjective, il peut être nécessaire de rechercher une expression verbale d'abord parmi les expressions figées comprenant le premier nom ou adjectif qui suit ou précède le verbe et ensuite, si elle n'y figure pas, parmi les exemples qui illustrent le verbe. Par exemple, « see action » est une expression verbale figurant dans l'article « action », mais « to allow the appeal » est un exemple à rechercher dans le corps de l'article « allow ».

Les cooccurrents (mots fréquemment associés au mot-clé) sont présentés entre crochets comme suit : le cooccurrent sujet précède le verbe et le cooccurrent complément le suit ; les cooccurrents des substantifs suivent ceux-ci ; les cooccurrents des adjectifs précèdent ces derniers. Par exemple : **accreditation** *n.* **1** homologation *[d'un produit],* agrément *[d'un fournisseur, d'une école],* etc.

Les prépositions qui vont généralement de pair avec les mots-clés sont indiquées entre parenthèses en caractères gras. Les équivalents français proposés correspondent au mot anglais suivi de la préposition mentionnée. Par exemple : **amenable** *adj.* **1 (to)** *[malade]* relevant de *[traitement],* etc.

Les traductions des verbes à particule sont présentées après les autres sens.

Les traductions des adjectifs sont au masculin singulier, quels que soient le genre et le nombre du cooccurrent qui précède. Les noms de professions sont indiqués uniquement au masculin.

ABRÉVIATIONS

Abr : abréviation
adj. : adjectif
Adm. : administration
adv. : adverbe
Aéron. : aéronautique
Afr.: Afrique
Agr. : agriculture
AIEA : Agence internationale de l'énergie atomique
Angl. : Angleterre
Approx. : approximativement
Archéol. : archéologie
Ass. : assurance
Ass. mar. : assurance maritime
Astr. : astronomie
Auj. : aujourd'hui
Austr. : Australie
Av. : aviation
Bal. des paiements : balance des paiements
Belg. : Belgique
BERD : Banque européenne pour la reconstruction et le développement
Biol. : biologie
BIRD : Banque internationale pour la reconstruction et le développement
Can. : Canada
cf. : confer
CIJ : Cour internationale de justice
Coll. : collectivement
Comm. : commerce
Compt. : comptabilité
Compt. nat. : comptabilité nationale
conj. : conjonction
Constr. : construction
Cour. : couramment
Dém. : démographie
Dr. : droit
Dr. int. : droit international
Écon. : économie
Élev. : élevage
Ens. : enseignement
Env. : environnement
Esp. : espace
ÉU : États-Unis
f. : féminin
Fam. : familier
FAO : Organisation des Nations Unies pour l'alimentation et l'agriculture
FCP : fonds commun de placement
Fig. : figuré
Fin. : finance
Fisc. : fiscalité
FMI : Fonds monétaire international
Géol. : géologie
Impr. : imprimerie
Inf. : informatique
intr. : intransitif
inv. : invariable
Irl. : Irlande
ISO : Organisation internationale de normalisation
Journ. : journalisme
Litt. : littéraire
m. : masculin
Mar. : marine
Math. : mathématiques
Méd. : médecine
Météor. : météorologie
Mil. : militaire
n. : nom
Nucl. : nucléaire
NZ : Nouvelle-Zélande
OCDE : Organisation de coopération et de développement économiques
OIT : Organisation internationale du travail
OMS : Organisation mondiale de la santé
ONU : Organisation des Nations Unies
par ext. : par extension
ONUDI : Organisation des Nations Unies pour le développement industriel
par opp. à : par opposition à
Parl. : parlement
Péj. : péjoratif
p. ex. : par exemple
Pharm. : pharmacie
Phys. : physique
Phys. nucl. : physique nucléaire
pl. : pluriel
PNUD : Programme des Nations Unies pour le développement
Pol. : politique
préf. : préfixe
prép. : préposition
pron. : pronom
Psych. : psychologie
Publ. : publicité
PVD : pays en voie de développement
qqch. : quelque chose
qqn : quelqu'un
Rel. du travail : relations du travail
RTV : radio et télévision
RU : Royaume-Uni
sb : somebody
sg. : singulier
Sism. : sismologie
Sociol. : sociologie
Stat.: statistique
sth : something
suff. : suffixe
Techn. : technique
Télém. : télématique
tr. : transitif
Transp. : transports
TV : télévision
UE : Union européenne
UNESCO Organisation des Nations Unies pour l'éducation, la science et la culture
Urb. : urbanisme
v. : verbe

A

AA (Alcoholics Anonymous) AA (Alcooliques anonymes).

AA (Associate of Arts) *ÉU* titulaire d'un diplôme universitaire du premier cycle *[délivré par un community college ou un junior college]*.

Aachen *n. Allemagne* Aix-la-Chapelle.

A and E (accident and emergency) urgences ; **~ department/unit** (service des) urgences.

Aargau *n. Suisse* Argovie *[= canton]*.

AB (Artium Baccalaureus) **1** licencié(e) ès lettres ; *Can.* bachelier/bachelière ès arts. **2** licence ès lettres ; *Can.* baccalauréat ès arts.

abandon *v. tr.* **1** abandonner *[qqn]* (à son sort), quitter *[qqn, lieu]*, délaisser *[qqn, activité]*, lâcher *[allié]*, abandonner *[voiture]*, évacuer *[lieu dangereux]*, déserter *[parti politique, résidence conjugale]*. **2** céder. **3** renoncer à *[bien, droit, idée, projet, tentative, habitude, pratique, revendication]*, abandonner *[idée, projet, études, religion, recherche de personnes]*, enterrer *[projet]* ; **to ~ a territorial claim** renoncer à une revendication territoriale ; **to be ~ed** *Fam. [projet]* passer à la trappe. **4 to ~ an action** *Dr.* se désister (d'une action en justice), abandonner une instance ; *[procureur]* abandonner les poursuites ; **to ~ a claim** *Dr.* renoncer à ses prétentions ; **to ~ a complaint** *Dr.* retirer une plainte ; **to ~ the option** *Fin.* abandonner l'option. **5** se défaire de *[habitude]*, se départir de *[attitude]*, rompre avec, tourner le dos à, rejeter *[idéologie, tradition, parti]*, abjurer *[religion]* ; perdre *[l'espoir, tout espoir]*. **6** cesser, arrêter, mettre fin à, mettre un terme à *[activité, programme, efforts]*, couper court à *[visite]* ; **to ~ an experiment** mettre fin à une expérience.

abandoned *adj. Dr. [bien, propriété]* abandonné, (laissé) à l'abandon, déserté ; sans maître, vacant, jacent.

abandonment *n.* ✪ **~ clause** *Ass. mar.* clause de délaissement ; **~ of action** *Dr.* abandon d'instance, désistement d'instance, désistement d'une demande en justice ; **~ of goods in customs** abandon de marchandises en douane ; **~ of position** abandon de poste *[= acte consistant à cesser d'exercer un emploi sans démissionner]* ; **~ of possession** *Dr.* abandon de possession ; **~ of property/title** *Dr.* abandon de propriété.

abate *v.* **1** *tr.* supprimer, mettre fin à, mettre un terme à, faire cesser *[abus, gêne, trouble]* ; *Dr.* annuler *[acte de procédure, appel]* ; *Dr.* éteindre *[instance]* ; **to ~ an easement** mettre fin à une servitude ; **to ~ a nuisance** mettre fin (soi-même) à un trouble de voisinage ; **criminal proceedings are ~d by the death of the accused** le décès de l'accusé éteint l'instance pénale. **2** *intr. [acte de procédure, appel]* devenir caduc ; *[instance]* s'éteindre. **3** *tr.* réduire, modérer, atténuer, tempérer *[enthousiasme]* ; limiter, lutter contre *[bruit, pollution]* ; contenir, enrayer. **4** *intr. [vent, bruit, douleur, craintes]* s'apaiser, se calmer, s'atténuer, *[enthousiasme]* (re)tomber, *[chômage, inflation]* baisser, diminuer, décroître, se réduire ; ralentir, régresser, décliner, *[problème]* perdre de son acuité/de son intensité/de sa virulence. **5** *tr.* **(to)** réduire *[montant, taxe, legs]* à. **6** *intr.* **(to)** *[legs]* être réduit/ramené à ; **the legacy ~s to £80,000** le legs est ramené à 80 000 livres.

abatement *n.* **1** suppression *[d'un abus, d'une gêne]*, cessation *[d'un abus, d'une gêne, d'un trouble]* ; *Dr.* annulation *[d'un acte de procédure, d'un appel]* ; extinction *[d'un droit, d'une procédure judiciaire]* ; extinction de l'instance, arrêt de la procédure/des poursuites. **2** réduction *[d'un abus, d'une gêne, d'un trouble]* ; **noise ~** réduction du bruit, lutte contre le bruit, lutte antibruit ; **pollution ~** réduction de la pollution, dépollution, lutte contre la pollution. **3** rabais, remise, ristourne ; *Fisc.* abattement ; allégement (fiscal) ; remise *[de droits de douane]*. **4** réduction. ✪ **~ of debts** réduction (proportionnelle) des dettes *[par concordat]* ; réduction des dettes au marc le franc ; **~ of legacies** réduction proportionnelle/suppression de legs *[lorsque la succession ne couvre pas entièrement les dettes et les legs]* ; **~ of nuisance** *Dr.* suppression d'un trouble de voisinage *[sans action judiciaire]*.

ABC (atomic, biological and chemical) *[armes, guerre]* atomique, biologique et chimique.

abdicate *v.* **1** *tr.* se démettre de *[ses fonctions]* ; abandonner *[le pouvoir]*. **2** *intr.* abdiquer, abandonner le pouvoir ; se démettre de ses fonctions ; *[chef d'entreprise]* se retirer, s'effacer, passer la main ; **to ~ the throne** renoncer à la couronne/au trône, abdiquer. **3** *intr.* capituler. **4** *tr.* renoncer à *[droit, exercice d'une prérogative]* ; **to ~ all responsibility for sth to sb** renoncer à exercer des responsabilités dans *[la direction d'une entreprise, etc.]* au profit de qqn, se décharger de ses responsabilités dans *[l'éducation de ses enfants, etc.]* sur qqn. **5** *tr.* se dérober à, se soustraire à, ne pas assumer, éluder *[ses responsabilités, ses obligations]*, ne pas prendre, fuir *[ses responsabilités]* ; **to ~ a duty** se dérober à une obligation.

abet *v. tr. Dr.* encourager, inciter, pousser, exhorter, aider *[à commettre un délit/crime]* ; prêter assistance à ; se faire le complice de ; **to ~ sb in (committing) a crime** inciter/pousser qqn à commettre un délit.

abetment *n. Dr.* incitation, encouragement *[à commettre un délit/crime]*, complicité par instigation.

abettor *n. Dr.* instigateur, complice par instigation.

abeyance *n.* **in ~** *[problème, question, projet]* (laissé) en suspens, pendant, latent, en veilleuse ; *[travail]* en souffrance ; *Dr. [bien, succession, poste, titre]* vacant, *[succession]* en déshérence ; *[loi, règle, coutume]* tombé en désuétude, caduc, inappliqué, plus appliqué ; **to fall into ~** tomber en désuétude ; **to go into ~** être suspendu/mis en veilleuse, être ajourné/différé/reporté (indéfiniment) ; **to hold in ~** tenir en suspens, interrompre, suspendre, différer, reporter ; **to hold a decision in ~** *Dr.* surseoir à statuer ; **to leave in ~** mettre *[projet]* en veilleuse/entre parenthèses, renoncer provisoirement à *[projet]*, ajourner/reporter/différer l'examen de *[question]* ; **to put in ~** mettre en veilleuse, ajourner *[projet]* ; **the reforms are in ~** les réformes sont mises entre parenthèses.

abide *v.* **~ by** se soumettre à, accepter, se conformer à, acquiescer à, déférer à, s'incliner devant, ne pas contester *[décision, jugement]* ; observer, respecter *[règles]* ; suivre *[recommandation]* ; s'en tenir à *[accord]*, tenir *[promesse, engagements]*, maintenir *[prise de position, déclaration]* ; **the government is expected to ~ by the result of the election** le gouvernement acceptera probablement le résultat des élections ; **to ~ by a decision** se conformer à une décision ; **to ~ by a previous statement** maintenir une déclaration.

ability *n.* **1** capacité, aptitude, don, disposition, faculté, qualification, compétence ; talent. **2** *Dr.* capacité (légale). ✪ **~ grouping** *Ens.* groupement selon les aptitudes ; **~ test** *Ens.* test de capacité ; **~ to pay** a) capacité financière, solvabilité, capacité de remboursement *[d'un débiteur]* ; ressources (disponibles) ; b) *Fisc.* capacité(s) contributive(s), facultés contributives ; c) *Rel. du travail* capacité de payer *[de l'entreprise confrontée aux revendications salariales des travailleurs]* ; *[***to tax the citizens according to their ~ to pay** imposer les citoyens en tenant compte de leur capacité contributive*]* ; **~-to-pay principle of taxation** principe de (l'imposition en fonction de) la capacité contributive ; **of ~** talentueux, compétent, doué ; *[***a person of great ~** une personne très compétente/remarquable/de grand talent/très douée*]* ; **to the best of one's ~** de son mieux, dans (toute) la mesure de ses moyens, du mieux que l'on peut.

ab initio *Dr.* dès le début, dès l'origine, *ab initio* ; *[partir]* de zéro.

ab intestato *[succession, héritier]* ab intestat.

abject *adj.* **1** *[acte]* abject, ignoble, bas, vil, indigne, déshonorant, éhonté, méprisable, avilissant, infâme, infamant, ignominieux ; **~ surrender** capitulation déshonorante ; **~ concessions** concessions infamantes ; **~ failure** échec lamentable/retentissant, fiasco ; *Fam.* bide. **2** *[personne]* soumis, servile, obséquieux, *[imitation]* servile ; **~ apology** plates excuses. **3** misérable, pitoyable, sans espoir ; **~ poverty** misère noire.

able *adj.* **1 (to)** capable de, apte à, en mesure de, à même de, susceptible de ; **to be ~ to** pouvoir, savoir ; parvenir à, réussir à. **2** *[personne]* habile, capable, qualifié, compétent, à la hauteur de la tâche, expert, doué, bon, accompli, excellent, brillant, talentueux, de talent, de valeur, efficace, performant ; **~ translators always find employment** un traducteur compétent trouve toujours du travail. **3** *[travail]* bien fait, soigné, réalisé avec compétence, de bonne qualité/facture, *[discours]* bien conçu ; **~ assistance** concours efficace. ✪ **~-bodied** *adj.* en bonne santé, bien portant, valide ; *[chômeur]* apte au travail ; **~ to pay** solvable.

ABM (anti-ballistic missile) missile antimissiles balistiques. ✪ **~ treaty** traité ABM.

abode *n.* domicile, (lieu de) résidence, lieu de séjour, habitation, foyer ; **place of ~** domicile ; **of/with no fixed ~** *Dr.* sans domicile fixe ; **right of ~** droit de séjour.

abolish *v. tr.* **1** abolir *[institution, peine de mort, impôt]* ; abroger, rapporter *[loi, règlement]* ; supprimer *[règle, obligation, système, organisme, poste]* ; **to ~ restrictions on the movement of workers** supprimer les restrictions aux mouvements des travailleurs. **2** mettre un terme à, mettre fin à *[état de choses, pratique]* ; **to ~ government interference** mettre fin à l'interventionnisme de l'État.

aboriginal peoples *Can.* peuples autochtones.

abort *v.* **1** *tr. Méd.* avorter, faire avorter, provoquer l'avortement de. **2** *intr. Méd.* avorter. **3** *tr. Fig.* faire avorter/capoter/échouer, torpiller, mettre fin à, mettre un terme à, couper court à, abandonner, interrompre *[activité, projet]*, étouffer dans l'œuf *[rébellion]* ; mettre fin à *[mission aérienne]*, annuler *[vol spatial]* ; **the project was ~ed** il a été mis fin au projet. **4** *intr. Fig.* avorter, tourner court, échouer, capoter, faire long feu, ne pas aboutir, ne donner aucun résultat, se solder par un échec, manquer son but.

aborted *adj. Fig.* avorté, mort-né, sans lendemain, qui n'a pas abouti, sans succès, inopérant. ✪ **~ take-off** décollage interrompu.

abortion *n.* avortement, interruption volontaire de grossesse, IVG ; **to have an ~** se faire avorter. ✪ **~ clinic** *ÉU* centre pratiquant des avortements, centre d'interruption volontaire de grossesse ; **~ pill** pilule abortive.

abortive *adj. Fig.* manqué, raté, infructueux, sans succès, stérile, vain, inutile, inefficace, inopérant, qui n'aboutit pas, sans lendemain ; **~ coup** coup d'État manqué ; **~ attempt** tentative infructueuse.

about *prép.* **1** concernant, au sujet de, relatif à ; **~ the author** l'auteur, informations sur l'auteur ; **~ UNESCO** l'UNESCO en bref. **2** environ ; **the annual growth rate is ~ 15 per cent** le taux de croissance tourne autour de 15 %. ✪ **be (all) ~** s'agir de, être, signifier, vouloir dire, représenter ; *[***to be ~ doing sth** avoir pour objet/vocation de faire qqch., consister à faire qqch. ; **this is what sth is all ~** tel(le) est/voilà le sens profond/la véritable signification/la raison d'être de qqch. ; **to find out what it is all ~** découvrir de quoi il retourne ; **politics is ~ power** l'enjeu de la politique est le pouvoir ; **freedom is ~ choice** qui dit liberté dit choix ; **to know what war is all ~** savoir ce que la guerre représente ; **medical practice is ~ personal relationships** la médecine est axée sur les relations personnelles ; **life is ~ reaching your full potential** dans la vie, ce qui compte c'est de réaliser pleinement son potentiel*]* ; **do sth ~** prendre des mesures à l'égard de, réagir à, faire face à, remédier à ; *[***to do sth ~ it** prendre des mesures, intervenir, trouver une solution, remédier au problème, y remédier, y mettre bon ordre ; **there is nothing to do ~ it** il n'y a rien à faire, il faut s'y résigner ; **the government should do something ~ corruption** le gouvernement devrait combattre la corruption*]* ; **how/what ~ ...?** qu'en est-il de... ? que devient... ? et... ? que pensez-vous de... ? quid de... ? *[***what ~ the responsibilities of the state?** qu'en est-il des obligations de l'État ?*]*.

about-face, about-turn *n.* volte-face, revirement, marche arrière, reculade, virage à cent quatre-vingt degrés, renversement, changement d'orientation ; **to do an ~** faire volte-face/marche arrière/machine arrière, battre en retraite, se déjuger.

above *n.* **the ~** a) ce qui précède, les considérations qui précèdent, les développements précédents ; b) la/les personne(s) susmentionnée(s)/mentionnée(s) ci-dessus/précitée(s), *Dr.* le(s) susdit(s).

above *adj.* susmentionné, mentionné ci-dessus, précité.

above-the-line *adj.* **1** *Compt.* relatif aux activités courantes (de l'entreprise). **2** *[dépenses]* inscrit au budget ordinaire. **3** *[activités de promotion]* média.

abrasive *adj. Fig.* hargneux, acerbe, acrimonieux, agressif, dur, venimeux, virulent, blessant, désobligeant, dépourvu de tact, manquant totalement de diplomatie/tact, très irritant.

abreast *adj., adv.* **1** de front ; **four ~** quatre de front. **2 (of)** au niveau de, au même niveau que, à la hauteur de *[concurrent]* ; **to keep ~ of** ne pas se laisser distancer par, éviter de perdre du terrain par rapport à, garder le contact avec *[concurrents]*, ne pas se laisser dépasser par, éviter de rester à la traîne de *[l'évolution de la situation]*, suivre le rythme de ; **to be/keep ~ of the times** être de son temps, vivre avec son temps, se tenir au courant (des nouveautés/des progrès accomplis/de l'évolution), suivre l'évolution de la situation. **3 (of)** au courant de, au fait de *[des* *nouveautés, du progrès, de l'évolution, de l'actualité]* ; **to keep ~ of** a) tenir au courant de, informer sur ; b) se tenir au courant de, s'informer sur, suivre *[évolution]* ; **to keep ~ of scientific developments** se tenir au courant des progrès de la science.

abridge *v. tr.* **1** abréger, raccourcir, condenser *[texte, livre]*. **2** réduire *[durée]*, écourter *[réunion, voyage]*, abréger. **3** porter atteinte à, restreindre, limiter *[droit, liberté, pouvoirs]* ; **to ~ the freedom of speech** restreindre la liberté d'expression. **4 ~ sb of** priver qqn de *[droit]* ; restreindre *[les droits]* de qqn.

abrogate *v. tr.* **1** abroger, rapporter *[loi, règlement, disposition]* ; révoquer *[traité]*. **2** renoncer à *[droit]*, renoncer à jouer *[rôle]*, renoncer à exercer *[responsabilité]*.

ABS (anti-lock braking system) ABS (système de freinage antiblocage).

absence *n.* **1** absence ; **~ without leave** absence non autorisée. **2** manque, absence ; **in the ~ of** en l'absence de, à défaut de, faute de ; sauf ; **in the ~ of any contrary stipulation** sauf stipulation contraire ; **in the ~ of proof to the contrary** sauf preuve contraire **3** *Dr.* défaut *[d'un prévenu, d'une partie, d'un témoin]* ; **sentenced in his ~** condamné par défaut/par contumace.

abscond *v. intr.* *[débiteur, criminel]* prendre la fuite, prendre le large, s'enfuir, fuir, s'esquiver, *[débiteur]* mettre la clé sous le paillasson ; *Dr. [débiteur, criminel]* quitter le pays, se soustraire à la justice, se dérober aux poursuites judiciaires ; *[dépositaire de fonds, employé indélicat]* lever le pied ; *[prisonnier]* s'échapper, s'évader, s'enfuir, *[interne]* faire une fugue, *[soldat]* déserter ; **to ~ from** fuir, se dérober à *[ses créanciers, ses responsabilités]*, éluder, ne pas assumer, ne pas prendre *[ses responsabilités]* ; se soustraire à *[la justice]* ; s'évader de *[prison]* ; **to ~ to** s'enfuir en/au, partir en/au *[Australie, Texas]* ; **to ~ with** s'enfuir en emportant, disparaître avec *[la caisse]*.

absentee *n.* absent, personne absente. ✪ **~ ballot** bulletin de vote par correspondance ; **~ landlord** propriétaire absentéiste, lointain propriétaire ; **~ vote** vote par correspondance ; **~ voter** électeur votant par correspondance ; **~ voting** vote par correspondance.

absentia *n.* ✪ **in ~** *Dr.* par contumace.

absolute *adj.* **1** *[majorité, pouvoir, secret, silence, valeur, zéro]* absolu, *[dévouement, domination, indépendance, liberté]* total, *[destruction]* complet. **2** inconditionnel ; pur et simple. **3** *[fait]* incontestable, *[preuve]* irréfutable. **4** *Dr. [ordonnance, jugement, divorce]* définitif. ✪ **~ advantage** *Écon.* avantage absolu ; **~ alcohol** alcool pur ; **~ assignment** *Dr.* cession inconditionnelle ; **~ bill of sale** acte de vente inconditionnel ; **~ condition** condition *sine qua non* ; **~ discharge** *Dr.* dispense de peine définitive ; **~ impediment** *Dr.* empêchement absolu/dirimant ; **~ interest** *Dr.* propriété pleine et entière ; **~ law** droit naturel ; **~ liability** *Dr. pénal* responsabilité objective/sans faute ; **~ ownership** propriété pleine et entière ; **~ pitch** *Musique* oreille absolue ; **~ poverty** misère (noire), indigence ; **~ privilege** immunité contre les actions en diffamation ; **~ right** *Dr.* droit inaliénable ; **~ title** droit de propriété incontestable *[garanti par l'État]* ; **in ~ terms** en valeur absolue, en chiffres absolus.

absorb *v. tr. Fig.* **1** absorber *[entreprise, autre pays]*, incorporer ; annexer *[autre pays, terre voisine]* ; **countryside ~ed by urban sprawl** campagne absorbée par la ville en pleine expansion ; **the US ~s a large percentage of Canadian exports** les États-Unis absorbent un pourcentage élevé des exportations du Canada. **2** absorber, incorporer, intégrer, accueillir *[immigrants, nouveaux élèves]*, assimiler *[immigrants]* ; **immigrants should become ~ed in their new country** les immigrants devraient s'intégrer dans leur pays d'accueil. **3** absorber, assimiler *[idées, connaissances]* ; absorber, enregistrer, emmagasiner, mémoriser *[informations]*, s'imprégner de *[idées]* ; **pupils have to ~ masses of facts** les élèves doivent emmagasiner d'énormes quantités d'informations. **4** éponger *[déficit, dette]*, prendre en charge, prendre à sa charge *[dépenses]*. **5** résorber *[chômage, excédent, sureffectifs]*. **6** mobiliser *[ressources, énergie, toute l'énergie, toute l'attention]*, *[travail]* absorber, accaparer, prendre tout le temps de *[qqn]*, monopoliser *[attention]*. **7** amortir, absorber *[choc]*. **8** supporter, résister à *[changement, agression]* ; **can the environment ~ the effects of human activities?** l'environnement peut-il supporter les effets des activités humaines ?

absorption costing *Gestion* méthode du prix de revient complet.

abstinence *n.* ✪ **~ syndrome** *Méd.* syndrome de manque/de sevrage ; **~ theory of interest** *Écon.* théorie de l'abstinence.

abstract *v.* **1** *tr.* **(from)** retirer *[informations, enseignements]* de *[livre, etc.]*. **2** *tr.* établir un résumé de, résumer *[livre, article, texte]*. **3** *tr. Euph.* soustraire, emporter, prendre, subtiliser, s'approprier, s'emparer de *[argent, objet d'art]*, détourner, distraire *[fonds]*. **4** *tr.* détourner l'attention de. **5** *tr.* considérer dans l'abstrait, abstraire. **6** *intr.* considérer les choses dans l'abstrait, abstraire.

abstract *n.* résumé (analytique), abrégé *[d'un livre, d'un article, d'un texte]* ; *Brevets* abrégé. ✪ **~ of title** état récapitulatif des mutations d'une propriété.

Abu Dhabi *Émirats arabes unis* Abou Dabi.

abundantly *adv.* **1** abondamment, en grande quantité ; **the president is ~ endowed with common sense** le président possède beaucoup de bon sens. **2** suffisamment, largement, amplement, entièrement, pleinement, tout à fait ; très ; **~ clear** parfaitement clair, (par trop) évident ; **it is ~ clear that** il n'est que trop évident que ; **to make it ~ clear that** bien faire comprendre que, dire sans ambiguïté que.

abuse *v. tr.* **1** utiliser à mauvais escient/de façon inconsidérée ; malmener, maltraiter, utiliser/traiter sans ménagement(s) *[machine, objets transportés]* ; **not to ~** ménager ; **some people ~ English** certains malmènent la langue anglaise. **2** prendre *[médicament]* en quantités excessives ; **to ~ alcohol** boire trop (d'alcool) ; **to ~ drugs** se droguer. **3** abuser de *[autorité, privilège, monopole, situation, confiance]* ; trahir *[la confiance de qqn]* ; utiliser abusivement, faire un usage abusif de *[pratique en soi licite]* ; **to ~ the good faith of** surprendre la bonne foi de ; **to ~ a right** faire un usage abusif d'un droit ; **to ~ a dominant position to raise prices** profiter d'une position dominante pour majorer les prix. **4** maltraiter, battre, brutaliser, malmener, molester, infliger des mauvais traitements/des sévices à ; **to sexually ~** agresser sexuellement, abuser de ; **she was physically and verbally ~d** elle a été molestée et insultée. **5** insulter, injurier. **6** violer, bafouer *[loi, droits]*, porter atteinte à *[droits]*.

abuse *n.* **1** mauvaise utilisation, utilisation incorrecte/inconsidérée ; mauvais traitements *[infligés à une machine]* ; abus ; **~ of terms** abus de langage. **2** abus *[d'autorité, de confiance]*, utilisation abusive/déloyale *[d'un procédé]*, exploitation abusive *[d'un avantage]*, utilisation frauduleuse ; **~ of confidence** abus de confiance *[sens non juridique]* ; **the ~ of one's influence** l'utilisation abusive de son influence. **3** abus, pratique(s) abusive(s), pratiques peu scrupuleuses, irrégularités, actes illicites, agissements, dérive, dérapages ; fraude ; injustice ; **to investigate ~s by tax advisers** enquêter sur les actes illicites commis par les conseillers fiscaux ; **social ~s** injustices sociales. **4** mauvais traitements, brutalités, sévices ; (actes de) violence, actes de cruauté, cruautés ; excès, exactions ; **animal ~** mauvais traitements infligés à des animaux ; **physical ~** violences physiques ; **the army has committed widespread ~s** l'armée s'est livrée à des exactions sur une grande échelle. **5** insulte(s), injure(s), invectives. **6** violation *[des droits de l'homme]*. ✪ **~ of discretion** *Dr.* erreur d'appréciation *[commise par le juge/l'administration]*, usage erroné du pouvoir d'appréciation *[laissé au juge/à l'administration]* ; **~ of distress** utilisation illicite de biens saisis ; **~ of a dominant position** *UE* abus de position dominante ; **~ of power** abus d'autorité/de pouvoir ; **~ of process** abus du droit d'agir en justice, abus de procédure ; action/demande vexatoire/frustratoire/introduite de mauvaise foi ; **~ of trust** a) *Dr.* manquement d'un *trustee* à ses obligations ; b) abus de confiance *[sens non juridique]*.

abysmal *adj. [travail, copie d'examen]* affligeant, pitoyable, déplorable, lamentable, atroce, nul, catastrophique, désastreux, au-dessous de tout, *[ignorance]* insondable, incommensurable, effarant, *[(qualité d'un) produit, temps, nourriture]* exécrable, infect ; *[situation]* effroyable, épouvantable, abominable, misérable, catastrophique, *[salaire]* de misère ; **~ poverty** misère noire.

a/c (account) compte.

AC (alternative current) courant alternatif.

academe, academia *n.* monde universitaire, université ; **a debate in business, government and ~** un débat dans le monde des affaires, les milieux gouvernementaux et l'université.

academic *n.* **1** professeur d'université, universitaire. **2** *pl.* cours/matières théoriques.

academic *adj.* **1** universitaire, relatif à l'enseignement supérieur ; *[travaux]* scientifique, *[revue, travaux]* savant ; *Can.*, académique ; **~ lawyer** juriste universitaire ; **~ staff** personnel enseignant, professeurs ; **~ standards** qualité de l'enseignement ; **people with an ~ background** universitaires. **2** scolaire. **3** didactique ; **~ language differs greatly from everyday language** le langage didactique diffère considérablement du langage de la vie quotidienne. **4** *[matière, enseignement]* de culture générale, théorique *[par opp. à pratique, technique ou professionnel]* ; **the course combines an ~ component with experiential learning** le cours combine un élément théorique avec l'apprentissage par l'expérience. **5** *[élève]* doué (pour les études), brillant. **6** *[question, argument, discussion]* (purement) théorique, spéculatif, abstrait, intellectuel, dénué/dépourvu d'intérêt pratique, sans portée pratique, sans conséquence pratique ; **to be ~** importer peu. **7** *[œuvre d'art]* académique, conventionnel, convenu. ✪ **~ ability** aptitude aux études, dispositions pour les études ; **~ achievement** niveau (de connaissances/de savoir-faire), acquis/niveau scolaire, résultats scolaires *[d'un élève]* ; **~ award** diplôme ; **~ freedom** libertés universitaires *[de l'établissement vis-à-vis des autorités]*, liberté d'enseignement *[du professeur]*, liberté de l'enseignement, liberté universitaire ; **~ institution** établissement d'enseignement ; **~ journal** revue scientifique ; **~ performance** résultats scolaires ; **~ qualification** titre (universitaire) ; **~ recognition** reconnaissance des titres (universitaires/de l'enseignement supérieur) ; **~ tenure** sécurité d'emploi *[dont jouissent certains enseignants]* ; **~ year** a) année scolaire ; b) année universitaire ; *Can.* année académique.

Academy Award *ÉU* Oscar.

ACAS (Advisory, Conciliation and Arbitration Service) *Rel. du travail RU* ACAS (Service de conseil, de conciliation et d'arbitrage).

accede *v.* **~ to 1** marquer son accord sur, accepter, donner son assentiment à, consentir à, acquiescer à *[proposition, demande]*, accéder à, donner suite à, déférer à *[demande]*, souscrire à *[opinion]* ; *Dr.* faire droit à *[demande]*. **2** adhérer à *[traité]*. **3** accéder à *[hautes fonctions]*, monter sur *[le trône]*.

acceleration *n.* **1** *Fin.* déchéance du terme *[= sanction entraînant l'exigibilité immédiate de la créance]*. **2** *Dr.* acquisition anticipée. ✪ **~ clause** *Fin.* clause de déchéance du terme *[= clause prévoyant l'exigibilité immédiate de la créance lorsqu'un remboursement partiel n'est pas effectué en temps voulu]* ; **~ principle** *Écon.* principe d'accélération.

accelerated *adj.* ✪ **~ cost recovery system** *Fisc. ÉU* système d'amortissement dégressif ; **~ depreciation** amortissement dégressif.

accept *v. tr.* **1** accepter ; **to ~ a bill (of exchange)** accepter une lettre de change. **2** reconnaître, admettre ; **the insurance company ~ed its policyholder's liability** la compagnie d'assurance a reconnu la responsabilité de son assuré ; **to ~ service of a writ** *Dr. [avoué]* accuser réception d'une assignation *[destinée au client]*.

acceptable *adj.* **1** acceptable, admissible. **2** correct, satisfaisant, passable, honorable. ✪ **~ daily intake** dose journalière admissible.

acceptance *n.* **1** acceptation, accord, adhésion ; **to win sb's ~** obtenir l'accord de qqn ; **to gain ~** a) *[personne]* se faire accepter ; b) *[idée]* être accepté de plus en plus largement, se répandre, faire des adeptes/de plus en plus d'adeptes, faire école, faire son chemin, entrer dans les mœurs, acquérir droit de cité. **2** accueil favorable, bon accueil, faveur. **3** *Marchés publics* réception *[de travaux]*. **4** *Lettre de change* a) acceptation ; b) lettre de change acceptée ; **to present for ~** présenter *[lettre de change]* à l'acceptation. ✪ **~ against documents** documents contre acceptation ; **~ bank** *ÉU* banque d'acceptation ; **~ bill** lettre de change présentée à l'acceptation ; **~ by intervention** acceptation par intervention ; **~ credit** crédit par acceptation, crédit d'acceptation ; **~ for honour** acceptation par intervention ; **~ house** banque d'acceptation ; **~ in lieu of inheritance tax** *Fisc.* dation en paiement des droits de succession ; **~ of a judgement** *Dr.* acquiescement à un jugement ; **~ of offer** *Dr. des contrats* acceptation d'offre ; **~ of service (of a writ)** *Dr.* accusé de réception d'une assignation *[par un avoué au nom de son client]* ; **~ speech** *ÉU* discours d'acceptation de l'investiture ; **~ supra protest** acceptation par intervention.

accepted *adj.* **1** *[principe, idée, théorie, fait]* accepté, reconnu, non contesté, (généralement/communément) admis ; *[pratique]* courant, d'usage (courant), usuel, *[méthode, théorie]* classique, traditionnel ; **widely ~** communément admis. **2** *Lettre de change* accepté *[= mention apposée sur une lettre de change]*. ✪ **~ accounting standards** normes comptables d'usage ; **~ bill (of**

exchange) lettre de change acceptée ; **~ wisdom** opinion courante/la plus répandue.

accepting house *RU* banque d'acceptation.

access *v. tr.* **1** obtenir *[informations].* **2** *Inf.* accéder à *[données],* consulter, interroger *[base de données].*

access *n.* **1 (to)** accès à ; possibilité d'utiliser ; possibilité/ droit de consulter *[documents administratifs] ;* **~ to justice/to the courts** accès à la justice ; **right of ~ to information** droit d'obtenir communication d'informations ; **right of ~ to public records** droit de consulter les archives publiques ; **to allow ~ to records** tenir des documents à la disposition *[du public] ;* **to gain ~ to** a) (réussir à pénétrer/s'introduire dans ; b) obtenir ; (parvenir à) avoir accès à ; **to get ~ to** pouvoir consulter *[documents] ;* **to give ~ to** a) donner accès à ; permettre de consulter *[documents] ;* b) communiquer avec *[pièce, local] ;* **to have ~ to** a) pouvoir obtenir, (pouvoir) disposer de, bénéficier de ; b) être admis à, pouvoir se rendre dans ; c) pouvoir consulter/examiner *[archives] ;* pouvoir se faire communiquer/délivrer *[documents] ;* d) pouvoir s'entretenir régulièrement avec, avoir libre accès auprès de, être proche de, avoir ses entrées chez, être (bien) introduit chez ; **each employee should have ~ to his or her personal file** chaque travailleur devrait pouvoir consulter son dossier personnel ; **the villagers have ~ to safe water** les villageois sont approvisionnés en eau potable ; **she has ~ to the president** elle peut aisément s'entretenir avec le président. **2** droit de visite *[d'un parent qui n'a pas la garde d'un enfant].* **3** *Inf.* accès. ✪ **~ control** contrôle d'accès ; **~ programme** émission d'accès public ; **~ provider** *Internet* fournisseur d'accès ; **~ road** route d'accès ; **~ television** télévision d'accès public ; **~ time** *Inf.* temps d'accès.

accessible *adj.* **1** *[personne]* accessible, d'un abord facile. **2** *[lieu]* accessible. **3** *[document]* disponible, consultable ; **(to)** à la disposition de. **4** *[livre, œuvre]* accessible. **5 (to)** accessible à sensible à *[persuasion, flatterie] ;* **~ to bribery** susceptible d'être corrompu. **6** *[prix]* abordable.

accession *n.* **1 (to)** accession à *[au trône, à de hautes fonctions] ;* **Bush's ~ to the presidency** l'arrivée de Bush à la Maison Blanche. **2 (to)** acceptation de, suite favorable réservée à *[demande].* **3 (to)** adhésion à, accession à *[traité].* **4** *Dr.* accession *[= mode d'acquisition de la propriété].* **5** acquisition *[d'un livre par une bibliothèque, d'une œuvre par un musée] ;* ouvrage acquis ; œuvre acquise.

accessory *n. Dr.* complice *[absent lors des faits].* ✪ **~ before the fact** complice par instigation, instigateur ; **~ after the fact** complice a posteriori.

accident *n.* **1** accident. **2** hasard, coïncidence, accident ; **by ~** par hasard, par accident, accidentellement ; **it is no ~ that** ce n'est pas sans raison que ; **it did not occur by ~** cela n'est pas le fruit du hasard, cela ne doit rien au hasard. ✪ **~ and emergency department/unit** (service des) urgences ; **~ insurance** assurance contre les accidents ; **~-prone** *adj.* prédisposé aux accidents ; ayant tendance à provoquer des accidents ; **~ waiting to happen** *[***to be an ~ waiting to happen** réunir toutes les conditions pour un accident*].*

acclaim *v. tr. Fig.* faire l'éloge de, accueillir élogieusement, saluer *[action, œuvre] ;* **(as)** saluer comme, qualifier de ; **an ~ed author** un auteur en vue ; **widely ~ed** *[œuvre]* très bien accueilli/reçu ; **to be widely ~ed** recevoir un accueil élogieux ; **to be ~ed for** recevoir des éloges pour ; **a highly ~ed film** un film qui a été très bien accueilli ; **her work is ~ed by many** nombreux sont ceux qui admirent son œuvre.

acclaim *n. Fig.* éloge(s), très bon accueil, approbation, adhésion ; **critical ~** très bon accueil de la critique, excellente critique ; **a decision that met with wide ~** une décision qui a recueilli une large adhésion.

acclaimed *adj. [réalisateur]* dont le grand talent est reconnu ; *[film]* qui a suscité beaucoup d'éloges, très bien accueilli (par la critique).

accolade *n. Fig.* **1** éloge, commentaires élogieux. **2** honneur, prix, distinction, récompense.

accommodate *v.* **I 1** *tr.* **(to)** adapter à/en fonction de, ajuster/changer/modifier en fonction de *[circonstances].* **2** *intr.* **(to)** s'adapter à, accepter, s'accommoder de, s'habituer à, se faire à *[situation nouvelle, circonstances différentes, idée nouvelle].* **3** *tr.* **to ~ oneself to** s'adapter à, accepter, s'accommoder de, s'habituer à, se faire à *[situation nouvelle, circonstances différentes, idée nouvelle],* se plier à *[volonté, souhaits, nécessité],* répondre à *[besoin].* **II** *tr.* **1 (with)** concilier *[qqch.]* avec *[qqch. d'autre].* **2 (within)** concilier avec, mettre en harmonie avec, intégrer dans, donner une place à *[phénomène, idée nouvelle]* dans, faire sa place à *[phénomène, idée nouvelle]* dans *[cadre plus général] ;* **findings that can be ~d within the traditional framework of science** des observations qui peuvent s'intégrer dans les schémas classiques de la science. **3** permettre, être compatible/conciliable avec *[activité] ;* **she wants a job that would ~ caring for her children** elle recherche un travail qui lui permette de s'occuper de ses enfants. **III** *tr.* faire face à *[évolution],* supporter *[évolution défavorable] ;* **the airport authority intends to build a new runway to ~ traffic growth** l'administration de l'aéroport a l'intention de faire construire une piste supplémentaire pour faire face à l'augmentation du trafic ; **a price rise which can be ~d effortlessly** une augmentation de prix qui peut être supportée sans inconvénient. **IV** *tr.* prendre en considération, tenir compte (de la situation particulière de). **V** *tr.* **1** contenir *[objet, meuble],* abriter, être le lieu d'implantation de *[usine] ;* **the floppy disk cannot ~ this big file** la disquette ne peut contenir ce gros fichier ; **the bottle bank ~s up to 300 wine bottles** le conteneur à bouteilles a une capacité de 300 bouteilles de vin ; **Brussels ~s the European Commission** Bruxelles est le siège de la Commission européenne. **2** laisser/faire place à, réserver la place nécessaire pour, laisser passer, permettre le passage de *[objets].* **3** installer, implanter, placer, mettre, loger *[objet, installations],* ménager *[escalier],* recevoir *[usine, navire],* intégrer *[composant dans un produit],* stocker *[données] ;* **the library will be ~d in the new building** la bibliothèque sera installée dans le nouveau bâtiment ; **the port can ~ large oil carriers** le port peut recevoir les gros pétroliers. **4** loger, héberger, abriter *[personnes],* accueillir, recevoir *[public, élèves, groupe] ;* **the building can ~ 2,000 employees** le bâtiment peut accueillir 2000 travailleurs. **VI** *tr.* **1** donner satisfaction à, satisfaire, faire plaisir à, être agréable à, se concilier/s'attirer les bonnes grâces de, se montrer accommodant envers, ménager ; **a compromise that ~s both parties** un compromis qui donne satisfaction aux deux parties ; **a series of moves to ~ conservative forces** une série de mesures destinées à se concilier les bonnes grâces des conservateurs. **2** répondre aux besoins/aux vœux de, desservir ; répondre/se plier aux desiderata de. **3** répondre à *[besoins, attente, exigences],* rencontrer *[préoccupations],* satisfaire, accepter *[demande],* se plier à *[exigences] ;* **demands that can be ~d within the system** des revendications qui peuvent être satisfaites dans le cadre du système. **4** rendre service à, obliger, venir en aide à. **5** consentir un prêt (de courte durée) à, prêter/avancer de l'argent à, dépanner. **VII** *tr.* régler *[différend]*.

accommodating *adj.* accommodant, conciliant, obligeant, souple, tolérant.

accommodation *n.* **1 (to)** adaptation à, mise en harmonie avec *[circonstances différentes, nouveauté]*. **2** pièce, bureau, local, locaux, salle, bâtiment, centre, installations, infrastructure d'accueil ; espace, place, emplacement. **3** logement, abri, gîte, (lieu d') hébergement, chambre(s) (d'hôtel), habitat ; *Mil.* quartiers, cantonnement ; place *[dans un autobus, un café]*, couchette *[dans un train/paquebot] ; pl. ÉU* logement ; **hotel ~** chambre(s) d'hôtel ; logement à l'hôtel ; **standing ~** places debout ; **student ~** logement/chambre d'étudiant ; **free ~** logement gratuit ; **places of public ~** établissements publics. **4** facilité *[offerte à qqn]*. **5** prêt, crédit (à court terme). **6 (to)** règlement de, solution de *[conflit, différend]*. **7** accommodement, arrangement, (solution de) compromis, conciliation, transaction, modus vivendi ; **to reach an ~ with** s'entendre avec ; **to reach an ~ with creditors** parvenir à un arrangement avec ses créanciers, prendre des arrangements avec ses créanciers ; **there is always a peaceful ~ to conflicts** il est toujours possible de trouver une solution pacifique aux conflits. ✪ **~ acceptance** *Lettre de change* acceptation de complaisance ; **~ address** (simple) boîte aux lettres ; adresse pour la correspondance ; **~ berth** poste à quai réservé *[à un armateur déterminé]* ; **~ bill** effet de complaisance ; **~ endorsement** *Lettre de change* endossement de complaisance ; **~ ladder** échelle de coupée ; **~ paper** effet de complaisance ; **~ party** *Lettre de change* personne tirant/acceptant/endossant un effet sans contrepartie ; **~ rent** *Écon.* rente de localisation ; **~ unit** logement (unifamilial).

accompanied *adj.* **1 (by)** *[personne]* accompagné de, flanqué de, avec, *[chose]* associé à, combiné avec, allant de pair avec, assorti de, agrémenté de, comportant, se conjuguant avec, concomitant de ; **to be ~ by** aller de pair avec, s'accompagner de, se doubler de. **3** complété par ; **the book is ~ by a CD-ROM** le livre est complété par un CD-Rom. ✪ **~ baggage/luggage** bagages accompagnés.

accompany *v.* **1** *tr.* accompagner *[qqn]*. **2** *tr. Mil.* escorter, convoyer. **3** *tr.* accompagner, aller de pair avec *[autre phénomène]*. **4** *intr. [document]* être joint/annexé à.

accompanying *adj.* **1** associé, concomitant, simultané, parallèle ; inhérent à, qui va de pair avec ; **the ubiquitous automobile with its ~ pollution** l'automobile omniprésente et la pollution qu'elle engendre. **2** *[document]* joint, annexé ; *[graphique]* présenté ci-contre/ci-dessous ; **~ document** *Transp.* document d'accompagnement ; **see the ~ article by** voir dans ce même numéro l'article de.

accomplish *v. tr.* réaliser, effectuer, exécuter, accomplir, s'acquitter de, mener à bien *[tâche, mission]* ; atteindre *[objectif]* ; **to ~ nothing** *[personne]* ne rien obtenir, n'obtenir aucun résultat ; **in fact, little was ~ed** en fait, les résultats obtenus ont été minces.

accomplishment *n.* **1** réalisation, exécution, accomplissement *[d'une tâche, d'une mission]*, réalisation *[d'un objectif]*. **2** réalisation, résultat, prestation, performance, œuvre, acquis. **3** aptitude, compétence, talent.

accord *n.* **1** accord, traité. **2** conformité, harmonie ; **in ~ with** conformément à *[règles, principes]* ; conforme à *[règles, principes]* ; **the report is in ~ with the principles we are supporting** le rapport est conforme aux principes que nous défendons. ✪ **~ and satisfaction** *Dr.* novation ; **of one's own ~** de son propre chef, de sa propre initiative, de son propre mouvement, de soi-même, spontanément, volontairement, de son plein gré ; **with one ~** (tous) ensemble, comme un seul homme ; à l'unisson.

according *adv.* ✪ **~ as** a) en proportion de ce que ; selon la façon dont ; b) dans la mesure où ; selon que ; **~ to** a) conformément à, selon, suivant, d'après, au dire de, à en croire ; b) en fonction de, au gré de, proportionnellement à, en proportion de, au prorata de ; *[**~ to him** à l'en croire]* ; **~ to plan** *[se passer]* comme prévu, bien.

accordingly *adv.* **1** de ce fait, en conséquence, dès lors, dans ces conditions, c'est pourquoi, c'est ainsi que, c'est dire que, aussi. **2** *[modifier qqch., agir]* dans ce sens, en conséquence, dans cet esprit, à cette fin ; *[augmenter/réduire un montant]* d'autant, en proportion, à due concurrence ; *[interpréter/appliquer une disposition juridique]* par analogie, mutatis mutandis ; **to get a promotion and be paid ~** bénéficier d'une promotion et être rémunéré en conséquence.

account *v.* **~ for 1** constituer, représenter, intervenir pour, contribuer pour, compter pour, s'élever à, atteindre, absorber *[proportion dans un ensemble]*, être à l'origine de *[phénomène]* ; **prison inmates ~ for nearly 1% of the population** les détenus représentent près de 1 % de la population ; **oil ~s for 40% of export earnings** le pétrole intervient pour 40 % dans les recettes d'exportation ; **manufacturing ~s for 35% of the country's GNP** la part de la production manufacturière du pays dans le PNB est de 35 % ; **the defence budget ~s for 3% of GDP** le budget de la défense absorbe 3 % du PIB ; **alcohol ~s for 50% of homicides** l'alcool est à l'origine de 50 % des homicides. **2** expliquer, donner une explication satisfaisante de *[phénomène]*, *[théorie]* rendre compte de *[phénomène]* ; **can be ~ed for by** s'expliquer par, est imputable à/peut être attribué à ; **no one can ~ for the missing money** personne ne peut expliquer ce qui est advenu des fonds manquants. **3** rendre des comptes sur, donner une explication satisfaisante de, justifier, s'expliquer sur *[actes, conduite, absence]*, justifier *[dépenses]*. **4** restituer ; **the agent must ~ to the principal for the sums which he has received** le mandataire est tenu de restituer au mandant les montants qu'il a reçus. **5** tenir compte de, prendre en considération ; **inflation must be ~ed for** il faut tenir compte de l'inflation. **6** comptabiliser ; tenir une comptabilité de. **7** *Mil.* tuer, mettre hors de combat *[soldat]* ; détruire, mettre hors d'usage, neutraliser *[véhicule]*, abattre, détruire *[avion]*, couler *[navire]*. **8** s'assurer de la présence de *[objet, personne]*. **9 ~ing as** à valoir sur. **10 not ~ed for** *[objet, personne]* introuvable, *[personne]* porté disparu ; **three workers are still not ~ed for** trois ouvriers manquent encore à l'appel.

account *n.* **1** récit, relation, compte rendu *[d'événements]*, exposé, rapport, description, version (des faits), présentation des faits, représentation, aperçu, bilan ; témoignage ; tableau, vue (d'ensemble), point de la situation, panorama, informations, **eye-witness ~** récit de témoin (oculaire) ; **the book gives a detailed ~ of the war** cet ouvrage relate la guerre par le menu ; **an ~ of the government's economic policy** un exposé de la politique économique du gouvernement. **2** explication. **3** raison ; **on ~ of** en raison de, pour des raisons de, par suite de, à cause de, du fait de, grâce à, pour, pour cause de, au titre de, compte tenu de, eu égard à, en considération de, au nom de ; résultant de, relatif à ; **on his ~** pour lui, à cause de lui ; **on no ~** en aucun cas, sous aucun prétexte ; **on this/that ~** a) pour cette raison, de ce chef ; b) sur ce point, à ce sujet. **4** *Compt., Banque* compte ; *pl.* comptabilité *[d'une entreprise] ;* **to keep the ~s** tenir la comptabilité. **5** décompte, note, état *[= liste/tableau reprenant des montants].* **6** balance ; **the strengthening of the invisible ~** le renforcement de la balance des transactions invisibles. **7** importance, valeur ; **of no ~** sans importance ; **of small ~** peu important, de peu d'importance, sans grande importance, négligeable ; **of some ~** d'une certaine importance. **8** client, clientèle ; *Publ.* budget (de publicité). **9** considération, compte ; **to take into ~, to take ~ of** tenir compte de, prendre en considération. **10** avantage ; **to put/turn to (good) ~** tirer parti de, mettre à profit, faire bon usage de, exploiter, utiliser, mettre en œuvre. ✪ **~ balance** solde de compte ; **~ books** livres de commerce ; **~ current** compte courant ; **~ executive** a) *Publ.* chef de publicité ; b) responsable d'un compte client ; **~ holder** *Banque* titulaire de compte ; **~ manager** *Banque* chargé de clientèle ; **~ of profits** *Dr. d'auteur* rétrocession de tous bénéfices au titulaire des droits ; **~ payee (only)** *Banque* à porter en compte ; **~ period** exercice comptable ; **~ representative** chargé de clientèle ; **~s clerk** employé aux écritures ; **~s department** (service de la) comptabilité ; **~s manager** a) chef de la comptabilité ; b) gestionnaire de compte *[d'un courtier] ;* **~s payable** *Compt. ÉU* compte fournisseurs ; **~s receivable** *ÉU* a) *Compt.* compte/créance clients ; b) créances ; **bring sb to ~** exiger des explications de qqn, demander des comptes à qqn ; *[***the culprit must be brought to ~** le coupable doit répondre de ses actes*] ;* **by all ~s** de l'avis général, on s'accorde à reconnaître que, tout porte à croire que ; **call to ~** exiger des explications de *[qqn],* demander des comptes à *[qqn] ; [***to be called to ~** devoir s'expliquer *[sur ses actes],* devoir se justifier *[devant une autorité],* devoir rendre compte de sa conduite/de ses actes*] ;* **for ~ of** pour le compte de, au nom de ; **from all ~s** *voir* by all accounts ; **give a good ~ of oneself** bien se comporter, faire bonne figure, bien s'en tirer, s'en tirer avec honneur, faire du bon travail ; **give an ~ of oneself** justifier ses actes/sa conduite ; **hold to ~** rendre responsable, tenir pour responsable ; **in sb's ~** de l'avis de qqn ; **leave out of ~** a) ne pas tenir compte de, perdre de vue ; b) passer sous silence ; **on ~** a) à crédit ; b) en tant qu'acompte ; *[***payment on ~** acompte ; **to pay money on ~** verser un acompte ; **advance payments made by the customer are payments on ~** les acomptes versés par le client sont à valoir sur la montant de la facture*] ;* **on one's own ~** a) pour son propre compte, pour soi-même ; b) à ses risques et périls ; **on own ~** pour compte propre.

accountability *n.* responsabilité ; obligation de rendre des comptes, obligation de rendre compte de son action, obligation de s'expliquer, obligation de justifier/de rendre compte de sa politique/sa gestion ; système de justification de l'action menée ; responsabilisation ; **the ~ of the government to the parliament** la responsabilité du gouvernement devant le parlement ; **the new system provides greater ~** le nouveau système oblige les responsables à mieux rendre compte de leur action ; **the organization should improve ~** l'organisation devrait prendre des mesures pour que l'on sache mieux qui est responsable de quoi ; **steps should be taken to increase the ~ of political appointees** il faudrait prendre des mesures pour responsabiliser davantage les fonctionnaires nommés pour des raisons politiques.

accountable *adj.* **1** responsable, comptable *[de ses actes envers qqn],* tenu de rendre compte/des comptes, tenu de rendre compte de sa gestion, tenu de justifier son action/sa gestion ; **to be ~ to sb for sth** être responsable de qqch. devant qqn, devoir (rendre) des comptes à qqn au sujet de qqch., devoir rendre compte de qqch. à qqn, devoir s'expliquer sur qqch. devant qqn ; **these new arrangements should make the managers more ~ to shareholders** ce nouveau système devrait obliger les gestionnaires à s'expliquer davantage sur leur action auprès des actionnaires. **2** explicable. ✪ **hold ~** demander des comptes à, rendre comptable de ses actes ; rendre responsable ; *[***to be held ~ to sb for sth** devoir rendre des comptes à qqn au sujet de qqch.*].*

accountancy firm cabinet comptable.

accountant *n.* comptable. ✪ **~'s certificate** *ÉU* rapport du commissaire aux comptes.

accounting *n.* ✪ **~ clerk** aide-comptable ; **~ department** (service de la) comptabilité ; **~ entry** enregistrement/écriture comptable ; **~ equation** (principe de l') égalité de l'actif et du passif ; **~ on a cash basis** comptabilité de caisse ; **~ package** *Inf.* progiciel de comptabilité ; **~ period** exercice comptable ; **~ principles** principes comptables ; **~ procedure** procédures comptables ; **~ rate of return** taux de rentabilité comptable ; **~ records** livres et pièces comptables, documents comptables ; **~ standards** normes comptables ; **~ statement/summary** état comptable ; **~ year** exercice comptable.

accoutrements *n. pl.* **1** équipement, matériel ; accessoires. **2** caractéristiques, attributs, insignes, emblèmes, signes extérieurs, symboles.

accredit *v. tr.* **1 to ~ sth to sb, to ~ sb to sth** attribuer, reconnaître *[mérites, propriétés, qualités]* à qqn, attribuer *[propos, maxime]* à qqn, attribuer (la paternité de) *[découverte]* à qqn, porter *[action]* à l'actif de/au crédit de qqn, créditer qqn de *[action] ;* **to be ~ed with doing sth** passer pour avoir fait qqch. ; **Marie Curie is ~ed with discovering radium** on attribue la découverte du radium à Marie Curie. **2** estimer, respecter *[qqn].* **3 (at)** nommer *[agent diplomatique]* à *[capitale] ;* **(to)** accréditer *[agent diplomatique]* auprès de *[gouvernement].* **4** homologuer *[produit],* agréer *[fournisseur, école].*

accreditation *n.* **1** homologation *[d'un produit],* agrément *[d'un fournisseur, d'une école].* **2** accréditation *[d'un diplomate, d'un journaliste].*

accredited *adj.* **1** *[représentant]* accrédité, (dûment) autorisé, (dûment) mandaté, agréé, officiel, *[agent diplomatique, journaliste]* accrédité, *[distributeur]* agréé. **2** *[produit]* homologué, *[école]* agréé. **3** *[théorie]* généralement admis, *[usage]* bien établi.

accretion *n. Dr.* accroissement.

accretive *adj. Fin. [acquisition, fusion]* relutif.

accrual *n.* **1** survenance. **2** *pl. Compt.* charges à payer. **3** *Dr.* accroissement. ✪ **~ (basis) accounting** comptabilité d'engagement/des engagements ; **~ of land** *Dr.* accroissement ; **~s and deferred income** comptes de régularisation *[au passif du bilan] ;* **~(s) concept** *Compt.* principe de la spécialisation des exercices.

accrue *v.* **1** *tr.* accumuler. **2** *intr. [montant]* s'accumuler, s'ajouter ; *[intérêts]* (commencer à) courir ; **interest starts to ~ immediately** les intérêts commencent à courir immédiatement.

3 *intr.* *[droit]* naître, *[fait engendrant un droit]* se produire, survenir, intervenir ; **the date on which the cause of action ~d** la date à laquelle les faits se trouvant à la base de l'action se sont produits. **4** *intr.* **(from)** *[avantage]* provenir de, résulter de, découler de, dériver de. **5** *intr.* **(to)** *[montant, avantage]* revenir à, échoir à, être dévolu à, être acquis à *[qqn]* ; *Successions* accroître à, être dévolu à *[héritier]* ; **the revenue from fines does not ~ to the Ministry** les recettes provenant des amendes ne reviennent pas au ministère. **6** *intr.* *[revenu]* être perçu ; **income accruing to a taxpayer** le revenu perçu par un contribuable ; **capital gains accruing on the disposal of assets** les plus-values dégagées lors de la cession d'actifs.

accrued *adj.* accumulé. ✪ **~ charges/expenses** *Compt.* charges à payer ; **~ income** *Compt.* produits à recevoir ; **~ interest** intérêts courus ; *Bilan* intérêts acquis mais non échus ; **~ leave** droit à congé accumulé ; **~ liabilities** dettes à payer.

accurate *adj.* *[évaluation, calcul, réponse, données]* exact, correct, juste, *[informations]* exact, *[instrument, tir, missile]* précis, *[compte rendu, description, traduction]* fidèle, *[test médical]* fiable, *[personne]* précis.

accusatorial procedure *Dr.* procédure accusatoire.

accused *n.* prévenu *[pour un délit]*, accusé *[pour un crime]*.

achieve *v.* **1** *tr.* obtenir, parvenir à *[résultat, position en vue]*, accéder à *[situation favorable]*, atteindre *[but]*, réaliser *[ambition]*, réaliser, accomplir, exécuter, mener à bien *[tâche]*, accomplir *[progrès]*, réaliser, mener à bien, faire aboutir *[projet]* ; assurer ; **to ~ success** réussir, aboutir. **2** *intr.* réussir.

achievement *n.* **1** obtention *[d'un résultat]*, réalisation *[d'un but, d'une ambition, d'un projet]*, réalisation, exécution, accomplissement *[d'une tâche]*. **2** réalisation(s), prestation, performance, résultat(s), succès, réussite, progrès, œuvre, bilan, acquis, actif, prouesse, exploit, victoire, conquête, triomphe, tour de force ; *pl.* hauts faits ; **her scientific ~s** son œuvre scientifique ; **social ~s** conquêtes sociales ; **the country's economic ~s** les réalisations économiques du pays ; **European Union membership would be a valuable ~** l'adhésion à l'Union européenne représenterait un succès considérable. **3** *Ens.* niveau ; **educational ~** niveau d'études/d'instruction. ✪ **~ age** âge d'instruction acquise ; **~ quotient** quotient d'instruction acquise ; **~ test** *Ens.* test de connaissances, test de niveau.

acid *adj.* ✪ **~ rain** pluies acides ; **~ test** épreuve de vérité, pierre de touche ; **~ test ratio** ratio de trésorerie réduite.

acknowledge *v. tr.* **1** reconnaître, admettre, convenir de *[réalité, erreur, échec]*, reconnaître *[droit, autorité]*, être conscient de, se rendre compte de *[difficulté]*, avouer *[erreur]*. **2** reconnaître, rendre hommage à *[mérites]* ; **to ~ sb as + n.** reconnaître/saluer en quelqu'un le/un + n. **3** exprimer sa gratitude pour *[services rendus]*. **4** accuser réception de *[lettre]*. **5** donner acte de. **6** prendre (bonne) note de, prendre acte de. **7** tenir compte de. **8** saluer, faire un signe à *[qqn]*, répondre à, réagir à *[paroles, signe, acclamations]*. **9** *Dr.* authentifier *[acte écrit, signature]*.

acknowledged *adj.* *[fait]* reconnu, bien connu, admis, avoué, *[sentiment]* affiché, *[partisan]* déclaré ; *[chef]* incontesté ; **he is an ~ Communist** il est de son propre aveu communiste.

acknowledgement *n.* **1** reconnaissance *[d'une réalité]*, admission, aveu *[d'une erreur]* ; **~ of failure** constat/aveu d'échec ; **~ of debt** reconnaissance de dette. **2** mention, indication *[de la source]* ; **reproduction is subject to ~ of the source** reproduction subordonnée à l'indication de la source. **3** prise en considération. **4** expression/témoignage de gratitude, reconnaissance ; *pl.* remerciements *[au début d'un livre]*. **5** accusé de réception ; récépissé. **6** authentification *[d'un acte écrit, d'une signature]*. ✪ **~ of service** *Dr.* accusé de réception d'une assignation ; **in ~ of** a) compte tenu de *[réalité, circonstance, changement]* ; b) pour le remercier de, en guise de remerciement pour, en remerciement de, en considération de, au vu de, en récompense de, en reconnaissance de *[aide, services]* ; *[***in ~ of his services** *[distinction décernée]* pour services rendus*]*.

acolyte *n. Fig.* assistant ; partisan.

acoustic nerve nerf auditif.

ACP states (African, Caribbean and Pacific States) États ACP (États d'Afrique, des Caraïbes et du Pacifique).

acquaintance rape viol par une personne de connaissance.

acquired *adj.* ✪ **~ immunodeficiency syndrome** syndrome d'immunodéficience acquise ; **~ surplus** *Fin.* surplus acquis.

acquisition *n. Inf.* acquisition *[= collecte d'informations en vue de leur traitement informatique]* ; saisie *[de données]*.

acquisitive prescription prescription acquisitive.

acre *n.* acre *[= 0,4 ha]*.

acreage *n. Agr.* superficie(s) cultivée(s) ; **barley ~** superficie consacrée à la culture de l'orge/plantée en orge.

Acrobat Reader *Inf.* Acrobat Reader.

across *prép.* **1** perpendiculairement à l'axe de. **2** de l'autre côté de. **3 ~ the nation** dans tout le pays ; **a network of correspondents ~ Africa** un réseau de correspondants s'étendant à l'ensemble de l'Afrique. **4** entre ; **comparisons ~ regions** comparaisons entre régions. **5 the situation varies greatly ~ the country** la situation est très variable d'un endroit à l'autre du pays ; **the situation varies greatly ~ countries** la situation est très variable d'un pays à l'autre. ✪ **~-the-board** *adj. [augmentation, réduction]* général, généralisé, global, uniforme (pour tous), linéaire ; indifférencié ; radical ; *[***~-the-board tariff changes** modifications uniformes des droits de douane ; **~-the-board wage increase** augmentation de salaire linéaire/générale*]* ; **~ the board** sur toute la ligne, d'un bout à l'autre, à tous égards, indistinctement, à tous les niveaux, sur tous les tableaux, dans tous les domaines/secteurs, partout ; *[***share prices rose ~ the board** les cours des actions ont augmenté dans tous les secteurs*]* ; **~ the counter** dans le cadre des activités normales *[d'une entreprise]*.

ACRS (accelerated cost recovery system) *Fisc. ÉU* système d'amortissement dégressif.

ACT (advance corporation tax) *RU* acompte sur l'impôt des sociétés.

act *v.* **I** *intr.* **1** agir, intervenir, prendre des mesures, passer à l'action ; prendre une décision, statuer ; **the committee shall, ~ing unanimously, adopt the report** le comité adopte le rapport à l'unanimité. **2** se comporter, se conduire, agir. **II ~ as** servir de, jouer le rôle de ; remplir la fonction de, faire fonction de *[directeur, etc. sans en avoir le titre]* ; **to ~ as mediator** jouer le rôle de médiateur ; **to ~ as a role model for one's peers** servir de modèle à ses pairs ; **the vice-president shall then ~ as president** le vice-président fait alors fonction de président. **III ~**

for **1** agir au nom de, intervenir pour le compte de *[qqn]*. **2** représenter *[qqn]*. **3** remplacer *[qqn]*. **IV ~ on** **1** exécuter, mettre à exécution *[ordre, décision]*, donner suite à *[demande, proposition]*, suivre, agir sur la base de *[conseil, recommandation]*, agir sur *[proposition, instructions, dénonciation]*, réagir à, intervenir à la suite de *[informations reçues]* ; **not to be ~ed on** ne pas être suivi d'effet ; **~ing on a proposal of** sur proposition de ; **to ~ on the client's instructions** exécuter les instructions du client ; **to make a decision and ~ on it** prendre une décision et la mettre à exécution ; **the police were ~ing on a tip-off** la police est intervenue à la suite d'une dénonciation ; **was unable to ~ on the available information** n'a pu prendre les mesures qui s'imposaient à la lumière des informations disponibles ; **some people have suicidal tendencies but most do not ~ on them** certaines personnes ont des tendances suicidaires, mais la plupart d'entre elles ne passent pas à l'acte. **2** régler, trancher, statuer sur, se prononcer sur *[question]*. **V ~ out** donner expression à, traduire par des actes. **VI ~ upon** exécuter, mettre à exécution *[ordre, décision]*, donner suite à *[demande, proposition]*, suivre, agir sur la base de *[conseil, recommandation]*, agir sur *[proposition, instructions, dénonciation]*, réagir à, intervenir à la suite de *[informations reçues]* ; **not to be ~ed upon** ne pas être suivi d'effet ; **the recommendations were not ~ed upon** aucune suite n'a été donnée aux recommandations.

act *n.* **1** acte. **2** loi. **3** numéro *[d'artiste]*. ✪ **~ of bankruptcy** acte *[d'un débiteur]* permettant *[à un créancier]* l'introduction d'une demande de déclaration de mise en faillite, acte déclenchant la faillite ; *[***failure to pay one's bills may be an ~ of bankruptcy** la cessation de paiements peut déclencher la faillite*]* ; **Act of Congress** *ÉU* loi ; **~ of God** (cas de) force majeure, événement fortuit, cas fortuit ; **Act of Parliament** *RU* loi ; **clean up one's ~** mettre de l'ordre dans ses affaires, faire le ménage chez soi ; **get into the ~** se mettre de la partie ; **get one's ~ together** se ressaisir ; **in the ~** *[prendre]* en flagrant délit, sur le fait.

acting *adj.* **1** par intérim, faisant fonction de ; **~ chairman** président par intérim. ✪ **~ partner** *Sociétés* commandité.

action *n.* **1** action, acte, mesures, projet, dispositions, effort(s), démarche, initiative, intervention, campagne, mouvement, stratégie ; **the union demanded ~ from the authorities** le syndicat a exigé des autorités qu'elles prennent des mesures ; **~s speak louder than words** les actes sont plus éloquents que tous les discours. **2** fonctionnement *[d'une machine]*. **3** *Mil.* combat, engagement, opération(s), hostilités ; **to commit forces to ~** engager des troupes dans des hostilités. **4** *Dr.* action, recours, procès, instance, procédure ; **to bring an ~ against** intenter une action (en justice)/un procès contre ; **court ~** action en justice, procès ; **criminal ~** poursuites pénales ; **legal ~** action en justice, procès ; **to take (legal) ~** intenter une action (en justice)/un procès. ✪ **~ at law** a) action en justice, procès, poursuites judiciaires ; b) action fondée sur la *common law* ; **~ for compensation** action en réparation ; **~ for damages** action en dommages-intérêts ; **~ for discovery** action *ad exhibendum* ; **~ for payment** action en paiement ; **~ for the recovery of land** action en réintégration de biens fonciers ; **~ for specific performance** action en exécution forcée *[d'un contrat]* ; **~ in equity** action fondée sur l'*equity* ; **~ in tort** action en réparation ; **~ of account** action en reddition de compte ; **~ of detinue** action en restitution ; **~ on the case** action en réparation de dommages indirects ; **~-oriented** *adj. [mesures]* pratique, pragmatique, concret ; *[***to be ~-oriented** avoir une orientation pratique*]* ; **~ research** recherche-action ; **go into ~** a) intervenir ; b) engager le combat ; **in ~** a) en état de fonctionner, en état de marche ; b) à l'œuvre ; c) *[discipline, science, principe]* appliqué, mis en pratique, (traduit) dans les faits, à l'œuvre, en mouvement ; d) au combat ; e) *Dr.* incorporel ; *[***to be in ~** *[machine]* fonctionner ; **to see sb in ~** voir qqn à l'œuvre ; **to be in ~ against** combattre ; **killed in ~** tué au combat/en opération/au feu ; **missing in ~** disparu au combat ; **sociology in ~** sociologie appliquée ; **science in ~** la science en marche ; **democracy in ~** manifestation concrète de la démocratie ; **a vision in ~** un projet qui se concrétise*]* ; **out of ~** en panne, hors d'usage, défectueux, *[téléphone, ligne téléphonique]* en dérangement ; **put into ~** appliquer, mettre en application, mettre en œuvre, mettre à exécution, traduire dans les faits *[idée, politique]* ; **put out of ~** mettre hors d'état de fonctionner, dérégler, rendre inutilisable *[machine]*, détruire, mettre hors d'usage, neutraliser *[char]*, mettre hors de combat *[soldat]* ; *[***to put air bases out of ~** rendre des bases aériennes inutilisables*]* ; **see ~** combattre, participer à des combats, voir le feu ; **take ~** prendre des mesures, agir, réagir, intervenir, passer à l'action ; *[***no ~ is taken** aucune mesure n'est prise*]*.

actionable *adj. Dr. [acte]* permettant d'intenter un procès, permettant d'engager une action en justice, susceptible de donner lieu à une action en justice.

activate *v. tr.* **1** déclencher, actionner, faire fonctionner *[mécanisme, dispositif]*. **2** faire jouer *[dispositions]*, mettre en vigueur *[mesures]*, mettre en oeuvre *[plan]* ; **to be ~d** *[plan]* être déclenché, être mis en oeuvre, entrer en action, *[disposition, clause]* jouer. **3** *Mil. EU* doter *[unité]* en hommes et en matériel.

activated *adj.* ✪ **~ carbon/charcoal** charbon actif ; **~ sludge** boues activées.

active *adj.* **1** *[personne, existence]* actif, *[personne]* diligent, dynamique, *[entreprise]* ayant des activités, présent *[sur un marché, dans un pays]*, *[vie]* bien rempli, *[soutien]* agissant, *[mesures]* énergique, *[aide]* concret ; **a company ~ in the oil industry** une entreprise ayant des activités dans le secteur pétrolier ; **to be ~ in** participer (activement) à ; **~ life** a) existence active, vie bien remplie ; b) vie active *[= professionnelle]* ; **to take an ~ interest in** s'intéresser de près à ; **to take an ~ part in** jouer un rôle actif dans ; **under ~ consideration** *[mesures]* envisagé sérieusement. **2** *[fonctionnaire]* en activité, en fonctions, en exercice, *[militaire]* d'active, en activité ; **~ generals do not usually write their memoirs** tant qu'ils sont en activité, les généraux n'ont pas l'habitude d'écrire des livres. **3** *Bourse [marché]* actif, *[valeur]* faisant l'objet de transactions importantes. **4** *[membre]* actif, *[hostilités]* effectif, *[loi, règle]* en vigueur, *[dossier]* en cours, **~ requests** demandes en cours d'examen. **5** *Fin.* productif de revenus. **6** *Écon. [balance commerciale]* excédentaire. **7** *Méd. [maladie]* évolutif. ✪ **~ account** *Banque* compte actif ; **~ assets** capitaux productifs de revenus ; **~ bond** obligation à revenu fixe ; **~ circulation** *Écon.* billets de banque en circulation ; **~ dealings** transactions importantes ; **~ debt** dette faisant l'objet de paiements d'intérêts ; **~ demand** *Écon.* demande soutenue ; **~ duty** *Mil. ÉU* service actif, activité ; *[***on ~ duty** en service actif*]* ; **~ list** *Mil.* liste des officiers d'active ; *[***officers on the ~ list** officiers d'active/du cadre actif*]* ; **~ market** a) marché actif/animé ; b) marché large *[s'agissant d'une valeur particulière]* ; **~ money** *Écon.* monnaie circulante ; **~ partner** *Sociétés* commandité ; **~ personnel** *Mil.* personnel d'active ; **~ service** *Mil.* a) *RU* service en période d'hostilités ; b) *ÉU* service actif, activité ; *[***on ~ service** a) *RU* au combat, au feu ; b) *ÉU* en service actif ; **killed on ~ service** *RU* tué au combat/au feu*]* ; **~ trust** *Dr. trust* imposant au *trustee* des tâches particulières.

activist *n.* militant ; **human rights ~** défenseur des droits de l'homme.

activity rate *Écon.* taux d'activité.

actor *n. Fig.* acteur, protagoniste, intervenant.

actual *adj. [fait]* effectif, réel, véritable, authentique ; pur et simple, proprement dit ; concret ; (lui-) même ; *[montant]* exact ; *[propos, termes]* exact, textuel, cité textuellement ; **the ~ growth rate fell far short of the forecast** le taux de croissance effectif est resté largement en deçà de la prévision ; **the ~ death toll was much higher** le nombre de morts a en fait été beaucoup plus élevé. ✪ **~ bodily harm** *Dr.* coups et blessures volontaires ; **~ loss** *Ass.* perte effective ; **in ~ fact** en fait, à vrai dire, plus précisément.

actually *adv.* **1** en fait, en réalité ; **so-called "black boxes" are ~ orange** les « boîtes noires » sont en fait orange. **2** effectivement, bien, bel et bien, réellement, vraiment, véritablement, à proprement parler ; au fond, dans la pratique ; même ; exactement ; littéralement ; **what should happen and what ~ happens** ce qui devrait se passer et ce qui se passe effectivement.

actuals *n. Fin. [le]* physique.

actus reus *Dr.* élément matériel *[d'une infraction].*

acumen *n.* intelligence, discernement, perspicacité, flair, finesse, clairvoyance, sagacité, jugement, adresse, habileté ; **business ~** sens des affaires.

acute *adj.* **1** *[douleur physique ou morale]* intense, vif, *[douleur physique]* violent, aigu, *[douleur morale]* profond ; **~ feeling of guilt** intense sentiment de culpabilité. **2** *[problème, situation]* grave, critique, dramatique, *[problème]* épineux, urgent, préoccupant, pressant, *[difficultés]* grave, considérable, dramatique, extrême, *[pénurie]* grave, extrême, *[manque]* cruel, *[préoccupation]* vif ; **to become ~** prendre des proportions inquiétantes ; **to become more ~** s'aggraver, devenir plus critique ; **the problem will become increasingly ~** le problème se posera avec une acuité croissante ; **the economic problems became ~** les problèmes économiques sont devenus critiques. **3** *Méd. [maladie, malade, douleur, soins]* aigu *[par opp. à chronique]* ; **~ hepatitis** hépatite aiguë. **4** *[personne]* intelligent, doté d'une intelligence pénétrante, perspicace, subtil, *[observateur]* lucide, *[intelligence]* pénétrant, subtil, aigu ; *[sens]* très développé, *[ouïe]* fin, *[vue]* perçant. ✪ **~ hospital** hôpital pour malades aigus, hôpital de soins aigus ; **~ infection** infection aiguë.

ACV (air cushion vehicle) aéroglisseur.

AD (anno Domini) apr. J.-C., en l'an... de notre ère.

adamant *adj. [personne]* intraitable, intransigeant, inébranlable, inflexible, catégorique, péremptoire, très ferme, décidé à ne pas céder, *[attitude]* intransigeant, inflexible, obstiné, *[refus]* catégorique, irrévocable, formel, *[opposition]* irréductible, farouche ; **to be ~** ne rien vouloir entendre, refuser catégoriquement ; **to be ~ that** a) être déterminé/résolu à ; b) affirmer catégoriquement que ; **to be ~ that... not** a) être bien résolu à ne... en aucun cas ; b) déclarer qu'il n'est pas question de, déclarer qu'il n'a nullement l'intention de, refuser obstinément de.

ADB (African Development Bank) BAD (Banque africaine de développement).

ADB (Asian Development Bank) BAsD (Banque asiatique de développement).

add *v.* **I 1** *tr.* **(to)** ajouter *[chose]* à, inclure *[chose]* dans, insérer *[stipulation]* dans *[contrat],* assortir/agrémenter *[qqch.]* de, adjoindre *[employé]* à *[service]* ; **the Conference may ~ experts to the committee** la Conférence peut adjoindre des experts à la commission ; **to ~ members to the network** augmenter le nombre de membres du réseau ; **not mentioning the zip code can ~ several days to delivery** l'omission du code postal peut retarder la distribution du courrier de plusieurs jours ; **to be ~ed to** se greffer sur. **2** *tr.* **(to)** avoir pour effet de majorer, alourdir *[coût],* renchérir *[prix]* de ; **to ~ another 5% to the bill** alourdir la facture de 5 % ; **a rise in oil prices would ~ little to inflation** une augmentation des cours du pétrole n'engendrerait qu'un surcroît minime d'inflation. **3** *tr.* additionner *[chiffres, quantités].* **4** *intr.* additionner, faire une addition. **II ~ in** ajouter, inclure *[montant, nombre].* **III ~ on** ajouter *[montant, élément supplémentaire].* **IV ~ to 1** augmenter (encore), accroître (encore), grossir, amplifier, développer, renforcer, accentuer, intensifier, aggraver (encore), compliquer (encore), exacerber ; **to ~ to the number of unemployed** grossir le nombre de chômeurs ; **this wage agreement is ~ing to inflationary pressures** cet accord salarial renforce les pressions inflationnistes ; **tax dodgers are ~ing to the country's problems** les contribuables qui se livrent à la fraude fiscale aggravent encore les difficultés du pays. **2** enrichir ; **each researcher ~s to the stock of knowledge** chaque chercheur enrichit le fonds de connaissances de l'humanité. **V ~ together** additionner *[chiffres, quantités],* cumuler ; **the incomes of both spouses are ~ed together** les revenus des conjoints sont cumulés. **VI ~ up 1** additionner *[chiffres, quantités]* ; calculer. **2** additionner, faire une addition. **3** finir par atteindre un montant élevé. **4** *[chiffres]* concorder, *[total]* être exact, *[facture]* indiquer un total exact ; **the figures do not ~ up** a) ces chiffres sont contradictoires ; b) le total est inexact. **5** *[explication]* présenter une cohérence interne, être plausible/crédible, avoir un sens, tenir, résister à l'analyse ; **the explanation did not ~ up** cette explication n'était pas plausible. **VII ~ up to 1** *[chiffres]* donner un total de ; *[montant, dépenses]* s'élever (au total) à, se chiffrer à, se monter à, atteindre, totaliser ; **losses for 2003 and 2004 are expected to ~ up to £375 million** les pertes de 2003 et 2004 atteindront probablement 375 millions de livres. **2** revenir à, constituer, représenter, être ni plus ni moins, être *[un + n.]* pur et simple, n'être rien d'autre que, signifier, valoir, équivaloir à, se traduire par, correspondre à, pouvoir être assimilé à, être somme toute ; **it ~s up to**... en somme, c'est... ; **steps that ~ up to protectionism** des mesures qui, prises ensemble, reviennent à du protectionnisme ; **all this ~s up to a gloomy picture** tout cela crée une situation peu réjouissante.

added *adj.* supplémentaire, nouveau, de plus ; **an ~ + n.** un surcroît de + n. ✪ **~ value** a) *Écon.* valeur ajoutée ; b) *Fig.* plus, valeur ajoutée ; intervention efficace ; **what is the ~ value of...?** qu'est-ce que... apporte de plus ?

addendum *n.* additif ; appendice.

addict *n.* **1** toxicomane ; **heroin ~** héroïnomane. **2** *Fig.* esclave, mordu ; **a television ~** un esclave du petit écran.

addicted *adj.* **1 (to)** dépendant à, atteint de toxicomanie à, adonné à *[l'héroïne]* ; **to become ~ to painkillers** devenir dépendant aux analgésiques. 2 *Fig.* **an ~ chess player** un passionné de jeu d'échecs.

addiction *n.* 1 toxicomanie ; dépendance *[= élément principal de la toxicomanie et par ext. la toxicomanie elle-même]* ; assuétude (toxicomaniaque) *[= dépendance + tolérance]* ; **crack ~** toxicomanie au crack ; **morphine ~** morphinomanie, toxicomanie morphinique, toxicomanie à la morphine. 2 *Fig.* **(to)** passion pour, culte de, goût prononcé/immodéré pour, besoin insatiable de.

addictive *adj.* 1 engendrant une dépendance, toxicomanogène ; **~ behaviour** comportement toxicomaniaque ; **~ drug** substance toxicomanogène ; **nicotine is ~** la nicotine crée une dépendance. 2 *Fig.* *[besoin]* irrésistible, impérieux, irrépressible, *[pouvoir]* irrésistible.

add-in board/card *Inf.* carte d'extension.

addition *n.* 1 addition. 2 adjonction, ajout, élément ajouté ; complément ; renfort ; **the panel recommended the ~ of ethics to the medical curriculum** le comité a recommandé l'adjonction de l'éthique au programme des études de médecine ; **the Danish battalion is a useful ~** le bataillon danois représente un renfort utile. 3 acquisition (nouvelle), article nouveau, nouvelle création. 4 nouveau membre (du personnel/de l'équipe), nouvel élément, nouvelle recrue, nouveau venu, renfort ; *pl.* sang neuf ; **Birgit is a valuable ~ to our organization** Birgit représente un précieux renfort pour notre organisation. 5 *EU* (bâtiment) annexe. ✪ **in ~** en outre, de plus, de surcroît, d'autre part, par ailleurs, qui plus est, à cela s'ajoute que ; **in ~ to** outre, en plus de, à côté de, en sus de, indépendamment de.

additional *adj.* supplémentaire, additionnel, autre, de plus ; complémentaire, d'appoint. ✪ **~ agreement** accord additionnel ; avenant ; **~ charge** supplément ; **~ clause** a) clause additionnelle ; b) *Ass.* avenant.

additionally *adv.* en outre, de plus, qui plus est.

add-on *n.* 1 accessoire. 2 élément surajouté.

add-on *adj.* *[service]* supplémentaire ; *Inf.* *[carte, mémoire]* additionnel.

address *v. tr.* 1 adresser *[lettre]*. 2 **(to)** adresser *[remerciements, réclamation]* à, présenter *[demande, observations]* à. 3 **to be ~ed to** s'adresser à, être destiné à. 4 *[personne]* s'adresser à *[qqn]* ; donner son titre à *[qqn conformément à l'étiquette]* ; **how should one ~ a former president?** quel titre convient-il de donner à un ancien président ? **to ~ sb as** appeler qqn, donner à qqn le titre de *[« Monseigneur »]* ; **a queen should be ~ed as "Your Majesty"** quand on adresse la parole à une reine, il faut l'appeler « Madame ». 5 prendre la parole devant/lors de, intervenir devant, prononcer un discours devant/lors de, faire un exposé devant *[auditoire, réunion]* ; **to ~ a rally** prendre la parole lors d'un meeting ; **to ~ the Security Council** intervenir devant le Conseil de sécurité ; **to ~ the conference** prononcer un discours lors de la conférence. 6 examiner, étudier, aborder, se pencher sur *[question, problème]* ; se préoccuper de, s'intéresser à *[question, problème]* ; *[rapport, chapitre]* traiter de, porter sur, aborder ; tenir compte de, répondre à *[préoccupations]* ; **Parliament will ~ the issue** le Parlement se penchera sur cette question ; **the act ~es some of these environmental concerns** cette loi répond à certaines de ces préoccupations relatives à l'environnement. 7 s'attaquer à, faire face à, prendre en main, essayer de/s'employer à résoudre, agir sur, influer sur *[problème]*, s'atteler à *[tâche]* ; **they intend to ~ this challenge** ils ont l'intention de faire face à ce problème. 8 **to ~ oneself to** a) *[personne]* s'adresser à *[qqn]* ; b) *voir* (6) ; c) *voir* (7) ; **let us now ~ ourselves to unfair competition** nous abordons maintenant la question de la concurrence déloyale ; **they ~ed themselves to this difficult task** ils se sont attelés à cette tâche difficile.

address *n.* 1 adresse. 2 discours.

adduce *v. tr.* *Dr.* apporter, fournir, présenter, avancer, mettre en avant, citer, invoquer, alléguer, faire état de *[preuves, arguments, pièces]*, produire *[pièces, preuves]*, soulever *[moyen]*, articuler *[faits, moyens, arguments]*, opposer *[moyen]*, se retrancher derrière *[droit]*.

adept *adj.* habile, adroit ; doué ; apte ; **(at)** versé dans, passé maître dans l'art de, rompu à, expert dans, spécialiste de ; **to be ~ at** maîtriser parfaitement, avoir le don de/des dispositions pour.

adequacy *n.* 1 adéquation, caractère satisfaisant, qualité, efficacité, validité, pertinence, caractère judicieux, justesse. 2 opportunité, intérêt, bien-fondé. 3 caractère suffisant, suffisance. 4 compétence, aptitude à s'acquitter de ses fonctions, valeur.

adequate *adj.* 1 *[quantité, montant, moyens, mesures, raison]* suffisant, *[ressources]* en quantité suffisante ; suffisamment de ; **an ~ compensation** une indemnité suffisante. 2 adéquat, approprié, bon, valable, raisonnable, convenable ; **(to)** à la mesure de, à la hauteur de, (bien) adapté à ; **~ housing** bonnes conditions de logement. 3 satisfaisant, honorable, passable, correct, ni bon ni mauvais ; **an uninspired but ~ translation** une traduction terne mais correcte. 4 *[personne]* compétent, à la hauteur ; **is our marketing team ~?** notre équipe de marketing est-elle à la hauteur ?

adhere *v. Fig.* **~ to** 1 adhérer à *[valeurs, idéal]*, avoir *[opinion]*, être adepte de *[philosophie]*, être/rester fidèle à *[principes, idées]*, être partisan de, suivre *[règle]*. 2 suivre les préceptes de, être un fidèle/un disciple de *[dirigeant]*, être un sympathisant de *[parti]*. 3 respecter, se conformer à, se plier à *[accord, principes, règles]*, observer *[principes]*, suivre *[règles]*, s'en tenir à, ne pas dévier de *[plan]* ; **to ~ to an embargo** respecter un embargo ; **to ~ to a schedule** respecter un calendrier ; **to ~ to old customs** se conformer à des coutumes anciennes. 4 adhérer à *[traité]*.

ad hoc ad hoc, approprié ; spécial, extraordinaire, ponctuel ; de circonstance, constitué/créé pour la circonstance/l'occasion/les besoins de la cause, peu systématique ; **~ surveys** enquêtes ponctuelles. ✪ **~ committee** comité spécial/ad hoc ; **~ meeting** réunion extraordinaire ; **on an ~ basis** au coup par coup, (au) cas par cas, en fonction des besoins/des circonstances, au fur et à mesure des besoins.

adjective law droit procédural ; règles de procédure.

adjourn *v.* 1 *tr.* lever *[séance, audience]*, ajourner *[réunion, audience]*, renvoyer *[débat(s), procès, affaire]* (à une date/audience ultérieure), remettre *[affaire]* (à une date/audience ultérieure) ; interrompre *[réunion]*, suspendre *[audience, instance]* ; **to ~ the case for a week** renvoyer l'affaire à huitaine ; **to ~ the proceedings** a) suspendre l'audience ; b) suspendre l'instance ; **the trial was ~ed until Monday** l'affaire a été remise à lundi ; **the court is ~ed** l'audience est levée ; **negotiations between the two countries were ~ed for a week** les négociations entre les deux pays ont été suspendues pour une semaine. 2 *intr.* *[comité, conférence]* s'ajourner, *[juge]* renvoyer les débats/l'affaire à une date ultérieure ; *[comité, conférence]* suspendre/interrompre ses travaux/les débats, *[juge]* suspendre l'audience ; **the committee decided to ~** le comité a décidé d'interrompre ses travaux. **3** *tr.* différer, reporter (à plus tard) *[examen d'une question]* ; **to ~ the election** différer les élections. **4 ~ to** se rendre sur, se transporter sur *[lieu d'un accident, d'un crime]*, se transporter en *[autre endroit]* ; **to ~ to another room** se rendre dans un autre local, poursuivre la réunion dans une autre salle ; **the court decided to ~ to the scene of the crime** le tribunal a décidé de procéder à une descente sur les lieux.

adjournment *n.* ✪ **~ debate** *RU* débat avant ajournement *[permet aux parlementaires de soulever des questions qui n'auraient autrement pu être abordées]* ; **~ of the House** *RU* interruption de session.

adjudge *v.* **1** *tr.* juger *[qqn coupable]*, déclarer *[qqn coupable/irresponsable/en faillite]*, juger, statuer sur *[affaire]*, trancher *[différend]*, déclarer, proclamer *[qqn vainqueur]* ; **(that)** *[tribunal]* juger que, décider que ; **the man was ~d by the court to be the father** le tribunal a jugé que l'homme était le père de l'enfant. **2** *intr.* juger ; **it was ~d for the plaintiff** le tribunal a accueilli la prétention du demandeur/a donné gain de cause au demandeur. **3** *tr.* considérer *[qqn]* comme *[+ adj. ou n.]*, juger *[qqn + adj.]*. **4** *tr.* accorder *[dommages-intérêts]*, adjuger *[les dépens]*, attribuer *[bien litigieux]*. **5** *tr.* décerner, adjuger *[prix]*.

adjudicate *v.* **1** *tr.* déclarer *[qqn en faillite]*. **2** *tr.* statuer sur, se prononcer sur *[demande, réclamation]*. **3** *tr.* faire fonction de juge lors de *[concours, compétition]*. **4** *intr.* rendre son jugement ; **(in, on)** juger *[affaire]*, statuer sur, se prononcer sur, trancher, régler, arbitrer *[différend]*, statuer sur *[dépens]*.

adjudication *n.* **1** jugement, décision, arrêt. **2** règlement *[d'un différend]*. ✪ **~ of bankruptcy** jugement déclaratif de faillite ; **~ order** jugement déclaratif de faillite.

adjust *v.* **1** *tr.* régler, mettre au point *[mécanisme, appareil, instrument]* ; orienter. **2** *tr.* adapter, aménager, apporter des aménagements à, ajuster, moduler, affiner, rééquilibrer, retoucher, mettre au point, recentrer, réviser, redéfinir, infléchir, modifier, changer, corriger, rectifier *[méthode, système, programme, politique]* ; mettre au point, réviser, remanier *[texte]*. **3** *tr.* corriger, rectifier *[erreur]*, régulariser *[compte]*. **4** *tr.* ajuster, réviser, réduire, majorer, relever, revoir (à la hausse/à la baisse), revaloriser, réévaluer, aligner, harmoniser *[prix, montant]* ; **inflation-~ed** *adj.* ajusté compte tenu de l'inflation. **5** *intr.* **(to)** s'adapter à *[changement, nouveauté]* ; faire l'apprentissage de *[situation nouvelle]*. **6** *tr.* **to ~ oneself to** s'adapter à *[changement, nouveauté]* ; faire l'apprentissage de *[situation nouvelle]*. **7** *tr.* régler *[différend]*. **8** *tr. Ass.* régler *[sinistre]* ; *Ass. mar.* répartir *[avaries]*. **9 ~ for** *Stat.* éliminer/neutraliser (les effets de) *[âge, sexe, niveau d'instruction]*.

adjustable *adj.* **1** *[objet]* réglable, modulable, ajustable, orientable ; à hauteur variable. **2** *[tarif]* susceptible d'être modulé ; *Fam.* à géométrie variable. ✪ **~ peg system** système de parités fixes ajustables ; **~ rate** taux révisable *[applicable à un emprunt hypothécaire]*.

adjusted *adj.* **(well) ~** *[personne]* bien intégré *[dans la société]*. ✪ **~ selling price** *Compt.* prix de vente corrigé d'un abattement *[correspondant à la marge bénéficiaire et aux frais de vente des stocks à évaluer]*.

adjuster *n. Ass.* **1** rédacteur sinistres, régleur de sinistres. **2** expert. **3** inspecteur. **4** bureau de règlement de sinistres. **5** *Ass. mar.* dispatcheur, commissaire d'avaries.

adjusting entry *Compt.* écriture de régularisation.

adjustment *n.* **1** réglage, mise au point *[d'un mécanisme, d'un appareil, d'un instrument]*. **2** adaptation, aménagement, ajustement, rééquilibrage, mise au point, recentrage, révision, remaniement, redéfinition, modification, changement, correction *[d'une méthode, d'un système, d'un programme, d'une politique]*, aménagement, ajustement, modulation, retouche, modification, correctif, rectification *[apporté(e) à une méthode/un système/un programme/une politique/un texte]*. **3** correction, rectification *[d'une erreur]*, régularisation *[d'un compte]*, redressement *[d'un compte, d'une imposition]*. **4** ajustement, révision, réduction, majoration, relèvement, revalorisation, réévaluation, alignement, harmonisation *[d'un prix, d'un montant]*. **5** adaptation *[à un changement, à une nouveauté]*. **6** règlement *[d'un différend]*. **7** *Econ.* ajustement ; **~ policy** politique d'ajustement. **8** *Ass.* règlement *[d'un sinistre]*.

adjustor *n. voir* adjuster.

ad litem *Dr.* aux fins du procès, pour les besoins du procès.

administer *v. tr.* **1** administrer, gérer *[entreprise, service, biens]*, administrer *[pays, territoire, commune]* ; **to ~ justice** rendre la justice ; **to ~ the law** appliquer les lois. **2** fournir, apporter, distribuer *[aide, secours]*, administrer *[médicament]*. **3** infliger *[sanction]* ; **the death sentence was ~ed** la condamnation à mort a été exécutée. **4 to ~ an oath** faire prêter serment ; **to ~ a test** faire passer/faire subir/organiser une épreuve/un test/un examen.

administered price prix administré.

administration *n.* **1** administration, gestion ; *Dr. RU* administration de succession/des biens d'un débiteur ; **to go into ~** être déclaré en faillite. **2** administration, office, bureau. **3** gouvernement, administration ; **the Bush ~** l'Administration Bush. ✪ **~ action** action par laquelle le requérant demande à être nommé administrateur d'une succession ; **~ bond** cautionnement d'administration de la succession *[garantissant la bonne exécution des obligations de l'administrateur de la succession d'un intestat]* ; **~ costs/expenses** *Compt.* frais généraux ; **~ order** ordonnance d'administration *[prescrivant l'administration des biens d'un débiteur]* ; **~ suit** procédure par laquelle le requérant demande à être nommé administrateur d'une succession.

administrative expenses/overheads *Compt.* frais généraux.

admiralty *n.* ✪ **~ action** action intentée devant l'*Admiralty Court* ; **Admiralty Court** *Angl.* tribunal maritime, *Admiralty Court [connaît des actions civiles relatives aux navires et à la mer]* ; **~ law** droit maritime ; **~ mile** mille marin.

admissibility of evidence admissibilité des moyens de preuve.

admissible *adj.* **1** acceptable, admissible. **2** *Dr. [preuves, pièces]* recevable, *[preuve]* (légalement) admissible ; **to be ~ evidence** pouvoir être admis pour faire preuve, pouvoir être proposé en preuve ; **~ in evidence** susceptible d'être proposé en preuve ; **a certified copy is ~ evidence to prove the original** une copie certifiée conforme est légalement admissible pour prouver l'existence de l'original ; **to declare the application ~** retenir la requête ; **no statement made by a suspect is ~ against him** aucune déclaration d'un suspect ne lui est opposable.

admission *n.* **1** admission. **2** aveu ; **~ of failure** aveu d'échec. ✪ **~ fee** droit d'entrée ; **~ ticket** billet d'entrée ; **~ to quotation** admission à la cote.

admittedly *adv.* certes, à vrai dire, il est vrai (que).

ADR (American depositary/depository receipt) *ÉU* ADR (certificat représentatif d'actions étrangères).

ADR (European Agreement concerning the international carriage of dangerous goods by road) ADR (Accord européen relatif au transport international des marchandises dangereuses par route).

ad referendum *Dr. ad referendum.* ✪ **~ agreement** *Dr. int.* accord *ad referendum* ; **~ contract** contrat *ad referendum [dont certaines clauses secondaires doivent faire l'objet d'un examen plus approfondi].*

ADSL (asymetric digital subscriber line) *Internet* RNA (raccordement numérique asymétrique).

adult *adj.* pour adultes ; **~ book/film** livre/film pour adultes/érotique/pornographique ; **~ education** éducation des adultes.

adulterate *v. tr.* falsifier, frelater *[produits alimentaires],* couper, mouiller *[lait, vin].*

ad valorem *[droit]* ad valorem.

advance *v.* **1** *tr.* faire progresser, faire avancer *[travaux, activités],* favoriser, promouvoir *[efforts],* être utile à, servir, défendre *[cause, intérêts],* soutenir, appuyer *[cause],* soigner, prendre soin de *[ses intérêts],* renforcer, stimuler, activer, accélérer, donner un coup de fouet/d'accélérateur à, donner une impulsion à, dynamiser *[évolution]* ; **to ~ sb's career** favoriser la carrière de qqn ; **this information ~d the investigation** ces informations ont fait progresser l'enquête ; **to ~ sb's task** aider qqn dans sa tâche ; **to ~ the development of Third World countries** donner une impulsion au développement des pays du tiers monde. **2** *intr.* avancer, aller de l'avant, progresser, accomplir des progrès ; **the company's sales and profits ~d** le chiffre d'affaires et les bénéfices de la société ont progressé ; **to ~ towards peace** progresser vers la paix. **3 to ~ in age** prendre de l'âge, vieillir. **4** *tr.* **to ~ oneself** améliorer sa situation/son sort, progresser, s'élever, monter dans la hiérarchie. **5** *tr.* accorder une promotion à, promouvoir *[qqn]* ; élever *[qqn dans la hiérarchie sociale].* **6** *intr.* recevoir une promotion/de l'avancement, être promu ; monter en grade ; s'élever *[dans la hiérarchie sociale].* **7** *tr.* avancer (la date/l'heure de) *[réunion].* **8** *tr.* avancer, proposer, présenter, mettre en avant *[argument, explication, proposition, idée, théorie],* formuler *[proposition],* proposer *[explication, système]* ; émettre *[hypothèse].* **9** *tr.* avancer, faire l'avance de, prêter *[argent],* consentir *[crédit],* consentir un prêt de *[500 dollars].* **10** *tr.* augmenter, majorer *[prix, tarif],* relever *[prix].* **11** *intr. [prix, tarif]* augmenter (de) ; *Bourse [action, indice]* gagner *[2 %],* progresser (de), s'apprécier (de), monter, afficher/enregistrer un gain de ; **the Amsterdam Stock Index ~d 15.34 points** l'indice de la Bourse d'Amsterdam a progressé de 15,34 points.

advance *n.* **1** avance, progression *[d'une armée]* ; **the ~ of deserts** la désertification. **2** progression, montée en puissance *[d'un parti],* poussée *[d'un parti, de la natalité].* **3** progrès *[social, moral],* progrès, développement *[des connaissances],* progrès, percée, avancée, pas en avant, innovation, découverte, conquête *[scientifique, technique],* amélioration *[d'un procédé]* ; **medical ~s** progrès de la médecine. **4** avancement, promotion *[obtenu(e) par un employé].* **5** avance, acompte, à-valoir ; arrhes ; provision. **6** hausse, augmentation *[des prix, des cours, d'un montant, d'une valeur],* poussée *[des cours].* **7** surenchère. **8** *pl.* avances ; **after repeatedly rejecting his ~s, she charged him of sexual harassment** après avoir repoussé ses avances à diverses reprises, elle l'a accusé de harcèlement sexuel. **9** *pl. [faire des]* avances *[à qqn, à un gouvernement pour engager des négociations], [faire des]* ouvertures *[en direction de], [entreprendre une]* démarche *[auprès de qqn pour obtenir qqch.]* ; **to make ~s to** solliciter (le concours de), approcher, pressentir *[qqn].* **10** *ÉU* a) organisateur de tournée électorale ; b) organisateur des voyages/des déplacements/de la visite *[d'une personnalité],* éclaireur. **11** travail préparatoire *[en prévision de la visite d'une personnalité/d'un candidat].* ✪ **~ man** *ÉU* a) organisateur de tournée électorale ; b) organisateur des voyages/des déplacements/de la visite *[d'une personnalité],* éclaireur ; **~ on account** acompte ; **~ on account of costs** provision pour frais ; **~ on current account** avance en compte courant ; **~ on royalties** *Edition* à-valoir ; **~ party** *ÉU* a) équipe chargée de préparer le voyage/le déplacement/la visite *[d'une personnalité]* ; b) *Mil.* premier contingent ; *[***an ~ party of 200 blue helmets** un premier contingent de 200 casques bleus*]* ; **~ work** *ÉU* travail préparatoire *[en prévision de la visite d'une personnalité/d'un candidat]* ; **~ person** *voir* advance man ; **~ team** *voir* advance party ; **~ work** travail préparatoire *[en prévision de la visite d'une personnalité/d'un candidat]* ; **in ~** a) *[savoir, remercier]* d'avance, *[payer]* d'avance, par anticipation, *[accomplir des démarches/formalités, mettre un dispositif en place]* à l'avance, au préalable, préalablement ; b) *[arriver]* plus tôt que prévu ; *[***well in ~** longtemps à l'avance ; **to do sth well in ~** faire qqch. bien avant la date prévue*]* ; **in ~ of** a) avant ; b) en avance sur *[son temps].*

advance *adj.* préliminaire, préalable, anticipé. ✪ **~ booking** réservation *[de place, de chambre]* ; **~ copy** exemplaire (envoyé) avant parution, exemplaire distribué d'avance ; texte *[d'un discours]* communiqué/distribué d'avance ; *[***she sent the press an ~ copy of her memoirs** elle a envoyé à la presse un exemplaire de ses mémoires, avant leur parution ; **to send ~ copies of a speech to the press** envoyer préalablement le texte d'un discours à la presse*]* ; **~ corporation tax** *RU* acompte sur l'impôt des sociétés ; **~ factory** *RU* locaux industriels vides *[neufs et prêts à être occupés]* ; **~ freight** fret payé d'avance ; **~ knowledge** *[***to have ~ knowledge of sth** connaître/être au courant de qqch. avant que cela ne soit rendu public ; **a few investors had ~ knowledge of the merger** quelques investisseurs étaient au courant de la fusion avant qu'elle ne soit rendue publique*]* ; **~ notice** notification préalable, préavis ; avertissement ; **~ payment** avance, paiement anticipé ; paiement préalable ; **~ warning** notification préalable, préavis ; *[***the workers had no ~ warning of the closure of the plant** les travailleurs n'ont pas été informés préalablement de la fermeture de leur usine*]*.

advanced *adj.* **1** *[technologie]* avancé, de pointe, pointu, d'avant-garde, *[procédé, méthode, système]* avancé, évolué, élaboré, perfectionné, moderne, pointu, hypermoderne, d'avant-garde, *[pays, civilisation]* avancé, (très) développé, *[peuple]* évolué, *[idées]* avancé ; **~ industrial society** société industrielle avancée. **2 well ~** *[travail, programme]* avancé. **3** *Ens. [études]* supérieur, *[cours, programme]* de niveau supérieur ; *[cours, programme]* de perfectionnement, *[formation]* pointu ; *[apprenant]* d'un niveau avancé. **4** *[enfant]* précoce. **5** *[âge]* avancé ; **~ in age/years** âgé, d'âge avancé. **6** *Méd. [cancer,* *lésion, stade d'une maladie]* avancé, évolué. **7** *Mil. [poste, base]* avancé. ✪ **~ degree** diplôme universitaire supérieur ; **~ mathematics** mathématiques supérieures ; **~ qualifications** *Ens.* titres universitaires supérieurs.

advancement *n.* **1** progrès, développement *[des connaissances]*. **2** efforts en faveur de, promotion *[d'une cause]*. **3** avancement, promotion *[à un grade supérieur] ;* **~ of women** promotion de la femme ; **social ~** promotion sociale. **4** *Dr.* avancement d'hoirie.

advantage *n.* **1** avantage. **2** vertu ; **to emphasize the ~s of nuclear power** souligner les vertus de l'énergie nucléaire. ✪ **be at an ~** avoir un avantage (sur les autres), avoir l'avantage, être mieux placé que les autres ; **take ~ of** a) profiter de, tirer parti de, mettre à profit, bénéficier de, utiliser, se servir de, faire usage de, avoir recours à, exploiter ; saisir *[occasion]*, accepter *[offre]*, se prévaloir de *[disposition juridique]*, jouer sur *[divisions de l'adversaire] ;* b) abuser de *[confiance/crédulité de qqn] ;* c) se servir de, exploiter, duper *[qqn] ; Fam.* gruger, arnaquer *[qqn]* ; d) abuser de la bonne volonté/de l'hospitalité/de la bonté/de la générosité/de la naïveté de *[qqn] ; [***the plaintiff may take ~ of this rule** le demandeur peut se prévaloir de cette disposition*] ;* **to ~** avantageusement, avec profit, profitablement ; **work to sb's ~** *[tournure des événements]* servir qqn.

adventure playground terrain pour l'aventure.

adversarial, adversary *adj. [attitude]* conflictuel. ✪ **~ procedure** *Dr.* procédure accusatoire.

adverse *adj.* **1** *[réaction]* défavorable, négatif ; *[observation]* critique, *[personne, attitude]* hostile ; *[partie]* adverse ; **the auditor expressed an ~ opinion** le commissaire aux comptes a formulé un avis défavorable. **2** *[situation, circonstances]* défavorable, peu propice, pénible, funeste, *[effet]* dommageable, préjudiciable, négatif, nocif, néfaste, pervers ; **~ effects** effets négatifs, inconvénients ; **~ currency movements** fluctuations monétaires défavorables ; **to have ~ effects on** pénaliser *[qqn] ;* **~ developments in the Middle East** évolution défavorable de la situation au Moyen-Orient ; **the interest-rate decline has an ~ effect on the dollar** la baisse des taux d'intérêt affaiblit le dollar. **3** *[solde, balance commerciale]* déficitaire. ✪ **~ drug reaction** effet indésirable (d'un médicament) ; **~ publicity** publicité négative ; **~ witness** a) témoin à charge ; b) témoin hostile *[à la partie représentée par l'avocat qui l'interroge]*.

adversely *adv.* **to be ~ affected by** pâtir de, être pénalisé par.

advertise *v.* **1** *intr.* faire de la publicité. **2** faire de la publicité pour *[produit] ;* annoncer la vacance de *[poste]*. **3** *intr.* faire connaître, rendre public ; **the governor does not ~ his opposition to the death penalty** le gouverneur reste discret sur son opposition à la peine de mort.

advertising *n.* ✪ **~ account** client ; **~ agency** agence de publicité ; **~ agent** conseil en publicité ; **~ blitz** campagne de publicité de grande envergure ; **~ manager** chef de publicité *[chez l'annonceur ou dans une publication] ;* **~ medium** support publicitaire ; **~ space** espace publicitaire ; pages publicitaires.

advertorial *n.* publicité rédactionnelle, publireportage.

advice *n.* **1** conseil ; **to ask sb for ~** consulter qqn ; **to seek ~ from** a) demander/prendre l'avis de ; b) demander conseil à ; **to seek legal ~** consulter un avocat/juriste ; **to take sb's ~** suivre l'avis de qqn ; **the president is not required to take the ~ he receives** le président n'est pas tenu de suivre les conseils qu'il reçoit. **2** information(s) ; notification, avis.

advisable *adj.* souhaitable, utile, opportun, bon, judicieux, sage.

advise *v.* **1** *tr.* conseiller *[qqn, qqch.]*, recommander *[qqch.]*. **2** *tr.* **(that)** émettre l'avis que. **3 ~ on** donner des conseils sur ; émettre/formuler des avis sur ; **to establish a committee to ~ on child abuse** créer un comité chargé de formuler des avis sur la maltraitance des enfants. **4 ~ of** informer de, aviser de, mettre au courant de, avertir de ; notifier *[qqch. à qqn]*. **5 ~ against** déconseiller *[qqch.]*. **6 ~ with** *ÉU* consulter *[qqn]*.

advised *adj.* **1 to be well ~ to** avoir (tout) intérêt à, faire bien de ; **would have been well ~ to** aurait mieux fait de ; **would be better ~ to** ferait mieux de, serait mieux inspiré de. **2** informé ; **to keep sb ~** tenir qqn au courant.

advisement *n. ÉU* examen (attentif) ; **to take under ~** examiner (attentivement/soigneusement) ; **to take the matter under ~** *Dr.* remettre à plus tard/réserver sa décision.

advisory *adj.* **1** consultatif ; **to act in an ~ capacity** agir à titre consultatif, avoir un rôle de conseiller, exercer des fonctions consultatives. **2** facultatif ; **these principles are ~** ces principes ont un caractère facultatif. ✪ **~ body/committee** comité consultatif ; **Advisory, Conciliation and Arbitration Service** *Rel. du travail RU* Service de conseil, de conciliation et d'arbitrage ; **~ opinion** avis consultatif ; **~ services** services de conseil ; **~ speed limit** vitesse maximale facultative.

advocacy *n.* **1** fonction/rôle d'avocat, défense en justice. **2** défense (d'idées), défense d'une cause, apologie ; promotion, campagne, (action/activités/travail de) sensibilisation, (action de) persuasion ; appel, incitation *[au meurtre] ;* **~ of human rights** défense des droits de l'homme ; **health ~** défense de la cause de la santé ; **~ of vegetarianism** promotion du végétarisme ; **successful ~ requires a lot of preparatory work** pour être efficace, l'action de sensibilisation exige un travail préparatoire considérable ; **~ of peaceful settlement of disputes** action menée pour encourager le règlement pacifique des différends ; **~ of racial hatred** appel à la haine raciale ; **~ of violent revolution** propos révolutionnaires. ✪ **~ group/organization** association militante ; *[***disability ~ group** association de défense des handicapés*]*.

advocate *v. tr.* prôner, préconiser, appeler à, recommander, plaider pour/en faveur de, plaider la cause de, militer pour, faire campagne en faveur de, défendre (la cause de), se faire le défenseur/l'avocat/le chantre de, proposer, être/se prononcer pour/en faveur de ; **they ~d racial equality** ils prônaient l'égalité raciale ; **to ~ the overthrow of the government** appeler au renversement du gouvernement.

advocate *n.* **1** avocat ; **solicitors may act as ~s before some courts** les avoués peuvent plaider devant certains tribunaux. **2** défenseur, porte-parole, champion, ambassadeur, propagandiste, porte-drapeau, apologiste, militant, avocat, zélateur, chantre, apôtre ; partisan, tenant ; responsable de l'action de sensibilisation ; **consumer ~** défenseur (de la cause) des consommateurs ; **health ~s fight against tobacco advertising** les défenseurs de la cause de la santé luttent contre la publicité pour le tabac ; **to be an ~ of** plaider en faveur de. ✪ **~ general** *UE* avocat général *[auprès de la Cour de justice des Communautés européennes]*.

A & E department (accident and emergency department) (service des) urgences.

Aegean (Sea) mer Égée.

AER (Assembly of European Regions) ARE (Assemblée des régions d'Europe).

aerial *adj.* aérien. ✪ **~ forces** forces aériennes ; **~ map** carte établie d'après un levé aérien ; **~ navigation** navigation aérienne ; **~ photo** photographie aérienne ; **~ railway** chemin de fer aérien ; **~ refuelling** ravitaillement en vol ; **~ survey** levé aérien.

aerofoil *n. Aéron.* surface portante.

aeronautical *adj.* ✪ **~ engineer** ingénieur en aéronautique ; **~ engineering** a) *Discipline* ingénierie aéronautique ; b) *Secteur* industrie aéronautique.

aerosol can bombe aérosol.

aerospace *n. Secteur* industrie aérospatiale.

AfDB (African Development Bank) BAfD (Banque africaine de développement).

affair *n.* **1** affaire. **2** liaison *[entre deux personnes]*.

affect *v. tr.* **1** toucher, concerner, intéresser, viser. **2** influer sur, influencer, avoir une incidence sur, avoir des incidences/des répercussions sur, jouer un rôle dans, intervenir dans, agir sur, s'exercer sur, se répercuter sur, retentir sur, faire sentir ses effets sur ; **this decision will ~ many workers** cette décision touchera de nombreux travailleurs. **3** marquer, éprouver, atteindre, affecter, peser sur, avoir des effets défavorables sur, se répercuter sur, avoir des répercussions négatives sur, peser sur, empiéter sur, porter atteinte à, nuire à, contrarier, perturber (le fonctionnement de), entacher, entamer, compromettre, frapper ; modifier, infléchir, altérer ; **to ~ adversely** porter atteinte à, porter préjudice à, altérer ; *Dr.* faire grief à ; **to be ~ed by** se ressentir de, éprouver, ressentir, rencontrer, être sensible à, être affecté par, subir ; **to be adversely ~ed by** souffrir de, pâtir de, être pénalisé par ; **problems ~ing the country** problèmes rencontrés par le pays. **4** *Méd. [maladie, trouble]* intéresser, toucher, atteindre, retentir sur *[organe]*.

affiliate *v.* **1** *tr.* **(to)** établir la filiation de *[enfant naturel]* avec *[homme]*. **2** *tr.* affilier ; **to be ~d to/with** a) être affilié à *[syndicat, organisation]* ; b) être rattaché à *[organisation plus importante du même type]*. **3 ~ with** s'affilier à.

affiliate *n.* **1** filiale. **2** société apparentée. ✪ **~ programme** *Internet* programme de partenariat.

affiliated *adj.* **1** affilié. **2** lié, apparenté ; **to be ~ to** avoir des liens avec ; **communist-~ parties** partis d'obédience communiste. ✪ **~ company** a) filiale ; b) société apparentée.

affiliation *n.* **1** lien(s), relations, attaches ; affiliation, appartenance ; **political ~s** appartenance/famille politique ; **church ~** appartenance à une Église ; **to profess Roman Catholic ~** être catholique. **2** établissement de la paternité. ✪ **~ order** *RU* jugement ordonnant le versement d'une pension alimentaire pour un enfant naturel ; **~ proceedings** instance en versement d'aliments pour un enfant naturel.

affirm *v.* **1** *tr.* affirmer, déclarer, soutenir, prétendre ; proclamer *[son innocence]*. **2** *intr.* prononcer un engagement solennel *[plutôt que de prêter serment]*. **3** *tr.* se déclarer en faveur de, prendre position en faveur de, prendre parti pour. **4** *tr.* confirmer, réitérer *[engagement, position] ; Dr.* confirmer *[jugement frappé d'appel]* ; **the Court of Appeal ~ed the convictions** la Cour d'appel a confirmé les condamnations.

affirmation *n. Dr.* déclaration solennelle *[valant serment]*.

affirmative *adj.* **1** *[réponse]* affirmatif ; *[réaction]* positif. **2** positif, constructif. ✪ **~ action** action positive.

affluence *n.* richesse, abondance, aisance.

afford *v.* **1** *intr.* **to be able to ~ do sth** pouvoir se permettre de faire qqch. ; **not to be able to ~ to do sth** ne pas pouvoir se permettre de faire qqch., ne pas être en mesure de faire qqch. ; **Mongolia cannot ~ to antagonize its two powerful neighbours** la Mongolie ne peut se permettre de s'aliéner ses deux puissants voisins ; **Iraq can ill ~ new international sanctions** l'Irak n'est guère en mesure de faire face à de nouvelles sanctions internationales. **2** *tr.* **to be able to ~ sth** avoir les moyens d'acheter/de se procurer, pouvoir se payer *[qqch.]*, avoir les moyens de payer *[montant]*, être en mesure de payer *[frais]* ; **the company cannot ~ state-of-the-art equipment** l'entreprise ne dispose pas des ressources nécessaires pour acheter le matériel le plus moderne. **3** *tr.* donner, offrir.

affordable *adj.* d'un coût/prix abordable/accessible, financièrement accessible, vendu à un prix abordable/accessible/raisonnable, peu coûteux, économique, bon marché, à la portée de toutes les bourses.

affordability *n.* accessibilité économique, caractère économiquement abordable.

affordably *adv.* économiquement.

afforestation *n.* boisement.

affray *n.* **1** bagarre, rixe, échauffourée. **2** *Dr.* acte de nature à alarmer les personnes présentes.

affreightment *n.* affrètement.

affront *n.* **1** affront. **2 (to)** atteinte à *[dignité humaine]*.

afield *adv.* **far ~** a) loin (de chez soi/de sa région/de son pays) ; b) en dehors du sujet ; **as far ~ as** dans des lieux aussi lointains que ; **to as far ~ as India** jusqu'en Inde ; **farther/further ~** plus loin, dans des pays plus lointains, à de plus grandes distances ; **from further ~** de plus loin, de localités plus éloignées ; **from as far ~ as Cuba** provenant même de Cuba.

afire *adj.* **1** en feu, la proie des flammes. **2** *Fig.* **(with)** bouillonnant de *[colère]*. ✪ **set ~** mettre le feu à, incendier ; *[***to set oneself ~** s'immoler par le feu*]*.

AFL-CIO (American Federation of Labor and Congress of Industrial Organizations) AFL-CIO.

aforethought *adj. Dr. voir* malice aforethought.

African *adj.* ✪ **~ American** *ÉU* Afro-Américain, Noir ; **~ Development Bank** Banque africaine de développement.

after *prép.* ✪ **~-hours dealings/trading** *Bourse* opérations réalisées après la clôture ; **~-tax profit** bénéfice après impôt.

afterburner *n. Aéron.* dispositif de postcombustion.

aftercare *n.* **1** *Méd.* suivi après hospitalisation, postcure. **2** assistance aux libérés, assistance postpénale. ✪ **~ committee** comité d'assistance aux libérés.

aftermath *n.* séquelles, suites, lendemains, répercussions, retombées, effet, résultat, prolongements ; **the ~ of the war** les séquelles de la guerre ; les lendemains de la guerre ; **the ~ of communism** l'après-communisme. ✪ **in the ~ of** à la suite de, sous l'effet de, au lendemain de, après.

aftershock *n.* **1** *Sism.* réplique. **2** *Fig.* répercussions, contrecoup, suites, onde de choc ; **the ~s of the coup** les suites du coup d'État.

afterthought *n.* **as an ~** incidemment ; après coup, ultérieurement ; **to add as an ~** surajouter, plaquer, ajouter ultérieurement ; **this important fact is mentioned almost as an ~** ce fait important est mentionné presque incidemment.

again *adv.* **1** de nouveau, à nouveau, encore. **2** ici aussi, dans ce cas également.

age *n.* **1** âge. **2** ère, âge, époque, temps, siècle ; **Bronze Age** âge du bronze ; **computer ~** ère de l'informatique ; **throughout the ~s** de tout temps. **3** *Fig.* temps infini ; **~-old** *adj.* très ancien, immémorial, séculaire. ✪ **~ allowance** *Fisc.* abattement pour personne âgée ; **~ bracket** groupe d'âge(s) ; **~ distribution** *Stat.* structure par âge ; **~ group** groupe d'âge(s) ; **~ profile** *Dém.* pyramide des âges ; **~ relief** *Fisc. RU* allégement fiscal pour personne âgée ; **~ requirement** limite d'âge ; **~-specific** *adj. [taux de mortalité, etc.]* par âge ; **of ~** majeur ; *[***to come of ~** a) devenir majeur ; b) *Fig.* venir/parvenir à maturité, atteindre son plein développement ; **is Brazil's automotive industry about to come of ~?** l'industrie automobile brésilienne est-elle sur le point de parvenir à maturité ? **the Internet came of ~ in the 1990s** Internet a atteint son plein développement au cours des années 90 ; **the coming of ~ of a new generation** la montée d'une nouvelle génération*]* ; **over ~** trop âgé ; **under ~** mineur ; trop jeune ; n'ayant pas (atteint) l'âge légal.

agency *n.* **1** organisme, organisation, administration, institution, instance, office, bureau, agence, service ; succursale. **2** délégation, mandat, représentation ; **to act on an ~ basis** intervenir en qualité de mandataire, agir/assurer des services par délégation/pour compte d'autrui, agir pour le compte d'autrui. **3** entremise, intermédiaire ; intervention *[de qqn]* ; action *[des éléments]*, forces *[du destin]*, œuvre *[du temps]*, effet, moyen, instrument ; **by/through the ~ of** a) par, par les soins de, grâce à, avec l'aide de *[qqn]* ; b) par l'intermédiaire de *[qqn]* ; c) sous l'effet de, sous l'action de *[qqch.]* ; **to be due to the ~ of** être dû à l'action de. ✪ **~ agreement** contrat de représentation ; **~ bill** *RU agency bill [= lettre de change acceptée par la filiale londonienne d'une banque étrangère]* ; **~ contract** contrat de représentation ; **~ fee** *Fin.* commission de gestion *[de titres, de capitaux]* ; **~ shop** *agency shop [= établissement dans lequel les non-syndiqués doivent verser au syndicat un montant équivalant à la cotisation syndicale]*.

agenda *n.* **1** ordre du jour ; programme de travail ; emploi du temps ; calendrier ; **~ item** point de/inscrit à l'ordre du jour ; **items on the ~** questions inscrites à l'ordre du jour, points de l'ordre du jour ; **to put on the ~** inscrire à l'ordre du jour ; **the ~ of the reform** le calendrier de la réforme. **2 to be on the ~** a) être inscrit à l'ordre du jour ; b) *Fig.* être à l'ordre du jour, être d'actualité ; **this issue is high on the Committee's ~** le Comité accorde(ra) une attention prioritaire à cette question ; **reform is not on the ~** aucune réforme n'est envisagée. **3** attention, (centre des) préoccupations, priorités ; **to place sth on the ~ of** veiller à ce qu'une question bénéficie d'une grande attention de la part de/figure en bonne place parmi les préoccupations de ; **to place an issue at the top of the political ~** placer une question au premier rang des préoccupations politiques ; **inflation control remains on the country's ~** la lutte contre l'inflation est un thème qui conserve toute son actualité dans le pays ; **environmental issues have emerged on the company's ~** les questions d'environnement se sont imposées à l'attention de l'entreprise ; **to put an issue on the ~ of** a) inscrire une question à l'ordre du jour de ; b) *Fig.* faire en sorte qu'une question devienne une préoccupation majeure de. **4 to set the ~** a) établir l'ordre du jour ; b) *Fig.* déterminer quelles sont les questions les plus importantes/qui requièrent la plus grande attention, dresser la liste des problèmes à régler ; **taking short-term measures rather than setting the ~** prendre des mesures à court terme au lieu de décider des problèmes auxquels il convient de s'attaquer ; **to set the ~ for the country** déterminer les mesures prioritaires pour le pays. **5** programme, action à mener, mesures à prendre ; projet (politique) ; objectifs, intentions ; liste de priorités ; **an ~ for urgent action** un programme de mesures urgentes ; **health ~** action sanitaire à mener ; **the government's economic policy ~** les objectifs du gouvernement en matière de politique économique. ✪ **Agenda 21** (programme) Action 21.

agent *n.* **1** agent, représentant ; fondé de pouvoir ; mandataire ; commissionnaire ; concessionnaire ; **to act as an ~** agir sur mandat. **2** agent, substance.

aggravate *v. tr.* **1** aggraver. **2** mécontenter, irriter, contrarier, indisposer.

aggravated *adj. Dr.* ✪ **~ assault** coups et blessures avec circonstances aggravantes ; **~ burglary** cambriolage à main armée.

aggravation *n.* **1** aggravation. **2** tracas, ennui, (source d') irritation ; tension, friction(s).

aggregate *v. tr.* totaliser, additionner, agréger, regrouper, grouper, rassembler.

aggregate *n.* total, ensemble ; groupe ; grandeur ; *pl.* grandes variables, agrégats. ✪ **in (the) ~** globalement, en tout, pris ensemble.

aggregate *adj.* total, global, cumulé ; agrégé. ✪ **~ data** données globales/agrégées ; **~ demand** *Écon.* demande globale ; **~ supply** *Écon.* offre globale.

aggregated *adj. [données]* agrégé, global.

aggregative index *Écon.* indice composite.

aggression *n.* **1** agression. **2** agressivité ; **a psychologist who studies ~** un psychologue qui étudie l'agressivité.

aggressive *adj. Fig.* dynamique, énergique, agressif, musclé, offensif, (très) actif, insistant, entreprenant, combatif, accrocheur, de choc ; audacieux ; **~ businessman** homme d'affaires entreprenant/dynamique ; **~ salesman** vendeur persuasif/accrocheur ; **~ advertisement** publicité accrocheuse/tapageuse.

aggrieved *adj.* **1** mécontent ; ulcéré ; **the citizens are ~ at the ever rising tax burden** les citoyens sont mécontents de l'augmentation constante des impôts. **2** lésé. ✪ **~ party** *Dr.* partie (qui s'estime) lésée.

aggro *n. Fam. RU* comportement agressif.

agism *n.* âgisme, préjugés contre les personnes âgées, discrimination à l'encontre des personnes âgées, discrimination fondée sur l'âge.

AGM (annual general meeting) assemblée générale annuelle.

agnostic *adj. Fig.* **to be ~ about an issue** ne pas avoir d'opinion bien arrêtée sur une question.

agonize *v. intr.* se tourmenter, se tracasser, se faire du souci, se torturer l'esprit, beaucoup/longtemps hésiter, peser sans cesse le pour et le contre, ne (pas) savoir quel parti prendre ; **to ~ over a decision** avoir le plus grand mal à prendre une décision.

agonizing *adj. [douleur]* très aigu, atroce, terrible, horrible, insupportable, *[décision, choix, attente]* pénible, douloureux, angoissant, *[choix]* déchirant ; *[problème, question]* très embarrassant, très délicat ; **~ reappraisal** réévaluation douloureuse.

agony *n.* souffrances (terribles/atroces), vive douleur, douleur aiguë, supplice ; angoisse, affres ; **he was in ~** il souffrait le martyre.

AGR (advanced gas-cooled reactor) *Nucl.* réacteur avancé refroidi par gaz.

agree *v.* **I 1** *intr.* être d'accord, marquer son accord, donner son assentiment, acquiescer, être du même avis, partager cet avis ; **to ~ to do sth** accepter de/bien vouloir/se déclarer disposé à faire qqch., convenir de faire qqch. **2** *intr.* se mettre d'accord, tomber d'accord, s'accorder ; **the parties have ~d as follows** les parties sont convenues de ce qui suit. **3** *intr. [chiffres, prix, versions des faits]* concorder. **4** *tr.* **(that)** reconnaître que, convenir que, concéder que, estimer d'un commun accord que, s'accorder à reconnaître que ; **it was generally ~d that** il a généralement été convenu que ; **it was widely ~d that** il a été largement reconnu que. **5** *tr.* marquer son accord sur *[dispositions, mesures à prendre, projet]* ; convenir de *[montant]*, adopter, approuver, arrêter *[dispositions, budget]* ; acquiescer à, consentir à ; **to ~ a common standard for margarine** adopter une norme relative à la margarine ; **to be ~d** a) *[dispositions]* être accepté, être établi d'un commun accord, être adopté/arrêté ; b) être d'accord ; **it is ~d that** il est convenu que ; **unless otherwise ~d** sauf convention contraire ; **the policy ~d by the government** la politique arrêtée par le gouvernement ; **the decision was ~d unanimously** la décision a été adoptée à l'unanimité. **6** *tr.* faire concorder, harmoniser. **II ~ about** se mettre d'accord sur, parvenir à un accord sur, convenir de *[prix]*. **III ~ in** marquer son accord sur *[projet]*. **IV ~ on 1** être d'accord sur, acquiescer à, consentir à. **2** se mettre d'accord sur, s'entendre sur *[date, option, projet]*, convenir de *[date, dispositions]*, définir d'un commun accord, adopter ; **the parties have ~d on the following** les parties sont convenues de ce qui suit ; **the ministers will review and ~ on the functions of the proposed committee** les ministres examineront et définiront d'un commun accord les fonctions du comité dont la creation est proposée. **V ~ to 1** accepter, être d'accord avec, souscrire à, acquiescer à, consentir à *[conditions, idée, proposition]*, se plier à *[exigence]*, marquer son accord sur *[projet]*, se rallier à *[idée]*, accéder à *[demande]*. **2** être d'accord sur *[question]* ; se mettre d'accord sur *[montant]*. **VI ~ upon 1** être d'accord sur. **2** se mettre d'accord sur, s'entendre sur *[date, option, projet]*, convenir de *[date, dispositions]*, définir d'un commun accord, adopter ; **no European standard for phone jacks has yet been ~d upon** aucune norme européenne concernant les prises de téléphone n'a été adoptée. **VII ~ with 1** être d'accord avec, être du même avis que, partager l'avis de *[qqn]*, souscrire à, donner son adhésion à, partager *[opinion]*, donner son assentiment à, approuver, acquiescer à, consentir à *[action]*. **2** *[prévisions]* concorder avec *[données effectives]*, *[version des faits]* être conforme à, cadrer avec, bien rendre compte de *[réalité]*.

agreeable *adj.* **1** agréable. **2** acceptable ; **~ terms** conditions acceptables ; **the deal was ~** la transaction était satisfaisante. **3** *[personne]* accommodant, coopératif ; **(to)** *[personne]* d'accord avec, disposé à accepter, bien disposé à l'égard de *[proposition, projet]*. **4 (to, with)** conforme à, compatible avec.

agreed *adj.* convenu, adopté/élaboré/établi/fixé/retenu d'un commun accord, consacré/entériné/sanctionné par un accord, ayant fait l'objet d'un accord, faisant l'unanimité, universellement accepté, accepté/admis par tous, bien établi, communément admis, ayant recueilli une large adhésion, concerté ; **to follow ~ methods** utiliser des méthodes reconnues ; **there is no ~ definition of the word "harassment"** il n'existe pas de définition communément admise du mot « harcèlement ». ✪ **~ value** *Ass.* valeur agréée.

agreement *n.* **1** accord, consentement, assentiment. **2** accord, contrat, convention. ✪ **Agreement on Subsidies and Countervailing Measures** Accord sur les subventions et les mesures compensatoires ; **Agreement on technical barriers to trade** Accord sur les obstacles techniques au commerce ; **Agreement on Trade-related Aspects of Intellectual Property Rights** Accord sur les aspects des droits de propriété intellectuelle qui touchent au commerce ; **Agreement on Trade-Related Investment Measures** Accord sur les mesures concernant les investissements et liées au commerce.

agribusiness *n.* secteur agro-industriel.

agricultural *adj.* ✪ **~ bank** banque de crédit agricole ; **~ college** *RU* école supérieure agronomique/d'agronomie ; **~ commodities** denrées agricoles ; **~ engineer** ingénieur agronome ; **~ engineering** génie agricole ; **~ extension** vulgarisation agricole ; **~ industry** secteur agricole ; **~ land** terre arable(s)/cultivable(s) ; terre(s) affectée(s) à l'agriculture ; **~ show** salon de l'agriculture ; **~ scientist** agronome.

agricultur(al)ist *n.* **1** agriculteur. **2** agronome.

agriculture *n.* ✪ **~ industry** secteur agricole ; **Agriculture and Agri-Food Canada** Agriculture et agroalimentaire Canada.

agrobusiness *n.* secteur agro-industriel.

a.i. (ad interim) par intérim.

AI (artificial intelligence) intelligence artificielle.

aid *n.* **1** aide, assistance, concours ; secours. **2** outil, instrument, auxiliaire, aide. ✪ **~ agency** organisation humanitaire ; **~s to navigation** *Av.* aides à la navigation ; **~ and comfort** soutien ; **~ worker** travailleur humanitaire, agent d'organisation humanitaire ; coopérant ; **in ~ of** au profit de ; *[***postcard sold in ~ of Oxfam** carte postale vendue au profit d'Oxfam ; **grants in ~ of health expenditure** subventions pour la santé*]*.

aid and abet *Dr.* se faire le complice de *[délinquant]*, être complice de, prêter la main à *[délit]* ; venir en aide à, prêter assistance à *[qqn]* ; **(in)** être complice de, prêter la main à *[délit]* ; **the former president was accused of aiding and abetting in a campaign of terror and violence** l'ex-président a été accusé de s'être rendu complice d'une campagne de terreur et de violence ; **to be found guilty of aiding and abetting a theft** être reconnu complice d'un vol ; **to ~ the enemy** venir en aide à l'ennemi.

aide *n.* **1** assistant, collaborateur. **2** *Mil.* officier d'ordonnance.

AIDS (acquired immunodeficiency syndrome) sida (syndrome d'immunodéficience acquise). ✪ **~ patient** malade du sida.

aileron *n.* *Aéron.* gouverne de gauchissement, aileron.

ailing *adj.* **1** *[personne]* malade, en mauvaise santé, de santé délicate/précaire, souffreteux, égrotant, valétudinaire. **2** *[entreprise, économie]* en difficulté, chancelant, en crise, mal en point, en mauvaise posture, en perte de vitesse, malade ; **to be ~** battre de l'aile, se porter mal.

air *v.* **1** *tr.* exprimer, donner expression à, exposer, faire connaître, émettre *[opinions, revendications, griefs]* ; faire étalage de *[son érudition]* ; **to ~ grievances in the media** exprimer des doléances dans les médias. **2** *tr.* diffuser *[émission, film]*. **3** *intr.* *[émission, film]* être diffusé ; **the mini-series ~ed January 5-7** cette mini-série a été diffusée du 5 au 7 janvier.

air *n.* **1** air. **2** antenne, ondes ; **on the ~** à la radio, à la télévision, sur l'antenne ; **to be on the ~** *[personne]* passer sur les ondes ; avoir l'antenne, être sur l'antenne ; *[station]* émettre ; **to come on the ~** *[station]* commencer/reprendre ses émissions ; **to go on the ~** a) *[émission]* être diffusé ; b) *[homme politique]* prendre la parole à la radio/télévision ; **to go off the ~** *[station]* interrompre ses émissions ; *[émission]* être retiré de la programmation, être supprimé ; **to keep off the ~** interdire *[qqn]* d'antenne ; **to take off the ~** déprogrammer *[émission]*. ✪ **~ ambulance** ambulance aérienne ; avion sanitaire ; **~ bag** coussin (de protection) gonflable, coussin autogonflable ; **~ brake** aérofrein ; **~ bridge** service de transport aérien *[entre deux localités]* ; **~-bus** *n.* aérobus ; **~ cargo** fret aérien ; **~ carrier** transporteur aérien, compagnie aérienne ; **~ coach** *ÉU* aérobus ; **~ consignment note** lettre de transport aérien ; **~ controller** contrôleur de la navigation aérienne, contrôleur aérien ; **~ corridor** couloir aérien ; **~ crash** accident d'avion, catastrophe aérienne ; **~ crew** personnel navigant, équipage ; **~ cushion vehicle** aéroglisseur ; **~ drop** parachutage ; **~ duct** conduit d'aération ; **~ embolism** embolie gazeuse ; **~ engineer** mécanicien navigant ; **~ exclusion zone** zone d'exclusion aérienne, zone d'interdiction de survol ; **~ fare** prix du billet d'avion ; **~ flow** écoulement d'air/de l'air ; **~ force** armée de l'air, aviation ; **Air Force One** *ÉU* avion présidentiel ; **~ freight** a) fret aérien ; b) (service de) transport aérien de marchandises ; **~ freighter** avion-cargo ; **~ freshener** désodorisant ; **~ lane** voie aérienne ; **~ letter** aérogramme ; **~ lift** a) transport aérien ; b) pont aérien ; **~ mail** poste aérienne ; **~-miss** *n.* quasi-abordage, quasi-collision ; **~ lock** sas à air ; **~ pollution** pollution atmosphérique, pollution de l'air ; **~ pressure** pression atmosphérique ; **~ raid** attaque aérienne, raid aérien ; **~ route** route aérienne ; **~ show** a) salon de l'aéronautique ; b) meeting aérien ; **~ space** espace aérien ; **~ strike** attaque aérienne, raid aérien ; **~ support** appui aérien ; **~-taxi** *n.* avion-taxi ; **~ terminal** a) aérogare *[= bâtiment d'un aéroport destiné aux voyageurs]* ; b) aérogare (urbaine) ; **~ time** a) heure de diffusion ; b) temps d'antenne ; **~-to-~** *adj.* *[missile]* air-air ; **~-to-sea** *adj.* *[missile]* air-mer ; **~-to-surface** *adj.* *[missile]* air-surface ; **~ traffic** circulation aérienne ; **~-traffic control** contrôle de la navigation aérienne, contrôle aérien ; **~-traffic controller** contrôleur de la navigation aérienne, contrôleur aérien ; **~ waves** ondes radio ; **~ waybill, ~-way bill of lading** lettre de transport aérien.

airborne *adj.* **1** de bord, embarqué ; aéroporté, aérotransporté ; **~ division** division aéroportée ; **~ radar** radar de bord ; radar aéroporté. **2** *Av.* **to become ~** décoller ; **to be ~** avoir décollé. **3** aérien ; atmosphérique, *[particules]* en suspension dans l'air ; *[infection]* aérogène, transmise par voie aérienne. ✪ **~ emission** émission *[de polluants]* dans l'atmosphère ; **~ warning and control system** système aéroporté d'alerte et de contrôle.

aircraft *n.* aéronef ; avion. ✪ **~ carrier** porte-aéronefs ; porte-avions ; **~ engineer** ingénieur en aéronautique ; **~ engineering** a) aéronautique ; b) *Secteur* industrie aéronautique ; **~ industry** industrie aéronautique ; **~ manufacturer** constructeur d'avions, avionneur ; **~ movement** mouvement d'avion/d'aéronef.

airfield *n.* aérodrome.

airfoil *n. Aéron.* surface portante.

airport terminal aérogare.

airstrip *n. Av.* piste *[sans installations aéroportuaires]*.

airway *n.* **1** *Méd.* voies aériennes. **2** voie aérienne.

airworthiness *n. Av.* navigabilité. ✪ **~ certificate** certificat de navigabilité.

airworthy *adj. Av.* en état de navigabilité.

Ajman *n. Émirats arabes unis* Adjman.

a.k.a. (also known as) alias.

alarm *n.* **1** inquiétude, vive préoccupation. **2** alerte ; **to give/raise the ~** donner l'alerte/l'alarme. ✪ **~ clock** réveil.

alarming *n.* inquiétant, très préoccupant.

albatross *n. Fig.* handicap, boulet, fardeau.

albeit *conj.* quoique, même si, ne serait-ce que.

alcohol abuse abus d'alcool, consommation excessive d'alcool/de boissons alcoolisées.

alderman *n.* **1** *ÉU* conseiller municipal. **2** *Irl.* adjoint au maire.

Alderney *n.* Aurigny.

alert *adj.* **1** vigilant ; en éveil. **2** **(to)** attentif à, conscient de. **3** *[personne âgée]* vif d'esprit, en possession de toutes ses facultés mentales.

Aleutian Islands îles aléoutiennes.

A level (Advanced level) *Ens. RU* **1** examen de fin d'études secondaires. **2** *pl.* diplôme d'études secondaires.

Algiers *n. Algérie* Alger.

aliasing *n. Inf.* crénelage.

alibi *n.* **1** alibi. **2** excuse. **3** prétexte, dérobade.

alight *adv.* ✪ **set ~** mettre le feu à, incendier.

align *v. tr.* **(with)** harmoniser avec, mettre en adéquation/conformité/harmonie avec, rendre conforme à ; **to ~ actions with rhetoric** mettre en conformité les actes et les déclarations ; **to ~ oneself with** s'aligner sur *[qqn, courant, parti, position]*.

aligned *adj.* **(with) 1** du même bord que, sur la même longueur d'onde que. **2** dans la ligne de, conforme à, en harmonie avec ; **to be ~ with** (bien) cadrer avec, concorder avec, bien correspondre à, bien convenir à, bien se concilier avec, être en harmonie/en phase avec, être dans la logique de, se situer dans la ligne de ; **to be closely ~ with** suivre de près.

al-Qaeda *n.* Al-Qaida.

all *adj., adv., pron.* ✪ **~ about** *voir* about ; **~ along** dès le début, toujours ; **~ around** *voir* all round ; **~ but** a) presque, pratiquement ; pour ainsi dire, il s'en est fallu de peu que ; b) tous les... sauf ; *[***the war is ~ but won** la guerre est pratiquement gagnée ; **~ but two proposals were accepted** à deux exceptions près, toutes les propositions ont été acceptées*]* ; **~ clear** a) feu vert ; b) fin de l'alerte ; **~-consuming** *adj.* a) *[tâche]* qui accapare totalement ; b) *[passion]* dévorant, obsessionnel ; **~-embracing/encompassing** *adj.* portant sur tous les aspects, regroupant tous les aspects/éléments, s'étendant à tous les domaines, complet, global, général, total, exhaustif, universel, à vocation universelle ; auquel rien n'échappe ; *[***to be ~-embracing/encompassing** constituer un catalogue complet, porter sur tous les aspects*]* ; **~ fours** *[***to be on ~ fours with** *Fig.* concorder parfaitement avec, présenter une analogie parfaite avec*]* ; **~-important** *adj.* crucial, essentiel, capital, vital, indispensable, extrêmement important ; **~-in** *adj. [prix, tarif]* tout compris, forfaitaire ; *[assurance]* tous risques ; **~ in ~** globalement, au total, en définitive, tout bien considéré, tous comptes faits, en somme, en résumé ; **~-inclusive** *adj.* a) portant sur tous les aspects, regroupant tous les aspects/éléments, s'étendant à tous les domaines, complet, global, général, total, exhaustif, universel, à vocation universelle ; b) pluriel, pluriculturel, pluriethnique, soucieux de n'exclure personne, qui n'exclut personne/aucun groupe, ouvert à tous/à toutes les tendances, ouvert à la diversité, accueillant pour tous, où chacun a sa place, qui vise à rassembler toutes les communautés ; c) *[prix]* forfaitaire ; **~-in-one** *adj.* complet ; **~-loss insurance** *ÉU* assurance tous risques ; **~ manner of** toutes sortes de ; **~-news radio** station de radio d'information continue ; **~-or-none order** *Bourse ÉU* ordre « tout ou rien » ; **~-or-nothing** *adj.* « tout ou rien », du tout ou rien, ne laissant pas de place à une solution intermédiaire ; **~-out** *adj.* général, généralisé ; vigoureux, intense, intensif, complet, déterminé, inconditionnel, sans réserve, de grande ampleur/envergure, de grand style, total, suprême, massif, à outrance, effréné, acharné, forcené, à tous crins, systématique ; pur et dur ; *[***~-out attempt/effort** effort suprême ; **~-out support** soutien inconditionnel ; **to give ~-out support to Putin** soutenir à fond Poutine ; **~-out Keynesian** keynésien inconditionnel*]* ; **~ out** à fond, de fond en comble ; *[***to go ~ out** mettre tout en œuvre, mettre tout dans la balance, faire le maximum, s'engager à fond, ne pas ménager ses efforts, monter une opération de grande ampleur, donner le meilleur de soi-même, jeter tout dans la balance, jouer le tout pour le tout ; *Fam.* mettre le paquet, y aller à fond*]* ; **~-purpose** *adj.* polyvalent, universel, à fonctions multiples, tous usages, passe-partout ; **~-risk(s) insurance** assurance tous risques ; **~-round** *adj.* a) polyvalent, à fonctions multiples, complet, universel, bien équilibré, non spécialisé, tous azimuts ; *[éducation]* large, diversifié ; *[étudiant]* bon dans toutes les disciplines ; b) général, global, d'ensemble ; *[***~-round pay increase** augmentation générale des rémunérations ; **~-round price** prix tout compris*]* ; **~ round** à tous égards, dans tous les domaines, sur toute la ligne, sur tous les tableaux ; globalement, dans l'ensemble ; complètement, totalement ; **all round** *[***taken ~ round** tout bien considéré*]* ; **~-rounder** *n.* homme/femme polyvalent(e) ; **~ the more so as** d'autant plus que ; *[***this is ~ the more so as** cela est d'autant plus vrai que*]* ; **~ the same** pourtant, cependant ; **~-time** *adj.* sans précédent, historique ; *[***~-time high** niveau/taux record, record absolu, pic/sommet historique ; **~-time low** niveau/taux le plus bas jamais atteint*]* ; **~ told** en tout (et pour tout), au total, globalement ; *[***~ told, more than 10% of the population are HIV-positive** au total, plus de 10 % de la population sont séropositifs*]* ; **~ too often** trop souvent ; **~-union shop** entreprise/établissement n'employant que des syndiqués *[affiliés à un syndicat déterminé]* ; **at ~** a) *[pas]* du tout ; b) même, seulement, simplement, sans plus, tout court ; c) un tant soit peu ; d) et encore ; *[***was the seminar useful at ~?** le séminaire a-t-il présenté quelque utilité ? **does it help at ~ to define the more difficult terms?** est-il un tant soit peu utile de définir les mots et expressions difficiles à comprendre ? **it is surprising that the question is asked at ~** le simple fait que la question est posée est surprenant ; **the significance of the agreement is that there is an agreement at ~** l'importance de l'accord réside dans l'existence même d'un accord ; **if at ~** à supposer qu'il le fasse, voire pas du tout ; **if at ~ possible** pour peu que cela soit possible, dans toute la mesure du possible, si faire se peut ; **cost overruns should be avoided if at ~ possible** les dépassements de prévisions de coût doivent être évités dans la mesure du possible ; **a debt which will not be repaid soon, if at ~** une dette qui ne sera pas remboursée prochainement, si tant est qu'elle le soit jamais ; **their views have altered little, if at ~** leurs opinions n'ont guère, voire pas du tout changé*]* ; **for ~ one knows** il se peut très bien que, il est concevable que, il n'est pas impossible que, rien n'interdit de penser que, si cela se trouve ; **of ~** *[***of ~ people/things** en particulier, précisément, justement, nul autre que, personne/rien d'autre que, plus/moins que tous autres, assez curieusement, si curieux que cela puisse paraître*]*.

allied *adj.* **1** allié. **2** lié, connexe, apparenté, associé ; comparable, similaire, analogue, annexe, afférent, (y) relatif.

allocate *v. tr.* **1** répartir *[personnes, choses],* distribuer *[ressources],* assigner, confier *[tâches, responsabilités]* ; **the subjects were ~d at random into four groups** les sujets ont été répartis de façon aléatoire en quatre groupes. **2** attribuer, réserver, destiner *[ressources, locaux],* allouer, affecter, consacrer *[fonds]* ; ouvrir un crédit de ; **to ~ appropriations** ouvrir/inscrire/affecter des crédits ; **to ~ frequencies to television stations** attribuer des fréquences aux stations de télévision ; **to ~ resources to pollution control programmes** affecter des crédits à des programmes de lutte contre la pollution. **3** *Compt.* imputer *[dépenses à un compte].*

allocation *n.* **1** répartition, distribution *[de ressources],* répartition *[de tâches, de responsabilités],* ventilation *[d'un montant]* ; **the ~ of duties among workers** la répartition des tâches entre les travailleurs. **2** attribution *[de ressources, de locaux],* allocation *[de fonds, de ressources]* ; affectation *[de fonds, de crédits]* ; crédit, dotation. **3** part, quota, contingent, quote-part. **4** *Compt.* imputation *[de dépenses].*

allonge *n. Lettre de change* allonge.

allot *v. tr.* **1** distribuer, répartir *[une certaine quantité].* **2** attribuer, réserver, destiner *[ressources, locaux],* allouer *[fonds, temps],* affecter *[fonds],* impartir *[temps],* assigner *[tâche]* ; **to complete a job within the ~ted time** achever un travail dans le délai imparti ; **to be ~ted sth** recevoir, obtenir, se voir attribuer qqch. ; **each speaker is ~ted ten minutes** le temps d'intervention de chaque orateur est limité à dix minutes.

allotment *n.* petite parcelle de terre cultivée, potager.

allow *v.* **I** *tr.* **1** permettre, autoriser ; **our expertise ~s us to develop innovative products** nos compétences techniques nous permettent de mettre au point des produits novateurs ; **law ~ing abortion** loi autorisant l'avortement ; **to be ~ed to** pouvoir. **2** laisser ; **to ~ the economy to stagnate** laisser l'économie stagner. **3** **to ~ oneself to** se laisser *[influencer, décourager, etc.]* ; se résoudre à, se résigner à ; **the company should not ~ itself to lose its competitive advantage** l'entreprise doit veiller à ne pas perdre son avantage concurrentiel. **4** accorder, allouer, octroyer, donner *[fonds],* accorder, donner, impartir, allouer *[temps]* ; prévoir *[une certaine quantité, un certain temps pour obtenir un certain résultat]* ; **to ~ rebates to the best customers**

accorder des ristournes aux meilleurs clients ; **to ~ time for consideration of the bill** prévoir un certain temps pour l'examen du projet de loi ; **please ~ 15 days for delivery** prévoir un délai de livraison de 15 jours. **5 (that)** admettre que, reconnaître que, convenir que, concéder que ; **the general ~s that his troops are meeting fierce resistance** le général concède que ses troupes se heurtent à une résistance farouche. **6** *Dr.* accueillir *[demande, requête],* faire droit à *[demande, prétention] ;* **to ~ the appeal** infirmer le jugement frappé d'appel, juger en faveur de l'appelant. **II ~ for 1** tenir compte de, prévoir (une marge pour/la possibilité de), faire la part de ; **to ~ for inflation** tenir compte de l'inflation ; **~ing for** compte tenu de ; sous réserve de ; **after ~ing for** compte tenu de ; déduction faite de ; **managers should ~ for these differences** les gestionnaires doivent tenir compte de ces disparités. **2** permettre ; **the definition ~s for a better understanding of the concept** la définition permet de mieux comprendre cette notion. **III ~ of** permettre, admettre ; **not to ~ of/to ~ of no** ne pas laisser de place à *[autre explication],* exclure toute possibilité de *[d'erreur, d'interprétation],* ne permettre aucun, n'admettre aucun, interdire tout, n'être conciliable/compatible avec aucun.

allowable *adj.* **1** acceptable ; autorisé, admis. **2** *Fisc. [dépenses]* déductible. ✪ **~ deduction** *Fisc.* déduction autorisée.

allowance *n.* **1** autorisation ; acceptation. **2** allocation, prestation, prime, indemnité ; rente, pension ; dotation ; argent de poche ; **entertainment ~** allocation pour frais de représentation ; **London ~** indemnité de résidence à Londres ; **salary and ~s** traitement et indemnités. **3** part, portion, quota ; *Nutrition* ration, apport. **4** déduction, rabais, ristourne, remise. **5** *Fisc.* a) abattement, déduction ; b) charge/dépense déductible ; **married couples receive a higher ~** les couples mariés bénéficient d'un abattement plus élevé ; **tax ~ for capital expenditure** déduction fiscale au titre des dépenses d'investissement. **6** *Compt.* provision ; **~ for bad debts** provision pour créances irrécouvrables. **7** *Douane* franchise. **8** marge, tolérance. **9** aspect à prendre en considération ; **even with these ~s** même compte tenu de ce qui précède ; **to make ~(s) for** a) tenir compte de, prévoir (une marge pour), faire la part de ; b) se montrer compréhensif à l'égard de, tenir compte de la situation particulière de ; **the figures are actually higher if ~ is made for underreporting** les chiffres sont en fait plus élevés s'il est tenu compte d'une sous-déclaration.

allure *n.* attrait, séduction.

alone *adj.* ✪ **go it ~** faire cavalier seul, suivre sa propre voie, voler de ses propres ailes ; **leave alone** laisser tranquille/en paix, cesser d'importuner/de harceler ; **let ~** sans parler de, pour ne rien dire de, sans compter, et à plus forte raison, et a fortiori, et encore moins ; *[***it is unlikely that two brothers, let ~ two complete strangers, would share the same genetic make-up** il est improbable que deux frères, et a fortiori deux personnes complètement étrangères l'une à l'autre, possèdent le même patrimoine génétique ; **a theory that most scientists, let ~ laymen, do not understand** une théorie que la plupart des scientifiques, sans parler des profanes, ne comprennent pas*].*

along with de même que, ainsi que, en même temps que, plus, parallèlement à.

ALS (amyotrophic lateral sclerosis) sclérose latérale amyotrophique.

also-ran *n. Fig.* perdant, battu.

alteration *n.* **1** changement, modification ; aménagement *[d'un bâtiment] ;* retouche, correction. **2** *Dr.* rature, surcharge. **3** falsification.

alternate *adj.* **1** alterné, successif. **2** sur deux ; **on ~ Saturdays** un samedi sur deux. **3** autre, de rechange, de substitution. ✪ **~ account** *Banque ÉU* compte joint ; **~ director** *RU* administrateur suppléant ; **~ member** membre suppléant.

alternative *n.* **1** alternative *[= choix entre deux possibilités].* **2** (autre) solution/voie/option/façon de procéder, solution de rechange/de remplacement/de repli, alternative *[= autre solution],* méthode différente, autre possibilité, variante, autre version, autre/second terme de l'alternative, seconde branche de l'alternative ; **to suggest ~s** proposer plusieurs solutions ; **it is necessary to look at ~s** il faut examiner d'autres solutions ; **to have no ~** ne pas avoir le choix, ne pas avoir d'autre choix ; **to have no ~ but to** en être réduit à, ne pas avoir d'autre option que de, n'avoir d'autre choix que de, être (bien) obligé de, bien devoir, ne pouvoir que ; **to propose sth as an ~ to** proposer qqch. en remplacement de ; **the only ~ to** la seule façon d'éviter ; **there is no ~** c'est la seule solution possible, il n'y a pas d'autre politique, etc. possible, nous n'avons pas le choix ; **there is no ~ to** la seule solution consiste à/en ; **as an ~ to** au lieu de, en lieu et place de, plutôt que ; **a restructuring of the company is an ~ to redundancies** il est possible de restructurer l'entreprise au lieu de procéder à des licenciements ; **synfuels offer an ~ to the conventional sources of energy** les combustibles de synthèse peuvent remplacer les sources d'énergie traditionnelles ; **there is no ~ to abolishing the unit** il n'y a pas d'autre option que de supprimer le service ; **he had no ~ but to reshuffle the government** il ne pouvait que remanier le gouvernement ; **~s to oil** produits de substitution du pétrole ; **to find ~s to textile production** produire autre chose que des textiles ; **the ~ to striking is to accept wage cuts** il faut faire la grève, sous peine de devoir accepter des réductions de salaire ; **grasping the nettle is difficult, but the ~ is still worse** il est difficile de trancher dans le vif mais l'inaction est pire encore ; **the ~ to aging is premature death** l'alternative au vieillissement est le décès prématuré. **3** solution (possible), voie, démarche, choix, option, parti, possibilité, éventualité, cas de figure ; **to compare the advantages of various ~s** comparer les avantages de différentes options. ✪ **in the ~** *Dr.* à titre subsidiaire.

alternative *adj.* **1** autre, de remplacement, de rechange, de substitution, alternatif, différent, de repli ; **~ project** contre-projet ; **~ proposal** autre proposition, proposition de rechange, contre-proposition ; **~ approaches should be considered** il faudrait examiner d'autres méthodes possibles ; **we should try ~ solutions** nous devons essayer d'autres solutions. **2** parallèle, non conformiste, non conventionnel, non traditionnel, peu orthodoxe, alternatif. ✪ **~ cost** *Écon.* coût d'opportunité ; **~ energy sources** sources d'énergie alternatives ; **~ medicine** médecine parallèle/douce ; **~ pleading** *Dr.* invocation d'un moyen subsidiaire.

alternatively *adv.* **1** à l'inverse, par contre, en revanche. **2** ou bien, il se peut aussi que, il est également possible de, une autre solution consiste à, une autre façon de procéder consiste à ; selon une autre hypothèse ; il est aussi envisagé de, selon un autre système, selon une autre formule.

altogether *adv.* **1** totalement, entièrement, complètement, tout à fait ; purement et simplement. **2** en tout, au total. **3** dans l'ensemble, globalement.

amalgamate *v.* **1** *tr.* fusionner. **2** *intr. [deux entités]* fusionner ; **(with)** *[entité]* fusionner avec *[autre entité].*

amalgamation *n. Écon.* fusion *[d'entreprises].*

amazing *adj.* fabuleux, extraordinaire, effarant, sidérant, stupéfiant.

ambassador *n.* ✪ **~-at-large** *n.* ambassadeur itinérant ; émissaire ; **~ extraordinary** ambassadeur extraordinaire.

ambit *n. Fig.* étendue, portée ; domaine, cadre ; champ d'action ; champ d'application *[d'une loi] ;* domaine de compétence, compétences, attributions.

amenable *adj.* **1 (to)** *[malade]* relevant de *[traitement], [malformation]* accessible à *[chirurgie].* **2 (to)** *[personne]* soumis à *[lois, règles],* justiciable de, relevant de *[tribunal],* passible de *[amende],* exposé à *[accusation, critiques] ; [activité]* relevant de *[règles] ;* **to be ~ to criticism** prêter le flanc à la critique. **3 (to)** *[situation]* susceptible de, facile à ; **~ to change** modifiable ; **to be ~ to** se prêter à ; **data ~ to several interpretations** données qui se prêtent à plusieurs interprétations. **4 (to)** *[personne]* sensible à *[arguments],* accessible à *[persuasion],* réceptif à, ouvert à *[suggestions],* bien disposé à l'égard de *[projet] ;* **to be ~ to compromise** être disposé à transiger ; **to be ~ to reason** être accessible à la raison. **5** docile, soumis ; malléable ; coopératif, accommodant, arrangeant, souple ; **Britain's new, ~ style in foreign relations** la souplesse nouvelle dont le Royaume-Uni fait preuve dans ses relations extérieures.

amends *n. pl.* **to make** ~ a) réparer le dommage occasionné ; b) présenter des excuses, faire acte de contrition/repentance, reconnaître ses torts, essayer de se faire pardonner, faire amende honorable ; **to make ~ to** s'excuser auprès de ; **to make ~ for** réparer *[préjudice]* indemniser pour.

amenity *n.* **1** qualité, attrait, agrément, (élément de) confort ; bien-être, qualité de la vie ; **environmental ~** qualité de l'environnement ; **the amenities of modern life** les agréments de la vie moderne. **2** *pl.* commodités, facilités ; aménagements, stuctures d'accueil, équipements (collectif), services collectifs, infrastructures ; agréments, éléments de confort ; **hotels and other amenities** des hôtels et d'autres établissements. ✪ **~ apartment** *ÉU* appartement/studio meublé.

American *adj.* ✪ **~ depositary/depository receipt** *ÉU* certificat représentatif d'actions étrangères ; **~ Samoa** Samoa américaines ; **~ Stock Exchange** *American Stock Exchange ;* **~ ton** *ÉU* tonne courte *[= 2000 livres ou 907,2 kg].*

AmEx (American Express) American Express.

Amex (American Stock Exchange) *American Stock Exchange.*

amiable compositeur amiable compositeur, conciliateur.

amicable *adj.* amiable ; **~ settlement** règlement/arrangement à l'amiable ; **by ~ settlement** à l'amiable. ✪ **~ action** *Dr.* action engagée d'un commun accord (par les parties).

amicus curiae *Dr.* amicus curiae *[= auteur d'un mémoire déposé par une personne qui n'est pas partie à l'instance].*

amid *prép.* **1** au milieu de. **2** dans un contexte de, sur fond de, dans un climat de ; **~ much publicity** à grand renfort de publicité.

ammunition clip chargeur.

amosite *n.* amosite *[m.].*

amount *v.* **~ to 1** *[montant, quantité]* s'élever à, se chiffrer à, se monter à, s'établir à, atteindre, totaliser. **2** représenter, constituer, revenir à, être synonyme de, signifier, n'être rien d'autre que, valoir, équivaloir à, se traduire par, correspondre à, pouvoir être assimilé à, être somme toute, représenter, constituer ; **it ~s to** en somme, c'est ; **it ~s to the same thing** cela revient au même ; **investments in information technology ~ to 12% of the company's total investment** les investissements dans les technologies de l'information représentent 12 % du total des investissements de la société ; **the new statute ~s to a legalization of soft drugs** la nouvelle loi revient à légaliser les drogues douces.

amyotrophic lateral sclerosis sclérose latérale amyotrophique.

anabolic steroid anabolisant.

analyze *v. tr.* **1** analyser *[substance, situation, problème].* **2** psychanalyser. **3** décomposer, subdiviser, ventiler *[total, données globales, budget] ;* **the voluntary contributions are ~d in Table 3** le tableau 3 présente une ventilation des contributions volontaires.

anchor *n. TV ÉU* présentateur/présentatrice (principal(e)). ✪ **~ ice** glace de fond.

anchorman *n. TV ÉU* présentateur (principal).

anchorperson *n. TV ÉU* présentateur/présentatrice (principal(e)).

anchorwoman *n. TV ÉU* présentatrice (principale).

ancient *adj.* très ancien, séculaire, antique ; **~ Rome** la Rome antique.

ancillary *adj.* auxiliaire, accessoire, secondaire.

Andean *adj.* ✪ **~ Development Corporation** Société andine de développement ; **~ Group** Groupe andin ; **~ Pact** Pacte andin.

and/or ou (l'un n'excluant pas l'autre), et éventuellement, et (ou) ; **a study of women who smoke tobacco ~ marijuana** une étude sur les femmes qui fument du tabac ou de la marihuana ou les deux ; **addiction involves physical ~ psychological dependence** la toxicomanie suppose une dépendance physique ou au moins psychologique.

Andorran *adj.* andorran(e).

anecdotal *adj. [informations]* provenant d'observations empiriques ; **~ evidence** données empiriques, données provenant d'observations faites sur le terrain, données/informations recueillies sans grande rigueur/de façon peu systématique/peu rigoureuse, données invérifiables ; anecdotes ; **~ evidence suggests a decline of unemployment** selon des observations empiriques, le chômage est en baisse.

angle *n. Fig.* façon d'envisager les choses, optique, perspective, point de vue. ✪ **~ bracket** *Typographie* chevron ; **~ of attack** *Aéron.* incidence ; **~ parking** stationnement en épi.

animal *adj.* ✪ **~ experimentation** expérimentation sur l'animal ; **~ feed** aliments pour animaux ; **~ hospital** clinique vétérinaire ; **~ husbandry** élevage ; **~ kingdom** règne animal ; **~ products** produits d'origine animale ; **~ research** expérimentation sur l'animal ; **~ studies** études chez l'animal ; **~ welfare** protection des animaux.

animus *n.* **1** animosité, hostilité, antagonisme. **2** *Dr.* intention, *animus.* **3** tendance. **4** vigueur intellectuelle. **5** âme. ✪ ~

domini intention de se comporter en propriétaire ; **~ et factum** intention et passage à l'acte ; **~ furandi** intention de voler.

annexed *adj.* annexé, figurant en annexe ; *[texte]* reproduit en annexe.

announcement *n.* déclaration, communication, communiqué, avis, message ; annonce ; nouvelle.

announcer *n.* présentateur.

annoy *v. tr.* irriter, contrarier, indisposer, importuner, agacer.

annoyance *n.* irritation, contrariété, agacement.

annual *adj.* ✪ **~ general meeting** *Sociétés* assemblée générale annuelle ; **~ percentage rate** taux d'intérêt annuel ; **~ return** *Sociétés RU* déclaration annuelle *[concernant certaines données essentielles relatives à la société]*.

annuitant *n.* crédirentier.

annuity *n.* rente. ✪ **~ certain** rente certaine.

anorexia nervosa *Méd.* anorexie mentale.

answer *v.* **I** *tr.* **1** répondre à *[qqn, lettre, annonce, appel, question]*. **2** répondre à, répliquer à *[accusation, critique, argument]* ; **to have no case to ~** n'avoir rien à se reprocher. **3** répondre à, satisfaire *[besoin]*, répondre à *[attente]*, remplir, satisfaire à *[condition]*, servir *[but]*. **4** répondre à *[signalement]*. **II ~ for 1** rendre des comptes sur, rendre compte de, répondre de *[ses actes]*, justifier *[dépenses]*. **2** assumer la responsabilité de *[qqch.]*, répondre de *[des conséquences, de la sécurité de qqn]*. **3** se porter garant de, répondre de *[l'innocence de qqn]*. **4** parler au nom de *[qqn]* ; engager *[autrui]*. **III ~ to 1** relever de, dépendre de *[supérieur hiérarchique, autorité]* ; **the FBI ~s not to the President but to the Department of Justice** le FBI ne relève pas du président mais du ministère de la Justice. **2** rendre des comptes à, rendre compte à *[qqn]*. **3** répondre à *[attente, signalement]*.

answer *n.* **1** réponse ; **in ~ to** en réponse à *[lettre, annonce]*. **2** **(to)** réaction à *[une action, un événement]* ; **in ~ to** à la suite de. **3** **(to)** solution à/de *[problème]*.

answering *adj.* ✪ **~ machine** répondeur téléphonique ; **~ service** secrétariat téléphonique.

answerphone *n.* répondeur téléphonique.

antagonize *v. tr.* susciter/s'attirer l'hostilité/l'animosité/la haine de, mécontenter, irriter, heurter, s'aliéner, indisposer, contrarier, dresser/monter contre soi, se mettre à dos ; **the government is careful not to ~ pensioners** le gouvernement veille à ne pas s'aliéner les retraités.

Antarctic *adj.* ✪ **~ Circle** cercle polaire antarctique ; **~ Ocean** océan Antarctique/Austral.

antenatal *n.* examen prénatal.

antenatal *adj.* prénatal, anténatal. ✪ **~ care** soins prénatals ; **~ clinic** service de consultations prénatales.

anthophyllite *n.* anthophyllite *[f.]*.

anthrax *n. Méd.* (maladie du) charbon.

anti-aliasing *n. Inf.* anticrénelage.

antianxiety agent/drug anxiolytique.

antiballistic missile missile antimissiles balistiques.

anticipatory *adj.* anticipé, par anticipation. ✪ **~ breach of contract** inexécution anticipée de contrat.

anticlimax *n.* déception, résultat décevant ; **to be an ~** tomber (complètement) à plat, décevoir, paraître fade/insignifiant, laisser sur sa faim.

anti-knock additive antidétonant.

anti-lock braking system système de freinage antiblocage.

antisocial *adj.* **1** nuisible à la collectivité ; **large corporations suspected of ~ practices** d'importantes sociétés soupçonnées de faire bon marché de l'intérêt général. **2** peu soucieux d'autrui, dépourvu de considération pour les autres, discourtois, grossier, excessivement individualiste ; incorrect ; **to be ~** agir sans (le moindre) égard pour autrui. **3** peu sociable ; misanthrope. **4** peu propice aux contacts sociaux ; **stamp collecting is an ~ hobby** la philatélie est une distraction qui ne favorise pas les contacts sociaux. **5** antisocial *[= contraire aux intérêts des travailleurs]* ; hostile au progrès social. ✪ **~ personality** *Psychiatrie* personnalité antisociale.

antitrust *adj.* contre les cartels.

antivirus software logiciel antivirus.

Antwerp *n. Belg.* Anvers.

Antwerp *adj. Belg.* anversois.

anxiety neurosis *Méd.* névrose d'angoisse.

anxious *adj.* **1** anxieux, (très) inquiet, très préoccupé ; **to be/feel ~ about** être très préoccupé par *[qqch.]*, être (très) inquiet pour, se faire du souci pour, craindre pour *[qqn, sécurité de qqn]*, redouter *[épreuve]*, être angoissé à l'idée de ; **to be ~ for** être (très) inquiet au sujet de, être très préoccupé du sort de *[qqn]*. **2** *[question, situation]* angoissant, très préoccupant, *[période]* angoissant, d'angoisse, d'anxiété. **3** **(for, to)** très désireux de, soucieux de, avide de ; **to be ~ to** souhaiter vivement, tenir beaucoup à.

anybody's/anyone's guess impossible à déterminer, imprévisible ; **it is ~** personne n'en sait rien au juste, nul ne le sait, nul ne peut le dire ; **why this poorly designed computer is so successful is ~** on se demande vraiment pourquoi un ordinateur aussi mal conçu connaît un tel succès.

any other business divers *[= point d'un ordre du jour]*.

ANZUS (Australia, New Zealand, United States) ANZUS.

a.o. (and others) etc., et autres, notamment.

AOB (any other business) divers *[= point d'un ordre du jour]*.

apartment block habitation collective, immeuble collectif.

APEC (Asia-Pacific Economic Cooperation Council) APEC (Organisation de coopération économique Asie-Pacifique).

apparatus *n. Fig.* appareil *[d'un parti]*, rouages *[de l'État]*, structure *[d'une administration]*.

apparel *n.* vêtements. ✪ **~ industry** secteur de l'habillement.

apparent *adj.* **1** clair, manifeste, évident, visible, décelable, patent ; frappant ; **to be ~** a) se manifester, être observé/constaté/relevé/enregistré ; b) sauter aux yeux ; **it is ~ that** il s'avère que ; **it is ~ from** il ressort/résulte/découle de ; **it became ~ that** il est apparu que, il s'est avéré que. **2** apparent.

appeal *v.* **1** *intr.* **(to)** lancer un appel à, en appeler à *[qqn]*. **2** *intr.* **(for)** demander, solliciter *[aide]*, lancer un appel pour obtenir *[dons]* ; **to ~ to sb to** exhorter qqn à, conjurer qqn de, demander à qqn de, appeler qqn à, inviter qqn à ; **to ~ for calm** lancer un appel au calme ; **the board ~ed to shareholders to refrain from selling** le conseil d'administration a exhorté les actionnaires à ne pas vendre leurs titres ; **to ~ to the public to be generous** demander au public de faire preuve de générosité. **3** *intr.* **(to)** en appeler à *[au sens du devoir de qqn]*, faire appel à *[générosité de qqn]*. **4** *intr.* **(to)** plaire à, attirer, exercer un attrait sur, séduire, intéresser, paraître intéressant à, obtenir la faveur de, faire recette auprès de, susciter l'intérêt/la sympathie de ; **not to ~ to** *[perspective]* n'enchanter guère ; **the idea ~ed to him** l'idée lui a plu ; **goods that ~ to many customers** des articles qui intéressent de nombreux clients ; **these new materials ~ to industry** ces nouveaux matériaux séduisent les industriels ; **such themes still ~ to many voters** ces thèmes font encore recette auprès de nombreux électeurs. **5** *tr. Dr.* appeler de, faire appel de *[jugement]*, frapper *[jugement]* d'appel ; **~ed ruling** jugement frappé d'appel ; **the judgement may not be ~ed** le jugement n'est pas susceptible d'appel ; **the decision of the Environmental Protection Agency was ~ed** la décision de l'Agence de protection de l'environnement a fait l'objet d'un recours. **6** *intr. Dr.* faire/interjeter appel, former un appel ; **to ~ against a decision** faire appel d'une décision.

appeal *n.* **1** demande, appel. **2** attrait, (force/pouvoir d') attraction, intérêt, séduction, charme(s), sirènes ; atout, avantage ; popularité, audience, clientèle, électorat *[d'un homme politique]* ; **the communist ~** l'attrait du communisme, les sirènes communistes ; **to have an ~ on** exercer un attrait sur, intéresser, attirer ; **the product's ~** l'attrait du produit ; **there is much ~ in this theory** cette théorie est très séduisante ; **fundamentalism has lost its ~** l'intégrisme ne fait plus recette ; **his hunger strike enhanced his ~ as a nationalist leader** sa grève de la faim a accru la popularité que lui vaut son rôle de dirigeant nationaliste ; **the party's ~ to right-wing voters** l'audience du parti auprès des électeurs de droite. **3** *Dr.* appel *[d'un/contre un jugement]*, recours *[(dirigé) contre un jugement]*, voie de recours ; **to bring/lodge an ~** interjeter appel, former/introduire un recours ; **the judgement is open to ~** le jugement est susceptible d'appel ; **the House of Lords hears ~s from the Court of Appeal** la Chambre des Lords connaît des appels formés contre les décisions de la Cour d'appel ; **no ~ lies against such decisions** ces décisions ne sont susceptibles d'aucun recours. ✪ **~ bond** cautionnement d'appel ; **~ by way of case stated** appel sur exposé de l'affaire ; **~s court** *ÉU* cour d'appel.

appealed (against) *Dr.* *[jugement]* frappé d'appel, attaqué, entrepris.

appear *v. intr.* **1** *[chose]* apparaître, faire son apparition, surgir, se manifester, se dessiner, se profiler. **2** *[personne]* arriver, venir, se présenter, être présent ; **he failed to ~ at the party convention** il n'était pas présent lors du congrès du parti. **3** prendre la parole *[devant une assemblée]*, intervenir *[à la télévision]*. **4** **(in, on)** *[artiste]* se produire dans *[spectacle]*, jouer dans *[pièce]*, passer à *[la télévision, l'Olympia]*, participer à *[émission de télévision]*. **5** comparaître *[devant un tribunal]*, ester (en justice) ; se présenter *[devant un comité de discipline]*, être entendu *[par une commission d'enquête]* ; **to fail to ~** faire défaut ; **to ~ in sb's defence** *[avocat]* assurer la défense de qqn ; **to ~ in person** comparaître personnellement ; **to ~ by counsel** se faire représenter par un avocat. **6** *[mention, nom, données]* figurer, se trouver, être mentionné/repris, *[données]* être présenté ; **this measure ~s in the party's manifesto** une telle mesure figure dans le programme du parti. **7** *[livre, article]* paraître, être publié. **8** paraître, sembler ; **(as)** se présenter sous la forme de ; **(from)** ressortir de. **9** **(that)** s'avérer que, se révéler que ; **it ~s that this document is missing** il s'avère que ce document a disparu. **10** **~ for** *[avocat]* représenter, défendre, plaider pour ; **to ~ for the defendant** a) assurer la défense du prévenu ; b) représenter le défendeur, plaider pour le défendeur.

appearance *n.* **1** apparition ; arrivée, venue ; avènement. **2** apparition en public *[d'une personnalité]*. **3** *TV* passage ; **to make a guest ~ on a television talk show** passer à la télévision comme invité d'un *talk show*. **3** parution, publication. **4** apparence ; aspect (extérieur) ; présentation ; esthétique. **5** *Dr.* comparution. ✪ **keep up ~s** sauver les apparences ; **put in an ~** faire acte de présence.

appease *v. tr.* céder lâchement aux exigences de, faire des concessions excessives à, ménager excessivement, ne vouloir à aucun prix indisposer, (vouloir à tout prix) se concilier les bonnes grâces de, donner satisfaction à, amadouer ; **the government tends to ~ the country's powerful neighbour** le gouvernement a tendance à ménager excessivement le puissant voisin du pays ; **the Prime Minister is trying to ~ the Eurosceptics** le Premier ministre s'efforce d'amadouer les eurosceptiques.

appeasement *n. Pol.* conciliation à tout prix, capitulation, attitude capitularde, concessions déshonorantes ; paix à tout prix, nouveau Munich ; **policy of ~** politique capitularde.

appellant *n. Dr.* appelant(e), auteur du recours.

appellate *adj.* d'appel. ✪ **~ court** juridiction d'appel ; **~ judge** juge d'appel ; **~ jurisdiction** compétence au degré d'appel.

appellee *n.* intimé.

appendix *n.* annexe ; appendice.

applaud *v. tr. Fig.* saluer, rendre hommage à, faire l'éloge de *[qqn]*, se féliciter de, applaudir à *[action, décision, attitude]*, saluer, se féliciter de *[décision]* ; **to be ~ed** recevoir un très bon accueil ; **the leader of the opposition ~ed the government's initiative** le chef de file l'opposition s'est félicité de l'initiative du gouvernement.

applet *n. Inf.* appliquette.

applicable *adj.* ✪ **if/where ~** le cas échéant, s'il y a lieu ; **non ~** sans objet *[dans un tableau]*.

applicant *n.* candidat, postulant, demandeur ; *Dr.* demandeur, requérant, partie demanderesse/requérante ; *Ass.* proposant ; *Brevets* déposant.

application *n.* **1** application *[d'une méthode, d'une technique, d'une théorie, d'une loi]*. **2** *Inf.* application, logiciel. **3** utilisation, emploi, recours, affectation ; **~ of funds** emploi/affectation de(s) fonds ; **the ~ of this new technology to a large range of manufacturing processes** l'utilisation de cette nouvelle technologie dans toute une série de procédés de fabrication ; **the ~ of military force cannot solve the problem** le recours à la force militaire ne peut résoudre le problème. **4** application, soin. **5** demande, requête : candidature, acte de candidature ; **to file an ~** introduire une demande ; **on ~** sur (simple) demande ; **on the ~ of** *Dr.* sur requête de. ✪ **~ form** a) formulaire de demande ; b) formulaire de candidature ; c) *Ass.*

proposition ; ~ **for quotation** *Bourse* demande d'admission/inscription à la cote ; ~ **for shares** *Bourse* souscription d'actions ; ~ **interview** entretien de sélection/d'embauche/de recrutement ; ~ **money** *Bourse* versement de souscription ; ~ **service provider** *Inf.* fournisseur d'applications hébergées.

applied *adj. [économie, recherche, sciences]* appliqué. ✪ ~ **arts** arts décoratifs.

apply *v.* **1** *tr.* appliquer *[méthode, règle]*. **2** *tr.* utiliser, employer, recourir à, se servir de ; épandre *[engrais, insecticide]* ; affecter *[fonds]* ; **to ~ artificial respiration** pratiquer la respiration artificielle ; **to ~ resources efficiently** utiliser rationnellement les ressources ; **to ~ large quantities of insecticide** épandre des quantités considérables d'insecticide. **3** *tr.* **to ~ oneself to, to ~ one's mind to** s'appliquer à, accomplir consciencieusement *[travail]* ; étudier *[question]*, s'employer à, faire un effort pour *[faire qqch.]*. **4** *tr.* exercer *[pression(s)]*, faire *[pression]*. **5** *intr. [principe, règle]* s'appliquer, être applicable, être valable, valoir, être en vigueur/d'actualité, jouer ; entrer en vigueur ; **the following rules shall ~** les dispositions énoncées ci-après sont applicables ; **the same principles ~** les mêmes principes sont applicables ; **the same applies to** il en va/est de même pour, cela vaut aussi pour ; **at the rate ~ing** au taux en vigueur ; **the new provisions do not ~ to software** les nouvelles dispositions ne s'appliquent pas aux logiciels ; **the convention will not ~ until 2004** la convention n'entrera en vigueur qu'en 2004. **6** *intr.* être le cas, se présenter, exister. **7** *intr.* introduire une demande ; faire acte de candidature, poser sa candidature. **8 ~ for** demander, introduire une demande de/en vue d'obtenir, solliciter *[emploi, prestation sociale, emprunt, autorisation, visa]* ; poser sa candidature à, postuler *[emploi]* ; demander *[(la délivrance d') un visa]* ; **to ~ for citizenship** introduire une demande de naturalisation ; **to ~ for a licence from** introduire une demande d'autorisation auprès de ; **Lithuania has applied for NATO membership** la Lituanie a introduit une demande d'adhésion à l'OTAN.

appoint *v. tr.* **1** nommer *[titulaire d'un poste]*, désigner *[arbitre d'un litige]*, commettre *[expert]* ; **he was ~ed chairman of the company** il a été nommé président de la société. **2** créer, constituer, instituer *[comité]*. **3** fixer, décider de, convenir de *[date, heure]* ; **to ~ a day for the next round of negotiations** fixer une date pour la session de négociations suivante.

appointed *adj.* **1** fixé, décidé, convenu, dit, désigné ; **at the ~ time** à l'heure convenue. **2 well-~** *adj.* bien aménagé/équipé ; **a luxuriously ~ office building** un immeuble de bureaux luxueusement équipé. ✪ ~ **day** *Dr.* date d'entrée en vigueur *[d'une loi]*.

appointee *n.* responsable/haut fonctionnaire/membre/ administrateur nommé *[par la personne indiquée]* ; titulaire ; chef d'administration ; **political ~** (haut) fonctionnaire/chef d'administration nommé pour des raisons politiques ; **presidential ~** personnalité nommée par le président ; **the Bush ~s** les responsables nommés par M. Bush.

apportion *v. tr.* répartir, partager, distribuer, attribuer, allouer, affecter *[ressources, fonds]* ; ventiler *[dépenses]*, assigner *[tâches]* ; **to ~ each ethnic community a fair share of the seats** attribuer à chaque communauté ethnique un nombre de sièges équitable ; **to ~ (the) blame** déterminer/établir les responsabilités (de chacun), faire la part des responsabilités ; désigner des coupables ; **to ~ blame between the various parties** établir les responsabilités respectives des différentes parties.

apportionment *n.* **1** répartition, distribution, allocation, affectation *[de ressources, de fonds]*, ventilation *[des dépenses]* ; *Ass. mar.* répartition *[du dommage]* ; *ÉU* répartition des impôts fédéraux entre les États. **2** *Compt.* imputation. **3** *ÉU* découpage (des circonscriptions électorales).

appreciate *v.* **1** *tr.* se rendre (pleinement) compte de, être (bien) conscient de, comprendre, saisir, appréhender *[situation, difficultés]*, être sensible à *[difficultés]* ; **to ~ the magnitude of a problem** être conscient de l'ampleur d'un problème ; **few people ~d the significance of this scientific breakthrough** rares étaient ceux qui comprenaient l'importance de cette percée scientifique. **2** *tr.* **(that)** se rendre compte que, comprendre que, savoir que, ne pas ignorer que. **3** *tr.* apprécier *[qqn, œuvre d'art]*, priser, faire grand cas de, reconnaître les mérites de *[qqn]*, bien juger de, reconnaître la valeur de *[qqch.]*. **4** *tr.* se féliciter de, se réjouir de, accueillir avec satisfaction, apprécier *[politique]* ; être sensible à, être reconnaissant de, savoir gré de ; **not to ~ sth** peu goûter qqch. ; **the participants ~d the responsiveness of the local authorities** les participants se sont félicités de la bonne volonté des autorités locales ; **we would ~ your comments** veuillez nous communiquer vos observations. **5** *tr.* augmenter, majorer, relever, redresser, revaloriser *[montant]*. **6** *tr.* réévaluer *[monnaie]*. **7** *intr. [bien]* augmenter de valeur, prendre une valeur accrue, *[cours]* être en hausse, monter, s'apprécier.

appreciation *n.* **1** compréhension. **2** gratitude ; **she expressed her ~ to the chairman for his able leadership** elle a remercié le président d'avoir dirigé les débats avec autant de compétence. **3** appréciation *[d'une monnaie]*.

apprehension *n.* **1** compréhension. **2** opinion, conception. **3** appréhension. **4** arrestation.

apprenticeship *n.* apprentissage ; période d'apprentissage ; contrat d'apprentissage ; poste d'apprentissage.

approach *v.* **1** *tr.* aborder, envisager *[problème, projet]*, concevoir ; **the book describes how insurance companies ~ risk** l'ouvrage décrit la façon dont les compagnies d'assurance envisagent le risque. **2** *tr.* procéder/s'y prendre dans le domaine de ; **there are many ways of ~ing privatization** en matière de privatisation, il existe de nombreuses façons de procéder ; **the best way to ~ labour relations** la meilleure façon de s'y prendre en matière de relations du travail ; **these examples show how tactlessly the government ~ed the problem** ces exemples montrent le manque de doigté dont le gouvernement a fait preuve à l'égard de ce problème. **3** *tr.* s'adresser à, parler à, se mettre/entrer en relation avec, se mettre en rapport avec, contacter, prendre contact/des contacts avec, approcher, frapper à la porte de, prendre langue avec, solliciter (le concours de), faire appel à, pressentir, sonder, entreprendre une démarche auprès de *[qqn]* ; **to ~ sb directly** s'adresser directement à qqn ; **to ~ possible candidates** prendre contact avec des candidats potentiels. **4** *tr.* (s') approcher de, arriver à proximité de *[lieu]*, approcher, presque atteindre *[niveau, qualité]*, se rapprocher de, être proche de, avoisiner *[nombre, dimensions]*, friser, frôler *[pourcentage, chiffre]*, *[montant]* s'élever à près de ; **unemployment is ~ing an all-time high** le nombre des chômeurs se rapproche du record historique ; **the probe ~ed Jupiter** la sonde est passée à proximité de Jupiter. **5** *intr. [événement, moment]* approcher, se profiler.

approach *n.* **1** méthode, démarche, façon (de faire), manière (de procéder), système, formule, modalité, façon de résoudre le problème, solution, voie, moyen, option, angle (d'attaque), (méthode/voie d') approche, technique, stratégie, politique, ligne de conduite ; action ; **an innovative ~ to program development** une méthode novatrice de développer des logiciels ; **a non-violent ~ to social conflicts** une façon non violente de faire face aux conflits sociaux ; **one ~ is to fine the polluters** une solution consiste à infliger des amendes aux pollueurs ; **there are major differences between the ~es used by the two countries to reducing unemployment** il existe des différences considérables entre les moyens mis en œuvre par les deux pays pour réduire le chômage ; **to suggest ~es to urban planning** proposer des options en matière d'urbanisme ; **scientific ~** méthode scientifique ; **a sociological ~ to racial problems** une démarche sociologique à l'égard des problèmes raciaux ; **a drawback of this ~ is that** un inconvénient de cette façon de procéder tient dans le fait que ; **to develop a new ~ to truancy** concevoir une autre stratégie pour lutter contre l'absentéisme scolaire ; **a scientific ~ to drug addiction** une approche scientifique de la toxicomanie. **2** conception, principe, optique, perspective, point de vue, façon d'aborder/d'envisager/de concevoir le problème, éclairage, esprit, façon de voir/présenter les choses, philosophie, école, idée, interprétation, attitude, vision, regard, orientation ; **a scientific ~ to human behaviour** une conception scientifique du comportement humain ; **the ~es of the two proposals differ markedly** les conceptions qui président aux deux propositions sont nettement différentes ; **a novel ~ to an old problem** une façon nouvelle d'envisager un problème ancien ; **his ~ to the task remains unconventional** sa façon de concevoir cette tâche reste peu orthodoxe ; **the party's ~ to job creation** la doctrine du parti en matière de création d'emplois. **3** voie d'accès ; accès ; *pl.* abords, parages, approches ; *pl.* atterrages. **4** démarche ; demande (informelle) ; contact ; avance(s), ouvertures ; **to make an ~ to** s'adresser à, parler à, se mettre/entrer en relation avec, contacter, approcher, prendre langue avec, solliciter, faire appel à, pressentir, sonder, entreprendre une démarche auprès de *[qqn]* ; **China made a discreet ~ to the Dalai Lama** la Chine a fait des ouvertures discrètes en direction du dalaï-lama. **5** approche *[d'un événement]*. **6** *Av.* approche. ✪ **~ road** route/voie d'accès.

appropriate *v. tr.* **1** s'approprier, s'attribuer, s'adjuger ; s'arroger *[droit]* ; s'emparer de, mettre la main sur, faire main basse sur, rafler, dérober, usurper, soustraire, subtiliser. **2 (for)** affecter *[fonds]* à, consacrer à, réserver à/pour ; doter *[programme]* de *[fonds]* ; ouvrir/voter *[crédits]* pour.

appropriate *adj.* approprié, adapté, opportun, bon, indiqué, bienvenu, souhaitable, voulu, judicieux, bien conçu, pertinent, juste, utile ; *[formule]* heureux, bien choisi ; de mise, de circonstance, de bon aloi ; *[personne]* compétent, qualifié, *[autorités, service]* compétent ; **(for, to)** adapté à ; **~ remark** observation judicieuse ; **the ~ word** le mot juste ; **~ name** dénomination bien choisie ; **the decision was made by the ~ minister** la décision a été prise par le ministre compétent ; **it is ~ to do sth** il convient de faire qqch. ✪ **as/where ~** au besoin, selon les besoins, en fonction des besoins, selon le cas, le cas échéant, éventuellement, pour autant que besoin, si besoin est, s'il y a lieu, si/lorsque cela se justifie ; dûment ; *Dr.* s'il échet.

appropriateness *n.* adéquation, caractère satisfaisant, qualité, efficacité, validité, pertinence, caractère judicieux, justesse, opportunité, intérêt, bien-fondé.

appropriation *n.* **1** appropriation (illicite), prise de possession (illicite), mainmise, usurpation. **2** *Dr.* appropriation. **3** affectation, répartition *[des bénéfices]*. **4** crédit (budgétaire), dotation (budgétaire), enveloppe (budgétaire) ; ouverture de crédit. ✪ **~ account** tableau des affectations du résultat ; **Appropriation Act** *RU* loi de finances ; **~ bill** *ÉU* projet de loi de finances ; **~ of funds** *Budget* ouverture d'un crédit/de crédits ; **~s for commitment** *Budget* crédits d'engagement ; **~s for payment** *Budget* crédits de paiement.

approval *n.* **1** approbation ; **to give one's ~ to** approuver, souscrire à, avaliser, cautionner ; **to meet with sb's ~** être approuvé/jugé satisfaisant par qqn, convenir à qqn ; **to note with ~** accueillir avec satisfaction. **2** homologation *[d'un produit]* ; accord, assentiment, autorisation, agrément, sanction *[d'une autorité concernant un projet/une décision]* ; **treaties require the ~ of Parliament** les traités doivent recueillir l'assentiment du Parlement. ✪ **~ rating** *Pol.* cote de popularité.

approve *v.* **1** *tr.* approuver *[conduite, action, politique]*. **2** *intr.* **(of)** approuver *[conduite, action, politique]* ; apprécier *[œuvre]*, avoir une bonne opinion de *[qqn]*. **3** *tr.* adopter *[projet, procès-verbal, proposition, motion, projet de loi]*. **4** *tr. Compt. [commissaires aux comptes]* certifier *[comptes]*. **5** *tr.* homologuer, agréer ; autoriser (la mise sur le marché de) *[médicament]*.

approved *adj. [personne, établissement]* agréé, *[produit]* homologué. ✪ **~ society** *RU* association de secours mutuel.

approximate *v.* **1** *intr.* **(to)** être proche de, se rapprocher de *[montant, taux, qualité, réalité]*, être analogue à, ressembler à. **2** *tr.* approcher *[nombre, qualité, niveau]* ; s'élever à environ *[montant]*. **3** *tr.* évaluer (approximativement). **4** *tr. UE* rapprocher *[législations, fiscalité]*.

approximation *n.* **1 (to, of)** proposition/solution qui se rapproche de ; **an ~ of** quelque chose qui ressemble à. **2** compte rendu approximatif *[d'un événement]*. **3** évaluation (approximative), estimation *[d'une quantité, d'un montant]* ; approximation *[= valeur approchée]* ; *Math.* approximation ; **by successive ~** par approximations successives. **4** *UE* rapprochement *[des législations]*.

APR (annual(ized) percentage rate) taux effectif global ; **the interest rate charged to customers is 12.5% ~** les clients doivent payer un taux d'intérêt effectif global de 12,5 %.

a priori *[raison]* de principe ; abstrait.

apt *adj.* **1 to be ~ to** avoir tendance à ; être enclinà/susceptible de/sujet à/de nature à, pouvoir, risquer de, avoir des chances de. **2** doué, intelligent, habile. **3** judicieux, pertinent, approprié, juste, bien trouvé, *[dénomination]* bien choisi ; **~ remark** observation judicieuse.

Arab League Ligue arabe.

arbitrageur *n. Fin.* arbitragiste.

arbitration *n.* ✪ **~ agreement** compromis d'arbitrage ; **~ award** sentence arbitrale ; **~ board** commission d'arbitrage ; **~ clause** clause compromissoire ; *Dr. int.* clause d'arbitrage ; **~ tribunal** tribunal arbitral.

arcane *adj. [question, document]* obscur, hermétique, impénétrable, très complexe.

arch *n.* voûte ; arche *[d'un pont]*.

arch *préf.* **~-enemy** *n.* ennemi juré ; **~-rival** *n.* grand rival.

archetypal *adj.* **1** par excellence. **2** conforme à l'archétype.

architect *n.* artisan, maître d'œuvre, père ; **the ~ of the economic reforms** l'artisan des réformes économiques.

Arctic *adj.* ✪ **~ Circle** cercle polaire arctique ; **~ Ocean** océan (Glacial) Arctique.

area *n.* **1** superficie, aire, surface. **2** zone (géographique), région, territoire, circonscription, localité, périmètre, rayon, secteur ; espace, aire, enceinte, partie ; parages, environs ; quartier ; local ; **an ~ of the brain** une zone du cerveau ; **the London ~** Londres et ses environs. **3** domaine, matière, champ, terrain, branche, discipline. **4** question, sujet. **5** partie, élément, segment, volet ; **the programme has three main ~s** le programme comporte trois volets principaux. ✪ **~ code** indicatif de zone ; **~ of operations** rayon d'action ; **~ of outstanding natural beauty** *RU* région/site pittoresque ; **~ sampling** échantillonnage aréolaire.

arena *n.* **1** stade, terrain *[de sport].* **2** *Fig.* arène, scène, échiquier, champ (clos) ; domaine ; **international ~** scène internationale, échiquier international ; **political ~** arène/scène/échiquier politique ; **to enter the ~** descendre dans l'arène, entrer en lice ; **to enter the international ~** faire son entrée dans l'arène internationale. **3** *Fig.* lieu de rencontre/de dialogue/de débat/de discussion/d'échanges.

arguable *adj.* **1** défendable, soutenable ; **it is ~ that** on peut soutenir que ; il se peut que. **2** discutable, contestable.

arguably *adv.* peut-être, sans doute ; d'une certaine façon, dans un certain sens, dans une certaine mesure, à la rigueur ; on peut soutenir que ; **and ~** voire.

argue *v.* **I 1** *intr.* discuter, débattre, argumenter, présenter une argumentation/des arguments. **2** *tr.* discuter de, débattre de *[question].* **3** *tr.* **a tightly ~d essay** un essai solidement argumenté. **4** *tr.* préconiser *[mesures],* défendre *[position, thèse] ;* invoquer ; **to ~ the case for** argumenter en faveur de ; **to ~ one's case** défendre sa position ; **to ~ the need for new taxes** soutenir qu'il faut prélever de nouveaux impôts ; **the defendant may not ~ consent of the minor** le prévenu ne peut invoquer le consentement de la mineure. **5** *tr.* **(that)** faire valoir que, avancer que, soutenir que, affirmer que, prétendre que ; **nobody would ~ that computers are useless** il ne viendrait à l'idée de personne de soutenir que l'informatique ne sert à rien. **6** *tr.* indiquer, montrer, révéler, témoigner de. **II ~ against** a) *[personne]* avancer des arguments contre, se prononcer contre ; b) *[considération, fait]* militer contre, tendre à réfuter. **III ~ for/in favour of** *[personne]* défendre, plaider en faveur de *[thèse],* préconiser *[solution] ; [considération, fait]* militer/plaider en faveur de ; **the report ~s for more drastic measures** le rapport préconise des mesures plus draconiennes. **IV ~ with 1** contredire *[qqn] ;* contester *[affirmation] ;* **to ~ with sb about sth** a) discuter de qqch. avec qqn ; b) être en désaccord avec qqn au sujet de qqch. ; **nobody can ~ with this proposal** personne ne peut s'élever contre cette proposition. **2** se disputer avec.

argument *n.* **1** argument, argumentation ; **line of ~** argumentation. **2** thèse. **3** *Dr.* moyen. **4** *Dr. ÉU* plaidoirie. **5** discussion, débat ; **a fruitless ~** une vaine discussion ; **there has been much ~ about this issue** cette question a suscité bien des discussions ; **in oral ~** *Dr.* pendant les débats ; **after hearing ~s, the court denied the petition** ayant entendu les parties, le tribunal a rejeté la requête. **6** désaccord, litige, différend, controverse, discussion (orageuse), objections. **7** dispute, querelle, altercation. ✪ **for ~'s sake, for the sake of ~** de façon purement/tout à fait hypothétique, pour fixer les idées.

arise *v. intr.* **1** naître, prendre naissance, se faire jour, voir le jour, surgir, faire son apparition, apparaître ; avoir lieu, se produire, survenir, se présenter ; *[question, problème]* se poser, *[difficultés, contestations]* s'élever ; *[revenu]* prendre sa source *[dans un pays déterminé] ;* **should this ~** dans cette éventualité ; **should the need ~** si le besoin s'en fait sentir, si besoin est, en cas de besoin, si nécessaire ; **should the occasion ~** si l'occasion se présente ; **the disputes which have ~n between the parties** les litiges nés entre les parties ; **all income arising in the country is taxed** tous les revenus qui prennent naissance dans le pays sont soumis à l'impôt ; **a similar issue ~s in various other fields** une question analogue se pose dans divers autres domaines. **2 (from, out of)** découler de, résulter de, être dû/imputable à, être le fait de, provenir de, trouver son origine dans ; **obligations arising under** obligations résultant de *[contrat] ;* **capital gains arising from the disposal of assets** les plus-values obtenues à la suite de la cession de biens. **3** *[question]* être soulevé. **4** se mobiliser *[pour défendre une cause ou faire valoir des droits].*

arm *n.* *Fig.* **1** antenne, relais, aile, organisme d'exécution, département, division, service, organe ; émanation, extension, expression ; branche, vitrine, composante ; **the secretariat is the executive ~ of the organization** la secrétariat est l'organe exécutif de l'organisation ; **Sinn Fein is the political ~ of the IRA** le Sinn Fein est l'expression politique de l'IRA. ✪ **~'s length** distance, indépendance ; *[***an ~'s-length relationship between doctors and pharmaceutical companies** une relation d'indépendance mutuelle entre les médecins et les sociétés pharmaceutiques ; **at ~'s length** a) à l'écart, à distance ; b) *[transaction réalisée]* aux conditions du marché ; c) *Dr.* indépendant ; **to keep at ~'s length** tenir à distance, garder ses distances vis-à-vis de, montrer de la réserve envers, conserver son indépendance à l'égard de ; **to set prices at ~'s length** *[société]* fixer les prix *[facturés à une filiale]* à des niveaux normaux ; **~'s-length price** prix normal, prix établi objectivement ; **~'s-length principle** a) principe du prix normal ; b) *Fisc.* principe de l'assimilation à une entreprise indépendante*].* **2** bras *[d'un chromosome].*

armoured van fourgon blindé.

Armageddon *n. Fig.* apocalypse, fin du monde.

armed *adj.* ✪ **~ robbery** vol à main armée ; **~ services** armées *[de terre, de mer et de l'air].*

arms *n. pl.* ✪ **~ building** accroissement/renforcement du potentiel militaire ; **~ control** limitation/maîtrise des armements ; **~ dealer** trafiquant d'armes ; **~ race** course aux armements.

arraign *v. tr. Dr.* notifier la mise en examen de, sommer de prendre position sur l'accusation.

arraignment *n. Dr.* (audience de) notification de la mise en examen, lecture publique de l'acte d'accusation, sommation de prendre position sur l'accusation.

arrange *v.* **1** *tr.* arranger, disposer, ordonner, présenter, agencer *[ensemble complexe] ;* structurer *[texte] ;* articuler, grouper ; ranger, classer *[dans un certain ordre],* trier ; mettre en ordre, mettre de l'ordre dans, régler *[ses affaires avant un départ] ;* **the buildings are ~d in a semicircle** les bâtiments sont disposés en demi-cercle ; **the material of the course is ~d logically** la matière du cours est ordonnée de façon logique ; **to ~ documents**

chronologically classer des documents par ordre chronologique ; **a list of terms ~d alphabetically** une liste de mots et expressions présentée dans l'ordre alphabétique ; **to ~ the finances of a ward of court** mettre de l'ordre dans les finances d'un pupille en tutelle judiciaire. **2** *tr.* arranger, régler, mettre au point *[détails d'une activité complexe],* organiser, mettre sur pied, préparer *[réunion],* ménager *[entrevue],* assurer *[opération],* arranger *[mariage],* mettre en place ; **to ~ a cease-fire** obtenir la conclusion d'un accord de cessez-le-feu ; **customs clearance should be ~d by a customs agent** le dédouanement doit être assuré par un transitaire en douane. **3** *intr.* **(for)** prévoir, prendre des mesures/dispositions pour, pourvoir à, se charger de, faire le nécessaire pour, veiller à, préparer, organiser, mettre sur pied, (faire) procéder à ; assurer ; obtenir ; **the publisher is well advised to ~ for a thorough editing of the text** l'éditeur a intérêt à demander à un rédacteur professionnel de procéder à une révision approfondie du texte ; **Russia has ~d for the import of 20m tonnes of wheat** la Russie a pris des dispositions pour importer 20 millions de tonnes de blé ; **to ~ for the disposal of hazardous wastes** faire le nécessaire pour l'élimination de déchets dangereux. **4** *intr.* **we will ~ for a appraiser to value your property** nous chargerons un expert d'estimer la valeur de votre bien. **5** *intr.* **to ~ to + v.** prendre des dispositions pour que + v., faire en sorte que + v., veiller à ce que + v., s'arranger pour que + v. ; **to ~ for the Prime Minister to meet his German counterpart** ménager une entrevue entre le Premier ministre et son homologue allemand ; **to ~ to participate in the committee's meetings** veiller à participer aux réunions du comité. **6** *intr.* convenir de, fixer *[date, lieu] ;* **call us to ~ delivery** téléphonez-nous pour que nous puissions convenir d'une date de livraison. **7** *intr.* **to ~ to + v.** convenir de + v., se mettre d'accord pour + v.

arrangement *n.* **1** arrangement, disposition, agencement, configuration, présentation, structure, aménagement, ordonnance ; ordre, classement. **2** organisation, structuration, structure(s), système, conception. **3** préparatifs, modalités, mesures ; services ; facilité. **4** *pl.* dispositif, mécanisme, système, régime, dispositions, formule, conditions, modalités, procédures ; **security ~s** dispositif de sécurité ; **the present ~s are not satisfactory** le système actuel n'est pas satisfaisant ; **to make ~s for a regular assessment of the project's outcomes** prévoir une évaluation régulière des résultats du projet ; **the ~s for the rescheduling of the debt** les modalités de rééchelonnement de la dette. **5** accord, arrangement, accommodement, modus vivendi, entente, transaction ; **to come to an ~ with one's creditors** parvenir à un arrangement avec ses créanciers, prendre des arrangements avec ses créanciers.

array *n.* **1** grande quantité, nombre élevé. **2** alignement, rangée. **3** gamme, assortiment *[d'objets],* (toute une) série, panoplie, arsenal, éventail, batterie, ensemble ; **a wide ~ of** une large gamme de, toute une série de. **4** groupe (impressionnant) *[de policiers, de juges, de dignitaires],* cordon *[de policiers, de soldats],* aréopage *[de savants].* **5** *Math.* matrice *[de chiffres].*

arrear *n.* **1** arriéré(s) (de paiement) ; retard ; *pl.* impayés ; **~s of work** travail en souffrance/en retard/qui s'est accumulé, dossiers en suspens ; **rent ~s** impayés de loyer ; **the amount of its ~s exceeds $175,000** le montant de ses arriérés dépasse 175 000 dollars ; **in ~s** *[personne]* en retard de paiement, *[montant]* arriéré, impayé, non acquitté, en souffrance ; **interest in ~s** intérêts arriérés ; **rent in ~s** loyer impayé/en souffrance ; **a country in ~s in the payment of its contributions** un pays en retard dans le paiement de ses contributions ; **Ukraine is $22,4m in ~s in its payments to the ILO** l'Ukraine doit 22,4 millions de dollars à l'OIT ; **workers' pay is up to six months in ~s** les rémunérations des travailleurs sont versées avec un retard qui peut atteindre six mois. **2 in ~(s)** à terme échu ; **payable in ~** payable à terme échu ; **corporation tax is paid in ~s** l'impôt sur les sociétés se paie *a posteriori ;* **interest is paid monthly in ~s** les intérêts sont versés mensuellement pour le mois écoulé.

arrest *n.* arrestation ; détention *[d'une personne] ;* saisie *[d'un navire].* ✪ **~ of judgement** décision de ne pas prononcer le jugement ; **~ warrant** mandat d'arrêt ; **under ~** en détention, détenu ; en état d'arrestation.

arrestable offence *RU* infraction justifiant l'arrestation sans mandat.

arrivals hall *Transp. aériens* hall d'arrivée.

arson *n. Dr.* incendie criminel.

art *n.* **1** art. **2** *Journ.* illustrations. **3** *pl. Ens.* lettres ; *Can.* arts ; **bachelor of ~s** licencié ès lettres. ✪ **~ editor** *Journ.* directeur artistique ; **~ director** a) *Journ., Publ.* directeur artistique ; b) *Audiovisuel* décorateur ; **~s subjects** *Ens.* matières littéraires.

artefact *n. voir* artifact.

arterial road grand axe.

artful *adj.* **1** rusé. **2** ingénieux. **3** habile.

articled clerk avoué stagiaire.

article *n. pl.* statuts *[d'une société].* ✪ **Articles of Agreement** *Banque mondiale, FMI* Statuts ; **~s of apprenticeship** contrat d'apprentissage ; **Articles of Association** *RU* statuts *[d'une société de capitaux] ;* **Articles of Incorporation** *ÉU* statuts *[d'une société de capitaux] ;* **Articles of Partnership** statuts *[d'une société de personnes].*

articulate *v. Fig.* **1** *tr.* exposer (clairement), énoncer, exprimer, donner expression à *[idées, revendications, sentiments] ;* **this theory was first ~d by Descartes** Descartes est le premier à avoir exposé cette théorie ; **he ~d the same issues on the hustings** il a développé les mêmes thèmes pendant la campagne électorale ; **to be ~d in** trouver son expression dans. **2** *tr.* élaborer *[politique, programme].* **3** *tr.* constituer en un ensemble/tout cohérent, assurer la cohérence de. **4** *tr.* articuler *[mot].* **5** *intr.* articuler *[= parler clairement].* **6** *tr.* articuler *[pièces mécaniques].*

articulate *adj. Fig. [personne]* qui s'exprime bien, s'exprimant avec clarté/aisance ; *[idées]* présenté clairement, bien exprimé ; **voters are prepared to elect ~ Black candidates** les électeurs sont disposés à élire des candidats noirs capables de présenter leurs idées avec clarté ; **some ~ villagers asked awkward questions** certains villageois qui s'exprimaient plus facilement que les autres ont posé des questions embarrassantes.

articulated lorry *RU* semi-remorque.

artifact *n.* **1** objet, article, produit ; *Archéol.* objet façonné, artefact ; **electronic ~s manufactured by Asian countries** des produits électroniques fabriqués par des pays d'Asie. **2** objet représentatif/caractéristique, symbole. **3** élément artificiel ; artefact ; **this so-called improvement is an ~ of the biased sample** cette prétendue amélioration est due au biais dont l'échantillon est entaché.

artificial person *Dr.* personne morale.

artist's impression vue d'artiste ; portrait, dessin.

artwork *n.* **1** œuvre(s) d'art. **2** illustrations, graphisme.

as *adv., prép., conj.* ✪ **~ against** a) par opposition à ; b) contre ; **~ and when** (au fur et) à mesure que ; **~ and when required** au fur et à mesure des besoins ; **~ at** au *[+ date]* ; **~ for** quant à, pour ce qui est de, en ce qui concerne ; **~ from** à partir de, à compter de ; **~ high ~** pas moins de ; **~ is** tel quel, en l'état, dans l'état où il se trouve ; **~ it happens** a) justement, précisément ; b) comme par hasard ; c) en fait, en réalité, il se fait que, au lieu de cela, or ; **~ it is** a) tel quel, inchangé, en l'état ; b) comme c'est le cas ; c) en fait, en réalité ; il se fait que, au lieu de cela, or ; d) les choses étant ce qu'elles sont, dans ces conditions, déjà ; *[***the country has enough problems ~ it is** le pays a déjà assez de problèmes ; **the guerilla, powerful ~ it is, is unable to win** si puissante que soit la guérilla, elle ne peut l'emporter ; **if each word had only one meaning, translation would be easy; ~ it is, words tend to be polysemic** si chaque mot n'avait qu'un seul sens, la traduction serait une activité facile ; en réalité, les mots ont tendance à être polysemiques*]* ; **~ it stands** en l'état ; **~ it were** pour ainsi dire, en quelque sorte, d'une certaine façon ; **~ long ago ~** dès, déjà ; **~ many/much ~** pas moins de ; **~ much again ~** autant que, la même quantité que ; **~ much ~ anything** aussi en grande partie ; *[***the failure has been ~ much ~ anything due to mismanagement** l'échec est aussi dû en grande partie des erreurs de gestion ; **overgrazing contributed ~ much ~ anything to desertification** le surpâturage a contribué, au même titre que d'autres facteurs, à la désertification*]* ; **~ of** a) à partir de, à compter de ; b) au *[+ date]* ; **~ opposed to** au contraire de ; par opposition avec, à distinguer de ; **~ per** conformément à *[législation, traité, budget, recommandation, catalogue]*, suivant *[facture]* ; **~ such** a) en tant que tel, en soi ; b) sous cette forme ; c) en conséquence ; d) en cette qualité ; **~ to** a) quant à, pour ce qui est de, en ce qui concerne ; b) selon, par ; *[***all containers holding toxic substances should be labelled ~ such** tous les récipients contenant des produits toxiques doivent porter une étiquette les identifiant comme tels*]* ; **~ well ~** *[***most orally administered drugs affect various parts of the body, as well as the targeted organ** la plupart des médicaments administrés par voie orale ont des effets non seulement sur l'organe ciblé mais également sur diverses autres parties de l'organisme*]* ; **~ yet** encore, jusqu'à présent.

ASAP (as soon as possible) dès que possible, au plus vite.

asbestos cement amiante-ciment, fibrociment.

ascertain *v. tr.* **1** *[personne]* établir, découvrir *[faits, vérité]*, s'assurer de *[l'exactitude d'une information]* ; établir *[montant]* ; déterminer ; **to ~ the truth** établir la vérité/les faits ; **in the first instance, income tax is ~ed by the taxpayer** dans un premier temps, le montant de l'impôt est établi par le contribuable ; **to ~ whether the dismissal was unfair** déterminer s'il y a eu licenciement abusif. **2 (that)** constater que, découvrir que, se rendre compte que ; s'assurer que, vérifier que.

AsDB (Asian Development Bank) BAsD (Banque asiatique de développement).

ASEAN (Association of South-East Nations) ASEAN (Association des nations de l'Asie du Sud-Est).

'A' shares *RU* actions de catégorie A *[assorties de droits de vote limités ou sans droits de vote]*.

ash-farming *n.* écobuage.

Ashkenazic *adj.* ashkénaze.

Ashura *n. Islam* Achoura.

Asian *adj.* ✪ **~ American** Américain d'origine asiatique ; **~ Development Bank** Banque asiatique de développement.

Asia-Pacific Economic Cooperation (Council) Organisation de coopération économique Asie-Pacifique.

aside *n.* **1** aparté. **2** observation incidente, parenthèse ; digression ; **as an ~** soit dit en passant.

ask *n. Bourse ÉU* cours vendeur. ✪ **~ price** cours vendeur.

asked/asking price prix demandé ; *Bourse* cours vendeur.

ASL (American sign language) *American sign language [= langue des signes des États-Unis]*.

ASP (application service provider) *Inf.* **1** ASP (location d'applications). **2** FAH (fournisseur d'applications hébergées).

aspirational *adj. [déclaration, objectif]* représentant un idéal.

assail *v. tr.* **1** agresser, attaquer. **2** attaquer, prendre à partie, dénoncer *[qqn]*. **3** s'attaquer à, faire face à *[problème]*. **4 ~ed by/with** assailli de/par, harcelé par, accablé par ; en proie à *[doute]*, rongé de *[inquiétude]*, pressé de *[questions]*, inondé de *[lettres de réclamation]*.

assault *n.* **1** assaut, attaque, agression. **2** coups et blessures volontaires ; **he was charged with ~ causing grievous bodily harm** il a été inculpé de coups et blessures graves. ✪ **~ and battery** violences, coups et blessures volontaires ; **~ rifle** fusil d'assaut.

assay *n. Métaux précieux* essai, essayage ; *Méd.* dosage *[d'une substance dans l'organisme]*. ✪ **~ mark** poinçon de titre ; **~ master** essayeur ; **~ office** maison d'essai, essayeur.

assembly *n.* **1** assemblée ; assemblée législative ; *Ens.* assemblée des professeurs et des élèves *[quotidienne, avant le début des cours]* ; réunion, rassemblement *[de personnes]* ; **freedom/right of ~** liberté de réunion. **2** assemblage, montage. **3** rassemblement *[de données]* ; **the ~ of financial information** le rassemblement de données financières. ✪ **~ hall** grand hall, grande salle de réunion *[d'une école]* ; **~ line** chaîne de montage ; **Assembly of European Regions** Assemblée des régions d'Europe ; **~ plant** usine de montage ; **~ room** salle des fêtes, grande salle ; *pl.* centre de réunion, salles de réunion.

assent *n.* **1** acceptation, accord, agrément, approbation, assentiment, consentement. **2** *Dr.* acte translatif de biens successoraux.

assented securities *Fin.* valeurs (mobilières) dont les caractéristiques ont été modifiées avec l'accord de leurs détenteurs.

assert *v. tr.* **1 (that)** déclarer que, affirmer que, soutenir que, prétendre que, assurer que, avancer que, arguer que. **2** exprimer, exposer *[opinion]* ; faire valoir, revendiquer, défendre *[droits]* ; manifester, affirmer *[indépendance]*, proclamer, clamer, protester de *[innocence]*, afficher *[indépendance]* ; **to ~ one's authority** faire preuve d'autorité, établir/imposer son autorité ; **to ~ authority to raise taxes** revendiquer le pouvoir de lever des impôts ; **to ~ one's identity** affirmer son identité ; **to ~ sole responsibility** assumer toute la responsabilité. **3 to ~ oneself** s'affirmer, se faire entendre, faire entendre sa voix, s'imposer ; imposer sa volonté ; faire preuve d'indépendance ; **Germany is**

trying to ~ itself in the international arena l'Allemagne s'efforce de s'affirmer sur la scène internationale.

assertive *adj. [personne]* sûr de soi ; désireux de s'affirmer/de faire entendre sa voix ; qui tend à se mettre en avant ; entreprenant ; *[ton]* assuré, péremptoire ; *[acte]* témoignant d'une grande assurance ; **to be ~** faire preuve d'autorité/d'assurance.

assertiveness *n.* affirmation de soi, assurance, autorité.

assess *v. tr.* **1** évaluer, apprécier, jauger, porter un jugement/une appréciation sur *[situation, phénomène, qualité],* juger de *[l'intérêt/l'opportunité de qqch.],* faire le bilan de, dresser un bilan de, faire le point de *[la situation],* analyser, prendre la mesure/la dimension de *[problème],* évaluer, estimer *[grandeur],* estimer *[valeur vénale, bien immobilier],* chiffrer *[projet, dommages],* estimer/déterminer la valeur de *[bien imposable, bien à assurer] ;* **to ~ the various alternatives** évaluer les différentes options ; **to ~ the validity of the system** juger de la validité du système. **2** établir/fixer/déterminer/calculer le montant de *[impôt, cotisations sociales, dommages-intérêts],* fixer le montant de *[amende] ;* **to ~ an income** établir le revenu imposable ; **to ~ a premium** déterminer le montant d'une prime (d'assurance) ; **the IRS ~es taxes on income** l'Administration des impôts détermine le montant des impôts sur le revenu ; **damages are ~ed by the jury** le montant des dommages-intérêts est établi par le jury. **3** prélever, percevoir *[impôt].* **4** *[fisc]* soumettre/assujettir à un impôt, imposer *[qqn],* prélever un impôt sur *[bien],* grever *[bien]* d'une taxe, *[impôt]* frapper *[contribuable, matière imposable], [fisc]* asseoir *[impôt] ;* **married persons may elect to be ~ed separately** les conjoints peuvent choisir d'être imposés séparément ; **the tax is ~ed on the profits** l'impôt est assis sur les bénéfices.

assessable income *Fisc.* revenu brut.

assessed value *Fisc.* valeur imposable.

assessment *n.* **1** évaluation, appréciation *[d'une situation, d'un phénomène, de la qualité de qqch.],* appréciation, jugement *[porté sur situation/phénomène/qualité],* bilan, état des lieux, diagnostic ; évaluation, estimation *[d'une grandeur],* estimation *[d'un bien immobilier, de la valeur vénale de qqch.],* estimation, détermination de la valeur, expertise *[d'un bien imposable, d'un bien à assurer] ; Ens.* évaluation. **2** *Fisc.* établissement/fixation/détermination/calcul du montant de *[impôt, cotisations sociales, dommages-intérêts, valeur en douane] ;* liquidation, taxation *[= calcul du montant de l'impôt] ;* fixation du montant *[d'une amende].* **3** *Fisc.* détermination/calcul de l'assiette *[d'un impôt],* assiette *[= détermination de la base d'imposition].* **4** *Fisc.* montant de l'impôt. **5** *Fisc.* avis d'imposition. **6** *Fisc.* prélèvement, perception *[d'un impôt] ;* **the ~ of withholding tax on T-bonds** le prélèvement de l'impôt retenu à la source sur les bons du Trésor à long terme. **7** *Fisc.* imposition *[d'une personne, d'un bien].* **8** contribution *[d'un État membre d'une organisation internationale].* ✪ **~ insurance** assurance mutuelle.

assessor *n.* **1** *Ass.* expert. **2** *Dr.* expert, technicien *[chargé de conseiller le juge lors d'un procès].* **3** *Fisc. ÉU* contrôleur des impôts.

asset *n.* **1** bien ; ressource ; *Compt.* actif, élément d'actif ; *Fin.* actif ; *pl.* a) capital, avoirs, patrimoine ; b) *Compt.* actif ; c) *Fin.* actifs ; **to preserve natural ~s** préserver les ressources naturelles. **2** atout, avantage, fleuron, point fort, force, acquis, bon point, point à mettre à l'actif ; **our employees are our most valuable ~** notre personnel constitue notre atout le plus précieux. ✪ **~ and liability statement** bilan ; **~ management** gestion de patrimoine ; **~s and liabilities** actif et passif ; **~ stripping** vente (systématique) des actifs *[d'une société],* vente par appartements, démembrement/dépeçage de société.

assign *v. tr.* **1 (to)** attribuer à, allouer à, mettre à la disposition de, donner à, distribuer à, assigner à, réserver à, destiner à ; conférer *[pouvoirs]* à ; **to ~ frequencies to radio stations** attribuer des fréquences aux stations de radio ; **~s to the President powers of appointment** confère au président des pouvoirs de nomination ; **powers ~ed to Congress** pouvoirs dévolus au Congrès. **2** charger *[qqn d'une tâche],* confier *[tâche/responsabilité à qqn] ;* désigner/nommer *[qqn]* pour s'acquitter de *[tâche] ;* assigner *[rôle à qqn] ;* **to be ~ed a task** être chargé d'une tâche, se voir confier une tâche ; **to ~ female employees to managerial positions** confier des postes de direction à des femmes ; **to carry out the duties ~ed to him under the regulations** assumer les tâches qui lui sont dévolues par le règlement. **3 (to)** affecter à *[service, emploi],* rattacher à, nommer dans *[service] ;* **each employee is ~ed to a specific unit** chaque travailleur est affecté à un service déterminé ; **the assistant district attorney ~ed to the case** le substitut du procureur chargé de l'affaire ; **pupils are ~ed to classes of about 30** les enfants sont répartis dans des classes d'une trentaine d'élèves. **4 (to)** classer dans ; **to ~ each species to a particular group** classer chaque espèce dans un groupe donné. **5 to ~ importance to** accorder/attacher de l'importance à. **6** *Compt.* imputer *[dépenses à un compte] ;* **to ~ costs to individual products** répartir les coûts entre les différents produits. **7** fixer *[date d'une réunion].* **8** céder, transférer, transmettre *[bien, droit].*

assign(ee) *n.* cessionnaire.

assignment *n.* **1** attribution, distribution *[de ressources limitées, des tâches].* **2** mission ; travail, tâche ; poste, emploi, fonctions, attributions. **3** affectation ; détachement ; nomination. **4** *Ens.* devoir ; travail scolaire. **5** cession, transfert, transmission ; acte de cession.

assignor *n.* cédant.

assistant *n.* **1** assistant, adjoint. **2** vendeur, vendeuse. ✪ **~ district attorney** *ÉU* substitut du procureur ; **Assistant Secretary-General** *ONU* Sous-Secrétaire général ; **Assistant Secretary of State** *ÉU* secrétaire d'État adjoint.

assisted person *Dr.* personne bénéficiant de l'aide juridictionnelle.

associate *n.* **1** associé, collègue ; collaborateur. **2** ami, compagnon, membre de l'entourage ; *pl.* entourage. **3** complice. **4** membre associé *[d'une société savante].* **5** *Ens. ÉU* titulaire d'un diplôme (universitaire) du premier cycle. ✪ **~'s degree** *ÉU* diplôme universitaire du premier cycle *[délivré par un community college ou un junior college].*

associate *adj.* associé, adjoint. ✪ **~ company** filiale ; **~ member** membre associé *[d'une société savante] ;* **~ professor** *ÉU* professeur associé, maître de conférences ; **~ justice** *ÉU* a) (juge) assesseur ; b) juge de la Cour suprême *[autre que le président].*

associated *adj.* connexe, lié ; complémentaire, cumulé, combiné, conjugué ; concomitant ; associé, accessoire ; **(with)** lié à, corrélé avec ; **to be~ with** être lié à, aller de pair avec.

association *n.* **1** association. **2** lien, corrélation. ✪ **Association of South-East Asian Nations** Association des nations de l'Asie du Sud-Est.

assorted *adj.* **1** divers, une série de, de toutes sortes. **2** assorti.

assume *v. tr.* **1** prendre *[un engagement, le pouvoir, le contrôle de qqch.],* parvenir à, accéder à *[au pouvoir] ;* prendre *[ses fonctions],* accéder à *[fonctions] ;* assumer, jouer *[rôle] ;* **to ~ office** entrer en fonction, prendre ses fonctions ; **to ~ power** arriver au pouvoir/aux affaires, prendre le pouvoir ; **to ~ the presidency** accéder à la présidence. **2** s'arroger, usurper *[droit].* **3** assumer *[responsabilité, obligation] ;* prendre en charge/à sa charge/à son compte, reprendre *[dettes/obligations d'autrui],* prendre *[risque] ;* **to ~ responsibility for** a) assumer la responsabilité de/pour ; b) se charger de ; **to ~ a larger share of the costs** prendre en charge une plus grande partie des dépenses. **4** prendre *[caractère particulier, forme particulière, dimension nouvelle, proportions excessives],* prendre, revêtir, présenter *[aspect, importance] ;* **the conflict ~d a particularly bitter form** le conflit a pris un tour particulièrement âpre. **5** postuler *[principe],* reposer sur, se baser sur *[hypothèse] ;* **the budget ~s an exchange rate of 5.20 Danish Crowns to the dollar** aux fins du budget, un taux de change de 5,20 couronnes danoises pour un dollar a été retenu ; **the income of a one-man business is ~d to be the owner's** le revenu d'une entreprise unipersonnelle est censé être celui du propriétaire. **6 (that)** supposer que, partir du principe que, présumer que, tenir pour acquis que, poser que, considérer que, penser que, croire que, s'imaginer que ; **assuming that** dans l'hypothèse où, à supposer que, en admettant que, si, pour autant que.

assumed *adj.* **1** prétendu, feint, faux, fictif. **2** supposé, présumé. ✪ **~ bond** obligation prise en charge par un tiers ; **~ identity** fausse identité ; **~ name** fausse identité ; nom d'emprunt, pseudonyme.

assumption *n.* **1** supposition, présupposé. **2** hypothèse ; principe, postulat.

asymetric digital subscriber line *Internet* raccordement numérique asymétrique.

ATC (air traffic control) contrôle de la navigation aérienne.

ATF (Bureau of Alcohol, Tobacco and Firearms) *ÉU* Bureau de l'alcool, du tabac et des armes à feu.

ATM (asynchronous transfer mode) ATM (mode de transfert asynchrone).

ATM (automated teller machine) *ÉU* **1** GAB (guichet automatique de banque). **2** billetterie *[généralement installée dans des magasins ou supermarchés].*

atomic force microscope microscope à force atomique.

ATP (after-tax profit) bénéfice après impôt.

at sign a commercial, arrobase *[= @].*

attach *v.* **1** *tr.* attacher, fixer *[un objet à un autre],* coller, apposer *[étiquette],* annexer, joindre *[document].* **2** *tr.* **to be ~ed to** être attaché *[affectivement]* à. **3** *tr.* lier ; **~ed to** lié à, associé à, inhérent à, allant de pair avec ; **interest subsidy ~ed to a loan** bonification d'intérêt dont un prêt est assorti ; **to ~ conditions to sth** subordonner qqch. à des conditions, assortir qqch. de conditions ; **three conditions are ~ed to American assistance to Russia** l'octroi d'une aide des États-Unis à la Russie est subordonné à trois conditions. **4** *intr.* **(to)** être lié/inhérent à, aller de pair avec ; **rights ~ing to** droits conférés par ; **the votes ~ing to the shares** les voix auxquelles les actions donnent droit ; **the tax credit ~ing to dividends** l'avoir fiscal. **5** *intr.* **(to)** *[responsabilité]* incomber à *[qqn] ;* **no blame ~es to him in this affair** aucune responsabilité ne lui incombe dans cette affaire. **6** *tr.* **(to)** affecter *[qqn] ;* détacher *[qqn] ;* **to be ~ed to** a) *[personne]* être détaché auprès de *[administration] ;* b) *[personne]* faire partie de *[service],* exercer ses fonctions dans *[administration] ;* c) *[école d'infirmières]* être rattaché à, dépendre de *[hôpital] ;* **an expert panel was ~ed to the Commission** un comité d'experts a été institué auprès de la Commission. **7** *tr.* **(to)** accorder/attribuer/attacher *[de l'importance]* à. **8** *tr. Dr.* saisir *[biens] ;* ordonner l'incarcération de *[qqn].*

attachment *n.* **1 (to)** attachement à *[qqn, idéal, tradition].* **2** détachement *[auprès d'un autre employeur] ;* **on ~ to** *[fonctionnaire]* détaché auprès de. **3** *Dr.* saisie *[de biens] ;* arrestation *[d'une personne].* **4** accessoire *[d'un outil].* **5** pièce jointe, annexe. **6** fichier joint *[à un message électronique].* ✪ **~ of earnings** saisie-arrêt sur salaire.

attack *n.* **1** attaque, agression ; attentat. **2** crise *[cardiaque, d'asthme].*

attempt *n.* **1** tentative. **2** *pl.* efforts. **3** attentat.

attend *v.* **I** *tr.* **1** être présent à/lors de, assister à, participer à *[réunion] ;* fréquenter *[école],* suivre *[cours] ;* **500 guests ~ed the ceremony** 500 invités ont assisté à la cérémonie ; **this meeting was ~ed by representatives of** les participants à cette réunion étaient des représentants de ; **the conference was ~ed by a large number of delegates** la conférence a réuni un nombre élevé de délégués. **2** soigner, prodiguer des soins à, veiller sur, rester au chevet de *[malade] ;* **pregnant women ~ed by midwives** des femmes enceintes soignées par des sages-femmes. **3** *[fait, phénomène]* accompagner, aller de pair avec, être inhérent à, résulter de *[autre fait, autre phénomène] ;* **the abuses that have ~ed the revolution** les exactions qui sont allées de pair avec la révolution. **II ~ on 1** soigner, prodiguer des soins à, veiller sur, rester au chevet de *[malade] ;* s'occuper de *[invité].* **2 ~ on** découler de ; **to be ~ed upon by many risks** comporter beaucoup de risques. **III ~ to 1** écouter, faire/prêter attention à *[explications, demande] ;* se concentrer sur *[son travail].* **2** s'attaquer à, faire face à, s'occuper de, se charger de, régler *[problème],* s'atteler à *[tâche],* s'occuper de *[affaire] ;* vaquer à *[ses occupations, tâches domestiques],* examiner, étudier *[question].* **3** servir *[client].*

attendance *n.* **1** présence, participation, fréquentation, assiduité ; **in ~** présent ; **staff ~ improved last year** le taux d'assiduité s'est amélioré l'année dernière. **2** assistance, public, auditoire, (nombre de) participants, spectateurs ; affluence. **3** assistance, soins. ✪ **~ allowance** allocation pour aide d'une tierce personne. **~ bonus** prime d'assiduité ; **~ book** registre de présence ; **~ fee** jeton de présence ; **~ list** a) feuille de présence ; b) liste des participants ; **~ record** (degré d') assiduité ; **~ register** registre de présence.

attendant *adj.* inhérent, que cela suppose/implique, correspondant, connexe, concomitant, qui accompagne, qui va de pair avec, qui lui est lié, inévitable ; qui en découle/résulte ; **the stock market crash and its ~ unemployment** le krach boursier et le chômage qui lui est associé ; **with the ~ risks of recession** avec les risques de récession que cela suppose.

attention *n.* **1** attention ; **~-grabbing** *adj. [titre de journal]* accrocheur. **2** soins ; **if the symptoms persist, get medical ~** si les symptômes persistent, faites appel à un médecin. ✪ **~ deficit disorder** trouble de l'attention ; **~-getting** *adj.* frappant, qui suscite beaucoup d'attention/d'intérêt, qui ne passe pas inaperçu ; *[procédé]* qui vise à attirer l'attention ; **~ span** durée maximale de l'attention.

attestation *n. Dr.* attestation d'authenticité *[par signature d'un acte par un témoin].*

attested copy copie certifiée conforme.

attitude *n.* **1** attitude. **2** mentalité, esprit, état d'esprit, tournure d'esprit, point de vue, position, opinion, conception, psychologie, dispositions psychologiques, démarche ; *pl.* mœurs ; **~ to** conception de, façon d'envisager ; **changes in ~s** évolution des mentalités ; **~s about driving under the influence tend to become more and more negative** la conduite en état d'ivresse est jugée de façon de plus en plus sévère. **3** *ÉU* arrogance.

attorney *n.* **1** mandataire ; fondé de pouvoir. **2** avocat. ✪ **~ at law** avocat ; **~-client privilege** confidentialité des communications entre le client et son avocat ; **Attorney(-)General** a) *Angl. Attorney-General [= le plus haut conseiller juridique du gouvernement]* ; b) *ÉU* ministre de la Justice ; c) *ÉU Attorney General [= principal conseiller juridique d'un État fédéré]* ; d) *Can.* Procureur général ; **~ in fact** mandataire ; fondé de pouvoir.

attract *v. tr.* **1** attirer. **2** susciter, provoquer *[de l'intérêt, des critiques],* donner lieu à, faire l'objet de, bénéficier de *[publicité],* attirer, retenir *[l'attention]* ; **this proposal has ~ed little comment** cette proposition n'a suscité que peu de commentaires ; **the two identical crimes ~ed different sentences** ces deux délits identiques ont été punis de peines différentes ; **this programme should ~ the highest priority** ce programme doit bénéficier du plus haut degré de priorité. **3** donner lieu au paiement de *[impôt]* ; **capital gains ~s a lower rate of tax** les plus-values sont moins lourdement imposées ; **overdrafts attract an monthly interest of 1.8%** les découverts donnent lieu à la perception d'un intérêt mensuel de 1,8 %.

attraction *n.* **1** (force d') attraction *[d'un aimant].* **2** attrait, attirance. **3** intérêt, avantage. **4** attraction *[= activité qui attire le public].*

attribute *n.* **1** qualité, caractéristique. **2** attribut.

attrition *n.* **1** départs naturels, réduction naturelle des effectifs, attrition. **2** usure ; **war of ~** guerre d'usure ; **to use ~ to beat the rebels** avoir recours à une stratégie d'usure pour vaincre les rebelles.

attuned *adj.* **(to)** en harmonie avec.

ATV (all-terrain vehicle) véhicule tout-terrain.

auction house maison de vente aux enchères.

AUD (Australian dollar) *ISO* AUD (dollar australien).

audi alteram partem *Dr.* principe de la contradiction/du contradictoire.

audience *n.* **1** public, assistance, auditoire, assemblée, spectateurs, parterre, salle ; foule ; **the candidate's ~s have become larger and more enthusiastic** les personnes qui viennent écouter le candidat sont maintenant plus nombreuses et plus enthousiastes ; **he broke the news to a City ~ last night** il a annoncé la nouvelle hier soir, devant un parterre de financiers londoniens. **2** (nombre de) lecteurs, cercle de lecteurs, lectorat ; audience ; (nombre de) téléspectateurs, (nombre d') auditeurs. **3** destinataires. **4** audience *[accordée par une personnalité].* **5** possibilité d'être entendu/d'exposer son point de vue. **6 right of ~** *Dr.* droit de plaider.

audio book livre sonore.

audioslides *n.* diapositives sonorisées.

Audiotex *n.* Audiotel

audiovisual aids/materials documents audiovisuels.

audit *v. tr.* **1** vérifier *[comptes]* ; **independently ~ed accounts** comptes visés par les commissaires aux comptes. **2** *Ens. ÉU* suivre *[cours]* en qualité d'auditeur libre.

audit *n.* **1** vérification/révision des comptes, révision (comptable), contrôle ; *Can.* vérification. **2** rapport d'audit ; rapport du/des commissaire(s) aux comptes. **3** vérificateur des comptes, réviseur, auditeur, audit ; *Can.* vérificateur. **4** examen, contrôle, inspection, bilan, audit ; **an ~ of telephone records revealed nothing** un examen des relevés d'appels téléphoniques n'a rien révélé. ✪ **~ report** rapport du/des commissaire(s) aux comptes ; rapport d'audit ; **~ trail** a) (système de) renvoi aux documents (comptables) de base ; b) (système d') enregistrement des opérations *[à des fins de contrôle notamment].*

auditing *n.* vérification/révision des comptes, révision (comptable), contrôle ; *Can.* vérification.

auditor *n.* **1** *Compt.* commissaire aux comptes, auditeur, audit ; *Can.* vérificateur. **2** *Ens. ÉU* auditeur libre. ✪ **~'s report** rapport du commissaire aux comptes.

auditory nerve nerf auditif.

auspicious *adj.* **1** propice, favorable. **2** encourageant, de bon augure, prometteur.

authentic *adj.* **1** authentique, réel ; **~ account** compte rendu fidèle. **2** authentique, faisant foi ; **both texts are equally ~** les deux textes font également foi. ✪ **~ act** acte authentique ; **~ signature** signature légalisée ; **~ text** *Dr.* texte faisant foi.

authenticated *adj.* ✪ **~ copy** copie certifiée conforme ; **~ cheque** chèque certifié.

author *v. tr.* créer *[site Web].*

authoritative *adj.* **1** *[attitude]* autoritaire, *[ton]* péremptoire, impérieux ; *[personne]* dominateur, dictatorial. **2** investi d'une autorité, habilité, autorisé ; officiel ; **the information supplied is not legally ~** les informations présentées sont dépourvues d'autorité juridique. **3** *[ouvrage, source]* faisant autorité, digne de foi, fiable, sérieux, rigoureux, classique, *[source]* autorisé, bon, sûr, *[avis]* éclairé, autorisé, *[personne]* autorisé, qualifié, compétent, éminent, écouté, respecté.

authority *n.* **1** autorité ; pouvoir. **2** expert, spécialiste, personne compétente/qualifiée ; autorité, référence *[= personne ou ouvrage],* ouvrage de référence, source ; **to have ~** faire autorité ; **to have sth on good ~** tenir/avoir appris qqch. de source sûre. **3** mandat, pouvoir(s), titre, qualité, autorisation ; **to have ~ to** être autorisé/habilité à, avoir qualité pour, être mandaté pour ; **a person who has ~ to act for the company** une personne mandatée pour agir au nom de l'entreprise ; **he acted without ~ from the President** il agissait sans l'autorisation du président. **4** office, bureau, service, administration, instance, régie ; *pl.*

autorités, instances, administration, services, pouvoirs publics ; **tax authorities** administration fiscale, fisc. **5** *Dr.* précédent ; précédent, doctrine ou loi ; *pl.* jurisprudence ; *pl.* jurisprudence, doctrine et législation ; **a previous judgement was cited as an ~ for deciding the case** un jugement antérieur a été invoqué pour trancher l'affaire. **6** motif, justification, droit. ✪ **on one's own ~** de sa propre initiative/autorité, de son propre chef ; sans autorisation ; *[***for foreign-policy purposes determined by the President on his own ~** à des fins de politique étrangère déterminées par le président de sa propre initiative*]*.

authorized *adj.* autorisé, agréé, habilité, mandaté. ✪ **~ capital** capital autorisé ; **~ dealer** distributeur agréé ; **~ person/representative** mandataire, représentant dûment mandaté.

authorship *n.* qualité d'auteur ; paternité.

autograft *n.* autogreffe.

autologous (blood) transfusion autotransfusion, transfusion autologue.

automated teller machine *ÉU* guichet automatique de banque.

automatic *adj.* automatique ; automatisé, informatique. ✪ **~ data processing** informatique ; **~ debit transfer** *Banque RU* prélèvement automatique ; **~ renewal** *Dr.* tacite reconduction ; **~ stabilizers** *Écon.* stabilisateurs automatiques.

automatically *adv.* **1** automatiquement. **2** *Dr.* de plein droit ; **~ void** nul de plein droit.

autrefois *adv. Dr.* ✪ **~ acquit** exception de chose jugée *[l'accusé ayant été acquitté précédemment]* ; **~ convict** exception de chose jugée *[l'accusé ayant déjà été condamné]*.

avail *v.* **1** *intr.* être efficace/utile, aboutir, faire ses preuves ; **it has not ~ed** cela n'a servi à rien, cela n'a été d'aucun secours. **2** *tr.* profiter à, être utile à. **3 to ~ oneself of** tirer parti de, faire usage de, bénéficier de, profiter de, avoir recours à, recourir à *[possibilité, avantage]*, exercer, user de *[droit]*, invoquer, se prévaloir de *[droit, disposition juridique]*, utiliser, user de *[faculté donnée à qqn]*, saisir *[occasion]*, accepter *[offre]* ; **he ~ed himself of his right not to incriminate himself** il a fait valoir son droit de ne pas s'accuser lui-même.

avail *n.* **1** avantage, profit. **2** *pl. Comm. ÉU* produit net *[d'une vente]*. **3 of little ~** peu efficace ; **to be of little ~** ne pas servir à grand-chose ; **of no ~** inutile, inefficace ; **to be of no ~** ne servir à rien, n'être d'aucune utilité/d'aucun secours, être/rester vain, ne rien donner ; **to little ~** sans grand succès ; **to no ~** en vain, sans succès, pour rien, sans résultat, en pure perte ; **all the precautions were to no ~** toutes ces précautions n'ont servi à rien.

avarice *n.* avidité, cupidité ; appât du gain.

avatar *n.* **1** avatar. **2** manifestation, forme, aspect.

avenue *n. Fig.* voie, moyen, possibilité ; solution.

average *n.* **1** moyenne. **2** *Ass. mar.* avarie. **3** *Ass.* réduction proportionnelle. ✪ **~ adjuster** *Ass. mar.* dispatcheur, commissaire d'avaries ; **~ adjustment** *Ass. mar.* règlement d'avaries ; **~ clause** *Ass.* clause relative à la règle proportionnelle ; **~ statement** *Ass. mar.* constat d'avaries ; **with ~** *[assurance]* à tous risques.

averaging *n. Bourse* ✪ **~ down** *[faire une]* moyenne en baisse ; **~ up** *[faire une]* moyenne en hausse.

aviation fuel/gas carburant aviation ; kérosène *[pour avion à réaction]*.

avionics *n.* **1** avionique. **2** électronique de bord.

avoid *v. tr.* **1** éviter, se garder de ; faire l'économie de ; épargner *[qqch. à qqn]*. **2** *Dr.* résoudre *[contrat]*.

avoidance *n.* **1** soin mis à esquiver/à ne pas aborder *[question délicate]*, dérobade *[face à un problème délicat]*, évitement. **2** mesures prises pour se prémunir contre/prévenir/empêcher *[(la survenance d') un problème]*, mesures visant à éviter/empêcher/prévenir, prévention, mesures anti-..., non-... **3** *Dr.* annulation.

avoirdupois *adj.* ✪ **~ pound** livre avoirdupoids *[= 0,453 6 kg]* ; **~ ton** tonne forte *[= 2240 livres ou 1016 kg]* ; **~ weight** système avoirdupoids.

avow *v. tr.* **1** avouer. **2** affirmer.

avowed *adj. [homosexuel, but]* déclaré.

AWACS (airborne warning and control system) AWACS (système aéroporté d'alerte et de contrôle).

award *v. tr.* accorder, octroyer *[bourse, dommages-intérêts]*, allouer *[dommages-intérêts]*, attribuer *[note à un élève]*, conférer *[diplôme, décoration, distinction, titre]*, décerner *[diplôme, distinction, prix]*, délivrer *[diplôme, brevet]*, passer, attribuer *[contrat]*, passer, adjuger, attribuer *[marché public]* ; *Dr.* adjuger *[dépens]*.

award *n.* **1** octroi, attribution ; concession *[de travaux publics]* ; **~ of public contracts** passation des marchés publics. **2** allocation, prime. **3** *Ens.* bourse (d'études). **4** *Ens.* diplôme. **5** prix *[littéraire, etc.]*, récompense. **6** *Dr.* sentence arbitrale ; décision (de justice), jugement, arrêt ; dommages-intérêts accordés, indemnité ; **jury ~s are more and more outrageous** le montant des dommages-intérêts octroyés par les jurys sont de plus en plus exorbitants. **7** accord *[conclu par les partenaires sociaux]*. ✪ **~ of costs** adjudication des dépens ; **~-winning** *adj. [livre, film]* primé.

aware *adj.* **(of)** conscient de, au courant de, renseigné au sujet de, informé sur, au fait de, averti de ; attentif à, sensible à, sensibilisé à ; **to be ~ of** apprécier, mesurer, se rendre compte de ; connaître, savoir, avoir connaissance de ; être conscient de, avoir conscience de ; **to become ~ of** prendre conscience de, se rendre compte de ; **to make sb ~ of sth** faire connaître qqch. à qqn, informer qqn au sujet de qqch. ; **politically ~** conscient des enjeux/réalités politiques, bien au fait des questions/problèmes politiques, sensibilisé aux questions politiques.

awareness *n.* connaissance, (prise de) conscience, perception, information(s), sensibilisation, vigilance ; sens, sentiment ; **to raise (public) ~** sensibiliser l'opinion publique ; **to increase/raise (the) ~ of** sensibiliser (davantage) à, faire mieux connaître ; **to increase public ~ of** (mieux) sensibiliser le public/l'opinion à ; **to generate greater ~ of** faire mieux connaître ; **to improve public ~ of public transport** mieux faire connaître les transports en commun au public ; **to acquire a greater ~ of the mismanagement of many companies** mieux prendre conscience des erreurs de gestion commises dans de nombreuses entreprises ; **to promote social ~ among managers** sensibiliser les cadres aux problèmes sociaux.

AWB (air waybill) LTA (lettre de transport aérien).

awe *n.* admiration (mêlée d'appréhension), profond respect ; fascination ; stupéfaction ; sentiment d'humilité ; **~-inspiring** *adj.* impressionnant, admirable, superbe, splendide, stupéfiant, monumental, surhumain.

A-weighted decibel décibel pondéré A *[= unité de mesure du niveau sonore perçu par l'oreille humaine].*

awkward *adj.* **1** maladroit, gauche ; disgracieux, lourd, peu élégant. **2** difficile, malaisé, peu commode, peu maniable, mal conçu. **3** *[situation]* embarrassant ; délicat ; désagréable, *[problème]* délicat, épineux, *[incident, coïncidence]* fâcheux ; *[observation]* inopportun, malencontreux, incongru, *[compromis]* boiteux, *[dénomination]* mal choisi ; **to ask ~ questions** poser des questions embarrassantes ; **~ choice** dilemme. **4** *RU [personne]* peu coopératif.

awol (absent without leave) *Mil.* absent sans permission.

axe *v. tr. Fig.* **1** licencier *[travailleurs]*. **2** supprimer *[emplois, programme],* mettre fin à *[programme],* faire/opérer des coupes sombres dans *[effectifs, budget],* réduire, sabrer/tailler dans *[dépenses, budget, effectifs],* amputer *[budget].*

axe to grind arrière-pensée, idée derrière la tête, intention cachée, intérêt caché, motif caché/inavoué.

axle load/weight *Transp.* charge à l'essieu.

B

BA (Bachelor of Arts) **1** licencié(e) ès lettres ; *Can.* bachelier/bachelière ès arts. **2** licence ès lettres ; *Can.* baccalauréat ès arts.

BA (British airways) British airways.

baathist *adj.* baa(s)siste.

Baath Party *Irak, Syrie [le]* Baath, Baas.

baby *n.* bébé, nourrisson. ✪ **Baby Bell** *ÉU* compagnie locale de téléphone ; **~ boom** forte augmentation du nombre de naissances, baby-boom ; **~ boomer** enfant du baby-boom.

baccalaureate (degree) *ÉU* licence ; *Can.* baccalauréat.

bachelor *n. Ens.* ✪ **Bachelor of Arts** a) licencié(e) ès lettres ; *Can.* bachelier/bachelière ès arts ; b) licence ès lettres ; *Can.* baccalauréat ès arts ; **Bachelor of Science** a) licencié(e) ès sciences ; *Can.* bachelier/bachelière ès sciences ; b) licence ès sciences ; *Can.* baccalauréat ès sciences ; **~'s degree** licence ; *Can.* baccalauréat.

back *v.* **I** *tr.* **1** appuyer, soutenir *[candidat, gouvernement, position, action]* ; aider, assister, seconder *[qqn]* ; être en faveur de, se prononcer pour/en faveur de, cautionner *[idée, réforme]* ; confirmer *[hypothèse]*, étayer *[théorie, accusation]* ; **the government-~ed candidate** le candidat soutenu par le gouvernement ; **the committee refused to ~ euthanasia** le comité a refusé de se prononcer en faveur de l'euthanasie ; **to ~ words with action** joindre l'acte à la parole ; **the rhetoric was not ~ed by any practical steps** les proclamations n'ont été suivies d'aucune mesure concrète ; **to be ~ed by** être assisté par, bénéficier de l'appui/de l'assistance/de l'aide de, être entouré de, avoir à ses côtés, être flanqué de *[collaborateurs, conseillers]* ; **the unit head is ~ed by a staff of eight civil servants** le chef de service est assisté par huit fonctionnaires. **2** accorder un appui financier à, commanditer *[qqn]*, financer, commanditer *[société nouvelle, projet]*. **3** avaliser *[effet de commerce]* ; garantir *[emprunt, obligation]* ; **US Treasury bills are ~ed by the United States government** les bons du Trésor américains sont garantis par le gouvernement des États-Unis. **4** faire reculer *[véhicule]*. **II ~ away** battre en retraite. **III ~ away from 1** renoncer à *[exigence]*. **2** tourner le dos à ; prendre ses distances avec/vis-à-vis de ; **the country ~ed away from US-style capitalism** le pays a tourné le dos au capitalisme à l'américaine. **3** revenir sur *[position, engagement, témoignage]*. **IV ~ down** faire marche/machine arrière, battre en retraite, reculer ; renoncer, ne pas insister ; plier, céder ; **both countries ~ed down and concluded a peace agreement** les deux pays ont lâché du lest et ont conclu un accord de paix. **V ~ down from** renoncer à *[exigence]*. **VI ~ down on** revenir sur *[accord]*. **VII ~ off** faire marche/machine arrière, battre en retraite, reculer ; renoncer, ne pas insister ; plier, céder. **VIII ~ off from** revenir sur *[affirmation]* ; **the newspaper ~ed off from its claims** le journal est revenu sur ses affirmations. **IX ~ out** faire marche/machine arrière ; battre en retraite. **X ~ out of** revenir sur *[accord, engagement]*, se dédire de *[engagement]*. **XI ~ up 1** appuyer, soutenir, aider, assister, seconder *[qqn]* ; compléter *[des mesures par d'autres]* ; **each delegation was ~ed up by experts** chaque délégation était assistée par des experts. **2** *[preuves, arguments]* appuyer, soutenir, étayer, conforter, confirmer, corroborer *[théorie, allégation, hypothèse, version des faits]*, renforcer, donner plus de poids à *[argument, menace]* ; **the scientists ~ up their theory with incontrovertible evidence** les scientifiques étayent leur théorie à l'aide de données irréfutables ; **the figures seem to ~ him up** les chiffres semblent lui donner raison ; **to ~ up a request by a threat of violence** donner plus de poids à une demande en l'assortissant d'une menace de recours à la violence ; **to ~ up one's words with action** joindre l'acte à la parole, agir conformément à ses discours, mettre ses actes en conformité avec ses déclarations. **3** *ÉU [véhicules]* former un bouchon, *[circulation]* être bloqué/immobilisé ; *[choses excédentaires, courrier]* s'accumuler ; **to be ~ed up** *[véhicules]* former un bouchon, *[circulation]* être bloqué/immobilisé ; **more than 300 cars were ~ed up on the Russian border** plus de 300 voitures étaient bloquées à la frontière russe. **4** faire reculer *[véhicule]*. **5** *Inf.* sauvegarder *[données]*. **6** *Inf.* faire une copie de sauvegarde.

back *n.* ✪ **~ pain** mal de dos, douleurs dorsales, dorsalgies ; **~-to-~** *adj. [réunions]* tenu l'un à la suite de l'autre, consécutif ; **~ to ~** successivement, l'un à la suite de l'autre, d'affilée ; **~-to-~ loan** crédit adossé/subsidiaire ; **~ to ~ with** juste avant ; juste après ; juste/immédiatement avant ou après ; **on the ~ of** a) au verso de, au dos de ; b) *Fig.* en raison de, grâce à.

back *adj.* ✪ **~-alley abortion** *ÉU* avortement clandestin ; **~ burner** *Fig.* position secondaire, second plan ; *[***to be on the ~ burner** avoir un faible degré de priorité ; être relégué/passer au second plan, être en veilleuse ; **to put on the ~ burner** reléguer au second plan, accorder un faible degré de priorité à ; **the debt-relief plan may be put on the ~ burner** il se peut que le projet d'allégement de la dette soit mis en veilleuse*]* ; **~ copy** numéro antérieur, ancien numéro *[d'une revue]* ; **~ country** *Austr.* zone éloignée des centres urbains ; **~ cover** quatrième de couverture *[d'une revue]* ; **~ door** *Fig.* moyen/procédé détourné/irrégulier ; *[***at the ~ door** *Fin. RU « at the back door »*, par des achats de bons du Trésor aux prix du marché ; **by/through the ~ door** par une voie détournée, de façon détournée/insidieuse, insidieusement, en sous main, subrepticement, furtivement, à la sauvette, en douce, ni vu ni connu, de façon irrégulière/illicite, par des procédés douteux ; **to get in through the ~ door** être parachuté (dans un emploi)*]* ; **~-door** *adj.* détourné, occulte, insidieux, qui ne dit pas son nom, *[accord]* conclu en sous main ; **~-end charge** *FCP* droits de sortie ; **~ interest** arriéré d'intérêts ; **~ issue/number** numéro antérieur, ancien numéro *[d'une revue]* ; **~ office** service de suivi/traitement administratif, *[le]* post-marché ; **~ order** a) commande en souffrance ; b) commande portant sur les articles non livrés à la suite de la commande initiale ; **~ pay** a) rappel de rémunération *[en cas d'augmentation avec effet rétroactif]* ; b) arriéré de rémunération, rémunérations impayées/dues ; **~ rent** loyers impayés ; **~ seat** a) banquette arrière ; b) *Fig.* position secondaire, second plan ; *[***to take a ~ seat** être relégué/passer au second plan*]* ; **~-street abortion** *RU* avortement clandestin ; **~ taxes** arriérés d'impôts.

backaches *n. pl.* maux de dos, douleurs dorsales, dorsalgies.

backbench *n. RU* **1** *pl.* bancs des simples députés. **2** (simples) députés, députés ordinaires/de base, députés sans responsabilités particulières ; députés non investis de responsabilités gouvernementales ; **~ member** simple député ; **a ~ rebellion over local taxes** une fronde des députés de la majorité contre les impôts locaux.

backbencher *n. RU* (simple) député, député ordinaire/de base, député sans responsabilités particulières ; député non investi de responsabilités gouvernementales ; **the Prime Minister had to**

respond to the concerns of his ~s le Premier ministre a dû répondre aux préoccupations des députés de son parti.

backbone *n. Fig.* **1** pilier, élément central/essentiel/clé, fondement, base, épine dorsale, ossature, charpente ; idée maîtresse ; cheville ouvrière ; **a country which has mining as its ~** un pays dont l'exploitation minière constitue l'activité principale ; **agriculture is the ~ of Cuba** l'économie cubaine repose sur l'agriculture. **2** force de caractère, courage. **3** *Télématique* dorsale.

backchannel *n.* voie de communication officieuse/secrète.

backdoor financing *ÉU* financement de dépenses par emprunt au Trésor.

backdrop *n.* contexte, toile de fond, circonstances, cadre, environnement ; **against the ~ of** dans un contexte de, sur fond de, au milieu de, alors que, dans un climat de ; à la lumière de.

backer *n.* **1** partisan *[d'un projet, d'un mouvement]*. **2** bailleur de fonds, commanditaire ; personne/investisseur qui finance le projet ; **a potential ~ for the project** un commanditaire potentiel du projet. **3** *Lettre de change* donneur d'aval.

backfire *v. intr.* se retourner contre soi/son auteur, avoir un effet boomerang ; **the scheme could ~** ce plan pourrait se retourner contre ses auteurs/produire des effets contraires à ceux attendus ; **such tactics could ~** il s'agit d'une tactique à double tranchant ; **the charges could ~ against the government** les accusations pourraient se retourner contre le gouvernement.

backfire *n. Fig.* retour de flamme/de bâton/de manivelle, choc/effet en retour, effet boomerang.

background *n.* **1** fond, ambiance, décor, cadre, alentours ; **~ music** musique d'ambiance. **2** parasites, interférences. **3** arrière-plan, second plan ; coulisse, ombre ; **to stay in the ~** se tenir/rester à l'écart/en retrait/dans l'ombre/dans la coulisse ; passer inaperçu ; rester discret, ne pas se faire remarquer ; être latent. **4** contexte, circonstances, cadre (général), situation (générale), conditions (générales), environnement, fond (de tableau), paysage, panorama, climat ; genèse, historique, histoire, antécédents, tenants et aboutissants ; **historical ~** contexte historique ; **against a/the ~ of** dans un contexte de, sur fond de, au milieu de, dans un climat de ; **to take place against the ~ of** avoir pour théâtre, s'inscrire dans (le cadre de) ; **against this ~** face à cette situation, dans ces conditions, dans ce contexte, dans cette perspective, à la lumière/compte tenu des considérations qui précèdent/de ce qui précède, en conséquence, dans cette optique, sur cette toile de fond ; **the social ~ necessary to understand political change** le contexte social indispensable à la compréhension du changement politique ; **the general ~ to corporate decisions** le cadre général dans lequel s'inscrivent les décisions des entreprises ; **against a ~ of rapid change** sur fond de mutations rapides ; **against a ~ of rising interest rates** alors que les taux d'intérêt sont orientés à la hausse ; **it is against this ~ that the economic prospects will be examined** c'est à la lumière de ces considérations que les perspectives économiques seront examinées. **5** informations générales, éléments d'appréciation, renseignements de caractère général. **6** historique, rappel historique, rappel des faits, rétrospective, généralités, considérations générales, données générales, aperçu général/historique, introduction, rappel des faits, position du problème, note préliminaire, état de la question, exposé du problème, données du problème. **7** origine sociale, origines (sociales), milieu (d'origine), milieu socioculturel, appartenance sociale, classe sociale, catégorie sociale/socioprofessionnelle, extraction, condition, souche, milieu, antécédents, passé, culture, héritage culturel, parcours, histoire personnelle/familiale ; *pl.* horizons (divers) ; **family ~** situation familiale ; milieu familial ; **class ~** origine sociale ; **ethnic ~** appartenance ethnique ; **the new ministers come from every ~** les nouveaux ministres sont issus de tous les milieux ; **voters of working-class ~** des électeurs appartenant à la classe laborieuse ; **the committee members have a variety of ~s** les membres du comité proviennent d'horizons très divers. **8** formation (générale), niveau d'études, niveau d'instruction ; bagage, expérience, qualifications, niveau de qualification, curriculum vitae, parcours *[= études et expérience professionnelle]*, itinéraire, références, profil, (profil de) carrière, états de services, connaissances (générales), culture générale ; **educational ~** études ; **a man with a scientific ~** un homme de formation scientifique ; **experts coming from varied ~s** des experts de formations diverses ; **the ambassador lacks any ~ in diplomatic negotiation** l'ambassadeur est dépourvu de toute expérience de la négociation diplomatique ; **to consider the experience and the ~ of the candidates** prendre en considération l'expérience et les qualifications des candidats. ✪ **~ briefing** *Journ.* réunion d'information confidentielle *[placée sous la règle de la non-divulgation de la source]* ; communication d'informations à titre confidentiel *[dont la source ne peut être divulguée]* ; **~ check** contrôle des antécédents ; **~ data** données de base ; **~ document** document de travail/de séance/de référence/d'information/de base ; **~ information** informations générales/de base, éléments d'appréciation, renseignements de caractère général ; **~ material** a) informations générales/de base, éléments d'appréciation, renseignements de caractère général ; b) documents de travail/de séance/de référence/d'information/de base ; **~ noise** bruit de fond ; **~ paper** document de travail/de séance/de référence/d'information/de base ; **~ radiation** a) rayonnement ambiant/de fond ; b) *Astrophysique* rayonnement fossile de l'univers ; **in the ~** *Inf.* en tâche de fond ; **on ~** *Journ.* sans que les propos tenus puissent être attribués à leur auteur, étant entendu que son nom ne serait pas cité, sous le couvert de l'anonymat ; **/his remarks were made on ~** il était entendu que ses propos ne pourraient lui être attribués ; **to brief reporters on ~** informer les reporters sous condition de non-divulgation de la source*]*.

backgrounder *n.* **1** note d'information. **2** *Journ.* réunion d'information confidentielle *[placée sous la règle de la non-divulgation de la source]*.

backing *n.* **1** appui, soutien, concours ; aval, caution. **2** aide financière, capitaux.

backlash *n. Fig.* réaction négative/hostile/brutale/violente/de rejet, vive réaction, tempête de protestations, retour de flamme, choc en retour ; conséquences négatives ; **there was a tremendous ~ against the sacking of the union steward** le renvoi du délégué syndical a suscité des réactions extrêmement négatives ; **any further initiative would lead to a ~** toute nouvelle initiative engendrerait des protestations.

backlit *adj. Inf. [écran]* rétro-éclairé.

backlog *n.* travail en retard, accumulation (de travail), arriéré, retard, dossiers en suspens/en souffrance/en attente, travaux en souffrance ; *Bourse* suspens *[= opérations en attente de dénouement]* ; **~ of orders** commandes en souffrance, arriéré de commandes ; **to catch up on one's ~** rattraper son retard.

backpedal *v. intr. Fig.* battre en retraite, faire marche/machine arrière.

backroom *n. Fig.* coulisse, ombre.

backslash *n. Inf.* barre oblique inverse.

backslide *v. intr.* **1** *[personne],* reprendre ses mauvaises habitudes, retomber dans ses errements, flancher. **2** *[situation]* se dégrader. **3 (on)** revenir sur *[engagement].*

backstop *n.* appui, soutien.

back to basics retour aux grands principes, retour aux valeurs fondamentales.

backtrack *v.* **~ on** revenir sur *[engagement] ;* modifier *[sa position].*

backup *n.* **1** appui, aide, assistance ; complément ; encadrement. **2** *Inf.* sauvegarde *[de données] ;* copie de sauvegarde. **3** réserve ; **as a ~** pour plus de sécurité, en cas de problème, en deuxième ligne. **4** *ÉU* blocage ; bouchon, embouteillage.

backup *adj.* **1** d'assistance ; **~ measures** mesures d'accompagnement. **2** auxiliaire, d'appoint, de secours, de réserve, de substitution, de repli, complémentaire. ✪ **~ copy** *Inf.* copie de sauvegarde ; **~ materials** *Ens.* matériels didactiques/éducatifs ; **~ unit** *Inf.* unité de sauvegarde.

backward *adj.* **1** en retard, attardé ; peu avancé ; rétrograde ; **~ area** zone sous-développée. **2** *Méd.* arriéré. ✪ **~ integration** *Écon.* intégration en amont.

backwardation *n. Bourse RU* déport *[= écart positif entre le cours au comptant et le cours à terme].*

backwardness *n.* **1** *Écon.* retard ; sous-développement. **2** *Méd.* arriération mentale.

backwards-compatible *adj.* compatible avec les technologies antérieures.

backyard *n. Fig.* zone/sphère d'influence, chasse gardée ; **in one's own ~** (tout près de) chez soi.

bad *adj.* mauvais, à problèmes, de qualité inférieure, de mauvaise qualité, insuffisant, déficient, déplorable, lamentable, affligeant, médiocre. ✪ **~ apple** brebis galeuse ; **~ blood** ressentiment, inimitié ; **~ check/cheque** chèque sans provision ; **~ debt** créance irrécouvrable ; **~ form** mauvaises manières, manque de courtoisie ; *[***to be ~ form** être déplacé/de mauvais goût*] ;* **~ name** mauvaise réputation ; **~ weather** mauvais temps, intempéries.

Baden-Württemberg *n. Allemagne [le]* Bade-Wurtemberg.

badly *adv.* **1** mal. **2** très, beaucoup, considérablement, intensément ; **to be ~ hit by** être durement touché par ; **~ needed** qui fait cruellement défaut, dont on a tant besoin ; **the bank granted her a ~ needed loan** la banque lui a consenti un prêt dont elle avait grand besoin ; **a ~ needed modernization of the party took place** une modernisation du parti qui s'imposait d'urgence a eu lieu. **3** négativement, terriblement, *[frapper]* lourdement, durement, *[blesser]* gravement.

Baffin *adj.* ✪ **~ Bay** baie/mer de Baffin ; **~ Island** terre de Baffin.

baggage *n.* ✪ **~ allowance** franchise de bagage ; **~ carousel** carrousel de distribution des bagages, tapis bagages ; **~ claim** salle (de livraison) des bagages ; **~ clearance** contrôle des bagages *[à l'aéroport] ;* **~ handler** *Transp. aériens* bagagiste ; **~ locker** consigne ; **~ reclaim (area/hall)** salle (de livraison) des bagages ; **~ room** *ÉU* consigne ; **~ trolley** chariot à bagages.

bag lady clocharde.

Baha'i *n., adj.* baha'i *[pl. baha'i].*

Baha'ism *n.* baha'isme.

Bahamian *adj.* bahamien.

Bahasa Indonesia bahasa indonesia *[= langue nationale de l'Indonésie].*

Bahraini *adj.* bahreïnite.

bail *v.* **I** *tr.* **1** confier en dépôt. **2** *[juge]* libérer sous caution ; *[particulier]* obtenir la libération sous caution de, payer la caution de. **II ~ out 1** *[juge]* libérer sous caution ; *[particulier]* obtenir la libération sous caution de, payer la caution de. **2** venir à la rescousse de, sauver, soulager, tirer d'embarras ; renflouer, remettre à flot, sauver *[entreprise]* (de la faillite). **3** sauter en parachute ; s'éjecter.

bail *n.* **1** caution *[que verse un détenu pour être libéré].* **2** libération sous caution, (mise en) liberté sous caution ; **to admit to ~** libérer sous caution ; **to forfeit (one's) ~** ne pas comparaître *[après avoir été libéré sous caution] ;* **to go ~ for** se porter caution pour *[détenu à libérer sous caution] ;* **to grant ~ to** libérer sous caution ; **to jump ~** ne pas comparaître *[après avoir été libéré sous caution] ;* **(out) on ~** libéré sous caution ; **to release on ~** libérer sous caution ; **the suspect was released on ~ of £10,000** le suspect a été libéré contre versement d'une caution de 10 000 livres ; **to stand ~ for** se porter caution pour *[détenu à libérer sous caution] ;* **to surrender to one's ~** comparaître *[après avoir été libéré sous caution].*

bailee *n.* dépositaire.

bailiff *n.* **1** *RU* huissier de justice. **2** *ÉU* huissier audiencier. **3** *ÉU* adjoint de shérif. **4** *RU* régisseur *[d'une propriété].*

bailment *n.* dépôt.

bailor *n.* déposant.

bailout *n.* renflouement, remise à flot, sauvetage *[d'une entreprise en difficulté].*

Baku *n. Azerbaïdjan* Bakou.

balance *v.* **1** *tr. [montant]* être égal à, être aussi élevé que *[autre montant].* **2** *tr.* contrebalancer, compenser, faire contrepoids à, neutraliser. **3** *tr. Compt.* solder *[compte] ;* **to ~ the books** a) arrêter les comptes ; b) équilibrer les comptes. **4** *tr.* régler *[compte].* **5** *tr.* équilibrer, boucler *[budget] ;* établir/trouver/maintenir un (juste) équilibre entre *[plusieurs éléments d'un ensemble],* équilibrer *[ensemble d'éléments, régime alimentaire],* tenir la balance égale entre, garder/respecter un juste milieu entre, concilier *[ensemble d'éléments] ;* **to ~ sth against sth else** trouver un compromis entre qqch. et qqch. d'autre ; **to ~ mercy and justice** trouver un juste équilibre entre l'indulgence et la justice ; **to ~ socialism with economic pragmatism** concilier le socialisme avec le pragmatisme sur le plan économique. **6** *intr.* s'équilibrer ; **the favourable and unfavourable consequences ~** les conséquences favorables et défavorables s'équilibrent. **7** *intr. [comptes]* être en équilibre. **8** *tr.* mettre en balance *[plusieurs considérations] ;* **(against, with)** mettre en balance *[avantages]* avec *[inconvénients] ;* **I had to ~ the arguments for and against** j'ai dû mettre en balance les arguments pour et contre ; **to ~ the attractions and the risks of the plan** mettre en balance les avantages et les risques du projet. **9 ~ out** s'équilibrer.

balance *n.* **1** équilibre ; harmonie ; dosage, importance relative ; **to establish a ~ between** concilier. **2** balance *[des paiements].* **3** bilan. **4** solde, reliquat, reste, excédent, déficit, restant. ✪ **~ at bank** *Compt.* solde en banque ; **~ brought down** *Compt.* solde ; **~ brought forward** *Compt.* report ; **~ carried down** *Compt.* solde ; **~ carried forward** *Compt.* report ; **~ in hand** *Compt.* solde disponible ; **~ of forces** rapport de forces ; **~ of payments** balance des paiements ; **~ of power** a) rapport de forces ; b) forces en présence ; c) équilibre des forces ; *[***to hold the ~ of power** *Pol.* être en position d'arbitre, jouer un rôle d'arbitre, faire la décision, être le maître du jeu ; **the unionists would have the ~ of power in a hung parliament** les unionistes seraient en position d'arbitres dans un parlement sans majorité*]* ; **~ of probabilities** probabilité relative ; *[***on a ~ of probabilities** *Dr.* sur la base de l'hypothèse la plus vraisemblable, selon le critère de la plus grande probabilité ; *Can.* selon la prépondérance des probabilités ; **his theory seems acceptable on a ~ of probabilities** sa théorie semble acceptable, dans la mesure où elle a plus de chance d'être exacte que d'être fausse ; **the court was not convinced that, on the ~ of probabilities, it had been shown that the food had been contaminated** le tribunal n'était pas convaincu qu'il avait été montré, selon le critère de la plus grande probabilité, que les aliments avaient été contaminés*]* ; **~ of the evidence** prise en compte de l'ensemble des données disponibles ; **~ of trade** balance commerciale ; **~ on capital account** balance des opérations en capital ; **~ on current account** balance des opérations courantes ; **~ on hand** *Compt.* solde disponible ; **~ sheet** a) bilan *[d'une entreprise]* ; b) *Compt. nat.* compte de patrimoine ; **~-sheet** *adj.* bilantiel ; **~ wheel** *Fig.* facteur d'équilibre/de stabilité ; **in the ~** incertain ; en jeu ; *[***to be/lie/hang in the ~** a) être indécis/incertain ; b) être en jeu ; **his future is in the ~** son avenir est en jeu ; **to put sth in the ~** mettre qqch. en jeu*]* ; **off ~ sheet** hors bilan ; **on ~** dans l'ensemble, plutôt, globalement, l'un dans l'autre, au total, tout bien considéré/pesé, en définitive ; **on ~ sheet** inscrit au bilan ; **strike a ~** garder/tenir un/le juste milieu, établir/trouver/respecter un (juste) équilibre, réaliser un équilibre satisfaisant ; *[***to strike a ~ between... and** trouver un compromis/moyen terme/juste milieu entre... et, concilier... et, équilibrer... et, tenir la balance égale entre... et*]* ; **tip the ~** faire pencher la balance, être l'élément décisif.

balanced *adj.* **1** (bien) équilibré, en équilibre, harmonieux ; **~ diet** régime équilibré. **2** *[compte rendu]* objectif, impartial ; nuancé, mesuré. ✪ **~ budget** budget en équilibre ; **~ budget multiplier** *Écon.* effet multiplicateur du budget en équilibre.

balancing *adj.* ✪ **~ act** exercice d'équilibriste, dosage subtil, compromis, mise en balance ; **~ item** *Compt.* solde comptable.

balloon *v. intr. Fig.* augmenter considérablement/très rapidement, exploser ; **sales of cordless telephones ~ed** la vente de téléphones sans fil a explosé ; **the nation's ~ing unemployment figures are raising concern** l'augmentation rapide des chiffres du chômage dans le pays suscite des préoccupations.

balloon *n.* ✪ **~ angioplasty** angioplastie par ballonnet ; **~ loan** prêt *in fine.*

ballot *n.* **1** (tour de) scrutin, vote, élection(s), consultation ; **to hold a ~** procéder à un vote/une consultation ; **she came first in the ~ but did not have an overall majority** elle est arrivée en tête de l'élection mais n'a pas obtenu de majorité absolue ; **leaders of the union are usually chosen by ~** les dirigeants du syndicat sont généralement désignés par voie de scrutin. **2** bulletin de vote. **3** tirage au sort. ✪ **~ box** urne ; **~ count** dépouillement du scrutin ; **~ paper** bulletin de vote ; **~ rigging** fraude électorale ; **~ stuffing** *ÉU* bourrage des urnes.

balloting *n.* élections.

ballpark figure estimation.

Baltic States États baltes.

ban *v. tr.* interdire *[parti, importations],* exclure, mettre hors la loi ; mettre à l'index.

banana *n.* ✪ **~ boat/carrier** bananier ; **~ producer** planteur de bananes ; **~ republic** république bananière ; **~ ship** bananier.

band *n.* **1** tranche *[d'âge, d'imposition],* fourchette ; *Change* marge de fluctuation. **2** bande *[de fréquences].* **3** groupe. **4** orchestre.

banded pack *Comm.* emballage conçu en vue d'une vente groupée/jumelée.

bandwagon *n.* mouvement qui fait sans cesse plus d'adeptes, (groupe de) partisans ; **the separatist ~ keeps rolling on** le séparatisme fait de plus en plus d'adeptes ; **in recent years, concern for the environment has become a heavily subscribed ~** depuis quelques années, de plus en plus de gens se préoccupent de l'environnement ; **pleading for better education has become quite a ~** on se bouscule pour plaider en faveur d'une amélioration de l'enseignement ; **at this point the Blair ~ started to roll** à ce moment, le nombre des partisans de M. Blair s'est mis à augmenter constamment ; **to climb/get/jump on the ~** se ranger du bon côté, se rallier au mouvement, suivre le mouvement, emboîter le pas, prendre le train en marche, s'engouffrer dans la brèche, voler au secours de la victoire ; (se mettre à) embrasser/épouser/défendre la cause de ; **many intellectuals are jumping on the politically correct ~** de nombreux intellectuels se rallient au mouvement « politiquement correct » ; **businessmen are climbing on the recycling ~** les hommes d'affaires embrassent le principe du recyclage ; **to get on the ~ of the latest fashionable cause** se mettre à défendre la dernière cause à la mode ; **~ effect** effet d'imitation, effet boule de neige.

bandwidth *n.* largeur de bande, bande passante.

bang *v. tr.* **to ~ the market** inonder le marché *[de titres].*

bang *n.* **1** bruit assourdissant. **2** *Fig.* **with a ~** de façon spectaculaire, sans passer inaperçu. **3 to give a ~ for one's money/for the money** offrir un bon rapport qualité-prix/coût-résultats/coût-performance. **4 to end not with a ~ but a whimper** ne pas s'achever triomphalement mais piteusement.

Bangladeshi *n.* Bangladais, Bangladeshi.

Bangladeshi *adj.* du Bangladesh, bangladeshi.

bank *v.* **1** *intr.* **(at, with)** avoir un compte auprès de, être titulaire d'un compte auprès de, être client de *[banque].* **2** *intr.* réaliser des opérations bancaires. **3** *tr.* déposer *[somme, chèque]* à sa banque/sur un compte en banque. **4 ~ on** compter sur *[qqn, qqch.],* tabler sur, miser sur *[qqch.].*

bank *n.* ✪ **~ acceptance** *Lettre de change* traite bancaire ; **~ account** compte en banque ; **~ bill** a) *RU* lettre de change acceptée par une banque ; b) *ÉU* billet de banque ; **~ branch**

agence de banque ; ~ **book** livret de dépôt ; livret d'épargne ; ~-**by-phone (services)** banque directe par téléphone ; ~ **card** carte bancaire ; ~ **charges** frais bancaires ; ~ **cheque** chèque de banque ; ~ **credit** crédit bancaire ; ~ **deposit** dépôt en banque ; ~ **draft** chèque de banque *[= chèque tiré par une banque sur elle-même ou sur une autre banque]* ; **Bank for International Settlements** Banque des règlements internationaux ; ~ **giro** *RU* système de virements bancaires ; ~ **giro credit** *RU* virement ; ~ **guarantee** garantie de banque ; ~ **holiday** (jour de) fête légale, jour férié ; ~ **lending** crédit bancaire ; ~ **liquidity ratio** coefficient de liquidité bancaire ; ~ **loan** prêt bancaire ; ~ **manager** directeur d'agence (bancaire) ; ~ **money** monnaie scripturale, monnaie de banque ; ~ **note** billet de banque ; ~ **of deposit** banque de dépôt(s) ; ~ **of issue** institut d'émission ; ~ **overdraft** découvert ; ~ **passbook** livret de dépôt ; livret d'épargne ; ~ **raid** attaque de banque ; ~ **rate** a) taux d'escompte central ; b) *ÉU* taux de base ; ~ **reserves** réserves (obligatoires) des banques ; ~ **run** *ÉU* retraits massifs de dépôts (bancaires) ; ~ **statement** a) relevé de compte ; b) *ÉU* état financier *[publié obligatoirement à intervalles réguliers par une banque]* ; ~ **syndicate** syndicat bancaire ; ~ **teller** guichetier de banque ; ~ **transfer** virement bancaire.

bankable *adj.* **1** *[effet de commerce]* bancable ; *[projet]* pouvant bénéficier de concours bancaires. **2** *[vedette]* valant son pesant d'or, très populaire, très recherché. ✪ ~ **asset** titre susceptible d'être accepté en nantissement *[pour un prêt bancaire]* ; ~ **loan** prêt bancable.

banker *n.* banquier, banque. ✪ ~**'s acceptance** *Lettre de change* lettre de change bancaire ; ~**'s bill** lettre de change bancaire ; ~**'s card** carte bancaire ; ~**'s cheque** chèque de banque ; ~**'s discount** escompte commercial/en dehors ; ~**'s draft** chèque de banque *[= chèque tiré par une banque sur elle-même ou sur une autre banque]* ; ~**'s order** ordre permanent.

banking *n.* banque, activités/opérations bancaires, services bancaires, secteur bancaire ; **free** ~ gratuité des services bancaires. ✪ ~ **account** compte en banque ; ~ **business** banque, activités bancaires ; ~ **charges** frais bancaires ; ~ **syndicate** syndicat bancaire.

bankroll *v. tr.* financer.

bankroller *n. Fig.* bailleur de fonds.

bankruptcy *n.* ✪ ~ **court** *ÉU* tribunal des faillites ; ~ **petition** a) dépôt de bilan, déclaration de cessation de paiements ; b) demande de déclaration de faillite *[introduite par un créancier]* ; ~ **proceedings** procédure de faillite ; ~ **trustee** *ÉU* syndic de faillite ; **declare** ~ déposer son bilan.

banner *n.* **1** bannière. **2** banderole, calicot. **3** *Journ.* gros titre, manchette. **4** *Internet* bandeau. ✪ ~ **headline/line** *Journ.* gros titre, manchette.

banner *adj. [année, semaine]* excellent, faste, exceptionnel, à marquer d'une pierre blanche.

bar *v. tr.* **(from)** empêcher de ; interdire de ; écarter de, exclure de ; **discretion ~s me from answering that question** la discrétion m'empêche de répondre à cette question ; **he was ~red from the golf club** il a été exclu du club de golf.

bar *n.* **1** obstacle, entrave, empêchement, restriction. **2 Bar** *Dr. RU* profession de *barrister,* barreau ; ensemble/corps des *barristers ;* **to be called to the Bar** obtenir le titre de *barrister,* être admis au barreau ; **to read for the Bar** étudier le droit pour devenir *barrister.* **3** *Dr. Angl.* a) barre du tribunal *[séparant le(s) juge(s), les parties, les solicitors et les Queen's Counsels des simples barristers et du public]* ; b) partie principale du tribunal ; c) box des accusés ; **to be called within the Bar** être promu au rang de *Queen's Counsel* ; **case at** ~ espèce. **4** *Dr.* tribunal. **5** bar *[= débit de boissons].* **6** bar *[= unité de pression].* ✪ ~ **chart** diagramme en tuyaux d'orgue ; ~ **code** code-barres ; ~ **code reader/scanner** lecteur de code-barres ; ~ **graph** diagramme en tuyaux d'orgue ; **behind ~s** sous les verrous, à l'ombre, en prison ; *[***to put behind ~s** emprisonner, écrouer*]*.

Barbadian *adj.* barbadien.

bare *adj. Fig. [informations]* brut. ✪ ~**-bones** *adj.* réduit à sa plus simple expression ; ~ **trust** *Dr. trust* simple ; **lay** ~ révéler, dévoiler (au grand jour), divulguer, rendre public.

bareboat charter affrètement coque-nue.

barely *adv.* à peine, guère, tout juste, difficilement, mal, médiocrement, rarement, presque, pratiquement pas, pour ainsi dire pas ; vraiment pas.

bargain *n.* **1** marché, accord, compromis. **2** transaction, affaire ; *Bourse* transaction ; **to make/strike a ~** conclure une transaction/un marché. **3** bonne affaire, promotion. ✪ ~-**basement price** *Fig.* prix très bas/très avantageux/cassé/sacrifié ; ~ **hunter** amateur de bonnes affaires ; ~ **offer** promotion ; ~ **price** prix très bas/(très) avantageux/cassé/sacrifié ; **in(to) the** ~ par-dessus le marché.

bargaining *n.* négociation ; marchandage. ✪ ~ **agent** *ÉU* représentant des salariés lors de la négociation collective ; ~ **chip/counter** monnaie d'échange, atout dans la négociation ; argument de négociation ; ~ **power** puissance de négociation, position *[plus ou moins favorable]* de négociation, poids/position dans la négociation, atouts de négociation ; *[***they took hostages in an attempt to increase their ~ power** ils ont pris des otages pour obtenir un atout supplémentaire dans la négociation*]*.

bar mitzvah *Judaïsme* bar-mitsva.

baron *n. Fig.* magnat ; **press** ~ magnat de la presse.

barrack *n.* **1** *pl.* casernes. **2** baraque.

barrage *n.* **1** barrage d'artillerie ; tir de barrage. **2** *Fig.* succession ininterrompue, avalanche, déluge, rafale, torrent, déferlement, salve, nombre/quantité impressionnant(e), masse ; ~ **of reports** avalanche de rapports ; ~ **of questions** feu roulant de questions ; ~ **of complaints** torrent de réclamations ; ~ **of criticism** déluge de critiques ; **a ~ of unsolicited mail** une masse de courrier non sollicité. **3** barrage.

barred *adj. Dr.* prescrit.

barrier *n.* **1** barrière, obstacle, entrave, restriction ; écueil. **2** barre ; **professional football was shaken when the transfer fees went through the £1million ~** le monde du football professionnel a été secoué lorsque les montants des transferts ont dépassé la barre du million de livres. ✪ ~**s to entry** *Écon.* barrières à l'entrée.

barring *prép.* sauf, à moins que, sous réserve de, si ce n'est.

barrister *n. Angl.* avocat, *barrister.*

base *n.* **1** base, assise, socle, soubassement ; infrastructure, potentiel, capacités, moyens, ressources, stock ; **financial** ~ assise financière ; **we need to have an excellent health-care ~ in this country** notre pays a besoin d'une excellente infrastructure de soins de santé ; **technological ~** potentiel technologique ; **foreign students returning to their countries will help to create an indigenous research ~** les étudiants étrangers qui rentreront dans leur pays contribueront à créer un potentiel local en matière de recherche ; **natural resource ~** stock de ressources naturelles ; **the productive ~ of the country seems to be fragile** les capacités de production du pays semblent fragiles ; **Italy has a broad industrial ~** l'Italie possède une industrie diversifiée ; **Cyprus has a limited ~ of trained athletes** Chypre ne dispose que d'un effectif limité d'athlètes bien entraînés. **2 subscriber ~** nombre d'abonnés ; **our customer ~ is getting younger** notre clientèle rajeunit. **3** *Pol.* clientèle, audience, assise ; **the Conservatives want to broaden their electoral ~ in Scotland** les Conservateurs veulent élargir leur audience électorale en Écosse ; **Mrs Thatcher's electoral ~ was rather weak in 1981** l'assise électorale de Mme Thatcher était assez fragile en 1981. **4** *Pol.* fief ; **California was Reagan's ~** la Californie était le fief de Reagan. **5** principe, fondement, essence ; point de départ. **6** siège ; lieu d'affection, point d'attache. ✪ **~ date** date de référence ; **~ pay** rémunération/salaire de base ; **~ period** période de référence ; **~ rate** a) *Banque* taux de base ; b) salaire (horaire) de base ; **~ year** année de référence.

based *adj.* **1 (in)** établi à/en/dans, installé à/en/dans, implanté à/en/dans, basé à, domicilié à/en, affecté à, en poste à ; *Mil.* stationné à, cantonné à ; **to be ~ in** avoir son quartier général/son siège/ses bureaux à, opérer à partir de ; résider à, avoir ses quartiers à ; **a London-~ company** une société établie à Londres ; **the Rome-~ FAO** la FAO, organisation qui a son siège à Rome ; **a Moscow-~ journalist** un journaliste en poste à Moscou. **2 (on)** fondé sur, se fondant sur, reposant sur, axé sur, inspiré de, s'inspirant de ; **the theory is ~ on work with epileptics** cette théorie repose sur des travaux ayant porté sur des épileptiques ; **a learner-~ teaching method** une méthode d'enseignement axée sur l'apprenant ; **this movie is ~ on a novel by Jane Austen** ce film est inspiré d'un roman de Jane Austen ; **this film is ~ on a true story** ce film s'inspire de faits réels ; **project selection criteria should be country-~** les critères de sélection des projets doivent reposer sur les réalités propres aux pays. **3 (on)** compte tenu de, en fonction de ; à partir de ; sur la base de ; **employers offer salaries ~ on what the competition is offering** les entreprises proposent des rémunérations qui reposent sur celles offertes par leurs concurrents.

Basel *n. Suisse* Bâle. ✪ **~ Convention on the Control of Transboundary Movements of Hazardous Wastes and their Disposal** Convention de Bâle sur le contrôle des mouvements transfrontières de déchets dangereux et de leur élimination ; **~-Country** *n. Suisse* Bâle-Campagne *[= canton]* ; **~-Town** *n. Suisse* Bâle-Ville *[= canton]*.

baseline *n.* **1** situation de départ/initiale, données de départ ; point de comparaison, référence. **2** *Dr. de la mer* ligne de base. ✪ **~ data** données de départ/de référence.

baseload power plant centrale de base.

base metal *Écon.* métal commun.

bashing *n. Fig.* attaque(s), propos virulents, critique virulente, diatribe(s), (campagne de) dénigrement ; **gay ~** propos homophobes ; **he sought popularity with scrounger-~ positions** il s'efforçait de se rendre populaire en criant haro sur les parasites.

basic *adj.* fondamental, de base, essentiel, de première nécessité, indispensable, grand, en profondeur ; **the ~ facts** l'essentiel ; **the ~ laws of physics** les lois fondamentales de la physique ; **~ human rights** droits fondamentaux de la personne humaine ; **~ liberties** libertés fondamentales ; **~ needs** besoins essentiels ; **even ~ equipment is in short supply** on manque même de matériel essentiel ; **three ~ categories** trois grandes catégories ; **~ knowledge** notions ; **~ statistics** éléments de statistique. **2** *[installations]* élémentaire, sommaire, minimum, rudimentaire, ne comportant que le strict nécessaire, spartiate ; **they ignored the most ~ safety rules** ils ne tenaient aucun compte des règles de sécurité les plus élémentaires ; **~ hygiene** un minimum d'hygiène. ✪ **~ commodities** *Écon.* produits de base ; **~ law** constitution ; **~ money supply** *Écon.* disponibilités monétaires ; **~ pay** rémunération/salaire de base ; **~ products** *Écon.* produits de base ; **~ research** recherche fondamentale ; **~ salary** rémunération de base ; **~ science** science pure ; **~ wage** salaire de base.

basically *adv.* fondamentalement, avant tout ; essentiellement ; en substance ; dans l'ensemble ; pratiquement ; foncièrement.

basics *n. pl.* rudiments, notions, ABC, B.A.-BA ; (grands) principes, principes essentiels, règles essentielles ; *[l']* essentiel, éléments essentiels ; **the ~ of Indian cooking** les principes essentiels de la cuisine indienne ; **this computer is inexpensive and provides the ~** cet ordinateur est peu coûteux et offre les fonctions essentielles.

basis *n.* base(s), fondement(s), socle, soubassement, élément(s) essentiel(s), principe fondamental, assise, origine, raison d'être, grandes lignes, point de départ, tremplin ; critère(s) ; **on the ~ of** d'après, suivant, selon, à partir de, sur la base de, en se fondant/s'appuyant sur, sur la foi de, à la lumière de, en fonction de, à l'aune de, compte tenu de, eu égard à, au vu de, sur le modèle de, à raison de, au titre de, en vertu de ; **on the ~ of experience** à la lumière de l'expérience, fort de l'expérience acquise ; **on this ~** dans cet esprit ; **on a ~ of reciprocity** sous réserve de réciprocité, s'il y a réciprocité ; **on a regular ~** régulièrement ; **on a daily ~** quotidiennement ; **on an experimental ~** à titre expérimental ; **on a voluntary ~** volontairement ; facultativement ; bénévolement ; **without ~** *[rumeur]* sans fondement, dépourvu de fondement ; **on closer examination, his ideas seem to have some ~** lorsqu'on examine la question de plus près, ses idées semblent être fondées ; **education is organized on a national ~** l'enseignement est organisé à l'échelle nationale ; **soft drugs are now bought and sold on a Europe-wide ~** les drogues douces font maintenant l'objet d'un trafic qui s'étend à l'ensemble de l'Europe ; **the conclusion was formulated on the ~ of passengers' comments** la conclusion a été tirée sur la base des observations des passagers. ✪ **~ of assessment** *Fisc.* assiette (de l'impôt), base d'imposition ; **~ point** *Fin.* point de base *[= 0,01 %]* ; **lay the ~ for** préparer.

basket *n.* panier ; **representative ~ of consumer goods** panier de la ménagère. ✪ **~-case** *n.* cas désespéré ; *[***Burma is considered an economic ~ case** la Birmanie est considérée comme un pays économiquement sinistré*]* ; **~ of currencies** panier de monnaies.

Basque Country *Espagne* Pays basque.

Basra *n. Irak* Bassorah.

Bastille day 14 juillet.

BAT (best available technologies) *Env.* meilleures techniques disponibles.

batch *n.* lot, série. ✪ **~ processing** *Inf.* traitement par lots ; **~ production** production par lots.

Ba'th Party *Irak, Syrie [le]* Baath, Baas.

bathing water eaux de baignade.

baton *n. Fig.* témoin, flambeau ; **to pass the ~** passer le témoin. ✪ **~ round** balle en plastique/caoutchouc.

battery *n.* **1** pile ; batterie ; accumulateur. **2** batterie *[d'artillerie, de machines, de tests].* **3** *Dr.* voie(s) de fait ; coups et blessures volontaires. ✪ **~ hen** poule élevée en batterie.

Bavaria *n. Allemagne* Bavière.

bay *n.* **1** baie. **2** golfe. **3** *Inf.* baie. ✪ **Bay of Biscaye** golfe de Gascogne ; **Bay of Bengal** golfe du Bengale.

B2B (business-to-business) *Internet [commerce électronique]* interentreprises.

BBS (bulletin board system) BBS, babillard.

BC (before Christ) av. J. C., avant notre ère.

B2C (business-to-consumer) *Internet [commerce électronique]* entreprise-particuliers.

bcc (blind carbon copy) *Inf.* copie cachée/confidentielle à.

b/d (barrels a day) barils par jour.

be *v.* ✪ **~ that as it may** quoi qu'il en soit, en tout état de cause.

be all and end all l'alpha et l'oméga.

bean counter bureaucrate parcimonieux.

bear *v.* **1** *tr.* porter *[arme, inscription, mention, date, traces, nom, titre],* être revêtu de *[signature, cachet],* porter, produire *[fruits, intérêts]* ; **to ~ 7% interest** produire un intérêt de 7 %. **2** *tr.* avoir *[ressemblance, rapport]* ; **professional sport today ~s no comparison with that of thirty years ago** le sport professionnel d'aujourd'hui est sans rapport avec ce qu'il était il y a trente ans. **3** *tr.* supporter *[poids, désagrément],* tolérer *[abus],* résister à *[action, pression],* soutenir *[la comparaison avec]* ; **these allegations cannot ~ analysis** ces allégations ne résistent pas à l'analyse. **4** *tr.* assumer, porter *[responsabilité],* supporter, prendre en charge, prendre à sa charge *[dépenses]* ; **the cost of the trip will be borne by the employer** les frais du voyage seront à la charge de l'employeur. **5** *tr.* donner naissance à, mettre au monde. **6 ~ on** concerner, avoir trait à, se rapporter à, intéresser, avoir un lien/rapport avec ; avoir une influence/des incidences sur ; *[influence]* s'exercer sur. **7 ~ out** confirmer, corroborer *[hypothèse, allégations],* confirmer les allégations de *[qqn].* **8 ~ up** résister, tenir (le coup) ; **these insinuations do not ~ up under close analysis** ces insinuations ne résistent pas à l'analyse.

bear *n. Bourse* baissier. ✪ **~ account** position à la baisse ; **~ campaign** vente de titres visant à provoquer une baisse des cours ; **~ market** marché orienté à la baisse ; **~ position** position à la baisse ; **~ raid** vente de titres visant à provoquer une baisse des cours ; **~ sale** vente à découvert.

bearer *n.* ✪ **~ bill** lettre de change au porteur ; **~ bond** obligation au porteur ; **~ certificate** *Fin.* titre au porteur ; **~ cheque** chèque au porteur ; **~ paper** titre négociable au porteur ; **~ security** titre au porteur ; **~ share** action au porteur.

bearing *n.* **1** lien, rapport, relation, corrélation ; **to have a ~ on** avoir un lien/rapport avec, **to have no ~ on** être sans rapport avec, être étranger à. **2** incidence, influence, effet, conséquence ; **to have a ~ on** avoir une influence/des incidences sur, peser sur. **3** récolte. **4** *sg. ou pl.* position *[d'un navire, d'un avion].*

bearish *adj. Bourse [marché]* orienté à la baisse, *[opérateur]* pessimiste.

beauty *n. Fig.* attrait, intérêt *[d'une méthode, d'un système].* ✪ **~ spot** site pittoresque.

bed *n.* ✪ **~ and board** a) hébergement et repas, chambre avec pension ; logé et nourri ; b) frais de séjour (hébergement et repas) ; **~ and breakfast** chambre et petit déjeuner ; logement chez l'habitant ; **~-and breakfasting, ~-and-breakfast operation** *Bourse* aller et retour *[en vue de faire apparaître une moins-value].*

bedridden *adj.* cloué au lit ; grabataire.

bedrock *n. Fig.* **1** point le plus bas. **2** base(s), base solide, fondement(s), assise, fondation (solide) ; **the rule of law is the ~ of democracy** le respect de la légalité est le fondement de la démocratie. **3** *[l']* essentiel, élément central, élément(s) essentiel(s), pierre angulaire, pivot, principe fondamental, principes fondamentaux, fond des choses ; **class struggle is the ~ of Marxist theory** la lutte des classes est l'élément central de la théorie marxiste.

bedrock *adj.* fondamental.

bedroom *n.* ✪ **~ community** cité-dortoir, ville-dortoir, commune-dortoir, banlieue-dortoir ; **~ suburb** banlieue-dortoir.

bedsit(ter) *n. RU* studio.

bedsore *n.* escarre (de décubitus).

bee *n.* ✪ **~ farm** exploitation apicole ; **~ keeping** apiculture.

beef *v.* **~ up** renforcer *[forces militaires, dispositif de sécurité, équipe de travailleurs],* étoffer *[rapport]* ; augmenter *[production],* donner de la consistance à, habiller.

beef *n.* viande bovine/de bœuf. ✪ **~ and veal** viande bovine.

beep *n.* bip sonore.

beeper *n.* récepteur de radiomessagerie, alphapage ; *Fam.* bip.

before *prép.* en instance devant, soumis à *[organe],* pendant devant *[tribunal]* ; **proposals ~ the Council** propositions en instance devant le Conseil, propositions dont le Conseil est saisi ; **the committee has ~ it** le comité est saisi de ; **the case ~ the court** l'affaire dont le tribunal est saisi ; **a bill against stalking is ~ Parliament** un projet de loi sur le harcèlement a été déposé au parlement ; **one of the questions ~ the management** l'une des questions dont la direction de l'entreprise est appelée à connaître ; **the director shall bring the proposal ~ the Board** le directeur doit saisir le Conseil de cette proposition ; **the matter is still ~ the courts** l'affaire est toujours pendante devant les tribunaux.

beg *v. intr.* **to ~ to differ** ne pas être de cet avis.

beggar-my/thy-neighbour *adj. [politique]* du chacun pour soi *[visant à obtenir des avantages commerciaux au détriment d'autres pays],* protectionniste ; **the airlines will work together to avoid ~ fare structures** les compagnies d'aviation coopéreront pour éviter des structures tarifaires préjudiciables à leurs intérêts communs.

behalf *n.* **on ~ of** au nom de, pour le compte de, pour, d'ordre de ; en faveur de, au service de ; **acting on his own ~** agissant pour lui-même ; **to intervene on sb's ~** intervenir en faveur de qqn.

behind *prép.* **1** derrière. **2** à l'origine de, à la base de, derrière ; à qui l'on doit, qui a conçu ; **to be ~** être l'initiateur de ; **the philosophy ~ the decision** la philosophie sur laquelle repose la décision ; **to point out the anti-union feeling ~ the Conservative party's policy** mettre en évidence l'hostilité aux syndicats qui est à la base de la politique du Parti conservateur. **3** aux côtés de, derrière ; **to be ~ sb** soutenir qqn. ✪ **~ closed doors** en privé, à l'abri des regards du public, à huis clos ; *[mener des discussions]* en secret ; *[prendre une décision]* sans consultations.

behove, behoove *v. tr.* **1** incomber à, appartenir à *[qqn de faire qqch.]*. **2** seoir à *[qqn de faire qqch.]* ; **it ill-~s the defendant to criticize the plaintiff on this score** le défendeur est malvenu de critiquer le demandeur sur ce point.

Beirut *n. Liban* Beyrouth.

Bekaa *n. Liban* Bekaa.

Belarus *n.* Bélarus.

Belarussian *adj.* bélarussien.

beleaguered *adj. Fig. [personne]* harcelé ; *[entreprise]* en difficulté, en proie à de grandes difficultés ; *[gouvernement]* aux abois.

Belgian dentist *Fin.* petit investisseur friand d'obligations, petit obligataire, « dentiste belge ».

Belgium-Luxemburg Economic Union Union économique belgo-luxembourgeoise.

belief *n.* **1** conviction *[religieuse]*. **2** foi, croyance. **3** confiance ; opinion, idée.

believer *n.* **1** adepte *[d'une théorie]*, partisan ; **to be a ~ in sth** croire à (l'efficacité de/aux vertus de) qqch. ; **to be a ~ that** être convaincu que. **2** adepte *[d'une religion]*, fidèle, croyant.

Belisha beacon *RU* feu orange signalant un passage pour piétons.

Belize *n. [le]* Belize.

Belizean *adj.* belizien.

belittle *v. tr.* minimiser les mérites de, diminuer *[qqn]*, minimiser (l'importance de), déprécier, rabaisser, ravaler.

bells and whistles accessoires divers, éléments surajoutés.

bellwether *n. Fig.* précurseur ; **America is a ~ for Europe** ce qui se passe aux États-Unis annonce ce qui se passera plus tard en Europe.

bellwether *adj.* précurseur, avant-coureur, annonciateur ; **McDonald's is seen as a ~ fast-food company** McDonald's est considérée comme une entreprise annonciatrice de l'évolution générale dans le secteur de la restauration rapide.

below *prép.* ✪ **~-the-line** *adj.* a) *Compt.* relatif à des opérations exceptionnelles ; b) inscrit au budget extraordinaire ; c) *[activités de promotion]* hors média ; **~ the line** *Bal. des paiements, Budget* au-dessous de la ligne.

belt *n. Géogr.* région ; **corn ~** *ÉU* région de culture du maïs ; **industrial ~** région industrielle. ✪ **~-and-braces** *adj. [système]* à double sécurité ; **~ conveyor** transporteur à bande/à courroie.

beltway *n. ÉU* **1** boulevard périphérique. **2** *Fig.* **Beltway** (petit monde de) Washington, microcosme de Washington.

beluga (whale) bél(o)uga, baleine blanche.

bench *n.* **1** *Dr.* juge ; *Coll.* juges, magistrature assise, corps judiciaire. **2** tribunal, cour ; **there are still some people who disapprove of women on the ~** certaines personnes sont encore hostiles à l'exercice de fonctions judiciaires par des femmes. **3** fonction de juge ; **to be appointed/raised to the ~** être nommé juge. **4** paillasse *[de laboratoire]*. ✪ **~ and bar** *Angl.* le corps judiciaire et le corps des *barristers* ; **~ test** a) essai au banc ; b) banc d'essai, comparatif *[= essai comparatif de produits dans une revue spécialisée]* ; **~ trial** procès sans jury.

benchmark *v. tr.* **1** obtenir/définir des points de repère concernant. **2** étudier *[entreprise/organisme dans le cadre d'une recherche des meilleures méthodes]*.

benchmark *n.* point de repère/de référence/de comparaison, référence, critère, étalon.

benchmark *adj.* de référence. ✪ **~ bond** obligation de référence ; **~ crude** brut de référence ; **~ job** emploi/poste de référence ; **~ test** banc d'essai ; **~ year** année de référence.

benchmarking *n.* **1** obtention/définition de points de repère. **2** *Gestion* recherche comparative des meilleures méthodes/pratiques (*benchmarking*), recherche de normes d'excellence (*benchmarking*). **3** comparaison avec un modèle de référence.

beneficial *adj.* bénéfique, utile, avantageux, profitable, favorable. ✪ **~ interest** usufruit ; **~ owner** a) usufruitier ; b) *Fin.* propriétaire réel *[des titres]* ; **~ ownership** usufruit.

beneficiary *n.* bénéficiaire ; *Protection sociale* allocataire, prestataire ; *Successions* successible.

beneficiate *v. tr.* enrichir *[minerai]*.

benefit *v.* **1** *tr.* rendre des services à, rendre service à, profiter à, favoriser, être favorable/bénéfique à, être utile à/pour, être avantageux pour, servir (les intérêts de). **2** *intr.* **(by, from)** bénéficier de, retirer un avantage de.

benefit *n.* **1** avantage, bienfait, bien, effet bénéfique/positif, bénéfice, utilité, intérêt, fruit, résultat ; acquis ; *pl.* retombées ; **the new method has many ~s** la nouvelle méthode présente de nombreux avantages ; **to do sth in sb's ~** faire qqch. dans l'intérêt de qqn. **2** prestation *[sociale]*, allocation *[familiale, de chômage]*, indemnité, secours, aide, pension ; avantage, prime ; **salary and ~s** traitement et avantages. **3 ~ (performance/match/concert)** spectacle/match/concert de charité. ✪ **~ in kind** avantage en nature *[offert à un salarié]* ; **~ principle of taxation** principe du juste retour ; **for the ~ of** a) pour le bien de, dans l'intérêt de ; b) destiné à, à l'intention de, pour ; *[***these documents are for the ~ of those who arrived late** ces documents sont destinés aux personnes qui sont arrivées en retard*]*.

Benelux Economic Union Union économique Benelux.

benevolent *adj.* bienveillant ; **religious leaders are often seen as ~** les chefs religieux sont souvent considérés comme des personnes bienveillantes.

benign *adj.* **1** humain, civilisé, bienveillant ; bienfaisant, rassurant ; **~ intentions** bonnes intentions ; **prison wardens are eager to show a ~ face to the outside world** les directeurs de prison sont soucieux de présenter une image humaine d'eux-mêmes vis-à-vis de l'extérieur. **2** inoffensif, anodin ; *Méd.* bénin ; **environmentally ~** sans danger pour l'environnement. **3** modéré, *[climat]* clément, doux ; **this time, his remarks were more ~** cette fois-ci, ses propos ont été plus modérés. ✪ **~ neglect** (douce) insouciance, indifférence (polie), dédain affable, manque d'intérêt, désintérêt, imperturbabilité, désinvolture, attitude désinvolte, inaction, passivité ; *[***in some cases the best solution is ~ neglect** dans certains cas, la meilleure solution consiste à ne rien faire*]*.

Beninese *adj.* béninois.

bequest *n.* legs de biens mobiliers ; legs.

Berne Convention for the Protection of Literary and Artistic Works Convention de Berne pour la protection des œuvres littéraires et artistiques.

berthage *n.* droit de quai.

berth charge droit de quai.

best *n.* ✪ **at one's ~** a) *[chose]* ce qui ce fait de mieux, summum, nec plus ultra ; b) *[personne]* dans son élément ; *[***this is computer-assisted translation at its ~** il s'agit d'une exploitation optimale des potentialités de la traduction assistée par ordinateur ; **to be at one's ~** *[personne]* réaliser pleinement ses potentialités, révéler toutes ses potentialités, montrer de quoi l'on est capable, donner toute sa mesure ; *[méthode]* donner les meilleurs résultats ; **to be at one's ~ in** *[personne]* exceller dans*]* ; **~ of both world** le beurre et l'argent du beurre, avantages des deux systèmes/options/solutions, une chose et son contraire ; **do one's ~** faire tout son possible, faire de son mieux, faire tout ce qui est en son pouvoir ; **hope for the ~** espérer que tout se passera bien ; *[***the delegates were hoping for the ~ in spite of the bad organization** les délégués espéraient que tout se passerait bien malgré les déficiences en matière d'organisation*]* ; **to the ~ of one's ability** du mieux que l'on peut ; **to the ~ of my knowledge** à ma connaissance, pour autant que je sache.

best *adj.* meilleur, optimal. ✪ **~ before** à consommer de préférence avant ; **~ buy** produit offrant le meilleur rapport qualité-prix, article le plus avantageux, offre la plus avantageuse ; **~ estimate** estimation réaliste ; **~ part of** presque, près de ; *[***it took him the ~ part of a week to write this speech** il a mis près d'une semaine pour rédiger ce discours*]* ; **~ interest** intérêt (réel/profond/bien compris/supérieur) ; **~ practice** meilleure(s) façon d'agir, meilleure(s) méthode(s), méthode(s) optimale(s) ; **~ price** *Bourse* cours le plus favorable.

best *adv.* le mieux ; dans les meilleures conditions, de façon optimale ; **an improvement could ~ be achieved through consultation** la meilleure façon d'obtenir une amélioration consiste à procéder à des consultations. ✪ **as ~ one can** du mieux que l'on peut ; **at ~** pour le moins, au mieux, tout au plus ; dans l'hypothèse la plus favorable, dans le meilleur des cas, dans la meilleure des hypothèses, si tout va bien, pour ne pas dire plus, à la rigueur ; *[***the response will at ~ be lukewarm** dans le meilleur des cas, il faut s'attendre à une réaction peu enthousiaste ; **he was ill-informed, at ~** il était mal informé, pour ne pas dire plus*]*.

bestseller *n.* succès de librairie, livre à succès ; auteur à succès ; produit qui se vend particulièrement bien. ✪ **~ list** liste des meilleures ventes.

bet *n.* ✪ **all ~s are off** *Fig.* la situation change du tout au tout ; **hedge one's ~s** jouer sur les deux tableaux, prendre ses précautions, assurer ses arrières.

beta *n. Fin.* coefficient bêta. ✪ **~ blocker** bêtabloquant.

Bethlehem *n. Cisjordanie* Bethléem.

better *v. tr.* dépasser, surpasser, faire mieux que, obtenir de meilleurs résultats que, réaliser une meilleure performance que, battre.

better *n., adj., adv.* ✪ **Better Business Bureau** *ÉU* association pour la moralisation des pratiques commerciales ; **~ off** a) plus aisé, plus riche ; b) aisé ; c) mieux loti, dans une situation plus favorable ; *[***are you ~ off than you were four years ago?** votre situation s'est-elle améliorée au cours de ces quatre dernières années ?*]* ; **~ part of** plus grande partie de ; plupart de ; presque (tous les), près de ; *[***she worked on her dissertation for the ~ part of four years** elle a travaillé sur sa thèse pendant près de quatre années*]* ; **for ~ or (for) worse** le fait est que, force est de constater que, que cela soit ou non une bonne chose, que cela (nous) plaise ou non, positivement ou négativement ; *[***television will always influence politicians' behaviour, for ~ or for worse** les hommes politiques se laisseront toujours influencer par la télévision, ce qui peut s'avérer positif ou négatif*]* ; **had ~** ferait mieux de, a (tout) intérêt à, serait bien inspiré de ; **know ~** savoir que la réalité est différente ; **think ~ of** renoncer à *[projet]*.

betterment levy impôt sur les plus-values foncières.

between *prép.* **~ them** ensemble, globalement, en tout, à eux deux ; **~ us, we will achieve more than on our own** ensemble, nous obtiendrons de meilleurs résultats que si nous travaillons chacun de notre côté ; **manufacturers which ~ them have 80% of the market** des fabricants dont la part de marché cumulée est de 80 % ; **when your annual income is greater than £60,000 a year ~ the two of you** lorsque, à deux, votre revenu annuel est supérieur à 60 000 livres par an.

BEUC (European Consumers' Organisation) BEUC (Bureau européen des unions de consommateurs).

bewildering *adj.* déroutant, déconcertant, ahurissant, affolant, très complexe, incompréhensible, mystérieux ; **a ~ variety of services** toutes sortes de services, tous les services possibles et imaginables ; **the number of options is ~** on est pris de vertige devant le nombre d'options ; **shoppers are confronted with a ~ choice** les acheteurs ont l'embarras du choix.

beyond *adj.* ✪ **~ belief** incroyable(ment) ; *[***his latest book is boring ~ belief** son dernier livre est ennuyeux au possible*]* ; **~ comprehension** incompréhensible ; **~ reproach** irréprochable ; **~ the pale** inacceptable, intolérable ; **~ words** inexprimable, que les mots ne peuvent exprimer, qui se dérobe à toute expression verbale.

Bhutanese *adj.* bhoutanais.

biannual *adj.* semestriel.

bias *v. tr.* fausser *[résultats d'une étude]*.

bias *n.* **1** préjugé, parti pris, partialité, préconception, a priori, déformation, distorsion, influence, prévention, altération, gauchissement ; **the selection panel must not know any of the candidates, to prevent any ~** il importe que les membres du jury de sélection ne connaissent pas les candidats, pour éviter tout parti pris. **2** orientation, dominante, tendance, inclination ; aspect privilégié, importance, place importante/de choix, accent ;

(towards) tendance à privilégier, préférence pour ; **we make television programmes with an educational ~** les émissions de télévision que nous produisons ont une finalité éducative ; **a ~ toward environment-friendly products** une préférence pour les produits respectueux de l'environnement. **3** *Stat.* biais, erreur systématique.

biased *adj.* **1** subjectif, peu objectif, orienté, tendancieux, partial, partisan, faussé, aprioriste, prévenu, empreint de parti pris, entaché de préjugés, de parti pris, déséquilibré, unilatéral ; **~ information** informations orientées ; **to be ~** manquer d'objectivité ; **to be ~ in favour of** favoriser ; faire la part trop belle à ; **to give a ~ account of the facts** solliciter les faits ; **the meat industry says the information is ~** l'industrie de la viande soutient que les informations ne sont pas objectives. **2** *Stat.* biaisé.

bible belt *ÉU* région imprégnée d'intégrisme religieux.

bid *v.* **~ for 1** soumissionner pour *[contrat, travaux].* **2** tenter d'obtenir.

bid *n.* **1** enchère. **2** offre, soumission. **3 (for)** tentative de, efforts visant à obtenir ; **to make a ~ for** tenter d'obtenir ; **to make a ~ for power** tenter de s'emparer du pouvoir ; **in a ~ for** pour obtenir ; **in a ~ to** en vue de, dans l'espoir de ; **in a doomed ~ to improve his popularity before the election** dans le vain espoir d'accroître sa popularité avant les élections. **4** *Pol.* candidature ; **White House bid** candidature à l'élection présidentielle. ✪ **~ bond** cautionnement de soumission ; **~ price** a) *Bourse* cours acheteur ; b) *FCP* valeur/prix de rachat, valeur liquidative ; **~ rigging** collusion entre soumissionnaires.

bidder *n.* **1** enchérisseur. **2** *Marchés publics* soumissionnaire.

bidding *n.* **1** ordre, instructions, ce qui est demandé/souhaité ; **at sb's ~** à la demande de qqn ; **to do sb's ~** se plier à la volonté de qqn. **2** enchères.

biennial *adj.* biennal.

biennium *n.* exercice biennal.

big *adj.* ✪ **Big Bang** a) *Astrophysique Big Bang,* explosion initiale/originelle/primitive/primordiale ; b) grand chambardement, réforme réalisée sans transition, remise à plat ; *[***a gradual transition would be better than a Big Bang transformation** une transition progressive serait préférable à une transformation réalisée du jour au lendemain*]* ; **Big Blue** IBM ; **Big Board** *Big Board, New York Stock Exchange [= principale Bourse de valeurs de New York]* ; **Big Brother** *Big Brother,* État omniprésent/policier/totalitaire ; maître suprême ; *[***in East Germany many people felt they were being watched by Big Brother** en Allemagne de l'Est, beaucoup de gens avaient l'impression d'être surveillés dans leurs moindres faits et gestes*]* ; **~ business** a) grand capital ; grandes entreprises ; b) importante activité économique ; *[***professional football is ~ business these days** aujourd'hui, le football professionnel représente une activité économique importante*]* ; **~ deal** toute une affaire, belle affaire ; *[***it is not a ~ deal** cela n'a rien d'extraordinaire*]* ; **Big Four** *RU* quatre principales banques (commerciales) britanniques ; **Big Government** État omniprésent/tentaculaire/régalien, grande machine de l'État, hypertrophie de l'État ; étatisme, interventionnisme étatique, dirigisme ; *[***the candidate said that the Democrats bring Big Government** le candidat a affirmé que les Démocrates mettaient en œuvre des politiques excessivement interventionnistes*]* ; **Big Labour** syndicats tout-puissants ; **~ picture** éléments essentiels de la situation ; **~ story** *Journ.* nouvelle importante ; **~-ticket item** article coûteux.

bigot *n.* **1** sectaire, fanatique, partisan acharné. **2** bigot. **3** personne étroite d'esprit. **4** *ÉU* raciste.

bilateral contract contrat bilatéral/synallagmatique.

bill *n.* **1** acte, document, lettre, mémorandum. **2** projet de loi. **3** facture ; note d'honoraires ; addition *[au restaurant]* ; note *[à l'hôtel].* **4** lettre de change ; *Fam.* traite. **5** affiche. **6** *ÉU* billet (de banque). ✪ **~-broker** *n. bill-broker,* maison de réescompte ; **~ in a set** lettre de change établie en plusieurs exemplaires ; **~ of entry** déclaration en douane ; **~ of exchange** lettre de change ; *Fam.* traite ; **~ of exchequer** *RU* bon du Trésor ; **~ of health** *Transp. mar.* patente de santé ; **~ of indictment** *Dr. ÉU* acte d'accusation ; **~ of lading** lettre de transport *[en général]* ; lettre de voiture *[pour la route]* ; lettre de voiture (ferroviaire) *[pour le rail]* ; connaissement (maritime) *[pour la mer]* ; connaissement (fluvial) *[pour les voies fluviales]* ; lettre de transport aérien *[pour l'avion]* ; **~ of materials** liste (des matières premières et) des composants ; **~ of quantities** devis descriptif ; **Bill of Rights** Déclaration des droits (de l'homme et des libertés), *Bill of Rights ; Fig.* charte ; **~ of sale** acte de vente ; **~ of sight** *Douane* déclaration provisoire ; **~ rate** taux d'escompte ; **~s payable** *Compt.* effets à payer ; **~s receivable** *Compt.* effets à recevoir.

billing *n.* *ÉU* facturation ; *pl.* montants facturés, chiffre d'affaires ; **some multinationals have ~s greater than the budgets of small nations** il existe des multinationales qui ont un chiffre d'affaires supérieur au budget de certains petits pays.

billion *n.* milliard.

bimonthly *adj.* **1** bimestriel. **2** bimensuel.

bind *v.* **I 1** *tr.* lier, attacher. **2** *tr.* engager, obliger, lier, être obligatoire/contraignant/impératif pour, contraindre, s'imposer à ; **to be bound by** être lié par *[obligation, traité]* ; **the new government will be bound by the agreements made by the previous one** le nouveau gouvernement sera lié par les accords conclus par le précédent. **3** *tr.* unir, assurer la cohésion de. **II ~ over** *Dr.* **1** *RU* ordonner à *[inculpé libéré sous caution]* de s'engager à comparaître. **2** *ÉU* ordonner le placement de *[inculpé]* en détention préventive *[une libération ultérieure sous caution n'étant pas exclue].* **3** *RU* ordonner à *[délinquant]* de prendre un engagement de bonne conduite *[en plus ou en remplacement d'une peine].* **4** *ÉU* renvoyer *[délinquant devant un tribunal].* **III ~ to** *[molécule]* se fixer à *[récepteur].*

bind *n. Fig.* situation très difficile ; dilemme.

binder *n. Ass.* note de couverture.

binding *adj.* obligatoire, contraignant, impératif ; **to be ~** avoir force obligatoire, lier (les parties), s'imposer, engager ; **~ rules do not apply in this field** aucune règle ayant force obligatoire n'est applicable dans ce domaine ; **most General Assembly resolutions are not ~** la plupart des résolutions de l'Assemblée générale n'ont aucun caractère obligatoire ; **legally ~** juridiquement contraignant ; **any agreement reached should be ~** tout accord conclu doit avoir un caractère contraignant ; **the ruling is ~ on both parties** la décision s'impose aux deux parties ; **this treaty will be ~ upon all members** ce traité liera tous les membres. ✪ **~ force** caractère contraignant, force obligatoire ; *[***to give ~ force to** rendre obligatoire*]* ; **~ offer** offre irrévocable ; **~ precedent** *Dr.* précédent à suivre impérativement.

binge drinking suralcoolisation sporadique *[= consommation d'au moins cinq verres de boisson alcoolique d'affilée].*

binomial distribution *Stat.* distribution binomiale.

biochemical oxygen demand *Env.* demande biochimique en oxygène.

biodiversity *n.* diversité biologique.

bioengineering *n.* génie biologique.

biofeedback *n.* rétroaction biologique.

biofuel *n.* biocarburant.

biological half-life période biologique.

biomass energy énergie de la biomasse.

BIOS (basic input-output system) *Inf.* BIOS (système de base d'entrées-sorties).

bipartisan *adj. Pol.* bipartite, des deux (grands) partis ; *[projet de loi]* soutenu par les deux (principaux) partis.

BIPM (Bureau international des poids et mesures) BIPM (Bureau international des poids et mesures).

birth *n.* ✪ **~ certificate** extrait d'acte de naissance ; **~ control** régulation des naissances ; **~ control clinic** centre de planning familial ; **~ control device** matériel contraceptif ; **~ defect** anomalie congénitale, malformation ; **~ father** père biologique ; **~ mother** mère biologique ; **~ outside marriage** naissance hors mariage ; **~ parents** parents biologiques ; **~ rate** taux de natalité ; **~ timing** échelonnement des naissances ; **~ weight** poids de naissance ; **give ~** accoucher, enfanter.

birthing *n.* accouchement.

birthright *n.* droit essentiel/fondamental/intangible/sacré/sacro-saint/inaliénable ; **people used to consider secure employment a ~** auparavant, les travailleurs considéraient que la sécurité d'emploi constituait un droit essentiel ; **the British believe that free health care is a ~** les Britanniques considèrent que la gratuité des services de santé est un droit sacro-saint.

BIS (Bank for International Settlements) BRI (Banque des règlements internationaux).

bit *n. Inf.* bit. ✪ **not a ~, not one ~** pas du tout, nullement.

bite *v. intr. Fig.* faire sentir ses effets, faire mal, sévir ; **the recession begins to ~** la récession commence à faire sentir ses effets ; **unemployment is biting in this area** le chômage sévit dans cette région.

bitmapped font *Inf.* police matricielle.

bitter *adj. Fig. [personne]* amer, aigri ; *[déception]* amer, *[conflit, lutte]* âpre, implacable, acharné, dur, féroce, sans merci, violent, *[ennemi]* juré, *[opposition]* farouche, *[critique]* acerbe, cinglant, acrimonieux, virulent ; désagréable, cruel, pénible ; sévère, aigu, grave ; **~ controversy** âpre controverse ; **~ truth** dure vérité.

bituminous shale schiste bitum(in)eux.

bivariate distribution *Stat.* distribution à deux variables.

biweekly *adj.* **1** paraissant/organisé toutes les deux semaines. **2** bihebdomadaire.

b/l (bill of lading) *voir* bill of lading.

black *v.* **1** *tr. Fig. RU* refuser de transporter/décharger/vendre ; boycotter. **2 ~ out** perdre connaissance.

black *n.* **in the ~** bénéficiaire, excédentaire, *[compte en banque]* présentant un solde créditeur ; **since she arrived, the firm has been in the ~** depuis son arrivée, l'entreprise est bénéficiaire.

black *adj.* ✪ **~ and white** *Fig.* tranché, sans nuance ; **~ box** a) *Transp. aériens* boîte noire ; b) *Fig.* boîte noire *[= élément dont le fonctionnement n'est pas connu] ;* **Black Caucus** groupe des élus noirs au Congrès ; **Black Country** *RU Black Country [= district des Midlands] ;* **~ economy** économie parallèle/souterraine/clandestine ; **~ fly** simulie ; **~ hole** *Astron.* trou noir ; **~ ice** verglas ; **~ letter** caractères gothiques ; **~ letter law** grands principes du droit ; **~ marketeer** opérateur sur le marché noir, profiteur du marché noir, trafiquant ; **~ marketeering** opérations/trafic sur le marché noir ; **~ matter** *Astron.* matière noire ; **~ spot** point noir *[= a) endroit où se produisent de nombreux accidents de la circulation ; b) zone très polluée] ;* **~ tie** *Fig.* smoking de rigueur.

blackleg *n. RU* briseur de grève, jaune.

blacklist *v. tr.* mettre à l'index, placer sur une liste noire.

blackout *n.* **1** *Défense passive* black-out. **2** panne (générale) d'électricité. **3** *Méd.* perte de conscience, évanouissement. **4** black-out *[sur des informations],* silence. **5** interruption des émissions *[de radio ou de télévision, en guise de protestation].*

blame *v. tr.* mettre en cause, incriminer *[qqn, qqch.] ;* **to ~ sb for sth/sth on sb** rejeter la responsabilité de qqch. sur qqn, rendre qqn responsable de qqch., mettre qqch. sur le compte de qqn, imputer qqch. à qqn, attribuer qqch. à qqn, accuser qqn de qqch. ; **the company ~s the subcontractors for the delay** l'entreprise rejette la responsabilité du retard sur les sous-traitants ; **some Americans ~ the president for not settling the dispute** certains Américains reprochent au président de ne pas avoir mis fin au différend ; **to ~ the messenger for the bad news** rendre le messager responsable de la mauvaise nouvelle ; **the police ~d the IRA for the bombing** la police a accusé l'IRA d'être à l'origine de l'attentat à la bombe ; **some ~ the economic reforms for the social unrest** certains estiment que les réformes économiques sont à l'origine de l'agitation sociale ; **the employers' organization ~d the tax hike for a fall in demand** l'organisation patronale a imputé la baisse de la demande à l'augmentation d'impôts ; **to be to ~ for** être responsable de, porter la responsabilité de, être à l'origine de, être la cause de ; **the peasants are to ~ for their own plight** les paysans sont eux-mêmes responsables de leurs difficultés ; **to be ~d for** *[personne]* être tenu pour responsable de ; **migrants are ~d for the crime wave** la responsabilité de la vague de criminalité été rejetée sur les immigrés ; **the government ~s the country's problems on outside interference** le gouvernement attribue les problèmes du pays à une ingérence étrangère ; **press reports ~d the accident on a vagrant** la presse a rendu un clochard responsable de l'accident ; **to be ~d on** être imputé à ; **the company's failure has been ~d on several hare-brained projects** la faillite de l'entreprise a été imputée à plusieurs projets insensés ; **the days are over when everything could be ~d on the previous government** on ne peut plus rendre le gouvernement précédent responsable de tout ce qui ne va pas ; **to have only oneself to ~** ne pouvoir s'en prendre qu'à soi-même.

blame *n.* **1** responsabilité ; **to get the ~ for** être rendu responsable de ; **lay/pin/place/put the ~ on** mettre en cause, incriminer ; **to lay/pin/place/put the ~ for sth on** rendre responsable de qqch., imputer la responsabilité de qqch. à, rejeter la responsabilité de qqch. sur, mettre qqch. sur le compte de ; **to take the ~ for** assumer la responsabilité de ; **it is difficult to pinpoint the ~ for this tragedy** il est difficile de déterminer qui est responsable de cette tragédie. **2** réprobation ; reproche, critique. ✪ **lay the ~ for sth at sb's door** imputer la responsabilité de qqch. à qqn ; *[***many Israelis laid the ~ for the impasse at the door of the Palestinian Authority** de nombreux Israéliens ont rendu l'Autorité palestinienne responsable de l'impasse*]*.

bland *adj.* terne, insipide, banal, quelconque.

blank *n.* **to draw a ~** ne rien trouver, ne pas aboutir, n'obtenir aucun résultat.

blank *adj.* en blanc ; vierge. ✪ **~ cheque** *Fig.* carte blanche, blanc-seing ; **~ endorsement** *Lettre de change* endossement en blanc ; **~ message** *Internet* message sans texte ; **~ slate** *voir* slate.

blanket *adj.* général, global, d'ensemble, généralisé, sans réserves, sans exception, sans nuance, inconditionnel ; forfaitaire ; **~ statement** affirmation sans nuance. ✪ **~ insurance** assurance multirisques ; **~ wage increase** augmentation générale des salaires.

blast *n.* ✪ **at full ~** à plein régime.

blatant *adj.* flagrant, manifeste, évident, patent, caractérisé, criant.

bleak *adj. [perspectives]* peu encourageant, peu réjouissant, sombre, morose ; noir, affligeant, attristant, décourageant, déprimant, de mauvais augure ; **~ truth** dure vérité.

bleep *n.* **1** bip sonore. **2** récepteur de radiomessagerie, alphapage ; *Fam.* bip.

bleeper *n.* récepteur de radiomessagerie, alphapage ; *Fam.* bip.

blessing in disguise tout compte fait/paradoxalement une bonne chose.

BLEU (Belgium-Luxemburg Economic Union) UEBL (Union économique belgo-luxembourgeoise).

blight *n.* **1** fléau, calamité, plaie. **2** *Agr.* flétrissure, dépérissement, rouille, mildiou, brûlure ; **bacterial ~** bactériose ; **banana ~** flétrissure du bananier.

blind *adj.* ✪ **~ alley** *Fig.* impasse ; **~ carbon copy** *Inf.* copie cachée/confidentielle/invisible à ; **~ eye** *[***to turn a ~ eye to** fermer les yeux sur, (feindre d') ignorer, feindre de ne pas remarquer, refuser de voir ; **they turn a ~ eye to what happens with the arms they sell** ils sont indifférents à l'usage qui est fait des armes qu'ils vendent*]* ; **~ spot** a) *Transp. routiers* angle mort ; b) *Anatomie* tache aveugle ; c) *Méd.* scotome ; **~ test** test aveugle ; **~ trust** organisme de gestion indépendante d'actifs ; *Can.* fiducie sans droit de regard.

blip *n. Fig.* phénomène éphémère/temporaire, fluctuation éphémère/non significative, augmentation/baisse passagère, hausse/baisse dépourvue de signification, simple épisode.

bliss *n.* bonheur parfait/ineffable, félicité, béatitude.

blissful *adj.* paradisiaque ; *[ignorance]* béat.

blister (pack/package) *Comm.* emballage-bulle, blister ; *Pharm.* plaquette thermoformée.

bloated *adj. Fig. [bureaucratie]* hypertrophié.

block *n.* **1** bloc *[de béton, de bois]* ; billot *[utilisé pour une décapitation]*. **2** îlot, pâté de maisons. **3** groupe, regroupement, ensemble, jeu, série, tranche, lot. **4** portion. **5** période (ininterrompue/d'un seul tenant), espace de temps, créneau (horaire), tranche horaire ; **when the workload is too heavy, temporary translators will be hired for ~s of four weeks** lorsque la charge de travail sera trop élevée, des traducteurs temporaires seront recrutés pour des périodes de quatre semaines. **6** blocage. **7** tarissement de l'inspiration. **8** *Bourse* paquet d'actions *[au moins 10 000]*. **9 on the ~** mis aux enchères ; *Fig.* en vente ; **to go on the ~** être mis aux enchères ; **to put on the ~** a) mettre aux enchères, b) mettre en vente. ✪ **~ capitals** capitales ; **~ exemption** *UE* exemption par catégorie ; **~ grant** a) *ÉU* dotation forfaitaire *[versée par l'État fédéral à une collectivité territoriale, qui a une certaine latitude quant à l'emploi des fonds dans un domaine spécifié]* ; b) *RU* dotation générale *[de l'État central à une collectivité territoriale]* ; c) *RU* dotation forfaitaire *[versée par l'État central à une université]* ; **~ letters** capitales ; **~ of flats** *RU* habitation collective, immeuble collectif ; **~ of shares** *Bourse* paquet d'actions *[au moins 10 000]* ; **~ practice** stage de longue durée ; **~ release** congé de formation ; **~-release course** cours donnant lieu à l'octroi d'un congé de formation ; **~ teaching** enseignement bloqué ; **~ trading** *Bourse* grosse transaction ; **~ vote** vote plural, scrutin pondéré *[en fonction du nombre de membres représentés par chaque votant]* ; **on the ~** *ÉU* mis aux enchères.

blockade *n.* blocus ; cessation des livraisons ; **oil ~** cessation des livraisons de pétrole.

blocked account *Banque* compte bloqué.

blood *n.* ✪ **~ alcohol level** taux d'alcoolémie ; **~ bank** banque de/du sang ; **~-brain barrier** barrière hémato-encéphalique ; **~ clot** caillot de sang ; **~ clotting** coagulation du sang ; **~ count** numération sanguine ; **~ culture** hémoculture ; **~ donation** don de sang ; **~ collection** a) collecte de sang ; b) prélèvement de sang ; **~ feud** querelle meurtrière entre familles, vendetta ancestrale ; **~ flow** flux sanguin ; débit sanguin ; **~-forming organs** organes hématopoïétiques ; **~ glucose level** glycémie ; **~ group** groupe sanguin ; **~ money** indemnité *[versée par un meurtrier à la famille de la victime]*, indemnisation ; **~ platelet** plaquette sanguine ; **~ poisoning** empoisonnement de sang, septicémie ; **~ pressure** pression artérielle ; **~ product** produit sanguin ; **~ relative** parent ; **~ sample** échantillon de sang ; **~ screening** examen du sang ; **~ specimen** échantillon de sang ; **~ sugar level** glycémie ; **~ supply** a) alimentation/irrigation sanguine, apport/approvisionnement sanguin, flux de sang ; b) stocks de sang, sang disponible pour les transfusions ; *[***the importance of the ~ supply to the brain** l'importance de l'irrigation sanguine du cerveau ; **many people are worried about the safety of the ~ supply** beaucoup de gens s'inquiètent de la sécurité des stocks de sang*]* ; **~ test** examen sanguin, analyse de sang ; **~ transfusion** transfusion sanguine ; **~ type** groupe sanguin ; **~ typing** groupage sanguin ; **~ vessel** vaisseau sanguin.

bloodstream *n.* circulation sanguine.

bloody *adj.* **1** couvert de sang, ensanglanté. **2** sanglant, meurtrier.

blow *v.* **~ over** *[affaire]* (finir par) se tasser, être oublié, *[controverse]* s'apaiser.

blow-by-blow *adj. [compte rendu]* détaillé.

blue *n.* ✪ **out of the ~** sans prévenir, à brûle-pourpoint, sans crier gare, de but en blanc, tout de go, au débotté.

blue *adj.* ✪ **~ asbestos** amiante bleu *[= crocidolite]* ; **~ baby** *Méd.* enfant bleu, nourrisson cyanotique ; **~ book** a) *RU* rapport officiel ; b) *RU* rapport sur la gestion des deniers publics *[intitulé « National Income and Expenditure »]* ; c) *ÉU* argus ; **~ chips, ~ chip stocks** valeurs (mobilières) vedettes/de premier ordre ; **~-collar worker** travailleur manuel ; **Blue Dog Democrats** *Pol. ÉU* Démocrates conservateurs ; **~ film** film pornographique ; **Blue Flag** *UE* Pavillon bleu ; **~ movie** film pornographique ; **~-ribbon panel** commission d'experts/de sages ; **~-skies/sky** *adj.* a) *[science]* pur, *[recherche]* fondamental ; b) *[valeurs mobilières]* frauduleux ; hasardeux ; **~-sky laws** *ÉU* législation contre le placement d'actions frauduleuses ; ~ **water** haute mer ; **~ whale** baleine/rorqual bleu(e).

blueprint *n. Fig.* **1** plan (détaillé), schéma (d'organisation), programme, projet. **2** orientation. **3** modèle ; **the velvet revolution was seen by some as a ~ for people yearning for democracy** la révolution de velours a été considérée comme un modèle pour les peuples qui aspiraient à la démocratie.

bluff *n.* **call sb's ~** *Fig.* mettre qqn au pied du mur, prendre qqn au mot ; forcer qqn à montrer sa main.

blur *v. tr* gommer, brouiller *[distinctions]* ; **to become ~red** *[distinction]* devenir floue, s'estomper.

blurb *n.* présentation du livre par l'éditeur, texte promotionnel figurant/imprimé sur la jaquette, texte de la quatrième (page) de couverture ; commentaire élogieux, extrait de critique favorable ; **as usual the ~ on the back of the book is extremely eulogistic** comme de coutume, le texte qui figure sur la quatrième page de couverture est extrêmement élogieux.

BMI (body mass index) IMC (indice de masse corporelle).

bn (billion) milliard.

board *n.* **1** conseil, comité, commission. **2** conseil d'administration ; **the ~ decided to sack the manager** le conseil d'administration a décidé de renvoyer le directeur. **3** office, régie. ✪ **~ and lodging** a) hébergement et repas, chambre avec pension ; logé et nourri ; b) frais de séjour (hébergement et repas) ; **~ meeting** réunion du conseil d'administration ; **~ of arbitration** commission d'arbitrage ; **~ of directors** conseil d'administration ; **Board of Directors** *BERD* Conseil d'administration ; ~ **of education** a) conseil de secteur scolaire ; b) conseil d'établissement ; **~ of examiners** jury d'examen ; **Board of Executive Directors** a) *Banque mondiale* Conseil des Administrateurs ; b) *FMI* conseil d'administration ; **Board of Governors** *AIEA, BERD, FMI, Banque mondiale* Conseil des gouverneurs ; **~ of management** conseil de direction ; **~ of regents** *Ens. ÉU* conseil d'administration *[d'une université]* ; **~ of town commissioners** *Irl.* conseil municipal ; **Board of Trade** a) *ÉU* chambre de commerce ; b) *ÉU Board of Trade [= principale Bourse de commerce de Chicago]* ; c) *RU* ministère du Commerce et de l'industrie ; *[***president of the Board of Trade** ministre du Commerce et de l'industrie*]* ; **~ of trustees** conseil d'administration ; **on-~** *adj. [ordinateur]* embarqué *[dans une voiture/un avion]*, de bord ; *[***on-~ electronics** électronique de bord ; **on-~ camera** caméra embarquée*]* ; **on ~** *[***to bring sb on ~** obtenir le concours de qqn ; **to come on ~** donner son adhésion ; **to get sb on ~** obtenir l'adhésion de qqn ; **to take on ~** a) souscrire à, adopter, accepter, retenir *[idée]* ; b) prendre en considération ; **they took the consultant's proposals on ~** ils ont retenu les propositions du consultant ; **a reality that must be taken on ~** une réalité qui doit être prise en considération*]*.

boarding *adj.* ✪ **~ card/pass** *Transp. aériens* carte d'embarquement ; **~ ramp** passerelle ; **~ school** internat, pensionnat.

boast *v. tr.* **1** se vanter de. **2** (pouvoir) se prévaloir de, (pouvoir) se targuer/s'enorgueillir de, se flatter de, être fier/satisfait de, avoir, posséder, être doté de, compter (pas moins de), pouvoir compter sur, comprendre ; revendiquer ; **Paris ~s an excellent public transport system** Paris est doté d'un excellent réseau de transports en commun ; **New York ~s a substantial Irish community** New York compte une importante communauté irlandaise ; **Finland ~s a well-educated, multilingual population** en Finlande, la population est instruite et polyglotte ; **with his BBC programmes he ~s a worldwide influence** ses émissions diffusées par la BBC lui confèrent une influence qui s'étend au monde entier.

boat *n.* ✪ **~ people** *boat people,* réfugiés de la mer ; **miss the ~** a) ne pas saisir une bonne occasion, rater le coche ; b) ne pas comprendre (de quoi il retourne) ; **rock the ~** créer des difficultés, provoquer des remous, jouer les trouble-fête, mettre en péril un système qui convient au groupe/à beaucoup de gens.

BOD (biochemical oxygen demand) *Env.* DBO (demande biochimique en oxygène).

bodily injury *Dr.* dommage corporel, lésions corporelles.

body *n.* **1** corps, organisme. **2** élément principal, corps ; **the analytical ~ of the report** la partie analytique du rapport ; **the main ~ of his ideas is to be found in Chapters 2 and 3** il énonce ses idées essentielles dans les chapitres 2 et 3. **3** organe, organisme, service, instance, entité. **4** ensemble, masse, corps, système ; quantité ; somme *[de connaissances]*, groupe *[de personnes]* ; **a large ~ of research** de nombreuses études ; **student ~** étudiants ; nombre d'étudiants, effectifs ; **a ~ of facts** un ensemble de faits. **5** *Aéron.* fuselage. **6** carrosserie. ✪ **as a ~** collectivement, en bloc ; *[***to resign as a ~** démissionner en bloc ; **she gives a lot of consideration to her employees individually, but not to her employees as a ~** elle a beaucoup de considération pour les membres du personnel à titre individuel mais non pour le personnel en tant que tel*]* ; **~ bag** housse mortuaire, sac de rapatriement de corps ; **~ building** culturisme, musculation ; **~ copy** *Publ. ÉU* corps de l'annonce ; **~ corporate** personne morale ; **~ count** nombre de victimes, bilan ; **~ execution** *Dr.* contrainte par corps ; **~ fluid** liquide organique ; **~ language** langage gestuel, communication non verbale ; **~ mass index** indice de masse corporelle ; **~ of evidence** a) données disponibles, série de données ; b) *Dr.* faisceau de preuves ; *[***a large ~ of evidence** une grande quantité de données*]* ; **~ of laws** législation ; **~ of rules** réglementation, régime, corps de règles ; **~ of work** ensemble de travaux *[scientifiques]* ; **~ of the offence** *Dr.* corps du délit ; **~ politic** a) nation, (corps des) citoyens ; b) personne morale ; *[***immigrants are not yet part of the ~ politic** les immigrés ne font pas encore partie du corps des citoyens*]* ; **~ of water** masse/étendue d'eau ; **~ text** *Publ. ÉU* texte (de l'annonce) ; **in a ~** ensemble, en groupe ; **out-of-~ experience** sortie du corps.

bogged down englué, enlisé.

boil *v. Fig.* **~ down** to se résumer à.

boiler-plate *n. Fig.* texte stéréotypé.

boiling water reactor *Nucl.* réacteur à eau bouillante.

boll weevils *Pol. ÉU* Démocrates conservateurs du Sud.

BOM (bill of materials) liste (des matières premières et) des composants.

bomb *n.* 1 bombe. 2 *Fam.* bide ; navet. ✪ **~ attack** attentat à la bombe ; **~ disposal** désamorçage/neutralisation de bombe(s) ; **~-disposal expert** artificier ; **~-disposal squad/unit** équipe d'artificiers ; **~ maker** artificier *[d'un groupe terroriste].*

bombard *v.* **to be ~ed with** crouler sous *[informations].*

bombing *n.* 1 bombardement. 2 attentat à la bombe ; destruction par explosif ; plastiquage ; placement d'une bombe.

bona fide légitime, licite, honnête, sincère, loyal, de confiance, sérieux, authentique, véritable, réel, digne de ce nom, (accompli/présenté) de bonne foi ; **this product is now recognized as a ~ medicine** ce produit est maintenant reconnu comme un médicament digne de ce nom.

bona fides bonne foi ; bonnes intentions.

bond *n.* 1 lien ; *pl.* chaînes, entraves ; joug ; **~s of friendship** liens d'amitié ; **they broke the ~s of imperialism** ils se sont affranchis du joug de l'impérialisme. 2 *Chimie* liaison. 3 accord, pacte ; contrat ; engagement, obligation. 4 *Fin.* obligation. 5 cautionnement, garantie ; caution ; reconnaissance de dette ; **he was released on $100,000 ~** il a été libéré contre versement d'une caution de 100 000 dollars. 6 *Douane* entrepôt, entreposage ; **goods out of ~** marchandises sorties d'entrepôt, marchandises dédouanées ; **in ~** en entrepôt, sous douane, admis sous caution ; **to place in ~** entreposer sous douane ; **processing of goods in ~** transformation de marchandises sous douane ; **to take out of ~** retirer de l'entrepôt *[en payant les droits]* ; **under ~** en entrepôt, sous douane, admis sous caution. ✪ **~ creditor** créancier obligataire ; **~ fund** *FCP* fonds obligataire ; **~ issue** émission d'obligations ; **~ loan** emprunt obligataire ; **~ market** marché obligataire ; **~ note** *Douane* acquit-à-caution ; **~ of indemnity** cautionnement ; **~ trader** opérateur sur marchés obligataires ; **my word is my ~** je n'ai qu'une parole.

bonded *adj.* ✪ **~ debt** a) dette garantie ; b) *ÉU* encours de la dette obligataire ; **~ labour** travail de personnes réduites en esclavage ; **~ labourer** travailleur réduit en esclavage ; **~ store/warehouse** entrepôt de douane.

bondholder *n.* obligataire.

bonding *n.* 1 établissement d'un lien affectif/de liens d'amitié/de relations amicales. 2 relations amicales, liens d'amitié, camaraderie, liens affectifs, attachement.

bone of contention source (perpétuelle) de conflit, sujet de discussion/de désaccord, cause/pomme de discorde, question controversée ; **to be a ~** être à l'origine de frictions (continuelles).

bonus *n.* prime ; gratification. ✪ **~ issue** *RU* attribution d'actions gratuites ; *[***~ issue of one for five** attribution d'actions gratuites à raison d'une action nouvelle pour cinq anciennes*]* ; **~ share** *RU* action gratuite ; **~ stock** *ÉU* a) action gratuite *[offerte à l'acquéreur d'actions d'une autre catégorie]* ; b) action distribuée à titre de prime.

book *n.* 1 livre. 2 *Compt.* livre ; *pl.* livres, comptes, comptabilité ; **to keep the ~s** tenir des livres (comptables), tenir une comptabilité ; **to close one's ~s** clôturer ses comptes ; **certain transactions were off the ~s** certaines transactions n'étaient pas comptabilisées. ✪ **~ entry** écriture comptable ; **by the ~** dans les règles, en respectant strictement les règles ; **~ inventory** inventaire comptable ; **~ keeper** aide-comptable ; **~ loss** perte comptable ; **~ of first/original/prime entry** journal auxiliaire ; **~ profit** bénéfice comptable ; **~s of account** livres de commerce ; **~ token** chèque-livre ; **~ value** valeur comptable *[d'un élément d'actif, d'une action]* ; **~ voucher** chèque-livre ; **in one's ~** à son avis, selon ses critères ; **on the ~s** a) *[loi]* en vigueur ; b) dans le registre du personnel ; *[***the anti-vagrancy act is still on the ~s** la loi contre le vagabondage est encore en vigueur ; **he remained on the ~s for six months after his accident** il a continué de faire partie du personnel pendant six mois après son accident*]*.

bookkeeping *n.* tenue des livres comptables ; comptabilité.

booking *n.* réservation. ✪ **~ hall/office** a) bureau de réservation ; b) billetterie.

booklet *n.* brochure, opuscule, plaquette.

bookmark *v. tr. Internet* ajouter aux signets.

bookmark *n. Internet* signet.

bookmobile *n. ÉU* bibliobus.

boom *n.* 1 *Écon.* (phase d') expansion, forte expansion, période/phase de haute conjoncture, essor (économique), (phase de) prospérité ; **consumer spending ~** essor des dépenses de consommation. 2 **student ~** augmentation rapide/explosion du nombre d'étudiants. ✪ **~ box** gros système stéréo portable.

booming *adj.* en plein essor, en pleine expansion, prospère, florissant ; **~ exports** vigoureux développement des exportations ; **local crafts are ~** l'artisanat local est en plein essor.

boost *v. tr.* 1 augmenter *[prix, dépenses publiques],* accroître *[productivité],* faire monter, majorer ; **the drought is ~ing grain prices** la sécheresse fait monter le cours des céréales. 2 développer, accroître, augmenter, accentuer, améliorer, promouvoir, encourager, favoriser, renforcer, stimuler, activer, accélérer, donner un coup de fouet/d'accélérateur à, donner une impulsion à, dynamiser, doper, imprimer un élan à, revigorer, relancer, faire redémarrer ; **the war ~ed the government's popularity** la guerre a accru la popularité du gouvernement ; **to ~ recovery** donner un coup de fouet à la reprise ; **steroids can ~ athletic achievements** les stéroïdes peuvent améliorer les performances des athlètes ; **this tax cut will ~ consumption** cette réduction d'impôt dopera la consommation ; **one way to ~ a computer is to upgrade the processor** une façon de doper un ordinateur consiste à remplacer le processeur. 3 faire de la publicité pour ; commenter élogieusement.

boost *n.* impulsion, élan, stimulation, coup de fouet/d'accélérateur ; renforcement, poussée ; **to give/provide a ~ to** *voir* boost v. (2) ; **the company's fortunes received a ~ when it moved to Chicago** la situation de l'entreprise s'est améliorée lorsqu'elle a transféré ses activités à Chicago.

booster *n.* 1 *Esp.* a) moteur de fusée ; b) propulseur d'appoint. 2 (injection de) rappel. ✪ **~ dose/injection/shot** (injection de) rappel.

boot *v. tr. Inf.* lancer *[ordinateur].*

boot *n. Comm., Fin. ÉU* soulte. ✪ **~ camp** *ÉU* camp de formation.

bootstrap *n. Inf.* amorce. ✪ **by one's (own) ~s** sans l'aide de personne, sans aide extérieure, tout seul, à la force du poignet, par ses propres moyens ; *[***to pull oneself up by the ~s/by one's (own) ~s** s'élever tout seul/à la force du poignet, améliorer sa situation par ses propres moyens/en ne comptant que sur ses propres ressources ; **after leaving school with nothing, she pulled herself up by the ~s** après avoir quitté l'école sans diplôme, elle s'est élevée à la force du poignet*]*.

bootstrap *adj.* réalisé sans aide extérieure, (entièrement) autonome ; *[phénomène]* spontané ; *[phénomène]* auto-entretenu.

borderline *adj. Fig.* **1** limite, tangent, marginal, indéfini, mal défini ; douteux, ambigu ; à la limite *[de la décence, du bon goût] ;* **~ case** cas limite. **2** médiocre, à peine suffisant. ✪ **~ intelligence** intelligence légèrement inférieure à la moyenne ; **~ personality** *Psychiatrie* personnalité limite.

border state *ÉU* **1** « border state » *[= État anciennement esclavagiste n'ayant pas fait sécession].* **2** État ayant une frontière avec le Canada.

bore *n.* **1** âme *[d'un canon].* **2** calibre *[d'une arme à feu].* **3** *Pétrole* sondage, trou de sonde *[= puits foré]..*

borehole *n. Pétrole* forage, trou de sonde *[= puits foré].*

born-again *adj.* récemment converti, récemment acquis à la cause de, de fraîche date, néophyte ; **he is a ~ conservationist** il est un écologiste de fraîche date.

borough *n.* **1** *RU, Irl.* commune, bourg, *borough.* **2** *RU* arrondissement *[d'une grande ville].* ✪ **~ council** conseil municipal ; **~ corporation** *Irl.* conseil municipal.

borrowing *n.* ✪ **~ capacity** capacité d'endettement ; **~ rate** taux débiteur, taux emprunteur ; **~ requirement** besoin de financement.

Bosnia and Herzegovina, Bosnia-Hercegovina Bosnie-Herzégovine.

both *pron.* à la fois... et (en même temps), non seulement... mais encore ; **people in their forties often have to look after ~ their children and their parents** les quadragénaires doivent souvent s'occuper non seulement de leurs enfants mais également de leurs parents ; **or ~** ou une combinaison des deux. ✪ **have it ~ ways** avoir le beurre et l'argent du beurre, obtenir les avantages des deux systèmes/options/solutions, avoir une chose et son contraire.

bottle bank conteneur pour la collecte de bouteilles.

bottled water eau embouteillée.

bottleneck *n.* goulet d'étranglement, engorgement, embouteillage, blocage, congestion, entrave, frein, obstacle.

bottling plant usine d'embouteillage.

bottom *v.* **1** *intr.* atteindre son point le plus bas ; **sales ~ed in 2001** le chiffre d'affaires a atteint son point le plus bas en 2001. **2 ~ out** atteindre/toucher son niveau le plus bas, toucher le fond/le plancher ; se stabiliser.

bottom *n.* bas *[d'un formulaire].* ✪ **at ~** fondamentalement ; **~ ash** mâchefer *[produit par une usine d'incinération] ;* **~ line** *voir* entrée distincte ; **~ ice** glace de fond ; **~-up** *adj. [processus]* ascendant ; (privilégiant les initiatives) partant de la base ; **get to the ~ of** faire toute la lumière sur, tirer au clair ; **the ~ falls out of the market** les cours s'effondrent.

bottom line **1** *Compt.* résultat net, bénéfice(s), perte(s). **2** résultats financiers ; **shareholders are only interested in the ~** les actionnaires ne s'intéressent qu'aux résultats financiers. **3** résultat final, bilan ; décision finale, conclusion. **4** nature du problème, *[l']* essentiel, aspect essentiel, considération déterminante, critère déterminant, ce qui compte (le plus), facteur décisif ; **winning votes is the ~** ce qui compte est d'obtenir des voix.

bought note *Fin.* avis d'exécution d'achat.

bounce *n. Internet* rejet *[d'un message électronique].*

bound *adj.* **1** engagé, lié ; **to be ~ by** être lié par *[obligation, traité] ;* **to be ~ by secrecy** être tenu au secret. **2 to be ~ to** devoir nécessairement, ne pouvoir que, ne pouvoir manquer de ; **she was ~ to make the same mistake twice** il était inévitable qu'elle commette deux fois la même erreur. **3 (for)** à destination de, se dirigeant vers ; **a train ~ for London** un train à destination de Londres ; **London-~ express** express à destination de Londres.

bound *suff.* **1 ice-~** *adj. [port]* bloqué par les glaces, *[navire]* pris dans les glaces, prisonnier des glaces ; **strike-~** *adj.* paralysé par la grève. **2 rule-~** *adj.* tenu de respecter des règles.

bounty *n. Écon.* subvention, prime ; **export ~** subvention à l'exportation.

bout *n.* **1** *Méd.* accès, crise. **2** *Écon.* **~ of inflation** poussée/flambée d'inflation.

bovine spongiform encephalopathy encéphalopathie spongiforme bovine.

bowel movement évacuation de selles ; **to have a ~** aller à la selle.

bowhead *n.* baleine du Groenland.

box *v. tr.* **to ~ oneself in** se mettre soi-même dans une situation inextricable.

box *n.* **1** boîte ; carton *[= boîte en carton].* **2** *Journ.* encadré. **3** case *[dans un formulaire].* **4** *Fam.* télé. **5** loge *[de théâtre].* **6** situation inextricable ; **to be in a ~** être coincé. ✪ **~ office** guichet *[d'une salle de spectacle] ;* **~ office success** film/pièce/spectacle à succès ; **out-of-the-~** *adj.* prêt à l'emploi ; **out of the ~** de façon créative/imaginative/originale, en sortant des sentiers battus ; *[***to get out of the ~** innover, sortir des sentiers battus, rompre avec les formules traditionnelles ; **to think out of the ~** réfléchir sans a priori, laisser libre cours à son imagination*]*.

Boxing Day *RU* 26 décembre, lendemain de Noël *[ou 27 décembre si Noël tombe un samedi].*

boycott *n.* boycottage.

brace *n.* **1** *pl. RU* bretelles. **2** orthèse. **3** *pl.* appareil orthodontique. **4** paire. **5** *Typographie* accolade.

bracket *n. Fig.* tranche, fourchette ; **age ~** tranche d'âge ; **tax breaks for those in the higher income ~** des allégements fiscaux pour les personnes dont les revenus sont les plus élevés. ✪ **~ creep** glissement fiscal *[dû à la non-indexation des barèmes fiscaux].*

brain *n.* ✪ **~ damage** lésions cérébrales ; **~ dead** en état de mort cérébrale ; **~ death** mort cérébrale ; **~ drain** exode/fuite des compétences, fuite des cerveaux ; **~ scan** scanner cérébral ; **~ stem** tronc cérébral ; **~ surgeon** *Fig.* génie, homme/femme extrêmement/extraordinairement intelligent(e) ; **~ trust** groupe de réflexion.

brainchild *n.* idée, projet, plan, réalisation, invention, résultat des travaux, produit dû à l'ingéniosité *[de la personne indiquée] ;* **to be the ~ of** avoir été conçu par, être le fruit des travaux de.

brainstorm *n. ÉU* idée de génie.

brainstorming *n.* recherche d'idées *(brainstorming)*, libre expression d'idées (inédites) *(brainstorming)*.

brainwave *n. RU* idée de génie.

brake lights feux stop.

branch *v.* **1** **~ out** diversifier ses activités ; développer ses activités dans une direction nouvelle ; se lancer dans des activités nouvelles. **2** **~ out into** diversifier ses activités en se lançant dans, étendre ses activités à, se diversifier/s'orienter vers, se lancer dans, se diversifier dans ; se diversifier en vendant/produisant *[articles nouveaux]*.

branch *n. Fig.* **1** domaine, branche ; discipline ; spécialité, spécialisation ; **the three main ~es of the BBC–television, radio and the world service** les trois grands domaines d'activité de la BBC : la télévision, la radio et le service mondial. **2** agence, succursale ; antenne ; service, département, bureau, subdivision ; émanation ; section *[d'un syndicat, d'un parti]* ; **bank ~** agence bancaire. **3** **~ (of government)** pouvoir *[exécutif, législatif, judiciaire]*. **4** *Mil.* arme. ✪ **~ banking** système de banques à succursales ; **~ manager** directeur de succursale ; **~ office** succursale ; bureau local ; **~ of knowledge** discipline.

brand *v. Fig.* **1** *tr.* qualifier de, traiter de. **2** **~ as** qualifier *[qqn]* de, traiter *[qqn]* de.

brand *n.* ✪ **~ awareness** notoriété de la marque ; **~-free products** *Comm.* produits sans marque ; **~ image** image de marque ; **~ loyalty** fidélité à la marque ; **~ manager** *Marketing* chef de produit ; **~ name** nom de marque ; **~ recognition** degré d'identification de la marque ; **~ stretching** extension de marque.

branded goods/products produits commercialisés sous une marque.

Brandenburg *n. Allemagne [le]* Brandebourg.

branding *n.* **1** *Marketing* stratégie de marque ; création et promotion d'une marque. **2** *Marketing* identification *[d'un produit, d'un service]* par une marque ; création et promotion d'une marque-produit/marque-service *[= désignation d'un produit/service par une marque qui lui est propre et soutien de cette marque]*. **3** marquage *[de la peau par brûlure, à des fins esthétiques ou symboliques]*.

brave *adj.* courageux, vaillant, valeureux. ✪ **~ new world** meilleur des mondes, monde idéal.

brawn *n.* force physique, muscle.

breach *n.* **1** violation *[d'un accord, d'une loi]*, infraction *[à une loi, à un règlement]*, manquement *[à la discipline, à un devoir, à une règle, au règlement]*, inexécution *[d'un contrat, d'une obligation]*, non-respect, inobservation, rupture *[d'un engagement, d'une promesse, d'un cessez-le-feu]* ; entorse, atteinte ; **~ of privacy** atteinte à (l'intimité de) la vie privée ; **in ~ of** en violation de, au mépris de, en méconnaissance de ; **to be in ~ of** a) *[acte]* être contraire à, violer ; b) *[personne]* commettre une infraction à *[réglementation]* ; **to be in ~ of one's obligations** manquer à ses obligations ; **a flagrant ~ of human rights** une violation flagrante des droits de l'homme. **2** rupture, grave désaccord *[entre deux pays/personnes]*. ✪ **~ of close** *Dr.* violation de propriété privée ; **~ of confidence** divulgation d'informations confidentielles ; **~ of contract** manquement aux obligations contractuelles, inexécution des obligations contractuelles ; **~ of duty** manquement à une obligation ; **~ of faith** (acte de) mauvaise foi, déloyauté ; *[***to commit a ~ of faith** manquer à sa parole, se montrer indigne de la confiance *[de qqn]*, abuser de la confiance *[de qqn]*, surprendre la bonne foi *[de qqn]]* ; **~ of prison** évasion ; **~ of privilege** atteinte aux privilèges *[d'une assemblée législative]* ; **~ of security** a) manquement aux règles/consignes de sécurité, non-respect des consignes de sécurité ; b) défaillance du dispositif de sécurité, faille dans le dispositif de sécurité, (mise en) échec du dispositif de sécurité ; **~ of the peace** a) trouble de l'ordre public, atteinte à l'ordre public ; atteinte à la tranquillité publique ; émeute ; rixe ; b) *Dr. int.* rupture de la paix ; *[***the suppression of acts of aggression or other ~es of the peace** la répression de tout acte d'agression ou autre rupture de la paix*]* ; **~ of trust** a) manquement d'un *trustee* à ses obligations ; b) (acte de) mauvaise foi, déloyauté ; *[***an employee who reveals a company's secrets commits a ~ of trust** un employé qui divulgue des secrets d'une entreprise se rend coupable d'un acte déloyal*]*.

bread-and-butter *adj.* **1** *[questions]* (purement) matériel, lié à la vie quotidienne. **2** courant, ordinaire, banal, habituel, typique.

breadbasket *n. Fig.* grenier à blé.

breadline *n. Fig.* **to be on the ~** avoir tout juste de quoi vivre, être très pauvre.

breadwinner *n.* soutien de famille.

break *v.* **I** *Fig.* **1** *tr.* rompre *[silence]*. **2** *tr.* violer, enfreindre, contrevenir à, transgresser, ne pas observer *[règle, loi]* ; commettre une entorse à ; ne pas tenir *[engagement]* ; **to ~ a contract** ne pas remplir ses obligations contractuelles, ne pas exécuter un contrat. **3** *tr.* mettre fin à, interrompre ; **to ~ the deadlock** sortir de l'impasse. **4** *tr.* déchiffrer *[code]*. **5** *tr.* rendre public, annoncer *[nouvelle]*. **6** *intr.* *[comité]* interrompre ses travaux ; faire une pause. **II ~ apart** **1** *[alliance]* se disloquer, éclater, se désintégrer. **2** provoquer l'éclatement de *[pays, parti]*, détruire. **3** disperser *[collection]*. **III ~ away** **1** se détacher. **2** enlever, détacher. **3** *[province]* faire sécession, *[membre d'un parti]* faire dissidence. **IV ~ away from** **1** s'échapper de, se détacher de ; *Fam.* fausser compagnie à. **2** rompre les liens avec, quitter ; s'émanciper de, échapper à la tutelle de, se libérer de (la tutelle de), se dégager de, couper les ponts avec. **3** s'écarter de, se démarquer de, abandonner, renoncer à, rompre avec, tourner le dos à. **V ~ down** **1** détruire, démolir ; démanteler ; supprimer, éliminer, faire disparaître, gommer ; abattre, lever *[obstacles]* ; **inter-marriage has broken down ethnic and cultural boundaries** les mariages mixtes ont fait disparaître les divisions entre les ethnies et les cultures ; **mass education broke down the tradition whereby sons did the same jobs as their father** l'enseignement de masse a mis fin à la tradition selon laquelle les fils exerçaient le même métier que leur père. **2** *[personne]* craquer, s'effondrer ; *[chose]* s'effriter, s'effondrer, disparaître, s'évanouir, se disloquer, se désagréger, voler en éclats, se défaire, cesser ; prendre fin, se vider de sa substance ; **the suspect broke down under questioning** le suspect a craqué pendant l'interrogatoire ; **the relationship had broken down irretrievably** les relations s'étaient détériorées de façon irrémédiable ; **one in three marriages ~s down within five years** un mariage sur trois prend fin au cours des cinq premières années. **3** vaincre, briser, venir à bout de *[résistance]*. **4** démonter *[machine]*. **5** ventiler *[statistiques par sexe/âge/région]*, décomposer, détailler ; *Stat.* désagréger *[données]* ; **the bill was broken down at the client's request** la facture a été ventilée à la demande du client. **6** diviser, subdiviser, fractionner, scinder. **7** se répartir, se subdiviser, se décomposer.

8 tomber en panne, se détraquer. **9** *[négociations]* échouer, se solder par un échec, prendre fin sur un constat d'échec, ne pas aboutir ; s'interrompre. **10** être surmené ; faire une dépression. **11** décomposer, dissoudre *[produit chimique]* ; **a new product that ~s down kettle fur** un nouveau produit qui dissout le tartre des bouilloires. **12** *[produit chimique]* se décomposer, se dégrader ; **this packaging will ~ down into organic waste** cet emballage se dégradera pour former des déchets organiques. **VI ~ even** atteindre le seuil de la rentabilité, parvenir à l'équilibre financier, trouver son équilibre financier, devenir (tout juste) rentable, ne pas être en déficit, couvrir ses frais, être en équilibre, équilibrer son budget/ses comptes. **VII ~ in** pénétrer par effraction. **VIII ~ into 1** prendre pied sur *[marché]*. **2** pénétrer par effraction dans. **IX ~ loose 1** se détacher. **2** *[prisonnier]* s'échapper. **X ~ off 1** rompre *[relations diplomatiques]*. **2** interrompre. **XI ~ out 1** se déclarer, commencer, prendre naissance, éclater, se déclencher, se produire, avoir lieu ; **fighting broke out on the border last night** des combats ont éclaté à la frontière la nuit dernière. **2** s'évader. **XII ~ out of 1** s'évader de *[prison]*. **2** échapper à ; s'affranchir de, se dégager de. **XIII ~ through** *Mil.* réaliser une percée. **XIV ~ up 1** désintégrer, disloquer. **2** se désintégrer, se disloquer, éclater ; **the old east-west divide is ~ing up** l'ancien clivage Est-Ouest disparaît progressivement. **3** se détériorer. **4** détruire, démolir, casser. **5** décomposer *[produit chimique]*. **6** mettre fin à ; disperser *[manifestation, collection]*. **7** *[manifestation]* se disperser ; *[réunion]* prendre fin, s'achever, **the meeting broke up at 3:30 pm** la réunion a pris fin à 15h30. **8** diviser, subdiviser, scinder, fractionner, disjoindre, dissocier, morceler, démembrer ; diviser *[société monopoliste]* en plusieurs entités autonomes ; **the project was broken up into seven simple tasks** le projet a été divisé en sept tâches simples ; **some extremists are seeking to ~ up Belgium** des extrémistes tentent de provoquer l'éclatement de la Belgique ; **British Rail was broken up under the Conservatives** *British Rail* a été divisé en plusieurs entités autonomes par les Conservateurs. **9** *[parlement]* s'ajourner, *[comité]* se séparer ; **the school ~s up** *RU* les vacances commencent ; **after Parliament ~s up we have what is known as the silly season** lorsque le Parlement s'ajourne, commence une période pauvre en nouvelles sérieuses. **XV ~ with** rompre avec *[qqn, la tradition, un parti politique]*, ne pas suivre, s'écarter de, dévier de, tourner le dos à.

break *n.* **1 (from, with)** rupture avec *[usage]*, dérogation à, entorse à *[règle]*, changement de *[méthode]*, changement/évolution/innovation par rapport à, abandon de *[pratique]*, déviation de ; **to be a ~ from** s'écarter de, rompre avec, marquer une rupture avec, tourner le dos à ; se distinguer de, se démarquer de ; **Art Nouveau represented a clear ~ with the past** l'Art nouveau a marqué une nette rupture avec le passé. **2 (with)** rejet de ; **the Labour Party's ~ with traditional ideology** le rejet de l'idéologie traditionnelle par le Parti travailliste. **3** interruption, pause. **4** chance, occasion de faire ses preuves.

breakaway *adj.* *[organisation]* dissident, *[province]* sécessionniste.

breakdown *n.* **1** panne, défaillance ; arrêt ; **technical ~** panne, défaillance/incident technique. **2** effondrement, troubles psychiques ; *Méd.* asthénie. **3** détérioration grave, dégradation, désorganisation ; effondrement, débâcle, ruine, désintégration, éclatement, implosion, dislocation ; liquidation, disparition ; délabrement, délitement ; **~ of law and order** grave détérioration de l'ordre public ; **~ of marriage** *Dr.* détérioration irréversible des relations conjugales ; **~ of relations** détérioration des relations ; **~ of talks** rupture des négociations ; **communication ~** inaptitude à communiquer ; **the ~ of family life** la désintégration de la vie familiale. **4** ventilation, décomposition ; décompte ; division, subdivision, classification, répartition, découpage ; structure ; **a more detailed ~ of the statistics** une décomposition plus fine des statistiques. **5** échec, faillite, avortement ; rupture, divorce ; **~ of negotiations** échec/rupture des négociations. ✪ **~ van** dépanneuse.

break-even *adj.* ✪ **~ chart** graphique de points morts ; **~ point** seuil de rentabilité, point mort.

breaking *n. Dr.* **1** manquement, violation. **2** effraction. ✪ **~ and entering/entry** entrée par effraction ; cambriolage.

breaking bulk rupture de charge.

breaking *adj.* ✪ **~ news** nouvelle de dernière minute ; **~ wave** vague déferlante.

breakthrough *n.* percée, avancée, pas/progrès décisif, grand/important pas en avant, bond en avant, grande/importante découverte, innovation importante/radicale, conquête, étape décisive, première, tournant décisif, brèche ; déblocage ; **to achieve/make/produce a ~** réussir une percée ; **to make a ~** sortir de l'impasse ; **medical ~** première médicale ; **Mr Blair hoped for a ~ in Northern Ireland** M. Blair espérait une percée en Irlande du Nord ; **there have recently been remarkable ~s in the understanding of how memory works** des progrès remarquables ont récemment été accomplis dans la compréhension du fonctionnement de la mémoire.

breakup *n.* disparition, dissolution, démantèlement, dislocation, éclatement, désintégration, effondrement ; démembrement, partition ; **the ~ of the Soviet Union** l'éclatement de l'Union soviétique ; **the ~ of the old colonial system** la désintégration du vieux système colonial ; **he is looking forward to the ~ of the party system** il aspire à l'effondrement du système des partis. ✪ **~ value** valeur de liquidation, valeur à casser.

breast implant implant mammaire.

breath *n.* ✪ **~ analyser** *voir* breathalizer ; **~ test** alcootest *[= mesure du taux d'alcoolémie]* ; **hold one's ~** retenir sa respiration ; *[***don't hold your ~** *Fam.* ce n'est pas pour demain/pour tout de suite, c'est pas demain la veille*]*.

breathalyzer *n.* analyseur d'haleine *[= terme générique]* ; alcootest *[= appareil ayant une précision relative]* ; éthylotest, éthylomètre *[= appareils précis]*.

breathe *v. tr. Fig.* **(into)** insuffler ; **measures designed to ~ more creativity into the education system** des mesures visant à insuffler plus de créativité dans le système d'enseignement ; **to ~ new life into** redonner vie à, réactiver, revigorer, revivifier, relancer, donner un nouvel élan à, insuffler un nouveau dynamisme à ; **Mr Blair's supporters say he has ~d new life into the labour movement** les partisans de M. Blair soutiennent qu'il a revigoré le mouvement travailliste ; **information that would ~ new life into this long criminal investigation** des informations qui relanceraient cette longue enquête.

breathing room/space répit, délai, sursis ; période de réflexion.

breech birth/delivery accouchement par le siège.

breed *v.* **1** *tr.* élever *[animaux]*. **2** *intr.* se reproduire, *[moustiques]* se multiplier. **3** *tr. Fig.* *[école]* former *[élèves]*. **4** *tr. Fig.* causer, engendrer, être à l'origine de.

breeder (reactor) *Nucl.* surrégénérateur, (réacteur) surgénérateur.

breeding *n.* **1** élevage. **2** reproduction ; sélection ; amélioration génétique. **3** prolifération *[de moustiques].* ✪ **~ animals** animaux de reproduction ; **~ area** lieu/zone de reproduction/de frai ; **~ farm** élevage ; **~ ground** a) lieu/zone de reproduction/de frai ; b) *Fig.* vivier ; c) *Fig.* terrain/terreau fertile, milieu/lieu/terrain favorable, terrain de choix ; *[***Eton is often described as a ~ ground for Prime Ministers** on affirme souvent qu'Eton est un vivier de futurs premiers ministres*] ;* **~ stock** animaux de reproduction, reproducteurs, cheptel reproducteur.

Bremen *n. Allemagne* Brême.

Brenner Pass col du Brenner.

bribe *v. tr.* corrompre, verser des pots-de-vin à, soudoyer, acheter (le silence de) ; suborner *[témoin] ; Fam.* arroser.

bribe *n.* **1** pot-de-vin, paiement illicite, cadeau, enveloppe. **2** dessous-de-table.

bribery *n.* **1** corruption (active/passive) ; subornation *[d'un témoin].*

brick-and-mortar *adj.* matériel, physique ; **~ business/company** entreprise traditionnelle.

bridge *v. tr. Fig.* combler *[écart, déficit] ;* mettre en rapport, rapprocher, relier, jeter un pont entre ; **to ~ the gap between** a) combler l'écart entre ; b) faciliter la communication entre, établir l'harmonie entre.

bridge *n. Fig.* **1** passerelle, trait d'union, pont ; **we will cross this ~ when we come to it** nous aviserons le moment venu, nous réglerons le problème le moment venu. **2** (établissement d'un) lien, rapprochement ; **a ~ between theory and practice** un moyen d'établir un lien entre la théorie et la pratique ; **to build ~s** rapprocher les adversaires/les différents groupes. **3** correspondance. **4** relais, transition. ✪ **~ loan** *ÉU* crédit-relais.

bridging loan *RU* crédit-relais.

brief *v. tr.* **1** communiquer des informations à, informer, mettre au courant ; **officials ~ed the new minister on the undercover operation** des fonctionnaires ont mis le nouveau ministre au courant de l'opération secrète. **2** donner des instructions à ; **to ~ a barrister/lawyer** *Angl.* s'assurer les services d'un avocat, confier une affaire à un avocat, constituer avocat.

brief *n.* **1** *ÉU* résumé. **2** aide-mémoire. **3** note d'information ; rapport. **4** mandat, mission, tâche ; **shall carry out any ~ given to it by the Council** exécute tout mandat qui lui est confié par le Conseil. **5** domaine de compétence. **6** instructions, directives, consignes. **7** *Dr. Angl.* mémoire. **8** *Dr.* dossier d'une affaire ; affaire *[confiée à un avocat] ;* **to hold a ~ for sb** être l'avocat de qqn, représenter qqn en justice ; **to take a ~** *[avocat]* accepter une affaire.

briefing *n.* **1** instructions ; communication d'informations, mise au courant, exposé. **2** réunion/séance d'information. ✪ **~ paper** document d'information.

bright *adj.* ✪ **look at the ~ side** prendre les choses du bon côté.

brigadier *n. RU* général de brigade. ✪ **~ general** *ÉU* général de brigade.

bring *v.* **I** *tr.* **1** apporter, transporter, acheminer, procurer, fournir, donner, confier, conférer, amener ; mener, conduire ; rapporter ; ramener ; se munir de ; **please bring this invitation with you** veuillez vous munir de la présente invitation. **2 to ~ with it** entraîner, engendrer. **3** porter ; **to ~ to power** porter au pouvoir. **4 (to)** porter *[montant]* à *[niveau plus élevé].* **5** inciter. **6** susciter, déclencher, provoquer ; **the remark about nursery education brought a round of applause** l'observation relative à l'enseignement préélémentaire a provoqué des applaudissements ; **a catastrophic policy which brought misery to everyone** une politique catastrophique qui a fait des ravages dans l'ensemble de la population. **7 to ~ oneself to do sth** se résoudre à faire qqch. **II ~ about** causer, entraîner, engendrer, provoquer, conduire à, susciter, amener, se traduire par ; assurer, produire ; apporter, déclencher *[changements].* **III ~ back 1** rétablir *[pratique ancienne].* **2 (to)** rapporter à, ramener à. **IV ~ before 1** assigner à comparaître devant *[tribunal] ;* **to ~ sb before a court** traduire qqn en justice ; **to ~ a case before a court** saisir un tribunal d'une affaire, soumettre une affaire à une juridiction. **2** soumettre à, présenter à ; **several new ideas were brought before the committee** plusieurs idées nouvelles ont été soumises au comité. **V ~ down 1** détruire, provoquer l'effondrement de *[bâtiment],* abattre *[avion],* lever *[obstacle],* démanteler *[barrières].* **2** faire tomber, renverser, mettre à bas, provoquer la chute de *[gouvernement] ;* causer la perte de, abattre *[ennemi].* **3** réduire *[prix, taux d'intérêt],* faire baisser *[inflation] ;* **(to)** ramener à ; **they wish to ~ Third World debt down to a realistic level** ils souhaitent ramener le montant de la dette du tiers monde à un niveau réaliste. **4** mettre à jour. **5** rendre public. **VI ~ down on** attirer *[malheur]* sur. **VII ~ forth 1** présenter *[proposition].* **2** causer, provoquer, susciter, engendrer, se traduire par. **3** comptabiliser. **VIII ~ forward 1** présenter ; proposer, suggérer ; faire valoir *[argument],* avancer, alléguer ; apporter *[preuve].* **2** proposer l'examen de, soulever (la question de). **3** avancer (la date/l'heure de) *[réunion].* **4** *Compt.* reporter. **IX ~ in 1** rentrer ; engranger *[bénéfices, devises] ; Agr.* rentrer *[récolte].* **2** rapporter *[argent]*, produire des recettes de ; **oil exports brought in $70 billion last year** les exportations de pétrole ont rapporté 70 milliards de dollars l'année dernière ; **her job ~s in £1,550 a month** son emploi lui procure un revenu de 1550 livres par mois. **3** apporter ; procéder à un apport de *[capital] ;* **to ~ in fresh capital** apporter des capitaux frais. **4** adopter *[loi, règlement],* instaurer *[système].* **5** faire appel à, avoir recours à, faire intervenir, recourir aux services de, s'attacher les services de, s'assurer le concours/la collaboration de, s'entourer de ; **the police brought in a dowser** la police a fait appel à un radiesthésiste. **6** amener au poste (de police), interpeller ; **the police brought in two persons for questioning** la police a procédé à deux interpellations. **7** présenter, déposer *[projet de loi].* **8** rendre *[verdict].* **X ~ in on** faire participer à, associer à ; informer de. **XI ~ into** intégrer dans. **XII ~ off** réussir, mener à bien. **XIII ~ on 1** causer, engendrer, provoquer, produire ; **the procedure can even ~ on infertility** l'intervention peut même engendrer une stérilité. **2** être responsable de ; **they brought the whole thing on themselves** ils sont responsables de tout ce qui leur est arrivé. **XIV ~ out 1** faire ressortir, faire apparaître, révéler, mettre en évidence, mettre en relief, attirer l'attention sur ; **(that)** faire ressortir que. **2** permettre à *[qualité]* de s'exprimer ; **to ~ out sb's best** permettre à qqn de donner le meilleur de lui-même. **3** lancer *[produit nouveau] ;* publier *[livre].* **XV ~ over** rallier à ses vues. **XVI ~ through** mener à bien. **XVII ~ together 1** réunir, rassembler ; rapprocher, mettre en contact *[personnes] ;* grouper, regrouper, unir, réunir, rassembler *[choses]* ; **a laboratory that ~s together 200 scientists** un laboratoire qui rassemble 200 scientifiques ; **to ~ the party together** rassembler le parti ; **to ~ lenders and borrowers together** rapprocher les prêteurs et les emprunteurs. **2** faire la synthèse de *[idées],* combiner, unifier, fusionner, fondre, amalgamer. **3** associer. **4** réconcilier. **XVIII ~ up 1** élever, éduquer *[enfant].* **2** soulever (la question de), mentionner, aborder, évoquer ; attirer l'attention sur ; *Fam.* mettre *[question]* sur le tapis. **3** avancer, invoquer, alléguer. **4** poursuivre en justice, exercer des poursuites contre. **5** *Mil.* acheminer vers le front ; **to ~ up reinforcements** faire monter des renforts. **6** faire apparaître. ✪ **~ to bear** utiliser, exploiter, se servir de, mettre en œuvre ; **to ~ to bear on** mettre au service de, faire peser sur ; **psychological pressure was brought to bear on the strikers** une pression psychologique a été exercée sur les grévistes ; **to ~ environmental considerations to bear on matters that were previously the preserve of economists** faire intervenir des considérations écologiques dans des questions qui, précédemment, étaient du ressort exclusif des économistes.

brink *n. Fig.* **1** bord, limite, frontière, confins ; **on the ~ of bankruptcy** au bord de la faillite ; **the government is on the ~ of collapse** le gouvernement vacille. **2 on the ~ of doing sth** sur le point de faire qqch., en passe de faire qqch. **3** veille ; **to be on the ~ of** être à la veille de. **4** bord du gouffre/précipice.

brinkmanship *n.* stratégie du risque calculé maximum, art de frôler la catastrophe, (politique de la) corde raide, rituel d'intimidation, gesticulations, haute voltige, acrobaties au bord du gouffre/précipice, manœuvres téméraires, va-tout, coup de poker, jeu dangereux, tactique du tout ou rien, tactique du « ça passe ou ça casse » ; **in a game of ~, the protagonists gamble on the fear and the good sense of the other party** lorsqu'on joue son va-tout, on mise sur la peur et le bon sens de l'autre partie ; **one of the most dangerous acts of ~ ever seen in international relations** l'un des coups de poker les plus dangereux qui ait jamais été joué dans le domaine des relations internationales.

brisk *adj.* animé, vif, actif, dynamique, soutenu, énergique ; rapide ; prospère, florissant ; **to be ~** aller bon train ; **business/trade is ~** les affaires marchent bien ; **to do a ~ trade in** faire de bonnes affaires en vendant ; **~ market** *Fin.* marché animé ; **~ pace** rythme soutenu.

British *adj.* ✪ **~ Columbia** *Can.* Colombie-Britannique ; **~ ton** tonne forte *[= 2240 livres ou 1016 kg].*

broad *adj.* **1** large ; au sens large. **2** *[écart]* important, considérable ; **there were ~ differences between them** il y avait d'importantes différences entre eux. **3** principal ; **she has been studying the ~ effects of unemployment on family life** elle a étudié les principaux effets du chômage sur la vie de famille. **4** étendu, *[étendue]* vaste. **5** général, de portée générale, grand ; **the conference sets ~ guidelines for party policy** le congrès fixe des orientations générales relatives à la politique du parti ; **~ outlines** grandes lignes ; **~ ethical principles** grands principes éthiques. **6** approximatif ; **~ balance** équilibre approximatif, sorte d'équilibre. ✪ **~-based** *adj.* large ; diversifié ; *[***~-based support** large soutien ; **~-based government** gouvernement bénéficiant d'un large soutien*]* ; **~-leaved tree** arbre feuillu ; **~-brush view** vue d'ensemble ; **~ money aggregate/supply** *Écon.* agrégat monétaire large, monnaie dans sa définition large ; **~-ranging** *adj. [discussions]* large ; **~-spectrum** *adj. [médicament]* à large spectre ; **in ~ daylight** en plein jour.

broadband *n.* bande passante *[d'un fil, d'une fibre optique, d'un périphérique]* ; largeur de bande *[d'un signal].*

broadcast *n.* **1** émission (de radiodiffusion). **2** radiodiffusion.

broadcaster *n.* **1** organisme de radiodiffusion. **2** homme/femme de radio/télévision, personne qui fait de la radio/télévision.

broadcasting *n.* radiodiffusion, diffusion radiophonique et télévisée, radio et télévision. ✪ **~ franchise** *RU* concession de radiodiffusion ; **~ organization** organisme de radiodiffusion ; **~ satellite** satellite de radiodiffusion ; **~ schedule** grille des programmes.

broadly *adv.* globalement, dans l'ensemble, dans les/ses grandes lignes, schématiquement, à grands traits ; essentiellement, pour l'essentiel ; sensiblement, pratiquement ; approximativement, en gros, grosso modo, à peu près, plus ou moins, tant bien que mal, vaille que vaille, assez ; au sens large ; **the programme ~ described above** le programme décrit à grands traits ci-dessus ; **the theory is ~ correct** la théorie est exacte pour l'essentiel ; **for the first time, he ~ agrees with his rival** pour la première fois, il est d'accord pour l'essentiel avec son rival ; **~ the same** sensiblement la même chose ; **~ unchanged** pratiquement inchangé ; **~ satisfactory** assez satisfaisant. ✪ **~ based** large ; diversifié ; *[***~ based portfolio** *Fin.* portefeuille diversifié*]* ; **~ defined** au sens large ; **~ speaking** d'une manière générale, pour l'essentiel.

broadsheet (newspaper) *Journ.* journal de grand format ; journal de qualité.

broken home famille dissociée/séparée, ménage désuni, foyer dissocié ; **he comes from a ~** ses parents sont séparés/ont divorcé.

broker *v. tr.* offrir ses bons offices en vue de *[règlement pacifique],* s'entremettre en vue de la conclusion de, faciliter la conclusion de *[accord]* ; **to ~ the release of hostages** négocier la libération d'otages ; **the Norway-~ed talks between Israelis and Palestinians** les négociations engagées entre Israéliens et Palestiniens grâce aux bons offices de la Norvège.

broker *n.* **1** négociateur, intermédiaire, médiateur. **2** agent de change ; courtier, maison de courtage ; agent ; commissionnaire.

brokerage *n.* **1** courtage. **2** maison de courtage, courtier (en valeurs mobilières). ✪ **~ fee** (frais de) courtage ; **~ firm/house** maison de courtage, courtier (en valeurs mobilières).

brown *adj.* ✪ **~ asbestos** amiante brun *[= amosite]* ; **~ coal** lignite ; **~ dwarf** *Astron.* naine brune ; **~ goods** produits bruns.

brownfield site *RU* friche industrielle, ancien terrain industriel.

brownout *n.* baisse de tension

browse *v. tr. Inf.* parcourir.

browser *n. Internet* logiciel de navigation, navigateur ; *Can.* butineur.

browsing software *Internet* logiciel de navigation, navigateur ; *Can.* butineur.

Brunei (Darussalam) *[le]* Brunei (Darussalam) ; *ONU* Brunéi Darussalam.

brunt *n.* ✪ **bear the ~ of** subir/être touché/être frappé de plein fouet par, être le plus durement touché par, être la principale victime de, subir tout le poids de, faire les frais de.

brush *v.* **~ aside** rejeter, balayer, écarter (avec mépris) *[objection]*.

brushfire war petite guerre de courte durée.

brutal *adj.* **1** barbare, sauvage, horrible, atroce, cruel, féroce, terrible, inhumain, sanglant, impitoyable, implacable, odieux ; violent ; **~ regime** régime inhumain ; **~ murder** meurtre horrible ; **to fight the mob's ~ rule in the city** lutter contre le règne sanglant de la mafia dans la ville ; **~ suppression of opposition** élimination impitoyable de l'opposition. **2** *[franchise]* brutal ; *[réalité]* pénible, dur.

brutality *n.* violence, sauvagerie, atrocité, barbarie, cruauté ; *pl.* actes de barbarie, atrocités, exactions, cruautés, violences.

brutally *adv.* sauvagement, avec sauvagerie ; **the dictator ~ suppressed the uprising** le dictateur a réprimé sauvagement le soulèvement ; **the government ~ murdered thousands of opponents** le gouvernement a massacré des milliers d'opposants.

BS (Bachelor of Science) **1** licencié(e) ès sciences ; *Can.* bachelier/bachelière ès sciences. **2** licence ès sciences ; *Can.* baccalauréat ès sciences.

BSc (Bachelor of Science) **1** licencié(e) ès sciences ; *Can.* bachelier/bachelière ès sciences. **2** licence ès sciences ; *Can.* baccalauréat ès sciences.

BSE (bovine spongiform encephalopathy) ESB (encéphalopathie spongiforme bovine).

'B' shares *RU* actions de catégorie B *[avec droits de vote]*.

BST (British Summer Time) heure d'été de Londres.

B-to-B (business-to-business) *Internet [commerce électronique]* interentreprises.

BTU (British thermal unit) BTU.

bu (bushel) boisseau.

bubble *n. Bourse* bulle, flambée/bulle spéculative ; **financial ~** bulle financière ; **the financial ~ will burst sooner or later** la bulle financière se dégonflera tôt ou tard. ✪ **~-boy disease** immunodéficience congénitale ; **~ memory** *Inf.* mémoire à bulles ; **~ pack(aging)/wrap(ping)** *Comm.* emballage-bulle.

buck *v. tr. ÉU* ne pas suivre, aller à contre-courant de *[la tendance]* ; s'opposer à, résister à *[changement]*.

buck *n.* ✪ **pass the ~** *Fam.* se décharger des problèmes sur qqn d'autre, se débarrasser des problèmes en les passant/refilant à d'autres, se dérober, se défiler, « refiler le bébé ».

budget *v.* **1** *intr.* préparer le budget, établir un/son budget. **2** *intr.* **(for)** prévoir des crédits suffisants pour faire face à *[dépense]*. **3** *intr.* **(for)** inscrire *[montant]* au budget ; **to be ~ed for** figurer au budget. **4** *tr.* prévoir *[fonds]* dans le/son budget, inscrire *[montant]* au budget ; ouvrir un crédit de, budgétiser, budgéter ; **~ed amount** montant inscrit/prévu au budget ; **the government has ~ed $500,000 of disaster relief funds** le gouvernement a affecté 500 000 dollars au titre des secours en cas de catastrophe ; **the club has ~ed £8 million of reserve for emergency transfers** le club a prévu une réserve de 8 millions de livres pour pouvoir financer des transferts imprévus. **5** *tr.* **(for)** ouvrir un crédit de *[tel montant]* au titre de, affecter *[montant]* à ; **$150 million ~ed for health education** 150 millions de dollars affectés à l'éducation pour la santé.

budget *n.* budget, dotation, enveloppe. ✪ **~ accounts** comptes budgétaires ; **~ appropriation** crédit budgétaire ; **~ cuts** réduction des crédits/du budget, compressions budgétaires ; **~ estimates** prévisions budgétaires ; **~ gap** déficit/impasse budgétaire ; **~ item** poste (budgétaire) ; **~ squeeze** réduction des crédits/du budget, compressions budgétaires ; **~ year** exercice budgétaire.

budget *adj. [produit, service]* économique, bon marché.

budgetary control contrôle budgétaire.

buffer *n.* ✪ **~ memory** *Inf.* mémoire tampon ; **~ state** État tampon ; **~ stock** stock régulateur ; **~ storage** *Inf.* mémoire tampon.

buffet *v. tr.* malmener, mettre à mal.

bug *v. tr.* mettre *[qqn]* sur écoutes ; poser des micros dans *[local]* ; **to be ~ged** *[personne]* être placé sur table d'écoute/mis sur écoutes ; *[local]* être truffé de micros.

bug *n.* **1** *Inf.* erreur (de programmation), défaut, imperfection, bogue ; **there may be a few ~s in the program** il se peut que le programme contiennent quelques erreurs. **2** micro, micro-espion, dispositif d'écoute.

buggery *n.* sodomie ; sodomisation.

bugging *n.* pose de micros.

build *v.* **I** *tr.* **1** construire, bâtir, édifier ; **he used his association with the royal family to ~ a reputation for himself** il s'est servi de ses liens avec la famille royale pour se tailler une réputation. **2** constituer, créer, établir, mettre en place, mettre sur pied, organiser, monter, assembler, se doter de, développer ; **they built alliances which kept the peace for several decades** ils ont créé des alliances qui ont préservé la paix pendant des décennies ; **to ~ a relationship** établir une relation ; **to ~ a communication network** mettre en place un réseau de télécommunications ; **to ~ local child-care systems** mettre sur pied des réseaux locaux d'établissements de garde d'enfants ; **to ~ a team that combines youth and experience** constituer une équipe qui combine jeunesse et expérience ; **the party built a bigger constituency in the rural areas** le parti a rallié à lui une plus grande partie de l'électorat des zones rurales. **3** développer, accroître, renforcer ; **to ~ the capacity of children to study by themselves** développer la capacité des enfants à étudier de façon indépendante. **4** obtenir. **II ~ in** incorporer, intégrer. **III ~ into 1** incorporer dans, intégrer dans ; insérer *[clause]* dans *[contrat]*. **2** transformer en, faire évoluer vers ; **what was a pressure group has been built into a serious, balanced political party** ce qui n'était qu'un groupe de pression a été transformé en parti politique sérieux et équilibré. **3** devenir (progressivement). **IV ~ on** s'appuyer sur, prendre appui sur, faire fond sur, utiliser (pour aller de l'avant), aller de l'avant en s'appuyant sur, accomplir des progrès sur la base de/en partant de, prendre comme point de départ/tremplin ; mettre à profit, tirer parti de, exploiter ; prolonger, se situer dans le prolongement de, poursuivre (sur la lancée de), poursuivre les activités en s'appuyant sur, continuer, développer, compléter ; **~ing on** fort de *[expérience]* ; **to be built on** reposer sur ; **the party nearly won and will ~ on this situation for the next election** le parti a failli l'emporter et tirera parti de la situation ainsi créée en vue des prochaines élections ; **to ~ on previous work** exploiter les résultats de travaux antérieurs ; **~ing on the success of Mike Leigh, several film-makers have been acclaimed for their presentation of the drama in everyday life** dans le prolongement du succès de Mike Leigh, plusieurs cinéastes ont reçu des éloges pour leur présentation d'éléments dramatiques dans la vie quotidienne ; **Mr Blair has built on John Smith's modernization of the Labour Party** M. Blair a poursuivi la modernisation du Parti travailliste réalisée par John Smith. **V ~ up 1** couvrir de bâtiments. **2** augmenter, accroître, renforcer, intensifier ; **the government wants to ~ up the police force** le gouvernement veut renforcer les effectifs de la police. **3** constituer, créer, édifier, bâtir ; acquérir, obtenir progressivement ; accumuler, masser ; **to ~ up a database** constituer une base de données ; **to ~ up a file** (se) constituer un dossier ; **to ~ up stocks** constituer/accumuler des stocks ; **to ~ up experience** accumuler de l'expérience ; **the scandal destroyed everything he had built up over twenty years** le scandale a détruit tout ce qu'il avait accompli pendant 20 ans. **4** se développer, s'accroître, se renforcer ; se constituer, s'édifier ; s'accumuler ; **a few days into the strike, quantities of uncollected refuse began to ~ up** après quelques jours de grève, de grandes quantités d'ordures ont commencé à s'accumuler. **5** augmenter, monter, se développer ; **the pressure is ~ing up** la pression monte ; **under the new editor, circulation has built up to 3 million** sous l'impulsion du nouveau rédacteur en chef, la diffusion est montée à 3 millions d'exemplaires ; **we hope to employ more people as demand ~s up** nous espérons augmenter nos effectifs à mesure que la demande se développera. **6** donner une plus grande importance à, revaloriser ; **his task was to ~ up the image of the church** sa tâche consistait à revaloriser l'image de l'Église. **7** mettre en valeur, valoriser, promouvoir, faire de la publicité pour, faire du battage autour de, donner une image flatteuse de ; **he used his television interviews to ~ himself up** il s'est servi de ses interviews à la télévision pour se mettre en valeur.

building *n.* **1** bâtiment, immeuble, édifice, bâtisse. **2** construction. ✪ **~ and construction** *Secteur* bâtiment et génie civil ; **~ block** élément (constitutif/de base), unité élémentaire/de base, composante, fondement, pierre de l'édifice, module ; **~ contractor** entrepreneur (de construction) ; entreprise de construction/de travaux publics ; **~ land** terrain à bâtir ; **~s insurance** *RU* assurance immeuble ; **~ site** a) chantier de construction ; b) terrain à bâtir ; **~ society** *RU* société de prêt au logement, établissement d'épargne et de crédit pour le logement.

buildup *n.* **1** développement, augmentation, accroissement, renforcement, intensification, montée, crescendo ; **there has been a marked ~ of nationalist movements** il s'est produit un développement marqué de mouvements nationalistes. **2** *Mil.* accroissement/renforcement du potentiel militaire ; renforcement de la présence militaire ; concentration/déploiement de troupes ; présence/dispositif militaire, forces ; **~ of troops on the border** concentration de troupes à la frontière ; **a rapid ~ of troops in the area** un déploiement rapide de troupes dans la zone. **3** accumulation *[de polluants],* rassemblement ; **a gradual ~ of cholesterol** une accumulation progressive de cholestérol. **4** tam-tam, promotion, publicité ; campagne publicitaire, battage (publicitaire) ; **there was a tremendous ~ to the election** il y a eu un tam-tam considérable à l'approche des élections. **5** préparatifs.

built-in *adj. Fig.* intégré, incorporé ; interne, intrinsèque, propre, inhérent, foncier, inné, spontané, latent ; automatique. ✪ **~ obsolescence** obsolescence planifiée ; **~ stabilizers** *Écon.* stabilisateurs incorporés/automatiques.

built-up area zone bâtie, agglomération.

bulk *n.* **1** masse, volume (important), grande quantité ; **the ~ of** la plus grande partie de, l'essentiel de, la plupart de, le (plus) gros de ; la grande majorité de ; **the ~ of the population** la masse de la population ; **the new system was accepted by the ~ of the employees** le nouveau système a été accepté par la grande majorité des travailleurs. **2** encombrement *[d'un appareil].* **3** vrac. ✪ **~ buying** achat en grande quantité ; **~ cargo** chargement/marchandises en vrac ; **~ carrier** vraquier ; **~ goods** marchandises en vrac ; **~ traffic/transport** transport en vrac ; **in ~** a) en grande quantité, en gros ; b) en vrac.

bulker *n.* vraquier.

bulky *adj. [objet]* encombrant, de fort encombrement, volumineux, gros, épais, massif.

bull *n. Bourse* haussier. ✪ **~ account** position à la hausse ; **~ market** marché orienté à la hausse/en hausse ; **~ position** position à la hausse ; **~ session** *ÉU* discussion informelle.

bullet *n. Inf.* puce *[= •].* ✪ **~ loan** crédit sec/remboursable en une seule fois ; **~ train** train à grande vitesse.

bulletin *n.* ✪ **~ board** a) *ÉU* a) tableau d'affichage ; b) *Inf.* babillard ; **~ board system** *Inf.* babillard.

bullion *n.* or ou argent ; métal précieux. ✪ **~ market** marché de l'or et de l'argent.

bullish *adj. Bourse [marché]* orienté à la hausse, *[opérateur]* optimiste ; **company managers are very ~ about prospects in Hungary** les chefs d'entreprises sont très optimistes au sujet des perspectives en Hongrie ; **analysts are ~ about the company** les analystes ont confiance dans l'avenir de la société.

bully *v. tr.* **1** intimider, tyranniser, terroriser ; brimer, infliger des brimades à, malmener, brutaliser, tourmenter, persécuter ; **to be bullied** être victime de brimades. **2 (into)** forcer à ; **shareholders were bullied into accepting the proposal** on a forcé la main des actionnaires pour qu'ils acceptent la proposition ; **the country bullied its smaller neighbour into accepting a rectification of their common border** le pays a eu recours à l'intimidation pour obliger son voisin moins puissant à accepter une modification du tracé de leur frontière commune.

bully *n.* tyran, despote, oppresseur, tourmenteur ; *Ens.* petit dur, petit caïd, petit tyran. ✪ **~ pulpit** *ÉU* position en vue *[en particulier la présidence],* tribune ; *[***to use one's ~ pulpit to tell politicians a few home truths** utiliser la tribune dont on dispose pour dire quelques vérités bien senties aux politiques*]*.

bullying *n. Fig.* manœuvres d'intimidation ; brimades, brutalités, harcèlement ; **~ of the younger and weaker children is common in schools** il est fréquent que les élèves les plus jeunes et les plus vulnérables soient victimes de brimades.

bumper *adj.* ✪ **~ crop/harvest** récolte exceptionnelle/très abondante ; **~ profits** bénéfices plantureux.

bundle *v. tr. Comm.* grouper ; **the offer involves bundling old items with new ones** l'offre consiste à proposer des articles anciens groupés avec de nouveaux produits.

bundle *n. Comm.* offre groupée.

bunker *n.* **1** bunker, blockhaus, casemate, abri fortifié. **2** soute.

buoyancy *n. Fig.* ressort, dynamisme, vigueur, fermeté ; progression.

buoyant *adj. Fig.* **1** *[demande, prix, marché]* soutenu, *[marché]* animé, actif, porteur, ferme, orienté à la hausse, *[cours]* orienté à la hausse, *[économie]* florissant, prospère, vigoureux, dynamique ; **business is ~** les affaires marchent bien. **2** optimiste ; **Mr Blair's ~ attitude towards the economy was universally appreciated** tout le monde a considéré favorablement l'optimisme de M. Blair à l'égard de l'économie.

burden *n.* **1** fardeau, charge, poids ; *Marine* portée utile. **2** teneur, substance, thème central, grandes lignes. ✪ **~ of proof** *Dr.* charge de la preuve ; *Can.*, fardeau de la preuve ; *[***to have the ~ of proof** avoir la charge de la preuve ; **to shift the ~ of proof** renverser/déplacer la charge de la preuve ; **the ~ of proof is/lies with** la charge de la preuve incombe à*]*.

Bureau of Land Management *ÉU* Administration des domaines.

burgeon *v. intr. Fig.* se développer rapidement, connaître une vigoureuse expansion, être en plein essor.

burgeoning *adj. Fig.* en expansion rapide, en plein essor/développement ; **the ~ growth of population in parts of Asia** l'augmentation considérable de la population dans certaines zones d'Asie.

Burkina-be *n.* Burkinabé.

burn *v.* **I** *tr.* graver *[cédérom]*. **II ~ out 1** *Technique* griller ; *Fig. [machine]* être usé, arriver en fin de vie. **2** s'éteindre. **3** *Esp.* être à bout de combustible. **4** *[incendie]* détruire complètement/de fond en comble, consumer, réduire en cendres, carboniser. **5** *ÉU* **to ~ (oneself) out** se surmener, s'user à force de travail ; épuiser ses ressources.

burning *n.* gravage *[d'un CD-Rom]*.

burn-out *n.* épuisement psychologique, surmenage ; **teacher ~** surmenage des enseignants.

burnt-out *adj. ÉU* surmené, épuisé, usé, au bout du rouleau.

burqa *n.* burqa *[porté par les femmes en Afghanistan]*.

bursar *n. Ens.* économe.

bursary *n. Ens.* **1** économat. **2** bourse (d'études).

burst *n. Écon.* brève période, accès, poussée, montée, vague, flambée ; **~ of inflation** flambée d'inflation.

Burundi *adj.* burundais.

bus *n.* **1** autocar ; autobus. **2** *Inf.* bus. ✪ **~ conductor** receveur d'autobus ; **~ lane** couloir d'autobus ; **~ terminal** gare routière.

bush *n.* maquis ; **the insurgents disappeared into the ~** les insurgés ont pris le maquis.

bushel *n.* boisseau.

Bushman *n. Afr. australe* Bochiman.

business *n.* **1** affaire, préoccupation ; occupation ; domaine de compétence ; **it is not her ~ to** il ne lui appartient pas de ; **commenting on internal issues is not our ~** notre mission ne consiste pas à faire des observations sur des questions internes ; **safety is everybody's ~** la sécurité est l'affaire de chacun ; **new organizations see health as their ~** de nouvelles organisations considèrent que la santé fait partie de leur domaine de compétence. **2** affaires, activités, activité (économique/commerciale/professionnelle), occupations, transactions, opérations, vie économique ; **to do ~** faire des affaires, traiter ses affaires, avoir des activités ; **to do ~ in** avoir ses activités à/dans ; **to do ~ with** être en relations d'affaires avec, entretenir des relations d'affaires avec, faire affaire/traiter avec ; **to go into ~** se lancer dans les affaires ; **to conduct ~** avoir/mener des activités (commerciales) ; **to be good ~** être rentable, payer ; **to put out of ~** obliger à fermer ses portes ; **many banks transact ~ by computer** de nombreuses banques réalisent leurs opérations au moyen de l'informatique. **3** branche/domaine d'activité, secteur (d'activité), métier *[= secteur d'activité d'une entreprise] ;* profession ; mission, tâche ; **banking ~** banque, secteur bancaire, activités bancaires ; **~ use of a vehicle** usage professionnel d'un véhicule ; **to be in the ~ of** avoir pour tâche/mission de, avoir vocation à ; **the company has two main ~es** l'entreprise a deux principaux secteurs d'activité ; **Hollywood claims the lion's share of film ~** Hollywood s'adjuge la part du lion dans le secteur du cinéma. **4** affaire, entreprise, exploitation, commerce ; entreprises, employeurs, monde des affaires, milieu des affaires/d'affaires ; **to set up a ~** créer une entreprise, se mettre à son compte ; **British ~** les entreprises britanniques ; **an upturn in ~ activity** une reprise de l'activité des entreprises ; **Mr Blair has managed to win the support of ~** M. Blair a réussi à obtenir l'appui des entreprises ; **his ideas interested ~** ses idées intéressaient le monde des affaires. **5** clientèle, clients, commandes, marché, chiffre d'affaires ; *Ass.* portefeuille ; **to get sb's ~** obtenir la clientèle de qqn ; **to lose ~** perdre des clients/commandes/affaires ; **to win new ~** obtenir de nouvelles commandes ; **the airlines are fighting for ~** les compagnies aériennes se disputent la clientèle des voyageurs ; **this year, ~ has doubled** cette année, le chiffre d'affaires a doublé ; **they get about 20% of the ~** ils détiennent environ 20 % du marché. **6** question, affaire ; travaux, activités, débats, délibérations *[d'un comité, d'une assemblée] ;* **the organization of government ~ is done by** l'organisation des travaux du gouvernement est assurée par ; **the Prime Minister informs the Queen of the general ~ of the government** le Premier ministre informe la reine des principales activités du gouvernement. **7** opération, processus ; **restoring paintings is a painstaking, time-consuming ~** la restauration de tableaux exige beaucoup de patience et de temps. ✪ **~ accounting** comptabilité commerciale ; **~ address** adresse de l'entreprise ; adresse professionnelle ; **~ administration** gestion des entreprises ; **~ agent** a) agent d'affaires ; b) *ÉU* permanent syndical chargé des relations avec l'employeur ; **~ aircraft** avion d'affaires ; **~ associate** associé ; **~ as usual** situation inchangée, rien à signaler, statu quo, immobilisme, train-train habituel, *[poursuivre]* son petit bonhomme de chemin ; *[***it is ~ as usual** rien n'a changé, tout reste comme avant, tout continue comme si de rien n'était/comme si rien ne s'était passé, la vie suit son cours ; **~-as-usual approach** maintien du statu quo ; **a few days after the emergency, the country returned to ~ as usual** quelques jours après la situation de crise, la vie a repris son cours normal dans le pays ; **we will not keep up with our competitors if we just continue ~ as usual** si nous continuons à agir comme si de rien n'était, nous serons distancés par nos concurrents*] ;* **~ card** carte de visite ; **~ circles** milieux d'affaires, milieux professionnels, monde des affaires ; **~ class** *Transp. aériens* classe affaires ; **~ community** milieux d'affaires, monde des affaires, hommes d'affaires, entreprises ; **~ concern** entreprise ; **~ confidence** confiance des chefs d'entreprise ; **~ cycle** cycle conjoncturel ; **~ day** jour ouvré ; **~ environment** climat/environnement économique, conjoncture ; *[***a competitive ~ environment** un environnement économique concurrentiel*] ;* **~ ethics** déontologie des affaires ; **~ expenses** dépenses professionnelles ; **~ failure** faillite ; **~ game** jeu d'entreprise ; **~ hours** heures de bureau/d'ouverture ; **~ indicator**

indicateur de conjoncture ; **~ interests** milieux d'affaires ; **~ interruption insurance** assurance perte de bénéfices ; **~ investment** investissement des entreprises ; **~ law** droit des affaires ; **~ leaders** chefs d'entreprise ; **~ letter** lettre commerciale/d'affaires ; **~ name** nom commercial *[d'une entreprise quelconque]* ; raison sociale *[d'une société de personnes]* ; dénomination sociale *[d'une société de capitaux]* ; **~ of the day** ordre du jour ; **~ opportunity** (possibilité de conclure une) affaire, affaire intéressante, commande ; *pl.* débouchés, possibilités d'activités économiques, perspectives commerciales ; *[***no-one would turn down such a ~ opportunity** personne ne refuserait de conclure une telle affaire*]* ; **~ paper** journal des milieux d'affaires ; **~ park** parc d'activité(s) ; **~ people** hommes et femmes d'affaires ; **~ plan** plan d'entreprise ; **~ portfolio** *Gestion* portefeuille d'activités ; **~ practices** pratiques commerciales ; **~ premises** locaux commerciaux ; **~ process** opération *[= élément de l'activité d'une entreprise]* ; **~ process re-engineering** *Gestion* refonte de l'organisation *[d'une entreprise]* ; **~ rates** *RU* impôts locaux sur les entreprises ; **~ quarter** quartier des affaires ; **~-reply card** *Poste* carte-réponse ; **~-reply mail** *Poste* correspondance-réponse ; **~-reply service** *Poste* service de correspondance-réponse ; **~ school** école supérieure de commerce, école de gestion ; **~ services** *Écon.* services aux entreprises ; **~ studies** études de gestion ; **~ style** *voir* business name ; **~ suit** costume, complet ; **~ survey** enquête de conjoncture ; **~-to-~** *adj. Internet [commerce électronique]* interentreprises ; **~-to-consumer** *adj. Internet [commerce électronique]* entreprise-particuliers ; **~ traveller** voyageur d'affaires ; **~ trip** voyage professionnel/d'affaires ; **go out of ~** fermer ses portes, cesser/arrêter ses activités ; **in ~** en activité ; **mean ~** être sérieux, ne pas plaisanter, avoir l'intention d'agir (fermement), être déterminé (à en finir) ; *[***this time, it seems that the IRA means ~** cette fois-ci, il semble que les intentions de l'IRA sont sérieuses*]* ; **on ~** pour affaires ; **take care of ~** faire son travail, faire le nécessaire, prendre les choses en main.

business *adj. [activité]* économique, commercial, professionnel, professionnel ou commercial.

businesslike *adj.* sérieux, méthodique, compétent, efficace, pratique ; réaliste, pragmatique, positif, serein, objectif, sans passion, raisonnable, de bon sens ; fonctionnel.

busing *n. ÉU* transport d'écoliers en autocar (à des fins de déségrégation raciale).

bust *n.* **1** *Écon.* récession, crise, marasme. **2** arrestation ; descente (de police), opération coup de poing, rafle, coup de filet.

bust *adj.* ✪ **go ~** faire faillite.

busy *adj.* **1** *[personne]* occupé, affairé, (très) pris, absorbé, (très) sollicité, (très) actif. **2** *[programme, emploi du temps, période, journée]* bien rempli ; *[programme, emploi du temps]* (très) chargé, *[période]* de grande activité, de grande affluence ; *[rue]* animé ; très fréquenté, passant ; *[port, aéroport]* important ; **~ sea line** route de navigation très fréquentée ; **Rotterdam is Europe's busiest port** Rotterdam est le premier port d'Europe. **3** *[ligne téléphonique]* occupé.

button *n. Inf.* bouton.

buy *v.* **1** *tr.* acheter. **2 ~ in** procéder à des achats de précaution, constituer des stocks ; stocker. **3 ~ into** acheter des actions de, prendre une participation dans *[société]* ; **more and more American companies are ~ing into European communication firms** un nombre croissant de sociétés américaines rachètent des entreprises européennes du secteur des télécommunications. **4 ~ off** soudoyer ; acheter le silence de *[maître chanteur]*. **5 ~ out** racheter *[actions]* ; racheter la participation de *[actionnaire]*. **6 ~ up** acheter, procéder à des achats massifs de ; racheter *[entreprise]*.

buy-back *n.* **1** (accord d') achat en retour. **2** rachat d'actions *[par la société qui les a émises]*.

buyer *n.* ✪ **~s' credit** crédit acheteur ; **~'s market, ~s' market** marché favorable aux acheteurs ; **~'s monopoly** monopole d'achat, monopsone.

buying price **1** *Bourse* cours acheteur. **2** *FCP* prix de rachat.

buzz group *Ens.* petit groupe *[résultant de la subdivision d'une classe/d'un groupe d'apprenants en sous-groupes pour discuter d'une question durant une brève période pendant un cours]*.

buzzword *n.* mot à la mode ; **"sound-bite" is a much used ~ in politics these days** aujourd'hui, l'expression « petite phrase » est beaucoup utilisée en politique.

BWR (boiling water reactor) REB (réacteur à eau bouillante).

by *prép.* d'ici (à), à l'échéance du, à l'horizon ; **~ 2006** d'ici 2006, à l'horizon 2006, en 2006. ✪ **~ and large** dans l'ensemble, le plus souvent, pour l'essentiel ; **~ no means** nullement ; *[***our goals are ~ no means attained** nous sommes loin d'avoir atteint nos objectifs*]*.

byelaw *n. voir* by-law.

by-election élection partielle.

bygones *n. pl.* ✪ **let ~ be ~** il faut tourner la page/tirer un trait sur le passé/faire table rase du passé, le passé est le passé, oublions cela.

by-law *n.* **1** *RU* arrêté *[de collectivité territoriale]* ; règlement *[d'un organisme public]*. **2** statuts *[d'une société]*.

by-line *n.* **1** *Journ.* signature *[= désignation de l'auteur d'un article]* ; **his ~ appeared in newspapers and magazines all over North America** il a signé des articles dans des journaux et des magazines publiés un peu partout en Amérique du Nord. **2** activité secondaire.

bypass *v. tr.* court-circuiter, contourner, esquiver, éviter, passer par dessus, tourner, mettre hors jeu, omettre, sauter, se passer de, éviter d'utiliser, ne pas passer par, se passer de l'autorisation de, ignorer, oublier, faire peu de cas de, ne pas tenir compte de, laisser de côté, passer sous silence ; se soustraire à ; **she is able to contact the minister directly, ~ing the usual channels** elle a la possibilité de contacter le ministre directement, sans passer par les voies habituelles.

bypass *n.* **1** *Travaux publics* rocade. **2** *Méd.* pontage. ✪ **~ surgery** pontage.

by-product *n.* **1** sous-produit ; produit dérivé. **2** *Fig.* conséquence (inattendue).

bystander *n.* observateur, (simple) spectateur ; tiers.

byte *n. Inf.* octet.

byword *n.* **1** synonyme, symbole ; **(for)** mot/expression qui évoque *[idée indiquée]*. **2** expression favorite, devise, slogan, aphorisme, maxime.

Byzantine *adj. Fig.* **1** *[situation, système]* extrêmement complexe, trop complexe, obscur, incompréhensible, mystérieux. **2** rigide. **3** *[manœuvre]* tortueux.

C

c (circa) environ.

C (Conservative) *RU* Parti conservateur.

CA (chartered accountant) *Can., Écosse* expert-comptable.

ca (circa) environ.

CAB (Citizens' Advice Bureau) *RU* centre de consultations juridiques gratuites.

cabin *n.* ✪ **~ baggage** bagages de cabine ; **~ crew** personnel de cabine ; **~ fever** état dépressif dû à un manque de lumière.

cabinet *n.* **1** armoire ; classeur. **2** *Pol.* Gouvernement ; Cabinet ; **in ~** au/en conseil des ministres. ✪ **~ crisis** crise ministérielle ; **~ government** (mode de) gouvernement collégial ; **~ meeting** *RU* conseil des ministres ; **~ member** *ÉU* ministre, membre du Cabinet ; **~ minister** *RU* ministre siégeant au Cabinet, membre du Cabinet ; *[***department headed by a ~ minister** ministère ayant à sa tête un ministre siégeant au Cabinet*]* ; **Cabinet Office** *RU Cabinet Office [coordonne les activités des différents ministères et assure le secrétariat du conseil des ministres ;* **Minister for the Cabinet Office** ministre du *Cabinet Office] ;* **~ officer** *ÉU* ministre, membre du Cabinet ; **~ post** portefeuille ministériel ; **~ reshuffle** remaniement ministériel.

cabinetmaker *n.* ébéniste.

cable *n.* **1** câble. **2** câblogramme, câble ; télégramme. ✪ **~ address** adresse télégraphique ; **~ car** a) télécabine, télébenne ; b) voiture de funiculaire ; **~ company** câblodistributeur, câblo-opérateur, exploitant de réseau câblé ; **~ household** ménage câblé ; **~ network** réseau câblé ; **~ operator** câblodistributeur, câblo-opérateur, exploitant de réseau câblé ; **~ railway** (tramway) funiculaire ; **~ television** télévision par câble, télévision câblée ; **~-television company** câblodistributeur, câblo-opérateur, exploitant de réseau câblé ; **~ TV** télévision par câble, télévision câblée ; **~-TV company** câblodistributeur, câblo-opérateur, exploitant de réseau câblé.

cabotage *n. Transp. routiers* cabotage.

ca'canny *n.* grève perlée.

cache memory *Inf.* mémoire cache, antémémoire.

cachet *n. ÉU* prestige, respect, admiration.

CAD (Canadian dollar) *ISO* CAD (dollar canadien).

CAD (cash against document) paiement contre document.

CAD (computer-aided design) CAO (conception assistée par ordinateur).

CAD/CAM (computer-aided design and manufacturing) CFAO (conception et fabrication assistées par ordinateur).

cadre *n.* militant.

CAF (cost and freight) *ÉU* coût et fret.

CAI (computer-aided instruction) enseignement assisté par ordinateur.

CAL (computer-aided learning) enseignement assisté par ordinateur.

calculated *adj.* **1** délibéré, voulu, intentionnel ; **a ~ attack on single mothers** une attaque délibérée contre les mères célibataires ; **to be ~ to** avoir pour objet de, viser à. **2** calculé, prémédité ; **~ risk** risque calculé. **3 (to)** propre à, de nature à, conçu de façon à ; **the material is ~ to provoke racist feelings** le document est de nature à susciter des sentiments racistes.

calculus *n.* calcul infinitésimal.

calendar *n.* ✪ **~ of causes** *Dr. ÉU* rôle ; **~ of events** calendrier de manifestations.

calendar *adj.* ✪ **~ year** a) année civile ; b) période de 12 mois ; **~ month** a) mois civil ; b) mois *[commençant un jour quelconque] ;* **~ week** semaine *[commençant le dimanche] ;* **~ day** jour calendaire, jour civil, journée complète *[= de 0 heure à minuit].*

calibration *n.* étalonnage *[d'un instrument].*

calibre *n. Fig.* calibre, envergure, niveau, compétence, aptitudes, tenue.

call *v.* **I 1** *tr.* appeler, dénommer, donner la dénomination de... à, baptiser, désigner sous l'appellation de ; qualifier de ; **they ~ed America's participation in environmental negotiations hypocritical** ils ont qualifié d'« hypocrite » la participation des États-Unis à des négociations sur l'environnement. **2** *tr.* appeler *[qqn par téléphone],* téléphoner à. **3** *tr.* convoquer *[qqn, réunion, conférence],* convier, faire venir, faire appel à *[qqn] ;* **to ~ an election** appeler (les électeurs) aux urnes, annoncer l'organisation d'élections ; **to ~ a press conference** organiser une conférence de presse ; **to ~ a strike** donner/lancer un mot d'ordre de grève, décréter/déclencher une grève, appeler à la grève. **4** *tr. Dr.* assigner, citer à comparaître ; appeler *[témoin]* (à la barre) ; **to be ~ed as a witness** être cité/convoqué en qualité de témoin ; être entendu comme témoin. **5** *intr.* **(at, in)** *[train]* s'arrêter à ; *[navire]* faire escale à, faire relâche à, relâcher à. **6** *intr.* **(at, on)** *[personne]* rendre visite à, passer à/chez, se rendre à/chez, se présenter à/chez. **7** *tr. Fin.* demander le paiement de, exiger le remboursement de *[prêt].* **II ~ back** retirer *[accusation].* **III ~ for 1** demander, solliciter ; **the leader of the opposition ~ed for a referendum** le chef de l'opposition a demandé l'organisation d'un référendum ; **the committee will ~ for and review tenders** le comité sollicitera et examinera des soumissions. **2** plaider en faveur de, se prononcer en faveur de, lancer un appel en faveur de, appeler de ses vœux, recommander, préconiser *[mesures],* appeler à *[au calme] ;* **in his speeches he ~ed for peace** dans ses discours, il a lancé des appels en faveur de la paix ; **she ~ ed for an independent Scotland** elle s'est prononcée pour l'indépendance de l'Écosse. **3** nécessiter, exiger, commander, appeler, impliquer, imposer, mériter ; **~ed for** nécessaire, requis, voulu, de mise, de rigueur ; **to be ~ed for** se justifier ; s'imposer ; **his aggressive reaction was not ~ed for** sa réaction hargneuse ne se justifiait pas. **4** *[proposition, programme]* prévoir ; **the programme ~s for energetic measures** le programme prévoit des mesures énergiques. **IV ~ forth** susciter. **V ~ in 1** demander le retour/le renvoi/la restitution de ; *Fin.* demander le remboursement de. **2** retirer de la circulation *[pièces de monnaie, obligations].* **3** faire appel à, demander l'assistance/l'intervention de, faire intervenir ; mobiliser ; **it was necessary to ~ in an interpreter during questioning** il a été nécessaire de faire appel à un interprète lors de l'interrogatoire ; **fearing a confrontation, they ~ed in the police** craignant un affrontement, ils ont appelé la police. **4** convoquer *[ambassadeur].* **VI ~ off 1** annuler, décommander *[réunion] ;* arrêter, mettre un terme à, mettre fin à, abandonner *[les recherches]*, renoncer à ; **the search was ~ed off** il a été mis fin aux recherches. **2** *ÉU* donner lecture de *[liste]*. **VII ~ on 1 to ~ on sb to** demander à qqn de, inviter qqn à, prier qqn de, engager qqn à, exhorter qqn à, inciter qqn à, charger qqn de, lancer/adresser un appel à qqn pour qu'il ; **they ~ed on the government for support** ils ont demandé au gouvernement de les soutenir. **2** faire appel à. **3** utiliser, avoir recours à. **4** *Fin.* demander le paiement de. **VIII ~ out 1** faire intervenir, demander l'intervention/l'assistance de, faire appel à ; mobiliser. **2** appeler à la grève. **3** donner lecture de *[liste]*. **IX ~ out for** exiger, nécessiter, réclamer. **X ~ together** convoquer ; réunir *[personnes]*. **XI ~ up 1** appeler, mobiliser *[conscrits, réservistes]*, appeler sous les drapeaux, rappeler *[réservistes]*. **2** faire appel à, demander l'intervention de. **3** téléphoner à. **4** *Inf.* appeler. **XII ~ upon 1** *voir* call on. **2 to be ~ed upon to** être appelé/amené à ; **he is ~ed upon to** il lui incombe de.

call *n.* **1** appel ; demande ; **the Prime Minister repeatedly rejected ~s for an election** le Premier ministre a rejeté à plusieurs reprises des demandes d'organisation d'élections ; **~s for further cuts in interest rates** des demandes de nouvelles réductions des taux d'intérêt. **2** *Téléphone* appel, communication. **3** vocation. **4 (for)** demande, besoin *[d'ingénieurs, d'informaticiens]*. **5 (on)** recours à *[aux services de qqn]*, utilisation ; **border disputes often lead to ~s on the UN** des litiges frontaliers suscitent souvent un recours à l'ONU ; **energy requirements and other ~s on natural resources** les besoins en énergie et les autres utilisations des ressources naturelles. **6** (brève) visite, passage ; *pl.* tournée ; **to make a ~ on** rendre visite à. **7** *Transp. mar.* escale. **8** *Fin.* demande de paiement/remboursement. **9** *Fin.* option d'achat. **10** *Fin.* prix de l'option d'achat. **11** *Fin.* faculté de remboursement anticipé ; **a security with a ~ provision** une valeur mobilière assortie d'une faculté de remboursement anticipé. **12 ~ (to the bar)** *RU* obtention du titre de *barrister,* (cérémonie d') admission au barreau. **13** *Fam.* décision. ✪ **at ~** *Fin.* payable sur demande ; remboursable sur demande ; **~-box** *n. RU* cabine téléphonique ; **~ centre** centre d'appels ; **~ deposit account** *Banque* compte à vue ; **~ for additional cover** *Bourse* appel de marge ; **~ for papers** appel à communications ; **~ for proposals** appel de propositions ; **~ for tenders** appel d'offres ; **~ forwarding** *Téléphone* transfert d'appel ; **~ loan** *Fin.* prêt remboursable sur demande ; **~ money** *Fin.* a) argent au jour le jour ; b) prix de l'option d'achat ; **~ of duty** ce qu'on est en droit d'attendre *[de la personne en cause] ; [***to go (above and) beyond the ~ of duty** faire preuve d'un dévouement exceptionnel, ne pas ménager ses efforts ; **we are particularly grateful for her help which went well beyond the ~ of duty** nous lui sommes particulièrement reconnaissants de l'aide qu'elle nous a apportée, qui est allée bien au delà de ce que lui dictait son devoir*] ;* **~ of more** *Fin.* option du double (à l'achat) ; **~ on shares issued** appel de fonds *[= demande de paiement de tout ou partie du capital non libéré] ;* **~ option** *Fin.* option d'achat ; **~ premium** *Obligations* prime de remboursement anticipé ; **~s in arrears** *Fin.* capital appelé non versé ; **~-waiting** *n. Téléphone* dispositif d'avis d'appel ; **on ~** a) *Fin.* payable sur demande ; remboursable sur demande ; b) en état d'alerte ; prêt à intervenir ; c) de garde, en astreinte ; *[***to be on ~** être de garde/en astreinte, assurer une permanence*] ;* **return a ~** rappeler.

callable *adj.* **1** *[valeur mobilière]* assorti d'une faculté de remboursement anticipé, remboursable par anticipation/avant l'échéance *[au gré du débiteur]*. **2** *[capital]* exigible.

called bond obligation faisant l'objet d'un remboursement anticipé.

called-up *adj.* ✪ **~ capital** capital appelé ; **~ share capital not paid** *Bilan* capital appelé non versé.

caller *n.* ✪ **Caller ID/identification** *Téléphone ÉU* identification de l'appelant, présentation du numéro ; **Caller Display** *Téléphone RU* identification de l'appelant, présentation du numéro.

call-in *n. ÉU* libre antenne *[= émission avec participation téléphonique des auditeurs ou des téléspectateurs]*.

calling card 1 carte de téléphone. **2** *ÉU* carte de visite.

callous *adj.* indifférent, froid, insensible, implacable, impitoyable, cruel, inhumain, dur, endurci, égoïste ; cynique.

Calor gas *RU* butane en bouteille.

calorific value pouvoir calorifique.

CAM (computer-aided manufacturing) FAO (fabrication assistée par ordinateur).

cambist *n.* cambiste.

camera *n.* **1** appareil de photo. **2** caméra. ✪ **~-ready** *adj. [texte, copie]* prêt à clicher ; **in ~** *Dr.* à huis clos.

cameraman *n.* cadreur, opérateur de prise de vue, cameraman.

campaign *n.* ✪ **~ contribution** don pour le financement d'une campagne électorale ; **~ manager** directeur de campagne.

can *n.* ✪ **open a ~ of worms** aller au-devant de difficultés considérables.

Canada Day fête du Canada.

Canadian Heritage Patrimoine canadien.

cancel *v.* **I** *tr.* **1** biffer, rayer, raturer, supprimer, effacer, barrer, radier ; poinçonner *[billet] ;* oblitérer *[timbre]*. **2** annuler, décommander, résilier, dénoncer, invalider, résoudre, révoquer, rapporter, casser, abroger ; éteindre *[dette]*. **3** supprimer, annuler, retirer, contremander, éliminer, mettre un terme à, renoncer à, abandonner. **II ~ out 1** annuler, neutraliser, équilibrer, compenser, contrebalancer. **2** s'annuler, se neutraliser, s'équilibrer, se compenser.

candid *adj.* franc, sincère. ✪ **~ camera** *TV* caméra cachée.

candle *n.* ✪ **not hold a ~ to** ne pas pouvoir soutenir la comparaison avec.

cannibalize *v. tr.* **1** cannibaliser *[machine]*. **2** réduire *[ventes d'un produit, chiffre d'affaires]* en lançant un produit concurrent.

canopy *n.* couvert forestier.

Cantab. (Cantabrigiensis) *Ens. RU* Université de Cambridge.

cantilever *adj.* en porte à faux. ✪ **~ bridge** pont cantilever.

canvass *v.* **1** *tr.* prospecter, faire du démarchage dans *[quartier, région] ;* rendre visite à, prospecter, démarcher *[clients potentiels] ;* chercher à obtenir *[commandes]*. **2** *intr.* faire du démarchage. **3** *tr. Pol.* être en tournée électorale à/dans, faire campagne à/dans *[ville, région] ;* solliciter les suffrages de *[électeurs] ;* obtenir, susciter *[faveur des électeurs, soutien] ;* **she is responsible for ~ing Sinn Fein support in America** elle est chargée d'obtenir des appuis pour le Sinn Fein aux États-Unis. **4** *intr.* faire campagne, solliciter des suffrages ; **the party needs**

more people to ~ door-to-door le parti a besoin d'un plus grand nombre de militants disposés à porter la bonne parole au domicile des électeurs. **5** *tr.* sonder *[l'électorat de façon informelle].* **6** *tr.* réaliser une enquête auprès de, interroger ; **78% of the housewives ~ed supported the new consumer-protection bill** 78 % des ménagères interrogées étaient favorables au nouveau projet de loi sur la protection des consommateurs ; **the police ~ed the neighbourhood** la police a interrogé les habitants du quartier. **7** *tr.* recueillir *[avis] ;* **to ~ opinion** recueillir des avis, procéder à des consultations. **8** *tr.* examiner de façon approfondie ; discuter de, débattre de. **9** *tr. ÉU* vérifier *[bulletins de vote].* **10** *intr. ÉU* vérifier les bulletins de vote, exercer les fonctions de scrutateur. **11** *tr.* soumettre *[idée]* à la discussion, proposer.

canvass *n.* enquête ; **a house-to-house ~ was conducted across the whole neighbourhood** on a procédé à une enquête dans l'ensemble du quartier.

CAP (common agricultural policy) *UE* PAC (politique agricole commune).

cap *v. tr.* **1** plafonner *[montant].* **2** couronner *[efforts] ;* **to ~ it all** pour couronner le tout.

cap *n. Fig.* **1** plafond ; plafonnement *[des prix, des taux d'intérêt, des dépenses].* **2** *Méd.* cape cervicale.

capability *n.* capacité, aptitude, compétence, moyens, possibilités, potentiel ; **India's nuclear ~** la capacité nucléaire de l'Inde.

capacity *n.* **1** capacité, contenance ; puissance, rendement, débit. **2** capacité, aptitude, disposition(s), faculté, compétence ; moyens, possibilités. **3** qualité, titre ; **in the ~ of** en qualité de ; **in his ~ as** en sa qualité de ; **in one's individual ~** à titre personnel ; **in an official ~** dans l'exercice de ses fonctions ; **in a private ~** à titre privé ; **to act in an advisory ~** agir à titre consultatif ; avoir un rôle de conseiller. **4** *Écon.* capacité(s) *[de production].* **5** *Dr.* capacité juridique. ✪ **~ building** renforcement des capacités *[notamment par la formation] ;* **~ to contract** capacité de contracter.

Cape Town *Afr. du Sud* Le Cap.

Cape Verdean *adj.* cap-verdien.

capital *n.* **1** *Écon.* capital. **2** capital *[de confiance, d'estime],* estime, audience ; **the candidate made the most of the political ~ he had in the agricultural community** le candidat a exploité à fond l'audience politique dont il jouissait auprès des agriculteurs. **3** capitale *[d'un pays].* **4** capitale, majuscule. ✪ **~ account (of the balance of payments)** balance des opérations en capital, compte de capital ; **~ adequacy** *Banque* adéquation des fonds propres ; **~ allowances** *Fisc.* amortissements autorisés ; **~ appreciation** plus-value ; **~ asset pricing model** modèle d'équilibre des actifs financiers ; **~ assets** immobilisations (corporelles) ; **~ budget** budget d'équipement/d'investissement ; **~ contribution** apport de capitaux ; **~ controls** restrictions aux mouvements de capitaux ; **~-deepening investment** *Écon.* investissements de rationalisation ; **~ equipment** *Compt.* immobilisations corporelles ; **~ expenditure** dépenses d'équipement/d'investissement, dépenses en capital ; **~ flight** fuite des capitaux ; **~ flows** mouvements de capitaux ; **~ formation** *Écon.* formation de capital ; **~ gain** plus-value, gain en capital ; **~ gains allowance** déduction aux fins de l'impôt sur les plus-values ; **~ gains tax** impôt sur les plus-values ; **~ gearing** (degré d') endettement ; effet de levier ; **~ goods** *Écon.* biens d'équipement ; **~ grant** aide/subvention en capital ; **~ intensity** *Écon.* intensité capitalistique ; **~ intensive** *Écon.* à fort taux de capitalisation, à haute/forte intensité de capital, hautement capitalistique, gros consommateur de capitaux ; *[***~ intensive industry** industrie de capital/exigeant des capitaux importants*] ;* **~ investment** dépenses d'équipement/d'investissement, investissements ; **~ issue** émission d'actions ; **~-labour mix/ratio** *Écon.* rapport capital-travail ; **~-labour substitution** *Écon.* substitution capital-travail ; **~ levy** impôt sur le patrimoine ; **~ loss** moins-value, perte en capital ; **~ market** marché des capitaux ; **~ movements** mouvements de capitaux ; **~ outflows** sorties de capitaux ; **~-output ratio** coefficient de capital ; **~ profit** plus-value ; **~ project** projet d'investissement ; **~ requirements** *Banque* règles en matière de fonds propres ; **~ reserve(s)** réserve légale ; **~ spending** dépenses d'équipement ; **~ stock** a) capital fixe/technique, installations de production, stock de biens d'équipement, appareil productif ; b) *ÉU* capital social ; **~ sum** *Ass.* capital ; **~ tax** impôt sur le capital ; **~ transaction** transaction en capital ; **~ transfers** mouvements de capitaux ; **~ transfer tax** *RU* impôt sur les mutations à titre gratuit ; **~-widening investment** *Écon.* investissement d'extension des capacités ; **~ works** travaux d'équipement ; **make ~ (out) of** exploiter, mettre à profit, tirer parti de, se servir de, instrumentaliser ; *[***the party was accused of making political ~ of the tragedy** on a accusé le parti d'exploiter la tragédie à des fins politiques*].*

capital crime crime capital.

capitalize *v.* **1** *tr.* réaliser *[bien, actifs].* **2** *tr.* capitaliser *[rente].* **3** *tr.* capitaliser *[intérêts].* **4** *tr.* financer, fournir des capitaux à *[entreprise].* **5** *tr.* incorporer *[réserves, bénéfices]* au capital. **6 ~ on** exploiter, tirer parti de, mettre à profit, se servir de ; **the country ~s on its low labour costs** le pays tire parti de ses faibles coûts de main-d'œuvre.

capitalization *n.* **1** structure du capital. **2** capitalisation boursière. ✪ **~ issue** émission d'actions nouvelles ; **~ of reserves** incorporation des réserves (au capital) ; **~ rate** taux de capitalisation.

capitation *n.* **1** *RU* capitation *[= somme forfaitaire perçue par un médecin pour chaque patient].* **2** impôt personnel. ✪ **~ fee** *RU* capitation *[= somme forfaitaire perçue par un médecin pour chaque patient] ;* **~ grant** *Ens.* subvention proportionnelle au nombre d'élèves ; ~ **tax** impôt personnel.

Capitol Hill *Fig. ÉU* Congrès.

CAPS LOCK key touche de verrouillage des majuscules.

captain *n.* commandant *[d'un navire],* commandant (de bord) *[d'un avion].*

caption *n.* **1** légende *[d'une photo].* **2** titre *[d'un article, d'un chapitre].* **3** *Cinéma, TV* sous-titre.

captive *adj. [public, société, marché]* captif.

capture *v. tr. Fig.* **1** obtenir, s'emparer de ; captiver, séduire ; susciter, éveiller *[l'intérêt],* retenir, capter *[l'attention] ;* **they ~d the support of disaffected socialists** ils ont obtenu le soutien de socialistes désenchantés ; **to ~ a market** s'emparer d'un marché ; **she hopes to ~ the media's interest** elle espère éveiller l'intérêt des médias ; **to ~ the headlines** faire les gros titres. **2** appréhender, cerner, représenter, restituer, bien rendre compte de, bien décrire, donner une bonne représentation de, bien rendre, bien illustrer, exprimer, faire apparaître, mettre en évidence ; **re-enactment can ~ and stimulate the memory of a traumatic event** la reproduction d'actes passés peut faire surgir et stimuler le souvenir d'un événement traumatique. **3** recueillir, fixer, enregistrer. **4** *Inf.* introduire, saisir, entrer *[données]*.

CAR (compound annual rate) taux équivalent annuel.

car *n.* ✪ **~ bomb** voiture piégée ; **~ crash** accident de voiture ; **~ dealer** concessionnaire automobile ; **~ exhaust** gaz d'échappement ; **~ ferry** car-ferry, (navire) transbordeur de véhicules ; **~ manufacturer** constructeur automobile ; **~ manufacturing** construction automobile ; **~ park** parc de stationnement ; **~ phone** téléphone de voiture ; **~ pool** a) covoiturage ; b) covoitureurs ; **~ pooling** covoiturage.

carbine *n.* fusil semi-automatique (léger).

carbon *n.* ✪ **~ cycle** *Env.* cycle du carbone ; **~ dating** datation au carbone 14, datation par le radiocarbone ; **~ dioxide** dioxyde de carbone ; **~ monoxide** monoxyde de carbone.

card *n.* ✪ **~-carrying** *adj.* a) affilié *[à un parti/syndicat]* ; b) typique, bien représentatif ; c) convaincu ; *[***~-carrying Republican** *ÉU* a) membre du Parti républicain ; b) Républicain convaincu ; **~-carrying Thatcherites** thatchériens de stricte obédience*]* ; **~ file/index** fichier ; **~ phone** publiphone à carte ; **~ vote** *ÉU* vote plural, scrutin pondéré par le nombre de membres représentés par chaque votant.

cardiac *n.* ✪ **~ arrest** arrêt cardiaque/du cœur ; **~ failure** syncope cardiaque ; insuffisance cardiaque ; **~ massage** massage cardiaque ; **~ output** débit cardiaque.

cardiopulmonary resuscitation réanimation cardio-pulmonaire.

care *v.* **I** *intr.* **1** ne pas rester indifférent, avoir du cœur. **2 to ~ to do sth** avoir envie de faire qqch. **II ~ about** se préoccuper de, se soucier de, s'intéresser à, prêter attention à *[qqch.]*, se préoccuper/soucier du bien-être de *[qqn]* ; **tobacco firms do not ~ much about the complaints of passive smokers** les entreprises de tabac ne prêtent guère d'attention aux doléances des personnes qui inhalent involontairement de la fumée de tabac. **III ~ for 1** se préoccuper de, se soucier de, s'intéresser à, prêter attention à *[qqch.]*, se préoccuper/soucier du bien-être de *[qqn]* ; **this composer does not ~ for opera** ce compositeur ne s'intéresse pas à l'opéra. **2** s'occuper de, venir en aide à, prendre soin de, veiller au bien-être de, pourvoir aux besoins de ; soigner, prodiguer des soins à *[malade]* ; veiller sur. **3** tenir à *[qqn]*. **III ~ to 1** prendre la peine de. **2 to ~ to do sth** souhaiter faire qqch., avoir envie de faire qqch., tenir à faire qqch.

care *n.* **1** soin, attention, application, sérieux, minutie ; prudence, circonspection, précaution(s), vigilance. **2** soins, traitement, thérapeutique, thérapie ; prise en charge. **3** assistance, aide ; prévenance, sollicitude ; affection. **4** garde, protection ; responsabilité, charge ; **provision of ~ for children is inadequate in this area** les services de garde d'enfants laissent à désirer dans ce quartier ; **she inflicted a regime of terror on the children in her ~** elle faisait régner la terreur parmi les enfants qui lui étaient confiés. **5** *Dr.* garde *[d'un enfant]* ; **to have ~ of a child** avoir la garde d'un enfant ; **the litigation was about ~ of the children** le procès portait sur la garde des enfants. **6** placement *[d'un enfant]* ; **child in the ~ of** enfant confié à la garde de ; **to be put into ~** faire l'objet d'un placement ; **to receive/take a child into ~** *[services sociaux]* recueillir un enfant ; **in ~** a) *[enfant]* placé ; b) *Dr. [enfant]* en garde ; *[enfant]* recueilli *[à titre temporaire]* ; **he was in ~ during his early school years** il faisait l'objet d'un placement au début de sa scolarité ; **to go into ~** *[enfant]* être placé ; **she had a baby who had been taken into ~ at the age of two** elle avait un enfant qui avait été placé à l'âge de deux ans. **7** souci, préoccupation, inquiétude. **8 to take ~** faire attention ; **to take ~ of** prendre soin de, s'occuper de, veiller sur, veiller au bien-être de *[qqn]*, s'occuper de, se charger de, prendre en charge, assurer *[qqch.]* ; **women who stay home to take ~ of children** les femmes qui restent au foyer pour élever des enfants ; **the hostages are well taken ~ of** les otages sont bien traités ; **to take ~ of oneself** a) se prendre en charge ; être capable de se débrouiller, faire le nécessaire soi-même ; *Fam.* se débrouiller, s'en tirer tout seul ; b) *[problème]* se résoudre de lui-même ; **to take ~ that** veiller à ce que ; **it is important to take ~ that the safety regulations are followed** il importe de veiller au respect de la réglementation en matière de sécurité ; **to take ~ to** veiller à (ce que) ; ne pas manquer de, prendre soin de, prendre la peine de. ✪ **~ giver** proche soignant un malade, soignant bénévole/non professionnel *[prodiguant des soins à une personne déterminée]* ; **~ of** aux bons soins de ; **~ order** ordonnance de placement ; **~ package** colis *[destiné à des nécessiteux ou à un ami/parent]*.

career *n.* ✪ **~ break** interruption de carrière ; **~ development/pattern** déroulement de (la) carrière, carrière, profil de carrière ; **~s adviser/counsellor** conseiller d'orientation ; **~s education** orientation professionnelle *[assurée pendant les études]* ; **~s guidance** orientation professionnelle ; **~s master** conseiller d'orientation ; **~ mistress** conseiller d'orientation ; **~s officer** conseiller d'orientation ; **~s services** services d'orientation professionnelle ; **~s teacher** conseiller d'orientation *[informe les élèves sur les débouchés professionnels et les possibilités de formation postscolaire]* ; **~ woman** femme se consacrant à sa carrière/faisant carrière.

careful *adj.* **1** soigneux, consciencieux, méthodique, méticuleux, minutieux, attentif ; rigoureux. **2** prudent, circonspect ; délicat. **3** *[examen]* approfondi, détaillé ; **~ study** étude approfondie. **4 (for, of)** soucieux de. **5 to be ~ to** prendre soin de.

careless *adj.* **1** *[erreur]* dû à un manque d'attention/à la distraction. **2** *[travailleur]* peu consciencieux, négligent ; *[travail]* peu soigneux, peu soigné, manquant de minutie. **3** imprudent. **4 (about, of)** indifférent à.

carer *n.* proche soignant un malade, soignant bénévole/non professionnel *[prodiguant des soins à une personne déterminée]*.

caretaker *n.* surveillant d'immeuble, concierge.

caretaker *adj.* *[directeur]* par intérim. ✪ **~ government** gouvernement expédiant les affaires courantes ; gouvernement provisoire.

cargo *n.* cargaison, chargement, marchandises, fret. ✪ **~ aircraft** avion-cargo ; **~ bay** soute *[d'un avion, d'un engin spatial]* ; **~ cult** culte du cargo ; **~ hold** *Transp. aériens* soute ; **~ insurance** assurance de marchandises/de fret ; *Ass. mar.* assurance sur facultés ; **~ liner** cargo de ligne ; **~ ship/vessel** cargo.

Caribbean *adj.* antillais, caraïbe. ✪ **~ Community** Communauté des Caraïbes ; **~ Sea** mer des Antilles.

CARICOM (Caribbean Community) Communauté des Caraïbes.

caring *adj.* **1** bienveillant, humain, secourable, soucieux du bien-être d'autrui/des citoyens, de cœur, altruiste, compatissant ; affectueux, prévenant, attentionné, plein d'attentions/de sollicitude, aimable ; **~ society** société (plus) humaine ; **teachers must be ~ individuals** les enseignants doivent posséder des qualités de cœur. **2** chargé de dispenser des soins.

carjacking *n.* vol de voiture occupée, vol de voiture avec violences.

carousel *n.* **1** manège (forain). **2** *Transp. aériens* carrousel de distribution des bagages, tapis bagages.

carpal tunnel syndrome syndrome du canal carpien.

carpet *n.* ✪ **~ bombing** bombardement en tapis ; **brush/sweep under the ~** *Fam.* escamoter, dissimuler, ne pas rendre public.

carpetbagger *n. Péj. Pol. ÉU* homme politique qui tente sa chance loin de chez lui, candidat parachuté/venu d'ailleurs.

carriage *n.* **1** *Transp. ferr.* voiture. **2** transport. **3** frais de transport/d'expédition, fret, port. ✪ **~ and insurance paid to** *Comm.* port payé, assurance comprise, jusqu'à ; **~ for hire and reward** transport pour compte d'autrui ; **~ free** *Comm. RU* franco ; **~ inwards** *Compt. RU* frais de transport sur achats ; **~ outwards** *Compt. RU* frais de transport sur ventes ; **~ paid home** franco domicile ; **~ paid to** *Comm.* port payé jusqu'à ; **~ return** *Inf.* retour de chariot ; **~ trade** clientèle fortunée ; *[***~-trade store** boutique de luxe*]*.

carried over *Compt.* reporté ; report ; **amounts ~** reports.

carrier *n.* **1** transporteur *[= exploitant]*. **2** transporteur *[= navire]*. **3** véhicule/navire de transport *[de troupes, d'armes, de matériel] ; Mil.* porte-avions. **4** messager, garçon de course. **5** opérateur de télécommunications. **6** compagnie d'assurance. **7** *Méd.* porteur *[d'un agent infectieux]*. ✪ **~ wave** onde porteuse.

carry *v.* **I** *tr.* **1** porter *[objet, étiquette] ; [personne]* être en possession de, être muni de *[papiers d'identité], [chose]* être accompagné de *[document]*. **2** transporter, acheminer, *[avion]* emporter. **3** apporter, véhiculer. **4** être porteur de *[virus, maladie contagieuse]*. **5** assumer *[responsabilité] ;* **the teaching profession should not ~ the responsibility alone** il ne faut pas que les enseignants assument seuls la responsabilité. **6** être assorti de, comporter, impliquer, entraîner ; **to ~ rights** être assorti de droits ; **bond ~ing a coupon of 7%** obligation assortie d'un coupon de 7 % ; **to ~ a risk** comporter un risque ; **burglary carries a heavier penalty when perpetrated in a private residence** un cambriolage est puni d'une peine plus lourde lorsqu'il est commis dans une résidence privée. **7** *ÉU* avoir en stock, vendre. **8** publier *[nouvelle, article, annonce] ;* programmer, diffuser *[émission]*, retransmettre *[spectacle] ;* **most newspapers ~ the football results** la plupart des journaux publient les résultats des matches de football ; **the article was not carried in the international edition of the newspaper** l'article ne figurait pas dans l'édition internationale du journal ; **carried live on television** retransmis en direct à la télévision. **9** adopter *[projet de loi, motion]*. **10** *Pol. ÉU* l'emporter à/dans/en ; remporter la majorité à/dans/en *[circonscription, État] ;* gagner, remporter *[élection] ;* **it will be important to ~ Ohio** il sera important de l'emporter en Ohio. **11** *Compt.* comptabiliser, inscrire ; **equipment and materials are carried at cost** les machines et les matières premières sont comptabilisées au coût d'acquisition. **II ~ away 1** emmener *[qqn]*, emporter *[qqch.]*. **2 to get carried away** faire preuve d'un enthousiasme excessif ; se laisser emporter, perdre son sang-froid/toute mesure, agir impétueusement/impulsivement/avec démesure, y aller trop fort/un peu fort, ne plus très bien savoir ce que l'on fait ; **carried away** exalté, surexcité, déchaîné, transporté. **III ~ forward 1** *Compt.* reporter ; **carried forward** reporté ; report ; **amounts carried forward from 2003** reports de l'exercice 2003. **2** poursuivre, faire progresser ; **to ~ the work forward** poursuivre les travaux ; **the work will be carried forward by the next government** le gouvernement suivant poursuivra les activités. **IV ~ on 1** poursuivre. **2** se poursuivre. **3 to ~ on doing sth** continuer à faire qqch. **V ~ out** accomplir, exécuter, mettre à exécution, s'acquitter de, réaliser, effectuer, mettre en œuvre ; pratiquer, procéder à ; **to ~ out functions** s'acquitter de fonctions. **VI ~ over 1** *Compt.* reporter. **2** reporter à, renvoyer à *[une date ultérieure]*. **3** être dévolu à. **VII ~ through 1** mener à bien, mener à terme, exécuter, traduire dans les faits, réaliser. **2** permettre de survivre ; permettre de surmonter des difficultés ; aider à traverser *[passe difficile]*. **VIII ~ with** aller de pair avec, être assorti de, receler, être porteur de ; **the fall of the Berlin wall carried with it a whole range of possibilities and risks** la chute du mur de Berlin est allée de pair avec toute une série de possibilités et de risques ; **a mortgage carries with it certain tax advantages** une hypothèque donne droit à certains avantages fiscaux.

carry-back *n. Fisc.* report sur les exercices antérieurs, report en arrière du déficit.

carrying *adj.* ✪ **~ capacity** a) *Transp.* nombre de sièges ; b) capacité de transmission de données ; c) *Env.* capacité de charge, capacité(s) limite(s) (de l'environnement) ; *[***airlines sometimes find they have a ~ capacity that is greater than demand** il arrive que les compagnies aériennes constatent qu'elles disposent d'un nombre de sièges supérieur à la demande ; **pollution is exceeding the Earth's ~ capacity** la pollution dépasse les capacités limites de la planète*] ;* **~ charge(s)** a) *Gestion* coût de détention des stocks ; b) coûts inhérents à la propriété d'un bien immobilier ; c) intérêts ; d) frais *[en cas de vente à tempérament] ;* **~ costs** *Gestion* coût de détention des stocks ; **~ value** *Compt.* valeur comptable.

carry-on baggage/luggage *Transp. aériens* bagages à main.

carry-over *n. Bourse* report.

cart *n.* ✪ **put the ~ before the horse** mettre la charrue avant les bœufs.

cartel *n.* cartel ; entente.

cartridge *n.* ✪ **~ case/casing** douille (de projectile) ; **~ clip** chargeur.

carve *v.* **~ up** se partager *[dépouilles, territoire]*.

case *n.* **1** cas ; exemple ; **this is the ~** il en est ainsi ; **this is not the ~** il n'en est rien. **2** *Méd.* cas ; patient, malade, sujet ; **psychiatric ~** patient psychiatrique. **3** client *[= personne dont s'occupe un assistant social]*. **4** *Dr.* affaire, cause, recours, espèce, litige, procès, procédure, instance ; **in the present ~** en l'espèce ; **to bring a ~ before** porter un litige devant *[tribunal] ;* **to hear a ~** juger une affaire ; **to prepare one's ~** organiser sa défense ; **to win one's ~** obtenir gain de cause ; **in a civil ~** au civil. **5** *Dr.* **the plaintiff has a good ~** le demandeur a de bonnes chances d'obtenir gain de cause ; **the plaintiff does not have a case** les prétentions du demandeur ne sont pas fondées ; **the ~ against the former Prime Minister is very strong** les accusations portées contre l'ancien Premier ministre sont solidement étayées ; **the prosecutor has failed to make out his ~** le procureur n'a pas établi la validité de sa thèse. **6** argumentation, arguments, argumentaire, raisonnement, position, thèse, point de vue, plaidoyer, démonstration, justification ; **the ~ for** la justification de, les arguments qui militent en faveur de ; **the ~ for new tax cuts is overwhelming** tout milite en faveur de nouvelles réductions d'impôts ; **there is a ~ for** il est envisageable de, il convient sans doute de, il est sans doute approprié de ; **there is a good ~ for** il est souhaitable/avantageux/justifié de, il convient de, il serait utile de ; **there is a strong ~ for** il est très souhaitable de, il y a d'excellentes raisons de ; **to have a good/strong ~** disposer d'arguments convaincants/solides ; **there is a clear ~ for proportional representation** il existe des arguments de poids en faveur de la représentation proportionnelle ; **there is no ~ for** il n'y a pas lieu de ; **there is no ~ for dismissal** le licenciement ne se justifie pas ; **they have no ~** leur thèse est dépourvue de fondement ; **the ~ against** les raisons s'opposant à ; **to argue one's ~** défendre sa position/son point de vue ; **to make (out) a ~** prouver la validité de sa thèse, faire valoir/présenter/avancer ses arguments, exposer/défendre sa position, démontrer le bien-fondé de son point de vue, défendre son dossier ; **to make (out) a ~ for** présenter des arguments en faveur de, défendre l'idée qu'il convient de, défendre la thèse de ; préconiser ; militer en faveur de, justifier ; **the scientist made a convincing ~ for the necessity of space exploration** le scientifique a démontré de façon convaincante la nécessité de l'exploration de l'espace ; **to make the ~ for** plaider en faveur de ; **in his report he makes the ~ for the legalization of cannabis** dans son rapport, il présente des arguments en faveur de la légalisation du cannabis ; **in her speech she made the ~ for religious freedom** dans son discours, elle a plaidé en faveur de la liberté religieuse ; **to press one's ~** (continuer à) faire valoir ses arguments, défendre sa position ; **to press the ~ for** plaider en faveur de ; **to put one's ~** présenter/exposer/défendre son point de vue/sa position, se défendre, présenter sa défense, défendre son dossier. **7** *Typographie, Inf.* casse ; **match ~** respecter la casse. ✪ **as the ~ may be** selon le cas ; **~ authority** précédent ; **~-control study** étude cas-témoins ; **~ history** a) cas/exemple concret, illustration ; b) antécédents, dossier individuel ; *Méd.* antécédents (pathologiques) ; **~ in point** a) (bon) exemple, (bonne) illustration, exemple typique/significatif ; b) *Dr.* cas d'espèce ; c) cas considéré ; *[***in the ~ in point** dans le cas présent ; **a ~ in point is** c'est le cas de, prenons par exemple ; **to be a ~ in point** avoir valeur d'exemple ; en témoigner ; **centrifugal forces are gaining ground; the growth of separatism in Italy is a ~ in point** les forces centrifuges gagnent du terrain ; le progrès des idées séparatistes en Italie illustre bien cette réalité*]* ; **~ law** jurisprudence, précédents ; **~ method** *Ens.* méthode des cas *[= méthode d'enseignement consistant à étudier des exemples de façon approfondie en vue de dégager collectivement des principes généraux]* ; **~ mix** ventilation (de l'ensemble) des cas traités *[dans un hôpital]* ; **~ officer** agent traitant *[d'un agent de renseignement]* ; **~-sensitive** *adj. Inf.* différenciant majuscules et minuscules ; *[***your password is ~-sensitive** lors de la saisie du mot de passe, veuillez ne pas confondre majuscules et minuscules/ne pas taper indifféremment des majuscules et des minuscules/respecter la casse*]* ; **~ study** a) étude de cas ; b) examen de cas concrets ; c) cas/exemple concret: **~-study method** *Ens.* méthode des cas *[= méthode d'enseignement consistant à étudier des exemples de façon approfondie en vue de dégager des principes généraux]* ; **in any ~** de toute façon, en tout état de cause, en toute hypothèse, quoi qu'il en soit ; du moins, à tout le moins, en tout cas ; déjà ; **in ~** au cas où ; pour le cas où ; **in many ~s** bien souvent ; **in some ~s** parfois ; dans certains cas ; **on a ~-by-~ basis** au cas par cas ; **press the ~ for** plaider en faveur de.

caseload *n.* (nombre de) dossiers traités, nombre d'affaires, (nombre de) patients traités, (nombre de) cas/personnes/familles pris(es) en charge, personnes/familles desservies.

casework *n.* **1** travail social individualisé *[auprès d'une personne/famille]*. **2** *Pol. ÉU* assistance aux habitants de la circonscription électorale/aux mandants, interventions auprès de l'administration en faveur d'habitants de la circonscription électorale.

caseworker *n.* assistant(e) social(e) (prenant en charge des dossiers individuels), chargé de travail social individualisé.

cash *v.* **1** *tr.* encaisser *[chèque]*. **2 ~ in** encaisser *[chèque]*, réaliser *[portefeuille de titres]*. **3 ~ in on** exploiter, tirer parti de, mettre à profit, profiter de.

cash *n.* espèces, numéraire, argent (comptant/liquide), fonds, encaisse, liquidités, disponibilités. ✪ **~ account** compte de caisse ; **~ accounting** comptabilité de caisse ; **~ against documents** paiement contre documents ; **~ and bank deposits** *Bilan* caisse et banques ; **~ and carry** libre-service de gros, magasin de gros en libre-service ; **~ at bank** solde en banque ; **~ balance** solde en caisse ; **~ basis accounting** comptabilité de caisse ; **~ benefits** prestations en espèces ; **~ book** livre auxiliaire de caisse ; **~ box** petite caisse ; **~ budget** *ÉU* prévisions de trésorerie ; **~ call** *Fin.* appel de fonds ; **~ card** a) carte de retrait (d'espèces) ; b) carte prépayée, porte-monnaie électronique ; **~ commodity** *Fin.* marchandise physique ; **~ credit** crédit de caisse ; **~ crop** culture commerciale/de rapport ; **~ deficit** déficit de trésorerie ; **~ desk** caisse ; **~ discount** escompte de caisse ; **~ dispenser, ~ dispensing machine** billetterie, distributeur automatique de billets ; **~ down** paiement à la livraison, contre remboursement ; **~ flow** *cash flow,* excédent/solde de trésorerie *[= excédent des rentrées sur les décaissements, hors investissement initial]* ; *[***~ flow is negative** le solde de trésorerie est négatif ; **as the bank had refused to grant them a loan, they had enormous ~ flow problems at the beginning** comme la banque avait refusé de leur consentir un prêt, ils ont eu d'énormes problèmes de liquidités au début*]* ; **~ fund** *FCP* fonds de trésorerie ; **~ in hand** a) encaisse, espèces en caisse ; b) *Compt.* caisse ; **~-in value** *Ass.* valeur de rachat ; **~ machine** billetterie, distributeur automatique de billets ; **~ management** gestion de trésorerie ; **~ market** marché au comptant ; **~ on delivery** paiement à la livraison, contre remboursement ; **~ on hand** a) encaisse, espèces en caisse ; b) *Compt.* caisse ; **~ outflow** décaissement ; **~ payment** a) paiement comptant ; b) paiement en numéraire ; **~ point** a) caisse ; b) billetterie, distributeur automatique de billets ; **~ position** situation de trésorerie, liquidités ; **~ price** prix au comptant ; **~ purchase** achat comptant ; **~ ratio** *Banque* coefficient de trésorerie ; **~ receipts** encaissements ; **~ recovery period** délai de récupération du capital investi ; **~ register** caisse enregistreuse ; **~ share** action de numéraire ; **~-strapped** *adj.* à court de liquidités ; **~ surrender value** *Ass.* valeur de rachat ; **~ surplus** excédent de trésorerie ; **~ takings** espèces encaissées ; **~ value** *Ass.* valeur de rachat ; **~ voucher** bon de caisse ; **~ with order** paiement à la commande.

cashier's cheque chèque de banque.

cast *v.* **1** *tr.* jeter *[pierre, regard, doute]*, lancer *[filet]*. **2** *tr.* se défaire de. **3** *tr.* couler, fondre *[métal]*. **4** *tr.* projeter *[ombre]*. **5** *tr.* **to ~ some light on** présenter des informations sur, éclairer *[question]* ; **to ~ new light on** présenter sous un jour nouveau. **6** *tr.* émettre, exprimer *[voix]* ; **to ~ a/one's ballot** voter ; **to ~ one's vote for** voter pour ; **the candidate did not obtain a majority of the votes ~** le candidat n'a pas obtenu la majorité des suffrages exprimés. **7** *tr. Dr.* **the party ~** la partie condamnée. **8** *tr. Cinéma* distribuer *[rôle]* ; choisir *[acteur]* ; **to ~ an actor as** confier à un acteur le rôle de ; **to be ~ against type** *[acteur]* être utilisé à contre-emploi. **9** *tr.* **to ~ sb/sth as** qualifier qqn/qqch. de, présenter qqn/qqch. comme, faire passer qqch. pour ; **to ~ oneself as** se présenter comme, se camper dans le rôle de. **10** *tr.* jeter *[le doute sur].* **11 ~ aside** écarter, abandonner, se défaire de, se débarrasser de, rompre avec, tourner le dos à, rejeter. **12 ~ off** écarter, abandonner, se défaire de, se débarrasser de, rompre avec, tourner le dos à, rejeter.

cast *n. Cinéma* distribution, acteurs, interprètes. ✪ **~ of characters** distribution, acteurs, interprètes.

castigate *v. tr.* fustiger.

casting vote voix prépondérante.

casual *adj.* **1** insouciant, détaché, désinvolte ; négligent ; distrait ; **for the ~ observer** à première vue ; **to make a ~ reference to** mentionner en passant. **2** superficiel, anodin, ordinaire, simple, banal ; **AIDS is not transmitted through ~ contacts with infected persons** le sida ne se transmet pas lors de simples contacts avec des personnes infectées. **3** indifférent. **4** familier, naturel, informel ; simple ; *[tenue]* décontracté. **5** sans méthode, empirique. **6** fortuit, accidentel, imprévu, imprévisible ; incident. **7** irrégulier, occasionnel, intermittent ; précaire ; **this centrally located shop gets a lot of ~ trade** cette boutique situé dans le centre attire beaucoup de clients de passage. ✪ **~ clothing** vêtements de sport/de loisir/d'intérieur ; **~ drug use** consommation occasionnelle de drogue ; **~ labour** main-d'œuvre occasionnelle ; **~ labourer** travailleur occasionnel ; **~ sex** relations sexuelles avec des partenaires occasionnels ; rencontre sexuelle sans lendemain ; *[***~ sex has been a significant factor in the spread of AIDS** les relations sexuelles avec des partenaires de rencontre ont joué un rôle important dans la propagation du sida*]* ; **~ user of drugs** consommateur occasionnel de drogue ; **~ work** travail occasionnel/précaire/irrégulier ; **~ worker** travailleur occasionnel.

casualization *n.* précarisation *[de l'emploi].*

casually *adv.* **1** *[mentionner qqch.]* en passant, au passage, incidemment. **2** négligemment, avec désinvolture. **3** comme si cela n'avait pas d'importance, comme si c'était la chose la plus naturelle du monde. **4** à la légère. **5** superficiellement.

casualty *n.* **1** *Ass.* accident, sinistre. **2** mort ou blessé ; *pl.* victimes, morts et blessés, bilan ; *Mil.* pertes ; **to inflict heavy casualties on** infliger de lourdes pertes à, décimer ; **truth is always the first ~ of war** en cas de guerre, la vérité est toujours la première à succomber. **3** (service des) urgences. ✪ **~ department** (service des) urgences ; **~ insurance** assurance dommages autre que l'assurance incendie ; **~ ward** (service des) urgences.

CAT (computer-assisted translation) traduction assistée par ordinateur.

CAT (computerized axial tomography) TDM (tomodensitométrie, scanographie). ✪ **~ scanner** scanner.

catalogue *n.* **1** catalogue. **2** *Fig.* série *[d'erreurs].* ✪ **~ price** prix (de) catalogue.

catalytic converter convertisseur catalytique ; *Cour.* pot (d'échappement) catalytique.

catastrophic disease maladie nécessitant un traitement extrêmement coûteux.

catch *v.* **1** *tr.* attirer *[attention].* **2 ~ up** rattraper son retard. **3 ~ up with** rattraper.

catch *n.* **1** *Pêche* capture, prise ; **~es of fish** captures de pêche. **2** inconvénient (caché/inattendu), ennui, hic, revers de la médaille, astuce, piège, vice caché. ✪ **~ 22** cercle vicieux, situation sans issue ; *[***she found herself in a ~-22 situation: the bank would not lend her money because she did not have a good financial situation** elle se trouvait dans un cercle vicieux : la banque ne voulait pas lui consentir de prêt parce que sa situation financière était mauvaise*]*.

catch-all *n.* mot fourre-tout/au sens très large.

catch-all *adj. [disposition]* très général, fourre-tout, *[mot]* fourre-tout, au sens très large.

catch crop culture dérobée.

catching bargain *Dr.* contrat léonin.

catchment *n.* ✪ **~ area** a) bassin hydrographique, bassin versant ; b) *Fig.* zone couverte/desservie *[par un hôpital],* zone de rayonnement, zone d'attraction *[d'un hôpital] ;* zone de recrutement *[d'une école],* zone de chalandise *[d'un point de vente] ;* **~ basin** bassin hydrographique, bassin versant.

catch-phrase *n.* expression à la mode.

catch-word *n.* mot à la mode.

categorization *n.* classification.

categorize *v. tr.* classer *[plusieurs choses]*, répartir/subdiviser en catégories, ranger dans des catégories ; classer ; **(as)** classer sous la rubrique.

cater *v.* **1** *intr.* **(for, to)** approvisionner. **2** *intr.* **(for)** assurer un service de restauration pour, préparer des repas pour *[banquet].* **3** *tr.* assurer un service de restauration pour, préparer des repas pour *[banquet].* **4** *intr.* **(for, to)** répondre à *[besoin, demande],* répondre/pourvoir aux besoins de, faire face à, satisfaire, donner satisfaction à ; offrir ses services à, desservir ; prendre en charge, accueillir ; s'adresser à, être destiné à *[public particulier] ;* concerner, intéresser ; tenir compte de ; **to ~ for/to the needs of** subvenir aux besoins de ; **to ~ to the interests of** servir les intérêts de ; **language courses which ~ to the medical profession** des cours de langue destinés à des médecins ; **it is forbidden to sell publications ~ing to the tastes of paedophiles** il est interdit de vendre des publications pour pédophiles.

catering *n.* service de restauration ; *Secteur* hôtellerie et restauration.

caterpillar tread chenilles *[d'un véhicule].*

cathode-ray tube tube cathodique.

cat's cradle *Fig.* écheveau, enchevêtrement.

cattle *n.* bovins. ✪ **~ prod** aiguillon électrique.

Caucasian *adj.* **1** de race blanche. **2** caucasien.

caucus *n.* **1** réunion *[privée]* de dirigeants/députés *[d'un parti].* **2** groupe (parlementaire). **3** *ÉU caucus [= assemblée électorale désignant des délégués à la convention chargée d'investir le candidat du parti à l'élection présidentielle].* **4** *RU* appareil *[d'un parti].*

causal relationship relation de cause à effet, lien/rapport de causalité.

cause *v. tr.* **1** causer. **2** amener à ; **to ~ sb to do sth** veiller à ce que qqn fasse qqch., faire en sorte que qqn fasse qqch. ; **the buyer shall examine the goods, or ~ them to be examined** l'acheteur doit examiner les marchandises ou les faire examiner.

cause *n.* **1** cause. **2** raison, motif ; **~ for concern** sujet/source de préoccupation ; **to have good/reasonable ~ to** avoir de bonnes raisons de ; être fondé à, pouvoir à juste titre, être en droit de *[penser que] ;* **with good/just ~** à juste titre, non sans raison ; **she decided, with good ~ as it turned out, to investigate the incident** elle a décidé, à juste titre comme la suite l'a montré, de mener une enquête sur l'incident ; **a police officer may arrest anyone whom he, with reasonable ~, suspects to be guilty of a crime** un agent de police peut arrêter toute personne dont il est fondé à penser qu'elle a commis une infraction ; **for no good ~** sans justification, arbitrairement. ✪ **~ list** *Dr.* rôle ; **~ of action** *Dr.* fait(s) ouvrant un droit d'agir ; fait(s) se trouvant à la base de l'action, base d'action/de l'action, objet du litige ; /**proceedings should be instituted within two years of the accrual of the ~ of action** une instance doit être intentée dans les deux années qui suivent la survenance des faits se trouvant à la base de l'action ; **the ~ of action was her husband's behaviour** l'action se fondait sur le comportement de son mari*/.*

caution *v. tr.* **1** inciter à la prudence, mettre en garde. **2** *RU* donner un avertissement à *[auteur d'une infraction mineure].*

caution *n.* **1** prudence, circonspection. **2** mise en garde. **3** *RU* avertissement *[auteur d'une infraction mineure].*

cave *n.* grotte, caverne.

cavalier *adj.* désinvolte, cavalier.

caveat *n.* **1** avertissement, mise en garde. **2** opposition, objection, réserve ; **to enter/put in a ~** mettre en garde, émettre une mise en garde. **3** *Dr.* notification d'opposition.

cavity *n.* **1** cavité. **2** carie (dentaire).

Cayman Island. (îles) Cayman.

CB (citizen's band) CB (canal banalisé). ✪ **~ radio** radio CB.

CBC (Canadian Broadcasting Corporation) *Can.* **1** Radio-Canada *[= organisme public de radio et de télévision].* **2** CBC (Canadian Broadcasting Corporation) *[composante anglophone de l'organisme précité].*

CBI (Confederation of British Industry) CBI (Confédération du patronat britannique) *[= l'une des deux organisations patronales britanniques].*

CBTO (Comprehensive Nuclear-Test-Ban Treaty Organization) OTICE (Organisation du Traité d'interdiction complète des essais nucléaires).

cc (carbon copy) copie.

CCEE (countries of central and eastern Europe) PECO (pays d'Europe centrale et orientale).

CCTV (closed circuit television) télévision en circuit fermé.

CD (certificate of deposit) *Banque ÉU* certificat de dépôt.

CD (compact disc) CD, disque compact/laser. ✪ **~ player** lecteur de disques compacts, platine laser.

CDC (Centers for Disease Control and Prevention) *ÉU* Centers for Disease Control and Prevention.

cd fwd (carried forward) *Compt.* reporté ; report.

CD-I (compact disc-interactive) CD-I (disque compact interactif).

CD-ROM (compact disc read-only memory) CD-Rom, cédérom. ✪ **~ drive/player** lecteur de CD-Rom/cédérom.

cease *v.* ✪ **~ and desist order** *ÉU* ordonnance de cessation ; **~ trading** *[entreprise]* fermer ses portes, cesser ses activités.

Ceefax *n. RU* Ceefax *[= service de télétexte de la BBC].*

celebrated *adj.* célèbre.

cell *n. Inf.* cellule *[d'une feuille de calcul].* ✪ **~ phone** téléphone portable, téléphone cellulaire.

cellular *adj.* ✪ **~ (tele)phone** téléphone portable, téléphone cellulaire ; **~ telephony** radiotéléphonie cellulaire.

cement *v. tr. Fig.* **1** renforcer, raffermir, fortifier, cimenter, consolider ; **the support of the press ~ed Mr Blair's position with regard to the voters** l'appui de la presse a renforcé la position de M. Blair vis-à-vis des électeurs ; **his second film ~ed his reputation** son deuxième film a consolidé sa réputation. **2** souder *[équipe].*

cement mixer bétonnière.

CEN (European Committee for Standardization) CEN (Comité européen de normalisation).

CENELEC (European Committee for Electrotechnical Standardization) CEN (Comité européen de normalisation électrotechnique).

censure *v. tr.* stigmatiser, dénoncer, condamner, critiquer vivement, fustiger, réprouver, mettre/clouer au pilori, blâmer.

censure *n.* **1** réprobation, critique, condamnation, blâme ; **his comments were a ~ of the press** ses propos constituaient une condamnation de la presse. **2** censure. ✪ **~ vote** vote de censure/défiance ; /**to pass a vote of ~** adopter une motion de censure*/.*

cent *n. UE* cent *[= 0,01 euro ; pl. cents].*

centile *n. Stat.* centile.

central *adj.* **1** central ; situé au centre/en plein centre. **2** essentiel, fondamental, crucial, primordial ; principal, le plus important, premier ; **to be ~ to** être au cœur de. ✪ **~ bank** banque centrale ; **Central Commission for the Navigation on the Rhine** Commission centrale pour la navigation du Rhin ; **~ government** État (central) ; gouvernement (central) ; administration centrale ; **~ hiring hall** *ÉU* bureau de placement ; **~ locking** verrouillage central(isé) ; **~ memory** *Inf.* mémoire centrale ; **~ nervous system** système nerveux central ; **Central Office** *RU* appareil du Parti conservateur ; **~ planning** planification centralisée ; **~ processing unit** *Inf.* unité centrale ; **~ reservation** terre-plein central.

centrally *adv.* **1** dans le centre ; **~ located** situé dans le centre. **2** au niveau central/national ; **the scheme is administered ~** le programme est administré à l'échelon national. ✪ **~ planned economy** économie planifiée.

centre *n., adj.* ✪ **~ stage** place principale, devant de la scène ; **~ of an epidemic** foyer épidémique ; **~ spread** *Publ.* double page centrale.

centrepiece *n. Fig.* pièce maîtresse, élément central/essentiel, clé de voûte, pierre angulaire.

CEO (chief executive officer) *ÉU* directeur général.

cerebral palsy infirmité motrice cérébrale.

cerebrospinal meningitis méningite cérébro-spinale.

CERN (European Organization for Nuclear Research) CERN (Organisation européenne pour la recherche nucléaire).

certain date *Dr.* date certaine.

certificate *n.* ✪ **~ of advanced studies/study** *ÉU* diplôme d'études universitaires supérieures *[sanctionne un cursus d'une durée d'au moins un an après l'obtention du master's degree]* ; **~ of airworthiness** certificat de navigabilité ; **~ of deposit** *Banque ÉU* certificat de dépôt ; **~ of incorporation** *ÉU* statuts *[d'une société de capitaux]* ; **~ of insurance** attestation d'assurance ; **~ of origin** certificat d'origine ; **~ of seaworthiness** certificat de navigabilité ; **~ of stock** *Fin.* certificat d'actions, actions.

certificated bankrupt failli (déclaré) de bonne foi.

certification *n.* **1** homologation, agrément *[d'un véhicule]*. **2** certificat ; établissement d'un certificat. **3** *Ens.* titre, diplôme, certificat ; délivrance d'un titre/diplôme/certificat ; **to get into this university, you need the right ~** pour obtenir une place dans cette université, il faut posséder le diplôme approprié.

certified *adj.* **1** déclaré/reconnu officiellement ; homologué, agréé ; **to be ~ for** être déclaré apte à. **2** diplômé, titulaire d'un certificat (officiel). **3** *[comptes, chèque]* certifié. **4** *[document]* authentifié. **5** officiellement déclaré dément. ✪ **~ check** *ÉU* chèque certifié ; **~ copy** copie certifiée conforme ; expédition *[d'un jugement, d'un acte notarié]* ; **~ mail** *ÉU* courrier enregistré ; **~ public accountant** *ÉU* expert-comptable.

certiorari *n. voir* order of certiorari.

cervical *adj.* ✪ **~ cancer** cancer du col (utérin/de l'utérus) ; **~ cap** cape cervicale ; **~ collar** collier cervical ; **~ screening** dépistage du cancer du col (utérin) ; **~ smear (test)** frottis du col de l'utérus.

cestui que trust *Dr.* bénéficiaire (d'un *trust*).

CET (Central European Time) heure de Paris.

ceteris paribus toutes choses égales par ailleurs.

cf, c/f (carried forward) reporté ; report.

CF, c & f (cost and freight) C et F (coût et fret).

CF (cystic fibrosis) mucoviscidose.

CFC (chlorofluorocarbons) CFC (chlorofluorocarbure, chlorofluorocarbone).

CFE (Conventional Forces in Europe) CFE (forces classiques en Europe). ✪ **~ treaty** traité CFE.

CFO (chief financial officer) directeur financier.

CFR (cost and freight) *Incoterms* CFR *[dans les documents contractuels, les sigles des Incoterms ne doivent pas être traduits]*.

cgt (compensated gross ton) tbc (tonne brute compensée).

chaff *n. Mil.* paillettes, réflecteurs, leurres antiradar.

chain *n.* **1** chaîne. **2** *Fig.* série, suite, succession, vague ; enchaînement, filière ; **~ of events** suite d'événements ; **food production ~** filière de production alimentaire. ✪ **~ letter** lettre-chaîne ; **~ reaction** *Nucl.* réaction en chaîne ; **~ of command** voie hiérarchique ; structure/système hiérarchique ; hiérarchie ; **~ of custody** *Dr.* historique de la conservation d'un élément de preuve *[mettant en évidence l'absence de possibilité d'altération de cet élément de preuve]* ; **~ of islands** archipel, chapelet d'îles, groupe d'îles/îlots ; **~ referral plan** système de vente à la boule de neige ; **~ saw** tronçonneuse ; **~-smoking** tabagisme ininterrompu ; **~ store** magasin faisant partie d'une chaîne.

chair *n. Fig.* **1** présidence ; président ; **to be in the ~** présider, assurer la présidence, présider/diriger les débats ; **to take the ~** a) assurer la présidence, présider les débats ; b) ouvrir la séance. **2** *Ens.* chaire.

chalk board tableau noir.

challenge *v. tr.* **1** mettre en cause/doute/question, remettre en cause/question, élever des doutes quant à, contester, objecter à, s'élever contre, protester contre, s'insurger contre, contredire, contester la validité de, refuser de reconnaître ; discuter, braver *[un ordre, l'autorité de qqn]* ; attaquer, critiquer, s'en prendre à, s'opposer à, dénoncer ; nier, s'inscrire en faux contre ; aller à l'encontre de, bousculer *[idée reçue]* ; **the authority of the Church is frequently ~d** l'autorité de l'Église est souvent mise en cause ; **these ideas ~ the role of the monarchy** ces idées remettent en cause le rôle de la monarchie ; **these figures were not ~d** personne n'a contesté ces chiffres ; **the report ~s conventional wisdom** le rapport va à l'encontre des idées reçues ; **the dominance of America is ~d by the EU** l'Union européenne n'accepte pas la domination des États-Unis ; **though ~d by television and the videocassette, the cinema remains a popular place for an evening out** bien qu'il se heurte à une vive concurrence de la part de la télévision et de la vidéocassette, le cinéma reste encore très prisé lorsqu'il s'agit de sortir le soir. **2** *Dr.* récuser *[juré]*. **3** stimuler, motiver ; susciter *[l'intérêt]*. **4** poser des difficultés à ; **the AIDS epidemic continues to ~ public health specialists** le sida continue de poser d'importantes difficultés aux spécialistes de la santé publique ; **to be ~d by** devoir faire face à. **5** mettre *[la perspicacité]* à contribution, solliciter, mobiliser, faire appel à, exiger *[de l'imagination]* ; mettre en échec, défier, confondre *[l'imagination, la perspicacité]*, défier, dépasser *[l'entendement]*. **6** se poser en rival de ; défier ; provoquer, susciter ; partir à l'assaut de ; **Mr Duncan Smith ~d Mr Blair to a televised debate** M. Duncan Smith a proposé à M. Blair de l'affronter dans un débat télévisé. **7 (to)** mettre au défi de, mettre en demeure de, sommer de. **8 (for)** disputer *[qqch.]* à *[qqn]* ; **Quick is challenging McDonald's for leadership of the fast food market** Quick dispute à McDonald's la place de première entreprise du secteur de la restauration rapide. **9** *Dr.* attaquer ; former un recours contre, faire appel de, appeler de *[jugement]* ; **~d judgement** décision attaquée/entreprise, jugement attaqué/contesté. **10** interpeller *[intrus]*.

challenge *n.* **1** (re)mise en question, mise en cause, contestation, objection, réclamation ; attaque ; **the social and ideological ~s facing the Catholic church will increase in the next century** la contestation d'ordre social et idéologique à laquelle se heurte l'Église catholique se développera au cours du siècle prochain. **2** défi, provocation ; mise en demeure ; **to meet the ~, to rise to the ~** relever le défi. **3** défi (à relever), pari (difficile), difficulté(s), problème(s) (épineux), obstacle, menace, entreprise difficile, épreuve ; tâche (difficile et stimulante), tâche/mission ardue/difficile/délicate/stimulante, gageure ; exigences ; enjeu ; **~ to the environment** menace pesant sur l'environnement ; **the ~s facing Russia** les difficultés qui assaillent la Russie ; **the fight**

against AIDS continues to be a great ~ la lutte contre le sida reste extrêmement difficile ; **the main ~ for Zimbabwe is the modernization of its agriculture** la modernisation de l'agriculture est la principale tâche à laquelle le Zimbabwe devra s'atteler ; **it was a great ~ to the minister's diplomatic skills** cela a mis à rude épreuve le sens de la diplomatie du ministre. **4** *Dr.* récusation *[d'un juré].* **5** *Dr.* recours. **6** interpellation, sommation ; **the suspect was shot without ~** le suspect a été abattu sans sommation. ✪ **~ for cause** *Dr.* récusation motivée ; **~ to the array** *Dr.* récusation collective, récusation de l'ensemble du jury ; **~ to the polls** *Dr.* récusation individuelle.

challenger *n.* concurrent, rival, prétendant ; *Pol.* adversaire *[du titulaire d'un mandat]* ; **at present there is no serious ~ to the president** actuellement, le président n'a pas de rival digne de ce nom.

challenging *adj.* **1** exigeant, difficile, qui pose de multiples problèmes, éprouvant ; hardi, ambitieux ; **ten ~ targets have been set** dix objectifs ambitieux ont été fixés. **2** *[travail]* (intellectuellement) stimulant, intéressant, passionnant, motivant, mobilisateur, dynamisant ; **he left the company after five ~ and exciting years** il a quitté l'entreprise après cinq années de travail stimulant et passionnant.

chamber *n.* **1** chambre. **2** *pl. RU* cabinet de *barrister(s).* **3** *pl.* cabinet du juge ; chambre du conseil. ✪ **~ of commerce** chambre de commerce ; **~ of trade** association (locale) de(s) détaillants.

champerty *n. Dr. champerty [= convention illicite prévoyant le financement d'un procès par un tiers en échange d'une partie des avantages qui en découlent].*

champion *v. tr.* plaider pour/en faveur de, prêcher en faveur de, militer pour, défendre (la cause de), se faire le défenseur/l'avocat/le chantre de.

chance *n.* **1** hasard ; **by ~** par hasard ; **to leave nothing to ~** ne rien laisser au hasard. **2** chance, occasion, possibilité, probabilité ; **the ~s are that** il est probable que, il y a fort à parier que ; **to stand a** ~ avoir une chance *[de faire qqch.].* **3** risque ; **to take ~s** prendre des risques.

chance *adj. [rencontre]* fortuit, dû au hasard.

Chancery division (of the High Court) *Angl. Chancery division (of the High Court).*

change *n.* **1** changement, modification, évolution, variation, fluctuation, mouvement, ajustement, adaptation, aménagement, inflexion, transformation, réforme, mutation, revirement, retournement, renversement ; réorientation, virage ; **~ on previous year** évolution par rapport à l'année précédente ; **exchange rate ~s** fluctuations des taux de change. **2** monnaie *[rendue]* ; (petite/menue) monnaie ; **to make ~** a) rendre la monnaie ; b) faire de la monnaie. ✪ **~ of course** changement de cap, revirement, réorientation ; **~ of heart** revirement, évolution, changement d'avis/d'attitude, volte-face ; *[***after a complete ~ of heart, the chairman decided to accept the plan** faisant volte-face, le président a décidé d'accepter le plan*]* ; **~ of venue** *Dr.* renvoi (du procès) devant une autre juridiction.

changing *adj.* changeant, variable, mouvant, fluctuant, en (constante) évolution, évolutif, en mouvement, en transformation, en pleine évolution/mutation, nouveau, volatile, capricieux ; **a ~ economy** une économie en transformation ; **the ~ requirements** l'évolution des besoins, les besoins nouveaux ; **in a fast ~ world** dans un monde en évolution rapide.

channel *v. tr.* **1** orienter, aiguiller, diriger, acheminer, transférer, faire passer ; fournir, distribuer ; consacrer, mettre au service ; **to be ~led through** passer par, transiter par ; **the government intends to ~ more resources into education** le gouvernement a l'intention d'affecter plus de ressources à l'enseignement. **2** canaliser.

channel *n. Fig.* **1** moyen, voie, possibilité, mode ; **~ of communication** voie de communication ; **the diplomatic ~s** la voie diplomatique ; **through official ~s** par la voie hiérarchique. **2** canal, intermédiaire, entremise, biais ; **through the ~ of** via, par l'intermédiaire/le truchement/le canal de. **3** filière, circuit, réseau. **4** *RU* **Channel** Manche. ✪ **~ of distribution** *Comm.* réseaux/circuit de distribution ; **~ of trade** réseau/circuit de distribution ; *pl.* courants commerciaux ; **~ package** bouquet de programmes.

Channel Islands îles Anglo-Normandes.

chapel *n. Fig.* section syndicale *[dans l'imprimerie].*

chapter *n. Fig.* **1** volet. **2** *ÉU* section (locale) *[d'une association].* **3** *ÉU* **to file for Chapter 11 (protection)** demander à bénéficier de la protection de la loi sur les faillites.

character *n.* **1** caractère ; nature, ordre ; génie *[d'un peuple]* ; **problems of a social ~** problèmes d'ordre social ; **Mr Blair changed the very ~ of the party** M. Blair a changé la nature même du parti. **2** (force de) caractère, force morale, moralité, intégrité, rectitude ; **of bad ~** de moralité douteuse ; **of good ~** intègre, de moralité irréprochable ; **the candidates shall be of high moral ~** les candidats devront jouir de la plus haute considération morale. **3 ~ (references)** références *[d'un employeur].* **4** réputation ; **to damage sb's ~** salir la réputation de qqn, calomnier qqn. **5** personnage *[d'un roman].* **6** *Fam.* numéro *[= personne originale].* ✪ **~ assassination** tentative de porter atteinte à l'honneur/la réputation *[de la personne en cause]* ; **~ recognition** *Inf.* reconnaissance de caractères ; **~ set** *Inf.* jeu de caractères ; **~ witness** *Dr.* témoin de moralité ; **out of ~** pas son genre.

characteristic *n.* **1** caractéristique. **2** *Stat.* caractère *[= caractéristique quantitative ou qualitative d'une unité statistique].*

characterize *v.* **I** *tr.* caractériser, décrire, définir ; **to be ~d by** se caractériser par, être marqué par. **II ~ as 1** qualifier de, définir comme ; **the party leader is often ~d as "jingoistic"** on dit souvent que le dirigeant du parti est chauvin. **2** appeler.

charade *n.* mascarade, farce, imposture.

charge *v.* **1** *intr. [éléphant]* charger. **2** *tr.* charger *[marchandises].* **3** *tr.* **(with, to)** charger de ; **the Royal Commission is ~d with studying constitutional reform** la Commission royale est chargée d'étudier la réforme constitutionnelle. **4** *tr.* facturer, compter, fixer, appliquer, demander, pratiquer, prendre *[prix],* prélever, percevoir *[commission, taxe]* ; facturer *[prix]* à *[qqn],* faire payer *[prix]* à *[qqn]* ; **price ~d** prix pratiqué ; **many consultants ~ a flat rate plus commission** de nombreux consultants facturent un forfait majoré d'une commission ; **some lawyers ~ $200 per hour** les honoraires de certains avocats s'élèvent à 200 dollars l'heure ; **VAT is ~d at a rate of 15%** la TVA est prélevée au taux de 15 %. **5** *tr.* porter en compte ; **(against, to, down to)** imputer à ; débiter de, porter au débit de, défalquer de, mettre à la charge de, appliquer à ; **to ~ an account with** imputer sur un compte, porter au débit d'un compte ; **to ~ an amount to sb's account** porter un montant au débit du compte de qqn ; **depreciation for the accounting period is ~d to income** la dotation aux amortissements de l'exercice est déduite du résultat. **6** *tr.* payer par carte de crédit/d'achat/de paiement. **7** *tr.* grever *[d'une sûreté, d'une hypothèque]* ; **assets on which a loan is ~d** actifs servant de sûreté pour un prêt ; **to ~ a property to** donner un bien en sûreté à. **8** *tr.* taxer, grever, frapper ; prélever, percevoir ; **to ~ import duties** prélever des droits d'importation ; **income tax is ~d on** l'impôt sur le revenu frappe ; **these amounts are ~d to corporation tax** ces montants sont soumis à l'impôt sur les sociétés ; **if the proceeds from disposal of an asset are ~d to tax as income the amount is not ~d additionally to capital gains tax** si le produit d'une cession est imposé au titre de l'impôt sur le revenu, il n'est pas imposé de surcroît au titre de l'impôt sur les plus-values. **9** *tr.* accuser, reprocher, blâmer, rendre responsable ; *Dr.* inculper, mettre en examen ; **he was ~d with the murder of his wife** il a été inculpé du meurtre de sa femme. **10** *tr. Dr.* **to ~ the jury** résumer les débats ; donner des instructions au jury. **11 ~ off** *ÉU* amortir *[créance irrécouvrable]*.

charge *n.* **1** charge *[électrique, d'un canon, de la police]*. **2** prix ; commission, redevance ; frais, dépense, charge ; taxe, droit, imposition ; *pl.* tarif ; **duties and other ~s** *Douane* droits et autres impositions ; **free of ~** gratuit(ement), sans frais ; **bank ~s** frais bancaires ; **public service ~s** tarifs publics ; **taxes and dues which amount merely to ~s for services** des taxes et droits qui ne constituent que la simple rémunération de services. **3** imputation, débit ; montant imputé, montant débité. **4** provision ; **the company took a ~ of $150 million for doubtful debts** la société a constitué une provision de 150 millions de dollars pour couvrir des créances douteuses. **5** tâche, mission ; responsabilité ; direction, surveillance, garde ; **in ~** responsable ; **the officer in ~** l'officier responsable ; **to be in ~** commander, être aux commandes, diriger les opérations, avoir pris les choses en main, tenir les rênes/les leviers de commande ; **such decisive action confirmed that he was in ~ in the government** ces mesures résolues ont confirmé qu'il exerçait ses responsabilités de chef du gouvernement ; **to be in ~ of, to have ~ of** diriger, être responsable de, avoir la responsabilité de, être à la tête de, assurer la direction de *[service, entreprise]*, coiffer *[ensemble de services]*, avoir *[personnel]* sous ses ordres, encadrer *[équipe de travailleurs]* ; **as a general, he was in ~ of 6,000 troops** en tant que général, il avait 6000 militaires sous ses ordres ; **to put in ~ of** placer à la tête de, confier la direction/responsabilité de *[qqch.]* à ; **to take ~** prendre la direction des opérations ; **to take ~ of** s'occuper de, se charger de, assumer la responsabilité de ; prendre en main *[son destin]* ; **funding of students had previously been in the ~ of LEAs** l'octroi de fonds aux étudiants relevait précédemment des académies. **6** responsabilité, charge ; **employers are liable for injuries occurring to workers in their ~** les employeurs sont responsables des accidents dont sont victimes les travailleurs dont ils ont la charge. **7** personne dont on a la charge, personne dont on est responsable, élève ; protégé ; **group leaders are required to organize and motivate their ~s** les chefs de groupe doivent organiser et motiver les personnes placées sous leur responsabilité. **8** *Dr.* accusation, (chef d') inculpation, faits retenus, faits reprochés ; **the ~s against the accused** les accusations portées contre le prévenu ; **to bring a ~/~s against** porter plainte contre ; attaquer en justice ; engager des poursuites (pénales) contre ; **~ against sb** accusation portée/dirigée contre qqn ; **to lay a ~ against** porter une accusation contre ; **to drop the ~s** *[procureur]* abandonner les poursuites ; *[particulier]* retirer sa plainte ; **to press ~** a) *[particulier]* déposer plainte ; b) *[procureur, particulier]* engager des poursuites ; **to put sb on a ~** mettre qqn en examen ; **to read out the ~** donner lecture de l'acte d'accusation ; **the two men were released without ~** les deux hommes ont été libérés sans être inculpés ; **as a result of police raids in several local bars, ten people have been arrested on drug ~s** à la suite de descentes de police dans plusieurs bars locaux, dix personnes ont été arrêtées pour possession de drogue. **9** *Dr.* instructions *[données par le juge au jury]*. **10** *Dr.* sûreté. ✪ **answer a ~ of** *Dr.* être poursuivi pour ; **~ account** *ÉU* compte d'achat *[auprès d'un détaillant]* ; **~-capping** *adj. RU* plafonnement des impôts locaux ; **~ card** carte de paiement ; **~ hand/man** *RU* chef d'équipe ; **~-nurse** *n. RU* infirmier responsable d'un service ; **~ payer** *RU* contribuable *[qui paie les impôts locaux]* ; **reverse (the) ~(s)** *RU* appeler en PCV ; **~ sheet** *RU* procès-verbal d'infraction ; **in the ~ of** a) sous la responsabilité de ; b) sous la garde de.

chargeable *adj.* **1** imputable sur, à (la) charge, exigible ; **costs ~ to** frais à la charge de. **2** imposable ; **these amounts are ~ to capital gains tax** ces montants sont soumis à l'impôt sur les plus-values. ✪ **~ event** fait générateur de la taxe ; **~ gain** plus-value imposable ; **~ income** revenu imposable.

charged *adj. [climat]* passionné.

charge-off *n. ÉU* créance irrécouvrable.

charging *adj.* ✪ **~ lien** privilège indépendant de toute rétention ; **~ order** *Dr. charging order [= ordonnance affectant les biens du débiteur à la garantie de sa dette]*.

charitable organization œuvre charitable/de bienfaisance, association philanthropique.

charity *n.* **1** charité. **2** œuvre charitable/de bienfaisance, association philanthropique. ✪ **~ event** fête/manifestation de charité.

charmed circle petit groupe (de privilégiés), groupe restreint.

chart *n.* **1** graphique, diagramme, tableau. **2** *pl.* hit-parade. **3** carte marine.

charter *v. tr. Transp.* affréter, chartériser, noliser.

charter *n.* **1** *Sociétés ÉU* statuts. **2** *Fig.* charte (des droits) *[des locataires, des chômeurs, etc.]*. **3** *Transp.* affrètement. ✪ **~ flight** vol charter ; *Can.* vol nolisé ; **~ member** *ÉU* membre fondateur ; **Charter of Fundamental Rights of the European Union** Charte des droits fondamentaux de l'Union européenne ; **~ party** *Transp.* charte-partie ; **~ trustee** *RU* conseiller municipal.

chartist *n. Fin.* chartiste.

chastise *v. tr.* critiquer.

chat *v. intr. Internet* converser/discuter en ligne, dialoguer en direct.

chat *n. Internet* discussion en ligne, dialogue en direct. ✪ **~ show** *RU* émission d'entretiens, *talk-show*.

chattel *n.* bien mobilier. ✪ **~ mortgage** hypothèque mobilière ; **~ mortgage bond** *ÉU* obligation garantie par hypothèque mobilière.

chattering classes classes qui causent.

chauvinism *n.* **1** chauvinisme. **2** machisme.

cheap *adj.* **1** bon marché. **2** à vil prix, au rabais. ✪ **~ money** argent/crédit bon marché, facilité d'accès au crédit ; **~ money policy** politique d'argent/de crédit bon marché.

Chechnya *n. Russie* Tchétchénie.

check *v.* **I** *tr.* **1** arrêter, porter un coup d'arrêt à, bloquer ; faire échec à, faire obstacle à, empêcher ; **measures to ~ the growth of imports** mesures visant à empêcher la croissance des exportations. **2** contenir, restreindre, juguler, enrayer, endiguer ; ralentir, freiner, refréner. **3** examiner, inspecter, vérifier, contrôler ; **(that)** vérifier que, contrôler que, s'assurer que. **4** *ÉU* pointer, cocher *[éléments d'une liste]*. **5** *ÉU* déposer, faire enregistrer *[bagages]*. **II ~ against: ~ against delivery** seul le texte prononcé fait foi *[lorsque le texte d'un discours est communiqué à l'avance]*. **III ~ for** rechercher, s'efforcer de déceler/repérer *[erreur, anomalie]*. **IV ~ in 1** signer le registre (à l'arrivée), annoncer son arrivée *[à l'hôtel]*, se présenter ; *Transp. aériens* se présenter à l'enregistrement. **2** faire enregistrer *[bagages]*. **V ~ into** annoncer son arrivée à *[l'hôtel]*. **VI ~ off** cocher, pointer *[éléments d'une liste]*. **VII ~ out 1** signer le registre (au départ). **2** cesser le travail. **3** régler sa note, payer l'addition ; quitter l'hôtel. **4** *ÉU* examiner, vérifier, jeter un coup d'œil sur. **5** se révéler exact, être régulier ; correspondre. **6** opérer un prélèvement par chèque. **VIII ~ over** examiner, vérifier. **IX ~ up** vérifier. **X ~ with 1** correspondre à. **2** s'en référer à *[qqn]*.

check *n.* **1 to keep inflation in ~** contenir l'inflation ; **to hold in ~** tenir en échec. **2** *voir* cheque. ✪ **~ box** *Inf.* case à cocher ; **~ kiting** *ÉU* opération(s) frauduleuse(s) sur chèque(s) sans provision ; **~s and balances** a) équilibre subtil ; b) *Pol.* freins et contrepoids, équilibre des pouvoirs, équilibre entre pouvoirs et contre-pouvoirs ; *[***the Party leadership is regulated by a series of ~s and balances** l'autorité des dirigeants du parti est tempérée par divers mécanismes visant à établir un équilibre des pouvoirs*]*.

checked baggage *Transp. aériens* bagages enregistrés.

check-in *n. Transp. aériens* enregistrement ; **~ counter** comptoir d'enregistrement.

checking *n.* ✪ **~ account** *Banque ÉU* compte de chèques ; **~ copy** *Publ.* (exemplaire) justificatif ; **~ deposits** *Banque ÉU* dépôts à vue.

checklist *n.* liste de points à vérifier.

check-off system retenue de la cotisation syndicale à la source.

check-out *n.* caisse. ✪ **~ operator** caissier/caissière (de libre-service) ; **~ register** caisse.

checkpoint *n.* poste de contrôle.

check-up *n. Méd.* bilan/examen de santé.

chemical *adj.* ✪ **~ bond** liaison chimique ; **~ engineer** ingénieur chimiste ; **~ engineering** a) *Secteur* industrie chimique ; b) *Discipline* génie chimique ; **Chemical Mace** bombe défensive/incapacitante ; **~ oxygen demand** *Env.* demande chimique en oxygène.

chemist *n.* **1** chimiste. **2** *RU* pharmacien.

chemistry *n. Fig.* **1** attraction, affinité(s), atomes crochus, sympathie, harmonie, alchimie, compatibilité ; **there is ~ between** le courant passe entre. **2** processus complexe/subtil, magie. **3** ingrédients.

cheque *n.* ✪ **~ account** *RU* compte à vue ; compte de chèques ; **~ book** carnet de chèques, chéquier ; **~-book journalism** journalisme à coup de millions ; **~ card** carte de garantie de chèque(s) ; **~ crossed specially** chèque revêtu d'un barrement spécial ; **~ guarantee card** carte de garantie de chèque(s) ; **~ kiting** opération(s) frauduleuse(s) sur chèque(s) sans provision ; **~ to bearer** chèque au porteur.

cherry-pick *v.* **1** *intr.* acheter exclusivement des articles démarqués. **2** *intr.* choisir ce qui lui convient ; **major companies ~ from graduates at recruitment fairs** les grandes sociétés choisissent les diplômés les plus brillants lors de foires de recrutement. **3** *tr.* choisir soigneusement, sélectionner, trier sur le volet ; écrémer ; **the insurance company is ~ing its customers** la compagnie d'assurance sélectionne soigneusement ses clients ; **train companies were accused of ~ing the most profitable lines** on a accusé les sociétés de chemin de fer de sélectionner les lignes les plus rentables.

chest pain *Méd.* douleurs thoraciques.

CHF (Swiss franc) *ISO* CHF (franc suisse).

chicanery *n.* **1** arguties. **2** habileté tortueuse, ruse ; mauvaise foi ; artifice(s), astuce, subterfuge, magouille.

Chicano *n.* *Chicano [= Américain d'origine mexicaine ou Mexicain résidant aux États-Unis]*.

chicken *n.* ✪ **~ and egg situation** a) situation dans laquelle cause et effet sont inextricablement mêlés, situation dans laquelle il est malaisé de distinguer la cause de la conséquence ; b) cercle vicieux ; **count one's ~s before they are hatched** vendre la peau de l'ours avant de l'avoir tué.

chief *n., adj.* ✪ **~ clerical officer** *Adm.* commis principal ; **~ constable** *RU* commissaire (de police) divisionnaire ; **~ engineer** ingénieur en chef ; **~ executive** *ÉU* a) *Sociétés* directeur général ; b) plus haut fonctionnaire ; c) président des États-Unis ; chef d'État ou de gouvernement ; *[***the President is the ~ executive of the United States** le président des États-Unis est le premier magistrat du pays ; **the Director General of the Organization shall be the ~ executive of the Union** le Directeur général de l'Organisation est le plus haut fonctionnaire de l'Union*]* ; **~ executive officer** *ÉU* chef d'entreprise, directeur général ; **~ financial officer** directeur financier ; **~ information officer** a) *Inf.* chef du service informatique ; b) chef du service de l'information ; **~ judge** *ÉU* président *[d'une juridiction collégiale]* ; **~ justice** *ÉU* président *[de la cour suprême de certains États]* ; **~ justice of the United States** président de la Cour suprême ; **~ minister** *Inde, Pakistan* ministre principal ; **~ medical officer** a) directeur général de la santé *[d'un pays]* ; b) médecin chef ; **~ of staff** a) *Mil.* chef d'état-major ; b) *ÉU* secrétaire général *[de la Maison Blanche]* ; c) chef de cabinet ; **~ operating officer** directeur de l'exploitation ; **~ warrant officer** adjudant-chef *[armée de terre/armée de l'air RU et ÉU, Royal Marines RU, Marine Corps ÉU]* ; b) maître principal *[armée de mer ÉU]* ; **~ whip** *Pol. RU whip* principal *[= principal responsable de la discipline de groupe]*.

child *n.* enfant ; *pl.* progéniture. ✪ **~ abuse** mauvais traitement(s) à enfant(s) ; sévices à enfants, problème de l'enfance maltraitée, maltraitance des enfants ; **~ access** droit de visite : **~ bearing age** âge de la maternité ; *[***woman of ~-bearing age** femme en âge de procréer*]* ; **~ birth** accouchement ; **~ born out of wedlock** enfant naturel ; **~ care** a) éducation des enfants, façon d'élever les enfants ; puériculture ; b) (services de) garde d'enfants ; */***Parliament is examining proposals to improve the provision of ~ care for single mothers** le parlement examine des propositions visant à améliorer les services de garde d'enfants offerts aux mères célibataires*]* ; ~ **in care** enfant placé/en garde ; ~ **labour** a) travail des enfants ; b) main-d'œuvre enfantine ; **~-minder** *n.* assistante maternelle, gardienne d'enfants, bonne d'enfants, nurse ; ~ **molester** auteur d'un abus sexuel sur un/des enfant(s) ; ~ **molesting** abus sexuel sur un/des enfant(s) ; ~ **mortality** mortalité infanto-juvénile ; ~ **neglect** délaissement d'enfant(s), défaut de soins à enfant(s) ; ~ **pornography** pornographie enfantine ; ~ **prostitution** prostitution enfantine ; ~ **rearing** éducation des enfants ; façon d'élever les enfants ; **~ren's home** maison d'enfants ; ~ **support** pension alimentaire pour l'entretien d'un enfant/d'enfants, pension alimentaire due/aliments dus au titre de la contribution à l'entretien d'un enfant/d'enfants ; ~ **welfare** protection de l'enfance.

chilled meat viande réfrigérée.

chilling *adj. Fig.* **to be ~** donner froid dans le dos.

chime *v.* **1 ~ in** abonder dans ce sens, marquer son accord, renchérir. **2 ~ in with** être conforme à, concorder avec.

China syndrome *Nucl.* syndrome chinois.

Chinese wall *Fin.* séparation absolue *[entre les différentes activités d'un conglomérat financier],* cloisonnement étanche.

chip *n. Inf.* circuit intégré, puce.

chipset *n. Inf.* chipset, jeu de circuits.

chi-square(d) test *Stat.* test du chi carré.

chlorination *n.* chloration *[de l'eau].*

chlorine *n.* chlore.

chlorofluorocarbon *n.* chlorofluorocarbure, chlorofluorocarbone, chlorofluoroalcane.

chord *n.* ✪ **strike a ~** rappeler quelque chose ; **strike a ~ among/with** être accueilli favorablement par, trouver un écho auprès de.

chose *n. Dr.* ✪ **~ in action** bien incorporel ; **~ in possession** bien mobilier ; **~ in suspense** droit incorporel.

Christian *adj.* ✪ **~ name** prénom ; **~ Science** Science chrétienne ; **~ Scientists** chrétiens scientistes.

Christmas *n.* ✪ **~ bonus** prime de fin d'année ; **~ carol** chant de Noël.

chronicle *v. tr.* rendre compte de, décrire.

chrysotile *n.* chrysotile *[m.].*

church *n.* ✪ **Church of Christ, Scientist** Église du Christ (scientiste) ; **Church of England** Église d'Angleterre ; **Church of Jesus Christ of Latter-Day Saints** Église de Jésus-Christ des saints des derniers jours *[= Église des Mormons] ;* **~ service** office religieux.

churn *v.* **~ out** produire (en grandes quantités).

churning *n.* **1** *Bourse* multiplication abusive des transactions *[par un courtier].* **2** mobilité *[de la main-d'œuvre].*

CID (Criminal Investigation Department) *RU* brigade criminelle.

CIF (cost, insurance and freight) *Incoterms* CIF *[dans les documents contractuels, les sigles des Incoterms ne doivent pas être traduits].*

CIM (computer-integrated manufacturing) PIO (production intégrée par ordinateur).

CIO (chief information officer) *Inf.* chef du service informatique.

CIP (carriage and insurance paid to) *Incoterms* CIP *[dans les documents contractuels, les sigles des Incoterms ne doivent pas être traduits].*

circle *n. Fig.* milieu ; **business ~s** milieux d'affaires.

circuit *n.* **1** circuit. **2** *Dr.* circonscription judiciaire. ✪ **~ breaker** *Bourse* coupe-circuit ; **~ card** carte à circuits ; **~ court** *ÉU circuit court ;* **~ judge** *RU* juge itinérant ; **~ switching** commutation de circuits.

circular *n.* **1** prospectus. **2** (lettre) circulaire. **3** *RU* rocade.

circular *adj.* ✪ **~ letter of credit** lettre de crédit circulaire ; **~ road** *RU* rocade.

circulate **1** *intr. [information, rumeur]* se diffuser, se répandre, être diffusé, circuler. **2** *tr.* diffuser, distribuer ; répandre ; faire circuler *[document, informations] ;* **any award made by such a tribunal shall be ~d to the Members of the Organization** toute sentence prononcée par un tel tribunal sera communiquée aux membres de l'Organisation.

circulating *adj.* ✪ **~ assets/capital** *Compt.* actifs circulants ; **~ library** bibliothèque itinérante.

circulation **1** circulation. **2** diffusion. **3** *Journ.* diffusion, tirage net *[= tirage moins invendus].*

circumstance *n.* **1** *pl.* circonstances, situation, conditions, particularités, éléments, cas ; climat, contexte, environnement, conjoncture, réalités, état de choses ; **in/under the(se) ~s** eu égard à la situation, les choses étant ce qu'elles sont, dans ces circonstances/conditions ; dès lors ; **under no ~s** en aucun cas, jamais ; **in certain ~s** dans certains cas, dans certaines conditions ; **the book was adapted to African ~s** le livre a été adapté aux réalités africaines. **2** *pl.* situation (matérielle/financière), ressources, moyens ; **financial ~s** situation financière ; **the decision was made in light of current economic ~s** la décision a été prise en fonction de la situation économique actuelle ; **a pensioner in easy ~s** un retraité à l'abri du besoin ; **family ~s will continue to affect how much students pay towards their tuition** les ressources de la famille continueront à déterminer la portion des droits d'inscription qui sera à la charge des étudiants ; **income support is aimed at those living in reduced ~s** le complément de revenu est destiné aux personnes ayant des ressources financières limitées. **3** fait. **4** caractère circonstancié, détail.

circumstantial *adj.* **1** lié/dû aux circonstances, dépendant des circonstances. **2** secondaire, incident. **3** circonstancié. **4** solennel. ✪ **~ evidence** *Dr.* preuve(s) par indices, preuve(s) indirecte(s).

circumvent *v. tr.* **1** entourer, encercler ; contourner. **2** circonvenir. **3** tourner *[loi],* éluder, se dérober à, se soustraire à ; déjouer (les manœuvres de), tenir en échec, neutraliser ; **indifference of the public enables the press to ~ existing regulations** en raison de l'indifférence du public, la presse peut se soustraire à la réglementation en vigueur.

CIS (Commonwealth of Independent States) CEI (Communauté des États indépendants).

citation *n.* **1** justification *[de l'octroi d'un prix].* **2** *pl. Dr.* visas *[dans le préambule d'un acte].*

cite *v. tr.* **1** citer *[à comparaître].* **2** citer *[passage].* **3** citer *[à l'ordre du jour].* **4** mentionner. **5** invoquer, avancer, mettre en avant *[motif, explication],* se retrancher derrière ; **he refused to testify, citing his rights against self-incrimination** il a refusé de témoigner, en invoquant son droit de ne pas s'accuser lui-même.

citizen *n.* ✪ **~'s arrest** arrestation (effectuée) par un particulier ; **~'s advice bureau** *RU* centre de consultations juridiques gratuites ; **~'s band** canal banalisé.

citizenry *n.* population.

citrus (fruit) agrumes.

city *n.* **1** (grande) ville, métropole. **2 City** *RU City,* centre financier de Londres, institutions financières de Londres. ✪ **City and Guilds (of London Institute)** *City and Guilds (of London Institute) ;* **~ bank** *Japon* grande banque (commerciale) ; **~ centre** centre-ville ; **~ council** conseil municipal ; **~ councillor** conseiller municipal ; **~ desk** *Journ. ÉU* service des nouvelles locales ; **City desk** *Journ. RU* service des nouvelles financières ; **~ dweller** citadin ; **~ editor** *Journ. ÉU* responsable des nouvelles locales ; **City editor** *Journ. RU* responsable des informations financières ; **~ fathers** autorités municipales, édiles ; **~ government** administration municipale ; **~ hall** *ÉU* hôtel de ville ; *Fig.* mairie, administration municipale ; **~ manager** *ÉU* chef de l'administration municipale ; **City page** *Journ. RU* pages financières ; **~ planning** urbanisme ; **~ residents** citadins ; **~ room** *Journ. ÉU* a) salle de rédaction pour les nouvelles locales ; b) journalistes s'occupant des nouvelles locales ; **~ state** ville-État.

civic *adj.* **1** municipal. **2** civique, du citoyen, citoyen ; **~ duties** obligations du citoyen ; **~ commitment** engagement citoyen. ✪ **~ amenity site** *RU* déchetterie ; **~ center** *ÉU* a) centre (dramatique et) culturel ; b) centre administratif et culturel ; **~ leader** a) responsable local, personnalité locale, notable (local), animateur/responsable d'association ; b) mandataire politique, édile ; **~-mindedness** *n.* civisme, conscience citoyenne.

civil *adj.* ✪ **~ commotion** *Ass.* troubles civils, émeute(s) ; **~ contempt (of court)** atteinte à l'autorité du tribunal de nature civile *[= acte contraire à une décision judiciaire] ;* **~ defence** défense civile ; **~ disobedience** résistance passive ; **Civil Division of the Court of Appeal** *Angl.* chambre civile de la cour d'appel ; **~ engineering** génie civil ; **~ engineering project** ouvrage d'art ; **~ fruit** *Dr.* fruits civils ; **~ law** a) droit civil ; b) droit romano-germanique ; c) droit interne ; **~ law countries** pays de droit romano-germanique ; **~ libertarian** défenseur des libertés du citoyen ; **~ liberties** libertés du citoyen, libertés publiques ; **~ liberty group** association de défense des libertés du citoyen ; **~ list** liste civile, dotation ; **~ proceedings** poursuites civiles ; *[***in ~ proceedings** au civil*] ;* **~ rights** a) droits civiques, droits civils, droits du citoyen ; b) *ÉU* droits civils des minorités ; **~ rights group/organization** *ÉU* association de défense des minorités ; **~ servant** fonctionnaire ; **~ service** fonction publique ; **~ society** société civile ; **~ strife** troubles civils, guerre civile ; **Civil War** *ÉU* guerre de Sécession.

CJD (Creutzfeldt-Jakob disease) maladie de Creutzfeldt-Jakob.

cladding *n. Nucl.* gaine *[d'un réacteur].*

claim *v. tr.* **1 (that)** affirmer que, soutenir que, prétendre que, se faire fort de. **2** invoquer. **3** demander, exiger, revendiquer, prétendre à, réclamer ; faire valoir ses droits sur ; mériter *[l'attention] ;* **Argentina ~s sovereignty over the Falkland Islands** l'Argentine revendique la souveraineté sur les îles Falkland. **4** causer, provoquer, entraîner *[la mort de personnes, la perte d'un avion],* faucher *[vies],* coûter *[la vie à] ;* **the typhoon has ~ed about 200 lives** le typhon a causé la mort d'environ 200 personnes ; **the bad weather ~ed two vessels** les intempéries ont provoqué le naufrage de deux navires.

claim *n.* **1** affirmation, allégation, assertion. **2** demande, requête, sollicitation ; demande de prestation ; réclamation, revendication, prétention(s), desiderata ; action, recours ; **pay ~s** revendications salariales ; **we have no territorial ~s against other states** nous n'avons aucune revendication territoriale envers d'autres États ; **to lay (a) ~ to** demander, exiger, revendiquer, prétendre à, réclamer ; **to lodge a ~** déposer une réclamation. **3** *Ass.* a) sinistre, b) déclaration (de sinistre) ; demande d'indemnisation/de règlement, recours ; prétentions, montant réclamé, décompte. **4** *Dr.* créance. **5** droit, prérogative, titre ; **to have a ~ to** avoir droit à, mériter. **6** concession *[minière].* **7** *Brevets* revendication. ✪ **~ form** *Ass.* déclaration de sinistre ; **~s adjuster** *Ass.* a) rédacteur sinistres, régleur de sinistres ; b) expert ; c) inspecteur ; d) bureau de règlement de sinistres ; e) *Ass. mar.* dispatcheur, commissaire d'avaries ; **~s assessor** *Ass.* expert (en assurance) ; **~s department** *Ass.* service des sinistres ; **~ settlement** *Ass.* règlement (de sinistre).

claimant *n.* **1** demandeur ; **welfare ~** personne émargeant à l'aide sociale. **2** *Dr.* réclamant ; requérant, partie requérante. **3** *Ass.* sinistré.

clamp *v.* **~ down on** prendre des mesures énergiques/rigoureuses contre/à l'égard de ; restreindre ; lutter contre, réprimer.

clamp *n.* **1** *Méd.* clamp. **2** sabot de Denver.

Clapham omnibus *voir* man on the Clapham omnibus.

clarification *n.* éclaircissements, explication, précisions ; **this piece of information requires ~** cette information doit être précisée.

clarify *v. tr.* **1** faire la lumière sur, élucider, tirer au clair, clarifier, éclaircir ; **the report is intended to ~ the situation** l'objet du rapport est d'éclaircir la situation. **2** préciser, donner des précisions/explications sur, apporter des éclaircissements sur, expliquer, expliciter, s'expliquer sur, faire une mise au point au sujet de.

clash *v.* **I** *intr.* **1** s'affronter. **2** *[couleurs]* être mal assorti, jurer. **II ~ with 1** affronter, se heurter à ; s'affronter avec, entrer en conflit avec ; être en contradiction avec ; **current economic thinking ~es with that of 'Old Labour'** les idées économiques actuelles sont en contradiction avec la doctrine qui était anciennement celle du Parti travailliste. **2** *[conférence, manifestation]* se dérouler en même temps que, coïncider avec *[autre manifestation].*

clash *n.* conflit, affrontement(s), confrontation, heurts, choc, frictions, altercation, éclats de voix, prise de bec, passe d'armes ; *Mil.* escarmouche, échauffourée, accrochage, engagement ; **~ of interests** conflit d'intérêts ; **the police was involved in ~es with demonstrators** des affrontements ont eu lieu entre la police et les manifestants.

class *n.* **1** classe *[sociale].* **2** catégorie, classe ; **offences of different ~es carry different penalties** des infractions de catégories différentes sont réprimées par des peines différentes. **3** *Ens.* classe ; *pl.* cours ; *ÉU* promotion ; **to take ~es in** suivre des cours de ; **Harvard University's ~ of '92** la promotion 92 de l'Université de Harvard. **4** *Ass.* branche. **5** *Mil.* classe. ✪ **~ action** *Dr. ÉU* procédure collective ; *Can.* recours collectif ; **~-conscious** *adj.* sensible aux distinctions de classe ; **~ of business** *Ass.* branche ; **~ society** société divisée en classes ; **~ suit** *Dr. ÉU* procédure collective ; *Can.* recours collectif ; **~ teacher** professeur principal, titulaire de classe ; **in a ~ of one's own** très supérieur, inégalé, sans égal, hors pair, incomparable ; *[***to be in a ~ of one's own** surclasser ses rivaux*].*

classified *adj.* (classé) secret. ✪ **~ ads** petites annonces ; **~ telephone directory** *RU* annuaire (téléphonique) professionnel, pages jaunes.

clause *n.* **1** *Dr.* clause, disposition, condition ; *RU* article *[d'un projet de loi].* **2** *Grammaire* proposition.

claused bill of lading *Transp. mar.* connaissement clausé.

clean *v. Fig.* **~ up 1** assainir *[environnement, décharge dangereuse, secteur économique, finances, bilan],* dépolluer. **2** (re)mettre de l'ordre dans, assainir, moraliser.

clean *adj.* **1** *[environnement, eau]* non pollué, *[air]* pur, *[local]* aseptisé, *[technologie, voiture]* non polluant, *[carburant]* propre, peu/non polluant, *[eau, sang, seringue]* non contaminé ; **~ energy** énergie propre. **2** *[homme politique]* intègre, droit ; **~ government** intégrité dans l'exercice du pouvoir/la conduite des affaires publiques ; **~ elections** élections régulières ; **journalists deny the suggestion that politicians were ~er in the eighties than they are today** les journalistes ne sont pas d'avis que les hommes politiques étaient plus intègres dans les années 80 que maintenant. ✪ **~ acceptance** lettre de change non assortie de conditions particulières ; **Clean Air Act** loi sur la lutte contre la pollution atmosphérique ; **~ bill (of exchange)** lettre de change non assortie de conditions particulières ; **~ bill of health** a) certificat de bonne santé ; b) *Fig.* satisfecit ; *[***to give sb a ~ bill of health** déclarer qqn en bonne santé*]* ; **~ bill of lading** *Transp. mar.* connaissement net de réserves ; **~ record** a) casier judiciaire vierge ; b) passé irréprochable ; **~ room** salle blanche ; **~ sheet** nouveau départ ; **~ slate** *voir* slate ; **~ sweep** a) *Pol.* victoire écrasante ; b) *[faire le]* ménage ; **come ~** dire la vérité ; *Fam.* vider son sac.

cleaner *n.* agent de nettoyage, femme de ménage.

cleanup *n.* **1** (opérations de) nettoyage *[du littoral après une marée noire].* **2** décontamination, réhabilitation *[d'un site pollué],* dépollution. **3** moralisation, assainissement *[de la vie politique],* lutte contre la corruption.

clear *v.* **I 1** *intr.* s'éclaircir ; *[brouillard, odeur]* se dissiper ; disparaître. **2** *tr.* enlever, déblayer, évacuer, débarrasser, dégager, éliminer, faire disparaître, se débarrasser de, se défaire de, vider ; raser, défricher ; *Mil.* nettoyer ; **it took three weeks to ~ the area of mines** il a fallu trois semaines pour déminer la zone ; **to ~ alcohol from the blood** éliminer l'alcool du sang ; **to ~ excess inventory** se défaire de stocks excédentaires ; **the special offer was designed to ~ the shelves** la promotion avait pour but de se débarrasser des marchandises en rayon ; **it was decided to ~ the area for agriculture** il a été décidé de défricher la zone en vue d'activités agricoles. **3** *tr.* liquider, solder *[marchandises].* **4** *tr.* rembourser, s'acquitter de *[dette].* **5** *tr.* gagner *[argent]* ; faire un bénéfice de ; **to ~ one's costs** récupérer sa mise, ne faire ni perte ni bénéfice ; **some barristers ~ £2,000 a week** certains avocats gagnent 2000 livres par semaine. **6** *tr.* disculper, innocenter, déclarer innocent ; blanchir, laver (de tout soupçon) ; acquitter, mettre hors de cause ; **to ~ one's name** faire éclater son innocence ; **to be ~ed of an accusation** être disculpé d'une accusation ; **he was ~ed of attempting to bribe the councillor** il a été reconnu qu'il n'avait pas essayé de corrompre le conseiller municipal. **7** *tr.* dédouaner ; **~ed goods** marchandises dédouanées. **8** *tr.* autoriser le passage/l'entrée/le départ de ; quitter *[port].* **9** *tr.* approuver, autoriser, donner son aval à. **10** *tr.* soumettre (pour autorisation) ; **she forgot to ~ her presentation with her supervisor** elle a oublié de soumettre son exposé à son supérieur hiérarchique. **11** *tr.* apurer *[comptes].* **12** *tr. Banque* compenser *[chèque]* ; **it took five days for the cheque to be ~ed** la compensation du chèque a pris cinq jours. **13** *intr. Banque [chèque, virement]* être compensé, passer par le/sortir du système de compensation, être porté au crédit du compte du bénéficiaire. **14** *tr. [avion]* passer au-dessus de *[obstacle]* ; *Fig.* franchir, surmonter *[obstacle],* surmonter l'obstacle de ; **to ~ a hurdle** *Fig.* franchir un obstacle. **II ~ away** se dissiper, disparaître. **III ~ up 1** élucider *[crime],* tirer au clair, faire (toute) la lumière sur. **2** dissiper ; **a public enquiry will be necessary to ~ up any remaining doubts** il faudra procéder à une enquête pour dissiper les doutes qui pourraient subsister. **3** se dissiper, disparaître. **IV ~ with** soumettre à *[qqn]* (pour autorisation), obtenir l'accord/l'autorisation de, faire approuver par ; **the letter must be ~ed with the Secretary-General** la lettre doit être approuvée par le Secrétaire général ; **all statements to the press must be ~ed with head office** toutes les déclarations destinées à la presse doivent être soumises au siège pour approbation ; **they failed to ~ the demonstration with the police** ils ont omis de demander à la police d'autoriser la manifestation.

clear *adj.* **1** *[passage, voie]* libre, dégagé, sans entrave ; **on a ~ day** quand le ciel est dégagé. **2** clair, manifeste ; **to make (it) ~** indiquer (clairement), (bien) préciser, spécifier, faire (clairement) savoir/comprendre, (bien) montrer, annoncer, signaler. **3 to be ~ about sth** bien savoir qqch. ; **the lawyers were not ~ on the issue of implementation** les juristes ne savaient pas exactement comment les dispositions devaient être mises en œuvre ; **she was not ~ about the purpose of the resolution** l'objet de la résolution ne lui apparaissait pas clairement. ✪ **~ conscience** conscience tranquille ; **~ day** *Dr.* jour franc ; **steer ~ of** éviter, se tenir à l'écart de, garder ses distances avec, s'abstenir de, bouder, se détourner de, rejeter ; esquiver, ne pas aborder *[question]* ; *[***the president again proved unable to steer ~ of personal scandal** une fois de plus, le président n'a pas réussi à éviter le scandale dans sa vie privée ; **she urged consumers to steer ~ of cheap imports** elle a exhorté les consommateurs à ne pas acheter des produits d'importation bon marché*].*

clearance *n.* **1** enlèvement, déblayage, élimination, évacuation, dégagement. **2** espace libre ; hauteur *[d'un pont],* gabarit ; jeu ; **to give ~ to** permettre le passage de. **3** liquidation. **4** autorisation *[= fait d'autoriser ou document constatant l'autorisation],* approbation, avis favorable, accord, feu vert ; visa *[pour accord]* ; **project ~** approbation des projets ; **medical ~** avis favorable du médecin-conseil. **5** contrôle ; formalités *[de contrôle]* ; **she had to answer a series of questions during immigration ~** elle a dû répondre à une série de questions lors des formalités d'immigration. **6** *Douane* dédouanement. **7** *voir* security clearance. **8** *Banque* compensation ; passage *[d'un* *chèque]* par le système de compensation. ✪ ~ **sale** soldes, liquidation.

clear-cut *adj.* clair, net, tranché ; franc, sans bavure ; caractérisé ; bien/clairement défini ; explicite.

clearer *n. Banque RU voir* clearing bank.

clearing *n.* **1** *Banque* compensation. **2** *Douane* dédouanement. ✪ ~ **agent** commissionnaire en douane ; ~ **bank** *RU clearing bank [= membre de la chambre de compensation de Londres],* banque de compensation, grande banque londonienne ; ~ **house** a) chambre de compensation ; b) *Fig.* bureau/organisme de centralisation des informations, bureau/organisme centralisateur (de l'information) ; centre/bureau d'échange (d'informations) ; *[***this agency is a ~ house for applications to university** cet organisme est chargé de centraliser les demandes d'inscription à l'université*]*.

clearly *adv.* manifestement, clairement ; il va de soi que, évidemment, manifestement.

cleft *adj.* ✪ ~ **lip** bec de lièvre simple, cheilodysraphie ; ~ **palate** division/fente palatine, palatodysraphie.

clemency *n. Dr. ÉU* grâce ; **the prisoner hopes to receive ~** le prisonnier espère bénéficier d'une grâce.

cleric *n.* ecclésiastique.

clerical *adj.* ✪ ~ **error** *Dr.* erreur matérielle, erreur de plume ; ~ **officer** *Adm.* commis.

clerk *n.* **1** employé de bureau ; *Adm.* adjoint administratif. **2** réceptionniste *[d'hôtel]*. **3** *ÉU* vendeur. **4** *Dr. ÉU* greffier. ✪ **Clerk to the Justices** *Dr. Angl. Clerk to the Justices [= barrister ou solicitor chargé de conseiller les magistrates]*.

click *v. Inf.* **1** *tr.* cliquer sur *[bouton d'une souris]*. **2 ~ on** cliquer sur *[icône]*.

click *n. Inf.* clic ; **the program provides one-~ access to each part of the file** le programme permet d'avoir accès à chaque élément du fichier par un simple clic de souris.

clickthrough *n. Internet* clic *[= action de cliquer sur un bandeau publicitaire]*. ✪ ~ **rate** taux de clic.

client *n.* **1** client ; *Bourse* donneur d'ordre *[vis-à-vis du courtier]*. **2** *Services sociaux* bénéficiaire (des services), destinataire, personne desservie, utilisateur, client. **3** *Inf.* client. ✪ ~ **state** (État) satellite.

climate *n.* **1** climat. **2** *Fig.* conjoncture, environnement.

climax *n.* point d'orgue, sommet, point culminant, moment fort, moment attendu par tous ; paroxysme, point le plus aigu *[d'une crise]* ; aboutissement, comble, summum, faîte, consécration, couronnement, apogée, apothéose ; **to reach a ~** battre son plein, être à son comble ; **the election was the ~ of a three-month campaign** les élections ont été le point d'orgue d'une campagne électorale qui a duré trois mois ; **the ~ of two years of research** l'aboutissement de deux années de recherche.

climb-down *n.* marche arrière, reculade ; concession.

clinch *v. tr.* **1** conclure *[transaction, accord]*. **2** remporter *[victoire, élection]* ; décrocher *[contrat]* ; obtenir ; permettre d'obtenir. **3** trancher, mettre fin à *[controverse]*. **4** confirmer, corroborer *[hypothèse, argument]*. **5 to ~ a case** être l'élément qui démontre indubitablement la culpabilité du suspect. **6 to ~ one's case** parachever sa démonstration. **7** être l'élément décisif dans *[décision]* ; **to ~ it** être (l'élément) décisif.

clincher *n.* argument/élément décisif.

clinching argument argument décisif.

cling film/wrap film alimentaire, film plastique.

clinic *n.* **1** centre médical, centre de soins/de consultations, dispensaire ; **cancer screening ~** centre de dépistage du cancer ; **tuberculosis ~** centre antituberculeux. **2** service de consultations externes/pour malades ambulatoires. **3** *RU* clinique. **4** consultation *[= conseils ou soins dispensés à des patients]*. **5** *RU* consultation *[= soins ou conseils dispensés à des patients]*. **6** *RU* permanence *[d'un député]*.

clinical *adj. Fig.* détaché, froid. ✪ ~ **course** évolution clinique *[d'une maladie]* ; ~ **picture** tableau clinique ; ~ **trial** essai clinique.

clip *n.* **1** chargeur *[pour fusil automatique]*. **2** *Cinéma, TV* séquence, extrait. **3** clip *[vidéo]*. **4** rythme. **5 at a ~** d'affilée. ✪ ~ **art** *Inf.* images (prêtes à l'emploi), illustrations (prêtes à l'emploi).

clipboard *n. Inf.* presse-papier.

cloakroom attendant préposé au vestiaire.

clock *n.* ✪ ~ **radio** radio-réveil ; ~ **speed** *Inf.* fréquence/vitesse d'horloge ; **turn back the ~** revenir en arrière.

clockwork *n.* ✪ **like ~** avec beaucoup de facilité, sans anicroche, comme sur des roulettes.

clone *n. Biol., Inf.* clone.

close *v.* **I 1** *tr. Marché à terme* liquider *[position]*. **2** *intr. Fin.* clôturer ; **the pound ~d slightly higher at $1.694** la livre a clôturé en légère hausse pour atteindre 1,694 dollar. **II ~ down 1** *[entreprise]* fermer ses portes. **2** fermer *[entreprise]*. **III ~ in on** se rapprocher de ; *[police]* être sur le point d'arrêter *[criminel]*.

close *n. Fin.* cours de clôture ; **Friday's ~** cours de clôture de vendredi. ✪ ~ **of business** (heure de) fermeture des bureaux ; *[***at the ~ of business** en fin de journée*]*.

close *adj.* **1** proche ; **(to)** sur le point de, en passe de ; ~ **adviser** proche conseiller ; **the country is ~ to gaining nuclear capability** le pays est sur le point de parvenir à la capacité nucléaire. **2** *[famille]* uni, *[ami]* intime, proche ; *[relations, liens, coopération]* étroit. **3** *[(résultat d') élection]* (très) serré ; ~ **race** *Pol.* bataille électorale serrée ; **too ~ to call** *[élection]* dont les résultats sont imprévisibles ; **the presidential race is too ~ to call** les candidats à la présidence se tiennent de trop près pour qu'une prévision soit possible. **4** *[raisonnement]* rigoureux. **5** *[examen]* attentif, approfondi. ✪ **at ~ quarters** de près ; ~ **call/shave/thing** mésaventure/accident/catastrophe évité(e) de justesse ; *[***to have a ~ call** l'échapper belle, frôler la catastrophe*]*.

closed *adj.* ✪ ~ **captioned** *TV [émission]* comportant un sous-titrage optionnel ; ~ **corporation** *ÉU* société non cotée en Bourse ; ~ **economy** économie fermée ; **~-ended fund** *FCP* fonds à capital fixe ; **~-end investment company** société d'investissement à capital fixe ; **~-end investment fund/mutual fund** *FCP ÉU* fonds à capital fixe ; ~ **meeting** réunion/séance privée ; ~ **question** question fermée*[dans un formulaire]* ; ~ **session** réunion/séance privée ; ~ **shop** entreprise/établissement n'employant que des syndiqués *[affiliés à un syndicat déterminé]*.

close-knit *adj.* (étroitement) soudé, très uni, étroit ; **~ family** famille très unie.

closely *adv.* étroitement, intimement ; **~ linked** intimement lié.

closing *adj.* ✪ **~ argument** *Dr. ÉU* a) plaidoirie *[de l'avocat de la défense]* ; b) réquisitoire *[du procureur]* ; **~ balance sheet** bilan de clôture ; **~ ceremony** cérémonie de clôture ; **~ date** date limite ; *[***~ date for the receipt of applications 3 May 2004** les actes de candidatures seront acceptés jusqu'au 3 mai 2004*]* ; **~ inventory** *Compt.* stock final ; **~ phrase** formule de politesse ; **~ price/quotation/rate** *Fin.* cours de clôture ; **~ session** séance de clôture ; **~ speech (for the defence)** *Dr. Angl.* plaidoirie ; **~ statement** déclaration finale ; **~ stock** *Compt.* stock final ; **~ time** *Journ.* heure de bouclage.

closure *n. Fig.* apaisement *[dans le cas d'une personne endeuillée, etc.]* ; **to bring ~ to** mettre un point final à *[affaire douloureuse]*. ✪ **~ motion** *Parlement* motion de clôture des débats.

clothing *n.* **1** vêtements . **2** *Secteur* habillement. ✪ **~ industry** *Secteur* habillement.

cloud *n.* ✪ **cast a ~ over** compromettre ; **every ~ has a silver lining** une situation pénible comporte toujours des aspects positifs, à quelque chose malheur est bon ; **under a ~** discrédité.

clout *n. Fig.* influence, poids, pouvoir, force, moyen de pression, bras long.

clue *n.* indice ; indication, idée ; **not to have a ~** ne pas avoir la moindre idée.

cluster *n.* **1** grappe, faisceau, agglomération, amas, ensemble, agrégat, concentration, rassemblement, regroupement, groupe. **2** *Inf.* grappe *[d'ordinateurs]*. **3** *Inf.* groupe *[de secteurs sur un disque dur]*. ✪ **~ sampling** *Stat.* échantillonnage par grappes.

clustered *adj.* rassemblé, regroupé, concentré, rapproché, resserré.

clustering *n.* concentration, rassemblement, regroupement.

cluttered *adj.* encombré ; surchargé.

Cmd (Command Paper) *RU* document présenté au parlement.

CND (Campaign for Nuclear Disarmament) *RU* CND (Campagne pour le désarmement nucléaire).

CNG (compressed natural gas) gaz naturel comprimé.

CNS (central nervous system) système nerveux central.

CNY (yuan) *ISO* CBY(yuan) *[= monnaie de la Chine]*.

Co. (County) *Irl.* comté.

c/o (care of) c/o, aux bons soins de.

coach *n. Transp. aériens ÉU* **to travel by ~ , to fly ~** voyager en classe économique.

coaching *n. Ens.* leçons particulières ; enseignement individualisé.

coal *n.* ✪ **bring ~s to Newcastle** apporter un produit là où il est déjà abondant, apporter du charbon à la mine ; **~ carrier** charbonnier ; **carry ~s to Newcastle** apporter un produit là où il est déjà abondant, apporter du charbon à la mine ; **~-fired power station** centrale au charbon.

coalface *n.* **1** front de taille. **2** *Fig.* terrain.

coast *n.* ✪ **~-to-~** *adj. ÉU* s'étendant à l'ensemble du pays, d'ampleur nationale ; **~ to ~** *ÉU* dans l'ensemble du pays.

coastal *adj.* côtier ; riverain. ✪ **~ traffic/transport** cabotage ; **~ waters** *Dr. de la mer* eaux adjacentes, eaux côtières.

coastline *n.* côte, littoral, rivage.

coat-tail *n. Pol. ÉU* **on sb's ~s** dans le sillage du succès de qqn.

co-author *v. tr.* **(with)** écrire en collaboration avec.

cobweb model *Écon.* modèle de la toile d'araignée.

cockpit *n. Av.* poste de pilotage.

cocoa *n.* ✪ **~ bean** fève de cacao ; **~ pod** cabosse.

COD (cash on delivery) paiement à la livraison, contre remboursement.

COD (chemical oxygen demand) *Env.* DCO (demande chimique en oxygène).

code *v. Biol.* **~ for** *[gène]* coder pour *[protéine, enzyme, chaîne peptidique]*.

code *n.* ✪ **~-named** *adj.* portant le nom de code, désigné sous le nom de code ; **~ of conduct** code de bonne conduite ; **~ of ethics** code de déontologie ; **~ of practice** code de bonne conduite, code de bonnes pratiques ; **~ word for** euphémisme pour, façon polie/pudique/diplomatique/détournée de dire/désigner, comprendre, entendez, lire, c'est-à-dire en fait, traduction : ... ; *[***the Labour Party under Mr Blair has continued its "modernization", a ~ word for breaking links with the unions** sous la direction de M. Blair, le Parti travailliste a poursuivi sa « modernisation », euphémisme pour la rupture des liens avec les syndicats ; **the management spoke of "rationalizing"—a ~ word for redundancies** la direction a parlé d'une rationalisation (comprendre « licenciements »)*]*.

co-defendant *n.* codéfendeur *[au civil]* ; coaccusé *[au pénal]*.

codeshare, codesharing *n. Transp. aériens* partage de codes.

codetermination *n.* cogestion.

co-education *n. Ens.* mixité.

co-educational *adj. Ens.* mixte.

coextensive *adj.* **(with) 1** de même durée que. **2** coïncidant avec.

C of E (Church of England) Église d'Angleterre.

coffee *n.* ✪ **~ bean** graine de café ; **~ farm** plantation de café ; **~ plant/tree** caféier.

cognitive *adj.* ✪ **~ development** développement intellectuel ; **~ dissonance** *Psych.* dissonance cognitive.

cohabitation *n.* union libre, concubinage.

cohort *n.* **1** *Dém., Stat.* cohorte. **2** collègue, compagnon. ✪ **~ study** étude de cohorte.

co-insurance *n.* **1** coassurance. **2** *ÉU* assurance subordonnant l'indemnisation intégrale à la couverture d'un pourcentage minimum de la valeur du bien assuré.

cola (cost-of-living adjustment) indexation (sur le coût de la vie).

cold *n.* ✪ **(left) out in the ~** laissé pour compte, ignoré, négligé, oublié.

cold *adj.* ✪ **~ call** visite impromptue ; **~ calling** démarchage/prospection (téléphonique) ; *[***telephone ~ calling of potential investors is prohibited** le démarchage téléphonique d'investisseurs potentiels est interdit*] ;* **~ comfort** maigre/piètre consolation ; *[***to be ~ comfort** ne pas servir à grand-chose*] ;* **~ front** *Météor.* front froid ; **~ sore** *Méd.* bouton de fièvre ; **~ storage** stockage en entrepôt frigorifique ; **~ store** entrepôt frigorifique ; **~ turkey** *Fig.* sevrage brutal.

collaborative *adj. [projet]* mené/réalisé en collaboration.

collapse *v. intr.* **1** *[bâtiment]* s'écrouler, s'affaisser ; tomber, se renverser, basculer. **2** *[monnaie]* s'effondrer, être en chute libre, dégringoler ; *[entreprise]* sombrer, faire faillite ; chuter, se désintégrer, disparaître, s'évaporer ; **the government has ~d** le gouvernement est tombé. **3** échouer, ne pas aboutir. **4** *Méd.* défaillir, perdre conscience/connaissance. **5 to ~ in tears** fondre en larmes.

collapse *n. Fig.* effondrement *[de l'économie, de la Bourse],* chute, dégringolade ; échec, débâcle, implosion ; faillite, déconfiture, ruine *[d'une entreprise] ;* **to save the country's textile industry from ~** sauver de la ruine l'industrie textile du pays ; **~ of an alliance** dislocation d'une alliance ; **the ~ of the government's policy** l'échec de la politique gouvernementale.

collate *v. tr.* **1** collationner *[deux textes].* **2** réunir, rassembler, compiler *[chiffres, données, informations, résultats],* rassembler *[documents, rapports].* **3** dresser *[liste],* établir *[rapport].* **4** assembler *[dans l'ordre approprié].* **5** traiter, exploiter ; **the results of the survey have yet to be ~d** les résultats de l'enquête n'ont pas encore été exploités.

collateral *n. Fin.* garantie.

collateral *adj.* ✪ **~ damage** *Mil.* dommages indirects/non intentionnels ; **~ security** sûreté ; **~ trust bond** *ÉU* obligation garantie par nantissement de valeurs.

collect *v.* **1** *tr.* rassembler, réunir, recueillir, glaner *[informations].* **2** *tr.* prélever *[échantillon].* **3** *intr.* se rassembler, s'accumuler. **4** *tr.* collectionner, faire collection de. **5** *tr.* lever *[impôts],* percevoir, recouvrer, encaisser, obtenir le paiement de, se faire payer ; toucher *[pension, chèque].* **6** *tr.* collecter *[dons].* **7** *intr.* faire une collecte, recueillir des fonds *[par une collecte],* faire la quête. **8** *intr.* **to ~ on an insurance policy** recevoir une indemnité au titre d'une police d'assurance. **9** *tr.* ramasser *[élèves, ouvriers, ordures],* aller/venir chercher *[qqn] ;* prendre livraison de, enlever, retirer *[marchandises].*

collect *adv.* **to call ~** *ÉU* appeler en PCV.

collect call *ÉU* appel en PCV, communication taxée à l'arrivée.

collected *adj.* plein de sang-froid, maître de soi.

collectible *n.* pièce de collection.

collecting society *Dr. d'auteur* société de perception.

collection *n.* **1** rassemblement, recueil *[d'informations].* **2** recueil *[d'articles, d'œuvres] ;* **a ~ of love poems** un recueil de poèmes d'amour. **3** recouvrement *[de créances, d'impôts],* encaissement, perception. **4** collecte, quête. **5** enlèvement *[de colis, de marchandises],* retrait *[de colis],* ramassage *[des ordures] ;* prise (à domicile) ; levée *[du courrier].* **6** ensemble.

collective *n.* **1** ferme collective. **2** coopérative.

collective *adj.* ✪ **~ agreement** *Rel. du travail* convention collective ; **~ bargaining** *Rel. du travail* négociation collective ; **~ investment fund/scheme** *RU* fonds commun de placement ; **~ investment vehicle** instrument de placement collectif ; **~ leadership** direction collégiale.

collect on delivery paiement à la livraison, contre remboursement.

collector's item pièce de collection.

college *n.* **I** *Ens. ÉU* **1** université. **2** faculté. **II** *Ens. RU* **1** école (supérieure) ; **agricultural ~** école supérieure agronomique. **2** *college [= division d'une université organisant des études sanctionnées par un Bachelor's degree].* **3** institut (technique/professionnel). **4** faculté. **III** société *[de médecins, etc.] ; Can.* collège. ✪ **~ degree** *ÉU* diplôme universitaire ; **~ of art** *RU* école d'art, école des beaux-arts ; **~ of education** *RU* établissement de formation d'enseignants ; **~ of further education** *RU* établissement d'enseignement postscolaire (non universitaire) ; **~ of higher education** *RU* établissement d'enseignement supérieur.

colliery tip terril (de charbonnage).

collision *n. Transp. mar.* abordage, collision ; *Transp. aériens* collision. ✪ **~ course** a) trajectoire de collision ; b) *Fig.* mesures/politique conduisant à l'affrontement ; *[***to be on a ~ course** aller droit à l'affrontement ; **to set/put sth on a ~ course with** conduire inéluctablement à/créer un conflit direct entre qqch. et *[qqch. d'autre] ;* **a comet on a ~ course with the Sun** une comète qui se dirige droit sur le Soleil ; **the Titanic was on a ~ course with an iceberg** le Titanic fonçait sur un iceberg ; **the management is on a ~ course with the unions** la direction va droit à l'affrontement avec les syndicats*] ;* **~ insurance** *ÉU* assurance tierce-collision.

colour *n.* ✪ **~ bar** barrière raciale ; ségrégation raciale ; **~-blind** *adj. Fig.* dépourvu de préjugé racial, exempt de discrimination raciale ; *[***in a democratic society, employment law must be ~-blind** dans une société démocratique, la législation sur l'emploi doit être exempte de toute discrimination fondée sur la race*] ;* **~-coded** *adj.* à codage couleur ; **~-line** *n.* barrière raciale ; ségrégation raciale ; **~ monitor** *Inf.* moniteur couleur ; **~ scanner** *Inf.* scanne(u)r couleur.

coloured *n.* **1** personne de couleur. **2** *Afr. du Sud* métis.

column *n. Journ.* rubrique, chronique (régulière/paraissant régulièrement) ; **chess ~** chronique d'échecs. ✪ **~ chromatography** chromatographie sur colonne.

columnist *n.* chroniqueur (attitré).

co-manager *n. Fin.* co-chef de file *[d'une émission de titres].*

comb *v. tr. Fig.* passer au peigne fin.

combine *v.* **1** *tr.* combiner, allier, marier ; **to ~ sth with sth else** allier qqch. et qqch. d'autre, joindre qqch. à qqch. d'autre ; **to ~ speed with quality** allier rapidité et qualité ; **to be ~d with** aller de pair avec, s'accompagner de. **2** *intr.* se conjuguer, s'additionner, se combiner.

combine *n.* groupe, groupement, coalition ; consortium, conglomérat. ✪ **~ harvester** moissonneuse-batteuse.

combined *adj.* combiné, pris ensemble, conjugué ; total, cumulé ; **~ with** couplé à ; **~ effect** effet conjugué ; **the ~ forces of nature are greater than those of mankind** l'ensemble des forces de la nature dépassent celles de l'humanité ; **they have a ~ monthly income of more than £3,000** leur revenu mensuel cumulé dépasse 3 000 livres. ✪ **~ school** *RU* école primaire *[accueillant des élèves âgés de 5 à 12 ans]* ; **~ sewerage/sewers** égouts unitaires ; **~ transport** transport combiné.

come *v.* **I ~ about** naître, prendre naissance, se faire jour, voir le jour, commencer, surgir, faire son apparition, apparaître ; avoir lieu, se produire, survenir, se présenter. **II ~ across 1** rencontrer, tomber sur. **2** *[idée]* surgir. **III ~ across as** être perçu comme, donner l'impression d'être. **IV ~ apart** se désintégrer. **V ~ back** revenir. **VI ~ by** obtenir, se procurer ; **statistics on money laundering are hard to ~ by** il est difficile d'obtenir des statistiques sur le blanchiment d'argent. **VII ~ down** *[prix]* baisser. **VIII ~ down against** se prononcer contre. **IX ~ down on the side of** soutenir, se prononcer en faveur de, donner raison à. **X ~ down with** contracter *[maladie]*. **XI ~ forward** *[témoin]* se manifester, se faire connaître ; **several witnesses came forward** plusieurs témoins se sont manifestés ; **the teacher asked the culprit to ~ forward** le professeur a demandé au coupable de se faire connaître. **XII ~ from** provenir de, être issu de ; *[directives]* émaner de. **XIII ~ in for** faire l'objet de *[critiques, éloges]*, être en butte à ; **the British quarantine system has ~ in for criticism recently** le système britannique de quarantaine a récemment été critiqué. **XIV 1 ~ off** avoir bien lieu. **2** cesser de consommer *[drogue]*. **XV ~ on 1** *[lumière]* s'allumer. **2** s'améliorer. **3** rencontrer par hasard, trouver par hasard, tomber sur. **XVI ~ out 1** faire grève, débrayer. **2** être divulgué, s'ébruiter, *[vérité]* apparaître ; **the truth will ~ out** la vérité éclatera. **3** *[magazine]* être publié, paraître. **4** révéler son homosexualité. **XVII ~ out against** se prononcer contre, s'élever contre, dénoncer ; **the Students' Union came out against the abolition of the grant system** le Syndicat des étudiants a dénoncé l'abolition du système de bourses. **XVIII ~ out for, ~ out in favour of** se prononcer pour/s'exprimer en faveur de, préconiser, recommander, prendre le parti de ; **the union came out in favour of a strike** le syndicat s'est prononcé en faveur d'une grève. **XIX ~ out of** résulter de. **XX ~ through** *Fig.* se manifester clairement. **XXI ~ to 1** revenir à soi, reprendre connaissance. **2** s'agir de ; **when it ~s to doing sth** lorsqu'il s'agit de faire qqch. **XXII ~ together** converger. **XXIII ~ up 1** *[soleil]* se lever. **2** *[événement]* se produire *[inopinément]*. **3** *[question]* être abordé, être mentionné. **4** *[numéro gagnant]* sortir. **XXIV ~ up against** se heurter à *[difficultés]*. **XXV ~ up with** trouver, découvrir, imaginer ; élaborer, mettre au point, définir, concevoir, réaliser, produire ; présenter, proposer, offrir, fournir ; **scientists have yet to ~ up with a viable method of interstellar travel** les scientifiques n'ont pas encore imaginé de méthode viable de voyage interstellaire ; **the lawyer did not ~ up with a good enough defence to win the acquittal of his client** l'avocat n'est pas parvenu à monter une défense capable d'obtenir l'acquittement de son client ; **to ~ up with an answer** donner une réponse ; **Canon's competitors have only recently ~ up with anything comparable** ce n'est que récemment que les concurrents de Canon ont été en mesure d'offrir un produit comparable. **XXVI ~ upon 1** rencontrer par hasard, trouver par hasard, tomber sur. **2** se trouver en présence de. **XXVII ~ with** aller de pair avec ; résulter de.

comfort *n.* ✪ **~ letter** *Banque* lettre d'intention/de confort/de patronage ; **~ woman** femme de réconfort *[= euphémisme pour femme forcée à se prostituer dans les territoires conquis par les Japonais au cours de la Seconde guerre mondiale]*.

comfortable *adj.* **1** confortable ; **to feel ~** se sentir bien, être/se sentir à l'aise. **2** aisé, prospère ; **a pensioner in ~ circumstances** un retraité à l'abri du besoin.

comitas gentium comitas gentium, courtoisie internationale.

comity of nations courtoisie internationale.

command *v. tr.* **1** commander, ordonner ; prescrire, enjoindre. **2** inspirer, susciter, forcer *[l'admiration, le respect]*, bénéficier de, jouir de *[respect, sympathie]*, posséder *[connaissances]*, disposer de, obtenir, pouvoir compter sur, acquérir, mobiliser ; **she ~s a great deal of respect** elle suscite beaucoup de respect ; **to ~ a high price** se vendre/se négocier à un cours/prix élevé ; **Labisse's paintings ~ a high price** les tableaux de Labisse se vendent à des prix élevés ; **to ~ a high salary** pouvoir prétendre à une rémunération élevée ; (pouvoir) jouir d'une rémunération élevée ; **top executives can ~ very high salaries** un cadre supérieur peut obtenir une rémunération très élevée ; **Professor Steinitz ~s the attention of scientists** le professeur Steinitz bénéficie de l'attention des scientifiques ; **this car manufacturer ~s the lion's share of the market** ce fabricant de voitures détient la part du lion sur le marché ; **a good employer ~s the loyalty of his employees** un bon employeur peut compter sur la loyauté de ses salariés ; **the party ~s an absolute majority in Parliament** le parti dispose de la majorité absolue au parlement ; **a musician who ~s a large audience** un musicien qui plait à un large public. **3** *[colline]* dominer *[plaine]*.

command *n.* **1** *Mil.* commandement *[= pouvoir de commander et officiers responsables d'un corps militaire]*. **2 Command** *Mil.* unité. **3** ordre. **4** direction (des opérations) ; **to take ~** prendre la direction des opérations. **5** maîtrise, connaissance *[d'une langue]* ; **she is in complete ~ of her subject** elle maîtrise parfaitement son sujet. ✪ **~ and control** *Mil.* commandement et conduite des opérations ; système de commandement et de conduite des opérations ; *Fig.* direction ; *[***the CEO retains ultimate ~ and control over his company** le pouvoir de décision appartient en dernier ressort au directeur général*]* ; **~-and-control** *[système, poste]* de commandement et de conduite des opérations ; **~ car** véhicule de commandement ; **~ economy** économie planifiée ; **~ module** *Esp.* module de commande ; **Command Paper** *RU* document présenté au parlement ; **~ post** a) *Mil.* poste de commandement ; b) *Fig.* quartier général ; **~ ship** navire amiral.

commandeer *v. tr.* **1** *Mil.* réquisitionner *[qqn, qqch.]*. **2** s'emparer de.

commanding *adj.* dominant ; imposant, impressionnant. ✪ **~ lead** a) avance importante/considérable ; b) avance confortable *[d'un candidat lors d'une élection]* ; **~ majority** *Pol.* majorité imposante ; **~ officer** chef d'unité ; **~ position** position dominante.

commencement *n.* **1** commencement. **2** *Dr.* (date d') entrée en vigueur. **3** (cérémonie de) remise des diplômes.

commend *v. tr.* féliciter, rendre hommage à *[qqn]* ; se féliciter de, être très satisfait de, saluer *[qqch.]*.

commendable *adj.* digne d'éloges.

commensurate *adj.* **(with, to)** en rapport avec, proportionné à, à la hauteur de, à l'échelle de, à la mesure/dimension de, correspondant à, lié à, digne de, situé au même niveau que, comparable à ; à l'avenant de ; **punishment ~ with the gravity of the crime** peine proportionnée à la gravité du délit ; **the**

disappointment was ~ with the expectations raised la déception était à la mesure des attentes suscitées ; **remuneration ~ with qualifications and previous experience** rémunération liée aux qualifications et à l'expérience.

comment *v. intr.* **~ on** formuler des observations sur, commenter.

comment *n.* observation, remarque ; *pl.* déclaration, propos ; commentaires ; **no ~** pas de déclaration.

commercial *n. RTV* spot/message publicitaire, publicité.

commercial *adj.* **1** commercial ; à but lucratif ; **on a ~basis** contre paiement ; **~ wastes** déchets des entreprises. **2** rentable ; commercialisable. **3** disponible/vendu dans le commerce, du commerce ; **~ software** logiciel du commerce. ✪ **~ agency** agence de renseignements commerciaux ; **~ agent** agent commercial ; **~ area** quartier commerçant ; **~ bank** banque commerciale ; **~ bill** papier commercial ; lettre de change couvrant le paiement de marchandises, **~ break** page de publicité ; **~ credit** crédit commercial ; **~ paper** a) titres de créance négociables ; b) effet de commerce ; **~ rates of interest** taux d'intérêt pratiqués sur le marché ; **~ traveller** représentant de commerce ; **~ vehicle** véhicule utilitaire.

commissary *n.* **1** économat. **2** réfectoire.

commission *v. tr.* **1 (to)** charger *[expert]* de *[d'établir un rapport] ;* **the city council ~ed a famous architect to design the library** le conseil municipal a chargé un architecte réputé de concevoir la bibliothèque. **2** commander *[rapport, étude] ;* **report ~ed by** rapport établi à la demande de ; **study ~ed by** étude réalisée à la demande de ; **the Muslim community ~ed an in-depth report on racism in schools** la communauté musulmane a commandé un rapport approfondi sur le racisme dans les écoles ; **this statue was ~ed by the University of Cambridge** cette statue est le résultat d'une commande de l'Université de Cambridge. **3** nommer officier ; **(as)** nommer, promouvoir au grade de *[lieutenant]*. **4** mettre en service *[usine]*, armer *[navire]*.

commission *n.* **1** commission *[sur une vente]*. **2** commande ; tâche, mission, mandat. **3** *Mil.* grade d'officier ; **to hold a ~** être officier ; **to receive a ~** être promu officier ; **to win one's ~** obtenir ses galons d'officier. **4** commission *[exécutive, d'enquête]*. **5** accomplissement *[d'un délit]*, perpétration, commission. ✪ **Commission on Human Rights** *ONU* Commission des droits de l'homme ; **Commission on Sustainable Development** *ONU* Commission du développement durable ; **Commission of the European Communities** *UE* Commission des Communautés européennes ; **in ~** en état de fonctionner, en ordre de marche ; en service ; **out of ~** hors service, hors d'usage, en panne.

commissioner *n. UE* membre de la Commission, commissaire ; **agriculture ~** membre de la Commission responsable de l'agriculture.

commissioning *n.* **1** mise en route/en service ; démarrage. **2** essais de mise en service.

commit *v. tr.* **1** commettre *[infraction, erreur]*, perpétrer. **2 (to)** confier *[enfant]* à, confier à la garde de, remettre *[personne]* entre les mains de ; **children may be ~ted to the care of a local authority** des enfants peuvent être confiés à la garde d'une administration locale. **3** emprisonner ; faire interner ; **to ~ to prison** envoyer en prison, ordonner l'incarcération de *[généralement pour une courte période]*, placer sous mandat de dépôt ; **to ~ to a mental hospital** faire interner dans un hôpital psychiatrique. **4** consacrer ; **he ~ted his life to the study of astrophysics** il a consacré sa vie à l'étude de l'astrophysique. **5** consacrer, affecter *[fonds] ;* placer *[fonds] ;* **the company ~ted a large proportion of its profit to expansion** la société a utilisé une partie importante de ses bénéfices pour assurer son expansion. **6** *Dr.* renvoyer ; **to ~ the accused for/to trial** renvoyer le prévenu/l'accusé devant le tribunal, rendre une ordonnance de renvoi ; **to ~ an offender for sentence to the Crown Court** renvoyer un délinquant devant la Cour de la Couronne pour détermination de la peine ; **to ~ a case to** porter une affaire devant. **7** engager ; **this resolution ~s nobody** cette résolution n'engage personne ; **your signature on this document ~s you to the terms and conditions of sale** en signant ce document, vous acceptez les conditions de vente ; **the army ~ted two battalions to the advance** l'armée a engagé deux bataillons dans l'offensive. **8 to ~ oneself** prendre position, prendre parti ; se prononcer, monter au créneau ; **to ~ oneself to** s'engager à, prendre l'engagement de ; **the government must ~ itself to lowering unemployment** le gouvernement doit s'engager à faire baisser le chômage.

commitment *n.* **1** attachement (à la cause), (sentiment d') adhésion, importance attachée ; souci, préoccupation, intérêt (particulier), détermination ; (ferme) volonté, volonté d'agir/d'aboutir ; **the ~ of citizens to social justice** l'attachement des citoyens à la justice sociale ; **Mr Blair's ~ to education has been questioned** l'intérêt porté par M. Blair à l'enseignement a été mis en doute ; **political ~** intérêt/volonté des acteurs politiques ; **they reaffirmed their ~ to the debt rescheduling programme** ils ont réaffirmé leur ferme volonté de mettre en œuvre le programme de rééchelonnement de la dette. **2** dévouement, désintéressement, loyauté, fidélité, vocation, conviction, foi, idéal, engagement, mobilisation, motivation, investissement personnel, enthousiasme, ardeur, zèle, engouement, feu sacré ; **the minister praised the ~ of the nursing staff to their patients** le ministre a fait l'éloge du personnel infirmier pour son dévouement à l'égard des malades ; **the conflict inside the management team damaged the staff's ~** le conflit au sein de la direction a porté atteinte à l'ardeur au travail du personnel. **3** engagement(s), promesse, assurances ; obligation(s), charge(s), mandat, mission ; **the minister made a ~ to all victims of the flood** le ministre a pris un engagement à l'égard de toutes les victimes de l'inondation ; **family ~s** obligations familiales. **4** emprisonnement, incarcération ; mise en détention *[d'un délinquant] ;* internement, placement *[d'un malade mental]*. **5** engagement (de dépenses) ; dépenses engagées. **6** affectation *[de ressources]*. **7** *Mil.* **~ of troops** engagement de troupes. ✪ **~ appropriations** *Budget* crédits d'engagement ; **~ fee** *Fin.* commission d'engagement.

committal *n.* **1** *Dr. Angl.* renvoi. **2** internement. ✪ **~ for sentence** renvoi pour détermination de la peine/pour condamnation ; **~ for trial** renvoi devant le tribunal *;* **~ proceedings** *Angl.* instruction *[devant une magistrates' court]*.

committed *adj.* **1** ardent, zélé, enthousiaste, convaincu, résolu, déterminé, mobilisé, motivé, dévoué ; **the president is a ~ pacifist** le président est un pacifiste convaincu ; **our staff is loyal and ~** nos collaborateurs sont loyaux et motivés ; **the candidate is a ~ conservationist** le candidat est entièrement acquis à la cause de la préservation de la nature. **2 (to)** attaché à, acquis à (l'idée de), qui adhère à, résolument en faveur de, dévoué à (la cause de), fidèle à, soucieux de, (fermement) décidé à, résolu à, voué à ; **to be ~ to** a) croire à, souscrire à, adhérer à, tenir à, avoir à cœur de, être désireux/partisan de, avoir la volonté de, vouloir, avoir pour objectif de, s'employer à, se vouer à, se charger de, prendre sur soi de ; b) s'être engagé à ; être tenu de ; **to be ~ to democracy** être attaché à la démocratie, être un démocrate convaincu ; **the principles to which he is ~** les principes qui lui tiennent à cœur ; **the government is ~ to tabling a new bill** le gouvernement s'est engagé à déposer un nouveau projet de loi ; **Labour secured the votes of many who had not been ~ to any party** le Parti travailliste a recueilli les voix d'électeurs qui n'avaient aucune allégeance à l'égard d'un parti quelconque ; **she is ~ to banning land mines** elle est résolument en faveur de l'interdiction des mines terrestres ; **many voters in the west of England are ~ to the Liberal Democrats** de nombreux électeurs de l'ouest de l'Angleterre sont acquis aux Libéraux-démocrates ; **the government is ~ to a diplomatic solution** le gouvernement est fermement décidé à rechercher une solution diplomatique ; **this doctor is completely ~ to the National Health Service** ce médecin adhère sans réserve aux principes sur lesquels repose le Service national de santé.

committee *n.* **1** commission *[parlementaire]*. **2** comité. ✪ **Committee of the Regions** *UE* Comité des régions ; **~ of the whole** commission plénière ; **Committee on Environmental Policy** *CEE-ONU* Comité des politiques de l'environnement ; **Committee on Human Rights** *ONU* Comité des droits de l'homme ; **~ stage** *RU* stade de l'examen en commission.

commodity *n.* **1** denrée ; matière première ; marchandise. **2** produit de base *[= produit minier ou agricole non transformé]*. ✪ **commodities broker** courtier de marchandises ; **commodities trader** opérateur sur Bourses de marchandises ; **~ agreement** accord de produit ; **~ exchange** Bourse de marchandises/de commerce ; **~ futures** opérations à terme sur matières premières.

common *adj.* **1** commun. **2** courant, fréquent ; **accusations of corruption and impropriety are ~** les accusations de corruption et d'actes illicites sont courantes ; **noise is a ~ complaint in housing projects** les résidents des cités d'habitation se plaignent souvent du bruit ; **a ~ phrase in contracts** une expression qui revient souvent dans les contrats. ✪ **~ agricultural policy** *UE* politique agricole commune ; **~ assault** voies de fait légères ; **~ carrier** a) transporteur pour le compte d'autrui ; b) *ÉU* compagnie de télécommunications ; **~ concern** sujet de préoccupation commun ; *[***issues of ~ concern** questions intéressant/concernant/présentant un intérêt pour les deux parties/les différentes parties/l'ensemble des parties/les uns et les autres*]* ; **~ core curriculum** tronc commun, programme (d'études) (minimum) commun ; **~ criminal** délinquant/criminel de droit commun ; **~ decency** courtoisie ; **~ ground** accord, entente, consensus, identité de vues, point(s) d'accord/de convergence, éléments faisant l'objet d'un consensus ; terrain d'entente ; intérêts communs, points communs, objectifs communs, dénominateur commun ; *[***it is ~ ground that** on s'accorde à reconnaître que, nul ne conteste que ; *Dr.* les parties s'accordent à reconnaître que, il n'est pas contesté que ; **in attacking the tabloid press he was on ~ ground with all other members of the commission** lorsqu'il attaquait la presse à scandales, il était au diapason des autres membres de la commission ; **it is ~ ground between the parties that** les parties s'accordent à reconnaître que ; **Bush and Blair share a great deal of ~ ground** MM. Bush et Blair ont des opinions semblables sur bien des questions*]* ; **~ interest** intérêt commun ; *[***issues of ~ interest** sujets de préoccupation communs, questions présentant un intérêt pour tous/les deux parties/les différentes parties ; **issues of ~ interest to Spain and Portugal** questions intéressant tant l'Espagne que le Portugal*]* ; **~ knowledge** bien connu, de notoriété publique ; **~ law** *[la] common law ; [***at ~ law** en *common law]* ; **~-law husband** concubin, compagnon ; **~-law marriage** concubinage, union libre ; **~-law wife** concubine, compagne ; **~ man** homme de la rue ; **~ people** gens ordinaires ; **~ room** salle commune des élèves/étudiants et des professeurs ; **~ school** *ÉU* école primaire publique ; **~ sense** bon sens, sens commun ; **~ shares/stock** actions ordinaires ; **~ touch** aptitude à susciter la sympathie générale ; contact facile ; simplicité ; *[***to have the ~ touch** plaire à toutes les couches de la population, susciter la sympathie de tous, être à l'aise devant n'importe quel public/dans tous les milieux, être proche des gens ; **to lack the ~ touch** être distant ; **not to lose the ~ touch** rester simple ; **although from a privileged background, he has the ~ touch** bien qu'il soit issu d'un milieu favorisé, il est proche des gens ordinaires*]* ; **~ understanding** conception commune.

commonality *n.* point commun, dénominateur commun, éléments communs.

Commons *n. RU* Chambre des communes.

Commonwealth *n.* ✪ **~ of Independent States** Communauté des États indépendants ; **~ (of Nations)** Commonwealth.

commotion *n.* désordre(s), troubles, agitation, ébullition, effervescence, tourmente ; confusion ; bousculade.

communal *adj.* **1** communautaire ; *[installations]* collectif, public ; **~ building** édifice public ; **~ facilities** équipements collectifs. **2** *[conflit]* (d'origine) ethnique, interethnique, entre communautés.

communicable disease maladie transmissible.

communicant *n.* **1** fidèle ; **the new priest has made a great impression on most ~s** le nouveau prête a fait une forte impression sur la plupart des fidèles. **2** communiant. **3** communicateur.

communication *n.* **1** communication *[= action de communiquer]* ; **to be in ~ with** être en communication avec. **2** communication *[= message]*. **3** *pl.* télécommunications ; moyens de communication ; *Mil.* transmissions. **4** *pl.* communications *[= routes, chemins de fer, etc.]*. **5** transmission *[d'une maladie]*. ✪ **~ director** directeur de la communication ; **~ engineering** technique des télécommunications ; **~s director** directeur de la communication ; **~ satellite** satellite de télécommunications ; **~s package** logiciel de communication ; **~s satellite** satellite de télécommunications ; **~s software** logiciel de communication.

community *n.* **1** population (locale), habitants, résidents, parties prenantes de la localité, public, citoyens ; **to assess the nutritional needs of a ~** établir le bilan nutritionnel d'une population ; **to involve the ~ in the management of the city** faire participer les citoyens à la gestion de la ville ; **to educate communities in fire prevention** mener sur le plan local une action éducative en matière de prévention des incendies. **2** groupe (social/de la population), corps, corporation ; milieu *[d'affaires]*, monde *[universitaire, des affaires]*, univers *[de la mode]*, colonie *[américaine à Paris]*, communauté *[ethnique, culturelle, scientifique]* ; acteurs, spécialistes ; **the research ~** les chercheurs ; **the banking ~** les banques ; **the intellectual ~** les intellectuels, l'intelligentsia ; **the medical ~** le corps médical ; **the farming ~** le monde agricole, les agriculteurs ; **the public health ~** les acteurs/spécialistes de la santé publique. **3**

collectivité, communauté, public, société, corps social, nation ; **international ~** communauté internationale ; **the cost of air pollution to the ~** le coût de la pollution atmosphérique pour la collectivité. **4** espace/tissu local, milieu, voisinage, quartier, commune, localité ou quartier, village, localité, ville, zone, cadre de vie local, communauté locale ; **alcoholism affects many people in poor communities** l'alcoolisme touche un grand nombre de personnes dans les quartiers pauvres ; **a farming ~ of 130 people** un village d'agriculteurs peuplé de 130 habitants ; **many communities face similar problems** de nombreuses localités doivent faire face à des problèmes analogues. **5** *Écosse* commune ; *Irl.* (petite) collectivité locale. **6** cadre de vie (normal/habituel/ordinaire), cadres de la vie courante, tissu social ; **in the ~** à l'échelon local ; près de chez soi ; **former offenders released into the ~** d'anciens détenus autorisés à reprendre une vie normale. **7** *Santé publique* ville *[= cadre de soins autre que l'hôpital]*, secteur extrahospitalier ; **~ medicine** médecine de ville ; **~ pharmacist** pharmacien d'officine ; **in the ~** dans l'environnement/le cadre de vie habituel (du patient), dans des cadres de proximité, (à domicile ou) dans des structures de proximité, à proximité du domicile du patient ; **mentally ill patients placed in the ~** des malades mentaux rendus à un cadre de vie normal ; **to control tuberculosis in the ~** lutter contre la tuberculose par une action menée au niveau de la population ; **to keep a patient in the ~** maintenir un malade dans son environnement habituel ; **to provide care to the elderly in ~ settings** dispenser des soins aux personnes âgées à domicile ou dans des structures de proximité. **8** *Dr.* communauté *[de biens] ;* identité *[de vues, d'intérêts]*. **9 Community** Communauté *[européenne]*. ✪ **~ action** action de proximité ; **~ activities** activités de proximité ; activités d'animation ; **~ antenna system** système d'antenne collective ; **~-based** *adj.* (réalisé) au niveau local/au sein du tissu social/en contact étroit avec la population, de proximité, implanté dans des structures de proximité, enraciné dans la communauté locale, décentralisé, réalisé avec la participation d'organisations locales ; *[***~-based organizations** associations (locales), associations d'habitants, mouvement associatif ; **~-based care of the elderly** soins de proximité aux personnes âgées ; **~-based training** formation au sein du tissu social ; **~-based services** services ayant un ancrage local*] ;* **~ care** soins dans le cadre/l'environnement/le milieu habituel des malades, traitement des malades dans leur milieu habituel/à domicile, (dispensation de) soins à domicile, soins non hospitaliers ; **~ centre** centre social/sociouIturel, centre de rencontre ; **~ chest** caisse de bienfaisance ; **~ college** a) *RU* établissement d'enseignement secondaire ouvert à tous/ouvert sur l'extérieur ; b) *ÉU* établissement universitaire à cycle court ; **~ council** *Écosse* conseil municipal ; **~ development** (action de) développement des ressources locales/collectives *[= action de développement menée dans l'intérêt d'une population locale ou d'un groupe]*, développement local, animation locale ; **~ education** éducation ouverte/accessible à tous, éducation pour tous ; **~ facilities** installations collectives, équipements collectifs, services collectifs ; **~ group** association (locale) ; *pl.* mouvement associatif ; **~ health services** services de santé extrahospitaliers ; **~ health worker** agent de santé local ; **~ home** *RU* centre d'éducation surveillée ; **Community law** *UE* droit communautaire ; **~ leader** responsable/dirigeant local, personnalité locale, notable (local), animateur/responsable d'association, personne influente, membre influent (de la communauté) ; **~ life** vie sociale ; **~ medicine** médecine de ville, médecine extrahospitalière ; **~-minded** *adj.* citoyen ; *[***a ~-minded corporation** une entreprise soucieuse de l'intérêt général*] ;* **~ nurse** infirmier de proximité ; **~ nursing** soins infirmiers de proximité ; **~ organization** association (locale), association d'habitants ; *[***youth and other ~ organizations** les mouvements de jeunesse et les autres associations ; **exchange of experiences between local authorities and ~ organizations** échanges de données d'expérience entre les autorités locales et les associations de résidents*] ;* **~ ownership** propriété collective ; **~ policing** surveillance policière de proximité, police de proximité ; **~ project** projet d'intérêt local/collectif ; **~ programmes** actions menées auprès de certains groupes et dans les quartiers ; **~ property** *Dr. ÉU* acquêts ; **~ radio (station)** (station de) radio privée/locale ; **~ school** a) *RU* école ouverte ; b) *ÉU* école gérée par une association de parents ; c) *ÉU* école résultant de la fusion de plusieurs petites écoles ; **~ service** a) travail d'intérêt général ; b) service civil ; *[***the accused will have to pay a $350 fine and perform 180 hours of ~ service** le prévenu devra payer une amende de 350 dollars et accomplir 180 heures de travail d'intérêt général*] ;* **~ service order** ordonnance prescrivant l'accomplissement de travaux d'intérêt général ; **~ services** services collectifs ; **~ spirit** a) esprit de corps ; solidarité ; b) souci de l'intérêt général ; *[***the bank was criticized for its lack of ~ spirit** il a été reproché à la banque de faire bon marché de l'intérêt général*] ;* **~ work** a) animation socioculturelle, animation locale, action menée au niveau local ; b) travaux d'utilité collective ; **~ worker** agent de développement des ressources locales, animateur socioculturel ; agent travaillant au niveau local ; **sense of ~** sentiment de former une communauté.

community *adj.* **1** local, réalisé à l'échelle d'une localité, de proximité, collectif, d'intérêt local/collectif/général, axé sur la communauté locale, d'initiative locale, proche de la population, réalisé au niveau de la population, d'utilité collective ; **violence problems at individual, family and ~ levels** les problèmes de violence aux niveaux individuel, familial et local ; **~ programme** programme exécuté à l'échelon local ; **to fight crime through ~ action** lutter contre la criminalité par une action menée au niveau de la population. **2** *Santé publique [traitement]* extrahospitalier, hors établissement, en dehors des établissements de soin, *[médecine]* de ville.

commutation *n. Ass., Fin.* conversion *[du droit à une rente ou à des versements réguliers]* en capital.

commute *v.* **1** *intr.* se rendre, se déplacer (pour son travail), faire le déplacement domicile-travail ; **he ~d from Brighton for years** pendant des années, il a fait la navette entre Brighton et son lieu de travail. **2** *tr.* commuer *[peine]*.

commute *n.* déplacement/trajet domicile-travail ; **a daily ninety-minute ~ on a crowded train** un déplacement domicile-travail quotidien dans un train bondé.

commuter *n.* navetteur, migrant alternant. ✪ **~ airline** compagnie aérienne régionale ; **~ ticket** *ÉU* carte d'abonnement ; **~ train** train de banlieue.

commuting *n.* migrations alternantes, déplacements domicile-travail.

compact *n.* accord, pacte.

compact disc disque compact/laser. ✪ **~-player** *n.* lecteur de disques compacts, platine laser.

companion *n. Fig.* **1** guide, vade-mecum ; **she has published an excellent "Companion to German Poetry"** elle a publié un excellent guide de la poésie allemande. **2** complément ; **this**

combined answerphone and fax machine will be the perfect ~ to your telephone cet appareil, qui combine un répondeur et un télécopieur, sera le complément idéal de votre téléphone. ✪ **~ book/volume** ouvrage publié parallèlement, pendant, second volet d'un diptyque.

companion *adj.* lié, connexe, correspondant, d'accompagnement, complémentaire, parallèle, diffusé/publié parallèlement.

company *n. RU* société (de capitaux) ; *ÉU* entreprise, société. ✪ **companies act** loi sur les sociétés ; **~ board** conseil d'administration ; **~ car** voiture de fonction ; **~ law** droit des sociétés ; **~ limited by guarantee** *RU* société à responsabilité limitée à une garantie ; **~ limited by shares** *RU* société anonyme ; **~ magazine** journal d'entreprise ; **~ officer** dirigeant de société ; **~ secretary** *RU* responsable des services administratifs ; **~ town** localité dominée par une entreprise ; **~ union** *ÉU* syndicat maison ; **part ~ with** se séparer de.

comparative *adj.* **1** *[étude, données, coûts]* comparatif. **2** *[droit, littérature]* comparé. **3** relatif, certain ; **the ~ wealth of a few African oil-producing countries** la richesse relative d'un petit nombre de pays africains producteurs de pétrole. **4** *[intérêt]* respectif, plus ou moins grand *[de plusieurs options]*. **5** spécifique, qui lui est propre ; **~ advantage** a) *Écon.* avantage comparatif ; b) avantage spécifique, atouts qui lui sont propres/sans équivalent ailleurs, force, atouts qu'il est seul à posséder ; **the ~ advantage of UNICEF lies in its credibility in recipient countries** la force de l'UNICEF tient dans la crédibilité dont elle jouit dans les pays bénéficiaires ; **the organization has a ~ advantage in this area** l'organisation est plus qualifiée qu'aucune autre pour agir dans ce domaine. ✪ **~ table** tableau synoptique.

comparatively *adv.* **1** relativement. **2** de façon comparative.

compare *v.* **I** *tr.* **(to, with)** comparer avec. **II ~ with 1** devoir être rapproché de/comparé avec. **2** soutenir la comparaison avec, pouvoir être comparé avec, être du même ordre que, n'avoir rien à envier à ; **how does this program ~ with the previous one?** comment ce logiciel soutient-il la comparaison avec celui qui l'a précédé ? **how does right-wing extremism in the nineties ~ with the fascism of the thirties?** quels sont les points communs entre l'extrême droite des années 90 et le fascisme des années 30 ? **to ~ favourably/well with** soutenir avantageusement la comparaison avec, n'avoir rien à envier à, bien se comporter par rapport à ; **sales of her latest book ~ well with those of her first two** les ventes de son dernier ouvrage sont plus élevées que celles de ses deux premiers livres ; **to ~ unfavourably with** être moins intéressant/performant/avantageux que.

compass *n.* **1** boussole. **2** compas *[utilisé en navigation maritime ou en géométrie]*. **3** limites, champ (d'action), domaine (de compétence), portée ; **within the ~ of** dans les limites de. **4** périmètre.

compassionate *adj.* humain, bienveillant, compatissant, secourable, humanitaire ; **on ~ grounds** pour des raisons humanitaires. ✪ **~ leave** congé pour raisons personnelles.

compelling *adj.* **1** *[raison, besoin]* impérieux ; *[besoin]* pressant, *[raison]* péremptoire ; irrésistible ; déterminant, décisif ; **there is a ~ need to** il est impératif de ; **attempting to persuade working people to use public transport in the rush-hour has many ~ purposes** il existe beaucoup d'excellentes raisons d'encourager les travailleurs à utiliser les transports en commun pendant les heures de pointe. **2** *[thèse, argument]* convaincant, de poids, *[preuve]* éclatant ; *[chiffres, exemple]* éloquent ; clair ; **his ideas on the re-emergence of religion in the next century are ~** ses idées sur le nouvel essor de la religion au cours du siècle prochain ont une grande force de conviction. **3** admirable, qui force l'admiration/le respect. **4** remarquable, frappant ; **the similarities between developments in Cuba and Vietnam are ~** il existe une similitude frappante entre ce qui se passe à Cuba et au Viêt-nam. **5** qui suscite un vif intérêt/beaucoup d'attention ; *[œuvre]* attrayant, passionnant, qui ne laisse personne indifférent. **6** motivant, mobilisateur ; stimulant, capable d'emporter l'adhésion ; **he managed to create a ~ vision out of a series of ideas borrowed from other leaders** il a réussi à concevoir un projet mobilisateur à partir d'idées empruntées à d'autres dirigeants. **7** *[problème]* incontournable, qu'il faut prendre en considération, auquel on ne peut se dérober, prégnant ; **this is a ~ truth** il s'agit d'une vérité incontournable ; **employment remains a ~ issue in French politics** l'emploi demeure un enjeu politique de premier plan en France.

compendium *n.* **1** recueil (de textes) ; **~ of statistical information** recueil d'informations statistiques. **2** précis.

compensation *n.* **1** compensation. **2** indemnité, indemnisation, dédommagement, réparation. **3** *ÉU* rémunération.

compensatory *adj.* ✪ **~ duty** droit compensateur ; **~ levy** prélèvement compensateur.

compère *n. TV RU* présentateur.

compete *v.* **1** *intr.* faire face à la concurrence ; *[plusieurs produits]* être en concurrence, *[plusieurs entreprises]* se faire concurrence ; **the company tries to design cars that will be able to ~ in the world market** l'entreprise s'efforce de concevoir des voitures compétitives sur le marché mondial ; **to ~ successfully** être concurrentiel. **2 ~ with** concurrencer, être en concurrence avec, faire concurrence à, affronter la concurrence de, rivaliser avec. **the church has to ~ with many alternative spiritual and social ideals** l'Église se heurte à la concurrence de nombreux autres idéaux spirituels et sociaux. **3 ~ for** se disputer, être en compétition pour *[ressources limitées]*.

competence *n.* **1** compétence, habileté. **2** *Dr.* capacité (légale). **3** *Dr.* compétence ; ressort.

competition *n.* **1** concurrence ; concurrents. **2** compétition, rivalité. **3** concours.

competitive *adj.* **1** concurrentiel ; **highly ~ climate** environnement très concurrentiel. **2** *[prix, produit, entreprise]* compétitif. ✪ **~ advantage** *Écon.* avantage concurrentiel ; **~ bidding** (procédure d') appel à la concurrence, mise à la concurrence ; appel d'offres ; participation à un appel d'offres ; /**the contract was awarded as a result of ~ bidding** le contrat a été passé à la suite d'un appel d'offres*/* ; **~ devaluation** dévaluation compétitive ; **~ edge** avance/avantage sur les concurrents/la concurrence ; **~ examination** concours ; **~ market** marché concurrentiel ; **~ strength** compétitivité ; **~ tendering** (procédure d') appel à la concurrence, mise à la concurrence ; appel d'offres ; participation à un appel d'offres ; **~ upgrade** *Inf.* échange concurrentiel.

compile *v. tr.* **1** recueillir, rassembler, réunir, collecter *[données]* ; établir, dresser *[liste]*, établir *[statistiques]*, constituer *[répertoire]* ; **the purpose of the survey was to ~ data on alcohol abuse among teenagers** l'objet de l'enquête était de rassembler des données sur la consommation excessive de boissons alcoolisées parmi les adolescents ; **the consumer price index is ~ed monthly** l'indice des prix à la consommation est établi chaque mois. **2** compiler. **3** établir, élaborer *[rapport, dictionnaire]*, rédiger.

complacency *n.* autosatisfaction, confiance excessive, excès de confiance, optimisme béat, insouciance, indifférence, baisse de la vigilance, relâchement de la vigilance/des efforts, laisser-aller, laxisme, sous-estimation (du danger/de la menace/du problème) ; **the report shook the ~ of the political establishment** le rapport a ébranlé l'excessive confiance en soi de la classe politique ; **a widespread ~ over the demographic question** une indifférence largement répandue concernant la question démographique ; **there are no grounds for ~** il n'y a pas lieu de verser dans un optimisme béat, il serait injustifié de relâcher sa vigilance, il ne faut pas relâcher ses efforts, il est trop tôt pour crier victoire, il n'y a pas de quoi pavoiser.

complacent *adj.* **1** trop confiant, trop sûr de soi, satisfait de soi, trop vite satisfait ; exagérément optimiste ; béat ; suffisant ; **to be/become ~** relâcher sa vigilance/ses efforts, baisser la garde, se laisser aller, se reposer/s'endormir sur ses lauriers ; **many countries seem to be quite ~ about global warming** de nombreux pays font preuve d'une grande insouciance à l'égard du problème du réchauffement de la planète. **2** complaisant.

complaint *n.* **1** réclamation, grief, doléances ; critique ; contestation ; protestation ; **to make a ~** déposer une réclamation. **2** plainte ; recours ; **to bring a ~ against** porter plainte contre. **3** maladie, affection ; symptôme, anomalie ; douleur ; **to have a cardiac ~** souffrir du cœur.

complement *n.* **1** complément. **2** contingent ; effectifs *[de personnes]*, ensemble *[de choses]* ; **full ~** ensemble complet, gamme complète ; **26 delegates will attend the conference, each with his or her own ~ of advisers and experts** 26 délégués participeront à la conférence et ils seront tous accompagnés d'une équipe de conseillers et d'experts.

complete *v. tr.* **1** accomplir, réaliser, mener à bien, exécuter *[tâche]* ; **to ~ a contract** exécuter un contrat ; **the experiment will be ~d in three years** l'expérience sera menée à bien en trois ans. **2** achever, terminer, mener à bonne fin, mener à son terme, aller jusqu'au bout de. **3** parfaire, parachever. **4** compléter. **5** remplir *[formulaire]*.

complete *adj.* **1** complet, intégral ; au (grand) complet. **2** *[tâche]* achevé, terminé ; **the process is far from ~** le processus est loin d'être achevé. **3** *Dr. [vente]* parfait ; **the agreement cannot be considered ~ until the contract has been signed** l'accord ne peut être considéré comme conclu tant que le contrat n'a pas été signé. **4** *[surprise]* total. **5 ~ with** y compris ; avec tout ce que cela suppose, y compris, doté de ; **a magic show, ~ with music and a glamorous female assistant** un spectacle de magie avec tout ce que cela suppose, y compris de la musique et une assistante éblouissante ; **the campus is like a village or small town, ~ with its own radio station and shopping centre** le campus ressemble à un village ou à une petite ville et est doté de sa propre station de radio et de son centre commercial.

completeness *n.* caractère complet, (degré d') exhaustivité, caractère exhaustif, (degré de) complétude ; **for the sake of ~** pour être exhaustif.

completion *n.* **1** accomplissement, exécution, réalisation ; **~ of a contract** exécution d'un contrat. **2** achèvement, parachèvement, fin *[des travaux]*, conclusion, terme, issue.

compliance *n.* **1 (with)** obtempération à *[ordre]*, respect de, observation de, obéissance à *[règles]*, réponse positive/favorable donnée à *[demande]* ; conformité à/aux dispositions de ; **in ~ with** conformément à *[réglementation]*. **2** docilité ; **the ~ of the cult leader's followers was frightening** la docilité des disciples du chef de la secte était effrayante. **3** *Méd.* observance *[d'un traitement]*.

complimentary *adj.* **1** élogieux, flatteur. **2** gratuit ; **~ copy** exemplaire gratuit/en hommage. ✪ **~ close/closing** formule de politesse.

comply *v.* **1** *intr.* s'exécuter, obtempérer ; **despite the threats, he refused to ~** malgré les menaces, il a refusé d'obtempérer ; **the general put pressure on the minister to forbid the demonstration, and the latter complied** le général a fait pression sur le ministre pour qu'il interdise la manifestation et ce dernier lui a donné satisfaction. **2 ~ with** respecter, observer, se conformer à, se mettre en conformité avec, suivre, se plier à *[règles]*, obtempérer à *[ordre] ; [personne]* donner suite à, répondre favorablement à, accéder à, accepter *[demande, exigences] ; [personne]* s'acquitter de *[obligations] ; [action]* être conforme à, respecter *[règles]* ; **to fail to ~ with one's obligations** manquer à ses obligations, se soustraire/se dérober à ses obligations ; **to ~ with the law** respecter la loi ; **the company did not ~ with environmental regulations** l'entreprise ne s'est pas conformée à la réglementation en matière d'environnement ; **the Swiss government is expected to ~ with this request** on s'attend à ce que le gouvernement suisse réponde favorablement à cette demande ; **to ~ with the workers' demands** accepter les exigences des travailleurs.

component *n.* **1** élément (constitutif), constituant, composante ; volet *[d'un programme]*. **2** composant ; **electronic ~** composant électronique.

compose *v. tr.* **1** composer, constituer. **2** calmer. **3** régler *[différend]*.

composed *adj.* plein de sang-froid, maître de soi.

composite *n.* **1** matériau composite. **2** *Pol.* résolution regroupant plusieurs résolutions. **3** *ÉU* portrait robot.

composite *adj.* ✪ **~ index** *Stat.* indice composite ; **~ materials** matériaux composites ; **~ photograph/sketch** *ÉU* portrait robot.

composition *n.* **1** composition. **2** rédaction, composition, dissertation. **3** réparation, indemnisation ; indemnité. **4** accord, compromis. **5** atermoiement ; arrangement avec un créancier, concordat ; somme payée après arrangement avec un créancier.

compos mentis *Dr.* sain d'esprit ; responsable de ses actes.

composure *n.* sang-froid.

compound *v.* **1** *tr.* composer, constituer. **2** *tr.* mélanger ; combiner. **3** *tr.* aggraver, accentuer, exacerber. **4** *tr.* **to ~ a crime** ne pas dénoncer/poursuivre un criminel (en échange d'un avantage/pot-de-vin). **5** *tr.* **to ~ a debt** s'acquitter d'une dette par un arrangement à l'amiable. **6 ~ with** transiger avec, composer avec, traiter avec, s'entendre avec, pactiser avec ; parvenir à un arrangement avec, s'arranger avec, conclure un accord avec.

compound *n.* **1** assemblage, combinaison, mélange *[de choses abstraites]*. **2** *Chimie* (corps) composé ; **nitrogen ~s** composés azotés. **3** substance. **4** enceinte, périmètre *[= zone contenant un groupe d'immeubles]*, propriété (entourant la résidence), domaine ; camp *[militaire, de prisonniers]*, cantonnement, *Afr. du Sud* zone d'habitation (de travailleurs noirs).

compound *adj.* ✪ **~ annual rate** taux équivalent annuel ; **~ duty** droit mixte ; **~ eye** œil composé ; **~ larceny** *Dr. ÉU* vol qualifié.

comprehensive *adj.* (très) complet, exhaustif, intégral, global, général, de portée générale, d'ensemble, large, (très) étendu, vaste, de grande ampleur, d'une grande portée, détaillé, fouillé, volumineux, élaboré, approfondi, fourni ; **to provide a ~ picture of** décrire de façon exhaustive ; **~ reforms** réformes d'ensemble ; **to present a ~ account of the subject** faire le tour de la question. ✪ **Comprehensive Development Framework** *Banque mondiale* cadre de développement intégré ; **~ insurance** a) *RU* assurance multirisque(s) habitation ; b) *RU* assurance tous risques auto ; c) *ÉU comprehensive insurance [couvre le vol du véhicule assuré et les dommages à celui-ci sauf en cas de collision] ;* **Comprehensive Nuclear-Test-Ban Treaty** traité d'interdiction complète des essais nucléaires ; **Comprehensive Nuclear-Test-Ban Treaty Organization** Organisation du Traité d'interdiction complète des essais nucléaires ; **~ school** *RU* établissement d'enseignement secondaire général ; *Can.* polyvalente *[7e à 11e année].*

compromise *v.* **1** *tr.* compromettre le succès de, mettre en péril *[opération, entreprise]*, compromettre *[ses chances] ;* amoindrir *[efficacité]*, réduire l'efficacité de. **2** *tr.* compromettre *[qqn]*. **3** *tr.* régler *[différend]*. **4** *intr.* parvenir à un compromis, faire un compromis, transiger, faire des concessions. **5** *tr.* transiger sur, trouver un accommodement avec *[ses principes]*, transiger avec *[sa conscience] ;* **she is not prepared to ~ her principles** elle n'est pas disposée à transiger sur ses principes. **6** *intr.* se prêter à une compromission.

comptroller *n.* chef (du service) de la comptabilité ; chef du service financier ; contrôleur financier.

compulsive *adj.* irrépressible, obsessionnel ; *Psych.* compulsif, compulsionnel ; **~ gambling was his downfall** sa passion irrépressible pour le jeu l'a perdu.

compulsory *adj.* ✪ **~ acquisition** expropriation ; **~ license** *Brevets* licence obligatoire ; **~ licensing** *Brevets* concession de licence obligatoire ; **~ purchase** expropriation ; **~ sale** liquidation forcée ; **~ schooling** scolarité obligatoire, instruction obligatoire, obligation scolaire.

computed tomography scanographie, tomodensitométrie.

computer *n.* ✪ **~-aided** *adj. voir* computer-assisted ; **~-assisted design** conception assistée par ordinateur ; **~-assisted design and manufacturing** conception et fabrication assistées par ordinateur ; **~-assisted engineering** ingénierie assistée par ordinateur ; **~-assisted instruction** enseignement assisté par ordinateur ; **~-assisted learning** apprentissage assisté par ordinateur ; **~-assisted manufacturing** fabrication assistée par ordinateur ; **~-assisted teaching** enseignement assisté par ordinateur ; **~-based** *adj.* informatisé ; **~ centre** centre de calcul ; **~ engineer** ingénieur informaticien ; **~ engineering** génie/ingénierie informatique ; **~ game** jeu électronique ; **~ graphics** a) infographie, graphisme informatique, informatique graphique ; b) images créées/produites par ordinateur, image infographique ; *[**~ graphics illustrating air pollution** une représentation infographique de la pollution atmosphérique] ;* **~ hardware** matériel informatique ; **~-integrated manufacturing** production intégrée par ordinateur, productique ; **~ literacy** maîtrise de l'outil informatique ; **~-literate** *adj.* maîtrisant l'outil informatique ; **~ manager** directeur informatique ; **~ monitor** moniteur d'ordinateur ; **~ network** réseau informatique, réseau d'ordinateurs ; **~-operated** *adj.* commandé par ordinateur ; **~ processing** traitement par ordinateur ; **~ program** logiciel ; **~ programmer** programmeur ; **~ room** salle d'ordinateurs, salle (des) machines ; **~ science** informatique ; **~ scientist** informaticien ; **~ software** logiciel ; **~ studies** *Ens.* informatique ; **~ system** système informatique ; **~ technology** informatique ; **~ terminal** terminal d'ordinateur ; **~ virus** virus informatique.

computerese *n.* jargon informatique.

computerized *adj.* informatisé ; par ordinateur. ✪ **~ axial tomography** scanographie, tomodensitométrie ; **~ programme trading** *Bourse* système informatisé de transactions automatiques ; **~ tomography** scanographie, tomodensitométrie.

computing *n.* informatique. ✪ **~ power** puissance de calcul.

Con (Conservative) *RU* Parti conservateur.

con artist escroc.

concealed unemployment chômage caché.

concealment of property dissimulation d'actif *[après faillite]*.

concede *v.* **1** *tr.* reconnaître la validité de. **2** *tr.* **(that)** reconnaître que, admettre que. **3** *intr. Pol. ÉU* reconnaître sa défaite, s'avouer vaincu. **4** *tr. Pol. ÉU* reconnaître sa défaite dans *[État fédéré donné]*.

conceit *n.* **1** vanité, prétention, présomption. **2** idée. **3** idée fantaisiste, illusion ; **it was a common ~ in Poland that the free market economy would bring prosperity to all** beaucoup de Polonais s'imaginaient que l'économie de marché rendrait tout le monde prospère. **4** imagination. **5** métaphore élaborée. **6** comparaison tirée par les cheveux.

conceivably *adv.* éventuellement, peut-être, à la rigueur, il est concevable/plausible que, *[pouvoir]* fort/très bien, *[ne]* certainement pas *[pouvoir] ;* **he could not ~ have been in Miami on Thursday** il lui aurait été matériellement impossible de se trouver à Miami le jeudi.

concentrate *v.* **I 1** *tr.* concentrer *[troupes, liquide] ;* **support for the extremists in France is ~d in depressed suburbs** les partisans des extrémistes en France vivent principalement dans les banlieues touchées par la crise. **2** *intr.* *[personne]* se concentrer. **3** *tr.* **(on)** orienter principalement vers ; **in the campaign, Labour ~d its resources on the marginal constituencies** au cours de la campagne, le Parti travailliste a utilisé l'essentiel de ses ressources dans les circonscriptions pouvant basculer ; **the areas in which the fight against drugs should be ~d** les domaines sur lesquels les efforts de lutte contre la drogue doivent porter principalement. **3 ~ sb's mind** rendre qqn vigilant ; aiguillonner qqn. **II ~ on 1** *[personne, comité]* examiner principalement/essentiellement/surtout, porter son attention sur, s'intéresser au premier chef/essentiellement/uniquement à ; se préoccuper particulièrement de ; **the expert committee ~d on relations with China** le comité d'experts a centré ses réflexions sur les relations avec la Chine. **2** *[rapport]* traiter avant tout de, porter (essentiellement/principalement) sur, mettre (particulièrement) l'accent sur ; privilégier, insister sur ; *[discussions]* être centré sur ; **analysis of the effects of television on children tends to ~ on the negative aspects** les analyses des effets de la télévision sur les enfants ont tendance à privilégier les aspects négatifs. **3** se consacrer à, concentrer ses efforts sur, faire porter tous ses efforts sur, consacrer l'essentiel de ses efforts à, se borner/limiter à ; *[action]* privilégier, être orienté vers, être axé/centré sur ; **to ~ on doing sth** *[personne, comité]* s'attacher/ s'employer/s'appliquer/se borner à faire qqch. ; **the company can now ~ on his core business** l'entreprise peut maintenant se consacrer à son métier de base ; **the new government is concentrating on rehabilitation of the economy** le nouveau gouvernement fait porter principalement ses efforts sur le redressement de l'économie.

concept *n.* notion, concept, idée, principe, théorie, doctrine ; formule, schéma ; **the natives have no ~ of ownership of land** la notion de propriété de la terre est inconnue des autochtones ; **young children have no ~ of danger** les petits enfants sont inconscients du danger ; **the ~ "think global, act local" gives a role to each individual** le principe « penser à l'échelle mondiale et agir à l'échelon local » donne un rôle à chacun.

conceptual *adj.* théorique ; conceptuel.

concern *v. tr.* **1** concerner, être relatif à, se rapporter à, toucher (à), traiter de, porter sur, viser ; mettre en jeu, mettre en cause, présenter de l'intérêt pour, relever (de la compétence) de, interpeller ; être applicable à, avoir des incidences sur, affecter ; **to whom it may ~** à toute personne lisant ces lignes. **2** préoccuper, inquiéter, donner du souci, alarmer. **3 to be ~ed with** a) se préoccuper de, se soucier de, s'intéresser à, se consacrer à, s'occuper de ; b) porter sur, être consacré à.

concern *n.* **1** préoccupation(s), inquiétude, souci, alarme, appréhension, crainte(s), anxiété, émoi ; sujet de préoccupation, source de préoccupation/d'inquiétude ; **to give rise to ~** être préoccupant ; **issues of ~ to developing countries** les questions qui préoccupent les pays en développement ; **environmental ~s** préoccupations liées à l'environnement. **2** intérêt, sollicitude, attention. **3** question, problème, centre d'intérêt, affaire (importante), enjeu ; intérêt ; **to be the ~ of** relever de, incomber à ; **to be a matter of ~ to** concerner, intéresser ; **matters of financial ~** questions d'ordre/de caractère financier ; **of ~** préoccupant ; **issues of common ~** questions intéressant/concernant/présentant un intérêt pour les deux parties/les différentes parties/l'ensemble des parties/les uns et les autres ; **WHO and FAO officials will meet to address issues of common ~** des représentants de l'OMS et de la FAO se réuniront pour examiner des questions intéressant les deux organisations ; **of little ~ to** sans (grand) intérêt pour. **4** entreprise.

concerned *adj.* **1** intéressé, concerné, interpellé, touché, visé, en cause, impliqué, en question ; compétent, responsable. **2** préoccupé, inquiet, soucieux, alarmé, anxieux, sensibilisé (au problème), attentif ; **the leader of the opposition is ~ with improving the party's image** le chef de l'opposition est soucieux d'améliorer l'image du parti ; **the local member of Parliament is much ~ with the situation** le député local juge la situation très préoccupante ; **to be ~ that** craindre que, redouter que ; **manufacturers are ~ about a fall in demand** les fabricants redoutent une baisse de la demande.

concert *n.* ✪ **in ~ with** en coopération avec.

concessional, concessionary *adj.* *[tarif]* préférentiel ; *[prêt]* (accordé) à des conditions de faveur, assorti de conditions de faveur ; libéral.

concluding *adj.* dernier, final. ✪ **~ comments** observations finales.

conclusion *n.* ✪ **jump to ~s** tirer des conclusions hâtives, aller trop vite en besogne.

conclusive *adj.* *[argument, preuve]* convaincant, concluant, irréfutable, *[argument]* probant, ayant force probante, *[fait]* décisif, manifeste, incontestable, indubitable ; qui met un point final, définitif ; **to be ~** donner des résultats ; **clinical trials of this drug were not ~** des essais cliniques de ce médicament n'ont pas été concluants ; **the findings of the study are not ~** les résultats de l'étude ne permettent pas de tirer des conclusions. ✪ **~ presumption** *Dr.* présomption irréfragable.

conclusively *adv.* de façon incontestable/certaine.

concrete *n.* ✪ **~ mixer** bétonnière ; **~ mixing truck** bétonnière ; **~ slab** dalle en béton.

concur *v. intr.* **1 (with)** être d'accord avec, partager l'avis de, être du même avis que *[qqn]* ; **(with, in)** souscrire à *[déclaration, opinion]*, partager *[avis]* ; **(that)** (s'accorder à) reconnaître que. **2** *[opinion(s)]* concorder ; **~ing opinion** avis conforme. **3** exister simultanément. **4 to ~ to do sth** concourir à/contribuer à/se conjuguer pour faire qqch.

concurrence *n.* **1** coïncidence, simultanéité, existence simultanée ; **~ of events** concours de circonstances. **2** accord, identité de vues ; approbation, assentiment ; avis conforme ; **to move ~ in a report** proposer l'adoption d'un rapport.

concurrent *adj.* **1** convergent. **2** simultané, concomitant, parallèle. **3** concordant. ✪ **~ jurisdiction** compétence non exclusive/concurrente ; **~ sentences** peines confondues.

concurrently *adv.* en même temps, simultanément ; **to run ~ with** coïncider avec, se dérouler en même temps que ; **all sentences are to run ~** le prévenu bénéficie de la confusion de l'ensemble des peines.

concussion *n.* **1** secousse, choc, ébranlement. **2** commotion cérébrale.

condemn *v. tr.* **1** *Dr.* condamner. **2** condamner, dénoncer, réprouver. **3** condamner *[porte]* ; interdire l'accès à/l'utilisation de. **4** déclarer impropre à la consommation. **5** confisquer. **6** exproprier.

condition *n.* **1** situation, état (de choses), réalité ; *pl.* circonstances, situation, conditions, conjoncture, climat ; **in good ~** en bon état ; **sea ~s** état de la mer ; **social ~s** situation sociale ; **~s in the affected area are worse than people imagine** la situation dans la zone touchée est pire qu'on ne l'imagine ; **weather ~s** conditions météorologiques ; **living ~s** conditions de vie. **2** *Méd.* état de santé. **3** *Méd.* trouble, affection, maladie ; **heart ~** affection cardiaque. **4** condition. **5** *Dr.* élément essentiel *[du contrat]*.

conditional *adj.* conditionnel ; **to be ~ on** dépendre de, être subordonné à. ✪ **~ bond** reconnaissance de dette conditionnelle ; **~ discharge** *Dr.* dispense de peine conditionnelle ; **~ sale** vente avec réserve de propriété.

condo *n.* *ÉU* **1** immeuble en copropriété. **2** appartement dans un immeuble en copropriété.

condone *v. tr.* pardonner, juger avec indulgence, trouver des excuses à, passer l'éponge sur, fermer les yeux sur, couvrir, excuser, tolérer ; admettre, justifier, défendre, légitimer.

conducive *adj.* **(to)** propre à, favorable à, propice à ; **to be ~ to** prédisposer à ; **the conflicts between the different police forces**

are not ~ to efficient investigation les tiraillements entre les différentes unités de police ne sont pas propices au bon déroulement de l'enquête.

conducted tour visite guidée.

conduct money *Angl.* indemnité versée à un témoin.

conductor *n.* **1** chef d'orchestre. **2** receveur *[d'autobus]*. **3** conducteur *[d'électricité]*. **4** paratonnerre.

conduit *n. Fig.* **1** lieu/point de passage, lieu de transit, plaque tournante ; **the drug lords are using Marseilles as a ~ for hashish to Northern Europe** les gros bonnets de la drogue font transiter par Marseille le haschisch destiné à l'Europe du Nord. **2** intermédiaire, canal, voie ; **the Swiss embassy in Tehran is used as a ~ for contacts between America and Iran** l'ambassade de la Suisse à Téhéran sert d'intermédiaire pour les contacts entre les États-Unis et l'Iran.

confectionery *n. Secteur* confiserie.

Confederation of British Industry Confédération du patronat britannique *[= l'une des deux organisations patronales britanniques]*.

conference *n.* **1** conférence. **2** *RU* congrès *[de parti]*. ✪ **~ call** réunion téléphone, communication de conférence, conférence téléphonique ; **~ centre** centre de conférences ; **~ committee** *ÉU* commission paritaire mixte ; **~-goer** *n.* participant à une conférence ; **~ hall** salle de conférences ; **~ line** armateur membre d'une conférence ; **Conference on Security and Co-operation in Europe** Conférence sur la sécurité et la coopération en Europe ; **~ proceedings** actes d'une conférence ; **~ room** salle de réunion ; **~ room paper** document de séance.

confess *v. Fig.* **1** *tr.* avouer *[délit]*, admettre, reconnaître *[erreur]*. **2** *intr.* avouer, passer aux aveux. **3** *intr.* **to ~ to** avouer *[délit]* ; **he ~ed to kidnapping the businessman** il a avoué l'enlèvement de l'homme d'affaires.

confession *n. Dr.* aveux. ✪ **~ and avoidance** *Dr.* admission des faits assortie d'une contestation de leur qualification.

confidence *n.* **1** confiance, assurance, confiance en soi. **2** confidence ; **in ~** à titre confidentiel, confidentiellement. ✪ **~-building measures** mesures de confiance ; **~ game** *ÉU* escroquerie ; **~ interval** *Stat.* intervalle de confiance ; **~ man** escroc ; **~ trick** escroquerie.

confine *v. tr.* **1** limiter, restreindre ; circonscrire ; **to be ~d to** se limiter à, se borner à, s'en tenir à ; **contrary to popular belief, AIDS is not ~d to homosexuals** contrairement à ce que l'on pense souvent, le sida ne touche pas que les homosexuels. **2** emprisonner, incarcérer ; interner ; **(to)** interdire de quitter. **3** *Fig.* enfermer, parquer.

confined *adj.* **1** **(to)** limité à ; **to be ~ to** se limiter à. **2** **(to) the troops are ~ to their barracks** les soldats ne peuvent quitter leurs casernes ; **to be ~ to a wheelchair** ne pouvoir se déplacer qu'en fauteuil roulant. **3** *[espace]* réduit.

confinement *n.* **1** limitation, restriction. **2** emprisonnement, détention ; internement. **3** accouchement.

confirm *v. tr.* **1** confirmer *[fait, affirmation, information, soupçons, craintes, opinion, réservation]* ; réaffirmer, réitérer. **2** obtenir la confirmation de, vérifier, s'assurer de l'exactitude/de la validité de ; **(that)** s'assurer que ; **casualty figures could not be ~ed** il n'a pas été possible de vérifier les chiffres concernant le nombre de victimes ; **the experiment will allow researchers to ~ this theory** l'expérience permettra aux chercheurs de s'assurer de la validité de cette théorie. **3** ratifier *[traité]* ; donner son assentiment à la nomination de, entériner/ratifier la nomination de ; **Mr Bush hoped that Congress would ~ his nominee** M. Bush espérait que le Congrès entérinerait la nomination de la personnalité qu'il avait choisie.

confirmation hearings *ÉU* auditions préalables à l'entérinement d'une nomination.

conflate *v. tr.* fusionner, combiner, amalgamer, faire la synthèse de.

conflict *v.* **~ with** être en contradiction avec, mal se concilier avec, ne pas concorder avec, être incompatible avec, se heurter à, aller à l'encontre de, entrer en conflit avec.

conflict *n.* **1** conflit ; différend, contestation ; **in the event of ~ on the interpretation of the various texts** en cas de contestation sur l'interprétation des divers textes. **2** contradiction ; incompatibilité ; **in the case of ~ between the provisions of this convention and those of the Implementing Regulations** en cas de divergence entre le texte de la présente convention et le texte du règlement d'exécution. ✪ **~ of interest** conflit d'intérêts ; **~ of laws** conflit de lois ; **~-of-law(s) rules** règles de conflit de lois.

conflicting *adj.* contradictoire, incompatible ; *[intérêts]* divergent ; *Dr.* contraire ; **~ advice** conseils contradictoires ; **~ loyalties** allégeances incompatibles.

confound *v. tr.* **1** étonner, surprendre, prendre au dépourvu. **2** réfuter *[théorie]*. **3** aller à l'encontre de *[attentes]* ; battre en brèche *[idée]*. **4** déjouer, mettre en échec, faire échec à *[projet]*.

confounding variable *Stat.* variable de confusion.

confront *v. tr.* **1** affronter, être aux prises avec *[ennemi]*. **2** affronter, faire face à *[problème]* ; regarder *[réalité]* en face. **3** *[problème]* se poser à ; **to be ~ed with** être aux prises avec, être en présence de, se heurter à, être confronté à, devoir faire face à, se débattre dans *[difficultés]* ; **problems which ~ the law-enforcement authorities** des problèmes qui se posent aux autorités chargées de veiller au respect de la loi ; **a major challenge ~ing the country** un grave problème auquel le pays doit faire face. **4 to ~ sb with** présenter *[pièces à conviction, témoignage]* à qqn, mettre qqn en présence de *[preuves]* ; **the police ~ed the suspect with video evidence** la police a présenté au suspect une bande vidéo compromettante. **5** confronter *[plusieurs choses]*.

confuse *v. tr.* **1** déconcerter, désorienter, dérouter, troubler, laisser/rendre perplexe, plonger dans la perplexité ; induire *[qqn]* en erreur, embrouiller *[qqn, qqch.]*, jeter la confusion dans/parmi, rendre *[qqch.]* inintelligible ; **to ~ the issue** brouiller les cartes, noyer le poisson ; **the suspect offered obscure explanations designed to ~ the investigators** le suspect a présenté des explications obscures pour désorienter les enquêteurs ; **President Chirac ~d the journalist with his evasive answers** les réponses évasives du président Chirac ont rendu perplexe le journaliste. **2** embarrasser. **3** confondre *[deux notions]* ; **(with)** confondre avec, prendre pour.

confused *adj.* **1** perplexe, déconcerté, décontenancé, dérouté, désorienté ; troublé ; perdu ; *Fam.* déboussolé ; *Méd.* *[état]* confusionnel ; **to be ~** a) ne pas comprendre, ne pas/plus s'y retrouver, ne pas savoir à quoi s'en tenir ; b) *Méd.* être désorienté, être dans un état confusionnel. **2** confus, inintelligible ; **the**

student's explanation was rather ~ l'explication de l'étudiant était assez confuse.

confusing *adj.* **1** *[informations]* difficile à comprendre/interpréter, déconcertant, déroutant, qui est source de confusion, *[explication]* difficile à comprendre/suivre, manquant de clarté, obscur ; confus ; **to be ~** prêter à confusion, créer une certaine confusion. **2** de confusion.

congregation *n.* assemblée (des fidèles), paroissiens ; **in the sight of God and in the face of this ~** devant Dieu et cette assemblée des fidèles.

congruent *adj.* cohérent ; **(with)** compatible avec, dans la logique de, dans la ligne de, conforme à, en harmonie avec.

conjoined twins jumeaux joints.

conjunction *n.* **in ~** ensemble, de concert, en même temps que, à l'occasion de ; **in ~ with** en liaison avec, dans le cadre de, en combinaison avec, en même temps que, concurremment avec ; en collaboration/coopération avec, avec la coopération de, associé à, en association avec, avec le concours de, avec ; à la lumière de, en le rapprochant de ; **this document should be read in ~ with the budget** le présent document doit être lu en parallèle avec le budget ; **this report should be read in ~ with the white paper published in June** le présent rapport et le livre blanc publié en juin sont complémentaires ; **Table 2 should be looked at in ~ with Figure 3** le tableau 2 doit être rapproché de la figure 3 ; **this proposal should be read in ~ with the committee's earlier recommendations** la présente proposition doit être considérée à la lumière des recommandations formulées précédemment par le comité.

conjure *v.* **I** *tr.* **1** faire apparaître, faire surgir *[comme par magie]*. **2** évoquer. **II ~ up 1** faire apparaître, faire surgir *[comme par magie]*. **2** évoquer.

connection *n.* **1** raccordement *[au réseau d'égouts]*, branchement *[à Internet]* ; liaison *[téléphonique]*. **2** lien, rapport, relation ; **to make a ~ between** établir un lien entre ; **to make the ~** voir le rapport ; **in ~ with** en ce qui concerne, à propos de, au sujet de, relatif à ; découlant de, résultant de, lié à ; dans le cadre de, à l'occasion de ; **in this ~** à cet égard, dans cette perspective, dans ce contexte, dans cet ordre d'idées. **3** *pl.* relations, accointances. **4** parent *[lointain ou par alliance]*. **5** *Transp.* a) liaison ; b) correspondance. **6** filière *[= source d'approvisionnement en drogue ou armes]*.

connective tissue tissu conjonctif.

connexion *n. voir* connection.

conscious *adj.* **environmentally ~** respectueux de l'environnement, qui ménage l'environnement ; **health-~** *adj.* soucieux de sa santé, sensibilisé aux questions de santé ; **money-~** *adj.* préoccupé par l'argent ; **price-~** *adj.* attentif aux prix, économe ; **our customers are very price-~** nos clients sont très attentifs aux prix ; **quality-~** *adj. [consommateur]* privilégiant la qualité, exigeant.

consciousness raising sensibilisation, conscientisation.

conscript *n.* appelé, soldat du contingent.

consecutive sentences peines cumulées.

consensus *n.* consensus ; **to achieve ~** parvenir à un consensus ; *[proposition]* faire l'unanimité, rallier tous les suffrages.

consent *n.* ✪ **by general ~** de l'avis général ; **~ decree** jugement d'expédient, jugement convenu.

consequential *adj.* **1** consécutif ; dérivé. **2** *[dommages]* indirect. **3** conséquent, logique. **4** important, lourd de conséquences. **5** suffisant, imbu de soi-même. ✪ **~ loss insurance** assurance pertes de bénéfices ; **~ contempt (of court)** atteinte indirecte à l'autorité du tribunal *[= refus d'obtempérer à une décision d'un tribunal]*.

conservation *n.* **1** conservation ; maintien. **2** préparation de conserves, mise en conserve. **3** protection, préservation *[de la nature]*, sauvegarde ; utilisation rationnelle *[des ressources naturelles]* ; préservation de la nature. ✪ **~ area** réserve ; *Urbanisme RU* quartier classé ; **~ of energy** a) économies d'énergie ; b) *Phys.* conservation de l'énergie.

conservationist *n.* défenseur de la nature, écologiste.

conservative *adj.* **1** prudent, modéré, mesuré, sage, modeste, réservé ; timide, timoré, frileux ; **~ estimate** estimation prudente ; **~ portfolio** *Bourse* portefeuille défensif. **2** conservateur ; de droite ; *RU* (du Parti) conservateur. **3** traditionnel, conventionnel, de la vieille école ; *[œuvre d'art]* académique ; classique.

conservatively *adv.* prudemment, avec précaution/circonspection ; au minimum, au bas mot.

conserve *v. tr.* **1** conserver. **2** préserver, sauvegarder ; **to ~ the environment** préserver l'environnement ; **to ~ the cultural heritage** préserver/sauvegarder le patrimoine culturel ; **the planned road will nullify attempts to ~ wildlife in the area** la route dont la construction est prévue réduira à néant les efforts déployés pour préserver la vie sauvage dans la zone. **3** économiser, ménager ; **to ~ energy/water** économiser l'énergie/l'eau ; **the embargo obliges the country to ~ its oil supplies** l'embargo oblige le pays à utiliser ses approvisionnements en pétrole avec parcimonie.

consider *v. tr.* **1** examiner, étudier, se pencher sur *[question, options, rapport, projet]* ; **I have ~ed my decision carefully** j'ai pris ma décision après mûre réflexion ; **to ~ one's position** examiner s'il y a lieu de rester en poste/de démissionner. **2** envisager, songer à ; **they are ~ing closing the business** ils envisagent de fermer l'entreprise. **3** tenir compte de, prendre en considération, considérer *[facteur, aspect]* ; **all things ~ed** tout bien considéré. **4** considérer comme, juger, estimer ; **the laboratory is ~ed the best in Africa** on considère que ce laboratoire est le meilleur d'Afrique. **5 (that)** considérer que, estimer que.

consideration *n.* **1** examen, étude ; attention ; réflexion ; **under ~** à l'étude, à l'examen ; **the subject under ~** le sujet qui nous occupe ; **the matter remains under ~** le dossier reste ouvert ; **after due ~** après mûre réflexion ; **to be under active ~** être sérieusement envisagé ; **to make recommendations for ~ by** formuler des recommandations destinées à. **2** égard, respect ; estime, considération. **3** élément d'appréciation, aspect (pris/à prendre en considération), facteur, raison, motif, considération ; **security is an important ~** la sécurité est un aspect important. **4** équivalent, contrepartie, compensation, dédommagement, rétribution, rémunération, paiement, prix (payé). **5** *Dr.* contrepartie, contre-prestation. ✪ **for ~** *Dr.* moyennant contrepartie, contre paiement ; **for valuable ~** *Dr.* à titre onéreux ; **in ~ of** a) compte tenu de ; en raison de, eu égard à ; b) en échange de, en contrepartie de, contre (paiement de), moyennant ; **on no ~**

en aucun cas ; **without valuable ~** *Dr.* à titre gratuit ; *[***disposal of property without valuable ~** cession de bien à titre gratuit, cession gratuite*]*.

considered *adj.* **1** *[opinion]* mûrement réfléchi. **2** considéré, apprécié, estimé, tenu en haute estime.

consign *v. tr.* **1 (to)** confier à. **2 (to)** confiner dans *[rôle peu enviable]*. **3 (to)** mettre en *[prison, terre]*, envoyer dans *[camp]*, placer dans *[famille d'accueil, hôpital psychiatrique]*, ranger dans *[catégorie]*, mettre dans ; jeter à/dans/en, rejeter dans ; **to ~ sth to the dustbin of history** jeter qqch. à la poubelle de l'histoire. **4 (to)** vouer *[qqn]* à *[sort peu enviable]*.

consigned *adj.* **(to) 1** voué à *[sort pénible]*. **2** confiné dans *[rôle peu enviable]*, obligé de se contenter de ; **to be ~ to do sth** devoir se contenter de/devoir se borner à/être réduit à faire qqch.

consignee *n.* **1** *Transp.* destinataire. **2** consignataire.

consigner *n. Transp.* expéditeur.

consignment *n.* **1** *Transp.* envoi, chargement, expédition, cargaison, marchandises. **2** consignation *[= remise d'un bien à un dépositaire (consignataire) chargé de le vendre]*. ✪ **~ shop/store** *ÉU* dépôt-vente ; **on ~** *[marchandise]* en consignation.

consignor *n.* **1** *Transp.* expéditeur. **2** *Dr.* déposant.

consistency *n.* cohérence, logique, esprit de suite, suite dans les idées, méthode ; concordance, harmonie, compatibilité ; régularité ; homogénéité, unité, uniformité, parallélisme ; constance, persistance, stabilité ; **Mr Duncan Smith's comments on the common currency lacked ~** les propos de M. Duncan Smith sur la monnaie commune manquaient de cohérence ; **unit heads should meet regularly to ensure ~** les chefs de service doivent se réunir régulièrement à des fins de concertation ; **the ~ of our foreign policy** la constance de notre politique étrangère. ✪ **~ concept** *Compt.* principe de la permanence des méthodes.

consistent *adj.* **1** conséquent, logique, cohérent, systématique ; méthodique, suivi, fidèle à soi-même ; **a ~ terminology should be used** il faut utiliser une terminologie cohérente ; **there is no ~ evidence that** il n'existe pas de données concordantes selon lesquelles ; **the findings of the three studies are ~** les résultats des trois études vont dans le même sens. **2 (with)** compatible avec, dans la logique de, dans la ligne de, conforme à, en harmonie avec ; **to be ~ with** (bien) cadrer avec, concorder avec, bien correspondre à, bien convenir à, bien se concilier avec, être en harmonie/en phase avec, être dans la logique de, s'inscrire dans la suite logique de, se situer dans la ligne de, s'inscrire dans, bien s'intégrer dans ; **this plan is not ~ with Oxfam's ideal** ce projet n'est pas conforme aux idéaux d'Oxfam ; **the physicist's findings are ~ with earlier research** les résultats obtenus par le physicien cadrent avec les conclusions de travaux de recherche antérieurs. **3 (mutually) ~** compatible (entre eux), concordant, homogène, harmonieux, uniforme, cohérents entre eux, en harmonie l'un avec l'autre ; **to be (mutually) ~** concorder, former un tout cohérent ; **the statements of the two ministers should have been ~** les déclarations des deux ministres auraient dû être concordantes. **4** régulier, constant, persistant, stable ; **~ performer** personne dont les résultats sont réguliers.

consistently *adv.* **1** logiquement, en toute logique. **2** systématiquement. **3** régulièrement. **4** chaque fois, toujours, invariablement ; d'un bout à l'autre.

console operator *Inf.* pupitreur.

consolidate *v. tr.* **1** consolider, renforcer, affermir, raffermir, conforter. **2** combiner, unifier, fédérer, grouper, regrouper, fusionner, unir, réunir, rassembler, faire la synthèse de, fondre, amalgamer ; **the bank intends to ~ its network of 2,900 branches into 1,800** la banque a l'intention de ramener le nombre de ses succursales de 2900 à 1800 ; **some departments should be ~d** certains services devraient être regroupés ; **the unit's activities have been ~d into one integrated project** les activités du service ont été rassemblées en un projet unique ; **to ~ the different ideas into one text** élaborer un texte qui fait la synthèse de différentes idées. **3** codifier *[acte juridique ayant subi des modifications successives]* ; incorporer *[nouvelles dispositions dans un acte juridique existant]* ; fondre. **4** compiler. **5** *Dr.* joindre *[instances]*. **6** consolider *[dette, emprunt]*. **7** consolider *[bilan, comptes]*. **8** *Transp.* grouper *[colis de divers expéditeurs]*.

consolidated *adj.* **1** *[comptes, rentes, bilan, obligation, dette, bénéfices]* consolidé. **2** récapitulatif, de synthèse. ✪ **~ school** *ÉU* école résultant de la fusion de plusieurs petites écoles.

consolidation *n.* **1** regroupement, fusion *[de sociétés, d'entreprises]* ; *Fin.* regroupement *[d'actions]* ; **as the market declined, ~ became necessary** le rétrécissement du marché a nécessité des regroupements. **2** synthèse ; **the report is the ~ of eight months' work by three different investigators** le rapport fait la synthèse de huit mois de travail effectués par trois enquêteurs. **3** *Compt.* consolidation. **4** *Agr.* remembrement. **5** *Dr.* jonction ; **~ of actions** jonction d'instances. **6** codification ; **~ act** loi de codification. **7** *Transp.* groupage *[de colis de différents expéditeurs]*.

consols *n.* rentes consolidées.

consonant *adj.* **to be ~ with** respecter.

consort *n.* **1** époux, épouse ; prince consort. **2** ami, associé, membre de l'entourage. **3** concertation. **4** ensemble *[musical]*.

consortium *n.* groupement.

conspicuous *adj.* bien visible, en évidence, ostensible, patent ; notable, remarquable ; voyant ; ostentatoire ; **to be ~ for** se distinguer par, se singulariser par ; **they are ~ for their attention to detail** ils se distinguent par leur souci du détail ; **to be ~ by its absence** briller par son absence. ✪ **~ consumption** consommation ostentatoire.

conspiracy *n. Dr.* **(to)** association/collusion en vue de. ✪ **~ to pervert the course of justice** collusion en vue d'égarer la justice.

constant *adj. Écon.* constant ; **~ dollars** dollars constants ; **at/in ~ prices** en prix constants. ✪ **~ cost** *Gestion ÉU* coût fixe/constant.

constituency *n.* **1** circonscription (électorale). **2** électeurs, électorat, clientèle (électorale), groupe d'électeurs, administrés, mandants. **3** appui, soutien, (groupe/noyau de) partisans, mouvement (d'opinion) ; **it is said that the party's main ~ is its financial backers** on affirme que le principal appui du parti est constitué par ceux qui le financent ; **there is no ~ for the new policy** la nouvelle politique ne bénéficie du soutien d'aucun groupe ; **ecology has a small ~ in the Congress** un petit groupe de membres du Congrès se préoccupe de questions d'écologie ; **there is no big ~ for land reform** il n'existe pas de mouvement important en faveur de la réforme agraire ; **there is an emerging ~ for negotiation with the separatists** un mouvement d'opinion se dessine en faveur de négociations avec les séparatistes. **4** groupe concerné/intéressé, groupe (de la population), intérêts à servir ; partie prenante ; mandants.

constituent *n.* **1** élément constitutif. **2** électeur, habitant de la circonscription électorale, mandant ; *pl.* électorat. **3** *pl.* groupe concerné/intéressé, intérêts à servir ; partie prenante ; mandants.

constitution *n. Dr.* constitution *[d'un pays ou d'une organisation internationale, dont l'OIT et l'OMS],* acte constitutif *[de l'UNESCO, de la FAO, de l'ONUDI].*

constitutional crisis crise des institutions, crise du système politique.

constrain *v. tr.* entraver, limiter, freiner, inhiber, peser sur ; **bosses of small companies say they are ~ed by employment legislation** les patrons des petites entreprises affirment que leurs activités sont entravées par la législation sur l'emploi.

constraint *n.* **1** contrainte, force. **2** contrainte(s), frein, restriction, limitation, obstacle, entrave, difficulté, problème, carcan, impératif ; *pl.* carcan ; **due to time ~s** en raison du manque de temps ; **budget ~s** restrictions budgétaires ; **the main ~ on progress in health and disease prevention is poor education** le principal facteur qui limite les progrès en matière de santé et de prévention des maladies est constitué par les insuffisances en matière d'éducation.

construct *n.* **1** notion, concept ; représentation, schéma, idée, abstraction, théorie, système, hypothèse, construction intellectuelle ; **race is a cultural rather than biological ~** la race est une notion culturelle et non biologique ; **the nation-state is a purely political ~** l'État-nation est un concept purement politique ; **it is claimed that God and Satan are merely ~s of the human imagination** on affirme que Dieu et Satan ne sont que des abstractions produites par l'imagination humaine. **2** construction.

construction *n.* **1** construction ; *Secteur* bâtiment et génie civil. **2** *Dr.* interprétation. ✪ **~ project/site** chantier de construction ; **under ~** en cours de construction, en chantier.

constructive *adj.* **1** constructif. **2** implicite, tacite, présumé, virtuel, théorique, déduit. **3** *Dr.* virtuel, présumé ; **to have ~ knowledge of** être censé connaître. ✪ **~ contempt (of court)** *Dr.* atteinte indirecte à l'autorité du tribunal *[= refus d'obtempérer à une décision d'un tribunal]* ; **~ engagement** *Pol.* relations constructives, dialogue constructif.

consultancy *n.* bureau/cabinet/société de conseil, cabinet-conseil. ✪ **~ fee** rétribution de services de conseil ; **~ firm** bureau/cabinet/société de conseil, cabinet-conseil.

consultant *n.* **1** expert, conseil, consultant, conseiller, bureau/cabinet/société de conseil. **2** *Méd. RU* (médecin) spécialiste (chevronné). ✪ **~ firm** bureau/cabinet/société de conseil, cabinet-conseil.

consulting engineer ingénieur-conseil.

consumable goods produits de consommation.

consumables *n. pl.* **1** produits consommables ; *Inf.* consommables. **2** *Écon.* produits de consommation. **3** *Compt.* matières consommables.

consumer *n.* ✪ **~ acceptance** bon accueil/accueil favorable/faveur des consommateurs ; **~ boom** essor des dépenses de consommation ; **~ co-operative** coopérative de consommation ; **~ credit** crédit à la consommation ; **~ deal** promotion ; **~ durables** biens de consommation durables ; **~ electronics** électronique grand public ; **~ good** bien de consommation ; **~ price index** indice des prix à la consommation ; **~ research** *Marketing* études consommateurs ; **~s' organization** association de consommateurs ; **~ spending** dépenses de consommation ; **~ surplus** *Écon.* rente/surplus du consommateur.

consumerism *n.* **1** (mouvement de) défense des consommateurs, consumérisme. **2** culte de la consommation, consommation à tout prix, (développement de la) société de consommation.

consuming *adj. [passion]* dévorant, obsessionnel.

consumption loan *ÉU* prêt à la consommation.

contact *v. tr.* contacter, prendre contact avec, s'adresser à.

contact *n.* **1** contact ; *pl.* contacts, rapports, relations ; dialogue, entretiens, rencontres, échanges de vues, consultations ; **to get in ~ with** se mettre/entrer en relation/rapport avec, approcher, pressentir, contacter, joindre. **2** personne à contacter, interlocuteur. ✪ **~ committee** comité de liaison ; **~ data/details** coordonnées de la personne à contacter ; **~ information** a) personne(s) à contacter ; b) coordonnées (de la personne à contacter).

contain *v. tr.* **1** *[document]* contenir *[propositions]* ; comprendre, inclure, englober, renfermer, comporter, receler. **2** maîtriser *[dépenses],* restreindre, limiter, contenir, confiner, juguler, endiguer, dominer, réprimer, empêcher la propagation de ; s'opposer à, résister à, faire obstacle à.

container *n.* **1** récipient, contenant, emballage, bouteille, bocal, flacon, bonbonne, caisse, boîte, carton, cageot, fût. **2** *Transp.* conteneur. ✪ **~ glass** verre d'emballage ; **~ park** parc à conteneurs ; **~ port** port de conteneurs ; **~ ship** porte-conteneurs ; **~ terminal** terminal pour conteneurs ; **~ yard** parc à conteneurs.

containerization *n.* conteneurisation.

containerize *v. tr.* conteneuriser.

containment *n.* **1** limitation ; **cost ~** maîtrise des dépenses ; **the president succeeded in the ~ of opposition** le président a réussi à limiter l'influence de l'opposition. **2** *Pol.* (politique d') endiguement, lutte contre les visées expansionnistes. **3** *Nucl.* confinement. ✪ **~ building** *Nucl.* enceinte de confinement.

contango *n. Bourse RU* report *[= intérêt payé par l'opérateur qui reporte sa position].* ✪ **~ day** jour de fixation du taux des reports.

contemplate *v. tr.* **1** contempler. **2 to ~ doing sth** envisager de faire qqch., songer à faire qqch. **3** prévoir, s'attendre à.

contempt *n. Dr.* **~ (of court)** outrage à magistrat ; atteinte à l'autorité du tribunal, entrave à la justice, atteinte/entrave au bon fonctionnement de la justice ; acte contraire à une décision judiciaire, refus de s'incliner devant une décision judiciaire, refus d'obtempérer à une ordonnance/injonction d'un tribunal ; **to be in ~ (of court)** se rendre coupable d'une atteinte à l'autorité du tribunal, etc. ; **to be held in ~ (of court)** être sanctionné pour atteinte à l'autorité du tribunal, etc. ; **to be cited for ~ (of court)** être sanctionné pour atteinte à l'autorité du tribunal, etc. ; **to clear/purge a ~ of court** faire amende honorable. ✪ **beneath ~** totalement méprisable ; **~ in the face of the court** délit d'audience ; **~ of Congress** *ÉU* outrage au Congrès, atteinte à l'autorité du Congrès ; ~ **of Parliament** *RU* outrage au Parlement, atteinte à l'autorité du Parlement ; ~ **of the House** outrage à la Chambre, atteinte à l'autorité de la Chambre ; ~ **out of court** atteinte à l'autorité de la justice en dehors du tribunal ; entrave au bon fonctionnement de la justice en dehors du tribunal ; **hold in** ~ condamner pour outrage à magistrat.

contemptuous damages *Dr.* dommages-intérêts dérisoires valant réprimande *[le juge estimant que le demandeur aurait mieux fait de ne pas intenter l'action]*.

contend *v.* **1** *tr.* **(that)** affirmer que, soutenir que. **2** *intr.* **(about, over)** se disputer *[qqch.]*. **3** *intr.* **(against)** lutter contre. **4** ~ **with** faire face à, lutter contre ; **to have to** ~ **with** être aux prises avec.

content *n.* **1** *sg. ou pl.* contenu, composition, parties constitutives, éléments, ingrédients. **2** *pl.* table des matières ; sommaire. **3** teneur *[d'un discours, d'un débat, d'un ouvrage]*. **4** titre, teneur, concentration ; **iron** ~ teneur en fer ; **ore with a high copper** ~ minerai riche en cuivre. **5** volume, capacité, contenance. **6** *Écon.* proportion de composants *[locaux, nationaux, importés]*, part des éléments *[locaux, etc.]* incorporés, contenu *[local, etc.]* ; **some American companies are prepared to increase the local ~ of their European production** certaines entreprises américaines sont disposées à augmenter la proportion de composants locaux dans leur production européenne ; **the protectionists want to strengthen domestic-~ laws** les protectionnistes veulent renforcer la législation imposant l'incorporation d'une certaine proportion d'éléments nationaux dans la production ; **the imported ~ of products is at an unacceptably high level** les éléments importés entrant dans les produits se situent à des niveaux inacceptables.

contention *n.* **1** conflit ; désaccord, dissension. **2** rivalité ; **in** ~ en lice, aux prises. **3** affirmation, dires.

contentious *adj.* **1** *[question]* litigieux, qui prête à controverse, controversé, discuté, contesté ; *[réunion]* marqué par des controverses ; **there are many ~ issues between Iran and Britain** de nombreux différends existent entre l'Iran et le Royaume-Uni. **2** *Dr.* *[juridiction]* contentieux.

contest *v.* **I** *tr.* **1** se disputer, lutter pour obtenir, essayer d'obtenir *[siège lors d'élections]* ; participer à, se présenter à *[élection]* ; **274 seats are ~ed** les élections portent sur 274 sièges ; **Labour won 387 of the 655 seats ~ed** le Parti travailliste a remporté 387 des 655 sièges en jeu ; **he ~ed Bristol South for the Conservatives** il s'est présenté aux élections dans la circonscription de Bristol Sud, où il représentait le Parti conservateur ; **the parties ~ing the elections** les partis qui participent aux élections ; **some party members suggested not ~ing certain constituencies** des membres du parti ont proposé de ne pas présenter de candidat dans certaines circonscriptions ; **~ed election** élection pluraliste. **2** *tr.* contester ; **to be ~ed** a) être contesté ; b) faire l'objet d'un différend/d'une controverse. **3** *tr.* **to ~ a claim** *Dr.* s'opposer à une demande/à la prétention du demandeur ; **to ~ the case** *Dr. pénal* plaider non coupable. **II** ~ **against/with 1** être en compétition avec, faire concurrence à. **2** lutter contre.

context-sensitive help *Inf.* aide contextuelle.

contiguous *adj.* **1** contigu, limitrophe. **2** d'un seul tenant ; **the 48 ~ states** les 48 États formant un territoire d'un seul tenant. ✪ ~ **zone** *Dr. int.* zone contiguë *[= zone de la haute mer contiguë à la mer territoriale]*.

continental *adj.* ✪ ~ **drift** dérive des continents ; ~ **margin** marge continentale ; ~ **shelf** plateau continental ; ~ **United States** partie continentale des États-Unis.

contingency *n.* **1** éventualité, possibilité, hypothèse, cas (de figure), circonstances, situation, événement (fortuit/incertain/imprévisible), cas fortuit, aléa, imprévu, risque, accident, cas de force majeure, incident, impondérables, difficultés imprévues, crise ; **to be prepared for all contingencies** être prêt à toute éventualité ; **this particular ~ was anticipated by nobody** personne n'avait prévu cet événement. **2** contingence, caractère contingent, caractère aléatoire/fortuit/imprévisible. **3** *pl.* provision pour imprévus. **4** faux frais. ✪ ~ **allowance** *Compt.* prévision pour imprévus ; ~ **fee** *Dr. ÉU* honoraires proportionnels aux indemnités obtenues/aux dommages-intérêts obtenus ; ~ **fund** provision pour imprévus ; ~ **plan** plan d'intervention (en cas d'urgence), plan d'urgence, plan de secours ; *[***there exists a ~ plan involving the evacuation of the area** il existe un plan d'urgence prévoyant l'évacuation de la zone*]* ; ~ **reserve** provision pour imprévus.

contingent *adj.* **1** contingent, conditionnel, aléatoire, fortuit, accidentel, éventuel, incertain. **2 (on)** subordonné à ; **to be ~ on** dépendre de ; **to make aid ~ on** subordonner l'octroi d'une aide à. ✪ ~ **expenses** dépenses imprévues ; ~ **liabilities** *Compt.* engagement hors bilan, passif éventuel ; ~ **reserve** provision pour risque.

continuance *n. Dr.* report, remise, ajournement *[d'une affaire]*.

continuation *n. Bourse RU* report *[= intérêt payé par l'opérateur qui reporte sa position]*. ✪ ~ **day** *Bourse* jour de fixation du taux des reports ; ~ **school** *Ens. ÉU* école de la deuxième chance *[pour adultes]*.

continued *adj.* continu, ininterrompu, suivi, persistant, soutenu, prolongé, durable, constant, permanent ; *[efforts]* assidu, tenace ; **the ~ influence of Communist ideas in Russia** l'influence persistante des idées communistes en Russie ; **the economy's ~ success during the period was largely due to a cheap oil supply** le maintien de la prospérité pendant cette période était dû en grande partie à la possibilité de s'approvisionner en pétrole à bon compte.

continuing *adj.* persistant, permanent, suivi ; **the ~ budget problems are worrying** la persistance des problèmes budgétaires est préoccupante. ✪ ~ **education** formation permanente/continue ; ~ **resolution** *ÉU* résolution portant ouverture de crédits provisoires.

continuity premium *Promotion des ventes* prime de fidélité.

continuous *adj.* ✪ ~ **assessment** *Ens.* évaluation continue ; ~ **forms paper** *Inf.* papier continu ; ~ **inventory** inventaire permanent ; ~ **shift system** travail en continu ; ~ **stocktaking** inventaire permanent ; ~ **trading** *Bourse* transactions en continu.

continuum *n.* **1** ensemble/tout homogène ; ensemble sans solution de continuité, progression régulière, gradation, gamme complète, éventail complet, spectre, échelle continue/progressive, série homogène ; continuité ; **a ~ of health states from high-level wellness to terminal illness** tous les états de santé, depuis la pleine santé jusqu'à la maladie incurable ; **a ~ of age groups from pre-school to octogenarian** une large gamme de groupes d'âge, allant de l'enfant d'âge préscolaire à l'octogénaire ; **autism can be measured on a ~ rather than identified in a simple, categoric way** l'autisme peut se mesurer selon d'une échelle progressive et n'est pas un trouble qui existe ou non ; **the**

relevant level may be anywhere on a ~ from 0 to 6 le niveau en question peut avoir une valeur quelconque allant de 0 à 6. **2** réalité comportant une infinité d'états intermédiaires, phénomène (susceptible d'être) plus ou moins prononcé, phénomène d'intensité variable, réalité comportant divers degrés.

contraceptive device contraceptif (mécanique), matériel contraceptif.

contract *v.* **I 1** *intr.* conclure/passer un contrat ; **(with)** passer contrat avec. **2** *intr.* **(for)** passer un contrat relatif à ; **to ~ for parts from independent local suppliers** sous-traiter la fabrication de pièces à des fournisseurs locaux indépendants. **3** *intr.* **(to)** s'engager par contrat à. **4** *tr.* **(to)** confier l'exécution de *[travaux]* à *[entreprise spécialisée]*. **5 to ~ services** passer un/des contrat(s) avec un/des prestataire(s) de services. **6** *tr.* contracter *[maladie, habitude]*. **7** *tr.* contracter *[dette]*. **8** *intr.* diminuer, baisser. **II ~ in** *RU* participer à *[système]*. **III ~ out** *RU* **1** sous-traiter, confier *[travaux, services]* à une société extérieure, externaliser ; **to ~ out the cleaning of the premises** confier le nettoyage des locaux à une firme spécialisée ; **it is common nowadays for companies to ~ recruitment out** il est courant, de nos jours, que les entreprises confient leurs recrutements à un cabinet spécialisé. **2** déroger contractuellement à la loi. **3** renoncer à bénéficier *[de certaines dispositions]*, refuser (expressément), se retirer *[d'un système]*, renoncer à participer *[à un système]*, s'engager à ne pas participer *[à un système]*. **4** *Protection sociale* participer/cotiser à un régime de retraite complémentaire organisé par l'employeur *[en renonçant à participer au régime complémentaire de l'État]*. **5** refuser de cotiser à la caisse politique d'un syndicat.

contract *n.* **1** contrat ; marché ; **to award a ~** passer un marché ; attribuer un marché ; **to win a ~** obtenir/décrocher un contrat/marché. **2** *Fam.* **to put a ~ out on sb** commanditer l'assassinat de qqn. ✪ **~ documents** *Marchés publics* cahier des charges ; **~ for services** contrat de louage d'ouvrage ; **~ guarantee insurance** assurance d'exécution de contrat ; **~ labour** main-d'œuvre contractuelle ; **~ law** droit des contrats ; **~ note** *Bourse* bordereau ; **~ notice** avis d'appel d'offres ; **~ of employment/service** contrat de travail ; **~ processing** traitement à façon ; **~ research** recherche sous contrat, recherche contractuelle ; **~ work** a) travail sous-traité ; b) travail à forfait ; **~ worker** ouvrier contractuel.

contracting *adj.* ✪ **~ authority** *Marchés publics* administration, autorité contractante ; **~ party** partie contractante.

contractor *n.* entrepreneur ; fournisseur. ✪ **~'s all risk** *[assurance, police]* tous risques chantier.

contradiction in terms notion entachée d'une contradiction interne, expression contradictoire/antinomique, oxymoron ; **the name of the party, Partido Revolucionario Institucional, seems to be a ~** le nom du parti, Partido Revolucionario Institucional, semble contenir une contradiction ; **the concept of educational television is seen by many as a ~** beaucoup estiment que la notion de télévision éducative relève de l'oxymoron.

contrarian *n.* personne rejetant l'avis majoritaire.

contrary *n.* **to the ~ 1** *[indication]* allant dans le sens contraire ; **in the absence of proof to the ~** sauf preuve (du) contraire ; **unless the law provides to the ~** à moins que la législation ne contienne des dispositions contraires. **2** contrairement à ; **in fact the pacifists, right-wing propaganda to the ~, never did support Soviet communism** en fait, en dépit de ce qu'a affirmé la propagande de droite, les pacifistes n'ont jamais soutenu le communisme soviétique ; **in violation of all his pledges to the ~** bien qu'il se soit engagé à n'en rien faire.

contrary *adj.* contraire ; **in the absence of any ~ stipulation** sauf stipulation contraire.

contrast *n.* ✪ **by/in ~** en revanche, par contre ; a contrario ; **in ~ to** à la différence de, contrairement à.

contribute *v.* **1** *intr.* **(to)** contribuer à, concourir à, apporter son concours à, apporter une contribution à, aider à, être utile dans le cadre de, participer à la réalisation de, apporter sa pierre à, enrichir ; **some economists contend that the increase in the minimum wage has ~d to the unemployment problem** selon certains économistes, l'augmentation du salaire minimum a contribué au problème du chômage ; **various NGOs ~d to the organization of the conference** diverses ONG ont aidé à l'organisation de la conférence ; **the cultural centre was created to ~ to the artistic life of the area** on a créé le centre culturel pour enrichir la vie artistique du quartier ; **to ~ to environment-friendly technologies** faire progresser les technologies respectueuses de l'environnement. **2** *tr.* fournir, offrir, présenter, apporter, donner, faire un don de, mettre à la disposition, mettre au service, fournir un apport/une contribution de, prendre en charge, allouer ; **the president said it would be inappropriate to ~ troops to this peace-keeping operation** le président a déclaré qu'il ne convenait pas de fournir un contingent pour cette opération de maintien de la paix ; **local firms ~d funds and physicians ~d their expertise** des entreprises locales ont apporté des fonds et des médecins ont offert leurs compétences ; **to ~ suggestions** présenter des propositions ; **to ~ an article** écrire/remettre un article ; **a paper ~d by Spanish scientists** une communication établie par des scientifiques espagnols ; **each writer will ~ ideas to the production team** chaque rédacteur présentera des idées à l'équipe de production ; **the Group's catering activities ~d £3 million to its overall profit** les activités de restauration du groupe ont contribué à raison de 3 millions de livres au bénéfice total ; **Germany ~d $5 million** la contribution de l'Allemagne s'est élevée à 5 millions de dollars ; **the sector used to ~ a fifth of the country's gross domestic product** la part de ce secteur dans le produit intérieur brut du pays représentait 20 % ; **the agency will ~ 75% of the costs** l'organisation prendra en charge 75 % du coût ; **he also ~d articles to literary journals** il a également écrit des articles pour des revues littéraires. **3** *intr.* **(to)** participer à *[dépenses]*. **4** *intr.* **(to)** cotiser à *[régime de retraite]*. **5** *intr.* **(to)** faciliter ; favoriser ; améliorer ; renforcer. **6** *intr.* **(to)** collaborer à *[revue]*.

contributing factor l'un des facteurs, facteur parmi d'autres.

contribution *n.* **1** contribution, part, apport ; aide, assistance, concours, service ; rôle ; utilité ; participation, **the ~ of our Danish affiliate to overall profit is impressive** la part de notre filiale danoise dans notre bénéfice total est remarquable ; **~ of assets** apport d'actifs ; **the ~ of biology to medicine** l'apport de la biologie à la médecine ; **to make a ~** faire œuvre utile, se rendre utile, apporter sa pierre ; **to make a ~ to** servir, enrichir ; **computers make an invaluable ~** l'informatique rend d'immenses services ; **the organization's support made a valuable ~** l'assistance offerte par l'organisation a été précieuse ; **the ~ of urban planners to tackling poor housing conditions** la participation des urbanistes à la lutte contre les mauvaises conditions de logement. **2** contribution, quote-part, cotisation ; don *[à un parti, à une œuvre]* ; écot ; **the company made a ~ of**

£20,000 to the Conservative Party l'entreprise a fait un don de 20 000 livres au Parti conservateur. **3** *pl.* cotisations *[à un régime de retraite]*. **4** communication *[lors d'un colloque]*. **5** article *[d'une revue]*, chapitre *[d'un ouvrage collectif]*.

contributor *n.* **1** donateur, bailleur de fonds. **2** collaborateur *[d'une revue]*, coauteur *[d'un ouvrage collectif]*. **3** facteur.

contributory *n. Dr.* associé tenu de participer au remboursement des dettes *[en cas de liquidation]*.

contributory *adj.* ✪ **~ cause** l'une des causes ; **~ negligence** *Dr.* faute en partie à l'origine du préjudice, imprudence entraînant une responsabilité partielle (de la victime), faute/imprudence de la victime ; **~ pension scheme** régime de retraite financé par des cotisations ; **~ service** période d'affiliation *[à un régime de retraite]*.

contrived *adj.* artificiel, créé de toutes pièces, peu crédible.

control *v.* **1** *tr.* limiter, freiner, mettre un frein à, réfréner, enrayer, juguler, restreindre (la liberté d'action de), brider, discipliner, réprimer, modérer, retenir, endiguer, contenir, circonscrire ; arrêter (la progression de), tenir en échec, lutter contre, combattre, s'opposer à, faire obstacle à, contrecarrer ; **to ~ foxes in the countryside** limiter la population de renards dans les campagnes ; **to ~ the rise of the dollar** freiner la hausse du dollar ; **measures designed to help ~ the population explosion** des mesures qui visent à freiner l'explosion démographique ; **to ~ the spread of a disease** endiguer la propagation d'une maladie ; **the Prime Minister tried to ~ right-wing opposition** le Premier ministre s'est efforcé de contenir l'opposition de droite ; **an international effort is being made to ~ AIDS** une action internationale est menée pour lutter contre la propagation du sida. **2** *tr.* maîtriser, être maître de, dominer, exercer une domination sur, tenir, avoir/tenir en main, avoir la haute main sur, manipuler, téléguider, tenir sous sa coupe, avoir prise sur, déterminer, influer sur, avoir une influence sur, régner sur, régir, domestiquer, asservir ; réprimer, surmonter *[son indignation]* ; détenir *[part de marché]* ; contrôler *[société anonyme]* ; **to ~ costs** maîtriser les dépenses ; **to ~ one's emotions** maîtriser ses émotions ; **to be ~led by** être entre les mains de/sous la coupe/dépendance/autorité de/téléguidé par, relever de, dépendre de ; **those who run powerful multinational companies ~ some governments** ceux qui dirigent des sociétés multinationales puissantes exercent une domination sur certains gouvernements ; **to ~ the situation** avoir la situation (bien) en main ; **he said he did not ~ the terrorists** il a déclaré qu'il n'avait aucune influence sur les terroristes ; **the Lebanese government was ~led by the Syrians** le gouvernement libanais était sous la coupe des Syriens. **3** *tr. Mil.* contrôler ; **the rebels ~ most of the country** les insurgés contrôlent la plus grande partie du pays. **4** *tr.* gérer, administrer, organiser, déterminer, orienter, mener, diriger, conduire ; contrôler, superviser, encadrer, être à la tête de, chapeauter, avoir en charge ; veiller sur, exercer une tutelle sur, avoir un droit de regard sur, avoir son mot à dire sur, réglementer, régenter ; **it is said that the party is ~led by its parliamentary caucus** on affirme que le parti est dirigé par son groupe parlementaire ; **freedom of speech is strictly ~led** la liberté d'expression est strictement encadrée ; **the Internet needs to be ~led** il faut réglementer Internet ; **a committee ~led by Republicans** une commission à majorité républicaine ; **the new unit head wants to ~ everything** le nouveau chef du service veut tout régenter. **5** *tr.* commander, régler, assurer la régulation de, réguler, régulariser, manœuvrer, guider ; asservir ; **the left side of the brain ~s the right side of the body** la partie gauche du cerveau commande la partie droite du corps ; **much air traffic is ~led by radar** la régulation d'une grande partie du trafic aérien est effectuée par radar. **6** *tr.* vérifier, contrôler. **7 ~ for** *Stat.* éliminer/neutraliser (les effets de) *[facteur de confusion, biais]* ; tenir compte de *[âge, sexe, niveau d'instruction]*.

control *n.* **1** limitation, restriction(s), maîtrise, frein, (moyen de) lutte, mesures, prévention, encadrement, compression, contrainte, carcan ; **arms ~** limitation des armements ; **cost ~s** mesures de limitation des dépenses ; **the government wants to tighten ~s on possession of guns** le gouvernement veut renforcer les restrictions relatives à la possession d'armes à feu ; **fire ~** lutte contre les incendies ; **pollution ~** lutte contre la pollution ; **the sacking of the minister was an exercise in sleaze ~** le limogeage du ministre visait à contrer les accusations d'inconduite ; **she is the minister responsible for ~ of social conflict** elle est le ministre chargé de contenir les conflits sociaux. **2** gestion, organisation, réglementation, supervision, encadrement, administration, autorité, responsabilité, tutelle, juridiction, droit de regard, mot à dire. **3** maîtrise, pouvoir, influence, empire, domination, suprématie, emprise, mainmise, coupe ; **the government has no longer sole ~ over the nation's economy** le gouvernement n'a plus la maîtrise exclusive de l'économie du pays ; **the secretary seems to want ~ over the whole movement** il semble que le secrétaire veuille dominer l'ensemble du mouvement ; **in ~** maître de la situation ; **to be in ~** tenir la situation bien en main, diriger les activités ; **to have no ~ over** ne pouvoir agir sur, n'avoir aucune influence/prise sur ; **we have no conscious ~ over our dreams** nous ne pouvons influencer consciemment nos rêves ; **to take ~** prendre le pouvoir ; **the nationalists took ~ last year** les nationalistes ont pris le pouvoir l'année dernière ; **to take ~ of** prendre en main ; **workers wanted to take ~ of their own future** les travailleurs voulaient prendre leur avenir en main ; **to take control of an airplane** s'emparer d'un avion ; **factor beyond/outside sb's ~** facteurs indépendants de la volonté de qqn ; **loss of ~** inaptitude à maîtriser la situation, sentiment de ne plus maîtriser la situation ; **loss of ~ over** perte de la maîtrise de, perte de la possibilité d'influencer ; **the president may be losing ~ of the military** le président risque de ne plus tenir l'armée en main ; **the pill granted women ~ over their own lives** la pilule a permis aux femmes de prendre en main leur existence ; **the aim is to give people ~ over their own future** il s'agit de donner à chacun les moyens de prendre en charge son avenir. **4** (détention d'une) participation majoritaire, contrôle. **5** *sg. ou pl.* mesures de contrôle, instruments de contrôle ; restrictions ; réglementation ; **the government reduced ~s on foreign travel** le gouvernement a réduit les restrictions relatives aux voyages à l'étranger ; **pollution ~(s)** réglementation en matière de pollution ; **~ of firearms** réglementation applicable aux armes à feu. **6** (leviers de) commande ; maniement, manœuvre, conduite, pilotage ; régulation, réglage, régularisation ; asservissement. **7** vérification, contrôle ; **border ~s** contrôles aux frontières. **8** agent traitant *[d'un agent de renseignement]* ; **the intelligence agent was carefully briefed by his ~** l'agent de renseignement a reçu des instructions minutieuses de son agent traitant. **9** témoin *[servant de point de comparaison lors d'une expérience]*. ✪ **~ freak** *Fam.* personne qui veut tout régenter ; **~ group** groupe témoin *[lors d'un essai clinique]* ; **~ panel** a) *Inf.* tableau de commande *[d'une imprimante]* ; b) *Inf.* panneau de configuration *[de Windows]* ; c) tableau de contrôle *[d'une machine]* ; d) tableau de bord *[d'un avion]* ; **~ rod** *Nucl.* barre de commande/contrôle ; **~ room** a) salle de commande ; b) *Navigation* poste de commande ; c) *Audiovisuel* régie ; **~ system**

asservissement ; ~ **tower** *Av.* tour de contrôle ; **keep under** ~ *voir* control v. (1) ; *[***to keep public spending under** ~ maîtriser/contenir les dépenses publiques*]* ; **out of** ~ impossible à maîtriser, effréné, chaotique, à la dérive ; *[***the prisoners are out of** ~ les détenus font la loi ; **the economy is out of** ~ le gouvernement ne maîtrise plus l'économie ; **to get out of** ~ perdre/abandonner toute discipline/toute retenue, devenir irrésistible, tourner mal, dégénérer, se gâter, aller à la dérive, déraper, s'emballer, ne plus pouvoir être maîtrisé ; **the economy got out of** ~ l'économie est allée à la dérive ; **inflation got out of** ~ on a perdu la maîtrise de l'inflation, l'inflation a dérapé ; **wages are getting out of** ~ l'augmentation des salaires ne peut plus être maîtrisée ; **costs ran out of** ~ les coûts ont augmenté de façon vertigineuse ; **the situation is out of** ~ c'est le chaos*]* ; **under** ~ (bien) en main, maîtrisé, contenu ; *[***to bring under** ~ maîtriser, juguler *[inflation]*, contenir, endiguer, enrayer ; **inflation is now under** ~ l'inflation est maintenant maîtrisée ; **the army seems to be under** ~ il semble que la discipline ait été rétablie dans l'armée ; **the epidemic is under** ~ l'épidémie a été enrayée*]*.

controlled *adj.* **1 to be ~ by** être entre les mains de, être sous la coupe/l'autorité/la dépendance de, être dominé par, relever de, dépendre de ; **Republican-~ Congress** Congrès dominé par les Républicains ; ~ **from outside** téléguidé. **2** mesuré ; **the ~ use of firearms by police officers** l'utilisation mesurée d'armes à feu par les agents de police. **3** contrôlé ; **area ~ by rebels** zone contrôlée par des insurgés ; **a French-~ company** une société sous contrôle français. ✪ ~ **chain reaction** *Nucl.* réaction en chaîne contrôlée ; ~ **delivery** livraison surveillée *[de drogue]* ; ~ **economy** économie dirigée ; ~ **market** marché réglementé ; ~ **prices** prix réglementés ; ~ **substance** substance réglementée ; ~ **trial** essai contrôlé.

controller *n.* chef (du service) de la comptabilité ; chef du service financier, contrôleur financier.

controlling interest/stake bloc de contrôle.

controversial *adj.* controversé, (très) discuté, discutable, critiquable, contestable, au centre d'une controverse ; qui prête à controverse, de nature à susciter des controverses ; **to be** ~ être loin de faire l'unanimité ; **the meeting was cancelled because its subject was too** ~ la réunion a été annulée parce que les questions qui devaient y être abordées étaient trop controversées ; **no newspaper was prepared to publish such ~ photographs** aucun journal n'était disposé à publier ces photos aussi critiquables ; **his proposals proved so ~ that the meeting had to be postponed** ses propositions ont suscité tellement d'objections que la réunion a dû être reportée.

conundrum *n.* **1** énigme ; devinette. **2** question (très) difficile, problème (très) épineux ; casse-tête (chinois) ; dilemme ; **the ambassador was faced with quite a** ~ l'ambassadeur a dû faire face à un problème particulièrement épineux.

conurbation *n.* agglomération ; conurbation.

convener *n.* président *[d'un comité]*.

convenience *n.* **1** commodité ; facilité ; caractère pratique ; avantage. **2** convenance (personnelle). **3** *pl.* éléments de confort, commodités ; installations, équipement. **4** toilettes publiques. ✪ **at your earliest** ~ dès que possible ; ~ **flag** pavillon de complaisance ; ~ **food** aliment prêt à être consommé/n'exigeant qu'une préparation minimale ; ~ **goods** articles d'usage courant, produits de grande consommation ; ~ **store** *ÉU* magasin de nuit, magasin ouvert jusqu'à des heures tardives ; *Can.* dépanneur.

convenor *n.* président *[d'un comité]*.

convention *n.* **1** convention. **2** foire commerciale, salon (professionnel), congrès, convention, conférence. ✪ **Convention and Visitors Bureau** *ÉU* Office du tourisme ; ~ **centre** centre de congrès ; **Convention for the Protection of Human Rights and Fundamental Freedoms** Convention de sauvegarde des droits de l'homme et des libertés fondamentales ; **Convention on International Trade in Endangered Species of Wild Fauna and Flora** Convention sur le commerce international des espèces de faune et de flore sauvages menacées d'extinction ; **Convention on long-range transboundary air pollution** Convention sur la pollution atmosphérique transfrontière à longue distance ; **Convention on the Contract for the International Carriage of Goods by road** Convention relative au contrat de transport international de marchandises par route ; **Convention on the Protection and Use of Transboundary Watercourses and International Lakes** Convention sur la protection et l'utilisation des cours d'eau transfrontières et des lacs internationaux ; **Convention on the Rights of the Child** Convention relative aux droits de l'enfant ; **Convention on the Transboundary Effects of Industrial Accidents** Convention sur les effets transfrontières des accidents industriels.

conventional *adj.* **1** conventionnel ; traditionnel. **2** classique, (de type) courant, usuel. ✪ ~ **memory** *Inf.* mémoire conventionnelle ; ~ **mortgage** hypothèque conventionnelle ; ~ **weapons** armes classiques ; ~ **wisdom** opinion courante, conception généralement admise, idée reçue, cliché, lieu commun ; *[***he was much criticized because his ideas ran contrary to ~ wisdom** il s'est heurté à de nombreuses critiques parce que ses idées allaient à l'encontre des conceptions généralement admises ; **~ wisdom makes a distinction between "hard" and "soft" drugs** on établit généralement une distinction entre drogues « dures » et « douces »*]*.

conversant *adj.* **(with)** connaissant bien, bien au fait de, ayant une longue expérience de.

conversational *adj. Inf.* interactif.

conversion *n.* **1** conversion. **2** *Écon.* reconversion. **3** *Dr.* ameublissement. **4** *Dr.* immobilisation. **5** *Dr.* détournement ; usurpation.

convertible *adj.* **1** convertible. **2** décapotable. ✪ ~ **bonds** obligations convertibles en actions ; ~ **loan stock** obligations convertibles.

convey *v. tr.* **1** transporter *[marchandises, voyageurs]*. **2** exprimer, faire part de, communiquer, transmettre ; traduire, véhiculer, faire comprendre ; faire passer *[message]* ; **in his second article he ~ed the same ideas** dans son deuxième article, il a exprimé les mêmes idées. **3** *Dr.* transférer la propriété de *[bien]*.

conveyance *n.* **1** transport. **2** moyen de transport ; véhicule. **3** transfert/transmission de propriété (immobilière) ; acte translatif de propriété (immobilière).

conveyancing *n.* (formalités relatives au) transfert de propriété immobilière.

conveyor belt bande transporteuse, tapis roulant.

conviction *n.* **1** condamnation. **2** conviction.

COO (chief operating officer) directeur de l'exploitation.

cookie *n. Inf.* cookie, témoin (de connexion).

cooking fuel combustible pour la cuisson des aliments.

cool *v.* **to ~ things down** calmer le jeu.

cool *adj. Fig.* **1** *[personne]* froid, distant, réservé, formel, guindé. **2** *[personne]* calme, serein, plein de sang-froid, maître de soi. **3** *[personne]* branché.

coolant *n. Nucl.* réfrigérant, fluide réfrigérant/de refroidissement.

cooling-off period **1** délai/période de réflexion. **2** période d'apaisement ; période de recherche d'un règlement négocié *[avant une grève]*.

cooling water *Nucl.* eau de refroidissement.

cooperative apartment building immeuble en copropriété.

co-opt *v. tr.* **1** coopter. **2** absorber, assimiler ; **the government hopes to ~ minority communities** le gouvernement espère qu'il pourra assimiler les communautés minoritaires. **3** s'adjoindre, recruter. **4** obtenir le ralliement de, rallier à soi, enrôler (dans son combat), gagner à ses vues ; faire alliance avec, s'assurer le concours de. **5** se réclamer de, revendiquer le patronage de, appeler à la rescousse, mettre à contribution *[personnage prestigieux, généralement décédé] ;* **he ~ed former communists into the new government** il a obtenu la participation d'anciens communistes au nouveau gouvernement. **6** adopter, reprendre (à son compte), s'approprier, faire sien *[idées de qqn d'autre]*.

copayment *n. Santé publique* ticket modérateur.

cope *v. intr.* faire face/s'adapter à la situation, faire face au problème, surmonter les difficultés, bien réagir, s'en sortir, s'en tirer, se débrouiller ; résister ; **(with)** faire face à, affronter, s'adapter à, lutter contre, résister à, répondre à, s'attaquer à, aborder, contrer, supporter, absorber, maîtriser, venir à bout de, tenir tête à, surmonter, pallier, remédier à, résoudre ; *Fam.* se débrouiller avec ; **the new press officer seems well able to ~** le nouvel attaché de presse semble être en mesure de s'acquitter de ses fonctions ; **to have to ~ with** être aux prises avec, être en proie à ; **the company is able to ~ with the demand** l'entreprise est capable de faire face à la demande.

coping strategy stratégie d'adaptation (à la situation), stratégie face à l'adversité/aux épreuves.

copy *n.* **1** copie, double. **2** exemplaire ; numéro, livraison ; **the author will sign copies of his latest book** l'auteur dédicacera des exemplaires de son dernier livre. **3** texte ; *Publ.* texte *[d'une annonce]*, partie rédactionnelle ; *Edition* texte ; **a secretary leaked an advance ~ of the speech** une secrétaire a divulgué le texte du discours. **4** *Journ.* matière *[pour un article]*. ✪ **~ editing** contrôle rédactionnel, mise au point du texte ; révision, remaniement (du texte), modifications rédactionnelles, corrections de style, relecture, réécriture ; **~ editor** rédacteur *[= responsable de la mise au point des textes, notamment dans un journal ou une maison d'édition] ; Journ.* secrétaire de rédaction ; **~ machine** photocopieur, photocopieuse.

copyright *n.* droit d'auteur *[= droit économique et moral reconnu à l'auteur d'une œuvre de l'esprit] ;* droit de reproduction *[= droit de reproduire une œuvre originale] ;* copyright *[= droit de représenter, de diffuser ou de reproduire une œuvre de l'esprit] ; OMPI* droit d'auteur ; **to have/hold/own the ~ for/on** être titulaire du droit d'auteur sur ; **protected by/under ~** protégé par le droit d'auteur ; **breach of ~** infraction à la législation sur le droit d'auteur. ✪ **~ infringement** atteinte au droit d'auteur ; **~ law** législation sur le droit d'auteur ; **~ notice** mention de réserve du droit d'auteur ; **~ owner** titulaire du droit d'auteur.

copyrighted *adj.* protégé par le droit d'auteur.

copywriter *n.* rédacteur (publicitaire).

cordon *v.* **~ off** boucler, isoler *[zone]*.

core *n.* **1** noyau (minimal), centre, élément central, cœur, âme, essentiel, élément/point essentiel, base, pierre angulaire, fond du problème, vif du sujet ; fondement, base ; **phonetics, syntax and semantics are the ~ of linguistics** la phonétique, la syntaxe et la sémantique sont les éléments essentiels de la linguistique. **2** *Géol.* carotte. **3** *Nucl.* cœur (du réacteur). ✪ **~ business** activité principale, métier de base, cœur de métier *[d'une entreprise] ;* **~ curriculum** tronc commun, programme (d'études) (minimum) commun ; **~ group** groupe restreint ; **~ inflation** inflation sous-jacente ; **~ sample** *Géol.* carotte ; **~ sampling** *Géol.* prélèvement de carottes ; **~ subject** *Ens.* matière principale ; **~ time** plage fixe *[d'un horaire flexible] ;* **~ values** valeurs fondamentales.

core *adj.* essentiel, clé, central, fondamental, principal, de base ; **~ values** valeurs fondamentales ; **Mr Blair's critics feared he would alienate the party's ~ support** ceux qui critiquaient M. Blair craignaient qu'il ne s'aliène le noyau dur de l'électorat du parti.

Corfu *n. Grèce* Corfou.

coring *n. Géol.* carottage.

corn *n.* **1** *RU* céréales. **2** *RU* blé. **3** *ÉU* maïs.

corner *v. tr. Écon.* accaparer ; **to ~ the market** accaparer les produits (sur le marché).

corner *n.* ✪ **around the ~** *Fig.* proche, imminent, pour demain, pour bientôt, bientôt disponible ; **~ shop** magasin de proximité ; **cut ~s** faire les choses à moitié/à la va-vite, bâcler le travail, sacrifier la qualité, ne pas respecter les règles de l'art, ne pas faire le travail dans les règles de l'art ; *[***he cuts ~s to finish the report in time** il bâcle son rapport pour pouvoir le déposer à temps*] ;* **just around the ~** *Fig.* proche, imminent, pour demain, pour bientôt, bientôt disponible ; **paint oneself into a ~** se placer soi-même dans une situation inextricable, se mettre dans une impasse.

cornerstone *n. Fig.* pierre angulaire, pierre d'angle, clé de voûte, pièce maîtresse, fondement, élément essentiel/fondamental, principe fondamental.

Cornwall *n. Angl. [la]* Cornouailles.

coronary *adj.* ✪ **~ artery disease** coronaropathie ; **~ bypass** pontage coronarien ; **~ heart disease** cardiopathie coronarienne, coronarite ; **~ stent** endoprothèse coronaire.

corporate *adj.* **1** relatif à une société/entreprise ; de société, *[organe, biens]* social ; du monde des affaires ; **~ profits** bénéfices des entreprises ; **many company managers are now trying to inspire ~ loyalty** aujourd'hui, de nombreux patrons s'efforcent de susciter de la loyauté vis-à-vis de l'entreprise. **2** doté de la personnalité juridique. **3** collectif, collégial ; *[responsabilité]* solidaire ; commun ; **~ effort** effort collectif ; **the ~ experience** la somme des expériences *[d'un groupe]*. **4** corporatif. ✪ **~ advertising** publicité institutionnelle ; **~ America** les entreprises américaines ; *[***it is said that ~ America decides what the government can do** d'aucuns affirment que les entreprises américaines décident de ce que le gouvernement peut ou ne peut pas faire*]* ; ~ **attorney** *ÉU* avocat-conseil d'entreprise ; ~ **banking** services bancaires aux entreprises ; ~ **body** personne morale ; ~ **bond** obligation de société ; ~ **business** entreprise constituée en société, société ; ~ **culture** culture d'entreprise ; ~ **customer** entreprise cliente ; ~ **earnings** bénéfices des entreprises ; ~ **face** image (de l'entreprise) ; ~ **governance** gouvernement de l'entreprise ; ~ **identity** identité visuelle ; ~ **image** image de marque *[d'une société] ;* ~ **ladder** hiérarchie de l'entreprise ; ~ **law** *ÉU* droit des sociétés ; ~ **lawyer** *ÉU* spécialiste du droit des sociétés ; juriste d'entreprise, avocat-conseil d'entreprise ; ~ **lending** *Banque* activités de crédit aux entreprises ; ~ **name** raison sociale ; ~ **officer** cadre supérieur ; ~ **raider** prédateur d'entreprises ; ~ **saving** épargne des sociétés ; ~ **sector** secteur privé ; ~ **stock(s)** actions ; ~ **tax** impôt sur les sociétés.

corporation *n.* **1** personne morale. **2** société ; *ÉU* société anonyme. **3** *RU* conseil municipal. ✪ ~ **lawyer** juriste d'entreprise ; ~ **tax** *RU* impôt sur les sociétés.

corporatism *n.* **1** corporatisme (d'État) *[sur le modèle de l'Italie fasciste].* **2** partenariat État-patronat-syndicats ; **some economists say that more ~ will be necessary in the twenty-first century** certains économistes estiment qu'une plus grande collaboration entre l'État et les partenaires sociaux sera nécessaire au XXIe siècle.

Corps of Engineers *ÉU* Génie.

corpus *n.* **1** recueil ; œuvres complètes. **2** corpus *[de citations].* **3** partie principale, élément principal, élément essentiel, centre, cœur. **4** ensemble, somme ; ~ **of knowledge** somme de connaissances. **5** capital *[par opposition aux revenus].* ✪ ~ **delicti** *Dr.* corps du délit.

correct *adj.* **1** *[prévision]* exact, juste, *[méthode]* bon, *[choix]* judicieux ; légitime ; **to be** ~ *[personne]* avoir raison. **2** *[français]* correct. **3 an environmentally ~ company** une entreprise respectueuse de l'environnement ; **American academics complain about having to be politically ~** des universitaires américains se plaignent de devoir être « politiquement corrects ». ✪ **Correct Way Party** *Turquie* Parti de la juste voie.

correction *n.* **1** correction. **2** système pénitentiaire ; science pénitentiaire. ✪ **~(s) officer** surveillant d'établissement pénitentiaire, gardien de prison.

correctional *adj.* ✪ ~ **administration** administration pénitentiaire ; ~ **center/facility/institution** établissement pénitentiaire, centre de détention, prison ; ~ **officer** surveillant d'établissement pénitentiaire, gardien de prison.

corrective action mesures correctives, améliorations, réforme, révision ; **to take** ~ corriger/rectifier le tir.

correctly *adv.* correctement, judicieusement, à bon escient, à juste titre.

correspondent *n. Journ.* **1** correspondant. **2** journaliste spécialisé *[généralement en poste au siège de son employeur] ;* **defence ~** rédacteur spécialisé dans les questions de défense ; **science ~ for the New York Times** spécialiste des questions scientifiques au New York Times.

correspondent bank correspondant.

corridors of power allées du pouvoir.

corrigendum *n.* **1** erratum ; **corrigenda** errata. **2** rectificatif.

corrupt *v. tr.* **1** corrompre *[fonctionnaire].* **2** corrompre, pervertir, dépraver. **3** altérer *[texte],* fausser, dénaturer, déformer, dégrader, porter atteinte à ; **the digital code was ~ed** il s'est produit une altération du code numérique ; **large amounts of data are ~ed in transit** une grande quantité de données sont dénaturées au cours de leur transmission ; **to ~ the share price of the railway company** manipuler le cours de l'action de la compagnie ferroviaire.

corrupt *adj.* **1** immoral. **2** *[personne]* corrompu, *[action]* entaché de corruption. **3** frauduleux ; ~ **and illegal electoral practices** la fraude et les irrégularités électorales.

cosmetic *adj.* **1** *[chirurgie]* esthétique. **2** *Fig.* superficiel, de pure forme, qui ne touche pas au fond du problème ; mineur, insignifiant, de détail ; ~ **change** changement de pure forme ; ~ **concessions** concessions insignifiantes. ✪ ~ **surgeon** spécialiste de chirurgie esthétique, chirurgien esthéticien.

cosmic *adj.* ✪ ~ **(microwave) background radiation** rayonnement fossile de l'univers ; ~ **radiation** rayonnement cosmique.

co-sponsor *v. tr.* coparrainer ; **conference ~ed by the Ministry of Health and WHO** conférence organisée sous les auspices communes du ministère de la Santé et de l'OMS.

cost *n.* **1** coût, frais, dépense, charge. **2** *pl. Dr.* dépens ; **the court ordered the plaintiff to pay ~s** le juge a condamné le demandeur aux dépens. **3** *Fig.* inconvénient ; **there are hidden ~s** il y a des inconvénients cachés. ✪ **at** ~ au prix coûtant, au coût d'acquisition ; au prix de revient ; *[***the company sold some of its products at ~** l'entreprise a vendu certains de ses produits au prix de revient*] ;* **at the ~ of** au prix de ; ~ **accountant** responsable de la comptabilité analytique d'exploitation ; ~ **accounting** comptabilité analytique d'exploitation ; ~ **and freight** *Comm.* coût et fret ; **~-benefit analysis** analyse coûts-avantages ; ~ **centre** centre de coût ; ~ **containment/control** maîtrise des coûts/dépenses ; ~ **cutting** réduction des dépenses ; **~-effective** *adj.* qui a un bon rapport coût-efficacité, d'un bon rapport coût-efficacité, efficace sur le plan des coûts, efficace par rapport à son coût, performant, rentable, payant, financièrement avantageux, d'un coût avantageux, économiquement avantageux/efficace/rationnel, économique, efficace et économique, à la fois efficace et économique, peu coûteux ; *[***this is the most ~-effective way of promoting the product** il s'agit de la façon la plus économique d'assurer la promotion du produit ; **a more ~-effective use of resources** une utilisation plus efficace des ressources*] ;* **~-effectiveness** *n.* rapport coût-efficacité, efficacité par rapport au coût, rentabilité ; *[***the ~-effectiveness of screening for breast cancer** l'intérêt économique du dépistage du cancer du sein*] ;* ~ **inflation** inflation par les coûts ; **~, insurance and freight** *Comm.* coût, assurance, fret ; ~ **of control** moins-value de consolidation *[dans un bilan consolidé] ;* **~-effectiveness analysis** analyse coût-efficacité ; **~-of-living adjustment** indexation (sur le coût de la vie) ; **~-of-living allowance** allocation de vie chère ; **~-of-living clause** clause d'indexation, clause d'échelle mobile ; ~ **of money** loyer de l'argent ; ~ **overruns** dépassements de prévisions de coût ; **~-plus contract** contrat/marché sur dépenses contrôlées ; ~ **price** prix de revient ; **~-push inflation** inflation par les coûts ; ~ **recovery** a) récupération des dépenses ; b) *Fisc. ÉU* amortissement ; **to one's ~** *RU* à ses dépens.

Costa Rican *adj.* costaricien.

costing *n.* établissement/calcul des coûts.

coterminous *adj.* **1 to be ~ with** avoir les mêmes limites géographiques que ; coïncider avec. **2 the ~ United States** les 48 États fédérés des Etats-Unis qui forment un territoire d'un seul tenant.

cottage industry 1 travail à domicile. **2** *Fig.* activité artisanale. **3** *Fig.* véritable petite industrie, industrie florissante *[souvent illégale]*. **4** activité très répandue ; **denigrating the President has become something of a ~** le dénigrement du président est devenu une activité qui a pas mal d'adeptes.

couch potato 1 téléspectateur passif. **2** personne sédentaire/qui fait peu d'exercice.

council *n.* **1** conseil. **2 Council** *UE* Conseil (des ministres) ; **Environment Council** Conseil « Environnement » ; **Resolution of the Council and the ministers for health, meeting within the Council** Résolution du Conseil et des ministres de la Santé, réunis au sein du Conseil. **3** *RU* conseil municipal ; conseil de comté. ✪ **~ flat** *RU* appartement social ; **~ house** *RU* logement social ; **Council meeting at Ministerial level** *OCDE* Conseil réuni au niveau des ministres ; **Council of Europe** Conseil de l'Europe ; **Council of ministers** *UE* Conseil de ministres *[désigne l'instituion en général] ;* Conseil des ministres *[des transports, etc.] ;* **Council of the European Union** Conseil de l'Union européenne ; **~ tax** *RU* impôts locaux ; **~ tenant** *RU* locataire de logement social.

counsel *n.* **1** conseil, avis. **2** délibération, discussion. **3** avocat, conseil ; groupe d'avocats ; **~ for the defence** avocat de la défense. ✪ **keep one's ~** ne pas se confier.

counselling *n.* **1** (information et) conseils, (dispensation de) conseils, information, consultation(s), activités de conseil, orientation, (activités de) guidance ; services d'information ; services de consultation. **2** aide/soutien/prise en charge psychologique, accompagnement psychologique ; thérapie.

counsellor *n.* **1** conseiller. **2** conseiller d'orientation. **3** psychothérapeute, psychologue. **4** *ÉU* **~ (-at-law)** avocat.

count *n.* **1** décompte ; comptage. **2** nombre. **3** numération *[bactérienne, globulaire]*. **4** *Dr.* chef d'accusation ; **he was charged with two ~s of murder** il a été inculpé de deux meurtres ; **she was convicted on three felony ~s** elle a été condamnée pour trois crimes. **5** question, point, aspect, égard ; **they agree on this ~** ils sont d'accord sur ce point ; **they are pessimistic on several ~s** ils sont pessimistes à plusieurs égards.

counter *v.* **1** *tr.* s'opposer à, faire face à, résister à. **2** *intr.* répliquer. **3** *tr.* contrer, contrecarrer, parer à, déjouer, faire échec à, battre en brèche, conjurer, lutter contre, mettre fin à, neutraliser.

counter *n.* **1** comptoir. **2** compteur. **3** parade, riposte, contre-mesure. **4** monnaie d'échange, atout dans la négociation ; argument de négociation. ✪ **over the ~** *[***drug sold over the ~** médicament en vente libre*] ;* **over the ~ market** marché hors cote ; **under the ~** sous le manteau.

counteract *v. tr.* contrer, contrecarrer, déjouer, faire échec à, faire pièce à, enrayer, conjurer, lutter contre, combattre, remédier à ; faire contrepoids à, neutraliser.

counterclaim *n. Dr.* demande reconventionnelle.

countercyclical *adj.* anticyclique, contracyclique.

counterfeit *adj. [marchandises]* de contrefaçon, *[disque, logiciel]* pirate, piraté.

counter-insurgency *n.* lutte contre l'insurrection.

counter-insurgency *adj.* antisubversif.

counterintuitive *adj.* paradoxal, déroutant, contraire au sens commun ; **to be ~** aller à l'encontre de l'intuition.

counter-measure *n.* contre-mesure, parade ; mesure de rétorsion.

counterpart *n.* **1** homologue, équivalent ; confrère, collègue ; **the Minister of Foreign Affairs spoke for several hours with his Finnish ~** le ministre des Affaires étrangères a eu un entretien de plusieurs heures avec son homologue finlandais. **2** pendant ; **political freedom is the natural ~ to economic liberalism** la liberté politique est le pendant naturel de la libéralisation économique. ✪ **~ fund** fonds de contrepartie ; **~ staff** homologues.

counterproductive *adj.* plus néfaste que bénéfique, contreproductif ; **to be ~** faire plus de tort que de bien.

countertrade *n. Écon.* échanges compensés, commerce compensé, (opérations de) compensation.

countervailing *adj.* compensatoire. ✪ **~ credit** crédit subsidiaire, crédit adossé ; **~ duty** droit compensatoire ; **~ measures** mesures de compensation

country *n.* ✪ **~ activities** activités (menées) au niveau des pays/dans les pays ; **~ planning** aménagement du territoire ; **~ programme** programme de pays ; **~ report** rapport national ; *pl.* rapports/comptes rendus par pays ; **~ review** examen par pays ; **~ risk** *Fin.* risque-pays ; **go to the ~** se (re)présenter devant les électeurs, appeler les électeurs aux urnes.

county *n.* ✪ **~ borough** *RU* bourg-comté ; **~ court** *Angl.* tribunal de comté, tribunal d'instance ; **~ seat** *ÉU* chef-lieu de comté ; **~ town** *RU* chef-lieu de comté.

coup *n.* **1** coup d'État. **2** succès remarquable/éclatant, réussite spectaculaire, exploit, triomphe, (beau) coup ; **diplomatic ~** triomphe diplomatique ; **a marvellous journalistic ~** une réussite journalistique extraordinaire.

coupled *adj.* **(with)** associé à, combiné avec, allant de pair avec, comportant, se conjuguant avec, concomitant de.

coupon *n.* **1** *Fin.* coupon. **2** bon de réduction. **3** coupon-réponse. **4** ticket de rationnement. ✪ **~ bond** obligation à coupons.

couponing *n. Promotion des ventes* couponnage.

courier (service) société de coursiers, messagerie.

course *n.* **1** cours *[d'un fleuve] ;* parcours, trajet, itinéraire ; trajectoire *[d'un missile] ;* route *[d'un navire, d'un avion] ;* **to be off ~** s'être écarté de sa trajectoire. **2** cours *[de l'histoire],* marche *[du temps, de la justice]*. **3** *Fig.* voie ; **Nelson Mandela set South Africa on a ~ of reconciliation and tolerance** Nelson Mandela a engagé l'Afrique du Sud sur la voie de la réconciliation et de la tolérance. **4** orientation, évolution, déroulement ; cours ; *Fig.* cap ; **in his book he traces the ~ of the revolution** dans son livre, il retrace le déroulement de la révolution ; **to let nature take its ~** laisser faire la nature, ne pas intervenir. **5** mesures, action, plan (d'action), ligne de conduite, mode/moyen d'action, marche à suivre, procédure suivie/à suivre, façon de procéder, voie, option, parti, solution, action, stratégie, démarche, politique, orientation ; **change of ~** réorientation, changement de cap ; **to chart a new ~** définir une nouvelle ligne de conduite. **6** *Méd.* **~ (of therapy/treatment)** cure, traitement, thérapeutique ; **10-day ~** cure de 10 jours ; **~ of**

antibiotics traitement aux antibiotiques ; **~ of acupuncture** séances d'acupuncture ; **~ of injections** série d'injections ; **the clinical ~ of the disease can be controlled by medication** des médicaments permettent d'influencer l'évolution clinique de la maladie. **7** études, cursus. **8** formation. **9** cours *[= enseignement dans une matière déterminée] ;* module ; **to take a ~** suivre un cours. **9** méthode *[d'anglais].* ✪ **~ materials** matériels de formation ; **~ of action** *voir* course (5) ; **~ of study** études, cursus ; **in the ~ of** a) au cours de, dans le cadre de, à l'occasion de ; b) en voie de, en train de ; *[***in the ~ of his trade** dans l'exercice de son activité professionnelle*] ;* **~ work** *Ens.* travaux (incombant à l'élève/l'étudiant), travaux accomplis au cours de l'année ; **on ~** en bonne voie ; **run one's ~** prendre fin, s'achever ; *[***it is clear that this fashion has run its ~** il est manifeste que cette mode est passée*] ;* **stay on ~** maintenir le cap, ne pas dévier de son cap ; *[***the recovery will probably only stay on ~ for another three months** il est probable que la reprise ne se maintiendra que pendant trois mois*] ;* **stay the ~** maintenir le cap, ne pas dévier de son cap.

courseware *n.* didacticiel, logiciel éducatif.

court *n.* **1** *Dr.* juridiction, tribunal, cour, juge ; *pl.* a) tribunaux ; b) jurisprudence ; **~ decision** décision judiciaire/de justice ; **to bring/take to ~** intenter un procès à, attaquer/poursuivre en justice. **2** cour *[royale].* ✪ **~ challenge** action en justice, procès ; recours judiciaire *[contre une décision du pouvoir exécutif] ;* **~ fees** frais de justice ; **~ action** action en justice ; **~ case** procès ; **~ clerk** *ÉU* greffier ; **~ costs/fees** frais de justice ; **~ house** palais de justice ; **~-martial** a) *v. tr.* traduire devant le tribunal militaire ; b) *n.* tribunal militaire ; c) *n.* procès devant le tribunal militaire ; **Court of Admiralty** *Angl.* tribunal maritime, *Court of Admiralty [connaît des actions civiles relatives aux navires et à la mer] ;* **Court of Appeals** *ÉU* cour d'appel ; **Court of First Instance of the European Communities** *UE* Tribunal de première instance des Communautés européenne ; **~ of justice** juridiction, tribunal, cour ; **Court of Justice of the European Communities** Cour de justice des Communautés européennes ; **~ of law** tribunal, juridiction ; **~ of record** tribunal conservant des archives perpétuelles ; **~ order** ordonnance du tribunal ; **~ reporter** *ÉU* sténotypiste (judiciaire) ; **Court of St. James's** *RU* Cour (royale britannique) ; *[***ambassador to the Court of St. James's** ambassadeur au Royaume-Uni*] ;* **go to ~** engager une action en justice ; **in ~** à l'audience ; **out-of-~** *adj.* amiable ; **out of ~** a) à l'amiable ; b) en dehors de l'enceinte du tribunal.

courtesy *n.* **(by) ~ of 1** reproduction autorisée par, (reproduit) avec l'aimable autorisation de ; offert par ; mis gracieusement à notre disposition par ; **this article is reprinted ~ of The Guardian** cet article est reproduit avec l'autorisation du Guardian. **2** grâce à.

courtship display parade nuptiale.

covariate *n. Stat.* co-variable.

cover *v.* **1** *tr.* couvrir, recouvrir ; avoir une superficie de, s'étendre à/sur ; parcourir ; **forest ~s half of the island** la forêt recouvre la moitié de la superficie de l'île ; **a proposed free-trade area ~ing all the American continent** un projet de zone de libre échange s'étendant à l'ensemble du continent américain. **2 to ~ one's costs/expenses** rentrer dans ses frais/fonds, ne pas subir de perte. **3** *tr.* porter sur, concerner, intéresser, être relatif à, se rapporter à ; **the interview ~ed every aspect of relations between France and the USA** l'interview a porté sur tous les aspects des relations entre la France et les États-Unis. **4** *tr.* traiter de, étudier, relater, rendre compte de ; mentionner ; **in his next lecture he will ~ quantum physics** lors de son prochain cours, il traitera de la physique quantique. **5** *tr.* examiner *[question].* **6** *tr.* couvrir, recouvrir, comprendre, inclure, englober, comporter, embrasser, s'étendre à *[plusieurs aspects] ;* tenir compte de, prendre en considération, prévoir ; s'appliquer à, régir ; s'occuper de. **7** *tr.* couvrir, cacher, dissimuler, masquer. **8** *tr.* viser, s'appliquer à, être applicable à, régir, prévoir ; **to be ~ed by** faire l'objet de, relever de, être prévu par, être valable pour ; **the new regulation ~s all pharmaceuticals** le nouveau règlement est applicable à tous les produits pharmaceutiques. **9** *tr.* desservir, satisfaire à ; répondre à, faire face à, couvrir. **10** *tr. Ass.* garantir, couvrir, assurer ; **this health-care plan ~s millions of workers** ce plan d'assurance maladie couvre des millions de travailleurs. **11** *tr. Journ.* rendre compte de, relater, suivre, faire un reportage sur, couvrir, assurer le reportage/le compte rendu de ; *[journaliste]* être spécialiste de ; *TV* retransmettre ; **to ~ a trial** faire le compte rendu d'un procès ; **she ~s eastern Europe for the New York Times** elle est spécialiste de l'Europe orientale au New York Times. **12** *tr.* remplacer ; **to ~ for an absent colleague** remplacer un collègue pendant son absence. **13 ~ up** dissimuler, étouffer, occulter, camoufler, masquer, effacer toute trace de.

cover *n.* **1** *Bourse* couverture, provision, marge. **2** *Ass.* couverture ; garantie(s). **3** rapport bénéfices nets-dividendes. **4** reprise *[d'une chanson].* ✪ **from ~ to ~** d'un bout à l'autre ; **~ note** a) note d'envoi ; b) *Ass.* note de couverture ; **~ price** prix de vente au numéro ; **~ song** reprise ; **~ story** a) *Journ.* article principal ; b) fiction, explication fallacieuse, pieux mensonge.

coverage *n.* **1** sujet(s) traité(s), champ/domaine (couvert/abordé), champ d'application, champ d'étude, objet/thème de l'étude, contenu ; population étudiée ; données recueillies, nature (des données, etc.) ; délimitation, définition ; aire (géographique), territoire couvert ; **geographical ~** champ d'application territorial. **2** traitement, façon de traiter *[sujet].* **3** *Journ.* relation, couverture *[d'un événement],* façon de traiter *[information],* façon de rendre compte *[d'un événement] ;* informations (diffusées/présentées), traitement de l'information ; importance accordée *[à une nouvelle, à un événement],* écho/publicité/retentissement donné(e) *[à une nouvelle] ;* articles publiés ; **news ~** information ; **press ~** attention réservée par la presse, écho donné par la presse ; **good press ~** articles élogieux dans la presse ; **in the Mirror, the ~ of the bomb attack was rather sensationalist** la façon dont le *Mirror* a rendu compte de l'attentat se caractérisait par un certain sensationnalisme ; **the ~ of human rights issues in the media** le traitement des questions relatives aux droits de l'homme dans les médias ; **the case continues to receive a lot of ~** la presse continue de faire largement écho à cette affaire. **4** portée, champ d'application, étendue, gamme. **5** service assuré, services offerts ; bénéficiaires, destinataires, zones bénéficiaires ; **country ~** (nombre de) pays bénéficiaires ; **health-care ~ in this area is relatively good** les habitants de cette zone disposent de services de santé d'assez bonne qualité. **6** *Ass.* risques couverts, étendue de la garantie, couverture, protection.

covering letter/note lettre/note d'envoi.

covert *adj.* secret, clandestin, non déclaré, déguisé, voilé, occulte ; **~ operation** opération clandestine/occulte ; **~ protectionism** protectionnisme qui ne dit pas son nom.

covertly *adv.* secrètement, clandestinement, en sous-main.

cover-up *n.* **1** façade, couverture. **2** étouffement *[d'un scandale]*, tentatives/manœuvres visant à étouffer l'affaire, efforts déployés pour étouffer l'affaire.

cowboy *n. Fig.* amateur, artisan peu scrupuleux.

CPA (certified public accountant) *ÉU* expert-comptable.

CPI (consumer price index) indice des prix à la consommation.

CPM (critical path method) méthode du chemin critique.

CPR (cardiopulmonary resuscitation) réanimation cardio-pulmonaire.

cps (character per second) *Inf.* cps (caractère par seconde).

CPS (Crown Prosecution Service) *Angl.* parquet, ministère public.

CPT (carriage paid to) *Incoterms* CPT *[dans les documents contractuels, les sigles des Incoterms ne doivent pas être traduits]*.

CPU (central processing unit) *Inf.* unité centrale.

crack *v. Fig.* **1** *tr.* déchiffrer *[code]*, décrypter *[message]* ; résoudre *[problème]*. **2 ~ down on** prendre des mesures énergiques/rigoureuses à l'égard de/contre, lutter contre ; réprimer, prendre des mesures répressives/de coercition contre ; **to ~ down on corruption** lutter contre la corruption ; **the president wants to ~ down on drug abuse** le président veut réprimer la consommation de drogue.

crack *n.* ✪ **slip through the ~s** être victime d'une défaillance du système, *[enfant]* pâtir d'un dysfonctionnement du dispositif de protection de l'enfance.

crackdown *n.* mesures de coercition, mesures énergiques, lutte ; répression ; **a ~ on illegal immigrants** des mesures énergiques contre l'immigration clandestine ; **~ on possession of dangerous weapons** lutte contre la possession d'armes dangereuses ; **Algeria's ~ on the fundamentalist movement** la répression du mouvement fondamentaliste en Algérie.

crackhead *n. Fam.* consommateur de crack.

Cracow *n. Pologne* Cracovie.

cradle *n.* ✪ **from the ~ to the grave** d'un bout à l'autre de l'existence.

crafted *adj. [produit]* fabriqué, *[proposition, programme, accord, projet de loi]* élaboré, conçu, *[texte]* rédigé.

craftsman *n.* ouvrier qualifié.

craftsmanship *n.* qualité du travail.

cramming *n.* **1** *Ens.* bachotage. **2** *ÉU* facturation de services téléphoniques non sollicités.

crash *v.* **1** *intr. [cours d'une action]* s'effondrer. **2** *intr. [ordinateur]*, se bloquer. **3** *tr.* planter, provoquer le plantage de *[ordinateur]*. **4** *intr. [avion]* s'écraser ; s'abîmer *[dans la mer]*. **5 ~ into** *[voiture]* entrer en collision avec, s'écraser contre.

crash *n.* **1** accident (d'avion/ferroviaire/de la circulation), catastrophe (aérienne/ferroviaire) ; collision. **2** faillite. **3** *Bourse* krach. **4** *Inf.* plantage. ✪ **~ barrier** glissière de sécurité ; **~ helmet** casque *[de motocycliste]* ; **~ test** test de résistance aux chocs, simulation d'accident ; **~ test dummy** mannequin de simulation d'accident ; **~ landing** atterrissage forcé/en catastrophe ; **~ truck** dépanneuse.

crash *adj.* urgent, prioritaire ; accéléré ; **~ course** cours/formation accéléré(e) ; **~ programme** programme accéléré ; **on a ~ basis** toutes affaires cessantes.

crate *n.* **1** caisse à claire-voie. **2** caisse.

craze *n.* vogue.

crawling peg *Changes* parité à crémaillère *[= ancrage d'une monnaie à une autre, sous réserve d'ajustements de la parité de temps en temps]*.

crayon *n.* pastel.

creative *adj.* créatif ; imaginatif, ingénieux, astucieux, novateur ; intelligent, avisé ; **~ accounting** acrobaties comptables, artifices comptables.

credential *n. pl.* **1** références, qualifications ; **academic ~s** titres universitaires ; **Turkey has to prove its democratic ~s** la Turquie doit prouver qu'elle est un État démocratique ; **the country has good ~s in the field of human rights** le pays a de bonnes références en matière de droits de l'homme ; **his socialist ~s were in question** on a mis en doute qu'il était un bon socialiste. **2** a) lettres de créance *[d'un agent diplomatique]* ; b) pouvoirs *[d'une délégation lors d'une conférence]* ; **the ~s of all delegates shall be examined by the legal adviser** les pouvoirs de tous les délégués sont examinés par le conseiller juridique. **3** *Journ.* accréditation ; **some of the reporters did not have the right ~s** certains reporters n'étaient pas en possession de l'accréditation nécessaire. ✪ **~s committee** comité de vérification des pouvoirs.

credibility gap manque de crédibilité.

credit *v. tr.* **1** croire, ajouter foi à *[affirmation]* ; **she could not ~ the news** elle ne pouvait croire cette information. **2 to ~ sb for** reconnaître que qqn fait preuve de *[qualité]*, reconnaître à qqn le mérite de. **3 (to)** attribuer *[qualité, réalisation, propriété]* à *[qqn/qqch.]* **4 (to)** inscrire/porter *[montant]* au crédit de *[qqn, compte]*. **5 to ~ sb with** reconnaître que qqn fait preuve de/possède *[qualité]*, attribuer/reconnaître *[qualité]* à qqn, attribuer à qqn le mérite de *[réalisation]* ; **Freud is ~ed with discovery of the subconscious** on attribue à Freud la découverte du subconscient ; **to ~ sth with** reconnaître que qqch. possède *[propriété]*, attribuer *[propriété]* à qqch. **6 (with)** créditer *[qqn, compte]* de *[montant]*, inscrire/porter *[montant]* au crédit de *[qqn, compte]*.

credit *n.* **1** confiance, foi ; **to give ~ to** ajouter foi à. **2** crédit, bonne réputation ; estime ; **to be a ~ to** faire honneur à *[au groupe auquel on appartient]*. **3** reconnaissance des mérites ; éloges, compliments, félicitations ; mérite ; **to claim (the) ~ for/to take ~ for** s'attribuer le mérite de, s'attribuer un rôle décisif dans, se flatter de, revendiquer/s'attribuer la paternité de ; **to deserve full ~ for having done sth** avoir eu le grand mérite d'avoir fait qqch. ; **to give the ~ for doing sth to sb** attribuer à qqn le mérite d'avoir fait qqch. ; **she gets the ~ she deserves** elle voit ses mérites reconnus ; **it is to the government's ~ that** le gouvernement a eu le mérite de ; **the ~ for this should go to** nous le devons à ; **to give ~ where it is due** rendre à César ce qui est à César ; **the president deserves much ~ for his foresight** il faut rendre hommage au président pour sa prévoyance ; **the ~ for the changes in South Africa goes mainly to Mandela and De Klerk** les changements qui ont eu lieu en Afrique du Sud sont dus principalement à Mandela et à De Klerk ; **~ for the discovery of this new concept is given to Keynes** la découverte de cette nouvelle notion est attribuée à Keynes ; **he listened and, to his ~, accepted the amendment** il a écouté ses interlocuteurs et a accepté l'amendement, ce qui est tout à son honneur. **4** *Fin.* crédit. **5** *Ens. ÉU* unité de valeur ; **a two-~ course** un cours comptant pour deux unités de valeur. **6** *pl. Cinéma* générique. ✪ **~ account** a) compte créditeur ; b) *Comm. RU* compte d'achat *[auprès d'un détaillant]* ; **~ agency** agence de renseignements commerciaux ; **~ balance** solde créditeur ; **~ bureau** *ÉU* agence de renseignements commerciaux ; **~ card** carte de crédit ; **~ card voucher** facturette ; **~ control** a) contrôle du crédit, politique du crédit ; b) encadrement du crédit ; **~ crunch** *ÉU* contraction/resserrement du crédit ; **~ easing** desserrement du crédit ; **~ entry** crédit ; **~ facility** crédit ; **~ freeze** rationnement/restriction du crédit ; **~ history** antécédents de l'emprunteur ; **~ institution** établissement de crédit ; **~ insurance** assurance crédit ; **~ insurer** assureur crédit ; **~ line** ligne de crédit ; **~ note** avis/note de crédit, avoir ; **~ rating** cote de crédit/de solvabilité, classification, qualité (de la signature) *[d'un emprunteur]* ; **~-rating bureau** agence de renseignements commerciaux, société d'information financière ; **~ record** antécédents de l'emprunteur, antécédents de crédit ; **~ reference/reporting agency** agence de renseignements commerciaux, société d'information financière ; **~ risk** risque de crédit ; **~ scoring** évaluation de la solvabilité par score ; **~ side** colonne des crédits ; **~ squeeze** *RU* rationnement/restriction du crédit ; **~ standing/status** degré de solvabilité, qualité *[d'un emprunteur, de sa signature]* ; **~ terms** conditions de crédit ; **~ tightening** resserrement du crédit ; **~ transfer** virement ; **~ union** caisse de crédit mutuel, coopérative de crédit.

creditable *adj.* **1** respectable, honorable, digne d'éloge ; louable. **2** digne de foi, crédible.

creditors *n. Bilan* effets à payer, dettes.

creditworthiness *n.* capacité de remboursement, crédit, qualité *[du débiteur]*.

creditworthy *adj.* capable de rembourser.

creed *n.* **1** convictions religieuses, religion ; **regardless of race or ~** sans distinction de race ou de religion. **2** croyances, convictions.

creep *v.* **~ into** *[erreur]* se glisser dans *[texte]*.

creeping inflation inflation larvée.

crew *n.* équipe, personnel, agents, escouade, équipage ; *Ch. de fer* équipe, hommes d'équipe ; *Transp. mar.* équipage ; *Transp. routiers de marchandises* équipage ; *Transp. routiers de voyageurs* équipe ; *Transp. aériens* équipage.

crime *n.* **1** infraction ; délit ; crime, crime ou délit, forfait. **2** délinquance, criminalité. ✪ **~ scene** lieu d'une infraction, lieu du crime, scène du crime ; **~ laboratory** laboratoire de police scientifique ; **~ novel** roman policier.

criminal *n.* délinquant, malfaiteur, voyou ; criminel.

criminal *adj.* délictueux ; criminel ; pénal ; répressif. ✪ **~ contempt (of court)** atteinte à l'autorité du tribunal de nature pénale ; **~ damage** dégradations/déprédations (volontaires), destruction(s) volontaire(s), détérioration/destruction de biens, dommages dus à un acte de malveillance ; **Criminal Division of the Court of Appeal** *Angl.* chambre criminelle de la cour d'appel ; **~ history** antécédents judiciaires, passé judiciaire, casier judiciaire ; **~ justice** justice pénale/répressive ; **~ law** droit pénal/criminel ; **~ lawyer** avocat pénaliste/criminaliste ; **~ proceedings** poursuites pénales ; *[***in ~ proceedings** en matière pénale*]* ; **~ record** antécédents judiciaires, passé judiciaire, casier judiciaire.

criminalize *v. tr.* ériger en infraction/délit/crime.

criminally insane *Dr.* dément.

cripple *v. tr.* **1** estropier ; mutiler. **2** mettre hors d'état de fonctionner, empêcher de fonctionner ; mettre hors d'action, paralyser, réduire à l'impuissance, gripper ; ruiner ; compromettre gravement, saboter ; faire échec à, réduire à néant ; **a virus that can ~ the immune system** un virus qui peut mettre le système immunitaire hors d'action ; **the taxi-drivers' action ~d Dublin** l'action menée par les chauffeurs de taxi a paralysé Dublin ; **the new tax ~d the company's efforts to reach the Australian market** l'institution de cette taxe nouvelle a réduit à néant les efforts accomplis par l'entreprise pour s'implanter sur le marché australien ; **this scandal ~d his bid for the presidency** ce scandale a porté un coup fatal à ses ambitions présidentielles.

crippling *adj.* **1** *[inflation]* dévastateur, catastrophique, désastreux, *[fardeau]* écrasant, insupportable, *[coup]* fatal, *[coût]* exorbitant, ruineux ; **the embargo is economically ~** l'embargo est désastreux sur le plan économique. **2** *Méd. [maladie]* invalidant.

crisis management **1** gestion des situations de crise. **2** mesures visant à parer au plus pressé.

criss-cross *v. tr.* sillonner *[pays]*.

critical *adj.* **1** critique ; **the report met with a ~ response from several delegates** plusieurs délégués ont critiqué le rapport. **2** de la critique ; **~ acclaim** éloges de la critique. **3** doté d'esprit critique. **4** essentiel, indispensable, critique, crucial, décisif, déterminant, très important ; **(to)** indispensable à, essentiel pour ; **the support of the press will be ~** le soutien de la presse sera essentiel ; **to have ~ effects** on avoir des effets décisifs/déterminants. **5** *Méd.* critique. **6** dangereux. ✪ **~ mass** a) *Nucl.* masse critique ; b) *Fig.* niveau minimum, seuil nécessaire, taille minimale/nécessaire/suffisante ; *[***the merger will give the new company ~ mass** la fusion donnera à la société nouvelle la taille nécessaire*]* ; **~ path analysis** analyse du chemin critique ; **~ path method** méthode du chemin critique.

CRM (customer relationship management) gestion de la relation client.

crocidolite *n.* crocidolite *[f.]*.

croft *n. Écosse* petite exploitation (agricole).

crofter *n. Écosse* petit exploitant (agricole).

crofting *n. Écosse* petite culture *[généralement pratiquée à temps partiel]*.

cronyism *n.* copinage.

crop *v.* **~ up** *[problème]* surgir, apparaître, *[doutes, inquiétudes]* se faire jour, se manifester.

crop *n.* **1** culture, production ; plante cultivée, végétal. **2** moisson *[= céréales récoltées]*, récolte. ✪ **~ failure** insuffisance de la récolte, mauvaise récolte ; **~ plant** plante cultivée ; **~ production** production végétale ; **~ products** produits végétaux ; **~ rotation** assolement, rotation des cultures ; **~ year** campagne agricole ; **~ yields** rendement des cultures, rendements agricoles ; **under ~** en culture.

cross-action *n. Dr.* demande reconventionnelle.

cross-appeal *n. Dr.* appel incident.

cross-bencher *n. Pol. RU* député indépendant/non inscrit ; membre indépendant de la Chambre des Lords.

cross-border *adj.* transfrontalier.

cross-breeding *n.* croisement(s), hybridation.

cross-Channel *adj.* transmanche.

cross-check *v. tr.* recouper.

cross-claim *n. Dr.* demande reconventionnelle.

cross-classification *n.* classification à double entrée.

cross-country *adj.* **1** *Transp. ferroviaires [trafic]* à moyenne distance. **2** *[étude]* transnationale.

cross-cutting *adj.* commun, général, s'étendant à plusieurs domaines , intersectoriel.

cross-default clause *Fin.* clause de défaut croisé *[aux termes de laquelle le non-remboursement d'un emprunt quelconque est assimilé au non-remboursement de l'emprunt considéré].*

cross-demand *n. Dr.* demande reconventionnelle.

cross-elasticity *n.* élasticité croisée.

cross-examination *n.* contre-interrogatoire.

cross-fertilization *n.* échange d'idées, échanges enrichissants/fructueux, brassage (constant) d'idées, interaction fructueuse, enrichissement mutuel, fécondation réciproque.

cross-frontier *adj.* transfrontalier.

cross-grained *adj. Fig.* ardu, épineux.

cross-holdings *n. pl.* participations croisées.

cross-infection *n.* contagion.

cross-party *adj. Pol. [soutien]* de l'ensemble des partis.

cross-pollination *n. Fig.* échange d'idées, échanges fructueux, interaction fructueuse.

cross-posting *n. Internet* diffusion sur plusieurs listes/groupes de discussion.

cross-purpose *n.* **to be at ~s** ne pas parler de la même chose ; avoir des objectifs contradictoires ; **to talk at ~s** avoir un dialogue de sourds ; **to work at ~(s)** tirer à hue et à dia ; **the embassy and the minister's office were working at ~s** l'ambassade et le cabinet du ministre agissaient dans des sens différents ; **to work at ~(s) with** battre en brèche/contrecarrer les efforts/l'action de.

cross-rate *n.* cours croisé, taux de change croisé.

cross-reference *n.* renvoi.

cross-section *n.* **1** coupe/section transversale. **2** échantillon/groupe représentatif ; instantané ; **a survey carried out on a ~ of the voters** une enquête menée auprès d'un échantillon représentatif de l'électorat.

cross-sectional survey enquête transversale.

cross-sectoral *adj.* intersectoriel.

cross-selling *n. Comm.* vente de produits connexes.

cross-shareholding *n.* (prises de) participations croisées.

cross-tabulation *n.* tableau à double entrée.

crossed cheque chèque barré.

crossroad *n.* **at a ~, at the ~s** à la croisée des chemins.

crowd *v.* **~ out** évincer, supplanter ; **the moderates are ~ed out by the extremists** les modérés sont évincés par les extrémistes.

crowd control maintien de l'ordre, prise en charge de la foule, canalisation de la foule.

crowding out *Fin.* éviction.

Crown *n. RU* **1** Couronne ; État. **2** *Dr. pénal* ministère public. ✪ **~ Counsel** avocat de l'accusation ; **~ Court** *Dr. Angl. Crown Court,* Cour de la Couronne ; **~ jewels** *Fig.* le plus beau fleuron ; **~ prince** prince héritier ; **~ Prosecution Service** *Angl.* parquet, ministère public ; **~ witness** témoin de l'accusation.

CRT (cathode-ray tube) tube cathodique.

crude *adj.* **1** grossier ; peu raffiné, rudimentaire, primitif ; peu rigoureux, sommaire ; *[mesure]* approximatif, *[raisonnement]* simpliste ; **~ map** carte sommaire. **2** brut ; **~ rate** taux brut. ✪ **~ death rate** taux brut de mortalité ; **~ milk** lait cru ; **~ oil** pétrole brut.

cruise *n.* ✪ **~ liner** paquebot de croisière ; **~ missile** missile de croisière.

crusade *n. Fig.* (grande) campagne.

cryptic *n.* sibyllin, peu explicite, difficile à comprendre, énigmatique, hermétique, ésotérique, abscons.

crystal clear parfaitement clair, on ne peut plus clair, limpide, lumineux, clair comme de l'eau de roche.

crystallize *v. tr.* donner corps à.

CSCE (Conference on Security and Co-operation in Europe) CSCE (Conférence sur la sécurité et la coopération en Europe).

c-section (Caesarean section) césarienne.

CS gas *RU* gaz incapacitant.

CS spray *RU* bombe incapacitante.

CT (computerized tomography) TDM (tomodensitométrie), scanographie. ✪ **~ scanning** TDM *[= tomodensitométrie],* scanographie.

CTBT (Comprehensive Nuclear-Test-Ban Treaty) TICE (traité d'interdiction complète des essais nucléaires).

cu (cubic) cube ; **about 25 million ~ ft of raw sewage** environ 700 000 m^3 d'effluents non traités.

cubic foot pied cube *[= 0,028 3 m^3].*

cue *n.* ✪ **take one's ~ from** suivre l'exemple de, calquer son comportement sur celui de ; s'inspirer de ; suivre les conseils de ; *[***the terrorists are said to take their ~ from the Islamic extremists in Iran** les terroristes s'inspireraient des extrémistes islamiques d'Iran*].*

culled *adj. Élev. [vache]* de réforme.

culling *n. Élev.* abattage.

culminate *v.* **1** *intr.* culminer, atteindre son point culminant/son paroxysme. **2 ~ in** se conclure par, aboutir à, déboucher sur, être couronné par ; **the talks ~d in an agreement which prevented**

the strike les négociations ont abouti à un accord qui a permis d'éviter une grève.

culmination *n.* aboutissement, point d'orgue, couronnement, point culminant, sommet, paroxysme, faîte, apogée, apothéose ; **the ~ of six months' patient work behind the scenes** l'aboutissement de six mois de patients efforts accomplis dans les coulisses.

cult *n.* **1** culte. **2** secte.

cultivar *n.* cultivar *[m.]*.

culture *n.* **1** culture *[d'un individu, d'une entreprise, d'une nation]*. **2** tournure d'esprit, mentalité. **3** *Biol.* culture *[de micro-organismes]*. ✪ ~ **medium** *Biol.* milieu de culture.

cum *prép.* qui a la double qualité de, qui est à la fois... et, et, doublé d'un ; **fish-~-duck culture** association de la pisciculture et de l'élevage du canard ; **the new building is a theatre-~-conference centre** le nouveau bâtiment est à la fois un théâtre et un centre de conférence ; **a politician-~-novelist** un homme politique doublé d'un romancier ; **a guide-~-interpreter** un guide-interprète. ✪ ~ **coupon** *Bourse* coupon attaché ; ~ **div(idend)** coupon attaché ; ~ **laude** *Ens.* avec mention assez bien ; ~ **new** droits attachés ; ~ **rights** *Bourse* droits attachés.

cumbersome *adj.* **1** peu maniable, difficile à manipuler ; lourd ; volumineux, encombrant. **2** *Fig.* lourd, pesant, contraignant, difficile d'emploi, peu pratique, peu commode, (trop) compliqué, peu maniable, difficile à gérer ; ~ **regulations** réglementation lourde/contraignante ; ~ **bureaucracy** bureaucratie pesante.

cumulative *adj.* *[données]* cumulatif, *[montant]* cumulé. ✪ ~ **dividend** dividende cumulatif ; ~ **preference share** *RU* action privilégiée cumulative ; ~ **preference/preferred stock** *ÉU* action privilégiée cumulative ; ~ **sentence** peine cumulée.

curator *n.* commissaire *[d'une exposition]*, conservateur *[de musée]*, directeur *[de bibliothèque, de zoo]*, galeriste.

curb *v. tr.* modérer, freiner, mettre un frein à, ralentir, restreindre, maîtriser, brider, juguler, limiter, réduire, enrayer, contenir, entraver, endiguer, refréner, porter un coup d'arrêt à ; **the mayor wished to ~ property speculation in the area** le maire souhaitait freiner la spéculation immobilière dans le quartier ; **to ~ the flood of illegal immigrants** ralentir l'afflux d'immigrants clandestins ; **he tries his best to ~ the powers of the legislative assembly** il met tout en œuvre pour restreindre les pouvoirs de l'assemblée législative ; **to ~ inflation** juguler l'inflation ; **to ~ tobacco advertising** limiter la publicité en faveur du tabac ; **to ~ rampant corruption** endiguer une corruption omniprésente ; **to ~ the growing levels of pollution in Athens** porter un coup d'arrêt à une pollution croissante à Athènes.

curb *n.* frein ; *pl.* restrictions. ✪ ~ **market** *ÉU* marché libre, marché hors cote ; ~ **stock** action cotée à l'*American Stock Exchange*.

curing *n.* séchage *[du tabac]*.

currency *n.* **1** monnaie ; **foreign ~** devise. **2** acceptation ; vogue ; diffusion ; **to gain ~** *[idée]* se répandre, faire des adeptes, acquérir droit de cité ; **to give ~ to** accréditer *[réputation, légende]*, diffuser *[informations]*. **3** actualité *[d'une information]*. ✪ ~ **basket** panier de monnaies ; ~ **bill** lettre de change libellée en monnaie étrangère ; ~ **dealer** cambiste ; ~ **futures** opérations à terme sur devises ; ~ **futures contract** contrat à terme sur devises ; ~ **market** marché des changes ; ~ **option** option sur devises ; ~ **realignment** réajustement/réalignement monétaire ; ~ **swap** swap de devises ; ~ **trader** cambiste ; ~ **trading** opération(s) de change.

current *adj.* **1** actuel, présent ; en cours ; d'actualité ; **the board will review the ~ and planned activities of the company** le conseil d'administration examinera les activités en cours et planifiées de la société. **2** du moment, de l'heure. **3** le plus récent ; **the ~ edition of a book** l'édition la plus récente d'un ouvrage ; **the ~ issue of a Time** le dernier numéro de Time. **4** valable, en vigueur, valide, *[permis de conduire]* en cours de validité ; *[informations]* à jour ; **the then ~ legislation was not adequate to deal with that type of crime** la législation alors en vigueur ne permettait pas de réprimer ce type de délit. **5 to be ~ on** a) être au courant/au fait/informé de ; b) ne pas se laisser distancer par, ne pas prendre du retard sur *[l'évolution]* ; c) être à jour dans *[paiement, remboursement]* ; **to remain/stay ~ on** a) se tenir au courant/au fait/informé de ; b) ne pas se laisser distancer par, ne pas prendre du retard sur *[l'évolution]* ; c) rester à jour dans *[paiement, remboursement]* ; **this newsletter will help investors stay ~ on the latest financial issues** ce bulletin d'information aidera les investisseurs à suivre de près l'actualité financière. **6** établi, (généralement) admis ; courant, habituel ; **his ideas go against ~ medical thinking** ses idées vont à l'encontre des conceptions généralement admises en médecine. **7** *Écon.* courant ; ~ **dollars** dollars courants ; **at/in ~ prices** *Écon.* aux prix courants. **8** *Inf.* courant. ✪ ~ **account** a) compte courant ; b) *Banque* compte à vue, compte courant ; c) *Bal. des paiements* balance des opérations courantes ; *[***Britain's ~ account is still in surplus** la balance des opérations courantes du Royaume-Uni reste excédentaire*]* ; **~-account advance** avance en compte courant ; **~-account balance on a cash basis** balance des paiements courants sur la base des paiements ; **~-account balance on a transaction basis** balance des paiements courants sur la base des transactions ; **~-account deficit** déficit de la balance courante ; ~ **account of the balance of payments** balance des opérations courantes, balance des paiements courants, balance courante ; **~-account position** balance des paiements courants ; **~-account surplus** excédent de la balance courante ; ~ **affairs** *Journ.* questions d'actualité ; ~ **affairs programme** émission d'actualité, magazine (d'information/d'actualité) ; ~ **assets** actifs circulants ; ~ **balance** balance des opérations courantes ; ~ **cost** *Compt.* coût courant *[par opp. au coût d'achat]* ; ~ **cost accounting** comptabilité sur la base des coûts courants ; ~ **expenditure** dépenses d'exploitation, dépenses courantes *[par opp. aux dépenses d'équipement]* ; dépenses de fonctionnement *[d'une administration]* ; ~ **external surplus** excédent de la balance des opérations courantes ; ~ **liabilities** dettes à court terme ; ~ **value** valeur courante.

curricular *adj.* **1** relatif au programme d'études. **2** relatif aux études/à l'enseignement, scolaire.

curriculum *n.* **1** programme des cours, programme (d'études) *[= matières enseignées et temps imparti à chacune d'entre elles]* ; **medical ~** programme des études de médecine ; ~ **development** élaboration du programme/des programmes (d'études). **2** études, cursus *[dans une discipline particulière]*. **3** programme des études *[= ensemble des cours organisés par un établissement d'enseignement]*.

cursor *n.* *Inf.* curseur. ✪ ~ **key** touche curseur ; ~ **pad** pavé curseur.

cushion *v. tr.* **1** amortir, absorber, atténuer, réduire, modérer, tempérer. **2** protéger, mettre à l'abri.

custodial sentence peine privative de liberté.

custody *n.* **1** détention ; **to be in ~** être détenu ; **to take into ~** placer en détention. **2** garde ; **to award ~ of a child to** *[juge]* confier la garde d'un enfant à ; **to place a property in the ~ of the law** faire placer un bien sous main de justice. **3** *Banque* conservation *[de titres].* ✪ **~ charges/fees** *Banque* droits de garde *[de valeurs mobilières].*

custom *n.* **1** coutume, usage, habitude. **2** clientèle. **3** *pl.* douane. ✪ **~-built** *adj. voir* customized ; **~ house** *ÉU* (bureaux de) douane ; **~-made** *adj. voir* customized ; **~s agency/agent** commissionnaire en douane ; **Customs and Excise** *RU* Administration des douanes ; **~s barriers** obstacles douaniers ; **~s bond** cautionnement douanier ; **~s broker** *ÉU* commissionnaire en douane ; **~s clearance** dédouanement ; **Customs Co-operation Council** Conseil de coopération douanière ; **~s declaration** déclaration en douane ; **~s duties** droits de douane ; **~s entry** déclaration en douane ; **~s exemption** franchise douanière ; **~s house** (bureaux de) douane ; **~s officer/official** agent/fonctionnaire des douanes, douanier ; **~s tariffs** droits de douane ; **~s union** union douanière ; **~s value** valeur en douane ; **~s warehouse** entrepôt de douane.

customer *n.* ✪ **~ base** clientèle ; **~ service** service à la clientèle ; **~-service department** service clientèle.

customization *n.* fabrication sur mesure/sur spécifications, adaptation aux besoins des clients.

customized *adj.* spécialement conçu *[pour qqn],* fabriqué spécialement/sur mesure/sur spécifications, adapté aux besoins de l'utilisateur/du client, personnalisé, individualisé, à la carte.

cut *v. Fig.* **I** *tr.* **1** réduire *[budget, déficit, taux d'intérêt].* **2** enregistrer *[disque].* **II ~ across 1** transcender ; dépasser, ne pas être limité par *[divergences de vues, différences, catégories sociales, clivages, frontières],* ne pas tenir compte de *[distinctions traditionnelles],* **her ideas on abortion ~ across party loyalties** ses idées sur l'avortement transcendent les allégeances partisanes. **2** être commun à/porter sur l'ensemble des, toucher/englober l'ensemble des ; chevaucher *[plusieurs domaines],* se retrouver dans plusieurs ; **the impact of unemployment ~s across social class divides** le chômage fait des ravages dans toutes les classes sociales. **III ~ back 1** réduire. **2** opérer une réduction. **3** faire des économies. **IV ~ back on** réduire ; réduire sa consommation de *[aliment, boisson].* **V ~ down** faucher *[qqn] ;* abattre *[qqn] ;* abattre, couper *[arbre].* **VI ~ down on** réduire sa consommation de *[aliment, boisson].* **VII ~ off 1** couper, amputer, trancher, sectionner. **2** isoler. **3** mettre fin à *[aide].* **VIII ~ out 1** découper *[article de journal].* **2** supprimer *[chose inutile, partie d'un texte],* couper, élaguer *[partie d'un texte].* **3** éliminer *[intermédiaire].* **4 ~ sb out of** écarter qqn de. ✪ **~ and paste** *Inf.* couper et coller ; **~ and run** déguerpir.

cut *n. Fig.* **1** réduction *[du budget, du déficit, des taux d'intérêt]* ; **~s in social programmes** réduction des dépenses sociales ; **interest rate ~** baisse du taux d'intérêt ; **tax ~** réduction d'impôts ; **staff ~s** compressions de personnel. **2** *[prendre]* commission *[au passage].*

cut and dried tranché, réglé (une fois pour toutes), qui ne prête pas à discussion, sur lequel on ne revient plus.

cutaway view écorché.

cutbacks *n. pl.* restrictions ; réductions *[budgétaires, des effectifs] ;* licenciements.

cutoff *n.* **1** suppression *[des crédits] ;* arrêt, interruption *[des approvisionnements].* **2** ligne de séparation ; seuil, valeur minimale, minimum ; plafond, valeur maximale, maximum ; valeur limite *[= maximum ou minimum].* **3** date limite, date-butoir, date d'expiration du délai, date de clôture, échéance.

cutoff *adj.* charnière, limite. ✪ **~ date** a) date charnière ; b) date limite, date-butoir, date d'expiration du délai, date de clôture, échéance ; c) *Compt.* date de clôture des comptes ; **~ point** ligne de séparation ; seuil ; plafond ; **~ value** seuil, valeur minimale, minimum ; plafond, valeur maximale, maximum ; valeur limite *[= maximum ou minimum].*

cut-rate prices prix bradés.

cut-throat competition concurrence acharnée/effrénée/sauvage/meurtrière/féroce.

cutting edge *Fig.* **1** acuité, finesse, subtilité, pénétration. **2** avant-garde, avant-poste, pointe, fer de lance ; **to be at/on the ~** être en pointe, être/se trouver en flèche, être le fer de lance, être/se trouver à la pointe du progrès ; **British Telecom is regarded by many as on the ~ of telecommunications** beaucoup de gens considèrent que British Telecom se trouve à l'avant-garde en matière de télécommunications ; **it is said that New York is no longer at the ~ of the popular music industry** on dit que New York n'est plus en flèche dans le domaine de la musique populaire ; **the company is at the ~ of aircraft technology** l'entreprise est à la pointe du progrès en matière d'aéronautique ; **the Council of Europe is often on the ~ of developments in human rights** le Conseil de l'Europe est souvent un fer de lance en matière de droits de l'homme.

cutting-edge *adj. [technologie]* de pointe, *[produit]* à la pointe de la technologie.

CV (curriculum vitae) CV (currriculum vitæ).

c.w.o. (cash with order) paiement à la commande.

cwt (hundredweight) **1** *RU* 112 livres *[= 50,8 kg].* **2** *ÉU* 100 livres *[= 45,36 kg].*

cyberspace *n.* cyberespace.

cycle lane/path piste cyclable.

cycleway *n. RU* piste cyclable.

cyclical *adj. Écon.* conjoncturel, cyclique. ✪ **~ adjustment** ajustement conjoncturel ; **~ unemployment** chômage cyclique.

Cymru *n.* pays de Galles.

cynical *adj.* **1** cynique. **2** sceptique ; blasé, désabusé. **3** sarcastique.

Cyprus *n.* Chypre *[f.].*

cystic fibrosis *Méd.* mucoviscidose.

czar *n. Fig.* **1** coordinateur ; **drug ~** coordinateur de la lutte contre la drogue, « Monsieur drogue ». **2** gros bonnet.

D

D.A. (district attorney) *ÉU* procureur.

DAC (Development Assistance Committee) *OCDE* CAD (Comité d'aide au développement).

DAF (delivered at frontier) *Incoterms* DAF *[dans les documents contractuels, les sigles des Incoterms ne doivent pas être traduits]*.

Dagestan *n. Russie* Daghestan, Daguestan.

Dáil (Éireann) *Irl.* Chambre des députés.

Dalai Lama dalaï-lama.

damage *v. tr.* **1** endommager, dégrader, détériorer. **2** nuire à, porter atteinte à, être néfaste/nocif pour, causer du tort à, faire du mal à.

damage *n.* **1** dommages, dégâts, détérioration, dégradation, déprédations, ravages ; effets dommageables/funestes/néfastes/nocifs ; *Transp.* avarie(s) ; **~ to property** dégâts matériels ; **environmental ~** dégradation de l'environnement ; **to cause ~ to sth** endommager/dégrader/détériorer qqch. **2** *Méd.* lésion, atteinte, altération. **3** préjudice, tort ; **to cause ~ to sb** nuire à/causer du tort à/léser/porter préjudice à qqn ; **the ~ was done** le mal était fait. **4** *Dr.* préjudice ; *pl.* dommages-intérêts, dommages et intérêts, indemnité ; **to sue for ~s** engager une action en réparation. ✪ **~ control** *Fig.* limitation des dégâts ; **~ in law** préjudice virtuel *[ouvrant une action visant à faire reconnaître l'existence d'un droit violé]* ; **~ insurance** assurance de dommages ; **~ survey** *Ass.* expertise.

damaging *adj.* **1** nocif, néfaste ; **the ~ effects of smoking** les effets nocif du tabagisme. **2** préjudiciable, dommageable, pénalisant, qui cause du tort, *[révélations]* accablant, compromettant.

damning *adj. Fig. [preuve, rapport]* accablant ; *[révélations]* compromettant.

damp *v. Fig.* **I** *tr.* réduire, tempérer, restreindre, limiter, réfréner, modérer, calmer, faire retomber, refroidir, rabattre *[ardeur, enthousiasme, optimisme]*, freiner, calmer *[ardeur]* ; peser sur ; atténuer *[effet]* ; freiner, ralentir *[activité économique, croissance]* ; **the president carefully tried to ~ expectations** le président s'est prudemment efforcé de modérer les attentes ; **attempts to ~ inflationary trends in Poland failed** les efforts accomplis pour freiner les tendances inflationnistes en Pologne n'ont pas abouti ; **increasing competition from neighbouring countries has ~ed growth** une concurrence de plus en plus vive de la part des pays voisins a ralenti la croissance ; **profits were ~ed by increasing transportation costs** l'augmentation des frais de transport a pesé sur les bénéfices. **II ~ down 1** *voir* damp (I). **2** *[ardeur, enthousiasme]* baisser, se modérer, se calmer, retomber, s'affaiblir.

dampen *v. tr. voir* damp (I).

damper *n.* **to put a ~ on** *voir* damp (I).

danger *n.* ✪ **~ level** cote d'alerte ; **~ money** prime de risque.

Dar es-Salaam *n. Tanzanie* Dar es Salaam.

dark *n. Fig.* ignorance ; **consumers are kept in the ~** on n'informe pas les consommateurs.

dark *adj.* ✪ **~ age** ère d'obscurantisme ; **Dark Ages** haut moyen âge ; **~ horse** *Pol.* candidat marginal ; **~ matter** *Astrophysique* matière sombre.

DAT (digital audio tape) bande audionumérique.

data *n.* ✪ **~ acquisition** *Inf.* acquisition de données *[= collecte de données en vue de leur traitement informatique]* ; **~ bank** banque de données ; **~ base** *voir* database ; **~ capture** saisie de données ; **~ compression** compression de données ; **~ entry** saisie/introduction de données ; **~-entry operator** opérateur de saisie ; **~ file** fichier de données ; **~ input** saisie/introduction de données ; **~ mining** *Inf.* extraction de données (*data mining*) ; **~ processing** traitement de(s) données ; informatique ; **~ processing centre** centre de calcul ; **~ set** ensemble de données ; **~ storage** stockage de données ; **~ transfer rate** taux de transfert *[d'un lecteur de CD-Rom]* ; **~ warehouse** *Inf.* entrepôt de données.

database *n.* **1** *Inf.* base de données. **2** données (disponibles), stock/somme de données ; *[***to improve the ~ on pollution in Europe** enrichir le stock de données relatives à la pollution en Europe*]*. ✪ **~ administrator** administrateur de base(s) de données ; **~ management system** *Inf.* système de gestion de base de données ; **~ package** progiciel de gestion de base de données.

date *n.* ✪ **~-line** *n.* ligne de changement de date ; **~ of record** *ÉU* date à prendre en considération pour la détermination des droits pécuniaires *[des actionnaires]* ; **~ rape** viol commis par un compagnon de sortie ; **to ~** jusqu'à présent.

dawn raid *Bourse* achat surprise d'un grand nombre d'actions d'une société.

day *n.* **1** jour, journée. **2** fête ; **Independence Day** *ÉU* fête de l'indépendance. **3** temps, époque. ✪ **at the end of the ~** *Fig.* au bout du compte ; **by the ~** de jour en jour ; **call it a ~** arrêter les frais ; **carry the ~** l'emporter, obtenir satisfaction ; **~ book** a) *Compt.* journal auxiliaire ; livre ; b) journal *[intime]* ; c) agenda ; **~ care** services de garde d'enfants ; **~ care centre** crèche, garderie ; **~ care facilities** crèches, garderies ; services de garde d'enfants ; **~ centre** centre (de soins) de jour *[pour handicapés et personnes âgées]* ; **~ hospital** hôpital de jour ; service hospitalier de jour ; centre de soins de jour ; **~ in court** *Dr.* possibilité de faire valoir ses droits/de présenter ses prétentions devant un tribunal, droit de se faire entendre par un tribunal ; *[***to have one's ~ in court** pouvoir faire valoir ses droits en justice ; avoir droit à ce que sa cause soit entendue*]* ; **~ in ~ out** jour après jour, au quotidien ; **~ labourer** ouvrier travaillant à la journée ; **~-nursery** *n.* crèche, garderie ; **~ order** *Bourse* ordre jour ; **~ pupil** externe ; **~ release** a) *Ens. RU* octroi de journées de congé de formation ; b) *ÉU* (régime de) semi-liberté ; **~ release course** *RU* cours donnant lieu à l'octroi de journées de congé ; **~ school** externat ; **~ shift** a) équipe de jour ; b) poste de jour ; *Can.* quart de jour ; **~s gone by** antan, passé révolu ; **~s of grace** délai de grâce, jours de grâce ; **~ surgery** chirurgie ambulatoire ; **~-to-~** *adj.* quotidien, de la vie quotidienne ; **~-to-~ administration** administration courante ; **~-to-~ loan** prêt au jour le jour ; **~ trading** *Marché à terme* (réalisation d') opérations liquidées le jour même ; **from ~ one** depuis le début, d'emblée ; **in this ~ and age** aujourd'hui, de nos jours ; **of the ~** de l'époque, du moment, d'alors ; *[***the government of the ~** le gouvernement en place/de l'époque/alors au pouvoir*]* ; **one ~ at a time** à chaque jour suffit sa peine ; **this ~ week** *RU* aujourd'hui en huit.

daylight (saving) time *ÉU* heure d'été ; *Can.* heure avancée.

daily *adj.* ✪ **on a ~ basis** jour après jour, chaque jour, tous les jours, quotidiennement, au quotidien.

daywork *n.* travail occasionnel.

dBA (A-weighted decibel) dBA (décibel pondéré A) *[= unité de mesure du niveau sonore perçu par l'oreille humaine].*

DCC (digital compact cassette) cassette audionumérique.

D-Day *n.* jour du débarquement.

DDP (delivered duty paid) *Incoterms* DDP *[dans les documents contractuels, les sigles des Incoterms ne doivent pas être traduits].*

DDU (delivered duty unpaid) *Incoterms* DDU *[dans les documents contractuels, les sigles des Incoterms ne doivent pas être traduits].*

DEA (Drug Enforcement Administration) *ÉU* Bureau des stupéfiants.

dead *adj.* ✪ **~ capital** argent improductif ; **~ end** voie sans issue, impasse, voie de garage ; **~-end job** emploi sans avenir, voie de garage ; **~ letter** loi/coutume tombée en désuétude, accord caduc ; *pl. Poste* rebuts ; *[***to be a ~ letter** rester lettre morte ; **by then, the treaty was a ~ letter** à ce moment, le traité était devenu caduc ; **this would make a ~ letter of the intergovernmental agreement** cela rendrait caduc l'accord intergouvernemental*]* ; **~-letter box** boîte aux lettres *[utilisée par un agent de renseignements]* ; **~ money** argent improductif ; **~ reckoning navigation** navigation à l'estime ; **~ ringer** sosie ; **Dead Sea** mer Morte.

dead *adv.* ✪ **~ set against** totalement opposé à.

deadline *n.* date limite, date-butoir, (date d'expiration du) délai, dernier délai, date de clôture, clôture des inscriptions, échéance, terme.

deadly *adj.* mortel, meurtrier.

deadlocked *adj.* dans l'impasse, au point mort.

deadweight *n.* port en lourd. ✪ **~ capacity** tonnage ; **~ ton** tonne de port en lourd ; **~ tonnage** tonnage de port en lourd.

deaf *adj.* ✪ **~-mutism** *n.* surdimutité ; **fall on ~ ears** être ignoré, ne pas être entendu.

deafening silence silence assourdissant.

deal *v.* **I** *tr.* porter *[coup].* **II ~ in** (acheter et) vendre, faire le commerce de ; *Bourse* négocier, réaliser des transactions sur *[valeurs mobilières]* ; **securities ~t in on a stock exchange** titres négociés en Bourse. **III ~ out** distribuer *[tâches, bénéfices].* **IV ~ with 1** porter sur, traiter de, avoir pour thème, être consacré à, être relatif à, avoir trait à, se rapporter à, examiner, étudier, aborder *[question]* ; **the book will ~ with race relations** l'ouvrage sera consacré aux relations interraciales. **2** faire face à, intervenir lors de, réagir à *[situation, problème],* s'attaquer à, affronter, lutter contre, remédier à, résoudre, régler, s'occuper de, se charger de, prendre en charge, se préoccuper de *[problème],* donner suite à *[lettre],* prendre des mesures à l'égard de, prendre en charge *[qqn]* ; être chargé de, assurer ; **to ~ with the threat to the country's fishing industry** faire face à la menace qui pèse sur le secteur de la pêche du pays ; **to look for new ways of ~ing with drug addicts** rechercher des méthodes nouvelles pour prendre en charge les toxicomanes ; **the death of a child is almost impossible for parents to ~ with** la mort d'un enfant est un drame presque impossible à surmonter pour les parents. **3** être en présence de, être aux prises avec, avoir affaire à. **4** avoir des relations commerciales avec, faire affaire avec ; être client chez. **5** négocier avec, traiter avec, conclure un marché avec ; **the government refused to ~ with terrorists** le gouvernement a refusé de négocier avec des terroristes ; **they want to ~ directly with the American government** ils veulent traiter directement avec le gouvernement des États-Unis.

deal *n.* **1** transaction, opération ; marché, contrat, **a £100m ~ was signed in Paris** un contrat de 100 millions de livres a été signé à Paris. **2** accord, pacte ; **the minister made ~s with various MPs** le ministre a conclu des accords avec divers députés. **3** affaire ; **consumers try to find the best ~** les consommateurs s'efforcent de faire la meilleure affaire possible. **4 a good/great ~ of** beaucoup de, de nombreux, une grande quantité de ; **a great ~ more** beaucoup plus ; **the negotiators found that they had a great ~ in common** les négociateurs ont constaté qu'ils avaient beaucoup de choses en commun ; **there still remains a good ~ of problems** de nombreux problèmes subsistent ; **to say a great ~ about** en dire long sur. ✪ **cut a ~ with** conclure un marché avec.

dealer *n.* revendeur, vendeur, commerçant, marchand, négociant, détaillant, concessionnaire, fournisseur, distributeur ; **arms ~** marchand d'armes ; **drug ~** pourvoyeur/revendeur de drogue. ✪ **~'s brand** marque de distributeur ; **~ in securities** *Bourse* négociant en valeurs mobilières.

dealing *n.* transaction ; affaire ; *Bourse* négociation *[d'actions].* ✪ **~ charges** *Bourse* commission(s), courtage ; *Bourse* frais de transaction ; **~ room** *Bourse* salle de marché.

dean *n. Ens.* **1** doyen. **2** responsable de la discipline et de l'orientation. ✪ **~'s list** liste des étudiants les plus brillants, tableau d'honneur.

dear money *Écon.* argent cher ; **~ policy** politique d'argent cher.

death *n.* ✪ **~ assurance** assurance décès ; **~ benefit** *Ass.* capital décès ; **~ by misadventure** *Dr. Angl.* décès accidentel ; **~ certificate** certificat de décès *[établi par un médecin]* ; acte de décès *[établi par l'état civil]* ; **~ duties/duty** droits de succession ; **~ grant** a) *Ass.* capital décès ; b) allocation en cas de décès ; **~ knell** *Fig.* glas, annonce de la fin/disparition, arrêt de mort ; *[***to sound the ~ knell for** sonner le glas de ; **it was feared that the opening of the tunnel would sound the ~ knell for the port of Dover** on craignait que l'ouverture du tunnel ne ruine le port de Douvres*]* ; **~ rate** taux de mortalité ; **~ row** *ÉU* quartier des condamnés à mort, couloir de la mort ; **~ sentence** a) peine de mort ; b) *Fig.* arrêt de mort ; **~ squad** escadron de la mort ; **~ tax** *ÉU* droits de succession ; **~ toll** nombre de morts, bilan ; **~ trap** bâtiment/avion extrêmement dangereux, souricière ; **~ warrant** *Fig.* arrêt de mort ; **meet one's ~** trouver la mort.

deballast *v. tr.* procéder au déballastage de *[navire].*

debar *v. tr.* **(from)** empêcher de, interdire de, priver du droit de ; **to be ~red from** se voir refuser l'accès de *[lieu]* ; **to be ~red from doing sth** être déchu du droit de faire qqch.

debenture *n. RU* obligation ; *ÉU* obligation non garantie. ✪ **~ bond** *RU* obligation ; *ÉU* obligation non garantie ; **~-capital** *n.* capital obligations ; **~ holder** obligataire ; **~ loan** emprunt obligataire ; **~ stock** *RU* obligation ; *ÉU* action privilégiée.

debit *n.* ✪ **~ account** compte débiteur ; **~ balance** solde débiteur ; **~ card** carte de paiement ; *Can.* carte de débit ; **~**

entry débit ; **~ note** avis/note de débit ; **~ side** *Compt.* colonne des débits.

debrief *v. tr.* entendre le rapport de *[pilote d'avion, diplomate]*, interroger *[transfuge]*.

debriefing *n.* compte rendu (de mission), rapport (de retour de mission) ; interrogatoire *[d'un militaire]* (de retour de mission), audition du rapport ; *Can.* débreffage.

debt *n.* ✪ **~ bondage** esclavage pour dettes ; **~ capital** capitaux d'emprunt ; **~-collection agency** société de recouvrement, bureau de recouvrement de dettes ; **~ collector** agent de recouvrement (de dettes) ; **~-equity ratio** ratio d'endettement sur fonds propres ; **~-equity swap** échange/swap de créances contre actifs ; **~ forgiveness** remise de dette ; **~-for-nature swap** échange dette-nature ; **~ instrument** titre de créance ; **~ overhang** excédent de dette *[eu égard à la capacité de remboursement]* ; **~ redemption** amortissement de la dette ; **~ relief** allégement de la dette ; **~ repudiation** répudiation de la dette ; **~ rescheduling** rééchelonnement de la dette ; **~-ridden** *adj.* lourdement endetté, criblé de dettes ; **~ run** demandes massives de remboursement des créances ; **~ security** titre de créance ; **~ service/servicing** service de la dette ; **~-to-equity ratio** ratio d'endettement sur fonds propres ; **~ workout** restructuration de la dette.

debtor *n. pl. Bilan* créances. ✪ **~ account** compte débiteur.

debug *v. tr. Inf.* déboguer, procéder au débogage de *[programme]*.

debugger *n. Inf.* débogueur.

decade *n.* décennie.

decay *v. intr.* **1** *[matières organiques]* se décomposer, pourrir. **2** *[immeuble]* se dégrader, tomber en ruine. **3** se désagréger. **4** *[substance radioactive]* se désintégrer, *[élément radioactif]* se décomposer ; **the potassium isotope ~s into lead** l'isotope de potassium se transforme en plomb.

decay *n.* **1** décomposition, putréfaction *[de matières organiques]*. **2** dégradation, détérioration, délabrement, dépérissement, décrépitude, déliquescence, désintégration, corruption ; ruine ; vétusté ; décadence, déclin, dégénérescence, déchéance ; **environmental ~** dégradation de l'environnement ; **urban ~** dégradation du tissu urbain ; **financial ~** délabrement des finances ; **the party is threatened by moral ~** le parti risque un dépérissement de ses valeurs morales ; **the building is in an advanced state of ~** l'immeuble est très vétuste. **3** décroissance/désintégration radioactive *[d'un élément radioactif]* ; **alpha-~** *n.* désintégration alpha, radioactivité alpha. ✪ **~ product** *Phys. nucl.* produit de désintégration/filiation, descendant ; *[***uranium and its ~ products** l'uranium et ses produits de filiation*]*.

decaying *adj.* en décomposition, putrescent.

deceased, decedent *n.* défunt ; *Successions [le]* de cujus.

deceive *v.* **1** *tr.* tromper, duper, abuser, induire en erreur ; *Fam.* gruger. **2** *tr.* **to ~ sb into doing sth** recourir à la tromperie pour inciter qqn à faire qqch., user d'arguments fallacieux pour convaincre qqn de faire qqch. **3** *intr.* tromper, faire illusion.

decent *adj.* **1** *[personne]* respectable, honorable, honnête, intègre, *[comportement]* convenable, approprié, méritoire ; **he is the most ~ politician in the country** il est l'homme politique le plus honorable du pays. **2** satisfaisant, passable, honorable, acceptable, digne de ce nom, *[salaire]* décent, correct, *[conditions de vie]* satisfaisant ; **a ~ world receiver** un récepteur ondes courtes correct. **3** *[traitement]* humain, bienveillant, magnanime ; **the new leaders are admired for their ~ treatment of opponents** on admire les nouveaux dirigeants pour leur traitement magnanime des opposants. **4** décent. **5** courtois. ✪ **~ interval** délai convenable.

deception *n.* **1** tromperie, duperie, imposture, supercherie, subterfuge, artifice, mauvaise foi, intention de tromper, duplicité, fourberie ; **the ~ of Parliament was shameful** l'action menée pour abuser le parlement était scandaleuse. **2** abus de confiance, escroquerie.

deceptive *adj.* trompeur, fallacieux, illusoire, en trompe-l'œil.

deceptively *adv.* **1** faussement, fallacieusement, illusoirement ; **~ simple** dont la simplicité n'est qu'apparente, d'une simplicité toute apparente ; **it is a ~ quiet area** on pourrait se laisser abuser par le calme apparent du quartier. **2** contrairement aux apparences, étonnamment ; **~ spacious flat** appartement plus spacieux qu'il n'y paraît ; **the engine is ~ powerful** le moteur est étonnamment puissant. **3** frauduleusement.

decide *v.* **1** *tr.* régler, trancher, statuer sur, se prononcer sur ; **to ~ a case** *Dr.* statuer sur une affaire ; **to ~ a dispute** trancher un différend ; **this point will be ~d at the annual general meeting** cette question sera tranchée lors de l'assemblée générale annuelle. **2** *intr.* prendre une décision, trancher ; **(to)** décider de ; **to ~ in favour of** trancher en faveur de. **3 ~ against** se prononcer contre ; **the government finally ~d against the ban** le gouvernement s'est finalement prononcé contre l'interdiction.

decided *adj.* **1** décidé, déterminé, résolu. **2** certain, incontestable.

deciduous *adj. [arbre]* à feuilles caduques ; *[dent]* de lait.

decile *n. Stat.* décile.

decimal *adj.* ✪ **~ place** décimale ; **~ point** virgule.

decision *n.* ✪ **~ maker** décideur, décisionnaire, responsable ; **~ making** prise de décision ; décision, processus décisionnel ; **~-making body** organe décisionnaire/de décision ; **~-making process** processus de décision/décisionnel ; **~ support system** *Inf.* système d'aide à la décision.

decisive *adj.* **1** *[personne]* de décision, capable de trancher dans le vif, sachant ce qu'il/elle veut, *[action]* résolu, témoignant d'une ferme résolution ; **to be ~** *[personne]* faire preuve de résolution. **2** *[facteur]* décisif.

decisively *adv.* avec décision.

decisiveness *n.* esprit de décision, résolution.

Declaration of the Rights of the Child Déclaration des droits de l'enfant.

declare *v.* **1** *tr.* déclarer *[guerre, revenus, marchandises en douane, qqn élu, une région zone sinistrée]* ; décréter, proclamer *[l'état d'urgence]* ; proclamer *[2004 année de l'environnement]* ; proclamer *[son innocence]* ; **a national day of mourning was ~d for the funeral of the former president** une journée de deuil national a été décrétée à l'occasion des obsèques de l'ancien président ; **the province ~d itself independent** la province a proclamé son indépendance ; **he ~d himself leader of the government in exile** il s'est proclamé chef du gouvernement en exil. **2** *tr.* annoncer, faire connaître, faire part de ; **to ~ a dividend of** fixer le dividende à ; **to ~ an interest** révéler un intérêt personnel *[pouvant influencer le jugement de l'intéressé]* ; **the**

vice president ~d Mr Bush's profound interest in the issue le vice-président a annoncé que M. Bush manifestait un vif intérêt pour cette question. **3** *intr. Pol.* annoncer sa candidature, se déclarer ; **Mr Parkinson has already ~d for the new position of mayor of London** M. Parkinson a déjà annoncé sa candidature au nouveau mandat de maire de Londres. **4 ~ against** se prononcer contre. **5 ~ for** se prononcer en faveur de ; **the former Prime Minister ~d for Mr Duncan Smith as new party leader** l'ancien Premier ministre s'est prononcé pour la candidature de M. Duncan Smith au poste de chef de file du parti.

declared *adj.* déclaré, avoué, affiché.

declassify *v. tr.* autoriser la diffusion de, lever le secret attaché à, retirer à *[document]* son caractère secret.

decline *v.* **1** *intr. [chiffre d'affaires, influence, qualité]* baisser, diminuer, *[production, mortalité]* être en régression, régresser, fléchir, reculer. **2** *intr. [santé, facultés mentales]* décliner, se détériorer, s'altérer. **3** *tr.* refuser, ne pouvoir accepter *[offre, invitation] ;* **(to)** refuser de, se refuser à, préférer ne pas ; **the delegate ~d to comment** le délégué s'est refusé à toute déclaration. **4** *intr.* refuser, ne pas accepter, opposer une fin de non-recevoir.

decline *n.* **1** déclin *[d'une civilisation, économique, physique, mental] ;* **the ~ of religion in western Europe** le déclin du sentiment religieux en Europe occidentale. **2** baisse *[des prix, des cours, de la production],* réduction, recul, dégradation.

declining *adj.* en déclin, en baisse, en régression. ✪ **~ balance depreciation** amortissement dégressif.

decommission *v. tr.* mettre hors de service, démanteler, déclasser ; **to ~ a power plant** déclasser/démanteler une centrale électrique.

decommissioning *n.* **1** mise hors service ; déclassement, démantèlement *[d'une centrale nucléaire].* **2** *RU* désarmement *[de l'IRA].*

deconstruct *v. tr.* 1 disséquer, décortiquer, procéder à une analyse critique de *[théorie, texte] ;* **in her book, she endeavours to ~ capitalism** dans son ouvrage, elle procède à une analyse critique du capitalisme. **2** décomposer (en ses éléments constitutifs) ; **he ~s faith into five main points** il décompose la foi en cinq éléments principaux.

decontrol *v. tr.* déréglementer, libéraliser ; libérer *[prix].*

decorum *n.* bienséance, (respect des) convenances, savoir-vivre, respectabilité, bonnes manières, bonne tenue, correction, étiquette, formalisme, décorum ; **a great deal of tension was hidden behind the ~ of their suburban lives** des tensions considérables se cachaient derrière la respectabilité de leur vie en banlieue.

decouple *v. tr.* **(from)** dissocier de ; **the bishops would like to ~ Catholicism from Irish nationalism** les évêques voudraient dissocier le catholicisme du nationalisme irlandais.

decree *n.* **1** décret ; arrêté ; ordonnance ; **to rule by ~** gouverner par ordonnances. **2** *Dr.* jugement. ✪ **~ absolute** a) jugement de divorce définitif ; b) déclaration définitive de nullité d'un mariage ; **~ for specific performance** *Dr.* ordonnance d'exécution forcée *[d'un contrat] ;* **~ in rem** jugement opposable aux tiers ; **~ nisi** a) jugement de divorce provisoire ; b) déclaration provisoire de nullité d'un mariage ; **~ of divorce** jugement de divorce.

decriminalize *v. tr.* décriminaliser, dépénaliser, légaliser.

decrypt *v. tr.* décoder *[message, données].*

debunk *v. tr.* **1** déboulonner *[qqn],* faire descendre *[qqn]* de son piédestal, démythifier, désacraliser *[qqch.].* **2** réfuter *[allégation, idée fausse],* faire un sort à, faire justice de *[rumeur, mythe],* faire taire, couper court à *[rumeurs],* mettre fin à *[mythe].*

dedicated *adj.* **1** *[personne]* dévoué ; *[travail]* accompli avec dévouement. **2** spécial, spécialisé ; *Inf. [ordinateur]* spécialisé, dédié.

dedication *n.* **1 (to)** dévouement à (la cause de), attachement à. **2** dédicace.

deed *n. Dr.* acte, instrument, titre. ✪ **~ of arrangement/assignment** concordat ; **~ of conveyance** acte de cession/de transfert ; **~ of covenant** *Fisc.* acte de donation *[au bénéfice d'une œuvre charitable] ;* **~ of gift** acte de donation ; **~ of partnership** statuts *[d'une société de personnes] ;* **~ of transfer** acte de cession/de transfert ; **~-poll** *n.* acte unilatéral.

deem *v. tr.* considérer, estimer, juger ; tenir pour ; **~ed** réputé, censé, considéré, jugé ; **to be ~ed (to be) + adj.** être réputé + adj. ; **to be ~ed to have** être réputé avoir ; **the accounts were not ~ed to be satisfactory by the board of directors** les comptes n'ont pas paru satisfaisants au conseil d'administration ; **the legal adviser may refuse to admit any delegate whom he or she ~s not to have been nominated in accordance with this article** le conseiller juridique peut refuser d'admettre tout délégué qu'il ne juge pas avoir été désigné conformément au présent article.

deep *adj.* **1** profond. **2** *[préoccupation]* vif. ✪ **~ discount bond** obligation à prime d'émission élevée ; **~-freeze** *n.* a) surgélation ; b) surgélateur ; **~-freezing** *n.* surgélation ; **~-rooted** *adj.* profond, profondément enraciné/ancré ; **~ sea** haute mer ; **~-seated** *adj.* profond, profondément enraciné/ancré ; **Deep South** *ÉU* Sud profond ; **~ space** *Astron.* espace lointain ; **~-water port** port en eau profonde.

de-escalate *v. tr.* désenvenimer.

default *v. intr.* **1** manquer à ses obligations, ne pas tenir/honorer ses engagements, ne pas faire face à ses engagements ; **to ~ on one's debt** *[pays]* cesser d'assurer le service de sa dette. **2** *Dr.* ne pas comparaître.

default *n.* **1** défaillance *[d'un débiteur],* défaut (de paiement), non-remboursement. **2** *Dr.* défaut, non-comparution *[d'un plaideur],* contumace *[d'un criminel] ;* **to make ~** *[partie]* être défaillant ; **party in ~** partie défaillante. **3** *Dr.* manquement, carence. **4** *Inf.* défaut ; *pl.* paramètres définis par défaut ; **~ printer** imprimante par défaut. ✪ **by ~** a) *Dr. [jugement]* par défaut ; b) *Inf.* par défaut ; **~ judgement** jugement par défaut *[au civil],* jugement par contumace *[au pénal] ;* **~ mode** *Inf.* mode par défaut.

defaulted bond obligation en souffrance.

defaulting *adj. [débiteur, défendeur, témoin]* défaillant, *[prévenu]* non comparant.

defeasance *n. Dr.* annulation.

defeasible *adj. Dr.* annulable.

defeat *v. tr.* **1** battre, vaincre, venir à bout de, avoir raison de, l'emporter sur, mater, terrasser ; **civil disobedience can ~ an unpopular regime** la désobéissance civile peut venir à bout d'un régime impopulaire. **2** repousser, rejeter *[amendement].* **3**

déjouer, court-circuiter, contrer, contrecarrer, mettre en échec, faire échec à, réduire à néant, faire obstacle à, se mettre en travers de, se soustraire à, neutraliser, faire pièce à, porter un coup d'arrêt à, mettre fin à, parer ; aller à l'encontre de *[but] ;* tourner *[loi].*

defect *n.* **1** défaut, malfaçon, vice de fabrication. **2** *Dr.* vice, irrégularité.

defence *n.* **1** défense. **2** *Dr.* défense, moyen (de défense) *[au civil ou au pénal] ;* exception, fin de non-recevoir ; excuse ; **to raise a ~ of self-defence** invoquer la légitime défense ; **it is not a ~ to show that** on ne peut se disculper en établissant que ; **ignorance of the law is no ~** nul ne peut se prévaloir de l'ignorance de la loi ; **consent of the girl is no ~** l'excuse tirée du consentement de la mineure n'est pas recevable. ✪ **~ attorney** avocat (de la défense), défenseur ; **~ buildup** accroissement/renforcement du potentiel militaire ; renforcement de la présence militaire ; concentration/déploiement de troupes ; présence/dispositif militaire, forces ; **~ contractor** entreprise de fabrication de matériel militaire, entreprise du secteur de la défense ; **~ industry** industrie de l'armement/des armements ; **~ spending** dépenses en matière de défense ; dépenses d'armement ; **~ witness** témoin à décharge.

defendant *n.* défendeur, partie défenderesse *[au civil] ;* intimé, défendeur en appel *[au civil, en degré d'appel] ;* prévenu ; accusé *[au pénal].*

defensive *adj.* **1** *[armes, mesures]* défensif. **2** *[personne]* mis sur la défensive. **3** *Dr.* conservatoire.

defer *v.* **1** *tr.* suspendre, tenir en suspens, reporter, remettre, retarder, ajourner, surseoir à. **2** *tr. Mil.* ajourner *[conscrit].* **3 ~ to** s'en remettre à *[qqn, au jugement de qqn],* s'incliner devant, s'effacer devant, s'en rapporter à, se ranger à l'avis de *[qqn],* déférer à, accepter, se soumettre à, obtempérer à, céder à, acquiescer à ; **I shall ~ to the chairman in this matter** je m'en remettrai au président à cet égard ; **to ~ to local customs** respecter les coutumes locales.

deferred *adj.* ✪ **~ annuity** rente différée ; **~ charge/expense** *Compt.* charges constatées d'avance ; **~ futures** *Marché à terme [l'] éloigné* ; **~ income** *Compt.* produits constatés d'avance ; **~ liabilities** *Compt.* passif non exigible.

defiance *n.* (attitude de) défi, provocation ; **in ~ of** au mépris de *[loi],* en dépit de *[traité] ;* **in ~ of UN resolutions** au mépris des résolutions de l'ONU ; **the parents of the kidnapped child acted in ~ of the police** les parents de l'enfant enlevé ne se sont pas conformés aux instructions de la police.

defiant *adj.* provocant, provocateur, de défi, campé dans une attitude de défi, indocile, indomptable, rebelle, récalcitrant, impudent ; **to be ~** ne montrer aucun signe de contrition, ne rien vouloir entendre ; **the ~ Kurds continue to assert their rights** les Kurdes rebelles continuent à faire valoir leurs droits.

deficiency *n.* **1** manque, déficit ; écart, différence. **2** insuffisance, déficience, défectuosité, faiblesse. **3** insuffisance des fonds. **4** *Méd.* carence, déficience ; **protein ~** carence en protéines ; **vitamin ~** avitaminose. **5** *Dr.* irrégularité. ✪ **~ disease** maladie de carence/carentielle ; **~ payment** *Agr. ÉU* paiement compensatoire, subvention.

deficit financing/spending politique de déficit budgétaire.

defining moment jalon.

definite *adj.* **1** bien défini, bien déterminé, tangible, précis, clair, net, marqué, formel, catégorique ; **a ~ timetable should be set** il faut établir un calendrier précis. **2** certain, indéniable ; *[preuve]* irréfutable ; **~ success** succès indéniable.

definitely *adv.* **1** certainement, de façon certaine, avec certitude, incontestablement. **2** tout à fait.

definitive *adj.* **1** définitif, final. **2** certain. **3** exact, précis, bien défini, explicite ; effectif, réel, véritable. **4** décisif ; **~ victory** victoire décisive. **5** classique ; insurpassable ; **~ book** ouvrage (appelé à devenir un) classique, ouvrage désormais classique, ouvrage qui fait autorité ; **~ edition** édition *ne varietur ;* **the ~ biography of Karl Marx** la biographie la plus achevée de Karl Marx.

deflate *v. tr. Écon.* **1** exprimer en prix constants ; déflater. **2** faire baisser ; **the building of a new airport ~d property values** la construction d'un nouvel aéroport a fait baissé la valeur des biens immobiliers.

deflated *adj. Écon.* exprimé en prix constants ; déflaté ; **~ by the GDP deflator** ajusté en fonction du déflateur du PIB.

deflation *n. Écon.* **1** déflation. **2** déflatage.

deflationary *adj.* déflationniste. ✪ **~ gap** écart déflationniste.

deflator *n.* coefficient d'actualisation, déflateur.

deflection of trade *Écon.* détournement de trafic.

deforestation *n.* déboisement.

DEFRA (Department of the Environment, Food and Rural Affairs) *RU* ministère de l'Environnement, de l'alimentation et des affaires rurales.

defraud *v. tr.* spolier, escroquer ; frauder *[fisc] ;* **she is accused of ~ing £100,000 from her employer** elle a été accusée d'avoir détourné 100 000 livres appartenant à son employeur.

defraudation *n.* escroquerie ; fraude.

defuse *v. tr. Fig.* désamorcer *[crise] ;* désenvenimer, calmer, apaiser ; **to ~ the tension** relâcher la tension ; **to ~ tensions** calmer le jeu ; **it remains difficult to ~ the situation between Greece and Turkey** il reste difficile de désenvenimer les relations entre la Grèce et la Turquie.

defy *v. tr.* **1** braver, faire fi de, passer outre à, ne pas tenir compte de *[interdiction],* désobéir à *[ordre] ;* **the demonstrators defied martial law** les manifestants ont bravé la loi martiale ; **the government defied international appeals for mercy** le gouvernement est passé outre aux appels internationaux à la clémence ; **Iraq defied the UN resolution** l'Irak a foulé aux pieds la résolution de l'ONU. **2** déjouer, faire échec à *[efforts].* **3** se dérober à, ne pas se prêter à ; **to ~ explanation** se dérober à toute explication ; **this painter defies classification** ce peintre est inclassable.

degenerate *adj.* dissolu, dépravé, immoral ; sorti du droit chemin, dévoyé ; avili.

degree *n.* **1** degré ; niveau ; mesure, proportion ; intensité, taux, ampleur, importance ; **a ~ of** une part de, une dose de ; **a ~ of uncertainty** une part d'incertitude ; **a ~ of success** un certain succès, un succès relatif, un demi-succès ; **a high ~ of accuracy** une grande exactitude ; **to a ~** dans une certaine mesure ; **to the ~ that the transition in South Africa has been peaceful, it has been a great success** dans la mesure où la transition en Afrique du Sud a été pacifique, elle représente un grand succès. **2** degré *[température en °C = 5/9 x (°F - 32)]* ; **38° C** 38 °C. **3** *Ens.* diplôme universitaire. ✪ **~ course** études universitaires ; **~ of freedom** *Stat.* degré de liberté *[= nombre de variables pouvant prendre une valeur quelconque]* ; **~ programme** (cycle d') études universitaires.

dejection *n. Fig.* tristesse, pessimisme, mélancolie, état dépressif, dépression.

delay *v. tr.* **1** retarder, différer, ajourner, reporter, remettre ; **the government hopes to be able to ~ the tax increase until after the election** le gouvernement espère qu'il lui sera possible de retarder l'augmentation d'impôts jusqu'après les élections. **2** ralentir, retenir.

delay *n.* retard ; contretemps ; tardiveté ; attente, temps perdu, perte(s) de temps, décalage, délai, sursis, atermoiements, lenteurs, pesanteurs ; **without further ~** sans plus attendre/tarder.

del credere *Comm.* **1** ducroire *[= engagement de garantie]*. **2** (agent/commissionnaire) ducroire, du croire. ✪ **~ agent** (agent/commissionnaire) ducroire, du croire ; **~ commission** prime du croire, ducroire.

delegated *adj.* ✪ **~ legislation** textes arrêtés en vertu d'une délégation de pouvoir, textes réglementaires, règlements ; **~ powers** compétences déléguées.

delegation *n.* **1** délégation. **2** délégation de compétence/de pouvoir.

delete *v. tr.* **1** supprimer, biffer, barrer. **2** *Inf.* effacer, supprimer.

deleterious *adj.* nocif, néfaste, pernicieux.

Delhi *n. Inde* New Delhi.

deli *n. ÉU* rayon traiteur ; (boutique de) traiteur.

deliberate *adj.* **1** mûrement réfléchi. **2** délibéré, intentionnel, voulu. **3** lent, posé, mesuré ; prudent ; **the decision-making process was very ~** le processus de décision prenait beaucoup de temps ; **the reform was carried out in ~ stages** la réforme a été mise en œuvre progressivement.

deliberately *adv.* **1** délibérément, de propos délibéré. **2** lentement, posément, à pas comptés, avec mesure ; prudemment ; **the mediator acted ~ to bring about a peace settlement** le médiateur a agi prudemment pour obtenir la conclusion d'un accord de paix.

delicatessen *n.* **1** épicerie fine ; plats à emporter. **2** rayon traiteur ; (boutique de) traiteur.

delineate *v. tr.* **1** délimiter *[territoire]*, circonscrire, tracer les contours de. **2** définir. **3** décrire, exposer.

delinquency *n.* défaut de paiement, défaillance ; **consumer loan ~** *ÉU* cessation de remboursement d'un prêt à la consommation.

delinquent *adj.* **1** coupable d'une infraction mineure. **2** ne s'acquittant pas de ses obligations. **3** *ÉU [débiteur]* défaillant ; *[prêt, dette]* entaché d'un incident de remboursement ; **~ payment** paiement non effectué ; **~ tax** impôts non payés ; **~ Member States** États membres en retard dans le versement de leurs contributions ; **customers that are ~ in payments** des clients qui n'ont pas payé leurs factures.

deliver *v.* **1** *tr.* délivrer, libérer *[qqn]*. **2** *tr.* livrer *[marchandises, colis]*, distribuer *[courrier, journaux]* ; acheminer *[message]* ; fournir, offrir ; présenter ; *[missile]* transporter *[charge militaire]*. **3 to ~ the goods** *Fig.* tenir ses promesses/ses engagements ; obtenir des résultats ; être efficace ; **he was a popular leader for he always ~ed the goods** il était populaire car il tenait toujours ses promesses. **4** *tr.* prononcer *[discours]* ; adresser *[avertissement]* ; rendre *[jugement]* ; **to ~ an opinion** rendre/formuler/émettre un avis ; **to ~ a warning to** adresser un avertissement à. **5** *tr.* exécuter, mettre en œuvre *[projet, programme]* ; fournir *[services]*. **6** *tr. [sage-femme]* accoucher *[femme]* ; *[sage-femme]* aider à mettre au monde *[enfant]* ; *[parturiente]* accoucher de, donner naissance à, mettre au monde *[enfant]*. **7** *intr.* accoucher. **8** *tr.* réaliser *[chose promise/attendue]* ; **the promised referendum was never ~ed** le référendum promis n'a jamais eu lieu ; **the government has yet to ~ the announced tax cuts** le gouvernement n'a pas encore mis en œuvre les réductions d'impôts annoncées. **9 ~ on** tenir *[promesse, engagement]*.

deliverable *n.* produit, résultat (attendu) *[d'une activité, d'une conférence, d'un projet ou d'un programme, prenant généralement la forme d'un rapport, d'une étude ou d'une recommandation]* ; tâche.

delivered *adj. Comm.* ✪ **~ at frontier** rendu frontière ; **~ duty paid** rendu droits acquittés ; **~ duty unpaid** rendu droits non acquittés ; **~ ex quay (duty paid)** rendu à quai (droits acquittés) ; **~ ex ship** rendu ex ship.

delivery *n.* **1** libération, délivrance. **2** livraison, remise ; distribution *[du courrier]*, acheminement *[de l'aide humanitaire]* ; diffusion, transmission ; *Dr. commercial* délivrance *[= remise du bien vendu à l'acheteur]* ; **to take ~ of** réceptionner ; **to take ~ of the securities** *Bourse* prendre possession des titres ; **he organized the ~ of election literature** il a organisé la distribution de la propagande électorale ; **the ~ of orders by e-mail** la transmission de commandes par courrier électronique. **3** *Dr.* cession, transfert, transmission. **4** exécution, mise en œuvre *[d'un projet/programme]* ; prestation *[de services]* ; réalisation ; **~ of health care** dispensation de soins de santé. **5** reddition *[d'une ville]*. **6** accouchement. **7** *[fait de]* prononcer un discours ; prononciation, diction, élocution, articulation, débit. ✪ **~ man** livreur ; **~ note** bordereau de livraison ; **~ of a judgement** prononcé d'un jugement ; **~ room** salle d'accouchement ; **~ system** *Mil.* vecteur.

delta wing *Aéron.* aile delta.

Dem. (Democrat) *ÉU* démocrate, du Parti démocrate.

demand *v.* **1** *tr. [personne]* exiger, demander instamment, revendiquer, réclamer ; demander, solliciter ; **to ~ a public apology** exiger des excuses publiques. **2** *tr. [chose]* exiger, nécessiter, imposer, demander, impliquer, supposer, passer par. **3** *intr.* s'enquérir.

demand *n.* **1** exigence *[de qqn]*, revendication, prétention(s), desiderata ; mise en demeure, sommation ; demande, requête ; impératif, contrainte, besoins. **2** exigence, besoin, demande, sollicitation ; **the conflicting ~s of employment and environment** les exigences contradictoires en matière d'emploi et d'environnement. **3** *Écon.* demande ; **~ for oil** demande de pétrole ; **industry ~ for manpower** la demande de main-d'œuvre émanant des entreprises. ✪ **~ bill** effet à vue ; **~ curve** *Écon.* courbe de demande ; **~ deposit** *Banque ÉU* dépôt à vue ; **~ deposit account** *ÉU* compte à vue ; **~ draft** lettre de change/traite à vue ; **~-driven** *adj.* déterminé par la demande ; **~ inflation** inflation par la demande ; **~ liabilities** engagements à vue ; **~ note** a) demande écrite de paiement ; b) *ÉU* effet payable à vue ; **~-pull inflation** inflation par la demande ; **~ side** *Écon.* demande ; **~ schedule** *Écon.* barème de demande, tableau de la demande ; **in ~** *[article, produit]* (très) demandé, recherché ; *[***these skills are in ~** ces qualifications sont recherchées*]* ; **on ~** a) sur demande ; à la demande ; b) *Fin.* à vue ; sans préavis ; *[***payable on ~** payable à vue ; **up to £2,500 can be withdrawn on ~** il est possible de retirer immédiatement un montant pouvant atteindre jusqu'à 2500 livres*]*.

demanding *adj.* exigeant, lourd, pénible, rigoureux, sévère, éprouvant, dur, contraignant.

demarcation dispute litige de compétence *[entre syndicats]*.

demerge *v.* **1** *tr.* scinder *[société, groupe]*. **2** *intr.* *[société, groupe]* être scindé. **3** *tr.* **(from)** détacher *[élément]* de *[société]*, séparer de.

demerger *n.* scission *[de société]*.

demise *n.* **1** décès. **2** chute *[d'un homme d'affaires, d'un dictateur]* ; disparition *[d'une entreprise, d'une publication]*, suppression *[d'un organisme]*, faillite, déconfiture, effondrement, naufrage, débâcle *[d'une entreprise, d'un projet, d'une idéologie]*, fin, abandon, rejet ; *Fam.* enterrement de première classe ; **political ~** fin de la carrière politique ; **rampant corruption was a factor in the ~ of Communism** une corruption omniprésente a joué un rôle dans l'effondrement du communisme ; **the ~ of apartheid was welcomed all over the world** la disparition de l'apartheid a été accueillie favorablement dans le monde entier ; **the company must modernize or face ~** l'entreprise doit se moderniser, sous peine de disparaître ; **the Schengen agreement has contributed to the ~ of border controls** l'accord de Schengen a contribué à la suppression des contrôles frontaliers ; **some observers predict the ~ of the British monarchy in the 21st century** certains observateurs prédisent l'abolition de la monarchie britannique au XXIe siècle. **3** transmission. ✪ **~ charter** affrètement coque-nue.

Democratic *adj. Pol. ÉU [candidat]* démocrate.

demographics *n. Publ.* caractéristiques socioéconomiques.

demonize *v. tr.* diaboliser.

demonstrate *v.* **1** *tr.* démontrer ; **the rebels have ~d their ability to destabilize the government** les rebelles ont démontré leur aptitude à déstabiliser le gouvernement. **2** *tr.* faire preuve de *[compétence, sentiment]*. **3** *tr.* faire la démonstration de *[prototype]*. **4** *tr.* prouver l'existence de, mettre en évidence. **5** *intr.* manifester.

demonstration *n.* **1** démonstration *[d'une thèse]*. **2** manifestation, marque *[de sympathie]*. **3** manifestation. ✪ **~ project** projet de démonstration ; **~ school** école d'application.

demonstrative legacy legs pécuniaire identifiable *[= somme à prélever sur un fonds, un compte ou un capital désigné]*.

demurrage *n.* **1** surestaries *[= période de dépassement du délai]*. **2** surestarie *[= pénalité]*. ✪ **~ days** jours de surestarie.

demystify *v. tr.* expliquer la nature de, donner des explications sur, dissiper les malentendus au sujet de.

denial *n.* **1** refus. **2** démenti, dénégations. **3** rejet *[d'une demande, d'une accusation]*. **4** négation/refus de la réalité, déni, refus d'admettre les faits ; **to be in ~** refuser d'admettre la réalité. **5** abnégation.

denominated *adj.* libellé ; **dollar-~ claims** créances libellées en dollars ; **issue ~ in dollars** émission en dollars.

denomination *n.* **1** dénomination. **2** Église, mouvement religieux ; confession, culte ; secte. **3** coupure *[= billet de banque]* ; unité *[de poids, etc.]* ; valeur.

denominational *adj.* **1** *[école, enseignement]* confessionnel. **2** *[valeur]* nominal.

denote *v. tr.* **1** indiquer, être le signe de, révéler. **2** représenter *[réalité de façon symbolique]*, *[mot]* désigner. **3** dénoter *[par opp. à connoter]*.

de novo *Dr.* à partir de zéro. ✪ **~ hearing** audience reprenant l'affaire depuis le début ; **trial ~** nouveau procès, procès rejugeant entièrement l'affaire.

densely populated à forte densité de population.

density function *Stat.* fonction de densité.

dental *adj.* ✪ **~ assistant** assistant dentaire ; **~ decay** carie dentaire ; **~ laboratory** laboratoire de prothèse dentaire ; **~ laboratory technician** prothésiste dentaire, technicien dentaire ; **~ mechanic** prothésiste dentaire, technicien dentaire ; *Can.* mécanicien-dentiste ; **~ records** archives de dentiste ; **~ surgeon** (chirurgien-)dentiste ; **~ technician** prothésiste dentaire, technicien dentaire ; *Can.* mécanicien-dentiste.

Denver boot sabot de Denver.

deny *v. tr.* **1** démentir *[rumeur, allégation]*, s'inscrire en faux contre *[déclaration]*, rejeter *[accusation, toute responsabilité]*, décliner *[responsabilité]*, contester, nier *[réalité]* ; **(that)** démentir que, nier que, contester que, affirmer que... ne... pas, se défendre de ; **to ~ doing sth** se défendre de faire qqch. ; **there is no ~ing (the fact) that** il est incontestable que ; **there is no ~ing the popularity of the Internet** l'attrait du réseau Internet est incontestable ; **no one can ~ Japanese achievements** nul ne peut contester les succès des Japonais ; **atheists ~ the existence of God** les athées nient l'existence de Dieu ; **many Christians ~ the literal truth of the Bible** de nombreux chrétiens rejettent une interprétation littérale de la Bible. **2** renier. **3** refuser (de donner/d'accorder), ne pas donner/accorder *[chose demandée]*, opposer un refus à, ne pas donner suite à, rejeter *[demande, requête]*, ne pas reconnaître, dénier, priver de *[droit]* ; **to be denied sth** se voir refuser qqch., ne pas pouvoir obtenir qqch., être privé de qqch. ; **the bank denied her credit** la banque a refusé de lui consentir un crédit ; **the court denied the company's request** le tribunal a rejeté la demande de la société ; **his requests have been denied** ses demandes se sont heurtées à un refus ; **many hospitals in Iraq are denied vital medicines** de nombreux hôpitaux irakiens ne peuvent obtenir des médicaments essentiels ; **Turkey denies certain rights to Kurds** la Turquie prive les Kurdes de certains droits.

depart *v.* **I 1** *intr.* s'en aller, partir. **2** *tr.* quitter *[lieu]*. **II ~ from 1** *Fig.* s'écarter de, dévier de, s'éloigner de, se démarquer de, se distinguer de, se différencier de, être différent de, contraster avec ; **to the alarm of his advisers, he ~ed from the prepared text of his speech** il a provoqué l'inquiétude de ses conseillers en s'écartant du texte de son discours. **2** abandonner, renoncer à, rompre avec, tourner le dos à, ne pas suivre, aller à l'encontre de ; déroger à ; **the new government boldly ~ed from conventional methods** le nouveau gouvernement a audacieusement tourné le dos aux méthodes traditionnelles.

departed *n.* défunt.

department *n.* **1** ministère, département ministériel, service ministériel ; administration. **2** service, département, division *[d'une entreprise, d'une administration] ;* direction ; unité de production ; atelier ; **hospital ~** service d'hôpital ; **~ manager** chef de service. **3** département, faculté, section, institut *[d'une université].* **4** rayon *[de magasin].* **5** *Journ.* section *[spécialisée],* page(s) *[des spectacles, etc.].* **6** domaine, secteur. ✪ **Department of Humanitarian Affairs** *ONU* Département des affaires humanitaires ; **Department of State** *ÉU* ministère des Affaires étrangères, Département d'État ; **Department of the Secretary of State of Canada** Secrétariat d'État du Canada ; **Department of the Treasury** *ÉU* ministère des Finances ; **~ store** grand magasin.

departmental *adj.* ✪ **~ minister** *RU* ministre responsable d'un département ministériel *[par opp. à un ministre sans portefeuille ou à un Minister of State] ;* **~ organization** structure *[d'une entreprise].*

departure *n.* **1** départ. **2 (new) ~** nouveauté, innovation, changement d'orientation, réorientation, virage ; **the minister claims it is difficult to make new ~s within the system** le ministre affirme qu'il est difficile d'innover dans le cadre du système en place. **3 (from)** rupture avec *[usage],* dérogation à *[règle],* entorse à *[règle],* changement de *[méthode],* changement/évolution/innovation par rapport à, abandon de *[pratique],* déviation de ; **a radical ~ from the past** une rupture totale avec le passé ; **to be a ~ from** s'écarter de, rompre avec, marquer une rupture avec, tourner le dos à ; se distinguer de, se démarquer de ; **the budget represented a ~ from past practice** le budget se démarquait de ceux qui l'avaient précédé. ✪ **~ lounge** *Transp. aériens* salle d'embarquement.

depend *v.* **~ on 1** dépendre de ; être déterminé par ; être subordonné à, être conditionné par, être soumis à, passer par ; tenir à ; **~ing on whether** selon que ; **press freedom ~s on it** il y va de la liberté de la presse. **2** être tributaire de, être à la merci de ; avoir besoin de ; être à la charge de ; **some translators ~ heavily on the Internet as a source of terminological information** certains traducteurs sont fortement tributaires d'Internet sur le plan terminologique ; **to ~ on unemployment benefits** émarger au chômage ; **the UK ~s on North Sea oil to maintain a healthy economy** le Royaume-Uni a besoin du pétrole de la mer du Nord pour maintenir la prospérité de son économie. **3** se fier à, (devoir) compter sur, se reposer sur, s'en remettre à. **4** être fonction de, varier selon.

dependable *adj.* fiable, sûr ; *[allié]* fidèle.

dependency allowance allocation pour charges de famille.

dependent *n.* personne à charge.

dependent *adj.* **1** tributaire. **2** *[drogué]* dépendant ; **~ on alcohol** alcoolodépendant ; **heroin-~** *adj.* dépendant à l'héroïne. ✪ **~ employment** emploi salarié ; **~ people** a) assistés ; b) personnes dépendantes ; **~ variable** *Stat.* variable dépendante *[= variable dont la valeur est déterminée par celle de la variable indépendante].*

depict *v. tr. Fig.* décrire, représenter, illustre.

deplete *v. tr.* appauvrir ; **substances that ~ the ozone layer** substances qui appauvrissent la couche d'ozone.

depleted uranium uranium appauvri.

depletion *n.* réduction (du nombre), épuisement (progressif), appauvrissement ; déperdition ; **provision for ~** *Mines, Pétrole* (provision pour) amortissement. ✪ **~ of oil reserves** épuisement progressif des réserves de pétrole ; **~ of the ozone layer** dégradation de la couche d'ozone, destruction progressive de la couche d'ozone.

deploy *v. tr.* **1** déployer, poster *[troupes],* installer *[armes] ;* **to be ~ed** *[troupes]* être stationné. **2** utiliser (les services de), faire intervenir *[personnel],* faire usage de, mettre en œuvre, mobiliser ; affecter *[ressources, personnel] ;* mettre en place ; **to ~ resources more effectively** utiliser plus efficacement les ressources ; **the organization ~ed its field staff in a highly strategic manner** l'organisation a affecté le personnel des services extérieurs de façon très stratégique.

deponent *n. Dr.* témoin déposant par écrit.

deport *v. tr.* **1 to ~ oneself** se conduire. **2** expulser, reconduire à la frontière.

deportee *n.* personne expulsée/reconduite à la frontière.

deposit *n.* **1** *Banque* dépôt. **2** cautionnement ; *Pol. RU* cautionnement électoral. **3** *Marché à terme* marge, dépôt de garantie. **4** *Comm.* consignation. **5** consigne ; **no ~, no return** emballage perdu. **6** arrhes ; acompte ; *Vente à tempérament* acompte ; *Crédit hypothécaire* apport (personnel). **7** gisement. ✪ **~ account** *Banque RU* compte à préavis ; **~ at call** dépôt à vue ; **~ currency** *ÉU* monnaie scripturale ; **~ library** bibliothèque de dépôt ; **~-taking** *n. Banque* acceptation de dépôts ; **~ warrant** warrant ; **on ~** *Banque RU* déposé sur un compte à préavis.

deprecate *v. tr.* **1** désapprouver. **2** minimiser les mérites de, diminuer *[qqn],* minimiser l'importance de, déprécier, rabaisser, ravaler.

depreciation *n.* **1** dépréciation, dévalorisation, moins-value. **2** *Compt.* amortissement. **3** dénigrement. ✪ **~ charge** amortissement ; **~ write-off** amortissement pour dépréciation.

depress *v. tr.* **1** appuyer sur *[touche, bouton],* enfoncer *[touche].* **2** réduire, faire baisser, peser sur ; inhiber ; **several factors are ~ing the euro** plusieurs facteurs font baisser l'euro ; **demand for home-produced goods is ~ed by cheap imports** la demande de produits fabriqués dans le pays est inhibée par les importations de produits bon marché ; **the recent stock-market scare has ~ed business confidence** le vent de panique qui a récemment soufflé sur la Bourse a pesé sur la confiance des entreprises. **3** affaiblir *[qqch.].* **4** déprimer ; décourager, abattre, démoraliser *[qqn].*

depressant *adj. Méd.* sédatif.

depressed *adj.* **1** *Écon.* en récession, en crise, en perte de vitesse, affaibli, faible, appauvri ; **~ area** zone en crise ; **~ industry** secteur en crise/en perte de vitesse ; **~ market** marché déprimé/languissant ; **the ~ state of the market** la mauvaise tenue du marché ; **investment remains ~** les investissements restent faibles. **2** *[personne]* déprimé ; découragé, démoralisé, abattu. **3** inférieur à la moyenne/à la normale.

depressing *adj.* décourageant, démoralisant.

deprivation *n.* **1** privation *[de droits, etc.] ;* déchéance *[de droits] ;* **~ of civil rights** privation des droits civiques ; **~ of citizenship** déchéance de nationalité. **2** révocation, destitution. **3** dénuement, pauvreté, manque d'argent. **4** *pl.* privations ; **she could not stand the ~s of life in a space station** elle n'a pu supporter les privations inhérentes à la vie dans une station spatiale. **5 affective ~** carence affective.

deprived *adj. [personne]* défavorisé, déshérité ; *[quartier]* pauvre.

depth *n.* **1** profondeur. **2** ampleur *[d'une récession, de difficultés]*, intensité *[d'un sentiment]* ; **the ~ of public feeling about unemployment was underestimated** on a sous-estimé l'importance que le public accorde au problème du chômage. **3** creux *[d'un navire]*. ✪ ~ **bomb/charge** grenade anti-sous-marine ; ~ **psychology** psychologie des profondeurs ; **in-~** *adj. [examen, étude]* approfondi, très poussé, fouillé, détaillé ; **in the ~ of** au cœur de ; *[***in the ~ of winter** au cœur de l'hiver*]* ; **out of one's ~** complètement dépassé (par les événements), pas à la hauteur, aux prises avec une tâche dépassant ses compétences.

deputize *v.* ~ **for** remplacer *[qqn]*.

deputy *n.* **1** adjoint ; remplaçant ; suppléant ; ~ **director** directeur adjoint ; ~ **mayor** maire adjoint ; ~ **minister** vice-ministre. **2** député. **3** *ÉU* auxiliaire de shérif. ✪ **by ~** par procuration ; **Deputy Minister** vice-ministre ; *Can.* sous-ministre ; **Deputy Prime Minister** vice-premier ministre ; **Deputy Secretary-General** *ONU* Vice-Secrétaire général.

DEQ (delivered ex quay) *Incoterms* DEQ *[dans les documents contractuels, les sigles des Incoterms ne doivent pas être traduits].*

derail *v. Fig.* **1** *tr.* faire capoter/échouer/avorter, torpiller ; **to ~ the peace process** faire avorter le processus de paix ; **lack of funds ~ed the research project** par manque de fonds, le projet de recherche n'a pas abouti. **2** *intr.* capoter, échouer, avorter.

deregulation *n.* déréglementation, libéralisation *[d'un secteur économique]*.

derelict *n.* **1** chose sans maître/propriétaire. **2** navire abandonné, épave. **3** clochard, vagabond.

derelict *adj. [bâtiment, usine]* abandonné, (laissé) à l'abandon, désaffecté.

dereliction *n.* **1** état d'abandon. **2** négligence ; manquement à ses obligations. ✪ ~ **of duty** manquement à ses obligations.

derivative *n.* **1** (produit) dérivé ; *Chimie* dérivé ; **heroin is a ~ of morphine** l'héroïne est un dérivé de la morphine. **2** *Bourse* produit dérivé *[= produit financier dont la valeur dépend de celle d'une marchandise ou d'un autre actif financier]*. **3** (mot) dérivé. ✪ **~s fund** *FCP* fonds de produits dérivés.

derivative *adj.* **1** dérivé. **2** dépourvu d'originalité. ✪ ~ **lease** (contrat de) sous-location ; ~ **market** marché des produits dérivés ; ~ **product** *Bourse* produit dérivé *[= produit financier dont la valeur dépend de celle d'une marchandise ou d'un autre actif financier]*.

derive *v.* **1 (from)** *tr.* retirer *[avantage, satisfaction]* de, obtenir *[avantage]* de, percevoir *[revenu]* de ; **income ~d from investments** revenus de placements ; **the business community ~s substantial benefits from a stable government** les milieux d'affaires retirent des avantages considérables de la stabilité du gouvernement ; **party funds are chiefly ~d from affiliation fees** le parti est financé principalement par les cotisations des membres. **2 (from)** *intr.* résulter de, être le résultat/produit de, provenir de, découler de, avoir pour origine, tirer son origine de ; **the new treatment ~s from experimental work with epileptics** le nouveau traitement est le produit de travaux expérimentaux sur des épileptiques. **3 (from)** *tr.* déduire de. **4** *tr.* établir, calculer ; **to be ~d from** *[statistiques]* être établi à partir de/sur la base de.

derogate *v.* **I** *tr.* critiquer, dénoncer, décrier, dénigrer. **II ~ from** **1** nuire à ; réduire, diminuer, enlever à ; **Gorbachev's unpopularity at home did not ~ from his momentous importance in history** l'impopularité de Gorbatchev dans son pays n'enlève rien à l'importance historique considérable de son action. **2** déroger à.

derogatory *adj.* **1** désobligeant, péjoratif, malveillant ; ~ **remarks** observations désobligeantes. **2** dégradant, déshonorant, vil, indigne. **3** dérogatoire ; ~ **clause** clause dérogatoire.

derv (diesel engine road vehicle) *RU* gazole. ✪ ~ **fuel** gazole.

DES (delivered ex ship) *Incoterms* DES *[dans les documents contractuels, les sigles des Incoterms ne doivent pas être traduits].*

DES (Department of Education and Science) *RU* ministère de l'Éducation et de la science.

desalination, desalinization *n.* dessalement *[de l'eau de mer]*.

descending order ordre décroissant.

descent *n. Fig.* **1** baisse *[d'une monnaie, de la Bourse]*. **2** déchéance, dégringolade, chute, déclin ; **(into)** basculement dans, chute dans, glissement dans, dérapage vers, régression dans ; ~ **into hell** descente aux enfer ; **nobody seems to be able to prevent the country's ~ into chaos** personne ne semble en mesure d'empêcher le pays de sombrer dans le chaos. **3** origine, ascendance ; **a Canadian of Cuban ~** un Canadien d'origine cubaine.

describe *v. tr.* **1** décrire, dépeindre, retracer, relater, exposer, expliquer ; présenter ; **in English-speaking countries, the mile and the yard are still used to ~ distances** dans les pays anglo-saxons, le mile et le yard sont encore utilisés pour mesurer les distances ; **the alternatives are ~ed below** les différentes options sont présentées ci-après. **2 (as)** qualifier de, traiter de ; désigner sous le nom de, appeler ; **the Secretary-General ~d the conference as historic** le Secrétaire général a qualifié la conférence d'historique. **3** désigner ; **the word "Tory" ~s a member or supporter of the Conservative Party of Great Britain** le mot « Tory » désigne un membre ou un partisan du Parti conservateur de la Grande-Bretagne.

description *n.* **1** description ; signalement ; **the suspect matches the murderer's ~** le suspect répond au signalement du meurtrier. **2** exposé *[d'une question]*, relation *[d'événements]*. **3** désignation, dénomination, appellation ; libellé, intitulé ; **commercial ~** dénomination commerciale ; ~ **of the goods** désignation des marchandises. **4** type, sorte, espèce, catégorie, genre ; forme ; **of any ~** quel qu'il soit ; **of every ~** de toute nature ; **of all ~s** de tous types.

desecrate *v. tr.* profaner *[tombe]*.

deselection *n. Pol. ÉU* retrait d'investiture *[conférée par un parti à un candidat]*.

desertion *n.* abandon *[d'un conjoint par l'autre]*.

design *v. tr.* **1** concevoir *[produit, machine, politique, programme]* ; élaborer, mettre au point *[programme, politique]* ; imaginer ; élaborer les plans de *[bâtiment]* ; créer ; penser ; **well ~** bien étudié ; **a building specifically ~ed for its users** un bâtiment pensé pour ses utilisateurs. **2** destiner ; **to be ~ed to** viser à, être conçu pour, être destiné à, être censé, avoir pour objet/but/fonction de, servir à. **3** dessiner. **4** désigner.

design *n.* **1** projet *[nourri par qqn] ; pl.* desseins, visées ; **Peru has no ~s on its neighbours' territories** le Pérou n'a pas de visées sur le territoire de ses voisins. **2** but, objectif ; intention ; **by ~** délibérément, intentionnellement, à dessein. **3** plan *[d'une machine, d'un bâtiment],* projet, maquette, schéma. **4** maquette *[d'une brochure, d'un livre].* **5** conception *[d'une machine] ; Propriété intellectuelle* dessin ou modèle ; *pl.* dessins et modèles ; **of poor ~** mal conçu. **6** conception, élaboration *[d'une politique, d'un programme].* **7** style, esthétique, design. **8** nature, type. **9** motif *[décoratif],* dessin. ✪ **~ engineer** ingénieur d'études ; **~ patent** brevet de dessin ou modèle.

designate *v.* **1** *tr.* indiquer, désigner *[qqch.] ;* **~d successor** successeur désigné. **2** *tr.* désigner *[qqn pour remplir des fonctions/s'acquitter d'une tâche.].* **3** *tr.* appeler, qualifier de ; classer *[monument historique],* créer *[parc naturel],* déclarer *[zone sinistrée] ;* **the state of New Jersey, ~d the "Garden State"** l'État du New Jersey, surnommé l'« État jardin » ; **many Eurocrats would like Brussels to be ~d the sole seat of the European Parliament** de nombreux eurocrates voudraient que Bruxelles devienne le siège unique du parlement européen ; **the valley was ~d an area of outstanding natural beauty** la vallée a été classée « site pittoresque » ; **March 8 was ~d International Women's Day** le 8 mars a été déclaré « Journée internationale de la femme ». **4** *tr.* affecter *[fonds] ;* **the funds were ~d for family planning** les fonds ont été affectés à des activités de planning familial. **5 ~ as** nommer *[directeur] ;* classer parmi ; **the European Union has ~d several areas as economically depressed** l'Union européenne a classé plusieurs régions parmi les zones en crise économique.

designated *adj.* **1** *[successeur]* désigné. **2 (as)** appelé, désigné sous le nom de. **3** préalablement défini, (spécialement) désigné à cet effet ; expressément/nommément désigné, déterminé ; **smoking is only allowed in ~ areas** on ne peut fumer que dans les zones spécialement désignées à cet effet. **4** certain ; **the report was based on surveys carried out in ~ neighbourhoods** le rapport reposait sur des enquêtes réalisées dans certains quartiers. ✪ **~ driver** conducteur désigné *[chargé de reconduire ses compagnons de sortie] ;* **~ landmark** immeuble/monument classé.

designation *n.* **1** désignation, indication, mention. **2** désignation, nomination. **3** appellation, dénomination, désignation, nom.

designer *n.* **1** dessinateur-projeteur ; projeteur ; styliste. **2** créateur, auteur, concepteur. **3** créateur (de mode), créatrice (de mode), grand couturier, styliste ; **~ clothes** vêtements haute couture. ✪ **~ drug** analogue de substance illicite.

desirability *n.* opportunité, utilité, avantage, bien-fondé, à-propos, intérêt, sagesse.

desirable *adj.* souhaitable, opportun, indiqué, utile, avantageux, intéressant ; **the committee sought comments on whether it would be ~ to close the airport** le comité a demandé qu'on lui fasse parvenir des observations sur l'opportunité éventuelle de fermer l'aéroport ; **the ~ criteria for the selection of the successful bidder** les critères à retenir pour le choix de l'attributaire.

desist *v.* **~ from** renoncer à, cesser de ; s'abstenir de ; abandonner, mettre fin à *[action].*

desk *n.* ✪ **~ job** emploi (de type) administratif ; **~ research** étude/recherche théorique *[par opp. à une étude sur le terrain],* recherche documentaire.

desktop *n. Inf.* bureau. ✪ **~ computer** ordinateur de bureau ; **~ publishing** publication assistée par ordinateur.

desolate *adj.* **1** désert, inhabité. **2** *[personne]* désespéré, triste, en détresse, *[existence]* misérable, pitoyable.

despatch *n. voir* dispatch.

desperately needed qui fait cruellement défaut.

despoil *v. tr.* **1** dépouiller, piller, spolier. **2** nuire à l'attrait de, enlaidir.

destitution *n.* indigence, misère (noire), dénuement le plus complet.

destocking *n.* déstockage, réduction/diminution/contraction des stocks.

detached house maison indépendante/séparée.

detachment of the retina décollement de la rétine.

detail *v. tr.* **1** présenter/décrire/exposer de façon détaillée ; rendre compte de. **2** énumérer, répertorier. **3 (to)** charger de.

detail *n.* **1** détail(s) ; **to go into ~** donner des détails, entrer dans le détail ; **in great ~** de façon très détaillée, par le menu ; **without going into (great) ~** sans s'appesantir sur le sujet, sans entrer/se perdre dans les détails. **2** *pl.* renseignements, informations, précisions, détails, questions de détail, éléments, données, caractéristiques, aspects, développements, compte rendu détaillé ; **further ~s** de plus amples renseignements, des informations complémentaires ; **practical ~s** modalités pratiques. **3** détachement *[de fonctionnaire] ;* **on ~ from** détaché de *[administration].* **4** *Mil.* détachement.

detailed *adj. [description, compte rendu, mode d'emploi]* détaillé, *[rapport]* circonstancié, *[examen]* approfondi, fouillé, minutieux ; complet ; **for more ~ information, visit our Web site** pour de plus amples renseignements, consultez notre site Web.

detain *v. tr.* ✪ **~ for questioning** placer en garde à vue.

detection limit seuil de détection.

detention *n.* ✪ **~ centre** établissement pénitentiaire pour jeunes délinquants ; **~ for questioning** garde à vue.

deter *v.* **1** *tr.* décourager *[qqn, agression] ;* prévenir ; **(from)** dissuader de, convaincre de ne pas ; **stiff penalties are supposed to ~ would-be criminals** de lourdes peines sont censées avoir un effet dissuasif sur des délinquants potentiels. **2** *intr.* avoir un effet dissuasif.

determinant *n.* **1** cause, facteur. **2** déterminant, élément qui détermine.

determination *n.* **1** détermination, résolution, ferme intention, intention bien arrêtée. **2** détermination *[d'une distance, du sort de qqn] ;* détermination du montant de *[allocation, indemnité].* **3** conclusion *[à laquelle parvient un expert].* **4** *Dr.* décision *[d'un juge],* adoption d'une décision *[sur une affaire] ;* appréciation ; règlement *[d'un différend].* **5** délimitation. **6** *Dr.* résiliation, résolution *[d'un contrat].*

determine *v.* **1** *tr.* déterminer, établir. **2** *tr.* constater ; **the police ~d that he was drunk** la police a constaté qu'il était ivre. **3** *tr.*

établir, arrêter *[politique]*, élaborer, fixer ; désigner. **4** *tr.* décider ; régler, statuer sur, trancher *[question]* ; **the board ~d that it was necessary to work harder on the American market** le conseil d'administration a décidé qu'il était nécessaire d'intensifier les efforts sur le marché américain ; **this is a matter for the court to ~** il appartient au tribunal de trancher cette question. **5** *tr. Dr.* résilier, résoudre *[contrat]*. **6** *intr. Dr.* s'achever, prendre fin, s'éteindre.

deterrent *n. Mil.* arme/moyen de dissuasion.

detinue *n.* détention illicite.

detonate *v.* **1** *intr. [bombe]* exploser. **2** *tr.* faire exploser *[bombe]*.

detox *n. Fam.* cure de désintoxication.

detoxification *n.* désintoxication.

DETR (Department for the Environment, Transport and the Regions) *RU* ministère de l'Environnement, des transports et des régions.

detract *v.* **~ from 1** réduire, diminuer ; minimiser. **2** nuire à, porter atteinte à, affaiblir, affecter, entraver, altérer ; réduire l'efficacité de ; gâcher, ternir ; **this does not ~ from her merit** cela n'enlève rien à son mérite ; **environmental considerations could ~ from economic development** des considérations relatives à l'environnement pourraient entraver le développement économique ; **the shopping centre ~s from the area's natural beauty** le centre commercial porte atteinte à la beauté naturelle de la zone. **3** critiquer, discréditer, déprécier, rabaisser, ravaler.

devastated *adj.* **1** *[pays]* dévasté. **2** *[personne]* atterré, éperdu/fou de douleur, désespéré, effondré, anéanti, inconsolable.

devastating *adj.* terrible, effroyable, épouvantable, catastrophique, *[coup]* très grave, *[épidémie, guerre]* dévastateur ; *[défaite]* écrasant ; *[crise cardiaque]* foudroyant ; *[nouvelle]* consternant, *[critique]* accablant ; **to have a ~ effect on** avoir des effets extrêmement graves sur.

develop *v.* **1** *tr.* développer *[pays]*, accroître, agrandir, élargir, amplifier, donner une ampleur accrue à, étendre, approfondir, intensifier, accentuer, stimuler, renforcer, faire progresser, accélérer ; cultiver, enrichir. **2** *intr. [pays]* se développer, *[phénomène]* s'amplifier, prendre une ampleur accrue, s'intensifier, gagner du terrain, progresser, s'accentuer, avancer, croître, grandir, s'accroître, s'étendre, s'agrandir ; prendre son essor, décoller, s'accélérer. **3** *intr. [personne]* s'épanouir. **4** *tr.* améliorer, perfectionner, valoriser, affiner, étoffer ; **to ~ human resources** valoriser les ressources humaines ; **it is an old idea which was ~ed further recently** il s'agit d'une idée ancienne qui a été affinée récemment. **5** *intr.* s'améliorer, s'affiner, s'étoffer. **6** *tr.* répandre, propager, multiplier. **7** *tr.* exploiter *[mine, gisement]*, mettre en valeur, valoriser *[ressources naturelles]*, enrichir ; lancer, mettre en chantier ; aménager ; **a golf course will be ~ed near the lake** un terrain de golf sera aménagé à proximité du lac ; **we need to ~ new types of energy** nous devons exploiter de nouvelles sources d'énergie ; **to ensure that the land is ~ed in a way most beneficial for the community** faire en sorte que le terrain soit mis en valeur de la façon la plus profitable pour la collectivité ; **children should be enabled to ~ all their abilities** il faut donner aux enfants la possibilité de faire éclore tous leurs talents. **8** *tr.* mettre au point, élaborer *[politique, stratégie, procédé de fabrication]*, concevoir, trouver ; **to ~ new products** mettre au point de nouveaux produits ; **advisers helped Putin ~ his foreign policy** des conseillers ont aidé Poutine à élaborer sa politique étrangère. **9** *Inf.* développer *[logiciel]*. **10** *tr.* créer, engendrer, susciter, constituer, établir, nouer, instituer, mettre en place, produire (graduellement), réaliser, se doter de, concrétiser ; dégager, faire apparaître ; **the US would like to ~ a new relationship with Iran** les États-Unis souhaiteraient transformer ses relations avec l'Iran ; **some regions have ~ed independent relations with foreign governments** certaines régions ont noué des relations indépendantes avec des gouvernements étrangers ; **Vietnam is trying to ~ a tourist industry** le Viêt-nam s'efforce de mettre en place une industrie du tourisme. **11** *tr.* exposer, expliquer ; **to ~ a theory** a) concevoir une théorie ; b) exposer une théorie. **12** *intr.* apparaître, surgir, survenir, se produire, arriver, se manifester, se faire jour, se déclarer, être dégagé, se dégager, se révéler, s'avérer, naître, prendre naissance, prendre forme, prendre corps, se constituer, se former, se créer ; **it ~ed that** il est apparu que ; il s'est avéré que ; **television first ~ed in the United States** la télévision est d'abord apparue aux États-Unis ; **other problems could ~** d'autres problèmes pourraient survenir ; **severe droughts ~ed in Africa** de graves sécheresses se sont produites en Afrique ; **splits could ~ in the party's leadership** des dissensions pourraient se manifester au sein de la direction du parti ; **a compromise seems to be ~ing** un compromis semble se dégager ; **a new political movement ~ed in Britain** un nouveau mouvement politique a pris naissance au Royaume-Uni ; **a dangerous situation has ~ed** une situation dangereuse s'est créée. **13** *intr.* évoluer, suivre une évolution, prendre un cours, se dérouler ; **the situation is ~ing quite fast** la situation évolue très rapidement. **14** *tr.* acquérir, faire l'acquisition de, se doter de *[aptitudes]* ; inculquer *[aptitude]* ; prendre, contracter *[habitude]* ; contracter, être/devenir malade de *[maladie]* ; **to ~ an interest in** se mettre à s'intéresser à ; **to ~ skills** acquérir des qualifications ; **~ing expertise in translation involves learning a range of different skills** pour devenir un traducteur accompli, il faut acquérir diverses aptitudes ; **he ~ed a reputation for manipulation of the media** il a acquis la réputation de manipuler les médias ; **children ~ language long before they learn to read and write** les enfants font l'acquisition du langage longtemps avant d'apprendre à lire et à écrire ; **not everyone with the gene ~s this illness** tous les porteurs du gène ne contractent pas cette maladie. **15 ~ as** devenir ; **the Bank ~ed as a separate institution** la Banque est devenue une institution distincte. **16 ~ into** a) devenir, évoluer vers, se transformer en, se muer en ; dégénérer en, tourner à ; b) transformer en, faire de ; **to ~ the airport into a hub** faire de l'aéroport une plaque tournante.

developer *n.* **1** concepteur ; *Inf.* développeur *[de logiciels]*. **2** promoteur (immobilier) ; **a city uglified by ~s** une ville enlaidie par les promoteurs.

developing country pays en (voie de) développement.

development *n.* **1** événement, fait (nouveau/récent), élément (nouveau), situation nouvelle, phénomène, incident, péripétie, épisode, rebondissement, tournant, virage, jalon, cours/tournure des événements, déroulement, tour ; innovation, nouveauté, initiative ; *pl.* suite des événements ; **the latest ~s** les derniers développements/rebondissements ; **these ~s** les faits rapportés plus haut ; **new/recent ~s** du nouveau, découverte récente, fait nouveau, évolution récente, initiatives récentes, éléments nouveaux ; **future ~s** évolution future ; **in another ~** d'autre part ; **in a parallel ~** parallèlement ; **other ~s** autres faits à signaler ; **the fall of the government is one of a number of worrying ~s** la chute du gouvernement est un événement préoccupant parmi d'autres. **2** évolution (de la situation), processus, cours, orientation, mouvement, cheminement, dynamique, tendance, courant ; suites, prolongements, devenir, avenir, perspectives ; **international ~s** évolution de la situation internationale ; **the ~ of unemployment since the war** l'évolution du chômage depuis la guerre. **3** développement, essor, augmentation, accroissement, croissance, amplification, élargissement, extension, approfondissement, intensification, accentuation, accélération, renforcement. **4** progrès, percée, avancée, innovation, marche en avant, pas en avant, progression ; mise à jour, renouvellement, amélioration, perfectionnement, épanouissement ; modernisation ; **scientific ~s** innovations scientifiques, progrès scientifiques/de la science ; **London's transport system has pioneered a number of noteworthy ~s** on doit aux transports londoniens une série d'innovations remarquables ; **there has been a major ~ in the efforts to establish peace** on a accompli un important pas en avant dans les efforts déployés pour établir la paix ; **professional ~** perfectionnement professionnel ; **a good education is essential for the ~ of every individual** une bonne instruction est essentielle pour l'épanouissement de l'individu. **5** propagation, diffusion ; multiplication. **6** apparition, genèse, émergence, avènement ; **pollution plays a role in the ~ of some forms of cancer** la pollution joue un rôle dans l'apparition de certains cancers ; **the ~ of political awareness among the population of newly democratic countries** l'émergence d'une conscience politique au sein de la population de pays qui viennent d'adopter un système démocratique. **7** formation ; **the ~ of international law rules** la formation de règles de droit international. **8** mise au point *[d'un produit],* élaboration *[d'un programme],* conception ; **the ~ of mutually acceptable rules** l'élaboration de règles susceptibles d'être acceptées par les différentes parties. **9** création, formation, gestation, production, réalisation, mise en place, implantation, mise en œuvre, constitution, établissement ; définition ; **the population welcomed the ~ of independent newspapers** la population a accueilli favorablement la création de journaux indépendants ; **the Secretary-General mediated the ~ of a new relationship between India and Pakistan** le Secrétaire général a joué un rôle de médiateur pour l'établissement de relations nouvelles entre l'Inde et le Pakistan. **10** *Inf.* développement *[d'un logiciel].* **11** exploitation, mise en valeur, valorisation ; (travaux d') aménagement ; **the ~ of North Sea oil resources** l'exploitation des ressources pétrolières de la mer du Nord. **12** construction, ouvrage, complexe ; cité (d'habitation), grand ensemble, lotissement. ✪ **~ aid/assistance** aide au développement ; **Development Assistance Committee** *OCDE* Comité d'aide au développement ; **~ bank** banque de développement ; **~ cooperation** coopération au développement ; **~ corporation** société de développement ; **~ plan** *Aménagement du territoire* plan de secteur ; **~ worker** a) agent de développement ; b) coopérant ; **further ~** affinement, perfectionnement.

deviate *v. intr.* **(from)** s'écarter de *[état normal].*

deviation *n.* **1** déviation, écart ; changement d'orientation, virage ; **to be a ~ from** s'écarter de *[doctrine].* **2 (from)** infraction à, dérogation à, entorse à *[règle].* **3** déviance. **4** digression. **5** *Transp. mar.* déroutement *[d'un navire].* **6** *Écon.* détournement. **7** *Stat.* écart. **8** déviation *[magnétique].*

device *n.* **1** dispositif, mécanisme, appareil, instrument ; engin ; **the explosive ~ was made safe** la bombe a été neutralisée. **2** système, procédé, formule, moyen, mécanisme, ressource ; **various ~s are used to give jobs to party supporters** on a recours à divers procédés pour trouver des emplois pour des militants du parti. **3** stratagème, astuce, artifice, manœuvre, expédient. ✪ **~ driver** *Inf.* gestionnaire/pilote de périphérique ; **left to one's own ~s** a) livré à soi-même, abandonné à son sort ; b) spontanément, sans intervention extérieure ; *[***to be left to one's own ~s** a) être livré à soi-même, être abandonné à son sort ; b) pouvoir fonctionner de façon indépendante*].*

devise *v. tr.* **1** concevoir, imaginer, inventer, trouver, élaborer, mettre au point. **2** léguer *[biens immobiliers].*

devise *n.* legs de biens immobiliers ; legs.

devisee *n.* légataire *[de biens immobiliers].*

devisor *n.* testateur.

devolution *n.* **1** transmission *[de biens] ; Successions* dévolution. **2** délégation de pouvoirs, transfert de pouvoirs/de compétences/d'attributions (aux autorités locales/vers le niveau local) ; **the commitment to ~ is one of the themes of New Labour** le transfert de pouvoirs aux autorités locales est un élément du programme du Parti travailliste rénové. **3** décentralisation.

devolve *v.* **1** *tr.* **(to, upon)** transférer *[pouvoirs, compétences]* à *[collectivité territoriale],* déléguer à ; **the government wants to ~ money to health authorities** le gouvernement veut transférer des crédits aux administrations locales de la santé. **2** *intr.* **(on, to)** *[obligation, responsabilité]* être transféré à ; *[succession]* être dévolu à. **3** *intr.* **(on)** dépendre de.

devolved *adj.* investi de compétences déléguées ; décentralisé ; **some people fear that a ~ government will be a step toward separation** certains craignent que la mise en place d'un gouvernement investi de compétences déléguées préfigure une sécession ; **a ~ assembly was set up in Scotland** une assemblée dotée de compétences propres a été créée en Écosse ; **the company is seeking a more ~ structure** l'entreprise s'efforce de mettre en place une structure plus décentralisée.

DFID (Department for International Development) *RU* Département du développement international.

DHEA (dehydroepiandrosterone) DHEA (déhydroépiandrostérone).

diabetes mellitus diabète sucré.

diagram *n.* **1** schéma ; **he assembled a bomb on the basis of a ~ posted on the Internet** il a fabriqué une bombe en s'inspirant d'un schéma diffusé sur Internet. **2** diagramme.

dialling *n.* ✪ **~ code** indicatif ; **~ tone** tonalité.

dialog box *Inf.* boîte de dialogue.

dial tone *ÉU* tonalité.

dial-up *n.* ✪ **~ access** accès commuté ; **~ networking** accès réseau à distance.

diamond *n.* ✪ **~ cutter** tailleur de diamant ; **~ cutting** taille du diamant.

dicta *n. pl. voir* dictum.

Dictaphone *n.* machine à dicter, dictaphone.

dictate *v.* **1** *tr.* dicter *[lettre].* **2** *tr.* déterminer ; **loyalty to a political party is often ~d by family tradition** l'allégeance à un parti politique est souvent déterminée par une tradition familiale. **3** *intr.* **(to)** imposer sa volonté à, donner des ordres à, dire à *[qqn]* ce qu'il doit faire. **4** dicter *[conduite, conditions],* imposer, prescrire. **5** *tr.* **(that)** *[règle]* disposer que, prévoir que, prescrire que.

dictating machine machine à dicter, dictaphone.

dictum *n.* **1** maxime, adage, précepte, principe, règle, déclaration. **2** *Dr.* observation incidente.

dies *n. Dr.* ✪ **~ ad quem** *dies ad quem,* dernier jour du délai ; date à laquelle la transaction s'achève ; date jusqu'à laquelle les intérêts courent ; **~ a quo** *dies a quo,* premier jour du délai ; date à laquelle la transaction commence ; date à laquelle les intérêts commencent à courir ; **~ non** jour non ouvrable.

diesel *adj.* **1** diesel *[= moteur diesel ou véhicule à moteur diesel]*. **2** gazole. ✪ **~ fuel** gazole **~-fuelled car** voiture à moteur diesel ; **~ fuel-oil** gazole ; **~ oil** gazole ; **~ train** autorail.

diet *n.* régime alimentaire, alimentation ; **to be on a ~** faire un régime. ✪ **~ food** aliments allégés.

differ *v. intr.* **1 (from)** être différent de, différer de, se distinguer de ; s'écarter de. **2** ne pas être du même avis, être d'un autre avis, ne pas partager cet avis ; **(from, with)** ne pas être d'accord avec, être en désaccord avec ; **to agree to ~** accepter leurs divergences de vues, se borner à constater leurs divergences de vues.

difference *n.* **1** différence ; disparité ; écart ; **temperature ~s** écarts de température. **2** divergence (de vues), dissension, désaccord, litige, controverse, différend, conflit ; point litigieux ; **~ of opinion** divergence de vues ; **growing ~s between the two leaders make co-operation difficult** des divergences de vues de plus en plus marquées entre les deux dirigeants rendent difficile toute coopération ; **ethnic ~s** conflits ethniques. **3** originalité ; **with a ~** original, inédit, unique en son genre, à nul autre pareil, hors du commun, peu commun, pas comme les autres, avec une touche d'originalité. ✪ **~s on exchanges** *Compt.* différences de change ; **make a ~** influencer/changer/modifier le cours des choses/des événements, avoir une influence sur le cours des choses/des événements, changer les choses, y changer quelque chose ; avoir des effets réels/positifs, obtenir des résultats (tangibles), être efficace, *[***to make a significant ~** avoir des effets importants ; **it makes no ~ whether** il est indifférent que ; **it is claimed that Greenpeace can make a real ~** on affirme que Greenpeace peut véritablement changer le cours des choses ; **if we can reduce water wastage by half, it will make an enormous ~** si nous pouvons réduire de moitié les gaspillages d'eau, cela aura des effets énormes*]* ; **make the ~** faire la différence.

differential *n.* différentiel, écart *[d'inflation, de taux d'intérêt] ;* **mortality ~** écart de mortalité ; **pay ~** écart de rémunérations.

diffidence *n.* **1** manque de confiance en soi. **2** réserve ; réticence ; discrétion.

diffuse *adj.* **1** diffus. **2** *[discours]* prolixe, verbeux.

digest *v. tr. Fig.* **1** assimiler. **2** résumer.

digest *n.* condensé, abrégé.

digester *n. Biomasse* digesteur, fermentateur.

digital *adj.* numérique. ✪ **~ audio tape** bande audionumérique ; **~ compact cassette** cassette audionumérique ; **~ computer** ordinateur numérique ; **~ divide** fracture numérique ; **~ plotter** *Inf.* traceur numérique ; **~ rectal examination** toucher rectal ; **~ versatile disc/disk** disque numérique polyvalent ; **~ video disc/disk** vidéodisque numérique.

digitized *adj. [image]* numérisé.

digitization *n. Inf.* numérisation.

digitizer *n. Inf.* numériseur.

dilapidated *adj.* en ruine, en mauvais état, dégradé, détérioré, délabré, vétuste.

dilemma *n.* **1** dilemme. **2** situation difficile, difficulté, problème.

dilute *v. tr. Fig.* affaiblir, affadir, tempérer, atténuer, modérer, adoucir, édulcorer, vider d'une bonne partie de sa substance.

dilutive *adj. Fin. [acquisition, fusion]* dilutif.

diminished responsibility *Dr.* responsabilité atténuée.

diminishing balance depreciation amortissement dégressif.

dining *n.* ✪ **~-car** *n.* wagon-restaurant ; **~ hall** *Ens.* restaurant universitaire.

dip *v. intr. Écon.* fléchir.

dip *n.* **1** baisse, fléchissement. **2** *Écon.* creux. **3** *Géol.* pendage.

Diplock court *Dr. Irl. du Nord* tribunal sans jury *[où siège un juge unique]*.

diploma *n.* certificat (d'études supérieures).

diplomatic bag/pouch valise diplomatique.

direct *v. tr.* **1** diriger *[entreprise, pays, activités, orchestre],* superviser *[activités]*. **2** diriger, orienter, aiguiller ; guider ; affecter *[fonds] ;* **we need to ~ more resources to health care** nous devons affecter des ressources plus importantes aux soins de santé. **3 (to)** ordonner de, enjoindre de, charger de, prescrire de ; **to ~ sb to do sth** donner à qqn des instructions pour qu'il fasse qqch. **4** adresser ; **this appeal is ~ed towards policy-makers** cet appel s'adresse aux responsables politiques. **5** envoyer, acheminer. **6** mettre en scène *[pièce, film],* réaliser *[film, émission]*.

direct *adj.* **1** direct. **2** pur et simple. ✪ **~ action** *Pol., Social* action directe ; **~ broadcasting satellite** satellite de radiodiffusion directe ; **~ advertising** publicité directe ; **~ contempt (of court)** atteinte directe à l'autorité du tribunal *[= outrage à magistrat ou délit d'audience] ;* **~ cost** *Gestion* coût variable ; **~ costing** *ÉU* méthode des coûts variables ; **~ current** courant continu ; **~ debit** *Banque* prélèvement automatique ; **~ dialling** accès direct aux postes intérieurs ; **~ effect** *UE [***European Union competition rules have ~ effect in all Member States** la réglementation de l'Union européenne en matière de concurrence est directement applicable dans tous les États membres*] ;* **~ examination** *Dr. ÉU* interrogatoire *[d'un témoin par l'avocat/le procureur qui l'a fait citer] ;* **~ grant** subvention pure et simple, subvention à fonds perdu ; **~ hit** *Mil.* coup au but ; *[***the building received ~ hits by mortar fire** le bâtiment a été touché de plein fouet par des tirs de mortier*] ;* **~ insurance** assurance directe ; **~ investment** investissements directs ; **~ inward dialling** accès direct aux postes intérieurs ; **~ labour** main-d'œuvre directe ; **~ mail** courrier publicitaire/promotionnel ; publipostage ; **~-mail advertising** publicité directe, publipostage ; **~ mailing** publicité directe, publipostage ; **~ marketer** spécialiste du marketing direct ; **~ marketing** marketing direct ; vente directe ; **~ premium** *Promotion des ventes* prime directe ; **~ quotation** *Changes* cotation à l'incertain ; **~-response advertising** publicité avec coupon-réponse ; **~ tax** impôt direct.

direction *n.* **1** direction ; **under sb's ~** sous la direction de qqn. **2** direction, sens ; cap ; **change in ~** changement de direction/cap ; **a step in the right ~** un pas dans la bonne direction. **3** orientation ; voie ; **sense of ~** sens de l'orientation ; **to give ~ to** orienter ; **to give a new ~ to** réorienter, infléchir, donner une orientation nouvelle à ; **to move the country in a new ~** engager le pays dans une voie nouvelle ; **the movement needs a leader who can give it clear ~** le mouvement a besoin d'un dirigeant capable de lui donner une orientation claire ; **members of the Conservative Party are now looking to their new leader for ~** les membres du Parti conservateur attendent de son nouveau chef de file qu'il leur indique la voie à suivre. **4** *pl.* instructions, prescriptions, directives, consignes, ordres ; **subject to such ~s as the Governing Body may give, the Office shall...** sous réserve des directives que pourrait lui donner le Conseil d'administration, le Bureau... **5** *pl.* mode d'emploi. **6** *pl.* **to ask for ~s** demander son chemin. ✪ **~ finder** goniomètre ; **~s for use** mode d'emploi.

directional antenna antenne directive.

director *n.* **1** directeur. **2** membre du conseil d'administration, administrateur. **3** *Cinéma* réalisateur. **4** chef d'orchestre. ✪ **Director of Public Prosecutions** *Angl.* directeur du Parquet ; **~'s cut** *Cinéma* version du réalisateur ; **~s' fees** tantièmes ; **~s' report** *ÉU* rapport des administrateurs ; **~s' share** action de garantie.

directorate *n.* direction.

directory *n. Inf.* répertoire.

dirt road route sans revêtement, piste.

dirty *adj. Fig. [eau]* pollué ; *[usine, industrie]* polluant. ✪ **~ bill of lading** *Transp. mar.* connaissement clausé ; **~ tricks** *Pol.* coups bas/fourrés/tordus, procédés déloyaux.

disability *n.* invalidité, infirmité, handicap, incapacité de travail. **2** *Dr.* incapacité ; **person under a ~** incapable.

disable *v. tr.* **1** rendre invalide, estropier. **2** mettre hors de combat, mettre hors d'état de nuire, mettre hors de service/d'usage, rendre inutilisable/inopérant, neutraliser, inactiver ; **to ~ a bomb** neutraliser une bombe ; **the enemy patrol boat was ~d quite quickly** il n'a pas fallu longtemps pour mettre hors de combat la vedette de l'ennemi. **3** *Inf.* inactiver.

disabled *adj.* **1** *[personne]* handicapé. **2** *[machine]* en panne, détraqué.

disabling disease maladie invalidante.

disadvantage *n.* **1** désavantage, inconvénient ; handicap, faiblesse, point faible ; **to be at a ~** souffrir d'un handicap, être pénalisé ; **to place at a ~** désavantager, pénaliser. **2** appartenance à un milieu (socioéconomique)/une catégorie défavorisé(e), situation défavorisée/défavorable ; **socioeconomic ~** situation défavorisée sur le plan socioéconomique.

disadvantaged *adj.* **1** défavorisé, déshérité. **2** désavantagé.

disaffected *adj.* **1** déloyal. **2** mécontent ; désenchanté.

disaggregate *v. tr. Stat.* décomposer, ventiler, désagréger *[données]*.

disaggregated *adj. Stat.* désagrégé, ventilé.

disaggregation *n. Stat.* décomposition, ventilation ; désagrégation.

disafforest *v. tr.* déboiser.

disallow *v. tr.* rejeter *[réclamation]*.

disarray *n.* confusion, désordre, désorganisation ; **in ~** désemparé.

disaster *n.* catastrophe, calamité, sinistre. ✪ **~ area** zone sinistrée ; **~ management** intervention en cas de catastrophe ; **~ relief** secours aux sinistrés, secours en cas de catastrophe ; **~ prevention** protection contre les catastrophes.

disband *v.* **1** *tr.* dissoudre *[association]*, supprimer *[organisme]*. **2** *intr. [association]* mettre fin à ses activités.

disbar *v. tr.* radier *[avocat]*.

disc *n. voir* disk.

discard *v. tr.* **1** jeter. **2** écarter, se débarrasser de, rejeter, abandonner.

discerning *adj. [personne]* avisé, bien informé, averti, éclairé, intelligent ; *[observation]* judicieux, témoignant de beaucoup de discernement/d'une grande finesse ; *[jugement]* de connaisseur.

discharge *v. tr.* **1** décharger *[marchandises, arme à feu]* ; déverser, rejeter, répandre *[déchets, polluants]*, émettre *[gaz toxiques]*. **2** licencier, renvoyer *[travailleur]*. **3** *Mil.* réformer ; démobiliser ; renvoyer dans ses foyers. **4** libérer, (re)mettre en liberté, relâcher, élargir, relaxer, ordonner la mise en liberté de. **5** *Dr.* dispenser *[prévenu]* de peine. **6** réhabiliter *[failli]* ; **~d bankrupt** failli réhabilité. **7 to ~ a patient** autoriser un malade à quitter l'hôpital/à rentrer chez lui, autoriser la sortie d'un malade ; **to be ~d from hospital** sortir de l'hôpital, (pouvoir) quitter l'hôpital, (pouvoir) regagner son domicile ; **~d patient** malade sortant. **8** *Dr.* mettre fin aux fonctions de *[jury]*. **9** décharger, libérer, dégager, délier, relever ; dispenser ; exempter, exonérer, dégrever ; **to ~ a debtor** libérer un débiteur ; **he who pays at maturity is validly ~d** celui qui paie à l'échéance est valablement libéré. **10** s'acquitter de *[responsabilité, obligation, tâche, fonctions]*, remplir, exécuter, éteindre *[obligations]*, accomplir, exercer ; **to ~ a contract** exécuter les obligations contractuelles. **11** donner décharge/quitus à. **12** payer, acquitter, régler, liquider, apurer, honorer ; rembourser *[dette]* ; **to ~ a bill of exchange** payer/honorer une lettre de change. **13** *Dr.* annuler, mettre à néant *[jugement]*.

discharge *n.* **1** déchargement *[de marchandises]* ; décharge *[électrique, d'une arme à feu]* ; débit *[d'une canalisation]*. **2** *Env.* déversement, rejet *[de polluants]*, émission *[de gaz polluants]* ; **sewer ~** déversement des eaux d'égout ; **nuclear waste ~s into the North Sea** déversements de déchets nucléaires dans la mer du Nord. **3** *Méd.* écoulement *[nasal, urétral]* ; épanchement ; **nasal ~** rhinorrhée. **4** licenciement, renvoi. **5** *Mil.* réforme ; démobilisation ; renvoi dans les foyers. **6** libération, (re)mise en liberté, élargissement, relaxe, levée d'écrou. **7** *Dr.* dispense de peine. **8** réhabilitation *[d'un failli]*. **9** sortie (de l'hôpital). **10** *Dr.* décision du tribunal mettant fin aux fonctions du jury. **11** dispense ; exemption, exonération, dégrèvement. **12** accomplissement, exécution, exercice *[de fonctions]* ; exécution *[d'une obligation]* ; extinction *[d'une obligation]*. **13** décharge, acquit, quittance, quitus ; **final ~** quitus ; **in full ~** pour acquit ; **payment in full ~** paiement libératoire. **14** paiement, acquittement, apurement, règlement, liquidation ; **in ~ of** en apurement de *[dette]*. **15** *Dr.* annulation *[d'un jugement]*. ✪ **~ of contract** a) exécution des obligations contractuelles ; b) extinction d'un contrat ; **~ of liabilities** remboursement des dettes, apurement du passif.

disciplinary *adj.* ✪ **~ board** conseil de discipline ; **~ offence** faute disciplinaire ; **~ tribunal** juridiction disciplinaire.

discipline *v. tr.* **1** prendre des sanctions contre, prendre des mesures disciplinaires à l'égard de, sanctionner, punir ; censurer *[avocat, député]* ; réprimander ; mettre au pas. **2** soumettre à une discipline, imposer une discipline à, discipliner ; **to ~ oneself** s'imposer une discipline.

disc jockey disc-jockey.

disclaim *v. tr.* **to ~ all responsibility** décliner toute responsabilité.

disclaimer *n.* note (concernant la responsabilité de l'éditeur/du fabricant), avertissement, limitation de la responsabilité.

disclosure *n.* révélation ; communication *[d'informations].* ✪ **~ requirements** règles relatives à la divulgation d'informations, obligations d'information ; informations à communiquer.

discomfort *n.* gène, malaise, sensation(s) désagréable(s)/pénible(s).

discontinue *v. tr.* **1** mettre fin à, arrêter, mettre un terme à, cesser, abandonner ; clore ; abroger, supprimer ; rapporter *[mesures]* ; interrompre. **2 to be ~d** *[produit]* ne plus être fabriqué ; **~d item/merchandise** article/marchandise de fin de série.

discount *v.* **1** *tr.* accorder une remise/un rabais sur ; solder, démarquer. **2** *tr.* escompter *[lettre de change].* **3** *tr.* actualiser *[rentrées futures].* **4** *tr.* ne pas prendre au sérieux, ne pas tenir compte de, ignorer, ne pas prêter attention à, faire abstraction de, minimiser (l'importance de), faire peu de cas de, accorder peu d'importance à ; sous-estimer, mésestimer ; ne pas ajouter foi à, écarter, rejeter, exclure ; **~ing the above** mis à part ce qui précède ; **the former Communists cannot be ~ed** on ne peut ignorer les ex-communistes ; **they do not ~ the possibility of military action** ils n'excluent pas la possibilité d'une intervention militaire. **5** *tr.* dénier tout fondement à. **6** *tr.* anticiper, tirer par avance les conséquences de ; **operators have already ~ed a rise in interest rates** les boursiers ont déjà anticipé une hausse des taux d'intérêt. **7 ~ for** faire la part de, tenir compte de.

discount *n.* **1** remise, réduction, rabais ; **to buy goods at a ~** acheter des marchandises en bénéficiant d'une remise ; **sold at a ~** vendu au rabais. **2** *Fin.* escompte *[= réduction pour remboursement anticipé d'un emprunt].* **3** *Lettre de change* escompte. **4** *Bourse* décote ; **at a ~** au-dessous du pair ; **to be at a ~** a) accuser/afficher une décote, décoter ; b) *Fig.* compter pour peu, ne pas valoir grand-chose. **5** actualisation *[de rentrées futures].* ✪ **~ broker** *ÉU* a) courtier offrant un service minimum ; b) maison de réescompte ; **~ credit** crédit d'escompte ; **~ fare** *Transp. aériens* tarif réduit ; **~ for quantities** remise sur quantité ; **~ house** a) *ÉU* magasin minimarge/à prix cassés ; b) maison de réescompte ; **~ market** marché de l'escompte ; **~ rate** a) taux/tarif réduit ; b) taux d'escompte ; c) taux d'actualisation ; **~ retailer/store** magasin minimarge/à prix cassés ; **~ voucher** *Comm.* bon de réduction.

discounted *adj.* **1** escompté. **2** actualisé. ✪ **~ bill** effet escompté ; **~ cash flow** valeur actuelle de rentrées futures ; **~ cash flow method** méthode du bilan économique actualisé ; **~ cash flow rate** taux de rentabilité ; **~ cost** coût actualisé.

discounter *n.* magasin minimarge/à prix cassés.

discounting back actualisation.

discourage *v. tr.* **1** décourager. **2** dissuader.

discourse *n.* **1** exposé *[oral ou écrit]* ; traité, étude, essai, dissertation. **2** discussion, débat, échange de vues. **3** discours *[= expression verbale de la pensée],* communication ; **the political ~** le discours politique.

discovery *n.* **1** découverte. **2** *Dr.* communication/production de pièces ; **the judge ordered the ~ of several documents** le juge a ordonné la production de plusieurs pièces.

discrepancy *n.* écart, décalage, différence, divergence, non-concordance, désaccord, non-conformité, discordance, disparité, hiatus, incompatibilité, contradiction, anomalie, disproportion.

discrete *adj.* **1** individualisé, (bien) distinct, séparé, ponctuel, indépendant, autonome ; **the project was divided into ten ~ tasks** le projet a été divisé en dix tâches bien distinctes ; **phonetics is not taught as a ~ subject but is incorporated in linguistics** la phonétique n'est pas enseignée en tant que matière à part entière, mais est intégrée dans la linguistique. **2** discontinu, intermittent, de discontinuité, (s'effectuant) par paliers, hétérogène. **3** *Stat.* discret. **4** « tout ou rien », du tout ou rien, bien tranché, ne comportant pas d'état intermédiaire ; **Alzheimer's disease is not a ~ condition: there is a continuum running from forgetfulness to dementia** la maladie d'Alzheimer n'est pas une maladie qui ne comporte pas d'états intermédiaires : elle va de certains troubles de la mémoire jusqu'à la démence. ✪ **~ variable** *Stat.* variable discrète *[= variable qui ne peut prendre que certaines valeurs].*

discretion *n.* **1** discrétion, réserve. **2** pouvoir/faculté/marge/liberté d'appréciation, latitude, liberté de choix, libre décision, pouvoir (discrétionnaire) ; **at her ~** à son choix, à son gré, à sa guise, librement, en toute liberté, si elle le juge utile, comme elle l'entend, selon son bon vouloir ; **at the ~ of the committee** comme le comité le juge opportun ; si le comité le juge approprié ; **at the ~ of the court** dans l'exercice du pouvoir d'appréciation du tribunal ; **to be at the ~ of** être laissé à l'appréciation/à l'initiative de ; **to exercise (one's) ~** trancher cas par cas, faire usage de son pouvoir discrétionnaire ; **to have ~ to** avoir toute latitude pour ; **in this school teachers have more ~ to adapt methods to pupils' needs** dans cette école, les enseignants disposent d'un plus grand pouvoir d'appréciation, qui leur permet d'adapter les méthodes aux besoins des élèves ; **certificates of naturalization may be granted, at the Home Secretary's ~, to other Commonwealth citizens** la naturalisation peut être accordée à d'autres ressortissants du Commonwealth lorsque le ministre de l'Intérieur le juge opportun. **3** faculté d'appréciation, jugement, discernement, appréciation ; **judges prefer to use their ~ in passing sentence** les juges préfèrent s'en remettre à leur propre jugement lorsqu'ils déterminent la peine. ✪ **at ~** *Bourse [ordre]* à l'appréciation, à soigner, soignant.

discretionary *adj.* discrétionnaire ; délibéré ; facultatif ; soumis à l'appréciation *[de la personne désignée]* ; **the application of Article 7 is not ~** l'application de l'article 7 n'est pas facultative. ✪ **~ policy** *Écon.* politique discrétionnaire ; **~ income** *Écon.* revenu discrétionnaire ; **~ programs** *Budget ÉU* programmes de dépenses non obligatoires.

discriminate *v.* **1 ~ against** constituer une discrimination à l'encontre de, placer dans une situation désavantageuse, défavoriser ; **to be ~d against** être victime d'une discrimination, être/faire l'objet de mesures discriminatoires. **2 ~ between** établir une distinction entre, distinguer *[le bien]* de *[du mal].*

discriminating *adj. [personne]* avisé, averti, éclairé, *[consommateur]* exigeant.

discriminatingly *adv.* avec discernement.

discrimination *n.* discrimination ; **~ on grounds of** discrimination fondée sur ; **sex ~** discrimination fondée sur le sexe.

discuss *v. tr.* **1** examiner, étudier, traiter (de), être consacré à, aborder, passer en revue, évoquer, soulever, analyser, exposer, décrire, expliquer ; **the first lecture will ~ relations between Spain and Morocco** le premier cours est consacré aux relations entre l'Espagne et le Maroc ; **legal issues will be ~ed in the second article** les aspects juridiques seront abordés dans le deuxième article ; **apart from the budget, which has been ~ed above** outre le budget, dont il a été question plus haut. **2** discuter de, délibérer de/sur, débattre de, se pencher sur, évoquer, s'entretenir de, avoir un échange de vues sur.

discussant *n.* intervenant.

discussion *n.* **1** examen, étude, analyse, exposé, développement, commentaires ; **the book contains a ~ of relations between the US and Mexico** l'ouvrage comporte un exposé sur les relations entre les États-Unis et le Mexique. **2** discussion, débat, délibérations ; *pl.* discussions, débats, délibérations, conversations, entretiens, échanges de vues, consultations ; **it is not possible to adopt the plan without public ~** il n'est pas possible d'adopter le plan sans débat public. ✪ **~ paper** document de travail/de réflexion.

disease *n.* ✪ **~ burden** *Santé publique* charge de morbidité ; **~ control** lutte contre les maladies.

diseconomies *n. pl. Écon.* déséconomies.

disenfranchise *v. tr.* **1** priver de ses droits ; **they feel that they are ~d** ils estiment que leurs droits sont bafoués. **2** priver de son droit de vote. **3** *ÉU* retirer à *[société]* un privilège/une concession/un droit d'exploitation.

disengagement *n. Mil.* désengagement ; **the proposal involves the idea of parallel ~ of armed forces in Kashmir** la proposition prévoit le désengagement parallèle des forces armées au Cachemire.

disentangle *v. tr.* **1** séparer, démêler. **2 to ~ oneself from** se dégager de.

disfranchise *v. tr. voir* disenfranchise.

disgrace *n.* **1** honte, déshonneur ; scandale. **2 to be a ~** *[service]* être déplorable/en dessous de tout.

disgraced *adj.* **1** déshonoré, discrédité, déconsidéré. **2** déchu ; tombé en disgrâce ; destitué.

dish aerial/antenna antenne parabolique, parabole.

dishonour *v. tr. Fin.* ne pas payer, refuser de payer *[lettre de change, chèque]*.

dishonour *n. Fin.* non-paiement, refus de paiement *[d'une lettre de change, d'un chèque]*.

dishonoured *adj. [chèque, effet]* impayé.

disincentive *n.* élément/facteur/effet dissuasif, mesure dissuasive, frein, obstacle, dissuasion, découragement.

disinflation *n.* baisse de l'inflation, désinflation.

disingenuous *adj.* **1** hypocrite, sournois, de mauvaise foi ; tortueux, artificieux, retors, machiavélique. **2** faussement candide.

disintermediation *n. Fin.* désintermédiation.

disinvestment *n.* désinvestissement.

disjointed *adj.* **1** manquant de cohérence, disparate, hétérogène, hétéroclite. **2** mal coordonné, fragmenté, réalisé en ordre dispersé. **3** décousu.

disk *n. Inf.* ✪ **~ cache** cache (sur) disque ; **~ controller** contrôleur disque ; **~ drive** unité de disques ; **~ space** *Inf.* espace disque ; *[***free ~ space** espace disque disponible*]* ; **~ operating system** système d'exploitation à disques ; **~-pack** *n.* chargeur de disques.

dislocated workers travailleurs licenciés.

dislocation *n. Fig.* **1** perturbation, désorganisation, bouleversement. **2** déplacement.

dismal *adj.* **1** morne ; lugubre ; *[région]* désolé, sinistre, *[perspectives]* sombre, décourageant, *[prévisions]* pessimiste, *[nouvelle]* très désagréable/mauvais/pénible, peu réjouissant très peu encourageant, déprimant. **2** très mauvais/médiocre, atroce, exécrable, catastrophique, en dessous de tout, piteux, en piteux état, *[résultat]* piètre, très médiocre, *[échec]* pitoyable, lamentable, retentissant, cuisant, *[acte]* peu glorieux, *[conséquences]* funeste, très néfaste. ✪ **~ science** *Écon.* science économique.

dismantle *v. tr.* **1** démonter *[machine]*. **2** supprimer, démanteler *[système]*.

dismay *v. tr.* consterner, choquer, indigner, horrifier, atterrer ; accabler, abattre, décourager ; alarmer ; causer une vive déception chez.

dismay *n.* consternation, désolation ; indignation ; vive déception ; **to the ~ of** au grand dam de.

dismembered *adj. [corps]* dépecé.

dismiss *v. tr.* **1** inviter à/ordonner de/permettre de se retirer. **2** congédier, renvoyer, révoquer, destituer, relever/démettre de ses fonctions, limoger, mettre à l'écart. **3** *Dr.* rejeter *[prétention]*, déclarer *[action]* mal fondée, ne pas retenir *[exception]* ; débouter *[demandeur]*, renvoyer *[demandeur]* de sa demande ; acquitter *[prévenu]* ; classer *[affaire]* ; rendre une ordonnance de non-lieu dans *[affaire]* ; **to ~ a case** rejeter une action, rejeter la prétention du demandeur, débouter le demandeur ; **to ~ a charge** acquitter le prévenu/l'accusé ; **to ~ the appeal** rejeter l'appel. **4** rejeter *[allégation, proposition, demande]*, ne pas retenir, exclure *[possibilité]*, écarter, laisser de côté, ne pas prendre au sérieux ; balayer *[argument, objection]*, récuser ; démentir ; dénier toute importance à, ne pas prêter foi à *[affirmation]*, traiter *[rumeur]* par le mépris, considérer avec dédain ; surmonter *[ses scrupules]* ; **the possibility of a negotiated settlement cannot be ~ed** la possibilité d'un règlement négocié ne peut être exclue ; **the newspaper found it difficult to ~ the rumour** pour le journal, il était difficile de ne tenir aucun compte de la rumeur ; **the Prime Minister ~ed that he had made a U-turn** le Premier ministre a démenti qu'il avait fait volte-face. **5 (as)** qualifier de (simple/vulgaire), rejeter *[qqch.]* en le qualifiant de, ne voir en *[qqn/qqch]* que/qu'un simple ; **he ~ed these charges as absurd** il a affirmé que ces accusations étaient absurdes ; **the trade-union leader ~ed the allegation as unfounded** le dirigeant du syndicat a déclaré que cette allégation était dépourvue de tout fondement.

dismissal *n.* **1** congédiement, renvoi. **2** *Dr.* rejet de la demande, renvoi (des fins) de la demande, débouté. ✪ **~ wage** indemnité de licenciement.

disorder *n. Méd.* trouble, affection.

disorderly *adj.* **1** désordonné ; anarchique ; chaotique, confus. **2** houleux, tumultueux ; turbulent, indiscipliné ; violent ; **~ meeting** réunion houleuse. ✪ **~ conduct** atteinte à l'ordre public ; **~ house** *Dr.* établissement immoral ; maison de prostitution (clandestine), maison close ; établissement/maison de jeu clandestin(e).

dispassionate *adj. [débat]* serein.

dispatch *v. tr.* envoyer, dépêcher *[qqn],* envoyer, expédier, acheminer *[marchandises].*

dispatch *n.* ✪ **~ box** *Pol. RU* tribune du gouvernement ; *[***an excellent performance of the Prime Minister at the ~ box** une excellente prestation du Premier ministre au parlement ; **it was the leader of the opposition's first embarrassing moment at the ~ box** il s'est agi de la première fois que le chef de file de l'opposition a été en difficulté lorsqu'il s'est exprimé devant le parlement ; **the Prime Minister was forced to the ~ box** le Premier ministre a dû prendre la parole au parlement*]* ; **~ money** *Transp. mar.* prime de célérité ; **~ note** bordereau d'expédition.

dispatcher *n.* **1** expéditeur. **2** régulateur *[= personne qui assure la régulation du trafic ou envoie des équipes pour des interventions] ; Can.* répartiteur.

dispel *v. tr.* lever *[ambiguïté, doute],* dissiper *[craintes, doutes, ambiguïté, tensions],* faire un sort à, faire justice de *[rumeur, mythe],* faire taire, couper court à *[rumeurs],* rectifier, battre en brèche *[idée fausse],* réduire à néant, mettre fin à, avoir raison de.

dispensable *adj.* remplaçable, non indispensable, superflu, sacrifiable.

dispensation *n.* **1** dispense. **2** (préparation et) délivrance *[de médicaments].* **3** ordre, système.

dispense *v.* **1** *tr.* distribuer. **2** *tr.* appliquer *[loi].* **3** *tr.* (préparer et) délivrer *[médicament] ;* **~ as written** non substituable. **4 ~ with** se passer de ; supprimer, faire l'économie de.

dispenser *n.* **1** distributeur *[= appareil].* **2** pharmacien d'officine.

dispensing chemist pharmacien d'officine.

displace *v. tr.* **1** déplacer. **2** remplacer, supplanter, détrôner, évincer.

displaced *adj. [travailleur]* victime de suppressions d'emplois, en chômage. ✪ **~ person** personne déplacée.

displacement *n.* **1** déplacement *[= action de déplacer et son résultat].* **2** déplacement *[d'un navire].* **3** *Méd.* dislocation, luxation. **4** *Écon.* perte(s) d'emploi. 5 *Techn.* cylindrée. ✪ **~ ton** tonne de déplacement ; **~ tonnage** déplacement.

display *v. tr.* **1** présenter ; exposer ; disposer ; arborer, étaler, faire étalage de, exhiber ; afficher *[dédain] ; Méd.* présenter *[symptômes] ;* **the chart ~s the demographic pattern in seventeen countries** le diagramme indique la situation démographique de 17 pays. **2** *[personne, acte]* révéler, laisser apparaître, montrer, trahir *[ce qu'on voudrait cacher] ; [acte]* témoigner de, démontrer. **3** manifester, faire preuve de *[scepticisme],* faire preuve de, faire montre de, montrer *[maîtrise de soi, retenue],* se caractériser par ; **to ~ initiative** faire preuve d'initiative. **4** *Inf.* afficher.

display *n.* **1** présentation ; exposition ; stand ; disposition ; parade ; *Comm.* étalage *[de marchandises] ; Comm.* présentoir *; Publ.* matériel d'étalage ; **to be on ~** *[œuvre]* être exposé ; **to put on ~** exposer. **2** étalage, exhibition ; spectacle *[Fig.].* **3** manifestation, expression, démonstration, témoignage, révélation, marque ; **a ~ of disunity within the party** la manifestation de dissensions au sein du parti ; **the strike was a surprising ~ of support to the rebels** la grève a représenté un témoignage surprenant de soutien aux insurgés. **4** *Inf.* affichage, visualisation ; écran. **5** *Radar* image radar ; visualisation radar ; écran radar. ✪ **~ advertisement** grande annonce *[par opp. aux petites annonces] ;* **~ screen** écran de visualisation ; **~ unit** *Inf.* unité de visualisation.

disposable *adj.* à usage unique, à jeter, jetable, non récupérable, non réutilisable, perdu ; **~ goods** biens/articles à usage unique. ✪ **~ income** revenu disponible ; **~ personal income** revenu disponible des particuliers.

disposables *n.* biens/articles à usage unique.

disposal *n.* **1** disposition, arrangement, agencement. **2** disposition ; **at the ~ of** à la disposition de. **3** règlement, expédition *[d'une affaire].* **4** cession, transmission, aliénation *[de biens],* vente, liquidation ; attribution, distribution, affectation ; disposition *[d'un bien par son propriétaire] ;* **~ of property without valuable consideration** libéralité ; **the ~ of the remainder of the net profits** l'affectation du solde des bénéfices nets. **5** destination *[donnée à],* sort *[réservé à].* **6** écoulement *[d'une production] ;* placement ; *pl.* quantités écoulées. **7** élimination, évacuation, enlèvement, déversement, rejet *[de déchets] ;* destruction ; **garbage ~** enlèvement des ordures ; **bomb ~** désamorçage/neutralisation d'une bombe ; **the safe ~ of radioactive wastes** l'élimination des déchets radioactifs dans de bonnes conditions de sécurité.

dispose *v.* **I** *intr.* disposer ; **the European Commission proposes and the Council of Ministers ~s** la Commission européenne propose, mais le Conseil des ministres dispose. **II ~ of 1** régler, expédier, classer *[affaire] ; Dr.* juger *[affaire],* statuer sur, trancher *[différend] ;* liquider, résoudre ; **the matter was soon ~d of** la question a été réglée rapidement. **2** céder, transmettre, aliéner, vendre, se dessaisir de, se séparer de ; *[propriétaire]* disposer de *[bien].* **3** se défaire de, se débarrasser de, se délester de ; **the killer was caught while trying to ~ of the body of his victim** le meurtrier s'est fait prendre alors qu'il tentait de se débarrasser du corps de sa victime. **4** écouler, vendre, placer *[marchandises].* **5** utiliser, employer, affecter à. **6** éliminer, faire enlever, déverser, évacuer, rejeter, détruire *[déchets].*

disposition *n.* **1** état d'esprit, disposition, tempérament. **2** disposition, arrangement, agencement. **3** disposition ; **at the ~ of** à la disposition de. **4** prédisposition. **5** cession, transmission, translation, aliénation *[de biens],* vente, liquidation ; disposition *[d'un bien par son propriétaire] ;* attribution, distribution, affectation. **6** destination *[donnée à],* sort *[réservé à].* **7** *Dr.* **~ of a law case** règlement d'une affaire. **8** disposition *[d'un texte juridique] ;* **constitutional ~s** dispositions constitutionnelles.

dispossessed *adj.* **1** dépossédé. **2** déshérité, exclu ; **the poor and the ~ of western Europe have become more prominent in recent times** en Europe occidentale, les indigents et les exclus ont fait plus parler d'eux ces derniers temps.

disputable *adj. [affirmation]* contestable, sujet à caution.

dispute *v. tr.* **1** contester *[affirmation, accusation, décision]* ; **(that)** contester que ; **these claims are ~d** ces affirmations sont contestées. **2** disputer *[enjeu]*. **3** résister à *[qqch.]*.

dispute *n.* désaccord, différend, contestation, litige, contentieux, controverse, polémique, conflit ; **trade ~** différend commercial ; **territory ~** litige territorial ; **labour ~** conflit du travail ; **beyond ~** incontesté, incontestable ; **in ~** controversé, contesté ; **without ~** a) incontesté ; b) incontestablement.

disputed *adj.* litigieux, contesté, controversé, (mis) en cause, incriminé.

disqualification *n.* déchéance, incapacité.

disqualify *v. tr.* **1** disqualifier. **2 (from)** empêcher de, ne pas permettre de, interdire de, rendre incapable de *[d'exercer certaines fonctions]* ; **he has been disqualified from driving for six months** on lui a retiré son permis de conduire pour une période de six mois.

disregard *v. tr.* ne pas prêter attention à, ne pas tenir compte de, méconnaître, négliger, faire fi de, ignorer, passer outre à, faire abstraction de.

disregard *n.* méconnaissance ; **(for)** dédain/indifférence à l'égard de, mépris pour ; **he showed an utter ~ for truth** il faisait preuve d'un mépris total pour la vérité.

disreputable *adj.* *[personne]* peu recommandable, peu scrupuleux.

disrepute *n.* **to bring into ~** salir (la réputation de), déconsidérer, discréditer, jeter le discrédit sur, ruiner le crédit/la réputation de, perdre de réputation ; **to fall into ~** se déconsidérer, se discréditer, acquérir une mauvaise réputation, perdre tout crédit.

disrupt *v. tr.* perturber, désorganiser, troubler (le déroulement de), bouleverser, ébranler, interrompre, déséquilibrer, déstabiliser ; **the forthcoming elections may ~ the peace process** les prochaines élections risquent de perturber le processus de paix.

disruptive *adj.* perturbateur, qui engendre de graves perturbations, déstabilisateur, déstabilisant, pernicieux ; **~ behaviour** indiscipline ; **~ pupils** élèves difficiles/indisciplinés ; **the judge thought the cameras would be ~** le juge a estimé que la présence des caméras porterait atteinte à la sérénité des débats.

dissaving *n. Écon.* désépargne.

disseminate *v. tr.* **1** répandre, disperser, disséminer. **2** *Fig.* diffuser, faire connaître ; distribuer.

dissent *n.* **1** désaccord, divergence de vues ; dissension ; opposition. **2** *Dr.* opinion minoritaire.

dissenter *n. Dr.* défenseur de la position minoritaire *[dans une juridiction collégiale]*.

dissenting opinion *Dr. CIJ* opinion dissidente.

dissertation *n.* **1** exposé *[oral ou écrit]* ; mémoire. **2** *Ens. RU* mémoire ; *ÉU* thèse *[de doctorat]* ; **her ~ will be about water pollution** sa thèse portera sur la pollution de l'eau.

disservice *n.* **to do sb a ~** causer du tort à, nuire à.

distance *n.* ✪ **~-learning package** cours d'enseignement à distance ; **~-measuring equipment** *Av.* système DME.

distil *v. tr. Fig.* faire la synthèse de, extraire, retirer, dégager ; **(from, out of)** extraire de, tirer de, élaborer à partir de ; **(into)** présenter *[idées]* de façon concise dans *[article]*, synthétiser *[idées]* dans/sous la forme de, condenser en, exprimer l'essentiel de *[idées]* dans *[livre]*, puiser dans *[sources]* pour élaborer *[synthèse]* ; **to be ~led from** être le produit/le fruit/la synthèse/la quintessence de ; **the knowledge ~led in this book will be invaluable to younger doctors** les informations données dans ce livre présenteront un très grand intérêt pour les jeunes médecins ; **nowadays the successful politician has to ~ his message into "sound bites"** de nos jours, l'homme politique qui veut réussir doit concentrer son message en « petites phrases » ; **she ~led fifty years of history into a coherent lecture** elle a élaboré un cours cohérent qui fait la synthèse de 50 ans d'histoire ; **the philosopher was able to ~ so much wisdom into so few pages** le philosophe est parvenu à condenser autant de sagesse en un nombre aussi réduit de pages.

distinct *adj.* **1** distinct, différent, propre, particulier ; **as ~ from** par opposition à. **2** clair, bien défini, net, marqué. **3** remarquable. **4** réel, incontestable ; appréciable ; **~ possibility** possibilité réelle ; **there is a ~ possibility that** il se peut très bien que.

distinction *n.* **1** distinction, différentiation ; différence. **2** qualité, niveau, mérite, talent, valeur ; **to serve with ~** a) rendre d'éminents services ; b) *Mil.* se distinguer, s'illustrer ; **he served with ~ in the war** il se distingua pendant la guerre ; **he achieved ~ in every field he entered** il a réussi dans tous les domaines dans lesquels il a exercé ses talents. **3** distinction, décoration, dignité ; honneur.

distinctive *adj.* spécifique, caractéristique, typique, reconnaissable, particulier, propre ; remarquable, unique ; **~ taste** saveur typique.

distinctively *adv.* **a ~ German name** un nom typiquement allemand.

distinctly *adv.* très, bien, nettement, clairement, franchement ; sensiblement, particulièrement ; **it is a ~ French organization but with an international dimension** il s'agit d'une organisation bien française, mais qui a une dimension internationale ; **he has developed a managerial style ~ his own** il a mis au point un mode de gestion qui lui est propre.

distinguish *v. tr.* **1** reconnaître ; **to be ~ed by** se reconnaître à. **2** distinguer ; différencier. **3** *Dr.* établir l'inapplicabilité *[d'un précédent]* à l'espèce ; **to ~ a case** établir qu'une affaire est de nature différente.

distinguished *adj.* *[scientifique]* éminent, réputé ; de renom, *[personnalité]* de marque ; **~ services** services éminents ; **~ career** carrière bien remplie ; **~ scientific journal** revue scientifique de haute tenue.

distort *v. tr. Fig.* déformer, fausser, donner une représentation fausse de, dénaturer, altérer ; caricaturer ; **to ~ competition** fausser la concurrence.

distortion of competition distorsion de concurrence.

distract *v. tr.* **1** détourner *[l'attention]*. **2 (from)** détourner l'attention de, distraire *[qqn]* de *[son travail]* ; faire oublier *[soucis]*. **3** distraire, divertir.

distrainee *n.* débiteur saisi, partie saisie.

distrainer, distrainor *n.* saisissant.

distraint *n.* saisie.

distraught *adj.* désemparé, en plein désarroi, éperdu/fou de douleur, désespéré, atterré, anéanti, effondré, affolé, dans tous ses états, mort d'inquiétude, très angoissé.

distress *n.* **1** souffrance, peine, chagrin, affliction, souci, tourment, épreuves ; angoisse, inquiétude, désarroi, détresse ; situation pénible/difficile/critique/fâcheuse, difficultés ; malheur, adversité ; *Méd.* souffrance, détresse ; **ship in ~** navire en détresse ; **foetal ~** souffrance fœtale ; **respiratory ~** insuffisance respiratoire ; détresse respiratoire ; **the floods caused hardship and ~ to thousands** les inondations ont durement frappé des milliers de personnes ; **unemployment usually brings ~ to the whole family** le chômage représente généralement un coup dur pour toute la famille. **2** dénuement, indigence, misère, besoin. **3** *Dr.* saisie. ✪ **~ flare** fusée de détresse ; **~ warrant** mandat de saisie.

distressed *adj.* **1** *[personne]* en détresse, en difficulté, désemparé, en plein désarroi, malheureux, traumatisé ; éperdu/fou de douleur, désespéré, atterré, anéanti ; affligé, peiné, chagriné ; bouleversé, indigné ; en difficulté ; **to be ~** être dans la détresse, être en grand désarroi ; avoir des problèmes ; **to be ~ by/over** être attristé/consterné par. **2** de détresse. **3** *[zone]* en difficulté, économiquement sinistré, en proie à de grandes difficultés. **4** *[zone]* sinistré. ✪ **~ securities** *Fin.* titres de société(s) en difficulté.

distressing *adj.* pénible, éprouvant, angoissant ; affligeant, *[images télévisées]* insoutenable.

distributable profits bénéfice distribuable.

distribute *v. tr.* **1** distribuer. **2** répartir ; **rainfall is not evenly ~d around the planet** les pluies ne sont pas réparties de façon égale sur l'ensemble de la planète.

distributed *adj. Gestion [fonction]* décentralisé.

distribution *n.* **1** distribution, partage, répartition ; ventilation ; *Stat.* distribution ; **income ~** répartition des revenus ; **the geographical ~ of wealth is a matter of great concern** la répartition géographique de la richesse est une question très préoccupante. **2** diffusion, distribution. **3** *Écon.* distribution. ✪ **~ channels** réseaux/circuit de distribution.

district *n.* région, zone, circonscription, district, arrondissement, secteur, quartier ; **judicial ~** circonscription judiciaire ; **business ~** quartier des affaires. ✪ **~ attorney** *ÉU* procureur ; **~ heating** chauffage urbain ; **~ manager** directeur régional ; **~ nurse** *RU* infirmier non hospitalier.

disturb *v. tr.* **1** déranger, gêner, perturber, troubler. **2** déplacer, modifier (la disposition de), toucher à *[objet]*.

disturbing *adj.* préoccupant, inquiétant, alarmant, choquant, troublant, qui met mal à l'aise, dérangeant.

disutilities *n. Écon.* désutilités.

dithering *n. Inf.* estompage *(dithering)*.

diverse *adj.* **1** variable, hétérogène, pluriel, diversifié, présentant une grande diversité ; différent. **2** (très) divers.

divert *v. tr.* **1** dévier, détourner ; dérouter *[navire]* ; soustraire ; transférer ; réaffecter. **2** attirer l'attention de ; distraire. **3** divertir.

divest *v. tr.* **1 to ~ (oneself of)** se défaire de, céder, se séparer de, vendre *[filiale, division d'une entreprise, activité]* ; **the less profitable subsidiaries were ~ed** les filiales les moins rentables ont été vendues. **2 (of)** priver de.

divestiture, divestment *n.* cession *[d'activités, d'actifs]*, vente *[d'une filiale, d'une division d'une entreprise]* ; **the ~ of certain operations was decided** il a été décidé de céder certaines activités.

divide *n. Fig.* clivage, coupure, barrière, cassure, fracture, ligne de partage/démarcation, fossé ; fissure, lézarde ; divorce ; **left-right ~** clivage gauche-droite ; **North-South ~** fossé qui sépare le Nord du Sud.

dividing line 1 limite, frontière, ligne de démarcation. **2** *Fig.* ligne de partage, distinction, division, séparation, clivage, cloisonnement.

dividend *n.* **1** dividende. **2** *pl. Fig.* fruits ; **to pay/yield ~s** *Fig.* porter ses fruits, donner des résultats ; **this policy is starting to pay ~s** cette politique commence à porter ses fruits. ✪ **~ cover** rapport bénéfice-dividende ; **~ yield** rapport dividende-cours ; **pass a ~** décider de ne pas attribuer de dividende.

divinity degree diplôme de théologie.

division *n.* **1** division. **2** division, service, département. **3** *Dr.* chambre ; **Civil Division of the Court of Appeal** *Angl.* chambre civile de la Cour d'appel. **4** *Pol. RU* vote. ✪ **~ of labour** a) *Écon.* division du travail ; b) *Fig.* répartition des tâches ; *[***the ~ of labour between regional and national government** la répartition des tâches entre les administrations régionales et centrale*]*.

Divisional Court *Angl.* tribunal divisionnaire.

divisive *adj.* de division, à l'origine de dissensions, facteur de division/désunion, nuisible à l'unité/à la cohésion, de nature à semer la division/à créer des divisions, source de division/de conflits, conflictuel ; **~ candidature** candidature de division ; **party workers lamented the ~ battle for leadership** les militants ont déploré la lutte pour la direction du parti, facteur de désunion ; **~ issues** questions controversées/délicates/épineuses ; **socially ~** source de conflits sociaux ; **to be ~** semer la zizanie, diviser *[le parti, les Français, etc.]* ; **religion is once again a ~ issue** une fois de plus la religion est une source de conflits ; **a ~ debate** un débat nuisible à l'unité ; **Europe remains a ~ issue for the Conservatives** l'Europe demeure un thème qui divise les Conservateurs.

divorce *n.* ✪ **~ rate** taux de divortialité.

divorced *adj. Fig.* totalement séparé.

DIY (do-it-yourself) bricolage. ✪ **~ store** magasin/grande surface de bricolage.

DJ (disc jockey) DJ (disc-jockey).

Djibouti *n.* Djibouti *[f., pas d'article]* ; **of ~** djiboutien.

DKK (Danish krone) *ISO* DKK (couronne danoise).

DME (distance-measuring equipment) *Av.* DME (système DME).

DNA (deoxyribonucleic acid) ADN (acide désoxyribonucléique). ✪ **~ fingerprinting/profiling** identification génétique, test d'ADN ; relevé d'empreinte génétique ; **~ sequencing** séquençage de l'ADN ; **~ strand** brin d'ADN ; **~ test** test d'ADN.

DNS (domaine name system) *Internet* système d'attribution de noms de domaine.

do. (ditto) idem.

DOA (dead on arrival) mort à son arrivée à l'hôpital.

DOB (date of birth) date de naissance.

dock *n.* **1** bassin *[d'un port]*. **2** *ÉU* appontement. **3** *ÉU* quai *[de chemin de fer]*. **4** banc des prévenus/accusés ; **in the ~** *Fig.* en accusation.

dockage *n.* droit de quai.

docking *n. Esp.* amarrage. ✪ **~ station** *Inf.* station d'accueil.

doctor *v. tr.* falsifier, maquiller *[document]*, manipuler, truquer *[photographie, statistiques]*, trafiquer *[statistiques]*, donner des coups de pouce à *[vérité]*.

doctoral *adj. [thèse]* de doctorat. ✪ **~ student** doctorant.

docudrama *n.* téléfilm inspiré de faits réels.

document *v. tr.* **1** enregistrer/recueillir/rassembler/réunir/obtenir des données/informations sur ; **her dissertation ~s the behaviour of 7,100 married couples** sa thèse rassemble des informations sur le comportement de 7100 couples mariés. **2** prendre des notes sur, prendre note de, garder (une) trace de ; **she ~ed all telephone calls she received** elle prenait des notes sur tous les appels téléphoniques qu'elle recevait. **3** étayer *[affirmations, argumentation]* par des renvois à des documents/par l'indication de sources/par des citations, apporter des documents/preuves à l'appui de, prouver (par des documents/documents à l'appui), présenter des faits à l'appui de, établir (l'existence) de, apporter la preuve de, démontrer, attester, montrer, mettre en évidence, corroborer ; **aerial photos ~ the military build-up** des photographies aériennes mettent en évidence le renforcement du potentiel militaire ; **the school ~s the progress of its students** l'école conserve les travaux des élèves qui attestent des progrès qu'ils ont accomplis ; **to ~ a claim** présenter des documents à l'appui d'une réclamation ; **his association with nationalist groups is well ~ed** de nombreux documents montrent qu'il a participé aux activités de groupes nationalistes ; **the report ~s the evolution of malaria since 1999** le rapport contient des informations sur l'évolution du paludisme depuis 1999 ; **the organization has ~ed many cases of torture** l'organisation a établi l'existence de nombreux cas de torture. **4** *[rapport]* contenir des informations sur. **5** observer, constater. **6** délivrer un/des document(s) (d'identité) à, munir de documents (d'identité) ; **all passengers must be properly ~ed** tous les passagers doivent être en possession de documents d'identité en règle.

document *n.* document, pièce ; acte. ✪ **~s against acceptance** documents contre acceptation ; **~s against payment** documents contre paiement ; **~ bill** lettre de change documentaire ; **~ of title** titre de propriété *[sur des marchandises]* ; **~ under hand** acte sous seing privé.

documentary *adj.* ✪ **~ bill** lettre de change documentaire ; **~ credit** crédit documentaire ; **~ evidence** a) *Dr.* preuve littérale ; b) document(s) probant(s), pièce(s) (justificative(s)), justificatif(s).

documentation *n.* **1** documentation *[= a) recherche de documents ; b) documentation recueillie]*. **2** documents, rapports ; dossier. **3** pièces justificatives, justificatifs. **4** papiers (d'identité). **5** consignation d'informations.

documented *adj.* documenté, qui a fait l'objet de recherches sérieuses ; **highly/well ~** a) *[livre]* bien/solidement documenté ; b) *[fait]* bien établi, incontestable, bien connu, souvent observé/rencontré ; **racial discrimination in housing is well ~** on dispose de beaucoup d'informations sur la discrimination raciale dans le domaine du logement.

DOD (Department of Defense) *ÉU* ministère de la Défense.

DOE (Department of Energy) *ÉU* ministère de l'Énergie.

dog *v. tr.* poursuivre, presser, harceler, tourmenter, ne laisser aucun répit à, assaillir, assiéger ; **to be ~ged by** se heurter constamment à/au problème de, être sans cesse en butte à/en proie à/aux prises avec ; **~ged by bad luck** poursuivi par la malchance ; **progress was frequently ~ged by internal squabbles** les progrès ont souvent été entravés par des querelles intestines.

dogged *adj.* tenace, opiniâtre.

dog handler maître chien.

dogfight *n.* combat/duel aérien.

do-gooder *n.* bienfaiteur de l'humanité, bonne âme, boy-scout.

DoH (Department of Health) *RU* ministère de la Santé.

do-it-yourself *n.* bricolage.

doldrums *n. Écon.* marasme, crise.

dole *n. RU* indemnité de chômage ; *ÉU* secours aux indigents, aide sociale ; **to be on the ~** a) *RU* percevoir des indemnités de chômage, pointer au bureau de chômage ; b) *ÉU* percevoir des allocations de l'aide sociale. ✪ **~ queue** *RU* rang des chômeurs ; nombre de chômeurs.

domain name *Internet* nom de domaine.

Dome of the Rock Coupole du Rocher.

domestic *adj.* **1** domestique ; privé ; **privatization has affected both ~ and business users** la privatisation a eu des conséquences pour les usagers privés et les entreprises. **2** national, intérieur, indigène, situé dans le pays ; **~ and world markets** marchés nationaux et mondiaux. ✪ **~ airline** compagnie d'aviation intérieure ; **~ bill** effet sur l'intérieur ; **~ content** *Écon.* proportion de composants nationaux, part des éléments nationaux incorporés ; **~ flight** vol intérieur ; **~ fuel** fuel domestique ; **~ heating** chauffage des habitations ; **~ law** droit interne ; législation nationale ; **~ market** marché intérieur ; **~ partner** *ÉU* concubin ; *Can.* conjoint de fait ; **~ refuse** ordures ménagères ; **~ science** économie domestique ; **~ violence** (actes de) violence familiale/conjugale ; **~ worker** employé de maison.

domestically-produced goods biens de production intérieure.

dominant tenement *Dr.* fonds dominant.

Dominican *adj.* **1** dominicain *[= de la République dominicaine]*. **2** dominiquais *[= de la Dominique]*.

domino *n.* ✪ **~ effect** effet d'entraînement, réaction en chaîne ; **~ theory** théorie des dominos.

donation *n.* don.

donee *n.* donataire.

dongle *n. Inf.* clé de protection.

donor *n.* donateur, bailleur de fonds, fournisseur d'aide ; **~ country/government** pays/gouvernement donateur. ✪ **~ community** bailleurs de fonds.

don't ask, don't tell ne rien demander, ne rien dire, ne pas poser la question et ne pas en parler.

don't knows *Sondages* ne savent pas.

donut chart *ÉU* diagramme en anneau.

doomsayer *n.* prophète de malheur, Cassandre.

Doppler ultrasonography *Méd.* échographie-doppler *[= technique et examen].*

door *n.* ✪ **close the ~ to** *Fig.* exclure ; **~-step sale** vente à domicile ; **~-to-~ selling** démarchage/vente à domicile, vente porte-à-porte ; **~-to-~ transport** transport de porte à porte ; **lay sth at sb's ~** imputer qqch. à qqn, rendre qqn responsable de qqch. ; **leave the ~ open to** laisser la voie ouverte à, laisser le champ libre à, s'exposer à ; **open the ~ to** ouvrir la voie à, ouvrir la possibilité de.

dormant *adj. Fig.* en veilleuse, latent, assoupi, en sommeil, en suspens ; *Méd.* quiescent ; **the committee has been ~ for eight months** le comité est inactif depuis huit mois ; **the company is now ~** l'entreprise n'exerce aucune activité en ce moment. ✪ **~ debt** dette dormante ; **~ partner** commandité ; **~ statute** loi (depuis longtemps) inappliquée ; loi tombée en désuétude ; **~ volcano** volcan assoupi.

dormitory *n.* **1** dortoir. **2** *ÉU* résidence universitaire. **3** cité-dortoir ; banlieue-dortoir. ✪ **~ community** cité-dortoir, ville-dortoir, commune-dortoir, banlieue-dortoir ; **~ suburb** banlieue-dortoir ; **~ town** ville-dortoir, cité-dortoir.

DOS (disk operating system) *Inf.* DOS (système d'exploitation à disques).

dosage form *Pharm.* forme galénique.

dos and don'ts règles (de conduite), règles/conseils pratiques.

dose *n.* ✪ **~-dependent** *adj. Méd.* lié à la dose, dose-dépendant ; **~-response relationship** *Méd.* relation dose-effet.

DOT (Department of Transportation) *ÉU* ministère des Transports.

dot *n. Inf.* ✪ **~-com company** entreprise en ligne/sur le Web ; **~-matrix printer** imprimante matricielle (à aiguilles) ; **~s per inch** points par pouce.

dot-com *n.* entreprise en/ligne sur le Web.

double *v.* **~ as** servir aussi de, faire également fonction/office de ; **the e-mail package ~s as an address book** le logiciel de messagerie fait également fonction de carnet d'adresses ; **during that period the minister ~d as university lecturer** pendant cette période, le ministre a également donné des cours à l'université.

double *n.* ✪ **on the ~** à toute vitesse, en quatrième vitesse.

double *adj.* ✪ **~-blind trial** essai à double insu/en double aveugle *[ni les sujets ni les chercheurs ne savent dans quels groupes les différents sujets ont été répartis] ;* **~-check** *n.* vérification ; **~-click** *v. Inf.* cliquer deux fois (sur), faire un double clic (sur) ; *[***start the program by ~-clicking (on) its icon** lancez le programme à l'aide d'un double clic sur son icône*] ;* **~-click** *n. Inf.* double clic ; **~ counting** double comptage ; **~-digit inflation** inflation à deux chiffres ; **~ drive** à deux essieux moteurs ; **~-entry (system of) bookkeeping** comptabilité en partie double ; **~ glazing** double vitrage ; **~ jeopardy** dualité de poursuites pour la même infraction ; règle « non bis in idem » ; **~ option** *Bourse* stellage ; **~-page spread** *Publ.* annonce double page ; **~ room** chambre pour deux personnes ; **~ standard(s)** *[avoir]* deux poids, deux mesures ; règle/principe appliqué(e) de façon discriminatoire ; discrimination ; traitement inégal ; *[***to accuse of ~ standards** accuser d'avoir deux poids, deux mesures, accuser de discrimination ; **it was a clear case of ~ standards: one set of rules for ministers and another for everybody else** il y avait manifestement deux poids deux mesures : certaines règles étaient applicables aux ministres, tandis que d'autres étaient valables pour les simples citoyens*] ;* **~ take** réaction de surprise ; *[***to do a ~ take** avoir une réaction de surprise*] ;* **~ taxation (relief) agreement** convention relative aux doubles impositions, convention pour l'élimination des doubles impositions.

doughnut chart *RU* diagramme en anneau.

Dover *n. RU* Douvres.

dovetail *v. intr. [plusieurs choses]* être bien coordonné, se compléter, être en harmonie ; **(into, with)** s'articuler autour de/avec, s'articuler/s'intégrer harmonieusement avec, bien s'intégrer dans, être imbriqué dans, concorder avec, s'inscrire dans, être lié à, avoir un lien avec ; recouper ; **~ed into** intégré dans ; **at a party convention, a good speech should ~ into the preceding one** lors d'un congrès de parti, un bon discours doit s'inscrire dans le prolongement du précédent ; **university programmes have to ~ into the requirements of industry** les programmes des études universitaires doivent concorder avec les besoins des entreprises ; **these press reports ~ with eyewitness evidence** ces informations parues dans la presse recoupent les informations provenant de témoins oculaires.

Dow Jones industrial average indice Dow Jones des valeurs industrielles.

down *adj.*, en panne ; **the computer is ~** l'ordinateur est en panne ; **to be ~** ne pas fonctionner. ✪ **~-and-out** *adj.* indigent, pauvre, misérable, en détresse ; **~ but not out** dans une situation grave mais pas désespérée ; **~ payment** acompte ; *Crédit hypothécaire* apport (personnel) ; *Can.* versement initial ; **~ period/time** période/durée d'arrêt/de panne/de fermeture/d'indisponibilité/d'inactivité.

Down Under Australie ; antipodes.

downer *n.* dépresseur *[= drogue].*

downgrade *v. tr.* **1** réduire/minimiser l'importance de, déprécier, dénigrer, rabaisser ; dévaloriser. **2 (from... to)** ramener de... à. **3** placer dans une catégorie inférieure. **4** rétrograder.

downing *n.* destruction en vol *[d'un avion].*

Downing Street *RU* Downing Street ; *Fig.* (poste de) Premier ministre ; services du Premier ministre.

download *v. tr. Internet* télécharger *[fichier].*

download *n. Internet* téléchargement.

downplay *v. tr.* minimiser, ramener à de moindres proportions, dédramatiser ; **the article ~s global warming** l'article minimise l'importance du réchauffement de la planète.

downscale *adj.* bas de gamme ; inférieur.

downside *n.* **1** *Bourse* risque maximal de baisse. **2** inconvénient(s), revers de la médaille, ombre au tableau, aspect(s) négatif(s) ; **on the ~** sur le plan négatif. ✪ **~ risk** *Bourse* risque maximal de baisse.

downsize *v.* **1** *tr.* réduire *[effectifs].* **2** *intr.* réduire les effectifs. **3** *tr.* réduire l'ampleur de *[activités] ;* réduire la taille de *[entreprise].* **4** *intr. [entreprise]* réduire l'ampleur de ses activités.

downsizing *n.* **1** réduction *[des effectifs]*. **2** réduction de l'ampleur des activités ; réduction des effectifs ; réduction de la taille *[des unités de production]*.

Down's syndrome trisomie 21.

downstream *adj. Écon. [activités]* d'aval.

downstream *adv. Écon.* en aval.

downswing *n.* **1** ralentissement de l'activité (économique), récession. **2** baisse *[de la Bourse]*.

downtown *n. ÉU* **~ Atlanta** centre d'Atlanta.

downturn *n. voir* downswing.

downward compatibility *Inf.* rétrocompatibilité *[d'un logiciel]*.

dozen *n.* bonne dizaine.

dpi (dots per inch) *Inf.* ppp (points par pouce).

DPP (Director of Public Prosecutions) *Angl.* directeur du Parquet.

dpt (department) *voir* department.

draft *n.* **1** dessin, projet, plan, esquisse, ébauche. **2** brouillon, premier jet ; version préliminaire, avant-projet, première version ; **~ report** projet de rapport ; **~ resolution** projet de résolution ; **first ~** version préliminaire *[d'un document] ;* premier jet. **3** tirant d'eau *[d'un navire] ;* profondeur d'eau *[d'un bassin portuaire]*. **4** prélèvement, retrait. **5** lettre de change, traite. **6** *Banque* chèque de banque. **7** *ÉU* conscription. **8** *ÉU* contingent (d'appelés) ; groupe d'appelés. ✪ **~ animal** animal de trait.

draftee *n. ÉU* appelé, conscrit.

drafting committee comité de rédaction.

drag *v.* **~ out** faire traîner en longueur.

drag *n.* **1** *Fig.* frein, entrave, handicap. **2** *Aéron.* traînée. ✪ **~-and-drop** *v. Inf.* glisser-déposer.

dragnet *n. Fig.* opération de police, recherches de la police, chasse à l'homme, traque.

drain *v. tr. Fig.* **1** vider ; rendre exsangue, épuiser, obérer ; **migration ~s some areas of their workers** les migrations vident certaines régions de leur main-d'œuvre ; **imports ~ed the country of foreign currencies** les exportations ont provoqué une hémorragie de devises ; **the war is ~ing the economy** la guerre rend l'économie exsangue ; **debt repayment is ~ing the resources of many poor nations** le remboursement de la dette obère les ressources de nombreux pays pauvres. **2** absorber *[tout le temps/toute l'énergie de qqn]*.

drain *n. Fig.* fardeau, charge, ponction ; hémorragie, sorties ; **to be a ~ on** grever, obérer, représenter une lourde charge pour *[budget],* peser sur ; réduire ; être épuisant pour *[qqn] ;* **to be a ~ on** prélever un tribut important sur ; **the hospital will be a ~ on the health system** l'hôpital représentera une lourde charge pour le système de santé.

drainage area/basin bassin hydrographique/versant.

DRAM (dynamic random access memory) mémoire vive dynamique.

dramatic *adj.* **1** spectaculaire, impressionnant, imposant, frappant, éclatant, étonnant, remarquable ; **a ~ increase in resources** une augmentation spectaculaire des ressources. **2** très considérable, extraordinaire, vaste, de grande ampleur/envergure, profond, radical ; énorme ; intense, d'une grande intensité, crucial ; grave, sérieux ; **a ~ difference** une énorme différence. **3** *[situation]* dramatique. **4** dramatique *[= relatif au théâtre]*.

dramatically *adv.* **1** spectaculairement, par un geste spectaculaire, avec éclat ; **to change ~** changer du tout au tout ; **the world has changed ~ since World War II** le monde a connu des bouleversements spectaculaires depuis la Seconde guerre mondiale. **2** considérablement, radicalement, énormément ; **the advertising campaign ~ increases our chances of success** la campagne de publicité augmente très considérablement nos chances de succès. **3** dramatiquement, tragiquement, de façon consternante.

dramatize *v. tr.* **1** adapter *[pour le cinéma, etc.] ;* porter à l'écran ; relater *[intrigue]*. **2** mettre en scène ; **a film dramatizing the plight of a working-class family** un film qui met en scène les difficultés d'une famille ouvrière. **3** présenter sous un jour dramatique ; donner un caractère/une qualité dramatique à. **4** illustrer (de façon frappante), être une illustration de, démontrer, exprimer (de façon spectaculaire), mettre en évidence, mettre en lumière, faire comprendre, faire ressortir (de façon frappante), apporter une preuve tangible de, attirer l'attention (du public/de l'opinion) sur ; **the conference ~d the differences within the party** le congrès a fait éclater au grand jour les divergences de vues au sein du parti ; **the tabloids' support of Tony Blair has ~d the ideological shift of the Labour party** le soutien apporté par la presse populaire à Tony Blair a mis en évidence l'évolution idéologique du Parti travailliste.

draw *v.* **I** *tr.* **1** tirer *[conclusion, enseignement]*. **2** établir *[comparaison, parallèle, distinction]*. **3** attirer *[attention, foule] ; [manifestation]* rassembler *[personnes] ;* drainer *[clientèle] ;* **during his visit the Pope drew large crowds** lors de sa visite, le pape a rassemblé des foules nombreuses. **4** entraîner ; **Laos does not want to get ~n into the conflict** le Laos ne veut pas être mêlé au conflit. **5** susciter, provoquer *[réactions],* faire l'objet de ; s'attirer *[critiques] ;* recueillir *[soutien] ;* **her views on social security have ~n criticism** ses idées relatives à la sécurité sociale ont fait l'objet de critiques. **6 (from)** extraire de ; glaner *[informations]* de. **7 (from)** choisir/recruter dans/parmi ; **to ~ one's members from** recruter ses membres dans/parmi ; **to be ~n from** *[personnes]* être issu de *[groupe, milieu social] ;* **the members of the jury are ~n from the local community** les jurés sont issus de la localité ; **a monitoring team ~n from various neutral countries** une équipe d'observateurs dont les membres proviennent de divers pays neutres ; **members of the committee are ~n from leading research institutions** les membres du comité sont choisis parmi le personnel de centre de recherche réputés ; **there were 300 participants, mainly ~n from the student community** il y avait 300 participants, principalement des étudiants. **8** retirer *[de l'argent d'un compte],* percevoir, prélever *[commission],* recevoir, percevoir, toucher *[rémunération, pension, indemnités de chômage]*. **9** émettre, tirer *[chèque, lettre de change]*. **10** tracer ; dessiner *[ligne]*. **II ~ back 1** reculer ; se dérober ; se rétracter, se dédire ; **to ~ back from an agreement** revenir sur un accord. **2** obtenir la restitution de *[droits de douane]*. **III ~ down 1** *Fin.* utiliser *[ligne de crédit, facilités de caisse] ;* **only small amounts have been ~n down under these credit facilities** on n'a prélevé que des montants peu élevés sur ces lignes de crédit. **2** puiser dans *[réserves] ;* **the government drew down its oil reserves** le gouvernement a puisé dans ses réserves de pétrole. **3** réduire, alléger *[effectifs, stocks] ;*

the company closed a plant to ~ down inventories l'entreprise a fermé un établissement pour alléger ses stocks. **IV ~ in 1** *Fin.* exiger le remboursement de. **2** *[journées]* se raccourcir. **V ~ on 1** utiliser (comme source), trouver sa source dans, recourir à, avoir recours à, se servir de, tirer parti de, mettre à profit, exploiter, s'inspirer de, se nourrir de, reprendre (certaines idées/certains éléments de), emprunter, partir de, puiser dans, solliciter ; reposer sur, s'appuyer sur, prendre comme base, se fonder sur, mobiliser, faire appel à, mettre à contribution ; **~ing on a range of historical sources, he wrote a detailed account of the period** en puisant dans diverses sources historiques, il a rendu compte dans le détail de cette période ; **she has a long experience on which to ~** elle peut tirer parti d'une longue expérience ; **the statement drew on last year's report** la déclaration s'inspirait du rapport de l'année dernière ; **the study ~s heavily on NGO reports** l'étude repose dans une large mesure sur des rapports établis par des ONG ; **the article drew on the leaks** les fuites ont servi de base à l'article. **2** utiliser *[fonds disponibles],* puiser dans *[économies].* **3** se rapprocher ; **to ~ to a close/an end** toucher à sa fin/à son terme. **4** retirer *[de l'argent d'un compte en banque/à un distributeur de billets]* ; opérer un prélèvement sur *[compte en banque].* **5** émettre *[chèque]* sur *[banque].* **VI ~ out 1** enlever. **2** tirer *[conclusion, enseignement],* déduire. **3** retirer, prélever *[de l'argent d'un compte en banque].* **4** faire durer. **5** favoriser l'expression de. **6** aider *[qqn]* à sortir de sa coquille, faire sortir de sa réserve, encourager à parler ; faire participer *[à la discussion].* **VII ~ together 1** regrouper, rassembler, réunir. **2** faire la synthèse de. **VIII ~ up** rédiger *[rapport],* formuler *[observations],* établir *[plan, rapport, comptes],* dresser *[liste]* ; élaborer, mettre au point, arrêter ; **to ~ up a deed** passer un acte.

drawback *n.* **1** inconvénient, désavantage, défaut, difficulté, faiblesse, point faible, ombre au tableau. **2** remboursement, restitution *[de droits de douane, etc.].*

drawee *n. Lettre de change* tiré.

drawer *n. Lettre de change, Chèque* tireur.

drawing *adj.* ✪ **~ board** *Fig. [***on the ~ board** à l'état de projet ; **to go back to the ~ board** reprendre l'étude de la question à zéro, revoir sa copie*]* ; **~ package/program/software** *Inf.* logiciel de dessin.

drawn bond obligation tirée au sort en vue d'un remboursement anticipé.

DRE (digital rectal examination) *Méd.* toucher rectal.

drift ice banquise dérivante, glaces dérivantes.

driftnet *n.* filet dérivant.

drillship *n.* navire de forage.

drink *n.* ✪ **~-drive case** *RU* conduite (d'un véhicule) en état d'ébriété/d'ivresse, ivresse au volant ; **~-driver** *n.* conducteur en état d'ivresse ; **~-driving** *n.* conduite (d'un véhicule) en état d'ébriété/d'ivresse, ivresse au volant.

drinking and driving conduite (d'un véhicule) en état d'ébriété/d'ivresse, ivresse au volant.

drinking water eau potable/de boisson.

drip *n. Méd.* perfusion. ✪ **~-feed** *n. Méd.* perfusion ; **~ irrigation** irrigation goutte à goutte.

drive *v.* **1** *tr.* pousser ; enfoncer ; creuser *[tunnel].* **2** *tr.* conduire *[machine, voiture],* actionner, faire fonctionner *[machine]* ; faire tourner, mouvoir, entraîner *[organe mécanique],* propulser ; commander. **3** *tr.* conduire, piloter *[véhicule]* ; transporter. **4** *intr.* conduire une voiture ; circuler *[en voiture].* **5** *tr.* circuler sur *[route].* **6** *tr.* conduire, mener, diriger *[qqn].* **7** *tr.* contraindre, forcer, obliger ; pousser, motiver, inciter, entraîner *[qqn]* ; **public opinion drove the two sides to the negotiating table** l'opinion publique a obligé les deux parties à s'asseoir à la table de négociation. **8** *tr.* repousser, refouler, chasser, bouter, évincer ; **accusations that he accepted illicit payments helped to ~ the president out of office** les accusations selon lesquelles le président avait accepté des paiements illicites ont contribué à son éviction du pouvoir ; **the coalition was able to ~ the Iraqis from Kuwait** la coalition est parvenue à bouter les Irakiens hors du Koweït. **9** *tr.* animer, pousser, mouvoir, faire tourner, être le moteur/l'élément moteur de ; susciter, provoquer, déterminer ; stimuler ; **~n by greed** mû par l'avidité ; **manufacturing industry is often seen as the engine that ~s the economy** l'industrie manufacturière est souvent considérée comme la locomotive de l'économie ; **the high unemployment rate ~s the process of emigration** le taux de chômage élevé est à l'origine de l'émigration ; **the social changes were ~n by economic factors** les changements sociaux étaient déterminés par des facteurs économiques. **10** *tr.* faire travailler (dur), surcharger, surmener ; motiver ; **he ~s his employees hard** il exige de ses salariés qu'ils travaillent dur. **11 ~ away** chasser, faire fuir. **12 ~ back** repousser, faire reculer *[ennemi].* **13 ~ down** réduire, faire baisser *[prix],* comprimer *[coûts].* **14 ~ off** repousser. **15 ~ out** chasser, évincer ; éliminer ; **bad money ~s out good** la mauvaise monnaie chasse la bonne. **16 ~ out of** chasser de ; **to ~ out of business** forcer *[entreprise]* à fermer ses portes, acculer à la faillite. **17 ~ up** (faire) augmenter, provoquer la hausse de *[prix, coûts]* ; **the announcement drove the share price up 12%** la nouvelle a provoqué une augmentation de 12 % du cours de l'action.

drive *n. Fig.* **1** volonté, aspiration ; *Psych.* pulsion ; **(for)** recherche de ; **he had a tremendous ~ to achieve the goals he had set out** il était mû par une volonté extraordinaire d'atteindre les buts qu'il s'était fixés ; **France cannot ignore the population's ~ to be independent** la France ne peut faire fi de l'aspiration à l'indépendance de la population. **2** motivation, dynamisme, enthousiasme, énergie, vigueur, ardeur, zèle, allant, entrain. **3** campagne, action, mesures, opération, programme, politique, mouvement, effort(s), offensive ; **advertising ~** campagne de publicité ; **can/food ~** campagne de collecte de boîtes d'aluminium/d'aliments ; **at present the organization is on an economy ~** actuellement, l'organisation met en œuvre des mesures d'économie ; **austerity ~** politique d'austérité ; **diplomatic ~** offensive diplomatique ; **peace ~** offensive de paix ; **the endless ~ for productivity gains** la recherche permanente d'accroissements de productivité. **4** trajet, déplacement (en voiture). **5** *Inf.* unité *[de disquettes, de bande]* ; disque.

drive-by *adj. [meurtre]* commis depuis une voiture (en marche).

driven *adj.* **1** motivé, ambitieux. **2** mû ; **he is ~ by greed** il est mû par l'appât du gain.

driven *suff.* déterminé par, axé sur, reposant sur, dominé par ; **country-~** *adj.* réalisé à l'initiative des pays ; **financially-~** *adj.* déterminé/motivé par des considérations d'ordre financier ; **market-~** *adj.* axé sur le marché ; **value-~ policy** politique reposant sur des valeurs.

drive-in (theatre) cinéma en plein air ; *Can.* ciné-parc.

driver *n. Fig.* élément moteur, moteur, force, facteur.

driving *n.* ✪ **~ under the influence/while intoxicated** conduite en état d'ivresse.

driving *adj.* ✪ **~ force** élément moteur, moteur, locomotive, ressort ; *[***small companies will be the ~ force behind the recovery** les petites entreprises seront l'élément moteur de la reprise ; **education is a key ~ force in development** l'enseignement est un ressort essentiel du développement*]* ; **~ instructor** moniteur d'auto-école ; **~ licence** permis de conduire ; **~ offence** infraction au code de la route ; **~ seat** *Fig. [***to be in the ~ seat** diriger les opérations, être aux commandes*]* ; **~ test** examen pour l'obtention du permis de conduire.

drone *n. Av.* drone ; avion télécommandé/sans pilote.

drop *v. Fig.* **1** *tr.* abandonner. **2 ~ out** *Ens.* abandonner ses études ; **many university students ~ out in their first year** de nombreux étudiants abandonnent leurs études universitaires au cours de la première année.

drop-down menu *Inf.* menu déroulant.

drop-out *n.* **1** élève/étudiant qui abandonne ses études. **2** abandon des études, décrochage scolaire, abandon de scolarité. **3** marginal. **4** *Vidéo* perte de signal.

drug *n.* **1** médicament. **2** drogue, stupéfiant. **3** produit dopant. ✪ **~ addiction** toxicomanie ; **~ abuse** a) consommation de drogue, toxicomanie ; b) dopage ; c) pharmacodépendance ; **~ abuser** a) toxicomane, consommateur de drogue ; b) personne pharmacodépendante ; **~ baron** grand/gros trafiquant de drogue, gros bonnet de la drogue, narcotrafiquant ; **~ dealer** pourvoyeur/revendeur de drogue ; **~ dealing** trafic de drogue/de stupéfiants ; **~ dependence** a) dépendance à une/des substance(s) toxique(s) ; b) pharmacodépendance ; **~ enforcement** lutte contre la drogue ; **Drug Enforcement Administration** *ÉU* Bureau des stupéfiants ; **~ habit** toxicomanie ; **~ lord** grand/gros trafiquant de drogue, gros bonnet de la drogue, narcotrafiquant ; **~ monitoring** pharmacovigilance ; **~ of abuse/addiction** drogue, stupéfiant ; **~ peddler/pusher** pourvoyeur/revendeur de drogue ; **~ regimen** traitement médicamenteux ; **~ rehabilitation** désintoxication ; **~ rehabilitation centre** centre de désintoxication pour toxicomanes ; **~-resistant** *adj. [infection, souche]* pharmacorésistant, résistant (aux médicaments) ; **~ runner** trafiquant de drogue ; **~ running** trafic de stupéfiants ; **~s company** entreprise pharmaceutique ; **~ smuggler** passeur de drogue ; **~ smuggling** trafic de stupéfiants ; **~ squad** brigade des stupéfiants ; **~-taking** *n.* a) consommation de drogue ; b) dopage ; **~ use** consommation de drogue, toxicomanie ; **~ user** consommateur de drogue, toxicomane.

drunk(en) driving conduite (d'un véhicule) en état d'ivresse, ivresse au volant.

dry *adj.* **1** sec ; *[climat]* aride. **2** *[lac, puits]* asséché. **3** *[pays]* où la consommation d'alcool est interdite. **4** *[livre]* aride. ✪ **~ bulk** *Transp.* marchandises solides en vrac ; **~ cell** pile sèche ; **~ cultivation** culture sèche *[du riz]* ; **~ dock** cale sèche/de radoub ; **~ farming** culture sèche ; **~-freezing** *n.* lyophilisation ; **~ freight** marchandises solides ; **~ goods** *ÉU* étoffes ; **~ ice** neige carbonique ; **~ land** a) terre ferme ; b) terre aride ; **~ milk** *ÉU* lait en poudre ; **~ run** répétition (générale), essai à blanc ; **run ~** se tarir.

DSS (Department of Social Security) *RU* ministère de la Sécurité sociale.

DST (daylight saving time) *ÉU* heure d'été ; *Can.* heure avancée.

DT (daylight time) *ÉU* heure d'été ; *Can.* heure avancée.

DTI (Department of Trade and Industry) *RU* ministère du Commerce et de l'industrie.

DTP (desktop publishing) PAO (publication assistée par ordinateur).

dual *adj.* double. ✪ **~-carriageway** *n. RU* route à deux sens de circulation ; **~ highway** *ÉU* autoroute à deux sens de circulation ; **~ nationality** double nationalité ; **~-purpose** *adj.* mixte ; **~-use** *adj. [produits, technologie]* utilisable à des fins tant civiles que militaires, à double usage.

Dubai *n. Émirats arabes unis* Dubaï.

dubbing *n.* **1** doublage. **2** post-sonorisation.

due *adj.* **1** dû, revenant, payable, exigible, échu, remboursable ; *[obligation]* arrivée à échéance ; **7% bond ~ in 2006** obligation à 7 % arrivant à échéance en 2006 ; **to fall ~** venir/arriver à échéance, échoir. **2** approprié, voulu, requis, régulier, réglementaire, en bonne et due forme, prescrit, juste, convenable ; **after ~ consideration** après mûre réflexion. **3** attendu ; **an Italian delegation is ~ in Tirana tomorrow** une délégation italienne doit se rendre à Tirana demain ; **two reports on global warming are ~ next year** deux rapports sur le réchauffement de la planète devront être déposés l'année prochaine ; **the contract is ~ to expire in 2007** le contrat expirera en 2007. **4 ~ to** consécutif à ; en raison de, par. ✪ **~ bill** a) lettre de change échue ; b) *ÉU* reconnaissance de dette ; **~ care** *Dr.* diligence ; *[***to exercise ~ care** a) agir avec diligence, b) prendre toutes les précautions voulues*]* ; **~ date** a) (date d') échéance *[d'un prêt]* ; b) date prévue de l'accouchement ; **~ debt** créance exigible ; **~ diligence** a) *Dr.* diligence raisonnable ; b) *Fin.* audit *[réalisé avant une acquisition]* ; **~ process (of law)** procédure régulière/légale, droits de la défense ; *[***nor shall any state deprive any person of life, liberty or property, without ~ process of law** aucun État ne peut porter atteinte à la vie, à la liberté ou aux biens de quiconque qu'à l'issue d'une procédure régulière ; **to violate a defendant's right to ~ process of law** porter atteinte aux droits de la défense*]* ; **fall ~** arriver à échéance, devoir être payé, devenir exigible ; **in ~ course** en temps voulu/opportun/utile, en son temps, ultérieurement, à terme, plus tard, le moment venu ; **in ~ time** dans le délai imparti, dans les délais, en temps opportun/utile.

DUI (driving under the influence) conduite en état d'ivresse.

dull market *Bourse* marché calme/inactif/peu actif/languissant/somnolent.

duly *adv.* de façon appropriée, de façon satisfaisante, adéquatement, convenablement, comme il convient, comme il se doit, correctement, bien, judicieusement, rationnellement, à bon escient, avec discernement, soigneusement, dans les règles (de l'art), comme il se doit ; *Dr.* en bonne et due forme, dûment, selon les formes prescrites, régulièrement.

dummy *adj.* faux, factice, fictif, fantôme, bidon. ✪ **~ corporation** société écran ; **~ drug** placebo ; **~ variable** variable indicatrice/muette *[= variable dénotant un caractère qualitatif et pouvant souvent avoir deux valeurs, 1 ou 0]*.

dump *n.* **1** dépotoir. **2** *Mil.* dépôt *[de munitions, d'approvisionnements]*. ✪ **~ site** dépotoir ; **~ truck** *ÉU* camion à benne, tombereau.

dumper *n. RU* camion à benne, tombereau. ✪ **~ truck** *RU* camion à benne, tombereau.

dumping *n.* **1** *Écon.* dumping. **2** déversement, rejet *[de déchets] ;* immersion *[en mer] ;* **no ~ allowed** déversements interdits ; **~ at sea** déversement/immersion de déchets en mer. ✪ **~ ground** a) dépotoir ; b) *Fig.* dépotoir ; *[***Africa should not become a ~ ground for toxic wastes** l'Afrique ne doit pas devenir un lieu de déversement de déchets toxiques ; **this agency is seen as a ~ ground for politicians unable to secure re-election** cet organisme est considéré comme un endroit commode pour recaser des personnalités politiques qui ne sont pas parvenues à se faire réélire*]*.

dumpster *n. ÉU* conteneur à ordures.

DUP (Democratic Unionist Party) *RU Democratic Unionist Party.*

duplex *n. ÉU* **1** *voir* duplex apartment. **2** *voir* duplex house. ✪ **~ apartment** duplex ; **~ house** maison comportant deux logements.

duplicate *v. tr.* **1** copier, reproduire, polycopier. **2** répéter inutilement *[travaux accomplis ailleurs].* **3** faire double emploi avec ; **we must avoid duplicating the work of other ministries** nous devons veiller à ce que nos activités ne fassent pas double emploi avec celles d'autres ministères ; **we do not intend to ~ the work of other organizations** nous n'avons pas l'intention de réaliser les mêmes travaux que d'autres organisations ; **WHO should not ~ the work of other agencies** l'OMS ne doit pas empiéter sur les travaux d'autres organisations.

duplication *n.* **1** reproduction *[d'un document].* **2** répétition *[d'activités, de travaux] ;* **~ of efforts** répétition inutile d'activités, doubles emplois, activités redondantes, doublonnage, chevauchement d'activités, réalisation d'activités identiques par plusieurs organisations ; **~ of efforts should be avoided** il faut éviter de réaliser des travaux déjà accomplis ailleurs ; **to avoid ~ of activities** éviter une répétition des mêmes activités.

durable goods *Écon.* biens de consommation durables.

durables *n. Écon.* biens de consommation durables.

duress *n.* contrainte, force, violence, menace ; **under ~** sous la contrainte, sous l'empire de la violence, contraint et forcé, bon gré mal gré, sous la menace, à son corps défendant ; **this payment may have been made under ~** ce paiement a peut-être été fait sous la contrainte.

durum wheat blé dur.

Dushanbe *n. Tadjikistan* Douchanbé.

dustbin of history *Fig.* **to consign to/to place in/to throw in the ~** jeter à la poubelle de l'histoire.

dust bowl 1 zone aride *[sous l'effet du vent],* zone rendue aride par le vent, zone ravagée par la sécheresse ; sécheresse. **2** *ÉU dust bowl,* (zone frappée par la) sécheresse catastrophique des années 30 *[dans une partie du sud-ouest et du Middle West].*

Dutch *adj.* ✪ **~ auction** enchère au rabais ; **~ elm disease** graphiose.

dutiable *adj.* passible de droits. ✪ **~ value** valeur en douane.

duty *n.* **1** devoir, obligation. **2** tâche ; service ; *pl.* tâches, fonctions, mission, attributions, responsabilités, charge ; service ; **to take up one's duties** entrer en fonction ; **to finish ~** terminer son service ; **clearly defined duties** attributions clairement définies. **3** droit ; taxe. ✪ **~-free** *adj.* a) exonéré de droits ; détaxé ; b) en franchise de droits ; **~-free admission/entry** admission en franchise (de droits) ; **~-free shop** boutique hors taxes/franche ; **~ of care** *Dr.* obligation de prudence/vigilance ; obligation de protection, obligation de diligence ; **~ roster** tableau de service ; **~ solicitor** avoué de permanence *[susceptible d'être commis d'office] ;* **~ station** lieu d'affectation ; **~ travel** mission ; **off ~** en dehors du service, en dehors des heures de service ; *[***to be off ~** ne pas être de/en service*] ;* **on ~** de service.

duty *adj.* de garde, de permanence, assurant une permanence, de service.

DVD (digital versatile disc, digital video disc) DVD (disque numérique polyvalent, vidéodisque numérique). ✪ **~ player** lecteur de DVD.

DVD-ROM (digital versatile disc read-only memory) DVD-Rom. ✪ **~ drive** lecteur de DVD-Rom.

dwarf *v. tr.* être de très loin supérieur à, faire paraître dérisoire/insignifiant/minuscule, écraser, reléguer au second plan ; **to be ~ed by** paraître minuscule à côté de, être/représenter peu de chose à côté de/par comparaison avec, être dérisoire au regard de ; **the cost of the new road will ~ that of other recent projects** le coût de construction de la nouvelle route est de très loin supérieur à celui d'autres travaux récents ; **after the merger, the company will ~ its nearest rivals** après la fusion, la société fera figure de géant par comparaison avec ses principales concurrentes.

dwell *v.* **~ on/upon** s'appesantir sur, s'étendre sur, insister sur, s'arrêter à, s'attarder sur ; **Syria's ambassador avoided ~ing on the subject of human rights** l'ambassadeur de la Syrie a préféré ne pas s'étendre sur la question des droits de l'homme.

dwelling *n.* ✪ **~ accommodation** logement(s) ; **~-house** *n.* maison d'habitation ; **~ unit** logement.

DWI (driving while intoxicated) conduite en état d'ivresse.

dwt (deadweight ton) tpl (tonne de port en lourd).

E

e (estimate) estimation ; **2003e** estimation pour (l'année) 2003.

eager *adj.* **(to)** (très) désireux de, (très) soucieux de ; **to be ~ to** tenir (beaucoup) à, être très désireux de, aspirer à.

ear *n.* ✪ **~ defender** protecteur d'oreilles ; **~ plug/stopple** bouchon d'oreille.

early *adj.* **1** ancien, de la première heure, d'antan ; **~ civilizations** civilisations anciennes ; **this poem is the earliest known text in Danish** ce poème est le plus ancien texte connu en danois ; **~ nineties** début des années 90 ; **he was an ~ opponent of Thatcherism** il s'est opposé de bonne heure au thatchérisme. **2** *[stade]* peu avancé, initial, embryonnaire ; **at an ~ stage** très tôt ; **the work is still at a very ~ stage** les travaux se trouvent encore à un stade très peu avancé ; **the ~ stages of the globalization** la phase initiale de la mondialisation ; **in the ~ days** au début. **3** premier, préliminaire ; **the ~ symptoms of the disease** les premiers symptômes de la maladie ; **an ~ draft of the report** une version préliminaire du rapport. **4** *[âge, dépistage]* précoce, *[élections, retraite]* anticipé ; prématuré ; en avance ; **to be successful treatment requires ~ diagnosis** pour traiter cette maladie avec succès, un diagnostic précoce est nécessaire ; **~ death** mort prématurée ; **to be 20 minutes ~** avoir 20 minutes d'avance (sur l'horaire) ; arriver 20 minutes trop tôt. **5** proche, prochain, rapproché ; prompt, rapide, immédiat ; **at an ~ date** à bref délai. **6 in the ~ morning** en début de matinée. **7 earlier** antérieur, précédent ; **an earlier version of the document** une version antérieure du document ; **whichever is the earlier** la date la plus rapprochée étant retenue ; **the payment shall take place no later than the earlier the date of completion of the building or the anniversary of the contract** le paiement doit être effectué à celle des dates suivantes qui survient le plus tôt : la date d'achèvement du bâtiment ou la date anniversaire du contrat. ✪ **~ childhood** petite enfance ; **~ days** *Fam. RU [***it is still ~ days** il est encore trop tôt*]* ; **~ warning system** système d'alerte avancée ; *[***to establish an ~ warning system for earthquakes** mettre en place un système d'alerte avancée pour les tremblements de terre*]*.

early *adv.* **1 ~ (on)** (très) tôt, de bonne heure ; **~ on 5 August** le 5 août en début de journée ; **~ in the afternoon** en début d'après-midi ; **~ next year** au début de l'année prochaine ; **a report issued earlier this year** un rapport rendu public cette année. **2 ~ (on)** précocement, à un stade précoce, au début du processus ; longtemps à l'avance. **3** rapidement, promptement, à bref délai, d'urgence. **4** prématurément, avant l'heure, plus tôt que prévu/que d'habitude ; **to die ~** mourir prématurément ; **he arrived in the city a day ~** il est arrivé dans la ville un jour plus tôt que prévu. ✪ **as ~ as** dès ; **at the earliest** au plus tôt ; **at your earliest convenience** dès que possible.

earmark *v. tr. Fig.* affecter *[fonds, crédits]*, assigner, destiner, réserver, mettre en réserve, consacrer, allouer ; **a great deal of the expected revenue has already been ~ed** une partie importante des recettes attendues a déjà été affectée ; **the hospital has not received the equipment ~ed for it** l'hôpital n'a pas reçu le matériel qui lui était destiné ; **the bus route is also ~ed for privatization** la privatisation de la ligne d'autobus est également prévue ; **the 2002 budget ~ed £200,000 for advertising** le budget de 2002 comportait un crédit de 200 000 livres pour de la publicité.

earned *adj.* ✪ **~ income** revenu du travail ; **~ surplus** bénéfices non distribués.

earnest *n.* **in ~** véritablement.

earning power capacité de gain.

earnings *n. pl.* **1** rémunération, salaire. **2** recettes. **3** bénéfices. ✪ **~ per share** bénéfice par action ; **~ yield** rapport bénéfice par action/cours.

ear, nose and throat oto-rhino-laryngologie.

earth *n.* **1** terre, humus. **2** Terre, monde, planète, globe. **3** *Électricité RU* terre. ✪ **~(-fill) dam** barrage en terre homogène ; **~ mantle** manteau terrestre ; **~-moving equipment** engins de terrassement ; **~ sciences** sciences de la terre ; **~-shattering** *adj.* extraordinaire, stupéfiant, sensationnel ; *[***an ~-shattering revelation** une révélation stupéfiante*]* ; **Earth Summit** Sommet planète Terre ; **Earth Summit + 5** Sommet planète Terre + 5.

ease *v.* **I 1** *tr.* soulager ; apaiser *[douleur]*, dissiper *[craintes]*. **2** *tr.* assouplir *[règle, politique monétaire]*, alléger *[fardeau, sanctions, réglementation]*, atténuer, résoudre en partie *[problème]*, faciliter *[opération difficile]* ; détendre *[l'atmosphère]* ; relâcher *[pression]* ; réduire *[tension, impôts, taux d'intérêt, exigences]* ; desserrer *[crédit]* ; **the university has since ~d its rules on admission** depuis lors, l'université a assoupli sa réglementation concernant les admissions ; **the mayor hopes to ~ traffic congestion in the city** le maire espère atténuer les embouteillages dans la ville. **3** *intr. [tension]* se relâcher, s'apaiser, *[difficultés]* s'atténuer, *[craintes]* se calmer ; **the country's economic financial problems are easing** les difficultés économiques du pays s'atténuent progressivement ; **the fighting ~d last week** les combats ont perdu de leur intensité la semaine dernière. **4** *intr. [inflation]* baisser, se réduire ; *[cours]* se replier, fléchir ; **the stock market ~d after Monday's rise** la Bourse s'est repliée après la hausse de lundi ; **the dollar ~d on European markets** le dollar a fléchi sur les marchés européens. **II ~ into: to ~ oneself into** se familiariser progressivement avec *[qqch.]*. **III ~ off 1** se montrer plus accommodant, assouplir sa position. **2** se montrer plus compréhensif/plus humain/moins sévère/moins strict. **3** s'atténuer, se modérer, se desserrer, s'alléger, s'assouplir, se ralentir, se calmer, s'apaiser ; baisser, fléchir. **4** ralentir, relâcher *[qqch.]*. **IV ~ out** démettre de ses fonctions avec tact. **V ~ up** *voir* ease off. **VI ~ up on** traiter *[qqn]* moins sévèrement, se montrer moins strict à l'égard de *[qqn, qqch.]*.

easement *n. Dr.* servitude. ✪ **~ of access** servitude de passage.

East *adj.* ✪ **~ Coast** *ÉU* côte Atlantique ; **~ Jerusalem** Jérusalem-Est ; **~ Timor** Timor-Oriental *[pas d'article]* ; *[***of ~ Timor** timorais-oriental*]*.

eastern *adj.* ✪ **Eastern Cape** *Afr. du Sud* Cap-Est ; **Eastern Church** Église orthodoxe ; **Eastern daylight-saving time** *ÉU* heure d'été de la côte Atlantique (des États-Unis) ; **Eastern Orthodox Church** Église orthodoxe ; **Eastern standard time** *ÉU* heure de la côte Atlantique (des États-Unis), heure de Washington ; *Can.* heure normale de l'est.

easy *adj.* ✪ **~ mark** proie facile ; **~ money** a) *Écon.* argent/crédit bon marché, facilité d'accès au crédit ; b) argent facilement gagné ; **~ sell** *Fig.* proposition facile à faire accepter.

eavesdropping *n.* écoute(s) de conversation(s).

EBIT (earnings before interest and taxes) résultat d'exploitation.

EBITDA (earnings before interests, taxes, depreciation and amortization) EBE (excédent brut d'exploitation).

e-book *n.* livre numérique.

EBRD (European Bank for Reconstruction and Development) BERD (Banque européenne pour la reconstruction et le développement).

EBU (European Broadcasting Union) UER (Union européenne de radio-télévision).

e-business *n.* activité économique électronique.

ECA (Economic Commission for Africa) *ONU* CEA (Commission économique pour l'Afrique).

ECB (European Central Bank) *UE* BCE (Banque centrale européenne).

ECE (Economic Commission for Europe) *ONU* CEE (Commission économique pour l'Europe).

ECG (electrocardiogram) ECG (électrocardiogramme).

echo *v. tr.* **1** reprendre à son compte *[déclaration, opinion],* reprendre ; reprendre les propos tenus par, rejoindre une position défendue par, abonder dans le sens de *[qqn] ;* confirmer la validité de ; **to be ~ed by** se retrouver dans ; **that view was ~ed by the candidate's opponent** cette opinion a également été exprimée par l'adversaire du candidat ; **his confidence ~es that of other analysts** sa confiance se retrouve chez d'autres analystes. **2** rappeler, présenter des similitudes avec *[événements antérieurs, phénomène analogue] ;* faire écho à.

echo *n.* ✪ **~-sounder** *n.* échosondeur ; **~-sounding** *n.* échosondage.

ECHO (European Community Humanitarian Office) ECHO (Office humanitaire de la Communauté européenne).

ECLAC (Economic Commission for Latin America and the Caribbean) *ONU* CEPALC (Commission économique pour l'Amérique latine et les Caraïbes).

ECMT (European Conference of Ministers of Transport) CEMT (Conférence européenne des ministres des Transports).

ecological footprint 1 empreinte écologique *[se mesure en ha par habitant].* **2** utilisation des ressources naturelles.

e-commerce *n.* commerce électronique.

economic *adj.* **1** économique. **2** rentable. ✪ **Economic and Social Commission for Asia and the Pacific** *ONU* Commission économique et sociale pour l'Asie et le Pacifique ; **Economic and Social Commission for Western Asia** *ONU* Commission économique et sociale pour l'Asie occidentale ; **Economic and Social Committee of the European Communities** Comité économique et social des Communautés européennes ; **Economic and Social Council** *ONU* Conseil économique et social ; **Economic Commission for Africa** *ONU* Commission économique pour l'Afrique ; **Economic Commission for Europe** *ONU* Commission économique pour l'Europe ; **Economic Commission for Latin America and the Caribbean** *ONU* Commission économique pour l'Amérique latine et les Caraïbes ; **~ life** durée de vie économique ; **~ operator** agent économique.

economical *adj.* **1** économe, parcimonieux. **2** économique.

economics *n.* **1** économie, science économique ; **this idea goes against current ~** cette idée va à l'encontre des conceptions actuelles en économie. **2** aspects économiques ; conditions économiques ; **he will speak on the ~ of the new transport programme** son intervention portera sur les aspects économiques du nouveau programme de transports.

economy *n.* ✪ **economies of scale** *Écon.* économies d'échelle *[= économies réalisées lorsque le coût moyen unitaire baisse en cas d'augmentation du volume produit] ;* **economies of scope** *Écon.* économies de gamme *[= économies découlant de la fabrication de plusieurs produits par une même entreprise] ;* **~ class** *Transp. aériens* classe économique ; **~ drive** programme de réduction des dépenses ; **~ fare** *Transp. aériens* tarif de classe économique.

ECOSOC (Economic and Social Council) *ONU* Conseil économique et social.

ECOWAS (Economic Community of West African States) CEDEAO (Communauté économique des États de l'Afrique de l'Ouest).

ECSC (European Coal and Steel Community) CECA (Communauté européenne du charbon et de l'acier).

ecstatic *adj.* fou de joie, enthousiasmé, très enthousiaste, aux anges, *[foule]* en liesse, en délire ; **to be ~** exulter.

ECT (electroconvulsive therapy) ECT (électroconvulsivothérapie, sismothérapie).

ed. (editor) coordinateur de la publication ; **Green, J, ed. Applied Traductology** Green, J (sous la direction de). Applied Traductology.

EDF (European Development Fund) *UE* FED (Fonds européen de développement).

edge *v.* **~ up** augmenter légèrement.

edge *n. Fig.* avantage ; avance ; **it is impossible to say which company has the ~** il n'est pas possible de déterminer quelle entreprise a un avantage sur les autres ; **technological ~** avance technologique.

EDI (electronic data interchange) EDI (échange de données informatisé(es)).

EDIFACT (Electronic Data Interchange for Administration, Commerce and Transport) EDIFACT (Échange de données informatisé pour l'administration, le commerce et le transport).

edit *v.* **1** *tr.* éditer *[œuvre d'autrui] ;* être responsable de la publication de, diriger la publication de *[ouvrage collectif] ;* préparer *[manuscrit]* pour la publication, mettre au point *[manuscrit] ;* **~ed by** a) texte établi par, édition/version établie par ; b) (ouvrage) publié sous la direction de ; **he has ~ed two books on ozone depletion** il a dirigé la publication de deux ouvrages sur l'appauvrissement de la couche d'ozone. **2** *tr.* publier *[périodique] ;* diriger *[périodique] ;* **he made his name ~ing the party's journal** il s'est fait connaître comme rédacteur en chef du journal du parti. **3** *tr.* réviser, remanier, apporter des modifications à, réécrire, retravailler, toiletter *[texte] ;* adapter ; mettre au point *[texte],* mettre au point le texte définitif de ; **~ed text** texte incorporant des corrections de style ; **reports are ~ed for clarity and consistency** des rédacteurs professionnels révisent les rapports dans un souci de clarté et de cohérence ; **to ~ a speech on a computer screen** remanier le texte d'un discours sur un écran d'ordinateur ; **this paper was drafted by a consultant and ~ed by our department** le présent document a été rédigé par un consultant et son texte a été mis au point par notre département. **4** *tr.* faire des coupures dans *[article, film]*. **5** *tr.* supprimer, couper, élaguer *[partie d'un texte]*. **6** *tr.* monter *[film]*. **7** *tr. Inf.* éditer. **8 ~ in** insérer, ajouter. **9 ~ out** supprimer, couper, élaguer *[partie d'un texte]*.

editing *n.* **1** préparation *[d'un texte]* pour la publication, préparation du texte pour la publication. **2** contrôle rédactionnel, mise au point du texte ; révision, remaniement (du texte), modifications rédactionnelles, corrections de style, relecture, réécriture. **3** *Audiovisuel* montage.

editor *n.* **1** éditeur *[= personne qui établit un texte destiné à être publié]*. 2 rédacteur *[= responsable de la mise au point des textes, notamment dans une maison d'édition]*. **3** coordinateur (de la publication), responsable *[de la réalisation d'un ouvrage collectif]* ; rédacteur en chef *[d'un dictionnaire]* ; **Green, J, editor. Applied Traductology** Green, J (sous la direction de). Applied Traductology. **4** rédacteur ; *pl.* comité de rédaction ; **one of our ~s will improve the manuscript** l'un de nos rédacteurs améliorera le style du manuscrit. **5** *Journ.* a) rédacteur ; chroniqueur ; b) rédacteur en chef ; c) responsable *[de la section financière, des pages magazine]* ; **political ~** rédacteur politique ; **medical ~** journaliste spécialisé dans les questions de médecine ; **the literary ~ of the Washington Post** le responsable de la rubrique littéraire du *Washington Post*. **6** *Audiovisuel* monteur. **7** *Inf.* éditeur. ✪ **~ in chief** rédacteur en chef.

editorial *adj. Journ.* **1** de (la) rédaction, du/des rédacteur(s), journalistique. **2** rédactionnel, relatif au contenu rédactionnel. **3** relevant de l'éditorial, ayant valeur d'éditorial, de fond. ✪ **~ board** conseil de rédaction ; **~ content** partie rédactionnelle, contenu rédactionnel *[d'un journal]* ; **~ matter** articles, contenu rédactionnel ; **~ staff** journalistes, rédaction.

EDP (electronic data processing) informatique.

EDT (Eastern daylight-saving time) *ÉU* heure d'été de la côte Atlantique (des États-Unis) ; **the President will arrive in Tokyo at 2:45 p.m. ~** le président arrivera à Tokyo à 14h45 (heure de la côte Atlantique des États-Unis).

educate *v. tr.* **1** éduquer, assurer l'instruction/la formation de, former ; **he was ~d at the University of Cambridge** il a fait ses études à l'Université de Cambridge. **2** mener une action éducative auprès de, informer, sensibiliser ; **to ~ the population on the link between sex and HIV infection** faire connaître à la population le lien qui existe entre la sexualité et l'infection à VIH.

educated *adj.* **1** *[main-d'œuvre]* instruit ; **well ~** instruit ; **~ public** public cultivé ; **the labour force is well-~** la main-d'œuvre a un bon niveau d'instruction. **2 to make an ~ choice** choisir en connaissance de cause. ✪ **~ guess** hypothèse (émise en connaissance de cause).

education *n.* **1** instruction, enseignement ; études ; formation ; éducation ; **a man with little ~** un homme peu instruit ; **teacher ~** formation des enseignants ; **she is a lawyer by ~** elle est juriste de formation. **2** pédagogie. **3** action éducative, information, vulgarisation, sensibilisation ; **AIDS ~ campaign** campagne d'information sur le sida ; **public ~** sensibilisation du public. ✪ **~ provider** prestataire de services éducatifs ; **~ system** système d'enseignement ; **~ voucher** *RU* chèque-études.

educational *adj.* **1** didactique, éducatif, d'enseignement, d'éducation, scolaire, en matière d'enseignement/d'éducation/de formation. **2** instructif, édifiant, riche d'enseignements. ✪ **~ achievement** niveau (de connaissances/de savoir-faire), acquis/niveau scolaire, résultats scolaires *[d'un élève]* ; **~ adviser** conseiller pédagogique ; **~ attainment** niveau d'instruction/d'études ; **~ institution** établissement d'enseignement ; **~ leave** congé de formation ; **~ level** niveau d'instruction ; **~ materials** matériels/moyens/auxiliaires didactiques/éducatifs ; **~ software** didacticiel, logiciel éducatif.

edutainment *n.* divertissement éducatif.

EEA (European Economic Area) EEE (Espace économique européen).

EEA (European Environment Agency) Agence européenne pour l'environnement.

EEC (European Economic Community) CEE (Communauté économique européenne).

EEK (kroon) *ISO* EEK (couronne estonienne).

EEOC (Equal Employment Opportunity Commission) *ÉU* Commission de l'égalité des chances dans l'emploi.

effect *v. tr.* **1** provoquer, engendrer, causer, entraîner ; produire, déterminer. **2** effectuer, réaliser, accomplir, opérer, procéder à ; exécuter, mettre en œuvre.

effect *n.* **1** effet, conséquence, incidence, répercussion, contrecoup, résultat. **2** avantage, efficacité ; **of little ~** peu efficace ; **to good/great ~** (très) efficacement, avec (beaucoup de) succès ; **to/with little ~** sans grand résultat/succès ; **to some ~** avec un succès relatif ; **his recommendations were followed to great ~** on a appliqué ses recommandations avec beaucoup de succès. **3** *pl.* biens (mobiliers). ✪ **bring into ~** a) mettre en vigueur ; b) réaliser, appliquer, exécuter, mettre en œuvre, mettre en pratique, traduire dans les faits ; **come into ~** entrer en vigueur/en application ; **give ~ to** exécuter, mettre en œuvre *[politique]*, assurer l'application/la mise en œuvre de, traduire dans les faits ; **go into ~** entrer en vigueur/en application ; **have direct ~** *UE [règlement]* être directement applicable ; **have ~** avoir effet, produire ses effets ; **in ~** a) en fait, de fait, de facto ; en pratique, dans la pratique, sur le plan pratique, pratiquement, dans les faits ; en quelque sorte, pour ainsi dire ; *[dire]* en substance ; b) en vigueur ; *[***the left-wing fringe of the party became, in ~, the only opposition** l'aile gauche du parti est devenue en fait la seule opposition ; **Lebanon was in ~ annexed by Syria** le Liban a été annexé de facto par la Syrie ; **this is, in ~, a pay cut** cela revient à une réduction des rémunérations*]* ; **put into ~** a) mettre en vigueur ; b) réaliser, appliquer, exécuter, mettre en œuvre, mettre en pratique, traduire dans les faits ; *[***the Act was never put into ~** la loi n'a jamais été mise en vigueur*]* ; **take ~** a) *Dr.* produire effet, produire ses effets, prendre effet, devenir effectif, entrer en vigueur/en application, être applicable ; b) *[embargo]* faire sentir ses effets, *[médicament]* agir ; *[***when the lorry-drivers' action took ~ traffic on the motorways ground to a halt** lorsque l'action des routiers a fait sentir ses effets, la circulation s'est arrêtée sur les autoroutes*]* ; **to this ~** a) à cet effet, à cette fin ; b) dans ce sens ; *[***a request to this ~** une demande (allant) dans ce sens ; **a declaration to the ~ that** une déclaration aux termes de laquelle*]*.

effective *adj.* **1** efficace, opérant, performant ; utile, bon, fructueux ; approprié ; bien organisé ; puissant ; souverain. **2** effectif, réel. **3** *Dr.* en vigueur ; **to become ~** entrer en vigueur, produire effet, produire ses effets ; **~ Jan. 1** à compter du 1er janvier. **4** *Dr.* **to be ~ against** *[droit]* être opposable à *[qqn]*. ✪ **~ date** date d'entrée en vigueur ; date de prise d'effet ; **~ tax rate** taux d'imposition moyen.

effectively *adv.* **1** efficacement, avec succès ; valablement. **2** effectivement, réellement. **3** en fait, de fait, de facto ; dans la pratique, sur le plan pratique, pratiquement, dans les faits ; en quelque sorte, pour ainsi dire ; *[dire]* en substance ; **the radio station is ~ the mouthpiece of the party** la station de radio est de facto l'organe du parti ; **the country is in danger of ~ exhausting its oil reserves** le pays risque de pratiquement épuiser ses réserves pétrolières.

effectual *adj.* **1** efficace. **2** *Dr.* valable, valide, effectif.

efficacy *n. Méd.* efficacité (théorique) *[d'un traitement].*

efficiency *n.* **1** utilisation rationnelle/optimale des ressources, organisation rationnelle, bonne organisation, caractère rationnel, bon rapport résultats-ressources mises en œuvre, efficacité, efficience, performance ; valeur ; aptitude, compétence, puissance de travail ; bon déroulement, bonne marche, bon fonctionnement, efficacité économique, rentabilité ; **the department's ~ won the staff a bonus** grâce à la bonne utilisation des ressources par le département, le personnel a obtenu une prime ; **the ~ of the work of the office was praised** la bonne organisation des activités du bureau a fait l'objet d'observations élogieuses. **2** rendement *[d'un moteur, d'une machine].* ✪ **~ bonus** prime de rendement.

efficient *adj.* **1** *[travailleur]* capable, compétent, qualifié, diligent ; *[méthode, système]* utilisant bien/rationnellement les ressources, efficace, efficient, performant, fonctionnel, bien organisé, bien géré, rationnel ; bon, avantageux, judicieux, rentable, productif ; **to be ~** bien fonctionner ; bien utiliser les ressources ; **the ~ use of energy** l'utilisation rationnelle de l'énergie ; **the ~ use of limited resources** l'utilisation rationnelle de ressources limitées ; **a very ~ company** une société très performante. **2** *Écon. [marché]* efficient.

effort *n.* effort, action, travail, opération, initiative, entreprise ; tentative ; **abortive ~** tentative infructueuse ; **a massive advocacy ~** une campagne de sensibilisation de grande envergure. ✪ **in an ~ to** en vue de, dans l'espoir de ; **to make every ~ to** tout mettre en œuvre pour, ne rien négliger pour, s'employer sans relâche à.

effusion *n. Méd.* épanchement.

EFL (English as a foreign language) anglais langue étrangère.

EFT (electronic funds transfer) paiement électronique, télépaiement.

EFTA (European Free Trade Association) AELE (Association européenne de libre-échange).

EFTPOS (electronic funds transfer at point of sale) paiement électronique (au point de vente), télépaiement.

e.g. (exempli gratia) par exemple.

egg cell ovule.

ego *n.* **1** amour-propre, fierté ; orgueil ; vanité ; narcissisme ; **to bruise sb's ego** *Fam.* froisser/vexer qqn ; **to massage sb's ~** *Fam.* flatter qqn. **2** *Psych.* moi, ego. ✪ **~ trip** gratification d'amour-propre.

EIB (European Investment Bank) BEI (Banque européenne d'investissement).

Eid al-Fitr *Islam* Aïd al-Fitr.

Eid al-Ad·ha *Islam* Aïd al-Adha.

Eid ul-Fitr *Islam* Aïd al-Fitr.

eighties *n. cf.* forties.

elaborate *v.* **1** *tr.* élaborer *[contrat].* **2** *tr.* développer, étoffer, donner plus d'ampleur à, préciser *[projet, idée],* perfectionner *[système]* ; **the party leader ~d the themes outlined during the conference** le chef de file du parti a développé les thèmes ébauchés lors du congrès. **3** *intr.* entrer dans le détail, en dire plus/davantage, donner/fournir des détails/précisions/éclaircissements, préciser sa pensée, donner plus de précisions, se montrer plus précis ; **a senior Russian official declined to ~** un haut fonctionnaire russe a refusé de donner plus de précisions. **4** **~ on** expliciter, préciser, exposer dans le détail, donner/fournir des détails/précisions/éclaircissements sur, donner plus de détails sur, s'étendre sur, développer, s'appesantir sur, s'arrêter sur, insister sur.

elaborate *adj.* **1** complexe, compliqué. **2** soigneux, minutieux, très élaboré, bien/soigneusement préparé, très au point, perfectionné, ingénieux ; détaillé ; approfondi.

elan, élan *n.* **1** dynamisme, énergie, fougue. **2** vivacité. **3** enthousiasme.

elastic *adj. Écon. [demande, offre]* élastique.

elder *n.* **1** aîné *[de qqn].* **2** notable, ancien, sage. **3** ancien *[dans une Église protestante].*

elder statesman sage, homme politique vénérable et écouté.

elect *v.* **1** *tr.* élire. **2** *intr.* décider ; choisir, opter.

elect *adj. [président]* élu.

elected official mandataire élu.

election *n.* ✪ **~ returns** résultats des élections ; **~ rigging** fraude électorale.

electioneering *n.* campagne électorale ; propagande électorale.

elective *n. ÉU* cours à option.

elective *adj.* **1** *[mandat, fonction]* électif. **2** élu ; relatif à une élection. **3** facultatif. **4** *Ens. ÉU [cours]* à option. ✪ **~ surgery** chirurgie réglée *[= intervention chirurgicale non urgente].*

elector *n.* **1** électeur. **2** *Pol. ÉU* grand électeur.

electoral *adj.* ✪ **~ register** registre électoral ; **~ system** mode de scrutin ; **~ vote** *ÉU* voix de grand électeur.

electric *adj.* ✪ **~ baton** matraque électrique ; **~ range** *ÉU* cuisinière électrique ; **~ utility** compagnie d'électricité, distributeur d'électricité.

electrical *adj.* ✪ **~ engineer** ingénieur électrotechnicien ; **~ engineering** a) *Secteur* construction électrique ; b) *Discipline* électrotechnique.

electricity *n.* ✪ **~ board** compagnie d'électricité, distributeur d'électricité ; **~ transmission** transport d'électricité.

electrocardiogram *n.* électrocardiogramme.

electroconvulsive therapy électro-convulsivothérapie, sismothérapie.

electron gun canon à électrons.

electronic *adj.* ✪ **~ banking** services bancaires électroniques ; monétique ; **~ bulletin board** babillard ; **~ data interchange** échange de données informatisé(es) ; **~ data processing**

informatique ; ~ **engineer** ingénieur électronicien ; ~ **engineering** a) *Secteur* électronique ; b) *Discipline* technique électronique ; ~ **fund transfer** paiement électronique, télépaiement ; ~ **fund transfer at point of sale** paiement électronique (au point de vente), télépaiement ; ~ **mail** courrier électronique ; ~ **mailbox** boîte aux lettres électronique ; ~ **message board** babillard ; ~ **record** enregistrement électronique ; ~ **superhighway** *ÉU* autoroute(s) de l'information ; ~ **tag** bracelet électronique ; ~ **tagging** surveillance (par bracelet) électronique?~ **wallet** porte-monnaie électronique.

elemental *adj.* **1** *[force]* brut. **2** *Chimie [corps]* élémentaire ; ~ **mercury** mercure élémentaire/métallique.

elevated railroad/railway métro aérien.

elevator *n. Aéron.* gouverne de profondeur. ✪ ~ **bank** *ÉU* batterie d'ascenseurs.

elicit *v. tr.* **1** susciter, provoquer, produire, entraîner. **2** obtenir, arracher *[informations]* ; **he tried to ~ cross-party support** il s'est efforcé d'obtenir le soutien de l'ensemble des partis. **3** produire, faire apparaître, révéler.

eligibility *n.* **1** droit à intervention, admissibilité, recevabilité, possibilité d'être retenu ; **(to)** droit à/au bénéfice de, droit à bénéficier de ; ~ **requirements** conditions requises, conditions/critères d'octroi/d'attribution/d'admission/de recevabilité/d'ouverture du droit ; ~ **criteria** critères à remplir. **2** *Pol.* éligibilité.

eligible *adj.* **1** recevable, admissible ; apte, qualifié, admis, autorisé, habilité ; entrant en ligne de compte ; *[candidat à un emploi]* remplissant les conditions requises ; **(to)** admissible à, admissible au bénéfice de, susceptible d'être admis au bénéfice de, pouvant prétendre à, ayant vocation à ; **to be ~ for** réunir/remplir les conditions requises pour, être admis au bénéfice de, (pouvoir) bénéficier de, avoir droit à, entrer en ligne de compte pour, pouvoir entrer en considération pour, avoir qualité pour, avoir vocation à, pouvoir prétendre à/au bénéfice de ; pouvoir faire l'objet de ; **most workers are ~ for a Christmas bonus** la plupart des travailleurs ont droit à une prime de fin d'année ; **the countries ~ for membership** les pays qui peuvent prétendre à devenir membres ; **36 projects ~ for financing from the World Bank** 36 projets remplissant les conditions requises pour un financement par la Banque mondiale ; **the debate is about whether migrants should be ~ to vote** le débat porte sur l'opportunité d'accorder le droit de vote aux immigrés. **2** *Pol.* éligible. ✪ ~ **paper** *Lettre de change* effets bancables.

ellipsis *n.* **1** ellipse. **2** points de suspension.

El Niño (phénomène) El Niño.

El Salvador Salvador ; *ONU* El Salvador.

elusive *adj. [notion]* difficile à appréhender/cerner/définir ; difficile à trouver, introuvable, fluctuant, mouvant, évanescent, indéfinissable, subtil, volatil, diffus, impalpable, capricieux, ineffable, mystérieux, vague, flou ; insaisissable, baladeur ; *[but]* hors de portée/d'atteinte, inaccessible, difficile à atteindre ; **the goal of a complete nuclear disarmament remains** ~ l'objectif d'un désarmement nucléaire complet continue de se dérober.

e-mail *v. intr.* envoyer un message électronique.

e-mail *n.* **1** courrier électronique. **2** message électronique ; *Can.* courriel ; *Fam.* mail , e-mail. **3** adresse électronique, adresse e-mail ; *Abr.* mél. ; *Can.* courriel ; *[***tel: 3917 1484; ~: rem@who.dk** tél. : 3914 1484 ; mél. : rem@who.dk*]*. ✪ ~ **address** adresse électronique, adresse e-mail ; ~ **message** message électronique ; *Can.* courriel ; *Fam.* mail, e-mail ; ~ **package** logiciel de messagerie électronique.

emasculate *v. tr. Fig.* affaiblir considérablement, réduire à l'impuissance ; réduire les pouvoirs de, vider de sa substance ; édulcorer *[rapport]*.

embankment dam barrage en remblai.

embargo *n.* **1** embargo ; **to lay an ~ on** mettre l'embargo sur, frapper d'embargo ; **to lift the ~** lever l'embargo. **2** embargo, interdiction de publication *[avant une date déterminée]* ; **the report on a professional army is subject to a press ~** le rapport sur l'armée de métier fait l'objet d'un embargo.

embargoed *adj.* ~ **until 12 December** embargo : ne pas diffuser avant le 12 décembre.

embark *v.* ~ **on** *Fig.* entreprendre, engager, lancer, mettre en route, commencer, entamer, amorcer, s'atteler à, se livrer à, se mettre à, s'engager dans, se lancer dans ; **to ~ on a new strategy** commencer à mettre en œuvre une nouvelle stratégie ; **the health authorities ~ed on a massive immunization programme** les autorités sanitaires ont mis en route un vaste programme de vaccination.

embattled *adj. Fig.* **1** *[personne]* assailli/attaqué de toutes parts, très critiqué ; **the ~ senator finally resigned** attaqué de toutes parts, le sénateur a fini par démissionner. **2** *[entreprise]* en difficulté, chancelant, en crise, mal en point, en perte de vitesse.

embed *v.* **1** *tr.* incruster, noyer, enfouir ; entourer. **2** *tr. Fig.* enraciner, ancrer ; graver *[dans la mémoire]*. **3** *tr.* **(in)** incorporer dans, intégrer dans, greffer sur, fondre dans, couler dans ; **to be ~ded in** se fondre dans, faire partie intégrante de, s'insérer dans, faire corps avec ; plonger ses racines dans ; **microprocessors are now ~ded in most telephones** des microprocesseurs sont maintenant incorporés dans la plupart des appareils téléphoniques ; **many personality traits are ~ded in our genes** de nombreux traits de personnalité sont inscrits dans nos gènes ; **the party has endeavoured to ~ its modern ideas in traditional rhetoric** le parti s'est efforcé de couler ses idées modernes dans un discours traditionnel. **4** *intr.* **(in)** s'incruster dans, s'incorporer à, s'intégrer dans, se fondre dans, faire corps avec.

embedded *adj.* enraciné, ancré ; **respect for elderly people is deeply ~ in Chinese culture** le respect des personnes âgées est profondément enraciné dans la culture chinoise. ✪ ~ **object** *Inf.* objet incorporé.

embodiment *n.* représentation, expression ; symbole, emblème, incarnation ; **to be the ~ of** incarner, être le... personnifié/incarné/fait homme ; **Walesa was the ~ of the Polish movement for change** Walesa incarnait la volonté de changement du peuple polonais ; **he was the ~ of sincerity** il était la sincérité faite homme.

embody *v. tr.* **1** exprimer. **2** représenter, symboliser, être le/un symbole de, incarner, donner corps à, concrétiser, matérialiser ; **Nelson Mandela embodied the maturity of the anti-apartheid movement** Nelson Mandela était le symbole de la maturité du mouvement contre l'apartheid ; **the rebels ~ the people's aspirations for democracy** les insurgés incarnent l'aspiration du peuple à la démocratie. **3** incorporer, intégrer, comporter, contenir, renfermer, receler, donner une place à, faire figurer, mentionner ; consigner, coucher ; **to be embodied in** a) figurer dans ; b) résider dans ; **the scientists tried to ~ the ideas of their researches in new products** les scientifiques se sont efforcés d'incorporer les idées issues de leurs travaux de recherche dans de nouveaux produits ; **a book that embodies revolutionary ideas** un livre qui contient des idées révolutionnaires. **4** définir, énoncer, consacrer ; **the Constitution embodies the principle that** la Constitution pose en principe que ; **the principles embodied in the convention** les principes consacrés par la convention.

embrace *v. tr. Fig.* **1** contenir, englober, inclure, incorporer, reprendre ; s'étendre à. **2** accepter, adopter, se rallier à, adhérer à, souscrire à *[proposition],* épouser *[cause, idée, opinions] ;* soutenir, appuyer ; embrasser *[idée, religion] ;* saisir *[occasion] ;* **to ~ conventional values** accepter les valeurs traditionnelles ; **they abandoned their own beliefs and ~d those of Europe** ils ont abjuré leurs croyances et adopté celles des Européens ; **Russian economists ~d the market** les économistes russes ont adhéré à l'économie de marché.

EMEA (European Agency for the Evaluation of Medicinal Products) EMEA (Agence européenne pour l'évaluation des médicaments).

emergency *n.* urgence, cas d'urgence, état d'urgence, (situation/état de) crise, péril, danger, situation critique/exceptionnelle/grave, (cas de) nécessité, (cas de) force majeure, imprévus, accident, alerte, détresse ; **the government declared a national ~** le gouvernement a proclamé l'état d'urgence ; **in time of war or other public ~** en cas de guerre ou d'autre danger public. ✪ **~ aid** aide/secours d'urgence ; **~ centre** centre de crise ; **~ chute** *Transp. aériens* toboggan d'évacuation ; emergency contraception contraception d'urgence ; **~ exit** sortie de secours ; **~ food aid** secours alimentaires d'urgence ; **~ generator** groupe électrogène de secours ; **~ landing** atterrissage forcé/en catastrophe ; **~ medical assistance** aide médicale urgente ; **~ medicine** médecine d'urgence ; **~ powers** pouvoirs spéciaux ; **~ preparedness** préparation aux situations d'urgence ; **~ repairs** réparations urgentes ; **~ room** *ÉU* service des urgences, salle d'urgence ; **~ services** services d'urgence ; **~ session** session extraordinaire ; **~ shutdown** *Nucl.* arrêt d'urgence ; **~ situation** situation de crise ; **~ slide** *Transp. aériens* toboggan d'évacuation ; **~ stocks** stocks de sécurité ; **~ unit** *Méd.* service des urgences ; **in an ~** en cas de danger, en cas d'accident.

emergency *adj.* d'urgence, de détresse, de crise, d'exception, d'intervention ; exceptionnel, provisoire ; d'appoint, de secours, de sécurité, de repli, de fortune.

emerging *adj.* **1** naissant, en voie de formation/constitution, qui se dessine ; nouveau ; qui monte ; *[technologies]* nouveau ; **the ~ new world order** le nouvel ordre mondial qui se dessine. **2** *[marchés, pays]* émergent. ✪ **~ disease** maladie d'apparition récente.

EMF (European Monetary Fund) FME (Fonds monétaire européen).

EMI (European Monetary Institute) IME (Institut monétaire européen).

eminent *adj.* ✪ **~ domain** *ÉU* pouvoir d'expropriation ; **~ persons** personnalités.

emission charges *Env.* redevances sur les émissions.

Emmy Award *ÉU Emmy Award* (récompense décernée à un professionnel de la télévision) ; *pl.* cérémonie de remise des *Emmy Awards* (récompenses décernées aux professionnels de la télévision).

emoluments *n. pl.* rémunérations *[des administrateurs d'une société].*

emotional *adj.* **1** *[troubles]* affectif, psychique, *[problèmes, soutien]* psychologique, *[choc]* émotionnel, émotif, *[état]* émotionnel ; **the ~ development of a child** le développement affectif d'un enfant. **2** *[personne]* émotif, sensible, sentimental ; ému, passionné, excité, surexcité, survolté, exalté, agité ; angoissé, désespéré ; irrationnel, impulsif. **3** *[état d'esprit]* surchauffé, *[comportement]* émotionnel, *[réaction]* épidermique, passionnel, émotionnel, irrationnel. **4** *[discours, situation]* empreint d'émotion, chargé d'émotion, émouvant, pathétique, emphatique, vibrant, lyrique, enflammé ; larmoyant, poignant, *[échange de vues]* passionné, *[débat]* émotionnel, *[propos]* vif ; **she released an ~ statement denying the rumours** elle a rendu public une déclaration chargée d'émotion démentant les rumeurs. **5** *[question]* qui suscite beaucoup d'émotion. **6** *[décision]* pris sous l'emprise de l'émotion. ✪ **~ deprivation** carence affective ; **~ disturbance** trouble affectif/psychique ; **~ immaturity** immaturité affective.

emotionally *adv.* avec émotion, avec effusion. ✪ **~ disturbed** présentant des troubles affectifs, caractériel.

emphasis *n.* accent, relief, force, insistance, attention (particulière), place (importante/de choix), (grande) importance, prépondérance, poids, aspect(s) privilégié(s), thème central, idée maîtresse/dominante, note dominante, dominante, priorité, principale préoccupation, intérêt, centre d'intérêt, orientation/perspective adoptée/retenue, ligne de force ; **change of ~** changement d'orientation/de priorité, infléchissement, déplacement du centre des préoccupations ; **~ on quality** souci de qualité, importance accordée à la qualité ; **to place/put ~ on** *voir* emphasize ; **with ~** *voir* emphatically (1) ; **with (special) ~ on** et en particulier, et plus précisément, notamment, surtout, qui privilégie, qui porte en particulier sur, qui met l'accent sur, en accordant une importance/attention particulière à, en mettant l'accent sur, en insistant sur, en mettant en avant/en évidence, en privilégiant ; **the ~ is on** l'accent est mis sur ; l'effort porte sur ; **the ~ was placed on** il a surtout été question de ; **the courses vary considerably in terms of length, content and ~** la durée des études, leur contenu et les aspects privilégiés varient considérablement d'un cas à l'autre ; **special ~ will be given to retraining** une importance particulière sera accordée au recyclage ; **the current Turkish ~ is on closer ties with the European Union** la Turquie donne actuellement la priorité à l'établissement de liens plus étroits avec l'Union européenne ; **the ~ in the opening chapter is historical** la dominante du premier chapitre est historique ; **some activists of Greenpeace would like to change its ~** certains militants de Greenpeace voudrait modifier l'orientation de cette organisation. ✪ **~ added** les italiques sont de l'auteur, sans italiques dans l'original, souligné par nous, c'est nous qui soulignons.

emphasize *v. tr.* souligner (l'importance de), (bien) marquer, mettre l'accent sur, accentuer, insister sur, mettre en évidence/en relief/en avant/en valeur, faire ressortir (l'importance de), attirer l'attention sur ; rappeler ; privilégier, accorder une place importante à, faire une large place à ; **the Health Secretary ~d the dangers of teenage smoking** le ministre de la Santé a mis l'accent sur les risques du tabagisme pour les adolescents.

emphatic *adj.* **1** catégorique, péremptoire, sans réserve ; *[démenti]* formel ; véhément ; *[conviction]* intime ; **the accused was ~ in his denial** le prévenu a démenti catégoriquement les accusations portées contre lui. **2** incontestable, manifeste, évident ; éclatant, écrasant.

emphatically *adv.* **1** catégoriquement, énergiquement, avec insistance, avec force, avec éclat, avec fermeté ; haut et fort, à cor et à cri, véhémentement, *[démentir]* formellement, *[nier]* farouchement. **2** certainement, incontestablement, absolument, assurément, à n'en pas douter ; **~ not** certainement pas, en aucun cas, que non ! **this is ~ not the case** c'est très loin d'être le cas.

employable *adj.* apte au travail ; capable d'occuper l'emploi *[considéré]*.

employee *n.* salarié ; travailleur, employé, agent, membre du personnel, collaborateur, préposé ; fonctionnaire ; *pl.* personnel. ✪ **~ benefits** avantages (accessoires à la rémunération) ; **~ share ownership** actionnariat des salariés ; **~ share/stock ownership plan/programme/scheme** plan/programme d'acquisition d'actions par le personnel, programme d'actionnariat des salariés ; **~ stock option plan** plan d'option sur titres, plan d'option d'achat d'actions.

employer *n.* **1** employeur, patron, chef d'entreprise ; *pl.* patronat. **2** *RU* maître de l'ouvrage *[= entreprise ou autre entité pour le compte de laquelle un entrepreneur construit un bâtiment, etc.]*. ✪ **~s' association/organization** organisation patronale ; **~'s contributions** cotisations patronales ; **~'s/~s' liability insurance** assurance contre les accidents du travail ; **~'s share** *ÉU* cotisations patronales.

employment *n.* ✪ **~ agency** a) cabinet de recrutement, conseil/consultant en recrutement ; b) bureau de placement *[public]* ; **Employment Appeal Tribunal** *RU* cour d'appel du travail ; **~ area** bassin d'emploi ; **~ bureau** cabinet de recrutement, conseil/consultant en recrutement ; **~ business** *RU* entreprise de travail temporaire, entreprise d'intérim ; **~ exchange** bureau de placement *[public]* ; **~ history** expérience professionnelle, emplois occupés précédemment ; **~ exchange/office** bureau de placement *[public]* ; **~ opportunities** emplois (nouveaux) ; **~ record** antécédents professionnels, carrière, emplois occupés précédemment ; **~ relations** relations du travail ; **~ status** situation au regard de l'emploi *[= modalités de l'occupation d'un emploi ou, le cas échéant, non-occupation d'un emploi]* ; **~ tax** *ÉU* impôt assis sur l'emploi.

empower *v. tr.* **1 (to)** autoriser à, habiliter à, donner compétence pour ; **to be ~ed to** avoir le pouvoir de, être autorisé/habilité à, être compétent pour, avoir qualité pour ; **the Prime Minister ~ed the negotiation team to strike a deal** le Premier ministre a autorisé l'équipe de négociation à conclure un marché. **2** donner des moyens d'agir/un pouvoir de décision/son mot à dire/plus de responsabilités à, renforcer la position de *[qqn, groupe]*, aider *[qqn]* à se prendre en charge, permettre *[à qqn]* de se prendre en charge/d'avoir prise sur sa propre vie, rendre maître de son destin, armer, donner/conférer une autonomie accrue à ; **training should ~ workers** la formation doit conférer une autonomie accrue aux travailleurs ; **to ~ sb to do sth** mettre qqn en mesure de faire qqch.

empowering *adj.* favorisant une autonomie accrue, participatif.

empowerment *n.* **1** habilitation. **2** autonomisation *[= action permettant aux individus et aux groupes de mieux maîtriser les facteurs qui influent sur eux]*, accroissement/renforcement de l'autonomie, (attribution/octroi de) moyens d'agir/d'accéder à l'autonomie/de prendre en main son destin, octroi de droits ; **the ~ of the poor** le renforcement de l'autonomie des défavorisés ; **these loans fall under the heading of ~** ces prêts visent à permettre aux bénéficiaires d'accéder à l'autonomie. **3** accès à l'autonomie *[= résultat de l'autonomisation]*, prise en main de son destin ; participation au processus de décision ; renforcement de la position ; **she sees retraining of workers as ~** elle considère que le recyclage des travailleurs représente pour ceux-ci un moyen de prendre en main leur destin ; **European Partnership on Patients' Rights and Citizens' Empowerment** Partenariat européen pour les droits des patients et la participation des citoyens. ✪ **~ zone** *ÉU* zone de revitalisation économique.

emporium *n.* **1** grand centre de commerce *[= ville]*. **2** marché ; magasin ; grand magasin.

empties *n.* emballages vides.

EMS (emergency medical services) services médicaux d'urgence.

EMU (economic and monetary union) *UE* UEM (union économique et monétaire).

emulate *v. tr.* **1** essayer d'égaler/de surpasser/de faire mieux que. **2** rivaliser avec, concurrencer ; imiter. **3** *Inf.* émuler.

enabler *n.* **1** catalyseur. **2** aide indispensable.

enabling *n.* libération du potentiel.

enabling *adj.* **1** favorable, propice, créant des conditions favorables, préparant le terrain, de catalyseur, qui permet tout le reste ; de base. **2 ~ act/legislation/statute** loi d'habilitation. ✪ **~ technology** technologie de base.

enact *v. tr.* **1** édicter, adopter *[règlement]* ; promulguer *[loi, décret]*. **2** *[loi]* instituer ; **to ~ a principle** consacrer un principe ; **to ~ a bill into law** adopter un projet/une proposition de loi ; **~ed law** loi d'origine législative. **3** mettre en œuvre.

enacting *adj.* ✪ **~ clause** formule de promulgation ; **~ terms** dispositif *[d'un instrument juridique]*.

enactment *n. Dr.* **1** adoption *[d'une loi, d'un règlement]* ; promulgation. **2** loi ; règlement ; disposition, texte.

enc. (enclosure(s)) P. J. (pièce(s) jointe(s)).

encapsulate *v. tr.* résumer, récapituler, être un condensé de, présenter de façon concise/lapidaire.

encode *v. tr.* coder *[informations]* ; *[gène]* coder pour *[protéine]*.

encroach *v.* **~ on** empiéter sur, déborder sur ; pénétrer dans ; mordre sur ; envahir ; porter atteinte à ; grignoter.

encroachment *n.* **1** empiétement, pénétration, envahissement, incursion ; atteinte, violation. **2** *Dr.* a) empiétement sur la propriété d'autrui ; b) empiétement sur la voie publique ; **to be an ~ on** empiéter sur ; porter atteinte à ; **~ on a right** violation d'un droit ; **~s on British sovereignty in the dependencies by Argentina** atteintes à la souveraineté britannique commises par l'Argentine dans les dépendances du Royaume-Uni.

encryption *n.* chiffrement, cryptage *[d'un message, de données]*, embrouillage *[d'images de télévision]*.

encumbered *adj.* *[bien]* grevé *[d'une sûreté, d'un privilège, d'une servitude]*.

encumbrance *n.* sûreté *[grevant une terre]* ; hypothèque ; privilège ; servitude.

end *v.* **~ up 1** se retrouver, échouer *[quelque part]* ; **he ~ed up in jail** il s'est retrouvé en prison. **2 to ~ up doing sth** finir par faire qqch. ; **she ~ed up accepting the job** en fin de compte, elle a accepté l'emploi.

end *n.* **1** fin *[= achèvement]*. **2** fin *[= but]*. **3** extrémité, bout ; **both ~s of the bridge** les deux extrémités d'un pont. ✪ **at the ~ of one's tether** à bout ; *[***she is at the ~ of her tether** elle n'en peut plus*]* ; **at the ~ of the day** *Fig.* au bout du compte, au final ; **~ cap** *Comm.* tête de gondole ; **~ game** *Fig.* issue, fin ; **~-of-pipe** *adj. Env. [technologie, solution]* mis en œuvre en fin de processus ; **make ~s meet** joindre les deux bouts.

endangered species espèce menacée d'extinction.

endorse *v. tr.* **1** appuyer, soutenir, apporter son soutien à, cautionner, apporter/donner sa caution à, sanctionner, donner sa sanction à, avaliser, donner son aval à, accepter, approuver, adopter, souscrire à, s'associer à, reprendre à son compte, faire sien, épouser, donner son adhésion/accord à, marquer son accord sur, entériner, ratifier, donner son visa à, se prononcer en faveur de, se rallier à, se ranger à, suivre, reprendre (à son compte) ; **that solution was ~d by the board** cette solution a reçu l'aval du conseil d'administration ; **to ~ the opinion of an advisory body** faire sien l'avis d'un organe consultatif ; **the US clearly ~d the rebels** les États-Unis se sont manifestement rangés aux côtés des insurgés ; **the committee ~d the recommendations contained in the report** le comité a souscrit aux recommandations formulées dans le rapport ; **few Catholic thinkers openly ~ the contraceptive pill** peu de penseurs catholiques se prononcent ouvertement en faveur de la pilule contraceptive. **2** *Pol.* donner son investiture à, faire voter pour, appeler à voter pour *[candidat]* ; **the magazine has never ~d a black candidate** la revue n'a jamais appelé à voter pour un candidat noir. **3** *Publ.* donner sa caution à *[produit]*. **4** endosser *[lettre de change, chèque]*. **5** apposer une mention sur, viser *[document]* ; **to ~ a driving licence** *RU* mentionner une infraction sur un permis de conduire.

endorsed bond obligation prise en charge *[par un tiers]*.

endorsee *n.* endossataire.

endorsement *n.* **1** caution, sanction, aval, approbation, adoption, adhésion, avis favorable. **2** *Pol.* appui, soutien *[d'un journal/syndicat à un candidat à une élection]*, investiture. **3** *Lettre de change, Chèque* endossement, endos. **4** *Ass.* avenant. **5** légalisation *[d'une pièce officielle]*, visa. **6** mention, annotation *[apposée sur un document]* ; *RU* mention d'une infraction *[apposée sur un permis de conduire]*. ✪ **~ in blank** endossement en blanc.

endorser *n.* endosseur.

endowment *n.* dotation. ✪ **~ assurance/insurance** assurance mixte ; **~ policy** police d'assurance mixte.

enduring *adj.* persistant, constant, de longue durée, inscrit dans la durée, durable, stable, pérenne ; *[succès]* qui ne se dément pas, *[mythe]* qui a la vie dure ; déjà ancien ; appelé à persister, promis à un bel avenir, qui n'est pas près de disparaître.

energetic *adj.* énergique.

energize *v. tr.* dynamiser, stimuler.

energy *n.* ✪ **~ balance** bilan énergétique ; **~ conservation** économie de l'énergie, économies d'énergie ; **~ content** contenu énergétique ; **~ crop** culture énergétique ; **~ efficiency** rendement énergétique, efficacité énergétique ; **~-efficient** *adj.* à haut rendement énergétique, économe en énergie, consommant peu d'énergie, peu gourmand en énergie ; **~-intensive** *adj.* gros consommateur d'énergie, gourmand en énergie ; **~ storage** stockage d'énergie ; **~ vector** vecteur énergétique.

enforce *v. tr.* **1** appliquer, mettre en pratique, mettre en œuvre, traduire dans les faits ; surveiller/contrôler le respect/l'application de, veiller à l'application/au respect de, faire observer/respecter/exécuter/appliquer, assurer le respect/l'application de ; mettre en vigueur ; imposer ; rendre exécutoire, donner force exécutoire à, donner effet à ; mettre à exécution forcée ; faire droit à ; **to be ~d** recevoir exécution ; **the ban on photographic equipment was rigidly ~d** l'interdiction relative au matériel photographique était strictement appliquée ; **to establish and ~ occupational exposure limits for lead** prévoir et faire respecter des limites d'exposition professionnelle au plomb ; **to prohibit and ~ the prohibition of smoking in airports** interdire de fumer dans les aéroports et veiller au respect de cette interdiction ; **in this county licensing laws are strictly ~d** dans ce comté, on veille strictement au respect de la législation sur la vente des boissons alcoolisées ; **the ban will be impossible to ~** il sera impossible de faire respecter l'interdiction ; **Congress shall have power to ~ this article by appropriate legislation** le Congrès aura le pouvoir de donner effet au présent article en adoptant une législation appropriée ; **the resolutions adopted by the UN General Assembly cannot be ~d** il n'est pas possible d'assurer le respect des résolutions de l'Assemblée générale des Nations Unies. **2** *Dr.* exécuter *[jugement]* ; **to ~ an obligation** obtenir l'exécution d'une obligation ; **to ~ payment** obtenir le paiement par les voies de droit ; **to ~ rights** (faire) sanctionner la violation de droits ; **to ~ one's rights** exercer ses droits ; faire valoir ses droits.

enforceability *n. Dr.* force exécutoire *[d'un accord]*.

enforceable *adj.* **1** *Dr. [acte notarié, acte administratif, jugement]* exécutoire ; **to be ~** avoir force exécutoire ; *[accord, droit, obligation]* susceptible d'être sanctionné en justice, susceptible d'exécution ; **to be ~ by law, to be legally ~** avoir force de loi ; **a gentleman's agreement is not ~ by law** un accord verbal n'est pas susceptible d'être sanctionné en justice ; **the committee's decisions are not ~ by law** les décisions du comité n'ont pas force de loi. **2** *[règlement]* qu'il est possible d'appliquer/de faire respecter.

enforcement *n.* **1** application, mise en œuvre ; mesures assurant le respect de ; (mesures de) coercition ; garantie, surveillance/contrôle (de l'application/de l'exécution), répression, lutte contre les infractions/la fraude, sanction ; **to ensure stricter ~ of safety standards** assurer une application plus stricte des normes de sécurité ; **drug ~** lutte contre la drogue ; **the ~ of the embargo** les mesures visant à assurer le respect de l'embargo ; **steps for the collective ~ of certain of the Rights stated in the Universal Declaration** mesures propres à assurer la garantie collective de certains des droits énoncés dans la Déclaration Universelle. **2** *Dr.* exécution *[d'un jugement]*, mesures d'exécution ; exécution forcée *[d'une obligation, d'un contrat]* ; **~ of a right** mesures prises pour faire valoir un droit ; **~ action/measures** mesures de coercition/d'exécution, mesures coercitives/punitives, moyens de contrainte ; voies d'exécution forcée.

engage *v.* **I 1** *tr.* **to ~ oneself to** s'engager à. **2** *tr.* engager *[personnel]* ; **to ~ the services of** avoir recours aux services de. **3** *tr. Mil.* engager le combat avec, attaquer. **4** *intr. Mil.* **(with)**

engager le combat avec, attaquer. **5** *tr.* retenir *[l'attention de qqn],* susciter, éveiller *[intérêt],* susciter l'intérêt de, préoccuper *[qqn] ;* **the plight of the refugees is what should ~ us** c'est du sort des réfugiés que nous devrions nous préoccuper ; **the government wishes to ~ the cooperation of business** le gouvernement souhaite obtenir la coopération des entreprises ; **this question still ~s theologians** cette question continue de retenir l'attention des théologiens. **6** *tr.* nouer le dialogue avec, tendre la main à. **7** *tr.* faire participer (activement) ; **a language-teaching method should ~ learners** une méthode d'apprentissage d'une langue doit faire participer activement les apprenants. **8** *tr.* permettre d'exercer/de donner libre cours à, permettre l'expression de *[ses talents] ;* **a campaign for democracy that will ~ the idealism of the whole community** une campagne pour la démocratie qui permettra à l'ensemble de la population de donner libre cours à son idéalisme. **II ~ in 1** se livrer à, exercer *[profession],* avoir des activités dans, opérer dans/sur, travailler dans, pratiquer, s'occuper de, procéder à, se consacrer à, se vouer à, vivre de ; entreprendre, engager, se lancer dans, se mettre à ; participer à, prendre part à, jouer un rôle dans ; **to ~ in political activity** avoir des activités politiques ; **he ~d in personal attacks on his opponent** il s'est livré à des attaques personnelles contre son adversaire ; **the president offered to ~ in talks with the rebels** le président a proposé d'engager des discussions avec les insurgés. **2 to be ~d in** *voir* engage in (1) ; **Russia is ~d in discussions with Japan** la Russie mène des discussions avec le Japon ; **senior officials are ~d in drug trafficking** de hauts fonctionnaires se livrent au trafic de stupéfiants ; **psychologists were ~d in counselling survivors** des psychologues ont pris en charge les survivants. **III ~ with** nouer le dialogue avec, tendre la main à ; **the mayor tried to ~ with disaffected youngsters** le maire s'est efforcé d'entamer un dialogue avec des jeunes désenchantés.

engaged *adj.* **1** en jeu ; **the president did not feel that the country's interests were vitally ~ in Bosnia** le président n'estimait pas que des intérêts vitaux du pays étaient en jeu en Bosnie. **2 the government should be ~ but not overburdened** l'État doit jouer un rôle actif, mais non assumer des responsabilités trop lourdes.

engagement *n.* **1** rendez-vous ; obligation ; **public ~** apparition en public ; **as a result of a prior ~ she was unable to attend the meeting** en raison d'autres obligations, elle n'a pu être présente lors de la réunion. **2** contrat. **3** représentation *[d'un artiste].* **4** participation ; **he was sceptical about the rebels' ~ in the peace process** il doutait de la volonté des insurgés de participer au processus de paix. **5** engagement. **6** dialogue, main tendue. **7** fiançailles. **8** *Mil.* bataille.

engaging *adj.* **1** sympathique ; affable, avenant. **2** agréable, attrayant ; **~ writing style** style attrayant.

engine *n.* ✪ **~ displacement** cylindrée ; **~ manufacturer** motoriste.

engineer *v. tr.* **1** organiser, arranger, orchestrer, échafauder, (manœuvrer pour) obtenir, réaliser ; provoquer, être à l'origine de ; **the government ~ed press speculation about an election** le gouvernement est à l'origine d'articles de presse qui laissaient entrevoir l'organisation d'élections ; **his supporters skilfully ~ed his reselection** ses partisans ont eu l'habileté nécessaire pour obtenir à nouveau son investiture par le parti. **2** fomenter, tramer, ourdir, nouer *[complot, intrigue],* machiner, manigancer ; comploter ; **it was a great propaganda coup ~ed by the nationalists** c'était un triomphe de l'appareil de propagande des nationalistes ; **it was argued that the fall of the regime was ~ed by the CIA** on a soutenu que la chute du régime avait été l'œuvre de la CIA. **3** concevoir *[projet, produit, ouvrage d'art],* mettre au point *[produit] ;* **the new device, though brilliantly ~ed, is only slightly more expensive** le nouveau produit est le fruit d'une conception brillante mais coûte à peine plus cher.

engineer *n.* **1** ingénieur ; *Marchés publics* maître d'œuvre. **2** technicien. **3** mécanicien. **4** *ÉU* conducteur de locomotive. **5** *Fig.* artisan ; **Mrs Veil was the chief ~ of the Abortion Act** Mme Veil a été le principal artisan de la loi sur l'avortement ; **De Valera is regarded as the ~ of the Irish Republic** De Valera est considéré comme le fondateur de la République d'Irlande.

engineering *n.* **1** technique, technologie ; génie, ingénierie. **2** mécanique, génie mécanique. **3** conception, études (techniques). ✪ **~ and design department** bureau d'études ; **~ consultancy firm** bureau d'études ; **~ consultant** ingénieur-conseil ; **~ contract** contrat d'ingénierie ; **~ department** a) service technique ; b) *Ens.* département d'ingénierie *[d'une université] ;* **~ drawing** dessin industriel ; **~ firm** cabinet d'ingénierie, société d'études (et de conseil) ; **~ geology** géologie appliquée ; **~ industry** construction mécanique ; **~ project** a) chantier de construction ; b) ouvrage d'art ; **~ sciences** sciences de l'ingénieur.

English *adj.* ✪ **~ Channel** Manche ; **~ ton** tonne forte *[= 2240 livres ou 1016 kg].*

enhance *v. tr.* **1** renforcer, consolider, conforter, développer, accroître, augmenter, accentuer, stimuler, exacerber ; valoriser, mettre en valeur, faire ressortir, enrichir, affiner, promouvoir, rehausser, exalter, magnifier ; **internal strife did little to ~ the party's electoral chances** les dissensions internes n'ont guère renforcé les chances de succès électoral du parti. **2** accentuer, améliorer *[image] ;* **computer-~d photograph** photographie accentuée par ordinateur.

enjoin *v. tr.* **1 (to)** ordonner à *[qqn]* de. **2 (on)** imposer *[qqch.]* à. **3** *Dr.* **(from)** interdire à *[qqn]* de.

enlargement *n. Méd.* hypertrophie.

enlighten *v. tr.* éclairer, inspirer, guider.

enlightened *adj.* **1** *[personne, attitude]* progressiste, moderne, qui a les idées larges, civilisé. **2** *[politique, despotisme]* éclairé. ✪ **~ self-interest** intérêt (personnel) bien compris.

enlightening *adj.* instructif, riche d'enseignements ; révélateur, édifiant.

enlist *v.* **1** *tr.* obtenir, s'assurer *[concours de qqn] ;* **they shrewdly ~ed the support of former opponents** ils ont eu l'habileté d'obtenir l'appui d'anciens adversaires. **2** *tr.* enrôler, recruter, incorporer *[soldats].* **3** *intr.* s'engager *[dans l'armée].*

enlisted men *ÉU* sous-officiers et hommes de troupe.

enmeshed *adj.* englué, enlisé.

enough is enough ça suffit, la coupe est pleine.

enquiry *n.* **1** demande de renseignements ; **to make enquiries** se renseigner, demander des renseignements ; **the advertisement led to over 2,000 telephone enquiries** à la suite de la publication de l'annonce, plus de 2000 demandes de renseignements par téléphone ont été reçues. **2** enquête ; instruction.

enrol *v.* **I** *tr.* inscrire *[écolier, étudiant, membre d'une association] ;* enrôler *[militaire, membre] ;* avoir un effectif de ;

to ~ oneself *[militaire]* s'enrôler, s'engager. **II ~ in 1** s'inscrire à *[université, cours]*, entreprendre *[études]*, s'affilier à *[association]* ; s'enrôler dans, s'engager dans *[l'armée]* ; **she ~led in a degree course** elle a entamé des études universitaires ; **to be ~ led in** suivre des cours dans/à *[école, université]* ; **there are more women ~led in higher education than ever before** le nombre de femmes qui poursuivent des études supérieures est plus élevé que jamais. **2** s'affilier à *[régime de retraite]*, souscrire à *[plan d'assurance]*.

enrolled nurse *RU* infirmier ayant suivi deux années de formation.

enrolment *n. Ens.* **1** inscription. **2** nombre de membres *[d'une organisation]*, effectif(s) ; **the student ~ is more than 15,000** le nombre d'étudiants dépasse 15 000.

ensemble cast *TV* distribution sans premier rôle.

enshrine *v. tr.* consacrer ; inscrire, incorporer, intégrer ; **~d in** consacré par, inscrit dans, prévu par ; **the democratic principles that are ~d in the Constitution** les principes démocratiques qui sont consacrés par la Constitution.

ensue *v. intr.* **1 (from)** résulter de. **2** se produire, avoir lieu ; **the end of the cold war was celebrated, and within a year the Gulf War ~d** on a célébré la fin de la guerre froide et, dans l'année qui a suivi, la guerre du Golfe a éclaté.

ensuing *adj.* **the ~ months** les mois qui ont suivi.

ensure *v. tr.* assurer, garantir, permettre l'obtention de ; veiller à ; donner, conférer, doter ; **to ~ that** a) vérifier que, s'assurer que ; b) veiller à ce que, faire en sorte que ; **to ~ that a similar mistake does not happen again** faire en sorte qu'une erreur similaire ne se reproduise pas.

ENT (ear, nose and throat) ORL (oto-rhino-laryngologie).

entail *v. tr.* **1** engendrer, entraîner, nécessiter ; comporter ; **all investment ~ some risk** tout placement comporte un risque. **2** *Dr.* emporter.

entangled *adj.* englué, enlisé.

enter *v.* **I** *tr.* **1** entrer dans, pénétrer dans, s'engager dans, s'insinuer dans, faire son apparition sur ; accéder à, avoir accès à ; *[entreprise]* prendre pied sur *[marché]* ; **to ~ the labour market** entrer dans la vie active, se présenter sur le marché du travail ; **to ~ Mexican territorial waters** pénétrer dans les eaux territoriales du Mexique ; **the country has ~ed an era of instability** le pays s'est engagé dans une période d'instabilité ; **to ~ higher education** accéder à l'enseignement supérieur. **2** faire entrer, introduire. **3** s'affilier à, adhérer à *[association]*, s'inscrire à *[école]*, embrasser *[profession]*, s'enrôler dans *[l'armée]*. **4** s'engager dans *[phase nouvelle]*, se lancer dans *[entreprise]* ; **to ~ politics** entreprendre une carrière politique, se lancer dans la politique, entrer en politique. **5** participer à *[concours, compétition]*. **6** *Douane* **to ~ goods for consumption** mettre des marchandises à la consommation, dédouaner des marchandises ; **to ~ goods with the customs** présenter/déclarer des marchandises en douane, dédouaner des marchandises ; **to ~ goods for free circulation** *UE* mettre des marchandises en libre pratique. **7** *Inf.* saisir, introduire, entrer *[données]* ; **two secretaries ~ the data** deux secrétaires saisissent les données. **8** enregistrer, inscrire, immatriculer ; incorporer, insérer ; verser *[au dossier]* ; porter *[nom sur liste, montant sur formulaire]*, consigner *[au procès-verbal]* ; **the yeas and nays shall be ~ed on the journal** les voix pour et les voix contre sont consignées au procès-verbal. **9** *Compt.* comptabiliser, passer *[écriture]*, porter, inscrire *[montant au débit/crédit d'un compte]* ; **to ~ an item** passer une écriture ; **to ~ on the credit side** porter au crédit. **10** présenter, déposer *[réclamation]* ; **to ~ a bid** présenter une soumission ; **to ~ an objection** *Dr.* faire/former opposition ; **to ~ a protest** protester ; **to ~ a reservation** formuler une réserve. **11 to ~ service** *[usine]* entrer en service. **II ~ into 1** entamer, engager *[négociations, dialogue]*. **2** conclure *[traité, accord]*, passer *[contrat]* ; contracter, prendre *[engagement]*. **3 to ~ into force** *[traité]* entrer en vigueur. **4** examiner, considérer, aborder ; commencer à discuter de. **5** faire partie de ; entrer dans la composition de ; être un élément/ingrédient de.

enterprise *n.* **1** entreprise, projet, opération, initiative ; activité. **2** entreprise *[commerciale]*. **3** esprit d'entreprise ; (esprit d') initiative. ✪ **~ sector** secteur privé.

entertain *v.* **1** *tr.* divertir, amuser, distraire. **2** *tr.* recevoir *[invités]*, inviter *[relation d'affaires]*. **3** *intr.* recevoir, donner une réception. **4** *tr.* envisager *[possibilité]* ; examiner, considérer, prendre en considération *[possibilité, proposition, demande]*. **5** *Dr.* connaître de *[demande, requête, action]* ; **the court was not willing to ~ the petition** le tribunal a refusé d'examiner la requête ; **to ~ jurisdiction** être compétent ; **to ~ proceedings** connaître d'une instance. **6** *tr.* nourrir *[doutes, soupçons, espoir, illusions, ressentiments]*, caresser *[espoir]*, éprouver, concevoir, avoir, être en proie à *[doutes]*, concevoir, avoir *[soupçons]*.

entertainer *n.* professionnel du spectacle, artiste.

entertainment *n.* **1** divertissement, distraction, spectacle, variétés ; monde du spectacle. **2** réception. **3** invitation(s). ✪ **~ allowance** allocation pour frais de représentation ; **~ expenses** frais de représentation.

entirety *n.* **in its ~** entièrement, intégralement, complètement, en entier, in extenso, en bloc, dans son ensemble, dans son entier, dans tous ses éléments ; **to publish a document in its ~** publier un document in extenso ; **this regulation shall be binding in its ~** le présent règlement est obligatoire dans tous ses éléments.

entitlement *n.* **1** droit ; habilitation. **2** *pl. Budget ÉU* postes budgétaires incompressibles, dépenses obligatoires. ✪ **~ programs** *ÉU* programmes de dépenses obligatoires.

entrant *n.* **1** candidat ; participant, concurrent, engagé ; **university ~** personne qui entreprend des études universitaires. **2** *Écon.* entreprise qui se lance sur un marché, entreprise qui fait son apparition sur un marché, nouveau venu sur le marché, nouveau concurrent potentiel, entreprise nouvelle qui se présente sur le marché ; **new ~ (in)to the labour market** personne qui se présente pour la première fois sur le marché du travail, nouveau venu sur le marché du travail.

entrapment *n.* montage, provocation *[de la police]*.

entrench *v. tr.* **1** consolider ; **the party ~ed its reforms in a series of laws** le parti a assuré la pérennité de ses réformes en les incorporant dans une série de lois. **2 to ~ oneself** se retrancher ; s'incruster.

entrenched *adj.* **1** *Mil.* retranché ; **the troops are ~ along the border** les troupes sont retranchées le long de la frontière. **2** rigide, figé (sur ses positions), bien/solidement établi/enraciné/ancré, ferme, consacré, tenace, inamovible, immuable, endémique, structurel, incrusté, inexpugnable, indéracinable ; immobiliste, hostile au changement, conservateur, sclérosé, fossilisé ; *[idées]* bien arrêté ; **~ custom** coutume solidement établie ; **the two sides are as ~ as ever in their positions** les deux parties campent plus que jamais sur leurs positions ; **the new ideas are now well ~** les nouvelles idées sont maintenant solidement établies ; **the reforms have become ~** les réformes ont pris racine ; **~ élite** élite jalouse de son pouvoir/accrochée à ses privilèges ; **the ~ traditionalists are against any change** les traditionalistes immobilistes sont hostiles à tout changement. **3** *[problème]* persistant, tenace.

entrepreneurial *adj.* animé de l'esprit d'entreprise ; **~ drive** esprit d'entreprise.

entrepreneurship *n.* esprit d'entreprise ; entreprenariat.

entry *n.* **1** entrée, arrivée, apparition, pénétration ; irruption ; accès *[à des locaux, à des activités] ; Ens.* admission ; intégration, insertion, adhésion ; **to gain ~ to** (réussir à) entrer/pénétrer dans ; **no ~** accès interdit, entrée interdite ; **the ~ of new competitors** l'apparition de nouveaux concurrents ; **Poland's ~ in the European Union** l'adhésion de la Pologne à l'Union européenne. **2** engagement *[dans une compétition],* participation *[à un concours] ;* projet (soumis), œuvre (soumise) ; réponse *[à un jeu-concours] ;* participant, candidat ; participation, nombre d'inscrits/de participants *[à une compétition].* **3** concurrent, inscrit. **4** mention, indication, inscription, note, notation, consignation ; enregistrement, immatriculation ; **~ in the register** inscription au registre. **5** *Compt.* passation d'écriture, écriture, enregistrement comptable ; article, poste ; **to make an ~** passer une écriture. **6** *Inf.* saisie, introduction, entrée *[de données].* **7** *Douane* passage en douane, importation, déclaration. **8** *Lexicographie* a) entrée, mot-entrée, adresse ; b) article *[d'un dictionnaire].* ✪ **~ fee** droit d'inscription *[à une compétition] ;* **~ for free circulation** *UE* mise en libre pratique ; **~-level** *adj. [emploi]* de départ, de début de carrière, au bas de l'échelle ; *[logement]* premier ; *[ordinateur]* d'entrée de gamme ; **~ requirements** *Ens.* conditions d'admission ; **on-~ briefing** mise au courant des nouveaux collaborateurs/fonctionnaires.

enumeration *n.* **1** énumération. **2** décompte, comptage, recensement.

enumerator *n.* agent du recensement.

envelope *n. Aéron.* enveloppe (de vol), limites des performances *[d'un avion, d'un engin spatial] ;* **to push the ~** *Fig.* faire reculer les limites (du possible), dépasser les limites actuelles, aller plus loin ; **the artificial intelligence ~ is constantly being pushed** on ne cesse de faire reculer les limites de l'intelligence artificielle.

environment *n.* **1** environnement. **2** milieu, cadre (général) ; contexte ; **working ~** cadre de travail. **3** ambiance. ✪ **~-friendly** *adj.* respectueux de l'environnement.

environmental *adj.* de l'environnement, relatif à l'environnement, environnemental. ✪ **~ group** association de défense de l'environnement ; **~ health** hygiène de l'environnement ; **~-impact assessment** étude d'impact sur l'environnement ; **Environmental Protection Agency** *ÉU* Agence de protection de l'environnement ; **~ taxes** écotaxes ; **~ tobacco smoke** fumée de tabac présente dans l'air ambiant.

environmentalism *n.* mouvement de défense de l'environnement.

environmentalist *n.* **1** environnementaliste. **2** défenseur de l'environnement, écologiste.

environmentally *adv.* ✪ **~ friendly** respectueux de l'environnement ; **~ sensitive** a) *[zone]* fragile sur le plan environnemental ; b) respectueux de l'environnement ; **~ sound** respectueux de l'environnement.

envisage *v. tr.* **1** prévoir. **2** imaginer. **3** envisager.

E & OE (errors and omissions excepted) sauf erreur ou omission.

E & P (exploration and production) *Pétrole, Gaz* exploration et production.

EPA (Environmental Protection Agency) *ÉU* Agence de protection de l'environnement.

epic *adj. Fig.* considérable, énorme, extraordinaire ; **the ministry suffered from leaks on an ~ scale** le ministère a été victime de fuites qui ont atteint des proportions extraordinaires ; **a flood of ~ proportions** une inondation catastrophique.

Episcopal Church *ÉU* Église épiscopalienne.

epitome *n.* **1** résumé, abrégé, condensé, compendium. **2** symbole, cas exemplaire, illustration, prototype ; **to be the ~ of** *voir* epitomize (2) ; **Los Angeles is the ~ of car-oriented town planning** Los Angeles est la parfaite illustration d'un urbanisme axé sur l'automobile ; **for many, Yasser Arafat is the ~ of the terrorist-turned-statesman** pour beaucoup d'observateurs, Yasser Arafat est le prototype du terroriste devenu homme d'État.

epitomize *v. tr.* **1** résumer, abréger, condenser. **2** être caractéristique de, (bien) illustrer/représenter, être représentatif de, être l'illustration parfaite de, être par excellence ; symboliser ; incarner ; être le... personnifié, être le... à l'état pur ; **the factory ~s the age of automation** l'usine est représentative de l'ère de l'automatisation.

EPO (erythropoietin) EPO (érythropoïétine).

EPO (European Patent Office) OEB (Office européen des brevets).

epochal *adj.* révolutionnaire, extrêmement important, historique, qui marque un tournant.

equal *adj.* ✪ **~ employment opportunity** égalité des chances dans l'emploi ; **~ opportunity** égalité des chances ; *[***to provide ~ opportunity** traiter chacun sur un pied d'égalité ; **each individual has an ~ opportunity to succeed** chacun a une chance égale de réussir*]* ; **~ opportunity employer** employeur qui garantit l'égalité des chances ; **~ treatment for men and women** égalité de traitement entre hommes et femmes ; **on ~ terms** sur un pied d'égalité, à égalité ; à armes égales ; *[***to compete on ~ terms with the big car manufacturers** faire concurrence sur un pied d'égalité aux grands constructeurs automobiles*]*.

equality of votes partage des voix.

equalization *n.* égalisation ; péréquation. ✪ **~ fund** fonds de péréquation.

equanimity *n.* sérénité, flegme.

equate *v.* **1** *tr.* **to ~ sth with sth else** mettre qqch. sur le même pied que qqch. d'autre, assimiler/identifier qqch. à qqch. d'autre ; **he has always ~d compromise with surrender of principles** il a toujours considéré que le compromis revenait à abandonner ses principes. **2 ~ to/with** être équivalent à.

Equatorial Guinea Guinée équatoriale ; **of ~** équato-guinéen.

equipment *n.* **1** matériel, machines, appareil(s), engin(s), installation(s), équipement, outillage ; moyens, infrastructure(s) ; système, dispositif. **2** bagage *[intellectuel]*.

equipped *adj.* **1** équipé. **2 (to)** qualifié pour, à même de.

equitable *adj. Dr.* (reconnu) en *equity,* relevant de l'*equity,* (en matière) d'*equity.* ✪ **~ charge** sûreté en *equity ;* **~ defence** défense/moyen (de défense) fondé(e) sur l'*equity ;* **~ easement** servitude reconnue en *equity ;* **~ estate** droit de propriété (reconnu) en *equity ;* **~ fraud** fraude reconnue en *equity ;* **~ ground** moyen fondé sur/tiré de l'*equity ;* **~ interest** droit de propriété (reconnu) en *equity ;* **~ jurisdiction** compétence en matière d'*equity ;* **~ mortgage** hypothèque relevant de l'*equity ;* **~ owner** propriétaire en *equity ;* **~ right** droit reconnu en *equity.*

equity *n.* **1** équité. **2** *Dr. equity.* **3** valeur nette (d'hypothèque) *[d'un bien immobilier] ;* **home ~** valeur nette d'hypothèque du logement. **4** capitaux propres ; actions, participation ; *pl.* actions (ordinaires). **5 Equity** *RU Equity [= syndicat des acteurs de théâtre].* ✪ **~ capital** capital social, fonds propres ; **~ derivatives** produits dérivés d'actions ; **~ exposure** actions détenues ; **~ financing** financement par émission d'actions ; **~ fund** *FCP* fonds d'actions ; **~ interest** participation ; *[***the company holds a 12% ~ interest in its main rival** la société détient une participation de 12 % dans son principal rival*] ;* **~ investment** a) (prise de) participation ; b) placement en actions ; **~ loan** prêt participatif ; **~ market** marché des actions ; *pl.* marchés d'actions ; **~ method (of accounting)** *Compt.* (méthode de) mise en équivalence ; **~ mutual fund** *FCP* fonds d'actions ; **~ of redemption** droit *[du débiteur hypothécaire défaillant]* de racheter l'hypothèque ; **~ stake** participation ; **~ stock** *ÉU* actions ordinaires ; **~ unit trust** fonds (commun) de placement en actions.

equivocation *n.* **1** équivoque, ambiguïté. **2** tergiversation, faux-fuyant ; **without ~** sans ambages, sans détour.

ER (emergency room) *ÉU* service des urgences.

erode *v. Fig.* **1** *tr.* affaiblir, porter atteinte à, saper, miner, fragiliser, compromettre, hypothéquer, menacer, nuire à, réduire l'efficacité de, amoindrir, entamer, altérer ; **corruption is eroding the party's support in this area** la corruption mine le soutien dont le parti jouit dans cette région. **2** *intr.* s'affaiblir, se réduire, s'effriter.

ERP (enterprise resource planning) planification des ressources de l'entreprise.

err *v. intr.* **1** se tromper, commettre une erreur. **2 to ~ on the side of** privilégier ; **it is wise to ~ on the side of caution** deux précautions valent mieux qu'une ; **he chose to ~ on the side of tolerance** il a choisi de privilégier la tolérance.

erratic *adj.* irrégulier, en dents de scie, inégal, variable, imprévisible, capricieux, peu fiable.

ESA (European Space Agency) ESA (Agence spatiale européenne).

ESC (Economic and Social Committee of the European Communities) CES (Comité économique et social des Communautés européennes).

escalate *v.* **1** *tr.* intensifier *[guerre],* exacerber, aggraver, donner une ampleur accrue à, faire monter d'un cran. **2** *intr. [crise]* s'intensifier, prendre une ampleur accrue, prendre des proportions inquiétantes, s'exacerber ; **(into)** prendre les proportions de, devenir, dégénérer en. **3** *intr. [prix]* monter (en flèche), augmenter. **4** *tr.* revaloriser, indexer. **5** *tr.* donner un degré de priorité plus élevé à *[problème, dossier] ;* faire monter *[problème, dossier]* à un échelon supérieur.

escalating *adj.* de plus en plus intense ; *[coût]* sans cesse plus élevé.

escalation *n.* **1** escalade. **2** transmission du dossier à un échelon supérieur.

escalator clause *ÉU* clause d'indexation.

ESCAP (Economic and Social Commission for Asia and the Pacific) *ONU* CESAP (Commission économique et sociale pour l'Asie et le Pacifique).

escape *n.* ✪ **~ chute** *Transp. aériens* toboggan d'évacuation ; **~ clause** clause de sauvegarde ; **~ velocity** *Phys.* vitesse de libération.

ESCB (European System of Central Banks) SEBC (Système européen de banques centrales).

escrow account compte bloqué.

ESCWA (Economic and Social Commission for Western Asia) *ONU* CESAO (Commission économique et sociale pour l'Asie occidentale).

e-shopping *n.* achat(s) sur le Web.

ESL (English as a second language) anglais deuxième langue.

ESO (European Southern Observatory) ESO (Observatoire européen de l'hémisphère Sud).

ESOP (employee stock ownership plan) plan/programme d'acquisition d'actions par le personnel, programme d'actionnariat des salariés.

ESP (extrasensory perception) perception extrasensorielle.

Esq (Esquire) **1** Monsieur ; **John Smith Esq** Monsieur John Smith *[dans une lettre].* **2** *ÉU abréviation à ignorer [beaucoup d'avocats et d'avocates se parent de ce titre].*

ESRO (European Space Research Organization) CERS (Organisation européenne de recherches spatiales).

essay *n.* **1** *Ens.* rédaction, dissertation, composition, texte. **2** essai *[= genre/œuvre littéraire] ; Journ.* article. **3** essai, tentative, effort. **4** essai, test. ✪ **~ competition** concours de dissertations.

essence *n.* essence, nature profonde ; élément crucial/ fondamental, essentiel, substantifique moelle. ✪ **in ~** a) fondamentalement ; b) en substance ; c) essentiellement ; d) intrinsèquement, par nature ; e) en fait, en d'autres termes, c'est-à-dire ; **of the ~** essentiel, déterminant ; *[***to be of the ~** s'imposer ; **speed is of the ~** il est essentiel d'agir rapidement ; **to be of the ~ (of the contract)** *Dr.* être un élément essentiel (du contrat) ; **time is of the ~ of the contract** le moment convenu pour l'exécution d'une stipulation doit être strictement respecté*]*.

essential reading livre/ouvrage incontournable/à lire à tout prix.

essentials *n. pl.* **1** produits de première nécessité. **2** *[l']* essentiel, éléments essentiels. **3** rudiments.

EST (Eastern standard time) *ÉU* heure de la côte Atlantique (des États-Unis), heure de Washington ; *Can.* heure normale de l'est ; **the President will arrive in Paris at 11:30 a. m. ~** le président arrivera à Paris à 11h30 (heure de Washington).

establish *v. tr.* **1** créer, instituer *[commission]*, fonder, constituer, édifier, ériger, établir, mettre en place, implanter, asseoir, mettre sur pied, organiser ; nouer *[relations]* ; **Treaty ~ing the European Economic Community** Traité instituant la Communauté économique européenne ; **to ~ rules** établir des règles ; **to ~ a new international organization** fonder une nouvelle organisation internationale. **2** établir, instituer, poser *[principes, règles]*, fixer, arrêter, instaurer, introduire ; **(that)** *[traité, article]* disposer que, prévoir que, prescrire que, *[clause, contrat]* stipuler que. **3** établir ; constater ; montrer, démontrer, prouver, attester, justifier de ; **the link between BSE and CJD is not yet well ~ed** le lien entre l'ESB et la maladie de Creutzfeldt-Jakob n'est pas encore bien établi. **4** titulariser *[fonctionnaire]*.

established *adj.* **1** établi (de longue date), bien implanté, (déjà) existant, déjà ancien, déjà présent ; *[institutions]* en place ; *[écrivain]* connu, reconnu ; *[réputation]* solide ; *[méthode]* éprouvé, classique, utilisé depuis longtemps ; *[usage]* consacré, en vigueur ; bien/solidement implanté ; normal, d'usage ; **the company has done surprisingly well against ~ competition** la compagnie a obtenu des résultats étonnamment positifs face aux concurrents déjà en place ; **a well-~ programme** un programme déjà ancien ; **polio is ~ in Russia** la poliomyélite sévit en Russie. **2** traditionnel ; **the electoral success of the extremists was regarded as a protest against the ~ parties** on a considéré que le succès électoral des extrémistes représentait une protestation contre les partis traditionnels. ✪ **~ official** fonctionnaire titulaire ; **~ post** poste permanent ; **~ practice** usage consacré ; **~ religion** religion d'État ; **~ wisdom** idées généralement admises.

establishment *n.* **1** établissement, création, mise en place, implantation, fondation, formation, constitution, institution, instauration. **2** établissement, institution, organisation, centre ; entreprise, maison (de commerce). **3** effectifs, personnel. **4** titularisation. **5** classe dirigeante/dominante, élites, pouvoir (en place), (représentants de l') ordre établi, autorités (en place), gens en place, structures existantes, milieux dirigeants/officiels, hiérarchie, instances, hautes sphères ; pontifes ; institution, appareil, système ; **political ~** classe politique ; **the ~ was shaken by the anti-war movement** la classe dirigeante a été ébranlée par le mouvement opposé à la guerre ; **Mr Redwood disturbs the Tory ~** M. Redwood dérange les pontifes du Parti conservateur ; **the move was not welcomed by the City ~** cette initiative a été mal accueillie par les milieux financiers londoniens. **6** milieu, communauté, monde, corps, corporation ; **academic ~** monde universitaire ; **financial ~** milieux financiers, monde de la finance ; **medical ~** milieux médicaux, corps médical ; autorités médicales ; institution médicale ; **scientific ~** milieux scientifiques, monde scientifique ; autorités scientifiques ; **military ~** forces armées, militaires ; potentiel militaire ; **party ~** appareil/dirigeants/instances du parti. ✪ **~ charges/expenses** frais généraux.

estate *n.* **1** propriété (foncière), immeuble, bien(s). **2** *Dr.* droit réel immobilier. **3** patrimoine, fortune, avoirs, possessions ; **he left most of his ~ to his second wife** il a laissé la plus grande partie de sa fortune à sa deuxième épouse. **4** succession, actif successoral, masse successorale, héritage, hérédité, biens héréditaires ; **there will be much argument over his ~** sa succession donnera lieu à bien des litiges. **5** actif du failli. **6** cité (d'habitation), lotissement, grand ensemble. **7** zone industrielle. ✪ **~ agency** agence immobilière ; **~ agent** agent immobilier ; **~ crop** culture de rapport ; **~ manager** régisseur, **~ tax** *ÉU* droits de succession.

estimated *adj.* *[chiffres]* estimatif ; **~ expenditure/revenue** prévisions de dépenses/recettes ; **an ~ 750 jobs** 750 emplois (estimation) ; **an ~ 50% of the adults are illiterate** il est estimé que 50 % des adultes sont illettrés.

estranged *adj.* avec lequel on n'a plus de contact.

e-tailer *n.* détaillant en ligne.

et al. (et alii) *et al.* (et alii), et coll. *[= et collaborateurs]*.

ethical *adj.* conforme à l'éthique. ✪ **~ drug** médicament délivré (uniquement) sur ordonnance ; **~ fund** *FCP* fonds éthique.

ethnic *adj.* **~ Albanese** Albanais de souche/d'origine, personne de souche/d'origine albanaise. ✪ **~ cleansing** épuration/nettoyage/purification ethnique.

ethics *n.* **1** éthique ; aspects éthiques. **2** (règles de) déontologie.

ethnic *n.* membre de minorité ethnique.

ethnicity *n.* appartenance/origine ethnique, ethnie.

ethos *n.* mentalité, culture ; (système de) valeurs ; philosophie.

ETS (environmental tobacco smoke) fumée de tabac présente dans l'air ambiant.

et seq. et suivante(s) ; **pp. 7 ~** p. 7 et suiv. ; **et seqq.** et suiv.

ETUC (European Trade Union Confederation) CES (Confédération européenne des syndicats).

EU (European Union) UE (Union européenne).

EUMC (European Monitoring Centre on Racism and Xenophobia) Observatoire européen des phénomènes racistes et xénophobes.

EUMETSAT (European Organization for the Exploitation of Meteorological Satellites) Organisation européenne pour l'exploitation de satellites météorologiques.

EUR (euro) *ISO* EUR (euro).

euro *n.* euro *[pl. euros]*.

EUROCONTROL (European Organization for the Safety of Air Navigation) EUROCONTROL (Organisation européenne pour la sécurité de la navigation aérienne).

eurocurrency *n.* euro-monnaie, euro-devise.

euroland *n.* zone euro.

European *adj.* ✪ **~ Agency for the Evaluation of Medicinal Products** Agence européenne pour l'évaluation des médicaments ; **~ Anti-Fraud Office** Office européen de lutte antifraude ; **~ Agreement concerning the international carriage of dangerous goods by road** Accord européen relatif au transport international des marchandises dangereuses par route ; **~ Bank for Reconstruction and Development** Banque européenne pour la reconstruction et le développement ; **~ Broadcasting Union** Union européenne de radio-télévision ; **~ Central Bank** *UE* Banque centrale européenne ; **~ Commission** *UE* Commission européenne ; **~ Commission of Human Rights** Commission européenne des droits de l'homme ; **~ Committee for Electrotechnical Standardization** Comité européen de normalisation électrotechnique ; **~ Committee for Standardization** Comité européen de normalisation ; **~ Communities** Communautés européennes ; **~ Community Humanitarian Office** Office humanitaire de la Communauté européenne ; **~ Conference of Ministers of Transport**

Conférence européenne des ministres des Transports ; ~ **Consumers' Organisation** Bureau européen des unions de consommateurs ; ~ **Convention for the Protection of Human Rights and Fundamental Freedoms** Convention européenne de sauvegarde des droits de l'homme et des libertés fondamentales ; ~ **Council** *UE* Conseil européen *[institution distincte du Conseil des ministres de l'Union européenne] ;* ~ **Court of Auditors** *UE* Cour des comptes européenne ; ~ **Court of Human Rights** Cour européenne des droits de l'homme ; ~ **Development Fund** Fonds européen de développement ; ~ **Economic Area** Espace économique européen ; ~ **Economic Community** Communauté économique européenne ; ~ **Environment Agency** Agence européenne pour l'environnement ; ~ **Free Trade Association** Association européenne de libre-échange ; ~ **Investment Bank** Banque européenne d'investissement ; ~ **Monetary Institute** Institut monétaire européen ; ~ **Monetary System** système monétaire européen ; ~ **Monitoring Centre on Racism and Xenophobia** Observatoire européen des phénomènes racistes et xénophobes ; ~ **Ombudsman** *UE* médiateur européen ; ~ **option** *Fin.* option européenne *[qui ne peut être exercée qu'à sa date d'expiration] ;* ~ **Organization for the Exploitation of Meteorological Satellites** Organisation européenne pour l'exploitation des satellites météorologiques ; ~ **Organization for the Safety of Air Navigation** Organisation européenne pour la sécurité de la navigation aérienne ; ~ **Organization for Nuclear Research** Organisation européenne pour la recherche nucléaire ; ~ **Parliament** *UE* Parlement européen ; ~ **Patent Office** Office européen des brevets ; ~ **Police office** *UE* Office européen de police ; ~ **Southern Observatory** European Southern Observatory, Observatoire européen de l'hémisphère Sud ; ~ **Space Research Organization** Organisation européenne de recherches spatiales ; ~ **System of Central Banks** Système européen de banques centrales ; ~ **Trade Union Confederation** Confédération européenne des syndicats ; ~ **Union** Union européenne ; ~ **Works Council** *UE* comité d'entreprise européen.

Eurostat (Statistical Office of the European Communities) Eurostat (Office statistique des Communautés européennes).

eustachian tube trompe d'Eustache.

eutrophication *n.* eutrophisation.

evade *v. tr.* se dérober à, esquiver, ne pas faire face à, fuir *[ses obligations/responsabilités] ;* se soustraire à *[impôt],* échapper à, éviter *[sanction],* tourner *[loi],* contourner *[embargo] ;* éluder *[question].*

evaporate *v. intr. Fig.* disparaître, se dissiper ; **after coming to power, their ideals seemed to ~** il semble que, après leur arrivée au pouvoir, leurs idéaux aient disparu comme par enchantement.

evasion of responsibility refus d'assumer ses responsabilités.

even *adj.* **1** plat, plan. **2** égal. **3** régulier, uniforme, homogène. **4** pair. ✪ ~ **playing field** *Fig.* conditions égales/identiques pour tous, conditions offrant des chances égales à tous ; *[***on a ~ playing field** sur un pied d'égalité, à égalité, à armes égales*].*

even as au moment même où ; alors même que ; dès que.

evening classes cours du soir.

event *n.* **1** événement ; fait ; phénomène. **2** manifestation *[sportive, culturelle].* **3** éventualité, cas ; **in the ~ of** en cas de, au cas où, dans l'éventualité de/où, si ; **in the ~ of war** dans l'éventualité d'une guerre ; **in the ~ that** au cas où ; **in the ~ of fire do not use the lift** en cas d'incendie, ne pas utiliser l'ascenseur. ✪ **after the ~** après coup, a posteriori ; **at all ~, in any ~** en tout cas, de toute façon, en toute hypothèse, en tout état de cause, quoi qu'il en soit ; **in no ~** en aucun cas ; **in the ~** en fait, à l'expérience, finalement ; effectivement.

eventually *adv.* ultérieurement, par la suite, plus tard, finalement, en fin de compte, au bout du compte, le moment venu, à l'issue du processus ; **Spain and Portugal ~ joined the European Community in 1986** l'Espagne et le Portugal ont fini par adhérer à la Communauté européenne en 1986.

eventuate *v. intr.* se produire, avoir lieu ; **it is rumoured that direct negotiations might ~** selon des rumeurs, des négociations directes pourraient avoir lieu.

evergreen tree arbre à feuilles persistantes.

every other 1 tous les autres. **2 ~ day** tous les deux jours, un jour sur deux.

evict *v. tr.* expulser *[locataire].*

evidence *v. tr.* **1** prouver, attester, justifier de ; **to be ~d by** ressortir de, être attesté par. **2** témoigner de, mettre en évidence, être le signe de, révéler ; faire preuve de, montrer. **3** constater ; **contract ~d in writing** contrat constaté par un écrit ; **default of acceptance or of payment must be ~d by an authentic act** le refus d'acceptation ou de paiement doit être constaté par un acte authentique.

evidence *n.* **1** *Dr.* preuve(s), élément(s) de preuve, pièce(s) à conviction ; **the ~ against the accused is overwhelming** les charges qui pèsent sur le prévenu sont accablantes ; **the physical ~ presented to the jury** les pièces à conviction présentées au jury. **2** *Dr.* témoin ; témoignage, déposition ; **convicted on the ~ of** condamné sur la foi de la déposition de ; **to call ~** faire citer un témoin ; **to give ~** témoigner, déposer, être entendu ; **to hear/take ~** entendre un témoin ; recueillir un témoignage/une déposition ; **to lay ~** témoigner. **3** données (disponibles), information(s) (disponible(s)), éléments d'information, élément(s) (d'appréciation) (disponible(s)), indications disponibles ; faits ; **there is increasing ~ that** on dispose de données de plus en plus nombreuses qui montrent que ; **to be ~ of** prouver, attester ; témoigner de ; **to give ~ of** donner un aperçu de ; **the ~ is that** il apparaît que ; **the ~ points to** les données disponibles indiquent ; **the ~ suggests that** selon les indications disponibles ; **there is (some) ~ that** il semble (bien) que ; **there is no ~ that** rien ne permet de penser que, il ne semble pas que ; **there is strong ~ that** de nombreux faits concourent à indiquer que, tout porte à croire que. **4** signe(s), signe(s) extérieur(s) ; manifestation, trace, marque ; **we saw no ~ of improvement in the situation** nous n'avons vu aucun signe d'une amélioration de la situation ; **no ~ of** aucune trace de. ✪ **~ base** (stock de) données disponibles, ensemble des données disponibles ; **~-based** *adj.* reposant sur des données probantes/observations factuelles ; **~-based medicine** médecine factuelle, médecine fondée sur des preuves ; **in ~** a) visible, manifeste, bien apparent ; b) *Dr.* à titre de preuve ; *[***to be in ~** *[personne]* se faire remarquer, se mettre en valeur, se distinguer ; *[chose]* se remarquer, s'observer, être observé/constaté, se rencontrer, exister, se manifester ; **support for the fundamentalists in this area is increasingly in ~** un soutien aux intégristes se manifeste de plus en plus dans cette zone*]* ; **lead ~** *Dr.* présenter des preuves.

evident *adj.* manifeste, visible, clair, évident, patent ; **to be ~** a) être manifeste, etc. ; b) s'observer, être observé, se rencontrer, être présent, exister ; **this is ~ from** cela ressort de ; **this trend is**

~ in all age groups cette tendance s'observe dans tous les groupes d'âge.

Evil Empire empire du mal *[anciennement l'URSS].*

evince *v. tr.* manifester ; **the Prime Minister ~d satisfaction at the outcome of the talks** le Premier ministre a manifesté de la satisfaction devant les résultats des pourparlers.

evoke *v. tr.* **1** susciter, provoquer, déclencher ; donner lieu à, faire l'objet de ; **reports of ethnic cleansing ~d outrage** les informations relatives aux actions de purification ethnique ont suscité de l'indignation ; **the closure of the plant ~d a storm of protests** la fermeture de l'usine a soulevé une tempête de protestations. **2** évoquer ; faire surgir.

evolve *v.* **1** *tr.* élaborer, mettre au point ; dégager, former. **2** *tr. Chimie* dégager *[chaleur].* **3** *intr.* se développer (progressivement), se constituer, se former, apparaître, surgir, se dégager, s'édifier ; **it is not known exactly how human language ~d** on ne sait pas au juste comment le langage humain est apparu ; **over the decades, a more comprehensive welfare system ~d** au fil des décennies, un système de protection sociale plus complet a progressivement été mis en place ; **this system has ~d during the past hundred years** ce système a pris progressivement, au cours des cent dernières années, la forme que nous lui connaissons aujourd'hui ; **such practices have ~d over many years** ces pratiques sont le résultat d'une évolution qui a duré de nombreuses années. **4** *tr. [organisme, espèce]* acquérir par évolution. **5** *intr. [organisme, espèce]* évoluer ; être produit par l'évolution ; **sexual reproduction has ~d because it gives an advantage** la reproduction sexuée a été produite par l'évolution parce qu'elle confère un avantage ; **she is doing research on the way life ~d** elle mène des recherches pour reconstituer le mécanisme d'apparition de la vie. **6 ~ into** devenir, déboucher sur ; évoluer vers, évoluer pour donner, dégénérer en ; **he has ~d into a brilliant diplomat** il est devenu un diplomate consommé.

evolving *adj.* en constante/pleine évolution ; **a study of the ~ ideas of the church on ecumenism** une étude de la doctrine, en constante évolution, de l'Église en matière d'œcuménisme ; **the report is about the ~ priorities of the former colony** le rapport retrace l'évolution des priorités dans l'ancienne colonie.

ex *prép.* ✪ **~ ante** *Écon.* ex ante ; **~ cathedra teaching** enseignement magistral ; **~ claim** *Fin.* ex-droit ; **~ coupon** *Fin.* coupon détaché, ex-coupon ; **~-directory** *adj. [numéro de téléphone, abonné]* sur la liste rouge ; **~ div** *Fin.* coupon détaché, ex-dividende ; **~ dividend** *Fin.* coupon détaché, ex-dividende ; **~ factory** *[prix] Comm.* départ usine ; **~ gratia payment** libéralité ; paiement à titre gracieux ; **~ mill** *[prix] Comm.* départ usine ; **~ new** ex-droit ; **~ novo** sur des bases entièrement nouvelles ; **~ officio** *Dr. [membre]* de droit, ès qualités ; **~ parte** *Dr.* a) *[déclaration]* unilatéral ; *[procédure]* non contradictoire *[= engagée à l'insu de la partie adverse] ;* b) *[agir]* à l'insu de la partie adverse ; en l'absence de la partie adverse ; **~ parte injunction** *Dr.* ordonnance sur requête *[= rendue à la suite d'une requête, c'est-à-dire d'une demande adressée à un juge à l'insu de la partie adverse] ;* **~ post** a) a posteriori ; b) *Écon.* ex post ; **~ post facto** a) *[loi]* rétroactif ; b) rétrospectivement, après coup ; rétroactivement ; **~ rights** *Fin.* ex-droit ; **~ ship** *Comm.* à bord ; **~ warehouse** *Comm. [prix]* départ entrepôt ; **~ works** *Comm. [prix]* départ usine.

exact *v. tr.* **1** exiger, arracher, extorquer ; exiger le paiement de, faire payer, infliger *[amende],* prélever ; **to ~ a price** exiger quelque chose en échange ; **various methods were used to ~ information from prisoners** on a utilisé diverses méthodes pour arracher des informations des prisonniers. **2 to ~ vengeance/retribution/revenge** se venger ; **to ~ a toll** faire payer un tribut.

examination *n.* **1** examen ; **to take an ~** passer un examen. **2** *Dr.* audition *[d'un témoin].* ✪ **~-in-chief** *n. Dr.* interrogatoire *[d'un témoin par l'avocat de la partie qui l'a fait citer] ;* **~ paper** a) questions d'examen ; b) copie d'examen.

examine *v. tr. Dr.* entendre, interroger *[témoin, suspect] ;* **the police plans to ~ all adult inhabitants of the hamlet** la police a l'intention d'entendre tous les adultes qui résident dans le hameau.

examining magistrate magistrat instructeur, juge d'instruction.

excavation *n. pl. Archéol.* fouilles.

except *prép.* sauf, à l'exclusion de, abstraction faite de. ✪ **~ for** sauf, à l'exclusion de, abstraction faite de ; **~ that** si ce n'est que, à ceci près que, à la nuance près que.

exception *n.* **1** exception ; **as an ~** à titre exceptionnel, exceptionnellement. **2** *Dr.* objection. ✪ **take ~ to** s'offenser de, se formaliser de, être irrité par, mal prendre, prendre en mauvaise part.

exceptional child *ÉU* enfant « exceptionnel » *[= enfant sortant de la norme : surdoué, inadapté ou handicapé] ;* (enfant) surdoué ; enfant inadapté ; enfant handicapé.

excess *n.* **1** excès ; surabondance ; quantité excessive ; **an ~ of** trop de ; **in ~ of** dépassant, supérieur à, de plus de ; **to be in ~ of** être supérieur à, dépasser *[montant] ;* **to ~** à l'excès, avec excès, excessivement, immodérément, démesurément. **2** excès, différence, écart ; dépassement ; solde ; excédent ; **~ of the purchase price of a good over its market value** excès du prix d'achat d'un bien sur sa valeur marchande. **3** *Ass.* franchise ; **~ policy** police prévoyant une franchise.

excess *adj.* excédentaire ; supplémentaire ; superflu, surnuméraire ; trop de ; **~ staff** personnel surnuméraire. ✪ **~ baggage (charge)** excédent de bagages ; **~ capacity** capacité excédentaire, surcapacité ; **~ charge** supplément ; **~ luggage (charge)** excédent de bagages ; **~ mortality** surmortalité ; **~ profits** superbénéfices.

exchange *v. tr.* **to ~ contracts** *Dr.* signer les contrats de vente, conclure la vente *[d'un immeuble] ;* **to ~ experiences** confronter leurs expériences, échanger des données d'expérience.

exchange *n.* **1** échange. **2** change. **3** Bourse ; **grain ~** Bourse des céréales. **4** central téléphonique. ✪ **~ broker** cambiste ; **~ control** contrôle des changes ; réglementation des changes ; **~ dealer** cambiste ; **~ gain** gain de change ; **~ loss** perte de change ; **~ market** marché des changes/devises ; **~ of contracts** *Dr.* signature du contrat *[concluant la vente d'un immeuble] ;* **~ of letters** *Dr.* échange de lettres ; **~ rate** taux de change ; **~-rate changes** fluctuations des taux de change ; **~-rate movements** fluctuations des taux de change ; **~-rate policy** politique de change ; **~ reserves** réserves de change ; **~ risk** risque de change ; **~ student** élève/étudiant participant à un programme d'échange.

exchequer *n. RU* ministère des Finances. ✪ **~ bill** bon du Trésor.

exigent *adj.* **1** exigeant. **2** urgent, pressant.

excise *n.* droit spécifique ; *UE* (droit d') accise. ✪ **~ duty** *RU* droit spécifique ; *UE* (droit d') accise ; **~ tax** *ÉU* taxe sur le chiffre d'affaires.

excite *v. tr.* **1** enthousiasmer, réjouir, agiter, mettre en effervescence/émoi, passionner *[qqn]*, provoquer *[sentiment]*. **2** intéresser vivement, susciter l'intérêt de/un vif intérêt parmi. **3** exciter *[atome, neurone]*. **4** susciter *[attention, intérêt, émotion, désapprobation]*, piquer *[curiosité] ;* **the use of nuclear energy continues to ~ controversy** l'énergie nucléaire continue à susciter des controverses.

excited *adj.* **1** extrêmement/très intéressé, enthousiaste, enchanté, ravi, conquis, captivé, passionné ; *Fam.* emballé ; **very ~** enthousiasmé, exalté, fou de joie ; **to be ~ about** attendre avec beaucoup d'intérêt/une grande impatience *[événement futur] ;* **local traders are ~ about the prospect of opening the border** les commerçants locaux sont enchantés par la perspective de l'ouverture de la frontière ; **to get ~ about** se passionner pour ; **to get ~ about doing sth** s'enthousiasmer à l'idée de faire qqch. **2** excité.

excitement *n.* vif intérêt, enthousiasme, effervescence, vive émotion, émoi.

exciting *adj.* très intéressant, attrayant, attirant, prometteur, séduisant, (très) stimulant, passionnant, fantastique, captivant, palpitant, enthousiasmant, exaltant ; réussi, bon, remarquable, exceptionnel, brillant ; **inmates of mental hospitals do not lead ~ lives** les patients des hôpitaux psychiatriques ne mènent pas une existence très intéressante ; **the new programme presents local authorities with ~ opportunities to improve the housing situation** le nouveau programme offre aux collectivités locales des possibilités très stimulantes d'améliorer la situation en matière de logement.

exclusionary rule *Dr. ÉU* règle de l'irrecevabilité des preuves obtenues illégalement.

exclusive *adj.* **1** *[droits]* exclusif. **2** *[hôtel]* sélect, luxueux, réservé à une clientèle fortunée, *[club, cercle]* (très) fermé, restreint, *[quartier]* chic ; prestigieux, haut de gamme. ✪ **~ jurisdiction** *Dr.* compétence exclusive.

excruciating *adj.* **1** *[douleur]* atroce, horrible, insupportable, épouvantable. **2** *[lenteur]* exaspérant. **3 in ~ detail** dans le moindre détail.

excuse *v. tr. Dr.* autoriser *[témoin]* à se retirer ; mettre fin aux fonctions de *[juré]*.

execute *v. tr.* **1** exécuter *[ordre, projet, travail]*. **2** mettre en œuvre *[loi]*, exécuter *[jugement, mandat de perquisition, contrat]*. **3** exécuter *[condamné]*. **4** valider, signer *[acte, contrat] ;* dresser, établir *[acte] ;* passer, conclure *[contrat] ;* **documents ~d by diplomatic or consular agents** documents établis par les agents diplomatiques ou consulaires ; **we have ~d a number of agreements with African countries** nous avons conclu un certain nombre d'accords avec des pays africains. ✪ **~ a will** a) *[exécuteur testamentaire]* exécuter un testament ; b) *[testateur]* valider/signer un testament ; **~ a writ** signifier une assignation.

execution sale *Dr. ÉU* vente forcée.

executive *n.* **1** pouvoir exécutif, gouvernement. **2** organe exécutif, administration, régie ; direction ; instance dirigeante ; bureau *[d'un parti] ;* **Health and Safety Executive** *RU* Administration de la santé et de la sécurité. **3** directeur, administrateur, responsable, dirigeant, chef, cadre (supérieur). ✪ **~ development** perfectionnement des cadres.

executive *adj.* **1** administratif, (en matière) de gestion ; relatif à la direction/aux cadres. **2** exécutif. ✪ **~ agreement** *ÉU* accord en forme simplifiée ; **~ aircraft** avion d'entreprise ; **~ board** conseil de direction/d'administration ; **Executive Board** *Banque Mondiale* Conseil des Administrateurs ; *FMI, PNUD, UNICEF* Conseil d'administration ; *OMS, UNESCO* Conseil exécutif ; **~ branch** pouvoir exécutif ; **~ class** classe affaires ; **~ clemency** *Dr. ÉU* grâce ; **~ committee** a) *Sociétés* conseil/comité de direction ; b) comité exécutif ; **Executive Council** *UPU* Conseil exécutif ; **~ department** *ÉU* ministère ; **~ director** *Sociétés* administrateur participant à la gestion ; **Executive Director** *Banque mondiale* administrateur ; **Executive Mansion** *ÉU* a) Maison Blanche ; b) résidence officielle du gouverneur de l'État ; **~ office** cabinet ; **Executive Office of the President** *ÉU* Bureau exécutif du président *[regroupe divers services et organes rattachés à la présidence] ;* **~ officer** *ÉU* directeur général ; **~ order** *ÉU* ordonnance ; **~ perks** avantages en nature accordés aux cadres ; **~ powers** pouvoirs exécutifs ; **~ privilege** *ÉU* secret des communications du pouvoir exécutif, droit de refuser la divulgation de documents officiels *[dont jouit en particulier le président des États-Unis]*, **~ producer** producteur exécutif ; **~ secretary** a) secrétaire de direction ; b) secrétaire exécutif ; **~ session** réunion/séance à huis clos ; **~ suite** *[***in the ~ suite** *Fig.* au sein de la direction*] ;* **~ summary** résumé ; **~ vice-president** *ÉU* directeur général adjoint.

executor *n.* exécuteur testamentaire.

exemplar *n.* **1** bon exemple, exemple représentatif. **2** modèle.

exemplary damages dommages-intérêts punitifs/exemplaires.

exemplification *n. Dr.* expédition *[d'un jugement, d'un acte authentique]*.

exemplify *v.* **1** *tr.* (bien) illustrer ; être représentatif de, être un bon exemple de, être un exemple typique de, donner l'exemple le plus caractéristique de ; **to be exemplified by** trouver une illustration dans. **2** *intr.* **let me ~** prenons un exemple.

exempt *adj.* **1** exonéré. **2** dispensé, soustrait, affranchi.

exemption *n.* exemption, dispense ; exonération, franchise ; *ÉU* abattement *[en matière d'impôts sur le revenu] ;* dérogation. ✪ **~ clause** clause d'exonération.

exercise *v.* **1** *intr.* faire/prendre de l'exercice (physique). **2** *tr.* exercer *[droit, fonctions]*. **3** *tr.* faire preuve de, faire montre de *[qualité]*, faire usage de *[pouvoir, faculté intellectuelle] ;* **to ~ caution** faire preuve de prudence ; **to ~ due care** prendre toutes les précautions voulues. **4** *tr.* préoccuper, agiter, interpeller, travailler *[qqn] ;* **a problem that ~s the scientists** un problème qui préoccupe les scientifiques.

exercise *n.* **1** exercice. **2** utilisation ; **the ~ of restraint** l'adoption d'une attitude modérée, la modération. **3** opération, entreprise, action, initiative, activité(s), travaux, étude, effort(s), programme, campagne, processus, démarche ; **cost-cutting ~** mesures de réduction des dépenses ; **public-relations ~** opération de relations publiques ; **job reclassification ~** opération de reclassement des emplois ; **an ~ in damage control** une tentative de limiter les dégâts ; **seeking consensus can be a frustrating ~** la recherche d'un consensus peut s'avérer frustrante. **4** *pl. ÉU* cérémonie de remise des diplômes. ✪ **~ price** *Options* prix d'exercice ; **left as an ~ to the reader** *[***this is left as an ~ to the reader** cet aspect n'est pas abordé ici, cet aspect ne devrait pas poser de trop de difficultés au lecteur, le lecteur pourra le faire lui-même avec profit, nous laissons au lecteur le soin de vérifier par lui-même].

exhaust *n.* 1 pot d'échappement. 2 gaz d'échappement. ✪ **~ emissions/fumes** gaz d'échappement ; **~ pipe** tuyau d'échappement.

exhaustion of local remedies *Dr. int.* épuisement des recours internes.

exhibit *v. tr.* présenter *[caractéristique, symptômes],* faire preuve de *[clémence],* faire montre de, montrer *[retenue],* afficher *[optimisme] ;* déployer *[énergie, imagination] ;* **the growth of racism in different European countries ~s a common pattern** la montée du racisme dans différents pays d'Europe présente des caractéristiques communes.

exhibit *n.* 1 exposition. 2 pièce/objet exposé(e) ; œuvre. 3 pièce à conviction. 4 *ÉU* illustration, figure, graphique, tableau.

exhibition *n.* 1 exposition. 2 *Ens. RU* bourse d'études *[octroyée par un établissement d'enseignement].* ✪ **~ centre** parc des expositions.

existing *adj.* existant, actuel, en cours, (actuellement) disponible, *[système]* (déjà) en place.

exit *n.* ✪ **~ fee** *FCP* droit de sortie ; **~ interview** entretien avec un collaborateur démissionnaire ; **~ poll** sondage à la sortie des urnes/bureaux de vote ; **~ visa** visa de sortie.

exogenous *adj. Écon.* exogène.

exonerate *v. tr.* 1 décharger, dispenser. 2 disculper, innocenter, mettre hors de cause, laver, blanchir.

exotic *adj. Fig.* inhabituel.

expand *v.* 1 *tr.* augmenter, développer, élargir, accroître l'ampleur de, amplifier ; **reading is a good way of ~ing one's horizons** la lecture est un bon moyen d'élargir ses horizons. 2 *intr.* croître, augmenter ; se développer. 3 **~ on** développer, exposer dans le détail, s'appesantir sur *[question].*

expandable memory *Inf.* mémoire extensible.

expanded *adj.* ✪ **~ memory** mémoire paginée ; ~ **polystyrene** polystyrène expansé.

expansion *n.* ✪ **~ board/card** *Inf.* carte d'extension ; **~ plug** *Inf.* connecteur d'extension.

expect *v. tr.* s'attendre à, attendre, prévoir, anticiper, escompter, compter sur, miser sur, tabler sur, supposer, juger naturel, penser, croire ; **analysts do not ~ the company to go to the wall** les analystes ne s'attendent pas à ce que la société fasse faillite ; **to be ~ed to** devoir, être censé, être appelé à/promis à ; **the development of this sector is ~ed to continue** le développement de ce secteur devrait se poursuivre ; **the results of the study are ~ed to be reviewed by the committee next year** les résultats de l'étude devraient en principe être examinés par le comité l'année prochaine ; **students are ~ed to learn a least one foreign language** les étudiants sont censés apprendre au moins une langue étrangère.

expectation *n.* attente, anticipation, perspective ; aspiration, espérance ; **inflationary ~s** anticipations inflationnistes. ✪ **~ of life** espérance de vie.

expected *adj.* prévu, prévisible, attendu, escompté.

expedient *adj.* 1 utile, opportun, avantageux, pratique, expédient, approprié, recommandé, indiqué, souhaitable, préférable. 2 *Péj.* (plus) commode ; **for ~ reasons** pour des raisons d'opportunité.

expedite *v. tr.* accélérer, activer ; hâter.

expedition *n.* 1 expédition. 2 rapidité.

expendable *adj.* 1 sacrifiable, remplaçable, pas indispensable ; **to be ~** être considéré comme quantité négligeable, compter pour peu, pouvoir être sacrifié, avoir perdu toute utilité ; **foot soldiers were considered ~** on considérait que les fantassins comptaient pour peu ; **with the advent of word processing, typists have become ~** grâce au traitement de texte, on peut se passer des dactylographes. 2 à jeter, jetable, à usage unique, non récupérable, non réutilisable, perdu.

expenditure tax taxe sur la consommation.

expense *n.* frais, dépenses ; *Compt.* charge. ✪ **at the ~ of** aux dépens de, au détriment de ; **~ account** note de frais.

experience *v. tr.* 1 éprouver, ressentir *[douleur],* connaître, vivre ; traverser, enregistrer, passer par, être aux prises avec, se débattre dans, être en proie à, se heurter à, devoir faire face à, être touché par, faire l'objet de, subir, endurer, souffrir de ; être victime de *[épreuves] ;* essuyer ; **this technology has ~d a rapid growth during the last decade** cette technologie a connu une expansion considérable au cours de la décennie écoulée ; **the party has recently ~d a series of setbacks** ces derniers temps, le parti a enregistré une série de revers ; **most volunteers who took the experimental drug ~d headaches** la plupart des volontaires qui ont pris le médicament expérimental ont souffert de maux de tête. 2 se rendre compte (par soi-même) de, apprendre, découvrir ; voir, assister à.

experience *n.* 1 expérience (acquise) ; recul. 2 cas, situation, exemple, ce qui se passe, ce qui s'est passé, événements, évolution ; réalisations, actions réalisées, action passée ; pratique, usage ; résultats, bilan. 3 expérience (mémorable), expérience vécue, cas vécu, vécu ; épreuve, mésaventure ; **the bank studied customers' ~s with automated teller machines** la banque a étudié l'expérience que les clients ont de l'utilisation des guichets automatiques ; **our ~ of** ce que nous savons de ; **we should look at the ~ of the industries concerned** nous devons examiner ce qui s'est passé dans les secteurs concernés ; **the Swiss are watching Austria's ~ since it joined the European Union** les Suisses suivent l'évolution de la situation en Autriche depuis que celle-ci a adhéré à l'Union européenne ; **the ~ of the last two years shows that** le bilan des deux dernières années montre que ; **the anti-abortion programme is based on women's ~s** le programme de lutte contre l'avortement repose sur le vécu des femmes ; **~ with unemployment has dampened enthusiasm for capitalism in Russia** la montée du chômage a refroidi l'enthousiasme des Russes à l'égard du capitalisme ; **the article is about the heart-disease ~ of the Japanese** l'article porte sur les maladies cardiaques au Japon. ✪ **share ~s** confronter leurs expériences, échanger des données d'expérience.

experiential learning apprentissage expérientiel/par la pratique.

experimental animals animaux de laboratoire.

expert *adj.* spécialisé, compétent, qualifié, éclairé. ✪ **~ advice/opinion** avis autorisé, avis d'un spécialiste ; **~ panel** groupe d'experts ; **~ system** *Inf.* système expert ; **~ witness** *Dr.* expert.

expertise *n.* compétences techniques, savoir-faire.

expiry date date d'expiration *[d'un contrat, d'une carte de crédit]*, date de péremption *[d'un médicament]*.

explain *v.* **~ away** escamoter *[qqch.]* (par des explications plus ou moins ingénieuses), évacuer, donner une explication quelconque de, expliquer à tout prix/tant bien que mal ; **she will have difficulty ~ing away her past behaviour** elle aura du mal à escamoter son comportement passé par des explications plus ou moins ingénieuses ; **questioned about his involvement with white supremacists, he tried feebly to ~ it away** interrogé au sujet de ses liens avec des partisans de la suprématie de la race blanche, il a essayé de façon peu convaincante de donner un semblant d'explication.

explanatory memorandum *RU* exposé de l'objet du projet de loi.

explicit *adj.* **1** explicite ; précis, clairement affirmé/défini/exprimé ; **the project should have ~ support within the organization** le projet doit bénéficier d'un soutien clairement exprimé au sein de l'organisation. **2** *[volonté, demande]* exprès, *[consentement]* formel. **3** véritable, en bonne et due forme. **4** officiel ; **the ~ strategy for the project activities included five main elements** la stratégie officielle des activités menées sous forme de projets comportait cinq éléments principaux. **5** érotique, suggestif ; cru, impudique ; précis, réaliste *[dans la description d'activités sexuelles]*, qui ne laisse rien à l'imagination ; **~ sex** description d'activités sexuelles *[dans une œuvre de fiction]* ; **~ pictures** images érotiques ; **a film with sexually ~ scenes** un film contenant des scènes érotiques ; **the teacher was not supposed to be so ~ in his discussion of sexually transmitted diseases** le professeur n'aurait pas dû entrer dans des détails aussi précis lorsqu'il a abordé la question des maladies sexuellement transmissibles.

explode *v. tr.* réfuter, faire un sort à *[théorie, mythe]*.

exploded view vue éclatée, éclaté *[d'une machine]*.

exploration well *Pétrole* puits d'exploration.

explore *v. tr.* **1** explorer. **2 (for)** explorer *[zone]* à la recherche de *[pétrole]*. **3** étudier.

explosive device bombe.

exponent *n.* **1** interprète, commentateur *[d'une théorie]*. **2** représentant ; partisan, adepte, tenant, apôtre, défenseur, champion, avocat, apologiste, chantre, zélateur, porte-parole ; **he is the most popular ~ of ecological concerns** il est le porte-parole le plus en vue des préoccupations écologiques. **3** exécutant, interprète *[d'une œuvre]*. **4** *Math.* exposant.

export *n.* ✪ **~ bounty** subvention à l'exportation ; **~ controls** restrictions à l'exportation ; **~ cover of imports** (taux de) couverture des importations par les exportations ; **~ credit** crédit à l'exportation ; **~ credit insurance** assurance crédit à l'exportation ; **~ earnings** recettes d'exportation ; **~-import cover rate/~-import ratio** taux de couverture des importations par les exportations ; **~-led growth/recovery** croissance/reprise par les exportations ; **~ licence** licence d'exportation ; **~ refund/restitution** *UE* restitution à l'exportation.

expose *v. tr.* **1** découvrir. **2 (to)** exposer à *[danger, critiques]* ; **to ~ oneself** a) s'exposer *[lors d'opérations militaires]* ; b) *voir* (4) ; **to ~ oneself to** s'exposer à, prêter le flanc à, donner prise à *[critiques]* ; **the scandal ~d the corrupt government to criticism** le scandale a exposé le gouvernement corrompu à des critiques. **3 (to)** mettre *[qqn]* en contact avec, soumettre *[qqn]* à (l'action/l'influence de), mettre *[qqn]* en présence de ; familiariser *[qqn]* avec, faire connaître/présenter *[idée, théorie]* à *[qqn]* ; **to be ~d to** être confronté à, être en présence de, côtoyer ; **young offenders are often ~d to the influence of hardened criminals** les jeunes délinquants subissent souvent l'influence de criminels endurcis ; **the villagers have only been ~d to one side of the argument** les villageois n'ont pu entendre que les arguments en faveur d'une des thèses en présence ; **the idea is to ~ trainers to the various possible situations** il s'agit de placer les formateurs dans les différentes situations possibles ; **she is studying the behaviour of children ~d to violence** elle étudie le comportement d'enfants mis en présence d'actes de violence. **4** exposer *[marchandises à la vente]*, montrer, révéler, exhiber, dénuder ; **to ~ oneself** a) se livrer à de l'exhibitionnisme ; b) *voir* (2). **5** divulguer, rendre public, dévoiler (au grand jour), révéler (au grand jour), mettre à nu, porter/étaler sur la place publique, dénoncer, ébruiter *[complot, crime, scandale]*, dénoncer *[injustice, criminel]*, démasquer *[imposteur]*, mettre en évidence, faire apparaître, montrer *[faiblesse, immoralité]* ; **the minister ~d the speculators responsible for the collapse of the currency** le ministre a dénoncé les spéculateurs responsables de l'effondrement de la monnaie ; **the press enjoyed exposing his hypocrisy** la presse s'est fait un plaisir de dénoncer son hypocrisie ; **the quarrel ~d the division within the cabinet** le différend a révélé au grand jour les divisions au sein du gouvernement ; **the so-called interview was later ~d as a fraud** il a été démontré par la suite que la prétendue interview n'était qu'une supercherie.

expose, exposé *n.* dénonciation ; **~ of** article/livre dénonçant ; **he is writing an ~ of corruption among government officials** il rédige un livre dénonçant la corruption parmi les fonctionnaires ; **the journalist's ~ of the payments to the Member of Parliament was devastating** les révélations du journaliste concernant les pots-de-vin versés au député étaient accablantes.

exposed *adj.* **1** exposé, vulnérable, précaire. **2 (to)** exposé à, à la merci de ; **workers ~ to asbestos** les travailleurs exposés à l'amiante. **3 (to)** *[banque]* engagé dans *[l'immobilier]*.

exposure *n.* **1 (to)** exposition à *[soleil, éléments, amiante, bruit, danger]* ; orientation, exposition *[d'un bâtiment, d'une terre agricole]* ; **to die of ~** mourir de froid, succomber aux éléments ; **lung cancer can result from ~ to radon** l'exposition au radon peut être à l'origine de cancers du poumon. **2 (to)** contact avec, expérience de, fréquentation de. **3** diffusion, retentissement, publicité, écho ; **television ~** apparitions à la télévision ; **these claims have received extensive media ~** les médias ont fait largement écho à ces allégations. **4** divulgation, révélation ; dénonciation. **5** *Fin.* exposition *[à un risque]* ; vulnérabilité, risque, danger ; *Banque* engagements *[= crédits consentis]*, avoirs ; actifs, participation, investissements ; **large ~s of credit institutions** grands risques des établissements de crédit ; **the group intends to increase its equity ~** le groupe a l'intention d'augmenter ses avoirs en actions ; **the company is concerned about its heavy ~ in the real-estate market** l'entreprise est préoccupée par sa détention d'actifs importants sur le marché immobilier ; **the bank would like to have more ~ to South America** la banque souhaiterait investir des montants plus importants en Amérique du Sud.

extant *adj.* *[document]* disponible, existant, conservé, qui a survécu ; *[loi]* (encore) en vigueur.

extend *v.* **1** *tr.* prolonger *[délai, visa, ligne de chemin de fer]*, proroger *[délai]*, reconduire *[contrat]* ; **haemodialysis can ~ the**

lives of kidney patients l'hémodialyse peut prolonger la vie des personnes souffrant d'insuffisance rénale. **2** *tr.* pousser plus loin, faire reculer *[limites]*. **3** *tr.* **(to)** étendre *[qqch.]* à. **4** *intr.* **(to)** *[incendie]* se propager à, s'étendre à. **5** *intr.* se prolonger, se poursuivre ; **(over)** durer, couvrir *[période]* ; **to ~ from... to** durer de... à. **6** *tr.* accroître, augmenter, élargir, amplifier, développer ; agrandir *[bâtiment]*. **7** *tr.* déployer *[pièce mécanique rétractable]*. **8** *intr.* *[région]* s'étendre ; **(to)** s'étendre à ; **(over)** couvrir *[superficie]* ; **to ~ from... to** aller de... à ; **to ~ beyond** aller au delà de. **9** *intr.* **(to)** comprendre, inclure *[qqch.]*. **10** *tr.* offrir, accorder, fournir *[aide]* ; consentir *[crédit]* ; adresser *[invitation]* ; **to ~ a warm welcome to** réserver un accueil chaleureux à ; souhaiter la bienvenue à ; **to ~ one's thanks to** remercier.

extended *adj.* **1** *[période]* long, prolongé, de longue durée ; **~ treatment of a subject** analyse approfondie d'une question. **2** élargi. ✪ **~ family** famille élargie ; **~ memory** *Inf.* mémoire étendue.

extension *n.* **1** prolongation *[de délai, de visa, de ligne de chemin de fer]*, prorogation *[de délai]*, reconduction *[de contrat]*. **2** délai, sursis. **3** *Dr.* octroi d'un délai de grâce ; délai de grâce, atermoiement. **4** extension, élargissement, agrandissement, développement, accroissement. **5** extension, ampleur. **6** (programme d') études destiné(es) à des étudiants extérieurs. **7** vulgarisation ; **agricultural ~** vulgarisation agricole. **8** *Compt.* report. **9** poste (téléphonique). **10** annexe *[d'un bâtiment]*. **11** *Électr.* prolongateur, rallonge. ✪ **~ cable/cord** *Électr.* prolongateur, rallonge ; **~ course** études pour étudiants extérieurs ; **~ lead** *Électr.* prolongateur, rallonge ; **~ officer** *Agr.* agent de vulgarisation agricole ; **~ worker** vulgarisateur.

extensive *adj.* **1** grand, vaste, étendu, de grande superficie. **2** important, considérable, abondant, ample, de grande ampleur/envergure, vaste, profond, bien développé, lourd ; long, complet, détaillé, approfondi ; nombreux ; **~ damage** dommages importants ; **~ experience** expérience considérable ; **~ oil pollution of beaches** pollution considérable de plages par du pétrole ; **~ data** données abondantes ; **~ experience** vaste expérience ; **~ injuries** blessures graves. ✪ **~ farming** agriculture extensive.

extensively *adv.* beaucoup, largement.

extent *n.* **1** étendue, longueur, largeur, superficie, dimensions. **2** champ/domaine couvert. **3** étendue, importance, ampleur ; mesure, degré, point, proportions ; délimitation, limites ; **to a large ~** dans une large mesure, en grande partie, pour une bonne part ; **to a lesser ~** dans une moindre mesure ; **to some ~** dans une certaine mesure ; **to the ~ of** jusqu'à concurrence de ; **to the ~ that** dans la mesure où ; **to such an ~ that** dans des proportions telles que.

external *adj.* ✪ **~ account** compte des opérations avec l'étranger ; **~ audit** vérification externe des comptes, contrôle externe ; **~ auditor** commissaire aux comptes, auditeur externe ; **~ balance** solde extérieur ; **~ constraint** *Écon.* contrainte externe ; **~ ear** oreille externe ; **~ liabilities** passif externe ; **~ reserves** réserves de change.

externality *n.* *Écon.* externalité, effet externe ; **to internalize the externalities** incorporer les externalités.

extra *adj.* supplémentaire, additionnel, de plus ; non compris *[dans le prix]*, en supplément ; excédentaire, surnuméraire ; **~ work** surcroît de travail ; **the monarchy had an ~ difficulty to cope with** la monarchie devait faire face à une difficulté supplémentaire.

extract *v. tr.* **1** extraire. **2** arracher *[promesse, concessions, aveux]*.

extracurricular activities *Ens.* activités périscolaires.

extramural *adj.* **1** extérieur, réalisé en dehors de l'entreprise/organisation, extra-muros. **2** *Ens.* *[activités]* étranger au programme d'études. **3** *Ens. ÉU* interscolaire. **4** *Ens.* *[enseignement, cours]* destiné à des étudiants extérieurs (à l'université). **5** *[travail]* étranger aux activités normales/officielles *[d'une entreprise, d'une organisation]*. ✪ **~ care** soins extrahospitaliers ; **~ department** *Ens.* section des étudiants extérieurs.

extraneous *adj.* dépourvu de pertinence.

extranet *n.* *Internet* extranet.

extraordinary items *Compt.* éléments exceptionnels.

extravagant *adj.* **1** dépensier ; dispendieux, somptuaire, fastueux, excessivement coûteux/onéreux. **2** *[affirmation]* fantaisiste, extravagant.

extricate *v. tr.* sortir *[qqn, pays]* d'une situation difficile, dégager ; **to ~ oneself from** se dégager de, se désengager de, se dépêtrer de *[situation embarrassante]* ; **to ~ survivors** désincarcérer des survivants ; **the Japanese government tried to have its nationals ~d from their detention** le gouvernement japonais s'est efforcé d'obtenir la libération de ses ressortissants ; **the union ~d itself from a futile battle** le syndicat s'est dégagé d'un conflit inutile.

exude *v. tr.* *Fig.* déborder de ; **to ~ confidence** donner une impression de très grande confiance, être manifestement très confiant ; **he ~s charisma** il émane de lui un charisme extraordinaire.

EXW (ex works) *Incoterms* EXW *[dans les documents contractuels, les sigles des Incoterms ne doivent pas être traduits]*.

eye *n.* ✪ **~-catching** *adj.* qui attire l'attention, de nature à attirer l'attention ; *[titre]* accrocheur ; **~ contact** échange de regards ; *[***to avoid ~ contact** éviter de regarder *[qqn]* dans les yeux*]* ; **~ of the storm** *Fig.* centre de la tourmente ; **~ opener** révélation ; *[***to be an ~ opener** être édifiant*]* ; **~ test** examen de la vue/ophtalmologique ; **for your ~s only** strictement confidentiel ; **see ~-to-~ with** être d'accord avec *[qqn]*.

eyebrows *n.* *Fig.* ✪ **raise ~s** susciter l'étonnement/la désapprobation.

eyesore *n.* affront à l'esthétique ; bâtiment d'une grande laideur.

eyestrain *n.* fatigue oculaire/visuelle.

EZ (empowerment zone) *ÉU* zone de revitalisation économique

ezine, e-zine *n.* magazine électronique.

F

F (Fahrenheit) F (Fahrenheit) *[température en °C = 5/9 x (°F - 32)]*.

FAA (Federal Aviation Administration) *ÉU* Administration fédérale de l'aviation.

fab *n.* usine de fabrication de circuits intégrés.

fabric *n. Fig.* tissu, structure, trame ; **~ of society** société, trame (même) de la société, bases mêmes de la société, édifice social ; **industrial ~** tissu industriel.

fabricate *v. tr.* **1** fabriquer. **2** inventer/forger (de toutes pièces) ; **the police was accused of fabricating evidence** la police a été accusée de forger des preuves. **3** contrefaire *[document, signature]*.

fabrication *n.* (pure) invention, mensonges ; **to be a ~** être inventé de toutes pièces.

face *v.* **1** *tr.* être orienté vers, être situé en face de. **2** *tr.* faire face à, affronter, tenir tête à, aborder de front ; **to ~ (the) facts** regarder la réalité/le problème/les choses en face, ne pas se voiler la face, ne pas se leurrer ; se rendre à l'évidence, être réaliste, se faire une raison ; **to ~ the fact that** reconnaître que ; **let's ~ it** il faut bien le reconnaître, soyons réalistes, avouons-le. **3** *tr.* être/se trouver en présence de, être placé/se trouver devant ; (devoir) faire face à, être aux prises avec, se heurter à, connaître, rencontrer, être confronté à, se débattre dans ; s'exposer à, devoir subir, devoir s'attendre à ; être passible de, risquer, encourir *[peine] ;* **~d with** face à, devant, confronté à, mis en présence de, en butte à, en proie à, aux prises avec, frappé par, touché par, acculé à ; menacé de ; condamné à, voué à ; **to be ~d with** avoir affaire à, se heurter à ; **to ~ criticism** être en butte aux critiques ; **Indonesia ~s similar problems** l'Indonésie connaît des problèmes analogues ; **the outgoing Prime Minister accepted that he was facing defeat** le Premier ministre sortant a reconnu qu'il serait battu ; **the accused ~s up to twenty years in jail** l'accusé est passible d'une peine d'emprisonnement pouvant atteindre jusqu'à 20 ans. **4** *tr.* menacer, attendre ; se poser à, assaillir ; **the dangers facing the world** les dangers qui menacent le monde ; **the daunting tasks facing the country** les tâches gigantesques auxquelles le pays doit faire face ; **what are the obstacles facing reconciliation?** quels sont les obstacles à une réconciliation ? **5** **~ down** tenir tête à ; intimider, confondre, désarçonner, réduire au silence par son assurance. **6** **~ up to** faire face à *[responsabilités, difficultés]*, assumer *[responsabilités] ;* attaquer *[problème]* de front.

face *n. Fig.* **1** apparence, aspect, physionomie, paysage. **2** nature ; situation ; **to change the ~ of** modifier profondément, transformer radicalement, bouleverser, métamorphoser, révolutionner ; **the leadership of the party is trying to change the ~ of the labour movement** la direction du parti essaye de modifier profondément le mouvement travailliste ; **electronic mail is changing the ~ of communication** le courrier électronique révolutionne la communication. **3** prestige ; **loss of ~** perte de prestige, humiliation ; **to lose (one's) ~** perdre la face ; **the minister lost a great deal of ~ during the party conference** le ministre a subi une grave humiliation lors du congrès du parti. **4** **to put a bold/brave/good ~ on it** faire contre mauvaise fortune bon cœur, ne pas se laisser abattre. **5** culot, toupet. **6** *Typographie* caractères ; police. **7** *Charbon* front de taille. ✪ **~ lift** *Fig.* rénovation, réforme, restructuration ; *Fam.* coup de jeune ; *[***to get a ~ lift** faire peau neuve ; **to give sth a ~ lift** rénover qqch.*] ;* **~ of the earth** (surface de la) terre/planète, monde, face du monde ; *[***smallpox has disappeared off the ~ of the earth** la variole a été éradiquée*] ;* **~-saver** *n.* moyen de sauver la face ; **~-saving** *adj.* destiné à sauver la face, qui permet de sauver la face, qui sauve les apparences ; **~-saving device** moyen de sauver la face ; **~ value** a) *Fin.* valeur nominale, pair *[d'une obligation] ;* b) valeur apparente ; *[***few bonds trade at ~ value** peu d'obligations se négocient au pair ; **to take at ~ value** ne pas mettre en doute, ajouter foi à, prendre pour argent comptant*] ;* **~-worker** *n. Mines* mineur de fond ; **fly in the ~ of** être contraire à, aller à contre-courant de, aller à l'encontre de, contredire, prendre le contre-pied de, être diamétralement opposé à, être un affront à, heurter (de front) ; être démenti par *[les faits] ;* nuire à ; *[***this information flies in the ~ of what the committee announced** ces informations sont diamétralement opposées à ce qui a été annoncé par le comité*] ;* **in the ~ of** a) en présence de, face à ; b) en raison de, grâce à ; c) malgré, au mépris de ; **in-you-~** *adj.* agressif ; **on the ~ of it** apparemment, à première vue, de prime abord, au premier abord, a priori ; **to sb's ~** *[dire qqch.]* devant qqn, en face.

facile *adj. [solution]* simpliste, *[argument]* superficiel.

facilitate *v. tr.* **1** faciliter. **2** servir de modérateur/d'animateur lors de *[réunion]*.

facilitator *n.* modérateur, animateur *[d'une réunion]*.

facility *n.* **1** facilité, aisance. **2** don, dispositions ; **~ in languages** don pour les langues. **3** service, facilité. **4** *sg. ou pl.* installations, installations et services, infrastructures, aménagements, équipement(s), matériel, machines, appareils, commodités ; établissement, complexe, centre, locaux ; réseau, système ; moyens, ressources, possibilités, facilités ; mécanisme, dispositif ; services, prestations ; **port facilities** installations portuaires ; **production facilities** installations de production, usine(s) ; **research ~** centre de recherche ; **public facilities** établissements ouverts au public ; **sports facilities** installations sportives. **5** *Fin.* crédit, facilité.

facsimile *n.* **1** fac-similé. **2** télécopie. ✪ **~ machine** télécopieur.

fact *n.* **1** fait, élément, état de fait ; réalité, vérité ; **in ~** en fait, à vrai dire ; effectivement ; **as a matter of ~** en fait ; **in actual ~** en fait, en réalité ; **the ~ (of the matter) is that** force est de constater que ; **to know sth for a ~** être certain de qqch., pouvoir garantir qqch. ; **the ~ remains that** il n'en reste pas moins que, toujours est-il que ; **the people have a right to know the ~s** la population a le droit de connaître la vérité ; **whether a person is resident in Britain for tax purposes depends on the ~s of each particular case** pour déterminer si une personne réside en Grande-Bretagne du point de vue fiscal, il faut considérer les circonstances propres à chaque cas. **2** donnée, information ; **our first task is to marshal all the ~s** notre première tâche consiste à rassembler l'ensemble des informations disponibles. **3** *Dr.* donnée factuelle, point de fait. ✪ **after the ~** après coup, a posteriori ; **~ finding** rassemblement d'informations, établissement des faits, enquête, information, inspection ; *Fig.* état des lieux ; *[***~-finding committee** commission d'enquête/d'information ; **~-finding mission** mission d'information ; **~-finding report** rapport d'enquête/d'inspection ; **~-finding tour** visite d'inspection*] ;* **~ of life** a) réalité (incontournable), dure réalité, vérité ; b) *pl.* mécanismes de la procréation ; *[***it is a ~ of life that** il est un fait que, force est de reconnaître que ; **the economic ~s of life** les réalités économiques ; **backstreet abortions are a ~ of life in this profoundly Catholic country** les avortements clandestins sont une réalité indéniable dans ce pays très catholique ; **teenage pregnancy may not be desirable, but it is a ~ of life** les grossesses d'adolescentes ne sont sans doute pas souhaitables, mais il s'agit d'un phénomène que l'on ne peut nier ; **willingness to compromise is a key ~ of political life** en politique, il est essentiel d'être toujours prêt à accepter un compromis ; **wrongful imprisonment is a ~ of judicial life** qu'on le veuille ou non, l'incarcération de personnes innocentes est toujours possible*]* ; **~ sheet** fiche/feuillet documentaire, fiche/feuillet d'information.

faction *n.* **1** courant, groupe, sensibilité *[au sein d'un parti] ;* faction. **2** dissension(s), luttes intestines(s).

factor *v.* **1 ~ in/into** inclure dans, incorporer dans, intégrer dans, prendre en compte/considération dans, tenir compte de *[qqch.]* dans ; **the number of pages translated should be ~ed into the performance appraisal** le nombre de pages traduites doit être pris en compte aux fins de la notation. **2 ~ out** exclure, éliminer, écarter ; **(from)** isoler de.

factor *n.* **1** facteur, paramètre, élément, aspect, considération. **2** facteur, indice, coefficient ; **by a ~ of three** *[multiplier, diviser]* par trois. **3** *Écon.* **~ (of production)** facteur (de production). **4** *Comm.* commissionnaire de vente. **5** société/entreprise d'affacturage, facteur. **6** *Écosse* régisseur *[d'un domaine].* ✪ **~ analysis** analyse factorielle ; **~ cost** *Écon.* coût des facteurs ; *[***at ~ cost** au coût des facteurs*] ;* **~ endowment** *Écon.* dotation en facteurs (de production) ; **~ income** *Écon.* rémunération des facteurs ; **~ price** *Écon.* prix des facteurs.

factorage *n.* commission de vente.

factoring *n.* affacturage. ✪ **~ agent** commissionnaire de vente ; **~ company** société d'affacturage.

factory *n.* ✪ **~ farm** exploitation agricole de type industriel ; **~ farming** grande culture industrielle ; **~ floor** *Fig.* usine ; **~-gate price** prix sortie d'usine ; **~-hand** *n.* ouvrier d'usine ; **~ ship** *RU* navire-usine.

faculty *n.* **1** faculté, aptitude, capacité. **2** *Ens.* faculté. **3** *Ens.* a) corps enseignant/professoral *[d'une faculté, d'une université],* professeurs ; b) professeurs et étudiants *[d'une faculté, d'une université] ;* c) *ÉU* personnel enseignant et administratif *[d'une faculté, d'une université] ;* **the ~ of the University of Oxford** les professeurs de l'Université d'Oxford ; **Professor Smith is on the ~ of Cambridge University** le professeur Smith enseigne à l'Université de Cambridge. ✪ **~ theory of taxation** théorie de (l'imposition en fonction de) la capacité contributive.

Fahrenheit *n.* Fahrenheit *[température en °C = 5/9 x (°F - 32)].*

fail *v.* **1** *intr.* faiblir, s'affaiblir, perdre de sa force, diminuer ; se détériorer ; chanceler ; *[stocks, réserves]* s'épuiser ; **his health is ~ing** sa santé est chancelante. **2** *intr.* **to ~ to** omettre de, s'abstenir de, éviter de, se garder de, refuser de, négliger de, ne pas réussir/parvenir à ; ne pas ; **not to ~ to** ne pas manquer de, ne pas se faire faute de ; **I shall not ~ to inform you** je ne manquerai pas de vous informer ; **to ~ in one's duty** faillir/manquer à son devoir ; **the bomb ~ed to go off** la bombe n'a pas explosé. **3** *tr.* ne pas donner/offrir/apporter à *[qqn]* ce qu'il est en droit d'attendre ; décevoir (l'attente de), ne pas répondre à l'attente de, trahir (la confiance de), manquer à ses obligations envers ; **the party ~ed the people** le parti a trahi la confiance du peuple ; **she believes that the education system is ~ing our children** elle estime que le système d'enseignement n'offre pas aux enfants ce qu'on est en droit d'attendre de lui ; **he resigned because he felt he had ~ed the government** il a démissionné, considérant qu'il ne s'était pas montré à la hauteur des attentes que le gouvernement avait placées en lui. **4** *tr.* rater, ne pas réussir *[examen] ;* faire échouer, recaler *[étudiant] ;* **to ~ a test** ne pas répondre à un critère ; **to ~ a drug test** être contrôlé positif. **5** *intr.* échouer, connaître l'insuccès, se solder par un échec, avorter, capoter, ne donner aucun résultat, ne pas aboutir, ne pas se réaliser, faire long feu, faire fiasco ; être déjoué ; **the crop ~ed** la récolte a été mauvaise ; **the rains have ~ed** les pluies ont été insuffisantes ; **the campaign against prostitution in this area seems to be ~ing** il semble que la campagne contre la prostitution dans ce quartier ne donne pas les résultats escomptés ; **the floods caused 40% of the harvest to ~** en raison des inondations, la récolte a accusé un déficit de 40 %. **6** *intr.* faire faillite, déposer son bilan, sombrer, fermer ses portes, cesser ses activités. **7** *intr.* tomber en panne, cesser de fonctionner, lâcher, flancher, ne pas fonctionner correctement ; **the brakes ~ed** les freins ont lâché.

failed *adj.* *[coup d'État]* manqué, *[négociations]* infructueux, *[méthode]* inefficace, inopérant, *[expérience, tentative]* sans lendemain ; avorté, vain ; *[personne]* qui n'a pas réussi, qui a échoué, en situation d'échec, marqué par l'échec ; *[entreprise]* en faillite.

failing *prép.* à défaut de, faute de, en l'absence de, sans, par manque de ; **~ this** à défaut, sinon, sans quoi, autrement.

fail-safe *adj.* très sûr, à toute épreuve, de haute sécurité ; *Techn.* à sécurité intégrée, automatique de sécurité, sûr en cas de défaillance.

failure *n.* **1** omission, abstention, carence ; **(to)** manque de, absence de, défaut de, omission de, incapacité de, refus de ; non-... ; **~ to comply with** inobservation de, méconnaissance de *[règle] ;* **the ~ of any nation to adopt humane conditions of labour** la non-adoption par un pays quelconque de conditions de travail humaines. **2** échec, insuccès, avortement, fiasco *[d'un projet] ;* **doomed to ~** voué à l'échec ; **to end in ~** se solder par un échec. **3** panne, défaillance, incident technique, dérangement. **4** faillite, cessation des activités. **5** *Méd.* insuffisance *[cardiaque, rénale].* ✪ **~ of justice** *Dr.* mal-jugé ; **~ to appear** *Dr.* non-comparution, défaut de comparution.

faint *adj.* *[son]* à peine audible ; *[chance]* petit, ténu, *[idée, espoir]* vague ; **not to have the ~est idea** ne pas avoir la moindre idée. ✪ **damn with ~ praise** louer avec un manque d'enthousiasme pire qu'une critique.

faint-hearted *n.* petite nature, mauviette, âme sensible, personne impressionnable/pusillanime.

fair *adj.* **1** juste, équitable ; loyal ; impartial, objectif, équilibré ; fidèle ; de bonne foi ; **~ share** juste part, part équitable ; **~ trial** procès équitable/régulier ; **they are fighting for a ~er distribution of funds** ils se battent pour obtenir une répartition plus équitable des fonds. **2** régulier, honnête, correct, légitime, justifié, fondé ; **~ question** question légitime ; **it is not ~ to speak of a failure** on ne peut parler d'échec. **3** normal, moyen, satisfaisant, (assez) bon, passable, honorable, acceptable, correct, raisonnable, convenable ; **~ wage** rémunération normale ; **at these prices it will not be possible to make a ~ profit** ces prix ne permettent pas de réaliser un bénéfice normal ; **~ price** prix raisonnable ; **~ chance** chance raisonnable ; **a ~ chance of success** de bonnes chances de succès ; **it is ~ to conclude that** il est raisonnable de conclure que ; **it is ~ to say that** il n'est pas exagéré de dire que. **4** *[quantité]* appréciable. ✪ **~ average**

quality qualité marchande ; **~ comment** *Dr.* critique dépourvue de malveillance, critique de bonne foi ; **~ competition** concurrence loyale ; **~ copy** a) copie au net ; b) copie conforme ; **~ deal** transaction équilibrée ; **~ game** *Fig.* cible légitime ; **~ hearing** [**to give sb a ~ hearing** laisser qqn s'expliquer, donner à qqn la possibilité d'exposer ses arguments ; **right to a ~ hearing** droit à un procès équitable/régulier] ; **~ trade** a) pratiques commerciales loyales ; b) régime d'exonération réciproque des droits d'entrée *[appliqué à certains produits]* ; c) commerce équitable *[pour les producteurs des pays en développement, notamment avec l'aide d'associations et de distributeurs]* ; **~-trade agreement** *ÉU* accord en matière de prix minimum(s) imposé(s) *[entre un fabricant et des détaillants]* ; **~-trade pricing** *ÉU* système de prix imposé(s) ; **~-trading** *n.* a) pratiques commerciales loyales, équité en matière de commerce ; b) *ÉU* système de prix minimum(s) imposé(s) ; **Fair Trading Act** *RU* loi sur les pratiques commerciales ; **~ wear and tear** a) usure normale *[d'une machine]* ; b) dégradation normale *[d'un immeuble donné à bail]*.

fairly *adv.* **1** assez, plutôt, relativement, passablement ; **the economic situation of the country is ~ good** la situation économique du pays est assez bonne ; **to be ~ sure of sth** être pratiquement sûr de qqch. **2** *[traiter qqn, distribuer qqch.]* équitablement, *[prendre une décision]* en toute impartialité. **3** *[décrire une situation]* fidèlement, objectivement ; **these tables present ~ the financial position of the company** ces tableaux donnent une image fidèle de la situation financière de la société. **4** *[remporter une élection]* de façon régulière. **5** *[affirmer qqch.]* à juste titre.

faith healer guérisseur.

fall *v.* **I** *intr.* **1** *[pluie, nuit, gouvernement]* tomber ; *[date des élections]* tomber *[tel ou tel jour]* ; tomber *[malade]* ; *Mil. [ville]* tomber ; **this statutory holiday ~s on a Tuesday this year** ce jour férié tombe un mardi cette année. **2** baisser, diminuer, être en recul/en baisse, se replier, se contracter, régresser, fléchir, se ralentir ; **the number of fatal accidents fell 5.7%** le nombre d'accidents mortels a baissé de 5,7 %. **II ~ apart** s'effondrer, s'écrouler, se désintégrer, se disloquer, éclater, se désagréger, se dissoudre ; *Fam.* se déglinguer ; **it is likely that the coalition will ~ apart** il faut s'attendre à l'éclatement de la coalition. **III ~ away** baisser, diminuer, fléchir, se contracter. **IV ~ back 1** baisser à nouveau, redescendre, retomber. **2** *Bourse [cours]* se replier. **V ~ back on** se rabattre sur, en revenir à, adopter faute de mieux, faire appel (en dernière extrémité) à, avoir recours à, s'en remettre à, compter sur. **VI ~ behind 1** se laisser distancer par, prendre du retard sur, ne pas suivre le rythme de ; **the building of the dam fell behind schedule** la construction du barrage a pris du retard sur le calendrier. **2** rester à la traîne, céder/perdre du terrain ; **to ~ behind in one's payments** être en retard de paiement, ne pas payer à temps ; **after being made redundant he fell behind on his mortgage payments** après son licenciement, il a pris du retard dans le remboursement de son prêt hypothécaire ; **to have ~en behind** s'être laissé distancer ; avoir du retard ; **to ~ behind with the rent** prendre du retard dans le paiement du loyer. **VII ~ in** s'effondrer. **VIII ~ into 1** se répartir en, se ranger dans, appartenir à *[catégorie(s)]*, relever de, ressortir à ; **the department's activities ~ into five main categories** les activités du service se répartissent en cinq catégories principales. **2 to ~ into place** devenir clair. **IX ~ in with 1** être d'accord avec, abonder dans le sens de *[qqn]* ; marquer son accord sur, accepter, se rallier à *[idée]*. **2** se mettre à fréquenter, frayer avec, s'acoquiner avec. **X ~ off 1** baisser, fléchir ; se ralentir. **2** tomber de. **XI ~ on** incomber à. **XII ~ out with** se brouiller avec, se fâcher avec. **XIII ~ through** ne pas aboutir, ne pas se réaliser, ne mener à rien, échouer, avorter, rester vain. **XIV ~ to** *[tâche]* incomber à ; appartenir à, revenir à. **XV ~ under** a) relever de *[disposition juridique]* ; b) se répartir en, appartenir à *[catégorie(s)]*, se ranger dans, se classer sous la rubrique de, se rattacher à, ressortir à ; **these measures ~ under three headings** ces mesures se répartissent en trois catégories. **XVI ~ within (the scope of)** s'inscrire/se situer dans le cadre de, entrer dans le champ d'application de, tomber sous le coup de, relever de *[disposition juridique]* ; **to ~ within a category** rentrer dans une catégorie ; **it ~s within his duties** cela rentre dans ses attributions.

fall *n.* **1** diminution, baisse, réduction, recul, régression, repli, contraction, amoindrissement, décroissance, amenuisement, affaiblissement. **2** chute, déclin, décadence, écroulement, dégringolade ; disgrâce. **3** *ÉU* automne.

fall-back position *Fig.* position de repli.

fall-out *n.* **1** sous-produit, retombées. **2** séquelles. **3** retombées radioactives.

false *adj.* ✪ **~ accounting** falsification de comptabilité ; **~ arrest** *ÉU* arrestation illégale ; **~ imprisonment** séquestration ; **~ negative** *Méd.* faux négatif ; **~ positive** *Méd.* faux positif ; **~ pregnancy** grossesse nerveuse ; **~ pretence(s)** *Dr.* fraude ; [**by ~ pretences** frauduleusement] ; **~ start** opération/entreprise non menée à son terme ; **~ swearing** parjure, faux témoignage, faux serment.

falsifiable *adj. [hypothèse, théorie]* dont la fausseté éventuelle est susceptible d'être prouvée.

falsification of accounts falsification de comptabilité.

familiar *adj.* **1** familier ; *[chose]* (bien) connu ; **on ~ ground** en terrain de connaissance. **2 (with)** possédant une bonne connaissance de, bien au fait de, au courant de, averti de, instruit de, versé dans, rompu à ; **to be ~ with** (bien) connaître, ne rien ignorer de ; **you may already be ~ with our products** il se peut que vous connaissiez déjà nos produits.

family *n.* **to start a ~** fonder un foyer, avoir des enfants ; **with no ~ to support** sans charge de famille. ✪ **~ allowance** a) *RU* allocations familiales ; b) *Fisc.* abattement pour charges de famille ; **~ commitments** charges de famille ; **~ credit** *RU* complément de revenu familial ; **Family Division** *Angl.* chambre des affaires familiales ; **~ history** *Méd.* antécédents familiaux ; [**a ~ history of alcoholism** des antécédents familiaux d'alcoolisme] ; **~-owned** *adj. [entreprise]* familial ; **~ planning** planning familial, planification familiale ; **~ planning clinic** centre de planning familial/planification familiale ; **~ practitioner** médecin de famille ; **~ reunification** regroupement familial ; **~ worker** aide familiale ; **run in families, run in the ~** être héréditaire ; [**alcoholism runs in families** l'alcoolisme est héréditaire ; **to run in sb's family** avoir déjà atteint d'autres membres de la famille de qqn].

famous *adj.* célèbre, illustre, renommé, réputé.

fan *n.* admirateur.

fancy *adj.* **1** (trop) perfectionné, (trop) compliqué, sophistiqué, avancé, pointu, de pointe, évolué, très élaboré, trop élaboré, très étudié, (trop) recherché, ingénieux, (trop) raffiné, (trop) subtil. **2** époustouflant, sortant de l'ordinaire, extraordinaire, original, inédit, exclusif, à nul autre pareil, à part, hors série, hors du commun. **3** luxueux, voyant. **4** *[expression]* prétentieux.

fantasy *n.* **1** imagination ; **~ world** monde imaginaire. **2** rêve (impossible/irréalisable), utopie, mirage, chimère ; **there was a time when the idea of space travel was just a ~** jadis, la perspective de voyager dans l'espace n'était qu'un rêve. **3** invention. **4** fantasme ; **sexual fantasies** fantasmes sexuels.

FAO (Food and Agriculture Organization of the United Nations) FAO (Organisation des Nations Unies pour l'alimentation et l'agriculture).

FAQ (frequently asked questions) *Internet* FAQ (foire aux questions).

far *adv.* ✪ **as ~ back as 1987** dès 1987, en 1987 déjà ; **~ afield** loin ; **~ and away** de loin ; **go so ~ as to do sth** aller jusqu'à faire qqch., ne pas hésiter à faire qqch. ; oser faire qqch., pousser l'audace jusqu'à faire qqch. ; */***he went so ~ as to call the President a liar** il a osé traiter le président de menteur*/*.

farce *n. Fig.* mascarade, simulacre, parodie, mystification, imposture, trompe-l'œil, poudre aux yeux ; utopie, illusion ; **to be a ~** être dérisoire/difficile à prendre au sérieux, ne tromper personne.

far-fetched *adj. [explication]* tiré par les cheveux, *[affirmation]* difficile à croire, *[idée]* extravagant, irréaliste, fantaisiste, farfelu, incongru, saugrenu.

farm *v.* **~ out 1** donner/confier *[travail]* à l'extérieur/à une société extérieure/à un prestataire extérieur, externaliser, sous-traiter ; **it is easier to ~ out training than to employ our own instructors** il est plus facile de confier la formation à une entreprise extérieure que d'employer nos propres formateurs. **2** épuiser *[terre agricole]*.

farm *n.* exploitation agricole ; plantation ; (ferme d') élevage ; **coffee/cotton ~** plantation de café/coton. ✪ **~ belt** *ÉU* régions agricoles ; **~ commodities** denrées agricoles ; **~ exports** exportations agricoles ; **~-gate price** prix à la ferme/à la production, prix au départ de l'exploitation agricole ; **~ hand/labourer** ouvrier agricole ; **~ parity** *ÉU* parité des revenus agricoles *[avec les revenus d'une période de référence]* ; **~ policy** politique agricole ; **~ products** produits agricoles ; **~ prices** prix agricoles ; **~ support** subventions agricoles ; **~ surpluses** excédents agricoles ; **~ tourism** tourisme rural ; **~ worker** ouvrier agricole ; **from ~ to fork** de la fourche à la fourchette, de la ferme/du champ à la table, d'un bout à l'autre de la filière alimentaire.

farmer *n.* agriculteur, paysan, exploitant (agricole) ; éleveur.

farming *n.* agriculture ; secteur agricole. ✪ **~ industry** secteur agricole.

farmland *n.* terres de culture, terres arables.

Faroe Islands îles Féroé.

far-reaching *adj. [mesures, réforme, changement]* radical, (très) important, de grande envergure, d'envergure, vaste, ambitieux, d'une grande portée, considérable, profond, en profondeur, poussé, lourd de conséquences, *[réduction budgétaire]* draconien ; **the minister argued for ~ deregulation of the financial markets** le ministre a plaidé pour une déréglementation poussée des marchés financiers.

FAS (free alongside ship) *Incoterms* FAS *[dans les documents contractuels, les sigles des Incoterms ne doivent pas être traduits]*.

fascinating *adj.* passionnant, extrêmement intéressant, remarquable, captivant, fascinant ; pittoresque.

fashion *n.* ✪ **~ designer** créateur (de mode), grand couturier, styliste ; **~ goods** articles de mode ; **~ show** défilé de mode.

fast *adj., adv.* ✪ **~-breeder (reactor)** *Nucl.* (réacteur) surgénérateur rapide ; **~ food** a) aliments vite préparés ; b) *Secteur* restauration rapide, « prêt-à-manger » ; **~-food outlet/restaurant** établissement de restauration rapide ; **~ forward** avance rapide *[sur un magnétoscope, etc.]* ; **~-growing** *adj. [entreprise]* en pleine expansion ; **~ ice** banquise côtière ; **~ lane/track** *Fig.* trajectoire accélérée, filière (de promotion) rapide, voie royale ; procédure accélérée ; *[***to be on the ~ track** suivre une trajectoire accélérée, brûler les étapes ; **a programme of ~-track welfare reform** un programme de réforme accélérée du système de protection sociale ; **these economists were against the ~ track to a single currency** ces économistes ne voulaient pas brûler les étapes pour instituer une monnaie unique*]* ; **~-track authority** *ÉU* autorisation de négocier un accord non susceptible d'être amendé par le Congrès ; **hold ~** ne pas transiger, camper/rester sur ses positions, tenir bon.

fastidious *adj.* difficile (à satisfaire), très exigeant ; très délicat, excessivement raffiné ; méticuleux, pointilleux.

fat *adj. Fam. [bénéfice]* plantureux. ✪ **~ cat** nanti, gros bonnet, ponte ; **~ year** année faste/de vaches grasses.

fatal *adj.* **1** *[erreur]* fatal, irrémédiable, irréparable ; **the commission of inquiry discovered ~ flaws in the design of the rocket** la commission d'enquête a découvert des défectuosités irrémédiables dans la conception de la fusée. **2** *[accident, maladie]* mortel.

fatality *n.* **1** fatalité. **2** mort, décès (accidentel) ; victime ; **there were more than 200 fatalities during the typhoon** le typhon a provoqué la mort de plus de 200 personnes. **3** caractère mortel *[d'une maladie]*.

fate *n.* **1** destin, destinée. **2** sort. **3** ce qui advient *[de qqn, de qqch.]*, devenir. **4** sort *[d'un médicament administré]* ; devenir *[d'un polluant émis]*.

father figure incarnation du père, substitut paternel, personnage paternel, patriarche ; *Psych.* image paternelle.

fatigue *n.* **1** grande fatigue, épuisement. **2** *Fig.* lassitude ; **compassion ~** lassitude face aux appels répétés à la compassion/générosité du public ; **disaster ~** lassitude face à la succession des catastrophes. **3** *Mil.* corvée. **4** *pl. ÉU* tenue de corvée. ✪ **~ clothes/uniform** tenue de corvée.

fatty *adj.* ✪ **~ acid** acide gras ; **~ tissue** tissu adipeux.

fatuous *adj. [personne, remarque]* stupide.

fault *v. tr.* **1** rendre responsable, incriminer ; **(for)** reprocher *[qqch.]* à *[qqn]* ; **the report ~ed managers for failing to motivate staff** le rapport a reproché aux cadres de ne pas motiver le personnel. **2** trouver à redire à *[qqch.]*.

fault *n.* **1** défaut, défectuosité, déficience, carence, imperfection, insuffisance, faiblesse, défaillance, vice, tare, lacune, anomalie, malfaçon, travers ; **his only ~ is** son seul tort est. **2** faute ; **it is not his ~** ce n'est pas sa faute, il n'y est pour rien. **3** *Géol.* faille.

✪ **at ~** responsable ; **~ line** *Fig.* clivage, cassure, fracture ; **~ tolerant** *Inf.* à tolérance de pannes ; **find ~ with** critiquer, trouver à redire à ; **through no ~ of his own** sans (qu'il y ait eu) faute de sa part, sans qu'il ait rien à se reprocher, sans que rien puisse lui être reproché, involontairement, sans qu'il y soit pour rien, à son corps défendant, sans qu'il ait démérité ; **to a ~** à l'excès.

favorite son *Pol. ÉU* candidat local ; **~ delegate** délégué représentant un candidat local.

favour *v. tr.* prôner, préconiser, appuyer, pencher pour, être favorable à, encourager, soutenir, favoriser, retenir, être acquis à, être partisan de, plaider pour.

favour *n.* **1** faveur ; **to be in ~ of** *voir* favour v. **2** service ; **to do sb a ~** rendre un service à qqn. ✪ **return the ~** rendre service à son tour, rendre la pareille.

favourable balance (of payments/of trade) balance (des paiements/commerciale) excédentaire.

fax *v.* **1** *tr.* envoyer/transmettre par télécopie. **2** *intr.* envoyer une télécopie.

fax *n.* **1** télécopie. **2** télécopieur. ✪ **~ machine** télécopieur ; **~-modem** *n.* modem-télécopieur, modem-fax.

FCA (free carrier) *Incoterms* FCA *[dans les documents contractuels, les sigles des Incoterms ne doivent pas être traduits]*.

FCC (Federal Communications Commission) *ÉU* FCC (Commission fédérale des télécommunications).

FDA (Food and Drug Administration) *ÉU* FDA (Administration des aliments et des médicaments).

FDD (floppy disk drive) *Inf.* unité de disquettes.

FDIC (Federal Deposit Insurance Corporation) *Fin. ÉU* FDIC (Federal Deposit Insurance Corporation) *[= organisme garantissant les dépôts auprès des banques et des caisses d'épargne dans certaines limites]*.

feasability *n.* possibilité, faisabilité ; réalisme. ✪ **~ study** étude de faisabilité.

featherbed *v. tr.* protéger abusivement *[emploi, secteur]*.

featherbedding *n.* mesures abusives de protection *[de l'emploi, d'un secteur]*.

feature *v.* **1** *tr.* comprendre, comporter. **2** *intr.* figurer, être repris *[dans qqch.]* ; **to ~ among** être l'un des, faire partie des, figurer/apparaître parmi, être au nombre de. **3 featuring** *[film]* dans lequel joue, dans lequel apparaît, dont l'un des acteurs est, *[émission]* auquel participe.

feature *n.* **1** caractéristique (remarquable/originale), trait (caractéristique), détail remarquable, caractère (distinctif), élément distinctif/saillant/marquant, particularité, spécificité ; propriété, qualité ; mode, modalité, procédé ; dispositif *[d'un appareil, d'un système]*, mécanisme *[d'un système]* ; fonction, fonctionnalité *[d'un appareil]* ; **facial ~s** traits du visage ; **the main ~s of the report** les grandes lignes du rapport ; **the main ~s of this new approach are outlined in the opening chapter** les grandes lignes de cette nouvelle méthode sont présentées dans le premier chapitre ; **special ~** particularité ; **an important ~ of the previous biennium was** l'exercice biennal précédent a été marqué par. **2** élément, composante, point, aspect, facteur. **3** *Marketing* élément spécial/exclusif/original/inédit/unique ; attrait ; originalité *[d'un produit]*. **4** *Journ.* **~ (story)** article (d'intérêt général), dossier, enquête ; document *[= mention au-dessus du titre]*. ✪ **~ (-length) film** (film de) long métrage.

fecundity *n. Dém.* fertilité.

Fed (Federal Reserve) *ÉU [la]* Fed (Réserve fédérale) *[= banque centrale]*.

Federal *adj.* ✪ **~ Deposit Insurance Corporation** *Fin. ÉU* Federal Deposit Insurance Corporation *[= organisme garantissant les dépôts auprès des banques et des caisses d'épargne dans certaines limites]* ; **~ Register** *ÉU* journal des règlements fédéraux ; **~ Reserve (System)** *ÉU* Réserve fédérale *[= banque centrale]*.

Federation of International Civil Servants' Associations Fédération des associations de fonctionnaires internationaux.

fee *n.* **1** droit, redevance, charge, rémunération, taxe ; frais ; *Banque, Bourse* commission. **2** honoraires. ✪ **~-for-service** *n.* rémunération à l'acte ; *[***to be paid on a ~-for-service basis** *[médecin]* être rémunéré à l'acte*]* ; **~ simple** *Dr.* droit de propriété absolu, pleine propriété ; *[***to hold a property in ~ simple** détenir un droit de propriété absolu sur un bien ; **estate/property in ~ simple** bien détenu en pleine propriété*]*.

feed *v.* **I 1** *tr.* nourrir, alimenter *[qqn]* ; donner *[aliment à un enfant]* (à manger). **2** *intr.* s'alimenter. **3** *tr. [vaisseau sanguin]* irriguer *[organe]*. **4** *tr. Fig.* approvisionner en. **5** *tr. [cours d'eau]* se jeter dans *[autre cours d'eau]*. **6** *tr. Fig.* alimenter, nourrir, entretenir, activer, renforcer, intensifier, accentuer, raviver, attiser, aviver, envenimer, aggraver, exacerber. **7** *Fig.* flatter *[amour propre]*. **8** *Fig.* provoquer, susciter, engendrer, entraîner. **9** *Fig.* **(to)** communiquer *[informations]* à *[qqn]* ; livrer *[information croustillante, rumeur]* en pâture à, régaler *[qqn]* de *[information croustillante, rumeur]*. **II ~ in** introduire. **III ~ into 1** *[rivière]* se jeter dans. **2** injecter, enrichir. **3** inspirer, éclairer, guider *[la prise de décision]* ; être à la base de ; contribuer à *[débat]* ; **research on pollutant should ~ into policy-making** les travaux de recherche sur les polluants doivent être pris en compte aux fins de l'élaboration de politiques. **4** introduire *[données]* dans *[ordinateur]*, incorporer dans ; **updated information can easily be fed into the database** il est facile d'incorporer des informations actualisées dans la base de données. **5** se répercuter sur ; **the increase in interest rates is ~ing into inflation** l'augmentation des taux d'intérêt se répercute sur l'inflation ; **higher oil prices fed into higher prices at the pump** une hausse des cours du pétrole a entraîné une augmentation des prix à la pompe. **IV ~ off 1** *[information]* provenir de *[source]*. **2** exploiter. **V ~ on 1** se nourrir de, ingérer. **2** être renforcé par, prospérer grâce à. **3 to ~ on oneself** s'entretenir lui-même, se perpétuer lui-même. **4** exploiter. **VI ~ through into** se répercuter sur, faire sentir ses effets sur ; **interest-rate increases will ~ through into the retail price index** l'augmentation des taux d'intérêt fera sentir ses effets sur l'indice des prix de détail. **VII ~ through to** se répercuter sur, faire sentir ses effets sur. **VIII ~ to** transmettre *[informations]* à.

feed *n.* source, signal *[audio, vidéo]*.

feed *adj.* ✪ **~ crop** culture fourragère ; **~ grain** céréale fourragère ; **~ hole** *Inf.* picot.

feedback *n.* **1** action en retour. **2** renvoi/remontée/retour de l'information, informations (en retour), communication des résultats, écho(s), réaction(s) ; **staff have asked for more ~ on their job performance** les travailleurs ont demandé d'être mieux informés sur la façon dont ils s'acquittent de leurs tâches ; **the users will provide ~ on the usefulness of the new system** les utilisateurs donneront leur avis sur l'utilité du nouveau système ; **~ shows that our readers are pleased with our coverage of the trial** les réactions que nous recevons montrent que nos lecteurs apprécient la façon dont nous rendons compte du procès ; **we must ensure that our research-and-development unit gets regular ~ from our customers** nous devons veiller à ce que notre service recherche-développement soit régulièrement informé des réactions de nos clients. ✪ **~ control** asservissement.

feeder cattle bovins d'embouche.

feedingstuffs *n. pl.* aliments pour animaux.

feedstock *n.* matière première ; *Industrie chimique* produit de départ.

feel *n.* toucher. **2** sensation. **3** atmosphère, ambiance. **4** intuition.

feel *v. intr.* **to ~ strongly about** attacher beaucoup d'importance à, avoir une opinion bien arrêtée au sujet de.

feel-good *adj.* qui donne chaud au cœur.

feeling *n.* ✪ **hurt sb's ~s** blesser/vexer qqn.

feisty *adj.* **1** énergique, dynamique, animé. **2** combatif, pugnace, vaillant, indomptable, incisif, agressif, acerbe ; courageux. **3** difficile, ardu, complexe.

fellow *n.* **1** membre *[d'une association professionnelle, d'une société savante] ; Can.* associé ; **Fellow of the Association of Certified Accountants** membre de l'Association des experts-comptables. **2** membre du conseil d'administration *[de certaines universités]*. **3** chercheur. ✪ **~ citizen** compatriote ; **~ worker** collègue ; **~ student** condisciple ; **~ traveller** *Pol.* compagnon de route.

fellow *adj.* autre ; **for your safety and that of your ~ passengers** pour votre sécurité et celle des autres passagers.

felony *Dr. ÉU* infraction majeure, crime.

female *n.* femme ; fille ; personne de sexe féminin.

female circumcision excision.

fence *n. Fig.* ✪ **~-mending** *n.* conciliation ; réconciliation ; **sit on the ~** ne pas prendre position, ne pas se prononcer.

Ferris wheel roue (foraine).

ferroconcrete *n.* béton armé.

ferry(boat) *n.* ferry, ferry-boat, transbordeur ; bac.

fertility *n. Dém.* fécondité. ✪ **~ clinic** centre de procréation médicalement assistée ; **~ rate** taux de fécondité.

fertilized egg *Biol.* œuf fécondé.

fertilizer *n.* engrais ; **~ application** épandage des engrais.

fest *n.* festival.

festival *n.* **1** fête. **2** festival.

fever *n.* ✪ **run a ~** avoir de la fièvre.

few *adj.* **~ men** peu d'hommes ; **~ people understand the theory of relativity** rares sont ceux qui comprennent la théorie de la relativité ; **a ~ women** quelques femmes, un petit nombre de femmes ; **quite a ~ children** un nombre appréciable d'enfants ; **no ~er than** pas moins de ; **a lucky ~** quelques rares privilégiés. ✪ **~ and far between** peu nombreux, rares, clairsemé ; *[***good books on Islam are ~ and far between** les livres bien faits sur l'islam se comptent sur les doigts d'une main*]*.

FGM (female genital mutilations) mutilations génitales féminines.

fibre *n.* ✪ **~ optic cable** câble à/en fibres optiques ; **~ optics** (technique des) fibres optiques.

FICSA (Federation of International Civil Servants' Associations) FICSA (Fédération des associations de fonctionnaires internationaux).

fiction of law *Dr.* fiction (prévue par la loi).

fictitious assets actifs fictifs.

fidelity (guarantee) insurance 1 assurance contre les détournements. **2** assurance contre la défaillance d'un tiers.

fiduciary *n. Dr. ÉU* fidéicommissaire.

fiduciary *adj.* fiduciaire. ✪ **~ loan** prêt fiduciaire.

field *v. tr.* **1** présenter *[candidat]*. **2** répondre à *[questions]*.

field *n.* **1** champ. **2** terrain. **3** domaine, secteur, discipline, branche, partie ; arène. **4** gisement ; **coal ~** bassin houiller. ✪ **~ camera** caméra portative ; **~ day** *[***to have a ~ day** s'en donner à cœur joie*] ;* **~ duty station** lieu d'affectation hors siège ; **~ hospital** hôpital de campagne ; **Field Marshall** *RU* maréchal ; **~ office** bureau extérieur ; **~ officer** a) *Mil.* officier supérieur ; b) agent local, agent d'exécution, agent des services extérieurs ; **~ representative** agent local ; **~ research** recherche sur le terrain ; **~ staff** personnel des bureaux/services extérieurs, personnel de terrain ; **~ survey** enquête sur place ; **~ test** essai sur le terrain ; **~ trip** a) *Ens.* sortie scolaire ; b) travail sur le terrain ; **~ work** travaux sur le terrain ; **~ worker** agent local, agent d'exécution, agent des services extérieurs ; **in the ~** a) sur le terrain ; en dehors de ses locaux, à l'extérieur ; b) dans la pratique ; **lead the ~** occuper la première place.

field-test *v. tr.* expérimenter sur le terrain.

fifo (first in, first out) fifo (premier entré, premier sorti).

fifth *adj.* ✪ **take the ~ Amendment** *ÉU* invoquer le cinquième amendement (de la Constitution).

fifties *n. pl. cf.* forties.

fig *n.* ✪ **~ leaf** *Fig.* paravent ; **not give a ~ for** ne pas se préoccuper de, se désintéresser totalement de.

fighting chance chance raisonnable, bonne chance.

fight-or-flight response réponse de lutte ou de fuite.

figure *v.* **I 1** *tr.* penser ; estimer. **2** *tr.* trouver, imaginer. **3** déterminer, conclure. **4** *intr.* être un élément (important) de, jouer un rôle (important). **II ~ out 1** trouver, déterminer. **2** comprendre.

figure *n.* **1** figure, statue, statuette, figurine, représentation ; personnage. **2** silhouette. **3** figure *[= représentation graphique]*. **4** chiffre ; somme, montant, nombre ; **six-~ income** revenu d'au moins 100 000 *[dollars, etc.]*. **5** personnalité, figure, personne ; **a major ~ in public life** une personnalité marquante de la vie publique. **6** personnage ; **the president has surrounded himself with several disreputable ~s** le président s'est entouré de plusieurs personnages peu recommandables. ✪ **~ of speech** figure de style ; **put a ~ on** chiffrer.

fighter aircraft chasseur, avion de chasse.

Fiji *n. [les]* Fidji.

Fijian *adj.* fidjien.

file *v.* **1** *tr.* classer, archiver *[document]*. **2** *tr.* déposer, présenter, soumettre *[document, rapport, demande, (demande de) brevet, réclamation, plainte]*, introduire *[demande, réclamation]* ; remettre, adresser ; intenter *[procès]* ; interjeter *[appel]* ; **to ~ charges against** engager des poursuites pénales contre ; déposer plainte contre ; **to ~ a petition in bankruptcy** déposer son bilan ; **to ~ an objection to** *Dr.* faire objection à ; **to ~ (a) suit** intenter un procès ; **to ~ a tax return** faire une/envoyer sa déclaration d'impôts. **3** *tr. Journ.* communiquer *[article]* à sa rédaction. **4 ~ for: to ~ for a patent** déposer une demande de brevet ; **to ~ for bankruptcy** déposer son bilan, demander sa mise en liquidation judiciaire ; **to ~ for divorce** intenter une action en divorce.

file *n.* **1** classeur ; dossier, archives ; **to be on ~** être conservé dans les archives ; **to be on police ~** être fiché ; **included in the case ~** versé au dossier de l'affaire. **2** *Inf.* fichier. ✪ **~ cabinet** classeur *[= meuble]* ; **~ compression** *Inf.* compression de fichier(s) ; **~ footage** images d'archives.

filibuster *n. Pol. ÉU* **1** opération/action d'obstruction, obstruction parlementaire. **2** parlementaire menant une action d'obstruction.

filing cabinet classeur *[= meuble]*.

fill *v. Fig.* **I** *tr.* **1** combler *[lacune]*. **2** exécuter *[commande, ordonnance]*. **3** pourvoir *[poste vacant]*. **4** répondre à *[besoin]*. **5** informer. **6** obturer *[dent]*. **II ~ in 1** remplir *[formulaire]*. **2** faire un remplacement. **III ~ in for** remplacer *[qqn]*. **IV ~ out** *EU* remplir *[formulaire]*.

fillip *n.* stimulant, coup de fouet ; **to give a ~ to the economy** donner un coup de fouet à l'économie.

film library cinémathèque, filmothèque.

filmgoers *n. pl.* public, spectateurs.

fin *n. Aéron.* dérive. ✪ **~ whale** rorqual commun.

final *adj.* final, définitif, irréversible ; **to render ~ decisions** *[tribunal]* statuer en dernier ressort ; **the decision of the International Court of Justice shall be ~** la décision de la Cour internationale de justice ne sera pas susceptible d'appel. ✪ **~ accounts** comptes de clôture ; **~ clauses** clauses finales *[d'un traité]* ; **~ dividend** solde de dividende ; **~ examination** examen de fin d'études ; **~ judgement** jugement non susceptible d'appel/passé en force de chose jugée/rendu en dernier ressort ; **~ meeting** séance de clôture ; **~ resting place** dernière demeure ; **~ straw** goutte d'eau qui fait déborder le vase, coup de grâce.

finalize *v. tr.* mettre en forme/au point (définitivement), arrêter définitivement, mettre la dernière main à, achever la mise au point de, mettre/apporter la dernière touche à, présenter sous sa forme définitive, terminer, achever, parachever, conclure ; boucler *[dossier, opération]*, mettre un point final à ; **the manual is being ~d** le guide est en cours d'achèvement.

finality *n.* **1** caractère définitif/irrévocable ; impossibilité de faire marche arrière. **2** fin, point final, conclusion, aboutissement d'un processus ; *Dr.* extinction ; *Litt.* terme.

finals *n. pl.* examens de fin d'études.

finance *n.* **1** finance(s). **2** financement. **3** fonds, argent, capitaux ; **to raise ~** lever des capitaux ; **new ~** argent frais. ✪ **Finance Act** loi de finances ; **~ bill** a) papier financier/de crédit ; b) bon du Trésor ; c) projet de loi de finances ; **~ company/house** *RU* société de financement *[de ventes à crédit]*.

financial *adj.* financier, pécuniaire. ✪ **~ accounting** comptabilité générale ; **~ assets** actifs financiers ; **~ backer** bailleur de fonds ; **~ benefits** avantages pécuniaires ; **~ centre** place financière ; **~ control** contrôle financier ; **~ costs** charges financières ; **~ derivatives** produits financiers dérivés ; **~ expenses** *Compte de résultat* charges financières ; **~ futures** opérations à terme sur instruments financiers ; **~ institution** a) établissement financier ; b) organisme financier ; **~ investment** placement ; **~ limits of jurisdiction** *Dr.* taux de compétence/du ressort ; **~ market** marché financier, place financière ; **~ package** montage financier ; **~ penalty** *Dr.* amende ; **~ product** produit financier ; **~ reporting** établissement des états financiers ; **Financial Rules** Règlement financier ; **~ securities** valeurs mobilières, titres ; **~ standing** situation financière, assise/solidité financière, capacité financière, solvabilité, crédit, surface (financière), moyens, ressources ; **~ statement** état financier ; **~ supermarket** supermarché financier, société offrant une large gamme de produits financiers.

financier *n.* **1** financier. **2** bailleur de fonds, commanditaire.

financing *n.* fonds, financement, montage financier.

finback (whale) rorqual commun.

find *v.* **I** *tr.* **1** trouver. **2** constater, s'apercevoir de, se rendre compte de ; relever, discerner ; considérer. **3** *tr. Dr.* déclarer, conclure, estimer, retenir, juger, dire ; **to ~ a verdict** rendre un verdict ; **to ~ guilty** déclarer coupable. **II ~ against** prendre jugement contre, donner tort à. **III ~ for/in favour of** *Dr. [juge]* se prononcer en faveur de, donner raison à, donner gain de cause à ; **to ~ for the defendant** débouter le demandeur, rejeter les prétentions du demandeur ; **to ~ for the plaintiff** accueillir la prétention du demandeur, donner gain de cause au demandeur, adjuger au demandeur ses conclusions. **IV ~ out 1** découvrir, prendre conscience de, s'apercevoir de, se rendre compte de ; **to ~ out whether** déterminer si ; **she decided to ~ out** elle a décidé d'en avoir le cœur net. **2** percer *[qqn]* à jour, comprendre les manigances de, voir clair dans le jeu de, démasquer ; **to be found out** se faire prendre, être démasqué.

finding *n.* **1** découverte. **2** *pl.* constatation, observations, conclusions, résultats, constat, données recueillies ; **this breakthrough challenges the ~s of earlier studies** cette percée remet en cause les conclusions d'études antérieures. **3** *Dr.* décision *[d'une juridiction]*, verdict ; **to make a ~ on** se prononcer sur, statuer sur, trancher ; **to make a ~ of fact(s)** apprécier les faits ; **to ask for a ~** demander acte.

fine *adj.* **the ~r points of** les subtilités de. ✪ **~ art market** marché des œuvres d'art ; **~ art** art ; *pl.* beaux-arts ; **~ bank bill** effet de premier ordre, effet éligible au réescompte de la banque centrale ; **~ chemicals** a) produits de la chimie fine ; b) *Secteur* chimie fine ; **~ chemicals industry** chimie fine ; **~ distinction/line** distinction subtile ; *[***there is a ~ line between** il existe une distinction subtile entre*]* ; **~ print** *Fig.* caractères minuscules, détails des clauses, clauses peu apparentes ; *[***people should always read the ~ print before signing a contract** il faut toujours lire le détail des clauses d'un contrat avant de le signer*]* ; **~st hour** période la plus illustre ; **~ trade bill** effet de premier ordre, effet éligible au réescompte de la banque centrale ; **tread a ~ line** agir avec prudence.

fineness *n.* titre *[d'un métal précieux].*

fine-tuning *n. Fig.* mise au point, ajustement minutieux, réglage de précision, réglage en finesse.

finger *n.* ✪ **~ pointing** mise en cause, attribution de la responsabilité, désignation du/des responsable(s) ; accusations ; **point ~s, point the ~ of blame** désigner un/des responsable(s), lancer des accusations ; *[***to point the ~ of blame at** rendre responsable, mettre en cause, accuser, incriminer*].*

finner *n.* rorqual commun.

fin-whale *n.* rorqual commun.

fire *n.* **1** feu ; incendie. **2** *Mil.* tir ; coups de feu ; **mortar ~** tir de mortier ; **to exchange ~ with** échanger des coups de feu avec ; **to return ~** riposter. ✪ **come under ~** a) être sous le feu *[de l'ennemi],* être attaqué, essuyer des coups de feu/tirs ; b) *Fig.* être critiqué, être en butte aux critiques, être sur la sellette ; **~ alarm** avertisseur d'incendie ; **~ blight** *Agr.* feu bactérien ; **~-boat** *n.* bateau-pompe ; **~-bomb** *n.* bombe incendiaire ; **~-break** *n.* coupe-feu ; **~-brick** *n.* brique réfractaire ; **~ brigade** (brigade des) (sapeurs-) pompiers ; **~ chief** *ÉU* capitaine des pompiers ; **~ company** *ÉU* a) (brigade des) (sapeurs-) pompiers ; b) compagnie d'assurance incendie ; **~ department** *ÉU* (brigade des) (sapeurs-) pompiers ; **~ door** porte coupe-feu ; **~ drill** exercice d'incendie ; **~ engine** voiture de pompiers ; **~ escape** escalier de secours ; **~ exit** sortie de secours ; **~ extinguisher** extincteur ; **~ fighter** pompier ; **~-fighting** *n.* a) lutte contre l'incendie ; b) *Fig.* mesures visant à parer au plus pressé, improvisation ; **~-fighting plane** bombardier d'eau ; **~-guard** *n.* a) garde-feu ; b) *ÉU* coupe-feu ; **~ hose** lance d'incendie ; **~ house** *ÉU* caserne de pompiers ; **~ hydrant** bouche d'incendie ; **~ insurance** assurance incendie ; **~ line** *ÉU* coupe-feu ; **~ loss adjuster** expert en assurance incendie ; **~ marshal** *ÉU* a) chef des services de prévention des incendies ; chef des services chargés des enquêtes sur les incendies ; b) responsable de la prévention des incendies *[dans une usine] ;* **~-master** *n.* capitaine des pompiers ; **~-office** *n.* compagnie d'assurance incendie ; **~ place** cheminée, âtre, coin du feu ; **~-plug** *n. ÉU* bouche d'incendie ; **~-policy** *n.* police d'assurance incendie ; **~-power** *n.* a) puissance de feu ; b) *Fig.* potentiel, capacités ; force de persuasion, influence ; **~-proof** *adj.* résistant au feu, ininflammable, ignifugé, à l'épreuve du feu ; **~-proofing** *n.* a) ignifugation ; b) (matière) ignifuge ; **~-raiser** *n.* incendiaire ; **~-raising** *n.* incendie volontaire ; **~-retardant** *adj.* ignifuge ; **~-resistant** *adj.* résistant au feu, ignifuge, anti-feu ; **return ~** riposter ; **~-safe** *adj.* protégé contre la destruction par le feu ; **~ safety** sécurité incendie ; **~ sale** a) vente de marchandises endommagées dans un incendie ; b) *ÉU* vente de marchandises/d'actifs à prix réduits ; **~-side chat** *ÉU* allocution informelle *[à la radio ou à la télévision] ;* **~ station** caserne de pompiers ; **~-storm** *n.* gigantesque incendie ; **~ support** appui de l'artillerie ; appui aérien ; **~-trap** *n.* immeuble très dangereux en cas d'incendie ; **~ truck** *ÉU* voiture de pompiers ; **~ wall** a) mur coupe-feu ; b) *Inf.* pare-feu, coupe-feu ; **~ warden** a) responsable de la sécurité incendie ; b) responsable de l'évacuation (en cas d'incendie) *[pour un étage, p. ex.] ;* **~-wood** *n.* bois de chauffage/chauffe, bois à brûler ; **set ~ to, set on ~** mettre le feu à, incendier ; **under ~** a) *Mil.* attaqué, sous le feu ; b) en cas de difficulté, dans la tourmente ; c) (très) critiqué, sur la sellette, fortement contesté.

fire and forget *Mil.* « tire et oublie ».

firing *adj.* ✪ **~ line** *[***in the ~ line** dans le collimateur, dans la ligne de mire*] ;* **~ squad** peloton d'exécution.

firm *n.* entreprise, société, compagnie, firme ; cabinet *[d'avocats].*

firm *adj. Bourse [opération, cours]* ferme.

firmware *n. Inf.* microprogramme.

first *n.* ✪ **from the ~** dès le départ, d'emblée.

first *adj.* **the ~ $250,000 of an estate** la première tranche de 250000 dollars d'une succession. ✪ **as a ~ step** dans un premier temps ; **at ~ glance** à première vue ; **~ aid** a) premiers secours/soins, soins/secours d'urgence ; b) secourisme ; **~ aid kit** trousse de secours ; **~-class** *adj. [travail, service]* excellent, hors pair, de premier ordre, en tous points remarquable ; **~-class mail** courrier prioritaire ; **~ come, ~ served** *[***on a ~-come ~-served basis** dans l'ordre des demandes, par ordre d'arrivée ; **participants were chosen on a ~-come, ~-served basis** les participants ont été choisis dans l'ordre des demandes ; **documents will be translated on a ~-come ~-served basis** les documents seront traduits par ordre d'arrivée*] ;* **~ cousin** cousin germain ; **~ degree** *Ens.* licence ; *Can.* baccalauréat ; **~-degree murder** *ÉU* meurtre aggravé, assassinat ; **~ draft** première version ; premier jet ; **~ half of the year** premier semestre ; **~-hand** *adj. [expérience, connaissance]* direct ; de première main ; *[***~-hand information** information de première main ; **~-hand experience** expérience personnelle*] ;* **~ hand** *[***(at) ~ hand** *[apprendre qqch.]* par soi-même, directement, de première main, par expérience personnelle, de la source même*] ;* **~-job seeker** demandeur d'un premier emploi ; **~ lady** *ÉU* épouse du président ; **~ lieutenant** *ÉU* lieutenant ; **~ light** aube ; **~ minister** ministre principal ; **~ mortgage** hypothèque de premier rang ; **First Nations** *Can.* Premières nations ; **~ offender** délinquant primaire ; **~ officer** copilote ; **~-past-the-post system** *Pol.* scrutin majoritaire à un tour ; **~ priority** priorité numéro un/absolue/la plus urgente, plus grande/haute priorité, priorité des priorités ; *[***to be a ~ priority** être tout à fait prioritaire*] ;* **~-rate** *adj.* de premier ordre, excellent ; **~ reading** examen en première lecture *[d'un projet de loi] ;* **~ school** *RU first school [= école primaire accueillant des enfants âgés de 5 à 8/9 ans] ;* **~ signs** signes avant-coureurs, signes précurseurs, prodromes ; **~ strike** *Mil.* première frappe ; **~ things ~** procédons par ordre, chaque chose en son temps ; **in the ~ instance** a) dès le début, d'emblée, d'entrée de jeu, tout de suite, dès l'abord, dès le départ ; b) dans un premier temps, (tout) d'abord, en premier lieu ; c) au premier chef ; **in the ~ place** a) en fait, déjà, de toute façon, d'ailleurs, du reste ; b) tout de suite, tout d'abord, en premier lieu ; c) plus fondamentalement ; *[***to reintegrate the unemployed into the labour market and to prevent people from becoming unemployed in the ~ place** réinsérer les chômeurs dans le monde du travail et, plus fondamentalement, prévenir le chômage ; **this insensitive statement further aggravated a situation that was very delicate in the ~ place** cette déclaration dépourvue de tact a envenimé une situation déjà très délicate*] ;* **~-time** *adj.* débutant ; **~-time offender** délinquant primaire ; **not for the ~ time** une fois de plus, une fois encore, à nouveau ; **right of ~ choice** droit de préemption.

first *adv.* **1** (tout) d'abord, au début, initialement, dans un premier temps, en premier lieu. **2** avant tout ; **safety ~** la sécurité avant tout, priorité à la sécurité. **3** premièrement, primo. **4** pour la première fois. **5 the problem was ~ identified in 2002** le problème a été décelé en 2002 ; **the code of practice was ~**

adopted in 1999 and has been amended several times since then le code de bonne conduite a été adopté en 1999 et modifié plusieurs fois par la suite.

fiscal *n.* **1** exercice budgétaire. **2** *Dr. Écosse* procureur.

fiscal *adj.* **1** budgétaire ; **the ~ policies of the new administration disappointed many voters** la politique budgétaire du nouveau gouvernement a déçu de nombreux électeurs. **2** financier. **3** fiscal. ✪ **~ deficit** déficit budgétaire ; **~ drag** *Écon.* freinage fiscal *[de la croissance, de la demande]* ; **~ policy** politique budgétaire ; **~ year** exercice.

fish *n.* ✪ **~ breeding/culture** pisciculture ; **~ farm** exploitation piscicole ; **~ farmer** pisciculteur ; **~ farming** pisciculture ; **~ ladder** échelle à poissons ; **~ resources** ressources halieutiques ; **~ stock** stock(s) de poissons.

fishery *n.* **1** zone de pêche. **2** (secteur de la) pêche. ✪ **~ policy** politique en matière de pêche ; **~ resources** ressources halieutiques.

fishing *n.* ✪ **~ expedition** *Fig.* recherche/enquête/interrogatoire sans fil conducteur, recherche aléatoire d'informations compromettantes ; **~ grounds** lieux de pêche.

fishway *n.* échelle à poissons.

fission products *Nucl.* produits de fission.

fit *v.* **I 1** *tr.* installer *[appareil]*. **2** *tr.* (bien) correspondre à, concorder avec, coïncider avec, être conforme à, être en harmonie avec, être adapté à ; **the suspect does not ~ the description of the perpetrator** le suspect ne correspond pas au signalement de l'auteur du délit ; **he does not ~ the stereotype** il n'est pas conforme au stéréotype ; **the sentence ~s the crime** la peine est proportionnée au délit. **3** *intr.* bien s'intégrer, bien convenir. **4** *tr.* répondre à *[critère, besoin]*. **II ~ in 1** s'insérer ; **where does Britain ~ in?** quelle est la place de la Grande-Bretagne ? **2** *[personne]* être bien intégré. **3** s'intégrer dans ; **he did not ~ in the team** il ne s'est pas intégré dans l'équipe. **III ~ into** s'insérer dans, trouver sa place dans, rentrer dans ; **a novel approach that does not ~ into any of the above categories** une méthode inédite qui ne rentre dans aucune des catégories susmentionnées.

fit *n.* **1** correspondance, concordance, (bonne) adéquation ; compatibilité ; **perfect ~** adéquation parfaite. **2** complémentarité.

fit *adj.* **1 (to)** *[personne]* apte à, capable de. **2** *[chose]* approprié, convenable ; **(for)** propre à ; **see ~** juger approprié ; **as he sees ~** comme il l'entend, comme bon lui semble ; **the committee will issue such statements as it may think ~** le comité rendra publiques les déclarations qu'il jugera appropriées ; **the paper reports all the news that's fit to print** le journal rend compte de toutes les informations dignes d'être imprimées. **3** en bonne santé ; en forme ; **to keep ~** garder la forme. ✪ **~ and proper** *[personne]* compétent et approprié, *[chose]* approprié ; **~ for purpose** adapté au but qui lui est assigné.

fitness *n.* mise en forme, mise en condition physique. ✪ **~ centre** centre/club de mise en forme, centre/club de culture physique.

fitting *adj.* convenable, adapté, approprié, adéquat, idoine, opportun, séant, correct.

fittings *n. pl.* installation, aménagements ; accessoires.

five-day week semaine anglaise.

fix *v. tr.* **1** fixer, établir, déterminer, choisir, prescrire ; **to ~ a time limit** impartir un délai. **2** réparer, remettre en état, arranger ; *Fam.* rafistoler, retaper ; remédier à, corriger ; régler *[problème]*, remettre de l'ordre dans. **3 to ~ prices** *[entreprises]* s'entendre sur les prix.

fix *n.* **1** solution, remède. **2** *Or* fixing. **3** informations ; **before investing in Japanese equities, he tried to get a quick ~ on the state of the country's economy** avant d'investir dans des actions japonaises, il s'est efforcé de se renseigner rapidement sur l'économie du pays. **4** *Mar.* point. **5** *Fam.* dose *[de drogue]*. **6** *Fam.* pétrin.

fixed *adj.* **1** fixe, inchangé. **2** *[élection]* truqué ; **the game is ~** *Fig.* les dés sont pipés. ✪ **~ abode** domicile fixe ; **~ assets** actifs fixes, immobilisations corporelles ; **~ capital** capital fixe, immobilisations ; **~ charges/costs** charges/coûts/frais fixes ; **~ income investment** placement à revenu fixe ; **~ income securities** valeurs à revenu fixe ; **~ instalment depreciation** amortissement constant/linéaire ; **~ interest bond** obligation à taux fixe ; **~ interest securities** valeurs à revenu fixe ; **~ liabilities** passif non exigible ; **~ link** *Transp.* liaison fixe ; **~-price contract** contrat à forfait ; **~ rate** taux forfaitaire ; **~-term contract** contrat à durée déterminée ; **~-wing aircraft** aéronef/appareil à voilure fixe, avion.

fixture *n.* **1** meuble/installation incorporé(e)/scellé(e) à un immeuble, installation fixée à demeure ; *pl.* aménagements ; **~s and fittings** aménagements. **2** *Dr.* immeuble par destination, meuble attaché à perpétuelle demeure. **3** *pl. Compt.* installations et équipements. **4** *Fig.* personne toujours fidèle au poste, visage familier ; élément immuable/omniprésent, caractéristique ; **to be a ~** faire partie du décor/paysage ; **the tabling of the Finance Bill is a ~ of the political calendar** le dépôt du projet de loi de finances est un jalon du calendrier politique. **5** *RU* manifestation sportive (régulière).

fizzle *v.* **~ out** faire long feu.

flabbergasted *adj.* stupéfait, effaré, médusé.

flabbergasting *adj.* stupéfiant, effarant, bluffant, époustouflant.

flag *v.* **1** *tr.* attirer l'attention sur, signaler. **2 ~ up** attirer l'attention sur, signaler ; **(that)** signaler que.

flag *n.* **a vessel flying the Greek ~** un navire battant pavillon grec, un navire navigant sous pavillon grec. ✪ **~ carrier/line** compagnie (aérienne/maritime) nationale ; **~ of convenience** pavillon de complaisance ; **~ state** État du pavillon ; **show the ~** *Fig.* faire acte de présence.

flagging out changement/abandon de pavillon.

flagship *n.* **1** navire amiral. **2** *Fig.* fleuron, porte-drapeau.

flagship *adj. [produit]* phare, vedette.

flamboyant *adj. Fig.* **1** *[personne]* haut en couleur, extravagant, excentrique, pittoresque, hors du commun ; exubérant, démonstratif, expansif. **2** *[chose]* voyant, criard, ostentatoire.

flame *v. tr. Internet* incendier.

flame *n. Inf.* message (électronique) agressif/incendiaire/virulent. ✪ **go up in ~s** être la proie des flammes, être ravagé par un incendie, disparaître en fumée ; *Fig.* s'embraser.

Flanders *n. Belg.* Flandre *[la Flandre, ou Région flamande selon la constitution belge, est l'une des trois régions qui constituent la Belgique d'aujourd'hui]*.

flap *n.* **1** rabat *[de la jaquette d'un livre]*, patte *[d'une enveloppe]*. **2** *Aéron.* volet. **3** *Fam.* incident, confusion, agitation.

flare *v.* **1** *tr. Pétrole* brûler *[gaz]*. **2 ~ up** *[prix]* flamber ; **there is a fear that prices will soon ~ up** on craint qu'une flambée des prix ne se produise prochainement.

flare *n.* fusée éclairante. ✪ **~ bomb** bombe éclairante.

flash *n.* ✪ **~ card** *Ens.* carton éclair ; **~ flood** inondation soudaine, crue éclair ; **~ point** a) *Phys.* point d'éclair ; b) événement critique, question névralgique ; c) déclic ; d) poudrière.

flashing point *Phys.* point d'éclair.

flat *adj.* **1** plat. **2** *Écon.* stable, stationnaire, stagnant ; *[chiffre d'affaires]* inchangé ; **consumption remained ~ last year** la consommation a stagné l'année dernière ; **~ market** *Bourse* marché calme/terne/languissant/morose/en stagnation. **3** *Fig.* fixe, unique, uniforme *[par opp. à différencié] ;* forfaitaire ; **a ~ 2% annual fee** une commission annuelle prélevée au taux unique de 2 % ; **the ~ fare system greatly simplifies ticketing procedures** le système du prix forfaitaire du voyage simplifie considérablement la délivrance des billets. **4** net, sans équivoque, formel, catégorique, absolu, pur et simple ; **~ pledge** promesse formelle ; **he made a ~ pledge to cut inflation** il s'est formellement engagé à réduire l'inflation ; **~ refusal** refus catégorique. ✪ **~ display** *Inf.* écran plat ; **~ panel display/screen** *Inf.* écran plat ; **~-plate collector** *Énergie* capteur (solaire) plan ; **~ rate** a) tarif proportionnel/non dégressif ; b) taux uniforme ; c) tarif forfaitaire ; *[***taxed at a ~ rate of 33%** imposé à un taux uniforme de 33 %*] ;* **~-rate** *adj.* a) *[tarif]* uniforme ; b) forfaitaire.

flat *adv. Fam.* chrono ; **she claimed she could translate 1,000 words in ten minutes ~** elle a soutenu qu'elle pouvait traduire 1000 mots en dix minutes chrono.

flatbed scanner scanner à plat.

flatly *adv.* sans ambages, sans détours, carrément, purement et simplement, *[démentir]* catégoriquement, formellement.

flat-out *adj.* pur et simple.

flat out 1 sans détours. **2** *[travailler]* d'arrache-pied, à plein régime.

flavouring agent aromatisant.

flaw *n.* défaut, défectuosité, déficience, carence, faiblesse, point faible, imperfection, malfaçon, anomalie, faille, vice, tare.

flawed *adj.* imparfait, déficient, entaché d'erreurs, incorrect, erroné, mal conçu, bancal ; **to be ~** laisser à désirer, manquer de rigueur.

flawless *adj.* parfait, irréprochable.

fledgling industry industrie naissante.

fleet *n. Transp. routiers* parc *[de véhicules]*, matériel roulant ; *Transp. aériens* flotte.

flesh *v.* **~ out** compléter, préciser, donner des détails sur *[proposition] ;* donner un contenu à.

flexibility *n.* souplesse, flexibilité, plasticité, adaptabilité.

flexible *adj.* souple, flexible ; conciliant ; ouvert. ✪ **~ response** *Mil.* riposte graduée ; **~ working hours/time** horaire flexible, horaire à la carte.

flex(i)time *n.* horaire flexible, horaire à la carte.

flight *n.* ✪ **~ attendant** *Av.* hôtesse de l'air, steward ; *pl.* personnel de cabine ; **~ capital** capitaux en fuite ; **~ control** *Aéron.* commande de vol ; **~ deck** a) *Av.* poste de pilotage *[d'un avion]* ; b) pont d'envol *[d'un porte-avions] ;* **~ deck crew** *Av.* personnel navigant technique ; **~ engineer** *Av.* mécanicien navigant ; **~-exclusion zone** zone d'interdiction de survol ; **~ path** *Aéron.* trajectoire de vol ; **~ plan** *Av.* plan de vol ; **~ recorder** *Av.* enregistreur de bord ; **~ simulator** *Av.* simulateur de vol ; **~ to quality** *Bourse* recherche de valeurs sûres.

flip *n.* ✪ **~ chart** tableau de conférence, tableau à feuilles mobiles ; **~ side** *Fig.* a) inverse, contraire, autre aspect ; aspect négatif, revers de la médaille ; b) corollaire.

float *v.* **1** *intr. [objet]* flotter. **2** *tr.* inonder ; irriguer *[terres]*. **3** *intr. [monnaie]* flotter. **4** *tr.* laisser flotter *[monnaie]*. **5** *tr.* lancer, proposer *[idée]*, formuler, émettre *[proposition] ;* **the President ~ed this idea in a speech delivered in Rome** le président a lancé cette idée dans un discours prononcé à Rome. **6** *tr. Fig.* émettre *[obligations, actions] ;* **to ~ an issue** lancer une émission. **7** *tr.* constituer *[entreprise]* en société par actions. **8** *intr. [entreprise]* être constitué en société par actions.

float *n.* **1** flotteur. **2** *Bourse* flottant *[= ensemble des actions détenues par le public, par opp. à quelques grands actionnaires]*. **3** *RU* fonds de caisse. **4** chèques et effets en cours de compensation. **5** battement *[= marge de temps]*. **6** flottement *[d'une monnaie]*. **7** supplément *[au titre d'une indexation, p. ex.]*. **8** char *[circulant lors d'un défilé]*. **9** *RU* fourgonnette de livraison.

floater *n.* **1** *Ass.* police flottante. **2** *Fin.* émission à taux variable. **3** titre au porteur. **4** *Adm.* agent volant.

floating *adj.* ✪ **~ assets** actif circulant ; **~ boom** barrage flottant *[utilisé en cas de marée noire] ;* **~ capital** capitaux flottants ; **~ crane** ponton-grue ; **~ debt** dette flottante ; **~ exchange rate** taux de change flottant ; **~ insurance** assurance flottante ; **~ point** *Inf.* virgule flottante ; **~ policy** *Ass. mar.* police flottante ; **~ rate notes** obligations à taux variables.

flocculation *n.* floculation.

flood *n.* **1** inondation ; crue. **2** *Fig.* afflux massif, arrivée massive *[de réfugiés]*, déluge, déferlement, avalanche, vague. ✪ **~ control** lutte/mesures/protection contre les inondations ; maîtrise des crues ; **~ (control) dam** barrage de crue ; **~ flow** débit de crue ; **~ plain** lit majeur.

floor *n.* **1** *Pol.* hémicycle ; *RU* bancs des députés. **2** *Pol.* séance plénière ; **it was his first speech on the ~ of the House** il s'agissait de son premier discours en séance plénière. **3** participants, assistance *[lors d'un colloque]*. **4** parole ; **to give the ~ to** donner la parole à ; **to have the ~** avoir la parole ; **to take the ~** prendre la parole ; **the delegate refused to yield the ~** le délégué a refusé de céder la parole. **5** langue de l'orateur, langue originale *[= option offerte, en plus de l'interprétation dans d'autres langues, aux personnes qui suivent les débats d'une conférence à l'aide d'écouteurs]*. **6** *Bourse* corbeille, parquet. **7** plancher, minimum, seuil. ✪ **~ area** a) surface utile ; b) locaux ; **~ broker** *Marché à terme* commissionnaire ; **~ manager** *TV* régisseur de plateau ; **~ space** a) surface utile, surface de plancher, surface habitable ; b) locaux ; **~ trader** *Marché à terme* spéculateur professionnel, *floor trader [= opérateur agissant pour son propre compte].*

flop *n. Fam.* bide.

floppy *adj.* ✪ **~ disk** *Inf.* disquette ; **~ (disk) drive** unité de disquettes.

flotation *n.* **1** flottement *[d'une monnaie].* **2** émission *[d'un emprunt, d'actions]* ; lancement *[d'une émission, d'une société].*

flotsam *n.* épave flottante.

flout *v. tr.* **1** narguer, se moquer de, tourner en dérision. **2** traiter par le mépris, ignorer, faire fi de, faire litière de, ne tenir aucun compte de. **3** bafouer, braver, fouler aux pieds, violer, transgresser, désobéir à, passer outre à.

flow *n.* **1** débit *[d'un cours d'eau]* ; flux ; écoulement. **2** afflux *[de réfugiés].* **3** flux *[financiers],* circulation *[de l'information, des connaissances],* mouvement, apport *[de capitaux]* ; circuit ; courant ; **the trade ~s between Russia and the EU countries** les courants d'échange entre la Russie et les pays de l'Union européenne ; **the minister expressed concern about the ~ of capital out of the country** le ministre a exprimé des inquiétudes concernant les sorties de capitaux. ✪ **~ chart/diagram** schéma opérationnel, organigramme, ordinogramme ; *Inf.* organigramme, ordinogramme ; **~ rate** débit.

fl oz (fluid ounce) *fluid ounce [= RU = 28,413 ml ; ÉU = 29,572 75 ml].*

flue gas gaz de combustion.

fluency *n.* maîtrise *[d'une langue].*

fluidized bed lit fluidisé.

fluid ounce *fluid ounce [RU = 28,413 ml ; ÉU = 29,572 75 ml].*

fluoridation *n.* fluorisation.

fluorine *n.* fluor.

fluorocarbon *n.* fluorocarbure.

flush *v.* **~ out** *Mil.* débusquer.

flush *adj.* **1** ne faisant pas saillie ; **(with)** au même niveau que, dans l'alignement de, de plain-pied avec ; *Typographie* aligné sur *[la marge].* **2** *[argent]* abondant ; **to be ~ with** regorger de.

flush toilet toilettes à chasse d'eau.

flux *n. Fig.* **to be in a state of ~** changer constamment, être en mouvement/mutation permanent(e), être en évolution/transformation constante, bouger beaucoup.

fly *n.* ✪ **~ ash** cendres volantes ; **~ sheet** a) prospectus, feuillet imprimé ; b) feuillet explicatif ; **on-the-~** *adj. Inf.* instantané ; **on the ~** *Inf.* instantanément, sans marquer de pause, à la volée.

flyby *n. Esp.* passage à proximité/au voisinage, survol ; **a ~ of Pluto** un passage à proximité de Pluton.

fly-by-night *adj. [entreprise]* éphémère, pouvant fermer ses portes à tout moment, prêt à mettre la clé sous le paillasson, douteux, véreux.

fly-by-wire *adj. Aéron.* à commandes électriques de vol.

flying *adj.* ✪ **~ officer** *RU* officier de la Royal Air Force ; **~ squad** groupe d'intervention rapide ; **Flying Squad** *RU* groupe d'intervention de la police ; **~ start** *Fig.* avantage initial considérable ; démarrage sur les chapeaux de roue ; *[***to get off to a ~ start** prendre un excellent départ, démarrer de façon très encourageante*]* ; **with ~ colours** *[réussir (une épreuve)]* brillamment, avec brio, haut la main, de façon éclatante.

flywheel *n.* volant (d'inertie).

FO (Foreign Office) *RU Foreign Office,* ministère des Affaires étrangères.

foam rubber caoutchouc mousse.

FOB (free on board) **1** *Incoterms* FOB *[dans les documents contractuels, les sigles des Incoterms ne doivent pas être traduits].* **2** *ÉU* FOB (franco à bord) *[aux Etats-Unis, le sens de « FOB » ne correspond généralement pas à celui de l'Incoterm FOB].*

focal point **1** centre, pôle, point de convergence ; **at present, Hungary is the ~ of our investment plans** actuellement, nos projets d'investissement sont centrés sur la Hongrie. **2** foyer *[d'une lentille].* **3** point de contact, interlocuteur, interface, centre de coordination/liaison, organisme relais, chargé de liaison, correspondant, coordinateur.

focus *v. Fig.* **I** *tr.* **1 (on)** *[personne, organisation]* centrer *[efforts]* sur, affecter *[ressources]* à, canaliser *[efforts]* vers, concentrer *[efforts]* sur, attirer/polariser/cristalliser *[l'attention]* sur, mettre en évidence ; **to ~ one's efforts on improving sth** veiller surtout à améliorer qqch. ; **UNICEF goodwill ambassadors are able to ~ public attention on the plight of children** les ambassadeurs itinérants de l'UNICEF sont en mesure d'attirer l'attention du public sur le sort des enfants. **2** orienter ; **to ~ resources where they are needed most** affecter les ressources aux domaines prioritaires. **II ~ on** **1** *[rapport, travaux]* porter (principalement/essentiellement/surtout/plus particulièrement/notamment) sur, concerner, avoir pour thème ; être axé/centré sur ; se limiter à ; **this brochure ~es on waste disposal** la présente brochure porte sur l'élimination des déchets. **2 to be ~ed on** *[rapport, travaux]* porter (principalement/essentiellement/surtout/plus particulièrement/notamment) sur, concerner, avoir pour thème ; être axé/centré sur ; se limiter à ; **efforts are ~ed on two major areas** les efforts portent principalement sur deux domaines. **3** *[personne, organisation]* diriger/porter (principalement) son attention vers/sur, privilégier, s'orienter vers, orienter ses activités vers, se centrer sur, se consacrer à, se polariser sur, s'intéresser à, se soucier de, se préoccuper (avant tout) de, accorder/donner la priorité à, privilégier, placer au centre de ses préoccupations, (faire) porter ses efforts sur, axer/concentrer ses efforts sur, axer les efforts/son action sur, se focaliser sur, insister sur, mettre l'accent sur ; **the sales force should ~ exclusively on our new products** l'équipe de vente doit faire porter tous ses efforts sur nos nouveaux produits ; **the government will ~ on growth** le gouvernement privilégiera la croissance ; **a business that ~es on the low-end market** une entreprise qui axe ses activités sur le marché des produits bas de gamme ; **the team of pharmacologists decided to ~ exclusively on this disease** l'équipe de pharmacologues a décidé de porter toute son attention sur cette maladie. **4 to ~ on doing sth** *[personne, organisation]* s'employer/s'attacher à faire qqch. ; **we are ~ing on settling this matter as speedily as possible** nous nous employons à régler cette affaire aussi rapidement que possible. **5** *[chose abstraite]* être axé sur ; **development assistance should ~ on education** l'aide au développement devrait être axée sur l'enseignement.

focus *n.* **1** foyer *[d'une lentille, d'une épidémie].* **2** centre (des préoccupations), élément central, centre de l'attention, centre d'intérêt, attention (prioritaire), cœur, pivot, objet, aspect privilégié, importance, place importante/de choix, accent, dominante, priorité, orientation (claire), idée-force, pôle, point de mire, thème (central), sujet, enjeu ; cible, objectif ; **to be the ~ of** dominer ; **to provide a ~ for** orienter ; **~ on** plein feux sur, gros plan sur, coup de projecteur sur, regard sur ; **the ~ is on financial results** l'accent est mis sur les résultats financiers ; **to bring into ~** mettre en évidence ; **to come into sharp ~** susciter beaucoup d'attention ; **to bring into sharper ~** mettre particulièrement en relief ; attirer l'attention sur, mettre en évidence ; **with a sharper ~ on** en mettant davantage l'accent sur ; **to sharpen the ~ of** préciser ; **the organization should maintain its ~ on human rights** l'organisation doit continuer à mettre l'accent sur les droits de l'homme ; **with its ~ on education, Labour has been accused of copying the Liberal Democrats** parce que le Parti travailliste privilégie l'enseignement, on l'a accusé de copier les Libéraux démocrates ; **she was the ~ of her colleagues' attention** elle était au centre de l'attention de ses collègues ; **the plight of the gypsies of central Europe has been the ~ of international controversy** le sort des tsiganes d'Europe centrale fait l'objet d'une controverse au niveau international ; **primary care should be the ~ of the health care system** les soins primaires devraient être au cœur du système de santé ; **the president is again the ~ of rumours about his private life** une fois de plus, des rumeurs circulent au sujet de la vie privée du président ; **sponsorship of sporting events by tobacco companies is again the ~ of a bitter debate** le parrainage de manifestations sportives par des cigarettiers suscite à nouveau un âpre débat ; **the organization has its ~ on the young unemployed** l'organisation se consacre aux jeunes chômeurs ; **the president reaffirmed the country's ~ on Islamic values** le président a réaffirmé l'importance que le pays accorde aux valeurs islamiques ; **the talks will have an economic ~** les discussions porteront sur l'économie ; **the party has sharpened its ~ on the environment** le parti a davantage axé son action sur l'environnement ; **the impact of European colonialists on Africa is the ~ of this book** les effets de l'action menée par les colonialistes européens en Afrique sont le thème de ce livre. **3** approche ; **a historical ~ is necessary to understand the dispute** une approche historique est nécessaire à la compréhension du litige. ✪ **~ group** *Marketing focus group ; Sciences sociales* groupe de discussion ; **out of ~** flou.

focused *adj.* sélectif, bien défini/délimité, circonscrit, spécifique, précis, (bien/très) ciblé, orienté avec précision ; **shorter and more ~ reports** des rapports plus succincts et plus spécifiques ; **~ policy** politique bien ciblée ; **a more sharply ~ document is needed** un document mieux ciblé est nécessaire. ✪ **~ interview** entretien centré.

fodder *adj.* *[culture]* fourrager.

fog light phare antibrouillard.

fold *suff.* **to rise three-~** être multiplié par trois ; **a six-fold increase** une multiplication par six, une augmentation de 500 %.

folder *n. Inf.* dossier.

folk *n.* ✪ **~ art** art(s) traditionnel(s) ; **~ customs** coutumes populaires ; **~ culture** culture populaire ; **~ etymology** étymologie populaire ; **~ hero** héros populaire ; **~ medicine** médecine traditionnelle ; **~ memory** mémoire collective, mémoire conservée par la tradition orale ; **~ remedy** remède empirique/de bonne femme ; **~ wisdom** croyance populaire ; *[***~ wisdom has seen infertility as a punishment** d'après la croyance populaire, la stérilité serait une punition*]*.

folklore *n.* **1** folklore ; **each nation's identity is partly defined by its ~** l'identité d'un pays est déterminée en partie par son folklore. **2** coutumes ; **~ plays a large part in traditional medicine** les coutumes jouent un rôle important dans la médecine traditionnelle.

follow *v.* **I ~ through 1** poursuivre (son action), poursuivre dans la même voie. **2** donner suite à. **3** mener à bien ; **to ~ through a victory** exploiter pleinement une victoire. **II ~ through on** mettre à exécution *[menace],* tenir *[promesse],* donner suite à. **III ~ up 1** suivre, faire suite à. **2** poursuivre, prolonger, compléter ; **to ~ up sth with** prolonger/compléter qqch. par ; **the organization ~ed the conference up with a series of small meetings** l'organisation a prolongé la conférence par une série de petites réunions. **3** donner suite à ; **to ~ up a complaint** instruire une réclamation/plainte ; **the government intends to ~ up the recommendations of the study** le gouvernement a l'intention de mettre en œuvre les recommandations formulées dans l'étude. **4** assurer le suivi de, contrôler l'application/la mise en œuvre de. **5** surveiller, observer. **IV ~ up on 1** prendre la suite de. 2 faire suite à.

follow-through *n.* poursuite des activités.

follow-up *n.* **1** suite donnée/réservée, suite à donner/réserver ; mise en œuvre *[d'un plan d'action] ;* **a panel of experts will assess the ~ to the conference declaration** un comité d'experts évaluera les suites données à la déclaration adoptée lors de la conférence. **2** prolongement, action menée dans le prolongement de *[conférence],* continuation, action complémentaire ; **to be a ~ to** s'inscrire dans le cadre/prolongement de, faire suite à. **3** contrôle, surveillance.

follow-up *adj.* **1** complémentaire ; **we returned to the bank for a ~ loan of £200,000** nous avons sollicité de la banque un crédit complémentaire de 200 000 livres. **2** ultérieur. **3** permettant de faire le point ; **~ meeting** réunion faisant suite à la présente/précédente ; **a ~ meeting will be held in Vienna** on tiendra une réunion à Vienne afin de poursuivre l'examen de ces questions. ✪ **~ letter** lettre de relance ; **~ question** *Journ.* question complémentaire, demande de précisions ; **~ report** mise à jour.

font *n. Inf.* police (de caractères).

food *n.* aliment(s), denrées/produits alimentaires, nourriture, vivres. ✪ **~ additive** additif alimentaire ; **~ aid** aide alimentaire ; **Food and Agriculture Organization of the United Nations** Organisation des Nations Unies pour l'alimentation et l'agriculture ; **Food and Drug Administration** *ÉU* Administration des aliments et des médicaments ; **~ chain** filière alimentaire ; **~ crop** culture vivrière ; **~ for thought** matière à réflexion ; base de réflexion ; *[***to provide ~ for thought** donner à réfléchir, constituer une base de réflexion*] ;* **~-for-work project** projet « vivres contre travail » ; **~ irradiation** ionisation/irradiation des aliments ; **~ manufacturing** *Secteur* industrie alimentaire ; **~ poisoning** intoxication alimentaire ; **~ preservation** conservation des aliments ; **~-processing industry** industrie alimentaire ; **~ processor** a) robot de cuisine ; b) entreprise de transformation de denrées alimentaires ; **~ safety** sécurité sanitaire des aliments *[= innocuité des aliments] ;* **~ science** bromatologie ; **~ security** sécurité alimentaire *[= sécurité des approvisionnements en aliments] ;* **~ stamps** *ÉU* bons d'alimentation *[distribués aux indigents et utilisables dans les magasins]*.

foolproof *adj.* **1** indéréglable, à l'abri des fausses manœuvres ; facile d'emploi. **2** infaillible, totalement sûr ; **no security system is ~** aucun système de sécurité n'est infaillible.

foot *v. tr.* prendre à sa charge *[facture, dépenses]*.

foot *n.* pied *[= 30,48 cm]*. ✪ **drag one's feet** tarder à agir, temporiser ; **~-and-mouth (disease)** fièvre aphteuse ; **~-dragging** *n.* résistance (passive), mauvaise volonté, manque de coopération, réticence, temporisation ; **shoot oneself in the ~** se nuire à soi-même stupidement, scier la branche sur laquelle on est assis ; **stand on one's own two feet** être autonome, être capable de se prendre en charge.

footage *n. TV* images, sujet, séquence, reportage.

football hooliganism hooliganisme lors de matches de football.

footer *n. Inf.* pied de page.

footing *n. Fig.* **1** assise, fondations, base (solide/saine), bases ; point d'appui ; équilibre ; **financial ~** assise financière ; **it was John Smith who put the Labour Party on its present ~** c'est John Smith qui a donné au Parti travailliste les fondations qui sont encore les siennes à l'heure actuelle ; **to place/put a business on a sound financial ~** assainir les finances d'une entreprise ; **the new headmaster has put the school on a sounder ~** le nouveau chef d'établissement a placé l'école sur des bases plus saines ; **on the ~ that** au motif que, étant donné que. **2** niveau, statut, position, rang, pied ; cadre ; **to be on a friendly ~** être en bons termes ; **on an equal ~** sur un pied d'égalité, d'égal à égal ; **on an equal ~ with** sur un pied d'égalité avec, au même niveau que ; **on the same ~** a) sur le même pied, sur un pied d'égalité, d'égal à égal ; b) de la même façon ; **to treat on an equal ~** traiter de la même manière/sur un pied d'égalité ; **war(time) ~** pied de guerre.

footnote *n.* **1** note (de bas de page). **2** *Fig.* chose sans importance, codicille.

footprint *n. Inf.* encombrement, dimensions *[d'un ordinateur]*.

FOR (free on rail) franco wagon.

forage crops cultures fourragères.

force *n. Dr.* vigueur, effet ; **to come into ~** entrer en vigueur, entrer en application, devenir/être applicable ; **entry into ~** entrée en vigueur, entrée en application, prise d'effet.

forced *adj.* ✪ **~ confession** aveux arrachés ; **~ currency** cours forcé *[d'une monnaie]* ; **~ draft** *Fig.* pression *[des événements]* ; **~-draft** *adj. Fig. [production]* intensif ; **~ entry** pénétration par effraction ; **~ feeding** alimentation forcée ; **~ heir** héritier réservataire ; **~ imprisonment** *Dr.* séquestration ; **~ labour** travail forcé ; **~ landing** atterrissage forcé ; **~ march** marche forcée ; **~ sale** vente forcée ; **~ saving** épargne forcée.

forceful *adj.* énergique, de choc, frappant, percutant.

foreclose *v.* **1** *tr.* priver *[débiteur hypothécaire défaillant]* du droit de racheter l'hypothèque ; mettre fin au droit *[du débiteur hypothécaire défaillant]* de racheter l'hypothèque ; **to be ~d of one's right/equity of redemption** être déchu du droit de racheter l'hypothèque ; **to ~ the mortgage** saisir le bien hypothéqué. **2** *tr.* empêcher *[qqn de faire qqch.]* ; **the government ~d the route to other airlines** le gouvernement a empêché les autres compagnies aériennes d'exploiter cette route. **3** *tr.* exclure *[possibilité]* ; **that option may have already been ~d** il se peut que cette option n'existe déjà plus. **4** *tr.* s'attribuer un droit exclusif sur. **5** *tr.* aller au devant de *[objection]*, désamorcer le débat sur *[question]*. **6 ~ on** saisir le bien hypothéqué de *[qqn]* ; **to ~ on the mortgage** saisir le bien hypothéqué.

foreclosure *n.* privation du droit *[du débiteur hypothécaire défaillant]* de racheter l'hypothèque ; transfert de la propriété du bien hypothéqué du débiteur au créancier, saisie du bien hypothéqué.

forefront *n.* devant de la scène ; **in the ~** à l'avant-garde, à la pointe, au tout premier rang, en première ligne.

foregone conclusion: to be a ~ être inéluctable/inévitable/prévisible, ne faire aucun doute, être acquis (d'avance), être assuré (d'avance) ; *Fam.* être joué/couru d'avance ; **it is a ~** l'affaire est entendue, les jeux sont faits ; **the outcome of the presidential election is a ~** le résultat des élections présidentielles ne fait aucun doute.

foreign *adj.* étranger, extérieur. ✪ **~ aid** aide extérieure *[du point de vue du donateur]*, aide au développement, aide au tiers monde ; aide de l'étranger, aide étrangère *[du point de vue du bénéficiaire]* ; **~ balance** balance extérieure ; **~ bill** effet sur l'étranger ; **~ correspondent** *Journ.* correspondant à l'étranger ; **~ currency** devise ; **~-currency earner** source de devises ; **~-currency earnings** recettes en devises ; **~-currency exchange** a) change ; b) marché des changes/devises ; **~-currency futures** opérations à terme sur devises ; **~-currency translation** conversion monétaire, conversion des devises ; **~ debt** dette extérieure ; **~ direct investment** investissements étrangers directs ; **~ exchange** a) devises ; b) change ; c) marché des changes/des devises ; **~-exchange broker** cambiste ; **~-exchange controls** contrôle des changes ; **~-exchange dealer** cambiste ; **~-exchange earnings** rentrées de devises ; **~-exchange gain** gain de change ; **~-exchange loss** perte de change ; **~-exchange market** marché des changes/devises ; **~-exchange office** bureau de change ; **~-exchange position** position de change ; **~-exchange reserves** réserves de change ; **~-exchange risk** risque de change ; **~-exchange trader** cambiste ; **~-exchange trading** opération(s) de change ; **~ national** ressortissant étranger, étranger ; **~ note** billet (à ordre) sur l'étranger ; **Foreign Office** *RU Foreign Office,* ministère des Affaires étrangères ; **~-owned company** société sous contrôle étranger ; **~ relations** relations extérieures ; **Foreign Secretary** *RU* ministre des Affaires étrangères ; **~ service** service diplomatique ; **~ trade** commerce extérieur.

foreman *n.* **1** contremaître ; chef d'équipe. **2** *Dr.* premier juré, président du jury.

forensic *adj.* médico-légal ; de police (technique et) scientifique, de criminalistique. ✪ **~ doctor** médecin légiste ; **~ evidence** preuve(s) résultant d'examens de laboratoire ; **~ expert** spécialiste de police scientifique ; **~ laboratory** laboratoire de police scientifique/de criminalistique ; **~ medicine** médecine légale ; **~ report** rapport d'expertise ; **~ science** criminalistique ; **~ scientist** spécialiste de police scientifique ; **~ tests** examens de laboratoire.

forensics *n.* criminalistique, police (technique et) scientifique. ✪ **~ expert** spécialiste de police scientifique.

forerunner *n.* **1** prédécesseur, précurseur. **2** signe avant-coureur. **3** préfiguration ; ancêtre *[d'une machine plus évoluée]* ; **to be the ~ of** préfigurer, annoncer.

foreshortened *adj.* **1** réduit, abrégé, écourté. **2** *[conception]* réducteur.

forest *n.* ✪ **lose/not see the ~ for the trees** se perdre dans les détails, ne pas avoir une vue d'ensemble des choses.

forestry *n. Secteur* sylviculture.

forestall *v. tr.* prévenir, devancer, anticiper, prendre de vitesse, couper l'herbe sous les pieds de ; empêcher, étouffer dans l'œuf ; déjouer, faire échec à ; **this drug can ~ the onset of the disease** ce médicament peut prévenir cette maladie.

forex (foreign exchange) **1** devises. **2** change. **3** marché des changes/des devises.

forfeit *v. tr.* **1** perdre ; abandonner ; être déchu de ; subir la confiscation de, se voir confisquer ; **to ~ a deposit** perdre un dépôt de garantie ; **the party ~ed its number one position in the constituency** le parti a perdu sa première place dans la circonscription ; **to ~ one's rights** être déchu de ses droits ; **the company has ~ed its domination of the market** l'entreprise ne domine plus le marché. **2** confisquer.

forge *v. Fig.* **1** *tr.* établir, nouer *[liens, relations]*, tisser *[liens]*, conclure *[alliance, accord]*, former, sceller *[alliance]* ; **to ~ new partnerships** créer de nouveaux partenariats. **2** *tr.* élaborer, mettre au point, concevoir, créer, réaliser ; **public-relations specialists are trying to ~ a new identity for the company** des spécialistes des relations publiques s'efforcent de donner une nouvelle image à l'entreprise ; **the meeting should help to ~ greater understanding between farmers and civil servants** la réunion devrait contribuer à améliorer la compréhension mutuelle entre paysans et fonctionnaires. **3** *tr.* contrefaire *[signature, document, billet de banque]*, falsifier *[document, résultats d'une étude]*, imiter *[signature]* ; **~d passport** faux passeport. **4 ~ ahead** *Fig.* aller de l'avant.

forgery *n.* contrefaçon, falsification ; faux.

forgetfulness *n.* manque de mémoire.

forgive *v. tr.* **1** pardonner. **2** renoncer au remboursement de, remettre *[dette]*.

forklift *n.* ✪ **~ truck** chariot élévateur ; **~-truck driver** cariste.

form *n.* **1** forme. **2** type, genre, sorte, espèce, mode, modalité ; configuration ; **~ of payment** mode de paiement ; **traditional ~s of construction** constructions de type traditionnel. **3** formulaire, formule, imprimé. **4** *Ens.* année ; **first ~** première année. **5 on past ~** à la lumière de l'expérience ; **true to ~, according to ~** comme prévu, comme on pouvait s'y attendre, assez logiquement. ✪ **~ letter** lettre type, lettre identique ; **~ master** professeur principal ; **~ of address** (formule d') appel *[au début d'une lettre]*, formule de traitement *[dans le corps d'une lettre]*, titre *[donné à qqn conformément à l'étiquette]* ; **in ~** *Dr.* en bonne et due forme, régulier.

formal *adj.* **1** officiel, en bonne et due forme ; **~ request** demande officielle ; **~ agreement** accord en bonne et due forme ; **despite the consensus, the Japanese delegate insisted on a ~ vote** malgré l'existence d'un consensus, le délégué japonais a exigé un vote en bonne et due forme. **2** formel, formalisé, (présenté) dans les formes, de forme, en règle, régulier ; **~ requirements** prescriptions de forme. **3** d'usage, conventionnel. **4** solennel, protocolaire, d'apparat, de circonstance, impersonnel, guindé ; **~ smiles** sourires de circonstance. **5** formaliste. **6** bien net, bien défini ; proprement dit ; **no ~ report has been prepared** aucun rapport à proprement parler n'a été établi. **7** structuré, organisé, formalisé, systématique ; **she rose quickly in spite of her lack of ~ qualifications** elle s'est élevée rapidement dans la hiérarchie malgré son absence de diplôme. ✪ **~ education** études, enseignement/formation de type scolaire, instruction ; **~ lecture** cours magistral ; **~ training** études, enseignement/formation de type scolaire, instruction ; *[***many unit heads have no ~ training** de nombreux chefs de service n'ont pas fait d'études*]*.

formaldehyde *n.* **1** formaldéhyde, aldéhyde formique. **2** *Cour.* formol *[= solution aqueuse de formaldéhyde]*.

formalize *v. tr.* **1** systématiser. **2** établir en bonne/bonne et due forme, présenter dans les formes ; officialiser, régulariser.

formally *adv.* formellement ; en bonne et due forme, dans les règles.

format *v. tr. Inf.* formater *[disquette]* ; mettre en forme *[texte]*.

format *n.* **1** présentation *[d'un rapport]*, structure *[d'un rapport, d'une conférence]*, façon de présenter, modèle, cadre (général), plan, formule, forme, conception, structures ; modalités *[d'une réunion]* ; **the ~ of the annual report will have to be changed extensively** il faudra modifier profondément la présentation du rapport annuel ; **once again the ~ chosen for the competitive examination was a series of multiple-choice questions** une fois de plus, la formule retenue pour le concours était une série de questions à choix multiples. **2** *Impr.* caractéristiques *[d'une publication]*. **3** *Inf.* format.

formation expenses frais d'établissement *[d'une entreprise]*.

formative *adj.* **1** formateur ; déterminant ; **her political vision had two ~ influences** ses idées politiques reposent sur deux influences déterminantes. **2** *[phase]* de formation, d'élaboration, préparatoire, de gestation ; **the ministerial proposals are still at the ~ stage** les propositions ministérielles sont encore en gestation. **3** décisif pour le développement de la personnalité, d'apprentissage, formateur ; **to be ~** permettre/favoriser le développement de la personnalité ; **his mission to Bangladesh came at a ~ stage in his diplomatic career** sa mission au Bangladesh a constitué une étape dans son apprentissage du métier de diplomate. **4** qui a une influence décisive/déterminante ; **her recent research played a ~ role in the design of the new product** ses récents travaux de recherche ont joué un rôle déterminant dans la conception du nouveau produit ; **in his autobiography, the physicist described the ~ influences on his works** dans son autobiographie, le physicien a décrit les influences qui ont marqué ses travaux. ✪ **~ evaluation** évaluation formative ; **~ years** a) période de développement de la personnalité, années décisives pour le développement de la personnalité ; b) *Fig.* années d'apprentissage, *[faire ses]* premières armes, classes ; *[***the ambassador spent his ~ years in Denmark** l'ambassadeur a fait ses classes au Danemark*]*.

formidable *adj.* **1** *[perspective]* effrayant, angoissant ; *[concurrent, adversaire, menace]* redoutable, formidable ; **the group is doing well in Canada amidst ~ competition** le groupe obtient des résultats satisfaisants au Canada face à une concurrence redoutable. **2** considérable, très grand, *[problème]* énorme, particulièrement ardu, extrêmement difficile, presque insurmontable, *[difficultés]* inouï, *[effort]* colossal, *[tâche]* très difficile, lourd, écrasant, herculéen ; **the influence of the coroner over the verdict is ~** le coroner a une influence considérable sur le verdict ; **the organizational problems are ~** les problèmes d'organisation sont énormes. **3** *[dimensions, qualités,* *compétence]* impressionnant, imposant, extraordinaire, prodigieux, *[personne]* plus grand que nature ; **a ~ demonstration of strength** une impressionnante démonstration de force.

formula *n. voir* infant formula.

formulate *v. tr.* **1** formuler, exprimer, énoncer, exposer, présenter. **2** établir, élaborer *[projet]*, concevoir ; mettre au point *[stratégie] ;* **to ~ and implement an action plan** élaborer et mettre en œuvre un plan d'action.

for-profit *adj.* à but lucratif.

fort *n.* ✪ **hold the ~** *Fam.* tenir la boutique.

forthcoming *adj.* **1** proche, prochain, imminent, à venir, en vue, attendu, prévu ; **~ book** livre à paraître ; **a ~ book on Latvia** un livre sur la Lettonie qui paraîtra prochainement. **2** ouvert, bien disposé, coopératif, serviable, accommodant, de bonne volonté, réceptif ; amical, communicatif, sociable ; **~ spirit** esprit d'ouverture. **3** offert, disponible, facile à obtenir ; **to be ~** être au rendez-vous ; **not to be ~** ne pas se concrétiser ; **additional funds are unlikely to be ~** il est peu probable que des fonds supplémentaires soient octroyés ; **extensive reforms will be ~** des réformes importantes se produiront ; **the bank warned us that further loans were unlikely to be ~** la banque nous a avertis que nous ne devions pas nous attendre à ce que d'autres prêts nous soient consentis ; **the foreign secretary is convinced that support will be ~ from Spain** le ministre des Affaires étrangères est convaincu qu'un soutien pourra être obtenu de l'Espagne ; **the spokesperson promised that further information would be ~** le porte-parole a promis que des informations complémentaires seraient communiquées ; **the project was cancelled because funds were not ~** le projet a été annulé parce que les fonds nécessaires n'ont pas été obtenus ; **European countries have been more ~ with words than with financial assistance** les pays européens se sont montrés plus disposés à offrir de bonnes paroles qu'à fournir une assistance financière.

forties *n. pl.* **1** années 40. **2** âge compris entre 40 et 49 ans, cinquième décennie ; **the suspect is in his ~** le suspect est un quadragénaire ; **women in their early ~** des femmes âgées de 40 à 43 ans ; **he became director in his early ~** il est devenu directeur alors qu'il n'avait guère plus d'une quarantaine d'années ; **the gunman appeared to be in his mid-~** l'homme armé semblait avoir environ 45 ans ; **in her late ~** approchant de la cinquantaine.

fortified food aliments enrichis.

fortune *n.* **1** chance ; **good ~** chance ; réussite, succès ; **bad ~** malchance, coup du sort, adversité ; **stroke of ~** coup de chance. **2** *pl.* situation, vicissitudes, hauts et bas, succès et échecs, prospérité, évolution, perspectives, avenir, sort, destin(ée), lot ; **the family's ~s improved dramatically after the move to Australia** la situation de la famille s'est considérablement améliorée après son installation en Australie ; **the party's electoral ~s** les succès et les échecs électoraux du parti ; **the building of the oil pipeline will depend on the ~s of the country's economy** la construction de l'oléoduc dépendra de l'évolution de l'économie du pays ; **the two men's ~s are inextricably linked** les deux hommes réussiront ou échoueront ensemble. **3** fortune.

forum *n.* **1** instance, enceinte, cadre, lieu (de rencontre/de dialogue/de débat/de discussion/d'échanges), espace de discussion, structure, organisation ; **to provide a ~ for** donner des occasions de, servir de cadre à, être un lieu de, être propice à *[échanges de vues] ;* **to provide a ~ to do sth** permettre de faire qqch. ; **the NGO takes part in various ~s where human rights are discussed** l'ONG participe aux discussions sur les droits de l'homme qui ont lieu au sein de diverses instances ; **the annual meeting will be the appropriate ~ for this question** c'est lors de l'assemblée générale qu'il conviendra d'aborder cette question ; **the conference has also served as a ~ for transnational cooperation** la conférence a également servi de cadre pour la coopération transnationale ; **the board wishes to establish a ~ in which management and staff can exchange experience** le conseil d'administration souhaite mettre en place un lieu de rencontre permettant à la direction et au personnel d'échanger des données d'expérience ; **the association will be a ~ for reflection about environmental issues** l'association sera un lieu de réflexion sur les questions relatives à l'environnement ; **the new organization is a ~ in which Member States can establish common ground** la nouvelle organisation permettra aux pays membres d'adopter des positions communes. **2** tribune ; **the conference of the new party became a ~ for attacking the government** le congrès du nouveau parti est devenu une tribune permettant d'attaquer le gouvernement. **3** *Dr.* for, tribunal ; **choice of ~** élection de for ; **the ~ of public opinion** le tribunal de l'opinion publique. **4** *Dr.* État du for. **5** forum ; **World Economic Forum** Forum économique mondial. **6** *Internet* forum. ✪ **~ shopping** *Dr. RU* recherche de la juridiction la plus avantageuse ; **~ state** *Dr.* État du for.

forward *adj.* **1** vers l'avant ; **~ movement** mouvement vers l'avant. **2** *[enfant]* précoce. **3** avancé *[dans un travail]*. **4** *[idées]* moderne, avancé, progressiste. **5** *Bourse* à terme. **6** futur. **7** prospectif, prévisionnel. ✪ **~ buying** achat à terme ; **~ contract** contrat à terme ; **~ deal** opération à terme ; **~ dealings** opérations à terme ; **~ delivery** livraison différée/à terme ; **~ echelon** *Mil.* premier échelon ; **~ exchange contract** contrat de change à terme ; **~ exchange market** marché des changes à terme ; **~ exchange rate** taux de change à terme ; **~ integration** *Écon.* intégration en aval ; **~-looking** *adj.* (résolument) tourné vers/ouvert sur l'avenir ; doué/doté du sens de l'anticipation, inscrit dans une perspective d'avenir, porteur d'avenir ; prévoyant, clairvoyant ; prévisionnel, prospectif ; progressiste, novateur ; futuriste ; avant-gardiste, visionnaire ; **~ market** marché à terme ; **~ planning** planification ; **~ purchase** achat à terme ; **~ price/rate** cours à terme *[d'un produit de base]*, taux de change à terme ; **~ rate agreement** contrat de change à terme ; **~ sale/selling** vente à terme ; **~ slash** barre oblique ; **~ study** étude prospective.

forwarder *n.* transitaire *[agit sous sa propre responsabilité, en qualité de commissionnaire de transport, ou agit sur instructions, en qualité de mandataire]*.

forward-forward *n. Bourse [le, un]* terme contre terme, opération « terme contre terme ».

forwarding *adj.* ✪ **~ address** (nouvelle) adresse *[laissée pour faire suivre le courrier] ;* **~ agent** *RU* transitaire *[agit sur instructions, en qualité de mandataire]*.

fossil *adj.* ✪ **~-fuelled power station** centrale thermique classique ; **~ fuels** combustibles fossiles ; **~ record** (vestiges/témoignages) fossiles, données livrées par les vestiges fossiles ; *[***the ~ record would seem to disprove the new theory** les vestiges fossiles semblent réfuter la nouvelle théorie*]*.

foster *adj.* ✪ **~ care** placement dans une famille (d'accueil) ; **~ child** enfant placé dans une famille (d'accueil) ; **~ home** foyer de placement familial ; **~ family** famille d'accueil ; **~ parents** parents/famille d'accueil.

FOT (free on truck) *ÉU* franco wagon.

foul *adj.* ✪ **~ bill of lading** *Transp. mar.* connaissement clausé ; **~ language** propos crus/orduriers/vulgaires ; **~ play** *Fig.* acte criminel ; *[***the examining magistrate ordered an autopsy because he suspected ~ play** le juge d'instruction a ordonné une autopsie, car qu'il soupçonnait que le décès n'était pas dû à des causes naturelles ; **the police did not rule out the possibility of ~ play** la police n'a pas exclu que les faits puissent avoir une origine criminelle*]* ; **~ sewer** canalisation pour eaux usées.

foundation *n.* **1** fondation, création, constitution *[d'une organisation/société]*. **2** fondation *[= établissement d'utilité sociale]*. **3** *pl. Constr.* fondations. **4** fondement, base, assises, socle ; pierre angulaire ; justification ; **to lay the ~(s) for** établir la base de, jeter/établir les bases de. ✪ **~ course** *RU* a) cours élémentaire/de base ; b) classe préparatoire ; **~ stone** première pierre ; **~ subject** *Ens. RU* matière obligatoire.

founder's/founders' shares parts de fondateur.

founding father fondateur, père ; *pl. ÉU* auteurs de la Constitution ; **Freud is regarded as the ~ of modern psychiatry** Freud est considéré comme le père de la psychiatrie moderne.

four *adj.* ✪ **~-colour process** quadrichromie ; **~-stroke engine** moteur à quatre temps ; **~-wheel-drive (vehicle)** véhicule à quatre roues motrices, 4x4, véhicule tout-terrain.

fourth *adj.* ✪ **~ cover** quatrième de couverture *[d'un magazine]* ; **~ estate** quatrième pouvoir.

Fowler flap *Aéron.* volet Fowler.

fracas *n.* **1** bagarre, rixe. **2** *Fig.* tumulte, agitation.

fraction *n.* **1** *Math.* fraction. **2** fraction, partie, portion. **3** faible partie ; **at a ~ of the cost** à un coût très inférieur. **4** *pl. Bourse* rompus.

fractional *adj.* **1** peu élevé, minime, modeste, modique, négligeable, insignifiant ; **~ amount** montant minime, somme modique. **2** *[monnaie]* divisionnaire.

fragmentation *adj. [bombe, grenade, obus]* à fragmentation.

frail *adj.* de santé fragile, affaibli, frêle.

frame *v. tr. Fig.* **1** élaborer *[proposition]*, concevoir, établir ; définir. **2** exprimer, formuler, énoncer, libeller ; **you should ~ your question in plain English** vous devez formuler votre question dans un anglais compréhensible. **3** ourdir une machination contre ; **to be ~d** être victime d'une machination/d'un coup monté.

frame *n. Internet* cadre. ✪ **~ of mind** état d'esprit.

framework *n. Fig.* cadre, structure(s), infrastructure, encadrement ; schéma ; système, cadre de référence, ensemble ; grandes lignes, grands axes ; **in the ~ of** dans le cadre de, sous l'égide de, s'inscrivant dans. ✪ **~ agreement** accord-cadre.

franchise *n.* **1** droit de vote, suffrage ; **the government is considering extending the ~ to immigrants in local elections** le gouvernement envisage d'accorder le droit de vote aux immigrés pour les élections locales ; **universal ~** suffrage universel ; **elected by popular ~** élu au suffrage universel. **2** concession ; **broadcasting ~** autorisation d'émettre. **3** *Comm.* a) franchise, franchisage ; b) entreprise franchisée. **4** *Ass. mar.* franchise.

franchisee *n. Comm.* franchisé.

franchiser *n. Comm.* franchiseur.

franchising *n. Comm.* franchisage.

franchisor *n. Comm.* franchiseur.

franked income *RU* revenu déjà grevé de l'impôt sur les sociétés.

franking machine machine à affranchir.

frantic *adj.* affolé, dans tous ses états, mort d'inquiétude, très angoissé, désemparé.

fraud *n.* **1** escroquerie, détournement de fonds, fraude. **2** *Fig.* imposture, mascarade, supercherie.

fraudulent bankruptcy banqueroute frauduleuse.

fraught *adj.* **(with) 1** caractérisé par, plein de ; **to be ~ with danger/peril** être très dangereux, comporter des risques considérables ; **to be ~ with difficulties** présenter des difficultés considérables ; **the peace process remains ~ with political difficulties** le processus de paix reste semé d'embûches d'ordre politique ; **to be ~ with problems** se heurter à/rencontrer/présenter de multiples/d'innombrables difficultés ; **both approaches are ~ with risk** ces deux méthodes comportent des risques considérables ; **the whole area of euthanasia is ~ with ethical problems** l'euthanasie soulève des problèmes d'éthique très épineux. **2 ethically ~ experiments** des expériences qui soulèvent des objections d'ordre éthique. **3** *RU [relations]* tendu ; *[situation]* angoissante.

freak *adj.* aberrant, bizarre, très inhabituel, inattendu, exceptionnel, rarissime, anormal ; **~ weather** conditions météorologiques exceptionnelles.

free *adj.* **1** libre ; libéré. **2 (of, from)** libre de, affranchi de, exempt de, franc de, sans, à l'abri de, indemne de ; **~ of impurities** exempt d'impuretés ; **pollution-~** *adj.* exempt de pollution ; **~ from cancer** indemne de cancer ; **malaria-~ country** pays indemne de paludisme ; **chlorine-~ paper** papier sans chlore ; **risk-~** *adj.* sans risque ; **to be risk-~** ne présenter aucun risque, offrir toutes les garanties de sécurité ; **to be maintenance-~** ne pas nécessiter d'entretien ; **Martin Luther King dared to imagine a world ~ of racial discrimination** Martin Luther King a osé imaginer un monde sans discrimination raciale ; **the mayor is planning a car-~ town centre** le maire prévoit d'interdire les voitures dans le centre-ville. **3 to be ~ to** être libre de, avoir la faculté de, avoir toute latitude pour ; **he is ~ to** il lui est loisible de, il est en droit de ; **feel ~ to** n'hésitez pas à ; **federal States shall be ~ to designate more than one Central Authority** les États fédéraux ont la faculté de désigner plusieurs Autorités centrales. **4** dégagé *[= sans obstacle]*. **5** disponible. **6** gratuit. **7** exonéré, franc ; **~ of tax** exonéré d'impôts ; **to admit ~ of import duties** admettre en franchise de droits à l'importation. **8** généreux, libéral. ✪ **cut ~** désincarcérer *[victime d'accident]* ; *[***the police had to cut the driver ~ from the wreckage of his car** la police a dû utiliser un matériel spécial pour dégager le conducteur de l'épave de sa voiture*]* ; **~ admission** entrée libre ; **~ agent** personne libre de ses actes ; *[***to be a ~ agent** avoir sa pleine liberté d'action, être libre d'agir comme on l'entend ; **as the country is surrounded by more powerful neighbours, it is not a ~ agent in the field of foreign policy** entouré de voisins plus puissants, le pays ne peut déterminer librement sa politique étrangère*]* ; **~ allowance** *Transp.* franchise de bagage ; bagages en franchise ; **~ alongside ship/steamer/vessel** *Comm.* franco le long du navire ; **~ and fair elections** élections libres et régulières, élections démocratiques ; **~ at wharf** *Comm.* franco quai ; **~ baggage allowance** franchise de bagage ; bagages en franchise ; **~ carrier** *Comm.* franco transporteur ; **~ climbing** escalade libre ; **~ circulation** libre pratique ; *[***goods in ~ circulation** marchandises en libre pratique*]* ; **~ electron** électron libre ; **~ enterprise** libre entreprise ; **~ fall** chute libre ; **~ flight** *Esp.* vol libre ; **~ float** *Bourse* flottant *[= ensemble des actions détenues par le public, par opp. à quelques grands actionnaires]* ; **~ flow** libre circulation *[des biens, des services, des capitaux, des travailleurs, de l'information]* ; **~ from all average** *Ass. mar.* franc d'avarie ; **~ from particular average** *Ass. mar.* franc d'avaries particulières ; **~ gift** *Comm.* prime ; **~ good** *Écon.* bien libre ; **~ hand** liberté d'action, possibilité d'agir à sa guise, latitude ; *[***to give a ~ hand** donner carte blanche, laisser les mains libres/les coudées franches/le champ libre, laisser toute latitude ; **the lack of any worthy government candidate gave the opposition a ~ hand in the constituency** en l'absence de candidat gouvernemental valable, l'opposition a eu le champ libre dans la circonscription*]* ; **~-lance** *n.* travailleur indépendant ; *[***~-lance journalist** journaliste indépendant ; pigiste*]* ; **~ list** *Douane* liste des produits exonérés ; **~ luggage allowance** franchise de bagages ; bagages en franchise ; **~ lunch** *Fig.* avantage sans contrepartie ; *[***there is no ~ lunch** tout se paie, il n'y a pas de miracle*]* ; **~ market** a) marché libre/non réglementé ; b) économie de marché ; *[***the administration does not want to interfere with the ~ market** l'administration ne souhaite pas s'ingérer dans le libre jeu des forces du marché ; **China's agriculture is not ready for the ~ market** l'agriculture chinoise n'est pas prête pour l'économie de marché*]* ; **~-market economy** économie de marché ; **~ movement of capital/goods/ services/workers** *UE* libre circulation des capitaux/ marchandises/services/travailleurs ; *[***the case before the court concerned the ~ movement of workers in the European Union** l'affaire dont le tribunal était saisi concernait la libre circulation des travailleurs dans l'Union européenne*]* ; **~ marketeer** partisan de l'économie de marché ; **~ of charge** gratuit(ement), à titre gracieux, sans frais, sans bourse délier ; **~ of general average** *Ass. mar.* franc d'avaries communes ; **~ of interest** sans intérêts ; **~ of particular average** *Ass. mar.* franc d'avaries particulières ; **~ on board** *Comm.* franco à bord ; **~ on lorry** *Comm.* franco camion ; **~ on quay** *Comm.* franco quai ; **~ on rail** *Comm.* franco wagon ; **~ on truck** *Comm.* franco wagon ; **~ play of market forces** libre jeu des forces du marché ; **~ port** port franc ; **~ radical** *Chimie* radical libre ; **~-range** *adj. [animal]* élevé en liberté ; **~-range eggs** œufs de poules élevées en libre parcours ; **~-range keeping** élevage en libre parcours ; **~ rein** carte blanche, toute latitude ; **~ rider** a) bénéficiaire sans contrepartie, profiteur, resquilleur ; b) *Écon. [comportement du]* resquilleur, cavalier libre, passager clandestin ; c) *Rel. du travail* non-syndiqué bénéficiant des avantages obtenus par les syndicats ; **~ sheet** journal gratuit ; **~ speech** liberté d'expression ; **~ spirit** non-conformiste ; **~-standing** *adj.* autonome, isolé, séparé ; **~ trade** libre-échange, commerce sans entraves, liberté du commerce ; **~-trade area** zone de libre-échange ; **~ trader** libre-échangiste, partisan du libre-échange ; **~ will** libre arbitre ; **~ zone** *Écon., Fisc.* zone franche ; **set ~** libérer.

freeboard *n. Mar.* franc-bord.

freedom *n.* ✪ **~ from arrest** garantie contre les arrestations arbitraires ; **~ of action** liberté d'action, coudées franches ; **~ of assembly** liberté de réunion ; **~ of movement** a) droit de circuler librement ; b) *Écon.* mobilité *[des facteurs de production]* ; *[***right to ~ of movement and residence within the borders of each State** droit de circuler librement et de choisir sa résidence à l'intérieur de chaque État*]* ; **~ of navigation** *Dr. int.* liberté de navigation ; **~ of speech** liberté d'expression ; **~ of the (high) seas** liberté de la (haute) mer/des mers ; **~ of worship** liberté de culte, liberté de (pratiquer sa) religion.

freefone *n. RU* téléphone vert.

free-for-all *n.* foire d'empoigne ; loi de la jungle.

freehold *n.* **1** pleine propriété (d'un bien immobilier), propriété pleine et entière (d'un bien immobilier). **2** bien (immobilier) en pleine propriété. ✪ **~ property** bien (immobilier) en pleine propriété ; **~ land and buildings** *Bilan* terrains et constructions.

freehold *adj.* en pleine propriété.

freeholder *n.* propriétaire.

freephone *n. RU* téléphone vert.

freepost *n. RU* libre réponse.

freeware *n.* logiciel du domaine public, graticiel, logiciel libre de droits.

freewheel *v. intr. Fig.* progresser sans contrainte, poursuivre sa course en toute indépendance ; errer, vagabonder.

freewheeling *adj. Fig.* sans entraves, sans contrainte, libre (de toute contrainte), sans interdits, libéré, qui n'obéit à aucune règle, déchaîné, débridé ; permissif, laxiste ; insouciant ; libre/indépendant d'esprit, original, indépendant, peu orthodoxe ; **~ Macao** Macao, oasis de liberté ; **the ~ carnival in Port-of-Spain** le carnaval traditionnellement déchaîné de Port of Spain ; **a ~ society** une société dans laquelle tout est possible ; **Shenzhen is a ~ so-called special economic zone** Shenzhen est une « zone économique spéciale », caractérisée par son laisser-faire.

freeze-dried *adj. [café]* lyophilisé.

freeze-frame *n.* dispositif d'arrêt sur image.

freezing *n.* **1** congélation. **2** *Fig.* blocage, gel *[des rémunérations]*. ✪ **~ point** point de congélation ; **~ point (of water)** zéro degré (Celsius).

freight *n.* ✪ **~ and insurance paid to** *Comm.* port payé, assurance comprise, jusqu'à ; **~ car** *ÉU* wagon (de marchandises) ; **~ collect** *Comm. ÉU* fret payable à destination ; **~ conference** conférence maritime ; **~ elevator** *ÉU* monte-charge ; **~ forward** fret payable à destination ; **~ forwarder** transitaire *[agit sous sa propre responsabilité, en qualité de commissionnaire de transport, ou en qualité de mandataire]* ; **~ insurance** assurance du fret ; **~ inwards** *Compt.* frais de transport sur achats ; **~ outwards** *Compt.* frais de transport sur ventes ; **~ paid to** *Comm.* port payé jusqu'à ; **~ prepaid** *Comm.* franco ; **~ rate** taux de fret ; **~ train** *ÉU* train de marchandises.

freighter *n.* **1** *Mar.* cargo. **2** *Transp. aériens* avion-cargo.

French *adj.* français ; *Fam.* hexagonal. ✪ **~ Riviera** Côte d'Azur ; **~ Southern and Antarctic Territories** Terres australes et antarctiques françaises.

frequency *n. Stat.* ✪ **~ curve** courbe de fréquences ; **~ distribution** distribution de fréquences.

frequent-flyer programme *Transp. aériens* programme de fidélisation.

fresh *adj.* **1** frais. **2** nouveau ; récent ; neuf, original ; **~ ideas** idées nouvelles ; **~ start** nouveau départ. **3** inexpérimenté. **4** trop familier ; *ÉU* insolent, impertinent, impudent. ✪ **~ breeze** *Échelle de Beaufort* bonne brise ; **~ gale** *Échelle de Beaufort* coup de vent ; **~ water** eau douce.

Freudian slip lapsus.

frictional unemployment chômage frictionnel.

friend-of-the-court brief *Dr.* mémoire remis au tribunal/à la cour *[par une personne qui n'est pas partie à l'instance].*

friendly *adj.* **1** amical. **2** aimable. **3 child-~** *adj.* adapté aux (besoins des) enfants ; **environment-~** *adj.* respectueux de l'environnement ; **ozone-~** *adj.* qui ménage la couche d'ozone. ✪ **~ buyout** OPA amicale ; **~ fire** *Mil.* tir fratricide, tir de son propre camp ; **~ settlement** règlement amiable ; **~ society** association de secours mutuel ; **~ takeover** OPA amicale.

frill *n. Fig.* élément accessoire, fioriture ; **the airline offers inexpensive flights with a minimum of ~s** la compagnie aérienne offre des vols bon marché ne comportant qu'un service minimum.

fringe *adj.* ✪ **~ benefits** avantages accessoires (à la rémunération), accessoires du salaire, avantages sociaux ; **~ party** parti marginal.

frivolous *adj. Dr.* ✪ **~ action** action vexatoire/frustratoire/abusive, action manifestement mal fondée ; **~ appeal** appel abusif.

front *n.* **1** *Mil.* front. **2** plan, domaine, secteur, front, niveau ; **to act on several ~s** agir à plusieurs niveaux/dans plusieurs directions ; **on the budgetary ~** dans le domaine budgétaire. **3** *Fig.* façade. **4** homme de paille, prête-nom ; société écran ; **Communist ~** organisation cryptocommuniste. ✪ **at the ~ door** *Fin. RU* « at the front door », par des crédits directs aux maisons de réescompte ; **~-bench** *n. Parlement RU* membres du gouvernement et chefs de file de l'opposition ; banc du gouvernement ; *[***the Labour ~ bench** a) les membres du gouvernement travailliste ; b) le gouvernement fantôme travailliste*]* ; **~ company** société écran ; **~ cover** première de couverture *[d'un magazine]* ; **~ desk** réception ; **~-end charge** *FCP* commission de souscription, droit d'entrée ; **~-end fee** *Fin.* commission d'ouverture (de crédit) ; **~ line** a) front ; b) *Fig.* avant-poste(s) ; **~-load** *v. tr.* concentrer *[dépenses]* en début de période ; **~-loaded** *adj.* a) prononcé dans sa phase initiale, concentré/groupé en début de période, b) *[part de fonds commun de placement]* donnant lieu au prélèvement de droits d'entrée ; *[contrat d'assurance vie]* donnant lieu à la perception d'une commission initiale ; *[***~-loaded measures** programme de mesures particulièrement intensif dans sa phase initiale ; **~-loaded recovery** reprise forte dans sa phase initiale ; **the government fears that the slump will be ~-loaded** le gouvernement craint que la récession ne soit particulièrement prononcée dans sa phase initiale*]* ; **~-loading** *n.* prélèvement de droits d'entrée *[sur des parts de fonds commun de placement]* ; perception de commission initiale *[sur un contrat d'assurance vie]* ; **~ man** homme de paille, prête-nom ; **~ office** *Bourse* salle des marchés, *front-office* ; **~ page** *Journ. [la]* une ; *[***to be ~-page news** faire la une des journaux*]* ; **~-runner** *n. Pol.* candidat le mieux placé, favori.

frontier *n. Fig.* **1** terre vierge/en friche, gisement de ressources inexploité, nouveaux horizons, domaine inexploré, vaste champ d'expansion ; **some entrepreneurs see the Antarctic as the last ~, which should be developed at all costs** certains entrepreneurs voient dans l'Antarctique la dernière terre en friche, qu'il convient d'exploiter à tout prix. **2** avant-postes, confins *[de la technologie]* ; **our group is right at the ~s of technology** notre groupe se situe aux avant-postes de la technologie ; **the company's research team has reached the ~s of medical knowledge** les chercheurs de l'entreprise se trouvent aux confins du savoir médical ; **the ~s of information technology have been pushed back once again** de nouveaux progrès ont encore été accomplis dans le domaine des technologies de l'information.

Frostbelt *n.* partie septentrionale des États-Unis.

frowned upon désapprouvé, critiqué, mal vu, vu d'un mauvais œil.

frozen *adj. Fig.* ✪ **~ assets** avoirs bloqués ; **~ credits** crédits gelés.

fruit *n.* ✪ **~ fly** drosophile ; **~ growing** arboriculture (fruitière).

fruition *n. Fig.* réalisation *[d'un but, d'un espoir]* ; **to be brought/to come to ~** *[projet]* aboutir, être réalisé, se concrétiser, *[espoir]* se réaliser, *[activité]* porter ses fruits.

frustrate *v. tr.* **1** faire obstacle à, contrer, contrecarrer, contrarier, s'opposer à, parer à, aller à l'encontre de, se mettre en travers de, porter un coup d'arrêt à, empêcher, faire pièce à, faire échec à, mettre/tenir en échec, faire échouer, réduire à néant, compromettre, rendre vain, déjouer, court-circuiter, neutraliser, conjurer, vider de sa substance, priver de sa raison d'être ; se soustraire à ; **to be ~d** *[projet]* ne pas aboutir ; **to ~ a contract** rendre un contrat inexécutable. **2** décevoir *[attente, espoir]*, réduire à néant *[espoir]* ; **the contracting parties shall not ~ the intent of the provisions of this Agreement** les parties contractantes s'abstiendront de toute mesure qui irait à l'encontre de l'objectif des dispositions du présent accord ; **our competitors are striving to ~ our efforts** nos concurrents s'efforcent de réduire à néant nos efforts ; **the protesters are determined to ~ the implementation of the plan** les protestataires sont résolus à mettre en échec la mise en œuvre du projet ; **animal rights activists succeeded in frustrating the hunt** des militants des droits des animaux ont réussi à empêcher le déroulement de la chasse ; **to ~ the application of the decision** faire échec à l'application de la décision ; **lack of funds ~d their ambition to rebuild the school** faute de fonds, ils ne sont pas parvenus à faire reconstruire l'école ; **once again the opposition managed to ~ the government** une fois de plus, l'opposition a réussi à tenir en échec le gouvernement. **3** frustrer, irriter.

frustration *n. Dr.* impossibilité d'exécuter *[contrat].*

frying pan *Fig.* **out of the ~ into the fire** de mal en pis, *[tomber]* de Charybde en Scylla.

ft (foot) pied *[= 30,48 cm].*

FTC (Federal Trade Commssion) *ÉU* Commission fédérale du commerce.

FTP (file transfer protocol) FTP (protocole de transfert de fichiers).

fudge *v.* **1** *tr.* éluder, esquiver, escamoter *[problème]* ; gommer *[distinctions]* ; **to ~ the issue** tergiverser, recourir à des faux-fuyants, esquiver le problème. **2** chercher des échappatoires ; **to**

~ on an issue tergiverser, recourir à des faux-fuyants, esquiver un problème.

fuel *v.* **1** *tr.* ravitailler (en combustible), souter *[= approvisionner en combustible] ;* **gas-~led water heater** chauffe-eau à gaz. **2** *intr.* se ravitailler (en combustible), souter *[= recevoir du combustible].* **3** *tr. Fig.* susciter. **4** *tr. Fig.* alimenter, nourrir, entretenir, activer, renforcer, stimuler, intensifier, accentuer, accélérer, raviver, attiser, aviver, envenimer, aggraver, exacerber ; **the minister's remark only ~led the conflict** les propos du ministre n'ont fait qu'exacerber le conflit. **5** favoriser. **6** *Fig.* accroître. **7 ~ up** *voir* (2).

fuel *n.* ✪ **~-air explosive** *Mil.* explosif combustible-air ; **~ cell** pile à combustible ; **~ cooling** *Nucl.* refroidissement/désactivation du combustible ; **~ cycle** *Nucl.* cycle du combustible ; **~-efficient** *adj.* économe en combustible/carburant/énergie, sobre, consommant peu de combustible/de carburant/d'énergie ; **~ endurance** *Transp. aériens* autonomie ; **~ injection** injection de carburant ; **~ oil** fioul ; **~ reprocessing** *Nucl.* retraitement du combustible ; **~-rod** *n. Nucl.* barre de combustible.

fuelwood *n.* bois de chauffage/chauffe, bois à brûler.

Fujairah *n. Émirats arabes unis* Foudjaïrah.

fulcrum *n. Fig.* instrument, moyen.

fulfil *v. tr.* **1** accomplir *[tâche],* s'acquitter de *[tâche, responsabilités, obligations] ;* atteindre *[but],* réaliser *[ambition, rêve],* exécuter *[ordre, obligation, contrat].* **2** tenir *[engagement, promesse].* **3** répondre à *[attente, souhait, critère, condition, exigence, besoin],* exaucer *[vœu] ;* satisfaire *[besoin] ;* remplir *[conditions, fonction],* satisfaire à *[condition].* **4 to ~ oneself** se réaliser, s'épanouir.

fulfilling *adj.* pleinement satisfaisant, épanouissant, gratifiant ; **to lead a ~ life** mener une existence pleinement satisfaisante.

fulfillment *n.* **1** réalisation *[d'un rêve, d'une prédiction].* **2** épanouissement. **3** (profonde) satisfaction.

full *adj.* **1** plein, rempli ; bondé. **2** complet, au complet, entier, intégral, total ; sans réserve, plein et entier, à part entière, absolu ; maximum ; *[journée]* bien rempli ; accompli, achevé ; *[enquête]* approfondi ; exhaustif ; **~ confession** aveux complets ; **~ text** texte intégral ; **~ reimbursement** remboursement intégral ; **~ information** tous renseignements utiles ; **the ~ effects of** tous les effets de ; **the ~ range of** toute la gamme de ; **~ citizen** citoyen à part entière ; **to have a ~ knowledge of** être pleinement au fait de. **3** *[réunion]* plénier ; **this matter will be discussed when the ~ board meets** cette question sera examinée lors de la réunion plénière du conseil d'administration ; **~ court** cour en formation plénière. **4** *[compte rendu]* détaillé. ✪ **~ age** *Dr.* majorité ; **~ and final** *[***in ~ and final settlement** pour solde de tout compte*] ;* **~-blooded** *adj. Fig.* véritable ; *[***the protest movement is now a ~-blooded political party** le mouvement de protestation est devenu un véritable parti politique ; **the rebels are still in favour of ~-blooded independence** les insurgés restent partisans d'une indépendance pure et simple*] ;* **~ board** pension complète ; **~ circle** *[***to come ~ circle** revenir à la situation initiale/à la case départ ; **the wheel has come ~ circle** la boucle est bouclée*] ;* **~ committee** comité plénier ; commission plénière ; **~ cost** *Compt.* coût complet ; **~ costing** méthode du prix de revient complet ; **~ employment** plein emploi ; **~-fledged** *adj. voir* fully fledged ; **~ force** de plein fouet ; **~ house** a) salle comble ; b) *Parlement* séance plénière ; **~ jurisdiction** plénitude de juridiction ; **~ life** vie pleinement satisfaisante ; **~ marks** a) *Ens.* maximum (des points) ; b) *Fig.* félicitations ; *[***to give ~ marks to** féliciter*] ;* **~ member** membre à part entière ; membre titulaire *[par opp. à suppléant] ;* **~-page advertisement** annonce/publicité pleine page ; **~-page display** *Inf.* écran pleine page ; **~-paid stocks** *ÉU* actions libérées ; **~ partner** *ÉU* commandité ; **~-service advertising agency** agence de publicité à service complet ; **~-service bank** *ÉU* banque universelle ; **~ stock** action d'une valeur nominale de 100 dollars ; **~ stop** a) arrêt complet ; b) point *[= signe de ponctuation] ;* **~ swing** *[***to be in ~ swing** battre son plein*] ;* **~ tilt** à fond, à plein régime ; **~-term** *adj. [enfant]* né à terme ; **in ~** *[payer, publier]* intégralement ; au complet ; in extenso ; *[nom écrit]* en toutes lettres.

full-blown *adj. Fig.* véritable, authentique, à part entière, dans le plein sens du mot/terme, digne de ce nom, avec tout ce que cela suppose ; **~ conflict** conflit ouvert/déclaré ; **~ war** véritable guerre ; **Russian nationalists are unwilling to see Chechnya as a ~ sovereign state** les nationalistes russes n'acceptent pas que la Tchétchénie devienne un État souverain à part entière. ✪ **~ AIDS** sida déclaré/clinique.

full-scale *adj.* **1** en grandeur nature. **2** détaillé. **3** véritable, authentique, dans le plein sens du mot/terme, digne de ce nom ; **the fighting may develop into a ~ war** les combats risquent de dégénérer en véritable guerre. **4** de grande envergure.

full well *[savoir]* pertinemment.

fully *adv.* **1** pleinement, complètement, totalement, parfaitement, entièrement, en tous points, à tous égards, absolument, à plein, sans réserve. **2** en profondeur, de façon approfondie, en détail, de façon détaillée, par le menu. **3** scrupuleusement. ✪ **~-owned subsidiary** filiale (détenue) à 100 % ; **~-paid shares/stocks** actions libérées.

fully-fledged *adj. Fig.* complet, total, de fond en comble ; *[membre]* à part entière ; dans le plein sens du mot/terme, digne de ce nom ; de plein droit ; véritable, authentique ; pur et simple ; qualifié, accompli ; **this is not yet a ~ recovery** il ne s'agit pas encore d'une reprise dans le plein sens du terme ; **Russia is no longer a ~ superpower** la Russie n'est plus une véritable superpuissance ; **she still believes in ~ Marxism** elle croit toujours en un marxisme pur et dur.

fulminant *adj. Méd.* foudroyant. ✪ **~ hepatitis** hépatite fulminante.

fumes *n. pl.* gaz, vapeurs, fumées, émanations (nocifs/nocives/toxiques/irritant(e)s) ; **exhaust ~** gaz d'échappement ; **this equipment is designed to measure the level of ~ in the tunnel** ce matériel est conçu pour mesurer le niveau de fumées dans le tunnel ; **factories emitting noxious ~** les usines qui rejettent des gaz toxiques.

function *n.* **1** fonction. **2** cérémonie ; réception. ✪ **~ key** *Inf.* touche de fonction.

functional *adj.* **1** fonctionnel *[= relatif à la fonction].* **2** fonctionnel *[= pratique].* **3** en état de marche, opérationnel. ✪ **~ training** formation spécialisée ; **~ disease** trouble fonctionnel ; **~ illiterate** *ÉU* analphabète fonctionnel.

fund *v. tr.* **1** financer ; doter de. **2** consolider *[dette].*

fund *n.* **1** fonds. **2** *pl.* fonds, moyens (financiers), ressources (financières), capitaux ; crédits. ✪ **~ manager** *FCP* gérant/gestionnaire de fonds ; **~ of funds** *FCP* fonds de fonds *[= fonds de placement qui investit dans les parts d'autres fonds de* *placement]* ; **~-raiser** *n.* a) professionnel/responsable/spécialiste de la collecte de fonds ; b) *ÉU* manifestation de collecte de fonds ; **~-raising** *n.* collecte de fonds, appel à la générosité publique ; **~-raising drive** campagne de collecte de fonds.

fundamental analysis *Bourse* analyse fondamentale.

fundamentals *n. pl.* *[l']* essentiel, grands facteurs ; base(s), fondement(s) ; principes, rudiments ; *Écon.* fondamentaux, grands paramètres, données/variables fondamentales, données économiques fondamentales ; **Russians quickly learned the ~ of democracy** les Russes n'ont pas mis longtemps à apprendre les rudiments de la démocratie ; **the ~ of the economy look healthy** les grands paramètres de l'économie semblent sains.

funded *adj.* ✪ **~ debt** dette consolidée ; **~ pension plan** régime de retraite reposant sur la capitalisation.

funding *n.* **1** financement ; capitaux, fonds ; crédits. **2** consolidation ; **~ loan** emprunt de consolidation.

funding agency/body bailleur de fonds, organisme de financement.

funeral *adj.* ✪ **~ director** entrepreneur de pompes funèbres ; **~ home/parlour** salon mortuaire, funérarium ; *Adm.* chambre funéraire ; *Can.* salon funéraire ; **~ pile** bûcher funéraire.

furlough *n.* **1** congé. **2** *ÉU* permission de sortir *[accordée à un détenu]*. **3** mise à pied.

furnish *v. tr.* **1** meubler. **2** fournir, procurer, approvisionner ; équiper ; remettre ; communiquer *[informations]*.

furore *n.* (tempête/vague de) protestations, levée de boucliers, tumulte, controverse, tollé, vive émotion.

further *v. tr.* promouvoir, stimuler, faire progresser/avancer, favoriser, faciliter ; servir, aider à atteindre/réaliser, contribuer au succès de ; accélérer ; **to ~ an aim** contribuer/concourir à la réalisation d'un but, faciliter la réalisation d'un but ; **to ~ a cause** servir/défendre une cause ; **to ~ one's interests** défendre/protéger/servir ses intérêts.

further *adj.* **1** autre, ultérieur, à venir. **2** complémentaire, supplémentaire, additionnel, autre, nouveau ; persistant ; plus ample, plus précis/détaillé, plus complet, plus poussé ; plus approfondi ; **~ information** plus amples renseignements, complément d'information, précisions ; **~ explanations** explications plus détaillées ; **~ harmonization** harmonisation plus poussée ; **the ~ development of a system** le perfectionnement d'un système ; **~ research is needed** les recherches doivent être poursuivies ; **~ examination** complément d'examen. ✪ **for ~ reference** a) autres ouvrages ; b) pour pouvoir le consulter ultérieurement ; *[***she printed the definition for ~ reference** elle a imprimé la définition pour pouvoir la consulter ultérieurement*]* ; **~ action** suite à donner ; **~ development** a) affinement, amélioration, perfectionnement ; b) poursuite de l'élaboration ; c) développement ; **~ education** *RU* enseignement postobligatoire (non universitaire) ; **~-education college** *RU* établissement d'enseignement postobligatoire (non universitaire) ; **~ reading** bibliographie ; pour en savoir plus *[= intitulé de rubrique]* ; **~ training** perfectionnement, formation complémentaire ; **until ~ notice** jusqu'à nouvel ordre.

further *adv.* **1** plus loin. **2** plus longtemps. **3** à nouveau, encore (un peu plus) ; de façon plus approfondie, plus avant ; **~ to** à la suite de ; comme suite à. **4** d'ailleurs, du reste ; d'autre part, par ailleurs ; en outre, qui plus est, encore, également. ✪ **~ afield** plus loin.

furtherance *n.* **1** promotion, avancement *[= action de promouvoir qqch.]* ; **in ~ of** a) à l'appui de, aux fins de, au service de ; b) en application de, en exécution de. **2** accomplissement, réalisation. **3** poursuite.

furthermore *adv.* en outre, de plus, de surcroît, d'autre part, par ailleurs, qui plus est, à cela s'ajoute que.

fusion *n.* ✪ **~ bomb** bombe à hydrogène, bombe H ; **~ reactor** réacteur à/de fusion.

futile *adj.* **1** inutile, vain, sans effet, stérile, inopérant ; **~ attempt** vaine tentative, tentative vouée à l'échec. **2** futile.

futility *n.* **1** inutilité, inanité ; acte inutile. **2** futilité.

future *n.* **1** avenir, futur ; sort, destin ; **in ~** a) dans l'avenir, ultérieurement, un jour, à terme ; b) à l'avenir *[suggère que les choses n'ont pas été faites correctement jusqu'à présent]*, désormais, dorénavant ; **in ~ he will check all figures** à l'avenir, il vérifiera tous les chiffres ; **in the near ~** dans un avenir rapproché, dans l'immédiat, à bref délai, à brève échéance, à court terme ; **in the not too distant ~** prochainement, dans un délai raisonnable, dans des délais relativement courts, à moyen terme, sans trop tarder. **2** *pl.* prospective ; **~s study** étude prospective. **3** *pl. Fin.* contrat à terme ; opérations à terme ; instruments à terme ; **copper ~s** opérations à terme sur le cuivre ; **the firm is offering advice about coffee ~s** l'entreprise offre des conseils sur les opérations à terme sur le café ; **February gold ~s are trading at $312 an ounce** les contrats à terme portant sur de l'or livrable en février se négocient à 312 dollars l'once. ✪ **~-proof** *adj. [personne]* paré pour l'avenir ; **~s broker** courtier sur le marché à terme ; **~s contract** contrat à terme ; **~s market** marché à terme ; **~s option** option sur contrats à terme ; **~s price** cours du terme ; **~s trade** opération à terme ; **~s trader** opérateur sur marchés à terme ; **~s trading** opérations à terme.

fuzzy logic *Inf.* logique floue.

fwd. (forward) *voir* forward.

FX (foreign exchange) devises.

FY (fiscal year) exercice.

FYI (for your information) pour votre information.

Fyn *n. Danemark* Fionie.

FYROM (The former Yugoslav Republic of Macedonia) ex-République yougoslave de Macédoine.

G

G (general audiences) *Cinéma ÉU* enfants admis.

G7 (Group of Seven) *[le]* G 7 (Groupe des Sept).

G8 (Group of Eight) *[le]* G 8 (Groupe des Huit).

G10 (Group of Ten) *[le]* G 10 (Groupe des Dix).

GAB (General Arrangements to Borrow) *FMI* Accords généraux d'emprunt.

Gaddafi, Gadhafi *n.* Kadhafi.

gadfly *n. Fig.* personnage agaçant/dérangeant, gêneur, trublion.

gag *v. tr. Fig.* museler, réduire au silence *[presse].*

gag *n. Fig.* restriction à la liberté d'expression. ✪ **~ order** a) *Dr. ÉU* ordonnance imposant *[aux témoins, aux avocats, aux représentants du ministère public]* une obligation de réserve à l'égard de la presse ; b) *Fig.* interdiction de parler aux médias ; **~ rule** règle du silence, silence imposé, règle interdisant tout débat *[sur une question spécifique],* interdiction de diffusion/communication d'informations ; interdiction de mentionner le sujet ; *[***the judge's ~ rule is being ignored** la règle du silence imposée par le juge n'est pas respectée*].*

Gaia hypothesis hypothèse Gaia.

gain *v.* **1** *tr.* obtenir *[informations, autorisation, appui, droit, avantage, concessions, part de marché],* acquérir *[réputation, expérience, aptitudes],* recueillir *[adhésion],* accumuler *[expérience],* se tailler *[réputation],* susciter *[attention, intérêt, sympathie, adhésion] ;* **(from)** obtenir de ; retirer *[connaissances, impression]* de ; **to ~ permission to** obtenir l'autorisation de ; **the Republicans ~ed four seats in the Senate** les Républicains ont obtenu quatre sièges supplémentaires au Sénat ; **Congo ~ed its independence from Belgium in 1960** le Congo a obtenu son indépendance de la Belgique en 1960 ; **to ~ experience** acquérir de l'expérience ; **to ~ respectability** devenir respectable ; **he ~ed prestige as a human rights activist** son action militante en faveur des droits de l'homme lui a conféré du prestige ; **to ~ public support** *[proposition]* recueillir l'adhésion de la population ; **to ~ support for** susciter un plus large appui pour ; **to ~ power** a) accroître son pouvoir ; b) parvenir au pouvoir, prendre le pouvoir ; **to ~ access to** a) (réussir à) pénétrer/s'introduire dans ; b) obtenir ; (parvenir à) avoir accès à ; **to ~ access to credit** obtenir du/des crédit(s) ; **to ~ access to the capital markets** avoir accès aux marchés de capitaux ; **to ~ entrance to** *[cambrioleur]* réussir à pénétrer dans *[bâtiment] ;* **to ~ possession of** entrer en possession de ; **the knowledge that can be ~ed from a seminar** les connaissances qui peuvent être retirées d'un séminaire ; **the impression ~ed from a review of the literature on diabetes** l'impression retirée d'un examen de la littérature sur le diabète ; **to ~ a basic understanding of a software package** se familiariser avec un progiciel ; **to ~ business** conclure des affaires. **2** *tr.* permettre à *[qqn]* d'obtenir, donner à, conférer à ; **to ~ sb sth** valoir qqch. à qqn. **3** *intr.* gagner ; **(by, from)** retirer un/des avantage(s) de, bénéficier de, profiter de ; **the union leaders believe they have more to ~ by reaching an accommodation with the employers** les dirigeants syndicaux estiment qu'il vaut mieux parvenir à un accord avec l'entreprise ; **the company will ~ from the enactment of the new law** la société retirera un avantage de l'adoption de la nouvelle loi ; **each partner will ~ from the experience of the other** chaque partenaire bénéficiera de l'expérience de l'autre. **4** *tr.* gagner *[argent, prix],* remporter *[victoire],* conquérir *[libertés].* **5** *tr.* prendre *[de la vitesse, du poids, de l'altitude, de l'assurance],* prendre plus de *[importance],* élargir *[son influence] ;* gagner *[confiance, respect] ;* **to ~ confidence** prendre confiance ; **to ~ a foothold in** prendre pied en/au/à ; **to ~ the confidence of** gagner la confiance de ; **to ~/be ~ing acceptance/credence/support** *[idée]* être accepté de plus en plus largement, se répandre, faire des adeptes/de plus en plus d'adeptes, faire école, faire son chemin, entrer dans les mœurs, acquérir droit de cité ; **propositions which have ~ed widespread acceptance** des idées qui ont fait de nombreux adeptes ; **an idea that gradually ~ed acceptance** une idée qui a progressivement acquis droit de cité*] ;* **to ~ strength** *[personne]* renforcer sa position, *[idée]* progresser, *[mouvement]* élargir son audience, accomplir des progrès ; **to ~ momentum** *voir* momentum. **6** *intr. [monnaie]* s'apprécier, *[cours d'une action, indice boursier]* augmenter, progresser. **7** *tr. [cours d'une action, indice boursier]* progresser de, gagner, s'apprécier de ; **the Dow Jones ~ed 72.12 points** l'indice Dow Jones a progressé de 72,12 points. **8** *tr.* gagner *[qqn à sa cause].* **9 ~ in** augmenter de *[valeur],* acquérir plus de *[expérience],* prendre plus de ; **to ~ in credibility** devenir plus crédible ; **to ~ in strength** se renforcer ; **the leader of the opposition is ~ing in stature** le chef de l'opposition prend plus de stature. **10 ~ on** se rapprocher de, gagner du terrain sur *[concurrent] ;* **in the automobile industry, South Korea is ~ing on Japan** dans l'industrie automobile, la Corée du Sud se rapproche du Japon. **11 ~ over** obtenir le ralliement de.

gain *n.* **1** gain, profit ; bénéfice ; **the company announced a $320 million ~ for the first quarter** l'entreprise a annoncé un bénéfice de 320 millions de dollars pour le premier trimestre. **2** avantage. **3** progrès, avancée ; acquis ; **~s were made against AIDS recently** on a récemment accompli des progrès dans la lutte contre le sida. **4** *pl. Pol.* progression *[d'un parti lors d'élections] ;* **political ~** avantage politique ; **to use an issue for political ~** exploiter une question à des fins politiques ; **the Socialists are expected to make strong ~s in the next local elections** les socialistes devraient enregistrer une forte progression lors des prochaines élections locales. **5** hausse *[des prix],* augmentation *[de la production, du chiffre d'affaires],* accroissement ; *Bourse* hausse *[du cours d'une action] ;* **productivity ~s** accroissements de productivité ; **Amsterdam fell back after strong ~s yesterday** la Bourse d'Amsterdam s'est repliée après de fortes hausses enregistrées hier.

gainful *adj.* lucratif, rémunérateur, profitable ; rémunéré ; **~ employment** activité lucrative/professionnelle.

gainfully *adv.* **to be ~ employed** exercer une activité rémunérée.

gal (gallon) gallon *[ÉU = 3,785 l ; RU = 4,546 l].*

galaxy cluster amas de galaxies/galactique.

gale *n.* coup de vent. ✪ **~ warning** avis de coup de vent.

gallant *adj.* **1** *[personne, action]* très courageux, héroïque. **2** galant.

galley (proof) *Impr.* (épreuve en) placard.

Gallic *adj.* français.

gallium arsenide arséniure de gallium.

gallon *n. gallon [ÉU = 3,785 l ; RU = 4,546 l].*

gallows humour humour noir.

gambit *n. Fig.* manœuvre, stratagème, tactique ; **the rebels accepted outside mediation as a tactical ~** les insurgés ont accepté une médiation extérieure pour des raisons tactiques.

gambling tax taxe sur les jeux.

game *n. Fam. RU* prostitution ; **to be on the ~** se prostituer. ✪ **beat sb at his own ~** battre qqn sur son propre terrain ; **~ bird** gibier à plumes ; **~ licence** permis de chasse ; **~ park** réserve cynégétique ; **~ plan** *Fig.* stratégie ; **~ port** *Inf.* port de jeu ; **~ preserve/reserve/sanctuary** réserve zoologique ; **~s arcade** galerie de jeux ; **~s console** console de jeu ; **~ show** émission-jeu, jeu télévisé ; **~ software** ludiciel ; **~s system** console de jeu ; **~(s) theory** théorie des jeux ; **~ warden** a) garde-chasse ; b) gardien de réserve zoologique ; **raise one's ~** *Fig.* améliorer ses prestations.

gamma *adj.* ✪ **~ radiation** rayonnement gamma ; **~ globulin** gammaglobuline ; **~-ray spectrometer** spectromètre à rayons gamma.

gang *v.* **~ up against** se liguer contre.

gang *n.* **1** équipe *[de travailleurs]*. **2** bande, gang. ✪ **~ rape** viol collectif ; *Dr.* viol en réunion.

Ganges *n. Inde* Gange.

gangland *n.* pègre, milieu.

gantry (crane) grue à portique.

Gantt chart *Gestion* graphique/diagramme de Gantt.

GAO (General Accounting Office) *ÉU General Accounting Office [= organisme indépendant d'audit et de comptabilité].*

gap *n.* **1** écart, disparités, décalage, fossé, gouffre, intervalle, hiatus, coupure, interruption, solution de continuité, distance, marge ; différence, disparités, divergence, non-concordance ; retard ; déséquilibre ; **to bridge/close/fill a ~** combler un écart ; **to narrow the ~** réduire l'écart ; **to bridge the ~ between** établir/jeter une passerelle entre ; **the wage ~ between blacks and whites is narrowing** les écarts de rémunérations entre les Noirs et les Blancs se réduisent ; **the ~ in earnings between men and women is widening** les disparités de rémunérations entre hommes et femmes augmentent ; **the ~ between rhetoric and reality** le décalage entre les discours et la réalité ; **a widening ~ between rich and poor** un fossé qui se creuse sans cesse entre les riches et les pauvres ; **technological ~** retard technologique. **2** lacune ; **there are ~s in the available data** les données disponibles comportent des lacunes ; **to close/fill a ~** combler une lacune ; **there are many ~s in our knowledge** nos connaissances sont très lacunaires. **3** faille *[dans un système, dans un raisonnement]*. **4** espace, vide, trou, brèche ; **mind the ~** attention à l'espace entre la rame et le quai. **5** manque, absence, insuffisance, pénurie ; **communication ~** absence de communication. **6** déficit ; **budget ~** déficit budgétaire. **7** manque d'harmonie, incompatibilité, clivage, mur d'incompréhension, conflit, désaccord, divergence(s) de vues, différences de mentalités, divorce ; **generation ~** conflit des générations, différences de mentalités entre les générations ; **the political ~ between Labour and the Social Democrats** les divergences de vues d'ordre politique entre les travaillistes et les sociaux-démocrates ; **the ~ between the British government and the IRA** les divergences de vues entre le gouvernement britannique et l'IRA.

gaping *adj.* **1** béant. **2** important, considérable, énorme ; **~ trade deficit** énorme déficit commercial.

garbage *n. ÉU* ✪ **~ can** poubelle ; **~ chute** vide-ordures ; **~ collection** enlèvement/ramassage des ordures ; **~-disposal unit** broyeur à ordures ; **~ grinder** broyeur à ordures ; évier broyeur ; **~ in, ~ out** *Inf.* à données initiales douteuses/sans valeur, résultats douteux/sans valeur ; **~ man** éboueur ; **~ truck** camion de ramassage des ordures.

garble *v. tr.* déformer, mutiler.

Garda *n. Irl.* **1** Police irlandaise. **2** agent de police *[pl. Gardai]*. ✪ **~ Síochána** Police irlandaise.

Gardai *n. pl. Irl.* agents de police.

garden *n.* ✪ **~ centre** jardinerie ; **~ city** cité-jardin ; **~ suburb** banlieue verte/aménagée comme un jardin ; **~-variety** *adj.* ordinaire, courant, typique, comme les autres, parmi d'autres, banal ; **~ village** village aménagé comme un jardin.

garnish *v.* **1** *tr.* saisir. **2** *intr.* pratiquer une saisie-arrêt.

garnishee *n.* tiers saisi. ✪ **~ order** ordonnance de saisie-arrêt.

garnisher *n.* (créancier) saisissant.

garnishment *n.* saisie-arrêt ; opposition à paiement ; **~ of wages** saisie-arrêt sur salaire.

gas *n.* **1** gaz. **2** *ÉU* essence. **3** *Méd.* météorisme, flatulence, ballonnement. ✪ **~ bottle/canister** bouteille à gaz, bonbonne de gaz ; **~ carrier** (navire) méthanier ; **~ chromatography** chromatographie en phase gazeuse ; **~ cooker** cuisinière à gaz, gazinière ; **~ cylinder** bouteille à gaz ; **~ embolism** embolie gazeuse ; **~ field** gisement de gaz naturel ; **~-fired** *adj. [appareil]* à gaz ; **~-fired furnace** four à gaz ; **~ fitter** installateur d'appareils à gaz ; **~ flare** torchère ; **~ gangrene** gangrène gazeuse ; **~ generation** gazéification ; **~ generator** gazogène ; **~-graphite reactor** réacteur gaz-graphite ; **~ guzzler** voiture énergivore/à consommation élevée ; **~-guzzling** *adj.* énergivore, à consommation élevée ; **~ oil** gazole ; **~ pedal** *ÉU* pédale d'accélérateur ; **~ pipeline** a) gazoduc ; b) conduite de gaz ; **~ plant** usine à gaz ; **~ producer** gazogène ; **~ range** *ÉU* cuisinière à gaz, gazinière ; **~ station** *ÉU* station d'essence ; **~ transmission** transport de gaz ; **~ turbine** turbine à gaz ; **~ works** usine à gaz.

gasahol *n.* essence-alcool.

gasholder *n.* gazomètre.

gasifier *n.* gazogène.

gasohol *n.* essence-alcool.

gasp *n.* exclamation(s)/murmure de surprise/de stupéfaction/de stupeur/d'indignation, « oh ! ».

gastric fever fièvre typhoïde.

gate *n.* **1** *Inf.* porte. **2** *Transp. aériens* porte d'embarquement. ✪ **~-crasher** *n.* personne non invitée ; **~ money** recette des entrées.

gated community groupe de résidences fermé/sécurisé/à accès restreint.

gatekeeper *n. Fig.* gardien de l'accès, filtre (de l'accès) ; personne chargée du filtrage/de la sélection, portillon, intermédiaire obligé ; **the Chief of Staff is the ~ of the Oval Office** le secrétaire général de la Maison Blanche est le gardien de l'accès au Bureau ovale.

gatekeeping *n. Fig.* filtrage, sélection.

gateway *n.* **1** porte (d'entrée), point/voie d'accès ; **Copenhagen is the ~ to Scandinavia** Copenhague est la voie d'accès à la Scandinavie. **2** fenêtre ; **television is a ~ to the world** la télévision est une fenêtre sur le monde. **3** point de passage, lieu de transit, plaque tournante ; **Marseilles is a ~ for heroin entering western Europe** Marseille est un lieu de transit pour l'héroïne introduite en Europe occidentale. **4** clé. **5** antichambre ; **to be a ~ to** ouvrir la voie à. **6** *Télém.* passerelle.

gather *v.* **1** *tr.* accumuler. **2** *intr.* s'accumuler. **3** *tr.* rassembler *[personnes, informations] ;* recueillir *[informations, documents, échantillons, voix, signatures],* glaner *[informations] ;* réunir *[preuves, fonds] ;* **to ~ intelligence** recueillir des renseignements. **4** *intr. [personnes, foule]* se rassembler, *[personnes]* se réunir ; **hundreds of demonstrators ~ed outside the embassy** des centaines de manifestants se sont rassemblés devant l'ambassade ; **scientists from all over the world ~ed for a conference on climate** des scientifiques venus du monde entier se sont réunis pour participer à une conférence sur le climat. **5** *tr.* prendre *[de la vitesse],* prendre plus de ; **to ~ importance** prendre une importance accrue ; **to ~ momentum** *voir* momentum ; **to ~ pace** *voir* pace ; **to ~ steam** *voir* steam. **6** *tr.* **(that)** déduire que, parvenir à la conclusion que.

GATS (General Agreement on Trade in Services) AGCS (Accord général sur le commerce des services).

GATT (General Agreement on Tariffs and Trade) GATT (Accord général sur les tarifs douaniers et le commerce).

gauntlet *n.* ✪ **pick up the ~** relever le défi, ramasser/relever le gant ; **run the ~** *Fig.* a) passer devant une haie/un groupe *[de personnes hostiles] ;* b) essuyer de vives critiques, être attaqué de toutes parts ; traverser une épreuve pénible ; *[***to run the ~ of** subir les attaques de, subir l'épreuve de, se heurter à ; **the mayor had to run the ~ of aggressive protesters** le maire a dû passer devant un groupe de protestataires hargneux*] ;* **take up the ~** relever le défi, ramasser/relever le gant ; **throw down a ~ to** lancer un défi à, jeter le gant à.

Gaussian *adj. Stat.* ✪ **~ curve** courbe de Gauss ; **~ distribution** distribution gaussienne.

gavel-to-gavel coverage retransmission d'un procès/d'un congrès *[de parti]* in extenso.

Gaza Strip *Palestine* bande de Gaza.

Gazette *n. RU* Journal officiel.

gazump *v. RU* **1** *tr. [propriétaire d'immeuble]* refuser d'encore vendre à *[après réception d'une offre plus avantageuse].* **2** *intr.* refuser de conclure la vente *[d'un immeuble],* revenir sur une promesse verbale de vente, se dérober pour accepter une offre plus avantageuse ; revenir sur le prix.

gazumping *n. RU* refus de donner suite à une promesse verbale de vente *[d'un immeuble],* refus de conclure une vente convenue/au prix convenu.

GB (gigabyte) *Inf.* Go (gigaoctet).

GBH (grievous bodily harm) *Dr.* coups et blessures graves.

GCC (Gulf Cooperation Council) CCG (Conseil de coopération du Golfe).

GCE (General Certificate of Education) *RU* certificat de fin d'études secondaires.

GCHQ (Government Communications Headquarters) *RU* GCHQ (Centre d'écoute des télécommunications).

GCSE (General Certificate of Secondary Education) *RU* certificat général d'études secondaires du premier cycle *[obtenu normalement à l'âge de 16 ans].*

GDP (gross domestic product) PIB (produit intérieur brut). ✪ **~ deflator** déflateur du PIB.

gear *v.* **I (for/to/toward(s)) 1** *tr.* adapter à/aux besoins de, orienter en fonction de ; **~ed for/to/toward(s)** adapté à/aux besoins de, orienté vers, axé sur, tourné vers ; aménagé/conçu/organisé en fonction (des besoins) de, organisé pour, adapté à, (spécialement) adapté/conçu pour ; visant à ; apte à, prêt à ; **to be ~ed for/to/toward(s)** a) viser, être orienté vers, être destiné à, s'adresser à ; porter sur ; b) être prêt à faire face à ; **the project is ~ed to establish partnerships between local authorities** le projet vise à établir une coopération entre collectivités locales ; **this television programme is ~ed toward a young audience** cette émission de télévision est destinée à un public jeune ; **the services offered are ~ed to corporate customers** les services offerts sont conçus pour des entreprises et non des particuliers. **2** *tr.* **to ~ oneself to** se préparer à/pour/en vue de. **3** *intr.* se préparer à/pour/en vue de. **II** *intr.* **to be ~ed to** être lié à ; **profits are ~ed to sales** les bénéfices sont liés au chiffre d'affaires. **III** *Fin.* **high/low-~ed capital** capital à fort/faible effet de levier. **IV ~ down** réduire. **V ~ up 1** préparer. **2** augmenter l'endettement de *[société].* **VI ~ up for/to 1** préparer à/pour/en vue de ; **to be ~ed up for/to** être en mesure de, être (tout) prêt à, être bien armé pour, attendre de pied ferme ; **the accounting department is ~ed up to provide up-to-date information to other units** le service de la comptabilité est en mesure de fournir des informations à jour aux autres services. **2** se préparer à/pour/en vue de ; **pupils are ~ing up for the start of the school year** les élèves se préparent à la rentrée scolaire.

gear *n.* **1** matériel, appareils, engins. **2** mécanisme. **3** vitesse ; **first ~** première vitesse ; **to change/shift/switch ~(s)** a) changer de vitesse ; b) *Fig.* changer son fusil d'épaule ; passer à la vitesse supérieure ; **to move/shift/switch into high(er) ~** *Fig.* passer à la vitesse supérieure ; **to be in full ~** battre son plein ; **to go into low ~** *Fig.* s'essouffler, s'enliser, perdre de son élan/de sa vigueur, être coupé dans son élan, se ralentir, perdre de la vitesse, être en perte de vitesse, perdre du terrain ; **to be in high/top ~** *Fig.* fonctionner à plein régime. **4** *pl. Fig.* rouages ; **to oil the ~s of** huiler les rouages de. **5** équipement *[d'un militaire] ;* **protective ~** équipement de protection ; **police officers in riot ~** agents de police équipés pour la lutte anti-émeute. **6** vêtements.

gearing *n. Fin.* ratio capitaux empruntés/capitaux propres, (degré d') endettement. ✪ **~ ratio** ratio capitaux empruntés/capitaux propres, (degré d') endettement.

GEF (Global Environment Facility) FEM (Fonds pour l'environnement mondial).

gel *v. intr. Fig.* **1** *[projet]* se concrétiser, prendre corps. **2** *[personnes]* bien s'entendre.

GEMS (Global Environment Monitoring System) Système mondial de surveillance continue de l'environnement.

Gen (General) *Mil.* général.

gender *n.* **1** sexe, appartenance à un sexe déterminé, appartenance à l'un ou l'autre sexe ; différenciation/distinction homme-femme ; **~ inequalities** inégalités entre les sexes ; **in all**

matters related to staff promotion ~ shall be irrelevant en matière de promotion des membres du personnel, l'appartenance à l'un ou l'autre sexe n'entre pas en considération ; **difference between sex and ~** différence entre sexe et distinction homme-femme ; **health and ~** santé et situations respectives des femmes et des hommes. **2** problématique homme-femme, relations entre les sexes. ✪ **~-based approach** démarche tenant compte des spécificités des deux sexes ; **~-based problems** problèmes liés à l'appartenance sexuelle ; **~-based violence** actes de violence liés au sexe ; **~ bias** parti pris lié au sexe, discrimination fondée sur le sexe ; **~-conscious** *adj.* sensible aux différences entre les sexes ; **~ discrimination** discrimination fondée sur le sexe ; **~ neutral** a) valable pour les deux sexes, n'excluant aucun des deux sexes, neutre sur le plan du sexe ; b) non sexiste ; **~ gap** a) inégalité entre les hommes et les femmes, discrimination à l'encontre des femmes ; b) différences entre hommes et femmes, différence de comportement entre les hommes et les femmes ; *Pol.* différence de comportement électoral entre hommes et femmes ; impopularité auprès des femmes/de l'électorat féminin, défiance d'une partie de l'électorat féminin ; *[***the incumbent faces a large ~ gap** le candidat sortant se heurte à une impopularité considérable auprès de l'électorat féminin ; **the President attempted to close his ~ gap by promising to appoint several women to cabinet posts** le président s'est efforcé d'atténuer la défiance d'une bonne partie de l'électorat féminin en promettant de nommer plusieurs femmes à des postes ministériels*] ;* **~ identity** identité sexuelle ; **~-inclusive** *adj.* valable pour les deux sexes, n'excluant aucun des deux sexes, neutre sur le plan du sexe ; **~ issues** questions liées au sexe/aux spécificités de chaque sexe, questions concernant les relations entre les sexes ; **~ mainstreaming** intégration d'un souci d'égalité entre les sexes ; **~ orientation** sexe psychologique ; **~ perspective** prise en compte de la distinction homme-femme ; *par. ext.* préoccupation pour l'égalité entre hommes et femmes ; **~ reassignment** changement de sexe ; **~ roles** rôles des hommes et des femmes, rôles attribués aux hommes et aux femmes, rôles assignés aux individus en fonction de leur sexe ; **~-sensitive** *adj.* sensible aux différences entre les sexes, tenant compte des besoins des deux sexes ; **~-specific** *adj. [caractéristique]* propre à l'un ou l'autre sexe ; *[mot, expression]* qui désigne une personne d'un sexe déterminé.

gender *adj.* lié au sexe, lié à l'appartenance sexuelle, concernant les relations entre les sexes, hommes-femmes, des hommes et des femmes, axé sur la condition féminine ; **to improve the ~ balance in Parliament** améliorer l'équilibre hommes-femmes au parlement.

gene *n.* ✪ **~ bank** génothèque ; **~ library** génothèque ; **~ mapping** cartographie génique/de gènes ; **~ pool** ensemble génétique ; **~ splicing** manipulation génétique, ingénierie génétique ; **~ tagging** étiquetage génétique ; **~ therapy** thérapie génique.

Genoa *n. Italie* Gênes.

genome mapping cartographie du génome.

general *n.* général d'armée. ✪ **General of the Army** *ÉU* maréchal.

general *adj.* général, de portée générale, d'ensemble. ✪ **~ acceptance** *Lettre de change* acceptation non assortie de conditions particulières ; **~ accounting** comptabilité générale ; **General Accounting Office** *ÉU General Accounting Office [= organisme indépendant d'audit et de comptabilité] ;* **~ agent** *Dr.* titulaire d'un mandat général ; **General Agreement on Tariffs and Trade** Accord général sur les tarifs douaniers et le commerce ; **General Agreement on Trade in Services** Accord général sur le commerce des services ; **General Arrangements to Borrow** *FMI* Accords généraux d'emprunt ; **~ assembly** *ÉU* législature, assemblée législative (d'un État) ; **General Assembly** *ONU* Assemblée générale ; **~ authority** *Dr.* mandat général ; **~ average** *Ass. mar.* avarie commune ; **~ aviation** aviation générale ; **~ cargo** marchandises diverses ; **~ cargo ship** cargo de marchandises diverses ; **General Certificate of Education** *RU* certificat de fin d'études secondaires ; **General Certificate of Secondary Education** *RU* certificat général d'études secondaires du premier cycle *[obtenu normalement à l'âge de 16 ans] ;* **~ contractor** entrepreneur général ; **~ creditor** créancier chirographaire ; **~ crossing** *Banque* barrement général ; **~ damage** *Dr.* préjudice virtuel *[ouvrant une action visant à faire reconnaître l'existence d'un droit violé] ;* **~ damages** *Dr.* a) dommages-intérêts compensant un préjudice moral ; b) *general damages [= dommages-intérêts compensant un préjudice qui est la conséquence naturelle et probable d'un acte ou d'une omission] ;* **~ degree** *Ens. RU* diplôme (universitaire) ordinaire *[= moins spécialisé et moins prestigieux qu'un honours degree] ;* **~ delivery** *ÉU* poste restante ; **~ election** a) *RU* élections législatives (générales) ; b) *ÉU* élection (principale/proprement dite) *[par opp. à élection primaire] ; [***each party nominates a candidate to run in the ~ election** chaque parti désigne un candidat en vue de l'élection*] ;* **~ endorsement** *Lettre de change* endossement en blanc ; **~ expenses** frais généraux ; **~ good** intérêt général ; **~ government** administrations publiques ; **~ grant** dotation globale, subvention/dotation sans affectation particulière, subvention générale *[versée par l'État central à une collectivité locale, celle-ci décidant elle-même de l'affectation des fonds] ;* **~ hospital** polyclinique ; **~ knowledge** culture générale ; **~ ledger** *Compt.* grand livre « général » *[regroupant les comptes concernant les actifs, le capital, les recettes et les dépenses] ;* **~ legacy** legs général ; **~ library** bibliothèque encyclopédique ; **~ lien** *Dr.* privilège général ; **~ meeting** assemblée générale *[d'une société] ;* **~ mortgage** hypothèque générale ; **~ mortgage bond** *ÉU* obligation hypothécaire générale ; **~ officer** *Mil.* officier général, général ; **~ operating account** compte d'exploitation ; **~ partner** *Sociétés* commandité ; **~ partnership** société en nom collectif ; **~ population** ensemble de la population, population dans son ensemble ; **~ power of attorney** mandat général ; **~ post office** *RU* bureau de poste principal ; **~ practice** activité de médecin généraliste ; **~ practitioner** (médecin) généraliste, omnipraticien ; **~ protection fault** *Inf.* erreur irrécupérable ; **~ public** (grand) public, population, commun des mortels, homme de la rue, profane, M. Tout-le-Monde ; opinion publique ; **~-purpose** *adj.* a) universel, polyvalent ; b) à finalités générales ; **~-purpose computer** calculateur universel ; **~ reader** profane, non-spécialiste, tout lecteur intéressé par le sujet ; *pl.* grand public ; **~ relativity** relativité générale ; **~ reserve(s)** *Sociétés* réserve facultative ; **General Secretariat of the Council** *UE* secrétariat général du Conseil ; **~ staff** *Mil.* officiers d'état-major ; **~ store** magasin à assortiment diversifié/large ; **~ theory of relativity** théorie de la relativité générale ; **~ union** syndicat sectoriel ; **~ welfare** intérêt général ; **in ~ terms** en général, d'une manière générale, dans l'ensemble ; sans autres précisions.

generality *n.* **1** *pl.* généralités ; **to speak in generalities** se limiter à des généralités. **2 the ~ of** la plupart de. **3** caractère général.

generalized system of preferences *ÉU, UE* système généralisé de préférences.

generate *v. tr.* **1** engendrer *[pollution]*, produire *[polluants, électricité]*, dégager *[chaleur]* ; **modern societies ~ a lot of garbage** les sociétés modernes produisent beaucoup de déchets ; **computer-~d images** images produites par ordinateur ; **car engines ~ heat** les moteurs de voiture dégagent de la chaleur. **2** créer *[emplois, épargne, investissement]*, provoquer *[débat]*, susciter *[espoir, réactions favorables/hostiles, sympathie, intérêt, critiques]*, produire *[recettes, bénéfices]*, engranger *[bénéfices]*, permettre de réaliser *[recettes, économies]*, recueillir, (permettre d') obtenir *[fonds]*, permettre de réaliser *[économies]* ; être à l'origine de ; concevoir *[théorie]* ; **trade ~s wealth** le commerce crée de la richesse ; **the excitement ~d by this discovery** le grand intérêt suscité par cette découverte ; **to ~ controversy** susciter la controverse ; **the new scheme would ~ savings** le nouveau système permettrait de réaliser des économies ; **the company was able to ~ $280 million in profits last year** la société a engrangé un bénéfice de 280 millions de dollars l'année dernière.

generating *adj.* ✪ **~ plant/station** centrale électrique ; **~ unit** groupe électrogène.

generation *n.* **1** génération. **2** production *[d'électricité]*. ✪ **~ gap** fossé entre/qui sépare les générations, conflit/désaccords/différends/dissensions/divergences (de vues) entre les générations, coupure entre les générations, manque de communication entre les générations, conflit des générations, différences de mentalité entre les générations.

generic *adj.* générique. ✪ **~ advertising** publicité compensée ; **~ drugs** médicaments génériques ; **~ name** dénomination commune *[d'un médicament]* ; **~ product** produit sans marque.

generics *n.* **1** *Comm.* produits sans marque. **2** médicaments génériques.

genetic *adj.* ✪ **~ counselling** (fourniture de) conseils génétiques ; **~ defect** anomalie génétique ; **~ engineering** génie génétique ; **~ fingerprint** empreinte génétique ; **~ fingerprinting** relevé d'empreinte génétique, (test d') identification génétique, technique des empreintes génétiques, expertise (par empreinte) génétique ; **~ makeup** patrimoine génétique, génotype ; **~ mapping** cartographie génique/de gènes ; **~ marker** marqueur génétique ; **~ material** matériel génétique ; **~ parents** parents biologiques ; **~ recombination** recombinaison génétique ; **~ screening** dépistage génétique ; **~ sequencing** séquençage génétique ; **~ test** test génétique ; **~ typing** génotypage.

genetically engineered/modified *[organisme]* génétiquement modifié.

genetics *n.* **1** génétique ; **molecular ~** génétique moléculaire. **2** aspects génétiques ; **to study the ~ of cancer** étudier les aspects génétiques du cancer.

Geneva Convention relative to the Treatment of Prisoners of War Convention de Genève relative au traitement des prisonniers de guerre.

genial *adj.* **1** aimable, affable, avenant, amical, cordial, jovial, sympathique, amène. **2** *[climat]* clément, tempéré, doux. **3** génial, de génie.

genie *n.* **to let the ~ out of the bottle** déclencher des changements irréversibles ; **the ~ is out of the bottle** il est impossible de revenir en arrière, le mal est fait ; **to get the ~ back in the bottle** revenir en arrière.

genome sequence séquence génomique.

gentle breeze *Échelle de Beaufort* petite brise.

gentleman's/gentlemen's agreement accord verbal/informel, accord reposant sur la parole donnée, accord en dehors du droit, *gentleman's agreement*, engagement d'honneur.

gentrification *n.* rénovation *[d'une maison, d'un quartier]* à l'intention de personnes aisées ; embourgeoisement *[d'une maison, d'un quartier]*.

genuine *adj.* *[personne]* sincère, de bonne foi, honnête ; *[chose]* authentique, véritable, réel, vrai, véridique ; sérieux ; légitime.

geographic information system système d'information géographique.

geographical mile mille nautique *[=1852 m]*.

geological *adj.* ✪ **~ engineer** ingénieur géologue ; **~ record** vestiges géologiques, données livrées par les études géologiques ; **~ survey** a) étude géologique ; b) service géologique.

Geordie *n.* *RU* personne originaire du Tyneside ; habitant du Tyneside.

geoscience *n.* science de la terre.

geothermal *adj.* ✪ **~ energy** énergie géothermique ; **~ gradient** gradient géothermique.

germ *n.* **1** germe. **2** microbe. ✪ **~ cell** cellule germinale ; **~-free** *adj.* stérile ; **~ warfare** guerre biologique.

germane *adj.* pertinent ; **to be ~ to** présenter un intérêt dans le cadre de, se rapporter à *[question traitée]* ; **not to be ~ to** être sans rapport avec, être étranger à *[question traitée]*.

germinal *adj. Fig.* **1** en germe, latent, embryonnaire ; naissant. **2** créatif, créateur, fécond, prometteur, novateur, original, riche en idées nouvelles ; qui ouvre des horizons nouveaux. **3** qui exerce/a exercé une profonde influence (sur l'évolution de).

gerrymandering *n.* **1** redécoupage abusif des circonscriptions électorales, charcutage électoral. **2** manœuvres déloyales/frauduleuses (en matière électorale) ; fraude électorale, truquage des élections, combines électorales.

Gestalt psychology psychologie de la forme, gestaltisme.

get *v.* **I 1** *tr.* obtenir *[emploi]*, recevoir *[informations]*. **2** *tr.* attraper *[maladie, malfaiteur]*. **3** *intr.* devenir. **II ~ across 1** traverser. **2** faire passer *[message]* ; **(to)** faire comprendre à. **3** *[message]* passer. **III ~ along with** avoir de bonnes relations avec, bien s'entendre avec, être en bons termes avec *qqn]*. **IV ~ around 1** *[rumeur, information]* circuler. **2** *[personne]* se déplacer, circuler. **3** se dérober à. **4** contourner *[difficulté]*, surmonter *[problème]*. **5** en arriver à, parvenir à ; **to have not yet got around to doing sth** ne s'est pas encore décidé à faire qqch., ne pas avoir encore pris le temps de faire qqch. **V ~ away 1** prendre la fuite. **2** s'en aller. **VI ~ away from** échapper à. **VII ~ away with** échapper aux conséquences de ; **to ~ away with it** ne pas être sanctionné, ne pas en subir les conséquences, ne pas se faire prendre, *[malfaiteur]* passer à travers les mailles du filet ; **he falsified the results of the study and got away with it** il a falsifié les résultats de l'étude en toute impunité ; **some students ~ away with cheating** certains étudiants trichent sans se faire prendre. **VIII ~ back 1** récupérer, retrouver *[chose perdue]*, obtenir la restitution de *[bien volé]*. **2** revenir. **3** recontacter, reprendre contact avec *[qqn]*. **4 to ~ back to normal** redevenir normal ; **to ~ back to work** reprendre le travail. **IX ~ back at** se venger de, régler ses comptes avec *[qqn]*. **X ~ behind** soutenir *[cause]*. **XI ~ by** *[personne]* s'en sortir (tant bien que mal). **XII ~ even** se venger. **XIII ~ into 1** placer dans *[situation particulière]*. **2** aborder *[question]*. **3 to ~ into trouble** s'attirer des ennuis. **XIV ~ off 1** *[avion]* décoller. **2** s'en tirer ; **to ~ off lightly** s'en tirer à bon compte. **3** descendre de *[train]*. **XV ~ on** monter dans *[train]*. **XVI ~ on with 1** avoir de bonnes relations avec, bien s'entendre avec. **2** poursuivre *[ses activités]*. **XVII ~ out 1** s'échapper. **2** *[information]* se savoir, être révélé. **XVIII ~ out of** quitter *[pays]*. **XIX ~ over** surmonter *[problème]* ; se remettre de. **XX ~ round 1** tourner *[la loi]*. **2** surmonter *[problème]*. **XXI ~ through 1** traverser. **2** *[message]* passer. **3** obtenir son correspondant *[par téléphone]*. **4** *[projet de loi]* être adopté. **5** réussir à surmonter *[épreuve]*. **6** passer au travers de. **7** passer au travers des mailles du filet, ne pas être intercepté. **XXXII ~ through to 1** *[message]* parvenir jusqu'à, être reçu par. **2** établir la communication avec *[interlocuteurs]* ; **the candidate managed to ~ through to his audience by telling a joke** le candidat a réussi à établir la communication avec ceux qui étaient venu l'écouter en racontant une histoire drôle. **XXIII ~ together 1** se réunir. **2** rassembler, unir, assurer la cohésion de. **XXIV ~ together with** rencontrer. ✪ **~ting started** vos premiers pas ; prise en main *[d'un logiciel]*.

get-rich-quick *adj. [personne]* pressé de faire fortune ; *[système]* permettant de s'enrichir rapidement ; **a ~ mentality is gaining ground** une mentalité exaltant l'enrichissement rapide gagne du terrain.

get-together *n.* réunion (informelle).

geyser *n.* **1** geyser. **2** *RU* chauffe-eau.

g-force *n.* force d'accélération.

Ghent *n. Belg.* Gand.

ghetto blaster gros système stéréo portable.

Gibraltarian *adj.* gibraltarien.

gift *n.* **1** don ; cadeau ; donation, libéralité. **2** bienfait. ✪ **~ certificate** chèque-cadeau ; **~ inter vivos** donation entre vifs ; **~ tax** impôt sur les libéralités ; **~ token/voucher** chèque-cadeau ; **~ wrap** emballage cadeau.

gigabyte *n. Inf.* gigaoctet.

GIGO (garbage in, garbage out) *Inf.* à données initiales douteuses/sans valeur, résultats douteux/sans valeur.

gilded youth jeunesse dorée, jeunes de bonnes familles.

gilt-edged security obligation de premier ordre.

gilts *n.* obligations de premier ordre.

gimmick *n.* **1** astuce *[publicitaire, promotionnelle]*, stratagème (ingénieux), manœuvre ; avantage illusoire ; gadget *[Fig.]* ; **an accounting ~ that allows the company to stay in the black** une astuce comptable qui permet à la société de présenter un résultat bénéficiaire ; **she dismissed her opponent's job creation proposal as an electoral ~** elle a balayé la proposition de création d'emplois de son adversaire en la qualifiant de « gadget électoral ». **2** artifice, subterfuge, dispositif astucieux, procédé ne visant qu'à attirer l'attention/jeter de la poudre aux yeux, combine, ruse, piège, attrape-nigaud. **3** gadget.

ginger group *RU* groupe de militants novateurs/particulièrement actifs.

gin trap piège à mâchoires.

giro *n. RU* **1** système de chèques/virements postaux. **2** chèque établi en règlement des indemnités de chômage. ✪ **~ account** compte-courant postal, compte-chèque postal ; **~ cheque** chèque postal.

GIS (geographic information system) SIG (système d'information géographique).

give *v.* **I 1** *tr.* donner. **2** *intr.* **something has got to ~** cela ne peut durer, la situation est devenue intenable, le château de cartes va s'écrouler. **II ~ away 1** révéler, divulguer, dévoiler *[informations confidentielles]*, trahir *[secret]* ; indiquer ; **to ~ oneself away** se trahir ; **to ~ away as little information as possible** divulguer aussi peu d'informations que possible. **2** faire don de, céder/distribuer (gratuitement), céder sans contrepartie. **III ~ back 1** restituer, rendre ; rembourser. **2** donner une contrepartie pour les bienfaits reçus. **3** rétrocéder ; **the broker gave back 30% of his commissions to his best clients** le courtier a rétrocédé 30 % de ses commissions à ses meilleurs clients. **IV ~ in 1** remettre. **2** céder, capituler ; **threatened with a costly lawsuit, the company gave in** menacée d'un procès coûteux, l'entreprise a cédé. **3** donner *[démission]*. **4** abandonner (la lutte/partie), renoncer, baisser les bras, capituler ; **they were not prepared to ~ in without a fight** ils n'étaient pas disposés à renoncer sans se battre. **V ~ in to** céder à *[pressions, exigence, tentation]*. **VI ~ off** libérer *[gaz]*, dégager *[odeur]*. **VII ~ on/onto** *[fenêtre]* donner sur. **VIII ~ out 1** émettre *[énergie, lumière, signaux]* ; dégager *[gaz]*. **2** distribuer. **3** rendre public, annoncer, révéler, divulguer *[informations]* ; **never ~ out your password** ne révélez jamais votre mot de passe. **4 (that)** annoncer que. **5** *[patience, réserves]* être épuisé. **IX ~ over to** livrer *[qqn]* à, remettre *[qqch.]* à. **X ~ up 1** abandonner (la lutte/partie), renoncer, capituler, baisser les bras. **2** renoncer à *[ambition]*, cesser de ; **to ~ up smoking** cesser de fumer ; **she gave up a promising career to raise her children** elle a renoncé à une carrière prometteuse pour élever ses enfants ; **the United Kingdom cannot ~ up a good relationship of 30 years' standing for the sake of a single contract** le Royaume-Uni ne peut sacrifier 30 années de bonnes relations dans le seul but d'obtenir un contrat. **3 to ~ up the fight** abandonner la lutte/partie, renoncer, capituler, baisser les bras. ✪ **~ or take a few** à quelques... près.

give-and-take *n.* **1** concessions mutuelles, prise en compte du point de vue de l'autre. **2** échange (courtois) d'idées/d'arguments/de propos.

giveaway *n.* **1** *Comm.* cadeau (promotionnel) ; article à prix réduit ; distribution gratuite. **2** *Journ.* exemplaire distribué gratuitement. **3** signe révélateur/qui révèle la supercherie ; façon de révéler ses intentions.

giveaway *adj. [prix]* très bas, vil, bradé ; *[journal]* gratuit ; distribué gratuitement.

givebacks *n. pl.* sacrifices *[consentis par les salariés d'une entreprise en difficulté]*.

given *n.* fait/phénomène/réalité/situation connu(e) ; fait qu'il faut accepter.

given *adj.* donné, spécifique, tel ou tel. ✪ **~ name** *ÉU* prénom.

given that étant donné que.

giver *n. Bourse* acheteur *[d'une option]*.

GJ (gigajoule) GJ (gigajoule).

glacial *adj.* ✪ **~ deposit** dépôt glaciaire ; **~ period** période glaciaire, (période de) glaciation.

glamour *n.* prestige, magnétisme, pouvoir de fascination.

glamourize *v. tr.* présenter de façon séduisante/sous un jour flatteur, parer d'un prestige factice.

glance *n.* ✪ **at a ~** d'un coup d'œil.

glare-free *adj. Inf. [écran]* antireflet.

glaring *adj.* flagrant, manifeste, évident, patent, caractérisé, criant.

Glarus *n. Suisse* Glaris *[= canton].*

glass *n.* ✪ **~ ceiling** mur/obstacle invisible, obstacle culturel à la promotion des femmes (et des membres de minorités ethniques) *[à des postes de cadre supérieur] ; [***to try to break the ~ ceiling** s'efforcer de surmonter les obstacles culturels à la promotion des femmes et des membres de minorités ethniques ; **women are breaking through the ~ ceiling** les femmes obtiennent des postes de direction ; **many women still face a ~ ceiling** beaucoup de femmes sont encore exclues des postes de cadre supérieur*] ;* **~ fibre** fibre de verre ; **~ paper** papier de verre.

Glaswegian *adj.* de Glasgow.

glazed rice riz glacé.

glitch *n.* anomalie, problème, raté, erreur, incident, fausse note.

GLCM (ground-launched cruise missile) missile de croisière lancé du sol.

glide path/slope *Aéron.* alignement de descente.

globe *n.* globe (terrestre), monde, planète, Terre.

global *adj.* **1** mondial, planétaire, d'ampleur mondiale ; **he challenged the idea that Russia is still a ~ power** il a contesté que la Russie soit encore une puissance mondiale. **2** global. ✪ **Global Environment Facility** Fonds pour l'environnement mondial ; **Global Environment Monitoring System** Système mondial de surveillance continue de l'environnement ; **Global Positioning System** Système mondial de localisation ; **Global Systems for Mobile communication** Groupe systèmes mobiles ; **~ village** village planétaire ; **~ warming** réchauffement planétaire/de la planète.

globalism *n.* vision mondiale (des choses), perspective mondiale.

globalization *n.* mondialisation *[de l'économie].*

gloom *n. Fig.* tristesse, pessimisme, mélancolie, état dépressif, dépression. ✪ **~ and doom** désespoir, pessimisme noir.

gloomy *adj. Fig. [perspectives]* peu encourageant, peu réjouissant, sombre, noir, sinistre, affligeant, attristant, décourageant, déprimant, de mauvais augure ; *[prévisions]* pessimiste, *[état d'esprit]* morose ; **~ economic news** informations économiques peu réjouissantes ; **the outlook for next year is ~** les perspectives pour l'année prochaine sont sombres.

glorified *adj.* simple, super, au titre ronflant, paré d'un titre ronflant ; **after the reorganization, the deputy director became little more than a ~ secretary** après la réorganisation, le directeur adjoint n'était plus qu'un secrétaire au titre ronflant ; **they think that the Internet is no more than a ~ CD-ROM** ils considèrent qu'Internet n'est qu'un super CD-Rom ; **on television the war seemed to be no more than a ~ video game** à la télévision, la guerre semblait n'être guère plus qu'un jeu vidéo ultraperfectionné.

glorify *v. tr.* **1** donner une importance exagérée à. **2** chanter les louanges de, vanter exagérément, mettre sur un piédestal, porter aux nues, exalter (les vertus de), faire l'apologie de, magnifier ; **songs ~ing violence** des chansons qui exaltent la violence.

gloss *v.* **~ over** passer sous silence, escamoter, (essayer de) dissimuler, feindre d'ignorer ; passer rapidement sur ; **the book ~es over this shameful episode of the country's history** le livre escamote cet épisode peu glorieux de l'histoire du pays.

glossy *adj. [papier]* glacé ; *[brochure, magazine]* publié sur papier glacé, luxueusement présenté.

glove *n.* ✪ **~ box** a) boîte à gants *[d'une voiture] ;* b) boîte à gants *[permettant de manipuler des substances radioactives] ;* **~ compartment** boîte à gants *[d'une voiture].*

glowing *adj. Fig.* très élogieux, splendide, très flatteur.

glue *v. tr.* **to be ~d to the tube** *Fam.* être scotché à la télé, être vissé au poste de télévision.

glue sniffing inhalation de (vapeurs de) colle.

glut *n.* surabondance, pléthore, excédents, encombrement, engorgement, saturation (du marché).

glutami(ni)c acid acide glutamique.

glutinous rice riz gluant.

GM (genetically modified) génétiquement modifié.

GMO (genetically modified organism) OGM (organisme génétiquement modifié).

GMT (Greenwich Mean Time) TU (temps universel).

gnomes of Zurich financiers/banquiers suisses.

GNP (gross national product) PNB (produit national brut).

go *v.* **I** *intr.* **1** aller. **2** s'en aller. **3** disparaître, être supprimé ; **those days are ~ne** cette période est révolue ; **when the treaty enters into force, customs posts will ~** lorsque le traité entrera en vigueur, les postes de douane seront supprimés. **4 to ~ global** *[entreprise]* mondialiser ses activités. **II ~ aboard** embarquer. **III ~ about 1** *[personne]* se déplacer, *[personne, nouvelle, rumeur]* circuler. **2** s'acquitter de, réaliser *[tâche],* accomplir *[son travail],* vaquer à, se livrer à *[ses occupations, tâches],* se livrer à, effectuer *[travail, tâche],* se livrer à, exercer *[activité] ;* **to ~ about one's business** a) vaquer à ses occupations ; b) se mêler de ce qui le regarde, ne pas se mêler des affaires des autres. **3** procéder, s'y prendre ; **how to ~ about it** comment procéder/s'y prendre, démarche à suivre ; **the article explains how to ~ about investing one's savings** l'article explique comment s'y prendre pour investir ses économies. **IV ~ across 1** traverser. **2** *[message]* passer, être compris. **V ~ across to** passer à *[parti adverse].* **VI ~ after 1** poursuivre *[fugitif].* **2** viser, essayer/s'efforcer d'obtenir. **3** attaquer. **VII ~ against 1** s'opposer à, tenir tête à *[qqn] ;* aller à l'encontre de, être contraire à ; enfreindre *[coutume].* **2** *[résultats d'élections]* être défavorable à. **3** contredire *[thèse].* **VIII ~ aground** *[navire]* s'échouer. **IX ~ ahead 1** *[personne, travail]* avancer, *[travail]* progresser. **2** aller de l'avant ; passer à l'action. **3** avoir (bien) lieu, être (effectivement) réalisé ; **the trial will ~ ahead** le procès aura (bien) lieu ; **the project should ~ ahead** le projet devrait être réalisé. **X ~ ahead with 1** mettre à exécution, passer à, entreprendre ; **they decided to ~ ahead with the project** ils ont décidé d'entreprendre l'exécution du projet. **2** continuer, poursuivre. **XI ~ along 1** *[personne]* progresser, avancer (dans la réalisation de la tâche) ; **it will become easier as you ~ along** cela deviendra progressivement plus facile ; **as one ~es along** au fur et à mesure. **2** *[travail]* progresser, avancer. **XII ~ along with** être d'accord avec *[qqn] ;* marquer son accord sur, être d'accord avec, accepter, souscrire à *[proposition].* **XIII ~ amiss** *[chose]* mal tourner, aller de travers, aller mal, mal se passer. **XIV ~ around 1** circuler ; **various rumours are ~ing around** diverses rumeurs circulent. **2** entourer. **XV ~ away** s'en aller, partir ; disparaître ; s'évanouir. **XVI ~ back 1** retourner, revenir (en arrière). **2** exister depuis *[de longues années].* **XVII ~ back on** revenir sur *[accord, promesse],* ne pas tenir, se dédire de *[engagement].* **XVIII ~ back to 1** *[personne]* revenir en/dans/à, retourner en/dans/à, se rendre à nouveau à/en, rentrer en/dans/à, regagner, rejoindre, réintégrer *[lieu, entreprise] ;* (en) revenir à, renouer avec *[méthode/pratique/tradition abandonnée] ;* retourner en, revenir en, rentrer en ; **to ~ back to work** reprendre le travail, se remettre au travail. **2** être restitué à. **3** *[événement]* remonter à. **XIX ~ before** être soumis à ; **the proposal will ~ before the council for approval** la proposition sera soumise au conseil pour approbation. **XX ~ beyond** dépasser *[limites],* outrepasser *[pouvoirs].* **XXI ~ by 1** *[temps]* passer ; **as time went by** avec le temps, au bout d'un certain temps. **2 if... is anything to ~ by** si... permet de se faire une opinion, à en juger par... **XXII ~ down 1** *[prix, cours, production, niveau]* baisser. **2** *[avion]* s'écraser ; s'abîmer *[dans la mer].* **3** *[machine]* tomber en panne. **4** être *[plus ou moins bien]* accueilli ; **to ~ down well** être bien perçu/reçu/accueilli, recevoir un accueil favorable ; **the new layout appears to have ~ne down well with the readers** la nouvelle mise en page semble avoir été bien accueillie par les lecteurs ; **this kind of mudslinging may not ~ down well with the voters** ce type d'accusations malveillantes pourrait être vu d'un mauvais œil par les électeurs ; **a press conference that went down badly** une conférence de presse qui suscité des réactions défavorables. **5 (as)** être considéré comme ; **Nixon will ~ down in history as a successful president in the field of foreign policy** l'histoire retiendra que Nixon a remporté d'importants succès dans le domaine de la politique étrangère. **XXIII ~ down with** contracter *[maladie].* **XXIV ~ for** choisir, adopter. **XXV ~ into** examiner de près/soigneusement, étudier ; **to ~ into details** entrer dans les détails. **XXVI ~ off 1** *[bombe]* exploser. **2** *[sonnerie d'alarme]* se déclencher. **3** *[lumière]* s'éteindre. **XXVII ~ off with** s'enfuir en emportant, disparaître avec *[la caisse].* **XXVIII ~ on 1** se passer ; **what is ~ing on?** que se passe-t-il ? **2** avoir lieu, se dérouler. **3** continuer, se poursuivre ; durer ; **it could not ~ on** cela ne pouvait durer. **4** *[police]* avoir, disposer de *[piste, indice] ;* **the police does not have much to ~ on** la police n'a que peu d'indices. **XXIX ~ on to 1** passer à. **2 he went on to say that** il a ajouté que. **XXX ~ out 1** sortir. **2** *[lumière]* s'éteindre. **XXXI ~ out of 1 to ~ out of production** cesser d'être produit **2 to ~ out of business** *[entreprise]* cesser ses activités. **XXXII ~ out to: my heart went out to her** j'ai eu pitié d'elle, j'ai éprouvé de la compassion pour elle. **XXXIII ~ over 1** examiner, étudier, éplucher *[document, comptabilité].* **2** être *[plus ou moins bien]* accueilli ; **to ~ over well** être bien perçu/reçu/accueilli, recevoir un accueil favorable. **3 ~ over the top** en faire trop, exagérer. **4** se rendre, aller. **XXXIV ~ through 1** passer par ; traverser, transiter par ; **to ~ through the process of** être en voie de ; **to ~ through the ceiling** *[coûts]* exploser. **2** passer par, parcourir *[plusieurs étapes].* **3** *[loi]* être adopté par *[parlement].* **4** *[demande]* passer par, être soumis à ; obtenir l'accord de *[qqn].* **5** éprouver, ressentir, connaître, vivre ; traverser, passer par, être aux prises avec, se débattre dans, être en proie à, se heurter à, devoir faire face à, être touché par, faire l'objet de, subir, endurer, souffrir de, être victime de *[épreuves].* **6** examiner, étudier, éplucher *[documents, comptabilité] ;* **the tax inspector went through a pile of bills** le contrôleur des impôts a examiné une pile de factures. **7** récapituler. **8** *[informations]* circuler dans. **9** se réaliser, se concrétiser, avoir lieu, se produire ; aboutir. **XXXV ~ to 1** se rendre à/dans. **2** tomber dans l'escarcelle de ; **California went to the incumbent president** la Californie a été remportée par le président sortant. **XXXVI ~ under** *[entreprise]* faire faillite, être acculé à la faillite, sombrer. **XXXVII ~ up 1** augmenter ; **to ~ up in value** augmenter de valeur. **2** exploser. **XLVIII ~ with** choisir.

go-ahead *n.* feu vert, autorisation ; **to give the ~** donner le feu vert.

goat meat viande caprine.

goblet *n.* verre à pied.

God forbid à Dieu ne plaise.

go-go *adj.* **1** débordant d'énergie/de vitalité. **2** *[période]* de grande prospérité, faste. **3** audacieux ; *[fonds de placement, action]* spéculatif. **4** moderne. **5** chic.

going *n.* ✪ **when the ~ gets tough, the tough get going** la difficulté stimule les plus forts, quand ça se gâte, les plus coriaces donnent toute leur mesure.

going *adj.* ✪ **~ business/concern** entreprise dont la continuité des activités est assurée, entreprise capable de poursuivre ses activités, entreprise destinée à poursuivre ses activités ; **~-concern concept/principle** *Compt.* principe de la continuité de l'exploitation ; **~ rate** prix normal ; rémunération normale ; taux du marché/en vigueur ; **~ wage** salaire normal.

Golan Heights plateau du Golan.

gold *n.* ✪ **~ bar** barre d'or ; **~-bearing** *adj.* aurifère ; **~ bond** obligation remboursable en or ; **~ bullion** or en lingot ; **~ deposit** gisement aurifère ; **~ digging** prospection d'or ; **~ dust** poussière d'or ; **~ field** gisement aurifère ; **~-exchange standard** *gold exchange standard [et non étalon de change or] ;* **~ holdings** réserve(s) d'or, stock d'or, encaisse-or ; **~ option** option sur or ; **~ pool** pool de l'or ; **~ reserve(s)** réserve(s) d'or, stock d'or, encaisse-or ; **~ shares** valeurs aurifères ; **~ standard** étalon or.

golden *adj. Fig.* **1** *[occasion]* à ne pas manquer, magnifique, idéal, rêvé, *[période]* exceptionnel ; **~ moments** moments exceptionnels. **2** d'une valeur exceptionnelle. **3** d'or, splendide, magnifique. **4** *[voix]* mélodieux. ✪ **~ age** âge d'or, époque bénie/dorée ; **~ anniversary** a) cinquantenaire ; b) noces d'or ; **~ boy** sujet brillant, surdoué, (jeune) homme promis à un brillant/bel avenir ; **~ calf** veau d'or ; **~ days** âge d'or ; **~ eagle** aigle royal ; **~ era** âge d'or ; **Golden Fleece** Toison d'or ; **Golden Gate Bridge** *ÉU Golden Gate Bridge ;* **~ girl** sujet brillant, surdouée, (jeune) femme promise à un brillant/bel avenir ; **~ goodbye** (généreuse) indemnité de départ, chèque-valise ; **~ goose** poule aux œufs d'or ; **~ handcuffs** avantages financiers *[destinés à dissuader un employé de quitter l'entreprise] ;* **~ handshake** (généreuse) indemnité de départ, chèque-valise ; **~ hello** prime d'entrée en service ; **~ jubilee**

cinquantenaire ; **~ mean** juste milieu ; **~ oldie** a) vieux tube ; b) classique ; **~ parachute** (clause/contrat prévoyant une) (généreuse) indemnité de départ ; **~ retriever** *golden retriever ;* **~ rule** règle d'or ; **~ share** action spécifique ; **~ sixties** fastes années 60, période faste des années 60 ; **Golden State** Californie ; **~ touch** art de faire des affaires d'or, sens inné des affaires ; flair exceptionnel ; *[***to lose one's ~ touch** perdre son flair*] ;* **Golden Triangle** Triangle d'or ; **~ years** a) âge d'or ; b) retraite, troisième âge.

Gondwana(land) *n. [le]* Gondwana.

good *n.* marchandise, article, bien ; **~s and services** biens et services. ✪ **~s and chattels** biens mobiliers ; **~s in process/progress** *ÉU* en-cours de fabrication/de production, production(s) en cours ; **~s in transit** marchandises transportées ; **~s-in-transit policy** assurance transports ; **~s train** *RU* train de marchandises ; **~s vehicle** véhicule de transport de marchandises ; **~s wagon** *RU* wagon.

good *adj.* bon, de (bonne) qualité, de bonne facture, bien conçu, bien fait. ✪ **be as ~ as one's word** tenir parole ; **~ behaviour** bonne conduite ; *[***remission for ~ behaviour** remise de peine pour bonne conduite*] ;* **~ character** honorabilité, intégrité ; **~-cop, bad-cop routine** *Fig.* alternance de bienveillance et de sévérité ; **Good Friday** Vendredi saint ; **~ looks** physique avantageux, beauté *[de qqn],* belle apparence *[de qqch.] ;* **~ man** homme honorable/respectable ; honnête homme, homme intègre ; brave homme ; **~ name** (bonne) réputation ; **~ neighbour scheme** *RU* programme local de services bénévoles ; **~ offices** a) bons offices ; b) aide, coopération, soutien, appui ; **~ practice** pratiques recommandables, méthodes efficaces ; **~-till-cancelled order** *Bourse* ordre à révocation ; **make ~** a) remédier à *[déficience] ;* b) compenser, réparer *[perte],* réparer *[préjudice] ;* c) rattraper *[temps perdu] ;* d) tenir *[promesse] ;* e) mettre *[menace]* à exécution ; **make ~ on** tenir *[promesse].*

goodness *n.* ✪ **out of the ~ of one's heart** par pure bonté d'âme, de façon désintéressée.

goodwill *n.* **1** bonne volonté, bon vouloir ; (capital de) sympathie. **2** fonds commercial. **3** *Compt.* écart d'acquisition, survaleur *[= différence entre le prix d'achat d'une entreprise et sa valeur comptable].* ✪ **~ ambassador** *PNUD, UNICEF* ambassadeur/ambassadrice itinérant(e).

GOP (Grand Old Party) *ÉU* Parti républicain.

gore *n.* **1** *Cinéma* horreur. **2** triangle.

go-slow (strike) *n.* grève perlée, ralentissement des cadences.

Gotham *n. Fig.* New York.

Gothenburg *n. Suède* Göteborg.

gourmet food épicerie fine.

Gov. (Governor) gouverneur.

govern *v.* **1** *tr.* gouverner, administrer, gérer, diriger *[ville, pays, organisation],* conduire *[activités].* **2** *intr.* gouverner, être au pouvoir, exercer le pouvoir. **3** *tr.* guider, dicter *[décision, action],* influencer, déterminer *[décision, situation, action],* conditionner. **4** *tr. [règles, loi]* régir, conditionner, gouverner, régler, réglementer, s'appliquer à, être applicable à, *[principe]* présider à *[action] ;* **the principles ~ing the behaviour of politicians in a democratic society** les principes qui régissent le comportement des hommes politiques dans une société démocratique ; **to be ~ed by** devoir respecter, obéir à *[règles] ;* **takeover bids are now ~ed by new rules** les offres publiques d'achat doivent désormais respecter des règles nouvelles ; **purchase of military equipment is ~ed by specific rules** l'achat de matériel militaire obéit à des règles précises.

governance *n.* **1** (mode de) gouvernement, gouvernance *[d'une entreprise, d'un pays, du monde],* administration, conduite, direction, gestion ; gestion/conduite des affaires publiques ; régime ; **good ~** bonne/saine conduite/gestion des affaires publiques, mode de gouvernement éclairé *[caractérisé par la démocratie, le respect des droits de l'homme, la lutte contre la corruption, le respect de l'environnement, l'équilibre des finances publiques, etc.] ;* **effective ~** bonne/saine conduite/gestion des affaires publiques ; **democratic ~** régime démocratique ; **world ~** gouvernance mondiale. **2** administration (publique) ; **the ethnic minorities wish to participate in the ~ of their region** les minorités ethniques souhaitent participer à l'administration de leur région.

governing *adj.* ✪ **~ body** organe directeur, instance dirigeante ; **Governing Body** *OIT* Conseil d'administration ; **Governing Council** *PNUD, PNUE* Conseil d'administration ; **~ law** droit/législation applicable.

government *n.* **1** (conduite/gestion des) affaires publiques, gouvernement, administration, conduite, direction, gestion ; commandement ; **good ~** bonne gestion des affaires publiques ; **to increase public participation in ~** faire mieux participer les citoyens à la gestion des affaires publiques. **2** régime, système politique, institutions ; **parliamentary ~** régime parlementaire. **3** gouvernement, pouvoirs publics, puissance publique, pouvoir, autorités, instances gouvernementales, (appareil de l') État, administration, services gouvernementaux ; **coalition ~** gouvernement de coalition ; **central ~** gouvernement central ; **local ~** administration locale ; **city ~** municipalité ; **the successful candidate will probably have held a senior post in ~ or industry for at least three years** le lauréat aura probablement occupé un poste à responsabilité dans l'administration ou le secteur privé pendant au moins trois ans ; **~ intervention** intervention des pouvoirs publics/de l'État ; **to streamline ~** rationaliser les structures de l'État ; **~-funded agency** organisme financé par les pouvoirs publics. ✪ **~ agency** organisme public ; **~ aid** aide publique ; **~ authority** administration officielle ; **~ bill** projet de loi ; **~ bond** obligation d'État ; **~ contracts** marchés publics ; **~ debt** dette publique ; **~ department** ministère ; administration ; **~ employee** fonctionnaire ; **~ finance** finances publiques ; **~ funding** a) financement public ; b) deniers/fonds publics, crédits ; **~ funds/money** deniers/fonds publics, crédits ; **~ officer/official** fonctionnaire ; **~ organization** organisme public ; **~ policy** politique des pouvoirs publics/du gouvernement ; **~ procurement** (passation des) marchés publics ; **~ revenue** recettes de l'État ; **~ sector** secteur public ; **~ security** obligation d'État ; **~ spending** dépenses publiques ; **~ stock** obligation d'État ; **~ worker** fonctionnaire.

government *adj.* officiel ; *[organisme]* public, du secteur public ; d'État, de l'État ; gouvernemental, du gouvernement ; **~ publications** publications officielles ; **~ estimates** estimations officielles.

governmental *adj.* officiel ; *[organisme]* public, du secteur public ; d'État, de l'État ; gouvernemental, du gouvernement.

governor *n.* **1** gouverneur *[d'une province, d'un État fédéré].* **2** directeur *[d'une prison, d'une banque centrale].* **3** membre du conseil d'administration *[d'une école, d'un hôpital]*. ✪ **Governor General** *Can.* gouverneur général.

GP (general practitioner) (médecin) généraliste, omnipraticien.

GPS (global positioning system) GPS (système mondial de localisation).

grab *v. tr. Fig.* s'emparer de, rafler, prendre, mettre la main sur, s'adjuger ; **to ~ the attention** susciter l'attention.

grab *n.* ✪ **~ sample** *Env.* échantillon localisé ; **up for ~s** à prendre.

gracefully *adv.* avec élégance.

grace period *Banque* période de grâce *[= période pendant laquelle aucun remboursement partiel de la dette ne doit encore avoir lieu]*.

gracious *adj.* **1** aimable, affable, courtois, bienveillant. **2** élégant, beau joueur, *[perdant]* bon, *[vainqueur]* magnanime ; **to be ~ in defeat** accepter sa défaite de bonne grâce. **3 her ~ Majesty** sa gracieuse Majesté. **4** luxueux ; de bon goût, élégant, raffiné.

grad *n. voir* graduate.

grade *n.* **1** grade *[d'un militaire, d'un fonctionnaire]*. **2** qualité, niveau ; catégorie ; **high-~** *adj.* de qualité supérieure. **3** étape. **4** *Ens. ÉU* année ; classe ; **fourth ~** quatrième année ; **the ~s** l'école primaire. **5** *Ens.* note. **6** *ÉU* pente, déclivité, dénivellation, inclinaison. ✪ **at ~** au même niveau ; **~ card** *ÉU* carnet/bulletin scolaire ; **~ crossing** *ÉU* passage à niveau ; **~ point** *Ens. ÉU* note (numérique) ; **~ teacher** *ÉU* instituteur ; **make the ~** réussir, atteindre son but ; **on the down ~** *[***to be on the down ~** *[situation]* se détériorer*]* ; **on the up ~** *[***to be on the up ~** *[situation]* s'améliorer*]* ; **up to ~** de la qualité voulue.

graded *adj.* graduel, progressif.

grader *n. Ens. ÉU* **4th ~** élève de quatrième (année primaire).

grading *n.* **1** *Ens.* notation. **2** calibrage.

graduate *v.* **~ from** obtenir son diplôme de, sortir de, avoir fait ses études à *[établissement d'enseignement]* ; **she ~d from Oxford University** elle a fait ses études à Oxford.

graduate *n.* **1** diplômé de l'enseignement supérieur. **2** diplômé ; étudiant diplômé, étudiant poursuivant des études universitaires supérieures, **high school ~** *ÉU* diplômé de l'enseignement secondaire.

graduate *adj.* **1** *Ens.* diplômé. **2** *Ens.* de l'enseignement universitaire supérieur. ✪ **~ course** études universitaires supérieures ; **~ education** enseignement/études universitaire(s) supérieur(es) ; **~ nurse** infirmier diplômé ; **~ school** école/faculté d'enseignement universitaire supérieur ; **~ student** étudiant poursuivant des études universitaires supérieures ; **~ studies** études universitaires supérieures.

graduation exercises *ÉU* cérémonie de remise des diplômes.

graft *n.* **1** greffe. **2** greffon. **3** corruption passive ; concussion. **4** pot-de-vin.

grain *n.* **1** *Agr.* céréales. **2** *grain [= 64,798 91 mg]*. ✪ **go against the ~** être contraire à son tempérament ; **~ carrier** (cargo) céréalier ; **~ elevator** élévateur à grains ; **~ exchange** Bourse des céréales ; **~ of truth** du vrai ; **~ ship** (cargo) céréalier.

Gram-negative/positive *[bactérie]* Gram négatif/positif.

grammar school 1 *RU grammar school [= établissement d'enseignement secondaire destiné à des élèves doués]*. **2** *ÉU grammar school [accueille des élèves de 6 à 8 ans]*.

grand *adj.* **1** *[immeuble]* imposant. **2** *[projet]* grandiose. ✪ **Grand Atlas** Haut Atlas ; **Grand Bahama** Grand Bahamas ; **Grand Banks** *Can.* Grands Bancs ; **Grand Canal** *Chine* Grand Canal ; **Grand Canary** Grande Canarie ; **Grand Canyon** Grand Canyon ; **Grand Cayman** Grand Cayman ; **Grand Comoro** Grande Comore ; **Grand Coulee Dam** barrage de Grand Coulee ; **~ juror** *ÉU* membre du jury d'accusation ; **~ jury** *ÉU* jury d'accusation ; **~ larceny** *Dr. ÉU* vol qualifié ; **~ mal** *Méd.* grand mal ; **~ mean** moyenne générale ; **Grand Old Party** *ÉU* Parti républicain ; **~ opening** inauguration (officielle) *[d'un magasin]* ; **~ theft** *Dr. ÉU* vol qualifié ; **~ total** a) total général ; b) total impressionnant, total de pas moins de.

grandee *n.* personnage/personnalité important(e)/influent(e), hiérarque.

grandfather clause *ÉU* disposition maintenant les droits acquis, disposition établissant une exception ; **the new law contains a ~ that exempts lawyers who are already licensed to practise** la nouvelle loi contient une disposition prévoyant une exception en faveur des avocats déjà autorisés à exercer.

grandstand *v. intr. Fam. ÉU* faire du cinéma, se comporter de façon théâtrale.

grant *v. tr.* **1** accorder *[subvention, aide, prêt, avantage, privilège, autorisation, congé, interview, indépendance, répit, sursis, grâce, remise de peine]*, octroyer *[subvention, aide, avantage, délai, dommages-intérêts, fonds, congé]*, allouer *[subvention, dommages-intérêts]*, attribuer *[pouvoirs, avantage]*, consentir *[subvention, prêt, remise, avantage]* ; adjuger *[dommages-intérêts]* ; offrir ; délivrer *[brevet, visa, permis]*, décerner *[prix, distinction, diplôme]*, conférer *[droits, pouvoirs]*, impartir *[délai]*, donner *[asile]* ; **to ~ a country most-favoured-nation status** accorder à un pays le statut de nation la plus favorisée ; **to ~ an application/a petition** *Dr.* faire droit à une demande/à une requête ; **to ~ a request** donner suite/accéder à une demande ; *Dr.* accueillir une demande, faire droit à une demande ; **rights ~ed by** droits reconnus par/inscrits dans/consacrés par ; **to be ~ed sth** se voir accorder qqch., obtenir qqch. ; **the region has been ~ed self-governing status** la région a un statut d'autonomie ; **the dissident has been ~ed refugee status** le dissident s'est vu reconnaître le statut de réfugié ; **fundamental rights ~ed by the constitution** des droits fondamentaux reconnus par la constitution ; **the court ~ed custody to the father** le tribunal a confié la garde au père. **2** admettre, convenir, reconnaître, concéder, ne pas contester ; **the company ~ed that the hastily released software package contains some bugs** l'entreprise a reconnu que le logiciel, commercialisé hâtivement, contient des bogues. **3 ~ed that, ~ing that** étant donné que ; à supposer que, même si l'on admet que, en admettant que, tout en reconnaissant que. **4 to take for ~ed** *voir* granted adj.

grant *n.* **1** octroi, attribution. **2** subvention, aide, concours ; don ; allocation, dotation ; prime ; montant alloué ; **federal ~** subvention de l'État fédéral ; **Britain announced a £200,000 emergency ~ to the flood-stricken country** le Royaume-Uni a annoncé l'octroi d'une aide d'urgence de 200 000 livres au pays frappé par les inondations. **3** *Ens.* bourse *[d'études]* ; **education ~** bourse d'études. ✪ **~ element** élément de libéralité ; **~-in-aid** *n.* a) subvention, aide ; b) dotation *[de l'État central à une* *collectivité territoriale]* ; **~-maintained school** *RU* école ne relevant pas de l'administration locale ; **~ money** subvention.

granted *adj.* **to take for ~** supposer, partir du principe, être persuadé, penser, croire, s'imaginer ; tenir pour acquis *[que]* ; croire acquis, compter d'office sur, ne pas remettre en question, être certain de, trouver évident, juger/trouver naturel/normal ; ne pas faire grand cas de, ne pas accorder/attacher beaucoup d'importance à, ne pas/plus se rendre compte de l'importance de ; **taken for ~** (devenu) banal/naturel/évident, banalisé, allant de soi, la moindre des choses ; **to be taken for ~** ne plus sembler faire de doute ; être entré dans les mœurs ; **it is taken for ~ that** on considère qu'il va de soi que ; **the basic rights most people take for ~** les droits fondamentaux qui vont de soi pour la plupart des gens ; **an idea the man in the street takes for ~** une idée qui paraît évidente à l'homme de la rue ; **success can never be taken for ~** le succès n'est jamais acquis d'avance ; **the result of an election cannot be taken for ~** on ne peut être sûr du résultat d'une élection.

granted *adv.* certes ; soit.

grantee *n.* bénéficiaire.

grantor *n.* concédant.

grapevine *n.* téléphone arabe, bouche à oreille.

graph *n.* graphique, graphe, diagramme ; courbe.

graphic *n.* **1** graphique. **2** *pl.* dessins, illustrations, images, éléments graphiques, présentation graphique, représentation(s) graphique(s) ; graphisme ; *Publ.* illustration ; **a slick brochure full of flashy ~s** une brochure attrayante pleine d'illustrations d'un goût douteux. **3** *pl. Inf.* **(computer) ~s** a) infographie, graphisme informatique, informatique graphique ; b) images (créées/produites par ordinateur/infographiques), effets graphiques ; graphisme(s), traitement graphique ; **stunning computer-generated ~s** des images époustouflantes produites par ordinateur ; **the CD-ROM offers text, ~ and sound** ce CD-Rom offre des textes, des images et des enregistrements sonores. ✪ **~s card** *Inf.* carte graphique ; **~s editor** directeur artistique *[d'une publication]* ; **~s mode** *Inf.* mode graphique ; **~s package/program/software** *Inf.* grapheur ; **~s tablet** *Inf.* tablette graphique.

graphic *adj.* **1** graphique. **2** *[description, récit]* parlant, évocateur, haut en couleur, coloré, pittoresque, imagé, vivant, expressif, saisissant, explicite, réaliste, détaillé, décrit/présenté sans complaisance/ménagement, cru, choquant, suggestif, dur, brutal, terrible, insoutenable ; **a ~ description of the injuries sustained by the victim** une description réaliste des blessures subies par la victime ; **the article provides ~ details of the murders** l'article décrit les meurtres sans épargner au lecteur le moindre détail ; **in ~ language** crûment ; **~ violence** actes de violence décrits/présentés sous une lumière crue ; **a ~ account of the rape** une description détaillée du viol ; **~ footage of addicts injecting themselves with heroin** des images montrant sans ménagement des toxicomanes qui s'injectent de l'héroïne ; **~ accounts of torture** des descriptions insoutenables d'actes de torture. ✪ **~ card** *Inf.* carte graphique ; **~ designer** graphiste.

graphical *adj.* **to present the results using ~ displays** présenter les résultats sous la forme de graphiques. ✪ **~ user interface** *Inf.* interface graphique.

graphically *adv.* **1** sous forme graphique ; **Table 3 illustrates these wage gaps ~** le tableau 3 donne une représentation graphique de ces écarts de salaire. **2** *Fig. [décrire]* avec réalisme, de façon saisissante, sans complaisance, sans ménagement, sous un jour cru, dans ses moindres détails ; **to depict/portray/show ~** jeter une lumière crue sur ; **a video that ~ depicts a doctor performing an abortion** un film vidéo qui montre sans complaisance un avortement pratiqué par un médecin.

grapple *v.* **~ with** être aux prises avec *[problème]*.

grasp *v. tr. Fig.* **1** saisir *[occasion]*. **2** comprendre, saisir, appréhender *[notion]*.

grasp *n. Fig.* **1** portée ; **beyond/outside one's ~** hors de sa portée ; **within one's ~** à sa portée. **2** compréhension ; maîtrise ; connaissance ; perception ; **a thorough ~ of statistics is required** une maîtrise approfondie de la statistique est exigée ; **a good ~ of Spanish** une bonne connaissance de l'espagnol. **3** emprise.

grass *n.* ✪ **put to ~** *Fig.* mettre à la retraite.

grassland *n.* herbages.

grassroots *n. pl. Fig.* **1** base, gens ordinaires, simples citoyens, (niveau de la) population (locale) ; **~ campaign** campagne dirigée vers les simples citoyens ; **~ support** soutien populaire/de la base ; **at ~ level** sur le terrain, au niveau local, au sein de la population, à un niveau proche de la population ; **~ organization** association regroupant des citoyens ordinaires ; **to run into ~ resistance** se heurter à la résistance de la base ; **from the ~ to the highest political levels** de la base aux niveaux politiques les plus élevés ; **he is popular at ~ level** il est populaire auprès des masses. **2** faits, réalités.

gratuitous payment libéralité.

gratuity *n.* libéralité ; prime, gratification ; pourboire ; **he accepted an illegal ~ from a businessman** il a accepté une libéralité illégale d'un homme d'affaires.

graveyard shift équipe de nuit.

graving dock cale sèche/de radoub.

gravitas *n.* sérieux, majesté, dignité, gravité.

gravitate *v. intr. Fig.* **(to, towards)** s'intéresser à, être attiré par *[centre d'intérêt]* ; **poverty explains why many Mexicans ~ to the United States** c'est la pauvreté qui explique pourquoi de nombreux Mexicains essayent d'émigrer aux États-Unis.

gravitational *adj.* ✪ **~ constant** constante de gravitation ; **~ field** champ gravitationnel/de gravitation ; **~ pull** gravitation, attraction gravitationnelle.

gravity dam barrage-poids, barrage-gravité.

gravy train mine d'or, bon filon, activité/combine avantageuse/juteuse, sinécure grassement rémunérée ; **to get on the ~** se remplir les poches ; **more and more investors are jumping on the stock-exchange ~** de plus en plus d'investisseurs placent leurs avoirs en Bourse pour bénéficier de plantureuses plus-values.

gray *adj. voir* grey.

great *adj.* **1** grand, élevé ; gros ; fort ; profond. **2** beaucoup de. **3** important, considérable, remarquable ; **~ progress** progrès considérables ; **~ threat** grave menace. **4** *Fam.* formidable, fantastique, splendide, superbe, magnifique. **5 a Greater Serbia** une grande Serbie ; **Greater London** Grand Londres. ✪ **Great Barrier Reef** Grande barrière de corail ; **~ circle** grand cercle ; **~-circle navigation** navigation orthodromique ; **~-circle route**

route orthodromique ; **Great Comoro** Grande Comore ; **Great Dividing Range** Cordillère australienne ; **Greater Antilles** Grandes Antilles ; **Great Hall of the People** *Chine* Palais du peuple ; **Great Lakes** *ÉU* Grands Lacs ; **Great Rift Valley** Rift Valley.

green *n.* défenseur de l'environnement, écologiste.

green *adj.* **1** *Fig.* écologique, relatif à l'environnement ; *[produit]* qui ménage l'environnement, respectueux de l'environnement, non polluant, propre ; **~ issues** questions relatives à l'environnement ; **the company has labelled its latest product "~"** l'entreprise affirme que le produit qu'elle vient de commercialiser respecte l'environnement ; **~ car** voiture propre ; **by the year 2007, cars should be safer and ~er** d'ici 2007, les voitures devraient être plus sûres et moins polluantes. **2** *UE [monnaie]* vert ; **~ pound** livre verte. ✪ **~ belt** ceinture verte ; **~ card** a) *Ass.* carte verte ; b) *ÉU* carte de travail ; **~ coffee** café vert ; **~ housekeeping** gestion courante soucieuse de l'environnement ; **~ paper** *RU* livre vert ; **~ revolution** *Agr.* révolution verte ; **~ shoots** *Écon.* premiers signes *[de la reprise].*

Greenback *n. ÉU* dollar, billet vert.

greenfield *adj.* **1** *[terrain]* précédemment non bâti. **2** *[domaine]* précédemment inexploré/inexploité. **3** novateur, innovant. ✪ **~ site** terrain n'ayant jamais été bâti, nouvelle zone industrielle.

greenhouse *n.* ✪ **~ effect** effet de serre ; **~ gas** gaz à effet de serre ; **~ warming** réchauffement par effet de serre.

Greenland whale baleine franche.

greenmail *n.* chantage à l'OPA.

Greenwich Mean Time temps universel.

greeting card carte de vœux.

gremlins *n. pl.* lutins enclins à tout détraquer *[censés provoquer les pannes inexpliquées],* fatalité.

Grenadian *adj.* grenadin.

grey *adj.* ✪ **~ area** cas limite, zone floue/intermédiaire ; **~ levels** *Inf.* niveaux de gris ; **~ market** *Fin.* marché gris ; **~ literature** littérature grise ; **~ scales** *Inf.* niveaux de gris ; **~ whale** baleine grise.

grid *n.* **1** grille. **2** quadrillage. **3** *Fig.* réseau ; *RU* réseau électrique.

gridlock *n.* **1** embouteillage(s). **2** *Fig.* blocage, paralysie.

grief *n.* **1** profonde tristesse. **2** deuil. ✪ **come to ~** essuyer un revers, connaître une mésaventure.

grievance *n.* **1** grief(s), doléances, sujet de mécontentement, ce dont on se plaint ; revendication, réclamation, reproche, plainte ; **to file a ~** déposer une réclamation ; **to have a ~ against sb** avoir des griefs contre qqn, (avoir des raisons d') en vouloir à qqn ; **to bring a ~ to** déposer une réclamation auprès de. **2** mécontentement, grogne, ressentiment, rancune ; **to air/voice a ~** exprimer son mécontentement, se plaindre, faire connaître ses griefs ; **to nurse a ~** nourrir une rancune/un ressentiment. **3** (sentiment d'être victime d'une) injustice. ✪ **~ committee** *Rel. du travail* comité de règlement des conflits/différends ; **~ procedure/proceedings** *Rel. du travail* procédure de règlement des conflits/différends.

grievous bodily harm *Dr.* coups et blessures graves.

grind *n.* travail pénible/fastidieux/dépourvu d'intérêt, corvée.

grinding *adj.* ✪ **bring to a ~ halt** arrêter complètement ; **come to a ~ halt** s'arrêter complètement ; **~ poverty** misère noire.

grip *v. tr. Fig.* s'emparer de ; **to be ~ped by** être en proie à, être pris de *[sentiment] ;* **the recession that ~s the country** la récession qui sévit dans le pays.

grip *n. Fig.* **1** emprise, mainmise, domination, influence ; étreinte ; **to be in the ~(s) of** être en proie à, souffrir de ; **the country is in the ~ of racial tensions** le pays est en proie à des tensions raciales ; **to come to ~s with** a) être confronté à *[situation] ;* b) s'attaquer à, aborder, faire face à, s'en prendre à *[problème],* comprendre *[question],* maîtriser ; appréhender *[idée] ;* **to rule a country with an iron ~** diriger un pays d'une main de fer ; **to have a firm ~ on power** tenir le pouvoir bien en main ; **to tighten one's ~ on** accroître son emprise sur ; **to break the party's ~ on power** mettre fin à la mainmise du parti sur le pouvoir ; **a company's ~ on a market** la domination d'un marché par une entreprise ; **to get a ~ on** maîtriser ; **to lose one's ~** cesser de maîtriser la situation ; **to lose one's ~ on** cesser de dominer/maîtriser ; **to get to ~s with** a) s'attaquer à, aborder, faire face à *[problème] ;* b) se familiariser avec *[question],* maîtriser ; appréhender *[idée] ;* **to get to ~s with statistical concepts** se familiariser avec les notions statistiques. **2** compréhension, maîtrise ; **to have a good ~ on** bien comprendre, bien maîtriser *[sujet].*

gripe *n.* sujet de mécontentement, grogne ; doléances, griefs, ce dont on se plaint ; revendication, réclamation, reproche, plainte.

grit *n.* **1** *Env.* particules en suspension. **2** cran.

Groningen *n. Pays-Bas* Groningue.

groom *v. tr. Fig.* former *[dirigeants] ;* **(for)** préparer *[qqn]* à *[hautes fonctions] ;* **to ~ sb as** préparer qqn à devenir/à exercer les fonctions de ; **to ~ a successor** préparer un successeur à prendre la relève ; **to ~ sb for a post** préparer qqn à un poste.

gross *v.* **1** *tr. [personne]* gagner *[montant]* brut ; *[activité]* rapporter *[de l'argent] ; [film]* produire des recettes de ; **the contract is expected to ~ $2.5 billion** le contrat devrait rapporter 2,5 milliards de dollars. **2 ~ up** calculer le montant brut *[à partir du montant net].*

gross *n.* recettes brutes, revenu brut.

gross *adj.* **1** *[méthode]* grossier, fruste, primitif, rustique. **2** *[infraction, injustice]* flagrant, manifeste, caractérisé ; énorme ; *[injustice]* criant, grave ; *[erreur]* grave, grossier, lourd, monumental, inexcusable ; honteux, éhonté ; excessif, abusif ; terrible, extrême, absolu, total, complet ; *Dr.* aggravé ; **~ violation** violation flagrante/grave ; **~ mismanagement** graves erreurs de gestion ; **~ waste of resources** énorme gaspillage de ressources ; **~ incompetence** incompétence totale. **3** *[salaire, revenu, bénéfice, chiffre d'affaires, recettes, poids]* brut. **4** approximatif ; global, général. ✪ **~ average** *Ass. mar.* avarie commune/grosse ; **~ carelessness** faute lourde ; **~ domestic product** produit intérieur brut ; **~ fixed asset/capital formation** formation brute de capital fixe ; **~ indecency** *RU* outrage public à la pudeur *[= exhibition p. ex.] ;* attentat à la pudeur *[avec violence, ou sans violence si la victime est un enfant] ;* outrage aux bonnes mœurs *[= paroles, écrits, images, etc. obscènes] ;* **~ misconduct** faute lourde ; **~ national product** produit national brut ; **~ negligence** faute grave/inexcusable/lourde ; **~ operating margin/surplus** excédent brut d'exploitation ; **~ register ton** tonneau de jauge brute *[= 2,83 m^3]* ; **~ register tonnage** jauge brute ; **~ sales** chiffre d'affaires brut ; **~ ton** a) tonne forte *[= 2240 livres ou 1016 kg]* ; b) *Transp. mar.* tonneau de jauge brute *[= 2,83 m^3]* ; **~ tonnage** jauge brute.

grosser *n.* film/livre qui rapporte beaucoup d'argent/produit des recettes importantes.

grossly *adv.* manifestement ; fortement, considérablement, totalement, tout à fait ; excessivement, exagérément, démesurément ; **~ exaggerated** fortement exagéré ; **~ disproportionate** totalement disproportionné ; **~ inadequate** tout à fait insuffisant ; **they have ~ underestimated the problem** ils ont totalement sous-estimé le problème.

grotesque *adj.* **1** grotesque. **2** choquant, extravagant, bizarre, incongru, absurde, inouï, incroyable, insensé ; **a ~ disregard for the safety of pedestrians** une indifférence choquante pour la sécurité des piétons ; **they criticized the ~ salaries paid to some executives** ils ont critiqué les rémunérations incroyables versées à certains cadres supérieurs.

ground *v.* **1** *intr.* **to be ~ed on** reposer sur, trouver son origine dans. **2** *tr.* **(in)** enseigner les rudiments de *[matière]* à *[étudiants]*. **3** *tr. ÉU* mettre *[appareil électrique]* à la terre. **4** *tr.* provoquer l'échouement de *[navire]* ; **to be ~ed on** *[navire]* s'échouer sur *[haut-fond]*. **5** *tr.* interdire *[pilote]* de vol, interdire à *[pilote]* de décoller.

ground *n.* **1** sol, terre, terrain ; surface ; *Dr.* fonds de terre ; **sports ~** terrain de sport ; **to take the ~** *[navire]* s'échouer *[sur un haut-fond]* ; **~ war** guerre terrestre. **2** *pl.* parc, jardin(s) *[dépendant d'un grand bâtiment]*. **3** lieu, zone, milieu. **4** *Fig.* terrain ; **on the ~** a) sur le terrain ; b) sur place ; **to prepare the ~** préparer le terrain ; **fertile ~** terrain/terreau fertile, milieu/lieu/terrain favorable, terrain de choix ; **to lose ~** céder/perdre du terrain, être en perte de vitesse, *[monnaie]* s'effriter ; **to gain ~** progresser, accomplir des progrès, gagner du terrain ; **to get off the ~** a) *[avion]* décoller ; b) *[activités]* démarrer ; c) faire démarrer, lancer *[activités]* ; **to give ~** céder du terrain, faire des concessions ; **to be on firm/solid ~** disposer d'arguments de poids ; **to be on shaky ~** a) adopter une position difficile à défendre ; b) se trouver dans une situation difficile/précaire. **5** domaine ; sujet, question, thème ; matière ; **the ~ covered** la matière abordée *[lors d'un exposé, dans un livre]* ; **the book covers the same ~** l'ouvrage aborde les mêmes thèmes ; **on one's own ~** en pays de connaissance, dans un domaine familier/que l'on maîtrise ; **to be on one's own ~** bien connaître la question. **6** base, fondement ; principe. **7** raison, motif ; cause ; **to do sth on moral ~s** faire qqch. pour des raisons d'ordre moral ; **on ~s of** fondé sur ; **on the ~(s) that** parce que, étant donné que, en faisant valoir que, pour *[+ v.]* ; sous prétexte que ; *Dr.* au motif que ; **on the ~s of** pour des raisons de, en prenant motif de. **8** *Dr.* moyen ; **~s stated by the parties** moyens articulés par les parties. **9** *Électricité ÉU* (fil de) terre. ✪ **break ~** *Fig.* a) commencer/entamer les travaux ; b) *[chantier]* être mis en route ; *[***to break fresh/new ~** faire œuvre de pionnier, innover, faire preuve d'originalité ; ouvrir la voie, faire une découverte ; entreprendre des activités nouvelles ; se lancer/s'engager dans une direction nouvelle, sortir des sentiers battus, ouvrir des horizons nouveaux/des perspectives (entièrement) nouvelles ; **to break new ~ in** révolutionner ; **to break new legal ~** *[jugement]* représenter une innovation dans la jurisprudence*]* ; **change one's ~** changer son fusil d'épaule ; **get off the ~** mettre qqch. en route ; **~-based** *adj. Mil. [forces]* terrestre ; **~-breaking** *adj.* novateur, innovateur, innovant, très original, de type nouveau, premier (de ce type/du genre), entièrement nouveau, d'avant-garde, révolutionnaire, sans précédent, inédit ; **~ clearance** garde au sol ; **~ control** a) *Esp.* centre de contrôle de la mission ; b) *Av.* tour de contrôle ; **~ controller** contrôleur de la navigation aérienne, contrôleur aérien ; **~ crew** *Transp. aériens* personnel au sol ; **~ forces** *Mil.* forces terrestres ; **~ handling** *Transp. aériens* service d'escale ; **~ ice** glace de fond ; **~-launched cruise missile** missile de croisière lancé du sol ; **~ personnel** *Transp. aériens* personnel au sol ; **~ plan** a) plan *[du rez-de-chaussée]* ; b) *Fig.* plan (d'action) ; **~ radar** radar au sol ; **~ rent** *RU* loyer au titre d'un fonds de terre ; **~ rules** *Fig.* règles du jeu, règles (de base), régime, réglementation, conditions ; *[***new ~ rules began to operate last week** les règles du jeu ont changé la semaine dernière*]* ; **~ service** *Transp. aériens* service au sol ; **~ speed** *Aéron.* vitesse-sol ; **~ staff** *Transp. aériens* personnel au sol ; **~ station** *Esp.* station au sol ; **~ swell** *Fig.* vague de fond ; **~-to-air missile** missile sol-air ; **~-to-~ missile** missile sol-sol ; **~ transport** transport terrestre ; **~ troops** soldats de l'armée de terre, troupes au sol ; **~-water** *n.* eau(x) souterraine(s) ; nappe aquifère ; nappe phréatique ; **~ zero** a) point zéro-surface *[= lieu à la verticale duquel un engin nucléaire explose]* ; b) *Fig.* apocalypse nucléaire ; c) *Fig.* épicentre *[= endroit où un problème se manifeste avec le plus d'acuité]*, centre, cœur, foyer ; lieu même de la tragédie ; lieu de l'explosion ; point de départ *[d'un incendie]* ; **hit the ~ running** démarrer au quart de tour, démarrer sur les chapeaux de roue, être immédiatement à pied d'œuvre/opérationnel ; **old one's ~** a) tenir bon, ne pas céder ; b) maintenir sa position, camper sur ses positions ; b) faire face à la situation ; **off the ~** *[***to get a business off the ~** lancer une entreprise*]* ; **shift one's ~** changer son fusil d'épaule ; **stand one's ~** a) tenir bon, ne pas céder ; b) maintenir sa position, camper sur ses positions ; c) faire face à la situation ; **to the ~** *[être détruit]* de fond en comble.

groundbreaking *adj. voir* ground.

grounded *adj.* **1** *[pilote]* interdit de vol ; *[avion]* immobilisé/cloué au sol ; **all flights/planes are ~** tous les vols sont suspendus. **2 well ~ in** versé dans.

grounding *n.* **1** rudiments, notions. **2** échouage *[d'un navire]*.

groundwork *n.* préparatifs, travail préparatoire/de préparation ; base(s), fondation(s) ; **to lay the ~ for** préparer (le terrain pour), mettre en place des conditions propices à, jeter les bases de.

group *v.* **1** *tr.* regrouper, réunir ; **(in, into)** regrouper dans/en ; **to be ~ed in** faire partie de *[association]* ; **to be ~ed around sb** être rassemblé autour de qqn ; **to be ~ed according to/by** être regroupé en fonction de. **2** *intr.* se regrouper. **3 ~ together** *voir* group v. (1, 2).

group *n.* **1** groupe ; **~ endeavour** effort collectif ; **as a ~** ensemble, collectivement. **2** association, organisation ; **consumer ~** association de (défense des) consommateurs ; **human rights ~** association de défense des droits de l'homme. ✪ **~ accounts** comptes de groupe ; **~ dynamics** dynamique de groupe ; **~ insurance** assurance de groupe ; **~ life insurance** assurance de groupe sur la vie ; **~ medicine** médecine de groupe ; **Group of 77** Groupe des 77 ; **Group of Eight** Groupe des Huit ; **Group of Seven** Groupe des Sept ; **Group of Ten** Groupe des Dix ; **~ practice** a) médecine de groupe ; b) exercice d'une profession en cabinet de groupe ; **~ sex** relations sexuelles en groupe, sexualité de groupe ; **~ therapy** thérapie de groupe ; **~ tutorial** *Ens.* séance d'explications (en petit groupe).

grouping *n.* **1** regroupement ; association, mouvement ; alliance. **2** *Ens.* groupement *[d'élèves]* par aptitudes.

groupware *n. Inf.* **1** travail de/en groupe. **2** logiciel de groupe, synergiciel.

grow *v.* **1** *intr. [enfant]* grandir, *[animaux d'élevage, plantes]* croître, *[végétal]* pousser. **2** *intr. Fig. [personne]* prendre une plus grande stature. **3** *intr. [entreprise, industrie, marché, activités]* se développer, *[économie]* être en expansion, croître. **4** *tr.* provoquer la croissance de *[économie] ;* développer. **5** *intr. [population]* croître, s'accroître, *[nombre, chiffre d'affaires, bénéfice, prix]* augmenter, *[capital]* fructifier, *[problème]* prendre de l'importance, prendre (de plus en) plus d'ampleur ; **sales are expected to ~ from $250 million to $350 million** on s'attend à ce que le chiffre d'affaires passe de 250 à 350 millions de dollars. **6** *tr.* cultiver *[céréales, bactéries]*, produire *[denrées alimentaires] ;* **it is illegal to ~ cannabis** il est illégal de cultiver du cannabis ; **to ~ one's own food** produire ses propres cultures vivrières. **7** *intr.* devenir ; **to ~ older** vieillir, prendre de l'âge. **8 ~ into** devenir. **9 ~ out of** résulter de, être le produit de, découler de ; **social problems ~ing out of drug abuse** les problèmes de société provoqués par la toxicomanie. **10 ~ up 1** *[enfant]* grandir. **2** se comporter en adulte.

growing *adj.* de plus en plus net, de plus en plus important/prononcé, grandissant, sans cesse accru, de plus en plus abondant ; **~ concerns** préoccupations de plus en plus vives.

growing pains *Fig.* difficultés initiales, crise de croissance.

growth *n.* **1** croissance *[économique, démographique]*, essor, expansion, développement de l'activité économique ; développement *[d'un marché, d'une entreprise, des connaissances, de la bureaucratie]*, progression ; montée *[de la xénophobie] ;* **~ rate** taux de croissance. **2** augmentation *[de la production, des dépenses, de l'emploi, du chiffre d'affaires, des recettes, de la productivité, des bénéfices]*. **3** *Biol.* croissance *[d'un embryon]*, développement *[d'une cellule, d'une tumeur] ;* prolifération *[de micro-organismes]*. **4** *Méd.* tumeur. **5 personal ~** épanouissement personnel. ✪ **~ area** a) *RU* zone de croissance/de développement *[de nature à servir de locomotive à la région qui l'entoure] ;* b) zone à fort potentiel de croissance ; c) secteur de croissance ; créneau porteur ; **~ factor** *Biol.* facteur de croissance ; **~(-inducing) hormone** hormone de croissance ; **~ industry** secteur de croissance/d'avenir/porteur ; **~ market** marché porteur ; **~ promoter** promoteur de croissance ; **~-promoting hormone** hormone de croissance ; **~ ring** cerne (de croissance), anneau ligneux ; **~ share/stock** valeur de croissance.

GRT (gross register tonnage) jauge brute.

grueling *adj.* extrêmement éprouvant.

GSM (Global Systems for Mobile Communication) GSM (Groupe systèmes mobiles).

g-suit *n.* combinaison anti-g.

Guamanian *adj.* guamien.

guarantee *n.* **1** garantie *[donnée par un fabricant]*. **2** garantie, cautionnement. **3** bénéficiaire de la garantie/du cautionnement. **4** garant. ✪ **~ bond** cautionnement de garantie.

guarantor *n.* garant ; répondant, caution, accréditeur ; avaliste ; **to act as a ~** se porter garant.

guaranty *n.* ✪ **~ bond** cautionnement de garantie ; **~ insurance** *ÉU* a) assurance contre les détournements de fonds ; b) assurance contre l'insolvabilité des débiteurs.

guard *n.* **to catch off ~** prendre au dépourvu.

guarded *adj.* **1** *[bâtiment]* gardé. **2** *[personne]* circonspect, prudent, réservé, sur ses gardes ; *[paroles]* prudent, réservé.

guardedly *adv.* avec circonspection, prudemment ; **to be ~ optimistic** faire preuve d'un optimisme prudent.

guardian *n.* **1** gardien, protecteur *[des libertés]*. **2** *Dr.* tuteur *[d'un orphelin, d'un incapable]*. ✪ **~ ad litem** tuteur désigné pour les besoins du procès, tuteur ad litem.

Guatemala City (Ciudad de) Guatemala.

guerilla *n. voir* guerrilla.

Guernsey *n.* Guernesey.

guerrilla *n.* guérillero, guérilléro, maquisard, partisan ; **~ army/band/group/organization** bande/troupe de partisans ; **~ fighter** guérillero, guérilléro, maquisard, partisan ; **~ forces** guérilleros, guérilléros, maquisards, partisans ; **~ war(fare)** guérilla.

guess *n.* hypothèse, conjecture.

guesswork *n.* estimation/méthode empirique, formulation d'hypothèses, intuition ; **by ~** au petit bonheur.

guest *n.* ✪ **~ book** livre d'or ; **~ host** remplaçant de l'animateur/du présentateur *[d'une émission de télévision] ;* **~ worker** travailleur immigré.

guestimate *n.* estimation empirique.

GUI (graphical user interface) *Inf.* interface graphique.

guidance *n.* **1** direction, conduite, supervision, autorité ; **under/with the ~ of** a) sous l'autorité/la direction/la supervision de ; b) sur le conseil de, grâce aux conseils de. **2** orientation(s), éléments d'orientation ; assistance, aide ; indications, informations ; conseils, recommandations ; avis ; principes (directeurs), règles, texte de référence ; critères ; **vocational ~** orientation professionnelle ; **to give/provide ~ on** donner des indications/orientations/conseils sur ; **to seek ~ from sb, to look to sb for ~** compter sur qqn pour indiquer la voie à suivre/la façon de procéder ; **parental ~** conseils des parents ; **the provision of ~ to job seekers** la fourniture de conseils aux personnes à la recherche d'un emploi ; **to offer some ~ on how to fill in the various forms** donner des indications sur la façon de remplir les différents formulaires. **3** guidage *[d'engin spatial, de missile]*. ✪ **~ counsellor/officer** *Ens.* conseiller d'orientation.

guide *v. tr.* **1** guider ; diriger, superviser. **2** aider, orienter, éclairer ; fournir des informations utiles pour ; **to be ~d by** s'inspirer de.

guided *adj.* ✪ **~ missile** missile autoguidé ; **~ tour** visite guidée.

guideline *n.* **1** principe (directeur), ligne directrice, indication ; *pl.* texte de référence ; **~ values** valeurs indicatives ; **there are ~s that would-be exporters should follow** il existe des principes généraux que les entreprises désireuses d'exporter doivent respecter. **2** recommandation, orientation ; règle (non contraignante), norme ; consigne ; **dietary ~s** recommandations en matière de régime alimentaire ; **to develop ~s on the most effective ways of treating schizophrenia** élaborer des recommandations sur les façons les plus efficaces de traiter la schizophrénie.

guide price *UE* prix d'orientation.

Guilded Chamber *RU* Chambre des Lords.

Guillain-Barré syndrome syndrome de Guillain et Barré.

guillotine *n. Pol. RU* limitation de la durée des débats *[sur un projet de loi].*

guilty *adj. Dr.* **(of)** coupable de, convaincu de ; **to find the defendant ~** rendre un verdict de culpabilité ; condamner le prévenu/l'accusé ✪ **~ as charged** coupable des faits reprochés ; **~ plea** reconnaissance de culpabilité ; **~ verdict** verdict de culpabilité.

guinea worm (disease/infection) *Méd.* dracunculose, infection à ver de Guinée.

guise *n.* ✪ **under the ~ of** sous l'apparence de.

gulf *n.* **1** golfe. **2 the Gulf** le Golfe *[arabo-persique].* **3** *Fig.* fossé, gouffre, abîme ; **the ~ between the Israelis and the Palestinians is growing** le fossé entre les Israéliens et les Palestiniens se creuse. ✪ **Gulf Cooperation Council** Conseil de coopération du Golfe ; **Gulf Stream** Gulf Stream.

gun *n.* **1** arme à feu. **2** canon. ✪ **~ carriage** prolonge d'artillerie *[utilisée lors d'obsèques]* ; **~ control** *ÉU* réglementation de la détention/vente d'armes à feu ; **~ licence** permis de détention d'arme ; **~ lobby** *ÉU* lobby des armes à feu ; **~ running** trafic d'armes ; **jump the ~** agir prématurément, vouloir aller trop vite, anticiper ; prendre les devants ; **stick to one's ~s** maintenir sa position, tenir bon, ne pas en démordre, camper sur ses positions.

gunman *n.* homme armé ; **the ~ killed two police officers before surrendering** l'homme armé a tué deux agents de police avant de se rendre.

gunboat *n.* vedette. ✪ **~ diplomacy** intimidation.

gunship *n.* hélicoptère de combat.

gut *v. tr. Fig.* **1** détruire. **2** vider de sa substance.

gut *n. Fig. pl.* courage. ✪ **~ feeling** intuition.

gutter press presse à sensation, presse de bas étage.

Guyana *n. [le/la]* Guyana.

Guyanese *adj.* guyanais *[= de la Guyane ou du/de la Guyana].*

gyration *n. Fig. pl.* caprices, fluctuations, mouvements erratiques, hauts et bas, turbulences ; **the wild ~s of the US stock markets** les fluctuations énormes des Bourses américaines ; **uncontrolled ~s in the Russian economy** des mouvements erratiques de l'économie russe.

H

habeas corpus *Dr.* ✪ **(writ of) ~** ordonnance d'habeas corpus.

habit *n.* ✪ **~-forming** *adj. Méd.* engendrant une dépendance ; **kick the ~** *Fam.* cesser de se droguer.

habitat *n.* **1** *Écologie* biotope *[hébergeant une biocénose] ;* habitat *[hébergeant une espèce].* **2** habitat *[d'une population].* **3** lieu de résidence *[d'un groupe donné].*

habitual criminal/offender délinquant d'habitude, récidiviste, multirécidiviste ; repris de justice.

habituation *n. Méd.* accoutumance.

hack *v.* **1** *tr.* **to ~ to death** tuer à l'arme blanche. **2 ~ into** pénétrer dans *[système informatique].*

hacker *n. Inf.* **1** pirate (informatique), fouineur, intrus informatique. **2** mordu de l'informatique.

hacking *n.* effraction/piratage informatique.

Haifa *n. Israël* Haïfa.

hail insurance assurance contre la grêle.

Haiti *n.* Haïti *[m.] ;* **in ~** en Haïti.

haj, hajj *n. Islam* hadj, pèlerinage à La Mecque.

Halal *adj. Islam [viande]* hal(l)al *[inv.].*

halcyon days époque bénie/dorée, bon vieux temps.

half *n.* **first ~ of the year** premier semestre. ✪ **~ again as much as, ~ as much again as** une fois et demie.

half *adj., adv.* ✪ **~-baked** *adj. [projet]* mal conçu, mal ficelé, bâclé, bancal, qui n'est pas au point ; **~ board** demi-pension ; **~-commission man** *Bourse* remisier ; **~-hearted** *adj.* tiède, peu enthousiaste, mitigé, réservé, réticent ; *[réforme]* timide ; **~-heartedly** *adv.* sans conviction, sans trop y croire, sans y croire vraiment, sans enthousiasme, avec tiédeur, mollement, pour la forme, avec réserve, avec réticence, à reculons, du bout des lèvres, à contrecœur, de mauvais gré ; **~-life** *n. Nucl.* période (radioactive) *[de déchets radioactifs] ; Biol.* période biologique, demi-vie (biologique) ; **~-track** *n.* véhicule semi-chenillé.

halfway *adv.* **1** à mi-chemin, à mi-parcours, à mi-distance ; **at the ~ mark** à mi-chemin, à mi-parcours ; **~ along** à moitié achevé ; **~ between** à mi-chemin entre, à mi-distance entre ; **to travel ~ across the United States** traverser la moitié des États-Unis ; **~-way (a)round the globe/world** à l'autre bout du monde ; **~ into** au milieu de ; **~ through** a) à mi-chemin, à mi-parcours ; b) au milieu de ; **to meet sb ~** rencontrer qqn à mi-chemin, faire un compromis avec qqn, trouver un compromis à mi-chemin, faire la moitié du chemin, couper la poire en deux. **2** *[faire qqch.]* à moitié ; **to be ~ + adj.** être à moitié + adj. ; **a goal properly set is ~ reached** un but fixé avec discernement est déjà à moitié atteint. **3** un tant soit peu ; **a ~ decent computer** un ordinateur un tant soit peu convenable.

halfway house **1** foyer de réinsertion *[pour anciens détenus/malades mentaux/toxicomanes/alcooliques].* **2** *Fig.* solution intermédiaire, voie médiane, moyen terme ; **a ~ between communism and capitalism** un moyen terme entre le communisme et le capitalisme.

hall *n.* salle ; **conference ~** salle de conférence. ✪ **~ of fame** *Fig.* liste des *[artistes, scientifiques]* les plus remarquables de tous les temps, cercle restreint des géants *[de la littérature] ;* **~ of residence** *Ens.* foyer pour étudiants, résidence universitaire.

hallmark *n.* **1** poinçon de contrôle. **2** *Fig.* caractéristique, ce qui caractérise, signe (distinctif), trait (distinctif) ; marque, griffe, patte ; **stopgap measures have become the ~ of the coalition government** l'adoption de mesures visant à parer au plus pressé est devenue la caractéristique du gouvernement de coalition.

halo effect *Psych.* effet de halo.

halt *n.* ✪ **grind to a ~** s'arrêter.

hammer *v.* **~ out** élaborer *[à l'issue de longues discussions],* mettre au point, parvenir à *[plan, accord, solution].*

hamstring *v. tr.* paralyser.

hand *v.* **I** *tr.* **(to)** remettre à, distribuer à. **II ~ back** restituer, rendre. **III ~ down 1** transmettre *[à la génération suivante].* **2** *ÉU* annoncer *[décision],* publier, communiquer. **3** rendre *[jugement, verdict],* arrêter *[décision] ;* prononcer *[condamnation, peine] ;* **to ~ down an indictment** établir un acte d'accusation. **IV ~ in** remettre *[objet, pétition],* donner *[sa démission] ;* **the IRA must ~ in its weapons** l'IRA doit remettre ses armes. **V ~ out** distribuer *[prestations sociales, subventions, faveurs].* **VI ~ over to 1** passer le témoin à. **2** livrer *[criminel]* à ; remettre à ; confier *[objet, argent, tâche]* à, transmettre *[responsabilité]* à, transférer à, céder à.

hand *n. Fig.* **1** travailleur, ouvrier ; *pl.* bras, main-d'œuvre ; **farm ~** ouvrier agricole. **2** participation, rôle ; **to have a ~ in** jouer un rôle dans, participer à, prendre part à, ne pas être étranger à, être mêlé à, être impliqué dans, être pour quelque chose dans, tremper dans ; **Grumman had a ~ in the production of the F14 fighter** Grumman a participé à la production du chasseur F14 ; **the general denied he had had a ~ in the failed coup** le général a démenti qu'il avait trempé dans le coup d'État manqué. **3** aide, concours ; **to give sb a helping ~** aider qqn ; **to give/lend a ~** donner un coup de main. ✪ **at ~** a) à proximité ; b) proche, imminent, en vue, à portée de la main ; c) immédiatement disponible ; d) considéré, dont il s'agit, en cause ; *[***close at ~** proche ; **a solution is at ~** une solution est en vue ; **help is at ~** une aide peut être obtenue ; **a crisis was at ~** une crise était imminente ; **we believe that peace is at ~** nous sommes convaincus que la paix est à portée de la main ; **solutions are at ~** des solutions existent ; **whatever the problem at ~, common sense is always useful** quel que soit le problème qui se pose, le bon sens est toujours utile*] ;* **at the ~(s) of** de la part de, du fait de, par, face à, sous les coups de, *[mauvais traitements, défaite]* infligé par, *[crime]* perpétré par, dont se rend coupable ; *[***tortured at the ~s of** torturé par ; **the freshmen always have to undergo hazing at the ~s of older students** les bleus doivent toujours se soumettre au bizutage infligé par les étudiants plus âgés ; **the company fears another lawsuit at the ~s of the environmentalists** l'entreprise craint un nouveau procès intenté par les écologistes*] ;* **by ~** a) à la main ; b) *[lettre remise]* par messager ; *[***letter written by ~** lettre manuscrite*] ;* **change ~s** être vendu, se vendre, changer de propriétaire ; *Bourse [titre]* changer de mains, être négocié ; **force sb's ~** obliger qqn à agir sans délai/à révéler ses intentions ; **get one's ~s on** obtenir ; **go ~ in ~ with** aller de pair avec, être indissociable de, s'accompagner de, se doubler de ; **~ and glove with** en relations très étroites avec ; **~ baggage** *Transp. aériens* bagages à main ; **~ grenade** grenade à main ; **~-held computer** ordinateur de poche ; **~-held**

scanner *Inf.* scanne(u)r à main ; **~ in glove with** en relations très étroites avec ; **~-in-~ with** en étroite coopération avec ; **~ luggage** *Transp. aériens* bagages à main ; **~ over fist** *[to make money ~* **over fist** faire des affaires d'or, gagner un argent fou*]* ; **~-picked** *adj.* soigneusement choisi, trié sur le volet ; **~ rearing** *Élev.* élevage à la main ; **~-raised** *adj. Élev.* élevé à la main ; **~ scanner** scanne(u)r à main ; **~s-down** haut la main, incontestablement ; **~s-free telephone** poste « mains libres » ; **~s-off** non interventionniste ; **~s-on** *[personne]* soucieux des aspects pratiques ; *Fam.* prêt à mettre la main à la pâte, prêt à retrousser ses manches ; *[activités]* pratique, axé sur la pratique/sur les aspects pratiques, concret, mené sur le terrain, de terrain ; *[expérience]* direct, concret ; **~s-on training** formation pratique ; **~ to hand** corps à corps ; **~-to-mouth** *adj.* *[***to lead/live a ~-to-mouth existence** avoir tout juste de quoi subsister, gagner sa vie au jour le jour*]* ; **have one's ~s full** être très occupé, avoir fort à faire ; **in** ~ a) *[avoir la situation]* en main ; b) disponible, en sa possession ; en magasin ; en caisse ; c) *[question]* examiné, considéré, en question, dont il s'agit ; d) à l'étude, à l'examen, en cours (de réalisation/d'exécution) ; *[***funds in ~** fonds disponibles ; **the business in ~** la question examinée/dont il s'agit/à l'ordre du jour, le thème de la discussion/de la réunion, le dossier à régler, le travail à accomplir, la tâche confiée ; **to attend to the business in ~** s'occuper de l'affaire à régler, s'occuper du dossier dont on est chargé, s'atteler à sa tâche, revenir à la question dont on s'occupe, revenir aux travaux qui requièrent son attention ; **to take a matter in ~** se pencher sur une question ; **work in ~** travaux en cours*]* ; **in the ~s of** en possession de ; **join ~s** *[plusieurs personnes] Fig.* unir leurs forces ; *[***to join ~s with sb** coopérer avec qqn*]* ; **on ~** disponible, sous la main, à portée de (la) main ; à proximité, proche ; *[policiers, troupes]* prêt à intervenir ; *[***to have $100,000 on ~** disposer d'une somme de 100 000 dollars ; **a Ministry official will be on ~ to answer your questions** un fonctionnaire du ministère sera à votre disposition pour répondre à vos questions*]* ; **on the other ~** d'autre part, par ailleurs ; en revanche, par contre, cependant, au contraire, à l'inverse ; **out of ~** a) immédiatement, sans hésiter, sans autre forme de procès ; b) difficile/impossible à maîtriser, effréné ; *[***a spokesperson for the Palace accused the press of being out of ~** un porte-parole du Palais a accusé la presse de dépasser les bornes ; **to get out of ~** devenir difficile/impossible à maîtriser, perdre toute discipline/mesure/retenue, échapper à tout contrôle, devenir effréné, dépasser les bornes, déraper, sombrer dans le désordre, dégénérer, mal tourner, tourner à l'émeute/à la foire d'empoigne*]* ; **play into the ~s of** faire/jouer le jeu de, apporter de l'eau au moulin de ; **play one's ~** *Fig.* jouer ses cartes ; **put in ~** entreprendre, entamer, mettre en chantier, lancer *[activités]*, prendre *[mesures]*, faire réaliser *[étude]* ; **sit on one's ~s** a) ne pas applaudir ; b) rester passif/inerte/dans l'expectative, ne rien faire, se croiser les bras ; **strengthen the ~ of** renforcer la position de, renforcer l'autorité de ; **take a ~ in** intervenir dans ; **to ~** disponible, à portée de (la) main, facilement accessible ; **under ~** *Dr.* sous seing privé ; *[***document under ~** acte sous seing privé*]*.

handbook *n.* guide.

handful *n.* petit nombre, poignée ; **a ~ of** quelques.

handgun *n.* arme de poing.

handle *v. tr.* **1** *Transp.* manutentionner ; **in 2002 Antwerp ~d more than 130 million tons of cargo** en 2002, Anvers a eu un trafic de plus de 130 millions de tonnes de marchandises. **2** s'occuper de, se charger de, prendre en charge, assurer *[opération]*, s'acquitter de *[tâche]*, traiter ; absorber *[charge de travail]* ; **one of the roles of the police is to ~ enquiries** la police est notamment chargée de procéder à des enquêtes ; **the prisoners were ~d harshly** les prisonniers étaient traités sans ménagement. **3** faire face à *[problème]*, se charger de, assurer, répondre à, réagir à, résister à, aborder, adopter une attitude appropriée à l'égard de ; accueillir ; résoudre, régler ; gérer ; manier, manipuler, brasser ; utiliser ; manœuvrer ; **she ~d the crisis very deftly** elle a fait face à la crise avec beaucoup d'adresse. **4** faire face à, supporter, résister à ; **companies have to teach their staff how to ~ emergencies** les entreprises doivent former leur personnel de façon qu'il puisse faire face aux situations de crise ; **managers have to be able to ~ a lot of stress** les cadres doivent être capables de résister à un stress considérable. **5** faire le commerce de, vendre, distribuer. ✪ **~ with care** fragile.

handle *n. Internet* pseudonyme, surnom.

handler *n.* **1** *Pol. ÉU* conseiller, collaborateur *[d'un homme politique]*, stratège électoral *[d'un candidat]* ; *pl.* entourage. **2** agent traitant *[d'un agent de renseignement]*.

handling *n.* **1** traitement, mesures prises (face à), façon de s'acquitter de/de réagir (face) à, comportement, gestion ; **the minister has been criticized for his ~ of the crisis** le ministre a été critiqué pour la façon dont il a fait face à la crise. **2** manutention. ✪ **~ charges** a) frais administratifs, frais de dossier ; b) *Banque* commission (de manipulation).

handling of stolen goods *Dr. Angl.* recel.

handout *n.* **1** distribution *[d'aliments]*. **2** aide financière, subvention. **3** échantillon gratuit. **4** document distribué *[à la presse, aux personnes présentes]* ; communiqué de presse.

handover *n.* transfert ; remise, transmission, livraison ; passage du témoin ; rétrocession *[de Hongkong, de Macao]* ; transfert du pouvoir ; **the ~ of power** le transfert du pouvoir.

handwriting *n.* ✪ **~ on the wall** *ÉU voir* writing on the wall.

hang *v. Fig.* **I ~ on** tenir bon. **II ~ on to** conserver, ne pas se dessaisir de. **III ~ over** *[menace]* planer sur. **III ~ up 1** raccrocher, mettre fin à la communication. **2 to ~ up one's skis etc.** mettre fin à sa carrière, abandonner la compétition, raccrocher. **VI ~ up on** mettre fin abruptement à la communication avec ; *Fam.* raccrocher au nez de.

hang-glider *n.* aile delta, deltaplane.

hang-gliding *n.* deltaplane.

hang-up *n. Fig.* **1** inhibition, réticence, blocage, fausse honte. **2** complexe ; obsession ; phobie. **3** obstacle ; pierre d'achoppement.

Hannover *n. Allemagne* Hanovre.

Hansen's disease lèpre.

Hanukkah *n. Judaïsme* Hanoukka.

haphazard *adj.* désordonné, brouillon, confus, réalisé au coup par coup, peu systématique, peu méthodique, sans fil conducteur ; **in a ~ way** de façon désordonnée/confuse/peu systématique/peu méthodique, au coup par coup, sans méthode, sans plan d'ensemble, au hasard, au petit bonheur, sans ordre particulier, n'importe comment.

haphazardly *adv.* de façon désordonnée/confuse/peu systématique/peu méthodique, au coup par coup, sans méthode, sans plan d'ensemble, au hasard, au petit bonheur, sans ordre particulier, n'importe comment.

happen *v. intr.* **1** arriver, se passer, se produire. **2** se faire, se trouver ; **the Republican candidate ~s to be black** il se trouve que le candidat républicain est de race noire. ✪ **make things ~** faire bouger les choses.

happy medium juste milieu ; **to strike a ~ between... and** trouver un compromis/moyen terme/juste milieu entre... et, concilier... et, équilibrer... et, tenir la balance égale entre... et.

harass *v. tr.* harceler, s'acharner sur/contre, tracasser, brimer.

harbinger *n. Fig.* signe avant-coureur/annonciateur, prélude, première phase.

harbour *v. tr.* **1** abriter *[qqn]*. **2** nourrir *[ressentiment, craintes, illusions]*, éprouver *[doutes, sentiment]*, ressentir *[sentiment]*.

harbour *n.* ✪ **~ dues** droits de port ; **~ facilities** installations portuaires ; **~ master** capitaine de port ; **~ master's office** capitainerie ; **~ seal** veau marin.

hard *adj., adv.* **1** *[décision, choix]* difficile ; **(to)** difficile à, malaisé à. **2** *[travail]* dur, pénible, acharné. **3** précis, fiable, incontestable, indéniable, probant, concret, tangible, avéré, *[informations]* sûr, *[faits]* bien établi, *[preuve]* solide, tangible, concret ; *[engagement]* ferme. ✪ **~ and fast** inflexible, strict, absolu, immuable ; bien net, bien défini ; **~ and fast rule** règle absolue/immuable/stricte/rigoureuse/bien nette/bien précise/bien définie/bien établie ; recette infaillible ; **~ bargain** *[***to drive a ~ bargain** négocier de façon serrée, chercher à imposer des conditions rigoureuses, être dur en affaires*]* ; **~ cash** argent liquide, espèces ; **~ coal** anthracite ; **~ copy** *Inf.* tirage, sortie papier, copie papier ; *[***in ~ copy** sur (support) papier*]* ; **~ core** a) noyau dur ; b) élément radical, groupe irréductible ; **~-core** *adj. [criminel]* endurci, irrécupérable, *[toxicomane]* invétéré ; **~-core unemployed** chômeurs inadaptés ; **~-core unemployment** chômage des inadaptés (sociaux) ; **~ currency** monnaie forte ; **~ disk** *Inf.* disque dur ; **~ disk drive** *Inf.* unité de disque dur ; **~ done by** traité de façon injuste ; **~ drinker** buveur excessif ; **~ drive** *Inf.* unité de disque dur ; **~ drug** drogue dure ; **~-edged** *adj.* réaliste ; **~ evidence** preuve(s) tangible(s)/concrète(s)/solide(s), fait/données bien attesté(es) ; **~ goods** *Écon.* biens de consommation durables ; **~ hat** a) chapeau melon ; b) casque (de chantier) ; c) ouvrier du bâtiment ; d) *ÉU* membre d'un syndicat de la construction ; e) conservateur ; f) *ÉU* ouvrier conservateur ; **~-hit** *adj.* durement éprouvé/touché ; **~-hitting** *adj. [discours]* percutant ; **~ labour** a) travaux forcés ; b) travail acharné ; **~ law** dispositions juridiques contraignantes ; **~ left** extrême gauche ; **~ line** position implacable/intransigeante/(pure et) dure/extrémiste/radicale/jusqu'au-boutiste ; *[***to take a ~ line against drug addicts** adopter une position implacable à l'encontre des toxicomanes*]* ; **~-line** *adj.* radical, implacable, intransigeant, inconditionnel, (pur et) dur, sans concessions, rigoureux, strict, dur, musclé, extrémiste, jusqu'au-boutiste ; *[***~-line interpretation of a provision** interprétation stricte d'une disposition ; **~-line anticommunism** anticommunisme sans concessions*]* ; **~ loan** prêt (consenti) aux conditions du marché ; **~ look** examen attentif ; *[***to have/take a ~ look at** examiner attentivement, étudier de façon approfondie*]* ; **~ news** *Journ.* informations factuelles ; **~-nosed** *adj. [personne]* dur, endurci, intraitable ; *[politique, attitude]* dur, strict, intransigeant, de fermeté, *[mesures]* draconien, radical, musclé ; froid, insensible, implacable, impitoyable ; **~-pressed** *adj.* en difficulté, en proie à de graves difficultés, aux prises avec de graves difficultés ; surchargé *[de travail]* ; *[***to be ~-pressed to** être bien en peine de, avoir beaucoup de mal à, avoir toutes les peines du monde à ; **the government is ~-pressed to prop up the currency** le gouvernement a du mal à soutenir la monnaie*]* ; **~ right** extrême droite ; **~ rule** règle absolue/immuable/stricte/rigoureuse/bien nette/bien précise/bien définie/bien établie ; **~ science** science exacte ; **~ sell(ing)** méthodes de vente agressives ; **~ shoulder** accotement (stabilisé) ; **~ technology** technologie(s) « matérielle(s) » *[incorporée(s) dans des installations ou du matériel]* ; **~ thinking** réflexion approfondie ; **~ time** difficultés considérables ; *[***to have a ~ time doing sth** avoir du mal à faire qqch.*]* ; **~ water** eau dure ; **~ way** *[***to learn sth the ~ way** apprendre qqch. de façon pénible/à ses dépens*]* ; **~-wired** *adj.* a) *Inf.* câblé ; b) *Fig. [aptitude]* inné, inscrit dans le patrimoine génétique ; **~ work** a) travail difficile/pénible, dur labeur ; b) beaucoup de travail, travail considérable ; travail acharné ; **~-working** *adj. [travailleur]* ne rechignant pas au travail, infatigable, qui abat un travail considérable, courageux, dur à la peine, travailleur, acharné, prêt à travailler dur, plein d'ardeur au travail.

hardliner *n.* partisan/tenant de la ligne/tendance dure, extrémiste, ultra.

hardly *adv.* à peine, guère, tout juste, difficilement, mal, médiocrement, rarement, presque, pratiquement pas, pour ainsi dire pas ; vraiment pas ; **they leave us ~ any choice in the matter** ils ne nous laissent guère de choix à cet égard ; **~ ever** presque jamais ; **~ anyone can speak Chinese in Europe** presque personne n'est capable de parler chinois en Europe ; **the chairman is ~ ever in his office** le président n'est presque jamais dans son bureau ; **foreign policy has ~ changed over the last 20 years** la politique étrangère n'a pour ainsi dire pas changé au cours des 20 dernières années ; **this is ~ the first sign of problems in the region** c'est loin d'être la première indication qu'il existe des problèmes dans la région.

hardness *n.* dureté *[de l'eau]*.

hardship *n.* conditions (de vie) difficiles/éprouvantes/pénibles/rigoureuses, (grandes/graves) difficultés, problèmes, situation pénible/difficile/défavorable/précaire/critique/fâcheuse/malheureuse ; mésaventure ; adversité, détresse, souffrances ; épreuves, rigueurs, privations ; misère ; injustice ; **economic ~** difficultés économiques ; **modern conveniences have alleviated much of the ~ faced by our ancestors** grâce aux éléments de confort modernes, nous ne connaissons plus les conditions de vie difficiles qui étaient celles de nos ancêtres ; **today's youth knows nothing of the ~s of war** la jeunesse d'aujourd'hui ignore tout des privations qui accompagnent la guerre ; **much economic ~ will have to be faced during the conversion from a communist to a capitalist economy** le passage d'une économie communiste à une économie capitaliste engendrera des difficultés économiques considérables ; **he bravely faced cold and ~ to reach the North Pole** il a fait face courageusement au froid et à de rudes épreuves pour atteindre le pôle Nord. ✪ **~ allowance** allocation pour conditions de vie difficiles ; **~ post** poste situé dans un lieu d'affectation aux conditions de vie difficiles ; **~ posting** affectation dans un lieu pénible/aux conditions de vie difficiles ; *[***employment in a politically unstable country is considered ~ posting** un travailleur dont le lieu d'affectation est situé dans un pays politiquement instable est considéré comme employé dans un lieu pénible*]*.

hardware *n.* **1** matériel ; **the production of military ~ such as aircraft and missiles** la production de matériel militaire tel que des avions et des missiles. **2** *Inf.* matériel. ✪ **~ engineer** *Inf.* ingénieur en matériel informatique ; **~ shop/store** quincaillerie.

hardwood *n.* bois d'arbre feuillu/de feuillu. ✪ **~ forest** forêt d'arbres feuillus/de feuillus.

hare-brained *adj. [projet]* insensé.

harm *v. tr.* nuire à, porter atteinte à, être néfaste/nocif pour, causer du tort à, léser, faire du mal à.

harm *n.* **1** dommages, dégâts, atteinte ; effets dommageables/funestes/néfastes/nocifs, méfaits, ravages ; **alcohol-related ~** méfaits de l'alcool. **2** préjudice, tort, mal ; **to do more ~ than good** faire plus de tort que de bien. ✪ **in ~'s way** dans une situation dangereuse, en danger ; **into ~'s way** *[***to go into ~'s way** risquer sa vie ; **to send troop into ~'s way** envoyer des troupes au feu, envoyer des soldats risquer leur vie*]* ; **out of ~'s way** à l'abri (du danger).

harmful *adj.* nocif, néfaste, dommageable, délétère.

harmless *adj.* inoffensif ; *[maladie]* bénin.

harmonic mean *Stat.* moyenne harmonique *[= inverse de la moyenne arithmétique de l'inverse de valeurs]*.

harness *v. tr. Fig.* exploiter, mettre à profit, tirer parti de, utiliser, se servir de, mobiliser, mettre en œuvre ; mettre en valeur, valoriser, domestiquer *[source d'énergie, l'atome] ;* **(to)** mettre au service de, exploiter *[qqch.]* au profit de ; **to ~ the country's vast resources** exploiter les ressources considérables du pays ; **businesses are eager to ~ the Internet explosion** les entreprises sont très désireuses de mettre à profit le développement exponentiel d'Internet ; **to ~ the creativity in today's youth** tirer parti de la créativité de la jeunesse d'aujourd'hui ; **technology has allowed us to ~ the power of nuclear fission** la technologie nous a permis de domestiquer la fission nucléaire ; **we must ~ solar and wind power for the good of the environment** nous devons utiliser l'énergie solaire et éolienne pour préserver l'environnement.

harvest *v. tr.* récolter *[céréales, fruits],* moissonner *[céréales],* cueillir *[fruits],* abattre *[arbres].*

Hashimite Kingdom of Jordan Royaume hachémite de Jordanie.

hash mark dièse, symbole #.

Hasidic *adj. Judaïsme* hassidique.

hassle *n.* tracas, difficultés, complications, démarches fastidieuses, corvée ; **to be a ~** être pénible/éprouvant ; **buying Christmas presents can be quite a ~** l'achat de cadeaux de Noël peut être une corvée éprouvante.

hat *n. Fig.* casquette. ✪ **~ trick** *Fig.* passe de trois, troisième succès d'affilée ; **throw/toss one's ~ into the ring** *Pol.* annoncer sa candidature, entrer en lice.

hate *n.* ✪ **~ crime** crime inspiré par la haine contre un groupe *[groupe ethnique, homosexuels] ;* crime raciste, crime d'inspiration xénophobe/homophobe ; **~ group** association inspirée par la haine contre un groupe, association raciste/xénophone/homophobe.

haul *n.* **over the long ~** à long terme.

haulage company entreprise de transports routiers.

have *n.* nanti ; **according to Marxism, capitalism creates a society divided into the "~s" and the "have-nots"** selon le marxisme, le capitalisme crée une société divisée entre nantis et laissés-pour-compte ; **the "~s" of the first world must aid the development of the "have-nots" in the third world** les pays les plus riches doivent aider les déshérités du tiers monde.

have-not *n.* pauvre, défavorisé, déshérité, (le plus) démuni, laissé-pour-compte.

having regard to *Dr.* vu.

havoc *n.* ravages, dommages considérables ; **to wreak ~** causer des dommages considérables, avoir des effets dévastateurs/catastrophiques ; **to play/wreak ~ with** a) détruire, dévaster, faire d'énormes ravages parmi, ravager ; b) créer une grande confusion dans, perturber gravement, désorganiser complètement *[système] ;* **hurricane Sally wreaked ~ throughout the Lesser Antilles** l'ouragan Sally a eu des effets dévastateurs dans l'ensemble des Petites Antilles ; **the 1929 stock-market crash played ~ with the American economy** le krach boursier de 1929 a eu des effets catastrophiques sur l'économie des États-Unis.

hazard *n.* danger, risque ; **fire ~** risque d'incendie ; **occupational ~s** risques professionnels. ✪ **~ pay** prime de risque.

hazardous *adj.* dangereux, périlleux, risqué, hasardeux ; nocif ; **~ wastes** déchets dangereux.

HC (hydrocarbon) HC (hydrocarbure).

HCFC (hydrochlorofluorocarbon) HCFC (hydrochlorofluorocarbure, hydrochlorofluorocarbone).

HD (hard drive) unité de disque dur.

HDD (hard disk drive) unité de disque dur.

HDI (human development index) *PNUD* indicateur du développement humain.

hdqrs (headquarters) *voir* headquarters.

HDTV (high-definition television) TVHD (télévision haute définition).

head *v.* **I 1** *tr.* diriger *[entreprise, service, enquête],* être à la tête de ; **this unit is ~ed by a senior official** ce service est place sous la direction d'un haut fonctionnaire ; **about 21% of households are ~ed by women** environ 21 % des ménages sont placés sous la responsabilité d'une femme. **2** *tr.* être en tête de *[cortège].* **3** *tr.* **to be ~ed "..."** *[chapitre]* être intitulé « ... ». **4** *intr.* se diriger, se rendre, faire route ; **to ~ north** se diriger vers le nord. **II ~ back to** retourner à/en. **III ~ for 1** se diriger vers, se rendre à/en, *[navire]* faire route vers. **2** sembler devoir aboutir à/déboucher sur, être voué à ; **to ~ for disaster** aller au devant d'une catastrophe, aller droit à la catastrophe. **IV ~ off 1** prévenir, empêcher, éviter ; **to ~ off an idea** faire un sort à une idée. **2** mettre fin à *[problème, rumeurs].* **V ~ to** se diriger vers, se rendre à/en. **VI ~ toward** se diriger vers, se rendre à/en, *[navire]* faire route vers.

head *n. Fig.* **1** personne ; *Écon.* habitant ; **~ of population** habitant ; **the real disposable income per ~** le revenu disponible réel par habitant ; **a banquet at $40 a ~** un banquet qui a coûté 40 dollars par convive. **2** chef, responsable ; *Ens. RU* directeur d'école *[primaire],* chef d'établissement *[d'enseignement secondaire].* **3** *Audiovisuel* tête *[d'enregistrement, de lecture].* **4 to a ~: to bring sth/matters to a ~** brusquer/précipiter/presser les événements, précipiter l'évolution/le mouvement/les choses, brusquer les choses/un dénouement, accélérer le processus/la procédure, forcer une solution, obtenir une conclusion rapide, régler la question, crever l'abcès ; **the intervention of a third party brought negotiations to a ~** l'intervention d'un tiers a permis le démarrage de négociations sérieuses ; **to come to a ~** s'exacerber, prendre une acuité/intensité particulière, culminer, atteindre son point culminant/son paroxysme, se précipiter, se dénouer, parvenir à un dénouement ; **the peace talks came to a ~ when the subject of terrorism was broached** les négociations de paix ont atteint leur point culminant lorsque la question du terrorisme a été abordée. ✪ **bury/hide one's ~ in the sand** adopter la politique de l'autruche ; **~ and shoulders above** de loin supérieur à ; **~ clerk** chef de bureau ; **~ count** a) dénombrement *[de personnes] ;* b) nombre de personnes/d'élèves, effectif ; **~ injuries** blessures à la tête, traumatisme crânien ; **~ of femur** tête fémorale/du fémur ; **in over one's ~** dépassé par les événements, complètement dépassé ; **~ of population** habitant ; **~ office** siège (central) ; **~-on** *adj. [collision]* frontale ; de front ; **~ restraint** appuie-tête ; **~-scarf** *n.* foulard *[islamique] ;* **~s or tails** *[***not to be able to make ~s or tails of** ne rien comprendre à, rester perplexe devant*] ;* **~ start** (longueur d') avance *[sur ses concurrents/poursuivants] ;* **~ teacher** directeur d'école, chef d'établissement ; **~ to ~** de front ; **~ wind** *Mar.* vent contraire/debout ; **over the ~ of** *Fig.* a) qui dépasse l'entendement de ; b) sans passer par, sans consulter, à l'insu de ; *[***to go over the ~ of one's supervisor** ne pas passer par/court-circuiter son supérieur hiérarchique*] ;* **put one's ~ in the sand** adopter la politique de l'autruche ; **stand/turn sth on its ~** procéder de façon exactement inverse.

headache *n. Fig.* problème difficile/épineux.

header *n. Inf.* en-tête.

headhunter *n. Fig.* recruteur, chasseur de têtes.

heading *n.* **1** titre ; sous-titre ; en-tête. **2** chapitre, tête de chapitre ; rubrique, partie ; **under this ~** a) sous cette rubrique ; b) à ce titre ; **to fall under the ~ of** relever de ; **these measures fall under five ~s** ces mesures se répartissent en cinq catégories ; **a presentation divided into four main ~s** un exposé divisé en quatre parties principales. **3** position, article ; catégorie ; **tariff ~** position tarifaire. **4** *Aéron., Mar.* cap. **5** *Mines* galerie.

headline *n.* ✪ **grab ~s, hit the ~s** faire les gros titres, faire la une des journaux, être à la une de l'actualité, défrayer la chronique.

headline inflation inflation brute.

headquartered *adj.* **(at)** qui a son siège à.

headquarters *n. pl.* **1** siège (central), bureau principal ; **to have one's ~ in** être établi à, avoir son siège à. **2** *Mil.* quartier général. ✪ **~ agreement** accord de siège *[conclu avec une organisation internationale].*

head-up display affichage tête haute.

headway *n.* **1** *[accomplir des]* progrès. **2** espacement entre véhicules.

headword *n.* entrée, mot-entrée, adresse.

heady *adj. [perspective, idée]* enthousiasmant, formidable, *[expérience, période]* grisant, passionnant ; *[sensation]* grisant, *[période, jours]* d'euphorie, d'enthousiasme ; **the ~ days of the eighties** l'euphorie des années 80.

healing process *Fig.* processus d'apaisement.

health *n.* ✪ **~ and fitness centre/club** club/centre de (re)mise en forme, club de gymnastique, établissement de culture physique ; **~ and safety at work** hygiène et sécurité du travail ; **Health and Safety Executive** *RU* Administration de l'hygiène et de la sécurité du travail ; **~ authority** *RU* administration locale de la santé ; **~ care delivery** prestation de soins de santé ; **~ care provider** prestataire de soins de santé *[= personne ou établissement qui dispense des soins de santé] ;* soignant ; agent sanitaire ; *pl.* personnel(s) de santé, personnel soignant ; **~ care provision** prestation de soins de santé ; **~ care costs** dépenses de santé ; **~ care institution** établissement de soins ; **~ care spending** dépenses de santé ; **~ care system** système de soins ; **~ care worker** agent de santé, soignant ; *pl.* personnel(s) de santé, personnel soignant ; **~ centre/clinic** centre de santé/de soins ; **~ club** club/centre de (re)mise en forme, club de gymnastique, établissement de culture physique ; **~ certificate** *Douane* certificat sanitaire ; **~ development** développement sanitaire ; **~ education** éducation pour la santé, éducation sanitaire ; **~ educator** agent d'éducation sanitaire ; **~ food** aliments diététiques ; **~ hazard** danger pour la santé ; **~ insurance** assurance maladie ; **~ maintenance organization** *ÉU* réseau de soins (coordonnés) ; **~ promotion** promotion de la santé ; **~ resort** station de cure ; **~ service personnel** personnel de santé, personnel soignant ; **~ spa** établissement de remise en forme ; **~ visitor** *RU* infirmier de promotion de la santé ; **~ warning** avertissement sanitaire, mise en garde (concernant les risques pour la santé) ; *Fig.* mise en garde ; **~ worker** soignant, agent sanitaire ; *pl.* personnel(s) de santé, personnel soignant.

healthy *adj.* **1** *[personne]* en bonne santé, bien portant ; *[chose]* sain, salubre favorable à la santé. **2** *Fig.* salutaire. **3** *Écon. [croissance]* vigoureux, robuste ; *[économie]* sain, prospère, performant ; **a ~ economy encourages consumer spending** une économie performante favorise les dépenses de consommation.

hear *v.* **1** *tr. Dr.* entendre ; procéder à l'audition de ; connaître de ; instruire *[réclamations] ;* **the court ~ing the case** la juridiction saisie ; **the House of Lords ~s appeals from the Court of Appeal (Criminal Division)** la Chambre des Lords connaît des appels formés contre les décisions de la chambre pénale de la Cour d'appel ; **the judge ~d the child's testimony in his chambers** le juge a entendu la déposition de l'enfant dans son cabinet ; **the case will be ~d in the Crown Court next week** l'affaire passera devant la Cour de la Couronne la semaine prochaine. **2 ~ about** être informé de. **3 ~ out** écouter tout ce que *[qqn]* a à dire. ✪ **~ no evil, see no evil, speak no evil** je n'ai rien entendu ni vu et je ne dirai rien.

hearing *n.* **1** *Dr.* audition *[d'un témoin].* **2** audition publique *[d'une commission d'enquête, etc.].* **3** *Dr.* audience ; débats ; **right to a fair ~** droit à ce que sa cause soit entendue équitablement. ✪ **~ aid** appareil auditif, prothèse auditive, audiophone ; **~ impaired** sourd ou malentendant ; **~ loss** déficit auditif ; **~ range** gamme audible.

hearsay evidence *Dr.* preuve par commune renommée, déposition sur la foi d'autrui.

heart *n. Fig.* cœur, centre ; **the ~ of the matter** l'essentiel, le vif du sujet. ✪ **at ~** fondamentalement ; **~ attack** crise cardiaque ; **~ disease** cardiopathie, maladie du cœur ; **~ failure** défaillance cardiaque ; syncope cardiaque ; insuffisance cardiaque ; **~ rate** fréquence/rythme cardiaque ; **~ sac** sac péricardique ; **~s and minds** (sympathie et) adhésion, ralliement ; *[***to win the ~s and minds of** obtenir la sympathie et l'adhésion de*] ;* **~ valve** valvule cardiaque ; **lose ~** se décourager ; **take ~ from** se réjouir de.

heartening *adj.* encourageant.

heat *n.* **1** chaleur. **2** *Fig.* difficultés. ✪ **~ energy** énergie thermique ; **~ engine** moteur thermique ; **~ exchanger** échangeur de chaleur ; **~ exhaustion** *Méd.* coup de chaleur ; **~ insulation** isolation thermique ; **~ loss** déperdition thermique, perte de chaleur ; **~ pump** pompe à chaleur ; **~-seeking** *adj. [missile]* à (guidage) infrarouge ; **~ shield** *Esp.* bouclier thermique ; **~ storage** *Énergie* stockage de la chaleur ; **~ stroke** *Méd.* coup de chaleur ; **~ transfer** transmission de chaleur ; **~-treat** *v. tr.* chauffer *[produits sanguins]* ; **~ wave** vague de chaleur, canicule ; **in the ~ of the moment** impulsivement, sans trop réfléchir, dans un accès de colère, dans un moment d'emportement, sous le coup de l'émotion, dans le feu de l'action.

heated *adj. Fig. [débat]* très animé, passionné.

heating *n.* ✪ **~ oil** fioul domestique ; **~ value** pouvoir calorifique *[d'un combustible fossile].*

heavily *adv.* très, de façon intensive, considérablement ; **~ polluted** très pollué ; **to invest ~ in** investir des montants considérables dans ; **a ~ traded share** une action qui fait l'objet de transactions importantes.

heavy *adj. Fig.* **1** *[amende, artillerie, industrie, pertes, responsabilité, tribut]* lourd. **2** *[travail]* pénible, de force. **3** fort, élevé, important ; *[combats, bombardement]* intense ; *[pluies]* abondant, torrentiel, *[circulation]* dense ; **~ taxes are charged on luxury items** des taxes élevées sont perçues sur les articles de luxe ; **~ investments** investissements importants. **4** *[ordre du jour]* chargé, fourni. ✪ **~ crude** *Pétrole* brut lourd ; **~ drinker** gros buveur ; **~ drinking** consommation excessive d'alcool, excès de boisson ; **~-duty** *adj.* a) robuste, très résistant, renforcé, à toute épreuve ; b) à hautes performances, à rendement élevé, très puissant ; c) intense ; **~-duty vehicle** véhicule lourd ; **~ going** difficile à comprendre, ardu ; **~ goods** marchandises pondéreuses ; **~ goods vehicle** poids lourd ; **~ hand** oppression, tyrannie, dureté, sévérité, brutalité ; *[***with a ~ hand** tyranniquement, sans ménagement, par la manière forte, brutalement, impitoyablement*]* ; **~-handed** *adj.* a) brutal, dur, *[intervention]* musclé, *[mesures]* autoritaire, *[réglementation]* lourd ; b) maladroit ; *[***his tactics are rather ~-handed** il a recours à une tactique brutale*]* ; **~ market** *Bourse* marché très actif ; **~ metal** métal lourd ; **~ oil** a) pétrole lourd *[= type de pétrole brut]* ; b) fioul lourd *[= produit raffiné à usage industriel, etc.]* ; **~ sea** mer houleuse, grosse mer ; **~ smoker** grand/gros fumeur ; **~ trading** *Bourse* transactions importantes, volume élevé de transactions ; **~ truck** *ÉU* poids lourd ; **~ volume** *Bourse* volume de transactions élevé ; **~-water reactor** réacteur à eau lourde ; **~ weather** gros temps.

heavyweight *n. Fig.* personnalité de premier plan.

heavyweight *adj. Fig.* très influent, de premier plan.

heckler *n.* contradicteur, perturbateur ; **as there were too many ~s, the minister abandoned his speech** constamment apostrophé par des perturbateurs, le ministre a renoncé à terminer son discours.

hedge *v.* **1** *intr. Fin.* couvrir sa position, se couvrir. **2** *tr. Fin.* protéger *[investissement]* ; couvrir *[position]* ; **to ~ one's investments against the currency risk** protéger ses investissements contre les risques liés aux fluctuations monétaires. **3** *tr. Fin.* protéger ; **they wish to ~ their retirement income against inflation** ils souhaitent protéger contre l'inflation le revenu qu'ils percevront pendant leur retraite. **4** *tr.* nuancer ; **the candidate ~d his political position against unfavourable polls** le candidat a nuancé sa position politique compte tenu de sondages défavorables. **5** *intr.* tergiverser. **6 ~ against** se prémunir contre *[inflation]* ; **businesses can ~ against the risks inherent in their operations** les entreprises peuvent se prémunir contre les risques inhérents à leurs activités.

hedge *n. Fin.* protection, rempart ; **some people think that gold represents a good ~ against inflation** certains estiment que l'or représente une bonne protection contre l'inflation ; **to use foreign currency futures as a ~ against future fluctuations** utiliser les opérations à terme sur devises pour se prémunir contre les fluctuations futures. ✪ **~ buying** *Fin.* achat de couverture ; **~ fund** *Fin. ÉU* fonds (de placement) spéculatif ; **~ selling** *Fin.* vente de couverture.

hedger *n. Fin.* opérateur en couverture.

hedging *n. Fin.* opération de couverture.

heel *n.* ✪ **at one's ~s** à ses trousses ; **be close/hard/hot on sb's ~s** suivre qqn de près ; **bring to ~** mettre au pas, forcer à rentrer dans le rang ; **come (hard) on the ~s of** se produire peu après ; **dig in one's ~s** faire preuve d'intransigeance, camper sur ses positions ; **down at the ~s, down at (the) ~** *[bâtiment]* en mauvais état, mal entretenu ; **follow (hard) on the ~s of** se produire peu après ; **out at (the) ~s** *[bâtiment]* en mauvais état, mal entretenu ; **under the ~ of** sous la coupe de.

height *n. Fig.* sommet, comble, zénith, paroxysme ; **at its ~** à son maximum ; **at the ~ of the crisis** au plus fort de la crise ; **when the party was at the ~ of its success** lorsque le parti connaissait le plus de succès.

heinous *adj. [crime]* odieux, monstrueux, abominable.

heir *n.* **1** héritier. **2** *Fig.* dauphin ; *pl.* héritiers, successeurs, nouvelle génération, relève. ✪ **~ apparent** a) *Dr.* successible, héritier présomptif ; b) *Fig.* dauphin, successeur désigné ; **~ at law** héritier ab intestat ; **~ presumptive** *Dr.* héritier présomptif dans l'hypothèse d'un décès immédiat de l'auteur de la succession.

helicopter *n.* ✪ **~ deck** plateforme pour hélicoptère ; **~ gunship** hélicoptère de combat ; **~ pad** hélistation.

heliostat *n.* héliostat.

helipad *n.* hélistation.

helm *n. Fig.* barre, rênes, tête, commandes ; **after his party's defeat in the election, he took over the ~** après la défaite de son parti lors des élections, il en a pris les rênes.

help *v.* **I 1** *tr.* aider ; **to be ~ing the police with their inquiries** *Euph. RU* être interrogé par la police *[signifie en fait être présumé coupable].* **2** *intr.* aider. **3** *intr.* **(with)** favoriser, contribuer à. **4** *intr.* être utile. **II ~ out 1** fournir une assistance ; *Fam.* donner un coup de main. **2** aider *[qqn]* ; *Fam.* donner un coup de main à *[qqn].*

help *n.* aide, assistance, concours. ✪ **~ desk** service d'assistance ; **~ file** *Inf.* fichier d'aide ; **~ wanted** offres d'emploi ; **~ wanted ad** offre d'emploi.

helper T cell *Biol.* cellule T auxiliaire.

helpful *adj.* **1** serviable, coopératif. **2** utile ; **to be ~** présenter un intérêt ; **this is not very ~** cela ne sert pas à grand-chose, cela n'est pas d'un grand secours ; **to be ~ in doing sth** contribuer à faire qqch.

helpless *adj. [personne]* impuissant, sans défense, vulnérable, désarmé, démuni, désemparé, incapable de réagir, en détresse ; *[sentiment]* d'impuissance, *[situation]* sans issue ; **(to)** bien en peine de, dans l'impossibilité de, incapable de.

helplessness *n.* état/sentiment d'impuissance, inaptitude à faire face à la situation/aux problèmes/à s'en sortir/à se prendre en charge, désarroi.

helpline *n.* permanence téléphonique, service d'assistance téléphonique, ligne téléphonique spéciale.

Helsingør *n. Danemark* Elseneur.

hence *adv.* de ce fait, partant, du même coup, par là même, en conséquence, par voie de conséquence, d'où, ce qui explique.

herald *v. tr.* annoncer, préfigurer, laisser présager ; **much-~ed** *adj.* annoncé à grand renfort de publicité.

herbal *adj.* ✪ **~ medicine** plante médicinale ; **~ remedy** remède à base de plantes médicinales ; **~ tea** tisane.

herd *n.* **1** troupeau. **2** cheptel. ✪ **~ instinct** instinct grégaire, conformisme.

herding *n.* élevage.

here *adv.* ✪ **~ and now** tout de suite, immédiatement, sans délai, sur-le-champ ; **~ to stay** appelé à persister, qui n'est pas près de disparaître, promis à un bel avenir ; */***to be ~ to stay** être un phénomène durable, ne pas être un phénomène éphémère/passager, ne pas être une mode passagère, avoir de beaux jours devant soi ; **it would seem that the mobile phone is ~ to stay** il semble que le téléphone mobile soit promis à un bel avenir ; **he pointed out that pornographic publications are ~ to stay** il a fait observer que la disparition des publications pornographiques n'était pas pour bientôt*/*.

hereditament *n. Dr.* **1** bien susceptible d'être transmis par héritage. **2** bien immobilier.

hereinafter *adv.* ci-après ; **the International Bank for Reconstruction and Development, ~ called "the Bank"** la Banque internationale pour la reconstruction et le développement, ci-après dénommée « la Banque ».

heritage *n.* patrimoine (culturel), héritage. ✪ **~ building** bâtiment classé ; **~ trail** itinéraire culturel.

heroin addict héroïnomane.

herpes *Méd.* herpès. ✪ **~ simplex** herpès ; **~ zoster** zona.

Hessen *n. Allemagne [la]* Hesse.

heyday *n.* âge d'or, heure(s) de gloire, apogée ; **in its ~** au plus fort de son succès, du temps de sa splendeur.

Hezbollah *n.* Hezbollah.

HFC (hydrofluorocarbon) HFC (hydrofluorocarbure).

HGV (heavy goods vehicle) poids lourd.

HHS (Department of Health and Human Services) *ÉU* ministère de la Santé et des services sociaux.

hiding *n.* **to go into ~** entrer dans la clandestinité.

hidden *adj.* caché, secret, masqué, occulte, insoupçonné, insidieux, muet. ✪ **~ agenda** but secret, objectifs cachés, arrière-pensées, intentions cachées ; **~ cost** *Gestion* coût caché ; **~ inflation** inflation insidieuse *[par baisse de la qualité ou réduction des quantités]* ; **~ reserves** *Sociétés* réserves occultes ; **~ tax** impôt déguisé ; **~ unemployment** chômage caché.

high *n.* **1** sommet, crête, point culminant, niveau record, pointe, maximum. **2** période de pointe. **3** (sensation d') euphorie. **4** *Météor.* anticyclone.

high *adj.* **1** haut, élevé ; **to be as ~ as** atteindre pas moins de. **2** **~er** plus élevé, supérieur ; **to be 5% ~er than** dépasser/excéder de 5 %, être de 5 % supérieur à/plus élevé que ; **to run the program, Windows 98 or ~er is required** pour exécuter le programme, il faut disposer de Windows 98 ou d'une version ultérieure ; **land and buildings are depreciated at the ~er of 3% per annum on a straight line basis or over the unexpired terms of the leases** les terrains et bâtiments font l'objet d'un amortissement linéaire de 3 % par an ou sont amortis sur l'ensemble des périodes restant à courir jusqu'à l'échéance des baux si les taux correspondants sont supérieurs. **3** **~est** le plus élevé, suprême. ✪ **High Atlas** Haut Atlas ; **~ blood pressure** hypertension ; **~-blown** *adj.* prétentieux ; **High Commission** ambassade, haut commissariat *[= ambassade d'un pays du Commonwealth auprès d'un autre]* ; **~ commissioner** ambassadeur *[d'un pays du Commonwealth auprès d'un autre]* ; **High Commissioner for Refugees** *ONU* Haut-Commissaire pour les réfugiés ; **~ court** a) juridiction supérieure ; b) *ÉU* Cour suprême ; **High Court (of Justice)** *Angl.* tribunal de grande instance, *High Court (of Justice)* ; **~-definition television** télévision haute définition ; **~-density disk** disquette haute densité ; **~-end** *adj. [produit]* haut de gamme ; **~-energy physics** physique des hautes énergies ; **~er education** enseignement supérieur ; **~est bidder** (enchérisseur le) plus offrant ; **~ estimate** estimation optimiste ; **~ explosive** explosif détonant/brisant ; **~-flown** *adj. [idées]* prétentieux, grandiose mais creux, *[style]* pompeux, ampoulé, prétentieux, grandiloquent ; **~-flux reactor** *Nucl.* réacteur à haut flux ; **~-flyer** *n.* a) sujet brillant, surdoué(e), cadre à fort/haut potentiel/plein d'avenir, femme/homme promis(e) à un brillant/bel avenir, jeune loup ; b) personnage important ; **~-grade** *adj.* de qualité supérieure, de premier choix ; **~-grade ore** minerai à haute teneur ; **~ ground** *Fig.* avantage, position de force ; **~-handed** *adj.* autoritaire, dictatorial, arrogant ; */***her ~-handed attitude puts people off** son arrogance déplaît*/* ; **~-income country** *Banque mondiale* pays à revenu élevé ; **~-level language** *Inf.* langage évolué/de haut niveau ; **~-level official** haut fonctionnaire ; **~-level radioactive waste** *Nucl.* déchets de haute activité ; **~-minded** *adj. [personne]* d'une grande moralité/intégrité/droiture, droit, vertueux, d'une grande noblesse d'âme/de caractère ; *[acte]* noble, généreux ; **~ net worth individual** *Banque* particulier haut de gamme, client fortuné ; **~-octane** *adj. [essence]* à haut indice d'octane ; **~ places** haut lieu ; */***in ~ places** en haut lieu*/* ; **~ point** moment fort ; **~-performance** *adj.* performant ; **~-powered** *adj.* a) *[personne]* très dynamique ; b) *[ordinateur, machine]* très puissant, à/de haute puissance ; c) *[cours, formation]* avancé, *[livre]* ardu, difficile d'accès ; d) *[publicité, campagne électorale]* très étudié, très élaboré ; **~-pressure selling** méthodes de vente agressives ; **~ profile** grand retentissement, grande notoriété, place bien en vue ; **~-profile** *adj. [personne]* en vue, qui fait beaucoup parler de lui ; *[événement]* entouré de beaucoup de publicité, qui tient la vedette, qui a eu un grand retentissement, dont on a beaucoup parlé, qui est au premier plan de l'actualité, très médiatisé ; **~-ranking** *adj.* de rang élevé, *[officier]* supérieur, *[fonctionnaire]* haut placé, *[homme politique]* de premier plan ; **~-ranking official** haut fonctionnaire ; **~ rise** tour ; **~-rise apartment building** *ÉU* tour d'habitation ; **~-rise block of flats** *RU* tour d'habitation ; **~-rise office building** tour de bureaux ; **~-riser** *n.* tour ; **~ road** a) *Fig.* porte ouverte ; b) voie royale, voie la plus sûre ; c) attitude morale, noblesse, élévation d'esprit, grandeur d'âme ; *[***to be the ~ road to** être la porte ouverte à, déboucher inévitablement sur *[situation défavorable]] ;* **~ school** *ÉU* a) établissement d'enseignement secondaire ; b) lycée ; **~-sea fishing** pêche hauturière ; **~ seas** *Dr. de la mer* haute mer ; **~ season** haute saison ; **~-security prison** prison de haute sécurité ; **~-sounding** *adj. [titre]* ronflant, *[style]* pompeux, ampoulé, prétentieux, grandiloquent ; **~ street** *RU* a) rue principale ; b) rue commerçante ; quartier commerçant ; c) commerce de détail ; *[***~-street chemist** pharmacien d'officine ; **it was decided to locate the new shop on the ~ street** il a été décidé d'établir le nouveau magasin dans le quartier commerçant ; **contrary to expectations, the uptake of the offer was slow on the ~ street** contrairement à l'attente, l'offre n'a pas eu beaucoup de succès dans le commerce de détail*] ;* **~-street bank** banque grand public ; **~-street spending** dépenses de consommation ; **~-tech** *adj.* de pointe, de haute technologie, de haute technicité ; **~-temperature reactor** réacteur à haute température ; **~-ticket** *adj.* coûteux ; **~ tide** a) marée haute ; b) *Fig.* apogée, zénith, sommet, point culminant ; **~-tide mark** laisse de haute mer ; **~ touch** haute personnalisation ; **~ water mark** a) laisse de haute mer ; b) *Fig.* apogée, zénith, sommet, point culminant ; niveau record ; **~ waters** hautes eaux ; **~ wire** *Fig.* corde raide ; **~-wire act** *Fig.* corde raide, numéro de funambule/de haute voltige ; **~-wire artist** *Fig.* funambule ; **~-yielding** *adj. [plante cultivée, obligations]* à rendement élevé.

highflier *n. voir* high-flyer.

Highlands *n. pl. RU* Highlands.

highlight *v. tr.* **1** mettre en valeur/en relief/en évidence/en exergue/en vedette/en avant, souligner, attirer l'attention sur, faire ressortir, épingler, montrer, faire apparaître, dégager ; **the spellchecker ~s all misspelt words** le vérificateur d'orthographe met en évidence tous les mots mal orthographiés ; **this report ~s the main features of** le présent rapport dégage les principales caractéristiques de ; **the importance of this question is ~ed by Chapter 8** l'importance de la question est bien mise en lumière dans le chapitre 8. **2** mettre en valeur (typographiquement), présenter/imprimer en italique/caractères gras ; **to ~ the most important words** mettre en valeur typographiquement les mots les plus importants. **3** surligner.

highlight *n.* **1** événement marquant ; *pl.* faits/points marquants/saillants ; **the ~ in 1996 was the Tbilisi Conference** l'événement marquant de 1996 a été la Conférence de Tbilissi ; **the ~ of 1997 was** l'année 1997 a surtout été marquée par. **2** moment fort, grand moment ; *pl.* moments forts, temps forts, meilleurs moments ; **the ~ of the session was the speech delivered by the President** le moment fort de la session a été constitué par le discours du président. **3** *pl.* éléments/points essentiels, principales données, données essentielles, chiffres clés ; grands points de repère, (principaux) repères, repères chronologiques, chronologie ; aperçu, grandes lignes ; extraits ; **~s of a speech** extraits d'un discours.

highlighter *n.* surligneur.

highly *adv.* très, particulièrement, extrêmement ; **~ controversial** très controversé ; **~ recommended** vivement recommandé. ✪ **think ~ of** avoir une très bonne opinion de, avoir beaucoup d'estime pour.

hijack *v. tr.* **1** détourner *[avion] ;* s'emparer de, intercepter *[véhicule].* **2** *Fig.* s'emparer de, s'approprier *[idée].*

hijacker *n. Transp. aériens* pirate de l'air, auteur de détournement.

highway *n.* ✪ **Highway Code** *RU* code de la route ; **Highways Department** service de voirie.

hike *n.* augmentation *[des prix, des taux d'intérêt].*

hill *n.* ✪ **~ crop** culture de coteau ; **~ farming** agriculture de montagne.

Hindu Kush Hindou-Kouch.

hindsight *n.* connaissance des événements (ultérieurs), recul, sagesse/sagacité rétrospective ; **her ~ convinced her otherwise** avec le recul, elle était convaincue du contraire ; **with (the benefit of) ~** rétrospectivement, a posteriori, après coup, avec le recul, à la lumière des événements ultérieurs/de ce qu'on sait aujourd'hui, la suite a montré que, si elle/s'il avait su ; **with ~ he would have purchased a faster modem** s'il avait su, il aurait acheté un modem plus rapide.

hinge *v.* **~ on** *Fig.* **1** s'articuler sur. **2** dépendre de ; reposer sur, être lié à.

hinny *n.* bardot.

hint *v.* **1** *tr.* **(that)** laisser entendre que. **2 ~ at** faire allusion à.

hint *n.* **1** allusion. **2** tuyau ; astuce, conseil, truc. **3** piste, indice. **4** soupçon, pointe, rien, quantité minuscule. ✪ **take a ~** *[***she can take a ~** elle comprend à demi-mot ; *Fam.* elle n'a pas besoin d'un dessin*].*

hip *adj. Fam.* **1** *[personne]* branché ; anticonformiste ; « anticonformiste » *[se croyant tel, mais récupéré].* **2** *[couturier, magazine]* tendance ; *[film]* dans l'air du temps.

hip replacement arthroplastie de la hanche.

hire *n.* ✪ **for ~ or reward** *[transport]* contre rémunération, à titre onéreux, pour compte d'autrui ; **~ car** voiture de location ; **~-purchase** *n.* location-vente ; **~-purchase company** société de financement.

hired *adj.* ✪ **~ hand** a) ouvrier agricole ; b) salarié ; **~ killer** tueur à gages.

hiring *adj.* ✪ **~ bonus** prime d'entrée en service ; **~ hall** *ÉU* bureau de placement.

Hispanic *n. ÉU* personne d'origine latino-américaine.

historic *adj.* **1** historique. **2** traditionnel. **3** dépassé. ✪ **~-cost accounting** comptabilité sur la base des coûts historiques.

historical *adj.* **1** *[document, événement]* historique. **2** du passé, *[informations]* rétrospectif. **3** *Compt.* initial, d'acquisition, historique ; **~ cost** coût historique. ✪ **~-cost accounting** comptabilité sur la base des coûts historiques.

historically *adv.* **1** historiquement, dans une perspective historique. **2** traditionnellement, par tradition ; de tout temps, depuis toujours, tout au long de l'histoire ; pendant très longtemps, depuis longtemps ; dans le passé, autrefois ; **~, Poland has always been vulnerable to attacks from Russia** tout au long de son histoire, la Pologne a toujours été vulnérable aux attaques de la Russie ; **~, the Irish emigrated to Britain to seek employment** dans le passé, les Irlandais émigraient en Grande-Bretagne pour y chercher du travail.

history *n.* **1** histoire ; annales ; historique, aperçu historique ; **to be ~** appartenir au passé, être révolu ; **in the ~ of the company there has been only one female CEO** dans les annales de la société, il n'y a eu qu'un PDG féminin ; **the chairman reviewed the ~ of the committee** le président a brossé un historique des activités du comité ; **to make ~** créer un précédent. **2** antécédents, passé ; *Méd.* anamnèse, interrogatoire ; antécédents ; **to check sb's past ~** faire une enquête sur le passé de qqn ; **employment/occupational ~** carrière passée, emplois précédents ; **the bank's ~ of dealing with defaulters indicated inappropriate procedures** la façon dont la banque avait agi à l'égard des débiteurs défaillants a mis en évidence la déficience de ses procédures ; **the project has a ~ of minor setbacks** le projet s'est heurté à diverses reprises à des contretemps ; **he had a long ~ of illness necessitating much time off work** depuis longtemps sa mauvaise santé l'avait obligé à prendre beaucoup de congés de maladie ; **he had a ~ of poor attendance at lectures** il avait été peu assidu aux cours ; **these mistakes might have been avoided had the patient's ~ been scrutinized more closely** ces erreurs auraient pu être évitées si les antécédents du patient avaient été examinés plus attentivement.

hit *v.* **1** *tr.* attaquer, frapper, toucher ; heurter, entrer en collision avec, s'écraser contre. **2** *tr.* se heurter à, entrer en collision avec *[obstacle]*. **3** *tr.* appuyer sur *[touche de clavier]*. **4** *tr.* atteindre *[cible, chiffre, montant, record]*. **5** *tr.* **to ~ the market** *[produit]* être mis sur le marché, être lancé ; **to ~ the newsstands** *[journal]* arriver dans les kiosques. **6 ~ back** riposter.

hit *n.* **1** coup (au but). **2** collision. **3** attaque. **4** *Inf.* réponse, fichier/document/mot trouvé ; occurrence *[d'un mot]*, résultat *[d'une recherche]* ; **a search of the database resulted in more than 2,000 ~s** une consultation de la base de données a permis d'obtenir plus de 2000 réponses. **5** *Internet* visite *[d'un site]*. **6** émission/film/pièce/spectacle à succès, succès ; tube. **7** dose *[de drogue]*. ✪ **~ film** film à succès ; **~ list** liste de cibles/de personnes à abattre/de victimes désignées ; *Fig.* liste noire ; *[***the consumer body has drawn up a ~ list of companies guilty of sharp practices** l'association de consommateurs a établi une liste d'entreprises dont les pratiques sont peu scrupuleuses*]* ; **~ man** tueur à gages ; **~ movie** film à succès ; **~ song** tube ; **~ squad** a) groupe de tueurs ; b) groupe de terroristes.

hit-and-miss *adj.* *[méthode]* empirique, peu rigoureux ; dont l'exactitude/l'efficacité est variable, dont le résultat est imprévisible ; *[travail]* réalisé sans méthode.

hit-and-run *adj.* ✪ **~ accident** accident (de la circulation) avec délit de fuite ; **~ attack** coup de main ; **~ driver** conducteur ayant pris la fuite après un accident, automobiliste coupable d'un délit de fuite ; **~ raid** coup de main, opération commando.

hi-test (gas) *ÉU* (essence) super.

hit-or-miss *adj. voir* hit-and-miss.

HIV (human immunodeficiency virus) VIH (virus de l'immunodéficience humaine). ✪ **~/AIDS** infection à VIH et sida ; **~ infection** infection à VIH ; **~-positive** *adj.* séropositif VIH ; **~ status** sérologie VIH.

hive *v.* **~ off** *Fig.* **1** transformer *[division d'une société]* en société distincte/nouvelle, confier *[activités]* à une société nouvelle ; **the bank will ~ off its insurance section** la banque se défera de sa division « assurance », qui sera exploitée par une société nouvelle. **2** sous-traiter *[partie de la production]*.

hiving-off *n.* *Écon.* essaimage.

Hizballah, **Hizbollah**, **Hizbullah** *n.* Hezbollah.

HKD (Hong Kong dollar) *ISO* HKD (dollar de Hongkong).

HLA (human leucocyte antigen) HLA. ✪ **~ system** système HLA ; **~ typing** groupage HLA.

HMI (Her Majesty's Inspectorate) *RU* Service de l'inspection de l'enseignement.

HMO (health maintenance organization) *ÉU* réseau de soins (coordonnés).

HMSO (Her Majesty's Stationery Office) *RU* Office des publications officielles.

hoarding *n.* **1** stockage, constitution de stocks, accumulation de grandes quantités, achats de précaution. **2** thésaurisation.

Hobson's choice choix (purement) théorique/qui n'en est pas un ; dilemme ; **the consumers are given a ~ between giving up vegetables and ingesting pesticide residues** le consommateur est placé devant un dilemme : se passer de légumes ou ingérer des résidus de pesticides.

Ho Chi Minh City *Viêt-nam* Ho Chi Minh-Ville.

Hodgkin's disease maladie de Hodgkin.

hog cholera peste porcine.

hold *v.* **I 1** *tr.* tenir ; être titulaire de *[diplôme]*, posséder, être en possession de, détenir, avoir ; **to ~ a meeting in London** tenir une réunion à Londres. **2** *tr.* détenir *[prisonnier]* ; **held for questioning** placé en garde à vue. **3** *tr.* maintenir, garder, conserver ; *Mil.* tenir *[territoire, ville]*. **4** *intr.* se maintenir, résister, tenir (bon) ; **the cease-fire is not expected to ~** il est peu probable que le cessez-le-feu tienne. **5** *intr.* rester inchangé ; *[hypothèse, théorie]* être/rester valable, se vérifier ; **the same ~s for** il en va de même pour, il en est de même pour ; **if the rate of inflation ~s, interest rates will not need to be altered** si le taux d'inflation reste inchangé, il ne sera pas nécessaire de modifier les taux d'intérêt ; **the comparison with Yugoslavia does not ~** la comparaison avec la Yougoslavie n'est pas valable. **6** *tr.* contenir, receler. **7** *tr.* *[avenir]* réserver ; **what does the future ~?** que réserve l'avenir ? **8** *tr.* limiter, restreindre. **9** *tr.* retenir. **10** *tr.* **(that)** affirmer que, soutenir que ; estimer que, considérer que ; *Dr.* juger que ; **the court held that** le tribunal a jugé que ; **it was held that** il a été jugé que ; **Freudian psychology ~s that** selon la psychologie freudienne. **11 to ~ good** *[hypothèse, théorie]* être/rester vrai/exact/valable, se vérifier ; **the document ~s good once both parties date and sign it** le document produit ses effets dès que les parties l'ont daté et signé. **12 to ~ true** *[hypothèse, théorie]* être/rester vrai/exact/valable, se vérifier ; **this rule does not always ~ true** cette règle n'est pas toujours valable ; **the same ~s true for** il en va de même pour ; **the proverb ~s true across different cultures** le proverbe est valable dans différentes cultures. **II ~ against** reprocher *[qqch.]* à, tenir rigueur *[de qqch.]* à, faire grief *[de qqch.]* à. **III ~ back 1** freiner (la progression de), porter un coup d'arrêt à, endiguer, ralentir, retarder ; **the government could not ~ back the surge of public feeling** le gouvernement n'a pu endiguer l'émotion de la population ; **to explain the reasons ~ing back progress in the drafting of the contract** expliquer les raisons pour lesquelles la rédaction du contrat est ralentie. **2** faire obstacle à, entraver ; **in the third world, ill-health ~s back development** dans le tiers monde, les problèmes sanitaires font obstacle au développement ; **production was held back by shortages of raw materials** la production a été entravée par des pénuries de matières premières.

3 empêcher d'agir, retenir *[qqn]* ; contenir *[foule].* 4 cacher, dissimuler, ne pas divulguer, garder secret, garder pour soi *[information].* 5 rester dans l'expectative, attendre, ne pas agir, s'abstenir, hésiter, ne pas s'engager. 6 ne pas donner *[son appui].* **IV ~ back from** s'abstenir de, ne pas vouloir ; **the Unionists should ~ back from committing themselves to devolution** les unionistes devraient s'abstenir de se prononcer en faveur du transfert de pouvoirs vers le niveau local. **V ~ by** s'en tenir à, respecter ; adhérer à. **VI ~ down 1** empêcher/éviter toute augmentation de *[prix],* contenir, freiner ; juguler *[inflation],* s'opposer à toute augmentation de ; maintenir à un niveau peu élevé ; limiter l'augmentation de, peser sur ; **to ~ costs down** limiter les augmentations de dépenses ; **the Central Bank decided to ~ down interest rates** la banque centrale a décidé de maintenir les taux d'intérêt à un niveau peu élevé. 2 occuper *[emploi]* ; **she managed to ~ down a job despite her recurrent illness** elle a réussi à s'acquitter de ses fonctions en dépit de ses problèmes de santé. **VII ~ forth 1** offrir. 2 discourir longuement, tenir de grands discours, disserter, pérorer. **VIII ~ off 1** rester/se tenir à distance, garder ses distances. 2 contenir, tenir à distance. 3 attendre, rester dans l'expectative, ne rien faire. 4 retarder. **IX ~ on 1** continuer, se poursuivre. 2 rester en ligne ; **~ on** ne quittez pas. **X ~ on to** conserver, ne pas lâcher ; **to ~ on to power** rester/se maintenir/s'accrocher au pouvoir ; **in spite of poor economic performances the company held on to its employees** malgré ses mauvais résultats, l'entreprise n'a pas licencié. **XI ~ out 1** résister, tenir bon, ne pas céder, refuser de céder/de se soumettre, persister dans son attitude de refus, camper/rester sur ses positions, tenir (le coup), poursuivre le mouvement/son action, ne pas désarmer, ne pas se rendre. 2 *[vivres, stocks]* durer, tenir. 3 offrir, laisser entrevoir, laisser augurer, faire miroiter *[perspectives],* évoquer *[possibilité],* brandir, agiter *[menace],* permettre, faire naître *[espoir], [avenir]* réserver ; **to ~ out the hope for sth** permettre d'espérer qqch. ; **this new technology ~s out the hope for higher employment** cette nouvelle technologie permet d'espérer une croissance de l'emploi. 4 nourrir *[espoir].* **XII ~ out against** maintenir son opposition à ; **the teachers were ~ing out against the introduction of yard duties** les enseignants maintenaient leur opposition à des fonctions de surveillance de la cour de récréation. **XIII ~ out for** continuer à revendiquer/exiger/réclamer, camper/rester sur ses positions dans l'espoir d'obtenir, ne pas céder en vue d'obtenir ; **the strikers were ~ing out for more money** les grévistes ont continué d'exiger une augmentation des rémunérations. **XIV ~ over 1** reporter, différer. 2 continuer à occuper un bien loué après l'expiration du bail. 3 rester en fonction après l'expiration de son mandat. **XV ~ to** s'en tenir à, maintenir. **XVI ~ together 1** assurer/maintenir la cohésion/l'unité de, unir ; **a corporate culture ~s a company together** la culture d'une entreprise est ce qui assure sa cohésion ; **electronic mail ~s a widely dispersed group of researchers together** le courrier électronique assure l'unité d'une équipe de chercheurs très dispersés. 2 rester uni/soudé, conserver son unité, maintenir sa cohésion ; **the committee found it hard to ~ together in the face of stern criticism** le comité a éprouvé des difficultés à rester soudé face aux critiques ; **it was not considered likely that the party would ~ together** on considérait comme peu probable que le parti puisse éviter l'éclatement. **XVII ~ up 1** ralentir, retarder, freiner, entraver ; arrêter, bloquer, immobiliser, paralyser ; tenir/garder en suspens. 2 attaquer *[banque],* dévaliser. 3 durer, tenir, résister, *[monnaie]* être ferme ; **activity held up well** l'activité a été soutenue ; **the value of the company's shares held up despite critical press reports** le cours de l'action de la société est resté ferme malgré des articles critiques parus dans la presse ; **after the release of unfavourable trade figures, the currency held up well** après la publication de statistiques défavorables sur le commerce extérieur, la monnaie a bien résisté. 4 *[théorie, hypothèse, explication]* être valable ; *[explication]* tenir, résister à l'analyse ; **this theory no longer ~s up in the current economic climate** cette théorie n'est plus valable dans le climat économique actuel. **XIIX ~ up as** présenter comme *[modèle],* citer/montrer en *[exemple]* ; **the firm was held up as the paradigm of the perfect employer** l'entreprise était présentée comme le prototype de l'employeur idéal.

hold *n.* 1 emprise, mainmise, influence, moyen d'influencer. 2 cale *[d'un navire],* soute *[d'un avion].* ✪ **get a ~ of** a) joindre, contacter *[qqn]* ; b) obtenir, se procurer, mettre la main sur *[qqch.]* ; **get ~ of** obtenir, se procurer, mettre la main sur ; **~ baggage** *Transp. aériens* bagages de soute ; **on ~** interrompu, suspendu, en attente, en suspens ; **put on ~** tenir en suspens, mettre en attente/veilleuse, interrompre, suspendre, différer, reporter ; **take ~** prendre, *[désespoir]* s'installer, *[religion]* s'implanter, s'établir, *[démocratie]* prendre racine, prospérer, s'imposer, *[idée]* faire des adeptes, trouver un écho, se répandre, *[réforme]* se mettre en place, *[programme]* faire sentir ses effets, *[cessez-le-feu]* se mettre en place de façon durable ; **take ~ of** *[sentiment]* s'emparer de *[qqn]* ; prendre en main *[la situation],* s'attaquer à, faire face à *[problème].*

holder *n. Bourse* détenteur *[d'une action]* ; acheteur *[d'une option].* ✪ **~ for value** détenteur à titre onéreux ; **~ in due course** *Lettre de change* tiers détenteur de bonne foi.

holding *n.* 1 *Fin.* participation *[dans une société].* 2 *pl. Fin.* avoirs, actifs *[= éléments d'un portefeuille de valeurs mobilières].* 3 **~s of money** encaisses monétaires ; **liquidity ~s** avoirs liquides. 4 *Agr.* exploitation ; *pl.* domaine(s). ✪ **~ camp** camp de transit ; **~ company** holding ; **~ costs** *Gestion* coût de détention des stocks ; **~ pattern** a) *Aéron.* circuit d'attente ; b) *Fig.* (position/situation d') attente, expectative, attentisme, inaction, immobilisme, situation bloquée, paralysie, statu quo ; *[***for the last six months, the stock market has shown a clear ~ pattern** il est manifeste que, depuis six mois, la Bourse stagne*].*

holdover *n.* 1 *Pol. ÉU* homme politique/personnalité/(haut) fonctionnaire maintenu(e) dans ses fonctions, membre de l'équipe précédente, rescapé ; **a Yeltsin ~ now campaigning for Putin** un ancien collaborateur d'Eltsine qui fait maintenant campagne pour Poutine ; **after the merger ~ employees were uneasy regarding their job security** après la fusion, les travailleurs conservés au service de l'entreprise éprouvaient des appréhensions concernant leur sécurité d'emploi. 2 vestige.

holdup *n.* 1 retard ; arrêt, blocage. 2 attaque à main armée.

hole *n.* ✪ **~ in the wall** *ÉU* petit magasin ; petit restaurant ; petite maison ; **~-in-the-wall** *n. RU* billetterie, distributeur automatique de billets.

holiday *n.* ✪ **~-maker** vacancier ; **~ pay** indemnité de congé annuel ; **~ resort** station touristique, lieu de villégiature.

holistic *adj.* global, prenant en compte l'ensemble de la personne ; **to consider sth in a ~ manner** examiner qqch. dans son ensemble.

hollow *adj. Fig.* **~ achievement** succès vide de sens ; **~ victory** victoire sans lendemain.

holy *adj.* ✪ **Holy Father** Saint-Père ; **Holy Ghost** Saint-Esprit ; **Holy Land** Terre sainte ; **Holy Scripture(s)** Saintes écritures ; **Holy See** Saint-Siège ; **Holy Spirit** Saint-Esprit ; **Holy Trinity** sainte Trinity ; **Holy Writ** Saintes écritures.

home *v.* ~ **(in) on** se diriger (automatiquement) vers/sur *[cible] ;* **the soldiers did not stand a chance as the missile was designed to ~ in on tanks** les soldats n'avaient aucune chance de s'en tirer, étant donné que le missile était conçu pour se diriger vers les chars.

home *n., adv.* **1** domicile, (lieu de) résidence ; **inviolability of the ~** inviolabilité du domicile ; **to work from ~** travailler à domicile/chez soi ; **the country is ~ to a large number of tax exiles** le pays est le lieu de résidence d'un grand nombre de personnes qui s'exilent pour des raisons fiscales. **2** foyer, chez-soi, maison, logement (familial), habitation, logis, domicile ; intérieur ; ménage ; **to leave ~** quitter le foyer familial ; **to go ~** rentrer chez soi ; **many elderly people still live at ~** de nombreuses personnes âgées vivent encore chez elles ; **the teacher was forced to send the pupils ~** l'enseignant s'est vu obligé de renvoyer les élèves chez eux ; **these ~s are far from any amenities** ces logements se trouvent loin de tout équipement collectif ; **many ~s are without the wherewithal to purchase the basic necessities** beaucoup de ménages n'ont pas les moyens d'acheter des produits de première nécessité. **3** patrie, pays, lieu d'origine, pays natal, terre natale ; **at ~** dans le pays, sur le plan national ; **at ~ and abroad** dans le pays et à l'étranger ; **~-produced goods** produits fabriqués dans le pays ; **he returns ~ after several years in exile** il rentre dans son pays après plusieurs années d'exil ; **soldiers about to go ~ after a long turn of duty abroad** des soldats sur le point de rentrer au pays après une longue période de service à l'étranger ; **the government faced opposition at ~ and in the international community** le gouvernement s'est heurté à de l'opposition dans le pays et au sein de la communauté internationale. **4** institution, établissement ; maison, hospice ; foyer (d'accueil), centre d'hébergement ; **children's ~** maison d'enfants ; **old people's ~** maison de retraite. **5** habitat ; **the Amazon is ~ to numerous piranhas** l'Amazone est infestée de piranhas. ✪ **at ~ with** parfaitement adapté à ; **bring ~** (bien) faire comprendre, faire connaître, faire ressentir, sensibiliser à, faire passer *[message] ;* *[***his poor results brought ~ to him the need for regular assiduous study** les mauvais résultats qu'il a obtenus lui ont fait comprendre la nécessité d'une étude régulière*] ;* **clear for ~ use** *Douane* mettre à la consommation ; **come ~ to roost** *[erreurs du passé]* se rappeler à notre/son souvenir, refaire parler de soi ; *[paroles imprudentes]* se retourner contre son auteur ; **drive ~** (bien) faire comprendre, faire connaître, faire ressentir, sensibiliser à, faire passer *[message] ;* *[***his poor results drove ~ to him the need for regular assiduous study** les mauvais résultats qu'il a obtenus lui ont fait comprendre la nécessité d'une étude régulière*] ;* **~ address** adresse privée, domicile ; **~ and dry** *Fam. RU [***to be ~ and dry** avoir partie gagnée, avoir atteint son objectif ; **you're not yet ~ and dry** vous n'êtes pas encore au bout de vos peines*] ;* **~ appliance** appareil électroménager ; **~ appliance industry** (industrie de l') électroménager ; **~ banking** banque à domicile, services/opérations bancaires à domicile ; **~ bill** *Lettre de change* effet sur l'intérieur ; **~-bound** *adj. [malade]* confiné à son domicile ; **~ care** soins à domicile ; **~ computer** ordinateur domestique/familial ; **~ contents insurance policy** police d'assurance mobilier ; **Home Counties** *Home Counties [= comtés entourant Londres] ;* **~ country** pays d'origine, pays natal ; **~ delivery** livraison à domicile ; **~ economics** économie domestique ; **~ equity** valeur nette d'hypothèque du logement ; **~ free** *Fam. ÉU [***to be ~ free** avoir partie gagnée, avoir atteint son objectif ; **once the bank grants the loan, we'll be ~ free** lorsque la banque nous aura accordé le prêt, la partie sera gagnée ; **you're not yet ~ free** vous n'êtes pas encore au bout de vos peines*] ;* **~ front** arrière ; *[***not only were they encountering difficulties with exports but things on the ~ front were also deteriorating fast** non seulement ils éprouvaient des difficultés en ce qui concerne les exportations, mais en outre la situation se dégradait rapidement sur le marché intérieur*] ;* **~ ground** *Fig.* propre discipline ; **~-grown** *adj.* a) produit à la ferme ; b) indigène, produit dans le pays ; c) national, local ; *[***about two-thirds of the food supplies are ~-grown** environ deux tiers des denrées sont obtenues dans le pays*] ;* **~ help** *RU* aide ménagère, aide à domicile ; **~ leave** congé dans les foyers ; **~ loan** prêt au logement ; **~-made** *adj.* artisanal, *[bombe]* de fabrication artisanale ; **~ maker** ménagère ; **~ market** marché intérieur/national ; **~ mortgage** prêt hypothécaire finançant l'achat d'un logement ; **~ movie** film d'amateur ; **~ office** a) siège (central) ; b) bureau à domicile ; **Home Office** *RU* ministère de l'Intérieur ; **~ ownership** propriété du logement ; **~ page** a) page d'accueil *[sur Internet] ;* b) site Web, site sur la Toile ; **~ port** port d'attache ; **~ rule** autonomie ; **~ shopping** télé-achat ; **~ starts** mises en chantier de logements ; **~ state** État d'origine ; **~ straight/stretch** *Fig.* dernière ligne droite ; **~ trade** commerce intérieur ; **~ truth** vérité bien sentie ; **~ use** *Douane* mise à la consommation ; *[***to declare for ~ use** déclarer des marchandises pour la mise à la consommation*] ;* **press ~** (bien) faire comprendre, faire ressentir, sensibiliser à ; faire passer *[message].*

homeless *n.* sans abri, sans logis. ✪ **~ shelter** foyer pour sans-abri.

homeless *adj.* sans-abri, sans domicile (fixe).

homelessness *n.* absence de domicile (fixe) ; problème des sans-abri.

homing device tête chercheuse, (dispositif) autodirecteur.

homeowner *n.* ✪ **~('s) insurance** *ÉU* assurance multirisque(s) habitation ; **~'s policy** *ÉU* police multirisque(s) habitation.

homespun *adj.* peu raffiné, sans recherche, sans apprêts, simple.

homework *n.* **1** *Ens.* devoirs. **2** *Fig.* travail de préparation, étude du dossier, recherches ; **to do one's ~** bien se préparer, bien étudier le dossier, bien se documenter, faire des recherches sérieuses. **3** travail à domicile.

Honduran *adj.* hondurien.

honest *adj.* **1** sincère, franc ; de bonne foi ; **to be ~** pour être franc, pour tout dire ; **to be ~ I do not know the meaning of this word** pour être franc, je ne connais pas le sens de ce mot. **2** honnête, intègre, droit. ✪ **~ broker** médiateur, intermédiaire désintéressé ; **~ mistake** erreur commise de bonne foi.

honeymoon (period) *Pol.* état de grâce.

Hong Kong *n.* Hongkong, Hong-Kong.

Hong Kong *adj.* hongkongais.

honour *v. tr.* **1** respecter *[obligations],* se conformer à *[législation].* **2** donner suite à *[demande].*

honour *n.* **1** *pl.* distinctions honorifiques, honneurs ; **military ~s** honneurs militaires. **2** *pl.* prix, récompenses. **3** *pl. Ens.* mention ;

BA with ~s licence ès lettres avec mention ; **degree with ~s** licence avec mention ; **she graduated with ~s** elle a obtenu son diplôme avec mention. **4** *pl. Ens.* études de licence spécialisée ; licence spécialisée. ✪ **~ killing** crime d'honneur ; **~s degree** licence spécialisée ; **~s degree course** études de licence spécialisée ; **~s graduate** titulaire d'une licence spécialisée ; **~s student** élève/étudiant brillant.

hook *v.* **1** *tr. [drogue]* créer une dépendance chez ; **to be ~ed on** être accroché/adonné à *[drogue]*. **2 ~ into** se brancher sur *[base de données]*. **3 ~ to** se brancher sur *[réseau électronique]*. **4 ~ up** brancher, raccorder, relier, connecter *[électroniquement],* interconnecter *[bases de données] ;* **325 work stations ~ed up into a local area network** 325 stations de travail reliées entre elles pour former un réseau local. **5 ~ up with** établir/nouer des liens/relations avec, former une alliance avec.

hook *n. Journ.* élément d'éveil de l'intérêt *[du lecteur]*. ✪ **get off the ~** a) *voir* let off the hook ; b) se tirer d'un mauvais pas, s'en tirer à bon compte, échapper aux conséquences de ses actes, échapper à la critique ; **let off the ~** tirer d'embarras, permettre de se tirer d'un mauvais pas, permettre de s'en tirer à bon compte, se montrer indulgent envers, absoudre, exonérer de toute responsabilité, permettre de ne pas assumer ses responsabilités, permettre de s'en laver les mains, permettre d'échapper aux conséquences de ses actes.

hookup *n.* branchement, connexion ; liaison ; **satellite ~** liaison par satellite.

hookworm disease/infection ankylostomiase.

hooligan *n.* hooligan, voyou.

hooliganism *n.* hooliganisme.

hope *n.* ✪ **hope against ~** espérer en dépit de tout.

hopeful *adj. [signe]* encourageant, de bon augure, *[situation]* prometteur, porteur d'espoir ; **it was a ~ sign when the patient's pulse stabilized** la stabilisation du pouls du patient était encourageante.

hopefully *adv.* il est à espérer que ; si tout va bien ; de préférence.

hopelessly *adv.* incorrigiblement.

horizontal *adj.* ✪ **~ axis** abscisse ; **~ stabilizer/tail** *Aéron.* empennage horizontal.

hormone-replacement therapy traitement hormonal substitutif, hormonothérapie substitutive.

Horn of Africa Corne de l'Afrique.

horse-trading *n.* marchandages.

hospice *n.* **1** centre d'hébergement. **2** centre de soins palliatifs *[= hôpital pour moribonds]*.

Hormuz *n.* ✪ **Strait of ~** détroit d'Ormuz/d'Hormuz.

hospitable *adj.* **1** *[personne]* accueillant, hospitalier, *[accueil]* chaleureux, *[geste]* d'hospitalité. **2** *[climat]* agréable. **3 (to, for)** favorable à, propice à. **4 (to)** réceptif à, ouvert à *[idées nouvelles]*.

hospital *n.* ✪ **~ ship** navire-hôpital ; **~ Trust** *RU* hôpital autonome *[indépendant de l'administration locale de la santé mais relevant du Service national de santé ; voir NHS Trust] ;* **~ ward** service, salle, pavillon *[d'un hôpital]*.

hospitality *n.* **1** hospitalité, bon accueil. **2** réception(s). ✪ **~ expenditure** dépenses de représentation ; **~ industry** secteur de l'hôtellerie, de la restauration et des cafés ; **~ room/suite** salle de réception *[dans un hôtel],* salle où des rafraîchissements sont servis *[lors d'une conférence]*.

hospitality *adj.* mis à la disposition des clients/invités.

host *v. tr.* **1** accueillir, être l'hôte de *[conférence] ;* donner *[réception] ;* héberger *[site Internet] ;* **the world federation ~ed the tenth congress of national associations** la fédération mondiale a accueilli le dixième congrès des associations nationales. **2** présenter *[émission de télévision]*.

host *n.* **1** hôte. **2** *Méd.* hôte. **3** animateur, présentateur *[d'émission de télévision] ;* **talk-show ~** animateur d'une émission d'entretiens. **4** hébergeur *[de site Web]*. **5** multitude, légion, myriade, armée ; **a ~ of** une foule de, quantité de, un grand nombre de. ✪ **~ cell** *Biol.* cellule hôte ; **~ computer** a) ordinateur central ; b) serveur ; **~ country** pays d'accueil *[d'un réfugié] ;* pays hôte *[pour une conférence] ;* **play ~ to** accueillir *[conférence]*.

hostage *n. Fig.* **to be a ~ to** dépendre de, être à la merci de. ✪ **~ to fortune** acquisition nouvelle avec les risques que cela suppose ; *[***to give a ~/~s to fortune** hypothéquer l'avenir, restreindre sa liberté d'action future, s'engager, prendre un risque, s'aventurer*]*.

hostage *adj. Fig.* **(to)** à la merci de, tributaire de, exposé aux aléas de ; **~ to fortune** à la merci de facteurs imprévisibles, soumis à toutes sortes d'aléas ; **the company's actions meant that its employees were ~ to a takeover bid** en raison des mesures prises par l'entreprise, les salariés étaient à la merci d'une offre publique d'achat.

hostel *n.* **1** *RU* foyer (d'hébergement), centre d'hébergement, résidence ; asile de nuit. **2** auberge de (la) jeunesse.

hostile *adj.* ✪ **~ (takeover) bid** OPA inamicale ; **~ witness** témoin hostile *[à la partie représentée par l'avocat qui l'interroge]*.

hosting *n. Inf.* hébergement *[de site Web]*.

hot *adj.* 1 *[repas]* chaud ; brûlant ; *[eau]* bouillant ; *[climat]* torride. **2** *[question]* brûlant, *[débat]* passionné ; qui suscite un vif intérêt, *[lutte]* acharné. **3** érotique, suggestif, osé, torride. **4** *[chanteur, film, produit]* très populaire ; à la mode ; *[actions boursières]* très recherché ; promis à un grand succès ; sensationnel ; **to be ~** connaître beaucoup de succès. **5** *[caractère]* chatouilleux. ✪ **~ air** *Fig.* discours creux, discours/propos grandiloquents, bla-bla ; **~-air balloon** montgolfière ; **~-button** *adj. [question]* délicat ; **~ desker** employé sans bureau fixe ; **~ desking** système du bureau sans occupant fixe ; **~ flashes/flushes** *Méd.* bouffées de chaleur ; **~ key** *Inf.* raccourci clavier ; **~ line** a) ligne de communication directe entre Washington et Moscou, téléphone rouge ; b) permanence téléphonique, ligne téléphonique spéciale, service téléphonique spécial, (service d') assistance téléphonique ; **~ money** capitaux fébriles ; **~ potato** sujet délicat ; **~ pursuit** *Dr. int.* poursuite ; **~ spell** vague de chaleur ; **~ spot** point chaud, zone dangereuse *[du monde] ;* **~ spring** source thermale ; **~-tempered** *adj.* irritable, susceptible ; **too ~ to handle** trop délicat/controversé.

hotbed *n. Fig.* foyer *[d'agitation, etc.]*, terrain fertile, terrain/milieu favorable ; **the region is a ~ of guerrilla activity** les maquisards sont très actifs dans la région.

hour *n.* ✪ **after ~s** après la fermeture des bureaux/l'heure (normale) de fermeture des bureaux ; **by the ~** *[être rémunéré]* à l'heure ; **every ~ on the ~** toutes les heures à l'heure juste.

house *n.* **1** maison *[= habitation ou entreprise]*. **2** *Pol.* chambre ; **House** a) *RU* Chambre des communes ; b) *ÉU* Chambre des représentants ; c) Bourse de Londres ; **both ~s of Congress** *ÉU* les deux chambres du Congrès. ✪ **~ agent** *RU* agent immobilier ; **~ arrest** assignation à résidence ; *[***to be under ~ arrest** être assigné à résidence, être placé en résidence surveillée*]* ; **~ brand** marque de distributeur ; **~ call** visite (à domicile) *[effectuée par un médecin, notamment]* ; **clean ~** mettre de l'ordre *[dans une administration/organisation]* ; **~ contents insurance** assurance mobilier ; **~ doctor** médecin résidant dans un hôpital ; **~-dust mite** acarien de la poussière ; **~ journal** *RU* journal/magazine (interne) d'entreprise ; **House leader** *RU* chef de file de la majorité ; **House of Commons** *RU* Chambre des communes ; **House of Lords** Chambre des Lords ; **House of Representatives** *ÉU* Chambre des représentants ; **Houses of Parliament** *RU* palais de Westminster ; **~-owner's policy** *RU* police multirisque(s) habitation ; **~ organ** *ÉU* journal/magazine (interne) d'entreprise ; **~ physician** médecin résidant dans un hôpital ; **~ search** visite/perquisition domiciliaire ; **House speaker** *ÉU* président de la Chambre des représentants ; **~ surgeon** chirurgien résidant dans un hôpital ; **~ union** syndicat maison ; **in-~** *adj. [personnel, collaborateurs]* interne, de l'entreprise, de l'organisation ; *[opération]* interne, propre (à l'entreprise) ; *[***in-~ translator** traducteur salarié*]* ; **in ~** *[opération réalisée]* dans l'entreprise, dans l'organisation, en interne, dans ses murs ; **in-~ magazine** journal/magazine (interne) d'entreprise ; **make a House** *RU* a) veiller à ce que le quorum soit atteint *[à la Chambre des communes]* ; b) veiller à ce qu'un nombre suffisant de députés de son parti soient présents pour disposer de la majorité *[à la Chambre des communes]* ; **put/set one's (own) ~ in order** balayer devant sa porte, faire le ménage chez soi.

household *n.* ✪ **~ appliance** appareil électroménager ; appareil ménager *[s'il n'est pas électrique]* ; **~ expenditure** dépenses des ménages ; **~ goods** a) biens d'équipement ménager ; b) articles de ménage ; **~ name** nom bien/très connu, nom familier ; personnalité très connue, célébrité ; entreprise bien connue ; **~ product** produit de ménage ; **~ survey** enquête auprès des ménages ; **~ waste** ordures ménagères.

householder *n.* occupant *[d'une maison]*.

housekeeping *n. Fig.* **1** gestion, entretien et réparation des bâtiments et du matériel. **2** gestion courante. **3** questions internes. **4** économie domestique.

houseman *n. Méd. RU* interne.

housewife *n.* femme au foyer, ménagère.

housing *n.* **1** logement, habitat. **2** logements, habitations. ✪ **~ benefit** allocation logement, aide au logement ; **~ benefits** *RU* prestations en matière de logement ; **~ development/estate** cité (d'habitation), lotissement, grand ensemble ; **~ loan** prêt au logement ; **~ market** marché immobilier d'habitation ; **~ project** *ÉU* cité (d'habitation), lotissement, grand ensemble ; **~ society** *RU* société de logement ; **~ starts** mises en chantier de logements ; **~ stock** parc de logements ; (nombre de) logements ; **~ unit** logement.

hovercraft *n.* aéroglisseur.

hovertrain *n.* aérotrain.

however *adv.* **1** cependant, néanmoins, pourtant, pour autant, toutefois, cela étant, cela dit, cela posé ; en fait, or ; en revanche ; il est vrai, il n'empêche que, il n'en reste pas moins que, il reste que, toujours est-il que ; **~, it is necessary that** encore faut-il que. **2** quel(le) que soit (la façon dont), pour *[+ adj.]* que soit ; **~ the issue is resolved** quelle que soit la façon dont le problème sera résolu ; **the session, ~ long it may be, is the final opportunity for conflict resolution** la session, si longue qu'elle puisse être, sera la dernière occasion de régler le conflit ; **~ potent their arguments, they failed to convince their peers** en dépit de la force de conviction de leurs arguments, ils ne sont pas parvenus à obtenir l'adhésion de leurs collègues.

HP (hire-purchase) location-vente.

h.p. (horsepower) cv, cheval (vapeur).

HPV (human papillomavirus) papillomavirus humain.

HQ (headquarters) **1** QG (quartier général). **2** *voir* headquarters.

HR (human resources) RH (ressources humaines).

HRM (human resource management) gestion des ressources humaines.

HSE (Health and Safety Executive) *RU* Administration de l'hygiène et de la sécurité du travail.

HTML (Hypertext Markup Language) (langage) HTML. ✪ **~ tag** balise HTML.

hub *n. Fig.* **1** centre (d'activité/d'affaires) ; plaque tournante, pivot ; **telecommunications ~** centre de télécommunications. **2** *Transp. aériens* plaque tournante, plateforme (de correspondances), centre de dispersion, aéroport central/pivot *[= aéroport via lequel transitent passagers et fret avant leur transport vers leur destination finale]* ; **the airport forms a ~ to flights from destinations the world over** l'aéroport est une plaque tournante pour des vols en provenance du monde entier. ✪ **~ airport** aéroport central/pivot *[= aéroport via lequel transitent passagers et fret avant leur transport vers leur destination finale]* ; **~-and-spoke network** réseau en étoile.

Hubble Space Telescope télescope spatial Hubble.

hubris *n.* orgueil, superbe, arrogance.

HUD (Department of Housing and Urban Development) *ÉU* ministère du Logement et de l'aménagement urbain.

huge *adj.* énorme, gigantesque, massif, colossal, astronomique, de grande ampleur, phénoménal, extraordinaire, *[montant]* faramineux, vertigineux, *[coût]* exorbitant, prohibitif, ruineux, *[augmentation]* exponentiel, *[vitesse]* fulgurant ; **the chairman received a ~ bonus** le président a obtenu une prime énorme ; **~ success** succès phénoménal.

hull *n. Ass. mar.* ✪ **~ insurance** assurance sur corps ; **~ policy** police sur corps.

human *adj.* ✪ **~ development index** *PNUD* indicateur du développement humain ; **Human Development Report** *PNUD* Rapport mondial sur le développement humain ; **~ experiments** expériences sur l'être humain ; **~ (factors) engineering**

ergonomie ; **~ genome** génome humain ; **Human Genome Project** Programme génome humain ; **~ interest** *Journ.* dimension humaine ; **~ interest story** *Journ.* reportage/ article/séquence/sujet privilégiant la dimension humaine, article/sujet touchant ; **~ papillomavirus** papillomavirus humain ; **~ race** genre humain, humanité ; **~ remains** restes humains ; **~ resource development** mise en valeur des ressources humaines, perfectionnement du personnel ; **~ resource management** gestion des ressources humaines ; **~ resources** personnel, ressources humaines ; **~ resources development** mise en valeur des ressources humaines ; **~ rights** droits de l'homme, droits de la personne humaine ; **~-rights abuses** violations des droits de l'homme ; **~ settlement** établissement humain ; zone habitée ; **~ touch** a) contact humain ; b) chaleur humaine ; **~ trials** essais sur l'être humain *[relatifs à une thérapeutique nouvelle].*

humanities *n. pl. Ens.* lettres, études littéraires ; **although a keen science student her love of literature spurred her to apply for ~** malgré son intérêt pour les sciences, sa passion pour la littérature l'a incitée à solliciter une place dans une faculté de lettres.

humbling *adj.* qui incite à la modestie ; **to discover his poor understanding of British culture was a ~ experience** la prise de conscience de sa mauvaise compréhension de la culture britannique a représenté pour lui une leçon d'humilité.

humongous *adj. Fam.* énorme.

humpback (whale) jubarte, baleine à bosse, mégaptère.

hundredweight *n.* **1** *RU* 112 livres *[= 50,8 kg].* **2** *ÉU* 100 livres *[= 45,36 kg].*

hung *adj.* ✪ **~ jury** jury divisé ; **~ Parliament** parlement sans majorité.

hunter *n.* ✪ **~-gatherer** *n.* chasseur-cueilleur ; ~ **killer** force aéronavale/sous-marin/satellite anti-sous-marin.

hurricane *n. Échelle de Beaufort* ouragan.

hurt *v. tr. Fig.* **1** blesser, froisser *[qqn]* ; **to ~ sb's feelings** froisser/vexer qqn. **2** causer du tort à, nuire à, mettre à mal ; **to be ~ by** subir un préjudice du fait de ; **the embargo ~s the economy** l'embargo met à mal l'économie.

husbandry *n.* agriculture, culture ; **animal ~** élevage.

hush money fonds destinés à acheter le silence *[d'un témoin, d'un complice],* argent du silence.

husked rice riz décortiqué/cargo.

hustler *n.* personne qui vit d'expédients/de combines.

hustings *n. pl.* campagne électorale ; **to be at/on the ~** faire campagne.

hut *n.* **1** hutte ; cabane ; baraque ; abri, refuge. **2** baraquement(s).

HWR (heavy-water reactor) réacteur à eau lourde.

hydrochloric acid acide chlorhydrique.

hydroelectric *adj.* ✪ **~ power** énergie hydroélectrique ; **~ power station** centrale hydroélectrique.

hydrofluorocarbon *n.* hydrofluorocarbure.

hydrofoil *n.* navire à ailes portantes, hydroptère.

hydrogen sulphide sulfure d'hydrogène, hydrogène sulfuré.

hydropower *n.* énergie hydraulique.

hype *v. tr.* faire beaucoup de battage autour de, gonfler l'importance de, faire valoir exagérément, monter en épingle ; **the facts surrounding the case were ~d by the media** les détails de l'affaire ont été montés en épingle par les médias.

hype *n.* publicité tapageuse, battage, boniment, tapage, tam-tam ; description grandiloquente, phrases ronflantes, grands mots, exagération, phrases grandiloquentes, exagération, hyperbole, superlatifs ; **media ~** tapage médiatique ; **the ~ in the papers provoked anxiety in the students who read them** les informations tapageuses publiées par les journaux ont suscité une certaine anxiété parmi les étudiants ; **the press agency report was full of ~: "the discovery of the century..."** la dépêche d'agence vantait exagérément l'événement : « la découverte du siècle... ».

hyper-inflation *n.* inflation galopante.

hyperlink *n. Inf.* hyperlien.

hypertext *n. Inf.* hypertexte.

I

ia, i.a. (inter alia) notamment.

IAEA (International Atomic Energy Agency) AIEA (Agence internationale de l'énergie atomique).

IARC (International Agency for Research on Cancer) CIRC (Centre international de recherche sur le cancer).

IASC (International Accounting Standards Committee) Comité international des normes comptables.

IATA (International Air Transport Association) IATA (Association du transport aérien international).

ibid. (ibidem) ibid. (ibidem).

IBM-compatible *adj. [ordinateur]* compatible IBM.

IBRD (International Bank for Reconstruction and Development) BIRD (Banque internationale pour la reconstruction et le développement).

ICAO (International Civil Aviation Organization) OACI (Organisation de l'aviation civile internationale).

ICBM (intercontinental ballistic missile) missile balistique intercontinental.

ICC (International Chamber of Commerce) CCI (Chambre de commerce internationale).

ICC (International Criminal Court) CPI (Cour pénale internationale).

ice *n.* ✪ **~ age** période glaciaire, (période de) glaciation ; **~-boat** *n.* brise-glace ; **~-bound** *adj. [port]* bloqué par les glaces, *[navire]* pris dans les glaces, prisonnier des glaces ; **~-breaker** *n.* brise-glace ; **~ breakup** débâcle ; **~ cap** calotte glaciaire ; **~-field** *n.* banquise ; **~ floe** floe ; **~ pack** banquise dérivante ; **~ sheet** calotte glaciaire ; **~ shelf** shelf.

ICFTU (International Confederation of Free Trade Unions) **CISL** Confédération internationale des syndicats libres.

ICLEI (International Council for Local Environmental Initiatives) ICLEI (Conseil international pour les initiatives écologiques locales).

icon *n. Fig.* **1** symbole. **2** objet d'idolâtrie, idole, héros, coqueluche, monstre sacré, personnage adulé ; **the ~s of the fashion world** les monstres sacrés de la mode ; **a Nobel laureate, he was an ~ for his students** titulaire d'un Prix Nobel, il était un héros pour ses étudiants. **3** *Inf.* icône.

ICRC (International Committee of the Red Cross) CICR (Comité international de la Croix-Rouge).

ICSC (International Civil Service Commission) CFPI (Commission de la fonction publique internationale).

ICU (intensive care unit) salle/service de(s) soins intensifs.

ID *n.* **1** document/pièce d'identité ; carte d'identité ; **in France tourists should always have ~ papers on them** en France, les touristes doivent toujours être munis de documents d'identité. **2** identité. **3** identification. ✪ **~ card** carte d'identité ; **~ number** code d'identification.

id *n. Psych.* ça.

IDA (International Development Association) IDA (Association internationale du développement).

id-al-adha *n. Islam* Aïd al-Adha.

id-al-fitr, id-ul-fitr *n. Islam* Aïd al-Fitr.

IDB (Islamic Development Bank) BID (Banque islamique de développement).

ideal *adj.* **in an ~ world** idéalement.

ideally *adv.* **1** idéalement. **2** de préférence, en principe.

Identikit picture portrait robot.

identification *n.* **1** identification *[d'un criminel, d'un cadavre]*, reconnaissance *[d'une personne, d'un objet]*. **2** pièce d'identité. **3** détermination, établissement, définition. **4** choix, sélection. **5** désignation, mention, indication. **6** constatation, identification, détection. **7** recensement, énumération. ✪ **~ parade** séance d'identification (de suspect), présentation de suspect à témoin, tapissage ; **~ pass** laissez-passer ; **~ tag** plaque d'identité ; **~ number** numéro matricule.

identify *v.* **I** *tr.* **1** identifier *[criminel, cadavre]*, reconnaître *[personne, objet]* ; divulguer l'identité de, nommer ; **she was identified from her dental records** les archives de son dentiste ont permis de l'identifier ; **the teachers identified the trouble makers through close circuit television** les caméras de télévision en circuit fermé ont permis aux enseignants de reconnaître les fauteurs de trouble ; **security guards must ~ all callers** les agents de sécurité doivent vérifier l'identité de tous les visiteurs. **2 to ~ oneself** faire connaître son identité. **3** déterminer, fixer, établir, définir ; **one of the main bones of contention was quickly identified** on n'a pas tardé à déterminer l'une des principales causes de discorde ; **the cause of the illness had been identified long before the Ministry of health took action** la cause de la maladie avait été définie longtemps avant que le ministère de la Santé ne prenne des mesures. **4** choisir, sélectionner, retenir. **5** désigner, décrire, mentionner, indiquer, localiser, mettre en évidence, mettre le doigt sur, dégager ; **the Executive Board will take action on matters identified by the expert committee** le Conseil exécutif prendra des mesures sur les questions désignées par le comité d'experts ; **the problems identified in the report** les problèmes mis en évidence par le rapport. **6** constater, identifier, discerner, déceler, détecter, repérer, cerner, circonscrire, trouver, découvrir, diagnostiquer, dépister ; **~ing the children most at risk poses a problem for social workers** le repérage des enfants qui courent le plus de risques pose un problème aux travailleurs sociaux ; **trace elements identified in the food led to the diagnosis** des éléments-traces découverts dans les aliments ont permis de poser un diagnostic ; **these shortcomings have been identified for a long time** ces insuffisances sont connues depuis longtemps. **7** recenser, répertorier, énumérer, dénombrer, dresser la liste de, inventorier, dresser l'inventaire de, relever, distinguer ; **teachers identified various reasons why students failed to complete assignments** les enseignants ont recensé diverses raisons pour lesquelles les étudiants ne menaient pas à terme les travaux qui leur étaient confiés ; **to ~ priority projects** dresser la liste des projets prioritaires ; **several distinct cultural groups were identified** plusieurs groupes culturels ont été distingués. **II ~ as: the fight against inflation is identified as a top priority** la lutte contre l'inflation est érigée en priorité absolue ; **smoking has been identified as one of the main causes of lung cancer** il a été établi que le tabagisme est l'une des principales causes du cancer du poumon. **III ~ with 1** assimiler à, confondre avec, ne pas établir de distinction entre... et, identifier à/avec. **2** associer/rattacher *[par la pensée]* à *[mouvement, idée]* ; **to be identified with** *[personne]* avoir des liens avec, être lié à, être proche de *[groupe, cause]*, incarner *[cause]* ; *[abstraction]* être associé à, être synonyme de ; **she is identified with the fight for democracy** elle incarne la lutte pour la démocratie ; **the doctrine of non-violence is identified with Gandhi** la doctrine de la non-violence est associée au nom de Gandhi. **3** s'identifier à *[qqn]*. **4** sympathiser avec, avoir des affinités avec, se sentir proche de *[qqn, groupe]*, se reconnaître dans *[mouvement, parti politique]*, avoir le sentiment d'appartenir à *[catégorie sociale]*, se retrouver dans ; **a large part of the audience identified with the speaker** une grande partie de l'assistance se sentait proche de l'orateur ; **she was unable to ~ with the militant wing of the feminist movement** elle ne pouvait adhérer aux idées de l'aile radicale du mouvement féministe ; **these were ideas with which Muslims could ~** il s'agissait d'idées auxquelles les musulmans pouvaient souscrire. **IV ~ oneself with** sympathiser avec, avoir des affinités avec, se sentir proche de *[qqn, groupe]*, se reconnaître dans *[mouvement, parti politique]*, avoir le sentiment d'appartenir à *[catégorie sociale]*.

identity *n. Fig.* image de marque. ✪ **~ parade** présentation de suspect à témoin, séance d'identification, tapissage.

idiosyncrasy *n.* particularité, singularité, manie ; **he has a particular ~ of writing with a green pen** il a la manie d'écrire à l'encre verte.

idiot-proof *adj.* indéréglable, à l'abri des fausses manœuvres.

idle *adj.* **1** vain, sans objet ; dépourvu de fondement, gratuit, creux ; **~ rumour** rumeur dépourvue de fondement. **2** futile. **3** inoccupé, inactif, inerte ; *[travailleur]* sans emploi, en chômage ; désœuvré. **4** *[ressources]* inutilisé, inemployé, improductif. ✪ **~ balances** fonds inemployés ; **~ capacity** capacité inutilisée ; **~ capital** argent improductif ; **~ cash balances** encaisses improductives ; **~ funds** fonds inemployés ; **~ money** argent improductif ; **~ threats** menaces en l'air ; **~ time** temps d'inactivité, temps d'attente, temps mort.

IDP (internally displaced persons) personnes déplacées dans leur propre pays.

ie, i.e. (id est) c'est-à-dire, à savoir, en l'occurrence, en d'autres termes.

IEA (International Energy Agency) AIE (Agence internationale de l'énergie).

if *conj.* ✪ **~ and when** lorsque, le cas échéant, lorsque, si cela se produit ; **~ any** s'il y en a, à supposer qu'il y en ait, si... il y a, s'il (en) existe, s'il est présent, quand il y en a, dans la mesure où il en est question ; si tant est que ; le cas échéant, s'il y a lieu, au besoin ; /**there are few foreigners, ~ any, in the neighbourhood** il n'y a guère ou pas d'étrangers dans le quartier ; **the company offered little ~ any compensation to its employees for overtime** l'entreprise ne rémunérait guère, voire pas du tout, ses travailleurs au titre des heures supplémentaires*]* ; **~ anything** plutôt, pour autant qu'on puisse en juger ; si tant est qu'il existe *[une différence, etc.]* ; le cas échéant ; peut-être même ; *[***since then, the situation has, ~ anything, worsened** depuis lors, la situation se serait plutôt détériorée ; **the administration ought not to be obstructive, and ~ anything, it should be more helpful** l'administration devrait éviter de faire de l'obstruction mais plutôt se montrer plus coopérative ; **what, ~ anything, was stolen?** le cas échéant, quels objets ont été volés ?*]* ; **~ at all** voire jamais ; **~ ever** voire jamais ; **~ nothing else** au minimum, au moins, en tout cas, le moins qu'on puisse dire, c'est que ; **~ only** a) si seulement ; b) ne serait-ce que ; c) pour autant que, pour peu que ; **~ possible** si possible, dans la mesure du possible, si faire se peut ; **~ sb/sth is to** pour ; *[***~ we are to maintain a sense of calm, we must remain unperturbed in the face of stiff opposition** pour maintenir une impression de calme, nous devons rester impavides face à une vive opposition*]*.

IFAD (International Fund for Agricultural Development) FIDA (Fonds international de développement agricole).

IFALPA (International Federation of Air Line Pilots' Associations) IFALPA (Fédération internationale des associations de pilotes de ligne).

IFC (International Finance Corporation) SFI (Société financière internationale).

IFF (identification, friend or foe) IFF (identification ami-ennemi).

IFR (instrument flight rules) règles de vol aux instruments.

IFRC (International Federation of Red Cross and Red Crescent Societies) Fédération internationale des sociétés de la Croix-Rouge et du Croissant-Rouge.

ignite *v. tr. Fig.* déclencher, provoquer, être le détonateur de *[conflit]*, exciter, déchaîner *[passions]*.

ignition *n. Esp.* allumage, mise à feu. ✪ **~ engine** moteur à allumage commandé ; **~ key** clé de contact.

ignore *v. tr.* **1** ne pas tenir compte de, ne tenir aucun compte de, ne pas prendre en considération, ne pas prêter attention à, laisser de côté/à l'écart, n'accorder aucune considération à, faire bon marché de, ignorer (délibérément), faire abstraction de, rester sourd à, faire la sourde oreille à, fermer les yeux sur, passer sous silence, taire ; négliger, dédaigner, se désintéresser de, rester indifférent à, faire peu de cas de, ne pas se soucier de, ne pas se préoccuper de, rester sans réaction/passif devant, ne pas réagir à, ne pas donner suite à ; passer outre à, braver, faire fi de ; ne pas respecter, fouler aux pieds, bafouer ; *Litt.* faire litière de ; *Fam.* faire l'impasse sur ; **to be ~d** *[recommandation]* rester lettre morte ; **to ~ a warning** ne pas tenir compte d'une mise en garde ; **she ~d her lawyer's advice** elle n'a tenu aucun compte du conseil de son avocat ; **these risks should not be ~d** ces risques ne doivent pas être méconnus ; **the hard-line faction within the party wanted the leadership to ~ the other members' proposals** le courant dur du parti voulait que les dirigeants fassent la sourde oreille aux propositions des autres membres ; **governments which ~ such blatant breaches of human rights do so at their peril** les gouvernements qui ferment les yeux devant des violations aussi flagrantes des droits de l'homme le font à leurs risques et périls ; **to ~ local customs** braver les coutumes locales ; **to ~ a risk** négliger un risque ; **events previously ~d now receive full media coverage** aujourd'hui, les médias rendent compte de façon détaillée d'événements autrefois passés sous silence ; **to ~ public opinion** ne pas se soucier de l'opinion publique ; **to ~ the export ban** passer outre à l'interdiction d'exportation ; **safety instructions were ~d** les consignes de sécurité n'ont pas été respectées. **2** méconnaître, perdre de vue ; **these risks should not be ~d** ces risques ne doivent pas être méconnus ; **such line of reasoning would ~ the fact that scientists do conduct experiments on animals** en raisonnant de la sorte, on perd de vue que des scientifiques se livrent à des expériences sur des animaux. **3** nier (l'existence de), (feindre d') ignorer.

IGO (intergovernmental organization) organisation intergouvernementale.

ILA (International Law Association) Association de droit international.

ilk *n.* ✪ **and their ~** et ceux de leur espèce, et consort, et leurs semblables.

ill *adj.* **1** mauvais, néfaste, funeste, négatif, pernicieux ; **~ effects** effets néfastes. **2** malveillant, hostile, désobligeant. **3** malade, souffrant, atteint ; blessé ; **to be taken ~** tomber malade, avoir un malaise, être pris d'un malaise. ✪ **~-being** *n.* mauvaise santé ; **~-health** *n.* maladie, mauvaise santé, problèmes de santé ; **~-usage/use** *n.* traitement injuste ; **~ will** hostilité, animosité, mécontentement, ressentiment, rancœur, rancune.

ill *adv.* **it ~ becomes the present government to criticize the previous one** il ne sied guère au gouvernement de critiquer le précédent. ✪ **~-advised** *adj.* mal inspiré, inapproprié, maladroit, malencontreux, inconsidéré, inopportun, intempestif, fâcheux, imprudent, déraisonnable ; *[***treating oil slicks with detergents close to wildlife areas is ~-advised** il ne convient pas de lutter contre les nappes de pétrole en utilisant des détergents à proximité d'habitats d'espèces sauvages*]* ; **~-boding** *adj.* de mauvais augure ; **~-conceived** *adj.* mal conçu ; mal inspiré ; **~-considered** *adj.* irréfléchi, inconsidéré, mal inspiré, malencontreux ; **~-defined** *adj.* mal défini ; vague ; **~-disposed** *adj.* hostile, négatif ; **~-equipped** *adj.* a) mal équipé ; b) mal préparé ; **~-fated** *adj.* manqué, avorté, sans lendemain, malheureux, décevant, resté vain, qui n'a pas abouti, qui s'est soldé par un échec, qui devait mal tourner ; fatidique, catastrophique ; *[***~-fated day** jour à marquer d'une pierre noire*]* ; **~-fitted** *adj.* peu apte ; **~-founded** *adj.* mal fondé, sans fondement ; **~-gotten** *adj.* mal acquis ; **~-informed** *adj.* mal informé, peu au fait de la question ; **~-judged** *adj.* mal inspiré, inapproprié, maladroit, malencontreux, inconsidéré, inopportun, intempestif, fâcheux, imprudent, déraisonnable ; **~-sorted** *adj.* mal assorti ; **~-starred** *adj.* manqué, avorté, sans lendemain, malheureux, décevant, resté vain, qui n'a pas abouti, qui s'est soldé par un échec, qui devait mal tourner ; catastrophique ; **~-suited** *adj.* inapproprié, inadapté ; **~-timed** *adj.* inopportun, réalisé/présenté à un moment peu favorable.

illegal *adj.* illégal, illicite, interdit, clandestin. ✪ **~ alien** étranger en situation irrégulière, sans papiers ; **~ contract** contrat illicite.

illiquid *adj.* **1** *[actif financier]* difficile à réaliser. **2** *[marché]* peu liquide, manquant de liquidité.

illiteracy *n. Fig.* ignorance, incompréhension, méconnaissance ; **in Mongolia computer ~ is hindering more rapid progress** en Mongolie, la méconnaissance de l'informatique entrave l'accomplissement de progrès plus rapides.

illustration *n.* **1** illustration. **2** exemple ; **by way of ~** à titre d'exemple.

illustrative *adj.* indicatif.

ILO (International Labour Office) BIT (Bureau international du travail).

ILO (International Labour Organization) OIT (Organisation internationale du travail).

ILS (instrument landing system système d'atterrissage aux instruments).

IM (instant messaging) *Internet* messagerie instantanée.

image *n.* **1** image. **2** *Fig.* image (de marque), réputation, prestige, crédit, notoriété, rayonnement ; **bad ~** mauvaise image/ réputation, réputation peu flatteuse ; **the company's bad ~ was acquired through mismanagement** la mauvaise image de l'entreprise est due à des erreurs de gestion ; **the advertising campaign projected the ~ of a self-assured, buoyant company** la campagne publicitaire présentait une société dynamique et confiante en ses possibilités. ✪ **~ building** création d'une bonne image de marque ; **~ editing** *Inf.* retouche d'image ; **~ editor** *Inf.* logiciel de retouche d'image ; **~ enhancement** accentuation d'image ; **~ processing** *Inf.* traitement d'images ; **~ setter** *Impr.* flasheuse, photocomposeuse.

imagination *n.* **to capture/catch the ~ of** séduire, captiver, passionner, fasciner, émerveiller, éblouir, enthousiasmer, emballer, faire vibrer, faire rêver, frapper (l'imagination de), frapper les esprits de, impressionner, susciter un vif intérêt auprès de, produire une forte/vive impression sur, captiver/enflammer l'imagination de, parler à l'imagination de ; **the pictures and data conveyed from deep space captured the public's ~** les images et les données obtenues de l'espace lointain ont suscité beaucoup d'intérêt dans le public.

imaging *n. Méd.* imagerie.

I'm all right, Jack *Fam.* **1** tout va bien pour moi et tant pis pour les autres, chacun pour soi. **2** *RU* les syndicats font la loi *[allusion à un film satirique des années 60, dans lequel les syndicats régentent tout]*.

imam *n. Islam* iman, imam.

imbue *v. tr.* **(with)** insuffler *[sentiment]*, inculquer *[principes]*, doter de, conférer.

imbued *adj.* **(with) 1** imprégné de, empreint de, inspiré par, pénétré de, pétri de. **2** croyant dur comme fer à, entièrement acquis à, profondément attaché à ; **to be ~ with** adhérer sans réserves à. **3** doté de, investi de.

IMF (International Monetary Fund) FMI (Fonds monétaire international).

immaterial *adj.* **1** négligeable, sans importance, sans objet. **2** *Dr.* dépourvu de pertinence ; indifférent ; **it is ~ that** il est indifférent que, il importe peu que.

immediacy *n.* **1** imminence, caractère immédiat, proximité ; instantanéité ; urgence ; **the ~ of the danger** l'imminence du danger. **2** tangibilité, proximité, réalité, vie, caractère concret/direct, impact direct, pouvoir évocateur, pouvoir d'évocation, éloquence ; actualité ; **the ~ of Anne Frank's memoirs is compelling** le pouvoir évocateur du journal d'Anne Frank ne laisse personne indifférent.

immemorial *adj.* *[coutume]* immémorial, dont l'origine se perd dans la nuit des temps, très ancien.

immigration officer agent de l'immigration.

immodest *adj.* **1** *[vêtements]* provoquant, indécent, trop révélateur. **2** immodeste.

immovable property bien immeuble.

immovables *n. Dr.* biens immeubles.

immune *adj.* **1** *Méd.* **(against, to)** immunisé contre. **2** *Méd.* immunitaire, immun. **3 (from, to)** épargné par, préservé de, à l'abri de, hors de portée de, hors d'atteinte de ; dégagé de ; insensible à *[pressions]* ; **public figures are not ~ to scrutiny by the media** les personnalités publiques ne sont pas à l'abri des investigations des médias ; **to be ~ to political pressures** être insensible aux pressions politiques. ✪ **~ deficiency** immunodéficience ; **~ response** réaction/réponse immunitaire ; **~ system** système immunitaire ; **~-system deficiency** carence immunitaire ; **~ suppressant** immunosuppresseur.

immunization *n.* vaccination. ✪ **~ coverage** couverture vaccinale.

immunoassay *n.* essai immunologique, immuno-essai.

immunochemistry *n.* immunochimie.

immunocompromised *[patient]* immunodéficient.

immunodeficiency disease maladie immunodéficitaire.

immunodepressed *n. [patient]* immunodéprimé.

immunoglobulin *n.* immunoglobuline.

immunosuppressed *adj. [patient]* immunodéficient.

immunosuppressive *adj. [médicament]* immunosuppresseur.

immunotherapy *n.* immunothérapie.

IMO (International Maritime Organization) OMI (Organisation maritime internationale).

impact *v. tr.* toucher, concerner, viser, intéresser ; avoir une incidence sur, avoir des incidences/des répercussions sur, influencer, influer sur, peser sur, jouer un rôle dans, intervenir dans, agir sur, s'exercer sur, se répercuter sur, faire sentir ses effets sur.

impact *n.* **1** (force d') impact, choc. **2** impact *[= effet puissant ou violent]*. **3** effet(s), conséquences, répercussions, incidences, contrecoup, retombées, poids, influence, efficacité, retentissement, résultats (des activités), portée ; **the ~ of the stronger dollar on the company's profits was considerable** les effets de la hausse du dollar sur les bénéfices de l'entreprise ont été considérables ; **the ~ of new technologies on employment** les incidences des nouvelles technologies sur l'emploi ; **the new government measures to curb unemployment had much less ~ than expected** les nouvelles mesures gouvernementales visant à réduire le chômage ont été beaucoup moins efficaces que prévu ; **Mother Theresa's ~ was due to her unswerving dedication in serving the outcasts of society** Mère Teresa a obtenu des résultats tangibles en raison de son dévouement total à la cause des parias. ✪ **~ printer** *Inf.* imprimante à impact.

impair *v. tr.* porter atteinte à, nuire à, compromettre, mettre en péril, affaiblir, porter un coup à, amoindrir, réduire, affecter, perturber, altérer, dégrader, entamer, ébranler ; entraver.

impaired *adj.* **1** déficient, défectueux. **2 hearing ~** atteint d'une déficience auditive. **3** *Can. [conducteur]* en état d'ivresse.

impairment *n.* déficience, trouble.

impanel *v. tr. Dr.* désigner en tant que membres du jury.

impart *v. tr.* **1** transmettre *[connaissances, informations]*, dispenser *[formation]*, communiquer *[informations]*, inculquer *[principe]*, insuffler *[sentiment]*, donner, conférer *[caractère particulier à qqch.]*, doter de ; **the new leader has ~ed additional dynamism to the party** le nouveau chef de file a insufflé un surcroît de dynamisme au parti ; **through his optimism, the new manager has ~ed a sense of hope to the employees** par son optimisme, le nouveau directeur a donné de l'espoir aux travailleurs ; **fresh urgency has been ~ed to the operation of the old criteria** une urgence nouvelle a été conférée à l'application des critères anciens. **2** communiquer, révéler, divulguer, confier.

impassable *adj. [route]* impraticable.

impeach *v. tr.* **1** inculper, mettre en examen. **2** *ÉU* mettre en accusation *[juge, fonctionnaire]* (pour forfaiture), mettre en accusation *[président des États-Unis]*, traduire *[président des États-Unis, juge, fonctionnaire]* devant le Sénat. **3** mettre en cause/en doute (la crédibilité/la validité/la sincérité/l'honorabilité de) ; contester ; **to ~ a witness** mettre en doute la bonne foi/la sincérité d'un témoin, tenter de discréditer un témoin ; **to ~ sb's motives** mettre en doute l'honorabilité des motifs de qqn.

impeachment *n. Pol. ÉU* mise en accusation.

impediment *n.* **1** obstacle, empêchement, entrave, gêne, frein ; hypothèque. **2** handicap ; défaut *[d'élocution]*.

imperial *adj.* ✪ **~ gallon** *RU* gallon impérial *[= 4,546 l]* ; **~ ton** tonne forte *[= 2240 livres ou 1016 kg]*.

impersonal ledger grand livre « général » *[regroupant les comptes concernant les actifs, le capital, les recettes et les dépenses]*.

impervious *adj. Fig.* **(to)** insensible à, indifférent à *[critique]*, fermé à, sourd à, aveugle à ; inaccessible à *[raison]* ; **the government is not ~ to world opinion** le gouvernement n'est pas indifférent à l'opinion mondiale ; **the fundamentalists have consistently proved ~ to reasoned arguments** les intégristes ont toujours été inaccessibles à toute argumentation.

impetus *n. Fig.* impulsion, élan, dynamique, entraînement, incitation, encouragement, stimulation, stimulant, motivation, coup de fouet ; élément moteur, ressort ; **to give a new ~ to** relancer ; **to provide an ~ to** stimuler, renforcer, intensifier, accentuer ; **to provide the ~ to do sth** inciter à faire qqch.

impinge *v.* **~ on 1** avoir des effets sur, influer sur, avoir prise sur. **2** empiéter sur.

implement *v. tr.* appliquer, mettre en application, accomplir, exécuter, mettre à exécution, mettre en œuvre, conduire, mener, réaliser, mettre en place, concrétiser, faire aboutir, traduire dans les faits, faire entrer *[réforme]* dans les faits ; mettre en vigueur, donner effet à.

implementation *n.* mise en œuvre *[d'un programme]*, application (effective) *[de la mesure en cause]* ; **~ of these principles has hardly begun** la mise en œuvre de ces principes n'a pour ainsi dire pas commencé.

implication *n.* **1** *pl.* implications, ce qu'implique ; **what are the ~s of the available evidence?** quelles sont les implications des données disponibles ? **2** *pl.* incidences ; **what are the financial ~s of this project** quelles sont les incidences financières de ce projet ?

implicit *adj.* **1** *[accord]* tacite. **2** *[menace]* implicite. **3 (in)** inhérent à ; **the shortcomings ~ in the approach used** les faiblesses inhérentes à la méthode utilisée. **4** *[confiance, foi]* absolu, sans réserve.

implied *adj.* implicite, tacite ; de fait ; sous-entendu, voilé ; **~ criticism** critique implicite. ✪ **~ condition** *Dr.* clause tacite/implicite ; **~ consent** consentement tacite ; **~ term** *Dr.* clause tacite/implicite ; **~ trust** *Dr. trust* implicitement consenti ; **~ waiver** renonciation tacite.

imply *v. tr.* **1** suggérer, sembler indiquer, laisser entendre, donner à entendre, sous-entendre, insinuer. **2** impliquer ; signifier ; **implied by** inhérent à, découlant de ; **to be implied in** découler (implicitement) de. **3** *Dr.* emporter ; **ownership of shares of the Bank implies acceptance of its Statutes** la propriété d'actions de la Banque emporte adhésion aux Statuts de celle-ci.

import *v. tr. Inf.* importer *[données, fichier, graphique, feuille de calcul].*

import *n.* **1** importation ; produit importé. **2** importance, portée ; **of little ~** sans importance/conséquence ; **a ruling of far-reaching ~** un jugement d'une grande portée. ✪ **~ duty** droit d'entrée ; **~ licence/permit** licence d'importation ; **~ quota** contingent/quota d'importation ; **~ substitution** substitution de produits nationaux aux importations ; **~ surcharge** surtaxe à l'importation.

importantly *adv.* fait important, et ce fait est important ; **more ~** qui plus est, surtout ; fait/aspect plus important ; **most ~** qui plus est, surtout, fait/aspect le plus important.

imported content *Écon.* proportion de composants importés.

impose *v. tr.* **1** imposer. **2** appliquer *[sanctions],* percevoir, prélever, instituer *[taxe],* infliger *[amende] ;* prononcer *[condamnation] ;* décréter *[embargo, loi martiale] ;* **to ~ a tax on** frapper/grever d'une taxe/d'un impôt.

impound *v. tr.* **1** *Dr.* saisir. **2** *ÉU* refuser d'utiliser *[crédits ouverts par le Congrès].*

impoundment lake lac de retenue *[d'un barrage].*

impracticable *adj.* **1** impossible, irréaliste, inapplicable, inexécutable, irréalisable, inutilisable ; **to be ~** poser trop de problèmes, poser des difficultés d'ordre pratique. **2** *[route]* impraticable.

impractical *adj.* **1** manquant de sens pratique/de bon sens. **2** impossible, irréalisable, infaisable, trop difficile, irréaliste, inapplicable, inutilisable ; **to be ~** poser trop de problèmes, poser des difficultés d'ordre pratique.

impregnate *v. tr.* **1** féconder, rendre enceinte. **2** imprégner.

impress *v.* **1** *tr.* impressionner, faire impression sur, faire/produire une forte/vive impression sur, frapper, susciter/faire l'admiration de, épater ; **the company's performance ~ed the stock market** les résultats de la société ont fait une forte impression sur les opérateurs boursiers. **2 ~ on/upon** (bien) faire comprendre à, rendre (bien) conscient ; inculquer à ; **the scientists ~ed on her the need to conserve the environment** les scientifiques l'ont rendue consciente de la nécessité de préserver l'environnement.

impressed *adj.* impressionné, admiratif ; **to be ~ by** juger intéressant, apprécier, admirer.

impression *n.* **1** impression. **2** imitation *[de qqn].*

impressive *adj.* remarquable, imposant, impressionnant, spectaculaire, frappant, très intéressant ; excellent, brillant ; convaincant, persuasif, probant ; **~ professional achievements** des succès professionnels qui forcent l'admiration ; **the lawyer made an ~ case before the court** l'avocat a présenté une démonstration solidement argumentée au tribunal.

imprest *n.* avance, prêt.

imprisonable offence *RU* infraction punissable d'une peine de prison.

improper *adj.* **1** *[acte]* mal adapté, inadéquat, inapproprié, incorrect, déficient, mauvais, mal inspiré, intempestif, inopportun, malencontreux, inconsidéré, indésirable, néfaste, nuisible, pernicieux, dangereux, contre-indiqué, à éviter, à déconseiller, peu recommandé, peu judicieux, peu souhaitable, pervers, funeste, négatif, fâcheux ; **~ stowage of goods** mauvais arrimage des marchandises. **2** *[comportement]* inacceptable, abusif, incorrect, illicite, illégitime, irrégulier, répréhensible. **3** *[comportement]* déplacé, de mauvais goût, malséant, choquant ; indécent.

impropriety *n.* **1** incorrection, mauvais goût, caractère inacceptable/déplacé/malséant/choquant. **2** caractère abusif/illicite/illégitime/répréhensible.

impugn *v. tr.* mettre en cause, mettre en doute, jeter le doute sur.

impulse buy(ing)/purchase achat d'impulsion.

impute *v. tr.* **1 (to)** attribuer à ; imputer à ; rendre responsable de ; **to ~ thoughts to robots is far-fetched** il est saugrenu d'attribuer des pensées aux robots. **2** évaluer, estimer, chiffrer ; **the statistician tried to ~ the missing data** le statisticien s'est efforcé d'estimer les données manquantes.

imputed *adj.* virtuel, théorique, estimé. ✪ **~ rental (value)** valeur locative.

in (inch) pouce.

in *adv., prép.* ✪ **~ and around** à *[ville]* et aux alentours ; **~ for** destiné à éprouver ; *[***those who expect too much from machine translation are ~ for a big disappointment** ceux qui attendent trop de la traduction automatique ne manqueront pas d'être très déçus*]*.

inactivate *v. tr.* neutraliser ; **these drugs work by inactivating reverse transcriptase** ces médicaments neutralisent la transcriptase inverse.

inactive *adj. Bourse* terne, inactif, calme, maussade, languissant, somnolent. ✪ **~ money** argent improductif ; **~ securities/stocks** valeurs inactives/faisant l'objet de transactions réduites.

inadequacy *n.* insuffisance, déficience, impuissance ; **feelings of ~** complexe/sentiment d'infériorité ; **Beninese no longer experience feelings of ~ when they meet European experts** les Béninois n'éprouvent plus de sentiment d'infériorité lorsqu'ils rencontrent des experts européens.

inadequate *adj.* insuffisant ; inadéquat, inadapté ; peu satisfaisant, imparfait, perfectible, qui laisse à désirer, médiocre, mauvais ; incomplet ; **to be ~ for** ne pas convenir pour, ne pas être adapté à ; **~ supplies of medicine hampered the control of the epidemic** l'insuffisance des approvisionnements en médicaments a entravé la lutte contre l'épidémie.

inappropriate *adj.* inapproprié, mauvais, mal inspiré, maladroit, malencontreux, inconsidéré, inopportun, intempestif, déplacé, abusif, fâcheux, imprudent, déraisonnable.

inappropriately *adv.* de façon inopportune/inconsidérée/ malencontreuse, à tort, fâcheusement.

inaugural *n. ÉU* **1** cérémonie d'investiture. **2** discours d'investiture.

inaugural address *ÉU* discours d'investiture.

inauguration *n.* **1** installation *[d'un fonctionnaire, d'un ecclésiastique]* ; investiture, prestation de serment *[d'un président]*. **2** inauguration.

inbreeding *n.* consanguinité.

in-built *adj.* **1** incorporé, intrinsèque, interne, propre, inhérent ; automatique. **2** latent ; foncier, inné, spontané. ✪ **~ obsolescence** obsolescence programmée.

in camera *Dr.* **1** dans le cabinet du juge. **2** à huis clos ; en chambre du conseil.

incapacity *n. Dr.* incapacité (légale). ✪ **~ to vote** incapacité électorale.

incentive *n.* incitation, mesure d'incitation, mesure incitative, (mesure d') encouragement, récompense ; stimulant, motivation ; avantage. ✪ **~ payment** prime ; incitation financière ; **~ travel** voyage de gratification/stimulation ; **~ wage** salaire au rendement ; **~ wage system** système de salaires au rendement.

inception *n.* **1** début. **2** lancement *[d'un programme]*, création *[d'un comité]*.

inch *v.* **~ up** augmenter légèrement.

inch *n.* pouce *[= 2,54 cm]*.

incidence *n.* **1** existence ; fréquence, proportion, ampleur, taux, nombre (de cas) ; **the ~ of poverty has increased** la pauvreté a augmenté ; **the increased ~ of child abuse cases** l'augmentation du nombre de cas de maltraitance d'enfants. **2 ~ of taxation** incidence de l'impôt. **3** *Santé publique* incidence *[= nombre de cas nouveaux survenant pendant une période déterminée]* ; **the ~ of breast cancer is rising** l'incidence du cancer du sein augmente.

incident *n.* **1** incident. **2** affaire, épisode. **3** *Dr.* élément (inséparable/indissociable) ; élément accessoire. ✪ **~ room** *Police* bureau de centralisation des informations *[créé aux fins d'une enquête criminelle]*.

incident *adj.* **(to)** attaché à, associé à, lié à, découlant de, afférent à, inhérent à, indissociable de, inséparable de ; **to be ~ to** accompagner, aller de pair avec.

incidental *adj.* **1** incident. **2 (to)** accessoire à ; lié à, inhérent à ; résultant de, consécutif à. **3** secondaire. **4** fortuit. **5** accessoire. ✪ **~ damage** préjudice accessoire ; **~ expenses** faux frais.

incidentally *adv.* **1** soit dit en passant, à titre anecdotique, pour la petite histoire. **2** fortuitement, par accident.

incidentals *n. pl.* faux frais.

inclined *adj.* **1 (to)** qui à une propension à, qui tend à, sujet à. **2 (to)** disposé à, porté à ; **to be ~ to** bien vouloir ; **to be ~ to agree with** être plutôt d'accord avec. **3 academically ~** qui a des dispositions pour les études.

include *v. tr.* **1** inclure, englober, comprendre (notamment), renfermer, embrasser, incorporer, reprendre, comporter, être composé de, consister en, compter, être assorti de ; **to be ~d in** faire partie de, figurer dans, être repris dans. **2** inscrire, faire figurer ; **this item should be ~d in the agenda of the conference** il convient d'inscrire cette question à l'ordre du jour de la conférence. ✪ **not ~d elsewhere** non repris ailleurs.

including *prép.* y compris, dont.

inclusive *adj.* **1** exhaustif, large, général, global, universel ; *[sens]* extensif. **2** pluriel, pluriculturel, pluriethnique, soucieux de n'exclure personne, qui n'exclut personne/aucun groupe, ouvert à tous/à toutes les tendances, ouvert à la diversité, accueillant (pour tous), où chacun a sa place, qui vise à rassembler toutes les communautés ; **(of)** qui accorde une place à. **3** inclus ; **between 10 and 20 ~** de 10 à 20 inclus. **4** *[prix]* forfaitaire ; **price £25 ~** prix : 25 livres, tout compris. ✪ **~ tour** voyage à forfait.

income *n.* **1** revenu(s) *[d'une personne]*. **2** recettes ; *Compt.* produits. **3** bénéfice(s), résultat ; **~ increased to $275 million** les bénéfices ont augmenté, passant à 275 millions de dollars. ✪ **~ and expenditure account** *RU* compte de résultat ; **~ and expense statement** *ÉU* compte de résultat ; **~ bond** obligation à revenus conditionnels *[subordonnés à l'existence de bénéfices]* ; **~ bracket** tranche de revenus ; **~ debenture** obligation à revenus conditionnels *[subordonnés à l'existence de bénéfices]* ; **~ effect** *Écon.* effet revenu ; **~ elasticity of demand** *Écon.* élasticité-revenu de la demande, élasticité de la demande par rapport au revenu ; **~ maintenance** garantie de ressources ; **~s policy** politique des revenus ; **~ statement** *ÉU* compte de résultat ; **~ support** *RU* complément de revenu/de ressources ; **~ tax** impôt sur le revenu ; **~-tax return** déclaration d'impôt sur le revenu ; **~ velocity of circulation** *Écon.* vitesse-revenu (de circulation de la monnaie) ; **~ velocity of money** *Écon.* vitesse-revenu de la monnaie ; **~ yield** *RU* rapport coupon-cours.

incom(m)unicado *adv. Dr.* **to be held ~** être mis au secret.

inconclusive *adj.* non décisif, indécis ; ne débouchant sur aucune conclusion ; sans résultat, infructueux, avorté, vain ; peu satisfaisant ; **to be ~** ne rien résoudre, ne rien donner, ne donner aucun résultat (probant), aboutir à une impasse, *[négociations]* ne pas aboutir ; **~ evidence** preuves insuffisantes ; **the data are ~** les données ne permettent pas de tirer des conclusions ; **the meeting was ~** la réunion n'a donné aucun résultat ; **the test was ~** l'essai n'a donné aucun résultat probant.

inconsistency *n.* manque d'uniformité, manque de logique, manque d'esprit de suite ; contradiction, manque de cohérence (interne), incohérence (interne), incompatibilité ; hétérogénéité, différence, variation, non-concordance, disparité ; irrégularité ; anomalie.

inconsistent *adj.* **1** inconséquent, inconstant, manquant de suite dans les idées, incohérent, illogique, contradictoire, incompatible, divergent, non concordant, non conforme, discordant ; **to be ~ with** ne pas cadrer avec, cadrer mal avec, ne pas concorder avec, ne pas correspondre à, être en contradiction avec, contredire, entrer en conflit avec, ne pas être en harmonie avec. **2** hétérogène, disparate, hétéroclite. **3** irrégulier, variable, capricieux, en dents de scie, instable ; sporadique, épisodique ; **the quality of the products is ~** la qualité des produits est variable.

inconvenience *v. tr.* déranger, causer du désagrément à, gêner.

inconvenience *n.* désagrément(s), dérangement, ennuis, difficultés, problèmes, gêne ; contretemps, situation fâcheuse, événement/incident fâcheux/désagréable/ennuyeux/inopportun /malencontreux ; **we are sorry for this ~** nous sommes désolés (des désagréments qui ont résulté) de cette situation ; nous regrettons de devoir vous importuner à ce sujet.

inconvenient *adj.* inadapté, intempestif, peu pratique, peu commode, contraignant, désagréable, frustrant, ennuyeux, embarrassant, source de désagrément/de problèmes, fâcheux ; inopportun, malencontreux, *[moment]* mal choisi, gênant, peu propice, *[heure]* indu ; **to be ~** ne pas convenir, présenter des difficultés, déranger ; **to have to work at ~ times** devoir travailler à des heures inhabituelles/à toute heure du jour ou de la nuit.

incorporate *v.* **1** *tr.* incorporer, comprendre, inclure, joindre, englober, comporter ; prévoir, reprendre, faire figurer, insérer, intégrer ; rattacher *[territoire à autre entité]*. **2** *tr.* constituer *[entreprise]* en société. **3** *intr. [entreprise]* se constituer en société.

incorporated *adj.* doté de la personnalité morale ; **company ~ in Ohio** société (anonyme) constituée en Ohio ; **company ~ in Spain** société (anonyme) espagnole, société de droit espagnol. ✪ **~ enterprise** (entreprise constituée en) société ; **~ partnership** société en commandite par actions.

incorporation *n. Sociétés* constitution en société.

increasing *adj.* de plus en plus net, de plus en plus important/prononcé, grandissant, de plus en plus abondant. ✪ **~ returns** *Écon.* rendements croissants.

increasingly *adv.* de plus en plus ; **~ effective** dont l'efficacité va croissant.

increment *n.* **1** augmentation, accroissement, hausse, développement, croissance ; **population ~** augmentation de la population. **2** augmentation de rémunération *[automatique et périodique] ; ONU* avancement d'échelon. **3** supplément, adjonction ; (faible) augmentation *[faisant partie d'une série]*. **4** tranche. **5** *Inf.* incrément.

incremental *adj.* **1** supplémentaire, d'appoint ; **~ effect** effet cumulatif. **2** *[changement]* progressif, graduel ; petit, limité, peu important, *[amélioration]* léger ; **~ approach** démarche graduelle ; **~ difference** petite différence. **3** *Écon., Gestion* marginal. ✪ **~ cost** coût marginal ; **~ revenue** recette marginale.

incriminating *adj. [document]* compromettant.

incumbent *n.* **1** élu, mandataire, titulaire, président, etc. en exercice. **2** député/président sortant ; **~s are likely to be re-elected** les députés sortants ont de bonnes chances d'être réélus.

incumbent *adj.* **1** en poste, en exercice, au pouvoir. **2** *[député, candidat]* sortant. **3 it is ~ on sb to** il incombe à qqn de, il est du devoir de qqn de, qqn est tenu de.

incur v. *tr.* **1** encourir *[déplaisir de qqn]*, s'exposer à, s'attirer, aller au devant de. **2** effectuer, exposer, engager *[dépenses]*, supporter *[coûts]*. **3** contracter *[dette, engagements]*. **4** accuser, enregistrer *[déficit]*, subir *[perte, préjudice, dommages]*.

indecency *n. Dr.* acte impudique.

indecent *adj. Dr.* ✪ **~ assault** attentat à la pudeur ; **~ exposure** exhibitionnisme, outrage public à la pudeur ; **~ liberties** acte impudique.

indecisive *adj.* indécis, irrésolu, incapable de prendre des décisions, velléitaire, hésitant.

indeed *adv.* en effet, effectivement, bel et bien, de fait ; à telle enseigne que ; bien entendu ; vraiment, singulièrement, tout particulièrement ; en fait, au contraire ; d'ailleurs, aussi, en conséquence, c'est pourquoi, c'est que ; **or ~** ou même, voire ; **there are solid or ~ overwhelming evidence against the accused** il existe des preuves convaincantes, voire accablantes, contre l'accusé.

indefinite *adj.* **1** indéterminé, indéfini, mal défini, incertain ; de durée indéterminée ; **~ strike** grève illimitée/au finish. **2** imprécis, vague, flou.

indefinitely *adv.* indéfiniment ; sine die.

indemnity *n.* **1** indemnité. **2** garantie, cautionnement, sûreté. ✪ **~ bond** cautionnement ; **~ insurance** assurance dommages.

Independence Day *ÉU* fête de l'Indépendance.

indent *n.* **1** *Typographie* retrait. **2** tiret *[= partie de texte introduite par un tiret]*. **3** *RU* commande.

independent *adj.* ✪ **~ auditor** commissaire aux comptes ; **~ school** *RU* école privée ; **~ variable** variable indépendante *[= variable dont la valeur détermine celle de la variable dépendante]*.

index *n.* **1** index *[des matières, des auteurs]*. **2** indice *[boursier, des prix]*. **3** *Math.* degré *[d'une racine]*. ✪ **~ card** fiche ; **~ entry** mot-clé ; **~ fund** *FCP* fonds indiciel ; **~ futures** opérations à terme sur indices (boursiers) ; **~-linked** *adj.* indexé ; **~-linked bond** obligation indexée ; **~-linked fund** *FCP* fonds indiciel ; **~ linking** indexation ; **~ number** indice ; **~ options** options sur indices (boursiers) ; **~-tracking fund** *FCP* fonds indiciel.

indexed *adj.* ✪ **~ bond** obligation indexée ; **~ fund** *FCP* fonds indiciel ; **~ investment trust** *FCP* fonds indiciel.

Indian and Northern Affairs Canada Affaires indiennes et du Nord Canada.

indicative *adj.* **1** *[tarif, planification]* indicatif. **2 (of)** révélateur de, indiquant ; **to be ~ of** révéler, montrer, mettre en évidence.

indicator light clignotant.

indices *n. pl.* de index.

indictable offence *Angl.* infraction grave ; *Can.* acte criminel.

indictment *n.* **1** *Dr.* mise en examen ; acte d'accusation ; chefs d'accusation ; **on conviction on ~** *Angl.* en cas de condamnation après mise en examen ; **for using heroin, the maximum penalty on ~ is 2 months' imprisonment** en cas de consommation d'héroïne, la peine maximale après mise en examen est de deux mois d'emprisonnement. **2** *Fig.* attaque, condamnation, réquisitoire.

indifference curve *Écon.* courbe d'indifférence.

indifferent *adj.* **1** indifférent. **2** médiocre, piètre ; quelconque, ni bon ni mauvais, sans attrait.

indigenous *adj.* **1** local, national ; **(to)** propre à. **2** *[population]* autochtone. ✪ **~ people** population(s) autochtone(s).

indirect *adj.* ✪ **~ contempt (of court)** atteinte indirecte à l'autorité du tribunal *[= acte contraire à une décision judiciaire]* ; **~ cost** *Gestion* coût fixe/constant ; **~ insurance** assurance indirecte ; **~ labour** main-d'œuvre indirecte ; **~ quotation** *Change* cotation au certain ; **~ taxes** impôts indirects.

indirection *n.* 1 manœuvre (détournée), détour, procédé indirect, faux-fuyant, ruse, subterfuge ; manque de franchise. 2 malhonnêteté ; fraude. 3 absence de but.

indiscretion *n.* 1 indiscrétion. 2 imprudence ; acte inconsidéré ; écart de conduite, inconduite, frasques ; **the president's sexual ~s** les écarts de conduite du président sur le plan sexuel.

indiscriminate *adj. [acte]* aveugle, (réalisé) sans discernement, non ciblé, inconsidéré, intempestif ; général, systématique.

indiscriminately *adv.* sans discernement ; sans distinction, aveuglément, à tort et à travers, systématiquement ; **pollutants that have been ~ dumped into the environment** des polluants qui ont été déversés dans l'environnement sans discernement.

individual *n.* particulier, individu, personne (humaine), être humain, homme, sujet, élément, personnage, intéressé, quelqu'un ; *Dr.* personne physique ; **a product used by ~s and businesses** un produit utilisé par des particuliers et des entreprises ; **a legal system totally indifferent to the ~** un système judiciaire totalement indifférent à la personne humaine ; **only ~s may tender for this translation contract** seules les personnes physiques peuvent présenter des offres pour ce contrat de traduction ; **the rules are not the same for ~s and married couples** les règles ne sont pas les mêmes pour les isolés et les couples mariés.

individual *adj.* 1 particulier, individuel, propre, personnel ; ponctuel ; **~ case** cas d'espèce. 2 particulier, donné, déterminé ; isolé, pris isolément/séparément/individuellement ; l'un ou l'autre, tel ou tel ; **this principle is used not only to make decisions in respect of ~ staff members but also to implement the personnel policy** ce principe est appliqué non seulement pour la prise de décisions relatives à des membres du personnel déterminés, mais également dans la mise en œuvre de la politique du personnel. 3 *pl.* chaque, chacun des, certains, divers, différents ; **the teachers matched their approach to the ~ pupils' needs** les enseignants adaptaient leurs méthodes aux besoins propres à chaque élève ; **the ~ countries** les différents pays ; les pays pris individuellement/isolément ; **strategies are developed for the ~ countries** des stratégies sont élaborées pour les différents pays ; **the country has changed ~ aspects of its commercial policy** le pays a modifié certains aspects de sa politique commerciale. ✪ **~ income tax** impôt sur le revenu des personnes physiques ; **~ proprietorship** entreprise individuelle ; **~ tutorial** *Ens.* séance d'explications individuelle.

individually *adv.* (pris) isolément, (pris) séparément, un par un, individuellement.

indorse *v. tr. voir* endorse.

indorsee *n.* endossataire.

indorsement *n. voir* endorsement.

indorser *n.* endosseur.

induce *v. tr.* 1 **(to)** pousser à, persuader de ; inciter à. 2 provoquer, susciter ; **if swallowed, do not ~ vomiting** en cas d'ingestion, ne pas faire vomir.

induced *adj.* ✪ **~ abortion** avortement provoqué, interruption (volontaire) de grossesse ; **~ investment** *Écon.* investissement induit.

induction course/programme mise au courant à l'entrée en service.

indulge *v.* 1 *tr.* se livrer à, s'adonner à, céder à, s'abandonner à, verser dans, se laisser aller à, donner libre cours à, sacrifier à ; se rendre coupable de, commettre, se permettre, pratiquer ; **at the food fair people ~d their love of fine food** lors de la foire de l'alimentation, les visiteurs se sont adonnés à leur goût pour la bonne chère. 2 *tr.* **to ~ oneself** s'octroyer des satisfactions, prendre du bon temps ; **guests wish to ~ themselves without spending a fortune** les clients veulent s'octroyer des satisfactions sans se ruiner. 3 *intr. Fam.* boire *[= consommer de l'alcool]*. 4 **~ in** se livrer à, s'adonner à, céder à, s'abandonner à, verser dans, se laisser aller à, donner libre cours à, sacrifier à ; se rendre coupable de, commettre, se permettre, pratiquer ; **to ~ in speculation** se livrer à la spéculation ; **the photographers ~d in the morbid pursuit of obtaining outrageous pictures** les photographes ont sacrifié à leur penchant morbide à fixer des scènes scandaleuses sur la pellicule ; **they ~ moderately in alcohol** ils boivent avec modération.

indulgence *n.* 1 indulgence. 2 faiblesse ; plaisir ; hédonisme ; **(in)** pratique de ; **to his less industrialized neighbours in the East, a Westerner appears to lead a life of ~** pour leurs voisins peu industrialisés de l'Est, les Occidentaux semblent jouir d'une existence faite d'hédonisme.

industrial *adj.* 1 industriel. 2 du travail, professionnel, social ; **the factory has been closed due to an ~ dispute** l'usine est fermée en raison d'un conflit du travail. ✪ **~ accident** accident du travail ; **~ action** action revendicative, mouvement revendicatif, action collective, action des travailleurs ; grève ; **~ area** zone industrielle ; **~ assurance** assurance vie populaire ; **~ banker** *RU* société de financement ; **~ base** infrastructure industrielle ; **~ carrier** *Transp. mar.* transporteur pour compte propre ; **~ civil servant** *RU* fonctionnaire affecté à des tâches manuelles ; **~ conflict** conflit du travail ; **~ disease** maladie professionnelle ; **~ design** a) conception industrielle ; création de produits ; études et plans industriels ; esthétique industrielle ; b) dessin ou modèle industriel ; **~ designer** créateur/concepteur de produits ; **~ dispute** conflit du travail ; **~ engineer** ingénieur en organisation ; **~ estate** zone industrielle ; **~ goods** biens d'équipement ; **~ health** hygiène du travail ; **~ hygiene** hygiène du travail ; **~ injuries insurance** assurance contre les accidents du travail ; **~ injury** accident du travail ; **~ insurance** assurance vie populaire ; **~ law** droit du travail ; **~ medicine** médecine du travail ; **~ life assurance/insurance** assurance vie populaire ; **~ park** *ÉU* zone industrielle ; **~ placement** stage en entreprise ; **~ process water** eaux industrielles ; **~ property** propriété industrielle ; **~ relations** relations du travail, relations entre les partenaires sociaux ; **~ safety** sécurité du travail ; **~ staff** *RU* travailleurs manuels *[dans la fonction publique]* ; **~ strife** conflits du travail ; **~ tribunal** tribunal du travail, conseil de prud'hommes ; **~ truck** chariot élévateur ; **~ union** syndicat sectoriel ; **~ unrest** agitation sociale, conflits sociaux ; **~ worker** ouvrier d'usine.

industrialist *n.* industriel ; chef d'entreprise industrielle.

industrials *n. pl. Bourse* valeurs industrielles.

industrious *adj.* actif, diligent, travailleur.

industry *n.* 1 industrie. 2 secteur, branche (d'activité) ; **advertising ~** secteur de la publicité. 3 secteur privé ; **she has worked both for the government and in ~** elle a travaillé dans le secteur public et le secteur privé. 4 entreprises, industriels, fabricants, constructeurs. 5 employeurs, patronat, entreprises, chefs d'entreprise. **6 the two sides of ~** les partenaires sociaux. 7 effort, travail ; ardeur au travail.

ineffective *adj.* 1 inefficace, inopérant. 2 *Dr.* nul, sans effet ; **the ruling of the arbitration tribunal shall remain ~ until ratified by the Higher Court of Justice** la sentence arbitrale restera sans effet jusqu'à ce qu'elle soit confirmée par le tribunal de grande instance.

inefficiency *n.* mauvaise utilisation des ressources, gaspillage de ressources ; manque d'efficacité.

inelastic *adj. Écon. [demande, offre]* inélastique.

ineligible *adj.* **(for)** exclu du bénéfice de ; **he was ~ for the post on grounds of nationality** il ne pouvait obtenir le poste en raison de sa nationalité.

inertial guidance system centrale inertielle.

inertia selling vente forcée.

inescapable *adj.* incontournable, inévitable, inéluctable ; **this conclusion is ~** cette conclusion s'impose.

inexpedient *adj.* inapproprié, mal inspiré, maladroit, inconsidéré, malencontreux, fâcheux, inefficace, à proscrire, inopportun, intempestif, déraisonnable ; peu commode.

INF (intermediate-range nuclear forces) forces nucléaires de portée intermédiaire.

infamous *adj.* 1 tristement célèbre, de sinistre mémoire ; **Frederick West, the ~ murderer, committed suicide** Frederick West, le tristement célèbre meurtrier, s'est suicidé ; **Birkenau is the site of an ~ Nazi camp** Birkenau est une localité où se trouvait un camp nazi de sinistre mémoire. 2 déshonorant, dégradant, honteux ; ignominieux, peu reluisant, peu glorieux, vil, méprisable ; **cruel, ~ or unusual punishment** peines cruelles, dégradantes ou inusitées ; **an ~ period in the history of Japan** une période ignominieuse dans l'histoire du Japon.

infancy *n.* 1 bas âge, première enfance. 2 *Fig.* commencement, début, enfance, origine, (premiers) balbutiements, premiers pas ; **in its ~** en gestation, embryonnaire, à peine amorcé/ébauché, balbutiant ; **to be in its ~** n'en être qu'à ses débuts/ses (premiers) balbutiements, se trouver encore à un stade embryonnaire ; **in 1946 television was in its ~** en 1946, la télévision n'en était encore qu'à ses débuts ; **the debate is still in its ~** le débat ne fait que commencer.

infant *n.* 1 nourrisson. 2 *Dr.* mineur. ✪ **~ and child mortality** mortalité infanto-juvénile ; **~ death syndrome** mort subite du nourrisson ; **~ department** *RU* section préparatoire (d'une école primaire) *[accueille des enfants âgés de moins de 7 ans]* ; **~ formula** préparation pour nourrissons ; **~ mortality** mortalité infantile ; **~ school** *RU* école préparatoire (de l'enseignement primaire) *[accueille des enfants âgés de moins de 7 ans].*

infant *adj. [industrie]* naissant.

infer *v. intr.* **(from)** déduire de ; **from his testimony it was ~red that he was willing to accept bribes** il a été déduit de son témoignage qu'il était disposé à accepter des pots-de-vin.

inference *n.* 1 déduction, conclusion. 2 suggestion.

inferior court tribunal de degré inférieur.

infighting *n.* luttes intestines, rivalités (de personnes), dissensions, luttes de tendances.

inflame *v. tr.* mettre en fureur, indigner, révolter, scandaliser, horrifier, provoquer *[qqn]* ; susciter, exciter, déchaîner, attiser, exacerber *[passions]* ; envenimer *[situation]* ; **to ~ the situation** jeter de l'huile sur le feu.

inflammatory *adj. [déclaration]* provocateur, de nature à heurter les sensibilités ; *[question]* extrêmement délicat ; **to be ~** susciter un vif émoi ; **he made ~ remarks at the rally** il a fait des déclarations provocantes lors du meeting ; **~ literature** textes de nature à exciter les passions.

inflated *adj. Fig.* exagéré, excessif, démesuré, gonflé ; **~ production figures** des statistiques artificiellement gonflées sur la production.

inflation *n.* ✪ **~ accounting** comptabilité d'inflation ; **~-adjusted** *adj.* ajusté pour l'inflation ; **~ allowance** *Compt.* provision pour inflation.

inflationary *adj.* inflationniste. ✪ **~ expectations** anticipations inflationnistes ; **~ gap** écart inflationniste ; **~ pressures** tensions inflationnistes ; **~ spiral** spirale inflationniste.

in-flight *adj. Transp. aériens [services]* à bord, en vol.

inflow of capital afflux de capitaux ; entrées de capitaux.

influence *n.* ✪ **~ peddling** trafic d'influence ; **under the ~** ivre ; **under the ~ of alcohol** sous l'emprise de l'alcool.

infobahn *n.* autoroute(s) de l'information.

inform *v.* 1 *tr.* informer, mettre au courant, mettre au fait, éclairer ; **to ~ sb of sth** informer qqn de qqch., notifier qqch. à qqn ; **the committee was ~ed that** le comité a appris que. 2 *tr.* inspirer, éclairer, guider *[la prise de décision]* ; être à la base de ; contribuer à *[débat]* ; **one central idea has ~ed the government's foreign policy** une idée essentielle a inspiré la politique étrangère du gouvernement ; **no consistent policy ~s these decisions** ces décisions ne reposent sur aucune politique cohérente ; **to ~ public debate** faire en sorte que le débat public repose sur des informations précises ; **the principles which ~ the foreign policy development process** les principes qui président à l'élaboration de la politique étrangère ; **the strategy should be ~ed by the environmental situation** la stratégie doit reposer sur une connaissance de la situation en matière d'environnement. 3 **~ against/on** dénoncer *[qqn].*

informal *adj.* officieux, non officiel, sans caractère officiel, *[réunion]* informel, parallèle, *[discussions]* à bâtons rompus, sans ordre du jour, de couloir ; *[ton]* familier ; sans cérémonie, sans formalisme, non protocolaire ; libre, souple, naturel, détendu, décontracté, spontané, improvisé ; non structuré, non institutionnalisé, non-directif ; **~ education** instruction non scolaire ; **~ sector** *PVD* secteur traditionnel/informel.

information *n.* 1 information(s), renseignements, données, éléments, indications, éclaircissements. 2 *Dr. pénal Angl.* exposé des faits délictueux *[établi par la police],* dénonciation *[par un particulier]* ; *ÉU* acte d'accusation ; **to lay an ~** déposer un exposé de faits délictueux, présenter une dénonciation ; **to lay an ~ before a Magistrate** saisir un *Magistrate* d'un exposé de faits délictueux/d'une dénonciation. ✪ **~ base** capital/stock d'informations (accumulées), informations accumulées ; **~ highway** autoroute(s) de l'information ; **~ kiosk** *Inf.* borne d'information ; **~ officer** agent/fonctionnaire chargé de l'information ; responsable de l'information *[s'il n'y en a qu'un seul]* ; **~ overload** excès/masse/pléthore/surabondance d'informations, déferlement de l'information ; **~ pack(age)**

dossier (d'information) ; **~ superhighway** autoroute(s) de l'information ; **~ technology** technologies de l'information ; informatique.

informed *adj.* **1** *[personne]* (bien) informé. **2** *[décision]* pris en connaissance de cause, reposant sur des informations appropriées ; *[consentement]* éclairé, donné en connaissance de cause ; **to make an ~ choice** choisir en connaissance de cause.

informer *n.* **1** indicateur *[de police]*. **2** informateur.

infra-red heat seeking missile missile à guidage infrarouge.

infringe *v.* **1** *tr.* violer, enfreindre, contrevenir à, bafouer, désobéir à *[règles]*. **2** *tr.* violer, porter atteinte à *[droits]* ; **the aircraft ~d Iraq's airspace** l'avion a violé l'espace aérien de l'Irak. **3 ~ on** porter atteinte à, violer *[droit]*.

infringement *n.* **1** violation, infraction, contravention, inobservation, non-respect, méconnaissance, manquement, entorse. **2** violation *[de droits]* ; **~ of a copyright** atteinte au droit d'auteur ; **~ of a patent/trade mark** contrefaçon d'un brevet/d'une marque. ✪ **~ action** *Dr. d'auteur, Brevets* action en contrefaçon ; **~ proceedings** *UE* procédure d'infraction.

infringing copy exemplaire contrefait *[d'une œuvre]*, copie illicite.

infusion *n. Méd.* perfusion.

ingenuity *n.* ingéniosité.

ingenuous *adj.* **1** franc, sincère. **2** naïf, candide.

ingrained *adj.* ancré, profondément enraciné, incrusté.

Ingushetia *n. Russie* Ingouchie.

inhabited *adj.* habité.

inhalant *n.* substance volatile.

inherent *adj.* **1 (in)** inhérent à, qui va de pair avec, propre à, qui découle nécessairement de, indissociable de, indissolublement/inextricablement lié à ; **the pitfalls ~ in this approach** les écueils inhérents à cette méthode ; **the risks ~ in space travel** les risques qui vont de pair avec les voyages dans l'espace. **2** spécifique, caractéristique, propre, particulier ; lié, afférent ; foncier, fondamental, intrinsèque, interne ; naturel ; **with its ~...** avec en corollaire..., avec son cortège de..., avec le... que cela suppose ; **the ~ inefficiency of public enterprises** le manque d'efficacité propre aux entreprises publiques ; **the ~ dishonesty of such practices** la malhonnêteté foncière de telles pratiques ; **he viewed patronage as an ~ evil** il considérait que le clientélisme était foncièrement pernicieux ; **a temporary solution was found but the ~ problem was not corrected** une solution temporaire a été trouvée, mais il n'a pas été remédié au problème fondamental ; **~ right** droit absolu/inaliénable/naturel ; **the ~ right of individual or collective self-defence** le droit naturel de légitime défense, individuelle ou collective. ✪ **~ part** partie intégrante ; **~ vice** *Dr.* vice propre.

inherently *adv.* intrinsèquement, foncièrement, fondamentalement ; forcément, nécessairement, par définition, par nature, par essence, essentiellement, par sa nature même, par lui-même, par excellence ; **~ wrong** foncièrement mauvais ; **large organizations with no clearly defined structures are ~ inefficient** les grandes organisations dépourvues de structures bien définies sont foncièrement inefficaces ; **exchange-rate fluctuations are ~ unpredictable** les fluctuations des taux de change sont par nature imprévisibles ; **investments are ~ risky** tout placement comporte nécessairement des risques.

inheritance tax droits de succession.

inherited disease maladie héréditaire.

inhibit *v. tr.* gêner, entraver, faire obstacle à, s'opposer à, freiner, neutraliser, désactiver, ralentir, pénaliser, diminuer, inhiber, empêcher, arrêter, interdire, paralyser ; **this drug ~s the body's natural rejection response** ce médicament neutralise la réaction naturelle de rejet de l'organisme.

inhibited *adj.* **1** inhibé ; réservé. **2** gêné, entravé, freiné, paralysé, bloqué.

in-house *adj. voir* house.

initial *adj.* ✪ **~ charge** *FCP* droits d'entrée, commission/frais de souscription ; **~ expenses** frais de premier établissement ; **~ fees** *FCP* droits d'entrée, commission/frais de souscription ; **~ public offering** *ÉU* introduction en Bourse.

initials *n. pl.* **1** initiales. **2** paraphe.

initiate *v. tr.* engager, entreprendre, lancer, prendre l'initiative de, mettre en chantier/mouvement/route, amorcer, impulser, entamer, enclencher, être à l'origine de, provoquer, déclencher, entamer, commencer, introduire, instaurer, établir, mettre en place ; **~d by** engagé, etc. à l'initiative de ; **to ~ proceedings** *Dr.* engager une procédure ; **to ~ negotiations** ouvrir des négociations.

inject *v. tr. Fig.* **(into)** apporter à, procurer à, doter de, conférer à, faire bénéficier de, introduire dans, insuffler dans ; *Écon.* injecter *[capitaux]* dans *[entreprise]* ; **to ~ new life into** redonner vie à, réactiver, revigorer, revivifier, relancer, donner un nouvel élan à, insuffler un nouveau dynamisme à.

injection *n. Fig.* apport *[de fonds, de capitaux]*, dotation.

injured *adj.* **1** blessé. **2** lésé. ✪ **~ party** *Dr.* partie/personne lésée, victime.

injurious *adj.* nocif ; **(to)** nuisible à *[santé]* ; **to be ~ to** nuire à.

injury *n.* **1** blessures, lésions, traumatisme, dommages (corporels) ; accident. **2** dommage, préjudice, tort ; acte dommageable, atteinte.

ink jet printer *Inf.* imprimante à jet d'encre.

inland *adj.* **1** intérieur *[= situé dans le pays]*. **2** situé à l'intérieur des terres/du pays. ✪ **~ bill (of exchange)** *RU* lettre de change sur l'intérieur ; **~ flight** *Transp. aériens* vol intérieur ; **~ marine insurance** assurance de navigation intérieure ; **~ navigation** navigation intérieure ; **~ port** port fluvial/intérieur ; **Inland Revenue** *RU* Administration des contributions, fisc ; **~ sea** mer fermée ; **Inland Sea** *Japon* mer Intérieure ; **~ vessel** bateau de navigation intérieure, péniche ; **~ waterway** voie navigable/fluviale, voie d'eau ; **~ waterway bill of lading** connaissement fluvial ; **~-waterway network/system** réseau de voies navigables.

inland *adv.* à l'intérieur (des terres/du pays), dans/vers l'intérieur des terres/du pays.

in-line processing *Inf.* traitement en ligne.

INMARSAT (International Maritime Satellite Organization) INMARSAT (Organisation internationale de télécommunications maritimes par satellites).

in-migration *n.* immigration interne.

innately *adv.* par essence, par nature, essentiellement, intrinsèquement, foncièrement, fondamentalement.

inner *adj.* intérieur ; profond, intime ; **driven by ~ conviction** mû par une intime conviction ; **~ London** partie centrale de Londres *[par opp. au Grand Londres]*. ✪ **~ cabinet** *Pol.* cabinet restreint ; **~ circle** entourage (immédiat), (groupe de) proches collaborateurs/conseillers, groupe restreint ; **[Bush brought several women into his ~ circle** Bush a inclus plusieurs femmes parmi ses proches collaborateurs*]* ; **~ city** a) centre urbain, quartiers centraux ; b) quartiers pauvres/défavorisés/misérables (du centre), bas-fonds ; **~ ear** oreille interne ; **Inner Mongolia** *Chine* Mongolie-Intérieure ; **~ planets** planètes telluriques *[= Mercure, Vénus, Terre et Mars]* ; **~ sanctum** Saint des Saints.

innocent *adj. Dr.* **1** innocent. **2** inoffensif, involontaire, commis de bonne foi. ✪ **~ passage** *Dr. de la mer* passage inoffensif.

innocently *adv.* **1** innocemment. **2** sans s'en rendre compte.

innovative *adj.* novateur, innovateur, inventif, original, inédit, neuf, révolutionnaire.

innumerate *adj.* incapable de calculer ; *Fam.* nul en calcul/mathématiques.

inoperative *adj. Dr.* nul ; caduc.

inordinate *adj.* énorme, immense, démesuré, disproportionné, excessif, déraisonnable, *[montant, exigences]* exorbitant ; **the committee spent an ~ amount of time drawing up rules of procedure** les membres du comité ont consacré un temps énorme à l'élaboration d'un règlement intérieur.

inordinately *adv.* excessivement.

inorganic *adj.* **1** *Chimie* inorganique, minéral ; **~ chemistry** chimie minérale. **2** artificiel. **3** inanimé.

in-patient *n.* malade hospitalisé ; **~ care** soins aux malades hospitalisés, soins en établissement.

in personam *Dr. [action, procès, jugement]* dirigé contre une personne ; *[droit]* opposable à une personne.

in-person meeting réunion de type traditionnel *[par opp. à une réunion à distance]*.

in-pile *adj. Nucl.* en réacteur.

input *v. tr. Inf.* saisir, introduire, entrer *[données]*.

input *n.* **1** apport, contribution, participation, aide, assistance ; propositions, suggestions ; **to provide ~ to** contribuer à, concourir à, apporter son concours à, apporter une contribution à, aider à, être utile dans le cadre de, participer à la réalisation de, apporter sa pierre à, enrichir ; **the committee's ~ to the conference took the form of seven short reports** l'apport du comité aux travaux de la conférence a pris la forme de sept rapports succincts ; **mechanisms to ensure staff ~** des mécanismes permettant au personnel de participer au processus ; **the expert's presentation will provide ~ for the final report** l'exposé de l'expert sera incorporé au rapport final. **2** moyens mis en œuvre, ressources *[investies dans une activité/un projet/un programme, consacrées à une activité, etc.]*. **3** *Écon.* facteur de production, intrant, moyen de production ; *Agr.* moyen de production ; **agricultural ~s such as fertilizers and pesticides** des moyens de production agricoles tels que des engrais et des pesticides ; **oil is a key ~ in the plastics industry** le pétrole est une matière première essentielle dans la plasturgie. **4** entrée(s) *[dans un système quelconque, par opp. à output]*. **5** *Inf.* saisie, introduction, entrée *[de données]*. ✪ **~ device** *Inf.* périphérique d'entrée ; **~-output analysis** analyse des entrées-sorties ; **~-output bus** *Inf.* bus d'entrée/sortie ; **~-output table** tableau (des) entrées-sorties ; **~ tax** *TVA* taxe d'amont ; **~ unit** *Inf.* périphérique d'entrée.

inquest *n. Dr.* information judiciaire sur les causes de la mort *[menée par un coroner]*.

inquiry *n.* **1** demande de renseignements ; **to make inquiries** se renseigner, demander des renseignements. **2** enquête ; instruction.

inquisitorial procedure *Dr.* procédure inquisitoire.

INR (Indian rupee) *ISO* INR (roupie indienne).

in rem *Dr. [action]* réel, *[procès, jugement]* portant sur un bien/des biens.

inroad *n. sg ou pl.* **1** invasion, incursion, irruption. **2** empiétement, pénétration, percée, atteinte, ingérence, immixtion, intervention, influence ; gains, conquête, succès ; **to make ~s into/on** empiéter sur ; prendre pied en/dans, étendre son emprise à, gagner, acquérir une part croissance du/dans, entamer, progresser aux dépens de ; **to make ~s into the butter market** prendre pied sur le marché du beurre, conquérir une part du marché du beurre ; **women are making ~s into professions that were previously considered male preserves** les femmes s'imposent dans des professions qui étaient autrefois considérées comme des chasses gardées masculines ; **Republicans are making ~s among urban Blacks** les Républicains marquent des points auprès des Noirs des villes ; **this theory is making ~s in the scientific community** cette théorie fait son chemin dans la communauté scientifique.

INS (Immigration and Naturalization Service) *ÉU* Services de l'immigration.

ins and outs (tous les) détails/renseignements, moindres détails, tenants et aboutissants, différents aspects, tout ce qu'il faut savoir, arcanes.

insanity *n.* aliénation mentale, démence ; **to plead not guilty by reason of ~** plaider non coupable pour cause de démence. ✪ **~ plea** défense fondée sur la démence.

inscribed stock titres nominatifs.

insect *n.* ✪ **~-borne disease** maladie transmise par les insectes ; **~ repellent** insectifuge.

insensitive *adj.* dépourvu de tact.

in-service training formation en cours d'emploi/en entreprise/sur le tas.

insert *v. tr.* **1** insérer. **2** introduire. **3** (faire) insérer, faire paraître *[annonce]*. **4** mentionner, indiquer, inscrire.

insert *n. Publ.* encart (publicitaire).

inset *n.* **1** *Publ.* encart (publicitaire). **2** *Cartographie* carton.

in-shore fishing pêche côtière.

inside *adj.* ✪ **~ back cover** troisième de couverture *[d'un magazine]* ; **~ director** administrateur participant à la gestion ; **~ front cover** deuxième de couverture *[d'un magazine]* ; **~ information** informations de première main ; informations privilégiées/confidentielles ; **~ job** délit/crime commis par/avec l'aide d'un proche de la victime/d'un membre du personnel ; **~ out** *[connaître qqch.]* à fond, comme sa poche, sur le bout des doigts ; *[***she knows these complex administrative procedures ~ out** ces procédures administratives complexes n'ont plus aucun secret pour elle*] ;* **~ story** *Journ.* dessous (de l'affaire), dossier secret, révélations, informations qui jusqu'à présent n'étaient connues que de quelques initiés ; **~ track** *Fig.* bonne position, position avantageuse ; *[***to have the ~ track** tenir la corde, être bien placé*]*.

insider *n.* personne bien informée/bien placée, initié, homme de la maison, spécialiste, expert, professionnel ; **a phenomenon well known to industry ~s** un phénomène bien connu des spécialistes du secteur. ✪ **~ dealing/trading** délit d'initié.

insight *n.* **1** discernement, pénétration, perception, perspicacité, compréhension ; **the curriculum enables pupils to gain knowledge and ~** le programme des cours permet aux élèves d'apprendre et de comprendre ; **a social scientist of unusual ~** un sociologue doté d'une perspicacité peu commune. **2** prise de conscience ; intuition ; trouvaille, révélation, illumination. **3** connaissances, indication(s), observation, données, informations, points de repère, source d'inspiration, idée, aperçu, clé, éclairage, enseignements, regard ; jour ; éclaircissement ; **to gain ~ into** se familiariser avec ; **to give/provide (an) ~ into/on/to** donner un aperçu de/une idée de, familiariser avec, permettre de mieux connaître/comprendre, éclairer ; jeter une lumière nouvelle sur ; **to provide interesting ~s** fournir des indications intéressantes ; **Darwin's ~s have been applied to social sciences** les idées de Darwin ont été appliquées aux sciences sociales ; **Chapter 2 gives us some ~ into the learning process** le chapitre 2 nous donne un aperçu du processus d'apprentissage ; **this discovery provides valuable ~s into the origin of the universe** cette découverte livre des enseignements précieux sur l'origine de l'univers. **4** *Psych.* compréhension soudaine (de la situation), compréhension intuitive (de la situation), prise de conscience de la signification des symptômes par le patient.

insist *v.* **1** *tr.* **(that)** demander instamment/avec insistance que ; exiger que, préconiser de ; **psychologists ~ that left-handers should not be forced to write with their right hand** les psychologues préconisent de ne pas obliger les gauchers à écrire de la main droite. **2** *tr.* **(that)** assurer que, affirmer avec force que, soutenir que, maintenir que ; tenir à faire savoir/à préciser que ; **Professor Steinitz ~s that sooner or later the universe will cease expanding** le professeur Steinitz soutient que, tôt ou tard, l'expansion de l'univers prendra fin. **3 ~ on** exiger, ne pas renoncer à ; **to ~ on doing sth** tenir (absolument) à faire qqch. ; **the Kurds are ~ing on their rights** les Kurdes exigent le respect de leurs droits ; **some Unionists are ~ing on Sinn Fein's removal from the talks** certains unionistes exigent que le Sinn Fein soit écarté des négociations ; **I ~ on reimbursing your expenses** je tiens à vous rembourser vos frais.

in situ sur place, en place ; *in situ.*

in so far as dans la mesure où, dès lors que.

insolvency *n.* insolvabilité ; cessation de paiements ; faillite.

inspect *v. tr.* **1** inspecter, vérifier, contrôler. **2** examiner, étudier ; consulter ; prendre connaissance de *[documents] ;* **the auditor ~ed the company accounts** le commissaire aux comptes a examiné la comptabilité de l'entreprise.

inspection *n.* **1** inspection, vérification, contrôle. **2** examen, consultation *[d'un registre] ;* **the documents are available for public ~** les documents peuvent être examinés par toute personne qui le souhaite. **3** visite *[d'un navire, etc.]*.

inspector of taxes *RU* contrôleur des impôts.

inspiration *n.* **1** inspiration ; **the ~ for** ce qui a inspiré ; **the founding fathers of the new free-trade area looked to the European Union for ~** les fondateurs de la nouvelle zone de libre-échange se sont inspirés de l'Union européenne. **2** idées (nouvelles) ; **the blue-ribbon panel provided advice and ~ to the governing body of the organization** la commission de sages a donné des conseils et des idées à l'organe directeur de l'organisation. **3** exemple, modèle, inspirateur, source d'inspiration, maître à penser, guide (intellectuel), référence ; **to be an ~ to** être un exemple pour, servir de modèle à ; **Nelson Mandela is an ~ to all oppressed people yearning for freedom** Nelson Mandela est une référence pour tous les peuples opprimés qui aspirent à la liberté ; **the new Afghan rulers take ~ from Iranian ayatollahs** les nouveaux dirigeants afghans prennent pour modèles les ayatollahs iraniens ; **Freud was an ~ to most psychoanalysts of the second half of the twentieth century** Freud a exercé une influence sur la plupart des psychanalystes de la seconde moitié du XXe siècle. **4** influence ; **to be the ~ for** être à l'origine de ; **to draw ~ from** être influencé par *[exemple]*, s'inspirer de *[philosophie]*. **5** stimulant, stimulation ; **the Commonwealth has found a new ~** le Commonwealth s'est ressourcé.

inspirational *adj. [chef]* capable de galvaniser/mobiliser *[masses, électeurs, membres d'un parti], [action]* stimulant, mobilisateur.

inspire *v. tr.* **1** inspirer ; **his charisma stems from his ability to ~ hope in his followers** son charisme tient à son aptitude à donner de l'espoir à ses partisans. **2** motiver, mobiliser, galvaniser ; **she managed to ~ the salespeople** elle a réussi à galvaniser le personnel de vente.

inst. (instant) courant ; **on the 18th ~** le 18 courant.

install *v. tr. Inf.* installer *[programme]*.

installation grant *ONU* indemnité d'installation.

installed capacity *Énergie* puissance brute.

instalment *n.* **1** tranche, versement, remboursement partiel ; échéance ; mensualité ; semestrialité ; *pl.* versements échelonnés ; **payment by ~s** paiement échelonné. **2** livraison, fascicule. **3** partie *[d'un travail réalisé en plusieurs étapes]*. ✪ **~ credit/loan** *ÉU* crédit échelonné ; **on the ~ plan** à crédit.

instance *n.* **1** exemple ; cas ; **for ~** par exemple. **2** instance, demande ; **at sb's ~** *Dr.* à la demande de qqn, à l'instance de qqn. **3** *Dr.* instance. ✪ **at the first ~** *Dr.* en première instance ; **in the first ~** a) dès le début, d'emblée, d'entrée de jeu, tout de suite, dès le départ ; b) dans un premier temps, (tout) d'abord, en premier lieu ; c) au premier chef ; d) *Dr.* en première instance.

instant *adj.* **1** immédiat ; **~ success** succès immédiat ; **~ access to information** accès immédiat à l'information. **2** *Dr.* **the ~ case** l'espèce. ✪ **~ access** *Banque* possibilité de retrait immédiat ; **~ access account** compte à vue ; **~ camera** appareil photographique à développement instantané ; **~ meal** plat cuisiné ; **~ messaging** *Internet* messagerie instantanée.

instantly *adv.* du jour au lendemain, sur-le-champ, d'emblée, tout de suite.

instead *adv.* au lieu de cela, plutôt, au contraire. ✪ **~ of** au lieu de, en lieu et place de, en remplacement de.

instigate *v. tr.* être l'instigateur de, être à l'origine de ; fomenter *[coup d'État]* ; **he ~d a plot to blow up the parliament building** il a été à l'origine d'un complot visant à faire sauter le parlement.

instil *v. tr.* inculquer *[principe]*, instiller *[médicament, idée]*, insuffler *[courage]*, inspirer *[crainte, confiance]*, susciter ; **to ~ discipline and obedience** inculquer la discipline et l'obéissance ; **to ~ the idea of self-sufficiency in inherently meek people** aider des personnes foncièrement timorées à faire l'apprentissage de l'autonomie ; **warders ~ fear in the prisoners** les gardiens inspirent de la crainte aux détenus ; **the Prime Minister was able to ~ confidence in the new government** le Premier ministre est parvenu à susciter la confiance dans le nouveau gouvernement.

instinct *n. Fig.* intuition.

institute *v. tr.* **to ~ (legal) proceedings** intenter une action (en justice), intenter un procès/recours, former/introduire un recours, engager/exercer des poursuites, engager/ouvrir une procédure, introduire une instance, saisir les tribunaux, porter l'affaire devant les tribunaux ; **to ~ proceedings against** attaquer en justice ; **the International Labour Organization shall possess the capacity to ~ legal proceedings** l'Organisation internationale du travail a la capacité d'ester en justice.

Institute of Directors *RU* Institute of Directors *[= l'une des deux organisations patronales britanniques]*.

institution *n.* **1** organisation, organisme ; établissement *[d'enseignement, financier, de crédit]* ; **United Nations ~s** institutions des Nations Unies. **2** établissement *[pénitentiaire, pour malades mentaux]*, centre *[de détention, de recherche]*, institut *[de recherche]*, maison *[d'enfants]*. **3** institution *[telle que le mariage ou l'héritage]*. **4** instauration, adoption ; **the ~ of pollution control procedures** l'adoption de mesures de lutte contre la pollution. ✪ **~ building** *PVD* mise en place de structures administratives ; renforcement des structures administratives.

institutional *adj.* ✪ **~ advertising** publicité institutionnelle ; **~ care** soins en établissement ; **~ investors** investisseurs institutionnels ; **~ memory** mémoire collective, informations disponibles au sein de l'entreprise/l'organisation, capital d'information, informations accumulées.

institutionalization *n.* **1** institutionnalisation *[d'une pratique officieuse]*. **2** placement *[dans une maison de retraite, une maison d'enfants, un hôpital psychiatrique]*.

in-store promotion promotion sur le lieu de vente.

INSTRAW (International Research and Training Institute for the Advancement of Women) Institut international de recherche et de formation pour la promotion de la femme.

instruct *v. tr.* **1** instruire ; former, donner une formation à. **2 (to)** charger de, ordonner à, donner instruction à, donner à *[qqn]* l'ordre de, enjoindre de, prier de. **3 to ~ a barrister** confier une affaire à un avocat.

instructions (for use) mode d'emploi.

instrument *n.* **1** instrument. **2** *Dr.* instrument, acte, texte ; effet, titre. ✪ **~ board** *Aéron.* tableau de bord ; **~ engineering** *Secteur* (fabrication d') instruments de précision ; **~ flight rules** règles de vol aux instruments ; **~ flying** vol aux instruments ; **~ landing system** système d'atterrissage aux instruments ; **~ of ratification** instrument de ratification.

instrumental *adj.* **to be ~ in** contribuer à, participer à, prendre une part active dans, jouer un rôle actif/important dans, être pour beaucoup dans, aider à ; **he was ~ in obtaining sufficient funding for the next stage of the research** il a joué un rôle important dans l'obtention de fonds suffisants pour le financement de l'étape suivante des travaux de recherche. ✪ **~ conditioning** conditionnement instrumental/opérant.

instrumentation *n.* tableau de bord *[d'une voiture, d'un avion]*, instruments de bord *[d'un avion]*.

insufficient funds *Chèque* insuffisance de provision.

insular *adj. Fig.* étroit d'esprit.

insulated *adj.* **1** isolé. **2** *[camion, conteneur, sac]* isotherme. **3** isolant.

insult *n.* ✪ **adding ~ to injury** comme si cela ne suffisait pas.

insurable *adj.* ✪ **~ interest** intérêt assurable ; **~ value** valeur assurable.

insurance *n.* ✪ **~ adjuster** *Ass.* a) rédacteur sinistres ; b) expert ; c) inspecteur ; d) bureau de règlement de sinistres ; e) *Ass. mar.* dispatcheur, commissaire d'avaries ; **~ agent** agent d'assurances ; **~ broker** courtier d'assurances, assureur-conseil ; **~ carrier** assureur ; **~ claim** déclaration (de sinistre) ; demande d'indemnisation/de règlement ; prétentions, montant réclamé ; **~ claims assessor** rédacteur sinistres ; **~ company** compagnies d'assurances ; **~ policy** police d'assurance ; **~ premium** prime d'assurance ; **~ scheme** *RU* régime d'assurance ; **~ stamp** *RU* vignette de cotisations sociales.

intake *n.* **1** ingestion, consommation, absorption ; quantité absorbée ; ration, dose, apport ; **fat ~** consommation de matières grasses ; **recommended daily ~** *Nutrition* apport quotidien recommandé. **2** recrutement. **3** *Ens.* contingent *[d'étudiants]*, élèves/étudiants admis ; **student ~** nombre d'étudiants admis ; **the ~ of students shows a marked increase in the number of women** le contingent d'étudiants fait apparaître une nette augmentation du nombre de femmes ; **a primary school with a mainly male ~** une école primaire fréquentée principalement par des garçons. **4 air ~** entrée d'air.

intangible assets, intangibles *Compt.* immobilisations incorporelles.

integral *adj.* **1** *[partie]* intégrant ; **to be an ~ part of** faire partie intégrante de ; faire corps avec ; **the use of the Internet has become an ~ part of life** la consultation du réseau Internet fait désormais partie intégrante de la vie. **2 to be ~ to** être un élément indispensable à, faire partie intégrante de ; **Russian-American co-operation will continue to be ~ to the International Space Station project** la coopération entre la Russie et les États-Unis continuera de faire partie intégrante des activités centrées sur la Station spatiale internationale. **3** complet. **4** intégré, propre. ✪ **~ calculus** calcul intégral.

integrate *v. tr.* **1** combiner, rassembler (en un tout cohérent), unifier, faire la synthèse de ; **the students should be able to ~ theory and practice** les étudiants doivent être capable de faire la synthèse de la théorie et de la pratique. **2** assurer la cohérence de, harmoniser. **3 (into)** intégrer dans, incorporer à/dans. **4 (with)** réaliser une synthèse harmonieuse entre… et.

integrated *adj.* formant un ensemble/tout cohérent, cohérent ; d'ensemble, coordonné ; **~ policies** ensemble cohérent de politiques ; **an ~ mix of measures** un ensemble cohérent de mesures ; **an integrated policy** une politique d'ensemble. ✪ **~ circuit** *Inf.* circuit intégré ; **~ package** *Inf.* logiciel intégré ; **~ services digital network** réseau numérique à intégration de services ; **~ software** progiciel intégré.

integration *n.* mise en harmonie ; cohérence interne, interdépendance, corrélation étroite.

integrative *adj.* favorisant la coordination/une démarche d'ensemble.

intelligence *n.* **1** intelligence. **2** informations, renseignements. ✪ **~ agency/department** service de renseignements ; **~ gathering** recueil de renseignements, espionnage ; **~ officer** agent de renseignements ; **~ quotient** quotient intellectuel.

intelligent *adj. Inf.* intelligent, programmable. ✪ **~ copier** copieur programmable ; **~ agent** *Inf.* agent intelligent ; **~ terminal** terminal intelligent/programmable.

INTELSAT (International Telecommunications Satellite Organization) INTELSAT (Organisation internationale des télécommunications par satellites).

intend *v. tr.* **1 (to)** avoir l'intention de, compter, se proposer de, entendre. **2 this book is ~ed for** le présent ouvrage est destiné à/s'adresse à. **3 to be ~ed to** être censé, viser à, avoir pour but de, devoir ; **to be ~ ed to do sth** avoir pour objet de faire qqch. ; **it is ~ed that** le but recherché est que, l'intention est que, il faudrait que.

intended *adj.* **1** prévu, visé, recherché. **2 (to)** dont l'objet est de, visant à ; **to be ~ to** avoir pour objet de.

intending *adj.* **~ purchaser** candidat acheteur.

intensify *v.* **1** *tr.* intensifier, renforcer, accentuer, développer, accroître, donner une importance accrue, approfondir, multiplier, accélérer. **2** *intr.* s'intensifier, se renforcer, s'accentuer, se développer, s'accroître, prendre une importance accrue, s'accélérer.

intensive *adj.* intense, de grande ampleur ; approfondi. ✪ **~ agriculture** agriculture intensive ; **~ care** *Méd.* soins intensifs ; **~ care unit** *Méd.* salle/service de(s) soins intensifs ; **~ cultivation/farming** agriculture intensive ; **~ training** formation accélérée.

intent *n.* ✪ **to all ~s (and purposes)** dans la pratique, pratiquement, en fait ; schématiquement.

interact *v.* **I** *intr.* être interdépendant, s'influencer mutuellement, agir l'un sur l'autre, interagir ; **culture and tourism are ~ing** la culture et le tourisme sont interdépendants. **II ~ with 1** avoir des incidences sur... et vice-versa, influer sur... et vice-versa ; **human activities ~ with the environment** les activités humaines influent sur l'environnement et vice-versa. **2** avoir des relations avec, communiquer avec, dialoguer avec ; **whether animals truly ~ with humans is open to question** on peut se demander s'il existe véritablement des relations entre les animaux et les êtres humains. **3** *[produit chimique]* réagir avec.

interaction *n.* **1** interaction, lien(s) ; relations (réciproques). **2** contacts, communication, dialogue, échanges ; coopération ; **social ~(s)** relations sociales, contacts sociaux ; **the ~s between individuals and society** les relations réciproques entre les individus et la société.

inter alia notamment ; *Dr.* entre autres dispositions.

interagency *adj.* interadministrations ; *ONU* interorganisations, interinstitutions.

Inter-American Development Bank Banque interaméricaine de développement.

interbank *adj.* ✪ **~ loan** crédit interbancaire ; **~ (money) market** *RU* marché monétaire interbancaire ; **~ offered rate** taux interbancaire offert ; **~ rate** taux (du marché) interbancaire.

interceptor sewer égout collecteur.

interchange *n.* échangeur.

intercom(munication) system interphone.

interdict *v. tr.* **1** empêcher/interdire le passage de, barrer la route à, interrompre *[approvisionnements]* ; empêcher *[progression de l'ennemi, trafic de drogue]*, bloquer *[route]*, empêcher l'accès à *[pont]*, couper *[voies de communication]* ; **the goal was to ~ supplies to the troops in the south** il s'agissait de bloquer les approvisionnements destinés aux troupes situées dans le sud. **2** interdire.

interdict *n. Dr. Écosse* ordonnance/injonction prohibitive.

interest *n.* **1** intérêt ; *pl.* centres d'intérêt ; **of ~** intéressant, présentant un intérêt, digne d'intérêt ; **of current ~** d'actualité, actuel ; **subject of current ~** thème d'actualité ; **of ~ to** présentant un intérêt pour ; **the company declared its ~ in acquiring the London-Edinburgh line** la société a signalé qu'elle souhaitait acquérir la ligne Londres-Édimbourg. **2 in the ~(s) of** pour, pour des raisons de, dans un but de, en vue de, par souci de, dans un souci de, au nom de, au service de, pour les besoins de, pour favoriser ; **in the ~s of clarity** par souci de clarté ; **in the ~s of peace** pour sauvegarder la paix. **3** *Fin.* intérêt ; **to bear ~** être productif d'intérêt, porter intérêt. **4** groupe, catégorie, milieu ; *pl.* parties intéressées ; **business ~s** milieux d'affaires. **5** *Sociétés* participation ; **to acquire/sell an ~ in a company** acquérir/vendre une participation dans une société ; **to hold a 30% ~ in a company** détenir une participation de 30 % dans une société. **6** importance ; **a matter of little ~** une affaire sans grande importance. **7** *Dr.* droit (réel) ; **~ in property** droit réel. ✪ **best ~(s)** intérêts réels/profonds/bien compris ; *[***in the best ~s of** dans l'intérêt de, pour le plus grand profit de ; **it is in his best ~s to** il a (tout) intérêt à, il a tout à gagner à ; **maintaining the status quo is in the country's best ~s** le pays a tout intérêt à maintenir le statu quo*]* ; **~ arbitrage** arbitrage de taux d'intérêt ; **~-bearing** *adj. [obligation, prêt]* porteur/productif d'intérêts ; *Banque [compte]* rémunéré ; **~ differential** différentiel de taux d'intérêt ; **~-free loan** prêt sans intérêt, prêt à taux d'intérêt nul ; **~ group** groupe de pression ; **~ income** intérêts perçus ; **~ rate** taux d'intérêt, loyer de l'argent ; **~-rate futures** opérations à terme sur taux d'intérêt ; **~-rate risk** risque de taux ; **~ rate swap** swap de taux d'intérêt ; **~ rebate/relief** bonification d'intérêt ; **~ subsidy** bonification d'intérêt.

interestingly *adv.* fait intéressant.

interface *v.* **1** *intr. [deux choses]* être (re)liés, agir l'un sur l'autre, s'influencer mutuellement. **2 ~ with** avoir des liens avec, avoir/entretenir des relations avec, influer sur ; s'articuler avec ; **the secretary of state explained how the project ~d with the government's commitment to public transport** le ministre a expliqué comment le projet s'articulait avec la volonté du gouvernement de privilégier les transports en commun.

interface *n.* **1** *Fig.* relations, contacts, échanges, communication, concertation ; **misunderstandings took place at the client/translator ~** des malentendus se sont produits au niveau de la communication entre le client et le traducteur. **2** *Inf.* interface.

interfere *v.* **~ in, ~ with** s'ingérer dans, intervenir dans, s'immiscer dans, se mêler de, empiéter sur ; gêner, perturber, entraver, faire obstacle à ; contrecarrer, contrarier, empêcher ; affecter, altérer ; compromettre, porter atteinte à, nuire à ; **to ~ with witnesses** *Dr.* tenter d'influencer/d'intimider les témoins, faire pression sur des témoins, suborner des témoins ; **to ~ in Burma's internal affairs** s'ingérer dans les affaires intérieures de la Birmanie ; **the minister ~d in the judicial process** le ministre s'est immiscé dans le processus judiciaire ; **social unrest could ~ with future efforts** des troubles sociaux pourraient entraver les efforts déployés à l'avenir ; **the rules ~ with the efficient allocation of resources** la réglementation entrave la répartition rationnelle des ressources ; **the journalist's friendship with the candidate ~d with his coverage of the campaign** les liens d'amitié entre le candidat et le journaliste ont influencé la façon dont ce dernier a rendu compte de la campagne.

interference *n.* **1 (with)** ingérence dans, intervention dans, immixtion dans, intrusion dans ; atteinte à ; **the government ~ in economic matters** l'ingérence de l'État dans l'économie ; **there was an unreasonable amount of press ~** la presse s'est immiscée de façon inacceptable dans cette affaire. **2** *RTV* interférences, perturbation(s), parasites ; brouillage.

intergovernmental *adj.* ✪ **Intergovernmental Oceanographic Commission** Commission océanographique intergouvernementale ; **Intergovernmental Panel on Climate Change** Groupe d'experts intergouvernemental sur l'évolution du climat.

interim *n.* ✪ **ad ~** par intérim, provisoire, intérimaire ; **in the ~** dans l'intervalle, entretemps.

interim *adj.* **1** *[mesures]* provisoire, temporaire, transitoire. **2** intermédiaire. ✪ **~ accounts** comptes intermédiaires ; **~ bond** obligation provisoire ; **~ dividend** acompte sur dividende, dividende intérimaire ; **~ injunction** *Dr.* ordonnance de référé ; **~ measures** *Dr.* mesures conservatoires ; **~ order** *Dr.* ordonnance de référé ; *[***to grant an ~ order** rendre une ordonnance de référé, ordonner des mesures provisoires/d'urgence/conservatoires*]* ; **~ period** période transitoire ; **~ report** rapport intermédiaire/préliminaire/d'étape.

interior design aménagement de la maison, architecture d'intérieur.

interlaced *adj. Inf.* entrelacé.

interline *v. intr. Transp. aériens* changer de compagnie, passer d'une compagnie à une autre.

interline passenger *Transp. aériens* passager changeant de compagnie.

interlining *n. Transp. aériens* (système) interligne ; changement de compagnie *[par un passager]*.

interlinking *n.* interconnexion.

interlocked *adj.* imbriqué, mêlé, interdépendant, indissociable, combiné.

interlocking *adj.* imbriqué, mêlé, interdépendant, indissociable, combiné. ✪ **~ directorates/directorships** conseils d'administration comportant des membres communs ; **~ investments** participations croisées.

interlocutory *adj. Dr. [jugement]* interlocutoire, avant dire droit. ✪ **~ injunction** ordonnance de référé.

intermediate *adj.* ✪ **~ goods** *Écon.* biens intermédiaires ; **~-level (radioactive) waste** déchets moyennement radioactifs ; **~-range missile** missile à portée intermédiaire ; **~-range nuclear forces** forces nucléaires intermédiaires ; **~ school** *ÉU intermediate school [= école accueillant des élèves âgés de 10 à 14 ans]* ; **~ technologies** technologies intermédiaires/adaptées au tiers monde.

intermediation *n. Fin.* intermédiation.

intern *n. ÉU* **1** interne *[d'un hôpital]*. **2** professeur stagiaire. **3** stagiaire.

internal *adj.* ✪ **for ~ use only** diffusion interne uniquement ; **Internal Affairs Bureau** *ÉU* Inspection générale des services ; **~ audit** vérification interne des comptes, contrôle interne ; **~ auditor** audit(eur) interne ; **~ combustion engine** moteur à explosion, moteur à combustion interne ; **~ depreciation** dépréciation *[d'un bien d'équipement]* due à l'usure ; **~ rate of return** taux interne de rentabilité ; **Internal Revenue Service** *ÉU* Administration fiscale, fisc ; **~ waters** *Dr. de la mer* eaux intérieures.

internalize *v. tr.* **1** *Écon.* internaliser *[externalités]*. **2** *Psych.* intérioriser, adhérer pleinement à *[règle morale]*.

internally displaced déplacé dans son propre pays.

international *adj.* ✪ **International Accounting Standards Committee** Comité international des normes comptables ; **International Agency for Research on Cancer** Centre international de recherche sur le cancer ; **International Air Transport Association** Association du transport aérien international ; **International Atomic Energy Agency** Agence internationale de l'énergie atomique ; **International Bank for Reconstruction and Development** Banque internationale pour la reconstruction et le développement ; **International Chamber of Commerce** Chambre de commerce internationale ; **International Civil Aviation Organization** Organisation de l'aviation civile internationale ; **International Civil Service Commission** *ONU* Commission de la fonction publique internationale ; **International Commission of Jurists** Commission internationale de juristes ; **International Committee of the Red Cross** Comité international de la Croix-Rouge ; **~ community** communauté internationale ; **International Confederation of Free Trade Unions** Confédération internationale des syndicats libres ; **International Council for Local Environmental Initiatives** Conseil international pour les initiatives écologiques locales ; **International Court of Justice** Cour internationale de justice ; **International Covenant on civil and political rights** Pacte international relatif aux droits civils et politiques ; **International Covenant on economic, social and cultural rights** Pacte international relatif aux droits économiques, sociaux et culturels ; **International Criminal Court** Cour pénale internationale ; **International Criminal Police Organization** Organisation internationale de police criminelle ; **International Criminal Tribunal for Rwanda** Tribunal criminel international pour le Rwanda ; **International Criminal Tribunal for the Former Yugoslavia** Tribunal pénal international pour l'ex-Yougoslavie ; **International Date Line** ligne de changement de date ; **International Decade for Indigenous Peoples** Décennie internationale des populations autochtones ; **International Decade for Natural Disaster Reduction** Décennie internationale de la prévention des catastrophes naturelles ; **International Development Association** Association internationale de développement ; **International Energy Agency** Agence internationale de l'énergie ; **International Federation of Air Line Pilots' Associations** Fédération internationale des associations de pilotes de ligne ; **International Federation of Red Cross and Red Crescent Societies** Fédération internationale des sociétés de la Croix-Rouge et du Croissant-Rouge ; **International Finance Corporation** Société financière internationale ; **International Fund for Agricultural Development** Fonds international de développement agricole ; **~ humanitarian law** droit international humanitaire ; **International Labour Office** Bureau international du travail ; **International Labour Organization** Organisation internationale du travail ; **International Law Association** Association de droit international ; **International Maritime Organization** Organisation maritime internationale ; **International Maritime Satellite Organization** Organisation internationale de télécommunications maritimes par satellites ; **International Monetary Fund** Fonds monétaire international ; **International Olympic Committee** Comité international olympique ; **International Organization for Migration** Organisation internationale pour les migrations ; **International Organization for Standardization** Organisation internationale de normalisation ; **International Organization of Consumers Unions** Organisation internationale des unions de consommateurs ; **International Planned Parenthood Federation** Fédération internationale pour le planning familial ; **~ postal reply coupon** coupon-réponse international ; **~ public law** droit international public, droit des gens ; **International Research and Training Institute for the Advancement of Women** Institut international de recherche et de formation pour la promotion de la femme ; **International Road Transport Union** Union internationale des transports routiers ; **International Seabed Authority** Autorité internationale des fonds marins ; **International Telecommunications Satellite Organization** Organisation internationale des télécommunications par satellites ; **International Space Station** Station spatiale internationale ; **International Standard Industrial Classification of All Economic Activities** Classification international type, par industrie, de toutes les branches d'activité économique ; **International System of Units** Système international d'unités ; **International Telecommunication Union** Union internationale des télécommunications ; **International Trade Centre** Centre du commerce international ; **International Tribunal for the Former Yugoslavia** Tribunal international pour l'ex-Yougoslavie ; **International Tribunal for the Law of the Sea** Tribunal international du droit de la mer ; **International Tropical Timber Organization** Organisation internationale des bois tropicaux ; **~ union** *ÉU* syndicat regroupant des travailleurs américains et canadiens ; **International Union of Railways** Union internationale des chemins de fer ; **~ unit** *Pharmacie* unité internationale ; **International War Crime Tribunal** Tribunal pénal international ; **International Whaling Commission** Commission baleinière internationale.

Internet *n.* ✪ **~ appliance** console d'accès à Internet ; **~-access service, ~ (service) provider** fournisseur d'accès Internet ; **~ browser** navigateur Internet ; **~ surfer** internaute.

internist *n.* **1** interniste. **2** *ÉU* médecin non chirurgien/ne pratiquant pas la chirurgie.

interoperability *n.* interfonctionnement, interopérabilité.

Inter-Parliamentary Union Union interparlementaire.

interplay *n.* interaction, relations/influences réciproques ; action conjuguée.

interpenetrating *adj.* enchevêtré.

INTERPOL (International Criminal Police Organization) INTERPOL (Organisation internationale de police criminelle).

interquartile range *Stat.* intervalle interquartile.

interrelated *adj.* interdépendant, liés entre eux, indissociable, connexe, apparenté, voisin ; **closely ~** intimement liés.

interrelationships *n. pl.* liens réciproques.

intersect *v. Fig.* **1** *intr.* se conjuguer, se rejoindre, se rencontrer, se croiser, s'interpénétrer. **2** *tr.* rejoindre, rencontrer, croiser.

intertidal zone zone intercotidale, estran.

intertwined *adj.* interdépendant, étroitement/indissolublement/inextricablement lié.

interval scale *Stat.* échelle d'intervalles.

intervening *adj.* **1** *[période]* qui s'est écoulé depuis lors ; **~ period** entretemps, intervalle ; **in the ~ period** entre-temps, dans l'intervalle ; **when he returned from leave of absence he realized that much had happened in the ~ period** lorsqu'il est revenu après un congé, il s'est rendu compte que beaucoup de choses s'étaient passées pendant son absence. **2** *Dr. [partie]* intervenant. **3** *Dr.* intermédiaire.

intervention price *UE* prix d'intervention.

interview *v. tr.* **1** *[journaliste]* interviewer. **2** avoir un entretien avec. **3** interroger ; **the police ~ed a witness** la police a interrogé un témoin.

interview *n.* **1** interview. **2** entretien, entrevue, conversation, tête-à-tête ; **in-depth ~s with consumers** des entretiens approfondis avec des consommateurs. **3** interrogatoire *[de police]*. ✪ **~ survey** enquête par entretiens.

interviewee *n. Enquêtes* enquêté.

interviewer *n.* **1** *Journ.* intervieweur. **2** *Enquêtes* enquêteur. **3** personne qui conduit l'entretien.

intestate *adj.* intestat, ab intestat ; **to die ~** décéder intestat ; **~ succession** succession ab intestat.

intestinal flora flore intestinale.

in that parce que, dans la mesure où, en ce sens que.

intimacy *n. Dr.* relations sexuelles/charnelles/intimes.

intimate *v. tr.* **1** suggérer, donner à entendre, laisser entendre. **2** annoncer.

intoxicated *adj.* ivre, en état d'ivresse, pris de boisson.

intoxication *n.* ivresse, ébriété.

intractable *adj.* **1** *[personne]* rétif, réfractaire, rebelle, indomptable. **2** *[problème]* épineux, ardu, complexe, tenace ; insurmontable, irréductible, inextricable, insoluble, sans issue.

intranet *n.* intranet.

intrauterine device dispositif intra-utérin.

intravenous drug (ab)user consommateur de drogue par voie intraveineuse.

intra vires *Sociétés* conforme à l'objet social.

intricacies *n. pl.* complexité, subtilités, finesses, arcanes, méandres ; **the intricacies of modern genetics** les subtilités de la génétique moderne.

intriguing *adj.* **1** intrigant. **2** (très/particulièrement) intéressant, passionnant ; **the study produced ~ findings** l'étude a débouché sur des conclusions particulièrement intéressantes.

intrinsic *adj.* indissociable ; **~ part of** partie intégrante de.

introduce *v. tr.* **1** introduire. **2** mettre en place, établir, adopter *[loi, réformes, programme],* lancer, mettre en œuvre *[programme],* instaurer, instituer, mettre en vigueur, appliquer, mettre en application, mettre en œuvre ; créer, mettre en route/en train ; commencer à utiliser, utiliser pour la première fois ; **to ~ new methods of management** adopter de nouvelles méthodes de gestion ; **new technologies have been ~d** des technologies nouvelles ont été adoptées. **3** déposer *[projet de loi].* **4** lancer, commercialiser, mettre sur le marché *[produit nouveau].* **5 (to)** présenter à, donner à *[qqn]* un aperçu de, initier à, inculquer à *[qqn]* les rudiments de ; **to ~ sb to sth/sth to sb** faire connaître qqch. à qqn ; **the course ~d her to the subtleties of Japanese culture** le cours lui a donné un aperçu des subtilités de la culture du Japon ; **to ~ children to the miracle of life** initier des enfants au miracle de la vie ; **he was ~d to woodblock printing** on lui a inculqué les rudiments de la technique de l'estampe.

introductory *adj.* **1** *[observations]* liminaire. **2** *Ens. [cours]* élémentaire, de base. ✪ **~ offer** *Comm.* offre de lancement.

intrusive *adj.* **1** *[bruit]* dérangeant. **2** *[presse]* indiscret, *[question]* inquisiteur. **3** envahissant. **4** *[législation]* (trop) interventionniste ; **many British citizens feel that a requirement to have an identity card would be ~** de nombreux Britanniques estiment que l'obligation de détenir une carte d'identité porterait atteinte à la liberté individuelle.

inure *v. intr. Dr.* **1** entrer en vigueur. **2 (to)** profiter à.

invalid *adj. Dr.* nul (et non avenu), sans effet ; caduc ; périmé. ✪ **~ vote** vote nul.

invalidate *v. tr.* annuler *[jugement, testament],* entraîner la nullité de, rendre caduc, abroger *[loi, décret, arrêté, règlement],* casser *[décision, jugement, mariage],* infirmer, mettre à néant *[jugement, ordonnance],* résilier *[contrat, bail, marché],* invalider *[élection, député]* ; vicier *[contrat]* ; rendre caduc *[principe].*

invasion of privacy immixtion/intrusion dans la vie privée, atteinte à (l'intimité de) la vie privée ; **phone tapping is considered to be a gross ~** les écoutes téléphoniques sont considérées comme une atteinte grave à la vie privée.

invasive *adj. Méd. [technique]* sanglant, effractif, vulnérant, invasif.

invaluable *adj.* inestimable, inappréciable, (très/extrêmement) précieux, extrêmement utile, sans prix, irremplaçable ; **to be ~** rendre d'énormes services.

inventiveness *n.* inventivité, imagination, fertilité d'esprit, créativité.

inventive step *Brevets* activité inventive.

inventory *n.* **1** inventaire. **2** stock(s). ✪ **~ control** gestion/contrôle des stocks ; **~ holding costs** *Gestion* coût de détention des stocks ; **~ management** gestion des stocks ; **~ turnover** rotation des stocks.

inverse video *Inf.* vidéo inverse.

invest *v.* **1** *intr.* investir. **2** *tr.* **(with)** doter *[qqch.]* de, conférer *[qqch.]* à, donner *[qqch.]* à.

investigate *v.* **1** *tr.* enquêter sur, instruire ; étudier ; **to ~ a complaint** instruire une plainte/réclamation. **2** *intr.* mener une enquête.

investigative journalism journalisme d'enquête.

investigator *n.* **1** enquêteur, détective. **2** chercheur, scientifique, expert, spécialiste, auteur ; **(of)** scientifique qui a étudié/accompli des travaux sur *[le sujet considéré]* ; **Becquerel was one of the earliest ~ of radioactive elements** Becquerel a été l'un des premiers scientifiques à étudier les éléments radioactifs.

investment *n.* investissement ; placement ; (prise de) participation ; *pl.* portefeuille ; *pl. Bilan* participations ; **gold is no longer a safe ~** l'or n'est plus un placement sûr. ✪ **~ adviser** conseiller en placements ; **~ allowance** *Fisc.* déduction pour investissement ; **~ bank** banque d'affaires ; **~ banking** opérations de banque d'affaires ; activités des banques d'affaires ; domaine d'activité des banques d'affaires ; **~ budget** budget d'équipement ; **~ club** cercle/club d'investissement ; **~ company** société d'investissement ; **~ fund** fonds (commun) de placement ; **~ goods** biens d'équipement ; **~-grade securities** *ÉU* valeurs de placement ; **~ grant** aide/prime à l'investissement ; **~ income** a) revenus de placements ; b) *Fisc. RU* revenus du capital ; **~ in physical assets** investissements en capital fixe ; **~ in plant and machinery** investissement d'équipement ; **~-linked policy** *Ass.* police s'appuyant sur des fonds communs de placement ; **~ manager** gestionnaire de portefeuille ; **~ multiplier** *Écon.* multiplicateur d'investissement ; **~ opportunity** possibilité de placement (lucratif) ; instrument de placement ; **~ portfolio** portefeuille de titres ; **~ product** instrument de placement ; **~ securities** valeurs (bien) classées ; **~ trust** *RU* fonds commun de placement (à capital fixe) ; **~ trust company** société d'investissement ; **~ trust share** part dans un fonds commun de placement (à capital fixe) ; **~ vehicle** instrument de placement.

investor *n.* investisseur ; épargnant.

invidious *adj.* péjoratif ; désobligeant, déplaisant ; odieux ; (très) désagréable, pénible, peu enviable, inconfortable ; *[tâche]* ingrat ; **~ comparison** comparaison odieuse/désobligeante.

invigorate *v. tr.* tonifier, renforcer, dynamiser.

invisible *adj. Écon.* ✪ **~ balance** balance des invisibles ; **~ exports** exportations invisibles ; **~ hand** main invisible ; **~ imports** importations invisibles ; **~ items** (postes) invisibles.

invisibles *n. pl. Écon.* invisibles, transactions invisibles.

invitation *n.* ✪ **~ card** carton d'invitation ; **~ to tender** appel d'offres.

invite *v. tr.* **1** inviter. **2** provoquer, susciter, encourager, favoriser, aller au devant de, s'exposer (inutilement) à, faire courir le risque de, s'attirer, être voué à, rendre inéluctable ; **appeasement ~s aggression** la conciliation à tout prix encourage l'agression. **3** solliciter ; **to ~ applications** solliciter des candidatures ; **to ~ bids** lancer un appel d'offres ; **to ~ questions from the audience** inviter le public à poser des questions ; **the editor of the journal ~ed papers from renowned scientists** le rédacteur en chef de la revue a sollicité des articles de scientifiques renommés.

in vitro fertilization fécondation in vitro.

invoke *v. tr.* **1** invoquer *[divinité]* ; faire apparaître ; faire reprendre du service à, se réclamer de *[dirigeant décédé]* ; **nowadays, few union leaders are invoking Lenin** aujourd'hui, peu de dirigeants syndicaux se réclament de Lénine. **2** causer, provoquer, susciter *[l'enthousiasme]*, apporter, déclencher *[changements]*. **3** s'appuyer sur *[théorie]*, invoquer, avancer, mettre en avant, arguer de *[motif]*, exciper de, se retrancher derrière. **4** demander, faire appel à, avoir recours aux services de, mettre à contribution, demander l'aide de ; solliciter. **5** appliquer, infliger *[sanctions]*. **6** demander l'application de/le respect de/la mise en œuvre de ; **to ~ the arbitration procedure** demander l'application de la procédure d'arbitrage. **7** mettre en œuvre, employer, utiliser, avoir recours à, faire usage de, appliquer ; se prévaloir de ; **Greece ~d the safeguard clause** la Grèce a fait usage de la clause de sauvegarde. **8** *Inf.* faire exécuter *[commande, recherche]*.

involve *v. tr.* **1** mettre en jeu, faire intervenir, comporter, soulever ; présenter *[aspects, particularités]* ; concerner, intéresser, porter sur, avoir trait à, couvrir ; **the metabolic processes involving the pancreas** les processus métaboliques intéressant le pancréas ; **the study ~d 800 women aged from 18 to 45** l'étude a porté sur 800 femmes âgées de 18 à 45 ans ; **the other question ~s the attitude of the church** l'autre question a trait à l'attitude de l'Église ; **many road accidents ~ overindulgence in alcohol** la consommation excessive d'alcool joue un rôle dans de nombreux accidents de la circulation. **2** aller de pair avec, s'accompagner de ; présenter, comporter, faire courir *[risques]* ; **all investments ~ risk** tout placement comporte des risques ; **the procedure ~s some risk to the patient** l'intervention fait courir des risques au patient. **3** exiger, nécessiter, passer par, impliquer, supposer, présupposer, prévoir, demander *[de l'imagination]*, solliciter, faire appel à, mettre à contribution, mobiliser ; **the peace process ~s sacrifices on both sides** le processus de paix exige des sacrifices pour les deux parties ; **access to the Internet ~s the use of a modem** pour accéder à Internet, un modem est nécessaire. **4** signifier, représenter, se caractériser par ; provoquer, entraîner, engendrer, susciter ; **shorter working hours may ~ a reduction in take-home pay** une réduction de la durée du travail peut entraîner une baisse de la rémunération nette. **5** s'agir de, consister à/en ; **more is ~d than simply being able to speak English** il ne s'agit pas seulement d'être capable de parler l'anglais ; **what does this job ~?** en quoi ce travail consiste-t-il ? **the work ~s keeping accurate records** ce travail consiste à tenir des statistiques exactes. **6** faire participer, associer, mobiliser, faire appel à, avoir recours à, mettre à contribution ; **to ~ elderly people in the social life of the community** faire participer les personnes âgées à la vie sociale de la collectivité ; **all relevant economic operators should be ~d in the programme** tous les agents économiques concernés devraient être associés au programme ; **the investigation ~d 20 police officers** l'enquête a mobilisé 20 policiers. **7 to be ~d in** participer à, jouer un rôle dans, intervenir dans, s'occuper de, avoir une responsabilité dans, avoir des activités dans le domaine de, être responsable de, être partie prenante dans, être concerné/touché/affecté par ; tremper dans, ne pas être étranger à ; **overeating is ~d in obesity** la consommation excessive d'aliments joue un rôle dans l'obésité ; être mêlé/lié à, être en cause/impliqué/compromis. **8 to get ~d** s'engager, s'investir ; intervenir, s'immiscer. **9 involving** avec (à la clé), représentant, assorti de, allant de pair avec, s'accompagnant de, faisant intervenir, avec la participation de ; pour.

involved *adj.* **1** en jeu, en cause, en question, considéré, dont il s'agit ; **the amounts ~ are huge** les montants en cause sont énormes ; **a lot of work is ~** cela exige un travail considérable ; **what is ~ in setting up a business?** que faut-il faire pour créer une entreprise ? **2 (in)** inhérent à. **3** impliqué dans, mêlé à ; **more than twenty vehicles were ~ in the pile-up** plus de vingt véhicules ont été impliqués dans le carambolage ; **a bank ~ in money laundering** une banque mêlée à des opérations de blanchiment d'argent ; **being so closely ~, he was unable to give impartial evidence** il était trop impliqué dans la situation pour pouvoir témoigner de façon impartiale. **4 to get ~ in** participer à, jouer un rôle dans ; **he was actively ~ in organizing the conference** il a joué un rôle actif dans l'organisation de la conférence. **5 (in)** absorbé par *[occupations]*. **6** complexe ; **the matter is too ~ to be summarized in a few sentences** la question est trop complexe pour pouvoir être résumée en quelques phrases.

involvement *n.* **1** participation, rôle ; **women's ~ in politics** la participation des femmes à la vie politique ; **the Iranian embassy is suspected of ~ in the murder** on soupçonne l'ambassade d'Iran d'avoir trempé dans le meurtre ; **he was sentenced to two years' imprisonment for his ~ in the rape** il a été condamné à deux ans de prison pour son rôle dans le viol ; **Libya denied any ~ in the bombing** la Libye a rejeté toute responsabilité dans l'attentat à la bombe. **2** engagement, mobilisation ; intérêt, adhésion. **3** ingérence, intervention, immixtion, intrusion ; atteinte ; **the CIA's ~ in the internal affairs of Cuba** l'ingérence de la CIA dans les affaires intérieures de Cuba ; **the party wants to reduce state ~ in the management of the economy** le parti veut réduire l'intervention de l'État dans la gestion de l'économie.

inward *adj.* ✪ **~ investment** investissement de capitaux étrangers ; investissements étrangers/d'entreprises étrangères/ provenant de l'étranger ; **~ processing** perfectionnement actif *[= transformation, montage, etc. de biens importés temporairement]*.

I/O (input/output) *Inf.* E/S (entrée-sortie).

IOC (Intergovernmental Oceanographic Commission) COI (Commission océanographique intergouvernementale).

IOC (International Olympic Committee) CIO (Comité international olympique).

IOCU (International Organization of Consumers Unions) Organisation internationale des unions de consommateurs.

IOM (International Organization for Migration) OIM (Organisation internationale pour les migrations).

ionizing radiation rayonnements ionisants.

IOU (I owe you) reconnaissance de dette.

IPCC (Intergovernmental Panel on Climate Change) GIEC (Groupe d'experts intergouvernemental sur l'évolution du climat).

IPO (initial public offering) *ÉU* introduction en Bourse.

IPPF (International Planned Parenthood Federation) Fédération internationale pour le planning familial).

ipso facto *Dr.* de plein droit.

ipso jure *Dr.* de plein droit.

IPU (Inter-Parliamentary Union) UIP (Union interparlementaire).

IQ (intelligence quotient) QI (quotient intellectuel).

IRA (individual retirement account) *ÉU* compte individuel d'épargne-retraite.

IRA (Irish Republican Army) IRA (Armée républicaine irlandaise).

Iraqi *adj.* irakien ; *ONU* iraquien.

IRC (Internet Relay Chat) IRC.

iron *v.* **~ out** aplanir, remédier à, résoudre.

iron *n.* ✪ **~ and steel** *Secteur* sidérurgie ; **~ deficiency** carence martiale ; **~-deficiency anaemia** anémie ferriprive, anémie par carence martiale ; **~ law of wages** *Écon.* loi d'airain des salaires.

ironic *adj.* **1** ironique. **2** paradoxal. **3** amusant, piquant, cocasse, qui ne manque pas de sel/saveur/piquant, tragi-comique ; **it is ~ that** il est assez amusant de relever que ; comble de l'ironie.

ironically *adv.* **1** ironiquement. **2** paradoxalement. **3** ô ironie, (comme par) ironie du sort, ironie des choses, comble de l'ironie, par une coïncidence ironique.

irrebuttable presumption *Dr.* présomption absolue/irréfragable.

irredeemable bond obligation de rente, obligation non amortissable.

irreconciliable *adj.* **1** *[divergence de vues]* insurmontable, *[ennemis]* irréconciliable, *[conflit]* insoluble. **2** *[idées]* inconciliable, *[exigences]* incompatible. **3** *[personne]* intraitable.

irrelevance *n.* manque de pertinence, manque d'intérêt, insignifiance ; **some people argue that the monarchy is progressively sliding towards ~** selon certains, la monarchie est une institution qui perd progressivement sa raison d'être.

irrelevant *adj.* étranger à la question, à côté de la question, en dehors du sujet, hors de propos, sans rapport, dépourvu de pertinence, sans objet, sans portée, superflu, sans intérêt, dépourvu d'intérêt, oiseux, vain, indifférent, d'aucune aide, inutilisable, inadapté ; dépassé, anachronique, caduc ; sans importance, sans conséquence, insignifiant, négligeable ; vide de sens, dépourvu de signification ; pas sérieux, pas de mise, déplacé, assez incongru ; **to be ~** manquer de pertinence, ne pas s'appliquer en l'occurrence, ne jouer ici aucun rôle, ne pas (devoir) entrer en ligne de compte, ne présenter aucun intérêt, ne pas compter, ne rien apporter au débat, s'écarter de la question, n'avoir aucune importance ; **to be ~ to** ne pas concerner, être sans rapport avec ; **it is ~** cela n'a rien à voir, là n'est pas la question ; **it is ~ that** il importe peu que, il est indifférent que ; **the judge deemed these arguments ~ to the case** le juge a estimé que ces arguments étaient étrangers à l'espèce ; **the Communist party is now ~** le Parti communiste n'a plus de raison d'être ; **since the advent of the fax, telex has become ~** depuis l'apparition de la télécopie, le télex a perdu toute utilité ; **dozens of ~ e-mails poured in** des dizaines de messages électroniques dépourvus d'intérêt sont arrivés ; **the government should not make aid contingent on ~ questions** le gouvernement ne devrait pas subordonner l'aide à des questions qui lui sont étrangères ; **an ~ discussion of theory** des développements théoriques sans rapport avec la question à l'ordre du jour ; **many Americans regard the Balkans as strategically ~** de nombreux Américains considèrent que les Balkans n'ont aucune valeur stratégique ; **it is hoped that the extremists will become more and more ~** on espère que les extrémistes perdront progressivement leur influence ; **the brain immediately distinguishes between meaningful and ~ stimuli** le cerveau établit instantanément une distinction entre les stimuli significatifs et ceux qui ne le sont pas.

irrespective of quel que soit, indépendamment de, nonobstant, sans égard à, sans tenir compte de, sans qu'il soit tenu compte de, sans qu'il faille tenir compte de, sans considération de, par delà ; **this Convention shall apply ~ the nationalities of the parties** la Convention s'applique sans égard à la nationalité des parties ; **~ their habitual residence** sans qu'il soit tenu compte de leur résidence habituelle.

irresponsible *adj.* **1** *[personne]* irresponsable *[= qui n'a pas à répondre de ses actes].* **2** *[personne]* dépourvu du sens des responsabilités, pas/peu fiable, étourdi, inconscient, peu consciencieux, irresponsable, inconséquent, désinvolte. **3** *[propos, actes]* léger, irresponsable ; irréfléchi, inconsidéré, mal inspiré, malavisé ; pas sérieux, fantaisiste, dénué de fondement, gratuit ; désinvolte, intempestif, injustifiable ; excessif, outrancier, déraisonnable, malsain, dangereux, téméraire, aventureux.

irrevocable letter of credit lettre de crédit irrévocable.

IRS (Internal Revenue Service) *ÉU* Administration des impôts, fisc.

IRU (International Road Transport Union) IRU (Union internationale des transports routiers).

ISDN (integrated services digital network) RNIS (réseau numérique à intégration de services).

ISIC (International Standard Industrial Classification of All Economic Activities) CITI (Classification international type, par industrie, de toutes les branches d'activité économique).

Islam *n.* islam.

Islamic Development Bank Banque islamique de développement.

Isle of Man île de Man.

Ismaili, Ismailian *n.* ismaélien.

ISO (International Organization for Standardization) ISO (Organisation internationale de normalisation).

isolation *n.* isolement. ✪ **in ~** isolément, séparément, l'un indépendamment de l'autre, indépendamment/en dehors de son contexte, sans tenir compte/en faisant abstraction du contexte ; en vase clos ; *[***principles that cannot be applied in ~** des principes qui ne peuvent être appliqués les uns indépendamment des autres ; **this process cannot be seen in ~** ce processus ne peut être considéré en dehors de son contexte*]* ; **in ~ from** a) coupé de, déconnecté de ; b) en faisant abstraction de, abstraction faite de, sans tenir compte de, indépendamment de ; *[***health cannot be seen in ~ from socio-economic status** on ne peut ignorer les liens qui existent entre la santé et la situation socioéconomique*]* ; **~ ward** service des (malades) contagieux.

ISP (Internet service provider) fournisseur d'accès Internet.

ISS (International Space Station) Station spatiale internationale.

issuance *n.* émission *[de valeurs mobilières, de cartes de crédit].*

issue *v.* **1** *tr.* publier, faire paraître, sortir, rendre public, diffuser ; déposer, remettre, rendre *[rapport]* ; arrêter, édicter, décréter, prendre *[décret]* ; lancer *[avertissement, appel]* ; proférer *[menaces]* ; **to be ~d** *[publication]* paraître, sortir de presse ; **to ~ a press release** rendre public un communiqué de presse ; **to ~**

a loan accorder/consentir un prêt ; **to ~ an opinion** émettre un avis ; **to ~ an order** a) donner un ordre ; b) *Dr.* rendre une ordonnance ; **~d by** émanant de ; **~d capital** capital émis. **2** *tr.* délivrer *[visa, permis, mandat d'arrêt],* décerner *[mandat d'arrêt] ;* émettre *[chèque, obligations, carte de crédit] ;* établir, remettre, accorder, attribuer, distribuer ; **to ~ sb with sth** remettre qqch. à qqn ; **to be ~d with** recevoir, obtenir la délivrance de. **3 ~ from** résulter de, provenir de.

issue *n.* **1** question, sujet, thème, problème, point, aspect, considération ; *Pol.* enjeu ; *pl.* problèmes de fond ; **to be an ~** faire l'objet d'un débat, susciter un débat, être au centre d'un débat, être un aspect dont il faut tenir compte ; **resistance to change is an ~** la résistance au changement est un aspect dont il faut tenir compte ; **freedom of the press is an important ~** la liberté de la presse constitue une question importante ; **the real ~** le fond du problème ; **the wider ~s** l'ensemble de la problématique ; **pollution became a major ~ in the 1970s** la pollution est devenue un problème important au cours des années 70 ; **as usual, the main ~ in the election will be the economy** comme de coutume, l'économie constituera le principal enjeu des élections ; **the incumbent cleverly avoided discussing the ~s** le candidat sortant a eu l'habileté d'éviter d'aborder les problèmes de fond. **2** issue, dénouement, aboutissement, conclusion ; conséquence, résultat. **3** dotation, attribution, distribution, délivrance ; article distribué. **4** émission ; **bond ~** émission d'obligations ; **bank of ~** institut d'émission. **5** numéro *[d'un périodique],* livraison ; édition ; tirage. **6** descendant, descendance, postérité ; **death without ~** décès sans descendance ; **to die without ~** mourir sans (laisser de) postérité. ✪ **at ~** considéré, en cause ; litigieux ; *[***points at ~** questions dont il s'agit/qui sont au centre du débat, points litigieux ; **to be at ~** être en jeu ; **at ~ is the interpretation of Article 7** le différend porte sur l'interprétation de l'article 7 ; **the court annulled the decision at ~** le tribunal a annulé la décision litigieuse ; **her technical competence was not at ~** sa compétence technique n'était pas en cause*] ;* **~ house** *Bourse RU* banque de placement (de valeurs mobilières) ; **~ on tap** *Fin.* émission à guichets ouverts ; **~-oriented** *adj. [rapport]* portant sur des problèmes précis ; *Pol.* privilégiant les questions de fond *[et non de personne] ;* **join ~** a) participer au débat ; b) *[parties à un différend]* s'opposer ; **join ~ over** *[deux personnes]* s'opposer sur *[question] ;* **join ~ with** être en désaccord avec, ne pas être d'accord avec, exprimer/manifester/marquer son désaccord avec *[qqn],* contester, critiquer, d'élever contre, s'insurger contre *[qqch.] ;* **~ premium** prime d'émission *[= différence entre la valeur nominale de l'action nouvelle et le prix effectif, plus élevé, de cette action] ;* **take ~ with** être en désaccord avec, ne pas être d'accord avec, exprimer/manifester/marquer son désaccord avec *[qqn],* contester, critiquer, d'élever contre, s'insurger contre *[qqch.] ; [***the newspaper regularly took ~ with the government** le journal a critiqué le gouvernement à diverses reprises ; **not surprisingly, Ian Paisley has publicly taken ~ with the Stormont Peace Agreement** comme il fallait s'y attendre, Ian Paisley a manifesté son hostilité à l'accord de paix de Stormont*].*

issuing *adj.* ✪ **~ bank** *Crédit documentaire* banquier émetteur *[du crédit] ;* **~ house** *Bourse RU* banque de placement (de valeurs mobilières).

IT (information technologies) technologies de l'information ; informatique.

ITC (International Trade Centre) CCI (Centre du commerce international).

item *n.* **1** article, objet. **2** point, question, élément, aspect. **3** point, question *[à l'ordre du jour].* **4** élément *[d'une liste] ;* item *[d'un questionnaire].* **5** rubrique, article, poste ; position *[tarifaire] ;* **tariff ~** position tarifaire. **6** *Journ.* article ; *TV* séquence, sujet. ✪ **~ of mail** envoi, objet (de correspondance).

itemize *v. tr.* ventiler, détailler, présenter la liste détaillée de, dresser la liste de, énumérer ; **he ~d the party's priorities** il a dressé la liste des priorités du parti.

itemized *adj. [facture]* détaillé. ✪ **~ account** décompte ; **~ deductions** *Fisc. ÉU* déductions opérées sur la base des dépenses effectives.

iteration *n. Inf.* version nouvelle.

ITU (International Telecommunication Union) UIT (Union internationale des télécommunications).

IU (international unit) *Pharmacie* UI (unité internationale).

IUCN (World Conservation Union) IUCN (Union mondiale pour la nature).

IUD (intrauterine device) DIU (dispositif intra-utérin).

IV (intravenous) intraveineux. ✪ **~ drug (ab)user** consommateur de drogue par voie intraveineuse.

IVF (in vitro fertilization) fécondation in vitro.

Ivy League *ÉU* universités prestigieuses du Nord-Est.

IWC (International Whaling Commission) CBI (Commission baleinière internationale).

J

jacket blurb texte promotionnel imprimé sur la jaquette/de la quatrième de couverture.

jackknife *v. intr. [semi-remorque]* se mettre en portefeuille.

jackpot *n.* ✪ **hit the ~** *Fig.* décrocher/tirer/toucher le gros lot.

JAG (judge advocate general) *Mil. ÉU* principal conseiller juridique *[d'une arme].*

jail term peine d'emprisonnement.

Jakarta *n.* Jakarta, Djakarta.

jam-packed *adj.* **(with)** bourré de.

Jane Doe *ÉU* **1** Madame X *[= femme ou cadavre non identifié].* **2** Madame Unetelle *[= femme quelconque].*

jaundice *n.* ictère ; *Cour.* jaunisse.

jaywalk *v. intr. [piéton]* traverser (la rue) imprudemment.

jaywalker *n.* piéton imprudent.

jaywalking *n.* comportement imprudent d'un piéton.

JCS (Joint Chiefs of Staff) *ÉU* état-major des armées.

J-curve *n. Stat.* courbe en J.

Jeddah *n. Arabie saoudite* Djedda.

jeopardize *v. tr.* compromettre, mettre en péril, menacer, hypothéquer, nuire à, porter préjudice à, porter atteinte à, (re)mettre en cause, altérer, miner ; **to ~ the attainment of the objectives of the convention** mettre en péril la réalisation des objectifs de la convention ; **this mandatory reduction in working hours will seriously ~ our ability to compete at international level** cette réduction obligatoire de la durée du travail hypothéquera gravement notre aptitude à faire face à la concurrence sur le plan international ; **any further assistance to the government would ~ our neutrality** toute assistance supplémentaire au gouvernement mettrait en cause notre neutralité.

jeopardy *n.* **1** (grave) danger, péril ; **in ~** en péril, menacé, compromis, *[projet]* remis en question ; **nor shall any person be subject for the same offense to be twice put in ~ of life or limb** et nul ne pourra pour le même délit être deux fois menacé dans sa vie ou dans son intégrité physique. **2** *Dr.* risque de condamnation pénale ; **in ~** risquant une condamnation pénale. ✪ **~ assessment** *ÉU* liquidation et perception immédiate de l'impôt.

jet *n. Aéron.* avion à réaction. ✪ **~ airplane** avion à réaction ; **~ engine** réacteur ; **~ fuel** carburéacteur ; **~-ski** *n.* scooter des mers ; **~ lag** (effets du) décalage horaire ; **~ plane** avion à réaction ; **~-propelled** *adj.* à réaction ; **~ propulsion** propulsion par réaction ; **~ set** personnalités en vues, haute société, beau monde, gratin, gotha ; **~-stream** *n. Météor.* courant-jet.

JET (Joint European Torus) JET (Tore européen commun).

jetliner *n.* avion de ligne à réaction.

jetsam, jetsom *n.* marchandises jetées à la mer.

jettison *v. tr.* **1** jeter à la mer. **2** *Esp.* larguer *[élément non indispensable].* **3** *Fig.* se débarrasser de, se défaire de *[allié encombrant, qqch. de superflu],* se séparer de, licencier *[salarié],* abandonner, renoncer à, enterrer *[projet],* abandonner *[idée] ;* rejeter *[théorie],* tourner le dos à *[idéologie].*

jettison *n.* **1** jet à la mer. **2** marchandises jetées à la mer.

jetway *n. Transp. aériens* passerelle.

jewel box *Inf.* boîtier *[de CD-Rom].*

Jewry *n.* peuple juif, communauté juive, Juifs.

JFK (John Fitzgerald Kennedy) **1** John Fitzgerald Kennedy. **2** aéroport John F. Kennedy *[à New York].*

Jibuti *n.* Djibouti *[f., pas d'article] ;* **of ~** djiboutien.

jihad *n.* djihad *[m.].*

jingle *n.* ponctuation sonore, petite musique, signature musicale, jingle.

job *n.* **1** emploi, poste (de travail), travail, situation ; *Fam.* boulot. **2** tâches, fonctions, mission, attributions. **3** tâche, travail, ouvrage ; opération. ✪ **~ action** action revendicative ; grève ; **~ analysis** analyse des tâches ; **~ applicant** candidat à un emploi ; **~ assignment** mission ; **~ centre** *RU* bureau de placement *[public] ;* **~ churning** mobilité *[de la main-d'œuvre] ;* **~ classification** classification des postes ; **~ content** contenu des tâches ; **~ control** autonomie du travailleur ; **~ counselling** orientation professionnelle ; **~ creation scheme** a) initiative de création d'emplois ; b) *Fig.* création de postes permettant de caser ses protégés ; **~ description** description de poste/de fonctions/des tâches ; **~ displacement** perte(s) d'emploi ; **~ enhancement** enrichissement des tâches ; **~ enlargement** diversification des tâches ; **~ enrichment** enrichissement des tâches ; **~ evaluation** évaluation des postes ; **~ hopping** nomadisme professionnel ; **~ interview** entretien de sélection/d'embauche/de recrutement ; **~ lot** *Bourse* rompu ; **~ market** marché de l'emploi/du travail ; **~ opening** emploi vacant ; **~ opportunity** emploi (nouveau) ; **~ performance** comportement professionnel ; **~ placement service** service de placement ; **~ satisfaction** satisfaction professionnelle, satisfaction retirée du travail ; *[***need for ~ satisfaction** besoin de se réaliser dans le travail*] ;* **~ security** sécurité d'emploi ; **~ sharing** partage des emplois ; **~ specification** description des qualifications requises pour l'emploi ; profil professionnel ; **~ splitting** dédoublement des emplois ; **~ study** analyse des tâches ; **~ title** désignation du poste/de la fonction ; fonctions *[dans un formulaire] ;* **~ training programme** programme de formation professionnelle ; **~ turnover** (taux de) rotation du personnel ; **~ vacancy** vacance de poste ; **on-the-~ training** formation en cours d'emploi/sur le tas/chez l'employeur.

job *adj.* professionnel.

jobber *n.* **1** ouvrier aux pièces, ouvrier (rémunéré) à la tâche. **2** *Bourse jobber,* négociant en valeurs mobilières. **3** grossiste.

jobbing *n.* travail à la tâche.

Joe Blow/Bloggs/Public/Six-Pack homme de la rue, (grand) public, *[Britannique, etc.]* moyen, commun des mortels, citoyen ordinaire, profane, (tout un) chacun, Monsieur Tout-le-Monde, citoyen lambda.

John Doe *ÉU* **1** Monsieur X *[= homme ou cadavre non identifié].* **2** Monsieur Untel *[= homme quelconque].*

join *v.* **1** *tr.* rejoindre *[qqn].* **2** *tr.* joindre, relier ; **to direct that proceedings be ~ed in two or more cases** ordonner la jonction des instances dans deux ou plusieurs affaires ; **at low tide, the island is ~ed to the mainland by a 2-kilometre road** à marée basse, l'île est reliée au continent par une route d'une longueur de 2 kilomètres. **3** *tr.* unir. **4** *tr.* devenir membre de, s'inscrire à, s'affilier à, adhérer à *[parti],* rejoindre les rangs de *[association, guérilla] ;* entrer au service de, entrer en fonction dans, être recruté par, intégrer, rejoindre *[entreprise],* s'engager dans *[l'armée] ;* **to ~ the European Union** adhérer à l'Union européenne ; **~ the Navy** engagez-vous dans la marine ; **he will ~ the company in January** il entrera en fonction dans l'entreprise en janvier prochain ; **she ~ed the team as a secretary** elle s'est intégrée dans l'équipe en qualité de secrétaire ; **to ~ a cult** entrer dans une secte. **5** *tr.* participer à, s'associer à ; **to ~ the war effort** participer à l'effort de guerre. **6 ~ in** participer à, s'associer à. ✪ **~ forces** mettre en commun/unir/conjuguer leurs efforts, coopérer, s'associer, faire cause commune, se liguer ; *[***to ~ forces with** s'allier avec ; **scientists are ~ing forces with environmentalists** des scientifiques coopèrent avec des défenseurs de l'environnement*].*

joined-up *adj.* connexe, apparenté, interdépendant, coordonné, concerté.

joint *adj.* **1** commun, conjoint, collectif. **2** concerté, conjugué, combiné. **3** mixte, paritaire. **4** *Dr.* solidaire. ✪ **~ account** *Banque* compte joint ; **~ and several** *Dr. [garantie]* solidaire ; **~ and several bond** obligation solidaire ; **~ and several liability** responsabilité solidaire ; **~ annuity** rente réversible ; **~ authors** coauteurs ; **Joint Chiefs (of Staff)** *ÉU* état-major des armées ; *[***chairman of the Joint Chiefs of Staff** *ÉU* chef d'état-major des armées*] ;* **~ committee** commission/comité mixte/paritaire ; *Pol. ÉU* commission mixte ; **~ conference (committee)** *ÉU* commission mixte paritaire *[chargée d'unifier deux versions d'un projet de loi après l'adoption d'amendements différents ou de deux projets de loi sur la même question] ;* **~ consultation** *Rel. du travail* consultations entre l'employeur et les travailleurs ; consultation entre les partenaires sociaux ; **~ custody** garde conjointe *[d'un enfant] ;* **~ declaration** déclaration conjointe ; **~ effort** effort collectif ; **~ efforts** efforts conjugués ; **Joint European Torus** Tore européen commun ; **~ heirs** cohéritiers ; **~ holders** détenteurs d'actions indivises ; **Joint Inspection Unit** *ONU* Corps commun d'inspection ; **~ lead manager** *Fin.* co-chef de file ; **~ life insurance** assurance vie sur plusieurs têtes ; **~ life and last survivor annuity** rente sur deux têtes réversible ; **~ owner** copropriétaire ; **~ plaintiff** codemandeur ; **Joint Research Centre** *UE* Centre commun de recherche ; **~ return** *Fisc.* déclaration commune des conjoints ; **~-stock company** a) *RU* société par actions ; b) *ÉU* société par actions à responsabilité illimitée ; **Joint United Nations Programme on HIV/AIDS** Programme commun des Nations Unies sur le VIH/SIDA ; **~ venture** co-entreprise, filiale commune, *joint venture.*

jointly *adv.* **1** ensemble, de concert, en commun ; **~ with** en concertation avec. **2** conjointement ; **regulations, directives and decisions adopted ~ by the European Parliament and the Council** règlements, directives et décisions adoptés conjointement par le Parlement européen et le Conseil. ✪ **~ and severally** *Dr.* solidairement *[responsable].*

journal *n.* **1** *Compt.* journal auxiliaire. **2** journal *[intime].* **3** revue (spécialisée), périodique, bulletin ; **science ~** revue scientifique. ✪ **~ club** club de discussion sur des articles de revues (spécialisées).

joyride *n.* virée en voiture (volée).

joystick *n. Inf.* manette de jeu.

JP (Justice of the Peace) *Angl.* juge *[siégeant dans une magistrates' court].*

JPY (yen) *ISO* JPY (yen) *[= monnaie du Japon].*

JRC (Joint Research Centre) *UE* CCR (Centre commun de recherche).

judge *n.* ✪ **~ advocate general** *Mil. ÉU* principal conseiller juridique *[d'une arme] ;* **~-made law** droit jurisprudentiel, droit prétorien.

judgement *n.* **1** jugement ; appréciation ; opinion, avis. **2** discernement. **3** *Dr.* décision de justice ; jugement, décision *[d'un tribunal],* arrêt *[d'une cour] ;* **to pass ~** rendre un jugement ; **to sit in ~** siéger ; **the ~ is open to appeal** le jugement est susceptible d'appel. ✪ **against one's better ~** tout en se rendant compte qu'il s'agit d'une erreur, en se faisant violence ; **~ by default** jugement par défaut *[au civil],* jugement par contumace *[au pénal] ;* **~ call** question d'appréciation, décision prise en âme et conscience ; décision laissée à la discrétion *[de celui qui la prend] ;* **~ creditor** titulaire d'une créance reconnue par un jugement ; **~ debt** dette reconnue par un jugement ; **~ debtor** débiteur dont la dette a été reconnue par un jugement ; **~ in rem** jugement opposable aux tiers.

judgemental *adj.* **1** *[attitude]* moralisateur ; **to be ~** porter un jugement (de valeur), critiquer, condamner ; **to inform drug addicts without being ~** informer les toxicomanes sans leur faire la morale. **2** *[méthode]* reposant sur une appréciation, recourant à une appréciation, privilégiant/faisant intervenir le jugement/la faculté de jugement.

judicature *n.* **1** administration de la justice. **2** juridiction, tribunal, cour. **3** compétence *[d'un juge].* **4** (durée du) mandat *[d'un juge].*

judicial *adj.* **1** judiciaire, juridictionnel, *[décision]* de justice ; **to bring/take ~ proceedings** intenter une action en justice. **2** *[formation, indépendance, immunité]* des juges. ✪ **~ forum** juridiction, tribunal ; **~ panel** juridiction collégiale ; **~ remedy** possibilité d'intenter une action en justice, voie de droit ; **~ restraint** limitation du rôle du juge/des tribunaux, conception étroite du rôle des tribunaux ; **~ review** *RU* examen judiciaire *[d'une décision rendue par un tribunal ou une autorité administrative],* contrôle juridictionnel *[d'un acte administratif] ; ÉU* contrôle de constitutionnalité, vérification de la constitutionnalité des lois ; **~ sale** *ÉU* vente forcée ; **~ separation** séparation de corps ; **~ system** système judiciaire.

judiciary *n.* **1** pouvoir judiciaire. **2** ordre judiciaire. **3** corps judiciaire, magistrature, magistrats.

juggernaut *n.* **1** *Transp. routiers* poids lourd. **2** géant.

juicy *adj. Fig. [marché]* juteux, lucratif.

jumbo jet (avion) gros-porteur.

jumper *n. Inf.* cavalier.

jump-start *v. tr. Fig.* donner un coup de fouet à, relancer *[l'économie].*

junction *n. Transp. routiers* embranchement, intersection.

juncture *n. Fig.* moment, point, stade, phase (critique), heure (cruciale), circonstances ; **at this ~** en ce moment, au stade actuel, pour l'heure, dans les circonstances présentes, maintenant ; alors, à ce moment.

jungle *n. Fig.* maquis, dédale, labyrinthe, fouillis, méandres, arcanes.

junior *n.* **1** subordonné. **2** cadet ; **she is his ~ by two years** elle est sa cadette de deux ans. **3** *Ens. RU* élève d'une *junior school* ou du *junior department* d'une école primaire. **4** *Ens. ÉU* élève/étudiant d'avant-dernière année.

junior *adj.* subalterne, de rang inférieur ; débutant, en début de carrière ; **to be ~ to** être de rang moins élevé que ; avoir moins d'ancienneté que ; **~ lawyer** juriste débutant/peu expérimenté/en début de carrière ; **~ doctor** médecin récemment diplômé, jeune médecin. ✪ **~ classes** *RU* classes primaires ; **~ college** établissement universitaire à cycle court ; **~ combination/common room** *RU* local réservé aux étudiants ; **~ creditor** créancier non privilégié/chirographaire ; **~ cycle** *Ens. Irl.* premier cycle de l'enseignement secondaire ; **~ debt** dette de rang inférieur/subordonnée/non privilégiée ; **~ department** *Ens. RU* section primaire *[= dans une école primaire, section accueillant des élèves âgés de 7 à 11 ans] ;* **~ employee** employé subalterne ; **~ executive** cadre moyen/subalterne ; **~ high (school)** *ÉU* établissement d'enseignement secondaire du premier cycle *[7e à 9e années] ;* **~ manager** cadre débutant ; **~ minister** *RU* secrétaire d'État, sous-secrétaire d'État, **~ mortgage** hypothèque de second rang ; **~ partner** a) *Sociétés* associé subalterne ; b) *Fig.* associé subordonné ; c) *Pol.* formation d'appoint *[dans une coalition gouvernementale] ;* **~ school** *RU* école primaire, *junior school [= école primaire accueillant en principe des élèves âgés de 7 à 11 ans] ;* **~ share** action ordinaire ; **~ staff** personnel auxiliaire.

junk *adj.* ✪ **~ bond** obligation à haut risque, *junk bond ;* **"~" DNA** ADN « inutile » ; **~ food** aliments malsains ; **~ mail** courrier non sollicité/publicitaire.

junkie *n. Fam.* camé, toxico.

jurisdiction *n.* **1** *Dr.* (domaine de) compétence, ressort *[d'un tribunal] ;* **to be within the ~ of** relever de la compétence de ; **first-instance ~** compétence du premier degré ; **clause conferring ~** clause attributive de compétence ; **to fall within the court's ~** relever de la compétence du tribunal ; **to entertain ~ over** connaître de ; **to have ~** être compétent ; **to have ~ over** pouvoir connaître de ; **lack of ~** incompétence ; **the Court lacks ~ in this case** le tribunal n'est pas compétent en l'espèce. **2** (domaine de) compétence, pouvoirs, attributions, autorité *[d'une administration] ;* **the organization is trying to expand its ~** l'organisation essaye d'étendre son domaine de compétence. **3** souveraineté ; **within the United States, or any place subject to their ~** aux États-Unis ou en un endroit quelconque soumis à la souveraineté de ceux-ci. **4** circonscription, territoire. ✪ **~ of subject-matter** *Dr.* compétence d'attribution/matérielle ; **~ ratione loci** *Dr.* compétence territoriale ; **~ ratione materiae** *Dr.* compétence d'attribution/matérielle ; **~ ratione personae** *Dr.* compétence relative.

jurisdictional dispute conflit de compétence.

jurisprudence *n.* **1** droit ; **medical ~** médecine légale ; **industrial ~** droit du travail ; **constitutional ~** droit constitutionnel. **2** droit *[= discipline],* science du droit. **3** jurisprudence ; recueil des décisions *[d'un tribunal].*

juristic writings *Dr.* doctrine.

jury *n.* ✪ **~ box** banc des jurés ; **~-rigged** *adj.* improvisé, de fortune ; **~ tampering** subornation de juré(s) ; **~ trial** procès avec jury ; **the ~ is still out** *Fig.* la question n'est pas encore tranchée, on ne peut pas encore se prononcer.

jus cogens *Dr. int. jus cogens [= règle impérative].*

jus soli *Dr.* droit du sol.

just *adv.* seulement, pas plus de. ✪ **~ in case** à titre de précaution ; **~ in time** *Gestion [le]* juste à temps ; **~ published** vient de paraître.

justice *n.* **1** justice, équité. **2** justesse, justification ; **with ~** à juste titre, judicieusement, fort à propos ; **with some ~** à juste titre, non sans justification/raison. **3** *Dr.* justice ; **to bring to ~** traduire en justice ; **to be brought to ~** passer en jugement. **4** juge. **5** *[titre de]* juge ; **Mr Justice Smith** le juge Smith. ✪ **do ~ to** a) agir avec justice à l'égard de ; rendre justice à ; b) (permettre d') apprécier (à sa juste valeur), ne pas trahir, rendre compte de ; *[***to do oneself ~** a) montrer de quoi l'on est capable ; b) être juste envers soi-même ; **no doubt, I shall fail to do ~ to the author in this summary of the book** je ne pourrai certainement pas rendre toutes les nuances de la pensée de l'auteur dans le présent résumé de son livre ; **she succeeded in producing a translation that did ~ to the original** elle a réussi à établir une traduction qui reproduit fidèlement l'original ; **it will be impossible, in this short lecture, to do ~ to the complexities of religious practice in India** il sera impossible, dans le cadre de cette brève conférence, de rendre compte de toute la complexité des pratiques religieuses en Inde ; **the biographer tried to do ~ to the diverse opinions on C.S. Lewis** le biographe s'est efforcé de tenir compte des diverses opinions relatives à C. S. Lewis*] ;* **Justice of the Peace** *Angl.* juge *[siégeant dans une magistrates' court].*

justiciable *adj.* relevant de la compétence des tribunaux ; **~ offence** infraction punissable devant les tribunaux ; **it was decided that his former membership of the subversive group was not ~** il a été décidé que son appartenance passée à une organisation subversive ne pouvait donner lieu à des poursuites.

justifiable *adj.* justifié.

justified *adj. Typographie [texte]* justifié.

juvenile *adj. Dr.* ✪ **~ adult** *Angl.* jeune délinquant adulte *[âgé de 17 à 20 ans] ;* **~ court** *Angl.* tribunal pour mineurs *[de moins de 17 ans] ;* **~ crime/delinquency** délinquance juvénile ; **~ delinquent/offender** *Angl.* mineur délinquant, jeune délinquant *[âgé de moins de 17 ans].*

K

K-12 *ÉU* ensemble du système scolaire *[de la maternelle à la dernière année de l'enseignement secondaire]* ; **~ school** établissement offrant un enseignement allant de la maternelle à la dernière année de l'enseignement secondaire.

kaffiyeh *n.* keffieh.

Kamchatka *n. Russie* Kamtchatka.

Kampuchea *n.* Kampuchea, Cambodge.

Kampuchean *adj.* kampuchéen, cambodgien.

kangaroo *n.* ✪ **~ court** a) tribunal irrégulier ; b) tribunal rendant une parodie de justice ; **~ justice** justice sommaire, simulacre de justice.

Karelia *n. Russie* Carélie.

Kashmiri *adj.* cachemiri *[pl. cachemiris]*.

Kazakh *adj.* kazakh *[f. kazakhe]*.

kcal (kilocalorie) kcal (kilocalorie).

keen *adj.* **1** tranchant, aiguisé. **2** aigu ; très développé, *[vue]* perçant, *[intelligence]* pénétrant ; *[intérêt, désir]* vif, *[concurrence]* âpre, intense ; vif, acharné ; *[prix]* calculé au plus juste, très étudié ; **increased productivity should result in ~er prices** l'augmentation de la productivité devrait provoquer une baisse des prix. **3 (to)** (très) désireux de, (très) soucieux de ; **to be ~ to** tenir (beaucoup) à, être très désireux de, vouloir, aspirer à ; **the organization is particularly ~ to protect seal pups** l'organisation tient tout particulièrement à protéger les bébés phoques. **4** enthousiaste, ardent.

keep *v.* **I** *tr.* **1** garder, conserver ; **~ out of reach of children** conserver hors de la portée des enfants. **2** respecter *[délai]* ; tenir *[sa parole]*. **3** tenir *[registre, dossier]*. **4** laisser ; **corruption ~s the country at the mercy of multinational companies** la corruption laisse le pays à la merci des multinationales. **5** maintenir ; **to ~ the peace** maintenir la paix ; **to ~ spending within the budget** maintenir les dépenses dans les limites du budget. **6** entretenir *[bien immobilier]*. **7 (from)** empêcher de. **II ~ apart** séparer. **III ~ away from** interdire l'accès de *[qqn]* à. **IV ~ down** restreindre *[dépenses]*, contenir la hausse de *[prix]* ; **to ~ down pollution** limiter la pollution. **V ~ to 1** s'en tenir à *[décision]*, respecter, se conformer à *[réglementation]*. **2 to ~ to oneself** ne pas fréquenter les autres, rester sur son quant-à-soi. **VI ~ up** ne pas se laisser distancer ; vivre avec son temps, se tenir au courant (des nouveautés/des progrès accomplis/de l'évolution), suivre l'évolution de la situation ; *Fam.* rester dans le coup ; **to ~ up the good work** poursuivre les efforts, ne pas relâcher ses efforts, poursuivre dans cette voie. **VII ~ up with** suivre le rythme de, se maintenir au même niveau que, s'adapter à ; tenir compte de l'évolution de, se tenir au courant de ; **not to ~ up with** ne pas progresser au même rythme que, se laisser distancer par, rester à la traîne de ; **to ~ up with the times** évoluer avec son temps ; **people with disabilities are unable to ~ up with the fast pace of change** les handicapés ne parviennent pas à suivre le rythme rapide du changement ; **to survive, our company will have to ~ up with changes in the market** pour survivre, notre entreprise devra éviter de se laisser distancer par l'évolution du marché.

keeping *n.* ✪ **in ~ with** conformément à *[tradition]* ; **out of ~ with** qui ne cadre pas avec.

Kenya *n.* Kenya.

Kenyan *adj.* kenyan *[f. kenyane]*.

kerb *n.* ✪ **~ broker** coulissier ; **~ crawling** *RU* sollicitation de services sexuels *[par un automobiliste]* ; **~ market** *ÉU* marché libre, marché hors cote.

kerosene *n.* **1** pétrole lampant. **2** *Aéron.* kérosène.

key *v.* **1 ~ for** concevoir *[qqch.]* à l'intention de, adapter *[qqch]* à. **2 ~ in** taper *[mot de passe, etc. sur un clavier]* ; *Inf.* introduire, entrer, saisir *[données]* ; **to ~ in a four-digit code** entrer un code à quatre chiffres. **3 ~ to** concevoir *[qqch.]* à l'intention de, adapter *[qqch]* à. **4 ~ up** rendre nerveux, surexciter.

key *n.* **1** clé. **2** touche *[de clavier]*. **3** *Fig.* clé ; pilier. **the ~ to** la condition de, le garant de ; **the ~ to success** la clé du succès ; **to hold the ~ to** conditionner ; **a balanced diet is the ~ to a long and healthy life** un régime alimentaire équilibré est le garant d'une vie longue et en bonne santé ; **to be the ~ to** être indispensable à. **4** explication ; solution. **5** code ; (liste des) abréviations et symboles ; légende *[d'une carte]* ; **~ to abbreviations** (liste des) abréviations. ✪ **~ money** pas de porte, droit d'entrée.

key *adj.* *[personne]* occupant une position essentielle, occupant un poste clé, de premier plan ; *[chose]* essentiel, clé, pivot, central, crucial, indispensable, capital, cardinal, de première importance, décisif, déterminant, névralgique, stratégique, de premier plan, principal, prépondérant, prioritaire, privilégié ; **~ witness** témoin essentiel ; **~ player** *Fig.* acteur essentiel ; **a ~ part of the strategy** un élément essentiel de la stratégie ; **the commitment of our staff is ~ to the success of the company** la motivation de notre personnel joue un rôle essentiel dans le succès de l'entreprise ; **to play a ~ role** jouer un rôle déterminant/de premier plan ; **~ staff** principaux collaborateurs. ✪ **~ figure** personnalité éminente ; **~ grip** *Cinéma* chef machiniste ; **~ interest rate** taux directeur ; **~ issue** grand enjeu.

keyboarding *n. Inf.* saisie ; utilisation du clavier.

keyhole surgery chirurgie endoscopique.

keying *n. Inf.* introduction, saisie *[de données]*.

Keynesian *adj. Écon.* keynésien ; **~ economics** théorie(s) économique(s) keynésienne(s).

keynote *n. Fig.* dominante, note dominante, idée centrale, thème dominant, ligne de force ; élément essentiel. ✪ **~ address** discours principal ; discours de politique générale ; discours-programme ; **~ speaker** orateur principal ; orateur de marque ; **~ speech** discours principal ; discours de politique générale ; discours-programme.

keynoter *n.* orateur principal ; orateur de marque.

keypad *n.* clavier *[de téléphone]*.

keystone *n. Fig.* clé de voûte, pierre angulaire, élément central/clé.

keystroke *n.* pression sur une touche.

keyword *n.* mot-clé.

KFOR (Kosovo Peace-Keeping Force) KFOR (Force de maintien de la paix au Kosovo).

Khyber Pass passe de Khaïber/Khyber.

kHz (kilohertz) kHz (kilohertz).

kickback *n.* commission illicite.

kick-off meeting réunion de lancement.

kickstart *v. tr.* donner un coup de fouet à *[l'économie]*.

killed in action tué au combat/au feu.

killer *n. Fig.* maladie mortelle, cause de décès/mortalité ; cause de décès ; **AIDS is the number one ~ in Kenya** le sida est la principale cause de décès au Kenya ; **lung cancer is a major ~** le cancer du poumon est une maladie très meurtrière. ✪ **~ cell** *Biol.* cellule K ; **~ disease** maladie meurtrière.

killing *n.* **1** meurtre. **2** mise à mort, exécution. ✪ **make a ~** *Fig.* réaliser des gains considérables.

killing fields champs de la mort *[au Cambodge] ;* lieux d'extermination/de massacres.

kilobyte *n. Inf.* kilo-octet.

kindergarten *n. ÉU kindergarten [accueille des enfants âgés d'environ 5 ans ; en France, les enfants de cet âge fréquentent la grande section de l'école maternelle]*.

kingdom *n.* ✪ **till ~ come** indéfiniment, *[attendre]* une éternité.

king-pin *n. Fig.* **1** cheville ouvrière, pilier, pivot. **2** élément essentiel.

kiosk *n.* **1** *Comm.* kiosque. **2** *RU* cabine téléphonique. **3** *Inf.* borne *[interactive, d'information]*.

Kiswahili *n.* swahili *[= langue]*.

kit *n.* **1** panoplie, boîte, jeu, coffret, trousse, assortiment, pochette, nécessaire, équipement, lot, kit, matériel, système ; **first-aid ~** trousse de premiers soins ; **emergency health ~** nécessaire médical d'urgence. **2** jeu de documents, dossier d'information.

kitchen cabinet *Pol.* entourage personnel, (groupe de) conseillers personnels *[du Premier ministre, du président des États-Unis]*.

kite *n. Fig.* **1** ballon d'essai. **2** effet de complaisance. ✪ **~ mark** label de qualité.

kiting *n. ÉU* opération(s) frauduleuse(s) sur chèque(s) sans provision.

kJ (kilojoule) kJ (kilojoule).

KLA (Kosovo Liberation Army) UCK (Armée de libération du Kosovo).

knee *n. Fig.* ✪ **bring to one's ~s** a) faire capituler ; b) avoir des effets catastrophiques sur ; **~-jerk reaction** réaction épidermique.

knock-down price prix défiant toute concurrence, prix bradé/sacrifié/cassé.

knock-for-knock agreement *Ass.* convention d'indemnisation des assurés par leurs propres assureurs ; *Can.* accord d'exonération mutuelle.

knocking copy publicité critiquant un produit concurrent.

knock-off *adj. [produit]* d'imitation.

knock-on effect effet d'entraînement, réaction en chaîne ; répercussions.

knock-out price prix défiant toute concurrence, prix bradé/sacrifié/cassé.

know *v. tr.* ✪ **for all we ~** après tout.

know-how *n.* savoir-faire, connaissances (techniques/spécialisées), compétence(s).

knowingly *adv.* sciemment ; en connaissance de cause ; **~ and willfully** sciemment et délibérément.

knowledge *n.* connaissance(s), savoir. ✪ **~ base** ensemble/stock de connaissances ; **~-based** *adj.* fondé sur le savoir ; **~ economy** économie du savoir ; **~-intensive** *adj.* incorporant beaucoup de connaissances, à fort contenu en connaissances.

knowledgeable *adj.* avisé, averti, bien informé, connaissant bien ses dossiers ; compétent ; **to be ~ about** bien connaître.

known quantity *Fig.* personne dont les antécédents/compétences sont connu(e)s ; fait avéré.

Koblenz *n. Allemagne* Coblence.

Kortrijk *n. Belg.* Courtrai.

Kosovan *adj.* kosovar.

KRW (won) *ISO* KRW (won) *[= monnaie de la République de Corée]*.

Kurile Islands îles Kouriles.

kurtosis *n. Stat.* aplatissement.

Kuwait *n. [le]* Koweït.

KwaZulu-Natal *Afr. du Sud* Kwazulu-Natal.

Kyrghizia, Kyrghiz(s)tan *n.* Kirghizistan, Kirghizie.

Kyrgyz *adj.* kirghiz *[f. kirghize]*.

L

laager *n. Fig. Afr. du Sud* **1** idées bien arrêtées, point de vue intransigeant. **2** forteresse, cocon.

Lab (Labour) *RU* Parti travailliste.

label *v. tr. Fig.* **1** intituler, appeler, dénommer, désigner sous la dénomination de ; **(as)** qualifier de, traiter de ; **to get help, press the key ~led F1** pour obtenir de l'aide, appuyer sur la touche F1 ; **Rommel was ~led the Desert Fox** Rommel était surnommé le « renard du désert » ; **they were ~led "freedom fighters" by their supporters** leurs partisans les appelaient « combattants de la liberté » ; **Lady Chatterley's Lover was ~led as obscene** *L'amant de Lady Chatterley* a été qualifié d'obscène. **2** cataloguer *[qqn]*. **3** marquer *[molécule avec un isotope]*.

label *n. Fig.* **1** dénomination, appellation, désignation ; *Péj.* épithète ; **various ~s has been given to gay people** diverses épithètes sont utilisées pour désigner les homosexuels ; **the government pins the communist ~ on all trade unions** le gouvernement taxe tous les syndicats de communisme. **2 to attach a ~ to sb** ranger qqn dans une catégorie, cataloguer. **3** maison de disques.

laboratory *n.* ✪ **~ assistant** laborantin ; **~ bench** paillasse ; **~ school** école d'application ; **~ technician** laborantin ; **~ test** essai en laboratoire.

laborious *adj.* **1** qui exige un effort/travail considérable, *[travail]* ardu, considérable, long. **2** laborieux, fastidieux.

labour *v. intr.* **1** travailler dur, s'éreinter, peiner, déployer des efforts considérables. **2 to ~ under the delusion/illusion/ misapprehension that** s'imaginer que, croire à tort que.

labour *n.* **1** travail ; effort ; **manual ~** travail manuel ; **division of ~** division du travail ; **as a result of Greenpeace's ~s, the company abandoned the project** grâce aux efforts de Greenpeace, l'entreprise a renoncé à son projet. **2** *Écon.* main-d'œuvre ; **costs of ~ are too high** la main-d'œuvre coûte trop cher. **3** travailleurs, salariés, personnel, main-d'œuvre ; monde du travail ; **skilled ~** travailleurs qualifiés ; main-d'œuvre qualifiée ; **a conflict between ~ and management** un conflit entre les travailleurs et les employeurs. **4 Labour** Parti travailliste, travaillistes ; **Labour won an overwhelming victory in the by-election** le Parti travailliste a remporté une victoire écrasante lors de l'élection partielle. **5** travail *[de la parturiente]* ; **to die in ~** mourir en couches. ✪ **~ agreement** *ÉU* convention collective ; **~ bargaining** *ÉU* négociation de conventions collectives ; **~ camp** camp de travail ; **~ charges** coût salariaux, coût de la main-d'œuvre ; **~ contract** convention collective ; **~ costs** coûts salariaux/de la main-d'œuvre, charges salariales, frais de personnel ; **Labour Day** fête du travail ; **~ demand** *Écon.* demande de main-d'œuvre ; **~ dispute** conflit du travail, conflit social ; **~ exchange** *RU* bureau de placement *[public]* ; **~ force** a) main-d'œuvre, travailleurs, effectifs *[d'une entreprise]* ; b) population active ; **~-force participation** *Écon.* participation à l'activité économique, (taux d') activité ; *[***the ~-force participation of women** le taux d'activité des femmes*]* ; **~-force participation rate** taux d'activité ; **~-intensive** *adj.* qui utilise/exige une main-d'œuvre abondante, à fort coefficient de main-d'œuvre, à forte intensité de main-d'œuvre ; *[***health care is ~-intensive** les soins de santé exigent une main-d'œuvre nombreuse*]* ; **~-intensive firm** entreprise utilisant beaucoup de main-d'œuvre, entreprise de main-d'œuvre ; **~-intensive goods** biens incorporant beaucoup de main-d'œuvre ; **~ law** droit du travail ; *pl.* législation du travail ; **~ leader** chef syndicaliste ; **~-management relations** relations du travail ; **~ market** marché du travail ; *[***to enter the ~ market** entrer dans la vie active*]* ; **~ mobility** mobilité de la main-d'œuvre ; **~ movement** mouvement syndical ; **~ of love** travail désintéressé ; **~ organization** syndicat ; **~ piracy** *ÉU* débauchage (de main-d'œuvre) ; **~ pool** réservoir de main-d'œuvre ; **~ relations** relations du travail ; **~ room** *Méd.* salle de travail ; **~-saving** *adj.* permettant d'économiser de la main-d'œuvre ; **~ shedding** réduction/ compression de personnel/des effectifs, licenciements, délestage de main-d'œuvre ; **~ supply** *Écon.* offre de main-d'œuvre ; **~ surplus** excédent de main d'œuvre ; **~ theory of value** *Écon.* théorie de la valeur-travail ; **~ turnover** (taux de) rotation de la main-d'œuvre ; **~ union** *ÉU* syndicat ; **~ unrest** agitation sociale ; **~ wastage** travailleurs quittant volontairement l'entreprise.

labour *adj.* **1** de (la) main-d'œuvre, de personnel ; du travail, social ; concernant les relations du travail ; **~ arbitration** arbitrage des conflits du travail ; **an unfair ~ practice** une pratique abusive dans le domaine des relations du travail. **2** *[gouvernement, parti, Premier ministre]* travailliste ; du Parti travailliste ; **Labour leader** chef du Parti travailliste ; **a Labour victory in a general election** une victoire du Parti travailliste lors des élections législatives.

labourer *n.* manœuvre.

Labourite *n.* membre du Parti travailliste ; travailliste.

labouring work travail de manœuvre.

laches *n. Dr.* retard à faire valoir un droit.

lack *v.* **1** *tr.* manquer de, ne pas avoir/posséder, ne pas être doté de, ne pas disposer de, être privé de, être dépourvu de ; être à court de *[argent, idées]* ; **the country ~s a national press** le pays n'a pas de presse nationale ; **direct evidence is ~ing** on ne dispose pas de preuves directes ; **his theory ~s an experimental basis** sa théorie n'a pas de fondement expérimental. **2** *intr.* faire défaut, manquer, ne pas exister, ne pas être disponible ; **such medicines are ~ing in Africa** de tels médicaments ne sont pas disponibles en Afrique. **3 ~ in: to be ~ing in** manquer de *[qualité, aptitude]*.

lack *n.* manque *[d'argent, de temps, d'expérience, de preuves]*, absence, défaut ; pénurie ; **~ of diligence** défaut de diligence. ✪ **for ~ of** par manque de, faute de.

lackey *n. Fig.* valet.

lackluster *adj.* médiocre.

laden *adj.* ✪ **~ draft/draught** tirant d'eau en charge ; **~ weight** poids total en charge *[d'un camion]*.

lading port port de chargement.

Laffer curve *Écon.* courbe de Laffer *[illustrant la théorie selon laquelle, au delà d'une certaine limite, une augmentation des taux d'imposition a pour effet de réduire les recettes fiscales]*.

lag *v.* **I 1** *tr.* ne suivre qu'avec retard ; **unemployment statistics ~ the business cycle** les statistiques concernant le chômage ne suivent qu'avec retard l'évolution du cycle conjoncturel. **2** *intr.* être/rester à la traîne, accuser un retard, se laisser distancer. **II ~ behind 1** être/rester à la traîne, accuser un retard, se laisser distancer, avoir pris du retard, être pris de vitesse. **2** être/rester inférieur à, rester en deçà de, ne pas (pouvoir) suivre, avoir du retard sur, ne pas suivre le rythme de, se laisser distancer par, être distancé par ; **disposable income has been ~ging behind inflation** le revenu disponible n'a pas suivi le rythme de l'inflation ; **the company ~s behind its competitors** l'entreprise a du retard sur ses concurrents ; **the Tories are ~ging 14 points behind Labour in the polls** les Conservateurs accusent un retard de 14 points sur les Travaillistes dans les sondages.

lag *n.* décalage (dans le temps), intervalle, retard, délai (de réalisation/de réaction).

lager *n. voir* laager.

lagged *adj.* tardif, à retardement, retardé, décalé, différé. ✪ **~ indicator** *Écon.* indicateur tardif/retardé.

lagging *adj.* retardataire.

lagoon *n.* **1** lagune. **2** lagon. **3** étang d'épuration, lagune.

lagooning *n.* lagunage.

La Guardia *ÉU* aéroport La Guardia *[= aéroport de New York, affecté aux vols intérieurs].*

LAIA (Latin American Integration Association) ALADI (Association latino-américaine d'intégration).

laid-up *adj.* retiré du service ; *[navire]* désarmé.

laisser-faire, laissez-faire *n. Écon.* laisser-faire, laissez-faire.

Lambeth (Palace) 1 Lambeth Palace *[= résidence de l'archevêque de Canterbury].* **2** archevêque de Canterbury.

lame duck 1 personne sans défense/désarmée/démunie/vulnérable/désemparée, personne inefficace. **2** entreprise en difficulté/en perte de vitesse/chancelante/non rentable, canard boiteux ; **to be a ~** battre de l'aile, péricliter. **3** *Pol. ÉU* homme politique en fin de mandat/non rééligible/non réélu/qui n'a pas l'intention de se représenter/qui expédie les affaires courantes.

lame-duck *adj. [président]* en fin de mandat/non rééligible/non réélu/qui n'a pas l'intention de se représenter/qui expédie les affaires courantes, affaibli, diminué, sans pouvoir ; **the Bush ~ budget** le budget élaboré par l'Administration Bush avant la passation des pouvoirs.

lament *v.* **1** *tr.* regretter (beaucoup/vivement), déplorer, se plaindre (amèrement) de ; **the trade unions ~ the employers' decision to close the plant** les syndicats regrettent beaucoup la décision de fermer l'usine. **2 ~ over** regretter (beaucoup/vivement), déplorer, se plaindre (amèrement) de.

lamentable *adj.* regrettable, déplorable.

laminated glass verre de sécurité.

LAN (local area network) *Inf.* réseau local.

land *v.* **1** *tr. Transp. aériens et marit.* débarquer *[passagers],* débarquer, décharger *[marchandises].* **2** *tr. Mil.* larguer *[parachutistes] ;* débarquer *[corps expéditionnaire].* **3** *tr.* poser *[avion].* **4** *tr.* obtenir, décrocher *[commande, contrat, emploi, rôle],* trouver *[emploi].* **5** *intr. [avion]* atterrir, se poser ; apponter ; amerrir ; alunir *[emploi critiqué].* **6** *intr. [passager]* descendre à terre, débarquer. **7** *intr. [navire]* arriver, accoster. **8** *intr. [obus]* tomber. **9** *tr.* **to ~ a blow against** frapper. **10 ~ on** *[rapport]* arriver sur, se retrouver sur *[bureau].* **11 ~ up** se retrouver ; **she fell down the stairs and ~ed up in a hospital** elle est tombée dans l'escalier et s'est retrouvée à l'hôpital.

land *n.* **1** terre (ferme) ; **on ~** sur terre. **2** terrain, sol ; propriété (foncière), terres, bien, fonds (de terre), domaine ; *Écon.* terre *[= facteur de production] ; Dr.* fonds de terre. **3** terre (agricole) ; agriculture ; campagne ; **farm ~** terre agricole ; **to live off the ~** tirer sa subsistance de l'agriculture. **4** terre (natale), pays. ✪ **~ agent** a) *RU* régisseur *[d'un domaine] ;* b) agent immobilier ; **~ and buildings** *Bilan* terrains et constructions ; **~ bank** banque de crédit agricole ; **~-based** *adj. [source de pollution, missile]* terrestre ; **~ certificate** titre de propriété foncière ; **~ charge** sûreté réelle immobilière ; **Land Charges Registry** *RU* Registre des sûretés réelles immobilières ; **~ clearing** défrichage, défrichement ; **~ consolidation** remembrement (des terres) ; **~ development** mise en valeur des terres ; **~ drainage** drainage (des terres) ; **~ forces** *Mil.* forces terrestres ; **~ in abeyance** bien vacant ; **~-jobber** *n.* spéculateur immobilier ; **~ market** marché foncier ; **~ mass** terre ; *Dr. de la mer* masse continentale ; **~ mine** mine terrestre ; **~ office** *ÉU* bureau de l'Administration des domaines ; **~ prices** prix des terrains ; **~ reclamation** mise en valeur de terres incultes/non cultivées/inexploitées/vierges/en friche ; aménagement/mise en état de terres en vue de la culture, (re)mise en culture de terres ; conquête de terres sur le désert/la mer ; **Land Records Office** *ÉU* Cadastre ; **~ reform** réforme agraire ; **~ register** cadastre ; matrice cadastrale ; **~ registration** inscription au cadastre ; **Land Registry** *Angl.* Cadastre ; **~ rent** *Écon.* rente foncière ; **~ set-aside** gel de terres ; **~ speculation** spéculation foncière ; **~ station** station terrestre ; **Lands Tribunal** *RU Lands Tribunal [chargé de fixer le montant de l'indemnité en cas de litige à la suite d'une expropriation] ;* **~ subsidence** affaissement de terrain ; **~ survey** levé topographique ; **~ surveying** arpentage ; **~ surveyor** arpenteur ; **~ tax** impôt foncier ; **~ tenure** régime foncier ; mode de faire-valoir ; **~ transport** transport terrestre ; **~ use** a) occupation des sols, utilisation du sol, organisation de l'espace ; b) *Agr.* régime foncier ; mode de faire-valoir ; *[***the pattern of agricultural ~ use** le mode d'utilisation des terres agricoles*] ;* **~-use planning** aménagement du territoire.

landed *adj.* possédant de vastes domaines ; foncier ; **~ family** famille de propriétaires terriens. ✪ **~ estate** propriété foncière ; **~ interests** propriétaires fonciers ; **~ property** propriété foncière.

lander *n. Esp.* atterrisseur *[= sonde destinée à atterrir sur une planète].*

landfill *n.* **1** enfouissement de déchets, mise en décharge. **2** déchets enfouis. **3** décharge. ✪ **~ site** décharge.

landing *n.* **1** atterrissage ; appontage ; amerrissage. **2** débarquement. **3** débarcadère. ✪ **~ carriage** train d'atterrissage ; **~ charges** *Transp. aériens* redevance d'atterrissage ; **~ craft** chaland/péniche de débarquement ; **~ fee** *Transp. aériens* redevance d'atterrissage ; **~ field** terrain d'atterrissage/d'aviation ; **~ flap** *Aéron.* volet d'atterrissage ; **~-gear** *n. Aéron.* train d'atterrissage ; **~ ground** terrain d'atterrissage/d'aviation ; **~ party** *Mil.* unité de débarquement ; **~ ship** chaland/péniche de débarquement ; **~ skid** patin d'atterrissage ; **~ stage** débarcadère ; **~-strip** *n. Av.* piste *[sans installations aéroportuaires].*

landline (tele)phone téléphone fixe.

landlocked *adj.* enclavé. ✪ **~ country** pays enclavé/sans littoral/sans rivage maritime ; **~ sea** mer intérieure.

landlord *n.* propriétaire (bailleur).

landmark *n.* **1** point de repère ; monument ; ouvrage d'art ; bâtiment connu, site ; *Transp. mar.* amer. **2** date (historique), grande date, moment historique, grand moment, événement marquant/qui fait date, tournant (décisif), jalon.

landmark *adj. [événement]* marquant, marquant un tournant, décisif, capital, mémorable, historique, qui fait date/époque, qui fera date, appelé à faire date ; important, à marquer d'une pierre blanche ; **~ decision/ruling** *Dr.* jugement/arrêt historique/ marquant/qui fait date ; **~ legislation** législation/loi marquant un tournant ; **~ conference** conférence qui a fait date.

landmarked building *ÉU* bâtiment classé.

landscape *n.* **1** paysage ; site. **2** *Fig.* paysage ; **the political ~ is now quite different** le paysage politique a bien changé. **3** *Inf.* orientation horizontale/à l'italienne ; **the printer can print in the ~ orientation** l'imprimante peut imprimer à l'italienne. ✪ **~ architect** (architecte) paysagiste ; **~ architecture** aménagement de paysages/sites ; **~ gardener** (jardinier) paysagiste ; **~ gardening** aménagement de jardins ; **~ office** bureau paysager/paysagé ; **~ planner** paysagiste ; **~ planning** aménagement de paysages/sites.

landscaper *n. ÉU* jardinier paysagiste.

landslide *n. Pol.* raz de marée, plébiscite, triomphe, victoire écrasante/retentissante, (ré)élection triomphale ; **to win by a ~** remporter une victoire écrasante, l'emporter haut la main, être élu triomphalement.

language *n.* **1** langue ; **the ~ versions of the document** les versions du document dans les différentes langues. **2** langage. **3** *Inf.* langage *[de programmation].* **4** termes, rédaction, formulation ; **the ~ of the two pieces of legislation is different** les termes utilisés dans les deux lois ne sont pas identiques ; **the negotiators discussed ~ for a communiqué** les négociateurs ont discuté des termes d'un communiqué ; **to work out the ~ of a joint statement** établir la teneur d'une déclaration commune. **5** termes, style ; **in simple ~** dans des termes simples, de façon simple ; **a booklet written in popular ~** une brochure rédigée dans un style accessible aux profanes. ✪ **~ allowance** *ONU* prime de connaissances linguistiques ; **~ laboratory** laboratoire de langue ; **~ proficiency certificate** *ONU* certificat d'aptitudes linguistiques ; **~ proficiency examination** *ONU* examen d'aptitudes linguistiques ; **~ services** service linguistiques ; **~ staff** personnel des services linguistiques.

Lao People's Democratic Republic République démocratique populaire lao.

LAPD (Los Angeles Police Department) police de Los Angeles.

lapdog *n. Fig.* valet.

lapse *v.* **I 1** *intr. [loi, traité]* expirer, venir à expiration, devenir caduc, cesser d'être en vigueur, cesser de produire ses effets ; *[droit]* s'éteindre ; **the treaty will ~ in 2010** le traité viendra à expiration en 2010. **2** *intr. [loi, coutume]* tomber en désuétude. **3** *intr.* **(to)** *[héritage]* être dévolu à, échoir à. **4** *intr. [temps]* passer, s'écouler. **II ~ into 1** se livrer à, s'adonner à, céder à, verser dans, tomber dans, se laisser aller à, sacrifier à ; se rendre coupable de, succomber à, faire preuve de, commettre ; **to ~ into doing sth** commettre l'erreur de faire qqch. **2 to ~ into a coma** entrer dans le coma.

lapse *n.* **1** erreur, défaillance, omission ; inattention, inadvertance, étourderie, relâchement de l'attention, manque de concentration, accident ; **~ in/of judgement** erreur de jugement ; **security ~** défaillance du dispositif de sécurité, faille dans le dispositif de sécurité ; **~ of concentration** distraction ; **mental ~** manque de concentration ; **memory ~** oubli, trou de mémoire, défaillance de la mémoire. **2** manquement, faute, écart (de conduite), incartade ; **ethical ~** manquement à l'éthique ; **~ of language** excès de langage, propos excessifs. **3 (into)** moment pendant lequel on s'est laissé allé à/on a versé dans. **4** régression. **5** laps de temps, intervalle, période. **6** disparition, caducité *[d'une coutume] ;* expiration *[d'un traité, d'un délai] ;* déchéance, extinction *[d'un droit],* forclusion. **7** *Ass.* a) expiration *[d'une police] ;* b) déchéance.

laptop (computer) ordinateur portable.

larceny *n. Dr. ÉU* vol.

large *n., adj.* grand, vaste, *[local]* spacieux, de grandes dimensions, *[zone]* étendu, *[revenu]* important, *[population]* nombreux, *[majorité]* fort, important, *[production]* important, considérable, abondant, *[document]* volumineux, long. ✪ **at ~** a) *[criminel]* en liberté, en fuite ; *Fam.* dans la nature ; b) complètement, de façon détaillée ; c) en général, dans son ensemble, tout entier ; *[***the murderer is still at ~** le meurtrier est toujours en liberté ; *Fam.* le meurtrier court toujours ; **the population at ~** l'ensemble de la population ; **the public at ~** le grand public ; **society at ~** l'ensemble de la société, la société tout entière*]* ; **~ family** famille nombreuse ; **Large Hadron Collider** grand collisionneur de hadrons ; **~ intestine** gros intestin ; **Large Magellanic Cloud** Grand Nuage de Magellan ; **~ order** *Fig.* tâche difficile ; **~-scale** *adj. [opération]* de grande envergure, d'envergure, de grande ampleur ; grand, vaste, de grand style, massif, important, considérable, majeur ; **~-scale chart** carte maritime à grande échelle ; **~-scale integration** *Inf.* intégration à grande échelle, intégration LSI ; **~-scale map** carte à grande échelle.

largely *adv.* **1** dans une large mesure, en grande partie, pour une bonne part, presque totalement, principalement, surtout, pour l'essentiel, essentiellement, dans les grandes lignes, sensiblement, beaucoup ; **this problem is ~ ignored by the government** le gouvernement se désintéresse presque totalement de ce problème. **2** généralement.

LASH (lighter aboard ship) (navire) porte-barges LASH.

laser *n.* ✪ **~-beam weapon** arme à rayon laser ; **~ disc** disque laser ; **~-guided** *adj.* à guidage laser ; **~ gun** canon laser ; **~ printer** *Inf.* imprimante laser ; **~ weapon** arme laser.

Lassa fever fièvre de L(h)assa.

last *adj.* **1** dernier, le plus récent, passé, précédent. **2 to spell out every ~ detail** préciser le moindre détail. ✪ **at ~ count** selon le décompte le plus récent ; **~-ditch** *adj.* de la dernière chance, entrepris, etc. en désespoir de cause/en dernière extrémité, ultime, de dernière minute, désespéré ; *[***~-ditch attempt/effort** ultime tentative, tentative désespérée ; **a ~-ditch attempt to forestall civil war** une ultime initiative d'empêcher une guerre civile*]* ; **~ gasp** *Fig.* derniers jours/moments/soubresauts ; **~-gasp** *adj.* de la dernière chance, entrepris, etc. en désespoir de cause/en dernière extrémité, ultime, de dernière minute, désespéré ; **~ name** nom (de famille) ; **~ resort** planche de salut *[***as a ~ resort** en dernière extrémité, en désespoir de cause, faute de mieux, au pis-aller, à la rigueur, en dernier recours, si tout le reste échoue, lorsque tous les autres moyens ont/auront été épuisés ; **nuclear weapons would be used only as a ~ resort** les armes nucléaires ne seraient utilisées qu'en dernière extrémité ; **court of ~ resort** tribunal statuant en dernier ressort*]* ; **~ rites** extrême-onction, sacrement des malades, derniers sacrements ; *[***to administer ~ rites** donner/administrer l'extrême-onction*]* ; **~ straw** goutte d'eau qui fait déborder le vase, coup de grâce ; **~-survivor policy** *Ass.* police prévoyant le paiement du capital après le décès du dernier survivant ; **~ will (and testament)** testament ; **~ word** *Fig.* dernier cri, dernière nouveauté, modèle le plus récent, ce qui se fait de mieux, nec plus ultra.

last *adv.* en dernier lieu, le plus récemment, pour la dernière fois ; enfin, finalement ; **~ amended in 1998** modifié en dernier lieu en 1998 ; **this issue was ~ reviewed by the board two years ago** le conseil d'administration a examiné cette question pour la dernière fois il y a deux ans ; **this issue was ~ considered in 1997** le dernier examen de cette question remonte à 1997. ✪ **~ but not least** dernier point/aspect, mais non le moindre, enfin, mais ce n'est pas le moins important ; enfin, et ce n'est pas négligeable, enfin, et ce (facteur, critère, etc.) n'est pas le moindre ; **Last Supper** Cène ; **~ in, first out** *Compt.* dernier entré, premier sorti.

latchkey child enfant livré à lui-même après le retour de l'école *[parce que ses parents travaillent].*

late *adj.* **1** en retard, tardif ; *[stade]* avancé ; **~ applications will not be taken into consideration** les candidatures tardives ne seront pas prises en considération. **2 in the ~ afternoon** en fin d'après-midi ; **in the ~ nineties** vers la fin des années 90. **3** récent. **4 ~r** ultérieur ; **at a ~r date/stage** ultérieurement ; **whichever is the ~r** la date la plus lointaine étant retenue. **5 ~st** dernier (en date), (le) plus récent, le plus moderne, dernier-né ; **the ~st news** les informations les plus récentes ; **his ~st book** son livre le plus récent ; **the ~st technologies** les technologies les plus modernes. **6** défunt, regretté, feu, (depuis lors) décédé, décédé depuis (lors), aujourd'hui disparu ; **the ~ president's personal physician** le médecin personnel du défunt président. **7 the ~ government** le gouvernement précédent. **8** encore récemment ; **Mr Smith, ~ of London** M. Smith, qui résidait encore récemment à Londres. ✪ **~ bloomer/developer** personne/élève dont les aptitudes se manifestent tardivement ; **~ news** nouvelle de dernière minute/qui vient de tomber ; **~ trading** *Bourse* fin de séance ; *[***in ~ trading, the dollar lost two pence against the pound** en fin de séance, le dollar a abandonné deux pence par rapport à la livre*]* ; **run ~** être en retard.

late *adv.* **1** tard, tardivement ; à la fin du processus ; sur le tard ; **as ~ as 2001** en 2001 encore ; **~ in 2002** au cours des derniers mois de 2002 ; **~ in January** vers la fin du mois de janvier, dans les derniers jours de janvier. **2 ~r (on)** plus tard, ultérieurement, à un stade ultérieur, par la suite ; **~r this year** dans le courant de cette année ; **~r in this report** plus loin dans le présent rapport. ✪ **~-breaking news** nouvelle qui vient de tomber ; **~ in the day/game** *Fig.* tard, tardivement ; **of ~** récemment, ces derniers temps.

lateral thinking (recours à un) mode de raisonnement inhabituel/imaginatif/peu orthodoxe, ingéniosité, imagination ; **with a little ~, it is possible to solve the problem** en recourant à un raisonnement imaginatif, il est possible de résoudre le problème.

Latin *adj.* ✪ **~ American Integration Association** Association latino-américaine d'intégration ; **~ Church** Église catholique.

Latina *n.* femme d'origine latino-américaine.

Latino *n.* homme d'origine latino-américaine.

latter *adj.* dernier, second ; **the ~ part of the twentieth century** la seconde moitié du XXe siècle ; **the ~ two countries** les deux derniers pays ; **the ~** ce dernier, ces derniers. ✪ **~-day** *adj.* moderne, nouveau, des temps modernes, de notre temps/époque, récent ; *[***a ~-day Talleyrand** un Talleyrand moderne*].*

laughing-stock *n.* risée ; **to make sb a ~** couvrir qqn de ridicule.

launch *v. tr.* **1** lancer. **2** rendre public *[rapport].*

launch *n.* **1** lancement *[d'un produit, d'une campagne publicitaire, d'un navire].* **2** *Esp.* tir, lancement *[d'une fusée].* ✪ **~ pad/site** *Esp.* aire de lancement, pas de tir ; **~ vehicle** *Esp.* lanceur (spatial), véhicule de lancement ; **~ window** *Esp.* créneau de lancement/tir.

launcher *n. Esp.* lanceur (spatial).

launching *n.* lancement *[d'un navire] ; Esp.* tir, lancement *[d'une fusée].* ✪ **~ pad/site** aire de lancement, pas de tir ; **~ slipway** cale de lancement ; **~ window** créneau de lancement/tir.

launderette *n.* laverie.

laundering of money blanchiment d'argent.

laundromat *n.* laverie.

laundry list *Fig.* longue liste ; inventaire à la Prévert.

Laurentian Mountains *Can.* Laurentides.

Lautro (Life Assurance and Unit Trust Regulatory Organization) *RU* Commission de surveillance de l'assurance vie et des fonds communs de placement.

LAV (lymphadenopathy associated virus) LAV (virus associé à la lymphadénopathie).

lavaliere (microphone) micro-cravate.

law *n.* **1** droit ; **administrative ~** droit administratif. **2** loi ; *pl.* législation ; **to break the ~** enfreindre la loi ; **to become ~** *[projet de loi]* être adopté ; **environmental ~s have become stricter** la législation sur l'environnement est devenue plus rigoureuse. **3** légalité ; **inside/within the ~** dans la légalité ; **against/outside the ~** a) illégal ; b) illégalement. **4** justice ; **to take to ~** attaquer en justice ; **to go to ~** intenter un procès, engager une action judiciaire, saisir la justice. ✪ **as a matter of ~** en droit ; **at ~** a) selon le droit ; b) selon la *common law,* en *common law ;* c) par la loi ; **by ~** a) en application/vertu de la loi ; b) par une loi, par des mesures législatives ; **in ~** en droit ; **~-abiding** *adj.* respectueux des lois, honnête ; **~-abiding citizen** personne respectueuse des lois, homme/femme irréprochable ; *pl.* honnêtes gens ; **~ agent** *Écosse* avoué ; **~ and order** sécurité (publique), ordre (public) ; maintien de l'ordre ; lutte contre la criminalité ; *[***Minister of Law and Order** ministre de la Sécurité publique ; **the interior ministry is responsible for ~ and order** le ministère de l'Intérieur est chargé du maintien de l'ordre ; **~ and order tops the list of public concerns** la sécurité est le principal sujet de préoccupation de la population ; **the Conservative party claims to be the party of ~ and order** le Parti conservateur soutient qu'il est le parti le mieux à même de lutter contre la criminalité*] ;* **~-breaker** *n.* délinquant ; **~ centre** *RU* centre de consultations juridiques gratuites ; **Law Commission** *RU* Commission pour la réforme du droit ; **~ clerk** *ÉU* assistant *[d'un avocat, d'un juge] ;* **~ court** tribunal, juridiction ; **~ enforcement** a) application de la loi/législation ; b) mesures visant à assurer le respect de la loi ; c) maintien de l'ordre ; d) lutte contre la délinquance/criminalité ; e) la police et la justice ; *[***more police officers should be assigned**

to ~ **enforcement** un plus grand nombre d'agents de police devraient être affectés à la lutte contre la délinquance*]* ; **~-enforcement agency** organisme chargé de l'application de la loi ; *pl.* organismes chargés de faire respecter la loi, services responsables du maintien de l'ordre, services de police, force publique, services répressifs ; **~-enforcement authorities** autorités chargées de veiller au respect de la loi, autorités de police, services chargés de faire respecter la loi, force publique, forces de l'ordre, services répressifs ; **~-enforcement body** organisme chargé de l'application de la loi ; *pl.* services chargés de faire respecter la loi, services de police, force publique ; **~-enforcement officer/official** agent de la force publique, représentant de l'ordre ; défenseur de la loi ; responsable de la lutte contre la criminalité ; *pl.* forces de l'ordre, force publique, autorités de police ; **~ enforcer** agent de la force publique, représentant de l'ordre ; défenseur de la loi ; responsable de la lutte contre la criminalité ; **~ firm** cabinet d'avocats, cabinet de conseil juridique ; **~ in action** application du droit ; **Law List** *Angl.* liste des avocats et avoués ; **Law Lords** *RU* lords juristes *[s'acquittant des fonctions judiciaires de la Chambre des Lords] ;* **~ maker** législateur ; **~ making** activité législative ; **~-making** *adj.* législatif ; **~-making treaty** *Dr. int.* traité-loi ; **~ merchant** *RU* droit commercial coutumier ; **~ of agency** droit de la représentation ; **~ of averages** a) *Stat.* loi des moyennes ; b) *Fig.* loi des grands nombres ; **~ of contract** droit des contrats ; **~ of decreasing/diminishing returns** loi des rendements décroissants ; **~ of evidence** *Dr.* règles relatives à la preuve ; **~ office** cabinet d'avocat ; *pl.* cabinet d'avocat(s) ; **~ officer** conseiller juridique *[d'une administration publique] ;* **~ officer of the Crown** *Angl.* conseiller juridique du gouvernement/de la Couronne *[= Attorney-General ou Solicitor-General] ;* **~ of gravitation** loi de l'attraction universelle ; **~ of large numbers** *Stat.* loi des grands nombres ; **~ of markets** *Écon.* loi des débouchés ; **~ of nations** *Dr.* droit des gens, droit international (public) ; **~ of property** *Dr.* droit des biens ; **~ of supply and demand** *Écon.* loi de l'offre et de la demande ; **~ of the forum** *Dr. lex fori ;* **~ of the land** a) loi ; b) droit interne ; **~ of the case** *ÉU* force de chose jugée *[de la décision d'une cour d'appel après renvoi de l'affaire à une juridiction inférieure] ;* **~ of the sea** droit de la mer ; **~ of tort** droit de la responsabilité (civile) délictuelle ; **~ of trust** droit des *trusts ;* **~ of universal gravitation** loi de l'attraction universelle ; **~ report(er)s** recueils de jurisprudence ; **~ school** école/faculté de droit ; **Law Society** *Angl. Law Society [= association professionnelle des avoués] ;* **~s of motion** *Phys.* lois du mouvement ; **take the ~ into one's own hands** faire justice soi-même.

lawful *adj.* légal, conforme au droit, licite, régulier, légitime. ✪ **~ money** monnaie ayant cours légal.

lawless *adj. [personne]* criminel, qui bafoue la loi ; *[lieu]* infesté par la criminalité, livré à l'anarchie/au désordre, où règne la loi de la jungle.

lawlessness *n.* criminalité, mépris pour le droit, refus de se plier à la loi, non-droit ; actes délictueux/criminels.

lawmaker *n.* parlementaire.

lawsuit *n.* procès ; **to bring a ~ against** intenter une action (en justice)/un procès contre.

lawyer *n.* avocat, juriste, conseil (juridique), conseiller juridique, homme de loi.

LAX (Los Angeles International Airport) aéroport international de Los Angeles.

lax *adj. [législation]* souple, accommodant, laxiste, peu rigoureux, peu sévère.

lay *v.* **I** *tr.* **1** poser, placer, déposer, mettre *[objet],* poser *[câble, canalisation, voie de chemin de fer, bombe],* poser, mouiller *[mines],* jeter *[fondations].* **2** élaborer *[plan] ;* **to ~ a course** préparer une action. **3** présenter, énoncer *[arguments].* **4 (on)** imposer *[obligation]* à, grever *[qqch.]* de *[taxe],* décréter/mettre *[embargo]* sur *[produit].* **5 (to)** imputer la responsabilité de *[accident]* à *[qqn].* **II ~ aside 1** mettre *[argent]* de côté/en réserve, réserver *[temps pour activité].* **2** abandonner *[projet, ses études],* enterrer *[projet],* tourner le dos à *[idée],* renoncer à. **3** mettre de côté *[intérêts particuliers],* tirer un trait sur *[différends passés].* **III ~ before** présenter *[idée]* à. **IV ~ behind** être à l'origine de. **V ~ down 1** définir, établir, élaborer, instituer, adopter, arrêter, édicter, prescrire, énoncer, prévoir *[règles],* fixer *[conditions, normes, limites],* définir, élaborer, adopter *[politique] ;* **as laid down in Article 7** conformément à l'article 7 ; **the treaty ~s down the arrangements for dispute settlement** le traité définit les modalités de résolution des différends ; **to ~ down environmental standards** fixer des normes en matière d'environnement. **2 (that)** *[loi, règles]* prescrire que, disposer que. **3** déposer *[les armes].* **4** sacrifier *[sa vie].* **5** (commencer à) construire *[bâtiment].* **6 to ~ down the law** avoir un comportement autoritaire/dictatorial, dicter sa loi. **VI ~ off** licencier (pour raisons économiques), mettre (temporairement) au chômage, mettre en chômage technique, renvoyer faute de travail, débaucher ; **she was laid off because there was not enough work to do** elle a été licenciée parce qu'il n'y avait pas assez de travail. **VII ~ out 1** disposer, arranger *[objets] ;* aménager *[jardin],* agencer. **2** tracer/établir les plans de *[bâtiment].* **3** planifier. **4** exposer, présenter *[idées, projet],* énoncer, décrire ; **the targets laid out in the Istanbul declaration were not met** les objectifs énoncés dans la déclaration d'Istanbul n'ont pas été atteints. **5** *Fam.* allonger *[argent].* **VIII ~ to 1** *[navire]* s'arrêter. **2** arrêter *[navire].* **IX ~ up 1** retirer du service ; **to ~ up a ship** désarmer un navire. **2** mettre en réserve.

lay *n.* ✪ **~ days** *Transp. mar.* jours de planche, staries ; **~ of the land** *ÉU* a) configuration du terrain, caractéristiques de la zone ; b) *Fig.* situation, façon dont les choses se présentent, de quoi il retourne ; **~ time** *Transp. mar.* jours de planche, staries.

lay *adj.* non professionnel, extérieur à la profession. ✪ **~ judge/magistrate** juge non juriste/sans formation juridique/non professionnel ; **~ members** membre n'appartenant pas à la profession ; *Bourse RU* personnalités extérieures à la Bourse *[faisant partie du Conseil de direction du marché, à la Bourse de Londres] ;* **~ people** a) profanes ; b) non-professionnels ; c) *Dr.* jurés ; **~ person** a) profane ; b) non-professionnel.

layaway *n. ÉU* (système de la) vente par anticipation ; article vendu selon le système de la vente par anticipation. ✪ **~ plan** (système de la) vente par anticipation.

lay-by *n.* **1** aire de repos. **2** *RU* (système de la) vente par anticipation ; article vendu selon le système de la vente par anticipation.

layer of management *Gestion* niveau hiérarchique.

layoff *n.* **1** licenciement (pour motif) économique, mise à pied économique, licenciement (temporaire). **2** période de chômage (économique) ; période d'interruption des activités.

layout *n.* **1** plan *[d'une usine],* structure, configuration, schéma, conception ; disposition (générale), aménagement *[de locaux],* ordonnance, implantation ; tracé ; **to improve the store ~** améliorer l'aménagement du magasin. **2** présentation *[d'une brochure] ; Journ.* mise en page.

layover *n. ÉU* escale.

lay-up *n.* **ship in ~** navire désarmé.

lb (pound) livre *[= 0, 453 6 kg]*.

LBO (leveraged buyout) rachat de société financé par des capitaux d'emprunt.

L/C (letter of credit) lettre de crédit.

LCD (liquid crystal display) affichage à cristaux liquides ; écran à cristaux liquides. ✪ **~ panel/screen** écran à cristaux liquide, écran LCD.

LCJ (Lord Chief Justice) *Angl. Lord Chief Justice.*

LD50 (lethal dose (50% survival)) *Env.* DL50 (dose létale (survie de 50 %)).

LDCs (least developed countries) PMA (pays les moins avancés).

L-dopa (levodopa) *Méd.* lévodopa *[f.]*.

L-driver *n. RU* conducteur novice.

LEA (local education authority) *RU* académie, rectorat.

leachate *n.* lessivat *[= substances solubles entraînées par l'eau]*.

leaching *n.* **1** lessivage *[du sol ; = entraînement de substances solubles par l'eau]*. **2** lixiviation.

lead *v.* **I 1** *tr.* être responsable de, diriger, piloter *[activité] ;* conduire *[délégation, expédition, manifestation] ;* **a government led by the Labour Party** un gouvernement dirigé par le Parti travailliste ; **the party is ready to ~ the country** le parti est prêt à prendre en main les destinées du pays. **2** *tr.* **(to)** conduire *[qqn]* à, mener *[qqn]* à. **3** *tr.* **(to)** *[chemin]* mener à. **4** *intr.* montrer la voie à suivre, donner des impulsions, prendre des initiatives. **5** *tr.* commander, diriger, être à la tête de ; animer, encadrer, superviser *[équipe de travailleurs]*. **6** *intr.* occuper la première place, avoir une avance, être en tête. **7** *tr.* occuper la première place dans, être/caracoler en tête de, être en avance sur, avoir une avance sur ; **to ~ the world in** être le numéro un mondial dans le domaine de. **8** *tr. Pol. [parti]* devancer *[autre parti dans les sondages]*. **9** *tr. Bourse* être plus nombreux que ; **advances led declines on the Amsterdam Stock Exchange** les hausses ont été plus nombreuses que les baisses à la Bourse d'Amsterdam. **10** *tr. Écon.* tirer ; **demand-led economy** économie tirée par la demande ; **export-led recovery** reprise tirée/entraînée/induite par les exportations ; **US growth is led by domestic consumer spending** la croissance aux États-Unis est tirée par les dépenses de consommation intérieures ; **export-led growth** croissance tirée par les exportations. **11** *tr.* **to ~ a normal life** mener une vie normale. **II ~ off** commencer ; **to ~ off the discussion with** commencer la discussion par. **III ~ to 1** entraîner, provoquer, causer, être à l'origine de, susciter, déboucher sur, aboutir à, se solder par, se traduire par, conduire à, ouvrir la voie à, aboutir à, être voué à, donner lieu à ; **logging ~s to extinction of species** l'exploitation forestière entraîne l'extinction d'espèces ; **a new war in the Gulf would ~ to oil shortages** une nouvelle guerre dans le Golfe provoquerait une pénurie de pétrole ; **the abolition of that agency led to controversy** la suppression de cet organisme a suscité des controverses ; **the project may ~ to the development of new materials** le projet pourrait déboucher sur la mise au point de nouveaux matériaux. **2** inciter à *[faire qqch.]*, donner à *[penser]*. **IV ~ up to 1** guider jusqu'à ; conduire à. **2** précéder ; **the months ~ing up to the conference** les mois qui ont précédé la conférence. **3** déboucher sur, préparer (la voie à/le terrain pour) ; aboutir à. ✪ **~ manage** *voir* lead n.

lead *n.* **1** conduite, direction ; première place, tête, peloton de tête, position dominante ; pointe *[du progrès]*, avant-postes ; **to establish a ~** prendre une avance ; **to follow the ~ of** emboîter le pas à, suivre (docilement), imiter, suivre l'exemple de, s'engager dans la même voie que, emprunter la voie ouverte par, se rallier à ; **in the ~** en tête ; **to take the ~** prendre le commandement, prendre la direction des opérations ; ouvrir/montrer la voie à suivre, donner l'exemple, prendre l'initiative, prendre une position en flèche ; **to take the ~ in doing sth** prendre la tête des efforts visant à faire qqch. ; **Poland took the ~ in introducing economic reforms** la Pologne a montré la voie en adoptant des réformes économiques. **2** avance ; **the president's ~ in the polls remained unchanged** l'avance du président dans les sondages est restée inchangée. **3** piste, indice. **4** *Journ.* article principal. **5** *Journ.* synthèse *[du contenu d'un article]*. **6** *Marketing* prospect intéressé/prometteur. **7** *Cinéma* rôle principal. ✪ **~ manage** *Banque* être le chef de file de, diriger *[émission] ;* **~ management** *Banque* direction *[d'une émission] ;* **~ manager** *Banque* chef de file ; **~s and lags** *Bal. des paiements* termes de règlement, termaillage ; **~ time** a) décalage, intervalle, battement, temps mort, délai (de réalisation/d'exécution/de mise en œuvre) ; b) délai de gestation/fabrication *[d'un produit nouveau] ;* c) délai de livraison ; **~ underwriter** *Banque* chef de file.

lead *n.* plomb. ✪ **~-acid battery** batterie au plomb ; **~ petrol** essence plombée ; **~ poisoning** empoisonnement par le plomb, saturnisme.

lead *adj.* principal, chef de file. ✪ **~ agency** organisation chef de file ; *[***WHO was nominated as ~ humanitarian agency** l'OMS a été désignée organisation humanitaire chef de file*] ;* **~ attorney** *ÉU* avocat principal ; **~ bank** banque chef de file ; **~ defense attorney** *ÉU* avocat principal de la défense ; **~ manager** *Fin. ÉU* banque chef de file ; **~ prosecutor** procureur principal ; **~ role** rôle de direction ; **~ suspect** suspect numéro un ; **~ story** *Journ.* article principal.

leader *n.* **1** chef (de file), numéro un, leader, guide, maître ; dirigeant, responsable, meneur (d'hommes), patron ; animateur, ténor, porte-parole, porte-drapeau ; notable, dignitaire, *pl.* gouvernants ; **church ~s** chefs religieux ; **he resigned as party ~** il a démissionné de son poste de chef du parti. **2** *Écon.* premier producteur, numéro un, grand, acteur principal ; **to strengthen one's position as a ~ in an industry** *[entreprise]* renforcer sa position de numéro un dans un secteur. **3** *Dr. RU* avocat principal *[lorsque deux avocats plaident pour une partie]*. **4** *Comm.* article d'appel. **5** produit/article qui se vend bien. **6** *Journ.* éditorial. **7** *Bourse* valeur vedette. ✪ **Leader of the Commons/of the House (of Commons)** *RU* député responsable de l'organisation des travaux à la Chambre des communes ; **Leader of the Lords** *RU* responsable de l'organisation des travaux à la Chambre des Lords.

leadership *n.* **1** commandement, conduite, direction (des activités/opérations), rênes, exercice de l'autorité/du pouvoir, tête, rôle de chef de file, rôle dirigeant/de direction, exercice de responsabilités, rôle moteur/mobilisateur/d'animation, houlette ; impulsion(s) (à donner par les dirigeants), initiative(s) ; **under the ~ of** sous la direction de ; **he took over the ~ of the Socialist party** il a pris en main les rênes du Parti socialiste ; **he assumed**

~ of the organization il a pris en main les destinées de l'organisation ; **to take a ~ role in humanitarian assistance** prendre la tête des activités d'aide humanitaire ; **the United States should provide its allies with ~** les États-Unis doivent assumer leur rôle de chef de file à l'égard de leurs alliés ; **to challenge the ~ of the Communist Party** contester le rôle dirigeant du Parti communiste ; **NATO will assume its ~ role in collective security** l'OTAN jouera son rôle de direction en matière de sécurité collective ; **to exercise ~ in order to achieve a new world order** donner l'impulsion qui permettra de mettre en place un nouvel ordre mondial ; **what is needed now is strong ~** il faut maintenant que les dirigeants donnent des impulsions vigoureuses ; **to show ~ in foreign policy** prendre des initiatives en politique étrangère ; **to exercise/exert/provide ~** montrer la voie à suivre, donner des impulsions, prendre des initiatives ; **to give/provide ~ to** orienter/guider/diriger/piloter les activités de ; **citizens expect governments to give them ~** les citoyens attendent des gouvernements qu'ils leur indiquent la voie à suivre. **2** autorité, pouvoir, ascendant, qualités de chef/d'animateur, aptitude à diriger (du personnel), compétences requises pour animer/diriger une équipe, aptitude au commandement, sens du commandement ; qualité de la direction, direction efficace, véritable direction, aptitude à l'exercice du pouvoir ; aptitude à diriger le pays, sens/intelligence/finesse/stature/métier politique ; initiative politique ; volonté politique ; animation (d'une équipe), orientation(s), capacité de donner des impulsions ; **to display ~ qualities** montrer que l'on possède les qualités requises pour l'exercice de l'autorité ; **the country needs strong ~** le pays a besoin d'un pouvoir fort ; **political ~ demands many skills** un dirigeant politique doit posséder de nombreuses compétences ; **she expresses her appreciation to the chairman for his able ~** elle remercie le président pour la compétence avec laquelle il a dirigé les délibérations ; **innovative ~** action novatrice de la part des dirigeants ; **team spirit requires ~** l'existence d'un esprit d'équipe suppose la présence d'un animateur. **3** poste de chef (de file), tête, direction, présidence *[d'un parti, d'une association] ;* fonction de dirigeant, fonctions de direction ; **the ~ of the Conservative Party** la direction du Parti conservateur ; **collective ~** direction collégiale ; **changes in party ~** changements à la tête du parti. **4** suprématie, hégémonie, domination, position dominante, première place, tête, prééminence, prédominance, prépondérance, influence prépondérante, rôle prépondérant, rôle de mobilisation ; **to establish Russia's ~ over the near abroad** établir la suprématie de la Russie sur le proche étranger ; **America rose to global ~** les États-Unis sont devenus la première puissance mondiale ; **America's economic ~** la prédominance économique des États-Unis ; **America's unchallenged world ~** la prépondérance mondiale incontestée des États-Unis. **5** chefs (de file), dirigeants, responsables, état-major, hiérarchie, instances (dirigeantes) ; direction *[d'un parti] ;* équipe dirigeante, équipe au pouvoir, équipe de dirigeants ; gouvernants ; classe dirigeante ; **the Republican congressional ~** les chefs de file des Républicains au Congrès ; **the black ~** les dirigeants de la communauté noire ; **the new Armenian ~** la nouvelle équipe dirigeante arménienne ; **the ~ was carefully drawn from the different tendencies within the party** les membres de l'équipe dirigeante ont été soigneusement choisis de façon à assurer une représentation des différentes tendances qui existent au sein du parti. **6** avance, position dominante/de tête, première place. ✪ **~ contender** *Pol.* candidat au poste de chef de file ; **~ skills** qualités de chef/d'animateur, aptitude à diriger (du personnel), compétences requises pour animer/diriger une équipe, aptitude au commandement, sens du commandement ; aptitude à l'exercice du pouvoir ; aptitude à diriger le pays, sens/intelligence/finesse/stature/métier politique ; aptitude à donner des impulsions.

leading *adj.* **1** principal, premier, prépondérant, dominant, grand, important, majeur, de premier plan, de pointe, de haut niveau ; **cancer is the ~ cause of death** le cancer est la principale cause de décès ; **a ~ car manufacturer** l'un des principaux constructeurs de voitures ; **the ~ Japanese book publisher** la première maison d'édition du Japon ; **a ~ arms exporter** un important exportateur d'armes ; **~ newspaper** journal à grand tirage. **2** de premier plan, éminent, réputé, renommé, de renom, en vue ; influent ; meilleur, d'élite ; **~ figure** personnalité de premier plan ; **a group of ~ economists prepared a report on poverty** un groupe d'économistes éminents a établi un rapport sur la pauvreté ; **~ cancer experts** cancérologues réputés ; **she was operated on by a ~ surgeon** elle a été opérée par un chirurgien renommé ; **the ~ members of the Bar** les membres du barreau les plus en vue. **3** chef de file ; **UNEP is the ~ agency in the field of environmental protection** le PNUE est l'organisation chef de file en matière de protection de l'environnement. ✪ **~ actor** *Cinéma* premier rôle masculin ; **~ actress** *Cinéma* premier rôle féminin, **~ article** *Journ.* a) *RU* éditorial ; b) *ÉU* article principal ; **~ bank** a) grande banque ; b) (banque) chef de file ; **~ case** *Dr.* précédent faisant autorité ; **~ counsel** *Angl. barrister* principal *[lorsque deux barristers plaident pour une même partie] ;* **~ edge** a) *Aéron.* bord d'attaque ; b) *Fig.* avant-poste, pointe ; c) *Fig.* première place ; *[***the company is on the ~ edge of technological innovation** l'entreprise se trouve à la pointe de l'innovation technologique*] ;* **~-edge** *adj. [technologie]* de pointe, *[produit]* de haute technologie ; **~-edge flap** *Aéron.* volet hypersustentateur de bord d'attaque ; **~-edge slat** *Aéron.* bec de bord d'attaque ; **~ figure** personnalité de premier plan/influente ; **~ indicator** *Écon.* indicateur avancé/précurseur ; **~ insurer** apériteur, compagnie apéritrice ; **~ lady** *Cinéma* premier rôle féminin ; **~ light** personnalité de premier plan/influente ; **~ man** *Cinéma* premier rôle masculin ; **~ question** question suggérant une réponse déterminée/particulière ; **~ role** a) rôle moteur/prépondérant/de premier plan/essentiel ; b) rôle de direction/dirigeant ; *[***tanks play a ~ role in land warfare** les chars jouent un rôle de premier plan dans la guerre terrestre ; **to take a ~ role in** prendre la tête des efforts accomplis pour ; **the ~ role of the Communist party** le rôle dirigeant du Parti communiste*] ;* **~ share** *Bourse* valeur vedette ; **~ underwriter** a) *Banque* (banque) chef de file ; b) *Ass.* apériteur, compagnie apéritrice.

leaf *n.* ✪ **take a ~ in the book of** suivre l'exemple de.

leaflet *n.* tract, brochure, dépliant, prospectus.

league *n.* **1** ligue. **2** *Fig.* palmarès, classement ; **Japan tops the world ~ of consumer electronics producers** le Japon occupe la première place parmi les pays fabriquant des produits d'électronique grand public. **3** catégorie, classe ; **in a ~ of one's own** dans une classe à part. ✪ **League of Arab States** Ligue des États arabes, Ligue arabe ; **League of Nations** Société des nations ; **~ table** *Fig. RU* classement *[d'écoles, d'hôpitaux],* palmarès, hiérarchie, statistiques comparatives ; *[***~ tables of school performance** classements permettant de comparer les résultats obtenus par les écoles ; **truancy ~ table** statistiques comparatives sur l'absentéisme scolaire*].*

leak *v. Fig.* **I 1** *intr. [fût]* fuir, laisser son contenu s'échapper/s'écouler, *[canalisation, combinaison spatiale]* fuir ; *[liquide]* fuir, s'échapper, s'écouler ; *[liquide, gaz]* filtrer ; **~ing supertanker** superpétrolier qui laisse s'échapper son chargement ; **the oil ~ing from the ship** le pétrole qui s'échappe du navire ; **arsenic ~s into rivers** de l'arsenic contamine des cours d'eau. **2** *tr.* divulguer, révéler, rendre public *[informations confidentielles]*, communiquer clandestinement *[rapport]*. **II ~ out 1** *[fût]* fuir, laisser son contenu s'échapper/s'écouler, *[canalisation]* fuir ; *[liquide]* fuir, s'échapper, s'écouler ; *[liquide, gaz]* filtrer. **2** *[informations]* filtrer (à l'extérieur), transpirer, s'ébruiter, être divulgué.

leak *n.* **1** fuite *[d'un liquide, d'un gaz]*, dégagement *[d'un gaz]*. **2** *Fig. pl.* fuites, indiscrétions, divulgations, révélations.

leakage *n.* fuite(s), perte(s) *[d'un fluide]*.

leaky *adj.* **1** manquant d'étanchéité, non/peu étanche, *[fût]* laissant son contenu s'échapper/s'écouler, *[canalisation, toit]* qui fuit. **2** *Fig. [administration]* sujet aux fuites. **3** *Fig. [embargo]* mal respecté, qui a tendance à être contourné/transgressé.

lean *adj. Fig.* **1** *[entreprise]* employant le minimum de ressources nécessaire, frugal, dégraissé. **2** *[période]* de vaches maigres. ✪ **~er and meaner** plus agile et plus dynamique, doté de structures simplifiées ; *[***European industry gets ~er and meaner to face foreign competition** l'industrie européenne allège ses structures pour faire face à ses concurrents étrangers*]* ; **~ production** *Gestion* production au plus juste ; **~ year** année de vaches maigres.

leap *n.* ✪ **by ~s and bounds** *[progresser]* à grands pas, à pas de géant, très rapidement ; *[***Thailand's industrial production is increasing by ~s and bounds** la production industrielle de la Thaïlande augmente très rapidement*]* ; **~ day** jour intercalaire ; **~ leap in(to) the dark** saut dans l'inconnu ; **~ forward** bond en avant, progrès ; **~ of faith** (acte inspiré par une véritable) foi (dans l'avenir/dans le succès de son entreprise), (acte témoignant d'une grande) confiance (dans l'avenir/dans ses capacités), (beaucoup d') optimisme, pari sur l'avenir ; *[***to make/take a ~ of faith** faire preuve d'une grande confiance/d'un grand optimisme*]* ; **~ of the imagination** beaucoup d'imagination ; **~ second** seconde intercalaire ; **~ year** année bissextile.

leapfrog *v. tr. Fig.* sauter, brûler *[étape]*, sauter l'étape de ; *Fam.* faire l'impasse sur ; **to ~ from... to** sauter de... à ; **the government considers information technology as a way to ~ stages of economic development** le gouvernement voit dans les technologies de l'information un moyen de brûler les étapes du développement économique.

learn *v.* **~ from** tirer les enseignements de *[expérience, erreurs]* ; **countries should ~ from each other** chaque pays doit tirer les enseignements de l'expérience des autres.

learned *adj. [personne]* érudit, éminent, *[revue]* scientifique, savant, *[société]* savant.

learner *n.* apprenant.

learning *n.* apprentissage, acquisition de connaissances ; assimilation ; **~ of a foreign language** acquisition d'une langue étrangère. ✪ **~ by doing** apprentissage par la pratique/sur le tas ; **~ curve** a) courbe d'apprentissage ; b) rythme d'apprentissage ; c) apprentissage (progressif), période/processus d'apprentissage ; *[***to be on a ~ curve** être en phase d'apprentissage ; **she is still going through a ~ curve** elle est encore en période d'apprentissage/en train d'apprendre ; **to be on a steep ~ curve** (devoir) apprendre beaucoup de choses en peu de temps ; **the software ~ curve is not steep** on apprend aisément à maîtriser ce logiciel ; **to ease the ~ curve, the program uses the Windows interface** pour faciliter l'apprentissage, le programme utilise l'interface Windows*]* ; **~ disability** *Euph. RU* handicap mental ; **~ materials** matériels didactiques/éducatifs ; **~ package** cours, mallette de formation ; **~ support** assistance aux élèves en difficulté.

lease *v.* **~ out** donner à bail.

lease *n.* **1** bail. **2** durée du bail. **3** location. ✪ **new ~ of life, new ~ on life** sursis ; chance nouvelle, nouveau départ ; **take on ~** prendre à bail.

leaseback *n.* cession-bail.

leasehold *n.* **1** emphytéose. **2** bien (immobilier) possédé en vertu d'un bail emphytéotique. ✪ **~ interest** emphytéose ; **~ land and buildings** *Bilan* terrains et constructions en location ; **~ property** bien (immobilier) possédé en vertu d'un bail emphytéotique.

leasehold *adj. [bien]* possédé en vertu d'un bail emphytéotique.

leaseholder *n.* emphytéote.

leasing *n.* crédit-bail.

least *n., adj.* ✪ **at the very ~** au minimum ; **~ developed countries** pays les moins avancés ; **~-favoured areas** zones les moins prospères ; **~ squares** *Stat.* moindres carrés ; *[***method of ~ squares** *Stat.* méthode des moindres carrés*]* ; **not in the ~** pas du tout, absolument pas ; **not ~** en particulier ; **to say the ~** a) pour le moins ; b) au bas mot ; *[***it is surprising, to say the ~, that** il est pour le moins surprenant que*]*.

leave *v.* **I 1** *tr.* quitter *[lieu, qqn, entreprise, le pouvoir]*, démissionner de ; **to ~ one's job** démissionner. **2** *tr.* abandonner, renoncer à. **3** *tr.* laisser ; **to ~ a message** laisser un message. **4** *intr.* s'en aller, partir. **II ~ aside** ne pas mentionner, ne pas parler de, passer sous silence, laisser de côté, négliger. **III ~ behind 1** quitter, laisser, devoir abandonner. **2 to be left behind** rester sur le carreau. **IV ~ out 1** ne pas aborder, laisser de côté, ne pas retenir, exclure, omettre *[question]*. **2** ne pas indiquer, ne pas mentionner. **3** ne pas retenir. **4** supprimer.

leave *n.* **1** autorisation, permission ; **to give ~ to appeal** *Dr.* autoriser un appel. **2** congé ; *Mil.* permission. ✪ **~ and licence** *Dr.* autorisation de pénétrer dans des locaux ; **~ entitlement** droit à congé ; **~ of absence** a) congé ; b) congé pour convenances personnelles, congé sans solde ; **~ without pay** congé sans solde ; *Adm.* congé pour convenances personnelles.

leaven *v. tr. Fig.* enrichir, féconder.

leaving certificate *Ens. Irl.* certificat de fin d'études.

lecture *n. Ens.* cours *[magistral]* ; exposé ; conférence. ✪ **~ hall** salle de cours, amphithéâtre ; **~ notes** cours polycopié ; **~ room/theatre** salle de cours, amphithéâtre.

lecturer *n. Ens.* assistant.

LED (light-emitting diode) DEL (diode électroluminescente). ✪ **~ display** affichage à diodes électroluminescentes.

ledger *n.* grand livre. ✪ **~ account** compte du grand livre ; **~ clerk** aide-comptable ; **~ fees** *Banque* frais bancaires.

leeward *adj.* sous le vent *[= non exposé aux vents dominants]*.

leeward *adv.* sous le vent *[= dans la direction opposée à celle du vent].*

Leeward Islands Leeward Islands *[ne correspondent pas aux îles Sous-le-Vent].*

leeway *n. Fig.* **1** marge, marge/liberté/volant de manœuvre, latitude. **2 ~ (to make up)** retard (à combler/à rattraper).

left-luggage office *RU* consigne.

left *adj* ✪ **~-of-centre** *adj. Pol.* de gauche ; **~-winger** *n.* homme/femme de gauche.

legacy *n. Fig.* vestige, fardeau (du passé), séquelle(s). ✪ **~ system** *Inf.* ancien système, système périmé, version ancienne/dépassée.

legal *adj.* **1** juridique. **2** judiciaire. **3** légal, licite. **4** reconnu en *common law [et non en equity],* relevant de la *common law.* ✪ **~ action** action en justice, procès ; *[***to take ~ action** intenter une action en justice*]* ; **~ advice** *[***to seek/take ~ advice** consulter un avocat/un juriste*]* ; **Legal Advice Centre** *RU* centre de consultations juridiques gratuites ; **~ adviser** conseiller juridique ; **~ age** a) âge requis par la loi ; b) majorité ; *[***the law raised the ~ drinking age from 18 to 21** la loi a porté de 18 à 21 ans l'âge à partir duquel on peut se faire servir des boissons alcoolisées*]* ; **~ aid** aide juridictionnelle ; **~ authority** base/autorité juridique ; **~ basis** base juridique ; **~ capacity** capacité juridique ; **~ case** affaire (judiciaire) ; *[***a ~ case brought by** un procès intenté par*]* ; **~ certainty** sécurité juridique ; **~ challenge** action en justice, procès ; recours judiciaire *[contre une décision du pouvoir exécutif]* ; **~ charge** sûreté relevant de la *common law* ; **~ costs** frais de justice ; **~ counsel** avocat ; **~ currency** monnaie légale ; **~ damages** dommages-intérêts ; **~ department** service juridique ; (service du) contentieux ; **~ dispute** litige ; **~ entity** personne morale ; **~ estate** droit réel immobilier reconnu en *common law* ; **~ expenses** frais de justice ; **~ expert** juriste ; **~ fees** honoraires d'avocats ; **~ fiction** fiction juridique ; **~ grounds** *Dr.* moyens de droit ; **~ holiday** *ÉU* jour férié ; **~ incapacity** incapacité légale ; **~ instrument** instrument juridique ; **~ interest** a) droit réel reconnu en *common law* ; b) taux d'intérêt maximal autorisé ; **~ investments** *ÉU* instruments de placement dans lesquels les organismes financiers sont autorisés à investir ; **~ issue** question juridique ; point de droit ; **~ medicine** médecine légale ; **~ monopoly** monopole garanti par la loi ; **~ mortgage** hypothèque relevant de la *common law* ; **~ officer** *Adm.* juriste ; *Dr.* conseiller juridique *[d'une administration]* ; **~ order** ordre juridique ; **~ owner** propriétaire en *common law* ; **~ pad** *ÉU* bloc-notes ; **~ person** personne morale ; **~ personality** personnalité morale ; **~ practice** cabinet d'avocat ; **~ privilege** secret professionnel ; **~ proceedings** procédure judiciaire, poursuites judiciaires ; **~ profession** juristes ; *RU* avoués et avocats ; **~ rate of interest** taux d'intérêt maximal autorisé ; **~ remedy** voie de droit ; (moyen de) recours, voie de recours, moyen d'obtenir réparation ; action *[ouverte à une partie lésée]* ; **~ representative** a) représentant ; b) administrateur *[d'une succession]* ; **~ reserve requirements** a) *Banque* réserves obligatoires ; b) obligation de constituer des réserves ; **~ reserves** *Banque* réserves légales ; **~ separation** séparation de corps ; **~ standing** *ÉU* droit d'agir (en justice) ; **~ status** statut juridique ; **~ system** ordre juridique ; justice, appareil judiciaire ; **~ tender** monnaie ayant cours légal, monnaie légale, monnaie libératoire/ayant un pouvoir libératoire ; *[***to be ~ tender** avoir cours légal ; **this note is ~ tender for all debts** ce billet peut éteindre toute dette*]* ; **~ title** titre de propriété en *common law* ; **~ wrangling** bataille juridique ; **~ year** année judiciaire.

legalese *n.* jargon juridique.

legatee *n.* légataire (des biens mobiliers).

leghold trap piège à mâchoires.

legionnaires' disease légionellose.

legislate *v.* **I** *intr.* légiférer. **II ~ against 1** adopter une loi interdisant, prendre des mesures législatives contre. **2** empêcher. **III ~ for** prévoir, tenir compte de.

legislation *n.* dispositions législatives, textes de lois, législation.

legislative *adj.* ✪ **~ authority** texte portant autorisation des travaux ; **~ immunity** immunité parlementaire.

legislature *n.* corps législatif, assemblée (législative), parlement.

legume *n.* légumineuse.

Leiden *n. Pays-Bas* Leyde.

leisure park parc de loisirs.

lender of last resort prêteur en dernier ressort, prêteur ultime.

lending *n.* ✪ **~ institution** établissement de crédit ; **~ library** bibliothèque de prêt ; **~ rate** a) taux créditeur, taux prêteur ; b) taux d'escompte.

length *n.* **1** longueur. **2** durée ; temps (nécessaire) ; **~ of stay in hospital** durée de l'hospitalisation. **3 to go to any ~ to** tout faire pour, tout mettre en œuvre pour ; **to go to great ~s to** mettre beaucoup de soin à, accomplir un effort considérable pour, déployer beaucoup d'efforts pour, se donner beaucoup de mal pour. ✪ **at ~** a) enfin ; b) à la longue, à terme, en définitive, en fin de compte, finalement ; c) longuement, pendant une longue période, tout à loisir ; d) dans le détail, de façon approfondie ; *[***the question was debated at ~** la question a été longuement discutée*]* ; **~ of service** *Adm.* ancienneté.

lengthy *adj. [discussions, négociations]* long, de longue durée, prolongé, de longue haleine, trop long, interminable, dont on ne voit pas la fin, laborieux, *[texte]* filandreux, *[rapport]* volumineux ; *[travaux]* fastidieux, laborieux, de longue haleine, patient ; **to be ~** traîner en longueur, s'éterniser ; **~ report** rapport volumineux, rapport-fleuve ; **~ speeches should be avoided** il faut éviter de prononcer de trop longs discours.

LEP (Large Electron Positron collider) LEP (grand collisionneur électron-positon).

less *adv.* moins ; à déduire. ✪ **~ developed country** pays peu développé ; **Lesser Antilles** Petites Antilles ; **~-favoured areas** zones défavorisées ; **~ than** a) moins que ; b) pas du tout ; *[***~ than perfect** imparfait ; **~ than honest** pas franc du tout*]*.

less *prép.* moins, déduction faite de, diminué de, minoré de, amputé de.

lessee *n.* locataire, preneur.

lesser *adj.* **to play a ~ role** jouer un rôle moins important.

lesson *n. Fig.* enseignement, leçon, conclusion ; **they have learned the ~s of past failures** ils ont tiré les enseignements des échecs du passé ; **two ~s emerge from this study** cette étude permet de tirer deux conclusions ; **the ~ of history is that** l'histoire nous apprend que ; **he has learnt his ~** on ne l'y reprendra plus, cela lui servira de leçon, il le saura pour la prochaine fois.

lessor *n.* bailleur.

let *v.* **I** *tr.* **1 ~ P be the profit of a company** soit P le bénéfice d'une entreprise. **2** louer, donner en location. **3** attribuer *[contrat, marché].* **II ~ down 1** ne pas donner/offrir/apporter à *[qqn]* ce qu'il est en droit d'attendre ; décevoir (l'attente de), ne pas répondre à l'attente de, trahir (la confiance de), lâcher, manquer à ses obligations envers. **2** baisser *[sa garde].* **III ~ out** louer, donner en location.

let-down *n.* déception.

let-out *n.* échappatoire.

letter *n.* ✪ **~ bomb** lettre piégée ; **~ of advice** lettre de notification ; **~ of allotment** *Bourse* avis d'attribution ; **~ of application** a) lettre de candidature ; b) *Bourse* bulletin de souscription ; **~ of appointment** lettre de nomination ; **~ of attorney** procuration, pouvoir ; **~ of comfort** *Banque* lettre d'intention/de confort/de patronage ; **~ of credence** lettres de créance ; **~ of credit** lettre de crédit, accréditif ; **~ of deposit** acte de nantissement de valeurs mobilières ; **~ of indemnity** lettre de garantie ; **~ of indication** *Lettre de crédit* lettre d'identification ; **~ of intent** lettre d'intention ; **~ of licence** lettre d'atermoiement ; **~ of regret** *Bourse* lettre de non-attribution ; **~ of reference** lettre de référence *[d'un ancien employeur]* ; **~ of renunciation** *Fin.* lettre de renonciation (à un droit de souscription) ; **~ of transmittal** lettre d'envoi ; **~s credential** lettres de créance ; **~s of administration** ordonnance de désignation d'administrateur *[de la succession d'un intestat]* ; **~s of credence** lettres de créance ; **~s of request, ~s rogatory** commission rogatoire ; **~ stock** *ÉU* action non enregistrée auprès de la SEC ; **~ stock fund** *ÉU* fonds de placement investissant dans des actions à risque élevé ; **to the ~** à la lettre.

letting *n.* bien donné en location.

let-up *n.* fléchissement, ralentissement ; baisse, diminution, atténuation ; accalmie.

Leuven *n. Belg.* Louvain.

level *v.* **I** *tr.* **1** détruire, provoquer l'effondrement de *[bâtiment]*, raser. **2** diriger *[missile].* **3** lancer, porter *[accusation]*, adresser *[critiques].* **4 to ~ the playing field** offrir des chances égales à tous. **II ~ off/out 1** *[taux de chômage]* se stabiliser, atteindre un palier, marquer le pas, cesser de croître/progresser, stagner, plafonner. **2** cesser de baisser. **III ~ with** être franc avec, dire la vérité à ; **the prime minister has not ~led with the voters** le Premier ministre n'a pas dit la vérité aux électeurs.

level *n.* niveau, plan, échelon, registre ; degré, quantité, volume ; seuil, cap, barre ; taux ; teneur *[en eau, etc.]* ; concentration *[d'un polluant dans un milieu donné].* ✪ **~ of significance** *Stat.* niveau de signification.

level *adj.* **1** horizontal, plat, plan. **2** *[mesure]* ras, arasé. **3** situé à la même hauteur ; **~ with** *Pol.* au coude à coude avec ; **the car was ~ with another vehicle** la voiture se trouvait à la hauteur d'un autre véhicule. ✪ **~-crossing** *n.* passage à niveau ; **~-headed** *adj.* raisonnable, réaliste, lucide, pondéré, posé, réfléchi ; **~-pegging** *adj. [***to be ~-pegging** *Pol. [candidats]* être au coude à coude*]* ; **~ playing field** *Fig.* égalité des chances, conditions égales/identiques pour tous, conditions offrant des chances égales à tous ; *[***on a ~ playing field** sur un pied d'égalité, à égalité, à armes égales*]*.

lever *n. Fig.* moyen (d'action). ✪ **pull the ~ for** *Pol. ÉU* voter pour.

leverage *v. tr.* tirer parti de, exploiter ; utiliser, se servir de ; **the post will enable her to ~ her long experience in education** ce poste lui permettra de tirer parti de sa longue expérience dans le domaine de l'enseignement ; **this new product allows the company to ~ its technological edge** ce nouveau produit permet à l'entreprise d'exploiter son avance technologique.

leverage *n.* **1** *Fig.* influence, poids, moyen(s) de pression ; **some states carry more ~ than others** certains États ont plus de poids que d'autres. **2** *Fin.* ratio capitaux empruntés-capitaux propres, (degré d') endettement ; **the company intends to reduce its ~** l'entreprise a l'intention de réduire son endettement.

leveraged *adj.* **1** *[opération]* financé (essentiellement) par des capitaux d'emprunt/empruntés ; **they bought the company in a highly ~ deal** ils ont acheté l'entreprise en finançant l'opération dans une large mesure par l'emprunt. **2** *[instrument financier]* à effet de levier. **3** *[entreprise]* endetté ; **the company is heavily ~** l'entreprise est très endettée. ✪ **~ buyout** rachat de société financé par des capitaux d'emprunt ; rachat de société par ses cadres financé par des capitaux d'emprunt.

levy *n.* **1** prélèvement, perception *[d'une taxe, d'un droit]*, ponction. **2** impôt, taxe.

lex fori *Dr. lex fori.*

lex loci *Dr. lex loci.*

lex mercatoria *Dr. lex mercatoria.*

LF (low frequency) basse fréquence.

LHC (Large Hadron Collider) LHC (grand collisionneur de hadrons).

liability *n.* **1** responsabilité. **2** *Compt.* passif, poste de passif, élément passif ; dette, obligation. **3** *pl.* dettes, endettement ; engagements *[= obligations financières contractées]* ; *Compt.* passif, éléments passifs ; **assets and liabilities** actif et passif. **3** *Fig.* source/sujet d'embarras, handicap, boulet, hypothèque *[Fig.]* ; **to be a ~** représenter un handicap/un embarras/un fardeau/une épine au pied ; **to become a ~** devenir embarrassant/gênant/encombrant ; **the chief of staff has become a ~ to the President** le secrétaire général de la Maison Blanche est devenu encombrant pour le président. ✪ **~ insurance** assurance de responsabilité ; **~ to tax** assujettissement à l'impôt.

liable *adj.* **1** responsable ; **(for)** responsable de, tenu à/de ; **to be ~ for** devoir payer/prendre en charge ; **the owner is ~ for the debts of his firm** le propriétaire d'une entreprise est responsable des dettes de celle-ci. **2 (to)** susceptible de, de nature à ; sujet à, enclin à, prédisposé à, exposé à ; soumis à, astreint à ; passible de *[amende]* ; tenu de ; **to be ~ to** a) être susceptible de, etc. ; b) être tenu de ; c) risquer de, s'exposer à, prêter à, encourir, pouvoir ; **it makes him ~ to** cela l'expose à ; **counterfeit goods are ~ to seizure** les marchandises de contrefaçon peuvent être saisies. **3** *Fisc.* **(to)** *[personne]* assujetti à, passible de, redevable de ; *[opération]* passible de ; *[revenu, marchandise]* soumis à ; **investment income is ~ to tax** les revenus de placements sont imposables.

liaise *v. intr.* **(with)** assurer la liaison avec, être/rester en contact/en relation avec, avoir des contacts avec, se concerter avec, coopérer avec ; **the finance ministries of the two**

countries ~ on all tax matters les ministères des Finances des deux pays se concertent sur toutes les questions fiscales.

liaison *n.* **1** liaison. **2** chargé de liaison. ✪ **~ officer** chargé de liaison.

Lib (liberal) *RU* membre du Parti libéral. ✪ **~ Dem** *RU* membre du Parti libéral-démocrate.

libel *n. Dr.* diffamation *[écrite ou audiovisuelle] ;* écrit/film/émission diffamatoire.

liberal *adj.* **1** *Pol. ÉU* progressiste, réformiste. **2** *Pol. RU* libéral. ✪ **~ arts** disciplines de culture générale ; **~ education/studies** enseignement/formation de culture générale.

LIBID (London inter-bank bid rate) LIBID (taux interbancaire demandé à Londres).

LIBOR (London inter-bank offered rate) LIBOR (taux interbancaire offert à Londres).

librarianship *n.* bibliothéconomie.

library *n.* bibliothèque. ✪ **~ footage** images d'archives ; **~ science** bibliothéconomie.

licence *n.* **1** permis ; autorisation, agrément ; licence ; **medical ~** autorisation d'exercer la médecine. **2** liberté d'action, latitude ; liberté de langage. ✪ **~ fee** *TV* a) redevance télévision/télévisuelle ; b) redevance au titre de licence ; **~ number** *ÉU* numéro d'immatriculation/minéralogique *[de véhicule] ;* **~ plate** *ÉU* plaque d'immatriculation/minéralogique *[de véhicule] ;* **~ revocation** retrait du permis de conduire ; **~ to print money** *Fig.* vache à lait, mine d'or, affaire juteuse/extrêmement lucrative, produit qui procure des bénéfices énormes ; *[***an innovative patent can be a ~ to print money** un brevet novateur peut s'avérer extrêmement lucratif*] ;* **under ~** *[produire un article]* sous licence.

license *v. tr.* délivrer un permis/une autorisation/une licence à, accorder une licence d'exploitation de *[technologie],* concéder une licence d'exploitation de *[brevet],* autoriser *[station de radio]* à émettre ; **physicians are ~d by the state** les médecins doivent obtenir une autorisation d'exercer délivrée par l'État ; **the company refused to ~ the technology to foreign competitors** l'entreprise a refusé d'accorder des licences d'exploitation de cette technologie à des concurrents étrangers.

license *n. voir* licence.

licensed *adj.* **1** titulaire d'un permis/d'une autorisation/d'une licence, autorisé à exercer ; *[courtier]* agréé ; **~ by** sous licence de. **2** *[profession]* soumis à autorisation d'exercice. ✪ **~ practical nurse** infirmier auxiliaire diplômé ; **~ premises** établissement autorisé à servir des boissons alcoolisées, débit de boissons.

licensee *n.* détenteur d'un permis ; titulaire d'une autorisation ; titulaire d'une licence ; *RU* personne autorisée à vendre des boissons alcoolisées ; *Brevets* licencié.

licensing *n.* **1** délivrance d'un permis/d'une autorisation/d'une licence/d'un agrément ; délivrance de permis/d'autorisations/de licences/d'agréments ; délivrance d'une autorisation d'exercer *[profession].* **2** autorisation ; agrément ; autorisation de mise sur le marché *[pour un médicament].* **3** *Brevets* concession de licence. ✪ **~ agreement** contrat de licence ; **~ authority** administration chargée de la délivrance des autorisations/permis ; **~ hours** *RU* heures d'ouverture des débits de boissons ; **~ laws** *RU* législation sur la vente des boissons alcoolisées ; **~ of motor vehicles** immatriculation des véhicules à moteur.

licensor *n.* personne accordant/ayant accordé une licence.

lid *n. Fig.* **to keep/put the ~ on** garder secret ; **to blow/take the ~ off** révéler, rendre public ; **to keep the ~ on inflation** contenir l'inflation.

lie *v.* **1** *intr.* se situer, se trouver ; **(in)** résider dans ; **the most valuable assets of the company ~ in its research and development** la recherche et le développement sont les principaux atouts de l'entreprise. **2** *intr. Dr. [procédure]* pouvoir être intenté, *[action, appel]* être ouvert, *[appel]* pouvoir être interjeté ; **an appeal lies to** un appel peut être interjeté devant *[juridiction d'appel] ;* **appeal from a County Court ~s to the Court of Appeal** l'appel des décisions rendues par les *County Courts* est porté devant la Cour d'appel ; **no appeal ~s** l'appel n'est pas ouvert ; **no action ~s against a person of unsound mind for breach of contract** aucune procédure ne peut être intentée contre un aliéné pour manquement à ses obligations contractuelles. **3 ~ ahead** nous attendre. **4 ~ behind** être à la base de, être à l'origine de. **5 ~ with** *[tâche]* incomber à, appartenir à.

lie of the land configuration du terrain, caractéristiques de la zone ; *Fig.* situation, façon dont les choses se présentent, de quoi il retourne.

lien *n.* privilège. ✪ **~ creditor** créancier gagiste.

lienee *n.* débiteur (ayant remis un gage).

lienor *n.* créancier gagiste.

lieutenant *n.* ✪ **~-general** *n.* général de corps d'armée ; **~ governor** *ÉU* vice-gouverneur ; *Can.* lieutenant-gouverneur.

life *n.* **1** vie ; **during the ~ of** du vivant de. **2** durée de vie *[d'une machine],* durée *[d'un emprunt],* période de validité *[d'un contrat].* ✪ **fight for one's ~** être entre la vie et la mort ; **get a ~** *Fam.* profiter de la vie ; **~ annuity** rente viagère ; **~ assurance** assurance sur la vie, assurance vie ; **~ assured** assuré sur la vie ; **~ belt** bouée de sauvetage ; **~-blood** *n. voir* lifeblood ; **~ boat** canot de sauvetage ; **~ buoy** bouée de sauvetage ; **~ company** compagnie d'assurance vie ; **~ cover** *Ass.* couverture par une assurance vie ; **~ crisis** crise (personnelle) ; **~ cycle** cycle de vie *[d'un produit] ;* **~ estate** droit réel immobilier viager ; **~ expectancy** a) espérance de vie ; b) *Fig.* durée de bon fonctionnement *[d'un appareil] ;* **~ form** espèce ; **~ imprisonment** réclusion à perpétuité ; **~ insurance** assurance vie ; **~ interest** *Dr.* droit réel viager ; usufruit ; **~ jacket** *RU* gilet de sauvetage ; **~-long education** formation tout au long de la vie ; **~ office** *RU* compagnie d'assurance vie ; **~ peer** *RU* lord/pair à vie ; **~ peerage** pairie à vie ; **~ preserver** *ÉU* a) bouée de sauvetage ; b) gilet de sauvetage ; **~ raft** canot de sauvetage ; **~-saving** *adj. Méd. [médicament]* salvateur, pouvant sauver des vies (humaines) ; vital ; **~ savings** économies accumulées pendant toute son existence ; **~ sciences** sciences de la vie ; **~ sentence** condamnation à la réclusion à perpétuité, (peine de) réclusion (criminelle) à perpétuité ; **~-size(d)** *adj.* en grandeur nature ; **~ skills** aptitudes utiles dans la vie (quotidienne) ; **~ span** a) durée d'existence ; longévité ; b) durée de vie maximale *[d'un organisme] ;* c) durée de bon fonctionnement *[d'un appareil] ; [***a healthy lifestyle has an impact on ~ span** un mode de vie sain a des effets sur la longévité ; **the ~ span of the treaty** la durée de validité du traité ; **a boiler has an average ~ span of 25 years** une chaudière a une durée de vie moyenne de 25 années*] ;* **~-**

support machine *Méd.* appareil de maintien en vie/de survie ; **~-support system** a) *Méd.* appareil de maintien en vie/de survie ; b) *Esp.* équipement de vie, appareil de survie ; c) *Env.* système permettant la vie ; *[***the world's ~-support system is at risk** le monde risque de ne plus être en mesure d'entretenir la vie*]* ; **~ table** *Ass.* table de mortalité ; **~ tenancy** usufruit ; **~ tenant** usufruitier ; **~ term** (peine de) réclusion (criminelle) à perpétuité ; peine de prison à perpétuité ; **~-threatening** *adj. [maladie]* potentiellement mortel, menaçant le pronostic vital ; *[***to be ~-threatening** mettre en danger la vie/les jours du patient*]* ; **~ vest** *ÉU* gilet de sauvetage ; **take sb's ~** tuer qqn ; **take one's own ~** se donner la mort, mettre fin à ses jours.

lifeblood *n.* élément vital/essentiel, base, ressource (économique) essentielle, poumon, artère nourricière ; **landing public-works contracts is the ~ of the company** l'obtention de marchés publics de travaux est essentielle pour l'entreprise ; **trade is the ~ of the city** la ville est tributaire du commerce ; **advertising is the ~ of newspapers** la publicité est vitale pour les journaux.

lifeguard *n.* maître nageur.

lifeline *n. Fig.* **1** cordon ombilical, poumon, voie de communication/d'approvisionnement essentielle/vitale, lien essentiel/vital (avec l'extérieur) ; **the Nile is the ~ of Egypt** le Nil est le poumon de l'Égypte. **2** secours, bouée de sauvetage.

lifer *n. Fam.* condamné à perpétuité.

lifespan *n.* durée de vie *[d'un être vivant, d'une machine]* ; durée *[d'une activité]* ; **men have shorter ~s than women** les hommes ont une durée de vie inférieure à celle des femmes ; **the incidence of cancer across the ~** l'incidence du cancer d'un bout à l'autre de l'existence.

lifestyle *n.* mode de vie.

lifetime *n.* **1** vie entière, toute l'existence, toute la vie ; **during/in sb's ~** au cours de la vie/l'existence de qqn, du vivant de qqn ; **a ~ of poverty** une vie entièrement marquée par la pauvreté ; **Dr French has spent a ~ studying frogs** le Dr French a passé toute sa vie à étudier les grenouilles ; **two world wars caused great suffering in her ~** deux guerres mondiales ont causé de grandes souffrances de son vivant. **2** durée de vie *[d'un produit]*. ✪ **~ annuity** rente viagère ; **~ education** formation permanente.

lifetime *adj.* relatif à l'existence tout entière, portant sur la vie entière.

LIFFE (London International Financial Futures Exchange) marché à terme sur instruments financiers de Londres.

LIFO (last in, first out) *Compt.* dernier entré, premier sorti.

lift *n. Aéron.* portance.

liftoff *n. Aéron., Esp.* décollage.

light *n.* **1** lumière ; feu *[de circulation, d'une voiture]*. **2** *Fig.* optique, point de vue ; jour, éclairage ; **to see sth in a positive ~** considérer qqch. sous un jour favorable ; **in a bad ~** sous un jour défavorable ; **to throw new ~ on** présenter sous un éclairage nouveau ; **cast/shed/throw ~ on** éclairer, éclaircir, donner des éclaircissements/informations sur ; livrer/fournir des données/informations sur, permettre de mieux comprendre, indiquer ; **the party platform showed the government's record under a favourable ~** le programme du parti a présenté les résultats obtenus par le gouvernement sous un jour favorable. **3 to set ~ to** mettre le feu à. ✪ **bring to ~** révéler, rendre public ; *[***to be brought to ~** être révélé/découvert, apparaître*]* ; **come to ~** être révélé/découvert, apparaître ; **in (the) ~ of** compte tenu de, eu égard à, en raison de, au vu de, face à, en fonction de, à la suite de, sur la base de, sur la foi de, à la lumière de ; **~-emitting diode** diode électroluminescente ; **~ meter** posemètre ; **~ pen/pencil** *Inf.* photostyle, crayon optique ; **~ pulse** impulsion lumineuse ; **~s out** extinction des feux ; **see the ~** voir clair, prendre conscience de la voie à suivre ; **see the ~ of day** a) voir le jour ; b) être rendu public.

light *adj. [produit]* allégé. ✪ **~ air** *Échelle de Beaufort* très légère brise ; **~ breeze** *Échelle de Beaufort* légère brise ; **~ crude** *Pétrole* brut léger ; **~ engineering** petite mécanique ; **~ face** *Impr.* caractère(s) maigre(s) ; **~-face type** *Impr.* caractère(s) maigre(s) ; **~ rail (transit)** métro léger ; **~ type** *Impr.* caractère(s) maigre(s) ; **~-water reactor** *Nucl.* réacteur à eau légère.

lighter *n. Mar.* ac(c)on, barge, allège. ✪ **~ aboard ship** (navire) porte-barges LASH.

lighterage *n.* frais d'ac(c)onage.

lighterman *n.* ac(c)onier.

lighting fixtures appareils d'éclairage.

lightning strike grève surprise.

like *n.* **to compare ~ with ~** comparer des choses qui se prêtent à une comparaison.

like *suff.* apparenté à, analogue à, relevant de.

likelihood *n.* probabilité. ✪ **in all ~** probablement, selon toute vraisemblance.

likely *adj.* **1** probable, vraisemblable ; **to be ~ to** a) avoir des chances de, avoir toutes chances de, risquer de, courir le risque de ; b) *voir* (2) ; **inflation is not ~ to increase** l'inflation ne devrait pas augmenter ; **to be more ~ to** avoir plus de chances de, courir un risque plus grand de. **2 (to)** enclin à, susceptible de, de nature à, propre à ; **to be ~ to** a) avoir tendance à ; b) *voir* (1) ; **pedophiles are ~ to be emotionally immature** les pédophiles manquent généralement de maturité sur le plan affectif.

likely *adv.* probablement, sans doute. ✪ **as ~ as not** probablement.

like-minded *adj.* de même sensibilité/tendance, de sensibilité analogue, ayant entre eux des affinités, idéologiquement proche, du même bord, qui se réclame des mêmes idées, attaché aux mêmes principes, partageant les mêmes valeurs, animé par des préoccupations semblables ; qui voit les choses de la même façon ; ayant les mêmes centres d'intérêt.

liking *n.* **to sb's ~** à la satisfaction de qqn.

limbo *n.* situation incertaine/indéterminée/mal définie/floue/peu claire, statut incertain/indéterminé, impasse, incertitude, no man's land ; **in ~** on ne sait trop où, dans l'incertitude, *[sort]* incertain, *[problème]* non résolu, en suspens ; **to be in ~** *[personne]* ne pas savoir à quoi s'en tenir, ne pas savoir sur quel pied danser, ne plus savoir que faire, se trouver/être assis entre deux chaises ; **the gyrations of the stock market kept investors in ~** en raison des fluctuations de la Bourse, les investisseurs ne savent plus à quoi s'en tenir ; **the invasion left the peace negotiations in ~** l'invasion a placé les négociations dans une situation incertaine.

lime *n.* **1** lime *[= fruit]*. **2** limettier *[= arbre]*.

limelight *n. Fig.* centre de l'attention ; **in the ~** *[personne]* sous les feux de l'actualité/des projecteurs ; *[question]* au centre de l'attention/des préoccupations ; **to be in the ~** *[personne]* susciter beaucoup d'intérêt/d'attention, être au centre de l'actualité ; **to seek the ~** essayer d'attirer l'attention sur sa personne ; **the President is enjoying the ~** le président est satisfait d'être au centre de l'attention.

limit *n.* **1** limite, borne. **2** seuil. **3** plafond. ✪ **~ order** *Bourse* ordre limité ; **off-~s** *adj.* inaccessible, interdit, privé ; **The Limits to Growth** Halte à la croissance ? *[= rapport du Club de Rome].*

limitation *n.* **1** limite ; limitation ; restriction. **2** insuffisance, faiblesse, déficience, imperfection, contrainte ; inconvénient *[d'une méthode] ;* **such approaches have ~s** ces méthodes présentent des inconvénients ; **the ~s of the decision-making process** les déficiences du processus de prise de décision. **3** *Dr.* détermination de la durée d'un droit réel ; clause déterminant la durée d'un droit réel. ✪ **~ period** (délai de) prescription *[extinctive].*

limited *adj.* ✪ **~ (liability) company** société de capitaux ; **~ order** *Bourse* ordre limité ; **~ partner** commanditaire ; **~ partnership** société en commandite simple.

limpet (mine) mine magnétique.

linchpin *n. Fig.* **1** cheville ouvrière, personne/homme clé, pilier ; garant de l'unité. **2** élément essentiel/central/clé, pilier, pivot, pierre angulaire, rouage essentiel ; **fast processors are the ~ of today's computers** les processeurs rapides constituent l'élément essentiel des ordinateurs d'aujourd'hui ; **automation is the ~ of industrial productivity** l'automatisation est l'élément clé de la productivité industrielle ; **the Trade Ministry is the ~ of the economy** le ministère du Commerce est le pivot de l'économie.

line *v.* **I** *tr.* **1** *[muqueuse, cellules]* tapisser, revêtir *[organe] ;* **the cells that ~ the gut** les cellules qui revêtent la paroi intérieure de l'intestin. **2** border, entourer ; **tree-~d street** rue bordée d'arbres. **3 to ~ one's pockets** se remplir les poches. **II ~ up 1** faire la queue. 2 obtenir, rassembler ; chercher, rechercher ; trouver ; **the Secretary of State will try to ~ up support from the allies** le secrétaire d'État s'efforcera d'obtenir l'appui des alliés.

line *n.* **1** ligne *[droite, courbe] ;* **shore ~** littoral. **2** ligne *[de chemin de fer, d'autobus, d'électricité, de téléphone].* **3** *Transp. aériens* compagnie aérienne/d'aviation/de transports aériens. **4** ligne *[de texte] ;* réplique *[d'un acteur] ; pl.* texte *[d'un acteur].* **5** limite, frontière, ligne de démarcation ; *Fig.* ligne de partage, distinction, division, séparation, clivage, cloisonnement ; **the desert ~ moved** la limite du désert s'est déplacée ; **there are certain ~s that should not be crossed** il y a des limites à ne pas dépasser ; **to draw a ~ (in the sand)** tracer une limite (à ne pas dépasser) ; **to draw the ~** a) fixer les limites ; b) tracer la/une ligne de séparation ; **to draw the ~ between** a) tracer la frontière entre ; b) distinguer *[une chose d'une autre] ;* **to draw the ~ between art and pornography** établir une distinction entre art et pornographie ; **to draw the ~ at** exclure, ne pas aller jusqu'à ; **the rebels used violence but drew the ~ at murder** les insurgés ont eu recours à la violence mais ne sont pas allés jusqu'à commettre des meurtres ; **transportation of drugs across state ~s is a federal crime** le transport de stupéfiants d'un État à l'autre est un crime fédéral ; **a transportation company operating across state ~s** une compagnie de transports dont les activités s'étendent à plusieurs États ; **the reform blurs the ~ between banking and insurance** la réforme estompe la frontière entre la banque et l'assurance ; **class ~s** distinctions de classe ; **the ~ between good and evil is not always clear** la distinction entre le bien et le mal n'est pas toujours bien nette ; **the agreement cuts across party ~s** l'accord transcende les divisions entre partis ; **a country divided along ethnic ~s** un pays divisé par des clivages ethniques ; **broad principles that cut across disciplinary ~s** de grands principes qui transcendent les cloisonnements entre les différentes disciplines. **6** modèle, conception ; **along/on the ~s of** de façon analogue à ; conformément à, dans l'esprit de, dans le sens de, sur le modèle de, à l'exemple de, en s'inspirant de, selon les modalités de, dans le droit fil de ; **along the same ~s as** dans la même direction que, dans le même esprit que ; **along these ~s** conformément à ces principes, dans cet esprit, dans ce sens ; **after the war the town was rebuilt along modern ~s** après la guerre, la ville a été reconstruite selon une conception moderne ; **the administration was organized along Chinese ~s** l'administration était calquée sur le modèle chinois. **7** ligne de conduite, position, attitude, politique, doctrine ; **the official ~** la position officielle ; **to agree on a common ~** convenir d'une position commune ; **to take a tough ~ with** se montrer ferme à l'égard de ; **the newspaper's ~ on legalization of marijuana** la position du journal sur la légalisation de la marijuana. **8** ligne *[de produits].* **9** domaine (d'activité), branche ; (branche/domaine/genre/type d') activité, secteur (d'activité) ; emploi, profession, métier ; spécialité, partie ; **the company breaks down its profits by ~s of business** l'entreprise ventile ses bénéfices par secteur d'activité. **10** filière. **11** axe, direction ; **~ of research** axe de recherche ; **~ of argument** argumentation, raisonnement, démonstration ; **~ of reasoning** raisonnement ; **what is the purpose of this ~ of questioning?** quel est l'objet de cette série de questions ? **the main ~ of research** la principale orientation de la recherche ; **broad ~s** grandes lignes, grands axes *[d'un programme, d'une politique] ;* **work has begun along two ~s** des travaux ont été engagés dans deux directions. **12** rang *[de manifestants, de policiers],* haie *[de spectateurs],* cordon *[de policiers],* rangée *[de choses].* **13** file d'attente, queue ; **to stand/wait in ~** faire la queue. **14** série. **15** dynastie. **16** *Biol.* lignée ; **~ of succession** ordre de succession. **17** rail *[de cocaïne].* ✪ **along the ~** *[***at some point/somewhere along the ~** à un moment ou à un autre, à un certain moment, tôt ou tard*] ;* **bring into ~** a) mettre *[qqn]* au pas, faire rentrer *[qqn]* dans le rang ; **bring into ~ with** aligner sur, mettre en conformité/harmonie avec, harmoniser avec, faire concorder avec, rendre conforme à, conformer à, calquer sur, faire converger, faire coïncider, adapter à, ajuster à ; *[***the law will be brought into ~ with European legislation** la loi sera mise en conformité avec la législation européenne*] ;* **come into ~** rentrer dans le rang ; **come into ~ with** se conformer à ; **down the ~** par la suite, plus tard, à un stade ultérieur de la filière ; *[***five years down the ~** dans cinq ans*] ;* **fall into ~** suivre le mouvement, rentrer dans le rang ; **fall into ~ with** s'aligner sur ; **hold the ~** a) maintenir le statu quo ; b) *Téléphone* patienter, rester en ligne ; **in ~** *Inf.* en ligne ; *[***in-~ processing** *Inf.* traitement en ligne*] ;* **in ~ for** *[***to be in ~ for** avoir de bonnes chances de recevoir *[promotion]] ;* **in ~ with** a) conforme à, en harmonie avec, au diapason, de adapté à, compatible avec, correspondant à, parallèle à, répondant à ; b) conformément à, en cohérence avec, en fonction de, parallèlement à, au rythme de, au prorata de ; *[***to be in ~ with** être conforme à, correspondre à, aller dans le sens de, suivre, cadrer avec, se situer dans la perspective de/le droit fil de, coïncider avec ; répondre à *[besoins] ;* **the new strategy is in ~ with the Secretary-General's vision** la nouvelle stratégie est conforme aux conceptions du secrétaire général ; **this discovery**

is in ~ with classic theory cette découverte est conforme à la théorie classique ; **the committee prepared a press release in ~ with the resolution** le comité a élaboré un communiqué de presse allant dans le sens de la résolution ; **to bring in ~ with** mettre en harmonie avec, faire concorder ; **products in ~ with market needs** des produits répondant aux besoins du marché ; **in ~ with expectations** conformément aux attentes ; **in ~ with the above** dans cet esprit ; **to bring practice in ~ with theory** mettre la pratique en harmonie avec la théorie ; **a system in ~ with economic realities** un système compatible avec les réalités économiques ; **to upgrade unemployment benefits in ~ with prices** revaloriser les indemnités de chômage en fonction de l'évolution des prix*]* ; **in the ~ of duty/service** dans l'exercice de ses fonctions ; pendant le service, en service commandé ; **~ drawing** dessin au trait ; **~ item** poste *[budgétaire]* ; **~-item budget** budget détaillé ; **~-item veto** *ÉU* (droit de) veto sélectif *[portant sur des postes budgétaires particuliers]* ; **~ management** a) organisation de type hiérarchique ; b) cadres hiérarchiques ; **~ manager** cadre/responsable hiérarchique ; **~ of attack** méthode, démarche, tactique, stratégie ; **~ of business** (branche/domaine/genre/type d') activité, secteur (d'activité) ; **~ of command** voie hiérarchique ; **~ of credit** ligne de crédit ; **~ of defence** *Dr.* système de défense ; **~ of inquiry** piste ; **~ of least resistance** solution la plus facile ; **~ of regression** *Stat.* droite de régression ; **~ of research** sujet de recherche ; **~ of sight** ligne de visée ; **~ of thinking** raisonnement ; **~ of work** emploi, profession, métier ; **~ printer** *Inf.* imprimante ligne par ligne ; **~ responsibilities** a) responsabilités de type hiérarchique ; b) structures de responsabilité ; **~s of authority** structure hiérarchique ; **~s of communication** voies de communication ; **~s of responsibility** (définition des) responsabilités ; *[***to clarify the ~s of responsibility** définir clairement les responsabilités*]* ; **~ spacing** a) interligne ; b) interlignage ; **off ~** *Internet* hors connexion ; **on line** *Internet* en ligne ; **on the ~** *[réputation]* en jeu, *[emploi]* en péril ; *[***to lay/put on the ~** mettre en jeu/péril ; **the credibility of the government is on the ~** la crédibilité du gouvernement est en jeu ; **to put one's career on the ~** mettre sa carrière en jeu*]* ; **out of ~** *[comportement]* déplacé, inconvenant, incorrect, inacceptable ; *[***to be out of ~** *[personne]* avoir un comportement inacceptable, aller trop loin, dépasser les bornes ; **to step out of ~** s'écarter du droit chemin*]* ; **out of ~ with** s'écartant de, ne correspondant pas à ; *[***the panel's advice is out of ~ with reality** les conseils du comité cadrent mal avec les réalités*]* ; **stand in ~** faire la queue.

linear regression *Stat.* régression linéaire.

liner *n. Transp. mar.* cargo/navire de ligne ; *Transp. aériens* avion de ligne. ✪ **~ conference** conférence maritime ; **~ shipping** transport/trafic de ligne ; **~ trade** trafic de ligne.

lineup *n.* **1** gamme, série, panoplie, arsenal, éventail, batterie, ensemble. **2** composition *[d'un gouvernement]*. **3** *ÉU* séance d'identification (de suspect), présentation de suspect à témoin, tapissage.

lingua franca langue véhiculaire ; langue internationale ; langue commune ; **English has become the ~ of science** l'anglais est devenu la langue internationale de la science.

link *v.* **I** *tr.* **(with)** établir un lien entre... et. **II ~ into** consulter *[base de données]*. **III ~ to 1** placer un lien vers *[site Web]* ; contenir un/des lien(s) vers *[autre site Web]*. **2** se connecter à *[site Web]*. **IV ~ together** relier *[deux ordinateurs]*. **V ~ up** *[deux choses]* être reliés/connectés en eux, être interconnectés. **VI ~ up with 1** établir/nouer des liens/relations avec, s'associer avec, former une alliance avec ; *[unité militaire]* faire sa jonction avec ; **to ~ up sth with sth else** établir un lien entre qqch. et qqch. d'autre. **2** se brancher sur ; **to ~ up with the Internet** se brancher sur Internet.

link *n.* **1** lien ; articulation. **2** maillon. **3** *Internet* lien.

linkage *n.* **1** lien ; interdépendance, corrélation ; **the ~s between bond and equity markets** l'interdépendance entre le marché obligataire et celui des actions. **2** (établissement d'un) lien, conditionalité ; **to establish a ~ between two unrelated disputes** établir un lien entre deux litiges qui n'ont rien à voir l'un avec l'autre. **3** mise en relation ; croisement, chaînage *[de fichiers]*.

linkup *n.* **1** jonction *[entre deux armées]* ; amarrage *[entre deux engins spatiaux]*. **2** branchement. **3** liaison *[radio, télévisée]* ; **satellite ~** liaison par satellite. **4** association, établissement de liens ; alliance, rapprochement, partenariat *[entre entreprises]* ; **the company is negotiating a ~ with its main competitor** la société négocie actuellement une alliance avec son principal concurrent.

lip *n.* ✪ **~ reading** lecture labiale ; **~ service** vœu pieux, bonnes paroles, plaidoyer rituel ; *[***to pay ~ service to** manifester un intérêt/attachement de pure forme à, exprimer une adhésion de pure forme à/au principe de, exprimer un attachement purement théorique/platonique à, souscrire sans conviction (réelle) à, se dire en principe favorable à, feindre d'être en faveur de/d'appuyer, rendre un hommage rituel à, se prononcer en faveur de ; **to pay ~ service to a lofty ideal** proclamer un attachement de pure forme à un idéal élevé ; **to recognize the desirability of a peace settlement through mere ~ service** reconnaître l'opportunité d'un règlement de paix en paroles seulement ; **to pay ~ service to freedom of the press while banning independent-minded newspapers** se prononcer en faveur de la liberté de la presse tout en interdisant la parution de journaux indépendants*]*.

liquefied *adj.* ✪ **~ natural gas** gaz naturel liquéfié ; **~ natural gas carrier** transporteur de gaz naturel liquéfié ; **~ petroleum gas** gaz de pétrole liquéfié.

liquid *adj. Écon., Fin.* liquide, mobilisable ; **to be ~** a) être liquide ; b) détenir des liquidités ; **~ assets/capital** actifs liquides, liquidités, disponibilités. ✪ **~ chromatography** chromatographie en phase liquide ; **~ crystal display** a) affichage à cristaux liquides ; b) écran à cristaux liquides ; **~ gas carrier** méthanier ; **~ ratio** ratio de trésorerie réduite.

liquidate *v. tr. Bourse* liquider *[position]*.

liquidated damages *Dr.* indemnité fixée contractuellement, dommages-intérêts déterminés contractuellement/par clause pénale.

liquidator *n.* syndic (de faillite).

liquidity *n.* ✪ **~ preference** *Écon.* préférence pour la liquidité ; **~ ratio** *Banque* coefficient de liquidité ; **~ squeeze** contraction de la liquidité.

liquor *n.* **1** *RU* boisson alcoolisée. **2** *ÉU* spiritueux, eau-de-vie, alcool. ✪ **~ licence** autorisation de vendre des boissons alcoolisées ; **~ store** *ÉU* magasin vendant des boissons alcoolisées.

lisp *n.* sygmatisme ; *Fam.* cheveu sur la langue.

lis pendens *Dr.* litige pendant.

list *v. tr.* **1** dresser la liste de, énumérer, répertorier, inventorier, faire l'inventaire de ; **the books published so far are ~ed below** les ouvrages publiés jusqu'à présent sont énumérés ci-après. **2** indiquer, mentionner ; **the budget ~s the various items of expenditures** le budget indique les divers postes de dépense ; **to ~ sth among** faire figurer qqch. parmi ; **to be ~ed as** figurer parmi. **3 shares in the company will be ~ed next year** les actions de la société seront inscrites à la cote l'année prochaine.

list *n.* ✪ **~ of illustrations** table des illustrations ; **~ owner** *Internet* administrateur/gestionnaire de liste (de diffusion) ; **~ price** prix catalogue.

listed *adj.* ✪ **~ building** bâtiment classé ; **~ company** société cotée en Bourse ; **~ price** *Bourse* cours ; **~ securities** titres cotés en Bourse, valeurs cotées en Bourse ; **~ share** action cotée en Bourse.

listening *n.* ✪ **~ device** micro(phone), micro-espion ; **~ station** borne d'écoute *[chez un disquaire].*

listing *n.* **1** *Bourse* cotation (en Bourse) ; entrée/introduction en Bourse, inscription à la cote ; **to gain a ~** *[société]* être admis à la cotation. **2** calendrier des spectacles ; (grille des) programmes *[de télévision].* **3** *Inf.* listage, listing. **4 to have a ~ in the Yellow Pages** être repris dans les Pages jaunes.

literacy *n.* **1** alphabétisation, aptitude à lire et écrire ; **~ campaign** campagne d'alphabétisation. **2** notions, connaissances (de base), bagage, compétences (de base), culture, initiation ; **computer ~** notions d'informatique, connaissances en informatique, bagage informatique, initiation à l'informatique ; maîtrise de l'informatique ; **economic ~** compétences en économie.

listserv, listserver *n. Internet* **1** serveur de liste (de diffusion). **2** logiciel serveur de liste (de diffusion). **3** liste de diffusion.

literate *adj.* **1** capable de lire et d'écrire, alphabétisé ; **75% of the adult population is ~** 75 % de la population sont alphabétisés. **2** cultivé, instruit, lettré ; **the ~ layman** le profane cultivé. **3** possédant des notions de *[discipline indiquée] ;* **computer-~** *adj.* possédant des notions d'informatique/un bagage informatique.

literature *n. Fig.* **1** littérature, ouvrages, écrits, textes, documents (publiés), publications, documentation ; **an experiment that has been described in the scientific ~** une expérience qui a été décrite dans la littérature scientifique. **2** prospectus, dépliant, brochure(s), tracts. ✪ **~ review** a) examen de la littérature ; b) analyse/description des travaux antérieurs ; **~ search** recherche bibliographique.

Lithuania *n.* Lituanie.

litigant *n.* partie, plaideur, litigant.

litigation *n.* procédure judiciaire, procès.

litigator *n.* avocat.

litigious *adj.* **1** qui fait l'objet d'une action en justice. **2** *Dr. [affaire]* contentieux. **3** *[personne]* procédurier, enclin à agir en justice, prompt à intenter des actions en justice ; **the United States is a ~ society** les Américains ont tendance à intenter des procès pour un oui ou pour un non.

litmus test *Fig.* épreuve de vérité, pierre de touche, révélateur ; **to be a ~ of** mettre en évidence, faire apparaître, permettre de déterminer.

little *n.* peu de chose, pas grand-chose. ✪ **as ~ as** seulement, pas plus de, à peine ; **make ~ of** a) minimiser ; b) faire peu de cas de ; **there is ~ to choose between** il n'y a guère de différence entre.

little *adj.* ✪ **Little Cayman** Petit Cayman ; **the ~ man** les humbles, les petits ; **too ~, too late** insuffisant et tardif.

little *adv.* peu, mal ; **~ understood** *[phénomène]* mal compris. ✪ **~ or no** guère ou pas, que peu ou pas.

live *v.* **1 ~ off** vivre de *[source de revenu] ;* **few authors can ~ off they royalties** peu d'auteurs parviennent à vivre de leurs droits. **2 ~ up to** répondre à, être/se montrer à la hauteur de *[l'attente de qqn],* combler *[les attentes de qqn],* s'acquitter de *[ses obligations],* assumer *[ses responsabilités] ;* **the reform has not ~d up to expectations** la réforme n'a pas répondu aux attentes ; **the government did not ~ up to its promises** le gouvernement n'a pas tenu ses promesses. **3 ~ with** accepter, s'accommoder de, prendre son parti de, se résigner à. ✪ **~ and learn** on ne cesse d'apprendre.

live *adj.* **1** vivant. **2** *[émission]* (diffusé) en direct. **3** *[spectacle]* vivant. **4 to use ~ ammunition, to fire ~ rounds** tirer à balles réelles. ✪ **go ~** démarrer, débuter, être lancé, commencer ses activités, entrer en service/en activité, être mis en service, commencer à fonctionner (effectivement) ; **~ animals** animaux sur pied ; **~ audience** assistance, auditoire, assemblée, spectateurs, parterre, salle ; **~ birth** naissance d'enfant vivant ; *[***22 deaths were recorded per thousand ~ births** on a enregistré 22 décès pour 1000 naissances d'enfants vivants*] ;* **~-born child** enfant né vivant ; **~ performance** spectacle vivant ; **~ weight** *Élev.* poids vif ; **~ wire** fil sous tension.

live-in *adj. Ens.* en régime d'internat.

livelihood *n.* moyens de subsistance, moyens d'existence, source de revenus, gagne-pain, emploi ; **each individual is responsible for his own ~** chacun doit assurer sa propre subsistance ; **people whose ~ depends on the Russian naval base** les personnes qui gagnent leur vie grâce à la base navale russe ; **thousands of people have lost their ~** des milliers de personnes ont perdu leur source de revenus.

lively *adj. [discussion]* animé.

livestock *n.* animaux d'élevage, bétail ; animaux sur pied ; cheptel. ✪ **~ farming/husbandry** élevage ; **~ population** cheptel.

livid *adj. Fig.* furieux, fou de rage.

living *n.* **1** gagne-pain ; **for a ~** pour gagner sa vie ; **what does she do for a ~?** quelle est sa profession ? **to earn one's ~** gagner sa vie ; **to earn/make a (good) ~** (bien) gagner sa vie. **2** vie.

living *adj.* ✪ **~ accommodations** logement(s) ; **~ bank** banque d'organes/de tissus ; **~ costs** a) frais de subsistance ; b) coût de la vie ; **~ environment** cadre de vie ; **~ expenses** a) frais de subsistance ; b) coût de la vie ; **~ hell** souffrances atroces, véritable enfer ; **~ language** langue vivante ; **~ memory** *[***in ~ memory** de mémoire d'homme*] ;* **~ quarters** logement(s), résidence ; **~ standard** niveau de vie ; **~ things** êtres vivants ; **~ wage** a) salaire permettant de subvenir à ses besoins ; b) salaire décent ; *[***employers should pay an adequate ~ wage** les employeurs doivent payer un salaire assurant des conditions d'existence convenables*] ;* **~ will** testament de vie.

LJ (Lord Justice) *Angl.* juge de la cour d'appel.

LJJ (Lord Justices) *Angl.* juges de la cour d'appel.

LMBO (leveraged management buy-out) rachat de société par ses cadres financé par des capitaux d'emprunt.

LME (London Metal Exchange) Bourse des métaux de Londres.

LNG (liquefied natural gas) GNL (gaz naturel liquéfié). ✪ **~ carrier** transporteur de GNL.

load *n.* **1** charge, fardeau. **2** *FCP* droits d'entrée. ✪ **~ displacement** *Transp. mar.* déplacement en charge ; **~ factor** *Transp. aériens* a) capacité d'emport *[= poids de fret ou nombre de passagers qu'un aéronef peut transporter] ;* b) coefficient/taux d'occupation/de remplissage *[= pourcentage de sièges occupés par des passagers] ;* **~ fund** *FCP* fonds prélevant des droits d'entrée ; **~ line** *Transp. mar.* ligne de charge.

loaded *adj.* ✪ **~ displacement** *Transp. mar.* déplacement en charge ; **~ draught** *Transp. mar.* tirant d'eau en charge.

loading *n.* **1** chargement. **2** charge, fardeau. **3** *Stat.* pondération. ✪ **~ berth** *Transp. mar.* poste de chargement.

loan *n.* prêt, emprunt, crédit, avance ; **to issue/make a ~ to** accorder/consentir un prêt à. ✪ **~ agreement** contrat d'emprunt ; **~ book** portefeuille de prêts ; **~ capital** capitaux d'emprunt ; **~ department** *Banque* service crédit ; **~ officer** responsable de prêts ; **~ on collaterals** avance sur garantie ; **~ portfolio** portefeuille de prêts ; **~ shark** usurier ; **~ stock** titres d'emprunt ; **~ syndication** syndication de prêts.

lobby *v.* **1** *tr.* intervenir auprès de, approcher, accomplir une démarche auprès de, solliciter l'appui de, faire pression sur, exercer des pressions sur, faire le siège de, tenter d'influencer/de persuader, s'appliquer à convaincre ; presser, insister auprès de ; **for years Japanese car manufacturers have lobbied the French government to remove import restrictions** les constructeurs de voitures japonais insistent depuis des années auprès du gouvernement français pour qu'il supprime les restrictions aux importations. **2 ~ against** militer contre, faire campagne contre. **3 ~ for** militer pour, faire campagne pour/en faveur de ; intervenir pour favoriser l'adoption de, plaider pour l'adoption de *[projet de loi] ;* **to ~ for legislation** militer en faveur de l'adoption de mesures législatives ; **defence contractors are ~ing for a larger share of the budget going to military expenditure** les entreprises du secteur de la défense plaident pour l'affectation d'une plus grande partie du budget aux dépenses militaires.

lo and behold ô surprise, divine surprise.

lobby *n.* **1** couloir ; salle des pas perdus ; hall *[d'un hôtel]*. **2** groupe de pression, organisme de pression, organisation de défense d'intérêts, lobby ; campagne, militants ; **health care ~** lobby du secteur des soins de santé ; **consumer advocates are clashing with the business lobbies** les défenseurs des consommateurs se heurtent aux organisations qui représentent les intérêts des milieux d'affaires.

lobbying *n.* pressions, action de persuasion, campagne ; activités des groupes de pression ; **Congress will not give in to automotive-industry ~** le Congrès ne cédera pas aux pressions exercées par le secteur automobile ; **this decision was made after considerable ~ by labour unions** cette décision a été prise à la suite d'une campagne de grande ampleur menée par les syndicats ; **~ by environmental organizations may influence the debate** il se peut que l'action menée par les associations de défense de l'environnement pèse sur le débat. ✪ **~ group/organization** *voir* lobby n. (2).

lobbyist *n.* agent/représentant de groupe de pression, représentant d'intérêts, lobbyiste ; **insurance ~** représentant des intérêts des compagnies d'assurance.

lobster shift *n.* équipe de nuit.

local *n.* **1** autochtone, habitant (du pays/quartier), riverain ; *pl.* population locale. **2** *ÉU* section syndicale.

local *adj.* local, de proximité. ✪ **~ area network** *Inf.* réseau local ; **~ authority** administration locale, collectivité territoriale ; *pl.* autorités locales ; **~ bill** *RU* proposition de loi de portée locale ; **~ bus** *Inf.* bus local ; **~ content** *Écon.* proportion de composants locaux/nationaux, proportion de pièces fabriquées dans le pays, part des éléments locaux/nationaux incorporés ; *[***EU ~ content rules** règles de l'Union européenne concernant l'incorporation de composants locaux*] ;* **~ council** *RU* conseil municipal/de comté ; **~ education authority** *RU* administration locale de l'enseignement, académie ; **Local Employment Initiatives** initiatives locales de création d'emplois ; **~ government** a) administration locale, collectivité territoriale ; b) (système d') administration locale ; c) *Stat.* administrations locales ; *[***~ government authorities are responsible for maintained schools** les administrations locales sont responsables des écoles publiques*] ;* **Local Group** *Astr.* Groupe local ; **~ health authority** administration sanitaire locale ; **~-rate number** *Téléphone* numéro azur ; **~ self-government** autonomie locale.

localize *v. tr.* **1** localiser, déterminer la position de, repérer. **2** confiner dans les limites *[de qqch.],* empêcher la propagation de *[tumeur],* circonscrire *[conflit],* empêcher *[conflit]* de faire tache d'huile. **3** localiser *[logiciel]*.

localized *adj.* local ; localisé, circonscrit.

locally *adv.* sur place, localement, à proximité, dans le pays, dans les environs, dans le voisinage. ✪ **~ recruited staff** personnel recruté au plan local.

locate *v.* **1** *tr.* localiser, déterminer/indiquer l'emplacement de, situer, déterminer la position de, trouver, retrouver, découvrir, repérer ; **the new ambassador to Nepal was unable to ~ the country on a map** le nouvel ambassadeur au Népal n'a pu situer ce pays sur une carte. **2** *intr. [entreprise]* s'établir, s'installer, s'implanter ; **subcontractors are encouraged to ~ in the vicinity** on encourage les sous-traitants à s'établir à proximité.

location *n.* **1** lieu, endroit, situation, localisation, place, point, position, emplacement, (lieu d') implantation, siège, site ; *Méd.* siège *[d'une lésion]*. **2** *Cinéma* décor naturel, extérieurs ; **on ~** en décor naturel, hors studio. ✪ **~ shot** *Cinéma* extérieur ; **~ shooting** *Cinéma* tournage en décor naturel, extérieurs.

lock *v.* **I** 1 *tr.* fermer, verrouiller. **2** *tr.* enfermer *[qqn]*. **3** *tr.* bloquer *[mécanisme]*. **4** *intr.* se bloquer. **II ~ away** mettre sous les verrous, enfermer. **III ~ in 1** assurer *[gain en Bourse]*. **2** s'imposer (comme système unique), évincer tous ses concurrents. **3** rendre *[client]* tributaire *[d'un produit donné]*. **IV ~ in on** accrocher ; **the missile ~ed in on an enemy radar signal** le missile a accroché le signal radar d'un ennemi. **V ~ into: to be ~ed into** être tributaire de *[norme, système unique]*. **VI ~ onto** accrocher ; **a heat-seeking missile, ~ed onto the plane** un missile à guidage infrarouge a accroché l'avion. **VII ~ out** imposer un lock-out à *[travailleurs]*. **VIII ~ up 1** emprisonner, mettre *[criminel]* sous les verrous, interner *[malade mental]*, enfermer *[prisonnier]*. **2** fermer à clé. **3** immobiliser *[capital]*. **4** bloquer.

lockable *adj. [armoire]* fermant à clé.

lock-in *n.* norme/système unique.

locked-in syndrome syndrome d'enfermement.

lock, stock and barrel en bloc.

lockup *n.* **1** verrouillage. **2** *Fam.* prison.

loco price prix départ lieu indiqué ; prix départ de chez le producteur.

locum (tenens) 1 remplaçant *[d'un médecin/agent paramédical/prêtre]* ; suppléant ; **the ~ of the ambassador** le suppléant de l'ambassadeur. **2** (période de) remplacement.

locus *n.* **1** lieu, situation, localisation, siège, théâtre ; localité ; centre, centre de gravité, niveau, foyer ; passage *[d'un livre] ; Méd.* siège *[d'une douleur] ;* **the region is the ~ of many straits** de nombreux détroits se trouvent dans la région. **2** locus *[= localisation d'un gène sur un chromosome].* ✪ **~ standi** *Dr.* droit d'agir, droit de comparaître, droit d'être entendu.

locust *n.* criquet. ✪ **~ control** lutte antiacridienne.

lodge *v. tr. Dr.* déposer *[plainte, réclamation, garantie, pièces, dossier],* introduire *[plainte, réclamation, demande, requête] ;* constituer, consigner *[cautionnement, garantie] ;* interjeter *[appel],* former, introduire *[recours] ;* **claims for reimbursement should be ~d with the loss adjuster** les demandes de remboursement doivent être introduites auprès du dispatcheur.

log *v.* **I** *tr.* **1** enregistrer, répertorier. **2** accomplir *[heures de travail/de vol],* parcourir *[distance] ;* **interns are ~ging more than 72 hours a week** les internes travaillent plus de 72 heures par semaine. **II ~ in 1** signer à l'arrivée. **2** enregistrer l'arrivée de *[visiteur].* **3** *Inf.* ouvrir une session. **4** *Inf.* se connecter. **III ~ off 1** signer à la sortie. **2** enregistrer le départ de *[visiteur].* **3** *Inf.* mettre fin à une session. **IV ~ on** *voir* log in. **V ~ out** *voir* log off. **VI ~ up** accomplir *[heures de travail/de vol, kilomètres],* parcourir *[distance].*

log *n.* **1** journal ; *Transp. mar.* livre de bord. **2** registre. **3** rondin, tronc d'arbre ; grume ; bûche. **4** logarithme. ✪ **~ book** *Transp. mar.* livre de bord ; **~ cabin** maison en rondins, cabane, chalet ; **~ carrier** grumier.

logarithmic *adj.* ✪ **~ paper** papier logarithmique ; **~ scale** échelle logarithmique.

logger *n.* bûcheron.

logging *n.* **1** coupe, abattage *[d'arbres].* **2** exploitation forestière/de la forêt ; **indiscriminate ~** exploitation inconsidérée des ressources forestières. ✪ **~ industry** (secteur de) l'exploitation forestière.

logic *adj.* ✪ **~ chip** *Inf.* microprocesseur ; **~ gate** porte logique.

login *n. Inf.* ouverture de session. ✪ **~ ID** identifiant de connexion ; **~ name** nom d'utilisateur.

logjam *n. Fig.* blocage, impasse.

logoff *n. Inf.* fin de session.

logon *n. Inf.* ouverture de session. ✪ **~ ID** identifiant de connexion.

logout *Inf.* fin de session.

Lombard *adj.* ✪ **~ credit/loan** crédit lombard ; **~ rate** taux lombard.

London *n.* ✪ **~ Inter-Bank offered Rate** taux interbancaire offert à Londres ; **~ International Financial Futures Exchange** marché à terme sur instruments financiers de Londres ; **~ Metal Exchange** Bourse des métaux de Londres.

long *adj.* ✪ **at ~ last** après une si longue attente, après si longtemps ; **before ~** peu après, un peu plus tard ; prochainement, bientôt ; **go ~** *Marché à terme, Option* se porter acheteur, prendre une position longue ; **~ account** *Bourse* position à la hausse ; **~ bill** traite à longue échéance ; **~ bond** obligation à longue échéance ; **~ chalk** *[***not by a ~ chalk** pas du tout, nullement ; **they have not attained their goal by a ~ chalk** ils sont loin d'avoir atteint leur but*] ;* **~-dated** *adj. [obligation]* à long terme, à longue échéance ; **~-dated bill** traite à longue échéance ; **~-distance** *adj.* à grande distance ; *Transp. ferroviaires [trafic]* grandes lignes *[pour les voyageurs], [trafic]* à longue distance *[pour les marchandises] ; [***~-distance bus operator** exploitant d'un service d'autocar à grande distance ; **~-distance call** *ÉU* communication interurbaine ; **~-distance runner** coureur de fond ; **~-distance telecommunications** télécommunications à grande distance ; **~-distance telephone company** société de services téléphoniques interurbains ; **~-distance trucker** routier*] ;* **~ draft** effet sur l'étranger ; **~ grain rice** riz long ; **~ haul** *[***over the ~ haul** à long terme*] ;* **~-haul airplane** (avion) long-courrier ; **~-haul flight** vol long-courrier ; **~ last** *[***at ~ last** enfin*] ;* **~ look** *[***to have/take a ~ look at** examiner attentivement, étudier de façon approfondie*] ;* **~ position** *Bourse* position longue ; **~-range** *adj.* a) à longue distance, *[avion]* long-courrier ; *[bombardier]* à long rayon d'action ; *[missile]* à longue portée ; b) à long terme, à longue échéance ; *[***~-range air pollution** pollution atmosphérique à longue distance ; **the country's ~-range interests** les intérêts à long terme du pays ; **~-range weather forecast** prévision météorologique à longue échéance*] ;* **~ run** *[***in/over the ~ run** à long terme*] ;* **~-running** *adj.* long, qui dure/a duré longtemps ; déjà ancien ; **~ shot** a) entreprise qui a peu de chances d'aboutir ; b) hypothèse peu probable, faible probabilité ; c) outsider ; *[***to be a ~ shot** avoir peu de chances d'aboutir ; **to be a ~ shot for** avoir peu de chances d'atteindre *[célébrité] ;* **~ shot candidate** candidat marginal/qui a peu de chances de l'emporter ; **reducing the deficit is a ~ shot** il est peu probable qu'on puisse réduire le déficit ; **not by a ~ shot** pas du tout, nullement ; **they have not attained their goal by a ~ shot** ils sont loin d'avoir atteint leur but*] ;* **~-standing** *adj.* (déjà) ancien, vieux, traditionnel, de longue date ; **~ story** *[***to make a ~ story short** en résumé, en bref, pour faire court*] ;* **~-term** *adj.* à long terme, de longue haleine, durable, de longue durée, *[politique]* au long cours ; *[***in view of his ~-term opposition to this plan** étant donné qu'il est depuis longtemps hostile à ce projet*] ;* **~-term liabilities** *Compt.* passif non exigible ; **~-term memory** mémoire à long terme ; **~-term unemployed** chômeur(s) de longue durée ; **~-term unemployment** chômage de longue durée ; **~-time** *adj. [ennemi]* de longue date ; **~ ton** *RU* tonne forte *[= 2240 livres ou 1016 kg] ;* **~ view** vision à long terme ; *[***to take the ~ view** envisager les choses dans une perspective à long terme*] ;* **~ way** *[***by a ~ way** de loin ; **it goes a ~ way toward solving the problem** cela résout en grande partie le problème*] ;* **~-winded** *adj. [discours]* (trop) long, prolongé, interminable.

longevity *n.* **1** longévité. **2** ancienneté *[d'un fonctionnaire] ;* **~ increment** échelon d'ancienneté.

longitudinal *adj. [enquête]* longitudinal.

longlife *adj. [aliment]* de longue conservation.

longshoreman *n. ÉU* docker.

look *v.* **I** *intr.* **1** regarder ; **to ~ the other way** *Fig.* fermer les yeux, faire semblant de ne rien remarquer/de ne se rendre compte de rien. **2** sembler, paraître ; **the two products ~ almost identical** les deux produits ont une apparence presque identique ; **to ~ good** avoir bonne apparence, bien présenter, avoir fière allure. **II ~ after** s'occuper de *[enfant, formalités]* ; prendre soin de ; soigner *[malade]*. **III ~ ahead** envisager l'avenir, se tourner vers l'avenir. **IV ~ ahead to** envisager ; **~ing ahead to the future** dans une perspective d'avenir. **V ~ at** regarder, examiner, considérer. **VI ~ back** se reporter en arrière, jeter un regard vers le passé ; **~ing back** rétrospectivement, avec le recul. **VII ~ back on** se remémorer. **VIII ~ beyond** porter le regard au-delà de. **IX ~ down on 1** surplomber. **2** considérer *[qqn]* comme quantité négligeable, avoir une piètre opinion de, mépriser *[qqn] ;* juger *[qqch.]* avec dédain, mépriser ; désapprouver *[comportement]*. **X ~ for 1** chercher *[emploi]*, rechercher ; **a Turkish manufacturer ~s for importers** un fabricant turc recherche des importateurs ; **to ~ for signs of life on Mars** rechercher des signes de vie sur la planète Mars. **2** s'attendre à. **XI ~ forward to** attendre avec intérêt/impatience/curiosité, avoir hâte de, s'attendre à, compter sur, espérer, escompter, se réjouir à la perspective/à l'idée de ; **a prospect to which scientists ~ forward** une perspective qui réjouit les scientifiques ; **Ukraine can ~ forward to some benefit from Russia's economic recovery** l'Ukraine peut s'attendre à recueillir certains avantages de la reprise économique en Russie ; **the Poles ~ forward to joining with the European Union** les Polonais se réjouissent à la perspective d'adhérer à l'Union européenne ; **to ~ forward to doing sth** être heureux de faire qqch., se faire un plaisir de faire qqch. ; **I ~ forward to welcoming you next week** je serai heureux de vous accueillir la semaine prochaine. **XII ~ into** examiner, étudier, se pencher sur *[problème]*. **XIII ~ on as** considérer comme. **XIV ~ out** faire attention, être vigilant. **XV ~ out for 1** rechercher *[emploi]*. **2** faire attention à. **3** prendre soin de *[qqn]*. **XVI ~ over 1** examiner, étudier *[proposition]*. **2** *[fenêtre]* donner sur. **XVII ~ through 1** parcourir *[liste] ;* feuilleter *[revue]*. **2** examiner soigneusement. **XVIII ~ to** compter sur, attendre de ; **the private sector ~s to government for solutions** le secteur privé compte sur les pouvoirs publics pour trouver des solutions ; **the country is ~ing to the World Bank to contribute to the rehabilitation of its economy** le pays attend de la Banque mondiale qu'elle contribue au redressement de son économie ; **humankind has always ~ed to science for answers** l'humanité a toujours fait appel à la science pour trouver des solutions à ses problèmes ; **Congo ~s to copper as its major source of foreign exchange** le Congo voit dans le cuivre sa principale source de devises dans l'avenir. **XIX ~ up 1** rechercher la définition/traduction de, lire la définition de *[mot dans un dictionnaire] ;* **to ~ up a word in an English-French dictionary** consulter un dictionnaire anglais-français pour connaître la traduction d'un mot. **2** *[situation]* s'améliorer, *[affaires]* reprendre, *[économie]* se redresser. **XX ~ up to** admirer *[qqn]*.

look *n.* **1** apparence, présentation, habillage, image. **2** examen ; **to take a ~ at** examiner. ✪ **~ and feel** aspect extérieur, apparence, présentation.

lookout *n.* **to be on the ~** être vigilant ; **to be on the ~ for** être attentif à, être à l'affût de, veiller à détecter, être à la recherche de.

look-say method *Ens.* méthode globale *[d'enseignement de la lecture]*.

loom *v. intr.* **1** *[menace]* se profiler (à l'horizon), se dessiner, se dresser, surgir, apparaître (à l'horizon), poindre, se préparer, être imminent, *[danger]* menacer ; **(over)** *[événement funeste]* guetter, menacer *[qqn] ;* **the ~ing economic crisis** la crise économique qui nous menace ; **a war ~s in the region** la menace de la guerre plane sur la région ; **an AIDS epidemic ~s in Southeast Asia** une épidémie de sida est imminente dans le sud-est asiatique. ✪ **~ large** a) devenir imminent, planer, approcher à grands pas, devenir inéluctable ; revêtir une grande importance, jouer un rôle important, occuper une place importante ; être très préoccupant ; b) être très préoccupant ; *[***the spectre of war still ~s large** le spectre de la guerre continue de planer*]*.

looming *adj.* imminent ; menaçant.

loop *n.* **1** *Méd.* stérilet. **2** *Inf.* boucle. **3** *Fam.* (cercle/groupe d') initiés ; **in the ~** détenteur d'informations privilégiées ; **out of the ~** hors du coup.

loophole *n.* lacune (de la législation), faille (dans la législation), possibilité de tourner la réglementation, échappatoire ; **tax ~** lacune dans la législation fiscale, possibilité d'évasion fiscale ; **security ~** faille dans le dispositif de sécurité ; **there are huge ~s in the agreements banning CFCs** il y a d'énormes lacunes dans les accords interdisant les CFC ; **to close ~s in the tax law** éliminer des possibilités d'évasion fiscale dans la législation.

loose *adj.* **1** libre, mobile. **2** instable. **3** en vrac. **4** peu dense ; *[terre]* meuble ; peu compact. **5** *[organisation, alliance]* peu structuré, sans grande cohésion, informel, lâche ; **~ confederation** confédération peu structurée. **6** approximatif, flou, vague, mal défini, imprécis, indicatif ; confus, peu rigoureux, négligent ; souple, large, *[sens]* élastique ; *[politique monétaire]* laxiste ; **~ interpretation** interprétation large. ✪ **let ~** libérer, mettre en liberté, délivrer, relâcher, élargir, relaxer *[prisonnier] ;* **~ cannon** personnage dangereux et imprévisible, personne indisciplinée dont on peut craindre le pire ; **~ cargo** marchandises en vrac ; **~ change** menue monnaie ; **~ ends** problèmes en suspens, derniers détails à régler ; **~-leaf** *adj.* à feuillets mobiles ; **~ paper** feuilles volantes ; **~ screw** écrou desserré ; **~ talk** paroles imprudentes, propos inconsidérés, déclarations imprudentes/intempestives, manque de réserve, fuites.

loosely *adv.* **1** plus ou moins, approximativement ; assez vaguement ; **the report is ~ chronological** le rapport suit un ordre plus ou moins chronologique ; **to be ~ linked with** avoir des liens lâches avec ; **patients ~ described as emotionally disturbed individuals** des patients catalogués sous la désignation vague de « caractériels » ; **~ organized** peu structuré ; **~ knit group** groupe sans grande cohésion ; **~ defined powers** pouvoirs mal définis. **2** sans (beaucoup de) rigueur ; abusivement, improprement, par abus de langage ; **~ drafted document** document rédigé sans rigueur ; **~ termed** abusivement qualifié de ; **electricity is sometimes ~ referred to as an energy source** l'électricité est parfois qualifiée abusivement de source d'énergie ; **the term is used very ~** l'expression est utilisée dans un sens très vague.

loosen *v. tr. Écon.* assouplir *[politique monétaire]*, desserrer *[crédit]*.

lopsided *adj.* déséquilibré, asymétrique, bancal.

lord *n.* **1** lord ; *pl.* Chambre des Lords. **2 drug ~** grand trafiquant de drogue, gros bonnet de la drogue. ✪ **Lord Advocate** *Écosse Lord Advocate [= le plus haut conseiller juridique du gouvernement en Écosse]* ; **Lord Chancellor** *RU* Lord Chancelier, ministre de la Justice ; **Lord Chief Justice** *Angl. Lord Chief Justice [préside la chambre pénale de la Cour d'appel et la Queen's Bench Division]* ; **Lord Justice (of Appeal)** *Angl.* juge de la Cour d'appel ; **Lords Spiritual** évêques et archevêques siégeant à la Chambre des Lords ; **Lords Temporal** membres laïcs de la Chambre des Lords ; **Lords of Appeal in Ordinary** lords juristes *[s'acquittent des fonctions judiciaires de la Chambre des Lords]* ; **Lord President of the Council** *RU* président du Conseil privé ; **Lord Privy Seal** *RU* Lord du Sceau privé ; **Lord Provost** *Écosse* maire.

Lordship *n. Dr.* **his/her ~** le juge.

loro account compte loro *[pl. comptes lori]*.

lorry bomb *RU* camion piégé.

lose *v.* **I** *tr. Bourse [action]* abandonner, céder *[8 cents]*. **II ~ out 1** subir une perte/un préjudice (considérable). **2** être perdant/lésé/pénalisé, y perdre, se retrouver dans une situation moins favorable, faire les frais de l'opération, en pâtir ; perdre la partie, avoir le dessous, être le dindon de la farce, en être pour ses frais ; **the people who ~ out** les victimes de la situation, les personnes pénalisées, les laissés-pour-compte ; **Britain is losing out in the competition with the Chinese** le Royaume-Uni a le dessous dans la compétition avec la Chine ; **union leaders claim that the United States is losing out in deals with Canada** les syndicats affirment que les États-Unis se font duper dans les accords avec le Canada ; **as a result of that policy Europe may ~ out in South America** à cause de cette politique, l'Europe risque d'essuyer des échecs en Amérique du Sud ; **Switzerland has been losing out to Liechtenstein** la Suisse perd du terrain au profit du Liechtenstein.

losing *adj.* ✪ **~ battle** bataille perdue ; **~ party** *Dr.* partie succombante/qui succombe/perdante/condamnée.

loss *n.* **1** perte, déperdition *[d'information]*. **2** déficit. **3** dommage, préjudice. **4** *Ass.* sinistre ; **~ report form** formulaire de déclaration de sinistre. **5** défaite *[électorale]*. ✪ **at a ~** a) *[vendre]* à perte ; b) perplexe, désorienté, dérouté, déconcerté, (bien) embarrassé, dans l'embarras, déboussolé ; *[***at a ~ for** incapable de trouver, à court de *[idées, solution]* ; **at a ~ for words** à quia ; **at a ~ to do sth** bien en peine de/incapable de/bien embarrassé pour faire qqch ; **to be at a ~ as to what to do** ne savoir que faire ; **to be at a ~ as to know how + v.** ne pas savoir comment + v. ; **to be at a ~ over** ne savoir que penser de ; **scientists are at a ~ to explain the climatic disturbances** les scientifiques sont incapables d'expliquer les perturbations climatiques ; **the government is at a ~ about what to do** le gouvernement n'a aucune idée de ce qu'il y a lieu de faire ; **one is at a ~ to understand why the market collapsed** on a le plus grand mal à comprendre pourquoi le marché s'est effondré*]* ; **~ adjuster/adjustor** *Ass.* a) rédacteur sinistres ; b) expert ; c) inspecteur ; d) bureau de règlement de sinistres ; e) *Ass. mar.* dispatcheur, commissaire d'avaries ; **~ carry back** *Fisc.* report des pertes sur les exercices antérieurs ; **cut one's ~es** arrêter les frais ; **~ leader** *Comm.* article d'appel *[vendu à perte]*, article sacrifié ; **~ leading** *Comm.* pratique des prix d'appel ; **~-making** *adj. [entreprise]* déficitaire ; **~ of amenity** diminution de l'agrément ; *Dr.* préjudice d'agrément ; **~ of control** inaptitude à maîtriser la situation, sentiment de ne plus maîtriser la situation ; *[***~ of control over** perte de la maîtrise de, perte de la possibilité d'influencer*]* ; **~ of earnings** a) perte de rémunération ; b) manque à gagner ; **~ of face** perte de prestige, humiliation ; **~ of nerve** lâcheté ; **~ of profit** manque à gagner ; **~-of-profits insurance** assurance perte d'exploitation ; **~ ratio** *Ass.* rapport sinistres-primes ; **~ report** *Ass.* déclaration de sinistre ; **~ reserve** *Ass.* réserve pour sinistres à régler ; **trading ~** perte d'exploitation.

lost *adj.* ✪ **~ and found** *ÉU* objets trouvés ; **~ property** *RU* objets trouvés.

lot *n.* **1** sort. **2** *Bourse* paquet d'actions. ✪ **cast one's ~ with** lier son sort à celui de, faire acte d'allégeance à, faire cause commune avec, faire alliance avec, prendre le parti de, rejoindre.

loud and clear cinq sur cinq.

Lou Gehrig's disease/syndrome sclérose latérale amyotrophique.

lounge *n. Transp. aériens* salle d'attente ; salon d'attente *[d'une compagnie]*.

loved one proche, être cher.

low *n.* **1** niveau le plus bas, creux, plancher ; **all-time ~** plancher historique ; **to hit an all-time ~** tomber au plus bas. **2** *Météor.* zone de basse pression.

low *adj.* **1** peu élevé, faible, bas, réduit ; **~er** inférieur, moindre ; **~er caste** caste inférieure ; **~er chamber** *Pol.* chambre basse ; **~er court** tribunal de degré inférieur, juridiction inférieure ; **~er house** *Pol.* chambre basse ; **~er of** *Compt.* *[***bonds are carried at the ~er of cost or market** les obligations sont comptabilisées à leur coût d'acquisition ou à leur cours s'il est inférieur ; **assets are valued at the ~er of replacement cost and the amount recoverable** les actifs sont évalués au moins élevé des deux montants suivants : le coût de remplacement et le montant récupérable*]*. **2** déprimé. ✪ **lay ~** *Fig.* a) battre, vaincre, venir à bout de, avoir raison de, l'emporter sur, mater, terrasser ; b) réduire à néant ; **lie ~** *Fig.* se cacher ; **~ achiever** *Ens.* élève en difficulté, mauvais élève ; **~ atmosphere** basse atmosphère, basses couches de l'atmosphère ; **~ back pain** lombalgies ; **~ birth weight** faible poids de naissance ; **~ blood pressure** hypotension ; **~ blood sugar level** hypoglycémie ; **~ cost** *[***at a ~ cost** à peu de frais*]* ; **~-cost** *adj.* peu coûteux/onéreux, bon marché ; **~-cost housing** logements sociaux ; **~-cost housing unit** logement social ; **Low Countries** Pays-Bas et Belgique ; pays du Benelux ; **~-end** *adj.* bas de gamme ; **~-end market** marché des produits bas de gamme ; **~-enriched uranium** uranium faiblement enrichi ; **~er case** *Typographie* bas de casse ; **~er-case letters** minuscules ; **~er limit** minimum, plancher ; **~er-middle income country** *Banque mondiale* pays à revenu intermédiaire (tranche inférieure) ; **~er reaches** a) cours inférieur *[d'une rivière]* ; b) *Fig.* bas de l'échelle ; **Lower Saxony** *Allemagne* Basse-Saxe ; **~er secondary education** enseignement secondaire du premier cycle ; **~est bidder** soumissionnaire le moins-disant ; **~ estimate** estimation prudente ; **~est tenderer** soumissionnaire le moins-disant ; **~est water level** *Hydrologie* (cote d') étiage ; **~ surface** *Aéron.* intrados ; **~ flow** débit d'étiage ; **~ frequency** basse fréquence ; **~-grade** *adj.* de qualité inférieure ; **~-grade ore** minerai pauvre/à faible teneur ; **~-income** *adj. [personne, ménage, économie, pays]* à faible revenu ; **~-income housing** logement social ; **~-interest loan** prêt bonifié ; **~-key** *adj.* discret, tranquille, sans fanfare, sobre, feutré, en demi-teinte, simple, *[discours]* mesuré ; **~-level language** *Inf.* langage bas de gamme ;

~-level radioactive waste *Nucl.* déchets de faible activité ; **~-lying** *adj.* de faible altitude ; **~-lying area** basse terre ; **~-maintenance** *adj.* n'exigeant qu'un entretien réduit ; **~-octane** *adj. [essence]* à faible indice d'octane ; **~ orbit** *Esp.* orbite basse ; **~-orbit(ing) satellite** satellite placé sur une orbite basse ; **~-paid** *adj.* mal rémunéré ; **~-priced** *adj.* bon marché, vendu à bas prix ; **~ profile** discrétion, réserve, rôle effacé ; *[***to adopt/keep a ~ profile** ne pas se faire remarquer, éviter d'attirer l'attention, faire preuve de discrétion, rester dans l'ombre/effacé/discret, s'effacer, se faire discret, éviter de se mettre en avant, se tenir à l'écart/en retrait ; **the police kept a ~ profile** la police s'est fait discrète*]* ; **~-profile** *adj.* discret, peu spectaculaire ; *[***~-profile but valuable work** travail peu spectaculaire mais très utile ; **they want to keep this situation as ~-profile as possible** ils souhaitent que cette situation s'ébruite aussi peu que possible*]* ; **~-ranking** *adj.* subalterne ; **~ self-esteem** mauvaise image de soi ; **~-slung** *adj.* surbaissé ; **~ spirits** tristesse, pessimisme, mélancolie, état dépressif, dépression ; **~-tech** *adj.* rudimentaire, primitif, à l'ancienne, rustique, artisanal, faisant appel à des technologies simples/peu avancées ; **~-tide elevation** *Dr. de la mer* hauts-fonds découvrants ; **~-tide mark** *Dr. int.* laisse de basse mer ; **~ water** *Hydrologie* basses eaux, étiage ; **~-water level** *Hydrologie* étiage ; **~-water line/mark** *Dr. de la mer* laisse de basse mer ; **run ~** *[provisions]* commencer à s'épuiser ; *[***to run ~ on** commencer à manquer de*]*.

lowdown *n.* faits essentiels ; vérité sans fard.

lowland *n.* basses terres. ✪ **~ area** basses terres.

loyalist *n. Irl. du Nord* protestant loyaliste.

loyalty card carte de fidélité.

lozenge *n.* **1** losange. **2** pastille.

LPG (liquefied petroleum gas) GPL (gaz de pétrole liquéfié).

LP gas gaz de pétrole liquéfié.

LRT (light rail transit) métro léger.

LSD (lysergic acid diethylamide) LSD (diéthylamide de l'acide lysergique).

LSE (London Stock Exchange) London Stock Exchange.

LSI (large-scale integration) *Inf.* intégration à grande échelle, intégration LSI.

LTL (litas) *ISO* LTL (litas) *[= monnaie de la Lituanie]*.

lucidity *n.* **1** clarté *[d'un livre]*. **2** lucidité *[d'un malade]*.

lucky break coup de chance.

Luddite *n. Fig.* ennemi du progrès (technique), réfractaire au progrès, technophobe.

luggage *n.* ✪ **~ carousel** tapis bagages ; **~ hold** *Av.* soute à bagages ; **~ trolley** chariot à bagages.

lukewarm *adj. Fig.* tiède, réservé, réticent, mitigé, peu enthousiaste.

lumber *n.* bois de construction.

lumbering *adj. [bureaucratie]* lourd, pesant.

luminary *n.* personnalité éminente, sommité.

lump *v.* **~ together 1** regrouper, mettre ensemble ; **the various symptoms which are ~ed together as alcoholism** les divers symptômes qui sont regroupés sous l'appellation « alcoolisme ». **2** considérer en bloc, placer dans la même catégorie, mettre dans le même sac ; **all non-whites are ~ed together under the label "black"** tous ceux qui ne sont pas Blancs sont placés indistinctement dans la catégorie « Noir ».

lumpectomy *n.* tumorectomie, segmentectomie, exérèse locale d'une tumeur du sein.

lump sum 1 capital, versement unique *[par opp. à des versements réguliers]* ; **lottery gains are paid as a ~ or a regular income** les gains à la loterie sont payés sous la forme d'un versement unique ou d'un revenu régulier ; **the minimum ~ investment is $1,000** le placement minimum est de 1 000 dollars. ✪ **~ benefit** prestation en capital.

lump-sum *adj.* forfaitaire, global, à prix global.

lunatic *n.* fou, malade mental, déséquilibré.

lunch break déjeuner *[dans un programme de conférence]*.

luncheon voucher ticket-restaurant, chèque-restaurant, titre-restaurant.

lung disease pneumopathie.

LVL (lats) *ISO* LVL (lats) *[= monnaie de la Lettonie]*.

LWR (light-water reactor) réacteur à eau légère.

lymphadenopathy associated virus virus associé à la lymphadénopathie.

lymphatic filariasis filariose lymphatique.

lymph gland/node ganglion lymphatique.

lynchpin *n. voir* linchpin.

M

m (metre) m (mètre).

m (mile) mile.

m (million) million.

M0 *Écon. RU* M0.

M1 *Écon.* M1 *[= disponibilités monétaires].*

M2 *Écon.* M2 *[= disponibilités monétaires et quasi monétaires].*

M3 *Écon.* M3 *[= ensemble des liquidités].*

MA (Master of Arts) **1** titulaire d'une maîtrise de lettres. **2** maîtrise de lettres.

M & A (mergers and acquisitions) fusions et acquisitions.

Maas *n.* Meuse.

Mac (Macintosh) *Inf.* Mac (Macintosh).

mace *n. Parl. RU* masse.

Mace (spray) bombe défensive/incapacitante.

machete *n.* sabre d'abattis.

machine *v. tr.* usiner.

machine *n.* **1** machine. **2** appareil *[d'un parti].* ✪ **~ code** code *Inf.* machine ; **~ gun** mitrailleuse ; **~ gunner** mitrailleur ; **~-hour** *n. Inf.* heure machine ; **~ language** *Inf.* langage machine ; **~ operator** conducteur de machine ; **~-readable** *adj. Inf.* lisible par machine/ordinateur ; **~ run** *Inf.* passage en machine ; **~ tool** machine-outil ; **~ translation** traduction automatique.

machinery *n.* **1** machines, matériel. **2** *Fig.* mécanisme(s), rouages, dispositif, appareil, organisation, organisme, services, système, structures, moyens, instrument, modalités, règles, processus, procédure ; **appeals ~** voies de recours ; **~ for resolving labour disputes** mécanismes pour le règlement des conflits du travail ; **the ~ of British government** les rouages du gouvernement britannique. ✪ **~ breakdown/malfunction insurance** assurance bris de machines.

machismo *n.* machisme, culte de la virilité.

Mach number *Aéron.* nombre de Mach.

macro *n. Inf.* macro.

macro *adj.* global, *[vue]* d'ensemble.

macrocommand *n. Inf.* macrocommande.

macro-economics *n.* macro-économie.

macrolanguage *n. Inf.* langage macro.

MAD (mutual assured destruction) *Mil.* destruction mutuelle assurée.

mad cow disease maladie de la vache folle.

Madison Avenue *Fig. ÉU* entreprises de publicité, monde de la publicité.

maelstrom *n. Fig.* tourbillon.

magazine *n.* **1** magazine. **2** magasin *[d'une arme à feu, d'un appareil photo, d'une caméra].* **3** *Mil.* magasin *[d'armes, d'explosifs].*

Magellanic Clouds Nuages de Magellan.

magic bullet remède miracle, solution miraculeuse, panacée.

magistrate *n.* **1** magistrat *[= personne exerçant un pouvoir exécutif sur une importante unité politique]* ; **the chief ~** *ÉU* le premier magistrat du pays, le président. **2** juge ; *Angl. magistrate [= juge non juriste].* ✪ **~'s court** *ÉU magistrate's court* ; **~s' court** *Angl. magistrates' court [composée de juges non juristes].*

maglev train train (à sustentation) magnétique.

Magna Carta Grande Charte (d'Angleterre).

magna cum laude *Ens.* avec mention bien.

magnet *n. Fig.* pôle d'attraction. ✪ **~ school** *ÉU* école spécialisée.

magnetic *adj.* ✪ **~ board** tableau aimanté ; **~ bubble** *Inf.* bulle magnétique ; **~ bubble memory** mémoire à bulles magnétiques ; **~ confinement** confinement magnétique ; **~ declination** déclinaison magnétique ; **~ field** champ magnétique ; **~ resonance imager** appareil d'imagerie par résonance magnétique ; **~ resonance imaging** imagerie par résonance magnétique ; **~ resonance (imaging) scan** a) examen IRM, remnographie ; b) image IRM ; **~ resonance (imaging) scanner** appareil d'imagerie par résonance magnétique ; **~ strip(e) card** carte à piste magnétique ; **~ tape** bande magnétique ; **~ tape drive** *Inf.* dérouleur de bande magnétique ; **~ tape reader** *Inf.* lecteur de bande magnétique ; **~ variation** déclinaison magnétique.

magnetically-levitated train train (à sustentation) magnétique.

magnify *v. tr. Fig.* **1** exagérer (l'importance de), gonfler l'importance de, donner une importance excessive à, monter en épingle, dramatiser. **2** exacerber *[problème].*

magnitude *n.* **1** ampleur, importance, niveau, échelle ; **of the first ~** très important ; **no one should underestimate the ~ of this problem** il ne faut pas sous-estimer l'ampleur de ce problème. **2** *Sism.* magnitude ; **an earthquake of ~ 6.8 on the Richter scale** un tremblement de terre d'une magnitude de 6,8 sur l'échelle de Richter.

magnox reactor *Nucl.* réacteur Magnox.

maiden *adj.* ✪ **~ flight** vol inaugural ; **~ name** nom de jeune fille ; **~ speech** premier discours *[d'un parlementaire]* ; **~ voyage** voyage inaugural *[d'un navire].*

mail *n.* **1** poste. **2** courrier, correspondance ; objet (de correspondance), envoi (postal). ✪ **~ carrier** *ÉU* facteur ; **~ clerk** *Adm.* commis au courrier ; **~ delivery** distribution du courrier ; **~ drop** *ÉU* a) casier à courrier ; b) centre de dépôt de courrier ; c) boîte aux lettres *[utilisée par un agent de renseignements]* ; **~ fraud** *ÉU* escroquerie par la poste, utilisation frauduleuse de la poste ; **~ order** vente par correspondance ; **~-order bride** épouse vendue par correspondance ; **~-order business/firm/house** entreprise de vente par correspondance ; **~ room** service courrier ; **~ server** *Inf.* serveur de messagerie ; **~ train** train postal.

mailing *n.* **1** envoi de courrier. **2** publipostage.

mailing *adj.* ✪ **~ address** adresse pour la correspondance ; **~ list** a) fichier d'adresses, liste de destinataires ; b) *Inf.* liste de diffusion.

mail-in rebate remise accordée après renvoi d'un formulaire par la poste.

mailshot *n.* **1** publipostage. **2** courrier/envoi publicitaire/ promotionnel.

main *n.* **1** conduite (principale), canalisation. **2** *pl. RU* secteur *[électrique],* alimentation secteur.

main *adj.* **1** principal, premier ; **~ purpose** but principal, objet premier ; **~ partner** partenaire privilégié. **2** dominant. ✪ **~ committee** grande commission *[d'une conférence] ;* **~ contractor** entrepreneur principal ; **~ deck** *Mar.* pont principal ; **~ event** *Fig.* tête d'affiche, élément principal/essentiel, choses sérieuses ; **~ office** siège (central) ; **~ river bed** lit mineur ; **~ road** route à grande circulation ; *pl.* grands axes ; **~ sewer** égout collecteur ; **Main Street** *ÉU* a) rue principale, grand-rue ; b) habitants d'une petite ville ; c) *adj.* provincial ; matérialiste ; conservateur ; *[***most Americans consider that foreign policy is far removed from Main Street** la plupart des Américains considèrent que la politique étrangère n'a pas d'incidences sur leur vie quotidienne*] ;* **~ stem** *ÉU* rue principale, grand-rue.

mainframe *n.* **1** grand système, gros ordinateur. **2** unité centrale *[d'un ordinateur].* ✪ **~ computer** grand système, gros ordinateur.

mainland *n.* continent ; île principale.

mainland *adj.* continental ; **~ Britain** Grande Bretagne (proprement dite) *[à l'exclusion de l'Irlande du Nord] ;* **~ China** Chine populaire ; **~ France** France métropolitaine.

mainline *adj.* traditionnel, classique.

mainlining *n.* injection intraveineuse *[de drogue].*

mainspring *n. Fig.* élément déterminant/essentiel ; **research and development is a ~ of economic growth** la recherche-développement est l'un des principaux ressorts de la croissance économique.

mainstay *n.* **1** principale source de revenus, ressource principale. **2** élément principal/essentiel, fondement, pilier, pierre angulaire ; cheville ouvrière ; **agriculture and tourism are the ~s of the economy** l'agriculture et le tourisme sont les piliers de l'économie.

mainstream *v. tr.* **1** intégrer, mettre fin à la marginalisation de *[groupe exclu].* **2** placer au centre des préoccupations, accorder une place importante à ; intégrer pleinement *[préoccupation dans une politique/un rapport].* **3** scolariser *[enfant handicapé]* dans une école ordinaire. **4** réaliser *[expérience pilote]* en grandeur réelle.

mainstream *n.* **1** conceptions généralement admises, orientation générale, courant (de pensée) dominant, courant majoritaire, principale tendance ; **there was a time when Keynes was in the ~ of economic thinking** il y a eu une époque où Keynes se situait dans le courant dominant de la pensée économique ; **he opposed the ~ of the party** il était hostile à l'orientation générale du parti ; **a candidate who is in the political ~** un candidat qui défend des idées traditionnelles ; **these ideas were adopted by the ~** ces idées ont acquis droit de cité. **2** cœur, centre, *[l']* essentiel ; mouvement général, processus général ; secteur le plus dynamique, forces vives ; **ethics must be brought into the ~ of management education** l'éthique doit faire partie intégrante des études de gestion ; **to bring Turkey into the ~ of European political development** intégrer la Turquie dans l'évolution politique de l'Europe. **3** monde des gens ordinaires *[par opp. à certains ghettos] ;* **to integrate the underclass into the ~** démarginaliser les exclus.

mainstream *adj.* ordinaire, courant, habituel, usuel, général, traditionnel, classique, standard, principal, *[conceptions]* dominant, *[idée]* généralement admis, le plus répandu, majoritaire ; *[personne]* appartenant au courant dominant *[d'un parti] ;* **to enter ~ society** s'intégrer dans la société ordinaire ; **~ culture** culture traditionnelle ; **the ~ political parties** les partis politiques traditionnels ; **sooner or later these new ideas will become ~** tôt ou tard, ces idées nouvelles seront largement acceptées ; **~ values** valeurs traditionnelles ; **~ physicists** physiciens de tendance traditionnelle ; **to integrate handicapped children into ~ education** intégrer les enfants handicapés dans l'enseignement ordinaire ; **they endorse ~ cosmology** ils souscrivent aux conceptions généralement admises en cosmologie ; **to depart from ~ opinion** s'écarter de l'opinion la plus répandue.

maintain *v. tr.* **1** maintenir *[statu quo] ;* maintenir intact/inchangé ; préserver ; **to ~ the exchange rates** maintenir inchangés les taux de change ; **to ~ the value of one's investments** préserver la valeur de ses placements. **2** conserver ; **the US will ~ its military superiority** les États-Unis conserveront leur supériorité militaire. **3** continuer, poursuivre ; conserver, garantir. **4** tenir à jour *[liste],* tenir *[registre, fichier].* **5** entretenir *[famille]*, pourvoir à l'entretien/à la subsistance de, subvenir aux besoins de. **6** entretenir *[machine].* **7** avoir, posséder, disposer de, assurer le fonctionnement de, faire fonctionner, gérer ; **the company ~s a representative office in Berlin** l'entreprise a un bureau de représentation à Berlin.

maintained school *RU* école publique.

maintenance *n.* **1** entretien ; *Inf., Transp. aériens* maintenance. **2** maintien, sauvegarde ; **the ~ of peace** le maintien de la paix ; **the ~ of human rights** la sauvegarde des droits de l'homme. **3** aliments, pension alimentaire. **4** *Dr.* aide *[illicite]* fournie à une partie dans un procès. ✪ **~ order** ordonnance de versement d'aliments/de pension alimentaire ; **~ payments** aliments, pension alimentaire.

Mainz *n. Allemagne* Mayence.

maison(n)ette *n.* **1** maisonnette. **2** duplex.

Majlis *n. Iran* Majlis *[m.].*

major *v.* **~ in** *Ens. ÉU* se spécialiser en ; **to ~ in computer science** se spécialiser en informatique.

major *n.* **1** majeur *[= personne qui a atteint l'âge de la majorité].* **2** *Mil.* commandant. **3** *Ens.* a) *ÉU* discipline/branche/matière de spécialisation ; *Can.* majeure ; b) étudiant se spécialisant *[dans la matière indiquée] ;* **history ~** étudiant se spécialisant en histoire ; **she chose geology as her ~** elle a décidé de se spécialiser en géologie. **4** grande compagnie *[pétrolière, d'aviation],* grande société, géant. ✪ **~-general** *n.* général de division.

major *adj.* de grande ampleur/portée/envergure, d'envergure, grand, important, d'importance, de premier ordre, de premier plan, de première grandeur/importance, de taille, de poids, vaste, profond, en profondeur, intense, notable, majeur, ambitieux, principal, dominant, numéro un, essentiel, crucial, central ;

grave ; **~ change** changement de grande ampleur, profond changement, bouleversement, mutation ; **to be involved in ~ decisions** être associé à des décisions de grande portée ; **the ~ world powers** les grandes puissances mondiales ; **~ city** grande ville ; **a ~ event** a) un événement de taille ; b) une importante manifestation ; **~ oil deposits** importants gisements pétrolifères ; **South Africa is a ~ power in Southern Africa** l'Afrique du Sud est une puissance de premier plan en Afrique australe ; **to play a ~ role** jouer un rôle de premier plan ; **a ~ programme to fight poverty was set up** un vaste programme de lutte contre la pauvreté a été mis en place ; **the three ~ airlines of the country** les trois principales compagnies aériennes du pays ; **the company is the ~ employer in the town** l'entreprise est le principal employeur de la ville ; **~ problems** graves problèmes. ✪ **~ histocompatibility complex** *Méd.* complexe majeur d'histocompatibilité ; **~ part** majorité ; **~ repairs** grosses réparations ; **~ subject** *Ens. ÉU* discipline/branche/matière de spécialisation ; **~ surgery** chirurgie lourde.

majority *n.* ✪ **~ holding/interest** participation majoritaire ; **~ leader** *ÉU* chef de file de la majorité ; **~ rule** gouvernement par la majorité ; **~ shareholding** participation majoritaire ; **~ vote** vote majoritaire ; */***by a ~ vote** à la majorité des voix*/*.

make *v.* **I** *tr.* **1** faire, fabriquer. **2** rendre ; **to ~ the world better** rendre le monde meilleur. **3** gagner *[argent],* avoir une rémunération de ; **some translators make $7,000 a month** certains traducteurs ont un revenu de 7 000 dollars par mois. **4 the report ~s depressing reading** le rapport est décourageant/ brosse un tableau décourageant. **II ~ for 1** permettre, entraîner, produire, engendrer, se traduire par ; **the new arrangements ~ for greater accountability** le nouveau système oblige les responsables à mieux rendre compte de leur action ; **a settlement of the dispute would ~ for change in industrial relations** un règlement du conflit changerait les relations entre les partenaires sociaux ; **the replies to the questionnaire ~ for encouraging reading** les réponses au questionnaire sont encourageantes. **2** se diriger vers. **III ~ of** comprendre, interpréter, expliquer, donner un sens à. **IV ~ out 1** établir ; dresser ; **to ~ out a cheque to** établir/libeller un chèque à l'ordre de. **2** distinguer ; **this microscope allows scientists to ~ out objects as small as 3 nanometres across** ce microscope permet aux scientifiques de distinguer des objets dont la taille ne dépasse pas 3 nanomètres. **3 to ~ out a case** *voir* case. **V ~ over** transformer, métamorphoser ; *Fam.* relooker. **VI ~ up 1** compenser, réparer *[perte] ;* combler *[déficit] ;* rattraper *[temps perdu] ;* **to ~ up the difference** combler la différence. **2** constituer, composer ; **the total is made up as follows** le total se décompose comme suit ; **the committee is made up of high-level officials** le comité est constitué par de hauts fonctionnaires ; **a portfolio made up of 60 different securities** un portefeuille constitué de 60 titres différents ; **the jury is made up of six blacks, five whites and one Hispanic** le jury est composé de 6 Noirs, de 5 Blancs et d'une personne d'origine latino-américaine. **3** compléter. **4** inventer. **5** se réconcilier. **VII ~ up for** rattraper *[temps perdu].* ✪ **~ do** se débrouiller/s'en sortir avec les moyens du bord ; **~ do with** se contenter de ; **~ it** réussir ; **~ or break** entraîner le succès ou l'échec de ; avoir une influence décisive sur, jouer un rôle décisif dans le succès de, être décisif pour le succès de, décider de l'avenir de, mettre en jeu la survie de ; */***this mediation can ~ or break six months of negotiations** cette médiation peut faire aboutir ou faire avorter six mois de négociations*/*.

make-or-break *adj.* décisif.

make-over *n.* métamorphose, transformation ; **to get a ~** *Fam.* être relooké.

makeshift *adj.* de fortune, de fabrication artisanale, improvisé, réalisé avec les moyens du bord, provisoire.

make-up *n.* **1** composition *[sociale, chimique, d'un comité],* éléments constitutifs, caractéristiques, profil ; **soil ~** composition du sol ; **genetic ~** patrimoine génétique ; **the demographic ~ of Japanese society** la structure démographique de la société japonaise. **2** caractère, tempérament *[d'une personne].*

make-work scheme *ÉU* programme de mise au travail de chômeurs.

making *n. pl.* potentiel, qualités nécessaires, étoffe ; éléments constitutifs ; **to have the ~s of** *[personne]* posséder toutes les qualités requises pour devenir, avoir tout ce qu'il faut pour devenir, être potentiellement, *[chose]* devoir normalement déboucher sur ; **these resources are the ~s of an economic revival** ces ressources constituent potentiellement les ingrédients d'un renouveau économique. ✪ **be the ~ of** a) assurer le succès de ; b) permettre aux capacités de *[qqn]* de s'épanouir ; **in the ~** en devenir, en gestation, en germe, en (voie de) formation/réalisation, en cours de réalisation, en préparation, en chantier, qui se construit, en cours de constitution, en train de se constituer/de se faire ; en herbe, futur, qui s'annonce ; */***to be in the ~** se construire, se dessiner, se préparer, s'élaborer ; **to be a great leader in the ~** avoir l'étoffe d'un grand dirigeant ; **history in the ~** l'histoire en marche ; **a nation in the ~** un pays qui se construit ; **a political system is in the ~** un système politique est en train de se constituer ; **this biography shows science in the ~** cette biographie montre le processus même d'élaboration des connaissances scientifiques ; **an economic downturn is in the ~** une récession économique se prépare ; **this book has been a long time in the ~** la rédaction de cet ouvrage a pris beaucoup de temps*/ ;* **of one's own ~** *[problème]* dont on est soi-même responsable ; */***the government has problems of its own ~** le gouvernement se heurte à des problèmes dont il est lui-même responsable ; **these setbacks are not entirely of the company's own ~** ces revers ne sont pas exclusivement imputables à l'entreprise*/*.

making-up price *Bourse* cours de compensation.

maladjustment *n. Méd.* trouble de l'adaptation.

maladministration *n. RU* abus administratif.

Malagasy *adj.* malgache.

malaria *n.* paludisme ; **~ control** lutte contre le paludisme.

malarial *adj. [parasite]* plasmodial, *[infection]* paludéen, *[région]* impaludé, palustre, *[accès, fièvre]* palustre ; **~ control** lutte contre le paludisme ; **~ research** recherche sur le paludisme.

malarious *adj. [région]* impaludé, palustre.

Malawian *adj.* malawien.

Malaya, Malay Peninsula péninsule malaise.

Malaysia *n. [la]* Malaysia *[= Malaysia occidentale (ou Malaisie) + Malaysia orientale] ; ONU* Malaisie.

Maldivian *adj.* maldivien.

male *n.* homme ; garçon ; personne de sexe masculin.

male *adj.* masculin ; **~ prostitution** prostitution masculine ; **overwhelmingly ~ committee** comité constitué presque exclusivement d'hommes. ✪ **~ bonding** fraternisation entre hommes ; camaraderie entre hommes, amitié/relations amicales entre hommes ; **~ chauvinism** machisme.

malfeasance *n. Dr.* acte illicite.

malfunction *v. intr.* ne pas fonctionner correctement.

malfunction *n.* défaillance, mauvais fonctionnement, dérèglement, anomalie, défectuosité.

malice *n.* malveillance, intention de nuire. ✪ **~ aforethought/prepense** *Dr.* intention criminelle, préméditation ; *[***with ~ aforethought** délibérément, avec préméditation ; **the state law describes murder as the killing of an individual with ~ aforethought** aux termes de la législation de l'État, un meurtre est constitué par l'acte délibéré de tuer une personne*]*.

malicious *adj. [personne]* malveillant, malintentionné, *[acte]* de malveillance. ✪ **~ damage** dommage résultant d'un acte de malveillance, préjudice causé dans l'intention de nuire, vandalisme ; **~ mischief** *ÉU* dégradations (volontaires), destruction(s) volontaire(s), détérioration/destruction de biens ; **~ prosecution** poursuites abusives.

malign *v. tr.* médire de ; diffamer.

malignancy *n. Méd.* **1** affection/tumeur maligne, cancer ; **breast ~** affection maligne du sein. **2** malignité.

malignant *adj.* **1** *Méd. [maladie, tumeur]* malin, *[tissu]* cancéreux. **2 ~ pleasure** joie mauvaise.

malingerer *n.* simulateur.

mall *n.* **1** centre commercial ; *Can.* centre d'achat(s). **2** *ÉU* rue piétonne/piétonnière. **3** allée. **4** *ÉU* terre-plein central.

malnourished *adj.* atteint de malnutrition.

malpractice *n.* **1** abus, agissements, pratique malhonnête, irrégularité. **2** faute professionnelle ; **medical ~** erreur/faute médicale.

mammoth *n. Fig.* géant, colosse, poids lourd, mastodonte, titan, Goliath.

man *v. tr.* **1** fournir des travailleurs pour, doter en main-d'œuvre/personnel, affecter du personnel à. **2** faire fonctionner, assurer la conduite/manœuvre de *[machine] ;* travailler à *[machine],* travailler dans *[installations],* être en service à/dans, être en poste dans *[usine]*.

man *n.* homme, être humain, personne (humaine). ✪ **as one ~** à l'unisson ; **be one's own ~** a) être indépendant ; b) être en pleine possession de ses facultés ; **~-day** *n.* journée de travail, jour-personnel ; **~ Friday** assistant ; **~-hour** *n.* heure de travail, heure-personnel ; **~ in the street** homme de la rue, (grand) public, commun des mortels, citoyen, profane, tout un chacun, Monsieur Tout-le-Monde, *[Français, etc.]* moyen ; **~-made** *adj. [lac, île]* artificiel, construit par l'homme, *[fibres]* synthétique, de synthèse ; *[pollution]* causé/créé par l'homme, résultant des activités humaines, anthropique, d'origine humaine/anthropique, anthropogénique ; façonné par l'homme ; *[***~-made chemicals** substances chimiques artificielles ; **~-made disaster** catastrophe d'origine humaine*] ;* **~-month** *n.* mois de travail, mois-personnel ; **~-of-war** *n.* navire de guerre ; **~ on the Clapham omnibus** homme de la rue ; **~ on the street** *ÉU voir* man in the street ; **~-shift** *n.* poste-homme ; **~ to ~** en toute franchise ; **~-year** *n.* année de travail, année-personnel ; **to a ~** tous (sans exception), dans leur totalité ; *[***to a ~ the respondents said that** toutes les personnes interrogées ont déclaré que ; **they were to a ~ convinced that** ils étaient tous convaincus que*]*.

manage *v.* **1** *tr.* gérer, administrer ; conduire, diriger, s'occuper de ; **to ~ bond issues** diriger des émissions d'obligations. **2** *tr.* obtenir ; **(to)** réussir à, parvenir à, pouvoir, savoir ; **the country has only ~d a limited reduction of pollution** le pays n'est parvenu qu'à réduire légèrement la pollution. **3** *tr.* maîtriser, faire face à, prendre en charge ; **she is perfectly able to ~ the situation** elle est tout à fait apte à faire face à la situation ; **to ~ patients with cancer** prendre en charge des cancéreux ; **job losses cannot be avoided, but they can be ~d** des pertes d'emplois ne peuvent être évitées, mais il est possible d'en atténuer les conséquences. **4** *intr.* faire face/s'adapter à la situation, faire face au problème, surmonter les difficultés, bien réagir, s'en sortir, s'en tirer, résister, se débrouiller.

manageable *adj.* **1** maîtrisable, surmontable ; raisonnable, acceptable, supportable ; réalisable ; **to break up a large project into ~ tasks** diviser un projet en tâches qu'il est possible de mener à bien individuellement ; **to keep inflation at ~ levels** maintenir l'inflation à un niveau acceptable ; **to bring the debt down to ~ levels** ramener l'endettement à un niveau supportable. **2** maniable, facile à utiliser/manipuler.

managed *adj.* ✪ **~ care** *ÉU* gestion coordonnée des soins ; **~ floating exchange rates** taux de change flottants administrés ; **~ competition** concurrence encadrée ; **~ fund** *FCP* a) fonds investissant dans d'autres fonds ; b) fonds géré activement *[par opp. à fonds indiciel] ;* **~ economy** économie planifiée ; **~ price** prix administré ; **~ trade** commerce administré.

management *n.* **1** gestion, administration ; direction, conduite, organisation, exploitation. **2** direction, administration, hiérarchie, cadres, personnel d'encadrement *[d'une entreprise] ;* employeur(s). **3** lutte ; maîtrise ; *Méd.* prise en charge, thérapeutique, traitement ; **pest ~** lutte contre les parasites ; **risk ~** maîtrise des risques ; **stress ~** maîtrise du stress ; **the ~ of drug addicts** la prise en charge des toxicomanes ; **the ~ of epilepsy** la prise en charge de l'épilepsie. ✪ **~ accountant** responsable de la comptabilité analytique ; **~ accounting** comptabilité analytique ; **~ and labour** employeurs et travailleurs, partenaires sociaux ; **~ audit** contrôle de gestion ; **~ buy-in** rachat d'une entreprise par des cadres extérieurs ; **~ buyout** rachat d'une entreprise par ses cadres ; **~ by exception** gestion des anomalies ; **~ by objectives** direction par objectifs ; **~ committee** comité de gestion ; **~ company** *FCP* société d'investissement ; **~ consultant** conseiller d'entreprise, conseiller en gestion/en organisation ; **~ control** contrôle de gestion ; **~ development** perfectionnement des cadres ; **~ engineering** organisation de la gestion ; **~ fee** a) *Fin.* commission de direction ; b) *FCP* commission/frais de gestion ; **~ game** jeu d'entreprise ; **~ information system** système d'information pour la gestion ; système informatisé d'aide à la gestion.

manager *n.* **1** gestionnaire, administrateur ; directeur, dirigeant (d'entreprise), responsable ; gérant ; cadre. **2** *Banque* membre d'un syndicat bancaire. **3** manager *[d'un sportif] ;* impresario.

managerial *adj.* de gestion, relatif à la gestion, de direction, de gestionnaire, managérial. ✪ **~ accounting** comptabilité analytique ; **~ economics** (science de la) gestion ; **~ position** poste de direction ; **~ skills** aptitudes à la gestion, capacité de diriger une équipe ; **~ staff** personnel d'encadrement.

managing *adj.* ✪ **~ agent** *Immobilier RU* gérant d'immeubles ; **~ director** directeur général ; **Managing Director** *FMI*

Directeur général ; **~ partner** associé gérant *[d'une société de personnes]* ; **~ underwriter** *Banque* banque chef de file.

Mancunian *adj.* de Manchester.

mandamus *n. Dr.* **order of ~** *RU* ordonnance de *mandamus [prescrivant l'exécution d'une obligation légale]* ; **writ of ~** *ÉU* ordonnance de *mandamus [prescrivant l'exécution d'une obligation légale]*.

Mandarin Chinese mandarin.

mandate *v. tr.* **1** ordonner, rendre obligatoire, prescrire *[mesures]* ; **(to)** charger *[qqn]* de ; **tax cuts ~d by the new EU directive** réductions de taxes prescrites par la nouvelle directive de l'Union européenne. **2** autoriser *[qqn à faire qqch.]*.

mandate *n.* **1** mission ; **to broaden the ~ of UN forces in Kosovo** élargir la mission des forces de l'ONU au Kosovo. **2** mandat (populaire) ; **this low turnout is hardly a ~ for change for the new government** le faible taux de participation ne confère guère au nouveau gouvernement un mandat pour le changement. **3** ordre, instruction, prescription. **4** *Dr.* ordonnance *[rendue par une juridiction ou par la Reine]*.

mandated *adj.* obligatoire, prescrit par la loi.

mandatory *adj.* obligatoire, impératif. ✪ **~ sentence** *ÉU* peine minimale.

mandioca *n.* manioc.

manhole *n.* trou d'homme, regard.

manic *adj.* ✪ **~ depression** maladie maniaco-dépressive ; *Can.* maniaco-dépression ; **~-depressive** *adj. [patient, psychose]* maniaco-dépressif.

manifesto *n. Pol.* programme électoral.

manned *adj. Esp. [vaisseau spatial, vol]* habité.

manning *n.* (niveau des) effectifs ; affectation de personnel. ✪ **~ levels** (niveau des) effectifs ; **~ table** tableau d'effectifs.

manoeuvering room marge de manœuvre.

manoeuvrability *n.* maniabilité.

Mano River Union Union du fleuve Mano.

manpower development perfectionnement de la main-d'œuvre.

manslaughter *n. Dr.* homicide involontaire ; homicide par imprudence.

mantle *n. Fig.* **1** manteau *[de la Terre]*. **2** couche *[de neige, etc.]*. **3** responsabilité, poste ; succession ; **to assume/take the ~ of** assumer la responsabilité de, obtenir le poste de ; **he seems unable to assume the full ~ of power** il semble incapable d'assumer la totalité du pouvoir ; **to take up the ~ of leadership** prendre les rênes du pouvoir ; **to inherit sb's ~** prendre la succession de qqn ; **he is eager to take the late leader's ~** il aspire à prendre la succession du dirigeant défunt ; **to don the ~ of** adopter le style de. **4** titre ; **the Communist party has taken the ~ of reform** le Parti communiste s'est approprié le titre de parti le mieux à même de réaliser des réformes.

mantra *n. Fig.* **1** maître mot ; **the ~ now is privatization** aujourd'hui, le maître mot est « privatisation ». **2** incantation rituelle *[= vœu pieux]*.

manual *n.* guide ; guide d'utilisation.

manufacture *n.* fabrication, production ; *pl.* produits manufacturés/transformés.

manufactured *adj. [produits]* manufacturé, transformé. ✪ **~ gas** gaz de ville ; **~ good** bien manufacturé ; **~ home** a) caravane résidentielle ; b) maison préfabriquée.

manufacturer *n.* fabricant, constructeur, producteur. ✪ **~'s recommended price** prix (de vente) conseillé.

manufacturing *n.* **1** industrie manufacturière. **2** production industrielle ; production. ✪ **~ jobs** emplois dans l'industrie manufacturière ; **~ licence** licence de fabrication ; **~ process** procédé de fabrication.

manufacturing *adj.* ✪ **~ industry** industrie manufacturière ; **~ plant** usine.

many *adj., pron.* ✪ **as ~ again** autant ; **as ~ as** pas moins de ; **~-sided** *adj.* à facettes multiples, multidimensionnel.

map *v.* **I** *tr.* **1** dresser la carte de, établir la cartographie de ; **to ~ brain functions** établir la cartographie des fonctions cérébrales. **2** reporter sur une carte. **II ~ out** **1** élaborer *[stratégie]*, planifier *[action]*. **2** tracer *[voie]* ; **to ~ out the road towards** tracer la voie qui mène à.

map *n.* ✪ **put on the ~** faire connaître, donner un coup de projecteur sur, faire sortir de l'ombre ; */***to put oneself on the ~** se faire un nom*/*.

mapping *n.* **1** *Biol.* cartographie *[d'un gène]*. **2** correspondance.

mar *v. tr.* ternir, gâcher, assombrir, endeuiller, entacher, marquer, déparer, émailler, introduire une note discordante dans ; **the demonstration was ~red by violence** la manifestation a été marquée par des actes de violence.

marauder *n.* pillard ; *pl.* bande se livrant au pillage (et à des massacres), bande dévastant/ravageant tout sur son passage.

marauding *adj.* pillard, se livrant au pillage (et à des massacres), dévastant/ravageant tout sur son passage ; **~ soldiers killed more than 300 people** des soldats ravageant tout sur leur passage ont massacré plus de 300 personnes.

march *v. intr.* **1** *[manifestants]* défiler ; **thousands of demonstrators ~ed in the city** des milliers de manifestants ont défilé dans la ville. **2** marcher.

marching orders **1** *Mil.* feuille de route. **2** instructions. **3** lettre de licenciement.

mare *n.* ✪ **~ clausum** *Dr. int.* mer relevant de la souveraineté d'un État ; **~ liberum** *Dr. int.* haute mer.

margin *n.* **1** marge (bénéficiaire). **2** *Bourse* dépôt de garantie *[garantissant des opérations sur le marché à terme ou constitué auprès d'un courtier en vue d'achats de valeurs mobilières]*. ✪ **by a wide ~** largement ; **~ call** *Bourse* appel de marge ; **~ requirements** *Bourse* dépôt(s) de garantie exigé(s) ; **~ trading** *Bourse* opérations avec dépôt de garantie.

marginal *n. Pol. RU* circonscription (électorale) pouvant basculer, circonscription où le scrutin a été/est/sera très serré, circonscription remportée de justesse.

marginal *adj.* **1** *[note]* marginal. **2** *[aptitude]* à peine/tout juste suffisant, limite. **3** *Pol. [circonscription électorale]* pouvant basculer, remporté avec une faible majorité, où le scrutin a été/est/sera très serré, remporté de justesse ; *[siège]* remporté de justesse, obtenu avec une faible majorité, très précaire, très disputé. **4** *[activité économique]* à peine rentable, marginal, *[entreprise]* à peine viable, marginal, *[terre]* marginal. **5** *[niveau de vie]* très bas. **6** *[changement, amélioration, effet, différence]* (très) léger, (très) faible, minime, modeste, petit ; **~ reduction** légère réduction. **7** *[rôle]* mineur, secondaire, marginal, dénué d'importance. **8** *Écon.* marginal *[= relatif à une unité supplémentaire]*. ✪ **~ cost** *Écon.* coût marginal ; **~ efficiency of capital** *Écon.* efficacité marginale du capital ; **~ productivity** *Écon.* productivité marginale ; **~ propensity to consume/import/invest/save** *Écon.* propension marginale à consommer/importer/investir/épargner ; **~ rate of tax** taux d'imposition marginal ; **~ revenue** recette marginale ; **~ seat** *Pol.* siège remporté de justesse ; **~ tax bracket** tranche d'imposition marginale ; **~ (tax) rate** taux d'imposition marginal ; *[***the top ~ rate has been reduced to 45%** le plus haut taux d'imposition marginal a été ramené à 45 %*]* ; **~ utility** *Écon.* utilité marginale.

marginally *adv.* légèrement, un peu ; **~ higher** légèrement plus élevé.

marine *n.* fusiller marin ; *ÉU* Marine.

marine *adj.* *[milieu]* marin, de la mer ; maritime. ✪ **~ bill of lading** connaissement maritime ; **~ biologist** spécialiste de biologie de la mer ; **Marine Corps** *ÉU* Marines, *Marine Corps ;* **~ engineering** mécanique navale ; **~ environment** milieu marin ; **~ insurance** assurance maritime ; **~ park** parc marin ; **~ pollution** pollution des mers ; **~ sciences** sciences de la mer ; **~ underwriter** assureur maritime.

marital *adj.* ✪ **~ property** biens des époux ; **~ status** état matrimonial, situation matrimoniale ; état civil.

maritime *n.* ✪ **~ belt** *Dr. int.* frange maritime ; **~ law** droit maritime ; **~ lien** privilège maritime ; **Maritime Provinces** *Can.* provinces Maritimes.

Maritimes *n. pl. Can.* Maritimes.

mark *v.* **I** *tr.* **1** marquer, représenter, caractériser ; **to ~ the beginning of** marquer/représenter le début de ; **to ~ the end of** marquer la fin de, sonner le glas de ; **Labour's victory ~s the end of an era** la victoire du Parti travailliste marque la fin d'une époque ; **a disorder ~ed by mood swings** une affection caractérisée par des changements d'humeur. **2** commémorer. **3** *Ens.* noter *[copie d'élève]*. **4** manifester *[sentiment]*. **II ~ down 1** réduire le prix de, démarquer. **2** prendre note de. **III ~ off** délimiter. **IV ~ out 1** élaborer *[stratégie]*. **2** délimiter. **V ~ up 1** augmenter/majorer le prix de. **2** enregistrer.

mark *n.* **1** marque *[de fabrique]*. **2** marque, caractéristique. **3** empreinte ; **to leave one's ~ on** laisser son empreinte sur. **4** signe ; **diacritical ~** signe diacritique. **5** *Ens.* note ; point. **6** barre ; **to pass the 50% ~** dépasser/franchir la barre des 50 %. **7** cible ; **the missile missed its ~** le missile n'a pas atteint sa cible ; **an easy ~** une proie facile. ✪ **as a ~ of** en signe de, en témoignage de ; **beside the ~** *Fig.* à côté de la question ; **make one's ~** se faire un nom ; **off the ~** *Fig.* *[observation]* faux, éloigné de la vérité, peu judicieux ; *Fam.* à côté de la plaque ; *[***to be wide off the ~** se tromper lourdement*]* ; **on the ~** *[***to be on the ~** voir juste*]* ; **up to the ~** à la hauteur, satisfaisant.

markdown *n.* démarque ; baisse de prix.

marked cheque chèque certifié.

marker *n.* **1** marqueur *[= substance injectée à un patient avant un examen]*. **2** *Biol.* marqueur. **3** marqueur *[= gros crayon feutre]*. **4** indication claire ; **to put down a ~** manifester clairement ses intentions.

market *v. tr.* commercialiser, vendre, écouler ; lancer, mettre sur le marché.

market *n.* **1** marché ; débouchés ; **to hit the ~** *[produit]* être mis sur le marché, faire son apparition sur le marché, être commercialisé ; **in the ~** *[produit]* commercialisé ; **in the ~ for** *[personne, entreprise]* à la recherche de, désireux d'acheter ; **to be in the ~ for** rechercher ; **on the ~** *[produit]* en vente, commercialisé ; **to bring to the ~** mettre en vente, commercialiser ; **to put on the ~** mettre en vente, commercialiser. **2** *Bourse* Bourse, marché ; **to make a ~ in** assurer le marché de, acheter et vendre *[valeurs mobilières]* ; **to play the ~** spéculer (en Bourse), se livrer à de la spéculation ; **the trader lost a huge amount playing the option ~** l'opérateur a perdu une somme énorme en spéculant sur le marché des options. ✪ **at the ~** *[ordre à exécuter]* au cours le plus favorable ; **clear the ~** *Écon.* assurer l'équilibre du marché ; **~ analyst** analyste/spécialiste du marché ; **~-based** *adj.* axé sur le marché ; **~ capitalization** capitalisation boursière ; **~-clearing** *adj.* *[***~-clearing price** prix d'équilibre (du marché) ; **prices adjusted to ~-clearing levels** les prix ont atteint un niveau assurant l'équilibre du marché*]* ; **~ conditions** situation du marché ; **~-driven** *adj.* axé sur le marché ; soumis aux forces du marché ; **~ economics/economy** économie de marché ; **~ forces** marché, jeu du marché, mécanisme du marché ; **~ gardening** culture maraîchère ; **~ leader** premier producteur, producteur principal (du secteur), numéro un (du marché/secteur) ; **~ leadership** première place sur le marché ; **~ maker** contrepartiste, teneur de marché ; **~ making** *Bourse* opérations de contrepartie ; **~ niche** segment de marché, créneau ; **~ opening/opportunity** possibilité offerte par le marché, possibilité de marché ; créneau ; **~ order** *Bourse* ordre « au mieux » ; **~-oriented** *adj.* de marché, *[réforme]* axé sur le marché, s'inspirant de la philosophie du marché, *[secteur]* fonctionnant selon les lois du marché ; **~ place** *Écon.* marché ; **~ position** position sur le marché ; **~ power** emprise sur le marché ; **~ price** a) prix du marché, prix en vigueur sur le marché ; b) *Bourse* cours ; *[***at ~ prices** aux prix du marché*]* ; **~ rate** a) *Banque* taux du marché ; b) *Bourse* cours ; **~ report** a) *Bourse* analyse du marché ; b) *Journ.* article consacré à un marché financier ; **~ research** études de marché ; **~ rigging** manipulation de cours ; **~ risk** *Bourse* risque de marché ; **~ segment** segment de marché ; **~-sensitive** *adj.* *[informations]* pouvant influencer le marché ; **~ sentiment** *Bourse* état d'esprit des opérateurs ; **~ services** services marchands ; **~ share** part de/du marché ; **~ sharing** répartition du marché ; **~-skimming pricing** fixation de prix selon une stratégie d'écrémage ; **~ survey** étude de marché ; **~ town** gros bourg ; **~ value** a) valeur vénale/marchande/ commerciale ; b) cours ; c) valeur boursière ; capitalisation boursière ; **mark to ~** *Fin. mark to market [= réévaluation en fonction de la valeur actuelle sur le marché]*.

marketable *adj.* négociable ; facilement réalisable ; **~ securities** titres négociables.

marketer *n.* **1** entreprise commercialisant le produit *[dont il s'agit]*. **2** spécialiste en marketing, marketeur.

marketeer *n.* spécialiste en marketing, marketeur.

marketing *n.* **1** marketing, mercatique ; **the director/head of ~** le chef du service marketing. **2** stratégie commerciale, techniques commerciales ; promotion. **3** commercialisation, distribution, vente, écoulement ; mise sur le marché, lancement ; **the ~ of a**

product la commercialisation d'un produit. ✪ **~ board** office de commercialisation ; **~ concept** concept marketing ; **~ director/manager** directeur marketing ; **~ mix** marketing mix ; **~ plan** plan de marketing ; **~ policy** politique de marketing ; **~ research** études de marché ; **~ strategy** stratégie marketing.

marketplace *n. Écon.* marché.

mark-up *n.* **1** *Comm.* marge bénéficiaire. **2** majoration *[d'un prix].*

markup language *Internet* langage de balisage.

Maronite *n.* maronite.

marooned *adj.* (totalement) isolé, bloqué (sur place), confiné, prisonnier, emprisonné, immobilisé, dans l'incapacité de se déplacer ; **millions of people are ~ by the flood** des millions de personnes sont immobilisés par l'inondation ; **to be ~ on a desert island** se retrouver bloqué sur une île déserte.

Marrakesh *n. Maroc* Marrakech.

marriage *n.* mariage ; **he has several children from a first ~** il a plusieurs enfants d'un premier lit. ✪ **~ allowance** *Fisc.* abattement pour couple marié ; **~ breakdown** *Dr.* détérioration irréversible des relations conjugales ; **~ bureau** agence matrimoniale ; **~ certificate** acte de mariage ; **~ counsellor** conseiller conjugal ; **~ counselling** (service de) consultations matrimoniales ; **~ guidance** (service de) consultations matrimoniales ; conseils matrimoniaux ; **~ licence** autorisation de mariage ; **~ lines** *RU* acte de mariage ; **~ of convenience** mariage de raison ; **~ rate** taux de nuptialité ; **~ settlement** contrat de mariage.

marriageable population population mariable.

married *adj.* ✪ **~ couple's allowance** *Fisc. RU* abattement pour couple marié ; **~ life** vie conjugale.

marshal *v. tr.* **1** ordonner, présenter (méthodiquement) *[idées],* arranger, disposer, agencer, organiser *[ensemble complexe].* **2 to ~ a case** argumenter, défendre une thèse, rassembler des arguments. **3** *[police]* contenir *[manifestants].* **4** rassembler *[troupes, ressources, arguments] ;* rassembler, recueillir *[données, chiffres] ;* **to ~ facts** recueillir des informations. **5** faire appel à, solliciter ; mobiliser *[énergies] ;* **to ~ support for** susciter un mouvement en faveur de. **6 to ~ sb to** affecter qqn à *[tâche] ;* **to ~ resources for** affecter des ressources à.

marshal(l) *n.* **1** *Mil.* maréchal. **2** *ÉU* commissaire de police. **3** *ÉU* a) chef des services de prévention des incendies ; chef des services chargés des enquêtes sur les incendies ; b) responsable de la prévention des incendies *[dans une usine].* **4** membre du service d'ordre.

mart *n. ÉU* **1** grand centre de commerce *[= ville, port].* **2** marché. **3** magasin de vente aux détaillants.

marshland *n.* terres marécageuses.

martial *adj.* ✪ **~ art** art martial ; **~ court** tribunal militaire ; **~ law** loi martiale.

Mashreq *n.* Machreq.

MASH (mobile army surgical hospital) hôpital chirurgical avancé.

mask work schéma de configuration de circuits intégrés, topographie de circuits intégrés.

Mason-Dixon line *ÉU* ligne de démarcation entre le Nord et le Sud.

masonry dam barrage en maçonnerie.

mass *n.* ✪ **~ catering** restauration collective ; **~-circulation** *adj. [journal]* à grand tirage ; **~ grave** charnier ; **~ market** marché grand public, marché de masse ; **~-market** *adj. [produit]* grand public, de grande diffusion ; **~ media** médias ; **~ memory** *Inf.* mémoire de masse ; **~ murderer** auteur de meurtres multiples ; **~-produced** *adj.* fabriqué en grandes séries ; **~ production** fabrication en série/en grandes séries ; **~ redundancies** licenciements collectifs ; **~ spectrometer** spectromètre de masse ; **~ spectrometry** spectrométrie de masse ; **~ storage** *Inf.* mémoire de masse ; **~ transit** transports en commun ; **~ transit system** réseau de transports en commun.

mass *adj.* massif ; **~ killings** massacres ; **on a ~ scale** sur une grande échelle ; **electronic products addressed to a ~ audience** des produits électroniques destinés au grand public.

massage *v. tr. Fig.* **1** manipuler, truquer, trafiquer *[statistiques].* **2** flatter *[amour propre].*

massive *adj.* **1** massif. **2** considérable, de grande ampleur, de grande envergure, d'envergure, vaste, majeur, profond, radical, énorme, très lourd, généralisé, énorme, gigantesque, colossal, faramineux, vertigineux, immense, massif ; **a ~ exodus was underway** un exode de grande ampleur était en cours ; **~ effort** action de grande envergure ; **~ damage** dégâts énormes ; **~ cost** coût énorme ; **~ programme** vaste programme. **3** *Méd.* **~ head injuries** traumatisme crânien très grave ; **~ heart attack** crise cardiaque foudroyante.

master *n.* **1** *Ens.* enseignant, professeur ; **science ~** professeur de sciences. **2** *Ens.* maîtrise **3** *Mar.* capitaine *[d'un navire].* **4** *Audiovisuel* copie originale *[d'un enregistrement, etc.].* ✪ **Master of Arts** a) titulaire d'une maîtrise de lettres ; b) maîtrise de lettres ; **Master of Business Administration** *voir* MBA ; **~ of ceremonies** *TV* présentateur ; **Master of Science** a) titulaire d'une maîtrise de sciences ; b) maîtrise de sciences ; **Master of the Rolls** *Angl.* Président de la cour d'appel ; **~ race** race des seigneurs ; **~ sample** *Sondages* échantillon-maître ; **~'s degree** maîtrise ; **~-servant rule** *Dr.* principe de la responsabilité de l'employeur pour les fautes des salariés.

master *adj.* général, d'ensemble ; principal, cadre. ✪ **~ budget** budget ; **~ builder** maître d'œuvre ; **~ copy** copie originale ; **~ film** copie originale (du film) ; **~ plan** plan/schéma d'ensemble, plan-cadre ; *Fig.* grand programme, vaste plan ; *[***a ~ plan to conquer the world** un grand dessein de conquête du monde ; **a ~ plan to rehabilitate the Australian economy** un vaste plan destiné à redresser l'économie australienne*]*.

mastermind *v. tr.* organiser, planifier, diriger, arranger, orchestrer, échafauder, combiner, être à l'origine de, tramer, ourdir, téléguider, machiner ; **to ~ a plot** ourdir un complot ; **the advertising agency ~ed Labour's victory over the Conservatives** l'agence de publicité a orchestré la victoire du Parti travailliste sur les Conservateurs.

mastermind *n.* cerveau.

masthead *n. Journ.* cartouche de titre.

match *v.* **I 1** *tr.* égaler, faire jeu égal avec, faire aussi bien que, valoir, équivaloir à, n'avoir rien à envier à, être à la mesure de, être/rester/se hisser à la hauteur de/au même niveau que ; être comparable avec, rivaliser avec ; imiter, s'aligner sur, se mettre au diapason de ; faire face à ; contrebalancer, établir un équilibre entre ; aligner, calquer *[ses prix]* sur ; **the synchrotron accelerates particles to speeds that can only be ~ed by the Large Hadron Collider** le synchrotron accélère des particules en leur conférant des vitesses qui ne peuvent être égalées que par le grand collisionneur de hadrons ; **the new steel plant will ~ the performances of the most advanced US facilities** la nouvelle usine sidérurgique obtiendra d'aussi bonnes performances que celles des installations les plus modernes des États-Unis ; **this fund yielded returns which ~ed the Dow Jones** ce fonds a obtenu des rendements qui ont fait jeu égal avec l'indice Dow Jones ; **action did not ~ the words** les actes n'ont pas été à la hauteur des paroles ; **the results did not ~ their expectations** les résultats obtenus n'ont pas répondu à leur attente ; **European producers are unable to ~ the Chinese prices** les fabricants européens sont incapables d'offrir des prix aussi avantageux que les prix chinois ; **their greed is only ~ed by their indifference to human suffering** leur avidité n'a d'égal que leur indifférence à la souffrance humaine. **2** *tr.* être le même que, être identique à, concorder avec, correspondre à, être calqué sur. **3** *tr.* harmoniser, mettre en harmonie ; assortir *[couleurs]*. **4** *tr.* rapprocher *[l'offre et la demande]* ; **to ~ vacancies and applications** rapprocher les offres et les demandes d'emploi ; **to ~ buy and sell orders** rapprocher les ordres d'achat et de vente. **5** *tr.* combiner, apparier ; **to be ~ed by** aller de pair avec, être accompagné de, être assorti de, faire pendant à, avoir pour contrepartie ; **wage increases have not been ~ed by productivity gains** les augmentations de salaires ne sont pas allées de pair avec une augmentation de la productivité. **6** *tr.* (bien) correspondre à, concorder avec, coïncider avec, être conforme à, être en harmonie avec, s'harmoniser avec, répondre à, être (bien) adapté à, s'adapter à, s'aligner sur ; **the advertiser should choose the medium that best ~es his targets** l'annonceur doit choisir le support publicitaire qui correspond le mieux à ses cibles ; **the steps taken ~ the requirements laid down by Congress** les mesures prises sont conformes aux prescriptions édictées par le Congrès ; **practice rarely ~es theory** la pratique se conforme rarement à la théorie ; **the new product ~es the consumers' needs** le nouveau produit répond aux besoins des consommateurs ; **the curriculum does not ~ the needs of students** le programme d'études n'est pas adapté aux besoins des étudiants ; **the index fund aims to ~ the Zurich stock market** le fonds indiciel est calqué sur la Bourse de Zurich. **7** *intr.* concorder, correspondre ; être identique ; **the debit and credit balances should ~** les soldes débiteurs et créditeurs doivent être identiques. **8** *tr.* compléter *[fonds]* (par un apport d'un montant identique), doubler *[montant]* en versant une contribution identique ; **gifts from individuals are ~ed by the government** les dons des particuliers sont complétés par un apport d'un montant identique de la part de l'État. **9** *tr.* **(against)** comparer avec. **10** *tr.* **(for)** apparier sur ; **a sample of healthy men, ~ed for age and income** un échantillon d'hommes en bonne santé appariés sur l'âge et le revenu. **11** *tr.* **(to)** adapter à ; **to ~ supply to demand** adapter l'offre à la demande ; **to ~ the amount of the loans to the needs of borrowers** adapter le montant des prêts aux besoins des emprunteurs. **12 (to)** aligner sur ; **supply must be ~ed to demand** l'offre doit s'aligner sur la demande. **13** *tr.* **(with)** comparer, confronter, rapprocher ; **to ~ sth with sth else** établir/assurer une adéquation/concordance entre qqch. et qqch. d'autre. **14** *tr.* **(with)** apparier avec ; mettre en rapport *[besoins]* avec *[ressources disponibles]* ; **to ~ words with deeds** joindre l'action à la parole, mettre ses actes en cohérence avec ses paroles. **II ~ up** *voir* match (I). **III ~ up with** soutenir la comparaison avec.

match *n.* **1** match. **2** correspondance, concordance, équivalence, (bonne) adéquation ; compatibilité ; **a good ~ between job descriptions and actual tasks leads to improved performance** une bonne adéquation entre les descriptions de poste et les tâches effectivement accomplies améliore les performances ; **a close genetic ~ between donor and recipient** une grande compatibilité génétique entre le donneur et le receveur. **3** égal ; **to be no ~ for** ne pas (pouvoir) soutenir la comparaison avec, ne pas faire le poids face à, ne pas pouvoir faire face à, être impuissant devant ; **the Iraqi army was no ~ for the allied forces** l'armée irakienne ne faisait pas le poids face aux forces alliées. ✪ **meet one's ~** trouver son maître.

matched *adj.* apparié, assorti, couplé, ayant une contrepartie/un homologue/un équivalent/un pendant ; comparable, ayant des caractéristiques comparables. ✪ **~ orders** *Bourse* ordres liés.

matching *n.* **1** alignement ; harmonisation. **2** appariement. **3** *Écon.* confrontation, rencontre *[de l'offre et de la demande]*. **4** *Compt.* rattachement des charges aux produits. **5** *Fin.* congruence ; **the regulation requires ~ between assets and liabilities in each currency** le règlement impose une congruence des avoirs et des engagements dans chaque monnaie.

matching *adj.* **1** correspondant ; compatible. **2** *[couleurs]* assorti. ✪ **~ assets** *Fin.* congruence *[entre les engagements exigibles dans une monnaie et les actifs réalisables dans cette monnaie]* ; **~ contribution** contribution de contrepartie ; **~ duty** droit compensatoire.

material *n.* **1** matière, matériau, substance, produit, matière première ; objet, article ; matériel ; fournitures ; tissu ; **building ~s** matériaux de construction ; **the ~ and the making** les fournitures et la main-d'œuvre. **2** document, documentation, littérature, texte, dossier, éléments d'information, données, informations, matière, matériau, contenu ; support d'information ; *pl. Ens.* matériels didactiques/éducatifs ; **printed ~s** documents imprimés ; **audio-visual ~** matériel audiovisuel, moyens audiovisuels. ✪ **~s and labour** pièces et main-d'œuvre.

material *adj.* **1** matériel, physique, concret. **2** matérialiste, terre-à-terre, prosaïque, utilitaire, matériel. **3** important, essentiel, déterminant, sérieux, considérable, notable, sensible, appréciable, substantiel, solide, fondamental ; significatif ; **~ injury** préjudice important ; **~ difference** différence significative. **4** pertinent, valable ; considéré, dont il s'agit, en cause ; **the ~ facts** les faits considérés/dont il s'agit ; **at the ~ time** *Dr.* au moment considéré, à l'époque des faits (litigieux) ; **the patent had not been filed at the ~ time** la demande de brevet n'avait pas été introduite à l'époque des faits. **5** *Dr.* pertinent, considéré ; juridiquement significatif ; modifiant les obligations des parties ; **this is not a ~ consideration in the present case** cette observation n'est pas pertinente en l'espèce ; **~ alteration of a document** modification d'un acte entraînant une modification de ses effets juridiques. ✪ **~ breach of contract** manquement aux obligations contractuelles ouvrant une action en justice ; **~ witness** *ÉU* témoin essentiel.

materialize *v. intr.* se produire (effectivement), avoir lieu, se réaliser, se concrétiser, voir le jour, prendre corps, prendre forme, être traduit dans les faits, être au rendez-vous ; *[prévision]* se réaliser ; **the disaster that had been predicted failed to ~** la catastrophe annoncée ne s'est pas produite ; **the expected recovery has not ~d** la reprise attendue n'a pas eu lieu ; **the plan never ~d** le projet ne s'est jamais concrétisé ; **the dream did not**

~ le rêve ne s'est pas réalisé ; **success does not always ~** le succès n'est pas toujours au rendez-vous.

materially *adv.* **1** dans une large mesure, *[changer]* sensiblement, de façon appréciable, nettement ; de façon essentielle. **2** *Dr.* matériellement, quant au fond.

maternal *adj.* ✪ **~ and child health** santé maternelle et infantile ; **~ and child welfare** protection maternelle et infantile ; **~ death/mortality rate** taux de mortalité maternelle.

maternity *n.* ✪ **~ grant** allocation de maternité ; **~ leave** congé (de) maternité ; **~ hospital** maternité ; **~ pay** indemnités de maternité ; **~ ward** maternité *[d'un hôpital].*

mate's receipt *Transp. mar. mate's receipt.*

mathematical expectation *Stat.* espérance mathématique.

matrices *n. pl. voir* matrix.

matriculate *v. Ens.* **1** *tr.* admettre *[étudiant dans une université].* **2** *intr.* être admis *[dans une université].*

matriculation *n. Ens.* **1** admission *[d'un étudiant dans une université].* **2** examen d'entrée.

matrimonial status état matrimonial, situation matrimoniale ; état civil.

matrix *n. [pl. matrices]* grille, tableau (à double entrée), matrice. ✪ **~ printer** *Inf.* imprimante matricielle.

matron *n.* **1** *Ens.* intendante. **2** infirmière générale *[= responsable des soins infirmiers dans un hôpital],* surveillante. **3** *ÉU* surveillante de prison.

matter *v. intr.* avoir de l'importance, être important, importer, compter.

matter *n.* **1** matière. **2** question, point, problème, affaire, cas ; fait ; *pl.* choses ; situation. ✪ **a ~ of** a) une question de ; b) quelques ; *[***a ~ of principle** une question de principe ; **a ~ of time** une question de temps ; **a ~ of opinion** une question d'appréciation ; **to be a ~ of** consister à ; **environmental policy is not just a ~ of controlling pollution** une politique de l'environnement ne consiste pas seulement à lutter contre la pollution ; **the origin of the universe is a ~ of some debate** l'origine de l'univers est controversée ; **in a ~ of weeks** en quelques semaines*]* ; **as a ~ of** *[***as a ~ of course** d'office, systématiquement, automatiquement, de plein droit ; **as a ~ of fact** en fait ; effectivement ; d'ailleurs ; même ; **as a ~ of law** sur le plan juridique ; **as a ~ of principle** par principe ; **as a ~ of priority** prioritairement, en priorité, par priorité ; **as a ~ of urgency** d'urgence ; **to do sth as a ~ of policy** avoir pour politique de faire qqch. ; **India supports railroad construction as a ~ of policy** l'Inde a pour politique de soutenir la construction d'infrastructures ferroviaires*]* ; **~ for** *[***to be a ~ for** concerner, incomber à, relever de (la compétence de) ; **this is a ~ for the Foreign Secretary** cette affaire relève de la compétence du ministre des Affaires étrangères*]* ; **for that ~** d'ailleurs, du reste ; **~-of-fact** *adj.* a) serein, dépourvu d'émotion, calme, tranquille, neutre ; b) terre-à-terre, prosaïque ; **~ of record** fait bien connu/avéré ; *[***to be a ~ of record** être bien connu, être de notoriété publique ; **it is a ~ of record that** il est indéniable que ; **this announcement appears as a ~ of record only** le présent avis est publié à titre d'information uniquement*]* ; **no ~** sans tenir compte de, quel que soit, indépendamment de, sans considération de, par delà ; *[***the party will abide by the result of the election no ~ who wins** le parti respectera le résultat de l'élection, quel que soit le vainqueur ; **make a contribution to the campaign, no ~ how small** faites un don à la campagne, si modeste soit-il*]* ; **no ~ what** a) coûte que coûte, à tout prix, contre vents et marées, quelles que soient les circonstances/difficultés, malgré tout ; b) quel que soit ; *[***they thought that they ought to expand production, no ~ what** ils pensaient qu'ils devaient à tout prix accroître la production*]* ; **to make ~s worse** pour couronner le tout, comme si cela ne suffisait pas, pour ne rien arranger, pour tout compliquer, pis/plus grave encore.

mature *v. intr.* **1** parvenir à maturité. **2** *[prêt]* arriver à échéance.

mature *adj. Fig.* mûr, parvenu à maturité ; *[industrie, marché]* bien développé ; **a ~ democracy/economy** une démocratie/économie parvenue à maturité. ✪ **~ bond** obligation échue ; **~ student** étudiant plus âgé que la normale.

maturity *n. Fin.* **1** échéance, terme, date de remboursement. **2** durée *[d'un emprunt]* ; **the bonds have an 8 year ~** les obligations ont une durée de 8 ans. ✪ **~ arbitrage** opération « terme contre terme », *[le/un]* terme contre terme ; **~ date** date d'échéance.

Maundy Thursday jeudi saint.

maven *n.* expert, spécialiste.

maverick *n. Fig.* anticonformiste, non-conformiste, indépendant, franc-tireur.

maximize *v. tr.* maximiser, maximaliser, donner son ampleur maximale à, porter à son maximum, développer au maximum, augmenter autant que possible ; **to ~ profits** maximiser les bénéfices, s'efforcer d'obtenir des bénéfices aussi élevés que possible.

maximum *adj.* ✪ **~-security prison** prison de haute sécurité ; **~ laden weight** poids total autorisé en charge.

may *v.* pouvoir, risquer de ; il arrive que, parfois, peut-être ; **hearsay evidence ~ be admitted** la preuve par commune renommée peut être admise.

May Day (fête du) 1er mai.

mayday call appel de détresse.

maze *n. Fig.* dédale, labyrinthe, méandres, maquis.

Mb (megabyte) *Inf.* Mo (méga-octet).

MBA (Master of Business Administration) **1** cours/études dans une école de gestion. **2** diplôme d'école de gestion/délivré par une école de gestion. **3** diplômé d'une école de gestion. ✪ **~ course** cours/études dans une école de gestion ; études offertes par une école de gestion ; **~ degree** diplôme d'école de gestion/délivré par une école de gestion ; **~ graduate** diplômé d'une école de gestion ; **~ programme** programme d'une école de gestion.

MBO (management buyout) rachat d'une entreprise par ses cadres.

MCA (monetary compensatory amount) *UE* MCM (montant compensatoire monétaire).

McJob *n.* emploi mal payé/rémunéré/au rabais ; **the union dismissed the new jobs as ~s** le syndicat a qualifié les emplois créés d'« emplois au rabais ».

MD (medicinae doctor) *ÉU* docteur en médecine.

MDA (3,4-methylenedioxyamphetamine) MDA (3,4-méthylène-dioxyamphétamine).

MDMA (3,4-methylenedioxymethamphetamine) MDMA (3,4-méthylène-dioxyméthamphétamine) *[= ecstasy]*.

MDT (Mountain Daylight Time) heure d'été des Rocheuses.

ME (myalgic encephalomyelis) encéphalomyélite myalgique.

meal *n.* ✪ **~s on wheels** service de distribution de repas à domicile ; repas livrés à domicile ; **~ voucher** chèque-restaurant, ticket-restaurant, titre-restaurant.

mean *v. tr.* **1** signifier, vouloir dire ; **"contract" ~s** par « contrat », il faut entendre, le mot « contrat » désigne ; **(that)** avoir pour conséquence que ; **what is ~t by human rights?** qu'entend-on par « droits de l'homme » ? **2** représenter, recouvrir, équivaloir à, revenir à, supposer, impliquer, être synonyme de, se traduire par, égaler, rimer avec, entraîner, provoquer, exiger, nécessiter ; **invading this country would ~ war with Russia** l'invasion de ce pays déclencherait une guerre avec la Russie. **3** avoir l'intention de, entendre, tenir à. **4 to be ~t to** être censé ; viser à.

mean *adj.* ✪ **~ deviation** *Stat.* écart moyen ; **no ~** non négligeable ; *[***it is no ~ task** il s'agit d'une tâche difficile ; **to be no ~ achievement/feat** relever de l'exploit, être loin d'être un jeu d'enfant ; **the discovery of radium was no ~ achievement** la découverte du radium a revêtu une grande importance*]* ; **~-time-between-failures** *n.* temps moyen de fonctionnement entre pannes.

meaning *n.* **within the ~ of Article 7** au sens de l'article 7.

meaningful *adj.* **1** significatif. **2** valable, judicieux, sérieux, logique, justifié, digne d'intérêt, intéressant, utile, positif, constructif, efficace, satisfaisant, convenable ; notable, appréciable, important ; digne de ce nom, véritable.

meaningless *adj.* dépourvu de signification ; vain.

means *n.* ✪ **by no ~** nullement, en aucun cas, pas du tout, certainement pas, assurément pas ; *[***the evidence is by no ~ clear** les indications disponibles manquent totalement de clarté*]*.

means-test *v. tr.* accorder en fonction des ressources/revenus ; moduler en fonction des ressources ; **~ed** *[allocation]* (accordé) sous condition de ressources, accordé en fonction des ressources ; **to ~ a tax exemption** n'accorder une exonération fiscale qu'au-dessous d'un certain plafond de revenus ; **the amount paid is ~ed** le montant payé varie en fonction des ressources.

means test enquête sur les ressources ; prise en considération des ressources ; **victims of traffic accidents will be compensated without a ~** les victimes d'accidents de la circulation seront indemnisées indépendamment de leurs ressources ; **scholarships are subject to a ~** les bourses sont accordées en fonction des ressources.

means-testing *n.* mise sous condition de ressources.

measure *v.* **I 1** *tr.* mesurer ; **~d in dollars** exprimé en dollars. **2** *intr.* mesurer. **3** *tr.* évaluer. **II ~ against 1** comparer avec. **2** évaluer par comparaison avec/à l'aune de. **3** soutenir la comparaison avec. **4** répondre à *[norme]*. **III ~ out 1** doser exactement *[médicament]*. **2** distribuer. **IV ~ up 1** évaluer. **2** montrer ce que l'on sait faire. **3** répondre aux critères, avoir les qualités/qualifications requises, atteindre la norme, être à la hauteur. **V ~ up to 1** être à la hauteur de *[attente]*, répondre à *[critères, exigences, norme]*. **2** soutenir la comparaison avec, égaler, faire jeu égal avec, n'avoir rien à envier à. **VI ~ with** comparer avec

measure *n.* **a ~ of** une part de, une dose de ; **a ~ of success** un certain succès, un succès relatif, un demi-succès.

measurement ton tonne d'encombrement *[= 40 pieds cubes ou 1,132 m^3]*.

meat *n.* ✪ **~ animal** animal de boucherie ; **~ packer** entreprise d'abattage et de conditionnement de la viande ; **~ products** produits carnés.

mechanical *adj.* ✪ **~ engineer** ingénieur mécanicien ; **~ engineering** a) mécanique ; b) *Secteur* construction mécanique ; **~ failure/fault/malfunction** défaillance technique.

mechanics *n. Fig.* aspects pratiques.

mechanized *adj.* motorisé. ✪ **~ farming** motoculture.

Mechelen *n. Belg.* Malines.

Mecklenburg-West Pomerania *Allemagne [le]* Mecklembourg-Poméranie occidentale.

medallion *n. ÉU* permis d'exploitation de taxi.

media *n.* ✪ **~ buyer** *Publ.* acheteur d'espace ; **~ campaign** campagne médiatique/dans les médias ; **~ circus** foire médiatique ; **~ hype** tapage médiatique ; **~ plan** *Publ.* plan médias ; **~ planner** *Publ.* média-planner ; **~ planning** *Publ.* plan médias ; **~ player** *Inf.* lecteur média ; **~ reports** informations diffusées par les médias.

medial strip *ÉU* terre-plein central.

median *n. Stat.* médiane.

median strip *ÉU* terre-plein central.

mediate *v.* **1** *tr.* obtenir la résolution de, intervenir en qualité de médiateur dans, jouer un rôle de médiateur dans *[différend, conflit]*. **2** *tr.* obtenir la conclusion de *[accord]* ; servir de catalyseur pour, faciliter ; négocier *[cessez-le-feu]* ; **to ~ a conflict/dispute** régler un conflit/différend par la médiation ; **to ~ an end to the war** amener les parties à cesser les hostilités ; **efforts to ~ a peace** les efforts accomplis par les médiateurs pour instaurer la paix ; **a UN-~d cease-fire** un cessez-le-feu conclu sous l'égide de l'ONU. **3** *intr.* jouer un/le rôle de médiateur, servir de médiateur, intervenir en qualité de médiateur, offrir ses bons offices ; **the Secretary-General is expected to ~ between conflicting interests** le Secrétaire général a pour rôle de concilier des intérêts divergents. **4** *tr.* **to be ~d by** se produire à la faveur de, s'effectuer par l'intermédiaire de, passer par. **5** *tr.* transmettre *[informations]*.

mediated *adj.* dû à, causé par, assuré par ; **computer-~** (assisté) par ordinateur ; **cell-~ immunity** immunité cellulaire, immunité à médiation cellulaire.

Medicaid *ÉU Medicaid [= programme d'aide médicale aux personnes à faibles revenus]*.

medical *n.* examen médical.

medical *adj.* ✪ **~ attendance/attention** traitement, soins (médicaux), intervention d'un médecin ; **~ chest** armoire à pharmacie ; **~ clearance** avis favorable du médecin (-conseil) *[concernant une personne à recruter]* ; **~ college** école de médecine ; **~ condition** trouble, affection, maladie ; **~ education** formation des médecins, études de médecine ; **~ examiner** a) *ÉU* *coroner* ; b) médecin *[du travail, d'une compagnie d'assurance]* ; **~ history** a) antécédents médicaux ; b) anamnèse ; **~ imaging** imagerie médicale ; **~ insurance** assurance maladie ; **~ jurisprudence** médecine légale ; **~ malpractice** erreur/faute médicale ; **~ officer** *Adm.* médecin ; **~ practice** cabinet de médecin ; **~ practitioner** médecin ; **~ profession** a) profession de médecin ; b) corps médical ; **~ register** *RU* registre des médecins ; **~ school** école de médecine ; **~ science** médecine ; **~ student** étudiant en médecine.

Medicare *ÉU Medicare [= programme d'aide médicale aux personnes âgées].*

medicinal products médicaments.

medicine *n.* ✪ **~ cabinet** armoire à pharmacie ; **~ man** chaman, shaman.

medium *n. [pl. media ou mediums]* **1** moyen d'expression ; moyen de communication ; véhicule ; genre (littéraire) ; **advertising ~** support publicitaire. **2** support *[= disque, cassette, etc.]* ; **data ~** *Inf.* support de données ; **storage ~** *Inf.* support de stockage ; **recording ~** support d'enregistrement. **3** moyen, outil, instrument ; **~ of communication** moyen de communication ; **training ~** outil de formation. **4** *pl.* médias ; **media reports** informations diffusées par les médias. **5** *Env.* milieu *[= air, eau, sol, aliments, etc.]*. **6** (juste) milieu. ✪ **~ of exchange** *Écon.* instrument d'échange.

medium *adj.* ✪ **~ frequency** moyenne fréquence ; **~-haul airplane** (avion) moyen-courrier ; **~-haul flight** vol moyen-courrier ; **~-level radioactive waste** *Nucl.* déchets de moyenne activité ; **~-range** *adj. [missile]* à portée moyenne.

medium-sized *adj. [entreprise]* moyen.

medulla oblongata bulbe rachidien.

meet *v.* **I 1** *tr. [personne]* rencontrer. **2** *intr. [personnes]* se rencontrer, se réunir ; se retrouver ; *[assemblée]* se réunir, siéger ; **this committee shall ~ every month** le comité se réunit une fois par mois ; **the Committee shall ~ in camera** le Comité siège à huis clos. **3** *tr.* répondre à *[demande, préoccupation, besoin, exigence, critère]*, réagir à *[situation]* ; rencontrer, couvrir *[besoin]*, rencontrer *[préoccupation]*, subvenir à *[besoins]*, satisfaire *[demande]*, donner suite à, accéder à *[demande]*, faire face à, être aux prises avec, se heurter à *[opposition, objection, résistance]*, parer *[menace]*, relever *[défi]*, régler *[problème]*, satisfaire *[demande]*, satisfaire à *[engagement, norme, règle]*, être conforme à *[règles]*, être à la hauteur de ; atteindre *[objectif]*, remplir *[condition, critère, quota]*, respecter *[délai]* ; **to be able to ~ the demand for computer processors** être en mesure de répondre à la demande de processeurs ; **to ~ the demand for food** satisfaire la demande de denrées alimentaires ; **to ~ the basic needs of the poorest** répondre aux besoins essentiels des plus démunis ; **the bill has been amended to ~ Parliament's concerns** le projet de loi a été modifié de façon à rencontrer les préoccupations du parlement ; **these requests could not be met** il n'a pas été possible de donner suite à ces demandes. **4** *tr.* s'acquitter de, faire face à, remplir, assumer *[obligations]*, tenir *[promesse]*, honorer *[ses engagements]*. **5** *tr.* payer, régler, honorer, prendre en charge, prendre à sa charge, faire face à *[dépenses]*, couvrir, éponger *[déficit]* ; **to ~ one's bills** régler ses factures ; **to ~ costs** couvrir/financer/prendre en charge les dépenses ; **the shortfall will be met from the contingency reserve** il sera fait face à l'insuffisance des fonds par prélèvement sur la réserve pour imprévus ; **the budget deficit will be met by sale of government bonds** le déficit budgétaire sera couvert par l'émission d'obligations d'État. **II ~ with 1 to ~ repression with passive resistance** opposer la résistance passive à la répression. **2** se heurter à *[résistance]*, être accueilli par ; **to ~ with a favourable response** être bien accueilli ; **his theory was met with disbelief** sa théorie a été accueillie par de l'incrédulité ; **a decision that met with wide acclaim** une décision qui a recueilli une large adhésion.

meeting *n.* réunion, séance, session ; assemblée. ✪ **~ room** salle de réunion.

megabyte *n. Inf.* méga-octet.

megacity *n.* grande métropole, ville géante.

mega(lo)polis *n.* **1** ville géante, méga(lo)pole, mégacité. **2** conurbation.

meltdown *n.* **1** *Nucl.* fusion du cœur du réacteur. **2** *Fig.* effondrement *[de l'économie, des cours]*, déconfiture *[d'une entreprise]*. **3** grave crise, désintégration, situation catastrophique, catastrophe.

member *n.* membre, adhérent. ✪ **Member of Parliament** député ; **~ of the public** particulier, (simple) citoyen, profane ; *pl.* population, public.

membership *n.* **1** appartenance, qualité de membre, affiliation, adhésion ; **application for ~** demande d'affiliation/ d'admission/d'adhésion ; **~ criteria** critères d'adhésion ; **~ of an ethnic group** appartenance à un groupe ethnique ; **~ in the Organization gives the right to participation in all meetings of the Board of Directors** la qualité de membre de l'Organisation confère le droit de participer à toutes les réunions du Conseil d'administration ; **negotiations on EU ~** négociations d'adhésion à l'Union européenne ; **candidature for ~ of a committee** candidature à un siège à un comité. **2** membres, affiliés, adhérents, base ; nombre de membres, effectif(s) ; composition, liste des membres *[d'un comité, d'une organisation]* ; **a large increase in party ~** une forte augmentation des effectifs du parti ; **an organization with an international ~** une organisation regroupant des membres de divers pays. ✪ **~ fee** cotisation ; contributions *[versées à une organisation internationale]*.

membrane filtration filtration sur membrane.

memorandum *n.* note, communication, mémorandum, mémoire. ✪ **~ item** poste pour mémoire ; **~ of agreement** protocole d'accord ; **~ of association** acte constitutif *[d'une société]* ; **~ of deposit** acte de nantissement de valeurs mobilières ; **~ of understanding** protocole d'accord.

memorial *adj.* ✪ **Memorial Day** *ÉU* Journée du souvenir ; **~ service** service (célébré) à la mémoire *[de qqn]* ; *[***the official ~ service for Deng Xiao Ping** la cérémonie officielle à la mémoire de Deng Xiao Ping*]*.

memory *n.* ✪ **commit to ~** mémoriser ; **~ cache** *Inf.* cache mémoire ; **~ chip** *Inf.* puce mémoire ; **~-resident program** *Inf.* programme résident.

menace *n.* **1** menace ; attitude menaçante. **2** (source de) danger, péril ; fléau ; **the drug ~** le fléau de la drogue.

mens rea *Dr.* intention délictueuse/criminelle.

mental *adj.* ✪ **~ breakdown** effondrement dépressif ; **~ deficiency** débilité mentale ; **~ disorder** trouble mental ; **~ faculties** facultés mentales ; **~ health** santé mentale ; **~ hospital**

hôpital psychiatrique ; ~ **institution** établissement pour malades mentaux ; ~ **note** [**to make a ~ note to do sth** se promettre de faire qqch.] ; ~ **nurse** infirmier en psychiatrie ; ~ **patient** malade mental ; ~ **retardation** arriération mentale, retard mental ; ~ **strain/stress** stress.

mentally *adv.* ✪ ~ **disordered/disturbed** atteint de troubles mentaux ; ~ **handicapped** handicapé mental.

mention *v. tr.* **not to ~** sans parler de, ainsi que, sans oublier.

mentor *n.* **1** mentor, conseiller, guide. **2** parrain *[d'un travailleur nouvellement recruté]*.

menu *n.* **1** carte *[dans un restaurant]*. **2** *Fig.* liste d'options. **3** *Inf.* menu. ✪ **~-driven** *adj. Inf. [programme]* guidé par des menus.

MEP (Member of the European Parliament) député au Parlement européen.

mercantile *adj.* ✪ ~ **agency** *ÉU* agence de renseignements commerciaux ; ~ **agent** commissionnaire de marchandises ; ~ **bill** effet de commerce ; ~ **law** droit commercial.

merchandising *n.* **1** merchandising, marchandisage. **2** exploitation de produits dérivés.

merchant *adj.* ✪ ~ **bank** banque d'affaires ; ~ **banker** cadre d'une banque d'affaires ; ~ **banking** activités/services des banques d'affaires ; ~ **navy** marine marchande ; ~ **seaman** marin de/du commerce, marin marchand ; ~ **ship** navire marchant, navire de commerce ; ~ **shipping** marine marchande.

merchantable quality qualité marchande.

mercifully *adv.* heureusement.

MERCOSUR (Southern Cone Common Market) Mercosur (marché commun de l'hémisphère Sud).

mercy *n.* miséricorde, clémence. ✪ **at the ~ of** à la merci de ; ~ **killing** (cas/acte d') euthanasie.

mere *adj.* simple ; seul ; **the Japanese can no longer be dismissed as ~ imitators** on ne peut plus qualifier les Japonais de vulgaires imitateurs ; **a ~ three days after the conference** trois jours seulement après la conférence.

mergers and acquisitions fusions et acquisitions.

merit *n.* **1** mérite. **2** avantage, bienfait, intérêt (intrinsèque), qualités, vertus ; **the plan has some ~** le projet présente certains avantages ; **the ~s of capitalism** les bienfaits du capitalisme ; **this method has considerable ~** cette méthode présente un intérêt considérable ; **the ~s of market economy** les vertus de l'économie de marché. **3** bien-fondé, validité, valeur, qualité, sérieux ; **there is some ~ to this theory** cette théorie a une certaine validité. **4** *Dr.* fond ; **the ~s of a case** le fond d'une affaire ; **dismissal on the ~s** *Dr.* débouté au fond ; **at this stage the court will not go into the ~s of the case** à ce stade, le tribunal n'examinera pas le fond de l'affaire. ✪ ~ **goods** *Écon.* biens tutélaires ; ~ **pay** rémunération en fonction des mérites ; ~ **rating** a) appréciation du mérite ; b) notation ; ~ **system** *ÉU* système de nomination et de promotion reposant sur la compétence, système méritocratique ; **on its ~s** sur le fond, sur sa valeur propre, en fonction de sa valeur intrinsèque/son intérêt intrinsèque, en lui-même, objectivement, cas par cas, individuellement ; [**the project will be assessed on its ~s** le projet sera évalué en fonction de son intérêt intrinsèque ; **each case must be decided on its ~s** il faut prendre une décision cas par cas] ; **promotion by ~** promotion/avancement au choix.

mesh *v.* ~ **with** s'articuler autour de/avec, bien s'intégrer dans, s'intégrer harmonieusement dans, être imbriqué dans, concorder avec, s'inscrire dans, être lié à, avoir un lien avec.

mesophilic *adj. [organisme]* mésophile.

mess *n.* situation confuse, confusion (indescriptible), désordre, désorganisation, chaos, pagaille, situation fâcheuse/pénible/ impossible, mauvais pas ; chienlit ; gâchis ; **to clean up the ~** assainir la situation ; **to make a ~ of** a) causer des dommages considérables dans, dévaster, faire d'énormes ravages parmi, ravager ; b) créer une grande confusion dans, désorganiser complètement *[système]*.

message board *Internet* babillard.

messaging *n.* messagerie *[électronique]*.

messenger *n. Adm.* messager. ✪ ~ **RNA** ARN messager.

Messrs (Messieurs) MM. (Messieurs) *[omettre devant les noms d'entreprise]*.

metal *n.* ✪ ~ **detector arch** portique électronique/de sécurité, portique de détection, portique détecteur de métaux ; ~ **fatigue** fatigue du métal ; ~ **forming** formage ; ~ **manufacturing** *Secteur* métallurgie ; ~ **products** fabrications métalliques ; **~-processing industry** métallurgie ; **~-working industry** métallurgie.

META tag *Internet* balise META.

meter *n.* **1** compteur *[d'électricité]*. **2** parc(o)mètre. **3** *ÉU* mètre. ✪ ~ **attendant** contractuel ; ~ **reader** releveur de compteur ; ~ **reading** relevé de compteur.

methadone maintenance therapy traitement de substitution par la méthadone.

methane carrier méthanier.

methanol *n.* méthanol, alcool méthylique.

methodology *n.* **1** méthode ; **assessment ~** méthode d'évaluation. **2** méthodologie.

methyl alcohol méthanol.

methylene blue bleu de méthylène.

me-too *adj.* suiviste.

metrication *n.* adoption du système métrique, passage au système métrique.

metric ton tonne.

metropolitan *adj.* d'une grande métropole. ✪ ~ **area** a) (grande) agglomération ; b) zone urbaine ; [~ **Seattle** agglomération de Seattle, Grand Seattle] ; ~ **borough** *RU* arrondissement *[d'une grande ville]* ; **Metropolitan Police** *RU* Police de Londres.

Mexico City Mexico.

MF (medium frequency) fréquence moyenne.

MFA (Multifibre Agreement) AMF (Accord/Arrangement multifibres).

MFN (most favoured nation) *Comm.* (statut de) nation la plus favorisée.

MHz (megahertz) MHz (mégahertz).

mi (miles) miles.

MI 5 contre-espionnage britannique.

MI 6 service de renseignements britannique.

MIA (missing in action) militaire porté disparu.

micro *n. Inf.* micro.

micro *adj.* **1** à petite échelle. **2** *Inf.* de la micro-informatique.

microchip *n.* puce.

microcomputer *n.* micro-ordinateur.

micro-economics *n.* micro-économie.

microlight *n.* ultra-léger motorisé, ULM.

micromanage *v. tr.* s'ingérer dans les détails de la gestion de.

micromanagement *n.* intervention/tendance à intervenir dans des vétilles/des questions secondaires.

micronutrient *n.* micronutriment.

microprocessor *n.* microprocesseur.

microwave *n.* micro-onde. ✪ **~ background radiation** *Astrophysique* rayonnement fossile de l'univers ; **~ frequency** hyperfréquence ; **~ landing system** système d'atterrissage à micro-ondes ; **~ link** liaison hertzienne.

microwave *adj.* hyperfréquence(s), à hyperfréquences, d'hyperfréquence, micro-ondes, à/de/par micro-ondes.

mid *préf.* **in ~-2004** au milieu de 2004 ; **the ~-1990s** le milieu des années 90 ; **she is in her ~-thirties** elle a environ 35 ans. ✪ **~-air** *adj. [collision, explosion]* en vol ; **~-Atlantic Ridge** dorsale médio-atlantique ; **~-course** *adj. [évaluation]* réalisé au cours du processus ; *[***~-course correction** réorientation en cours de processus*]* ; **~-level management** cadres moyens ; **~-life crisis** crise de la maturité ; **~-flight** *n. [***in ~-flight** en (plein) vol ; **to shoot down an airplane in ~-flight** abattre un avion en vol*]* ; **~-term elections** *ÉU* élections à mi-mandat présidentiel ; **~-term review** examen à mi-parcours.

Midas touch art de faire des affaires d'or, sens inné des affaires, flair exceptionnel.

midbrain *n.* mésencéphale.

middle *n.* ✪ **caught in the ~** pris entre deux feux.

middle *adj.* ✪ **~ age** âge mûr ; **~-aged** *adj.* d'âge mûr, d'un certain âge, entre deux âges ; **~ ear** oreille moyenne ; **Middle America** a) Amérique centrale ; b) *ÉU* (éléments conservateurs de la) classe moyenne ; **~ atmosphere** atmosphère moyenne ; **~ class** classe moyenne ; **~ course** moyen terme, voie/démarche/ligne de conduite/politique/stratégie intermédiaire/de compromis ; **Middle East** Moyen-Orient ; **~ ground** moyen terme, juste milieu, position intermédiaire, (solution de) compromis ; **~-income country** *Banque mondiale* pays à revenu intermédiaire ; **~ management** cadres moyens ; **~ school** a) *RU middle school [= école accueillant des élèves âgés de 8 à 12 ans, de 9 à 13 ans ou de 10 à 14 ans] ;* b) *RU middle school [= au sein d'une comprehensive school, subdivision accueillant des élèves âgés de 13 à 14 ans] ;* c) *ÉU middle school,* collège *[= école accueillant des élèves âgés de 10/11 à 14 ans] ;* **~-of-the-road** *adj.* a) *Pol.* modéré ; b) *[musique]* qui plaît à un large public ; **~ way** moyen terme, voie médiane, juste milieu, position intermédiaire, (solution de) compromis.

middleware *n. Inf.* logiciel intermédiaire (*middleware*).

MIDI (musical instrument digital interface) MIDI. ✪ **~ synthesizer** synthétiseur conforme au standard MIDI.

midlevel manager cadre moyen.

midship section coupe au maître.

midst *n.* **in the ~ of** a) au milieu de, au cœur de, entouré de ; b) pendant, au cours de ; **in our ~** en notre sein, parmi nous ; **there was a traitor in their ~** il y avait un traître dans leurs rangs ; **to be in the ~ of** traverser *[période],* connaître, être en proie à *[bouleversements] ;* **in the ~ of this controversy** alors que cette controverse battait son plein/faisait rage.

Midwest *n. ÉU* Middle West.

midwifery *n.* **1** soins obstétricaux. **2** profession de sage-femme.

MIGA (Multilateral Investment Guarantee Agency) Agence multilatérale de garantie des investissements.

might *n.* ✪ **~ is right** la force prime le droit.

migrant *n.* **1** migrant *[terme le plus général].* **2** immigré. ✪ **~ worker** a) travailleur itinérant ; b) travailleur immigré.

mild *adj.* **1** *[dommages]* peu important, limité, *[temps]* doux, clément, *[climat]* tempéré ; *[récession]* modéré ; atténué ; **~ euphoria** douce euphorie. **2** *Méd. [symptômes]* modéré ; *[douleur, trouble, retard mental]* léger, *[maladie]* bénin ; peu prononcé.

mildly *adv.* **to put it ~** pour s'exprimer avec modération, c'est le moins qu'on puisse dire.

mile *n.* **1 (statute) ~** mile *[= 1609 m].* **2 (nautical) ~** mille (marin/nautique) *[=1852 m].*

mileage *n.* **1** kilométrage, nombre de miles, distance, longueur. **2** *Fig.* avantage, intérêt ; **she extracted political ~ from the incident** elle a exploité l'incident à des fins politiques.

milestone *n.* jalon, tournant, étape (importante), date charnière ; échéance.

militancy *n.* radicalisme.

militant *adj.* activiste, extrémiste, radical, dur, ardent, exalté. ✪ **Militant Tendency** *RU* groupe trotskiste *[au sein du Parti travailliste].*

military *n.* armée(s), forces armées, autorités militaires.

military *adj.* ✪ **~ academy** école militaire ; **~ buildup** accroissement/renforcement du potentiel militaire ; renforcement de la présence militaire ; concentration/ déploiement de troupes ; présence/dispositif militaire, forces ; **~ capability** potentiel militaire ; **~ college** école militaire ; **~ establishment** potentiel militaire ; *[***China is strengthening its ~ establishment** la Chine renforce son potentiel militaire*]* ; **~-industrial complex** complexe militaro-industriel ; **~ man** militaire, soldat.

militate *v.* **~ against** être peu favorable/propice à, faire obstacle à.

milk *n.* ✪ **~ cow** vache laitière ; **~ foods** laitages ; **~ parlour** salle de traite ; **~ powder** lait en poudre ; **~ quotas** *UE* quotas laitiers.

milking *n.* traite. ✪ **~ parlour** salle de traite.

milled rice riz blanchi/usiné.

millennium *n.* **1** millénaire. **2** âge d'or.

mimic *v. tr.* imiter, mimer, reproduire.

mind *n.* **to have sth in ~** songer à qqch. ; **to bear in ~** tenir compte de, ne pas perdre de vue, avoir/garder (présent) à l'esprit, être attentif à ; **to bear in ~ that** tenir compte du fait que, ne pas perdre de vue que, se rappeler que, songer que ; **bearing in ~ that** étant donné que ; gardant présent à l'esprit que *[dans une résolution] ;* **it should be borne in ~ that** il faut bien être conscient que, il ne faut pas perdre de vue que ; **to change one's ~** changer d'avis, se raviser ; **to keep in ~** garder présent à l'esprit ; **it should be kept in ~ that** il faut songer que ; **this is not what the President had in ~** telle n'était pas l'intention du président. ✪ **bring to ~** faire penser à ; **exercise the ~ of** préoccuper ; *[***a paradox that exercises the ~ of theologians** un problème qui préoccupe les théologiens*] ;* **change one's ~** changer d'avis, se raviser, revenir sur sa décision ; **~-boggling** *adj.* ahurissant, époustouflant, extraordinaire, fantastique, incroyable, prodigieux, stupéfiant ; **~-expanding drug** drogue hallucinogène ; **~'s eye** imagination ; **~ share** notoriété *[d'un produit] ;* **to sb's ~** de l'avis de qqn ; **with a ~ to** en vue de.

mindful *adj.* **~ of** conscient de, ayant présent à l'esprit *[dans une résolution].*

mindset *n.* mentalité, état/tournure d'esprit.

mine *v.* **1** *tr.* extraire, exploiter un gisement de *[charbon, minerai].* **2** *tr.* procéder à l'exploitation minière de, extraire des minéraux de *[zone] ;* **to ~ the oceans** extraire des minéraux des océans. **3** *tr.* miner *[port].* **2 ~ for** extraire, exploiter un gisement de *[charbon, minerai].*

mine *n.* ✪ **~ clearance/disposal** déminage ; **~ hunter** chasseur de mines.

minefield *n.* **1** champ de mines. **2** *Fig.* terrain miné/semé d'embûches ; pièges, chausse-trappe, embûches ; labyrinthe ; entreprise (très) hasardeuse, opération (très) périlleuse ; question très délicate ; **the ~ of tax laws** les embûches de la législation fiscale.

minelayer *n.* navire poseur de mines.

mineral *adj.* ✪ **~ oil** huile minérale ; **~ wax** ozocérite ; **~ wool** laine minérale.

minesweeper *n.* dragueur de mines.

minesweeping *n.* dragage de mines.

mini *n. Inf.* mini.

minicomputer *n.* mini-ordinateur.

minicab *n. RU* taxi à réserver par téléphone.

MiniDisc *n.* minidisque.

minimal *adj.* **1** minimal. **2** négligeable, minime, réduit au minimum, faible, peu élevé, limité ; **the policy had ~ effect** cette politique n'a eu que des effets minimes ; **the president is a good man but his understanding of foreign policy is ~** le président est un homme honorable mais il ne comprend pas grand-chose à la politique étrangère. ✪ **~-access surgery**, chirurgie endoscopique.

minimally *adv.* très peu, en quantité très réduite.

minimize *v. tr.* **1** limiter, atténuer, réduire (autant que possible), limiter/réduire au minimum ; **this procedure ~s any possible brain damage** cette intervention réduit le risque de lésion cérébrale ; **to ~ pollution** limiter autant que possible la pollution ; **to ~ tax evasion** réduire au minimum la fraude fiscale. **2** minimiser. **3** *Inf.* réduire *[fenêtre].*

minimum *adj.* ✪ **~ lending rate** *RU* taux d'escompte central ; **~-security prison** *ÉU* centre de détention à régime souple.

mining *n.* **1** exploitation minière, exploitation de gisements ; extraction *[de charbon/minerai] ;* abattage *[de charbon/minerai].* **2** *Secteur* industrie minière. ✪ **~ and quarrying** *Secteur* industries extractives ; **~ area** bassin minier ; **~ engineer** ingénieur des mines ; **~ industry** industrie minière.

minion *n.* **1** favori. **2** subordonné. **3** séide, lieutenant. **4** *Pol.* satellite.

minister *n.* **1** ministre ; secrétaire d'État ; **Mr Smith, Home Office ~** M. Smith, secrétaire d'État au ministère de l'Intérieur. **2** ecclésiastique, pasteur. **3** ministre *[= agent diplomatique de rang inférieur à celui d'ambassadeur].* ✪ **~ without portfolio** ministre sans portefeuille ; **Minister of State** *RU, Irl.* secrétaire d'État ; *[***the Minister of State for Consumer Affairs** le secrétaire d'État à la consommation*].*

Ministry of the Attorney General *Can.* ministère du Procureur général.

mini tower *Inf.* mini-tour.

minke whale petit rorqual.

minor *n. Ens. ÉU* discipline/branche/matière secondaire ; *Can.* mineure.

minor *adj.* (d'importance) secondaire, petit, léger, modeste, limité, mineur, minime, négligeable, superficiel, *[rôle]* marginal, *[incident]* sans gravité, bénin ; **~ role** rôle secondaire ; **~ damage** dégâts limités ; **~ changes** modifications de détail.

minority *n.* ✪ **~ group** minorité ; **~ holding/interest/ investment/shareholding** a) participation minoritaire ; b) *Bilan* intérêts minoritaires *[= portion du capital non détenue par la société consolidante].*

mint *n.* **Mint** Hôtel des Monnaies, Monnaie. ✪ **~ condition** état neuf/impeccable, parfait état.

minute *n.* **1** minute. **2** note. **3** compte rendu, procès-verbal *[d'une réunion].*

minute *adj.* **1** minuscule, extrêmement faible ; **in ~ detail, in the ~st detail** dans le moindre détail ; **~ distinction** distinction subtile. **2** exact, détaillé, précis ; **~ precision** précision extrême ; **to describe sth in ~ detail** décrire qqch. par le menu. **3** *[examen]* minutieux. ✪ **up-to-the-~** *adj. [informations]* le plus récent.

minutiae *n. pl.* (menus) détails, détails insignifiants/sans importance, vétilles.

Mips (million of instructions per second) *Inf.* Mips (million d'instructions par seconde).

miracle *n.* ✪ **work ~s** faire merveille.

Miranda *n. Dr. ÉU* **to inform a suspect of his ~ rights at the time of his arrest** informer un suspect de ses droits lors de son arrestation. ✪ **~ warning(s)** mise en garde d'un suspect contre toute déclaration pouvant l'incriminer ; **~ rule** règle relative à la notification des droits *[selon laquelle un suspect doit être informé de ses droits avant tout interrogatoire]*.

mirror *v. tr.* être à l'image de, ressembler à, être semblable/analogue à, rappeler, refléter, être le reflet de, être représentatif de, bien illustrer, correspondre à, reproduire *[fait du passé], [modèle]* reproduire *[réalité] ;* suivre, aller de pair avec, être parallèle à ; **to be ~ed in/by** aller de pair avec, se retrouver dans, trouver son pendant dans ; **the general's rise ~s that of his father** l'ascension du général rappelle celle de son père ; **the interviewees ~ed the country's population** les personnes interrogées constituaient un échantillon représentatif de la population du pays ; **the rise of the United States ~ed the decline of Britain** la montée en puissance des États-Unis est allée de pair avec le déclin du Royaume-Uni ; **the poor health of the president is ~ed in the economy** la mauvaise santé du président trouve son pendant dans l'économie.

mirror image *Fig.* image renversée, inverse.

MIRV (multiple independently targeted re-entry vehicle) MIRV (véhicule de rentrée à visées multiples indépendantes).

MIS (management information system) système informatisé d'aide à la gestion.

misadventure *n. Dr.* accident ; **a verdict of (death by) ~ was recorded** un verdict de décès accidentel a été enregistré.

misapplication of property *Dr. ÉU* détournement de fonds.

misapprehension *n.* méprise.

misappropriation *n. Dr.* détournement de fonds ; abus de confiance ; malversations.

miscalculation *n. Fig.* erreur (d'appréciation), mauvais calcul.

miscarriage *n.* **1** *Méd.* avortement spontané ; *Cour.* fausse couche. **2 ~ of justice** erreur judiciaire.

misconceive *v. tr.* mal comprendre.

misconceived *adj.* erroné, mal inspiré, irrationnel, absurde.

misconception *n.* erreur, conception erronée, confusion, idée(s) fausse(s)/erronée(s), malentendu(s), illusion(s).

misconduct *n.* manquement, faute, comportement répréhensible.

miscreant *n.* scélérat.

misdemeanour *n. ÉU* infraction mineure.

miserable *adj. [personne]* malheureux, en détresse, *[existence, situation]* misérable, pitoyable, *[situation]* triste, pénible, déprimant, *[salaire]* de misère, *[échec]* lamentable.

misery *n.* **1** souffrance(s), douleur, peine, malheur, détresse, triste sort ; **a revolution which only brought ~** une révolution qui n'a engendré que des souffrances ; **to put out of one's ~** abréger les souffrances de ; **to put out an animal out of its ~** euthanasier un animal. **2** misère, dénuement, pauvreté.

misfeasance *n. Dr.* exécution défectueuse *[d'un acte licite]*.

misfortune *n.* **1** malchance. **2** malheur, mésaventure, revers, déconvenue, coup dur ; *pl.* déboires.

misgivings *n.* doutes, scepticisme, méfiance, suspicion, réserves, hésitations, réticence, états d'âme, malaise, inquiétudes, craintes, appréhensions.

misguided *adj. [personne]* malavisé ; *[action]* mal inspiré, peu judicieux, malencontreux, **his efforts are obviously ~** ses efforts sont manifestement mal inspirés ; **~ Keynesianism** keynésianisme mal compris.

mislead *v. tr.* induire en erreur, tromper, égarer ; **these claims are likely to ~ consumers** ces allégations sont de nature à induire les consommateurs en erreur.

misleading *adj.* trompeur, de nature à induire en erreur, ambigu, fallacieux ; **to be ~** prêter à confusion ; ne pas devoir faire illusion ; **~ advertising** publicité trompeuse.

mismanagement *n.* erreurs de gestion, mauvaise gestion, gestion déficiente ; gabegie ; incompétence ; incurie ; **economic ~** mauvaise gestion de l'économie.

mismatch *n.* inadéquation, non-concordance, absence/défaut de concordance, inadaptation, incompatibilité, décalage, asymétrie, disproportion, déséquilibre.

misnomer *n.* désignation/terme/expression inapproprié(e).

misplaced *adj. [optimisme, craintes]* injustifié, *[craintes]* sans fondement, infondé.

misread *v. tr. Fig.* mal interpréter, mal comprendre, mal évaluer, se méprendre/se tromper sur ; **(as)** confondre avec, prendre pour.

misrepresentation *n. Dr.* déclaration inexacte, fausse déclaration, affirmation mensongère, déclaration dolosive.

miss *v.* **I 1** *tr.* ne pas remarquer/déceler/détecter/percevoir, ne pas se rendre compte de, passer à côté de ; **the symptoms of this disease are often ~ed** il est fréquent que l'on ne décèle pas les symptômes de cette maladie. **2** *tr.* ne pas atteindre, passer à côté de, manquer, rater *[cible]*. **3** *tr.* manquer *[l'école]*. **4** *tr.* ne pas respecter *[délai]*. **5** *tr.* ne pas saisir, laisser passer *[occasion]*. **6** *tr.* regretter l'absence de ; **we will ~ you** vous nous manquerez. **II ~ out 1** ne pas mentionner, omettre, oublier. **2** être lésé, subir un préjudice. **III ~ out on** manquer, ne pas bénéficier/profiter/jouir de, être privé de, être frustré de ; ne pas participer à, être exclu de, rester à l'écart de ; *Fam.* passer à côté de ; **to ~ out on an opportunity** laisser échapper une occasion.

missile *n.* **1** missile. **2** projectile. ✪ **~ launch** tir de missile.

missing *adj. [personne]* (porté) disparu, *[chose]* absent, manquant ; **two computers are ~** deux ordinateurs ont disparu. ✪ **~ in action** *[soldat]* porté disparu ; **~ link** chaînon manquant.

mission *n.* ✪ **~ control** *Esp.* centre de contrôle de la mission ; **~ statement** (énoncé de la) mission.

misstate *v. tr.* énoncer de façon inexacte ; donner une représentation inexacte de.

misstatement *n.* déclaration inexacte.

mistaken *adj. [idée]* erroné ; **~ belief** conviction mal fondée ; **to be ~** se tromper, se méprendre. ✪ **~ identity** erreur sur la personne.

mistakenly *adv.* à tort, par erreur, par méprise, par mégarde.

mistrial *n. Dr.* procès nul.

misuse *n.* utilisation abusive.

MIT (Massachusetts Institute of Technology) MIT (Massachusetts Institute of Technology).

MITI (Ministry of International Trade and Industry) *Japon* MITI (ministère du Commerce extérieur et de l'industrie).

mitigate 1 *tr.* atténuer, limiter, tempérer, modérer, adoucir, alléger, réduire, amoindrir ; **to ~ an environmental threat** atténuer une menace qui pèse sur l'environnement. **2 ~ against** entraver, rendre plus difficile ; empêcher.

mix *v. intr.* **alcohol and explosives do not ~ well** l'alcool et les explosifs ne font pas bon ménage. ✪ **~ and match** panacher.

mix *n. Fig.* **1** combinaison, panachage, cocktail, assortiment, dosage, gamme, composition, éventail, ensemble, série ; **an integrated ~ of measures** un ensemble cohérent de mesures ; **ethnic ~** dosage ethnique ; **product ~** gamme/éventail de produits ; **the team has a ~ of scientific skills** l'équipe possède une gamme de compétences scientifiques ; **to adopt a ~ of effective measures to improve the housing situation** adopter diverses mesures efficaces pour améliorer la situation en matière de logement. **2** composition, répartition, ventilation, structure ; importance relative *[de plusieurs éléments]*.

mix-and-match exercise *Ens.* exercice d'appariement.

mixed *adj.* **1** mixte. **2** mitigé, ambivalent ; nuancé, *[résultats]* en demi-teinte ; **the announcement brought a ~ reaction from the union** la déclaration a suscité une réaction nuancée de la part du syndicat. **3** inégal, divers, (allant) en sens divers, variable, composite, hétérogène, *[résultats, bilan]* en dents de scie, contrasté ; **~ fortunes** fortunes diverses ; **~ reactions/response** réactions en sens divers ; **the figures released today are ~** les chiffres rendus publics aujourd'hui vont en sens divers ; **~ success** succès relatif, plus ou moins de succès. ✪ **~ blessing** bienfait tout relatif, avantage/chance qui comporte certains inconvénients ; **~ cargo** marchandises diverses ; **~ cost** coût semi-variable ; **~ economy** économie mixte ; **~ education** enseignement mixte ; **~ farm** exploitation mixte ; **~ farming** a) agriculture mixte *[= culture et élevage]* ; b) polyculture ; **~ feelings** sentiments ambivalents/mitigés ; *[***to have ~ feelings about** être ambivalent à l'égard de ; **with ~ feelings** avec ambivalence ; **teacher unions harbour ~ feelings about the government's proposals** les syndicats d'enseignants considèrent avec ambivalence les propositions du gouvernement*]* ; **~ larceny** *Dr. ÉU* vol qualifié ; **~ marriage** mariage mixte ; **~ train** train mixte, train marchandises-voyageurs ; **~ reviews** *Fig.* appréciations en sens divers ; *[***to receive ~ reviews** être diversement apprécié*]* ; **of ~ race** métis.

mixing *n. Audiovisuel* mixage. ✪ **~ console** table de mixage.

mix-up *n.* confusion, malentendu, erreur ; **a ~ involving two patients with the same name resulted in the death of one of them** une confusion entre deux patients portant le même nom a entraîné le décès d'un d'entre eux.

MLM (multilevel marketing) système de vente à la boule de neige.

MLR (minimum lending rate) *RU* taux d'escompte central.

MLRS (multiple-launch rocket system) LRS (lance-roquettes multiples).

MLS (microwave landing system) système d'atterrissage à micro-ondes.

MMR (measles, mumps and rubella) ROR (rougeole, oreillons et rubéole).

MO (modus operandi) mode opératoire *[d'un criminel]*.

mo (month) mois.

mob *n.* **1** foule (menaçante/déchaînée), attroupement, émeutiers. **2** populace. **3** mafia, criminalité organisée.

mobbing *n.* harcèlement (sur le lieu de travail), brimades (collectives), vexations.

mobile *adj.* ✪ **~-home** *n.* caravane résidentielle ; **~ library** bibliothèque itinérante ; **~ phone** téléphone portable.

mobility allowance allocation de déplacement.

mobilize *v. tr.* **1** faire jouer, mettre en œuvre, tirer parti de, exploiter, rassembler, réaliser, battre le rappel de ; **in order to ~ its growth potential** pour tirer parti de ses possibilités de croissance. **2** obtenir *[fonds, soutien]*, se procurer, recueillir, récolter, collecter, dégager *[fonds]* ; **to ~ donor support** obtenir l'aide de donateurs.

mock *adj.* fictif, factice, feint, parodie de, simulation de, simulacre de ; **~ jury** jury fictif ; **~ trial** procès fictif ; **the President's aides staged a ~ news conference** les collaborateurs du président ont mis sur pied une conférence de presse fictive ; **~ execution** simulacre d'exécution. ✪ **~ examination** *Ens.* examen blanc.

mockery *n.* **1** dérision, ironie. **2** mascarade, simulacre, parodie, mystification, imposture, trompe-l'œil, poudre aux yeux. **3 to make a ~ of** rendre absurde, vider de son sens/de tout sens, enlever toute valeur/toute raison d'être à, dénaturer, réduire à néant, déjouer ; ridiculiser ; **it makes a ~ of those efforts** cela réduit à néant ces efforts ; **unforeseen events often make a ~ of the best-laid plans** des événements imprévus déjouent souvent les plans les mieux conçus.

MoD (Ministry of Defence) *RU* ministère de la Défense.

model *v. tr.* **1** réaliser un modèle/une maquette de. **2** modéliser. **3 ~led after/on** conçu sur le modèle de/selon, conçu à l'image de, inspiré de, calqué sur, copié sur, analogue à.

model *adj.* **1** modèle ; type. **2** miniature. **3** mannequin. ✪ **~ agreement** accord type ; **~ contract** contrat type ; **~ law** loi type.

moderate *adj.* **1** *[changement]* peu important, léger, mineur. **2** modéré. ✪ **~ breeze** *Échelle de Beaufort* jolie brise ; **~ gale** *Échelle de Beaufort* grand frais.

moderator *n.* **1** modérateur, médiateur. **2** animateur *[d'une réunion, d'un débat]*. **3** *Nucl.* modérateur.

modern languages langues vivantes.

modicum *n.* **a ~ of** un minimum de ; **a ~ of validity** une certaine validité.

modus operandi 1 façon de procéder ; mode opératoire *[d'un criminel]*. **2** mode de fonctionnement.

Mogadishu *n. Somalie* Mogadiscio.

moisture content teneur en eau, humidité, teneur hygrométrique.

mold *n. voir* mould.

Moldova *n.* Moldavie ; *ONU* Moldova.

molecular *adj.* ✪ **~ force of attraction** force d'attraction moléculaire ; **~ force of repulsion** force de répulsion moléculaire.

molest *v. tr.* agresser sexuellement, abuser de ; **her uncle tried to ~ her** son oncle a tenté de d'abuser d'elle.

molestation *n.* **1** brutalités. **2** attentat à la pudeur, abus sexuel.

molester *n.* auteur d'attentat à la pudeur/d'abus sexuel.

mollify *v. tr.* amadouer, apaiser, calmer *[qqn] ;* atténuer *[qqch.].*

Moluccan Islands *Indonésie* Moluques.

moment *n.* **1** moment. **2** importance ; **of great ~** très important, crucial, lourd de conséquences, très grave. **3** *Stat.* moment. ✪ **grasp the ~** saisir l'occasion lorsqu'elle se présente.

momentarily *adv.* **1** momentanément. **2** *ÉU* incessamment. **3** *ÉU* instantanément ; **phosphorus ignites ~ on application of a flame** le phosphore prend feu instantanément au contact d'une flamme.

momentous *adj.* très important, de grande portée, crucial, lourd de conséquences, très grave ; *[période]* riche en événements, mouvementé ; **a ~ change is taking place** un changement lourd de conséquences est en train de se produire.

momentum *n.* élan, lancée, vitesse acquise, erre, dynamique, impulsion, essor, tempo, rythme, allure, cadence, marche, mouvement, course, dynamisme ; **to acquire/develop/ gain/gather ~** s'accélérer, aller s'accélérant/crescendo, passer à la vitesse supérieure, se précipiter, progresser, s'accentuer, s'intensifier, se renforcer, monter en puissance ; gagner du terrain, prendre de l'ampleur, prendre une ampleur accrue, s'amplifier, s'approfondir, bien se développer, démarrer ; **this idea is gathering ~** cette idée fait son chemin ; **the market philosophy has great ~ around the world today** la philosophie du marché gagne aujourd'hui beaucoup de terrain dans le monde entier ; **to maintain ~** poursuivre sur sa lancée ; **the programme maintains its ~** l'exécution du programme suit son cours ; **to give/provide ~** stimuler, donner une impulsion/un coup de fouet/un coup d'accélérateur, imprimer un élan ; **loans can provide the ~ for local development** des prêts peuvent stimuler le développement local ; **to lose ~** s'essouffler, s'enliser, perdre de son élan/de sa vigueur, être coupé dans son élan, se ralentir, perdre de la vitesse, être en perte de vitesse, perdre du terrain, marquer le pas, fléchir, s'affaiblir ; **the economy is losing ~** l'économie s'essouffle ; **the reforms have lost ~** le mouvement de réforme s'est ralenti. ✪ **~ of its own** propre dynamique ; *[***to acquire a ~ of its own** poursuivre inexorablement sa course, ne plus pouvoir être arrêté ; **the insurgency has acquired a ~ of its own** la rébellion est en marche et rien ne semble pouvoir l'arrêter ; **inflation often develops a ~ of its own** l'inflation engendre souvent sa propre dynamique*]* ; **own ~** engrenage, marche inexorable.

monastic *adj. Fig.* **to lead a ~ life** mener une existence frugale.

monetary *adj.* ✪ **~ aggregate** agrégat monétaire ; **~ compensatory amount** *UE* montant compensatoire monétaire ; **~ expansion** croissance monétaire ; **~ gold** or monétaire ; **~ growth** *Écon.* croissance monétaire ; **~ holdings** encaisses monétaires ; **~ obligation** obligation pécuniaire ; **~ reserves** réserves monétaires ; **~ standard** étalon monétaire ; **~ stock** *Écon.* masse monétaire ; **~ tightening** durcissement/resserrement de la politique monétaire ; **~ unit** unité monétaire.

money *n.* argent, numéraire ; fonds, capitaux ; **to make ~** gagner de l'argent ; **to raise ~** recueillir des fonds ; lever des capitaux. ✪ **at the ~** *Options [option, prix d'exercice]* à parité ; **in the ~** *Options [option, prix d'exercice]* en dedans, dans le cours ; **~ at call** argent à vue ; **~ at call and short notice** prêts remboursables à bref délai *[dans le bilan d'une banque] ;* **~ back guarantee** garantie « satisfait ou remboursé », garantie de remboursement ; **~ bill** *RU* projet de loi d'ordre financier *[= relatif à des dépenses publiques ou à des questions fiscales] ;* **~ broker** a) *RU* courtier du marché monétaire ; b) *ÉU* cambiste ; c) *RU money broker [prête des actions et des obligations d'État à des négociants en valeurs mobilières pour leur permettre de livrer à temps ou pour financer leurs activités] ;* **~ capital** a) capital liquide ; b) capital monétaire ; **~-center bank** *ÉU* grande banque multiservices *[dont les clients sont principalement de grandes entreprises] ;* **~ growth** *Écon.* croissance monétaire ; **~ illusion** illusion monétaire ; **~ income** revenu monétaire ; **~ laundering** blanchiment d'argent ; **~-losing** *adj.* déficitaire ; **~ market** a) marché monétaire ; b) marché des changes ; **~-market certificate** *ÉU* certificat de dépôt non négociable ; **~-market deposit account** *Banque ÉU* compte d'épargne à rendement élevé *[offre des taux d'intérêt comparables au rendement des fonds communs de placement en instruments du marché monétaire] ;* **~ market fund** *FCP ÉU* fonds monétaire ; **~ market instruments** instruments du marché monétaire ; **~ market mutual fund** *ÉU* fonds (commun) de placement en instruments du marché monétaire ; **~ market securities** valeurs du marché monétaire ; **~ of account** monnaie de compte ; **~ order** mandat (postal), mandat-poste ; **~ rate** taux/loyer de l'argent ; **~ spinner** mine d'or, source de bénéfices plantureux ; **~ stock/supply** *Écon.* masse monétaire ; **~ supply growth** *Écon.* croissance monétaire ; **~ trail** piste laissée par l'argent ; **~ transfer** virement de fonds ; **~ tree** mine d'or, source de bénéfices plantureux ; **~ wages** *Écon.* salaires nominaux ; **out-of-the-~** *adj. Options [option, prix d'exercice]* en dehors, hors du cours ; **put one's ~ where one's mouth is** joindre l'acte/le geste à la parole, agir conformément à ses discours, mettre ses actes en conformité avec ses déclarations, mettre ses actes en accord avec ses paroles, ne pas se contenter de belles paroles, être conséquent, être logique avec soi-même.

moneys *n. pl.* fonds, somme, montant.

mongoloid child enfant mongolien.

monies *n. pl.* fonds, somme, montant.

monitor *v. tr.* **1** surveiller, contrôler, suivre (l'évolution de), superviser, observer (en permanence), soumettre à un examen suivi ; **to ~ trade in endangered animals** surveiller le commerce des animaux menacés d'extinction ; **to ~ market fluctuations** suivre les fluctuations du marché ; **to ~ the elections** observer les élections. **2** capter, intercepter, écouter, enregistrer.

monitor *n.* **1** contrôleur, vérificateur, observateur ; **human rights ~** observateur des droits de l'homme. **2** *Inf.* écran, moniteur.

monitoring *n.* **1** surveillance (continue), veille, contrôle, suivi, supervision ; **radiation ~** surveillance des rayonnements. **2** écoute. ✪ **~ station** centre d'écoute.

monochrome monitor *Inf.* moniteur monochrome.

monoclonal antibodies anticorps monoclonaux.

monofuel *n. Esp.* monergol.

monopropellant *n. Esp.* monergol.

monopsony *n.* monopsone.

mood *n.* humeur, disposition, état d'esprit ; **the ~ of the country is increasingly conservative** l'état d'esprit du pays est de plus en plus conservateur ; **to be in no ~ to** ne pas être disposé à ; **the ~ of the times** l'esprit du temps. ✪ **~ disorder** *Méd.* trouble de l'humeur ; **~ swing** saute d'humeur.

moon *n.* **1** Lune. **2** satellite *[naturel]*. ✪ **over the ~** fou de joie, aux anges.

moonlighting *n.* cumul d'emplois, double travail.

moorage *n.* amarrage.

moored mine mine à orin.

mooring *n.* amarrage. ✪ **~ berth** poste d'amarrage ; **~ buoy** bouée d'amarrage ; **~ line** amarre.

moorland *n. RU* lande.

moot *adj.* **1** discutable, controversé ; non résolu ; incertain, mal défini ; **~ question/point** question discutable/controversée/non résolue ; question d'appréciation. **2** théorique, dépourvu d'intérêt pratique. ✪ **~ court** tribunal fictif *[d'étudiants en droit jugeant des affaires fictives]*.

mop *v.* **~ up 1** absorber, éponger. **2** nettoyer, procéder au nettoyage de ; essuyer. **3** enlever, éliminer, résorber, faire disparaître, se débarrasser de, se défaire de, en finir avec ; **insulin ~s up excess sugar in the blood** l'insuline élimine l'excès de sucre dans le sang ; **to ~ up unemployment** résorber le chômage. **4** *Mil.* nettoyer, réduire *[poches de résistance]*. **5** venir à bout de *[tâche]*.

mopping-up operation *Mil.* opération de nettoyage.

MOR (middle-of-the-road) **1** *Pol.* modéré. **2** *[musique]* qui plaît à un large public.

moral *adj.* ✪ **~ certainty** *Dr.* quasi-certitude ; **~ hazard** risque/aléa moral, risque lié à l'intégrité/au comportement des intéressés ; *Ass.* risque subjectif ; **~ high ground** supériorité morale ; magnanimité ; *[***to take the ~ high ground** a) adopter une position très morale, se camper dans une attitude morale ; b) faire preuve de magnanimité ; **to claim the ~ ground high** revendiquer une supériorité sur le plan moral*]* ; **~ standing** moralité, honorabilité, qualités morales ; **~ turpitude** *Dr. ÉU* dépravation.

morals *n. pl.* moralité.

morass *n. Fig.* **1** dédale, labyrinthe, maquis, fouillis, fatras, écheveau ; montagne *[de formulaires]* ; **the committee gets bogged down in a ~ of detail** le comité se noie dans les détails. **2** situation confuse, confusion (indescriptible), chaos, anarchie, embrouillamini, imbroglio. **3** bourbier, guêpier, situation sans issue/impossible/inextricable ; **legal ~** ennuis judiciaires sans fin ; **the UN peacekeepers should not get stuck in another African ~** les troupes de maintien de la paix de l'ONU ne doivent pas s'enfoncer à nouveau dans un bourbier en Afrique ; **the country finds itself in a ~** le pays se trouve dans une situation sans issue. **4** abîme, affres *[du désespoir]*, crise *[économique]*, détresse.

more *adj., adv., pron.* **the ~ technologically advanced countries** les pays avancés sur le plan technologique. ✪ **there is ~ to it than that** ce n'est pas aussi simple, il y a plus ; **there is ~ to it than meets the eye** la situation est plus complexe qu'on ne le pense généralement.

moreover *adv.* en outre, de plus, par ailleurs, d'ailleurs, d'autre part, de surcroît, qui plus est, à cela s'ajoute que.

mores *n. pl.* (us et) coutumes.

morning *n.* ✪ **~-after pill** pilule du lendemain ; **~ sickness** nausées et vomissements de la femme enceinte.

morphing *n. Inf.* morphage.

mortar bomb obus de mortier.

mortgage *n.* hypothèque *[grevant un bien, constituée sur un bien]* ; prêt hypothécaire. ✪ **~-backed security** valeur (mobilière) adossée à une hypothèque ; **~ bank** banque de crédit hypothécaire ; **~ bond** obligation hypothécaire ; **~ broker** courtier de prêts hypothécaires ; **~ deed** acte de constitution d'hypothèque ; **~ interest (tax) relief** *RU* dégrèvement fiscal au titre des intérêts sur prêt hypothécaire ; **~ loan** prêt hypothécaire ; **~ tax relief** *RU* dégrèvement fiscal au titre des intérêts sur prêt hypothécaire.

mortgagee *n.* titulaire de l'hypothèque, créancier hypothécaire. ✪ **~ in possession** créancier hypothécaire en possession du bien.

mortgagor *n.* constituant de l'hypothèque, débiteur hypothécaire.

most *n.* ✪ **at ~** au maximum, tout au plus ; **for the ~ part** dans l'ensemble ; **get/make the ~ of** tirer le meilleur parti de, exploiter à fond/pleinement/au maximum, tirer pleinement parti de, utiliser pleinement/au mieux, profiter au maximum de, retirer le maximum de, optimiser l'utilisation de ; *[***to make the ~ of modern technology** exploiter à fond les technologies modernes*]*.

most *adv.* très, particulièrement, éminemment, des plus ; **~ interesting** des plus intéressant. ✪ **~-favoured-nation clause** clause de la nation la plus favorisée ; **~-favoured-nation (trading) status** statut de nation la plus favorisée ; **~ importantly** surtout ; fait/aspect le plus important ; **~ seriously affected countries** pays les plus éprouvés.

mostly *adv.* **1** surtout, par-dessus tout, essentiellement, pour l'essentiel ; dans leur majorité. **2** le plus souvent, généralement, en règle générale.

MOT (Ministry of Transport) *RU* ministère des Transports. ✪ **~ (test)** contrôle technique *[des véhicules]*.

mothball *v. tr. Fig.* mettre *[matériel, navire]* sous cocon, mettre *[exploitation]* en veilleuse.

mother *n.* ✪ **~ board** *Inf.* carte mère ; **~ company** société mère ; **~ country** a) mère patrie ; b) métropole *[par rapport à une colonie]* ; **~ figure** incarnation de la mère, substitut maternel, personnage maternel ; *Psych.* image maternelle ; **~ lode** riche source ; *[***to be a ~ lode of** receler un grand nombre/une grande quantité de*]* ; **Mother's day** fête des mères ; **~ ship** (navire) ravitailleur, bateau de ravitaillement ; **the ~ of all** énorme, gigantesque, massif, colossal, d'une extrême intensité, le pire des ; **the ~ of parliaments** *RU* le plus ancien parlement.

mothering *n.* **1** soins maternels. **2** *Psych.* maternage. ✪ **Mothering Sunday** *RU* fête des mères.

Motherland Party *Turquie* Parti de la mère patrie.

motion *n.* **1** mouvement, déplacement ; **the ~ of the planets** le mouvement des planètes ; **perpetual ~** mouvement perpétuel. **2** motion. **3** *Dr.* requête. ✪ **go through the ~s** agir sans conviction/mollement/sans trop y croire/sans y croire vraiment/sans enthousiasme ; **~ and time study** *ÉU* analyse des tâches ; **~ of no-confidence** *Pol.* motion de censure ; **~ picture** film ; **~ sickness** mal des transports ; **~ to lay on the table** *Pol.* motion tendant à suspendre les travaux ; **of one's own ~** de sa propre initiative ; spontanément ; **set in ~** *Fig.* déclencher, engendrer, entraîner, mettre en route ; entreprendre, lancer ; *[***the strike set in ~ the events that led to the military coup** la grève a déclenché les événements qui ont débouché sur le coup d'État militaire ; **the Finance Ministry set in ~ a strategy to reduce indebtedness** le ministère des Finances a mis en œuvre une stratégie visant à réduire l'endettement*]*.

motivation research *Marketing* études de motivation.

motor *n.* ✪ **~-coach** *n.* train automoteur ; **~ fair** *RU* salon de l'automobile ; **~-home** camping-car, autocaravane ; **~ industry** industrie automobile ; **~ insurance** assurance automobile ; **~ neurone disease** maladie du motoneurone ; **~ shop** atelier de mécanique ; **~ show** salon de l'automobile.

motorcade *n.* escorte motorisée.

motoring offence infraction au code de la route.

motorist *n.* automobiliste.

mould *n. Fig.* **to break (out of) the ~** innover, faire preuve de créativité/d'imagination/d'originalité, sortir des sentiers battus, rompre avec les formules traditionnelles ; **to break the ~ of** transformer ; **~-breaking** *adj.* novateur, innovateur, innovant, original, de type nouveau, premier (de ce type/du genre), entièrement nouveau, d'avant-garde, révolutionnaire, sans précédent, inédit.

mountain *n.* **1** montagne. **2** mont ; **Catskill Mountains** monts Catskill. ✪ **~ and hill farming** agriculture de montagne ; **~ climbing** alpinisme ; **~ pass** col ; **~ range** chaîne de montagnes ; **Mountain states** *ÉU* États des Rocheuses ; **Mountain time** heure des Rocheuses.

mouse *n. Inf.* souris. ✪ **~ button** bouton de souris ; **~ mat** tapis de souris ; **~ pointer** pointeur de souris ; **~ port** port souris.

mouth-to-mouth resuscitation bouche-à-bouche.

mouthwash *n.* eau dentifrice.

movable property biens mobiliers/meubles.

movables *n.* biens mobiliers/meubles.

move *v.* **I** *tr.* **1** déplacer, transférer ; enlever ; remuer ; **the company ~d its operations abroad** l'entreprise a transféré ses activités à l'étranger ; **the client can ~ funds to another account** le client peut transférer des fonds sur un autre compte ; **to ~ home/house** déménager ; **to ~ offices** occuper de nouveaux locaux. **2** transporter *[malade, marchandises]*, envoyer *[qqch.]*. **3** faire vendre *[produit]*. **4** vendre, écouler. **5** pousser, provoquer, déclencher ; inciter. **6** orienter. **7** émouvoir, toucher. **8** déposer *[amendement]*, présenter *[motion]*, proposer ; **to ~ concurrence in a report** proposer l'adoption d'un rapport ; **to ~ the adjournment of the debate** demander l'ajournement du débat ; **to ~ the court for** demander au tribunal de. **II** *intr.* **1** se déplacer, se mouvoir, bouger, circuler, aller ; avancer, progresser *[plus ou moins rapidement]* ; **(to)** se rendre dans, gagner *[autre endroit]* ; **an object that ~s with constant velocity** un objet qui se déplace à une vitesse constante ; **to ~ closer to** se rapprocher de. **2** déménager, changer d'adresse ; **(to)** s'établir dans *[pays]*, migrer vers ; **he ~d to the United States** il s'est établi aux États-Unis ; **peasants are moving to cities** les paysans migrent vers les villes. **3** évoluer ; **to ~ with the times** évoluer avec son temps ; **to ~ from... to** passer de... à ; **how far will the exchange rate ~?** dans quelle mesure le taux de change va-t-il évoluer ? **interest rates have barely ~d** les taux d'intérêt sont restés pratiquement inchangés ; **to ~ from theory to practice** passer de la théorie à la pratique. **4** *[personne]* évoluer *[dans un milieu particulier]*. **5** *[marchandises]* se vendre, être vendu, s'écouler. **6** agir, prendre des mesures ; **the company has to ~ quickly to stem the flow of red ink** la société doit agir rapidement pour cesser de perdre de l'argent ; **the army is ready to ~** l'armée est prête à passer à l'action ; **the government will ~ to curb inflation** le gouvernement prendra des mesures pour juguler l'inflation ; **to ~ first** prendre l'initiative. **III ~ about** *[personne]* se déplacer. **IV ~ across** traverser *[océan]*, franchir *[frontière]*. **2** se déplacer sur ; **EU workers are allowed to ~ across member states** les travailleurs de l'Union européenne sont autorisés à se déplacer d'un État membre à l'autre. **V ~ ahead** aller de l'avant, passer à l'action, avancer, progresser. **VI ~ ahead of** dépasser ; **population growth is moving ahead of agricultural production** la croissance démographique progresse plus rapidement que la production agricole. **VII ~ along** circuler, s'en aller. **VIII ~ around 1** déplacer (à son gré) *[objet]*. **2** *[objet]* se déplacer. **IX ~ away 1** s'en aller, quitter la ville/région, s'établir ailleurs. **2** s'éloigner. **X ~ away from 1** se déplacer hors de. **2** délaisser, quitter. **3** renoncer à, tourner le dos à, cesser de, se détourner de, abandonner (progressivement), s'écarter de, s'éloigner de ; **China is moving away from Confucianism** la Chine tourne le dos au confucianisme ; **the country is moving away from central planning in favour of capitalism** le pays abandonne progressivement la planification centralisée au profit du capitalisme. **XI ~ back to** retourner à/en, rentrer à/en, regagner. **XII ~ beyond** dépasser *[stade]*. **XIII ~ down** *Bourse [cours]* baisser. **XIV for: to ~ for a new trial** demander un nouveau procès. **XV ~ forward 1** aller de l'avant, avancer, progresser. **2** faire avancer/progresser, donner une impulsion à. **3** avancer (la date/l'heure de) *[réunion]*. **XVI ~ in** *Mil.* **1** avancer. **2** faire avancer. **3** intervenir. **XVII ~ in on** attaquer ; *Fig.* s'attaquer à, tenter de conquérir *[marché]* ; faire le siège de. **XVIII ~ into 1** s'engager dans, entrer dans, passer à ; **Mongolia is moving into the information age** la Mongolie s'engage dans l'ère de l'information ; **the conflict is moving into a critical phase** le conflit entre dans une phase critique ; **the project ~d into its second stage** le projet est passé à sa deuxième phase ; **to ~ into action** passer à l'action. **2** se rendre dans. **3** emménager dans. **XIX ~ on 1** partir, s'en aller ; circuler. **2** faire autre chose, passer à autre chose, évoluer. **3** aller de l'avant. **XX ~ on to** passer à *[autre sujet, question suivante, activité différente]* ; **we should ~ on to the next stage of the programme** nous devons passer à l'étape suivante du programme. **XXI ~ out** déménager. **XXII ~ out of** quitter *[lieu, ville]*. **XXIII ~ to 1** adopter, passer à *[nouveau système]*. **2** pousser à, inciter à. **XXIV ~ toward** progresser vers. **XXV ~ up 1** s'élever dans *[hiérarchie]*. **2** *Bourse [cours]* augmenter. **3** avancer (la date de) *[réunion]*.

move *n.* **1** initiative, acte, action, opération, geste, démarche, intervention, effort, manœuvre, mesure(s) ; **to make a ~** prendre une initiative ; **the American ~ will have little impact on the trade deficit** la mesure prise par les États-Unis n'aura guère d'effets sur le déficit commercial ; **to make the first ~** faire le premier pas ; **the next ~ will be to apprehend the suspect** il conviendra ensuite d'appréhender le suspect. **2 ~ away from** abandon de, rejet de ; **a ~ away from traditional family values** une tendance à délaisser les valeurs familiales traditionnelles. **3 ~ to/towards** progression vers, évolution vers, passage à, adoption de ; **Europe's ~ to a single currency** l'adoption d'une monnaie unique par l'Europe ; **the ~ toward a global economy** la mondialisation de l'économie.

movement *n.* **1** mouvement *[artistique, en faveur d'une cause].* **2** *voir* free movement, freedom of movement. **3** mouvement *[d'une œuvre musicale].* **4** mouvement *[de troupes].* **5** mouvement *[d'une partie du corps, d'un danseur].* **6** mobilité. **7** déplacement *[d'un véhicule]*, déplacements *[d'une personne] ;* transport ; transfert. **8** progrès. **9** évolution, changement. **10** *pl.* fluctuations *[des taux de change] ;* **recent ~s in the foreign exchange markets** fluctuations récentes sur les marchés des changes.

mover and shaker personne influente.

movie complex complexe multisalle(s).

moviegoers *n. pl.* public, spectateurs.

moving *adj.* **1** en mouvement. **2** émouvant, touchant, poignant. ✪ **~ average** moyenne mobile *[= série de moyennes relatives à des périodes successives de même durée] ; [***three-month ~ average** moyenne mobile sur trois mois*] ;* **~ image** image animée ; **~ part** pièce mobile ; **~ walkway** trottoir roulant.

Mozambican *adj.* mozambicain.

Mozambique Channel Canal de Mozambique.

MP (Member of Parliament) député.

mpg (miles per gallon) *ÉU* miles par gallon *[conversion de miles par gallon (y) en litres aux 100 km (x) : x = 242,77/y].*

mph (miles per hour) miles à l'heure.

MR (magnetic resonance) résonance magnétique. ✪ **~ scan** a) examen IRM, remnographie ; b) image IRM ; **~ scanner** scanner IRM, appareil d'imagerie par résonance magnétique.

Mr (Mister) M. (Monsieur).

MRI (magnetic resonance imaging) IRM (imagerie par résonance magnétique). ✪ **~ scan** a) examen IRM, remnographie ; b) image IRM ; **~ scanner** remnographe.

MS (manuscript) manuscrit.

Ms *[désigne une femme sans préciser son état civil]* Mme.

MS (Microsoft) *Inf.* Microsoft.

MS (multiple sclerosis) sclérose en plaques.

MSc (Master of Science) **1** titulaire d'une maîtrise de sciences. **2** maîtrise de sciences.

MSP (Member of Scottish Parliament) membre du Parlement écossais.

MSS (manuscripts) manuscrits.

MT (machine translation) traduction automatique.

MTBF (mean-time-between-failures) temps moyen de fonctionnement entre pannes.

much *adv.* ✪ **make ~ of** a) retirer beaucoup d'avantages de ; b) faire grand cas de, accorder beaucoup d'importance à, insister beaucoup sur, mettre en valeur, monter en épingle ; *[***~ has been made of the benefits of globalization** on a beaucoup insisté sur les avantages de la mondialisation*] ;* **~ as** (certes) ..., mais ; *[***~ as they deny it, it is true** ils ont beau le démentir, c'est vrai*] ;* **not think ~ of** ne pas juger *[qqch.]* très intéressant, trouver que *[qqch.]* n'est pas fameux/pas extraordinaire, ne pas avoir beaucoup d'estime pour *[qqn].*

muddle *v.* **~ through** s'en sortir vaille que vaille.

muddled *adj. [raisonnement]* confus.

mud *n.* ✪ **~ house** hutte de terre ; **~ slide** coulée de boue.

mudslinging *n. Pol.* dénigrement, accusations malveillantes/venimeuses, attaques perfides.

mugging *n.* agression, vol avec violence.

mujahedin, mujahideen *n. pl.* moudjahidine.

Muhammad *n. Islam* Mahomet.

mullah *n.* mollah.

multiannual *adj.* pluriannuel.

multi-dwelling housing unit habitation collective.

multifaceted *adj. [problème]* multiforme, aux aspects multiples, aux multiples facettes, multidimensionnel, très divers, diversifié ; complexe.

Multifibre Arrangement Accord/Arrangement multifibres.

Multilateral Investment Guarantee Agency Agence multilatérale de garantie des investissements.

multimedia *adj. [ordinateur]* multimédia. ✪ **~ presentation** montage multimédia.

multimodal distribution *Stat.* distribution plurimodale.

multiparty *adj. [élections, démocratie]* pluraliste.

multilevel marketing système de vente à la boule de neige.

multiple *n. Fin.* rapport cours-bénéfice.

multiple *adj.* ✪ **~ choice test** (épreuve fondée sur un) questionnaire à choix multiples ; **~ independently targeted re-entry vehicle** *Mil.* véhicule de rentrée à visées multiples indépendantes ; **~ option facility** *Fin.* facilité à options multiples ; **~ sclerosis** *Méd.* sclérose en plaques ; **~ exchange rates** taux de change multiples ; **~ shop/store** *RU* magasin faisant partie d'une chaîne.

multiplex (cinema/theatre) complexe multisalle(s), multiplexe.

multiplier *n. Écon.* multiplicateur ; coefficient de multiplication. ✪ **~ effect** effet multiplicateur ; **~ principle** principe de multiplication.

multi-purpose *adj.* polyvalent, universel, à objectifs multiples, à fins multiples.

multiscreen cinema complexe multisalle(s), multiplexe.

multitask *adj. Inf.* multitâche.

multitasking *n. Inf. [le]* multitâche, fonctionnement multitâche *[= possibilité d'utiliser plusieurs logiciels simultanément] ;* **~ capabilities** fonctions multitâches.

multithreading *n. Inf. [le]* multitâche au niveau d'un logiciel *[= possibilité de réaliser simultanément plusieurs opérations dans le cadre d'un même logiciel].*

multivariate *adj. Stat. [distribution]* à plusieurs variables. ✪ **~ analysis** analyse multivariée/multivariate *[= analyse des relations entre plus de deux variables].*

mumps immunization vaccination anti-ourlienne.

mundane *adj.* terre-à-terre, prosaïque.

municipal *n. ÉU* obligation de collectivité territoriale.

municipal *adj.* ✪ **~ bond** *ÉU* obligation de collectivité territoriale ; **~ court** tribunal national ; **~ law** a) droit interne ; b) droit municipal ; **~ sewage** eaux usées urbaines ; **~ waste** ordures ménagères.

mural *n.* fresque, peinture murale.

murder *n.* ✪ **~ in the first degree** *ÉU* meurtre aggravé, assassinat ; **~ in the second degree** *ÉU* meurtre simple.

muscle *n. Fig.* puissance, influence.

muscular dystrophy 1 (pseudohypertrophic) ~ myopathie (pseudo-hypertrophique de Duchenne). **2** dystrophie musculaire.

mushroom *v. intr.* se développer rapidement, augmenter de façon spectaculaire, connaître une vigoureuse expansion/une croissance explosive, être en plein essor ; **the number of personal computer manufacturers has ~ed** le nombre de fabricants d'ordinateurs personnels a augmenté de façon spectaculaire.

music *n.* **face the ~** assumer les conséquences de ses actes.

must *n.* **to be a ~** être indispensable/essentiel/incontournable.

muster *v. tr.* obtenir ; **the government could not ~ the support of its own backbenchers** le gouvernement n'a pu obtenir l'appui des députés de la majorité.

muster *n.* **to pass ~** a) remplir les conditions requises, remplir certaines conditions ; b) faire l'objet d'un examen superficiel. ✪ **~ list** rôle d'appel.

must-have *adj.* indispensable.

mutual *adj.* **1** mutuel ; **~ aid/assistance/support** entraide. **2** *[intérêt, ami]* commun ; **by ~ agreement** d'un commun accord. ✪ **~ assured destruction** *Mil.* destruction mutuelle assurée ; **~ company** (société) coopérative ; **~ fund** *ÉU* fonds commun de placement ; **~-fund shares** *ÉU* parts dans un fonds commun de placement ; **~ insurance** assurance mutuelle ; **~ insurance company/society** (société d'assurance) mutuelle ; **~ interest** intérêt commun ; **~ investment fund** fonds commun de placement ; **~ savings bank** *ÉU* caisse d'épargne coopérative ; **~ society** (société) coopérative ; **~ support** entraide.

mutually *adv.* ✪ **~ acceptable** acceptable pour les deux parties ; **~ assured destruction** destruction mutuelle assurée ; **~ beneficial** avantageux pour les deux parties ; **~ exclusive** incompatible, inconciliable ; *[***to be ~ exclusive** s'exclure mutuellement*]* ; **~ supportive** qui s'entraident, solidaires.

muzak *n.* musique d'ambiance.

MXP (Mexican peso) *ISO* MXP (peso mexicain).

myalgic encephalomyelis encéphalomyélite myalgique.

Myanmar *n.* Myanmar *[= anciennement Birmanie].*

My Computer *Inf.* poste de travail *[dans Windows].*

myocardial infarction infarctus du myocarde.

mystical *adj. Fig.* incompréhensible.

mystified *adj.* interloqué, perplexe, déconcerté, désorienté, dérouté ; **observers are often ~ by the idiosyncrasies of Russian society** les observateurs ont souvent bien du mal à comprendre les particularités de la société russe.

mystify *v. tr.* **1** déconcerter, désorienter, dérouter, laisser/rendre perplexe, plonger dans la perplexité ; **to be mystified by** avoir (bien) du mal à comprendre, être bien en peine de comprendre, ne pas (parvenir à) comprendre, ne rien comprendre à ; **customs that ~ foreigners** des coutumes qui laissent perplexes les étrangers. **2** entourer de mystère ; **faith healers have a tendency to ~ their activities** les guérisseurs ont tendance à entourer leurs activités de mystère.

mystifying *adj.* déroutant, troublant, surprenant, énigmatique, incompréhensible, surprenant, cabalistique.

mystique *n.* aura, auréole, prestige ; vénération ; **Nelson Mandela has put his ~ to good advantage** Nelson Mandela a tiré parti de la vénération qui l'entoure ; **the President's sexual indiscretions have destroyed his ~** les écarts de conduite d'ordre sexuel du président l'ont fait descendre de son piédestal.

N

n.a. (not applicable) s.o. (sans objet).

n.a. (not available) n. disp. (non disponible).

NAACP (National Association for the Advancement of Colored People) *ÉU* NAACP (Association nationale pour l'avancement des personnes de couleur).

Nablus *n. Cisjordanie* Naplouse.

NACC (North Atlantic Cooperation Council) CCAN (Conseil de coopération de l'Atlantique Nord).

nadir *n. Fig.* point le plus bas ; trente-sixième dessous, fond du désespoir.

NAFTA (North American Free Trade Agreement) ALENA (Accord de libre-échange nord-américain).

Nagorno-Karabakh *n. Arménie* Haut-Karabakh.

NAIRU (non-accelerating inflation rate of unemployment) *Écon.* taux de chômage (minimal) n'accélérant pas l'inflation.

naked option *Bourse* option non couverte, option nue.

name *v. tr.* **1** donner un nom à, baptiser ; appeler, nommer, dénommer. **2** nommer *[qqn à un poste] ;* **to ~ sb as chairman of a committee** nommer qqn président d'un comité. **3** désigner, identifier, dévoiler/révéler l'identité de ; **the suspect has not been ~d** l'identité du suspect n'a pas été révélée ; **to ~ names** donner des noms, révéler l'identité des coupables/responsables ; **to ask not to be ~d** demander l'anonymat. **4** citer, mentionner, indiquer ; énumérer ; **to ~ but a few** et bien d'autres encore, pour n'en citer que quelques-uns. ✪ **~ and shame** dévoiler l'identité de, montrer du doigt.

name *n.* **1** nom, appellation, dénomination, intitulé, titre ; **not her real ~** nom fictif ; **the ~ of a company** la raison sociale d'une entreprise. **2** réputation ; **good ~** bonne réputation, réputation flatteuse ; **to protect the good ~ of** protéger la réputation de ; **to give sb/sth a bad ~** compromettre/salir/ternir la réputation de qqn/qqch., nuire à la réputation de qqn/qqch., discréditer qqn/qqch., jeter le discrédit sur qqn/qqch., donner une image peu flatteuse de qqn/qqch. ; **electroconvulsive therapy got a bad ~** les électrochocs ont acquis une mauvaise réputation ; **to clear one's ~** faire éclater son innocence ; **to make a ~ for oneself** s'illustrer, se tailler une réputation, se faire un nom. **3** personnalité connue, personne célèbre, célébrité ; **the big ~s in politics** les ténors de la politique. **4** *Ass.* membre *[du Lloyd's].* ✪ **by ~** a) *[désigner qqn]* nommément ; b) *[connaître qqn]* par son nom, *[s'adresser à qqn]* en l'appelant par son nom ; **by any other ~** autrement dit, connu également sous le nom de ; **by ~ only** *[connaître qqn]* de nom seulement ; **by the ~ of** appelé *[Untel] ; [***a businessman by the ~ of John Smith** une homme d'affaires appelé John Smith ; **to go by the ~ of** s'appeler, être appelé, être qualifié de, être connu sous le nom/pseudonyme de*] ;* **in all but ~** de fait ; **in ~ only** a) en théorie seulement ; b) que de nom ; *[***a marriage in ~ only** un mariage fictif ; **Mrs Mégret is mayor in ~ only** Mme Mégret n'est maire que de nom*] ;* **in the ~ of** a) au nom de, pour le compte de ; b) sous prétexte de ; **Name Day** *Bourse RU* jour de règlement des comptes entre membres de la Bourse et leurs clients ; **~ tag** badge *[porté par un participant à une réunion] ;* **put one's ~ down** s'inscrire ; **put one's ~ forward** poser sa candidature ; **put one's ~ to** être l'auteur de, signer *[livre].*

named *adj.* **1** appelé, dénommé. **2** (nommément) désigné. **3** convenu.

namely *adv.* à savoir, c'est-à-dire, en l'occurrence, en l'espèce.

naming and shaming divulgation de l'identité.

nandrolone *n.* nandrolone.

nanny state *Péj.* État surprotecteur.

narcotic *n.* **1** narcotique. **2** stupéfiant.

narcotic *adj.* ✪ **~ dart** fléchette anesthésiante ; **~ drug** stupéfiant.

narrate *v. tr.* dire *[texte],* dire le texte de *[spot publicitaire],* dire le commentaire de *[documentaire] ;* raconter ; **a documentary ~d by a well-known actor** un documentaire dont le commentaire est dit par un acteur connu.

narration *n. Audiovisuel* commentaire.

narrative *n.* **1** récit ; narration. **2** exposé, relation. **3** texte (explicatif), explications, commentaire *[par opp. à des illustrations, à des graphiques, etc.].*

narrative report rapport descriptif.

narrator *n.* acteur chargé de lire le commentaire.

narrow *v.* **1** *tr.* réduire *[écart],* limiter, restreindre ; *[arrêt de la Cour suprême]* réduire la portée de *[règle].* **2** *intr.* se rétrécir, *[écart],* se réduire, s'amenuiser ; **Labour's lead over the Conservative Party has ~ed** l'avance du Parti travailliste sur le Parti conservateur s'est réduite. **3** *tr.* **(to)** réduire/restreindre *[choix]* à, circonscrire *[recherches]* à ; **the options have been ~ed from six to three** le nombre d'options a été réduit de six à trois. **4 ~ down** limiter, restreindre. **5 ~ down to** réduire/restreindre *[choix]* à, circonscrire *[recherches]* à ; **the police has ~ed down the search to a small area** la police a circonscrit les recherches à une zone peu étendue.

narrow *adj.* **1** étroit, limité, réduit, restreint, faible, bien précis, bien circonscrit, *[sens]* étroit, restrictif, étriqué ; **~ majority** faible majorité, majorité étriquée ; **~ victory** *Pol.* courte victoire, victoire à l'arraché, victoire serrée/étriquée/remportée de justesse ; **to win by a ~ margin** l'emporter de justesse ; **~ interpretation** interprétation restrictive. **2** étriqué ; mesquin, partisan. **3 ~ escape** mésaventure/accident/catastrophe évité(e) de justesse ; **to have a ~ escape** l'échapper belle, frôler la catastrophe. ✪ **~ market** *Bourse* marché étroit ; **~ money** *Écon.* argent au sens étroit.

narrowly *adv.* **1** *[définir]* de façon étroite/restrictive, au pied de la lettre ; *[utiliser une expression]* dans son sens étroit ; **the rule was interpreted ~ by the court** le tribunal a interprété la règle de façon restrictive. **2** de peu, de justesse, tout juste ; à une faible majorité ; **a strike was ~ averted** une grève a pu être évitée de justesse ; **to ~ avoid/miss doing sth** faillir faire qqch. ; **Congress ~ passed the bill** le Congrès a adopté le projet de loi à une faible majorité.

narrows *n. pl.* passe, chenal ; défilé.

NASA (National Aeronautics and Space Administration) *ÉU* NASA (Administration nationale de l'aéronautique et de l'espace).

NASDAQ (National Association of Securities Dealers Automated Quotations) NASDAQ (système de cotation automatisée de l'Association nationale des agents de change).

nasties *n. pl.* **1** situation pénible. **2** vidéocassettes pornographiques ou d'épouvante, vidéocassettes X.

nasty *adj.* grave, pénible, *[surprise]* désagréable ; **to turn ~** *[conflit]* s'envenimer.

nation *n.* pays, nation.

national *n.* citoyen, national.

national *adj.* ✪ **~ accounting** comptabilité nationale ; **~ accounts** comptes nationaux, comptabilité nationale, comptes de la nation ; **National Aeronautics and Space Administration** *ÉU* Administration nationale de l'aéronautique et de l'espace ; **~ anthem** hymne national ; **~ debt** dette publique ; **National Executive Committee** *RU* Comité exécutif national *[du Parti travailliste]* ; **National Giro** *RU* administration des chèques postaux ; **National Health Service** *RU* Service national de santé ; **~ heritage** patrimoine culturel national ; **National Heritage Secretary** *RU* ministre de la Culture ; **~ income** revenu national ; **National Insurance contributions** *RU* cotisations sociales ; **~ law** droit interne, législation nationale ; **~ park** parc national ; **National Revenue Minister** *Can.* ministre du Revenu national ; **National Rifle Association** *ÉU* Association nationale pour les armes à feu ; **~ security adviser** *ÉU* conseiller pour les questions de sécurité nationale ; **National Security Agency** *ÉU* Service de la sécurité nationale ; **National Security Council** *ÉU* Conseil de sécurité nationale ; **National Socialism** national-socialisme ; **National Transportation Safety Board** *ÉU* Bureau national pour la sécurité des transports ; **National Trust (for Places of Historic Interest or Natural Beauty)** *RU* Commission nationale pour la préservation des sites historiques ou pittoresques ; **~ waters** *Dr. de la mer* eaux (maritimes) intérieures.

nationhood *n.* formation d'une nation ; (conquête de l') indépendance ; statut de nation ; sentiment/identité national(e) ; **to achieve ~** devenir une nation (indépendante).

nationwide *adj., adv.* s'étendant au pays tout entier ; dans l'ensemble du pays, dans le pays tout entier.

native *n.* autochtone ; **to be a ~ of** être originaire de *[pays, province, ville]*.

native *adj.* **1** *[population]* autochtone ; *[Français]* de souche ; *[pays]* natal, d'origine. **2** local. **3** inné, naturel. **4** *[métal]* natif. ✪ **go ~** adopter les coutumes/le mode de vie/les mœurs du pays, s'assimiler à la société locale ; **Native American** Amérindien ; **Native Canadian** *Can.* autochtone ; **~ forest** forêt naturelle ; **~ language** langue maternelle ; **~ population** population autochtone/nationale ; **~ son** enfant du pays ; *Pol.* candidat local ; **~ speaker** locuteur natif ; *[***a ~ speaker of English** une personne de langue maternelle anglaise*]* ; **~ tongue** langue maternelle.

NATO (North Atlantic Treaty Organization) OTAN (Organisation du traité de l'Atlantique Nord).

natural *adj.* **a ~ leader** un meneur-né. ✪ **~ increase** *Dém.* accroissement naturel ; **~ justice** principes élémentaires de l'équité, règles/principes de bonne justice ; **~ killer cell** *Biol.* cellule tueuse naturelle ; **~ person** personne physique ; **~ uranium reactor** réacteur à uranium naturel ; **~ wastage** départs naturels *[de travailleurs]*, diminution naturelle des effectifs ; **~ rate of unemployment** *Écon.* taux de chômage naturel.

nature *n.* **1** nature ; **to be in the ~ of** relever de ; **to be in the ~ of things** être normal/dans l'ordre des choses ; **in the ~ of things, the outcome of the strike cannot be predicted** il est normal qu'on ne puisse prévoir l'issue de la grève. **2** nature, caractère. ✪ **~ and nurture** inné et acquis ; *[***the ~ versus nurture debate** le débat centré sur l'alternative inné-acquis*]* ; **~ conservation** préservation de la nature ; **~ reserve** réserve naturelle.

Nauruan *adj.* nauruan.

nautical *adj.* naval, nautique, de navigation, maritime, *[enseignement]* naval. ✪ **~ instrument** instrument nautique ; **~ mile** mille marin/nautique.

NAV (net asset value) valeur d'inventaire nette.

naval *adj.* ✪ **~ architect** architecte naval ; **~ engineer** ingénieur des constructions navales ; **~ task force** force navale, escadre, flotte, armada.

navigation *n.* ✪ **~ dues** droit de navigation.

NBC (nuclear, biological and chemical) NBC (nucléaire, biologique et chimique).

NC-17 (no children under 17) *Cinéma ÉU* interdit aux moins de 17 ans.

NCO (non-commissioned officer) sous-officier.

NCR (no carbon required) papier autocopiant.

near *adj.* **1** proche, voisin *[dans l'espace]*. **2** proche, prochain, rapproché, imminent ; **in the ~ future** dans un avenir rapproché, dans l'immédiat, à bref délai, bientôt, prochainement. **3** *[famille, parent]* proche. **4 nowhere ~ as** loin d'être, beaucoup moins. **5** évité de justesse, quasi ; **~ impossibility** quasi-impossibilité ; **the ~ collapse of the company was unexpected** on ne s'attendait pas à ce que l'entreprise passe aussi près de la faillite. ✪ **~ abroad** *Pol.* proche étranger ; **~-death experience** passage aux confins de la vie et de la mort, expérience de mort imminente ; **Near East** Proche-Orient ; **~ infrared** proche infrarouge ; **~-miss** *n. Fig.* a) accident/collision évité(e) de justesse ; *Aéron.* quasi-abordage, quasi-collision ; b) échec près du but, réussite manquée de justesse ; **~ money** *Écon.* quasi-monnaie ; **"~" order** *Bourse* ordre environ ; **~-term** *adj.* à court terme ; **~ thing** a) accident évité de justesse ; b) victoire à l'arraché/remportée de justesse.

nearly *adv.* **not ~ as + adj. + as** beaucoup moins + adj. + que, loin d'être aussi + adj. + que.

NEC (National Executive Committee) *RU* Comité exécutif national *[du Parti travailliste]*.

n.e.c. (non elsewhere classified) non repris ailleurs.

necessaries *n.* biens de première nécessité.

necessarily *adv.* nécessairement, forcément, fatalement, pour autant ; **not ~** pas nécessairement, pas toujours, pas forcément, pas automatiquement ; **it does not ~ mean that** cela ne veut pas dire automatiquement que.

necessary *adj.* **if ~** si nécessaire, si besoin est, au besoin, en tant que de besoin, s'il y a lieu, le cas échéant.

necessity *n.* **1** nécessité. **2** *pl.* produits de première nécessité. ✪ **of ~** nécessairement, forcément, inévitablement, par la force des choses.

neck *n.* ✪ **~ and ~** *Pol.* au coude à coude ; **~ brace** minerve, collier cervical ; **stick one's ~ out** se mouiller, prendre des risques, se risquer, se hasarder, s'aventurer, s'avancer.

need *n.* **1** besoin. **2** nécessité ; **the ~ for the recruitment of an accountant is obvious** la nécessité de recruter un comptable est manifeste. **3** difficulté(s), détresse ; **in ~** en difficulté ; **the countries in greatest ~** les pays les plus démunis, les pays qui connaissent les plus grandes difficultés.

needle exchange programme/scheme programme d'échange de seringues.

needless to say il va sans dire que, évidemment, bien entendu.

needy *adj.* nécessiteux, indigent, dans le besoin, défavorisé, démuni, déshérité.

negate *v. tr.* **1** rendre caduc ; invalider, réfuter *[théorie] ;* exclure *[possibilité].* **2** réduire à néant *[efforts]*, neutraliser ; **the unfavourable rate of exchange ~s the company's competitive edge** le taux de change défavorable réduit à néant l'avantage concurrentiel de l'entreprise. **3** nier, démentir, ne pas reconnaître, contester.

negative *adj.* ✪ **~ covenant** clause énonçant une/des obligation(s) de ne pas faire ; **~ easement** servitude négative ; **~ equity** excédent de la dette sur la valeur d'un bien hypothéqué ; *[***homeowners with ~ equity** propriétaires de logements dont la valeur est inférieure au prêt hypothécaire à rembourser*] ;* **~ income tax** impôt négatif sur le revenu ; **~ interest** intérêt négatif.

Negev *n. Israël* Néguev.

neglect *v. tr.* **1** ne pas s'occuper de, délaisser *[qqn] ;* laisser à l'abandon, oublier *[qqch.] ;* **to ~ an obligation** ne pas s'acquitter d'une obligation. **2** ne pas tenir compte de, ne pas prendre en considération, ne pas prêter attention à, laisser de côté/à l'écart, n'accorder aucune considération à, faire bon marché de, ignorer, faire abstraction de, négliger, dédaigner, se désintéresser de, rester indifférent à, faire peu de cas de, ne pas se soucier de, ne pas se préoccuper de, rester sans réaction/passif devant, ne pas réagir à, ne pas donner suite à ; *Fam.* faire l'impasse sur. **3 (to)** omettre de ; **the surgeon ~ed to inform the patient of the risks of the procedure** le chirurgien n'a pas informé le patient des risques de l'intervention.

neglect *n.* **1** manque d'intérêt, désintérêt, indifférence, laisser-aller, inaction, incurie, absence de réaction ; délaissement *[d'un enfant]*, défaut de soins *[à un enfant] ;* **after years of ~ of the railroad system** après des années pendant lesquelles on s'est désintéressé du réseau ferroviaire ; **the ~ of social problems** l'absence de réaction face aux problèmes sociaux ; **the government's ~ of human rights issues** l'indifférence du gouvernement à l'égard des droits de l'homme. **2** mauvais entretien, délabrement *[d'un bâtiment] ;* **state of ~** état d'abandon *[d'un bâtiment].*

negligence *n. Dr.* faute, imprudence, manque de précaution.

negotiable *adj. [valeur mobilière, effet de commerce, créance, connaissement]* négociable. ✪ **~ certificate of deposit** certificat de dépôt négociable ; **~ instrument** titre négociable ; **~ order-of-withdrawal account** *Banque ÉU* compte de chèques rémunéré ; **~ warehouse receipt** récépissé-warrant.

negotiate *v. tr. Fig.* s'acquitter avec succès de *[tâche difficile]*, bien se sortir de, franchir *[obstacle].*

neighbourhood *n.* ✪ **~ law centre** *RU* centre de consultations juridiques gratuites ; **Neighbourhood Watch scheme** *RU* groupe de vigilance de voisinage.

neighbouring *adj. [pays]* voisin, limitrophe. ✪ **~ rights** *Dr.* droits voisins *[= droits des artistes-interprètes et exécutants, des producteurs de phonogrammes et des organismes de radiodiffusion sur le fruit de leur travail].*

neighbourly *adj.* **good ~ relations** relations de bon voisinage.

neither here nor there sans importance, à côté de la question.

nemesis *n.* **1** justicier ; châtiment inéluctable, justice immanente, juste retour des choses, épée de Damoclès. **2** adversaire/ennemi/rival redoutable/implacable, ennemi juré/mortel, pire ennemi, adversaire irrésistible. **3** perte, ruine ; **to be sb's ~** causer la perte/ruine de qqn ; **the union leader who became the dictator's ~** le chef syndical qui a causé la perte du dictateur ; **an industry whose ~ was the emergence of the personal computer** une industrie dont le déclin a été provoqué par l'avènement de l'ordinateur personnel.

neo-natal *adj.* ✪ **~ mortality** mortalité néonatale ; **~ tetanus** tétanos des nouveau-nés.

nerd *n. Fam.* **1** andouille, crétin, nullard, nullité ; casse-pieds, raseur. **2** personne socialement inepte. **3** accro, fana, mordu, obsédé *[de centre d'intérêt indiqué] ;* **computer ~** accro de l'informatique.

nerve *n. Fig.* **1** audace, assurance, impertinence, impudence, toupet, culot, front ; **a lot of ~** un culot monstre, un sacré toupet. **2** courage, cran ; **not to have the ~ to, to lack the ~ to** ne pas oser ; **to lose one's ~** se dégonfler, avoir un accès de faiblesse. **3** sang-froid ; **cool ~** sang-froid ; **to keep one's ~** garder son sang-froid ; **failure of ~** perte de sang-froid. **4 to hit/strike/touch a (raw/sensitive) ~** mettre le doigt sur un point sensible. ✪ **~ agent** produit neurotoxique ; **~ cell** a) cellule nerveuse ; b) neurone ; **~ centre** centre névralgique ; **~ ending** terminaison nerveuse ; **~ gas** gaz neurotoxique ; **~ impulse** impulsion nerveuse ; **~-racking** *adj.* irritant, énervant, exaspérant ; éprouvant (pour les nerfs), pénible, effrayant ; *[***to be ~-racking** agacer, taper sur les nerfs/le système, exaspérer, mettre à rude épreuve*].*

nervous *adj.* **1** nerveux. **2** anxieux ; **to be ~ that** craindre/redouter que. **3** *Fig.* fébrile. ✪ **~ breakdown** effondrement dépressif ; *Cour.* dépression nerveuse.

n.e.s. (not elsewhere specified) n. d. a. (non dénommé ailleurs).

nest egg poire pour la soif.

nesting ground zone de nidification.

net *v.* **1** *tr.* gagner *[argent]*, faire/retirer un bénéfice de *[montant] ;* **(from)** retirer/obtenir *[montant]* de *[vente].* **2** *tr. [investissement, transaction]* rapporter, produire des recettes de ; **his autobiography will ~ him at least $200,000** son autobiographie lui rapportera au moins 200 000 dollars ; **the sale of those assets is expected to ~ the company £350 million** la vente de ces actifs devrait rapporter 350 millions de livres à la société ; **the sale will ~ about $2 billion** le produit de la vente s'élèvera à environ 2 milliards de dollars. **3** *tr.* **to ~ sb sth** permettre à qqn d'obtenir qqch. **4 ~ out** *Fin.* compenser.

Net *n.* Net. ✪ **~ surfer** internaute.

net *adj.* net ; **~ of** déduction faite de, après déduction de ; **~ of VAT** hors TVA ; **machinery is carried at cost ~ of depreciation**

les machines sont comptabilisées au coût d'acquisition, déduction faite des amortissements. ✪ ~ **asset value** valeur d'inventaire nette ; ~ **book value** valeur nette comptable ; ~ **borrowing** *Compt. nationale* besoin de financement ; ~ **borrowing requirement** solde net à financer ; ~ **fixed capital formation** formation nette de capital fixe ; ~ **lending** *Compt. nationale* capacité de financement ; ~ **loss** perte sèche ; ~ **operating margin/surplus** excédent net d'exploitation ; ~ **present value** valeur actuelle nette ; ~ **present value method** méthode de la valeur actuelle nette ; ~ **proceeds** produit net *[d'une vente] ;* ~ **realizable value** *Compt.* valeur réalisable nette ; ~ **register(ed) tonnage** jauge nette ; ~ **ton** *ÉU* tonne courte *[= 2000 livres ou 907,2 kg] ;* ~ **working capital** *Compt.* actif circulant ; ~ **worth** situation nette.

netiquette *n. Inf.* code de savoir-vivre sur Internet.

Netizen *n.* internaute.

netting *n. Fin.* compensation.

nettle *n.* ✪ **grasp the** ~ prendre le taureau par les cornes, trancher dans le vif, attaquer le problème de front, prendre son courage à deux mains.

network *n. TV ÉU* réseau (de télévision). ✪ ~ **card** *Inf.* carte réseau ; ~ **computer** ordinateur de réseau ; ~ **computing** réseautique ; ~ **environment** environnement réseau ; ~ **operating system** système d'exploitation de réseau ; ~ **software** système d'exploitation (de) réseau ; ~ **server** *Inf.* serveur réseau.

network *v.* **1** *tr.* interconnecter. **2** ~ **with** entretenir des relations avec, communiquer avec, dialoguer avec, collaborer avec ; nouer des liens avec.

networking *n.* **1** établissement de contacts. **2** gestion de réseau. **3** coopération/travail en réseau ; utilisation d'un réseau. **4** utilisation de son réseau de contacts, entraide. **5** *Inf.* utilisation des réseaux informatiques. ✪ ~ **software** *Inf.* système d'exploitation (de) réseau.

neural *adj.* ✪ ~ **network** *Inf.* réseau neuronal/de neurones ; **~-network computer** ordinateur neuronal ; ~ **tube defects** malformations du tube neural.

neurotransmitter *n.* neurotransmetteur.

neutral ground *ÉU* terre-plein central.

neutron *n.* ✪ ~ **bomb** bombe à neutrons ; ~ **star** étoile à neutrons.

never mind **1** sans parler de, pour ne rien dire de, sans compter, et à plus forte raison, et a fortiori, et encore moins. **2** cela importe peu.

new *adj.* ✪ **New Age** New Age ; **New Brunswick** *Can.* Nouveau-Brunswick ; **New Caledonian** néo-calédonien ; **New Commonwealth** *RU* immigrés de couleur ; **New Deal** *ÉU New Deal ;* **New Delhi** *Inde* New Delhi ; ~ **entrant** nouveau venu *[sur un marché] ;* **New History** histoire nouvelle, école des Annales ; **new independent states** nouveaux États indépendants *[issus de l'URSS] ;* **New Labour** *RU* Parti travailliste rénové ; ~ **look** a) présentation nouvelle ; b) conception nouvelle ; c) réévaluation ; **~-look** a) *[produit]* commercialisé/présenté sous une apparence nouvelle ; b) nouvelle manière, rénové ; **New Man** homme sensible et altruiste ; **New South Wales** *Austr.* Nouvelle-Galles du Sud ; ~ **renewables** nouvelles sources d'énergie renouvelables ; **~-style** *adj.* de conception nouvelle, établi selon une conception nouvelle, rénové, nouvelle manière ; ~ **town** *RU* ville nouvelle ; **New York Stock Exchange** Bourse de New York, *New York Stock Exchange, Wall Street.*

newbie *n. Inf.* néophyte, novice.

Newcastle disease peste aviaire, maladie de Newcastle.

Newfoundland *Can.* Terre-Neuve.

newly *adv.* récemment, depuis peu, il y a peu, nouvellement ; **the ~ elected president** le président récemment élu ; **the ~ discovered gene** le gène qui vient d'être découvert. ✪ ~ **industrialized country** nouveau pays industrialisé.

news *n.* **1** nouvelle(s), information (journalistique), informations, actualité. **2** journal parlé/télévisé ; **evening ~** *TV* journal du soir. ✪ **hit the ~** défrayer la chronique ; ~ **agency** agence de presse ; ~ **agent** vendeur de journaux ; ~ **analyst** commentateur ; ~ **blackout** black-out, silence ; ~ **bulletin** bulletin d'information ; ~ **conference** conférence de presse ; ~ **coverage** compte rendu de l'actualité ; façon de rendre compte de l'actualité, façon de présenter les événements ; ~ **dealer** *ÉU* vendeur de journaux ; ~ **flash** flash *[= brève dépêche d'agence concernant une nouvelle importante] ;* ~ **item** a) article ; *TV* séquence, sujet ; b) nouvelle ; ~ **media** médias, organismes d'information ; ~ **magazine** magazine d'information générale ; ~ **outlet** organisme d'information ; ~ **photographer** reporter-photographe ; ~ **reader** *RU* présentateur (du journal parlé/télévisé) ; ~ **release** communiqué de presse ; ~ **report** informations parues dans la presse ; ~ **room** a) salle de rédaction ; b) salle des journaux *[dans une bibliothèque] ;* ~ **service** agence de presse ; **~-stand** *n.* kiosque à journaux ; ~ **story** information, nouvelle ; **~-value** *n.* intérêt journalistique ; **~-vendor** *n.* marchand de journaux ; **~-writer** *n.* journaliste.

newsboard *n.* tableau d'affichage.

newsbreak *n.* **1** nouvelle. **2** *RTV* flash.

newscast *n.* journal télévisé ; journal parlé ; bulletin d'information.

newscaster *n.* présentateur (du journal parlé/télévisé).

newsgroup *n. Internet* groupe de discussion, forum.

newsletter *n.* bulletin d'information, lettre.

newsmaker *n.* personne/chose/événement présentant un intérêt journalistique.

newsprint *n.* papier journal.

newsreader *n. Internet* lecteur de news.

newsreel(s) *n.* actualités.

newsworthy *adj. [information]* présentant un intérêt journalistique, de nature à intéresser le public, digne d'être publié.

next *adj.* **1** prochain *[au présent et au futur],* suivant *[au présent et au passé] ;* à venir ; **the ~ step will be to implement the plan** la prochaine étape consistera à mettre en oeuvre le plan ; **the ~ step was to implement the plan** l'étape suivante consistait à mettre en oeuvre le plan ; **the ~ day** le lendemain ; **by Monday ~** (d'ici à) lundi (prochain) ; **the week after ~** dans deux semaines ; **this time ~ year** dans un an à la même époque ; **the ~ most important** le deuxième en importance. **2** le plus proche, voisin, d'à côté ; **(to)** près de, situé à côté de. **3** ~ **to** presque, pratiquement, pour ainsi dire ; ~ **to nothing** presque rien, peu de chose, trois fois rien ; ~ **to impossible** pratiquement impossible.

4 (to) mis à part, après. ✪ **~ best** deuxième meilleur ; *[***the ~ best thing** la deuxième meilleure option, la solution sur laquelle on se rabat le plus volontiers ; **the ~ best thing to... is** à défaut de..., c'est... qui présente le plus d'avantages ; **mutual funds have been the ~ best investments** parmi les placements les plus avantageux, les fonds communs de placement se situent en deuxième position ; **the ~ best organ donor to a twin is a sibling** en l'absence d'un jumeau, le meilleur donneur est un frère ou une sœur*]* ; **~ door to** *Fig.* situation proche de ; **~ friend** *Dr.* représentant *[d'un mineur/incapable]* ; **~ of kin** parent(s) le(s) plus proche(s), proches ; **~ world** autre monde.

nexus *n.* **1** connexion, lien, liaison. **2** centre, élément central, cœur ; **rail ~** centre ferroviaire. **3** groupe, ensemble, série ; couple ; réseau.

NG (newsgroup) *Internet* groupe de discussions, forum.

NGO (non-governmental organization) ONG (organisation non gouvernementale).

NHS (National Health Service) *RU* Service national de santé. ✪ **~ Trust** *RU* organisme local de soins *[= hôpital ou service de soins indépendant de l'administration locale de la santé mais relevant du Service national de santé]*.

NIC (National Insurance Contributions) *RU* cotisations sociales.

NIC (newly industrialized country) NPI (nouveau pays industrialisé).

Nicaraguan *adj.* nicaraguayen.

niche *n. Écon.* créneau, segment. ✪ **~ company** entreprise se spécialisant dans un segment étroit du marché/un créneau particulier ; **~ market** marché étroit ; **~ product** produit orienté vers un marché étroit.

nick *n.* ✪ **in the ~ of time** d'extrême justesse, in extremis, juste à temps.

nicotine patch patch/emplâtre/timbre à la nicotine, dispositif transdermique à la nicotine.

n.i.e. (not included elsewhere) non inclus ailleurs.

Nigerian *adj.* nigérian(e).

Nigerien *adj.* nigérien(ne).

night *n.* ✪ **~ differential** *ONU* sursalaire de nuit ; **~ shift** équipe de nuit ; **~ soil** matières fécales.

NIH (National Institutes of Health) *ÉU* Instituts nationaux de la santé.

Nijmegen *n. Pays-Bas* Nimègue.

NIMBY (not in my backyard) pas de ça dans mon quartier, pas de ça chez nous.

nineties *n. pl. cf.* forties.

nine-to-five *adj.* **1 ~ job** emploi, avec toutes les contraintes que cela suppose. **2** *[mentalité]* de fonctionnaire.

NIOSH (National Institute for Occupational Safety and Health) *ÉU* NIOSH (Institut national pour l'hygiène et la sécurité du travail).

nitrate fertilizer engrais azoté.

nitric oxide monoxyde d'azote.

nitrogen *n.* azote. ✪ **~ dioxide** dioxyde d'azote ; **~ fertilizer** engrais azoté ; **~ oxides** oxydes d'azote.

nitrous oxide protoxyde d'azote.

NMR (nuclear magnetic resonance) RMN (résonance magnétique nucléaire). ✪ **~ scan** a) examen RMN, remnographie ; b) image RMN ; **~ scanning** examen RMN, remnographie.

NMRI (nuclear magnetic resonance imaging) imagerie par résonance magnétique nucléaire. ✪ **~ scanner** remnographe.

No, no (number) n° (numéro). ✪ **~ 10** *RU* Premier ministre.

no *adv.* **not to take ~ for an answer** insister, ne pas accepter un refus ; **they will not take ~ for an answer** on a beau dire non, ils reviennent à la charge.

Nobel prize winner lauréat du prix Nobel.

noble gas gaz rare.

no carbon required (paper) papier autocopiant.

no-claim bonus *Ass.* ristourne pour absence de sinistre.

no-confidence *n. Pol.* censure ; **motion of ~** motion de censure.

no contest *Dr. ÉU* **(plea of) ~** reconnaissance de culpabilité sur le plan strictement pénal *[inopposable au prévenu en cas d'action civile ultérieure]* ; **to plead "~"** reconnaître sa culpabilité sur le plan strictement pénal.

no cure, no pay principe « no cure, no pay ».

node *n.* nœud *[d'un réseau de télécommunications]*.

no doubt certainement, assurément, très probablement.

no fault insurance assurance sans égard à la responsabilité *[prévoyant l'indemnisation des blessés indépendamment de la responsabilité]*.

no-fly zone zone d'exclusion aérienne, zone d'interdiction de survol.

no-frills *adj. [supermarché]* n'offrant qu'un service minimum, *[billet d'avion]* ne prévoyant qu'un service minimum ; *[présentation]* sans recherche, simple ; **a ~ video recorder** un magnétoscope limité aux fonctions essentielles.

no-go area 1 zone d'accès interdit. **2** quartier très dangereux.

noise *n.* ✪ **~ abatement** lutte contre le bruit, lutte antibruit ; **~ insulation** isolation phonique ; **~ pollution** pollution par le bruit, nuisances sonores ; **~ screen** écran antibruit.

NOK (Norwegian kroner) *ISO* NOK (couronne norvégienne).

nolle prosequi *Dr.* (déclaration de) cessation des poursuites.

no-load fund *FCP* fonds ne prélevant pas de commission de souscription.

nolo contendere *Dr. ÉU* **(plea of) ~** reconnaissance de culpabilité sur le plan strictement pénal *[inopposable au prévenu en cas d'action civile ultérieure]* ; **to plead "~"** reconnaître sa culpabilité sur le plan strictement pénal.

nominal *adj.* **1** nominal, fictif, symbolique, insignifiant, théorique, de pure forme ; modique, peu élevé ; **for a ~ fee** contre paiement d'une redevance modique ; **investors in the fund are charged a ~ upfront fee** les personnes qui placent de l'argent dans le fonds doivent payer un droit d'entrée peu élevé ; **the ~ purpose of the grand jury is to protect those accused of crimes**

en principe, l'objet du jury d'accusation est de protéger les personnes accusées de crimes ou délits ; **they sell their crops at ~ prices** ils vendent leurs récoltes à des prix dérisoires. **2** conforme aux prévisions, satisfaisant. ✪ **~ accounts** comptes *[du grand livre]* relatifs aux recettes et dépenses ; **~ assets** actifs fictifs ; **~ damages** *Dr.* dommages-intérêts symboliques ; **~ ledger** grand livre « général » *[regroupant les comptes concernant les actifs, le capital, les recettes et les dépenses] ;* **~ interest rates** taux d'intérêt nominaux ; **~ par** *Bourse* valeur nominale ; **~ partner** associé fictif ; **~ wages** salaires nominaux.

nominate *v. tr.* proposer de nommer, présenter (la candidature de), désigner, investir *[candidat],* présélectionner ; **(as)** proposer la candidature de *[qqn]* au poste de ; **~d** sélectionné, nommé *[pour un prix] ;* **the president ~d the former Attorney General for Chief Justice** le président a proposé de nommer l'ancien ministre de la Justice président de la Cour suprême ; **the members of the committee will be appointed from persons ~d by the Member states** les membres du comité seront nommés parmi les personnes présentées par les États membres.

nomination *n.* **1** nomination. **2** désignation, présentation *[d'un candidat] ;* présentation d'un candidat. **3** investiture ; **he did not win the ~** il n'a pas obtenu l'investiture du parti ; **to win the presidential ~** obtenir l'investiture en tant que candidat à la présidence.

nominator *n.* **1** personne/organisme qui présente/désigne un candidat. **2** *Math.* numérateur.

nominee *n.* **1** candidat présenté/proposé/investi *[par un parti] ;* personne/personnalité proposée/désignée *[pour un poste] ;* **the presidential ~ of the Democratic party** le candidat présenté par le Parti démocrate pour le mandat de président ; **the Republican ~** le candidat investi par le Parti républicain ; **the Supreme Court ~** la personne proposée par le président pour siéger à la Cour suprême ; **the Senate approved the President's ~** le Sénat a donné son assentiment à la nomination de la personnalité proposée par le président ; **Cabinet ~** personnalité désignée pour un poste ministériel. **2 Academy Award ~** acteur/film sélectionné pour un Oscar. **3** *RU* détenteur d'actifs/actions pour le compte d'autrui.

Non-Aligned Movement Mouvement des non-alignés.

non-appearance *n. Dr.* défaut, non-comparution *[d'un plaideur],* contumace *[d'un criminel].*

non-applicable *adj.* sans objet *[dans un tableau].*

non-cash economy *Écon.* économie non monétaire.

non-commissioned officer sous-officier.

non-committal *adj.* réservé, neutre ; **to be ~** ne pas se prononcer.

non-compliance *n.* inobservation, violation, non-respect ; non-conformité ; infraction.

non-conference line *Transp. mar.* compagnie hors conférence.

non-contentious *adj. Dr.* gracieux.

non-contributory *adj. [régime de retraite]* ne donnant pas lieu à la perception de cotisations, *[prestations sociales]* non subordonné au versement de cotisations.

non-current liabilities *Compt.* passif non exigible.

non-custodial sentence peine non privative de liberté.

non-dairy cream crème non lactée.

non-denominational *adj.* non confessionnel, neutre, laïc ; non lié à une religion particulière ; interconfessionnel, multiconfessionnel ; **~ education** enseignement laïc ; **~ religious instruction** cours de religion multiconfessionnel.

non-departmental minister ministre sans portefeuille.

non-descript *adj.* banal, (assez) quelconque, dépourvu d'originalité, ordinaire, semblable à beaucoup d'autres, que rien ne distingue des autres, comme il y en a beaucoup, terne, sans éclat.

non-durable consumer goods *Écon.* biens de consommation non durables.

non-durable goods *Écon.* biens non durables.

non-durables *n. pl. Écon.* biens non durables.

none *pron.* néant *[dans un tableau].*

non-executive director administrateur ne participant pas à la gestion.

non-factor services *Écon.* services autres que les services des facteurs.

nonfeasance *n. Dr.* inexécution d'une obligation, faute d'omission.

non-fiction *n. Bibliothéconomie* (ouvrages) documentaires. ✪ **~ book** (ouvrage) documentaire.

non-fully paid shares/stocks actions non entièrement libérées.

non-impact printer *Inf.* imprimante non-impact.

non-indictable offence *Angl.* infraction mineure.

non-invasive *adj. Méd.* non sanglant, non effractif, non invasif.

non-issue *n.* problème qui ne se pose pas, faux problème.

non-judgemental *adj. [personne]* peu enclin à porter des jugements moraux ; *[attitude]* exempt de jugement moral, neutre, objectif ; **the booklet conveys the facts in a ~ way** la brochure présente des informations factuelles, en évitant d'adopter un ton moralisateur.

non-life insurance assurance dommages, IARD, assurance autre que l'assurance vie.

non-marine insurance assurance terrestre.

non-market *adj. Écon.* non marchand ; **~ services** services non marchands.

non-member country pays tiers.

non-negotiable instrument titre non négociable.

non-nuclear weapon state État non doté d'armes nucléaires.

no-no *n. Fam.* chose strictement interdite ; **to be a ~** être à éviter absolument, être à proscrire.

non-occupational (health insurance) policy police d'assurance maladie et accidents de la vie privée.

no-nonsense *adj.* **1** *[personne]* qui ne tolère pas les frivolités ; *[personne]* ferme, résolu ; *[personne]* avisé, *[personne, chose]* sérieux, *[chose]* simple, sans fioritures inutiles, raisonnable, rationnel, sensé, de bon sens, adapté, sage, judicieux, réaliste, bien conçu, fiable, sur lequel on peut compter. **2** *[démarche]* pragmatique, pratique, utilitaire, simple.

non-payment *n.* défaut de paiement, non-paiement.

non-performing loan prêt en souffrance.

nonplussed *adj.* déconcerté, dérouté, interloqué.

non-possessory security interest *Dr.* sûreté sans dépossession.

non-prescription drug médicament en vente libre.

non-price competition *Écon.* concurrence hors prix.

non-profit(-making) *adj. [organisation]* à but non lucratif.

non-profit policy *Ass.* police sans participation (aux bénéfices).

non-proprietary name *Dr.* dénomination commune.

non-public enterprise *ÉU* société constituée sans appel public à l'épargne.

non-recurrent *adj.* unique, exceptionnel.

non-recurring expenditure dépenses non renouvelables/exceptionnelles/extraordinaires.

non-repayable *adj. [aide]* à fonds perdu.

non-residential course cours/études/formation en externat.

non-response *n. Enquêtes* non-réponse.

non-returnable container/package emballage perdu.

non-reusable packing emballage perdu.

non-rival goods *Écon.* biens indivisibles.

non-sectarian *adj. [école]* dont les activités ne sont pas inspirées par une religion spécifique.

nonsense *n.* absurdité ; **the new policy is a ~** la nouvelle politique est absurde ; **it is a complete ~** c'est totalement aberrant ; **to make a ~ of** rendre absurde, vider de son sens/de tout sens, enlever toute valeur/toute raison d'être à, dénaturer, réduire à néant ; ridiculiser.

non-sequitur *n.* **1** conclusion illogique. **2** raisonnement incorrect ; manque de logique.

non-smoking area espace non-fumeurs.

non-starter *n.* **to be a ~** *[projet]* n'avoir aucune chance de succès.

non-stick *adj. [revêtement]* antiadhésif.

non-stock corporation *ÉU* société constituée sans appel public à l'épargne.

non-stop *adj.* **1** *Transp. aériens [vol]* sans escale. **2** *[emploi du temps]* ne comportant aucun temps mort. **3** permanent, constant.

non-stop *adv.* sans interruption, sans arrêt, sans cesse.

non-suit *n. Dr.* **1** *Angl.* acquittement. **2** *ÉU* jugement de débouté ne statuant pas au fond.

non-tariff barriers *Écon.* obstacles non douaniers (aux échanges), barrières non tarifaires.

non-threatening *adj.* sécurisant.

non-trading partnership *RU* société de personnes d'exercice libéral, société civile *[regroupe généralement des médecins, des avocats ou des comptables].*

non-teaching staff *Ens.* personnel administratif.

non-union *adj. [travailleur]* non syndiqué ; *[entreprise]* n'employant pas de syndiqués.

non-voting shares actions sans droit de vote.

non-wage income *Écon.* revenus non salariaux.

no pain, no gain si cela n'est pas pénible, cela ne sert à rien.

no par stock *ÉU* action sans valeur nominale.

no-par-value share *RU* action sans valeur nominale.

NORAD (North American Air Defense Command) NORAD (Commandement de la défense aérienne de l'Amérique du Nord).

Nordic *adj.* ✪ **~ Council** Conseil nordique ; **~ Council of Ministers** Conseil des ministres des pays nordiques ; **~ countries** pays nordiques.

normal *adj. Stat.* ✪ **~ curve** courbe de Gauss ; **~ distribution** distribution normale.

north *adj.* **North American Free Trade Agreement** Accord de libre-échange nord-américain ; **North Atlantic Cooperation Council** Conseil de coopération de l'Atlantique Nord ; **North Atlantic Council** Conseil de l'Atlantique Nord ; **North Atlantic Treaty Organization** Organisation du traité de l'Atlantique Nord ; **North Country** a) nord de l'Angleterre *[au nord de l'estuaire de la Humber] ;* b) Alaska et Yukon ; **North Rhine-Westphalia** *Allemagne [la]* Rhénanie du Nord-Westphalie ; **North Sea** mer du Nord.

Northeast Passage passage du Nord-Est.

northern *adj.* ✪ **Northern Cape** *Afr. du Sud* Cap-Nord ; **~ hemisphere** hémisphère nord/boréal ; **Northern Ireland** Irlande du Nord ; **~ Province** *Afr. du Sud* Province du Nord ; **Northern Territory** *Austr.* Territoire du Nord.

Northwest *adj.* ✪ **~ Passage** passage du Nord-Ouest ; **~ Territories** *Can.* Territoires du Nord-Ouest.

NOS (network operating system) *Inf.* système d'exploitation de réseau.

nose *n.* nez *[d'un avion].* ✪ **cut off one's ~ to spite one's face** se punir soi-même par dépit, se punir soi-même comme pour punir l'autre ; **~ cone** *Esp.* coiffe *[d'une fusée] ;* **~ gear** *Aéron.* train d'atterrissage avant.

nosedive *n.* **1** piqué ; **to go into a ~** *[avion]* piquer, descendre en piqué. **2** effondrement *[des cours, d'une monnaie] ;* **to go into a ~** être en chute libre, dégringoler.

no-show *n.* **to be a ~** *[personne]* ne pas venir, ne pas se présenter, ne pas être présent, ne pas se montrer, briller par son absence.

no-smoking area espace non-fumeurs.

nostro account *Banque* compte nostro *[pl. comptes nostri].*

not *adv.* ✪ **~ applicable** sans objet ; **~-for-profit** *adj. [association]* à but non lucratif ; **~ least** notamment, en particulier ; **~ proven** *Dr. Écosse* acquittement au bénéfice du doute ; **~ surprisingly** comme il fallait s'y attendre, comme on pouvait s'y attendre, assez naturellement, bien entendu, il n'est pas surprenant que ; **~ to mention** sans oublier.

notable *adj.* **1** remarquable, excellent, de grande valeur ; mémorable ; **the Chinese space programme had several ~ early successes** le programme spatial chinois a obtenu initialement plusieurs succès remarquables. **2** important, de premier plan, éminent, connu, réputé, fameux, illustre, en vue. **3 the chairman's speech was ~ for its optimism** le discours du président se caractérisait par son optimisme.

notably *adv.* **1** remarquablement, extrêmement, particulièrement, de façon appréciable, particulièrement, nettement. **2** en particulier, notamment. **3** de façon frappante.

notarial act acte authentique.

notarize *v. tr.* (faire) authentifier, (faire) légaliser *[acte juridique]*.

notary public *notary public.*

note *v. tr.* **1** noter, prendre note de ; prendre acte de ; **it must be ~d that** il est à noter que. **2** constater, observer, déceler. **3** signaler, faire observer, relever, indiquer, faire état de ; **as ~d** comme cela a été signalé ; **the report ~s that more funds are needed** le rapport relève que des fonds supplémentaires sont nécessaires.

note *n.* **1** note ; **to take ~ of** prendre note de, prendre acte de. **2** billet de banque. **3** *Fin.* obligation. **4** *ÉU* lettre de change. ✪ **~ of hand** billet à ordre ; **~ payable** *ÉU* effet à payer ; **~ receivable** effet à recevoir ; **~s on the accounts** *RU* annexe *[du rapport annuel] ;* **~s to the financial statements** *ÉU* annexe *[du rapport annuel] ;* **of ~** digne d'intérêt, notable.

notebook (computer) ordinateur bloc-notes.

noted *adj.* (très) connu, réputé, renommé, de renom, célèbre, illustre ; **the area is ~ for its wine** la région est connue pour son vin ; **the Chinese administration is ~ for its lack of flexibility** l'administration chinoise se caractérise par son manque de souplesse ; **a ~ man** un homme illustre.

notepad computer ardoise électronique, ordinateur sans clavier.

nothing *n.* ✪ **come to ~** être vain, ne rien donner, ne servir à rien, être sans effet, se solder par un échec, rester lettre morte ; **~ if not** assurément, essentiellement, avant tout ; **stop at ~ to** tout mettre en œuvre pour, ne reculer devant rien/aucun moyen pour, remuer ciel et terre pour.

notice *n.* **1** avis, communication ; notification ; avertissement ; **advance/prior ~** avertissement, notification préalable ; **to bring sth to sb's ~** porter qqch. à la connaissance de qqn ; faire part de qqch. à qqn ; **to come to sb's ~** être remarqué par qqn, *[nouvelle]* être porté à la connaissance de qqn ; **it has come to her ~ that** elle a appris que ; **to give/serve sb ~ of sth** annoncer/notifier/signifier qqch. à qqn ; **to give prior ~ of sth to sb** aviser au préalable qqn de qqch. ; **to put on ~** avertir ; **until further ~** jusqu'à nouvel ordre ; **by ~ in writing** par notification écrite. **2** préavis ; **~ of redundancy** préavis de licenciement ; **to give in/hand in one's ~** donner son préavis ; **to give ~** donner son préavis ; **to give an employee ~** donner son préavis à un travailleur, licencier un travailleur ; **the workers were given only seven days' ~ of the plant closure** les travailleurs n'ont été avertis de la fermeture de l'usine que sept jours avant qu'elle ne se produise ; **employees should give a 10-day ~ before going on strike** les salariés doivent donner un préavis de 10 jours avant de faire grève ; **a ~ of a week is required for withdrawal of funds** un préavis d'une semaine est exigé pour le retrait de fonds ; **prices subject to change without ~** prix susceptibles d'être modifiés sans préavis. **3** attention ; **to take ~ of** prêter attention à ; **to achieve ~** se faire remarquer ; **to escape sb's ~** ne pas être remarqué par qqn, échapper à qqn ; **it has escaped their ~** ils ne s'en sont pas rendu compte ; **to attract ~** attirer l'attention ; **to attract/win little ~** passer presque inaperçu. **4** délai ; **at a moment's ~** sur-le-champ, à tout moment ; **at/on short ~** à bref délai, au pied levé ; **to do sth on 48 hours' ~** faire qqch. dans les 48 heures ; **to be able to do sth at a few hours' ~** pouvoir faire qqch. dans un délai de quelques heures. **5** *pl.* critiques *[d'un film/livre] ;* **the play received mixed ~s** la pièce n'a pas fait l'unanimité parmi les critiques. ✪ **~ account** *Banque* compte à préavis ; **~-board** *n. RU* tableau d'affichage ; **~ of abandonment** *Ass. mar.* avis de délaissement ; **~ of assessment** *Fisc.* avertissement ; **~ of call for tenders** avis d'appel d'offres ; **~ of claim** *Ass.* déclaration de sinistre ; **~ of withdrawal** *Banque* préavis de retrait ; **~ period** délai de préavis, délai-congé.

noticeable *adj.* perceptible, net, clair, manifeste, appréciable, sensible ; **barely ~** à peine perceptible ; **to be ~** apparaître, se manifester, se remarquer.

notifiable disease maladie à déclaration obligatoire.

notion *n.* **1** notion. **2** opinion, idée ; **the ~ that all men are born equal** l'idée que tous les hommes naissent égaux.

notional *adj.* abstrait, fictif, virtuel, théorique.

notorious *adj.* connu, tristement célèbre, de sinistre mémoire, grave ; **Bangkok is ~ for its traffic congestion** Bangkok est connue pour ses embouteillages ; **the city is ~ for prostitution** la ville est tristement célèbre pour la prostitution qui y sévit.

notwithstanding *prép.* nonobstant, par dérogation à/aux dispositions de ; **Article 7 ~** par dérogation à l'article 7 ; **~ the foregoing** sans préjudice de ce qui précède, ce qui précède ne fait pas obstacle à ce que.

Nova Scotia *Can.* Nouvelle-Écosse.

Novaya Zemlya *Russie* Nouvelle-Zemble.

novel *adj.* original, inédit, (d'un genre) nouveau, sortant de l'ordinaire, qui sort des sentiers battus, peu orthodoxe, inhabituel, peu ordinaire, singulier, inattendu.

novelty *n. Comm.* gadget.

now *adv.* ✪ **by ~** maintenant ; **every ~ and again/then** de temps en temps ; **for ~** pour le moment ; **from ~ on** dorénavant ; **~ and again/then** de temps en temps ; **~... ~** tantôt... tantôt.

NOW account (negotiable order-of-withdrawal account) *ÉU* compte de chèques rémunéré.

nowhere *adv.* **to get/go ~** *Fig. [personne]* n'obtenir aucun résultat, *[efforts]* ne rien donner, ne pas faire avancer les choses ; **he was getting ~** il tournait en rond.

no-win situation situation sans issue/impossible/inextricable, affaire perdue d'avance, dilemme, bourbier, guêpier ; **to be in a ~** être dans une situation sans issue, être coincé.

NO_X (nitrogen oxides) NO_X (oxydes d'azote).

noxious *adj. [émission]* toxique.

nozzle *n. Esp.* tuyère *[de fusée]*.

NPISH (non-profit institutions serving households) ISBLSM (institutions sans but lucratif servant les ménages).

NPT (Treaty on the Non-Proliferation of Nuclear Weapons) traité sur la non-prolifération des armes nucléaires.

NPV (net present value) valeur actuelle nette.

NRA (National Rifle Association) *ÉU* Association nationale pour les armes à feu.

NSA (National Security Agency) *ÉU* Service de la sécurité nationale.

NSAID (nonsteroidal anti-inflammatory drug) AINS (anti-inflammatoire non stéroïdien).

NSC (National Security Council) *ÉU* Conseil de sécurité nationale.

NSF (National Science Foundation) *ÉU* Fondation nationale de la science.

nth *adj.* énième, nième, ixième.

NTSB (National Transportation Safety Board) *ÉU* NTSB (Organisme national pour la sécurité des transports).

nuclear *adj.* ✪ **~ cell** pile nucléaire ; **~ device** engin nucléaire ; **~ engineering** génie nucléaire ; **~ family** famille nucléaire ; **~ fission** fission nucléaire ; **~ football** *ÉU* mallette contenant les codes de lancement des missiles nucléaires ; **~-free zone** zone libre d'armes nucléaires ; **~ magnetic resonance** résonance magnétique nucléaire ; **~ magnetic resonance imaging** imagerie par résonance magnétique nucléaire ; **~ magnetic resonance imaging scanner** remnographe ; **~-powered** *adj. [sous-marin]* à propulsion nucléaire ; **~ power station** centrale nucléaire ; **~ safety** sûreté nucléaire ; **~ umbrella** bouclier nucléaire ; **~ weapon state** État doté d'armes nucléaires.

nugatory *adj.* **1** *[montant]* négligeable. **2** *Dr.* nul ; inopérant.

nuisance *n.* **1** désagrément, difficulté, (source d') embarras, (source de) contrariété, gêne, élément perturbateur ; contretemps ; fauteur de trouble, personnage agaçant/dérangeant, gêneur ; **to be a ~** être désagréable/frustrant/ennuyeux/embarrassant/insupportable/une source de désagrément/de problèmes ; **to make a ~ of oneself** indisposer tout le monde. **2** *Dr.* trouble de voisinage. ✪ **~ call** appel malveillant ; **~ value** capacité à susciter des problèmes.

null *adj.* ✪ **~ and void** *Dr.* nul et de nul effet ; **~ hypothesis** *Stat.* hypothèse nulle *[= hypothèse, soumise à un test statistique, selon laquelle les différences observées entre deux séries d'observations ne sont pas significatives].*

nullify *v. tr.* **1** *Dr.* rendre nul ; déclarer nul. **2** annuler, neutraliser. **3** anéantir, réduire à néant, ruiner, vider de sa substance, vider de son sens, enlever toute valeur à ; **the population growth will ~ the increase in food production** la croissance démographique réduira à néant l'augmentation de la production de denrées alimentaires ; **the new statute is in effect ~ing the treaty** la nouvelle loi a pour effet de vider le traité de sa substance.

number *n.* **1** nombre ; **a ~ of** un certain nombre de, plusieurs, une série de ; **any ~ of** toute une série de, un grand nombre de, de nombreux ; **a small ~ of** quelques ; **in large ~s** en grand nombre, en masse, massivement ; **among their ~** en leur sein ; **the members shall elect one of their ~ as chairman** les membres élisent un président en leur sein. **2** indice ; **acid ~** indice d'acide. **3** effectifs, population ; **staff ~s** effectifs ; **representatives shall be apportioned among the several states according to their respective ~s** chaque État a un nombre de représentants proportionnel à sa population. ✪ **~ crunching** *Inf.* très grand nombre d'opérations numériques ; traitement de données numériques, calcul(s) ; **~-crunching** *adj. [ordinateur]* réalisant un très grand nombre d'opérations numériques ; **~ plate** plaque d'immatriculation/minéralogique *[de véhicule]* ; **~ sign** dièse, symbole #.

numbered account *Banque* compte numéroté.

numeracy *n.* aptitude au calcul, maîtrise du calcul, compréhension des mathématiques ; **~ programme** programme d'initiation au calcul.

numerate *adj.* maîtrisant le calcul ; ayant des dispositions pour les mathématiques, capable de jongler avec les chiffres.

numeric keypad *Inf.* pavé numérique.

Nunavut *Can. [le]* Nunavut.

nurd *n. voir* nerd.

nurse *v.* **1** *tr.* soigner *[malade, maladie, blessure],* prodiguer des soins à ; **to ~ sb back to health** soigner qqn jusqu'à sa guérison, remettre qqn sur pied. **2** *intr.* exercer la profession d'infirmier, travailler comme infirmier. **3** *tr.* favoriser, protéger, permettre de prospérer, entretenir soigneusement, entourer de soins attentifs, cultiver, veiller à l'épanouissement de, accompagner. **4** *tr.* allaiter, donner le sein à. **5** *intr.* prendre le sein, téter ; être nourri au sein. **6** *tr.* nourrir *[ambition, rancune],* éprouver *[sentiment].*

nurse *n.* infirmier ; *pl.* personnel infirmier. ✪ **~'s aid** aide-infirmier.

nursery *n.* **1** pouponnière. **2** crèche. **3** école maternelle. **4** zone de reproduction, zone d'alevinage. ✪ **~ class** classe maternelle ; **~ education** enseignement préélémentaire ; **~ nurse** puéricultrice ; **~ rhyme** poème (traditionnel) pour petits enfants ; **~ school** école maternelle.

nursing *n.* **1** soins infirmiers. **2** profession d'infirmier. **3** allaitement. ✪ **~ assistant** aide-soignant ; **~ bottle** biberon ; **~ care** soins infirmiers ; **~ home** a) maison de retraite médicalisée ; b) établissement d'hébergement médicalisé, établissement d'hébergement pour personnes dépendantes, établissement de soins de longue durée ; c) *RU* petite clinique privée ; **~ officer** infirmier chef, surveillant ; **~ school** institut de formation en soins infirmiers ; **~ staff** personnel infirmier.

nursing mother/woman mère/femme allaitante.

nurture *v. tr.* **1** favoriser le développement de, veiller au développement optimal de *[enfant],* s'occuper de, prendre soin de, veiller au bien-être de, prendre soin de, entourer de soins attentifs. **2** favoriser, protéger, permettre de prospérer, entretenir soigneusement, cultiver, veiller à l'épanouissement de, accompagner. **3** nourrir *[ambitions].*

nurture *n.* acquis.

nurturing *adj.* protecteur.

nut *n. pl. Agr.* fruits à coque.

nutrient *n.* nutriment.

nutshell *n. Fig.* **in a ~** en résumé, pour résumer, en bref, en un mot, en quelques mots, lapidairement, très schématiquement.

NVQ (National Vocational Qualifications) *RU* Certificat national de qualification professionnelle.

NYPD (New York Police Department) police de New York.

NYSE (New York Stock Exchange) Bourse de New York, *New York Stock Exchange, Wall Street.*

NZ (New Zealand) Nouvelle-Zélande.

O

O and M (organization and methods) O et M (organisation et méthodes).

OAP (old-age pensioner) *RU* retraité.

OAPEC (Organization of Arab Petroleum Countries) OPAEP (Organisation des pays arabes exportateurs de pétrole).

OAS (Organization of American States) OEA (Organisation des États américains).

oath *n.* ✪ **~ of office** serment d'entrée en fonctions ; **~ taking** prestation de serment ; **on/under ~** sous serment, sous la foi du serment.

OAU (Organization of African Unity) OUA (Organisation de l'unité africaine).

obeisance *n.* soumission, déférence ; **to pay ~ to** respecter *[principe].*

obfuscate *v.* **1** *tr.* obscurcir ; **to ~ the issue** brouiller les cartes, noyer le poisson, tergiverser, recourir à des faux-fuyants, jeter la confusion, esquiver le problème. **2** *intr.* brouiller les cartes, noyer le poisson, tergiverser, recourir à des faux-fuyants, jeter la confusion, esquiver le problème ; **when in doubt, ~** en cas de doute, noyez le poisson.

obfuscation *n.* faux fuyants.

obiter dictum *Dr.* observation incidente.

object *v. intr.* élever/formuler une/des objection(s) ; **(to)** être hostile à, être opposé à ; s'élever contre, élever/formuler une/des objection(s) contre, manifester son opposition à, s'insurger contre, contester ; **consumers ~ to unwarranted price increases** les consommateurs n'apprécient pas les augmentations de prix injustifiées ; **the committee ~ed to this broad interpretation** le comité a contesté cette interprétation large.

object *n.* **1** objet. **2** *Sociétés* objet social. **3** obstacle ; **money is no ~** l'argent ne compte pas. ✪ **~ language** *Inf.* langage à objets, langage orienté objet ; **~ lesson** illustration ; **~ linking and embedding** *Inf.* liaison et incorporation d'objets ; **~-(oriented) programming** *Inf.* programmation orientée objet ; **~-oriented software** logiciel orienté objet ; **~s clause** *Sociétés* clause de l'acte constitutif relative à l'objet social.

objection *n. Dr.* exception ; fin de non-recevoir ; **to enter/file/raise an ~** a) faire/former opposition ; b) soulever une objection *[lors d'un procès].*

objectionable *adj.* critiquable, contestable, répréhensible ; déplaisant, indésirable, déplacé, peu recommandable.

obligate *v. tr. ÉU* utiliser *[fonds] ;* **to be ~d** *[montant]* faire l'objet d'un engagement de dépenses.

obligated capital capital souscrit.

obligation *n.* **1** *[s'acquitter d'une]* obligation. **2** *Fin.* titre de créance. **3** *Budget ÉU* engagement de dépenses ; dépense engagée.

oblige *v.* **1** *tr.* obliger, forcer. **2** *tr.* obliger, rendre service à. **3** *intr.* faire ce qu'on lui demande.

obligee *n.* titulaire d'une créance, créancier.

obligor *n.* **1** débiteur. **2** obligé.

oblique *adj. Fig.* indirect ; **~ reference** allusion.

obliterate *v. tr.* détruire totalement, anéantir, rayer de la carte ; effacer, abolir ; **the army ~d all evidence of the killings** l'armée a effacé toute trace des massacres ; **the Internet ~s distance** Internet abolit les distances.

obscene *adj.* **1** obscène ; *[publication]* pornographique. **2** répugnant, choquant, scandaleux, honteux, indécent, révoltant, abominable, monstrueux ; **~ profit** bénéfice indécent.

obscenity *n.* **1** obscénité ; pornographie ; acte/propos/insultes obscène(s) ; *Dr.* outrage aux bonnes mœurs. **2** *Fig.* abomination, monstruosité, scandale.

obscure *v. tr.* **1** masquer, cacher, dissimuler, éclipser, occulter, laisser dans l'ombre, escamoter ; faire perdre de vue, faire oublier ; **to be ~d** passer inaperçu ; **to ~ the real issue** escamoter le véritable problème ; **these achievements should not ~ the problems** ces réalisations ne doivent pas faire perdre de vue les problèmes. **2** rendre inintelligible/confus/obscur, obscurcir, embrouiller.

observance *n.* **1** respect, observation *[des lois, d'un traité, de droits] ;* application *[de règles].* **2** célébration *[d'une fête].* **3** *pl.* pratiques (religieuses), cérémonie, rite(s).

observe *v. tr.* **1** observer. **2** faire observer, relever, constater, noter. **3** respecter *[réglementation],* observer, se plier à.

obsessive-compulsive disorder trouble obsessionnel compulsif.

obsolete *adj.* dépassé, démodé, périmé, obsolète, daté, suranné, archaïque, désuet, vieilli, vieillot, caduc, tombé en désuétude, vétuste, révolu, d'un autre âge, du passé, appartenant au passé, qui a fait son temps, passéiste ; **to be ~** dater ; **this term is becoming ~** ce terme est de moins en moins usité ; **to abolish grants to companies operating ~ plants** supprimer les aides aux entreprises qui exploitent des usines qui ont fait leur temps.

obtain *v.* **1** *tr.* obtenir, recueillir, recevoir, se procurer. **2** *intr.* se produire, être le cas, se présenter, exister, être en vigueur ; **the situation ~ing** la situation constatée/observée ; **the situation ~ing in Ethiopia** la situation en Éthiopie ; **the steps taken will depend on the situation that ~s after the reorganization** les mesures prises dépendront de la situation qui se présentera après la réorganisation ; **the practices traditionally ~ing in the industry** les usages traditionnellement appliqués dans le secteur.

obtaining (property) by deception *Dr.* escroquerie.

obviate *v. tr.* **1** devancer *[objection],* anticiper, prévenir. **2** parer à ; éliminer, supprimer. **3 to ~ (the need for)** rendre inutile/superflu.

obvious *adj.* **it is ~ that** il saute aux yeux que ; **to state the ~** énoncer une vérité d'évidence, énoncer une lapalissade, enfoncer une porte ouverte.

OCAS (Organization of Central American States) Organisation des États d'Amérique centrale.

Occam's razor principe de parcimonie, rasoir d'Occam.

occasion *n.* **1** situation, circonstance(s), cas ; occasion ; **on that ~** alors ; **on one ~** un jour ; **to be equal to/to rise to the ~** être/se montrer à la hauteur de la situation/des circonstances ; **for the ~** pour la circonstance ; **a play performed for the ~** une pièce représentée pour la circonstance. **2** fois, reprise, occasion ; **on**

several ~s à plusieurs reprises ; **on ~(s)** parfois, dans certains cas, à l'occasion, de temps en temps. **3** manifestation, événement, cérémonie, séance. **4** réception, soirée, rencontre, réunion entre amis, fête. **5** possibilité, occasion ; **to be an ~ for** a) permettre, donner la possibilité de, être l'occasion de ; b) être un moment propice à. **6** raison, cause, occasion ; **to be the ~ for** susciter, donner lieu à. **7** besoin ; **there is no ~ for** il n'y a pas lieu de.

occupant *n.* **the present White House ~** l'hôte actuel de la Maison Blanche.

occupation *n.* **1** occupation. **2** profession, activité professionnelle. **3** activité.

occupational *adj.* ✪ **~ accident** accident du travail ; **~ disease** maladie professionnelle ; **~ hazard** risque professionnel ; **~ health** hygiène du travail, santé des travailleurs ; **~ medicine** médecine du travail ; **~ parity** *ÉU* parité d'emploi par profession pour les groupes protégés *[= égalité des proportions représentées par les groupes protégés dans les différentes professions dans l'entreprise considérée avec les proportions correspondantes dans l'ensemble de la population active] ;* **~ pension scheme** *RU* régime de retraite complémentaire organisé par l'employeur *[qui se substitue au régime de retraite complémentaire de l'État] ;* **~ physician** médecin du travail ; **~ safety** sécurité du travail ; **Occupational Safety and Health Administration** *ÉU* Administration de l'hygiène et de la sécurité du travail ; **~ therapist** ergothérapeute ; **~ therapy** ergothérapie.

occur *v. intr.* **1** *[événement]* se produire. **2** apparaître, se présenter, *[idée]* venir à l'esprit.

occurrence *n.* **1** événement, fait, incident, phénomène ; **to be a common ~** être monnaie courante. **2** manifestation, cas, venue, apparition, présence, fréquence ; **the ~ of female circumcision has dropped sharply** la fréquence de l'excision s'est considérablement réduite. **3** occurrence *[d'un mot] ;* **the first ~ of the word in the text** la première fois que le mot apparaît dans le texte.

ocean *n.* ✪ **~ farming** mariculture ; **~ floor** fond océanique ; **~-going** *adj. [navire]* de mer.

Ockham's razor principe de parcimonie, rasoir d'Occam.

OD (overdose) surdose.

OCR (optical character recognition) ROC (reconnaissance optique de caractères). ✪ **~ software** logiciel de reconnaissance de caractères.

ODA (official development aid) APD (aide publique au développement).

odd *n. pl.* **1** chances, probabilité, risque ; **the ~s are that** il y a fort à parier que ; **the ~s shortened** les chances ont augmenté ; **the ~s are too long against the Labour candidate** les chances d'élection du candidat travailliste sont trop minces ; **this procedure improves the ~s of surviving prostate cancer** cette intervention augmente la probabilité de survivre au cancer de la prostate. **2** contradiction, conflit ; **to be at ~s** *[deux choses]* être en conflit ; **at ~s with** en contradiction avec, qui va à l'encontre de, en porte-à-faux avec ; **to be at ~s with** ne pas concorder avec, être en contradiction avec ; être en conflit avec. ✪ **against all ~s** a) contre toute attente ; b) par un hasard incroyable ; c) malgré tous les obstacles ; **over the ~s** le prix fort ; *[***to pay over the ~s** payer le prix fort/un prix excessif*]*.

odd *adj.* **1** *[personne]* bizarre, excentrique, *[chose]* curieux, drôle, singulier, étrange ; exceptionnel. **2** un peu plus de ; **50-~** une bonne cinquantaine de. **3** occasionnel ; **we only sell diamonds, except for the ~ emerald** nous ne vendons que des diamants, abstraction faite d'une émeraude de temps en temps. ✪ **~ jobs** travaux occasionnels, petits boulots ; **~ lot** *Bourse* rompu ; **~ one out** a) personne hors norme/différente des autres/qui se singularise ; b) élément qui ne fait pas partie de l'ensemble, élément qui n'est pas à sa place, intrus.

Odysseus *n.* Ulysse.

odoriferous *adj.* **1** odorant ; odoriférant, parfumé. **2** puant, malodorant, fétide, nauséabond, pestilentiel.

OECD (Organization for Economic Co-operation and Development) OCDE (Organisation de coopération et de développement économiques).

OEM (original equipment manufacturer) **1** fabricant de composants *[vendus à des entreprises qui les incorporent dans leurs propres produits].* **2** utilisateur de composants externes *[= entreprise fabriquant ses produits à partir de composants produits par des entreprises spécialisées].*

off *adj., adv., prép.* **the vessel sank ~ Sumatra** le navire a sombré au large de Sumatra. ✪ **~-balance sheet** non inscrit au bilan ; **~-balance sheet exposures** engagements hors-bilan ; **~-centre** *adj. Fig.* sortant de l'ordinaire, non conventionnel, décalé ; **~-course betting** paris en dehors des champs de course ; **~ duty** *[***to be ~ duty** ne pas être en service*] ;* **~-licence** *n. RU* magasin vendant des boissons alcoolisées ; **~-line** *adj. Internet* hors connexion ; **~-peak hours/times** heures creuses ; **~-price retailer** discount *[magasin] ;* **~ season** morte-saison ; **~-season rate/tariff** tarif hors saison ; **~-the-job training** formation en dehors de l'entreprise ; **~ the record** à titre confidentiel, sous le couvert de l'anonymat, en privé ; non destiné à la publication/à être divulgué ; **~-the-shelf** *adj.* standard *[= non fait sur mesure],* immédiatement disponible ; disponible dans le commerce, du commerce ; **~-the-shelf company** *RU* société prête à l'emploi *[son acquisition permet à un entrepreneur de se lancer immédiatement dans des activités quelconques] ;* **~-year election** *ÉU* élections à mi-mandat présidentiel.

offence *n. Dr.* infraction, violation, atteinte ; délit ; crime ; **under that bill, it would be an ~ to** ce texte réprimerait. ✪ **~ against property** délit contre les biens ; **~ against public order** atteinte à la tranquillité publique ; atteinte à l'ordre public ; **~ against the person** délit/crime contre les personnes ; **~ triable either way** *Angl.* infraction susceptible d'être jugée comme infraction grave ou mineure ; **take ~** être choqué, se formaliser.

offend *v.* **1** *tr.* blesser, heurter la susceptibilité de, offenser, choquer, offusquer. **2** *intr.* commettre un délit/crime.

offender *n.* auteur *[d'un délit],* contrevenant(e), délinquant(e).

offending *adj.* **1** *[personne]* qui prête le flanc à la critique, coupable d'un écart de conduite, dont le comportement laisse à désirer, pris en défaut, qui ne remplit pas ses obligations. **2** *[chose]* critiquable, problématique, qui fait problème, en cause, litigieux, incriminé ; **the ~ passages in the biography were edited out** les passages problématiques de la biographie ont été coupés ; **the ~ pollutants have not been studied** les polluants en cause n'ont pas été étudiés.

offensive *adj.* **1** désobligeant, insultant, blessant, irritant, offensant ; choquant, scandaleux, inconvenant, de mauvais goût, vulgaire ; **many Muslims find this book ~** de nombreux musulmans sont choqués par cet ouvrage ; **an ~ waste of resources** un scandaleux gaspillage de ressources. **2** *[odeur]* désagréable, répugnant, incommodant, nauséabond. **3** *[arme]* offensive. ✪ **~ language** mots crus, propos crus.

offer *n.* offre ; *Dr.* offre, pollicitation ; *Comm.* offre spéciale. ✪ **~ for sale** *Fin. RU* émission publique de titres *[par un détenteur autre que l'émetteur] ;* **~ price** a) *Bourse* cours vendeur ; b) *FCP* prix d'émission ; **on ~** disponible, offert, proposé.

offeree *n. Dr.* destinataire de l'offre. ✪ **~ company** société cible *[d'une OPA].*

offering *n. Fin.* émission publique *[de titres].*

offeror *n.* **1** *Dr.* auteur de l'offre, offrant, pollicitant. **2** offrant *[en cas d'OPA].*

office *n.* **1** bureau ; cabinet *[d'un avocat].* **2** office, administration ; **the Prime Minister's ~** les services du Premier ministre. **3** charge, mandat, fonction(s), emploi, poste ; **presidential ~** mandat présidentiel, fonction présidentielle, présidence ; **should the president die in ~** au cas où le président viendrait à décéder en cours de mandat ; **to assume ~** entrer en fonction, prendre ses fonctions ; **to come in(to) ~** a) *[personne]* entrer en fonction ; b) *[parti]* arriver aux affaires, accéder/arriver au pouvoir ; **to hold ~** a) *[personne]* être en fonction, exercer son mandat/ses fonctions ; b) *[parti]* être au pouvoir ; **committee members shall hold ~ for three years** les membres du comité exercent leur mandat pendant trois ans ; **the President cannot hold any other ~** le président ne peut remplir d'autres fonctions ; **to leave ~** cesser ses fonctions ; **in ~** au pouvoir ; **she was in ~ from 1979 to 1990** elle a été au pouvoir de 1979 à 1990 ; **to take ~** a) *[personne]* entrer en fonction, prendre ses fonctions ; b) *[gouvernement]* arriver au pouvoir. ✪ **~ accommodation** (locaux à usage de) bureaux ; **~ automation** bureautique ; **~ bearer** membre du bureau *[d'une assemblée/association] ;* **~ block** *RU* immeuble de bureaux ; **~ clerk** commis ; **~ copy** expédition ; **~ equipment** matériel de bureau ; **Office for Official Publications of the European Communities** Office des publications officielles des Communautés européennes ; **Office for Standards in Education** *Angl.* Organisme de surveillance de la qualité de l'enseignement ; **~ hours** heures de bureau, heures d'ouverture ; **Office of Fair Trading** *RU* Bureau de la concurrence ; **Office of Management and Budget** *ÉU* Bureau du budget ; **Office the High Commissioner for Human Rights** Haut-Commissariat aux droits de l'homme ; **Office of the United Nations High Commissioner for Refugees** *ONU* Haut-Commissariat des Nations Unies pour les réfugiés ; **Office the United Nations High Commissioner for Human Rights** Haut-Commissariat des Nations Unies aux droits de l'homme ; **~ space** locaux à usage de bureaux ; **~ worker** employé de bureau.

officer *n.* **1** *Mil.* officier. **2** fonctionnaire, agent, préposé, employé ; **police ~** agent de police ; **CIA ~** agent de la CIA. **3** dirigeant *[d'une société].* **4** *pl.* bureau *[d'une assemblée/association].*

official *n.* fonctionnaire, membre du personnel, agent, employé, représentant ; responsable, dirigeant, haut fonctionnaire, personnalité, officiel ; *pl.* autorités ; **a Microsoft ~ denied the rumour** un représentant de Microsoft a démenti la rumeur ; **public health ~s** responsables de la santé publique.

official *adj.* officiel ; public ; *[approbation]* des autorités ; *[voiture]* de service ; **to give ~ status to** institutionnaliser ; **Russia's ~ creditors** les États créanciers de la Russie. ✪ **~ capacity** *[***in an ~ capacity, in his ~ capacity** dans l'exercice de ses fonctions (officielles)*] ;* **~ debt** dette publique ; **~ development aid** aide publique au développement ; **~ exchange rate** taux de change/cours officiel ; **Official Journal of the European Communities** Journal officiel des Communautés européennes ; **Official List** *Bourse RU* bulletin de la cote officielle ; **~ quotation** *Bourse* cotation ; **~ receiver** *RU* administrateur provisoire *[des biens d'un failli],* administrateur séquestre ; **Official Secrets Act** *RU* loi sur les secrets d'État ; **Official Solicitor** *Angl. Official Solicitor [représente des mineurs, des incapables et des personnes emprisonnées pour outrage à magistrat] ;* **~ transfers** *Bal. des paiements* transferts publics ; **on ~ business** dans l'exercice de ses fonctions ; *[***the personnel manager went twice to London on ~ business** le chef du personnel s'est rendu deux fois à Londres dans l'exercice de ses fonctions*].*

officious *adj.* **1** autoritaire, prompt/trop enclin à donner des ordres, désireux de tout régenter. **2** prompt/trop enclin à donner des conseils, prodigue en conseils et services non sollicités, trop empressé, enclin à se mêler de tout. **3** officieux.

offprint *n.* tiré à part *[d'un article] ;* tirage à part.

offset *v. tr.* **1** compenser, neutraliser, contrebalancer, équilibrer, annuler, réduire (à néant), corriger, venir en déduction de, résorber, éponger, atténuer, pallier ; **the increasing number of vehicles has ~ the benefits of the use of cleaner fuels** l'augmentation du nombre de véhicules a réduit à néant les avantages résultant de l'utilisation de carburants plus propres. **2 (against)** déduire de.

offset *n.* ✪ **~ lithography** offset ; **~ machine** presse offset ; **~ printer** a) presse offset ; b) offsettiste ; **~ printing** offset.

offsetting *n.* compensation. ✪ **~ of debts and claims** compensation des dettes et créances.

offsetting contract/transaction *Marché à terme* contrat/opération de sens contraire.

offshoot *n. Fig.* **1** branche, embranchement, ramification. **2** émanation, branche *[d'une organisation militante],* organisme/mouvement issu de ; **an ~ of a nationalist organization** un mouvement issu d'une organisation nationaliste ; **the Dutch ~ of Médecins sans frontières** la section néerlandaise de Médecins sans frontières. **3** philosophie/idéologie/courant/système/activité/produit/version dérivé(e)/issu(e) ; **Christianity is an ~ of Judaism** le christianisme est une religion issue du judaïsme ; **an ~ of an earlier airplane** une version dérivée d'un avion antérieur.

offshore *adj.* **1** (situé) au large des côtes, en mer ; **~ mining** exploitation minière au large des côtes ; **mineral resources in Asian ~ areas** ressources minérales situées au large des côtes de l'Asie. **2** *Fig. [production]* délocalisé, *[filiale]* implanté à l'étranger. ✪ **~ drilling** forage en mer ; **~ financial centre** centre financier offshore ; **~ financial market** marché financier offshore ; **~ bank** banque offshore, banque de paradis fiscal ; **~ fishery** pêche hauturière ; **~ investment** placement dans un paradis fiscal ; **~ rig** plate-forme de forage au large des côtes.

offshore *adv.* à l'étranger ; **to foster German investment ~** encourager les investissements allemands à l'étranger.

offtrack betting *ÉU* paris en dehors des champs de course.

Ofsted (Office for Standards in Education) *Angl.* Organisme de surveillance de la qualité de l'enseignement.

often adv. ✪ **as ~ as not** bien souvent, dans la majorité des cas, le plus souvent, en général ; **more ~ than not** généralement, en règle générale, le plus souvent, très souvent.

O'Hare *n. ÉU* aéroport O'Hare de Chicago.

OIC (Organization of the Islamic Conference) OCI (Organisation de la conférence islamique).

oil *n.* ✪ **~ carrier** pétrolier ; **~ dispersant** dispersant ; **~ field** champ pétrolifère ; **~-fired** *adj. [chauffage]* au mazout, *[centrale]* au fioul ; **~ palm** palmier à huile ; **~ patch** industrie pétrolière ; **~ platform** plate-forme pétrolière ; **~ pollution** pollution par le pétrole/les hydrocarbures ; **~ price** cours du pétrole ; **~ production** extraction/production de pétrole ; **~-rig** *n.* a) plate-forme de forage ; b) plate-forme pétrolière ; **~s and fats** matières grasses ; **~ shale** schiste bitum(in)eux ; **~ slick** marée noire, nappe de pétrole ; **~ spill** déversement de pétrole ; **~ tanker** a) pétrolier ; b) camion-citerne ; c) wagon-citerne ; **~ terminal** terminal pétrolier ; **~ well** puits de pétrole.

oilseeds *n. pl.* graines oléagineuses.

OLAF (European Anti-Fraud Office) *UE* OLAF (Office européen de lutte antifraude).

old *n.* ✪ **the very ~** les grands vieillards.

old *adj. [personne]* âgé, vieux, *[matériel]* ancien, vétuste. ✪ **~ age** vieillesse, vieux jours ; **~-age insurance** assurance vieillesse ; **~-age pension** pension de retraite ; **Old Bailey** *RU* tribunal pénal de l'Old Bailey ; **~ boys** anciens élèves ; **~ boys network** groupe d'anciens condisciples, réseau d'anciens élèves ; **~er workers** travailleurs âgés ; **~-fashioned** *adj. [personne]* vieux jeu, de la vieille école, *[chose]* dépassé, passé de mode, désuet, à l'ancienne, archaïque ; *Fam.* ringard ; *[***the unit still relies on ~-fashioned methods of work** le service utilise encore des méthodes de travail archaïques*]* ; **Old Glory** *ÉU* bannière étoilée ; **~ hand** vétéran, vieux routier ; **Old Lady of Threadneedle Street** Banque d'Angleterre ; **~-line** *adj.* a) ancien, établi depuis de longues années/de longue date, vénérable ; b) traditionnel, traditionaliste, conservateur, de la vieille école, à l'ancienne, « ancienne manière » ; **~ people's home** maison de retraite ; **~ share** *Bourse* action ancienne ; **you can't teach an ~ dog new tricks** avec l'âge, on n'apprend plus, à son âge on n'apprend plus rien/ce genre de chose.

OLE (object linking and embedding) *Inf.* liaison et incorporation d'objets.

Olympian *adj.* **1** olympien. **2** olympique. **3** *ÉU [effort]* colossal.

O & M (organization and methods) O & M (organisation et méthodes).

Omani *adj.* omanais.

OMB (Office of Management and Budget) *ÉU* Bureau du budget.

ombudsman *n.* médiateur.

omnibus *adj.* portant sur/abordant un grand nombre de questions ; multiple ; *[mot]* fourre-tout. ✪ **~ bill** *RU* projet de loi portant sur des matières diverses.

on *adv., prép.* **1 to be ~** devoir avoir lieu ; **to be still ~** (devoir) avoir lieu comme prévu. **2** *Dr.* examiné, entendu ; **the case is ~ in the county court** l'affaire est entendue par la *county court.* **3** selon, sur la base de ; **~ best estimates** selon les estimations les plus fiables ; **~ past form** à la lumière de l'expérience ; **~ the evidence available** selon les informations disponibles ; **~ current trends, India's population will account for one-fifth of world's population by 2030** si les tendances actuelles se maintiennent, la population de l'Inde représentera un cinquième de la population mondiale en 2030. **4** par rapport à ; **the price is 10% down ~ 1997** le prix a baissé de 10 % par rapport à 1997. ✪ **~-board** *adj. [ordinateur]* embarqué, de bord ; **~-board bill of lading** connaissement « embarqué » ; **~ line** *voir* online ; **~-the-job training** formation sur le lieu de travail/en cours d'emploi/sur le tas.

once *conj.* **1** une fois que, dès que, dès l'instant où. **2** dans la mesure où, puisque.

once-off *adv.* une seule fois, exceptionnellement.

oncosts *n. pl. RU* frais généraux.

one *adj.* ✪ **at ~** *[être]* d'accord ; **for ~** pour sa part ; **~-armed bandit** bandit manchot ; **~-man business/firm** entreprise unipersonnelle ; **One Nation** *Austr.* One Nation *[= parti politique]* ; **~-nation Conservative** *RU* Conservateur modéré ; **~-night stand** *Fig.* rencontre sexuelle sans lendemain ; **~-off** *n. RU* cas/événement/incident/phénomène isolé, phénomène ne pouvant pas se reproduire ; *[***this success appears to be a ~-off** il semble que ce succès soit resté sans lendemain*]* ; **~-off** *adj.* ponctuel, sporadique, spécial, non renouvelable, non renouvelé, isolé, exceptionnel, ad hoc, unique ; *[***~-off costs** dépenses non renouvelables ; **~-off opportunity** occasion qui ne se représentera pas ; **~-off payment** paiement unique*]* ; **~-on-~** *[formation]* individualisé ; **~-on-~ meeting** tête-à-tête, face à face ; **~-parent family** famille monoparentale ; **~-shot** *adj.* ponctuel ; **~-sided** *adj.* peu objectif, déséquilibré, partial, tendancieux, partisan, unilatéral ; **~-size-fits-all** *adj.* uniforme, identique pour tous ; **~ stop** *Fig.* source unique ; **~-stop** *adj.* unique, universel, complet, seul *[produit, etc.]* dont on a besoin ; *[***~-stop solution** solution complète (d'approvisionnement)*]* ; **the ~-stop guide to investment in securities** le guide complet des placements en valeurs mobilières*]* ; **~-stop shop** interlocuteur unique, guichet unique, source (d'approvisionnement) unique, éventail complet de services ; *[***to set up a ~-stop shop for the formation of a company** mettre en place un guichet unique pour la constitution d'entreprises ; **the agency will be a ~-stop shop for the licensing of medicines** cet organisme devra centraliser la délivrance des autorisations de mise sur le marché des médicaments*]* ; **~-stop shopping** approvisionnement à une source unique, regroupement des achats en un seul lieu ; *[***the company offers its customers ~-stop shopping for data processing** l'entreprise offre à ses clients un ensemble complet de produits et de services informatiques*]* ; **~-time** *adj.* a) ancien ; b) non renouvelable, exceptionnel, unique, ne pouvant pas se reproduire, ponctuel ; *[***performance appraisal is not a ~-time activity** la notation des travailleurs n'est pas une activité ponctuelle*]* ; **~-to-~** *adj.* individualisé, personnalisé, *[discussion]* en tête à tête ; *[colloque]* singulier ; **~ track mind** *[***to have a ~-track mind** n'avoir qu'une idée en tête, ne s'intéresser qu'à une seule chose, n'avoir qu'un seul centre d'intérêt ; **~-way ticket** aller simple ; **with ~ accord** d'un commun accord, à l'unanimité.

onerous *adj.* **1** *[tâche]* ardu, pénible ; *[responsabilité, obligation, fardeau, dette]* lourd, *[impôts]* élevé. **2** *Dr. [clause]* énonçant des obligations lourdes, inéquitable.

on-going *adj.* **1** en cours, actuel. **2** continu, permanent, suivi, persistant, qui dure depuis longtemps ; **to establish ~ contacts with** établir des contacts suivis avec.

on-lending *n.* rétrocession de prêt.

online *adj., adv.* **1** en service ; **to be ~** être en service, fonctionner ; **a second power plant is now ~** une deuxième centrale est maintenant en service ; **to bring ~** mettre *[usine]* en service ; **to come ~** *[usine]* entrer en service ; **the assembly plant will come ~ by 2000** l'usine d'assemblage entrera en service d'ici l'an 2000. **2** *Internet* en ligne ; **to shop ~** faire ses achats via un serveur télématique ; **the findings can be accessed by scientists ~** les scientifiques peuvent obtenir les résultats en ligne*]*. ✪ **~ access** accès en ligne ; **~ banking** opérations bancaires en ligne ; **~ database** base de données en ligne ; **~ help** aide en ligne ; **~ (information) service** réseau/serveur télématique, réseau/service en ligne ; **~ service** service en ligne ; **~ shopping** achat en ligne.

online *adv.* en ligne ; **to shop ~** acheter en ligne, faire des achats en ligne.

ono (or near/nearest offer) **1** environ. **2** ou offre la plus proche.

onset *n.* **1** début ; *Méd.* apparition, survenue *[d'une maladie]*. **2** attaque.

onus *n.* responsabilité ; **to place the ~ for sth on sb** rendre qqn responsable de qqch. ✪ **~ (of proof/probandi)** charge de la preuve ; *Can.*, fardeau de la preuve ; *[***the ~ of proof rests on** la charge de la preuve incombe à/pèse sur*]*.

onward *adj.* en avant. ✪ **~ ticket** billet pour la poursuite du voyage.

OPCW (Organization for the Prohibition of Chemical Weapons) OIAC (Organisation pour l'interdiction des armes chimiques).

OPEC (Organization of Petroleum Exporting Countries) OPEP (Organisation des pays exportateurs de pétrole).

op-ed *n. Journ.* page de libre expression. ✪ **~ page** page de libre expression ; **~ piece** point de vue.

open *v.* **I 1** *tr.* ouvrir *[porte, réunion]*. **2** *intr. [porte]* s'ouvrir, *[magasin]* ouvrir. **3** *tr.* entamer *[négociations]*. **4** *intr. [film]* sortir. **II ~ up** *Fig.* **1** *[possibilité]* s'offrir. **2** offrir, ouvrir *[possibilités, perspectives]* ; faire/laisser entrevoir, révéler. **3** ouvrir *[marché à la concurrence]* ; **to ~ up the insurance market** ouvrir le marché de l'assurance à la concurrence. **4 to ~ up to** *[marché]* s'ouvrir à *[la concurrence]*, *[pays]* s'ouvrir sur *[l'extérieur]*. **5** favoriser le développement de, entreprendre l'exploitation de, désenclaver, ouvrir *[pays]* sur l'extérieur ; **the port authority intends to build a railroad line to ~ up the hinterland** l'autorité portuaire a l'intention de construire une ligne de chemin de fer pour désenclaver l'arrière-pays ; **to ~ up the country** ouvrir le pays sur l'extérieur.

open *n.* **in the ~** a) à visage découvert, au grand jour, ouvertement, au vu et au su de tous, sans se cacher, explicitement, en toute franchise, publiquement, à la face du monde ; b) à l'air libre, en plein air ; *[dormir]* sur le trottoir, dans la nature, à la belle étoile ; **to be in the ~** être public, être connu de tous ; **to bring out into the ~** rendre public ; **to burst into the ~** éclater au grand jour.

open *adj.* **1** ouvert ; découvert, libre, dégagé ; **the treaty is ~ for signature by** le traité est ouvert à la signature de. **2** libre, sans entrave, sans restriction ; **~ elections** élections libres ; **~ discussion** a) discussion générale ; b) discussion libre ; **~ discussion of this controversial subject is rare** il est rare de pouvoir discuter librement de cette question controversée. **3 (to)** accessible à, ouvert à, à la portée de. **4 (to)** susceptible de ; **to be ~ to** susciter, permettre ; soulever ; se prêter à, pouvoir donner lieu à ; soulever ; **~ to dispute/question** discutable ; **this technology is ~ to abuse** cette technologie pourrait donner lieu à des abus ; **provision ~ to different interpretations** disposition pouvant donner lieu à différentes interprétations ; **~ to appeal** *Dr.* susceptible d'appel ; **~ to doubt** sujet à caution ; **the delegates left ~ the budget to be earmarked to the project** les délégués n'ont pas défini les crédits qu'il convenait d'affecter au projet. **5 (to)** exposé à, sujet à ; **to be ~ to** encourir, prêter (le flanc) à, donner prise à ; **to lay ~ to** exposer à *[critiques, soupçons]* ; **to leave ~ to** exposer à ; **to lay oneself ~ to** s'exposer à ; **~ to criticism** critiquable ; **to be ~ to criticism** prêter le flanc à la critique. **6** possible, disponible, utilisable, qui s'offre, vacant ; loisible ; **all options all still ~** aucune option n'a été exclue, rien n'a encore été décidé ; **consultation should take place while all options are still ~** la consultation doit avoir lieu à un moment où toutes les options sont encore susceptibles d'être retenues ; **it is ~ to the government to** il est loisible au gouvernement de. ; **the choices ~ to the countries of Eastern Europe** les options qui s'offrent aux pays d'Europe orientale ; **this offer of economic assistance is also ~ to China** cette offre d'assistance économique s'adresse également à la Chine. **7** indéterminé, non résolu, non encore tranché, discutable, (laissé) en suspens, pendant ; *[issue]* indécis ; *[réunion]* sans ordre du jour précis ; souple, large, variable ; **~ question** question sans réponse/indéterminée/ (laissée) en suspens ; **it is an ~ question** aucune décision n'a encore été prise, la question n'est pas tranchée, cela reste à déterminer, la question est posée ; **the question is still ~** la question n'a pas encore été tranchée ; **whether other projects will be approved is an ~ question** rien ne permet d'affirmer que d'autres projets seront approuvés ; **to remain an ~ question** rester à voir ; **the offer remains ~ until mid-February** l'offre reste valable jusqu'à la mi-février ; **tenderers are required to keep their tenders ~ for a period of three months** les soumissionnaires sont tenus de maintenir leur offre pendant une période de trois mois ; **to keep one's options ~** garder sa liberté de choix ; **to leave ~** ne pas trancher, ne pas résoudre ; ne pas préjuger de ; **to keep/leave one's options ~** ne pas prendre de position définitive ; ne pas prendre de décision tout de suite, ne pas trancher immédiatement, ne pas se lier les mains, se donner le temps de la réflexion. **8** franc, sincère, déclaré, ouvert, affiché, non dissimulé, transparent, privilégiant la transparence ; public, manifeste, évident, flagrant ; **~ discussion** discussion franche ; **to be ~ about** ne pas faire mystère de, aborder franchement la question de **9** public ; **~ to the public** public. **10 (to)** *[personne]* ouvert à, réceptif à, disposé à accepter, tout disposé à examiner, attentif à, sensible à, à l'écoute de ; *[attitude]* ouvert ; **~ to change** *[personne]* ouvert au changement. ✪ **~ account** a) compte d'achat *[auprès d'un détaillant]* ; b) compte courant ; **~ air** plein air, air libre ; *[***~-air market** marché en plein air*]* ; **~ and shut case** la cause est entendue, le résultat est acquis d'avance/ne fait aucun doute ; **~-cast mining** exploitation (minière) à ciel ouvert ; **~ country** terrain découvert, (rase) campagne ; **~ cheque** chèque non barré ; **~ competition** *Adm.* concours ouvert à tous, concours général ; **~ contract** *Marché à terme* contrat ouvert ; **~ court** *[***in ~ court** en audience publique*]* ; **~ credit** crédit en blanc ; **~ day** journée portes ouvertes ; **~-door** *adj. [politique]* d'ouverture (sur l'extérieur) ; **~ economy** économie ouverte ; **~ election** élection pluraliste ; **~-ended** *adj.* a) indéfini, illimité, sans restriction, non limité, non limitatif, de durée indéterminée ;

sans limite de montant ; b) qui se prête à diverses interprétations ; c) ouvert, non-directif ; sans orientation précise, libre ; *[***an ~-ended conflict** un conflit dont on ne voit pas la fin*]* ; **~-ended fund** *FCP* fonds à capital variable, SICAV ; **~-ended question** question à réponse libre *[dans un questionnaire]* ; **~-end fund** *FCP* fonds à capital variable, SICAV ; **~-end investment company** société d'investissement à capital variable ; **~ fire** feu direct ; *[***over an ~ fire** à feu direct*]* ; **~ government** transparence de l'action publique/des affaires publiques ; **~ fireplace** cheminée ; **~-heart surgery** chirurgie à cœur ouvert ; **~ house** journée portes ouvertes ; **~ inflation** *Écon.* inflation ouverte ; **~-label trial** essai ouvert ; **~ letter** lettre ouverte ; **~ market** marché (libre) ; *[***guns freely available on the ~ market** des pistolets que n'importe qui peut se procurer*]* ; **~-market operations** opérations d'open-market ; **~-market policy** politique d'open-market ; **~-market price** prix du marché ; **~ marriage** mariage sans engagement de fidélité ; **~ meeting** réunion/séance publique ; **~ mind** attitude ouverte, réceptivité, esprit d'ouverture ; *[***to keep an ~ mind** n'exclure aucune possibilité, n'écarter aucune hypothèse ; **to keep an ~ mind about** ne pas exclure*]* ; **~-minded** *adj.* *[personne]* ouvert à toute suggestion, disposé à envisager toutes les possibilités, qui n'a pas d'idées préconçues ; *[attitude]* ouvert, d'ouverture ; *[***to be ~-minded about** ne pas avoir de préjugés sur ; **an ~-minded approach to education** une attitude d'ouverture vis-à-vis de l'enseignement*]* ; **~ order** *Bourse* ordre à révocation ; **~ outcry** *Bourse* criée ; **~-outcry trading** marché à la criée ; **~-pit mine** mine à ciel ouvert ; **~-plan office** bureau paysagé/paysager ; **~ position** a) *Bourse* position ouverte ; b) poste vacant ; **~ prison** *RU* prison ouverte ; **~ registry flag** pavillon de libre immatriculation ; **~ sea** haute mer, large ; **~ season** *Fig.* *[***to declare ~ season on** crier haro sur, crier sus à, ouvrir la chasse à, s'en prendre à*]* ; **~ secret** secret de Polichinelle, secret public ; *[***to be an ~ secret** n'être un secret pour personne, être de notoriété publique ; **it is an ~ secret that** il est de notoriété publique que*]* ; **~ session** séance publique ; **~ shop** a) entreprise/établissement où l'affiliation à un syndicat n'est pas obligatoire ; b) absence d'obligation d'être syndiqué ; **~ skies policy** politique de déréglementation des transports aériens ; **~ space** *Urb.* espace libre/découvert, espace/terrain/superficie non bâti(e) ; jardin/parc public, square ; **~ space (meeting)** forum ouvert ; **~ systems interconnection** *Inf.* interconnexion de systèmes ouverts ; **~ tender** appel d'offres (ouvert) ; **~ tendering** procédure d'appel d'offres (ouvert) ; **~ to debate** discutable ; **~-top container** *Transp.* conteneur à toit ouvert ; **Open University** *RU Open University*, enseignement universitaire à distance ; **~ vacancy** poste non pourvu, emploi à pourvoir ; **~ verdict** verdict indéterminé *[rendu à l'issue d'une inquest]* ; **~ war** guerre ouverte.

opening *n. Fig.* **1** occasion (favorable). **2** emploi/poste vacant ; *pl.* débouchés.

opening *adj.* **1** initial, liminaire. **2** premier ; **~ paragraph** premier paragraphe ; **~ chapter** premier chapitre. ✪ **~ balance sheet** bilan d'ouverture de l'exercice ; **~ greeting** titre de civilité *[dans une lettre]* ; **~ inventory** stock initial ; **~ order** première commande ; **~ phrase** titre de civilité ; **~ price/quotation/rate** *Bourse* cours d'ouverture ; **~ remarks** déclaration liminaire, observations (pré)liminaires, entrée en matière ; allocution d'ouverture ; **~ session** séance d'ouverture ; **~ statement** déclaration liminaire, observations (pré)liminaires, entrée en matière ; discours d'ouverture ; **~ stock** *Compt.* stock initial.

openly *adv.* **1** au grand jour, ouvertement, au vu et au su de tous, sans se cacher, à visage découvert, explicitement, en toute franchise, à la face du monde ; **to be ~ critical of** ne pas cacher sa désapprobation à l'égard de ; **no-one dares to oppose the dictator ~** personne n'ose s'opposer ouvertement au dictateur ; **he is ~ racist** il est raciste et ne s'en cache pas. **2** dans un esprit d'ouverture.

operate *v.* **1** *tr.* exploiter, gérer ; tenir *[commerce]* ; **to ~ a service** assurer un service ; **the airline ~s 340 aircraft** la compagnie aérienne exploite 340 avions ; **privately ~d hospital** hôpital privé. **2** *tr.* faire fonctionner *[machine, usine]*, utiliser, conduire, manier, commander *[machine]* ; **a strike by the workers who are operating the high-speed trains** une grève des conducteurs des trains à grande vitesse. **3** *tr.* utiliser, appliquer, exécuter ; effectuer, accomplir ; **trade restrictions ~d by the United States** des restrictions commerciales appliquées par les États-Unis. **4** *intr.* agir, être actif ; avoir des activités (commerciales), exercer ses activités, œuvrer, opérer ; *[organisation criminelle]* sévir ; **to ~ in the securities market** intervenir sur le marché des valeurs mobilières ; **the company ~s in 14 countries** la société a des activités dans 14 pays ; **IBM intends to stop operating in Burma** IBM a l'intention de mettre fin à ses activités en Birmanie. **5** *intr.* *[usine]* fonctionner. **6** *intr.* *[machine]* être en service, *[machine, système]* fonctionner ; se dérouler ; **the market should be allowed to ~** il faut laisser fonctionner le marché. **7** *intr.* être à l'œuvre ; **the team of researchers intends to identify the processes that are operating** l'équipe de chercheurs a l'intention de déterminer les processus qui sont à l'œuvre. **8** *intr.* *[disposition]* être en vigueur, être applicable, s'appliquer, jouer. **9 ~ on** *[chirurgien]* opérer *[qqn]*.

operating *adj.* ✪ **~ assets** actif d'exploitation ; **~ capital** capital d'exploitation ; **~ costs** charges d'exploitation ; frais de fonctionnement ; **~ earnings** bénéfices d'exploitation ; **~ expenses** charges/dépenses d'exploitation ; **~ income** bénéfice d'exploitation ; **~ instructions** mode d'emploi ; **~ license** autorisation d'exploitation ; **~ loss** déficit d'exploitation ; **~ profit(s)** *ÉU* bénéfice d'exploitation ; **~ provisions** dispositif *[d'une résolution]* ; **~ revenues** recettes d'exploitation ; **~ room** *ÉU* salle d'opération ; **~ statement** compte d'exploitation ; **~ surplus** excédent d'exploitation ; **~ system** *Inf.* système d'exploitation ; **~ theatre** *RU* salle d'opération.

operation *n.* **1** opération *[militaire, chirurgicale, arithmétique]*, activité(s), action, entreprise ; **Operation Desert Shield** Opération Bouclier du désert ; **peacekeeping ~** opération de maintien de la paix ; **undercover ~s** opérations clandestines/secrètes ; **to cease ~s** *[entreprise]* mettre fin à ses activités ; **business ~** activités commerciales ; **the company is decentralizing its ~s** l'entreprise décentralise ses activités. **2** exploitation, gestion. **3** fonctionnement *[d'une machine, d'un système, d'un comité, d'un marché]* ; mode de fonctionnement ; régime, marche, mécanisme ; **to improve the ~ of the stock market** améliorer le fonctionnement de la Bourse ; **in ~** en service, en exploitation ; **to be in ~** *[usine]* fonctionner ; **the plant began ~ last year** l'usine a commencé à fonctionner l'année dernière. **4** conduite, maniement, manœuvre, utilisation *[d'une machine]*. **5** application, exécution, mise en œuvre ; **~ of a rule** application d'une règle ; jeu d'une règle ; **in ~** en vigueur, applicable, appliqué, existant ; en cours d'exécution ; **to come into ~** a) entrer en vigueur, commencer à être appliquer ; b) jouer ; **the new system of taxation came into ~ last year** le nouveau régime fiscal est entré en vigueur l'année dernière. ✪ **bring into ~** mettre en œuvre ; **by ~ of law** en vertu de la loi ; par détermination de la loi ; résultant de la loi ; de plein droit ;

*[***domicile by ~ of law** domicile légal*]* ; **~s research** recherche opérationnelle ; **~s statement** compte d'exploitation.

operational *adj.* **1** en service, en fonctionnement, utilisé ; **this year, 36 projects are ~** cette année, 36 projets sont en cours d'exécution ; **to become ~** a) démarrer, entrer en service/en activité, être mis en service, commencer à fonctionner (effectivement) ; b) *[système]* entrer en vigueur ; **to be fully ~** fonctionner effectivement, être en mesure de s'acquitter de l'ensemble de ses tâches, fonctionner à plein régime, tourner à pleine capacité, fonctionner dans tous ses éléments ; atteindre son plein développement ; être appliqué/mis en œuvre intégralement. **2** en état de marche, utilisable, à pied d'œuvre, opérationnel ; **to be ~** fonctionner (correctement). ✪ **~ research** recherche opérationnelle.

operationalize *v. tr.* (permettre de) mettre en œuvre, concrétiser, traduire en mesures concrètes.

operative *n.* **1** ouvrier, travailleur. **2** agent, personne au service de/travaillant pour ; **CIA ~** agent de la CIA. **3** *ÉU* détective privé.

operative *adj.* **1** efficace. **2** *Dr.* (juridiquement) valable, efficace ; en vigueur, applicable ; **to be ~** s'appliquer, produire un effet (juridique), produire des/ses effets, jouer ; **to become ~** entrer en vigueur ; **the agreement is no longer ~** l'accord est devenu caduc ; **a contract is not ~ until it is signed by both parties** un contrat ne produit d'effets qu'à partir du moment où il est signé par les deux parties. **3** en état de marche ; en service ; **to be ~** fonctionner. ✪ **~ mistake** *Dr.* erreur entraînant la nullité du contrat ; **~ part/provisions** dispositif *[d'un instrument juridique]*.

operator *n.* **1** exploitant ; entrepreneur. **2** agent, professionnel, intervenant, opérateur. **3** *Bourse* intervenant, boursier. **4** préposé, travailleur, ouvrier ; conducteur, opérateur *[d'une machine]* ; **lathe ~** conducteur de tour, tourneur.

opinio juris *Dr. int. opinio juris.*

opinion *n.* **1** opinion, avis ; **to deliver an ~** formuler un avis ; **~ of an advisory body** avis d'un organe consultatif. **2** *Dr.* a) avis ; b) arrêt *[de la Cour suprême]* ; **to obtain the ~ of the International Court of Justice** recueillir l'avis de la Cour internationale de justice. ✪ **~ leader** guide d'opinion ; **~ poll** sondage d'opinion ; **~ survey** enquête/sondage d'opinion.

opioid *n.* opioïde.

opium poppy pavot à opium.

Oporto *n. Portugal* Porto.

opportunistic infection infection opportuniste.

opportunity *n.* **1** possibilité ; **investment opportunities** possibilités de placement (lucratif) ; **to have the ~ to** avoir la possibilité/le loisir de ; **to give/provide the ~ to** permettre de, donner la possibilité de ; **the opportunities offered by the information technologies** les possibilités offertes par les technologies de l'information. **2** chance (à saisir), occasion, perspectives, possibilité(s), circonstances favorables, ouverture, avantage, privilège, moyen (d'agir), faculté, ressource, créneau ; **equal ~** égalité des chances ; **America is a land of ~** l'Amérique est un pays qui offre des possibilités illimitées ; **to take the ~ of doing/to do sth** en profiter pour faire qqch., saisir cette occasion pour faire qqch. ; **to seize opportunities when they arise** saisir les occasions lorsqu'elles se présentent ; **I would like to take this ~ of thanking the staff members involved** je tiens à remercier les membres du personnel qui ont participé à cette action ; **the free-market reforms present dangers as well as opportunities** les réformes axées sur le marché présentent autant de dangers que de chances à saisir ; **the fall of the dollar offers both opportunities and risks** la baisse du dollar comporte à la fois des avantages et des risques. ✪ **~ cost** *Écon.* coût d'opportunité.

oppose *v. tr.* être hostile à, se déclarer hostile à, être opposé à, manifester son opposition à, s'élever contre, dénoncer ; **Britain is strongly ~d to this plan** le Royaume-Uni est très hostile à ce projet ; **as ~d to** au contraire de ; par opposition à, à distinguer de ; contre ; **to be ~d by** *[proposition]* se heurter à l'hostilité de.

opposing party *Dr.* partie adverse.

opposite *n.* ✪ **the ~ is true** il n'en est rien, c'est le contraire, au contraire, que du contraire ; *[***will the number of terrorist attacks decline? The ~ is true** le nombre d'attentats terroristes va-t-il baisser ? Non, au contraire*]*.

opposite *adj.* ✪ **~ number** homologue ; **~ transaction** *Bourse* opération de sens inverse/contraire.

opt *v.* **1 ~ for** opter pour, adopter. **2 ~ out of** (choisir de) ne pas participer à, se retirer de, cesser de participer à, ne plus participer à ; s'affranchir de ; **the school ~ ed out of local authority control** l'école a décidé de ne plus dépendre de l'administration locale. **3 ~ to** choisir de.

optical *adj.* ✪ **~ character reader** lecteur optique de caractères ; **~ character recognition** reconnaissance (optique) de caractères ; **~ electronics** optoélectronique.

option *n.* **1** option ; **the airline ordered 30 Airbus 340 with ~s on 20 more** la compagnie aérienne a commandé 30 Airbus 340 et a pris une option sur 20 autres appareils de ce type ; **this is not an ~** cela n'est pas possible, cela est hors de question. **2** *Fin.* option. ✪ **~ bargain/contract/deal** contrat d'option ; **~ dealing** (négociation d') options ; **~ holder** acheteur de l'option ; **~ money** prix de l'option ; **~ premium** prix de l'option ; **~ price** prix de l'option ; **~ seller** vendeur de l'option ; **~s exchange/market** marché d'options ; **~ trading** (négociation d') options ; **~ writer** vendeur de l'option.

optional *adj.* optionnel, facultatif.

opt-out *n.* clause dérogatoire ; (faculté de) dérogation ; **~ from the social chapter of the Maastricht treaty** dérogation au chapitre social du traité de Maastricht. ✪ **~ clause** clause dérogatoire ; (faculté de) dérogation.

or what have you etc.

OR (operating room) salle d'opération.

oral *adj.* ✪ **~ administration** *Méd.* administration par voie buccale/orale ; **~ argument** plaidoirie ; **~ health** hygiène bucco-dentaire ; **~ pleadings** *CIJ* plaidoiries ; **~ rehydration salts** sels de réhydratation orale ; **~ rehydration therapy** thérapeutique de réhydratation par voie orale ; **~ snuff** tabac à usage oral ; **~ submissions** *Dr.* plaidoiries.

orbit *n.* **to place into ~** placer sur orbite, satelliser.

orbital *adj.* ✪ **~ motorway** boulevard périphérique ; **~ station** *Esp.* station orbitale.

orbiter *n. Esp.* orbiteur.

orchestrate *v. tr.* orchestrer, organiser.

order *n.* **1** ordre ; *pl.* ordres, instructions ; **at the ~ of** sur les ordres de ; **by/on sb's ~s** sur l'ordre de qqn ; **to be under ~s to** avoir reçu l'ordre de. **2** *Banque* ordre ; **cheque made out to sb's ~** chèque libellé à l'ordre de qqn. **3** ordre ; **to restore ~** rétablir l'ordre ; **new world ~** nouvel ordre mondial ; **to put sth back in ~** remettre de l'ordre dans qqch. **4** ordre *[logique, chronologique, alphabétique, croissant] ;* **in descending ~** par ordre décroissant ; **in ~ of increasing atomic number** par ordre de nombre atomique croissant. **5** ordonnance, jugement *[d'un tribunal] ;* **to grant an ~** rendre une ordonnance ; **to issue an ~** *Dr. [juge]* rendre une ordonnance. **6** arrêté, décret. **7** mandat *[postal].* **8** *Bourse* ordre ; **to put an ~** passer un ordre. **9** commande ; **to fill/fulfil an ~** exécuter une commande ; **to place an ~** passer (une) commande. **10** ordre ; **in/of the ~ of** de l'ordre de *[2000 livres].* **11** *Math.* degré *[d'une racine].* **12** ordre ; **of a different ~** d'un autre ordre. **13** ordre *[des carnivores].* **14** niveau, qualité ; **of a high ~** de haut niveau, de qualité élevée ; **of the highest ~** excellent, remarquable, admirable ; **musical composition requires abilities of a very high ~** la composition musicale exige des aptitudes d'un niveau très élevé. **15** ordre *[religieux].* **16** ordre *[de la Jarretière, etc.].* **17** bon état ; **in good ~** en bon état ; **in (good) running/working ~** en état/ordre de marche ; **to keep the facilities in proper ~** assurer le bon entretien des installations. ✪ **as per ~** suivant commande ; **call to ~** a) ouvrir *[séance] ;* b) rappeler *[orateur]* à l'ordre ; ramener/rappeler à la question ; demander le calme/le silence ; rappeler au règlement ; *[***the Chairman called the meeting to ~** le président a ouvert la séance*] ;* **in ~** a) régulier, valable, en bonne et due forme, en règle, recevable, admissible, pertinent, justifié, acceptable, approprié ; b) conforme au règlement intérieur ; c) en état de marche ; d) classé dans l'ordre ; *[***it is in ~ to** il est justifié de ; **caution is in ~** la prudence s'impose ; **the following remarks are in ~** il convient de présenter les observations suivantes*] ;* **in short ~** à bref délai ; **on ~** *Comm.* commandé ; **~ book** *Fig.* carnet de commandes, plan de charge ; **~ cheque** chèque à ordre ; **~ for discovery** *Dr.* ordonnance prescrivant la production de documents, ordonnance de production de pièces ; **~ form** bon de commande ; **~ for the account** *Bourse* ordre à terme ; **~ in Council** *RU* ordonnance ; **~ of business** a) ordre du jour, programme des travaux ; b) tâche ; **~ of certiorari** *Dr. Angl.* ordonnance de *certiorari [chargeant la Queen's Bench Division d'examiner une décision rendue par un tribunal] ; Can.* bref d'évocation ; **~ of committal** mandat de dépôt ; **~ of magnitude** ordre de grandeur ; **~ of prohibition** *Dr* ordonnance prescrivant à un tribunal de cesser d'excéder ses pouvoirs ; **~ of the day** a) ordre du jour ; b) centre de l'attention ; c) de rigueur, de mise ; d) normal, (très) courant ; *[***to be the ~ of the day** a) *[prudence]* s'imposer, être de rigueur, être de mise, être la norme ; b) être le sentiment/l'état d'esprit dominant ; **caution is the ~ of the day** l'heure est à la prudence ; **short-term contracts are the ~ of the day** les contrats à court terme sont très courants ; **the first ~ of the day** la première chose à faire*] ;* **~ paper** ordre du jour ; **~ sheet** bon de commande ; **out of ~** a) irrecevable, irrégulier, contraire au règlement intérieur ; b) déplacé, inacceptable ; c) en panne ; d) *[fiche]* mal classé ; *[***to be out of ~** avoir enfreint le règlement *[lors d'une réunion] ;* **the motion was ruled out of ~** la motion a été déclarée irrecevable*] ;* **to ~** *[fabriquer]* sur mesure.

orderly *n.* **1** agent de service hospitalier. **2** planton *[= soldat qui porte les ordres d'un officier].*

orderly *adj.* (bien) ordonné, (réalisé) en bon ordre, méthodique, organisé, rationnel, systématique, sans heurt, harmonieux ; *[manifestation]* pacifique, paisible ; **in an ~ fashion** en bon ordre ; **the ~ transfer of power** le transfert sans heurt du pouvoir ; **an ~ demonstration** une manifestation pacifique. ✪ **~ marketing agreement** *ÉU* accord de commercialisation ordonnée *[aux termes duquel l'exportateur limite l'augmentation de ses exportations à un pourcentage des exportations de l'année précédente].*

ordinary *adj.* ✪ **~ assault** *Dr.* voies de fait simples ; **~ debt** dette/créance non garantie ; **~ degree** diplôme universitaire ordinaire *[par opp. à honours degree] ;* **~ dividend** dividende sur actions ordinaires ; **~ interest** intérêt simple ; **~ life insurance** assurance vie entière ; **~ partner** *Sociétés* commandité ; **~ partnership** *Sociétés* société en nom collectif ; **~ share** *RU* action ordinaire ; **~ stocks** *ÉU* actions ordinaires.

ordinance *n. ÉU* arrêté municipal.

Ordnance Survey *RU* Service cartographique.

ore carrier/ship minéralier.

organic *adj.* ✪ **~ farming** agriculture biologique ; **~ growth** croissance interne *[d'une entreprise].*

organization *n.* **1** organisation ; association. **2** structure, ordonnance *[d'un livre].* ✪ **~ and methods** organisation et méthodes ; **~ chart** organigramme ; **Organization for Economic Co-operation and Development** Organisation de coopération et de développement économiques ; **Organization for Security and Co-operation in Europe** Organisation pour la sécurité et la coopération en Europe ; **Organization for the Prohibition of Chemical Weapons** Organisation pour l'interdiction des armes chimiques ; **Organization of African Unity** Organisation de l'unité africaine ; **Organization of American States** Organisation des États américains ; **Organization of Arab Petroleum Countries** Organisation des pays arabes exportateurs de pétrole ; **Organization of Central American States** Organisation des États d'Amérique centrale ; **Organization of Petroleum Exporting Countries** Organisation des pays exportateurs de pétrole ; **Organization of the Islamic Conference** Organisation de la conférence islamique.

organizational *adj.* d'organisation, concernant l'organisation, organisationnel, structurel. ✪ **~ chart/structure** organigramme.

organize *v. tr.* organiser ; structurer ; articuler ; **to be ~d around** s'articuler/s'ordonner autour de ; **the material is ~d in four chapters** la matière est répartie en quatre chapitres ; **the report is ~d into eight sections** le rapport est structuré en huit sections.

organized *adj.* **1** organisé, structuré. **2** syndiqué. ✪ **~ crime** criminalité organisée, crime organisé ; **~ labour** a) travailleurs syndiqués ; b) syndicats, mouvement syndical ; syndicalisme.

organizer *n. Inf.* organiseur.

organophosphorous *adj. [insecticide]* organophosphoré.

orientation course **1** *Ens.* cours d'initiation/d'introduction. **2** mise au courant à l'entrée en service.

oriented *suff.* à caractère *[+ adj.],* à coloration *[+ adj.],* axé sur, privilégiant, tourné vers ; **market-~ programmes of economic reform** des programmes de réforme économique axés sur le marché ; **outcome-~** *adj.* privilégiant les résultats.

orienteering *n.* course d'orientation.

original *adj.* original, initial, originel, originaire, primitif. ✪ **~ equipment manufacturer** a) fabricant de composants *[vendus à des entreprises qui les incorporent dans leurs propres produits]* ; b) utilisateur de composants externes *[= entreprise fabriquant ses produits à partir de composants produits par des entreprises spécialisées]* ; **~ evidence** *Dr.* témoignage direct ; preuve administrée par production d'un original ; **~ capital** capital de départ, capital investi initialement ; **~ jurisdiction** *Dr.* compétence du premier degré, compétence en première instance ; **~ member** membre originaire/originel/fondateur ; **~ process** *Dr.* assignation, acte introductif d'instance.

originally *adv.* à l'origine, initialement, dans un premier temps, au début, au départ.

originate *v.* **1** *intr.* commencer, naître, prendre naissance, être créé, remonter ; **nobody knew how the demonstration had ~d** personne ne savait comment la manifestation avait commencé ; **a situation originating before the adoption of the treaty** une situation remontant à une époque antérieure à l'adoption du traité. **2** *tr.* engendrer, être à l'origine de, créer, être l'auteur de. **3 ~ from** provenir de, émaner de, résulter de, *[personne]* être originaire de ; **the country from which she ~s** le pays dont elle est originaire. **4 ~ in** résulter de, être dû à, provenir de ; émaner de ; **all bills for raising revenue shall ~ in the House of Representatives** tous les projets de lois comportant la levée d'impôts émaneront de la Chambre des représentants ; **the case ~d in an application against** à l'origine de l'affaire se trouve une requête contre. **5 ~ with** provenir de.

originating *adj.* ✪ **~ bank** banque émettrice *[s'agissant d'un crédit documentaire]* ; **~ process/summons** *Dr.* assignation, acte introductif d'instance.

originator *n.* **1** auteur *[d'un projet]*. **2** créateur, fondateur, pionnier. **3** personne qui établit *[document]* ; *Adm.* établi par *[sur un formulaire]*. **4** expéditeur, émetteur *[d'un message]*.

O-ring joint torique.

Orinoco *n. Venezuela* Orénoque.

Orkney Islands *RU* (îles) Orcades.

orphan *adj.* ✪ **~ disease** maladie rare ; **~ drug** médicament orphelin.

Orthodox Eastern Church Église orthodoxe.

orthopaedic appliance appareil orthopédique.

OS (operating system) *Inf.* système d'exploitation.

OSCE (Organization for Security and Co-operation in Europe) OSCE (Organisation pour la sécurité et la coopération en Europe).

OSHA (Occupational Safety and Health Administration) *ÉU* Administration de l'hygiène et de la sécurité du travail.

OSI (open systems interconnection) *Inf.* interconnexion de systèmes ouverts.

ossified *adj. Fig.* sclérosé.

ostensible *adj.* **1** apparent, avoué, déclaré, avancé, allégué, officiel ; **the ~ purpose** le but déclaré/avoué ; **the ~ reason for** la raison avancée pour justifier/expliquer. **2** ostensible. ✪ **~ partner** associé fictif.

ostensibly *adv.* apparemment ; officiellement.

osteoarthritis *n.* arthrose.

OTB (offtrack betting) *ÉU* paris en dehors des champs de course.

OTC (over-the-counter) *[marché]* libre, hors cote ; *[médicament]* en vente libre.

other *adj.* ✪ **~ business** autres questions, divers *[dans un ordre du jour]* ; **~ side of the pond** *Fig. RU* États-Unis ; **the ~ way around** l'inverse.

otherwise *adj.* autre, différent, d'une autre nature ; **foreign assistance, military or ~** une aide étrangère, qu'elle soit militaire ou d'une autre nature.

otherwise *adv.* **1** autrement, d'une autre façon/manière, par d'autres voies, selon d'autres modalités ; **it might have gone ~** cela aurait pu se passer autrement ; **Pol Pot, ~ known as Saloth Sar** Pol Pot, également connu sous le nom de Saloth Sar ; **people who are blind, deaf or ~ disabled** les aveugles, les sourds ou les personnes atteintes d'une autre infirmité. **2** différemment, autrement ; **except as ~ provided** sauf disposition différente/contraire ; **unless (the parties have) ~ agreed** sauf convention différente/contraire, à moins que les parties n'en aient autrement décidé ; **unless ~ provided (for) in this Convention** à moins que la présente convention n'en dispose autrement, sauf dispositions contraires de la présente convention ; **journalists are convinced ~** les journalistes sont convaincus du contraire ; **bankers think ~** les banquiers ne sont pas de cet avis ; **a survey of scientific literature tells us ~** une étude de la littérature scientifique montre qu'il n'en est rien. **3** pour une autre raison, à un autre titre ; **if a post becomes vacant by resignation or ~** si un poste devient vacant, à la suite d'une démission ou pour une autre raison ; **a coroner enquires into the cause of death of a person who died in violent or ~ suspect circumstances** un coroner mène une enquête sur les causes de la mort d'une personne décédée de façon violente ou dans des circonstances suspectes à un autre titre. **4** sinon, autrement, à défaut, faute de quoi, s'il n'en était pas ainsi, sous peine de ; **each individual is responsible for his or her acts. Otherwise life in society would be impossible** chacun est responsable de ses actes. Sinon, la vie en société serait impossible ; **a life-support machine can keep alive a patient that would die ~** un appareil de maintien en vie assure la survie d'un malade qui autrement périrait ; **candidates should attach a detailed résumé ; ~ their application will not be considered** les candidats doivent joindre un curriculum vitæ détaillé, faute de quoi leur candidature ne sera pas prise en considération ; **inflation should be brought under control ; ~ the economy will deteriorate seriously** il faut juguler l'inflation, sous peine d'assister à une nette dégradation de la situation économique. **5** à part cela, cela mis à part, s'il en avait été autrement, dans les autres cas, dans d'autres circonstances, si les circonstances étaient/avaient été différentes, faute de quoi, dans le cas contraire, sans cela ; **inflation is high but the economy is ~ healthy** l'inflation est élevée mais, à part cela, l'économie est saine. **6** pour le reste, d'autre part, par ailleurs, d'autres façons, plus généralement, dans l'ensemble, au demeurant, du reste, à d'autres égards, à tous autres égards ; généralement, normalement, habituellement ; **an unfortunate defect in an ~ well-designed computer** une imperfection regrettable dans un ordinateur dans l'ensemble bien conçu ; **the new rules prevented the company from expanding as swiftly as it ~ would** la nouvelle réglementation a empêché la société de développer ses activités aussi rapidement qu'elle ne l'aurait fait normalement. ✪ **or ~** ou non ; **[their good faith or ~** leur bonne ou mauvaise foi ;

indicators of the market strength or ~ des indicateurs de la vigueur ou de la faiblesse du marché*]*.

Our Common Future Notre avenir à tous *[= titre du rapport de la Commission mondiale sur l'environnement et le développement]*.

oust *v. tr.* renverser, évincer, déposer, chasser (du pouvoir) ; démettre de ses fonctions, limoger.

ouster *n.* déposition, destitution, chute.

out *adj., adv., prép.* **1** exclu, hors de question ; plus de mise ; **devaluation is ~** une dévaluation est exclue. **2** absent. **3** en grève ; **all public transport workers are ~** tous les agents des transports en commun sont en grève ; **3,100 workers stayed ~ for six weeks** 3100 ouvriers ont fait grève pendant six semaines. **4** éteint ; **the fire is ~** l'incendie est éteint. **5** terminé ; **before the year is ~** avant la fin de l'année. **6** publié, rendu public, en vente ; **to be ~** paraître ; **the committee report is due ~ on November 30** le rapport du comité sera rendu public le 30 novembre ; **just ~** vient de paraître. **7** révélé, dévoilé, divulgué. **8** *[chiffres, prévisions]* inexact, incorrect, faux. **9** passé de mode. **10 to be ~ to** être décidé à, chercher à ; *[***he stated that he was not ~ to challenge the Prime Minister for the party leadership** il a déclaré qu'il n'avait pas l'intention de disputer au Premier ministre la direction du parti. **11 ~ of** à cours de. ✪ **~ of court** a) à l'amiable ; b) forclos *[= déchu du droit d'exposer sa demande devant le tribunal]* ; **~-of-court settlement** règlement (à l') amiable ; **~-of-date cheque** chèque périmé ; **~ of hand** sans plus ; **~ of print** épuisé ; **~-of-season crop** culture de contre-saison ; **~-of-step** *adj.* en porte-à-faux, décalé ; **~ of time** tardif ; **~ of work** en chômage.

out-and-outer *n.* extrémiste.

outbreak *n.* **1** déclenchement. **2** phénomène, flambée, bouffée ; éclatement ; explosion, éruption, poussée *[de violence]* ; série ; **~ of a war** éclatement d'une guerre, ouverture d'hostilités ; **a major ~ of civic disorder** des troubles civils de grande ampleur ; **an ~ of inflation** une flambée d'inflation ; **an ~ of racially motivated attacks** une série d'agressions racistes. **3** *Méd.* épidémie, flambée épidémique, épisode (collectif) ; **several governments reported ~s of diphtheria** plusieurs gouvernements ont fait état d'épidémies de diphtérie ; **an ~ of food poisoning** une intoxication alimentaire collective.

outburst *n.* éclat, coup de colère.

outcome *n.* résultat *[de mesures, d'une élection, d'une compétition]*, suites *[d'un événement]*, issue *[d'un processus, d'un conflit]*, dénouement, aboutissement, effet ; sort (réservé à) ; **fatal ~** issue fatale.

outcry *n.* **1** (tempête/vague de) protestations, tollé, indignation, vive émotion, levée de boucliers. **2** *Bourse* criée.

outdated *adj.* démodé, dépassé, périmé, archaïque, révolu, d'un autre âge ; **~ privileges** privilèges d'un autre âge ; **to be ~** dater.

outdo *v. tr.* surpasser, obtenir de meilleurs résultats que, faire mieux que, réaliser une meilleure performance que, surclasser, battre, damer le pion à.

outdoor *adj.* *[antenne]* extérieur, *[prise de vue]* à l'extérieur, *[élevage]* de plein air. ✪ **~ advertisement** panneau publicitaire ; **~ advertising** publicité extérieure.

outer *adj.* ✪ **~ Bar** *Dr. Angl.* simples *barristers [n'ayant pas le titre de Queen's Counsel]* ; **Outer Mongolia** Mongolie Extérieure *[Auj. Mongolie]* ; **~ reaches** périphérie, confins ; **~ space** espace extra-atmosphérique.

outflow *n. Fin.* **cash ~** décaissement ; **~ of capital** sorties de capitaux.

outgoings *n. pl.* débours, décaissements, dépenses.

outgrow *v. tr.* **1** devenir trop grand pour ; **the gorilla outgrew its cage** le gorille est devenu trop grand pour sa cage ; **the company outgrew its premises** en raison du développement de ses activités, l'entreprise s'est sentie à l'étroit dans ses locaux. **2** surmonter *[problème]* en prenant de l'âge, se débarrasser de *[déficience]* avec le temps, finir par se défaire de *[habitude]* avec l'âge, cesser de souffrir de *[allergie]* avec l'âge, finir par se lasser de, parvenir à se débarrasser de ; **eventually, the child outgrew this problem** finalement, l'enfant a surmonté ce problème. **3** dépasser, s'affranchir de ; **the Party outgrew its union affiliations** le parti s'est affranchi de ses liens avec les syndicats.

outgun *v. tr.* **to be ~ned by** être moins bien armé que.

outlandish *adj.* bizarre, étrange, extravagant, fantaisiste, farfelu, incongru, irréaliste, saugrenu.

outlaw *v. tr.* interdire, prohiber ; mettre hors-la-loi.

outlawed *adj.* *[organisation]* illégal, clandestin, interdit, dissous, hors-la-loi.

outlay *n.* **1** dépense ; décaissement. **2** investissement, mise de fonds. ✪ **~ tax** taxe sur la consommation.

outlet *n.* **1 (for)** exutoire à/pour *[mauvais penchants, émotions, trop-plein d'énergie]*, moyen de se débarrasser de *[pulsions négatives]*. **2** moyen d'expression ; **(for)** moyen de donner expression à *[créativité]*. **3** débouché *[sur la mer]*, accès *[à la mer]* ; embouchure. **4** marché, débouché. **5** point de vente, magasin. **6** restaurant. **7** organisme *[de radio, de télévision]*. **8** évacuation *[d'eau]*. **9** *ÉU* prise de courant.

outlier *n. Stat.* observation extrême *[= observation très éloignée des autres]*.

outline *v. tr.* décrire (sommairement/à grands traits/de façon succincte), donner un aperçu de, exposer, relater, présenter, énoncer, indiquer, définir, tracer (les grandes lignes de), donner/présenter une vue d'ensemble de ; **the report ~s the strategy developed by the agency** le rapport présente la stratégie élaborée par l'organisation ; **the book ~s the criminal activities of the banks** le livre relate les activités délictueuses des banques ; **the Bill of Rights ~s the rights of citizens** le *Bill of Rights* énonce les droits du citoyen.

outline *n. Fig.* ébauche, grandes lignes, vue d'ensemble, aperçu, exposé, résumé, description (succincte), compte rendu, projet, plan, schéma ; **in broad ~s** dans ses grandes lignes ; **~ agreement** accord-cadre ; **~ of the facts** exposé des faits ; **~ plan** plan général.

outlive *v. tr.* *[personne]* vivre plus longtemps que, survivre à, *[chose]* durer plus longtemps que ; **to ~ one's usefulness** cesser d'être utile, n'être plus d'aucune utilité, ne plus servir à rien, ne plus être nécessaire, devenir superflu, perdre toute valeur, être dépassé ; **these programmes have ~d their usefulness** ces programmes sont devenus superflus.

outlook *n.* **1** perspectives (d'évolution), évolution, avenir ; prévisions ; **the short-term ~ is gloomy** les perspectives à court terme sont peu encourageantes. **2** orientation, idée(s), vues, position, attitude, point de vue, tendance(s), optique, philosophie, vision (des choses), conception, façon de voir les choses, mentalité ; système de valeurs ; **political ~** conceptions politiques ; **religious ~** croyances religieuses ; **to broaden sb's outlook** ouvrir l'esprit de qqn ; **these upheavals favoured a market-oriented ~** ces bouleversements ont favorisé l'apparition de conceptions axées sur le marché ; **broad ~** idées larges.

outlying *adj. [zone]* périphérique.

outmanoeuvre *v. tr.* se montrer plus habile que, l'emporter sur, prendre le meilleur sur, contrecarrer/déjouer les plans/efforts de, duper.

out-migration *n.* émigration externe.

outmoded *adj.* passé de mode, d'un autre âge.

outnumber *v. tr.* être plus nombreux que ; **to be ~ed by** être moins nombreux que ; **to be ~ed two to one** se battre contre un adversaire deux fois plus nombreux.

outpatient *n.* malade externe, malade ambulatoire, malade non hospitalisé. ✪ **~ care** traitement ambulatoire ; **~ clinic** a) policlinique ; b) service de consultations externes/pour malades ambulatoires ; **~ department** service de consultations externes ; **~ treatment** traitement ambulatoire.

outperform *v. tr.* **1** être supérieur à, dépasser, avoir des performances supérieures à ; **the new processor will ~ Intel's Pentium** le nouveau processeur aura des performances supérieures à celles du Pentium d'Intel. **2** *[méthode]* donner de meilleurs résultats que. **3** *Bourse* obtenir de meilleurs résultats que, faire mieux que, réaliser une meilleure performance que, surclasser, battre ; **twelve shares ~ed the index** douze actions ont fait mieux que l'indice.

outplacement *n.* aide à la réinsertion externe, placement d'un cadre licencié.

outport *n.* **1** avant-port. **2** *RU* port autre que Londres. **3** petit port sans bureau de douane permanent.

output *n.* **1** *Écon.* production ; **industrial ~** production industrielle ; **the annual coal ~** la production annuelle de charbon. **2** sortie(s) *[dans un système quelconque, par opp. à input]*. **3** produit, résultat (attendu) *[d'une activité, d'une conférence, d'un projet ou d'un programme, prenant généralement la forme d'un rapport, d'une étude ou d'une recommandation]*. **4** débit, volume, rendement ; **cardiac ~** débit cardiaque. **5** *Inf.* sortie ; **~ data** données de sortie. ✪ **~ tax** *TVA* taxe due par l'assujetti *[par opp. à la taxe en amont]*.

outrage *v. tr.* indigner, susciter l'indignation de, scandaliser.

outrage *n.* **1** indignation ; tollé. **2** acte de violence, attentat, exaction, atrocité. **3** scandale.

outrageous *n.* **1** scandaleux, choquant, indécent, éhonté, inacceptable, intolérable ; *[prix, honoraires]* exorbitant ; **it is ~** cela dépasse les bornes, c'est un comble. **2** provocateur ; excentrique.

outreach *n.* **1** élargissement de la population desservie/couverte, élargissement du cercle des utilisateurs, extension de services/prestations à des couches/franges de population non desservies/non couvertes ; prestation de services à des groupes mal desservis/difficiles à atteindre/marginalisés, approche (de groupes mal desservis), prise de contact, contacts ; **~ programme** programme destiné à des groupes mal desservis ; **~ programmes for drug addicts** des programmes visant à offrir des services à des toxicomanes ; **~ services** services aux personnes dont les besoins ne sont pas couverts, services non demandés spontanément, services aux personnes marginalisées ; services allant à la rencontre de groupes mal desservis. **2** services extérieurs, services loin des centres urbains. **3** action d'information ; vulgarisation. **4** champ d'action, domaine couvert, zone couverte, rayonnement. ✪ **~ worker** assistant social *[chargé d'intervenir auprès de groupes mal desservis]*, agent chargé de la prise de contact, agent des services extérieurs.

outright *adj.* véritable, manifeste, indiscutable, proprement dit, franc, inconditionnel, complet, entier, plein et entier, total, absolu, pur et simple, sans réserve, strict ; **~ grant** subvention pure et simple, aide à fonds perdu ; **~ majority** majorité absolue ; **the rebels want ~ independence** les insurgés veulent l'indépendance pure et simple.

outright *adv.* **1** totalement, entièrement, tout à fait, sans réserves. **2** carrément, franchement, sans détour, catégoriquement ; **a proposal that had previously been rejected ~** une proposition qui avait précédemment été rejetée catégoriquement. **3** sans réserve, inconditionnellement ; purement et simplement, strictement, sans plus, tout court ; comptant ; **the play is too popular to be banned ~** la pièce est trop populaire pour pouvoir être interdite purement et simplement ; **to buy sth ~** acheter qqch. comptant. **4** immédiatement, tout de suite, sur-le-champ, *[tuer]* net, *[mourir]* sur le coup.

outset *n.* **from the ~** dès le départ, dès l'origine, d'emblée, d'entrée de jeu.

outside *n.* ✪ **at the (very) ~** au maximum, tout au plus.

outside *adj.* extérieur, externe. ✪ **~ accountant** auditeur externe ; **~ back cover** quatrième de couverture *[d'un magazine]* ; **~ call** *Téléphone* appel extérieur ; **~ chance** faible/petite chance, chance ténue/mince ; **~ director** administrateur extérieur à la société ; **~ estimate** estimation maximale ; **~ front cover** première de couverture *[d'un magazine]* ; **~ interests** centres d'intérêts personnels/non professionnels ; **~ lane** a) *RU* voie de droite *[= la plus proche du centre]* ; b) *ÉU* voie de droite *[= la plus éloignée du centre]* ; **~ possibility** faible/petite chance ; **~ shareholders** actionnaires minoritaires ; **~ shareholders' interest** *Bilan* intérêts minoritaires ; **~ world** extérieur.

outsider *n.* **1** observateur (extérieur/objectif), personne extérieure/indépendante, non-initié, profane, étranger, tiers, personne étrangère à l'entreprise ; franc-tireur, intrus ; marginal, exclu ; **to remain an ~ to** rester à l'écart de ; **the company refused to provide sensitive information to ~s** l'entreprise a refusé de communiquer des informations confidentielles à des personnes extérieures ; **the government claims that the elections went smoothly, but ~s express doubts** le gouvernement affirme que les élections se sont déroulées sans problèmes, mais des observateurs expriment des doutes ; **the interference of ~s in the country's domestic policy** des ingérences étrangères dans la politique intérieure du pays ; **a poet is always an ~** un poète est toujours un marginal. **2** *Pol.* candidat marginal. **3** *Transp. mar.* compagnie maritime hors conférence.

outsize *adj.* trop grand, démesuré, disproportionné, hypertrophié, surdimensionné, de très grandes dimensions, énorme, gigantesque.

outsource *v. tr.* **1** acquérir *[composants]* à l'extérieur, s'approvisionner en *[produits]* auprès d'un fournisseur spécialisé. **2** donner/confier *[travail]* à l'extérieur/à une société extérieure, confier *[prestations]* à une entreprise spécialisée/à un prestataire extérieur, externaliser, sous-traiter ; **more and more companies are outsourcing training** les entreprises ont de plus en plus tendance à confier la formation à des entreprises spécialisées.

outsourcer *n.* sous-traitant.

outsourcing *n.* **1** acquisition de composants à l'extérieur, approvisionnement à l'extérieur. **2** sous-traitance, externalisation *[de services]*.

outspoken *adj. [personne]* connu pour son franc parler, franc, d'une grande franchise, direct ; sans détour, déclaré ; *[opinion]* exprimé avec franchise ; **to be ~** ne pas mâcher ses mots, parler sans détour, parler très librement, dire ce que l'on pense, avoir son franc parler ; **the president's ~ top adviser brushed aside the allegations** avec son franc parler habituel, le principal conseiller du président a balayé ces allégations ; **an ~ member of the government** un membre du gouvernement qui a son franc parler ; **by Japanese standards, the statement was remarkably ~** dans le contexte du Japon, il s'agissait d'une déclaration d'une franchise remarquable ; **he is the most ~ of the country's prosecutors** il est le procureur qui hésite le moins à dire ce qu'il pense dans ce pays ; **she has been the most ~ about the drawbacks of the introduction of a minimum wage** c'est elle qui a parlé le plus ouvertement des inconvénients de l'instauration d'un salaire minimum.

outstanding *adj.* **1** (de qualité) remarquable, (de qualité) exceptionnel(le), excellent, d'excellente qualité, de haut niveau, d'exception, considérable, grand, élevé, illustre, éminent, brillant, de premier ordre, insigne, inappréciable, hors pair, incomparable, hors ligne ; marquant, saillant, retentissant ; **an ~ journalist** un journaliste hors pair ; **an ~ scientist** un scientifique éminent ; **an ~ writer** un écrivain de premier plan ; **to be ~** exceller. **2** (resté) en suspens, pendant, non réglé, non résolu, restant, subsistant, qui reste à régler/résoudre ; *[valeurs mobilières]* en circulation ; **~ issues** questions non résolues ; **this remains one of the ~ mysteries in physics** cela reste l'une des énigmes qui n'ont pas encore été résolues en physique. **3** *[dette]* non acquitté, non liquidé, non réglé, non remboursé, non amorti, en souffrance, impayé, arriéré, en retard de paiement ; échu, exigible, (restant) dû ; **the ~ loans of the bank** les prêts non encore remboursés de la banque ; **amount ~** montant encore dû, arriérés (de paiement). ✪ **~ claims** a) créances à rembourser ; b) encours des créances ; **~ contributions** contributions *[d'un pays à une organisation internationale]* non versées ; **~ debt** a) dette à rembourser, dette impayée ; b) encours de la dette ; **~ interest** intérêts échus ; **~ liabilities** encours des dettes ; **~ loans** montant non amorti des prêts, encours des prêts ; *[***the bank's ~ loans are 7% up** l'encours des prêts consentis par la banque a augmenté de 7 %*]* ; **~ securities** titres en circulation ; **~ shares/stock** actions en circulation, flottant.

outturn *n.* **1** production, quantités produites. **2** résultat(s), performance. **3** données réelles *[par opp. aux prévisions]*.

outvote *v. tr.* mettre en minorité.

outward *adj.* ✪ **~ investment** investissement à l'étranger ; **~-looking** *adj.* tourné vers l'extérieur ; ouvert ; **~ processing** *UE* perfectionnement passif.

outweigh *v. tr.* l'emporter sur, être plus important que, primer, dépasser, excéder, (faire) plus que compenser, avoir plus de poids que, compter davantage que, valoir largement, jouer un rôle plus important que, transcender ; **the benefits of immunization far ~ the risks** les avantages de la vaccination l'emportent largement sur les risques ; **the advantages of the new system ~ the expense involved** les avantages du nouveau système valent largement la dépense qu'il représente.

outwork *n.* travail à façon, travail donné à l'extérieur, travail à domicile.

over *adv., prép.* ✪ **~ and above** indépendamment de, outre, en plus de, au-delà de ; **~ and ~ again** à de très nombreuses reprises.

overachieve *v.* **1** *intr.* obtenir de meilleurs résultats que prévus. **2** *tr.* atteindre largement *[but]*.

overachiever *n.* **1** *Ens.* bon élève. **2** surdoué.

overall *adj.* général, global, total, d'ensemble ; **~ plan** plan d'ensemble. ✪ **~ length** longueur hors tout ; **~ majority** majorité absolue ; **~ width** largeur hors tout.

overall *adv.* **1** dans l'ensemble, (considéré) globalement, d'une manière générale. **2** en tout ; **~, 54 workers were injured** en tout, 54 ouvriers ont été blesses.

overarching *adj. Fig.* **1** dominant, prédominant, primordial, prioritaire ; **the ~ goal of US foreign policy** l'objectif primordial de la politique étrangère des États-Unis ; **the ~ priority is economic growth** la croissance économique est la priorité des priorités. **2** global, général, d'ensemble, universel ; vaste, ayant une portée très vaste ; **an ~ world view** une vue globale du monde.

overbill *v.* **1** *tr.* faire payer *[qqn]* trop cher, facturer des montants excessifs/abusifs à, surfacturer. **2** *intr.* pratiquer des prix abusifs/excessifs, facturer des montants excessifs/abusifs.

overbilling *n.* surfacturation.

overboard *adv. Fig.* **to go ~** aller trop loin, dépasser les bornes, faire preuve d'un enthousiasme excessif, en faire trop.

overbooking *n. Transp.* surréservation.

overbought *adj. Bourse [titre, monnaie]* suracheté, surévalué ; *[marché]* sur lequel les cours sont trop/artificiellement élevés ; **the stock remains ~ by at least 15%** l'action reste surévaluée d'au moins 15 %.

overcapacity *n. Écon.* surcapacité(s).

overcharge *v.* **1** *tr.* faire payer *[qqn]* trop cher, facturer des montants excessifs/abusifs à, surfacturer. **2** *intr.* pratiquer des prix abusifs/excessifs, facturer des montants excessifs/abusifs.

overcharging *n.* surfacturation.

overcome *v.* **1** surmonter *[difficultés, obstacle]*, aplanir ; **ethnic rivalries must be ~** il faut surmonter les rivalités ethniques. **2** venir à bout de, vaincre, avoir raison de.

overcompensation *n.* compensation excessive.

overcropping *n.* surexploitation des terres.

overcrowded *adj. [logement, prison]* surpeuplé ; *[train]* bondé.

overcrowding *n.* surpeuplement ; entassement ; promiscuité.

overdraft *n. Banque* découvert. ✪ **~ facilities** facilité(s) de caisse.

overdrawn account *Banque* compte à découvert.

overdrive *n. Inf.* overdrive.

overdue *adj.* **1** échu, impayé, en souffrance, en retard de paiement. **2** en retard, qui n'a que trop tardé ; **long ~** depuis longtemps nécessaire ; **reforms are long ~** l'adoption de réformes n'a que trop tardé. ✪ **~ bill** traite en souffrance/non payée à l'échéance ; **~ cheque** chèque non présenté au paiement dans un délai normal.

overextend *v. tr.* **to ~ oneself** disperser excessivement ses forces, assumer des responsabilités trop lourdes, prendre des engagements qui dépassent ses forces ; *Fam.* avoir les yeux plus grands que le ventre.

overextended *adj.* **1** qui a trop dispersé ses forces, qui a pris des engagements dépassant ses forces, qui a assumé des responsabilités trop lourdes, hypertrophié, démesuré. **2** ayant pris des engagements (financiers) excessifs/impossible à tenir.

overfishing *n.* pêche trop intensive, surexploitation des stocks de poissons/des ressources de pêche, surpêche.

overflow *v.* **~ with** regorger de.

overgrazing *n.* surpâturage.

overhang *n.* **1** excédent, surabondance ; **higher prices may reduce the money ~** l'augmentation des prix pourrait résorber les excédents de liquidités. **2** menace. **3** *Stat.* acquis statistique. **4** *Fin.* rapport entre le nombre d'options d'achat d'actions distribuées aux travailleurs et non exercées et le nombre d'actions en circulation.

overhaul *v. tr.* **1** réparer, réviser *[machine]*. **2** réformer *[système]* ; réorganiser *[entreprise, administration]* ; **to ~ Egypt's electoral system** réformer le système électoral égyptien. **3** rattraper.

overhaul *n.* **1** réparation ; révision. **2** réorganisation, restructuration, révision, réforme, refonte ; **the Member States want an ~ of the UNESCO administration** les États membres veulent une réorganisation de l'administration de l'UNESCO ; **a substantial ~ of transport regulation** une révision importante de la réglementation sur les transports ; **a complete ~ of the education system** une remise à plat du système d'enseignement.

overhead *n.* **1** rétroprojecteur. **2** transparent. **3** *pl.* frais généraux.

overhead *adj.* ✪ **~ cable** câble aérien ; **~ costs** frais généraux ; **~ crane** pont roulant ; **~ expenses** frais généraux ; **~ line** *Énergie* ligne aérienne ; **~ projection transparency** transparent ; **~ projector** rétroprojecteur ; **~ projector slide** transparent ; **~ railway** *RU* métro aérien ; **~ travelling crane** pont roulant.

overheated economy économie en surchauffe.

overheating *n. Écon.* surchauffe.

overhype *v. tr.* faire trop de battage autour de, gonfler l'importance de, faire valoir exagérément, monter en épingle.

overindulgence *n.* consommation excessive d'alcool.

overinsurance *n.* surassurance, excès d'assurance.

overkill *v. intr. Fig.* employer les grands moyens, utiliser des moyens disproportionnés, mettre le paquet, en faire trop.

overkill *n. Fig.* **1** opération de trop grande envergure, moyens excessifs/disproportionnés, remède de cheval, sursaturation. **2** *Mil.* (capacité de) surdestruction.

overlap *v. intr.* se chevaucher, faire (dans une certaine mesure/en partie) double emploi ; doublonner partiellement, comporter des éléments communs, coïncider partiellement, se superposer (partiellement), se recouvrir (partiellement), empiéter l'un sur l'autre, s'interpénétrer, être imbriqué, se recouper, se confondre (partiellement/dans une certaine mesure), déborder, empiéter ; **racial and social divides ~** les clivages racial et social se confondent partiellement ; **the meanings of the words ~, but they are not synonyms** les champs sémantiques de ces mots se recouvrent partiellement, mais il ne s'agit pas de synonymes ; **these two markets ~** ces deux marchés s'interpénètrent.

overlap(ping) *n.* chevauchement, double emploi, recouvrement, superposition partielle, répétition, cumul, dualité ; **there is some ~ between telecommunications and computing** les télécommunications et l'informatique se chevauchent ; **there is considerable ~ in these goals** ces buts se recouvrent dans une large mesure ; **the ~ between readerships of the two magazines** le lectorat commun des deux revues.

overlapping *adj.* partiellement commun ; **~ fields of knowledge** domaines de connaissances qui se recouvrent partiellement.

overlay *v. Fig.* **1** *intr.* s'ajouter à, se superposer à, coexister avec ; **the effects of the last recession were overlaid on those of the previous one** les effets de la dernière récession se sont superposés à ceux de celle qui l'a précédée. **2** *tr.* ajouter à, superposer à.

overlay *n. Fig.* influence.

overlogging *n.* surexploitation des ressources forestières.

overlook *v. tr.* **1** ne pas remarquer, ne pas se rendre compte de, oublier, perdre de vue ; négliger, faire fi de, méconnaître, ne pas tenir compte de, n'accorder aucune place à, omettre, passer sous silence ; fermer les yeux sur, passer sur, faire abstraction de ; **to be ~ed** passer inaperçu. **2** surveiller. **3** dominer, surplomber ; donner sur ; **a building ~ing Central Park** un bâtiment qui donne sur Central Park.

overmanning *n.* sureffectifs, excédent de main-d'œuvre, gonflement excessif des effectifs, personnel pléthorique.

overnight *adj.* **1** *[livraison]* effectué le lendemain. **2** *Fig. [succès]* immédiat, instantané. ✪ **~ (interest/lending) rate** taux de l'argent au jour le jour.

overnight *adv.* **1** du jour au lendemain ; au jour le jour ; **to become famous ~** devenir célèbre du jour au lendemain. **2** pendant la nuit ; **the patient does not need to remain in the hospital ~** le patient ne doit pas passer une nuit à l'hôpital.

overpaid *adj.* trop bien rémunéré, grassement payé ; **to be ~** percevoir une rémunération trop élevée.

overpass *n.* passage supérieur ; pont ferroviaire, pont-rail ; pont routier, pont-route.

overplay *v.* **1** *tr.* accorder une importance excessive à. **2** *tr.* **to ~ one's hand** surestimer ses atouts. **3** *intr. [acteur]* en faire trop.

overreach *v. Fig.* **1** *intr.* être trop ambitieux. **2** *tr.* **to ~ oneself** être trop ambitieux. **3** *tr.* prendre le meilleur sur.

overreact *v. intr.* réagir de façon disproportionnée/excessive, s'affoler, dramatiser ; dépasser les bornes, exagérer.

overreaction *n.* réaction excessive/précipitée, dramatisation, excès.

override *v. tr.* **1** dominer, primer, l'emporter sur, prévaloir sur, compter davantage que, transcender. **2** annuler ; **to ~ the President's veto** *ÉU* passer outre au veto présidentiel. **3** ne pas tenir compte de *[ordre],* passer outre à, braver ; bafouer, fouler aux pieds *[droits de qqn].*

overriding *adj.* dominant, prédominant, primordial, prioritaire, impérieux, majeur, absolu, supérieur, souverain ; **~ interests** intérêt supérieur ; **~ need** nécessité absolue ; **safety remains an ~ concern** la sécurité reste une préoccupation dominante.

overrule *v. tr.* **1** *Dr.* infirmer, réformer, annuler, casser, mettre à néant *[jugement].* **2** *Dr.* rejeter *[prétention].* **3** passer outre à, rejeter *[objection] ;* passer outre à l'avis de/aux objections de, ne pas tenir compte de l'avis de, ne pas retenir l'avis de ; **~d** *Dr.* objection rejetée.

overrun *n.* dépassement *[de coût, de budget].*

overseas trade commerce extérieur.

oversell *v. tr.* **1** vanter exagérément les mérites de *[produit] ;* exagérer. **2** vendre plus de *[articles]* qu'on ne peut livrer. **3** commercialiser *[produit]* en recourant à des méthodes agressives.

overshadow *v. tr.* éclipser, surpasser, reléguer au second plan, rejeter à l'arrière-plan, prendre le pas sur, prendre plus d'importance que, occulter, masquer, faire oublier ; **it is unlikely that the OSCE will ~ the Council of Europe** il est peu probable que l'OSCE éclipse le Conseil de l'Europe ; **political initiatives will ~ economic reforms** les initiatives politiques relégueront à l'arrière-plan les réformes économiques.

overshoot *v. tr.* **1** dépasser, aller au-delà de. **2** *Fig.* dépasser *[objectif].*

overshoot *n. Fig.* dépassement d'objectif.

oversight *n.* **1** surveillance. **2** omission, erreur.

oversimplification *n.* simplification abusive, simplification poussée à l'extrême.

oversimplified *adj.* trop schématique, simpliste.

oversimplify *v. tr.* simplifier excessivement/outre mesure/à l'extrême, schématiser à l'excès.

oversimplistic *adj.* trop sommaire, simpliste.

oversize(d) *adj.* trop grand, démesuré, disproportionné, hypertrophié, surdimensionné, de très grandes dimensions, énorme, gigantesque.

oversold *adj. Bourse [titre, monnaie]* survendu, sous-évalué ; *[marché]* sur lequel les cours sont trop/artificiellement bas ; **the dollar remains ~** le dollar reste sous-évalué.

overspill *n.* **1** migration vers des zones moins peuplées. **2** excédent de population.

overstaffed *adj.* doté d'un personnel pléthorique.

overstaffing *n.* (existence de) sureffectifs, excédent de main-d'œuvre, gonflement excessif des effectifs.

overstate *v. tr.* exagérer, gonfler, surévaluer ; **the retail price index ~s inflation** l'indice des prix de détail surévalue l'inflation.

overstocks *n.* stocks excédentaires.

oversubscribed *adj. Fin. [émission]* plus qu'entièrement souscrit, largement couvert ; **1.4 times ~** souscrit 1,4 fois.

oversubscription *n. Fin.* couverture excédentaire (de l'émission).

oversupply *n.* pléthore, excédent.

overt *adj.* ouvert, manifeste, public ; non déguisé, entrepris à visage découvert ; **~ criticism** critique directe.

overtime *n.* heures supplémentaires. ✪ **~ ban** interdiction des heures supplémentaires *[par les syndicats]* ; **~ pay** rémunération au titre des heures supplémentaires.

overtones *n. pl.* sous-entendus, insinuations ; accents, connotation, consonance, relents ; **a word that has pejorative ~** un mot qui a une connotation péjorative.

overtrading *n.* **1** activités disproportionnées par rapport à l'actif circulant. **2** multiplication abusive des transactions *[de la part d'un intermédiaire financier].*

overturn *v. tr. Fig.* **1** renverser, mettre à bas *[gouvernement].* **2** annuler, infirmer, réformer, casser, mettre à néant *[jugement] ;* **the company's decision to fire the union leaders was ~ed by the court** le tribunal a annulé la décision de l'entreprise de licencier les dirigeants syndicaux ; **the Court of appeal ~ed the judgement** la cour d'appel a mis à néant le jugement.

overview *n.* vue générale/d'ensemble, description/présentation générale, description/présentation succincte, informations générales, tour d'horizon, exposé général/succinct, panorama, survol, synthèse, schéma, grandes lignes, éléments essentiels, récapitulation, aperçu.

overwhelm *v. tr.* déborder, submerger, étouffer, couvrir, inonder, noyer, dépasser, surcharger, saturer, sursaturer, engloutir, écraser, accabler, déferler sur ; **to be ~ed** être débordé/submergé, ne plus savoir où donner de la tête ; **to be ~ed by** ne pas/plus pouvoir faire face à/suivre, crouler sous ; **the troops were ~ed by the enemy** les troupes ont été submergées par l'ennemi ; **the government was ~ed by events** le gouvernement a été dépassé par les événements ; **they were ~ed by the magnitude of the problem** ils ont été écrasés par l'énormité du problème ; **to ~ the enemy with firepower** accabler l'ennemi par sa puissance de feu ; **the demand has ~ed the capacity of producers** les producteurs ne parviennent plus à suivre l'augmentation de la demande.

overwhelming *adj.* écrasant, extraordinaire, insurmontable, irrésistible, invincible, massif, impressionnant, vaste, énorme, immense ; **~ majority** immense majorité, très grande majorité, majorité écrasante ; **~ victory** victoire écrasante ; **~ military advantage** avantage militaire écrasant ; **~ temptation** tentation irrésistible ; **~ benefits** avantages inappréciables ; **~ evidence** preuves accablantes ; **~ choice** embarras du choix ; **the need for reforms is ~** des réformes s'imposent de toute évidence.

overwhelmingly *adv.* massivement, de façon écrasante, très largement, essentiellement, presque exclusivement ; dans leur grande/immense majorité, à une très large majorité ; pour la plupart, dans la plupart des cas ; **Parliament voted ~ to approve the treaty** le parlement a approuvé le traité à une très large majorité ; **the Conservative candidate won ~** le candidat conservateur l'a emporté avec une marge considérable ; **the people ~ think that top executives make too much money** la plupart des gens estiment que les cadres supérieurs gagnent trop d'argent.

overweight *n.* surcharge pondérale, surpoids.

overwrite *v. tr. Inf.* écraser *[texte].*

owing *adj.* dû ; impayé, en souffrance. ✪ **~ to** à cause de, en raison de, à la suite de, grâce à.

own *v.* **1** *tr.* être le propriétaire de, avoir la propriété de ; posséder, avoir. **2** *tr.* **(that)** reconnaître que, admettre que. **3 ~ to** reconnaître *[qqch.].* **4 ~ up** avouer. **5 ~ up to** avouer, admettre *[qqch.].*

own *n., adj.* ✪ **come into one's ~** a) *[personne]* se réaliser pleinement, réaliser pleinement ses potentialités, révéler toutes ses potentialités, montrer de quoi l'on est capable, donner toute sa mesure, *[chose]* révéler toutes ses potentialités, prendre toute sa dimension, donner les meilleurs résultats ; b) *[personne]* prendre possession de son dû, recevoir son dû ; **hold one's ~** bien résister, obtenir un résultat honorable, s'en tirer avec les honneurs, tirer son épingle du jeu ; **in its ~ right** en soi, intrinsèquement ; **in one's ~ right** à titre personnel, personnellement, en son nom (propre), (en/par) lui-même, individuellement, de façon autonome, à part entière, en propre, en cette qualité, pris isolément, par/au titre de ses mérites propres, en tant que tel, comme tel, véritable, de son propre chef ; *[***Truman became president after Roosevelt's death and in 1948 was elected in his ~ right** Truman accéda à la présidence après la mort de Roosevelt et, en 1948, il fut élu à titre personnel ; **the president's wife is a prominent lawyer in her ~ right** la femme du président est elle-même une avocate en vue ; **the euro became a currency in its ~ right** l'euro est devenu une véritable monnaie ; **acting in his ~ right and as agent of** agissant en son nom propre et en qualité de mandataire de ; **in addition to being useful, law is an exciting field in its ~ right** indépendamment de son utilité, le droit est une discipline passionnante en elle-même*] ;* **of one's ~** (qui lui est/soit) propre, à soi ; *[***a virus has no life of its ~** un virus n'a pas de vie propre*] ;* **of one's ~ accord** spontanément ; **of one's ~ making** dont il est lui-même responsable, pour lequel il ne peut s'en prendre qu'à lui-même ; **on one's ~** a) seul, livré à soi-même ; b) par ses propres moyens, de façon autonome, indépendamment, de sa propre initiative ; *[***to be on one's ~** devoir se débrouiller/se tirer d'affaire tout seul ; **you are on your ~** c'est à vous de vous débrouiller ; **to stand on one's ~** être autonome ; **to act on one's ~** agir de sa propre initiative*] ;* **on one's ~ terms** en définissant soi-même les règles ; **~-account carriage/transport** transport pour compte propre ; **~ brand** marque de distributeur, marque propre ; **~-brand** *adj. [produit]* commercialisé sous une marque de distributeur ; **~ goal** *Fam.* bévue/erreur monumentale ; **~-label** *adj. [produit]* commercialisé sous une marque de distributeur ; *[marque]* de distributeur ; **~ man** *[***to be one's ~ man** ne pas se laisser influencer*] ;* **through no fault of one's ~** involontairement, à son corps défendant, alors qu'il n'y est pour rien.

owner *n.* **1** propriétaire ; *Marchés publics* maître d'ouvrage, maître de l'ouvrage. **2** titulaire *[d'un droit] ;* **copyright ~** titulaire du droit d'auteur. ✪ **~s' equity** fonds propres ; **~-occupied flat/house** appartement/maison occupé(e) par son propriétaire ; **~-occupier** *n.* propriétaire occupant.

ownership *n.* **1** propriété, possession ; **car ~** possession d'une voiture. **2** adhésion (pleine et entière) (à l'idée de) *[(à) une idée/politique],* sentiment d'être partie prenante *[à une initiative] ;* **to foster ~ of an initiative by the population** favoriser l'adhésion de la population à une initiative ; **to give the public a sense of ~ of the project** donner à la population le sentiment qu'elle est partie prenante au projet ; **to take ~ of** faire sien, s'approprier.

Oxbridge *n.* université d'Oxford ou de Cambridge.

oyster farm exploitation ostréicole.

oz (ounce) once *[= 28,349 5 g].*

ozone *n.* ✪ **~ depletion** appauvrissement de la couche d'ozone ; **~ hole** trou d'ozone ; **~ layer** couche d'ozone.

P

p (penny) *RU* penny ; *pl.* pence.

PA (personal assistant) secrétaire de direction, assistant.

PA (public address) (système de) sonorisation. ✪ **~ system** (système de) sonorisation.

p.a. (per annum) par an, l'an.

PABX (private automatic branch exchange) autocommutateur privé/d'entreprise.

PAC (political action committee) *ÉU* comité de défense d'intérêts, lobby enregistré.

pace *v. tr.* **to ~ oneself** prendre son temps, modérer l'allure ; **to ~ one's efforts** doser ses efforts.

pace *n.* rythme, allure, cadence, vitesse, train ; **to proceed at a quick ~** se dérouler à un rythme soutenu ; **to work at one's own ~** travailler à son propre rythme ; **the ~ of economic recovery** le rythme de la reprise économique ; **at a snail's ~** à une allure d'escargot ; **brisk ~** vive allure ; **the ~ of work is determined by the machines** la cadence du travail est dictée par les machines ; **at a slower ~ than** moins vite que ; **the accelerating ~ of** la vitesse de plus en plus élevée de ; **leisurely/stately ~** train de sénateur ; **breakneck/frantic/furious/relentless ~** train d'enfer. ✪ **force the ~ of** accélérer ; **gather ~** s'accélérer, passer à la vitesse supérieure, se précipiter, progresser, s'accentuer, s'intensifier, se renforcer, gagner du terrain, prendre de l'ampleur, prendre une ampleur accrue, s'amplifier ; **keep ~ with** a) suivre/soutenir le rythme de, ne pas se laisser distancer par ; b) se tenir au courant de, suivre ; *[***the volume of waste has kept ~ with economic growth** le volume des déchets a progressé au même rythme que celui de la croissance économique ; **not to keep ~ with** ne pas suivre, se laisser distancer par, perdre du terrain par rapport à, être à la traîne de ; **food production has not been keeping ~ with population growth** la production d'aliments s'est laissée distancer par la croissance démographique*]* ; **set the ~** *[***a company that sets the ~ for the rest of the industry** une société qui impose sa dynamique au reste de l'industrie*]*.

pacemaker *n. Méd.* stimulateur cardiaque.

pacesetter *n.* locomotive ; entreprise en pointe/en flèche/la plus innovante.

Pacific *adj.* ✪ **~ Basin/Rim** bassin Pacifique, pourtour du Pacifique ; *[***countries of the ~ Basin/Rim** pays du bassin Pacifique, pays riverains du Pacifique/bordant le Pacifique*]*.

pack *n.* **1** paquet, colis. **2** dossier. **3** *Fig.* meute ; peloton. **4** compresse. ✪ **lead the ~** occuper la première place ; **~ ice** banquise dérivante ; **~ of lies** tissu de mensonges.

package *v. tr. Fig.* **1** concevoir, mettre au point, offrir *[ensemble de services]*, constituer *[jeu de documents, kit]*. **2** présenter *[candidat, produit, message]* de façon attrayante.

package *n.* **1** paquet, colis. **2** emballage, conditionnement. **3** ensemble, tout, série, jeu, lot, unité, combinaison ; **the Ministry of Health has designed a care ~** le ministère de la Santé a conçu un ensemble intégré de soins ; **channel ~** *TV* bouquet de programmes. **4** (ensemble/train/catalogue/arsenal de) mesures, propositions, plan, programme, dispositif, formule, méthode, système, régime ; **tax ~** ensemble de mesures fiscales ; **deficit-cutting ~** ensemble de mesures visant à réduire le déficit ; **benefits ~** (ensemble de) prestations sociales ; **a ~ of proposals** un ensemble de propositions ; **austerity ~** mesures/plan d'austérité ; **rescue ~** plan de sauvetage ; **~ of reforms** programme/train de réformes ; **aid ~** (programme d') aide ; **retirement ~** régime de retraite ; **budget ~** (projet de) budget ; **compensation ~** rémunération et avantages ; **financial ~** montage financier, financement. **5** offre (globale/groupée), proposition (globale), forfait, formule tout compris ; accord/règlement (global), compromis. **6** rémunération et avantages sociaux. **7** voyage organisé, voyage à forfait, forfait-vacances. **8** dossier (d'information) ; jeu de documents ; **a briefing ~ for journalists** un dossier d'information destiné aux journalistes. **9** *Ens.* cours ; **training ~** coffret de formation. **10** *Inf.* progiciel.

package *adj.* d'ensemble, global, forfaitaire. ✪ **~ deal** offre (globale), proposition (globale), forfait ; accord/règlement (global), compromis ; **~ goods** *ÉU* produits conditionnés ; **~ holiday** voyage organisé/à forfait, forfait-vacances ; **~ insurance** *ÉU* assurance multirisques ; **~ tour** voyage organisé, voyage à forfait, forfait-vacances.

packaged *adj. Fig.* prêt à l'emploi, clés en main. ✪ **~ goods** produits conditionnés ; **~ software** progiciel ; **~ tour** voyage organisé, voyage à forfait, forfait-vacances.

packaging *n.* **1** emballage. **2** conditionnement ; *Marketing* packaging *[= art de l'emballage]*. **3** *Fig.* présentation, habillage *[d'une politique]* ; mise en forme ; **to judge information on its content rather than its ~** porter un jugement sur des informations en fonction de leur contenu et non de la façon dont elles sont présentées.

packed *adj. [salle]* bondé, comble, plein à craquer, archi-plein.

packet *n.* ✪ **~ switched network** réseau à communication de paquets ; **~ switching** commutation de paquets.

packing list *Transp.* liste de colisage.

paddy *n.* **1** paddy, riz non décortiqué. **2** rizière. ✪ **~ field** rizière ; **~ rice** paddy, riz non décortiqué ; **~ wagon** fourgon/voiture cellulaire.

page *n.* ✪ **~ break** *Inf.* saut de page ; **~ description language** *Inf.* langage de description de page ; **~ printer** *Inf.* imprimante page ; **~-turning** *adj. [livre]* passionnant.

pageantry *n.* cérémonie(s) fastueuse(s), faste, pompe, spectacle.

pager *n.* récepteur de radiomessagerie, alphapage ; *Can.* téléavertisseur.

paging *n.* radiomessagerie (unilatérale).

PAHO (Pan American Health Organization) OPS (Organisation panaméricaine de la santé).

PAHs (polycyclic aromatic hydrocarbons) HAP (hydrocarbures aromatiques polycycliques).

paid *adj.* **1** *[facture]* payé. **2** *[travail]* rémunéré. ✪ **~ circulation** diffusion payante *[d'une publication]*.

paid-in *adj.* ✪ **~ capital** *ÉU* capital libéré/versé ; **~ surplus** *ÉU Compt.* prime d'émission.

paid-up *adj.* payé intégralement. ✪ **~ capital** capital libéré/versé ; **~ member** membre en règle de cotisation.

pain *n.* ✪ **at ~s** *[***to be at ~s to** s'employer à, s'évertuer à, faire tout ce qu'on peut pour ; **the company is at ~s to play down the risks** l'entreprise s'emploie à minimiser les risques*]* ; **~ and**

suffering *Dr.* pretium doloris ; **~ relief** soulagement de la douleur ; **~ reliever, ~-relieving drug** analgésique, antalgique, (médicament) antidouleur ; **take ~s to** s'employer à, veiller soigneusement à ; *[***the government has taken ~s not to antagonize the press** le gouvernement a veillé soigneusement à ne pas s'attirer l'hostilité de la presse*]*.

painful *adj. Fig.* pénible, douloureux.

painkiller, painkilling drug analgésique, antalgique, (médicament) antidouleur.

painstaking *adj. [travail]* (très) soigné, minutieux, consciencieux, patient, persévérant, laborieux, fastidieux, de fourmi ; *[analyse]* approfondi, détaillé ; assidu ; **to be ~** exiger beaucoup de patience ; **to describe sth in ~ detail** décrire qqch. de façon détaillée/par le menu ; **~ research** travaux de recherche minutieux ; **rehabilitating the economy will be a very ~ operation** la remise en état de l'économie sera une opération très laborieuse.

painstakingly *adv.* avec le plus grand soin, avec un soin minutieux, patiemment, à grand peine, laborieusement ; **they ~ compiled reports** ils ont élaboré des rapports avec le plus grand soin.

pair *v.* **~ up with** s'associer à/avec, s'allier à/avec.

palace coup révolution de palais.

Palau *n.* (îles) Palaos.

palatable *adj. Fig.* agréable ; acceptable ; présentable, *[présenter sous un jour]* avantageux ; **a more ~ way of learning mathematics** une façon plus agréable d'apprendre les mathématiques ; **a novel way of raising taxes to make them more ~** une façon nouvelle de percevoir des impôts afin de les rendre plus acceptables.

pale *v. intr.* **to ~ (into insignificance) alongside/compared with/in comparison to/with** être/représenter peu de chose au regard de/par comparaison avec, être peu de chose à côté de, être dérisoire par comparaison avec.

Palestine Liberation Organization Organisation de libération de la Palestine.

palimony *n. ÉU* pension alimentaire versée à un(e) ancien(ne) concubin(e).

palmtop *n.* ordinateur de poche.

pamphlet *n.* **1** brochure, opuscule. **2** pamphlet.

PAN (peroxyacetylnitrate) nitrate de peroxyacétyle.

Pan American Health Organization Organisation panaméricaine de la santé.

panda *n. Fig.* ✪ **~ car** *RU* voiture de patrouille de la police ; **~ crossing** passage pour piétons avec feu actionné par ceux-ci.

P and C (Parents and Citizens) *Austr.* association des parents et des enseignants.

pandering *n. ÉU* proxénétisme.

p and p (postage and package) *RU* frais de port et d'emballage.

panel *n.* **1** comité, groupe, comité/groupe d'experts, groupe de travail, groupe d'étude ; aréopage ; **a ~ of prominent scientists** un comité de scientifiques de haut niveau ; **expert ~** groupe d'experts. **2** invités *[lors d'une émission de télévision]*. **3** liste *[de jurés, etc.]*, jury. **4** collège, juridiction collégiale, formation de jugement, juges ; **a three-judge ~** un collège de trois juges. **5** *Marketing* panel (de consommateurs). ✪ **~ discussion** débat public, discussion devant un public ; débat d'experts ; **~ game** jeu avec invités ; **~ truck** *ÉU* camionnette de livraison.

panellist *n.* membre d'un comité/groupe d'experts/groupe de travail/groupe d'étude.

panhandle *v. intr.* faire la manche.

panic buying/selling achats/ventes effectué(e)s sous l'emprise de la panique.

P and L (profit and loss) profits et pertes.

Papanicolaou smear frottis cervico-vaginal.

Papanicolaou test examen de frottis cervico-vaginal.

paper *v.* **~ over** masquer, dissimuler, mettre entre parenthèses, replâtrer *[divergences de vues]*.

paper *n.* **1** papier *[= matière]*. **2** document, pièce, acte ; *pl.* dossier, documentation, archives. **3** *pl.* documents/pièces d'identité. **4** article *[publié dans une revue scientifique]* ; **scientific ~** article scientifique. **5** rapport, étude, mémoire. **6** *Ens. ÉU* dissertation. **7** exposé ; communication *[présentée lors d'un colloque]* ; **to give a ~ on** présenter un exposé sur. **8** journal, publication. **9** *pl. Fin.* titres négociables. **10** *Ens. RU* épreuve (écrite), examen ; sujets (de l'examen) ; copie (d'examen) ; **the ~ for entry into the Civil Service** l'épreuve de recrutement dans la fonction publique. ✪ **commit to ~** consigner *[idées, projet]* par écrit ; **on ~** *Fig.* en théorie, théoriquement, sur le papier ; **~ chromatography** chromatographie sur papier ; **~ clip** trombone ; **~ currency** monnaie fiduciaire ; **~ factory** usine de papeterie ; **~ feeder** *Inf.* bac à papier *[d'imprimante]* ; **~ jam** bourrage ; **~ loss** a) *Compt.* moins-value latente ; b) perte théorique ; **~ money** a) monnaie fiduciaire ; b) titres négociables ; **~ profit** a) *Compt.* plus-value latente ; b) gain/bénéfice théorique ; **~ pulp** pâte à papier ; **~ thin** extrêmement faible ; **~ title** titre de propriété ; **~ trail** piste/traces laissée(s) par des documents, trace(s) écrite(s) ; **~ tray** bac à papier *[d'imprimante]*.

paperback *n.* livre au format de poche.

paperless *adj.* sans (support) papier.

paperwork *n.* **1** travail administratif ; paperasserie, formalités (administratives), bureaucratie. **2** documents.

Pap smear frottis cervico-vaginal.

Pap test examen de frottis cervico-vaginal.

Papua New Guinea Papouasie-Nouvelle-Guinée.

Papua New Guinean papou, papouan-néo-guinéen.

par *n.* **1** *Bourse* pair *[d'une obligation, d'une action]*. **2** *Changes* parité. ✪ **above ~** au-dessus du pair ; **at ~** au pair ; **at ~ with** au même niveau que ; **below ~** a) médiocre, de qualité inférieure, de mauvaise qualité, insuffisant, déficient ; b) *Bourse* au-dessous du pair ; *[***workers whose performance is below ~** les travailleurs dont les prestations laissent à désirer*]* ; **on a ~ with** de même valeur/niveau que, au même niveau que, de qualité comparable à celle de, équivalent à, qui ne le cède en rien à, à la hauteur de, le même que, identique à, d'une ampleur comparable/égale à ; *[***to be on a ~ with** se situer au même niveau que, être égal à, n'avoir rien à envier à, faire jeu égal avec, valoir ; **to be treated on a ~ with** être traité de la même façon que ; **the two universities are considered on a ~ with one another** on considère que les deux universités sont du même niveau ; **this breakthrough is on a ~ with the discovery**

of the Higgs boson cette percée a autant d'importance que la découverte du boson de Higgs*]* ; **~ exchange rate, ~ of exchange** parité ; **~ price** valeur nominale ; **~ rate of exchange** parité ; **~ value** a) *Bourse* valeur nominale ; b) *Change* parité ; **~ value stock** action à valeur nominale ; **up to ~** a) de la qualité/du niveau habituel(le) ; b) satisfaisant, adéquat, approprié, bon, valable ; *[***productivity is not up to ~** la productivité laisse à désirer*]*.

para. (paragraph) par. (paragraphe).

parade *n.* **1** défilé, marche ; **thousands of party activists held a ~** des milliers de militants du parti ont participé à un défilé. **2** parade.

paradigm *n.* **1** exemple typique, modèle ; **France is a ~ of centralization** la France offre un exemple typique d'État centralisé. **2** paradigme *[= cadre théorique général largement accepté dans une discipline à une époque donnée],* cadre théorique, théorie (dominante), système, conception (traditionnelle), schéma(s), explication généralement acceptée ; **quantum physics is the prevailing ~ in modern physics** la physique quantique est le cadre théorique dominant dans la physique moderne ; **a ~ explaining the origin of the universe** une théorie qui explique l'origine de l'univers ; **this discovery provides a challenge to the current biological ~s** cette découverte remet en cause les conceptions actuelles en biologie ; **there is a contradiction between the old ~s and the current needs** il y a une contradiction entre les conceptions anciennes et les besoins actuels ; **Western societies have developed a ~ of values** les sociétés occidentales ont élaboré un système de valeurs. ✪ **~ shift** tournant, transformation, changement radical/révolutionnaire.

paradigmatic *adj.* typique ; **a ~ example of the gap between promises and achievements** un exemple typique de l'écart entre les promesses et les réalisations ; **Harpagon is the ~ usurer** Harpagon est le prototype de l'usurier.

paraffin *n.* **1** *RU* pétrole lampant. **2** paraffine. ✪ **~ oil** *RU* pétrole lampant ; **~ wax** paraffine.

paraglider *n.* parapente.

paragliding *n.* parapente.

paragraph *n.* **1** paragraphe ; alinéa. **2** *Journ.* entrefilet.

Paraguayan *adj.* paraguayen.

paralegal *n.* assistant d'avocat.

paralegal *adj. [travail]* d'assistant d'avocat.

paralympics *n.* Jeux paralympiques.

parallel *v. tr.* **to be ~led by** aller de pair avec.

parallel *n.* ✪ **without ~** sans équivalent/précédent.

parallel *adj. Inf. [interface, port]* parallèle. ✪ **~ computer** calculateur parallèle ; **~ processing** *Inf.* traitement parallèle ; **~-processing computer** calculateur parallèle.

paramedic *n.* **1** auxiliaire médical. **2** ambulancier-secouriste.

paramedical worker auxiliaire médical.

paramount *adj.* prioritaire, prédominant, capital, dominant, primordial, essentiel, crucial, *[chef]* suprême ; **to be ~** primer, occuper la première place ; **of ~ importance** crucial, essentiel, absolument indispensable, revêtant une importance cruciale ; **international co-operation is ~** une coopération internationale est essentielle ; **workers' interests should be ~** il faut donner la priorité aux intérêts des travailleurs ; **India's ~ problem** le problème primordial de l'Inde ; **the safety of children should be ~** la sécurité des enfants doit passer avant tout.

parapraxis *n. Psych.* lapsus, acte manqué.

parastatal *n.* organisme parapublic, établissement public, entreprise semi-publique.

parastatal *adj. [secteur]* paraétatique.

parcel *n.* **1** paquet, colis. **2** *Bourse* paquet d'actions. **3** partie, portion, élément. **4** terrain. ✪ **~ bomb** colis piégé.

pardon *v. tr.* **1** excuser. **2** pardonner. **3** gracier.

pardon *n. Dr.* **1** grâce. **2** *Can.* réhabilitation.

parent *n.* ✪ **Parents and Citizens** *Austr.* association des parents et des enseignants ; **~-teacher association/organization** association des parents et des enseignants.

parent company/corporation société mère.

parental *adj.* ✪ **~ advisory** mise en garde des parents ; **~ guidance (suggested)** *Cinéma ÉU* enfants admis sous réserve de l'appréciation des parents ; **~ home/school** *ÉU* école pour enfants difficiles.

parenthood *n.* parentalité, qualité de parent, situation de parent, fait d'avoir des enfants, fonction/rôle de parent, responsabilités parentales, être parent, paternité et maternité, paternité ou maternité ; **planned ~** procréation planifiée ; **teenage mothers are ill-prepared to deal with ~** les mères adolescentes sont mal préparées pour faire face à leurs responsabilités de parent ; **to promote responsible ~** encourager les parents à assumer leurs responsabilités.

parenting *n.* (exercice des) responsabilités parentales, tâches des parents, rôle/métier de parent, art d'être parent, façon d'élever les enfants, éducation des enfants ; **responsible ~** attitude responsable des parents ; **poor ~ breeds juvenile delinquency** la déficience de l'éducation donnée par les parents est un facteur de délinquance juvénile.

pari passu **1** simultanément, parallèlement, de front ; **both proceedings can be pursued ~** les deux procédures peuvent être menées parallèlement. **2 to increase ~ with** augmenter au même rythme que ; **to rank ~ with** être équivalent à, se trouver sur un pied d'égalité avec ; **the new shares rank ~ with the existing ones** les actions nouvelles confèrent des droits équivalents à ceux des actions anciennes. ✪ **~ clause** clause *pari passu.*

parish *n.* **1** paroisse. **2** *RU* commune. ✪ **~ pump** esprit de clocher.

parity *n. Agr. ÉU* parité des revenus agricoles *[avec les revenus d'une période de référence].* ✪ **~ price** prix assurant la parité (des revenus agricoles).

park-and-ride *adj. [système]* favorisant la combinaison voiture-transports en commun.

parking *n.* **1** stationnement. **2** *Fin.* placement d'attente. **3** *Fin.* vente fictive de valeurs mobilières *[de façon à dissimuler un acte illicite].* ✪ **~ lot** *ÉU* parking, parc de stationnement ; *Can.* stationnement ; **~ meter** parcmètre ; **~ orbit** *Esp.* orbite d'attente ; **~ ramp** *Av.* aire de stationnement ; **~ space** emplacement/place de stationnement ; **~ ticket** amende pour stationnement interdit.

parkway *n.* **1** *RU* gare comportant un vaste parc de stationnement. **2** *ÉU* autoroute verte.

parlay *v. tr. ÉU* **(into)** transformer *[investissement modeste]* en *[fortune]*, bâtir *[entreprise prospère]* en commençant avec *[peu de chose]*, édifier *[fortune]* avec une mise de départ de *[quelques milliers de dollars]*, exploiter *[idée, brevet, circonstances favorables]* pour constituer *[fortune]*, utiliser *[sa réputation]* pour obtenir *[avantage]* ; **he has ~ed his communication skills into a very successful political career** il a utilisé ses aptitudes à la communication pour faire une brillante carrière politique ; **she ~ed a popularity as an actress into a best-selling book** elle a exploité sa notoriété d'actrice pour écrire un livre à succès.

parliament *n.* **1** parlement. **2** législature *[= période]* ; **the select committee will be established for a ~** la commission d'enquête sera constituée pour la durée d'une législature. ✪ **Parliament Hill** *Can.* colline parlementaire.

parliamentary *adj.* ✪ **Parliamentary Assembly** *Conseil de l'Europe* Assemblée parlementaire ; **~ elections** élections législatives ; **~ party** groupe parlementaire ; *[***Parliamentary Labour Party** groupe parlementaire travailliste*]* ; **~ privilege** immunité parlementaire ; privilège(s) des députés ; **~ statute** loi.

parochial *adj.* **1** paroissial. **2** d'intérêt purement local, particulariste. **3** *[querelle]* de clocher. **4** *Fig.* borné, étroit, étriqué, trop centré sur ses propres préoccupations. ✪ **~ school** école confessionnelle.

parochialism *n.* **1** esprit de clocher. **2** repli sur soi.

parol *adj. Dr.* ✪ **~ contract** contrat ordinaire *[par opp. à deed]* ; **~ evidence** témoignage.

parole *n.* libération conditionnelle ; **released on ~** en liberté conditionnelle. ✪ **~ board** *ÉU* comité de libération conditionnelle.

parolee *n.* libéré conditionnel.

part *n.* **1** partie, portion, élément, composante, sous-ensemble, fraction, volet, pan, tranche, section, unité, ingrédient ; **to be ~ of** faire partie de *[ensemble]*, s'inscrire dans *[tradition]* ; **as (a) ~ of** dans le cadre de ; à l'occasion de ; **to be an integral ~ of** faire partie intégrante de ; **to become ~ of** être incorporé dans ; **every ~ of a small company plays an essential role** chaque élément d'une petite entreprise joue un rôle essentiel. **2** part ; **on the ~ of sb** de la part de qqn. **3** région, zone ; **~ of the world** région du monde ; **in many ~s of Africa** dans de nombreuses régions d'Afrique ; **in ~s of the Sahara** dans certaines zones du Sahara. **4** pièce *[de machine]* ; *pl.* pièces détachées. **5** *Cinéma* rôle. ✪ **~ and parcel** partie intégrante ; *[***to be ~ and parcel of** a) être indissociable de ; b) faire corps avec*]* ; **~-exchange** *n. Comm.* achat/vente avec reprise ; **~ of speech** partie du discours, catégorie grammaticale ; **~ owner** copropriétaire ; **~-paid stock** *ÉU* action non libérée ; **~-timer** *n.* travailleur à temps partiel.

partial disability incapacité partielle.

partially sighted malvoyant.

participating *adj.* ✪ **~ bond** obligation participante ; **~ insurance** *ÉU* assurance mutuelle ; **~ interest** participation *[dans une société]* ; **~ preferred share/stock** action privilégiée participante.

participation *n.* ✪ **~ certificate** part de fondateur ; **~ rate** *Écon.* taux d'activité *[= proportion de personnes qui travaillent dans le groupe considéré]*.

participatory *adj.* ✪ **~ democracy** démocratie active/vivante ; **~ loan** prêt participatif.

particle *n.* ✪ **~ accelerator** accélérateur de particules ; **~ collider** collisionneur de particules ; **~ physics** physique des particules.

particular *n. pl.* renseignements (détaillés), informations, indications, éléments, mentions, détails, précisions, description (détaillée) ; **brief ~s of the offence** description succincte de l'infraction ; **~s of type and origin of goods** indication de la nature et de l'origine des marchandises.

particular *adj.* **1** particulier ; spécifique, tel ou tel ; **propaganda attempts to convince people of the validity of a ~ ideology** la propagande s'efforce de convaincre les gens de la validité de telle ou telle idéologie. **2** certain ; **~ groups of people** certains groupes de personnes. **3** donné, déterminé, considéré, tel ; **the probability that sb belongs to a ~ ethnic group** la probabilité que qqn appartienne à un groupe ethnique donné ; **approaches used to mobilize funds in favour of a ~ country** les méthodes utilisées pour collecter des fonds en faveur d'un pays déterminé ; **respect of human rights depends on the level of development of the ~ country** le respect des droits de l'homme dépend du niveau de développement du pays considéré ; **when too many customers complain, the manufacturing of the ~ part is halted** quand trop de clients se plaignent, la production de la pièce incriminée est arrêtée. ✪ **in ~** en particulier, notamment ; **~ average** *Ass. mar.* avarie particulière ; **~ lien** *Dr.* privilège spécial.

particularly *adv.* **1** en particulier, notamment, surtout ; **there was an influx of immigrants, ~ from African countries** il y a eu un afflux d'immigrants, provenant en particulier de pays africains. **2** particulièrement ; **a ~ serious problem** un problème particulièrement grave.

particulate matter *Env.* particules (solides).

particulates *n. pl. Env.* particules (solides).

partition *n.* **1** cloison. **2** partage, partition *[d'un pays]*.

partly *adv.* en partie, partiellement, dans une certaine mesure. ✪ **~ finished goods** en-cours de fabrication/production, production(s) en cours ; **~ knocked down** *[machine]* partiellement démonté ; **~ paid(-up) share/stock** action non entièrement libérée.

partner *n.* **1** partenaire, interlocuteur, partie prenante. **2** partenaire, compagne, compagnon. **3** *Dr. des sociétés* associé, coassocié.

partnership *n.* **1** association ; (liens de) coopération, collaboration ; partenariat ; **to build/forge new ~s** créer de nouveaux partenariats ; **a new spirit of international ~** un nouvel esprit de coopération internationale ; **the organization works in ~ with the government** l'organisation coopère avec le gouvernement ; **a ~ between the two ministries** une collaboration entre les deux ministères ; **the programme will establish ~s between all interested parties** le programme mettra en place des partenariats entre toutes les parties intéressées ; **in ~ with** en partenariat avec, main dans la main avec. **2** société de personnes. **3** statut d'associé. ✪ **~ agreement/deed** statuts (d'une société de personnes) ; **Partnership for Peace** Partenariat pour la paix.

party *n.* **1** protagoniste, acteur, partie ; personne ; *Dr.* partie, plaideur ; **parties concerned** parties intéressées, intéressés, milieux intéressés, protagonistes ; **a ~ to an agreement** une partie à un accord ; **Ireland is not a ~ to the North Atlantic Treaty** l'Irlande n'est pas partie au Traité de l'Atlantique Nord ; **insurance companies should provide information on all accidents in which bodily injuries are sustained by any ~** les compagnies d'assurance doivent communiquer des informations sur tous les accidents ayant causé des blessures à une personne quelconque. **2 to be ~ to** se prêter à, se rendre coupable de *[acte illégitime]* ; **to be ~ to an obstruction of justice** se rendre coupable d'entrave à la justice. **3** groupe ; **working ~** groupe de travail. **4** suite *[d'une personnalité]*. **5** parti, formation *[politique]*. **6** soirée, réception ; soirée dansante. **7** *Téléphone* correspondant. ✪ **~ conference/convention** congrès de parti ; **~ government** mode de gouvernement reposant sur les partis ; **~ line** a) position/orientation/politique/ligne du parti ; b) clivage entre les partis ; c) ligne téléphonique partagée ; *[***division along ~ lines** clivage déterminé par l'appartenance à un parti ; **this novel idea has great appeal across ~ lines** cette idée nouvelle rencontre un grand succès indépendamment de l'appartenance à tel ou tel parti ; **to pass a resolution along ~ lines** adopter une résolution majorité contre opposition*]* ; **~-line vote** vote majorité contre opposition ; **~ machine** appareil du parti ; **~-political** *adj.* partisan, de politique politicienne ; *[***the proposal should cut across the ~-political divide** cette proposition devrait transcender les clivages entre partis*]* ; **~ plan selling** vente en réunion ; **~ politics** politique partisane, politique politicienne ; **~ selling** vente en réunion ; **~ wall** a) mur mitoyen ; b) cloison ; **~ worker** militant (du parti).

Pashtun *n.* Pachtoun *[= membre d'une ethnie de l'Afghanistan ; f. Pachtoune]*.

pass *v.* **I 1** *intr.* passer ; **the spacecraft ~ed about 9,000 miles from Jupiter** le vaisseau spatial est passé à environ 14 500 km de Jupiter. **2** *intr.* **(from... to)** passer de... à *[d'un stade à un autre, de la théorie à la pratique]* ; *[maladie]* être transmis/se transmettre de... à ; **some diseases can ~ from animals to people** certaines maladies peuvent se transmettre de l'animal à l'homme. **3** *tr.* **(to)** transmettre *[informations, message, maladie]* à ; **human beings ~ customs from generation to generation** les êtres humains transmettent leurs coutumes de génération en génération. **4** *intr.* *[temps]* passer, s'écouler. **5** *tr.* réussir, être reçu à *[examen]*, réussir, satisfaire à, subir avec succès *[épreuve]*. **6** *tr.* rendre *[jugement]*, porter *[jugement]* ; **to ~ sentence** prononcer une condamnation, prononcer la sentence ; **to ~ moral judgements on others** porter un jugement moral sur autrui. **7** *tr.* adopter, voter *[résolution, amendement, loi, budget]* ; **to ~ a bill into law** adopter un projet/une proposition de loi. **8** *intr.* *[résolution, amendement, loi, budget]* être adopté. **9** *intr.* décéder, s'éteindre, disparaître, nous quitter, passer de vie à trépas. **10** *tr.* **to ~ a dividend** décider de ne pas attribuer de dividende. **II ~ along 1** transmettre *[informations]*. **III ~ along to** répercuter *[augmentation de prix]* sur. **IV ~ away 1** disparaître (progressivement), passer. **2** décéder, s'éteindre, disparaître, nous quitter, passer de vie à trépas. **V ~ off as** faire passer pour ; **he ~ed himself off as a university graduate** il prétendait posséder un diplôme universitaire. **VI ~ on 1** transmettre ; **HIV is not ~ed on through casual contacts** le VIH ne se transmet pas par des contacts superficiels. **2** s'éteindre, décéder, passer de vie à trépas. **VII ~ on to 1** passer à *[autre question]*. **2** faire passer *[qqch.]* à, faire suivre *[qqch.]* à, transmettre *[informations, coutumes]* à, communiquer *[informations]* à, céder *[qqch.]* à, remettre *[qqch.]* à ; *Méd.* communiquer/transmettre *[maladie]* à ; **they can ~ on their skills to other staff members** ils peuvent transmettre leurs aptitudes à d'autres membres du personnel. **3** répercuter *[augmentation de prix]* sur ; **taxes paid by the producer are ~ed on to the consumer** les taxes versées par les producteurs sont répercutées sur les consommateurs ; **to ~ a saving on to sb** faire bénéficier qqn d'une économie. **VIII ~ out** perdre connaissance, s'évanouir. **IX ~ over 1** ne pas tenir compte de. **2** ne pas retenir *[qqn pour un poste, qqch.]* ; **she was ~ed over for the job** elle n'a pas obtenu le poste ; **to be ~ed over for promotion** ne pas être promu. **3** décéder, s'éteindre, disparaître, nous quitter, passer de vie à trépas. **X ~ through** passer par, traverser.

pass *n.* **1** passage. **2** *Ens.* réussite. **3** passe, col. ✪ **~ rate** *Ens.* taux de réussite.

passage *n.* **1** passage *[= endroit permettant de passer d'un lieu à un autre]*. **2** couloir, corridor. **3** passage *[= fait de passer d'un endroit à un autre]*. **4** autorisation de passage *[de troupes sur un territoire]*. **5** *Transp. mar.* voyage, traversée. **6** écoulement *[du temps]*. **7** passage *[d'une œuvre littéraire ou musicale]*. **8** adoption, vote *[d'une loi]*.

passageway *n.* couloir, corridor, passage, passerelle.

passalong *n.* *ÉU* répercussion *[d'une augmentation de coûts]*. ✪ **~ readership** lectorat secondaire.

passbook account *Banque* compte sur livret.

pass degree licence.

passé *adj.* dépassé, passé de mode, à l'ancienne, archaïque, désuet.

passenger *n.* voyageur ; *Transp. mar. et aériens* passager. ✪ **~ cabin** *Transp. aériens* cabine (des passagers) ; **~ car** *ÉU* voiture particulière/de tourisme ; **~ liner** paquebot ; **~ load factor** coefficient d'occupation des sièges ; **~ ship** paquebot ; **~ terminal** *Transp. aériens* aérogare ; **~ train** train de voyageurs ; **~ vessel** paquebot.

passing *adj.* **1** *[jour]* qui passe. **2** éphémère, passager, transitoire, sans lendemain. **3** *[connaissances]* superficiel, sommaire ; **to bear a ~ resemblance with** ressembler un peu à ; **to have more than a ~ interest in** s'intéresser beaucoup à. **4** *[remarque]* fait en passant, incident. **5** *Ens. ÉU [note]* suffisant.

passive *adj.* ✪ **~ balance (of payments/of trade)** balance (des paiements/commerciale) déficitaire ; **~ bond** obligation non productive de revenu ; **~ income** *Fisc.* revenu non productif d'impôts ; **~ smoker** personnes inhalant involontairement de la fumée de tabac ; **~ smoking** tabagisme passif, inhalation passive, inhalation involontaire de fumée de tabac.

passport photo photo(graphie) d'identité.

passthrough *n.* *ÉU* répercussion *[d'une augmentation de coûts]* ; **the ~ effects of the higher dollar will take some time to materialize** la hausse du dollar mettra un certain temps avant de faire sentir ses effets sur les prix.

past *adj.* passé, écoulé, d'antan ; **the ~ decade** la décennie écoulée. ✪ **~-due** *adj.* en souffrance, arriéré ; **~-due bill** effet/traite en souffrance ; **on ~ form** à la lumière de l'expérience.

pastoral care *Ens.* accompagnement moral/psychologique.

pat *adv.* ✪ **stand ~** ne pas bouger, camper sur ses positions ; être résolument hostile à tout changement, être immobiliste.

patch *v.* **I ~ together** mettre au point, élaborer *[accord, plan]*. **II ~ up 1** *Fam.* rafistoler, remettre en état ; remettre *[qqn]* sur pied. **2** régler *[différend]* ; **to ~ things up** régler le problème, se réconcilier.

patch *n.* *Fig.* **1** période ; **bad/rough ~** période difficile. **2** zone, étendue, parcelle ; superficie. **3** terrain. **4** *Inf.* patch, rustine. **5** *voir* nicotine patch.

patchwork *n.* *Fig.* juxtaposition, mosaïque, multiplicité ; salmigondis ; **a ~ of training schemes** une mosaïque de programmes de formation.

patchy *adj. Fig.* **1** hétérogène, disparate, irrégulier, inégal, *[actions]* dispersé, *[mouvement]* diversement suivi ; **to be ~** se réaliser de façon inégale ; **~ recovery** reprise limitée à certains secteurs, reprise non généralisée. **2** incomplet, lacunaire, fragmentaire, partiel ; *[population]* dispersé, clairsemé.

patent *n.* brevet (d'invention) ; **to file a ~ (application)** déposer un brevet/une demande de brevet ; **to file/take out a ~ on** faire breveter. ✪ **~ agent/attorney** conseil en brevet (d'invention) ; **~ claim** revendication du brevet ; **~ examiner** examinateur de brevet ; **~ holder** breveté ; **~ infringement** contrefaçon d'un brevet ; **~ law** droit des brevets ; **~ medicine** a) médicament breveté ; médicament vendu sous une marque déposée ; b) spécialité pharmaceutique ; c) médicament en vente libre ; **~ office** office des brevets ; **~ of invention** brevet d'invention ; **~ pending** brevet demandé.

patentee *n.* titulaire de/du brevet.

patenting *n.* délivrance de brevet.

patentor *n.* autorité habilitée à délivrer des brevets.

path *n.* **1** chemin. **2** *Fig.* voie, trajectoire ; orientation, option, démarche ; **interest rates will continue on an upward ~** les taux d'intérêts continueront à augmenter ; **the world cannot continue on a business-as-usual ~** il n'est pas possible de maintenir le cap comme si de rien était. **3** *Inf.* chemin d'accès. ✪ **~-breaking** *adj.* novateur, innovateur, innovant, de type nouveau, premier (de ce type/du genre), entièrement nouveau, d'avant-garde, révolutionnaire, sans précédent, inédit.

Pathan *n.* Pathan *[= membre d'une ethnie du Pakistan ; appelé « Pachtoun » en Afghanistan].*

pathetic *adj.* **1** dérisoire, navrant, misérable, affligeant. **2** pathétique, poignant.

pathfinder *n.* pionnier.

pathogen *n.* agent/organisme pathogène.

pathologist *n.* **1** pathologiste. **2** médecin légiste.

pathway *n.* **1** voie, trajet, cheminement, chaîne, enchaînement, filière, circuit, cycle ; **training and career ~** filière de formation et profil de carrière. **2** *Méd.* voie ; voie de conduction/de transmission ; **pain ~s** voies de conduction de la douleur.

patrol *n.* ✪ **~ boat** vedette ; **~ wagon** *ÉU* fourgon/voiture cellulaire.

patron *n.* **1** client *[d'un magasin, d'un restaurant].* **2** personnalité qui parraine *[l'œuvre charitable en cause],* bailleur de fonds, mécène. **3** protecteur.

patronage *n.* **1** mécénat, encouragement *[des arts].* **2** patronage. **3** fréquentation *[d'un magasin, d'un café, d'un restaurant] ;* clientèle. **4** (distribution de) faveurs, faveur, distribution d'emplois en récompense de services rendus, clientélisme, piston, favoritisme ; **the mayor has about 20 ~ jobs at his disposal** le maire peut distribuer environ 20 postes en guise de faveurs politiques. **5** paternalisme. ✪ **~ dividend** ristourne *[proportionnelle aux achats effectués par un membre de coopérative].*

patronize *v. tr.* **1** traiter avec condescendance. **2** être client de *[magasin],* fréquenter *[café, restaurant].*

pattern *n.* **1** caractéristiques, grands traits, grandes lignes, traits spécifiques ; **~s of supply and demand in the job market** caractéristiques de l'offre et de la demande sur le marché du travail ; **the changing ~ of fuel consumption** l'évolution de la consommation de combustible ; **alcohol use is related to cultural ~s** la consommation d'alcool est liée à la culture. **2** mode, type, façon, modalités, méthode, forme, physionomie, profil, contour(s), allure, courbe ; **consumption ~ in various countries** le mode de consommation dans divers pays ; **~s of diet are changing** les modes d'alimentation évoluent ; **speech ~s** façons de parler ; **more sustainable ~s of production** des méthodes plus viables de production. **3** comportement, habitudes. **4** évolution, tendance, orientation, courant(s) ; **Russia is experiencing a ~ of decline since the breakup of the Soviet Union** la Russie connaît une tendance au déclin depuis l'éclatement de l'Union soviétique. **5** phénomène ; situation. **6** ordre, logique, système, méthode, caractère courant/habituel/méthodique/organisé/systématique ; **a clear ~ of human rights violations** des violations des droits de l'homme ayant manifestement un caractère habituel. **7** organisation, structure, économie, agencement, ordonnance, ordonnancement, arrangement, combinaison, répartition, composition, distribution, disposition, configuration, constellation ; **the ~s of taxes and welfare benefits** la structure des impôts et des prestations sociales. **8** constante(s), cohérence, logique, fil conducteur, ensemble (cohérent), série, succession ; dénominateur commun, éléments/points communs, élément régulier, similitudes ; **a ~ of failure** une succession d'échecs ; **a ~ of discrimination** un ensemble cohérent de pratiques discriminatoires ; **a consistent ~ of disregard of safety regulations** une violation systématique des règles de sécurité ; **the police gathered information on the murders and then looked for a ~** la police a rassemblé des informations sur les meurtres et s'est ensuite efforcée de déceler des similitudes entre eux. **9** modèle, exemple ; **to set a ~** constituer un modèle ; **a political system on the US ~** un système politique calqué sur le modèle américain. **10** schéma ; **the situation has developed in accordance with a predictable ~** la situation a évolué selon un schéma prévisible. **11** conception, plan, scénario. **12** régime ; cycle ; circuit. **13** forme ; **to etch ~s on a silicon wafer** graver des formes sur une tranche de silicium. **14** dessin, motif, décor. **15** échantillon *[de tissu].* **16** patron *[utilisé en couture].* ✪ **~(s) of trade** structure des échanges ; courants commerciaux, courants d'échanges ; **~ recognition** *Inf.* reconnaissance des formes.

patterned *adj.* **(after, on)** conçu sur le modèle de/selon, conçu à l'image de, inspiré de, calqué sur, copié sur, analogue à ; **a constitution ~ after that of France** une constitution inspirée de celle de la France ; **a central bank ~ on the German model** une banque centrale calquée sur le modèle allemand.

pauperism *n.* grande pauvreté, misère.

pause *n.* **to give ~** faire réfléchir, donner à réfléchir, donner matière à réflexion.

pave *v. tr.* **to ~ the way for** préparer (le terrain en vue de), ouvrir la voie à, défricher la voie pour, permettre, rendre possible, faciliter, poser des jalons pour ; **the treaty ~s the way for a closer co-operation against drug trafficking** le traité facilite une coopération plus étroite dans la lutte contre le trafic de stupéfiants ; **to ~ the way for the future** préparer l'avenir.

pavement *n.* **1** trottoir. **2** *ÉU* route ; chaussée.

pawnee *n.* créancier-gagiste.

pawner, pawnor *n.* constituant du gage.

pay *v.* **I 1** *tr.* payer, débourser *[montant],* servir *[rente],* rémunérer *[travailleur].* **2** *intr.* être avantageux/intéressant/utile/efficace, donner de bons résultats. **II ~ off 1** rembourser *[qqn, dette]*, acquitter, apurer, amortir *[dette]*. **2** rendre la monnaie de sa pièce. **3** renvoyer, licencier. **4** acheter le silence de. **5** être rentable, porter ses fruits, donner des résultats/de bons résultats, payer, être efficace/payant ; **this strategy paid off** cette stratégie a porté ses fruits ; **the effort is beginning to ~ off** les efforts consentis commencent à donner des résultats ; **his hard work was ~ing off** ses efforts opiniâtres étaient récompensés ; **the Prime Minister's attacks on the opposition appear to be ~ing off** les attaques du Premier ministre contre l'opposition semblent efficaces. **III ~ out** payer, verser ; **the company did not ~ out any dividend last year** la société n'a pas versé de dividende l'année dernière. **IV ~ up** payer. ✪ **~ attention** faire attention ; **~ for itself** être rentable ; **~ one's way** couvrir ses dépenses, être financièrement indépendant.

pay *n.* **1** paiement. **2** rémunération, traitement, salaire ; solde ; **executive ~** rémunération des cadres supérieurs ; **~ averages $12 an hour** la rémunération s'élève en moyenne à 12 dollars l'heure. ✪ **in the ~ of** à la solde de ; **~ and conditions (of employment)** salaire/rémunération et conditions de travail ; **~ cheque** *Fig.* rémunération ; **~ cut** réduction de rémunération, baisse de salaire ; **~ day** *Bourse* (jour de) liquidation ; **~ deal** accord salarial ; **~ freeze** blocage des rémunérations/salaires ; **~ package** rémunération et avantages ; **~ packet** *RU* a) enveloppe de paie ; b) rémunération et avantages ; **~ phone** téléphone public, publiphone ; **~ policy** politique salariale ; **~ raise** augmentation de(s) rémunérations(s) ; **~ round** négociations salariales ; **~ scale/schedule** barème des traitements/rémunérations, grille des traitements ; **~ settlement** accord salarial ; **~-slip** *n.* bulletin de salaire/paye ; **~ station/telephone** téléphone public, publiphone ; **~ television** télévision à péage ; **~-TV** *n.* télévision à péage ; **~-TV channel** chaîne à péage.

payable *adj.* dû, payable, exigible, échu ; **cheque made ~ to** chèque établi à l'ordre de. ✪ **~ on demand** payable à vue.

payables *n. pl. Bilan* dettes fournisseurs.

pay-as-you-earn system (système de) retenue (des impôts sur les rémunérations) à la source.

pay-as-you-go *n.* (principe du) paiement comptant.

pay-as-you-go plan régime de retraite reposant sur la répartition.

payback *n.* **1** *Fin.* remboursement, amortissement. **2** récompense. **3** vengeance, représailles ; punition, sanction, châtiment. **4** résultat, avantages, retombées. ✪ **~ period** a) durée/période d'amortissement ; b) délai de récupération du capital investi.

paycheck *n. Fig. ÉU* rémunération.

PAYE (pay as you earn) retenue *[des impôts sur les rémunérations]* à la source.

payee *n.* bénéficiaire *[d'une lettre de change, d'un chèque]*.

payfone *n.* téléphone public, publiphone.

PAYG (pay-as-you-go) *[régime de retraite]* reposant sur la répartition.

paying agent/bank *Obligations* agent/établissement payeur.

payload *n. Aéron., Esp.* charge utile, charge payante. ✪ **~ bay** soute *[d'un engin spatial]*.

paymaster *n.* **1** payeur, responsable des paiements. **2** *Fig.* bailleur de fonds, commanditaire ; celui qui tire les ficelles. ✪ **Paymaster General** *RU* Trésorier-payeur *[= ministre responsable des paiements effectués pour le compte des ministères]*.

payment *n.* paiement, règlement. ✪ **~ appropriations** crédits de paiement ; **~ by intervention** *Lettre de change* paiement par intervention ; **~ card** carte de paiement ; **~ for honour** *Lettre de change* paiement par intervention ; **~ on account** acompte ; **~ on delivery** paiement à la livraison, contre remboursement ; **~ on invoice** paiement à la réception de la facture ; **~ on receipt of goods** paiement à la livraison, contre remboursement ; **~ schedule** échéancier ; **~ supra protest** *Lettre de change* paiement par intervention ; **~ with order** paiement à la commande.

payoff *n.* **1** (remise de la) paie. **2** paiement. **3** (versement de) gains/bénéfices. **4** (versement d'un) pot-de-vin. **5** *Fig.* résultat(s), récompense, avantage, contrepartie. **6** *Publ.* signature publicitaire. ✪ **~ period** a) durée/période d'amortissement ; b) délai de rentabilisation *[d'un investissement]*.

payout *n.* **1** paiement ; montant versé. **2** remboursement, amortissement. ✪ **~ period** a) durée/période d'amortissement ; b) délai de rentabilisation *[d'un investissement]* ; **~ ratio** taux de distribution *[= rapport dividende/bénéfice par action]*.

pay-per-call number *ÉU* numéro surtaxé.

pay-per-view *adj. [télévision]* à péage par émission, avec paiement à la carte/séance.

payroll *n.* **1** livre de paie ; registre du personnel ; **to be on the ~ of** a) travailler pour ; b) être à la solde de ; **the company has 3,500 workers on its ~** l'entreprise emploie 3 500 travailleurs ; **agents on the CIA ~** des agents à la solde de la CIA. **2** masse salariale. **3** effectif(s) ; **the company intends to reduce its ~** l'entreprise a l'intention de réduire ses effectifs. ✪ **~ padding** emplois fictifs ; **~ register** *ÉU* livre de paie ; **~ tax** a) impôt assis sur les rémunérations ; b) impôt sur les rémunérations.

PBAX (private branch automatic exchange) autocommutateur privé/d'entreprise.

PBS (Public Broadcasting Service) *ÉU* PBS *[= réseau de stations de télévision non commerciales]*.

PBUH (peace be upon him) paix et bénédiction (d'Allah) (soient) sur lui.

PBX (private branch exchange) autocommutateur privé/d'entreprise.

pc (per cent) %.

PC (personal computer) PC (ordinateur individuel/personnel).

PC (politically correct) politiquement correct.

PCBs (polychlorobiphenyls, polychlorinated biphenyls) PCB (polychlorobiphényles, biphényles polychlorés).

PCN (personal communication network) PCN (services de téléphonie personnelle).

PCP (phencyclidine) phencyclidine, *angel dust*.

PCR (polymerase chain reaction) PCR (réaction de polymérisation en chaîne).

PDA (personal digital assistant) *Inf.* PDA (assistant numérique personnel).

PDF (portable document format) PDF (format de document portable).

PE (physical education) éducation physique.

p/e (price/earning) PER, rapport cours-bénéfices, coefficient de capitalisation des résultats. ✪ **~ ratio** rapport cours-bénéfices.

peace *n.* ✪ **hold/keep one's ~** se taire, rester silencieux ; **~-keeper** *n.* soldat/militaire de la force de maintien de la paix ; *pl.* force de maintien de la paix ; **keep the ~** a) *[force de maintien de la paix]* maintenir la paix ; b) *Dr.* ne pas troubler l'ordre public ; **~-keeping** *n.* maintien de la paix ; **~-keeping force** force de maintien de la paix ; **~-loving state** État épris de paix ; **~-maker** *n.* bâtisseur de paix, conciliateur ; **~-making** *n.* établissement/instauration de la paix ; **~ of mind** tranquillité d'esprit, esprit tranquille, sérénité ; *[***to bring ~ of mind** rassurer, rasséréner*]* ; **~ settlement** règlement de paix.

peaceable *adj. [manifestation]* pacifique ; *Dr. [possession]* paisible.

peak *v. intr.* atteindre son maximum/paroxysme/point culminant/zénith, être à son maximum, culminer, plafonner ; **to ~ at** atteindre un sommet de.

peak *n. Fig.* niveau record, maximum, sommet, crête, pic, point culminant, apogée, pointe, point le plus élevé ; **shares reached another ~** les cours des actions ont atteint un nouveau sommet ; **the age distribution shows two ~s** la structure par âge présente deux crêtes ; **period of ~ demand** *Électricité* période de pointe. ✪ **~ hours** heures de pointe ; **~ listening hours/time** heures de grande écoute ; **~ period** période de pointe ; **~ rate** tarif d'heure de pointe ; **~ season** haute saison ; **~ use** utilisation maximale ; **~ viewing hours/time** heures de grande écoute.

peak *adj. [niveau, taux]* maximum, maximal, de pointe ; optimal.

peanuts *n. pl. Fam.* clopinettes.

pearl *n.* ✪ **cast ~s before swine** jeter des perles aux pourceaux.

peat *n.* ✪ **~-bog** *n.* tourbière ; **~-lands** *n.* tourbières.

PEC (primary energy consumption) consommation d'énergie primaire.

peck(ing) order *Fig.* hiérarchie.

peculation *n. Dr.* malversation.

peculiar *adj.* particulier ; singulier ; **(to)** propre à.

pedantic *adj.* **1** pédant. **2** trop attaché à des aspects purement formels, trop attaché à des détails, trop pointilleux.

pedestrian *n.* ✪ **~ crossing** passage pour piétons ; **~ precinct** zone piétonne/piétonnière ; **~ way** passerelle *[reliant deux bâtiments]*.

pedestrian *adj. [discours, style]* banal, plat, terne, dépourvu d'imagination, prosaïque, terre-à-terre.

pedway *n. ÉU* passerelle *[reliant deux bâtiments]*.

peer *n.* **1** pair, égal, contemporain, condisciple, camarade ; **the right of an accused to a trial by a jury of his ~s** le droit d'un accusé d'être jugé par ses pairs ; **children should spend a lot of time with their ~s** les enfants doivent passer beaucoup de temps avec d'autres enfants de leur âge ; **teenagers seek ~ acceptance** les adolescents s'efforcent de se faire accepter par leurs camarades. **2** collègue, confrère, homologue ; **Western doctors provide support to their ~s in Russia** des médecins occidentaux viennent en aide à leurs collègues russes. **3** *RU* pair, lord. ✪ **~ group** groupe de pairs, groupe auquel on appartient, groupe d'enfants/d'adolescents/de jeunes du même âge ; **~ leader** personne exerçant un ascendant sur les membres de son groupe ; **~ pressure** pression(s) sociale(s), influence/pression du groupe/des amis/des camarades/des pairs, pression/incitations des pairs, pouvoir d'entraînement des pairs ; *[***drug use is often influenced by ~ pressure** la consommation de drogue est souvent influencée par la pression de l'entourage ; **discipline is enforced by ~ pressure** la discipline est assurée par l'influence du groupe*]* ; **~ review** a) examen *[d'un article dont la publication est proposée à une revue scientifique]* par un spécialiste (de la discipline) ; b) examen collégial, évaluation par les pairs ; *[***this article could not have passed ~ review at any scientific journal** cet article n'aurait obtenu l'aval des arbitres scientifiques d'aucune revue scientifique ; **~ review of all manuscripts is essential** il est essentiel de soumettre tous les manuscrits à un examen réalisé par un spécialiste de la discipline en cause ; **a ~ review of results obtained by individual staff members should take place** il faut procéder à un examen collégial des résultats obtenus par les différents membres du personnel*]* ; **~-reviewed** *adj. [revue scientifique]* pratiquant l'examen collégial ; **~ reviewer** arbitre scientifique.

peg *v. tr.* **1** stabiliser *[cours d'une matière première/d'une action]*. **2** rattacher, lier, ancrer, indexer, aligner ; bloquer ; **to be ~ged to** *[monnaie]* être accroché à, être ancré à, avoir une parité fixe avec *[autre monnaie]* ; **the CFA franc is ~ged to the French franc** le franc CFA a une parité fixe avec le franc français.

peg *n. Changes* ancrage. ✪ **off-the-~** *adj.* immédiatement disponible, en stock ; tout prêt, standard.

pelican crossing passage pour piétons avec feu actionné par ceux-ci.

pellet *n.* **1** *Élevage* bouchon, pellet *[= présentation de fourrage]*. **2** *Méd.* implant.

penal *adj.* **1** pénal ; **~ code** *ÉU* code pénal. **2** pénitentiaire. **3** *[prix, impôts]* excessif, excessivement élevé, *[prix]* exorbitant, prohibitif, *[fiscalité]* (trop) lourd, accablant, écrasant, confiscatoire ; **~ rates of tax on income** des taux confiscatoires d'impôt sur le revenu. ✪ **~ facility/institution** établissement pénitentiaire, centre de détention, prison.

penalty *n. Dr. pénal* sanction ; amende ; peine, sentence ; *Dr. civil* pénalité, sanction pécuniaire, indemnité ; **the parties have the right to rescind the contract without ~** les parties ont le droit de résilier le contrat sans être tenues au versement d'indemnités. ✪ **~ bond** cautionnement pénal ; **~ clause** *Contrats* clause pénale.

pen(-based) computer ordinateur sans clavier.

pencil *v.* **~ in** inscrire/fixer/décider/retenir provisoirement ; **the OECD ~led in growth of 2.5% for 2005** l'OCDE a établi une prévision préliminaire de 2,5 % pour la croissance en 2005.

pending *adj.* en cours, en instance, pendant ; **application ~** demande en instance ; **cases ~** affaires en instance ; **~ before** en instance devant ; **case ~ before the court** affaire pendante devant le tribunal/dont le tribunal est saisi ; **a decision is ~ on membership of Rumania to NATO** une décision est attendue au sujet de l'adhésion de la Roumanie à l'OTAN.

pending *prép.* dans l'attente de, en attendant.

penetrate *v. tr. Fig.* **1** infiltrer *[organisation clandestine]*. **2** prendre pied sur *[marché]*.

penetration *n. Fig.* **1** audience *[d'une publication]*. **2** infiltration ; **the ~ of a terrorist organization** l'infiltration d'une organisation terroriste.

penguin *n.* **1** manchot *[hémisphère sud]*. **2** pingouin *[hémisphère nord]*.

pension *n.* ✪ **~ benefit** pension de retraite ; **~ fund** caisse de retraite ; *Fin.* fonds de pension ; **~ plan** régime de pensions/retraite ; **~ rights** droits à pension ; **~ scheme/system** régime de pensions/retraite.

pensionable *adj.* ✪ **~ age** âge de la retraite, âge d'admission à la retraite/d'ouverture des droits à pension ; **~ remuneration** rémunération considérée aux fins de la pension ; **~ salary** rémunération ouvrant droit à pension ; **~ service** période/années de service (aux fins de la pension).

pent-up *adj.* comprimé, contenu, larvé, latent, *[émotion]* refoulé ; **~ demand** *Écon.* demande comprimée.

people *n.* **1** gens, personnes, personnalités, individus, êtres humains, l'être humain, hommes, l'homme, les hommes et les femmes, habitants, citoyens, autochtones, population, opinion (publique), personnel, éléments, sujets, intéressés, public, masses, âmes ; on, certains, d'aucuns, tel ; **all ~** tout le monde, tout un chacun ; **the ~ who** ceux (et celles) qui ; **our ~** nos concitoyens, nos membres ; **other ~** autrui ; **most ~ spend about one-third of their time sleeping** la plupart des gens passent un tiers de leur existence à dormir ; **the needs of ~ over the age of 65** les besoins des personnes âgées de plus de 65 ans ; **the government claims it does not abuse ~'s rights** le gouvernement affirme qu'il ne porte pas atteinte aux droits des individus ; **the ~ have the right and duty to** tout être humain a le droit et le devoir de ; **to mobilize the country's most valuable resource: its ~** mobiliser la plus précieuse ressource du pays : ses hommes et ses femmes ; **to improve the health of the ~ in the cities** améliorer la santé des habitants des villes. **2** peuple ; **all the ~s of the world** tous les peuples du monde. **3 the ~** *Dr. pénal ÉU* le ministère public. ✪ **~ mover** dispositif/système/véhicule de transport de personnes ; **~'s capitalism** capitalisme populaire ; **~'s Europe** l'Europe des citoyens ; **~ skills** aptitudes relationnelles ; **People's Republic** République populaire.

Peoria *n. Fig. ÉU* l'Amérique profonde.

PEP (personal equity plan) *RU* plan de placement en actions *[exonéré d'impôts]*.

pep *adj.* ✪ **~ pill** pilule/comprimé stimulant(e)/d'amphétamine ; **~ talk** discours mobilisateur/tonifiant/galvanisant, discours destiné à remonter le moral.

peptic ulcer ulcère gastroduodénal.

peptide bond liaison peptidique.

PER (price-earnings ratio) PER (rapport cours-bénéfice).

per *prép.* par *[personne, jour]*. ✪ **~ annum** par an, l'an ; **~ capita/caput** par habitant ; **~ cent** pour cent ; **~ diem** indemnité journalière (de séjour) ; **~-diem** *adj.* rémunéré à la journée ; **~ diem, ~-diem allowance** indemnité journalière (de séjour) ; **~ os** par voie orale ; **~ pro(curationem)** par ordre ; **~ se** par lui-même, en soi, par nature, par essence, intrinsèquement, par définition, par principe ; en tant que tel, pour lui-même, en tant que fin en soi ; */***the Democrats are not against tax cuts ~ se** les Démocrates ne sont pas opposés par principe aux réductions d'impôts*/*.

perceive *v. tr.* **1** percevoir *[bruit, odeur]*, déceler. **2** considérer ; concevoir ; ressentir, vivre *[épreuve]* ; **(as)** considérer comme, juger ; **(that)** estimer que, considérer que ; **what they ~ as/to be** ce qui, pour eux, est ; **nepotism in the way jobs are allocated is ~d as an inherent obstacle to promotion** le népotisme dans l'attribution des postes est considéré comme un obstacle fondamental à toute promotion ; **these issues are ~d to be urgent** ces questions sont jugées urgentes ; **to ~ pollutants as a threat** considérer que les polluants représentent une menace ; **each side ~s its proposals as the best prospect for peace** chaque partie voit dans ses propositions la meilleure chance pour la paix ; **to understand how women ~ abortion** comprendre comment les femmes conçoivent l'avortement. **3** se rendre compte de ; **(that)** se rendre compte que ; **the villagers ~ the importance of family planning** les villageois se rendent compte de l'importance du planning familial.

perceived *adj.* tel qu'il est perçu, ressenti, subjectif ; (réel ou) imaginaire ; **~ need** besoin subjectif/ressenti ; **the difference between ~ and actual needs** la différence entre les besoins subjectifs et les besoins réels ; **actual or ~ slights** affronts réels ou imaginaires.

percentage *n.* **as a ~ of** exprimé en pourcentage de, par rapport à. ✪ **~ point** point.

percentile *n. Stat.* percentile.

perception *n. Fig.* **1** idée, opinion, avis, conception, représentation, vue, point de vue, façon de voir/considérer (les choses), vision (des choses), sensibilité, sentiment, impression ; *pl.* façon de voir les choses, mentalités ; **a widespread ~** une idée très répandue ; **the population's ~ of basic research** l'idée que la population a de la recherche fondamentale ; **the Member States' ~ of the reforms initiated by the UN Secretary-General** l'opinion des États membres concernant les réformes entreprises par le Secrétaire général de l'ONU ; **the author challenges our ~ of justice** l'auteur remet en question notre conception de la justice ; **a shift of ~s of Mao's legacy** un changement de la façon de considérer l'héritage de Mao ; **Western tourists' ~ of the country** l'impression que les touristes occidentaux retirent du pays ; **the greatest challenge will be changing people's ~s** la tâche la plus ardue consistera à modifier la façon dont les gens voient les choses. **2** image *[de qqn, de qqch.]*. **3** perspicacité, finesse, sens de l'observation. ✪ **~ problem** a) problème d'image ; b) impression fâcheuse.

perceptively *adv.* avec perspicacité, avec beaucoup de finesse, avec un grand sens de l'observation.

perceptiveness *n.* perspicacité, finesse, sens de l'observation.

perchance *adv. ÉU* **1** peut-être. **2** par hasard.

peremptory *adj.* **1** *[ordre]* péremptoire. **2** *[personne]* dominateur, dictatorial, *[attitude]* autoritaire, arrogant, *[ton]* péremptoire, impérieux ; sans réplique. **3** inconditionnel. ✪ **~ challenge** *Dr.* récusation non motivée *[d'un juré]* ; **~ norm** norme impérative *[de droit international]* ; **~ writ** citation à comparaître.

perennial crop culture pérenne.

perfect *adj. Écon. [concurrence, marché]* parfait, *[monopole]* absolu. ✪ **~ pitch** *Musique* oreille absolue.

perfluorocarbon *n.* hydrocarbure perfluoré.

perform *v.* **1** *tr.* accomplir *[tâche, acte, rite]*, exécuter *[tâche, travail, accord, obligation, contrat, ordre]*, s'acquitter de *[tâche, fonction, rôle, obligation]*, remplir *[fonction]*, jouer *[rôle]*, se livrer à, effectuer *[activité, travail, tâche]*, se livrer à, exercer *[activité]*, réaliser *[tâche, activité, acte médical, opération (chirurgicale), examen de laboratoire, calcul, expérience]*, mettre en œuvre *[technique, aptitude]*, mener *[activités]*, procéder à *[expertise, autopsie]*, pratiquer *[avortement, opération chirurgicale]*, rendre, assurer *[service]* ; célébrer *[mariage]* ; tenir *[promesse]* ; faire ; **to ~ simple clerical tasks** accomplir des tâches de bureau simples ; **to ~ duties** s'acquitter de fonctions ; **the liver ~s essential functions** le foie remplit des fonctions essentielles ; **advertising ~s a vital task** la publicité joue un rôle essentiel ; **computers can ~ a large number of calculations in a very short time** les ordinateurs peuvent réaliser un grand nombre de calculs en un temps très court. **2** *intr. [personne]* bien s'acquitter de sa tâche, bien s'en tirer ; *[machine]* (bien) fonctionner ; **to ~ well** *[personne]* bien se comporter, obtenir de bons résultats ; *[entreprise]* bien se porter, obtenir de bons résultats, *[usine]* bien fonctionner, *[activité]* donner de bons résultats, évoluer favorablement ; **the power plant is ~ing well** la centrale électrique fonctionne de façon satisfaisante ; **the company ~ed better than its competitors** l'entreprise a obtenu de meilleurs résultats que ses concurrentes ; **equities did not ~ well last year** le rendement des actions n'a pas été satisfaisant l'année dernière ; **shares have ~ed well against bonds** les actions se sont mieux comportées que les obligations ; **to ~ poorly** faire piètre figure. **3** *intr. [personne]* se conduire *[plus ou moins bien]*. **4** *intr.* tenir sa promesse, exécuter un ordre, exécuter une menace ; *Dr.* s'acquitter de ses obligations. **5** *intr. Fin. [prêt, placement]* produire des revenus. **6** *intr. [artiste]* se produire (en public), donner une représentation, exécuter son numéro, *[acteur, musicien]* jouer. **7** *tr.* interpréter *[œuvre]*, *[acteur]* jouer *[rôle]*.

performance *n.* **1** exécution *[d'une tâche, d'un accord, d'un contrat]*, accomplissement *[d'une tâche, d'une obligation]*, réalisation *[d'une tâche]*, exercice *[de fonctions]* ; **in the ~ of her duties** dans l'exercice de ses fonctions. **2** résultats (obtenus), œuvre, réalisations, bilan. **3** *Dr.* obligations contractuelles. **4** rendement, efficacité. **5** performance(s) *[d'un travailleur, d'un élève, d'une machine, d'une entreprise, d'un fonds de placement]* ; comportement, prestation(s), (qualité du) travail *[de qqn]* ; (bon) fonctionnement ; **good ~** succès ; **academic ~** résultats scolaires ; **poor ~** mauvais résultats *[d'une industrie, d'une entreprise, d'un élève]*, contre-performance ; manque d'efficacité *[d'un programme]* ; **the steady improvements in computer ~** les améliorations constantes des performances des ordinateurs ; **pay is related to ~** la rémunération est liée aux prestations ; **the staff's ~ has been impressive** la qualité du travail accompli par le personnel a été remarquable ; **tiredness reduces work ~** la fatigue entraîne une détérioration de la qualité du travail. **6** conduite *[d'une personne]*. **7** tenue, évolution ; **the good ~ of the yen** la bonne tenue du yen ; **economic ~(s)** situation économique ; résultats de l'économie. **8** prestation, jeu *[d'un acteur]*, représentation *[d'une pièce]*, exécution, interprétation *[d'une œuvre]* ; spectacle. ✪ **~ appraisal** notation *[d'un fonctionnaire]* ; **~ award** prime de rendement ; **~ bond** garantie de bonne fin, garantie de bonne exécution des travaux ; **~-enhancing drugs** produits dopants ; **~ evaluation** notation *[d'un fonctionnaire]* ; **performance table** classement *[d'écoles, d'hôpitaux]* ; **~ rating** notation *[d'un fonctionnaire]* ; **~ report** a) rapport de notation *[d'un fonctionnaire]* ; b) rapport sur l'exécution du budget.

performer *n.* **1** *Dr. d'auteur* artiste-interprète ou exécutant. **2 consistent ~** personne dont les résultats sont réguliers/dont les prestations sont régulières ; **the best/top ~s** ceux qui obtiennent les meilleurs résultats ; **computer stocks were poor ~s last year** les actions des entreprises du secteur de l'informatique ont enregistré de mauvais résultats l'année dernière.

performing *adj.* ✪ **~ arts** arts d'interprétation ; **~ rights** droit de représentation.

perils of the sea *Ass. mar.* fortunes de mer.

perinatal mortality mortalité périnatale.

period *n.* **1** période, temps, phase ; époque, ère. **2** laps de temps, délai ; **within a short ~** dans un délai rapproché. **3** durée. **4** point ; *Fig.* un point c'est tout. **5** *Méd.* règles. ✪ **~ bill** effet/traite à échéance ; **~ cost/expense** *ÉU* coût lié à l'écoulement du temps ; **~ of grace** *Banque* différé d'amortissement ; **~ of limitation** (délai de) prescription ; **~ of notice** (délai de) préavis ; **~ of office** mandat ; **~ of service** ancienneté.

period *adj. [meuble]* d'époque.

periodic *adj.* ✪ **~ inventory** inventaire intermittent ; **~ table (of the elements)** classification périodique (des éléments).

peripheral *n. Inf.* périphérique.

peripheral *adj.* **1** périphérique, excentré. **2** (d'importance) secondaire. ✪ **~ device** *Inf.* périphérique.

perishables *n. pl.* biens périssables.

perjury *n. Dr.* faux témoignage *[devant un tribunal]*.

perk *v.* **~ up** *[marché financier, cours d'une action, économie]* se redresser.

perk *n.* **1** avantage (en nature) *[dont bénéficie un cadre supérieur]*. **2** cadeau *[promotionnel]* ; **~s given to doctors by drug companies** les avantages en nature offerts aux médecins par les entreprises pharmaceutiques. **3** privilège *[dont bénéficient les hommes politiques, etc.]* ; **White House ~s** privilèges du personnel de la Maison Blanche.

permafrost *n.* pergélisol, permafrost.

permanent *adj.* ✪ **~ assets** immobilisations corporelles ; **Permanent Court of Arbitration** Cour permanente d'arbitrage ; **Permanent Court of International Justice** Cour permanente de justice internationale ; **~ disability** incapacité permanente ; **~ holding** participation permanente *[dans une société]* ; **~ job** emploi permanent ; **~ partial disability** incapacité permanente partielle ; **~ participation** participation permanente *[dans une société]* ; **Permanent Secretary** *RU* secrétaire général *[d'un ministère]* ; **~ total disability** incapacité permanente totale.

permeate *v. tr. Fig.* **1** imprégner (profondément), avoir envahi, se retrouver dans (tout le)/d'un bout à l'autre de, être omniprésent dans, être présent dans (tout le)/d'un bout à l'autre de. **2** se diffuser dans/parmi, se répandre dans/parmi, pénétrer dans, s'insinuer dans, envahir.

permissible *adj.* acceptable, autorisé, toléré, admissible ; légitime, licite ; **legally ~** légalement admissible ; **air pollutants exceed ~ levels in many cities** les concentrations de polluants de l'air dépassent les taux maximums autorisés dans de nombreuses villes.

permissive *adj.* **1** tolérant, laxiste, permissif, indulgent, compréhensif. **2** *Dr.* facultatif, optionnel.

permissiveness *n.* laxisme, laisser-aller, permissivité.

pernicious *adj.* **1** pernicieux. **2** dévastateur, fatal.

peroxyacetylnitrate *n.* nitrate de peroxyacétyle.

perpetual *adj.* ✪ **~ bond** obligation perpétuelle/de rente ; **~ insurance** assurance perpétuelle ; **~ inventory** inventaire permanent.

perplexing *adj.* incompréhensible, déroutant, troublant, surprenant, énigmatique.

perquisite *n.* **1** avantage (en nature) *[dont bénéficie un cadre supérieur]*. **2** cadeau *[promotionnel]*. **3** privilège *[dont bénéficient les hommes politiques, etc.]*.

persistent offender délinquant d'habitude.

person *n.* ✪ **~-day** *n.* journée-personnel ; **~-year** *n.* année-personnel.

persona *n.* personnalité ; image.

personable *adj.* **1** bien de sa personne. **2** aimable, affable. **3** *Dr.* capable d'ester en justice.

personal *adj.* ✪ **~ accident insurance** assurance individuelle accidents ; **~ accounts** *Compt.* a) comptes de tiers ; b) comptes *[du grand livre]* relatifs aux clients et fournisseurs ; **~ allowance** *Fisc.* abattement personnel ; **~ assets** *Dr.* biens meubles ; **~ assistant** a) secrétaire de direction, assistant ; b) *Inf.* assistant numérique (personnel), assistant personnel ; **~ banking** gestion de patrimoine ; **~ bill** *RU* proposition de loi de portée individuelle ; **~ call** communication personnelle *[établie entre l'abonné et une personne désignée]* ; **~ car** voiture particulière ; **~ computer** ordinateur individuel/personnel ; **~ consumption** *Écon.* consommation privée/des particuliers ; **~ credit** crédit personnel ; **~ digital assistant** *Inf.* assistant (numérique) personnel ; **~ effects** effets personnels ; **~ evidence** preuve testimoniale ; **~ equity plan** *RU* plan de placement en actions *[exonéré d'impôts]* ; **~ estate** *Dr.* biens mobiliers ; **~ fulfilment/growth** épanouissement (personnel) ; **~ identification number** code confidentiel ; **~ income** *Écon.* revenus des particuliers ; **~ income tax** impôt sur le revenu des personnes physiques ; **~ information manager** *Inf.* gestionnaire d'informations personnelles ; **~ injuries/injury** *Dr. ÉU* dommages corporels, lésions corporelles ; **~ injury insurance** *ÉU* assurance de responsabilité civile en cas de diffamation, d'atteinte à la vie privée ou d'arrestation illégale ; **~ injury lawyer** avocat spécialisé dans la réparation des dommages corporels ; **~ investment** placement ; **Personal Investment Authority** *RU* Office de surveillance des organismes de placement financier ; **~ ledger** grand livre des clients et fournisseurs ; **~ liability insurance** assurance responsabilité civile personnelle ; **~ loan** prêt personnel ; **~ property** *Dr.* biens mobiliers ; **~ relief** *Fisc.* abattement personnel ; **~ representative** *Dr.* administrateur *[d'une succession] ; Can.* représentant successoral ; **~ saving** *Écon.* épargne des particuliers ; **~ security** *Banque, Fin.* sûreté personnelle ; **~ service** *Dr.* signification à personne ; **~ services** *Écon.* services aux personnes ; **~ share** *Bourse* action nominative ; **~ social services** services sociaux aux particuliers ; **~ stereo** baladeur ; **~ tax** impôt sur le revenu des personnes physiques.

personality disorder trouble de la personnalité.

personalty *n.* biens mobiliers.

personate *v. tr. Dr.* se faire passer pour, usurper l'identité de.

personnel *n.* ✪ **~ administration** administration/gestion du personnel ; **~ agency** bureau de placement ; **~ department** service du personnel ; **~ director** chef/directeur du personnel ; **~ management** administration/gestion du personnel ; **~ manager** chef du personnel ; **~ officer** administrateur du personnel, responsable des questions de personnel ; **~ records** dossiers du personnel.

perspective *n.* **1** perspective, optique, point de vue, angle ; **from the ~ of** du point de vue de, sous l'angle de ; **from a philosophical ~** dans une perspective philosophique. **2** façon de voir les choses, conception. ✪ **in ~** *[***to keep the situation in ~** considérer la situation objectivement ; **to keep/place/put in(to) ~** nuancer, relativiser ; éclairer, considérer avec recul, replacer dans son contexte, ramener à ses véritables dimensions, ramener à de justes proportions/à sa juste mesure ; **to place/put the situation in(to) ~** a) présenter un élément de comparaison ; b) faire la part des choses*]* ; **lose ~** mal distinguer l'essentiel de l'accessoire.

perspex *n.* Plexiglas.

persuasion *n.* **1** persuasion. **2** foi, conviction, obédience ; **people of various religious ~s** des personnes professant diverses religions ; **politicians of every ~** des hommes politiques de toutes les tendances ; **countries of a communist ~** des pays d'obédience communiste.

persuasive *adj.* ✪ **~ argument** argument de poids ; **~ authority** *Dr.* élément doctrinal/jurisprudentiel dépourvu de force obligatoire ; **~ precedent** *Dr.* précédent dépourvu de force obligatoire.

PERT (programme evaluation and review technique) méthode PERT.

pertain *v. intr.* **1 (to)** être relatif à, avoir trait à, concerner, porter sur ; **information ~ing to the management of the company** des informations relatives à la gestion de l'entreprise. **2 (to)** être lié à, être inhérent à ; à faire partie de. **3 (to)** relever de. **4 (to)** être approprié à, être propre à. **5** *[règle]* être valable ; **(to)** *[règle]* être applicable à. **6** se produire, être le cas, se présenter, exister, être en vigueur ; **the situation ~ing** la situation constatée/observée.

pertussis *n.* coqueluche.

pervade *v. tr.* **1** imprégner (profondément), avoir envahi, se retrouver dans (tout le)/d'un bout à l'autre de, être omniprésent dans, être présent dans (tout le)/d'un bout à l'autre de. **2** se diffuser dans/parmi, se répandre dans/parmi, pénétrer dans, s'insinuer dans, envahir.

pervasive *adj.* très courant/répandu, omniprésent, universel, envahissant, généralisé, incessant, systématique, *[bureaucratie]* tentaculaire ; **the ~ use of computers in business** l'utilisation généralisée des ordinateurs dans les entreprises.

pervert *v. tr.* **to ~ the course of justice** *Dr.* égarer la justice.

Pesach *n. Judaïsme* Pessa'h *[= Pâque juive]*.

pest *n. Agr.* parasite, ravageur ; **cereal ~s** ravageurs des céréales. ✪ **~ control** a) lutte antiparasitaire/contre les parasites ; b) désinfestation.

pestilence *n.* fléau, calamité(s) ; **a long period of war and ~** une longue période de guerres et de calamités.

pet *n.* **1** animal de compagnie. **2 teacher's ~** *Fam.* chouchou du prof. ✪ **~ issue** sujet de prédilection ; **~ peeve** bête noire, sujet habituel de récrimination ; chose, etc. qui horripile *[la personne en cause]* ; **~ subject** cheval de bataille.

PET (positron emission tomography) TEP (tomographie par émission de posit(r)ons). ✪ **~ scan(ning)** tomographie par émission de posit(r)ons.

peter *v.* **~ out 1** disparaître progressivement, prendre fin, s'achever (piteusement), tomber à plat, ne pas aller jusqu'au bout, tourner court, échouer, ne pas aboutir, s'essouffler, s'éteindre, retomber, s'effriter, s'effilocher, se désagréger, se déliter, faire long feu, s'en aller en eau de boudin ; **the strike ~ed out** le mouvement de grève s'est effiloché. **2** *[réserves]* s'épuiser.

petit *adj.* ✪ **~ jury** *Angl.* jury ; **~ larceny** *Dr. ÉU* vol simple ; **~ mal** *Méd.* petit mal.

petition *v. tr.* adresser une requête à *[autorité, tribunal].*

petition *n.* **1** pétition. **2** *Dr.* requête, demande. ✪ **~ for divorce** demande en divorce ; **~ in bankruptcy** a) dépôt de bilan, déclaration de cessation de paiements ; b) demande de déclaration de faillite *[introduite par un créancier] ;* *[***to file a ~ in bankruptcy** a) déposer son bilan ; b) introduire une demande de déclaration de faillite, demander sa mise en liquidation judiciaire*].*

petitioner *n.* requérant(e), demandeur, demanderesse.

petitioning creditor créancier demandant la déclaration en faillite.

Petri dish/plate boîte de Petri.

petrol *n. RU* essence. ✪ **~ bomb** cocktail Molotov ; **~ station** station d'essence.

petroleum gas gaz de pétrole.

petty *adj.* ✪ **~ average** *Transp. mar.* dépenses diverses acquittées par le capitaine ; **~ cash** petite caisse ; **~ cash box** petite caisse ; **~ crime** a) infraction mineure ; b) petite délinquance ; **~ criminal** petit délinquant ; **~-cash voucher** pièce justificative de caisse ; **~ jury** *Angl.* jury ; **~ offence** *Dr. Angl.* infraction mineure ; **~ larceny** *Dr. ÉU* vol simple.

petulant *adj.* irascible, irritable ; susceptible.

PFLP (Popular Front for the Liberation of Palestine) FPLP (Front populaire de libération de la Palestine).

PG (parental guidance suggested) *Cinéma ÉU* enfants admis sous réserve de l'appréciation des parents.

PGCE (postgraduate certificate in education) *RU* certificat d'aptitude à l'enseignement *[primaire ou secondaire].*

pH *n.* pH.

phantom *n.* ✪ **~ limb syndrome** syndrome du membre fantôme ; **~ pregnancy** grossesse nerveuse ; **~ stock plan** *ÉU* système de primes liées au cours de l'action *[de la société considérée].*

PHARE *UE* PHARE.

phase *v.* **1** *tr.* échelonner, mettre en œuvre/mettre en place/établir/instaurer/instituer/mettre en vigueur/appliquer/mettre en application progressivement/par étapes ; **the redundancies will be ~d over two years** les licenciements seront échelonnés sur une période de deux années. **2 ~ in** échelonner, mettre en œuvre/mettre en place/établir/instaurer/instituer/mettre en vigueur/appliquer/mettre en application progressivement/par étapes ; **the job losses will be ~d in after the takeover** les suppressions d'emplois seront échelonnées après la reprise de l'entreprise ; **to ~ in an income tax hike** appliquer progressivement une augmentation des impôts sur le revenu ; **the reforms will be ~d in over a period of 10 months** les réformes seront mises en œuvre progressivement sur une période de dix mois ; **the new rules will be ~d in** les dispositions nouvelles seront applicables progressivement. **3 ~ out** supprimer/éliminer progressivement/par étapes, abandonner progressivement ; cesser graduellement la production/l'exploitation/l'utilisation de ; retirer progressivement du service ; **to ~ out a tax allowance** supprimer progressivement un abattement ; **chemical weapons will be ~d out** les armes chimiques seront éliminées progressivement ; **to ~ out ozone-depleting chemicals** mettre fin progressivement à la fabrication de produits chimiques qui appauvrissent la couche d'ozone ; **the company intends to ~ out production of kitchen appliances** l'entreprise a l'intention de cesser progressivement la production d'appareils ménagers ; **to ~ out noisy jets** retirer progressivement du service les avions à réaction bruyants.

phased *adj.* progressif, graduel, échelonné, (réalisé) par étapes ; **the ~ lifting of the embargo** la levée progressive de l'embargo ; **the ~ introduction of the new tax** la mise en place par étapes de la nouvelle taxe.

phase-in period période transitoire.

phase-out *n.* suppression/élimination progressive/par étapes, cessation graduelle de la production/de l'exploitation ; retrait progressif du service.

phasing *n.* échelonnement, mise en œuvre/mise en place/instauration/institution/mise en vigueur/(mise en) application progressive/par étapes, établissement progressif/par étapes.

phasing-in period période transitoire.

PhD (Philosophiae Doctor) **1** doctorat. **2** titulaire d'un doctorat. ✪ **~ student** doctorant(e).

philosophical *adj.* **to be ~** prendre la chose avec philosophie, se faire une raison.

phone *n.* ✪ **~ banking** banque par téléphone ; **~ jack** prise de téléphone ; **~ tapping** écoutes téléphoniques.

phone-in *n. RU* libre antenne *[= émission avec participation téléphonique des auditeurs ou des téléspectateurs].*

phonogram *n.* **1** télégramme téléphoné. **2** phonogramme.

photo *n.* ✪ **~ call** séance de photos ; **~ credit** crédit photo ; **~ essay** reportage photographique, photoreportage ; **~ ID** pièce d'identité avec photo/portant une photographie ; **~ op** *voir* photo opportunity ; **~ opportunity** a) *Journ.* situation/manifestation/scène/tableau propice à la prise de photos, scène photogénique, aubaine pour les photographes ; b) séance de photos ; c) *Pol.* possibilité de se faire photographier de façon avantageuse, possibilité de poser pour les photographes, mise en scène destinée aux photographes ; d) événement/manifestation vide de contenu, geste/réunion sans portée réelle, opération de relations publiques ; *[***the two leaders provided the press with several ~ opportunities** à plusieurs reprises, les deux dirigeants ont fait le bonheur des photographes de presse ; **during the summit, ~ opportunities were numerous** au cours du sommet, les photographes de presse ont eu de nombreuses occasions de fixer diverses scènes sur la pellicule ; **politicians are always on the lookout for ~ opportunities** les hommes politiques sont constamment à l'affût d'occasions de se faire photographier de façon avantageuse ; **the meeting was merely a ~ opportunity** l'objet de la réunion était uniquement de poser pour les photographes*] ;* **~ story** reportage photographique.

photofit (picture) portrait robot.

photographic library photothèque.

photovoltaic *adj.* ✪ **~ array** générateur photovoltaïque ; **~ cell** cellule photovoltaïque.

phrase *v. tr.* formuler, libeller, rédiger, exprimer ; **the communiqué was ~d very carefully** le communiqué de presse était formulé très soigneusement ; **the offending paragraph was ~d as follows** le paragraphe qui a suscité des problèmes était libellé comme suit ; **a well-~d letter** une lettre rédigée avec élégance.

phrase *n.* expression, formule, tour ; membre de phrase. ✪ ~ **book** guide de conversation.

phraseology *n.* **1** phraséologie. **2** expression.

phrasing *n.* **1** expression, rédaction, libellé, choix des termes, termes choisis. **2** phrasé.

physical *adj.* physique, matériel. ✪ ~ **assets** actifs physiques, immobilisations ; ~ **capital** capital physique ; ~ **chemistry** chimie physique ; ~ **delivery** [**to take ~ delivery of a commodity** *Marché à terme* prendre possession d'une marchandise*]* ; ~ **depreciation** dépréciation *[d'un bien d'équipement]* due à l'usure ; ~ **development** construction et aménagement ; ~ **engineer** ingénieur physicien ; ~ **evidence** *Dr.* preuves matérielles ; ~ **examination** visite médicale, examen de santé ; ~ **inventory** inventaire physique ; ~ **investment** investissement en capital fixe ; ~ **infrastructure** infrastructure matérielle ; ~ **planning** aménagement des espaces ; ~ **science** sciences de la matière inanimée ; ~ **stocktaking** inventaire physique ; ~ **therapy** kinésithérapie.

physician *n.* médecin.

physiotherapy *n.* kinésithérapie ; physiothérapie.

PIA (Personal Investment Authority) *RU* Office de surveillance des organismes de placement financier.

pick *v.* **I** *tr.* **1** prendre. **2** cueillir *[fleurs, fruits, coton]*. **3** voler le contenu de, vider *[poches]* ; **to ~ sb's pockets** vider les poches de qqn ; **to ~ pockets** pratiquer le vol à la tire. **4** crocheter *[serrure]*. **5** choisir ; **the President ~ed Paul Smith as Treasury Secretary** le président a choisi Paul Smith comme ministre des Finances ; **the personnel department did not ~ the best applicant** le service du personnel n'a pas retenu le meilleur candidat. **6** rechercher, s'efforcer de trouver *[point faible dans un raisonnement]*. **II ~ off** enlever. **III ~ out 1** enlever, retirer. **2** choisir, sélectionner, retenir. **3** distinguer. **4** reconnaître, repérer, déceler, détecter, remarquer. **5** mettre en évidence. **IV ~ up 1** prendre, saisir, s'emparer de, ramasser, soulever, emporter, enlever, entraîner *[objet]*. **2** obtenir *[informations, appui]*. **3** empocher, gagner *[argent]*. **4** décrocher *[téléphone]*. **5** contracter *[maladie]*. **6** choisir, sélectionner. **7** détecter, déceler *[rayonnement, cible]* ; capter, recevoir *[signal radio, émission]*, repérer. **8** retirer, enlever *[colis]*, charger, embarquer *[marchandises]*, aller chercher, prendre *[qqn en voiture]*, ramasser *[élèves]*, charger *[passager d'un véhicule]*. **9** acquérir *[connaissances, expérience]*, apprendre ; prendre *[habitude]* ; **he has ~ed up some knowledge of statistics** il a acquis des notions de statistique. **10** prendre ; **to ~ up speed** prendre de la vitesse. **11** reprendre *[idée]* ; **newspapers ~ed up these stories** des journaux ont repris ces informations ; **these allegations were ~ed up by the media** les médias se sont fait l'écho de ces allégations. **12** prendre à sa charge/en charge *[dépenses]*, payer *[facture]* ; **to ~ up the bill/tab** prendre les dépenses à sa charge, payer la facture. **13** draguer, lever *[partenaire sexuel]*, ramasser *[prostituée]*, *[prostituée]* racoler *[client]*. **14** *[salaires, prix, cours]* augmenter ; progresser, *[activité économique, affaires, croissance]* reprendre, redémarrer, *[emploi]* reprendre, *[économie, cours, marché]* se redresser ; s'intensifier ; **demand is ~ing up** la demande reprend ; **Thailand's economy ~ed up** l'économie thaïlandaise s'est redressée. **15** augmenter, prendre des proportions accrues. **V ~ up again** *[mouvement]* reprendre de la vigueur. **VI ~ up from** retirer de. **VII ~ up on** s'appuyer sur, reposer sur, prendre appui sur, mettre à profit, tirer parti de, utiliser (pour aller de l'avant), exploiter, faire fond sur, accomplir des progrès sur la base de/en partant de, prendre comme point de départ/tremplin ; prolonger, se situer dans le prolongement de, poursuivre (sur la lancée de), compléter. ✪ ~ **and choose** choisir (très soigneusement) ; faire le difficile.

picket *v. tr.* former un piquet de grève devant *[usine]* ; manifester devant ; prendre position devant ; **animal welfare groups announced they would ~ stores selling fur coats** des associations de défense des animaux ont déclaré que leurs membres prendraient position devant les magasins qui vendent des manteaux de fourrure.

picket *n.* piquet de grève ; travailleur faisant partie d'un piquet de grève ; (groupe de) protestataires ; **~s outside nuclear power stations** les protestataires qui montent la garde aux abords des centrales nucléaires. ✪ ~ **line(s)** piquet de grève ; [**to cross a ~ line** passer au travers d'un piquet de grève ; ne pas respecter un mot d'ordre de grève*]*.

picketing *n.* pratique des piquets de grève, mise en place de piquets de grève.

pickup *n.* **1** *Écon.* reprise ; **the ~ in economic activity** la reprise de l'activité économique. **2** ~ **(truck)** pick-up *[= petit camion ouvert à l'arrière]*.

pictorial *n.* **1** illustré. **2** reportage photographique, article abondamment illustré.

pictorial *adj. [brochure]* illustré.

pictorially *adv.* au moyen d'une illustration.

picture *n.* **1** image ; **a ~ is worth a thousand words** un petit croquis vaut mieux qu'un long discours. **2** *Fig.* tableau, vue (d'ensemble), description, présentation des faits, représentation, compte rendu, récit, relation, rapport, exposé, bilan, (point de la) situation, panorama, paysage, image, vision, idée, compréhension, aperçu, informations, perspectives ; **to paint a gloomy ~ of** brosser un tableau sombre de ; **the report on oil spills paints a dismal ~** le rapport sur les déversements de pétrole dresse un tableau affligeant ; **big/broad ~** tableau général, grandes lignes, situation générale/globale ; **to look at the big ~** prendre du recul ; **to see the big ~** avoir une vue d'ensemble des choses ; **to present a comprehensive ~** présenter une vue d'ensemble ; **to get the bigger ~** obtenir une vue d'ensemble ; **general/overall ~** vue/tableau d'ensemble ; **total ~** vue d'ensemble des choses, ensemble de la question/situation ; **to get a ~ of** se faire une idée de ; **to get the ~** comprendre la situation ; **to give a full ~** rendre pleinement compte de la situation ; **to provide an accurate ~ of** présenter une représentation fidèle de ; **the ~ for Albania is very different** la situation est très différente en Albanie ; **the true ~ of TB in Africa** la situation réelle en matière de tuberculose en Afrique ; **to provide a good ~ of** donner une bonne idée de ; **it is necessary to inspect the company's balance sheet to get a ~ of its operations** il faut examiner le bilan de la société pour se faire une idée de ses activités ; **to have a clear ~ of the task ahead** bien comprendre la tâche à accomplir ; **an accurate ~ of the human rights situation** une image fidèle de la situation en matière de droits de l'homme ; **to convey the full ~ of** donner une description complète de ; **it does not reveal the whole ~** cela ne présente qu'un aspect de la situation ; **the paper conveys a good ~ of how the mind works** l'article donne une bonne représentation de la façon dont l'esprit fonctionne ; **to present an inaccurate ~ of public opinion** donner une représentation inexacte de l'opinion publique ; **if a less scientific approach is adopted, a different ~ emerges** si une démarche moins scientifique est adoptée, les choses apparaissent sous un jour différent ; **developments in Brazil could darken the ~** l'évolution de la situation au Brésil pourrait avoir des répercussions néfastes ; **to get the full ~** obtenir toutes les informations nécessaires ; **to give a ~ of** renseigner sur ; **to give the president a ~ of what is really happening in the country** informer le président sur ce qui se passe réellement dans le pays. **3 to keep in the ~** tenir au courant ; **to be out of the ~** être hors du coup, être sur la touché, ne pas participer à l'action, ne jouer aucun rôle, ne plus être là ; **to keep out of the ~** ne pas informer ; **to put in(to) the ~** mettre au courant, informer. ✪ **enter the ~** *[personne]* entrer en scène ; *[chose]* entrer en jeu ; **~ agency** agence d'images ; **~ editor** *Journ.* responsable des illustrations ; **~ library** photothèque, archives photographiques ; **~ magazine** illustré.

piece *v.* **~ together** (parvenir à) reconstituer *[suite d'événements, film des événements, évolution, vérité]* ; assembler *[pièces du puzzle]*.

piece *n.* **1** morceau *[de musique]*, bout *[de papier]*. **2 ~ of advice** avis ; **~ of legislation** loi, texte législatif ; **~ of information** information ; **a clumsy ~ of writing** un texte rédigé maladroitement. **3** *Journ.* article. ✪ **all of a ~ with** conforme à ; **come/fall to ~s** s'effondrer, s'écrouler, se désintégrer, se disloquer, éclater, se désagréger, se dissoudre ; *Fam.* se déglinguer ; **of a ~ with** conforme à ; **pick up the ~s** s'en remettre, réparer les dégâts ; reprendre une vie normale ; **~ rate/wage** salaire à la pièce ; **~ work** travail (rémunéré) à la pièce, travail aux pièces ; *[***to be on ~ work*** être rémunéré à la pièce]*.

piecemeal *adj.* fragmentaire, parcellaire, ponctuel ; décousu, à la petite semaine ; **in a ~ fashion** au coup par coup, sans coordination, sans plan d'ensemble, de façon parcellaire ; **a set of ~ measures does not add up to a policy** une série de mesures ponctuelles ne constituent pas une politique.

piecemeal *adv.* au coup par coup, sans coordination, sans plan d'ensemble, de façon parcellaire.

pie *n.* ✪ **~ chart/diagram/graph** diagramme circulaire/à secteurs ; **~ in the sky** projet chimérique, rêve impossible/ irréalisable, illusion ; promesse en l'air, *[promettre]* la lune ; meilleur des mondes, monde idéal, bonheur parfait, nirvana ; *[***to be ~ in the sky*** relever de l'utopie/du mirage/de la chimère]*.

piercing *n.* piercing, perçage (corporel).

pig *n.* ✪ **~ farm** exploitation porcine ; **~ iron** fonte en gueuses.

pigeonhole *v. tr.* cataloguer *[qqn]*.

piggyback service/transport ferroutage.

PIK (payment-in-kind) *ÉU* programme d'incitation à la mise en jachère de terres, programme de réduction des superficies cultivées.

pile *v.* **~ up** *[neige, travail, courrier, factures]* s'accumuler.

pile-up 1 accumulation *[de travail, de factures]*. **2** carambolage, collision en chaîne.

Pilgrim Fathers *ÉU* Pèlerins.

pillar box *RU* boîte aux lettres *[de la Poste]*.

pilot *v. tr. Fig.* **1** être responsable de, diriger, conduire, piloter, guider, veiller à la réalisation de/au bon déroulement de *[activité]* ; **UNDP is ~ing this programme** le PNUD dirige ce programme ; **she ~ed the bill through the House of Commons** elle a fait passer le projet de loi par les différentes étapes de la procédure à la Chambre des communes. **2** procéder à un essai de/à une expérience pilote sur ; expérimenter *[nouveau service]*.

pilot *n.* **1** pilote *[d'avion, de navire]*. **2** veilleuse. **3** *TV* pilote *[d'une émission, d'une série]*. **4** expérience/action/projet pilote. ✪ **~ burner** veilleuse ; **~ light** a) veilleuse ; b) lampe témoin ; **~ market** *Marketing* marché-test ; **~ project** expérience/action/projet pilote ; **~ study** étude pilote ; **~-whale** *n.* globicéphale.

pilot-test *v. tr.* procéder à un essai pilote de.

PIM (personal information manager) *Inf.* gestionnaire d'informations personnelles.

PIN (personal identification number) code confidentiel.

pin *v. Fig.* **1 ~ down** déterminer, définir, établir avec précision ; **to ~ down the cause of the problem** déterminer la cause du problème. **2 ~ on: to ~ (all) one's hopes on** mettre tout son espoir dans, tout miser sur ; **to ~ sth on sb** rendre qqn responsable de qqch. ; **to ~ the blame on** rendre responsable, imputer la responsabilité à.

pin *n.* **1** épinglette *[qu'on accroche au revers du veston, p. ex.]*. **2** *Inf.* aiguille ; broche ; **24-~ dot matrix printer** imprimante matricielle à 24 aiguilles ; **9-~ serial port** port série à 9 broches. ✪ **~ board** tableau d'affichage.

pinch *n.* ✪ **at a ~** à la limite, à la rigueur, faute de mieux ; **in a ~** a) à la limite, à la rigueur, faute de mieux ; b) en cas de difficulté/de coup dur.

pink slip *Fig. ÉU* lettre de licenciement.

pinpoint *v. tr.* localiser, déterminer la position de, déceler, repérer, relever, mettre en évidence, trouver, désigner, indiquer, déterminer, définir, épingler, dégager, faire apparaître ; **to ~ sources of radiation** localiser les sources de rayonnements ; **this new system allows the company to ~ the location of its lorries at all times** ce nouveau système permet à l'entreprise de déterminer en permanence où se trouvent ses camions ; **researchers have ~ed the genes responsible for some inherited diseases** des chercheurs ont déterminé quels étaient les gènes responsables de certaines maladies héréditaires.

pinpoint *adj.* **1** très petit. **2** précis ; *[précision]* élevé, grand.

pint *n. pint [RU = 0,568 2 l ; ÉU = 0,473 2 l]*.

pioneer *v.* **1** *tr.* être l'initiateur/le précurseur/le pionnier de, faire œuvre de pionnier en matière de, ouvrir la voie à, être le premier à utiliser/pratiquer/entreprendre, expérimenter, utiliser *[méthode]* pour la première fois, s'engager le premier dans, être aux avant-postes de, lancer, se lancer dans, s'aventurer dans ; concevoir, élaborer *[théorie]*, mettre au point *[méthode, technologie]*, inventer, créer, être le père de ; **to ~ an idea** être le premier à mettre en œuvre une idée ; **the company ~ed irradiated food** l'entreprise a été la première à irradier les aliments ; **Virgin Airways ~ed the no-frills passenger transport business in Europe** Virgin Airways a été la première compagnie aérienne à se lancer dans le transport de passagers avec service minimum en Europe ; **he was the surgeon who ~ed the coronary bypass operation** il a été le premier chirurgien à réaliser un pontage coronarien ; **a technology ~ed by a Japanese company** une technologie mise au point par une entreprise japonaise ; **the old age pension system was ~ed by Bismarck** le premier régime de retraite a été mis en place par Bismarck ; **Taylor ~ed scientific management** Taylor a inventé la gestion scientifique. **2** *tr.* être le premier à s'installer/s'établir dans *[région]*. **3** *intr.* jouer un rôle de pionnier, faire œuvre de précurseur.

pioneer *n.* pionnier, précurseur.

pioneering *adj.* *[personne]* précurseur, novateur, innovateur, très original, d'une grande originalité, qui a exploré des voies nouvelles, *[travaux]* de pionnier, innovant, de type nouveau, (de) précurseur, premier (de ce type/du genre), entièrement nouveau, d'avant-garde, révolutionnaire, sans précédent, inédit ; **~ writer** écrivain d'une grande originalité ; **~ role** rôle de pionnier ; **a ~ form of management** une méthode entièrement nouvelle de gestion ; **his ~ work in the field of genetic engineering** ses travaux de précurseur dans le domaine du génie génétique ; **~ technology** technologie d'avant-garde.

pious words bonnes paroles.

pipe *n.* ✪ **~ dream** rêve impossible/irréalisable, chimère ; **~-laying ship** câblier.

piped water eau courante.

pipeline *n.* **1** conduite ; oléoduc ; gazoduc. **2** *ÉU* voie d'information directe. **3** *Fig.* réserve ; **project ~** réserve de projets. **4** filière *[d'armes, de drogue]*, voie d'acheminement ; lieu/point de passage, lieu de transit, intermédiaire, plaque tournante, circuit. **5** source *[d'informations]*. **6 in the ~** attendu, prévu, prévisible, annoncé, en vue, en perspective, en attente, en préparation, en cours d'examen, en cours d'élaboration, dans la file d'attente, dans la filière ; **new pharmaceuticals are in the ~** de nouveaux médicaments sont en cours de mise au point ; **many other reforms are in the ~** un grand nombre d'autres réformes sont en préparation ; **new legislation on surrogacy is already in the ~** de nouvelles dispositions législatives concernant la maternité de substitution sont déjà en cours d'adoption ; **the construction of another clinic is in the ~** la construction d'un autre centre médical est prévue ; **three other projects are in the ~** trois autres projets sont à l'étude.

piping *n.* conduite, tuyauterie.

piracy *n.* *Dr. d'auteur* contrefaçon, piratage.

pirate *v. tr.* **1** *Dr. d'auteur* contrefaire, pirater *[disque, logiciel]*. **2** débaucher *[personnel]*.

pirate *n.* *Dr. d'auteur* contrefacteur.

pirated *adj.* *[disque, logiciel]* pirate, piraté.

pirating *n.* contrefaçon, piratage *[de disques, de logiciels]*.

pit *v. tr.* **(against)** *[lutte]* opposer, mettre aux prises *[deux groupes]* ; **to be ~ted against** être aux prises avec, avoir en face de soi, être en concurrence avec *[adversaire]* ; **to ~ sb against sb else** mettre qqn aux prises avec qqn d'autre, provoquer une confrontation/un affrontement entre qqn et qqn d'autre ; **to ~ oneself against** se mesurer à.

pit *n.* *Marché à terme ÉU* corbeille. ✪ **~ stop** a) arrêt au stand ; b) *Fig.* arrêt (de courte durée).

pitch *v. tr.* promouvoir, vanter *[produit]*.

pitch *n.* **1** (action) de promotion. **2** arguments, argumentation, plaidoyer. **3** *Inf.* densité de caractère. **4** *Typographie* chasse.

pittance *n.* **for a ~** pour un salaire dérisoire.

pituitary gland hypophyse.

pity *n.* ✪ **more's the ~** malheureusement.

pivotal *adj.* (qui joue un rôle) essentiel, fondamental, capital, crucial, clé, extrêmement important, le plus important, décisif ; indispensable ; *[homme politique, État]* dont le vote sera décisif ; **to be ~** *[personne]* jouer un rôle essentiel/crucial ; **~ role** rôle crucial/essentiel ; **~ ally** allié essentiel ; **~ committee** commission qui joue un rôle essentiel ; **~ question** question fondamentale ; **~ day** journée cruciale/décisive ; **~ moment** date (historique), moment historique, grand moment, événement marquant/qui fait date, tournant (décisif), jalon, étape décisive ; **~ event** événement décisif ; **~ factor** facteur décisif ; **~ discovery** découverte de toute première importance.

pixel *n.* *Inf.* pixel.

P & L (profit and loss) profits et pertes.

PLA (People's Liberation Army) *Chine* Armée de libération du peuple.

placard *n.* **1** affiche. **2** pancarte *[brandie par un manifestant]*.

placate *v. tr.* amadouer *[qqn]*, apaiser *[qqn, colère]*.

place *v.* **1** *tr.* placer, mettre *[qqn physiquement quelque part]* ; placer *[dans une famille d'accueil/une maison d'enfants/un orphelinat/un hôpital psychiatrique/une école/une classe]* ; placer *[qqn dans un emploi]* ; mettre *[qqn en prison, sous surveillance]* ; apposer *[étiquette]* ; **the illegal aliens were ~d aboard a plane** les étrangers en situation irrégulière ont été mis à bord d'un avion ; **to ~ a child in the custody of sb** confier la garde d'un enfant à qqn ; **to ~ sth in the hands of** confier (la responsabilité de) qqch. à ; **to ~ sth in sb's custody** confier qqch. à qqn ; **to ~ troops under sb's command** placer des troupes sous le commandement de qqn ; **to ~ under arrest** arrêter ; **to ~ sb on probation** accorder à qqn un sursis probatoire ; **to ~ sb under investigation** entreprendre une enquête sur qqn ; **to ~ sth under the control of sb** confier la responsabilité/direction de qqch. à qqn ; **to ~ the responsibility for sth on sb** a) rendre qqn responsable de qqch., imputer la responsabilité de qqch. à qqn ; b) confier la responsabilité de qqch. à qqn ; **to ~ the blame on** *voir* blame n. **2** *tr.* placer, mettre *[qqn dans telle ou telle situation]* ; **to ~ sb at risk** faire courir des risques à qqn ; **to ~ sb in charge of** confier à qqn la responsabilité de ; **to ~ sb under the protection of** placer qqn sous la protection de ; **to ~ sb on a diet** faire suivre un régime à qqn. **3** *intr.* se classer *[premier dans un concours/une épreuve]* ; **to ~ third** arriver en troisième position. **4** *tr.* **to be well ~d to do sth** être bien placé/en bonne position pour faire qqch. ; **well-~d** *adj.* *[observateur]* bien placé ; *[personne]* bien informé ; *[source]* digne de foi ; **highly ~d friend** ami haut placé. **5** *tr.* placer, poser, déposer, mettre, disposer *[qqch. quelque part]* ; installer *[matériel]* ; **to ~ a satellite in orbit** placer un satellite en orbite ; **to ~ a bomb** poser une bombe. **6** *tr.* faire, placer, témoigner *[confiance]* ; **to ~ one's confidence/trust in** faire confiance à, placer sa confiance dans *[qqn]*, avoir confiance en *[qqn, qqch.]* ; **to ~ hope on** mettre son espoir dans ; **to ~ faith in** avoir foi en. **7** *tr.* placer *[argent sur un compte]*. **8** *tr.* **to ~ emphasis on** mettre l'accent sur. **9** *tr.* inscrire *[qqch. sur une liste]* ; **to ~ an item on the agenda** inscrire une question à l'ordre du jour. **10** *tr.* situer, localiser. **11** *tr.* **to ~ sth in context** replacer qqch. dans son contexte. **12** *tr.* décréter *[embargo, interdiction]* ; **to ~ limits/restraints on** fixer/imposer des limites à ; **to ~ conditions on sth** subordonner qqch. à des conditions ; **to ~ a moratorium on** instituer un moratoire sur. **13** *tr.* imposer ; **to ~ pressure on sb** exercer des pressions sur qqn ; **to ~ a burden on** faire peser une charge/un fardeau sur, imposer une charge à, représenter une charge/une grande difficulté pour ; **to ~ a strain on sb** mettre qqn sous pression. **14** *tr.* passer *[commande]*, donner *[ordre de Bourse, coup de téléphone]*, insérer *[annonce]*, passer *[coup de fil]* ; **to ~ a bet** faire un pari ; **to ~ a bid** faire une enchère. **15** *tr.* accorder *[de l'importance à qqch.]* ; **to ~ high value on** accorder une grande importance à ; **to ~ a high priority on** accorder un degré élevé de priorité à. **16** *tr.* **to ~ sth in doubt** jeter le doute sur qqch. **17** *tr.* **(at)** évaluer *[dommages]* à, situer à. **18** *tr.* classer.

place *n.* **1** lieu, endroit ; **hiding ~** cachette ; **to be at the right ~ at the right time** se trouver au bon endroit au bon moment ; **all over the ~** partout. **2** domicile, (lieu de) résidence, logement, habitation, maison, appartement. **3** établissement. **4** place *[de cinéma, dans une école]*. **5** place *[dans un concours, dans l'histoire, dans la vie publique]* ; **the country's ~ in the world** la place du pays dans le monde ; **to know one's ~** ne pas se tromper sur sa position *[inférieure]* dans la hiérarchie sociale. **6** place ; **to be in ~** être en place ; **to leave sb in ~** laisser qqn en place ; **to take sb's ~** prendre la place de qqn ; **to take one's ~ among** prendre sa place parmi ; **in its ~** au lieu de cela, en lieu et place ; **out of ~** déplacé, incongru ; **to be out of ~** ne pas être à sa place. **7 in ~** *[réglementation]* en vigueur ; **to be in ~** *[réglementation, sanctions]* être en vigueur ; **under the rules in ~** en vertu de la réglementation en vigueur ; **to put in ~** adopter *[réglementation, politique]*, mettre en place *[système]*. ✪ **fall into ~** devenir clair ; **go ~s** aller loin, faire son chemin, réussir ; */***she will go ~s** elle a beaucoup d'avenir devant elle*]* ; **in the first ~** *voir* first ; **~ name** toponyme ; **~ of business** siège, établissement, lieu d'exercice des activités ; **~ of safety** lieu sûr ; **~ of safety order** *RU* ordonnance de retrait (provisoire) de la garde d'un enfant ; **~ of work** lieu de travail ; **~ of worship** lieu de culte ; **run the ~** *Fig.* être le patron/chef ; être le maître du lieu, faire la loi ; */***the inmates are running the ~** ce sont les détenus qui font la loi*]* ; **take ~** avoir lieu, se produire, se dérouler.

placement *n.* **1** placement *[dans un emploi/une institution]* ; obtention d'un logement *[pour qqn]*. **2** stage *[dans une entreprise]*. **3** placement *[d'un objet]*, pose *[d'une bombe]*. **4** insertion *[d'une annonce]*. **5** *Fin.* placement d'actions nouvelles *[auprès de non-actionnaires]*. ✪ **~ agency** bureau de placement ; **~ assistance** orientation professionnelle ; **~ bureau** bureau de placement ; **~ center** *ÉU* bureau de placement ; **~ counselor** *ÉU* conseiller d'orientation ; **~ firm/office** bureau de placement ; **~ officer** agent d'un bureau de placement.

placing *n. Fin.* placement d'actions nouvelles *[auprès de non-actionnaires]*. ✪ **~ fee** *FCP* droits d'entrée.

plague *v. tr.* **1** frapper, toucher durement, accabler, affliger, sévir dans, faire des ravages dans, s'abattre sur, causer des problèmes considérables à ; **a country ~d by unemployment** un pays où le chômage est très élevé. **2** tourmenter, harceler, ne laisser aucun répit à ; **to be ~d by** être en proie à *[difficultés]*, se heurter constamment au problème de, être victime de, souffrir de ; **the financial problems that ~ the company** les problèmes financiers qui harcèlent l'entreprise ; **recession-~d country** pays durement touché par la récession ; **to be ~d with problems** connaître problème sur problème, être confronté à de multiples problèmes ; **to be ~d by health problems** connaître toute une série de problèmes de santé ; **drug-~d inner cities** quartiers pauvres où la drogue fait des ravages ; **crime-~d neighbourhood** quartier affligé par une criminalité élevée ; **the scandals that ~ the party** les scandales qui secouent le parti ; **the government is ~d by corruption** la corruption règne au sein du gouvernement ; **the huge unemployment that ~s several areas of Spain** le chômage énorme qui sévit dans plusieurs régions d'Espagne ; **the mismanagement that ~s most state-owned companies** la mauvaise gestion qui caractérise la plupart des entreprises publiques ; **the civil unrest that has ~d the country** les troubles civils dont le pays a souffert.

plague *n. Fig.* fléau, plaie ; **alcoholism is a social ~** l'alcoolisme est un fléau social.

plain *adj.* **1** ordinaire, simple, sans fioritures ; pur et simple ; **~ laziness** paresse pure et simple. **2** clair, simple, compréhensible ; **~ language** langage clair ; **in ~ English/language** a) (pour parler) clairement ; b) en clair ; **to speak in ~ language** parler clairement. **3** certain. ✪ **~ larceny** *ÉU* vol simple ; **~ text** *Inf.* texte brut ; **~-vanilla** *adj.* sans fioritures, ordinaire, simple, de base.

plainclothes officer policier en civil.

plainly *adv.* clairement, simplement, sans détour.

plaintiff *n.* demandeur, demanderesse, requérant(e), partie requérante. ✪ **~ in error** appelant, partie appelante.

plan *v.* **1** *tr.* prévoir, préparer, planifier, projeter, envisager ; **it happened earlier than ~ned** cela s'est produit plus tôt que prévu ; **if all goes as ~ned** si tout se passe comme prévu ; **to ~ the president's state visit** préparer la visite officielle du président ; **to ~ sth in advance** planifier/préparer qqch. ; **the invasion was carefully ~ned** l'invasion a été soigneusement planifiée/préparée ; **defensive steps are ~ned against these threats** des mesures sont prises pour faire face à ces menaces. **2** *tr.* élaborer, mettre au point, concevoir ; **to ~ a programme/project** élaborer un programme/projet ; **to ~ a new information system** mettre au point un nouveau système d'information ; **to ~ new initiatives** concevoir de nouvelles initiatives. **3** *tr.* planifier l'aménagement de *[quartier]*. **4** *intr.* **(to)** avoir l'intention de ; **the company ~s to invest $15 million in this project** l'entreprise a l'intention d'investir 15 millions de dollars dans ce projet. **5 ~ ahead** planifier, établir/élaborer des plans, s'y prendre en temps utile, prendre des dispositions à l'avance. **6 ~ for** établir des plans en vue de, prévoir ; **every contingency has been ~ned for** toutes les éventualités ont été prévues. **7 ~ on** prévoir *[qqch.]* ; **to ~ on doing sth** avoir l'intention de faire qqch. **8 ~ out** planifier.

plan *n.* **1** plan *[d'un bâtiment, d'une machine]*. **2** projet ; **the ~ to build a nuclear plant was abandoned** le projet de construction d'une centrale nucléaire a été abandonné. **3** intention ; **to have no ~s to do sth** ne pas avoir l'intention de faire qqch. **4** plan ; **economic ~** plan économique ; **five-year ~** plan quinquennal. **5 (according) to ~** comme prévu ; **the operation went to ~** l'opération s'est déroulée comme prévu. ✪ **~ B** plan de rechange ; **~ of action** plan d'action ; **~ view** plan *[d'un bâtiment, d'une machine]*.

planform *n. Aéron.* forme en plan *[d'une aile]*.

plank *n. Pol.* élément/chapitre de programme ; **the defense ~ of the Republican platform** le chapitre relatif à la défense du programme du Parti républicain. ✪ **walk the ~** *Fig.* être forcé de démissionner.

planned *adj.* prévu, envisagé, à l'état de projet, au stade du projet, en projet, projeté, planifié, programmé. ✪ **~ economy** économie planifiée ; **~ obsolescence** obsolescence planifiée ; **~ parenthood** planning familial.

planner *n.* **1** planificateur. **2** agenda.

planning *n.* **1** planification, programmation, organisation. **2** élaboration ; **the ~ of a programme** l'élaboration d'un programme. **3** aménagement (du territoire), urbanisme ; **rural ~** aménagement rural. ✪ **~ application** *RU* demande de délivrance de permis de construire ; **~ authority** *RU* autorité habilitée à délivrer des permis de construire ; **~ gain** *RU* équipements collectifs construits par un promoteur en échange de l'octroi d'un permis de construire ; **~ permission** *RU* permis de construire ; **~-programming-budgeting system** rationalisation des choix budgétaires ; **~ regulations** a) réglementation en matière d'urbanisme ; b) réglementation en matière d'aménagement du territoire.

planning *adj.* relatif au permis de construire.

plant *v. tr.* **1** introduire *[agent dans une organisation terroriste] ;* placer *[microphone],* placer subrepticement *[drogue, objet compromettant].* **2** poser *[bombe].* **3** diffuser *[rumeur] ;* susciter *[doute] ;* **to ~ stories in newspapers** obtenir de journaux qu'ils diffusent certaines informations.

plant *n.* **1** établissement, unité (de production), station, installation(s), équipements. **2** outil industriel, appareil productif, appareil de production ; **industrial ~** a) usine ; b) appareil de production *[d'un pays].* **3** plante. ✪ **~ and equipment/machinery** *Bilan* installations techniques et machines ; **~ breeding** sélection végétale ; **~ cover** couvert(ure)/tapis végétal(e) ; **~ disease** maladie végétale ; **~-eating** *adj.* herbivore ; **~ engineering** *ÉU* entretien et réparation ; **~ health legislation** législation phytosanitaire ; **~ kingdom** règne végétal ; **~ passport** *UE* passeport phytosanitaire ; **~ selection** sélection végétale ; **~ species** espèce végétale.

plasma *n. Inf.* ✪ **~ display** affichage à plasma ; **~ screen** écran à plasma.

plastic *n.* **1** *Fig.* carte de crédit. **2** *pl. Secteur* matières plastiques, plasturgie. ✪ **~ money** carte de crédit.

plastic *adj.* ✪ **~ surgeon** chirurgien plasticien ; **~ surgery** chirurgie plastique.

plateau *v. intr. [taux de chômage]* se stabiliser, atteindre un palier, marquer le pas/une pause, cesser de croître/progresser, rester stable/inchangé, stagner, plafonner.

plateau *n. Fig.* palier, stabilisation, plateau ; pause ; **to reach a ~** *voir* plateau v. ; **this technology has reached a ~** cette technologie a atteint une phase de stagnation.

plated *adj.* **zinc-~** *adj.* zingué.

plate tectonics tectonique des plaques.

platform *n.* **1** estrade, tribune, podium. **2** quai *[de chemin de fer].* **3** base, point de départ, tremplin. **4** instrument, outil, moyen. **5** entité, cadre, centre, lieu d'échange, réseau. **6** tribune ; **television gave politicians a ~ to address the people** la télévision a donné aux hommes politiques une tribune qui leur permet de s'adresser au peuple. **7** programme (électoral) ; **campaign ~** programme électoral ; **to campaign on a ~ of clean government** faire campagne en promettant l'intégrité dans la conduite des affaires publiques ; **the economic ~ of the candidate** le programme économique du candidat. **8** *Inf.* plate-forme *[Windows, Mac, Unix].*

plating *n.* **zinc-~** *n.* zingage.

play *v.* **1** jouer *[rôle, œuvre musicale] ;* jouer à *[échecs] ;* jouer de *[piano].* **2** *intr. [pièce de théâtre]* être joué, être représenté. **3** *tr.* **to ~ the market** spéculer. **4** *tr.* **to ~ sb (off) against sb else** susciter des dissensions entre qqn et qqn d'autre. **5** *intr.* être accueilli *[plus ou moins bien].* **6 ~ around with** envisager *[options].* **7 ~ down** minimiser, ramener à de moindres proportions, dédramatiser. **8 ~ off** jouer sur les divisions de, susciter des dissensions entre, exploiter la rivalité entre. **9 ~ on** exploiter *[sentiment, point faible].* **10 ~ to** exploiter ; **the candidate ~ed to socially divisive issues** le candidat a exploité des thèmes qui sèment la zizanie entre les catégories sociales. **11 ~ up** mettre en avant, mettre en évidence *[aspect favorable], [presse]* monter en épingle *[information].*

play *n.* ✪ **come into ~** entrer en jeu, intervenir, faire son apparition, se manifester, jouer un rôle, être un facteur ; **in ~** *[entreprise]* en voie d'être reprise.

playback *n.* lecture *[d'une cassette, d'un disque audio ou vidéo].*

player *n. Fig.* acteur, protagoniste.

playground *n.* **1** aire/terrain de jeu(x). **2** *Ens.* cour de récréation. **3** *Fig.* lieu de villégiature, lieu de divertissement ; **the traditional ~ of the wealthy** le lieu de villégiature traditionnel des nantis.

playgroup *n.* garderie organisée par les parents.

plc (public limited company) *RU* plc.

plea *n.* **1** appel, demande (pressante), exhortation ; **a ~ for help** un appel à l'aide ; **to issue an emotional ~ for peace** lancer un appel empreint d'émotion en faveur de la paix ; **to make a ~ to sb to** demander à qqn de. **2** plaidoyer. **3** *Dr. civil* réponse du défendeur aux prétentions du demandeur. **4** *Dr. civil* exception *[de procédure] ;* **~ to the jurisdiction** exception d'incompétence. **5** *Dr. pénal* prise de position sur l'accusation ; **to enter a ~** prendre position sur l'accusation ; **to enter a ~ of guilty/not guilty** plaider coupable/non coupable ; **to enter an insanity ~** invoquer la démence. **6** accord de réduction de peine, transaction (pénale) ; **to cop a ~** *ÉU* conclure une transaction *[avec le ministère public] ;* **her lawyer negotiated a ~ that will allow her not to go to jail** son avocat a négocié une transaction qui lui permettra de ne pas aller en prison. ✪ **~ bargain, ~ bargaining agreement/arrangement** *ÉU* accord de réduction de peine, transaction (pénale) ; **~ in bar** fin de non-recevoir ; exception d'irrecevabilité ; **~ of no contest, ~ of nolo contendere** reconnaissance de culpabilité sur le plan strictement pénal *[inopposable au prévenu en cas d'action civile ultérieure] ;* **~ of not guilty** dénégation de culpabilité ; **~ to the jurisdiction** exception d'incompétence.

plead *v.* **1** *tr. [avocat]* plaider *[affaire].* **2** *tr.* invoquer, faire valoir, arguer de ; **(that)** faire valoir que ; **to ~ madness** invoquer la démence. **3** *tr.* **to ~ one's innocence** clamer son innocence. **4** *intr.* plaider *[coupable, non coupable] ;* **(to)** prendre position sur *[accusation].*

pleading *n. Dr.* énoncé de la prétention/des chefs de demande *[du demandeur],* réponse *[du défendeur] ; pl.* allégations des parties, prétentions respectives.

pleased *adj.* **(to, with)** heureux de, satisfait de ; **to be ~ to** se féliciter de, se réjouir de ; **I am ~ to report that** j'ai le plaisir de signaler/d'annoncer que ; **I am ~ to see that** je note avec satisfaction que.

pleasure *n.* ✪ **at the ~ of** au gré de ; *[***to be sentenced to be detained at/during Her Majesty's ~** être condamné à une peine d'emprisonnement de durée indéterminée*] ;* **~ craft** bateau de plaisance.

pledge *v.* **1** *intr.* **(to)** s'engager à, prendre l'engagement de ; **(that)** prendre l'engagement de. **2** *tr.* promettre *[soutien].* **3** *tr.* annoncer le versement de *[don].* **4** *tr. Dr.* donner *[bien]* en gage.

pledge *n.* **1** promesse, assurance(s), engagement, serment, vœu. **2** *Dr.* gage. **3** promesse de don *[lors d'un téléthon] ;* annonce de contributions ; **the organization received ~s of some $275 million for this project** l'organisation a obtenu des annonces de contributions d'un montant de 275 millions de dollars au titre de ce projet ; **contributions and ~s in cash and in kind** des contributions et annonces de contributions en espèces et en nature. **4** *Fam. ÉU* bizuth.

pledgee *n.* créancier gagiste, gagiste.

pledger *n.* débiteur sur gage.

pledging conference conférence pour les annonces de contributions.

pledgor *n.* débiteur sur gage.

plight *n.* sort pénible/peu enviable, situation difficile/critique/ déplorable/lamentable/tragique, condition, difficultés, souffrances, (graves) problèmes, crise, tragédie, drame.

PLO (Palestine Liberation Organization) OLP (Organisation de libération de la Palestine).

plot *v.* **1** *tr.* tracer (la courbe/le graphique de) ; porter en abscisse... et en ordonnée... ; **to ~ a curve** tracer une courbe ; **to ~ sth against** tracer la courbe représentant la variation de qqch. en fonction de ; **to ~ sth against time** tracer la courbe représentant l'évolution de qqch. dans le temps ; **to ~ x against y** tracer la courbe représentant (la variation de) x en fonction de y ; **we ~ted income on the horizontal axis and household consumption on the vertical axis** nous avons porté le revenu en abscisse et la consommation en ordonnée ; **the researchers ~ted stroke rates against alcohol consumption** les chercheurs ont établi un graphique faisant apparaître les taux d'accident vasculaire cérébral en fonction de la consommation d'alcool. **2** *tr.* représenter *[sur un graphique],* établir un graphique de *[évolution], [graphique]* retracer l'évolution de ; suivre *[mouvements de troupes sur une carte].* **3** *tr.* rendre compte de, suivre ; **they ~ted population changes over two centuries** ils ont suivi l'évolution de la population pendant deux siècles. **4** *tr.* calculer *[trajectoire d'un missile] ;* déterminer, établir *[route de navire/avion] ;* **to ~ the planets' motion** déterminer le mouvement des planètes. **5** *tr.* élaborer *[stratégie, projet],* préparer, prévoir. **6** *tr.* combiner, machiner, manigancer, ourdir, tramer ; **to ~ a conspiracy** ourdir une conspiration. **7** *intr.* conspirer, comploter, ourdir un complot/une conspiration ; **they ~ted to oust the dictator** ils ont comploté pour renverser le dictateur ; **the terrorists ~ted to blow up the building** les terroristes ont préparé le plasticage du bâtiment/ont planifié la pose d'une bombe dans le bâtiment. **8** *tr.* préparer *[coup d'État, révolution, attentat, attaque],* préparer, planifier *[crime] ;* **a carefully ~ted bank robbery** une attaque de banque soigneusement préparée.

plot *n.* **1** terrain, lot, parcelle. **2** plan. **3** diagramme, graphique. **4** intrigue *[d'un roman].* **5** complot, conjuration ; machination.

plotter *n. Inf.* traceur (de courbes).

plotting paper papier quadrillé.

plough, plow *v.* **1** *tr.* investir ; **the local authority ~ed £3 million into a large-scale training programme** l'administration locale a investi 3 millions de livres dans un programme de formation de grande ampleur. **2 ~ back** réinvestir *[bénéfices].* **3 ~ into** *[avion]* s'écraser sur *[colline, bâtiment].*

plug *v.* **~ in** brancher.

plug *n.* ✪ **pull the ~ on** mettre fin à *[projet],* cesser, supprimer ; mettre le holà à, interdire.

plug-and-play *n., adj. Inf.* installer-utiliser, « branchez et ça marche », « plug and play » ; **a new range of ~ peripherals** une nouvelle gamme de périphériques « plug-and-play ».

plug-in *n. Inf.* module d'extension *[= programme complétant un autre].*

plug-in *adj.* enfichable.

plume *n. Env.* panache *[= zone de l'atmosphère ou du sol contaminée par le rejet d'un polluant].*

plummet *v. intr. [monnaie, cours]* baisser fortement, dégringoler, s'effondrer, chuter, être en chute libre.

plunge *v. intr. [monnaie, cours]* baisser fortement, dégringoler, s'effondrer, chuter, être en chute libre.

plunge *n. Fin.* chute brutale ; **to take the ~** sauter le pas.

plurality *n.* **1 a ~ of** a) plusieurs ; b) un grand nombre de, une multitude de ; **a ~ of statutory, voluntary and private suppliers** une multitude de fournisseurs publics, bénévoles et privés. **2** *Pol.* **~ (of votes)** majorité relative/simple ; **a 44-to-37 ~ was opposed to a reinstatement of the death penalty** une majorité relative des personnes interrogées (44 % contre 37 %) étaient opposées au rétablissement de la peine de mort.

plus *n.* atout, avantage, plus ; **~es and minuses** avantages et inconvénients.

plus *adv.* **1** plus, ainsi que, complété par, auquel s'ajoute, cumulé avec ; **the computer costs around $1,000, ~ $50 for handling charges** l'ordinateur coûte environ 1 000 dollars, auxquels s'ajoutent 50 dollars de frais administratifs. **2 a £7bn-~ market** un marché de plus de 7 milliards de livres ; **a team of 20-~ lexicographers** une équipe d'une bonne vingtaine de lexicographes ; **the 65-~ age group** le groupe des personnes âgées de 65 ans et plus.

pluvious insurance assurance intempéries.

PM (Prime Minister) Premier ministre.

p.m. (pro memoria) p. m. (pour mémoire).

PM_{10} PM_{10} *[= particules de diamètre inférieur à 10 µm].*

PMS (premenstrual syndrome) SPM (syndrome prémenstruel).

pneumonic plague peste pulmonaire.

PNTR (permanent normal trade relations) *ÉU* relations commerciales normales permanente.

PO (postal order) *RU* mandat postal.

P.O. Box boîte postale ; *Can.* postale.

poaching *n.* débauchage *[de personnel] ; Can.* maraudage.

pocket *n.* ✪ **~ calculator** calculette, calculatrice de poche ; **~ veto** *ÉU* veto de fin de session *[= veto que le président des États-Unis oppose à une proposition de loi en profitant de l'ajournement du Congrès pour ne pas la signer] ;* **line one's ~s** se remplir les poches.

Poet Laureate poète officiel.

point *v.* **I** *intr.* être orienté ; **an arrow ~ing up** une flèche orientée vers le haut ; **the economic indicators are ~ed upwards** les indicateurs économiques sont orientés vers le haut. **II ~ to 1** montrer, indiquer. **2** attirer l'attention sur, mettre en avant. **3** (sembler) indiquer, suggérer, montrer, faire apparaître, révéler, laisser prévoir/entrevoir ; **the country's internal problems ~ to early elections** les problèmes intérieurs du pays laissent entrevoir l'organisation d'élections anticipées. **III ~ towards 1** montrer, indiquer. **2** (sembler) indiquer, suggérer, montrer, faire apparaître, révéler, laisser prévoir/entrevoir ; **the trends ~ towards an increase in the unemployment rate** la tendance est à une augmentation du taux de chômage. **IV ~ out** faire observer, relever, signaler, faire valoir, attirer l'attention sur, souligner, faire ressortir, mettre en avant, rappeler. **V ~ up** mettre en évidence.

point *n.* 1 point, niveau ; **freezing ~** point de congélation ; **to reach the highest ~** atteindre le/son niveau le plus haut. 2 degré, stade, point ; **to the ~ that** dans des proportions telles que, jusqu'à ce que ; **the economic situation should improve to a ~ at which unemployment is reduced to less than 10%** la situation économique devrait s'améliorer de façon que le chômage descende en dessous de 10 %. 3 moment, stade, phase ; **at this ~** ici ; à ce moment, actuellement ; **~ in time** moment ; **at this ~ in time** maintenant ; **at that ~** à ce moment ; **to this ~** jusqu'ici ; **at some ~** a) à un moment ; b) un jour viendra où ; **at some ~ in our history** à un moment de notre histoire ; **traffic congestion in Albania is at some ~ inevitable** en Albanie, des embarras de la circulation se produiront tôt ou tard. 4 lieu, endroit ; **starting ~** point de départ. 5 point, élément, aspect, caractéristique ; question, thème ; **on this ~ he is correct** sur ce point, il a raison ; **this ~ requires an explanation** ce point demande une explication ; **weak ~s in the argument** des faiblesses dans l'argumentation ; **a key ~ is an adequate legal system** un système juridique approprié est essentiel. 6 sens, idée, aspect/élément essentiel, *[l']* essentiel, nœud de la question, fond du problème, ce dont il s'agit ; raison d'être ; intérêt ; **the ~ of a remark** le sens/la raison d'être d'une observation ; **to come/get to the ~** (en) venir au fait ; **there is little ~ in** il ne sert pas à grand-chose de, il est/serait assez vain de ; **there is no ~ in doing sth** il ne sert à rien/ce n'est pas la peine/il est vain de faire qqch. ; **the ~ at issue** ce dont il s'agit, le point litigieux ; **this is just the ~** c'est là précisément l'aspect essentiel, c'est justement de cela qu'il s'agit ; **that was my ~** c'est précisément ce que je voulais dire ; **I see your ~** je vois ce que vous voulez dire ; **to keep to the ~** ne pas s'écarter du sujet ; **to go straight to the ~** aller tout de suite à l'essentiel ; **my ~ here is that** ce que je veux dire ici est que ; **that is not the ~** là n'est pas la question ; **beside the ~** étranger à la question ; **the ~ all along was to reduce the tax burden** l'objectif a toujours été de réduire le fardeau fiscal. 7 observation, considération, argument, fait, constatation, idée, point de vue ; **to make a ~** faire/présenter une observation, présenter un argument, exposer une idée, défendre une thèse ; **to make the ~ that** faire observer/valoir que ; **to make one's ~** exposer/faire connaître son point de vue ; **the central ~ these economists are making is that** la thèse essentielle défendue par ces économistes est que ; **to take the ~** convenir de la pertinence de l'observation ; **to carry/gain one's ~** convaincre ses interlocuteurs ; **to have (got) a ~** avoir présenté un argument valable, avoir présenté une observation/objection pertinente, être dans le vrai, avoir raison sur ce point ; **granted, he has a ~** certes, il y a du vrai dans son affirmation ; **they may have a ~** il se peut qu'ils n'aient pas tort ; **finer ~s** subtilités. 8 point ; **each good answer will give 1 ~** chaque bonne réponse donne droit à 1 point. 9 point *[d'un indice boursier, d'un taux d'intérêt, d'un taux de change, dans un sondage] ;* **the national bank dropped its base lending rate half a ~** la banque nationale a réduit son taux d'escompte de base d'un demi-point. 10 virgule *[décimale].* 11 *RU* prise (électrique/de courant). 12 *pl. RU* aiguillage(s). ✪ **in ~ of fact** en fait, de fait ; **labour the ~** insister lourdement, s'étendre trop longuement sur le sujet ; **make a ~ of/to** veiller (soigneusement) à, prendre soin de, avoir à cœur de, s'attacher à, ne pas/ne jamais manquer de, ne pas se faire faute de, se faire une règle de, tenir à, mettre un point d'honneur à, se faire un devoir/une obligation de ; *[***when the bank suspects money laundering, it makes a ~ of alerting the police** lorsque la banque soupçonne un blanchiment d'argent, elle se fait un devoir d'avertir la police ; **the demonstrators made a ~ of not causing property damage** les manifestants se sont bien gardés de provoquer des dommages matériels*] ;* **miss the ~** passer à côté de l'essentiel, ne pas saisir le sens véritable, ne pas saisir de quoi il s'agit, ne pas comprendre la véritable nature du problème ; **on the ~ of** sur le point de ; **~ man** *ÉU* principal responsable ; conseiller principal ; *[***he is the government's ~ man for welfare reform** il est le principal responsable des réformes du système de protection sociale au sein du gouvernement*] ;* **not to put too fine a ~ on it** pour être franc, à franchement parler ; **~ of entry** point d'accès ; **~ of fact** *Dr.* point de fait ; **~ of law** *Dr.* point de droit ; **~ of order** motion d'ordre ; *[***on a ~ of order** sur le plan de la procédure, pour soulever une question de procédure*] ;* **~-of-purchase advertising** publicité sur le lieu de vente ; **~ of sale** lieu/point de vente ; **~-of-sale advertising** publicité sur le lieu de vente ; **~-of-sale terminal** terminal point de vente ; **~ pollution** pollution ponctuelle ; **~ size** corps *[d'un caractère] ;* **~s of interest** à voir, lieux à visiter ; **~-source pollution** pollution ponctuelle ; **to the ~** pertinent, bien adapté à son objet, judicieux ; *[***more to the ~** (mais) surtout*] ;* **(up) to a ~** dans une certaine mesure ; *[***up to a ~ he is right** dans une certaine mesure il a raison*] ;* **when it comes to the ~** au moment de la décision, au moment d'agir.

point *adj.* ponctuel ; **~ sources of pollution** sources ponctuelles de pollution.

pointed *adj. Fig.* 1 vif, dur, critique, menaçant. 2 plein/lourd de sous-entendus, significatif.

pointedly *adv.* de façon appuyée, avec une insistance significative, d'un ton plein de sous-entendus, soigneusement ; **he ~ avoided making any commitment** il a soigneusement évité de prendre le moindre engagement.

pointer *n. Fig.* indice, indication, élément d'information, suggestion, conseil.

pointing device *Inf.* dispositif de pointage.

pointless *adj.* dépourvu de sens/d'intérêt, sans intérêt, absurde, vain, inutile ; **to be ~** ne servir à rien, ne rien apporter ; **it would be ~ to resist the troops** il ne servirait à rien de résister aux troupes.

poised *adj.* **to be ~ to** être prêt à, s'apprêter à, être sur le point de/à la veille de/en passe de ; **the company is now ~ to take over its main competitor** l'entreprise est maintenant sur le point d'absorber son principal concurrent.

poisoning *n.* 1 empoisonnement. 2 intoxication.

poison pill *Fig.* dispositif anti-OPA, pilule empoisonnée.

poker face impassibilité.

polar *adj.* ✪ **~ (ice) cap** calotte polaire ; **~ orbiting satellite** satellite à orbite polaire.

polarize *v. tr.* créer un clivage entre.

polarizing microscope microscope polarisant.

police *v. tr.* 1 surveiller *[activités, frontière, zone] ;* assurer une présence policière dans, patrouiller dans ; assurer la sécurité publique à/dans, maintenir l'ordre à/dans, faire régner l'ordre à/dans *[ville, pays],* veiller au maintien de l'ordre dans, assurer le respect de la loi dans, faire la police de, mettre de l'ordre dans ; **heavily ~d area** zone/quartier sous haute surveillance policière/très surveillé(e) par la police/où il y a une importante présence policière. 2 surveiller, exercer une surveillance sur, réglementer *[activités] ;* **to ~ the banking industry** surveiller les activités des banques ; **to ~ the flow of information** réglementer la circulation de l'information ; **it is impossible to ~ the Internet** il est impossible de faire respecter certaines règles sur Internet. 3 veiller à la bonne application de/au respect de *[embargo, sanctions, accord, cessez-le-feu]*, vérifier l'application/le respect de *[réglementation]*.

police *n.* ✪ **~ academy** école de police ; **Police Complaints Authority** *RU* Inspection générale des services ; **~ court** tribunal de police ; **~ force** unité de police ; **~ informer** indicateur (de police) ; **~ lineup** séance d'identification (de suspect), présentation de suspect à témoin, tapissage ; **~ official** fonctionnaire de police ; **~ raid** descente de police ; **~ record** casier judiciaire ; **~ station** commissariat de police ; **~ wagon** fourgon/voiture cellulaire.

policing *n.* **1** surveillance policière. **2** activités de la police. **3** maintien de l'ordre. **4** contrôle, surveillance, police, réglementation *[d'une activité]*.

policy *n.* politique (à mener/suivre), politique générale, orientations, ligne de conduite, stratégie, mesures, action, intervention, (grandes) options ; **environment ~** politique en matière d'environnement. ✪ **~ area** domaine d'action ; **~ debate** débat d'orientation, débat sur la politique à mener ; débat sur la politique des pouvoirs publics ; **~ decision** décision des pouvoirs publics ; décision de principe ; *[***to make ~ decisions** arrêter les grandes orientations ; **the study will provide data for ~ decisions** l'étude permettra d'obtenir des données que les pouvoirs publics utiliseront pour prendre des décisions*]* ; **~ development** élaboration de la politique ; **~ developments** action menée, mesures prises ; **~ discussions** discussions sur la politique à mener ; discussions préparant l'élaboration des politiques, discussions sur la politique des pouvoirs publics ; **~ document** document d'orientation, document exposant la politique des pouvoirs publics ; **~ instrument** instrument/moyen d'action ; **~ issues** grands problèmes, grands enjeux, problèmes de fond, questions relevant des pouvoirs publics/de la politique du gouvernement, problèmes de politique générale ; **~ level** niveau auquel se prennent les décisions des pouvoirs publics, niveau de la prise de décision ; **~-level official** fonctionnaire jouant un rôle dans la définition de la politique ; **~-maker** *n.* responsable de l'élaboration des politiques ; dirigeant, responsable politique ; **~ making** élaboration des politiques ; **~ measures** mesures (prises par les pouvoirs publics), action (gouvernementale) ; **~ mix** *Écon.* politique monétaire et budgétaire ; **~ objective** objectif ; **~ paper** document d'orientation, document exposant la politique des pouvoirs publics ; **~ planning** élaboration de la politique/de(s) politiques ; **~ proposals** propositions relatives à la politique à mener, propositions relatives à la politique des pouvoirs publics, mesures proposées ; **~ recommendations** recommandations relatives à la politique à mener, recommandations relatives à la politique des pouvoirs publics, mesures recommandées ; **~ speech** discours de politique générale, discours programme, discours énonçant la politique adoptée ; **~ statement** énoncé de la politique adoptée ; déclaration de principe ; prise de position ; déclaration de politique générale.

policy *adj.* d'orientation, d'intervention, de décision, gouvernemental, du gouvernement, des pouvoirs publics, relevant/du ressort du gouvernement/des pouvoirs publics.

policyholder *n.* preneur d'assurance ; assuré.

polished rice riz poli.

politic *adj.* astucieux, habile ; prudent ; de bonne politique ; diplomatique, empreint de tact, exprimé avec tact.

political *adj.* ✪ **~ action committee** *ÉU* comité de défense d'intérêts, lobby enregistré ; **~ analyst** politologue ; **~ contribution** don à un homme/parti politique ; **~ appointee** personne nommée pour des raisons politiques ; **~ correctness** comportement politiquement correct, souci méticuleux de n'offenser personne/aucune catégorie ; *Can.* rectitude politique ; *[***an idea that runs counter to ~ correctness** une idée qui va à l'encontre de l'orthodoxie progressiste*]* ; **~ economy** économie politique ; **~ football** sujet de controverse politique, enjeu de querelles politiciennes ; **~ scientist** politologue.

politically *adv.* ✪ **~ aware** conscient des enjeux/réalités politiques, bien au fait des questions/problèmes politiques ; **~ correct** politiquement correct.

politicking *n.* bataille politique.

politics *n.* **1** politique, action/lutte/bataille/arène politique, vie politique, activités politiques, jeu politique, stratégie politique ; aspects/considérations politiques, questions politiques ; **to enter ~** entrer en politique, embrasser la carrière politique ; **~ and policy** l'action politique et la politique menée/à mener. **2** aspects politiques, considérations politiques ; **the party is concerned about the ~ of the budget** le parti se préoccupe des aspects politiques du budget ; **the ~ of economics** les considérations politiques qui influent sur l'économie. **3** science politique.

politician *n.* homme politique, politique, acteur/personnalité/responsable politique ; *pl.* hommes (et femmes) politiques, classe politique.

polity *n.* **1** (mode d') organisation politique, structures politiques, système politique, organisation étatique ; régime, forme de gouvernement ; institutions ; **no national ~ existed when Congo obtained its independence** lorsque le Congo a accédé à l'indépendance, il n'existait aucune organisation politique nationale ; **a robust ~ requires the free flow of information** des institutions vigoureuses passent par la libre circulation des informations. **2** administration *[d'un État]*. **3** État, société organisée ; nation, collectivité, cité ; **a ~ of informed citizens** une collectivité de citoyens bien informés.

polluter-pays principle principe pollueur-payeur.

poll *v. tr.* **1** interroger *[qqn dans le cadre d'un sondage]* ; consulter *[expert]*. **2** *Pol.* *[candidat]* recueillir, rassembler sur son nom *[suffrages]*.

poll *n.* **1** élection(s), scrutin, consultation ; **at the ~s** lors des élections. **2** vote. **3** décompte des voix. **4** (nombre de) suffrages exprimés, voix ; (taux de) participation ; **heavy ~** forte participation ; **the party got more than 18% of the ~** le parti a obtenu plus de 18 % des voix. **5** bureau de vote ; **to go to the ~s** se rendre aux urnes, (aller) voter. **6** registre électoral. **7** enquête/sondage d'opinion ; **~ rating** position dans les sondages. ✪ **~ tax** (impôt de) capitation.

polling *n.* élections ; **the outcome of next week's ~ is uncertain** les résultats des élections de la semaine prochaine sont incertains. ✪ **~ booth** isoloir ; **~ day** date/jour des élections ; **~ organization** institut de sondage ; **~ place/station** bureau de vote.

pollinating insect insecte pollinisateur.

pollster *n.* institut de sondage.

polltaker *n.* responsable des sondages.

pollution *n.* ✪ **~ abatement/control** réduction de la pollution, lutte contre la pollution, dépollution ; **~ permit** *ÉU* permis de polluer.

Pollyanna *n.* optimiste (à tous crins).

polychlorinated biphenyls polychlorobiphényles, biphényles polychlorés.

polychlorobiphenyls *n. pl.* polychlorobiphéniles, biphényles polychlorés.

polyclinic *n.* **1** policlinique *[= centre de santé pour malades ambulatoires].* **2** polyclinique *[= hôpital général].*

polycyclic aromatic hydrocarbons *Env.* hydrocarbures aromatiques polycycliques.

polygraph *n.* **1** enregistreur à aiguilles. **2** détecteur de mensonges. **3** polygraphe.

polymerase chain reaction réaction de polymérisation en chaîne.

polystyrene foam mousse de polystyrène.

polytechnic *n. RU* établissement d'enseignement supérieur.

polyvinyl chloride polychlorure de vinyle, chlorure de polyvinyle.

pontoon bridge pont flottant.

Ponzi game/scheme système de vente à la boule de neige.

pool *v. tr.* **1** mettre en commun *[ressources, informations],* centraliser *[informations]* ; unir *[efforts],* rassembler ; **the company decided to ~ its research and development resources with those of its main European competitor** l'entreprise a décidé de mettre en commun ses ressources en matière de recherche-développement avec celles de son principal concurrent européen ; **to ~ data from several sources** rassembler des données provenant de plusieurs sources. **2 ~ together: to ~ together similar occupations** regrouper des professions similaires.

pool *n.* **1** piscine. **2 ~ of blood** mare de sang. **3** *pl. RU* pronostics. **4** groupe, groupement, cercle, population, ensemble *[de personnes]* ; réservoir, réserve *[de main-d'œuvre]* ; vivier *[de dirigeants]* ; **~ of workers** groupe de travailleurs ; **jury ~** groupe de personnes parmi lesquelles des jurés sont sélectionnés ; **to expand the ~ of potential customers** élargir le cercle de clients potentiels ; **labour ~** réserve de main-d'œuvre. **5** association ayant pour objet de manipuler les prix/cours. **6** *Banque* syndicat, consortium. **7** *Ass.* pool *[de compagnies d'assurances].*

pooling of interests (method) *Compt. ÉU* (méthode de l') intégration.

poor *n.* pauvre, personne à revenus modestes.

poor *adj.* **1** pauvre, démuni, de condition modeste ; **the ~** les défavorisés, les plus démunis, les économiquement faibles. **2** médiocre, piètre, peu brillant, piteux, mauvais, boiteux, bancal, faible, insuffisant, déficient, peu satisfaisant ; *[qualité]* inférieur ; *[perspectives]* sombre, défavorable ; **the career prospects are ~** les perspectives de carrière sont médiocres ; **~ housing** mauvaises conditions de logement ; **~ living conditions** mauvaises conditions de vie ; **~ judgement** manque de jugement ; **~ performance** prestation médiocre ; **~ diet** régime alimentaire inadapté/mal équilibré ; **his drafting abilities are very ~** ses aptitudes à la rédaction laissent beaucoup à désirer ; **~ soil** sol ingrat. ✪ **~ man's goods** *Écon.* biens inférieurs ; **~ relation** parent pauvre.

poorly *adv.* mal ; **many products are ~ designed** de nombreux produits sont mal conçus.

POP (persistent organic pollutant) polluant organique persistant.

poppers *n.* « poppers », nitrites d'amyle.

poppy *n. RU* coquelicot *[porté à la boutonnière au RU, en novembre, en mémoire des soldats britanniques et du Commonwealth morts en temps de guerre].* ✪ **~ plant** pavot ; **~ seeds** graines de pavot.

populace *n.* population ; **the ~ distrusts the president** la population n'a pas confiance dans le président.

popular *adj.* **1** populaire ; *[produit, service]* grand public, s'adressant à un large public ; **a ~ daily** un quotidien populaire ; **~ support** appui de la population ; **elected by ~ vote** élu au suffrage universel ; **~ magazine** magazine grand public ; **booklets written in ~ language** brochures rédigées dans un style accessible au grand public. **2** de la population ; **we should see to it that our programmes win ~ support** nous devons faire en sorte que la population soutienne nos programmes. **3** apprécié, prisé, bien accueilli, bien vu, de mise, sympathique, (très) recherché, très demandé, très fréquenté, couru, attrayant, à succès, en vogue ; **to be ~** avoir une bonne cote/la cote, rencontrer/connaître un succès certain, recueillir une large adhésion, être bien accueilli, faire de nombreux adeptes, faire recette ; **American movies are very ~ in Japan** les films américains sont très appréciés au Japon ; **to become ~** acquérir une large audience ; **that theme was ~ in Flemish painting** les peintres flamands affectionnaient ce thème ; **the most ~ activities are chess and sports** les activités les plus prisées sont les échecs et les sports ; **~ book** livre bien accueilli par le public ; **this scheme has proved ~ with most drug abusers** ce programme a été bien accueilli par la plupart des toxicomanes ; **~ destinations** destinations qui ont la faveur du public ; **a theme ~ with young voters** un thème qui fait recette auprès des jeunes électeurs ; **the Internet is becoming more and more ~** Internet connaît un succès croissant ; **the most ~ zoo in the world** le zoo le plus fréquenté du monde ; **Ireland is the most ~ location for Japanese plants** l'Irlande est le lieu d'implantation de prédilection pour les usines japonaises. **4** courant, (très) répandu, de grande diffusion ; **~ brands** marques courantes ; **~ sizes** dimensions courantes ; **the drug's ~ name is aspirin** la dénomination courante de ce médicament est « aspirine » ; **the most ~ word-processing programs are Word and WordPerfect** les logiciels de traitement de texte les plus courants sont Word et WordPerfect ; **~ belief** idée courante/répandue/reçue ; **contrary to ~ belief** contrairement à une idée répandue/aux clichés, contrairement à ce que l'on pense souvent ; **~ theory** théorie très répandue. ✪ **~ election** élection directe ; **Popular Front for the Liberation of Palestine** Front populaire de libération de la Palestine.

popularity *n.* **1** popularité. **2** faveur, attrait, succès, engouement, vogue. ✪ **~ rating** cote de popularité.

population *n.* **1** population ; **~ data** données démographiques. **2** *Stat.* population *[= ensemble des choses ou personnes sur lesquelles portent les données considérées].* ✪ **~ centre** agglomération ; **~ control** maîtrise de la croissance démographique ; **~ ecology** écologie des populations ; **~ growth** croissance démographique ; **~ pyramid** pyramide des âges.

pop-up menu *Inf.* menu contextuel.

pore *v.* **~ over** se pencher sur *[problème].*

pork *n.* ✪ **~ (barrel)** *ÉU* financement de travaux publics à des fins électorales, travaux publics entrepris à des fins électorales, cadeau à l'électorat local ; *[***huge amounts go into ~-barrel spending** des montants énormes servent à financer des dépenses destinées à entretenir la popularité de certains hommes politiques*]* ; **~ belly futures** opérations à terme sur carcasses de porcs.

port *n.* **1** port. **2** *Inf.* port. ✪ **~ authority** administration du port, administration/autorité portuaire ; **~ charges/dues** droits de port ; **~**

of call port d'escale ; **~ of entry** port d'importation ; **~ of registry** port d'attache ; **~ state** État du port ; **~ trust** administration du port.

portable *adj. Fig.* transférable *[dans un autre pays].* ✪ **~ computer** ordinateur portable/portatif ; **~ document format** format de document portable ; **~ pension** *RU* (droits à) pension transférable(s).

portal *n. Internet* portail.

portfolio *n.* **1** *Fin.* portefeuille *[de placements, d'actions].* **2** ensemble, éventail. ✪ **~ effect** effet de portefeuille ; **~ investments** investissements de portefeuille ; **~ theory** théorie du portefeuille.

Portland cement ciment Portland, portland.

portmanteau word mot-valise.

portrait *n.* **1** tableau ; **to paint a gloomy ~** dresser un tableau pessimiste. **2** *Inf.* orientation verticale/à la française.

portray *v. tr.* décrire ; **the book ~s Germans as racists** le livre présente les Allemands comme des racistes.

POS (point of sale) lieu/point de vente. ✪ **~ terminal** terminal point de vente.

pose *v.* **1** *tr.* **to ~ a threat** constituer une menace. **2 ~ as** se faire passer pour.

posit *v. tr.* poser en principe, postuler.

position *v. tr.* **1** placer, poser, mettre, disposer, installer, mettre en place *[objet].* **2 (for)** mettre *[entreprise]* en position favorable en vue de ; **(to)** mettre *[entreprise]* en mesure de. **3 to ~ oneself** se placer ; se placer dans une position favorable, manœuvrer/jouer des coudes pour se placer avantageusement ; **to ~ oneself as** se présenter comme, se camper en, donner de soi-même l'image de ; **to ~ oneself for** *[homme politique]* se mettre/placer en position favorable en vue de, se préparer en vue de, préparer le terrain en vue de *[élection]* ; **to ~ oneself to** se préparer à, prendre les dispositions voulues pour ; **several politicians are ~ing themselves for the party leadership** plusieurs hommes politiques s'efforcent de se placer en position favorable pour obtenir la direction du parti ; **the company is ~ing itself to become the largest defence contractor in the country** l'entreprise prend des dispositions pour devenir la plus importante entreprise du secteur de la défense du pays. **4** déterminer la position de, localiser. **5** *Marketing* positionner *[produit].*

position *n.* **1** position, place, situation, localisation ; **horizontal ~** position horizontale. **2** position ; **to be in an advantageous/ difficult ~** être dans une position favorable/difficile ; **the dominant ~ occupied by Japan in Asia** la position dominante du Japon en Asie. **3** situation, point, état, état de la question ; **the financial ~ of a company** la situation financière d'une société ; **the ~ is better than a year ago** la situation est meilleure qu'il y a un an. **4** position ; **this allows the government to take a more consistent ~** cela permet au gouvernement d'adopter une position plus cohérente. **5** fonctions, poste ; **~ of responsibility** poste à responsabilité ; **it was proposed to abolish the Secretary-General's ~** on a proposé de supprimer le poste de Secrétaire général. **6** *Bourse* position ; **to take a ~ on American equities** prendre une position sur les actions américaines. ✪ **in a ~ to** en mesure de, capable de, à même de, en état de, armé pour ; **[to be in a ~ to** pouvoir, être en mesure de ; **the expert group is in a ~ to make three remarks** le groupe d'experts est en mesure de présenter trois observations ; **the company had better be in a ~ to deliver as advertised** l'entreprise a intérêt à être en mesure de tenir ses promesses publicitaires*]* ; **~ paper** exposé de la position *[d'une organisation],* mémorandum ; prise de position ; **~ title** désignation du poste/de la fonction ; fonctions *[dans un formulaire].*

positioning *n.* **1** placement *[d'un objet].* **2** localisation *[d'un navire/avion].* **3** manœuvres/intrigues visant à se placer avantageusement. **4** *Marketing* positionnement *[d'un produit].* ✪ **~ satellite** satellite de localisation.

positive *adj.* **1** *[attitude, réponse, test, nombre, signe, charge, ion]* positif. **2** *[personne]* sûr, certain, convaincu, formel ; *[chose]* incontestable, bien établi, flagrant, manifeste, explicite, catégorique, affirmatif, sans ambiguïté ; véritable, franc, pur, complet, total ; **~ proof** preuve incontestable/irréfutable. **3** concret, actif ; pratique, constructif, utile ; **~ advice** conseil pratique ; **immorality implies the ~ pursuit of evil** l'immoralité implique la recherche active du mal ; **~ criticism** critiques constructives ; **the delegates were unable to put forward ~ proposals** les délégués n'ont pas été en mesure de présenter des propositions constructives. ✪ **~ action** a) mesures concrètes ; b) action positive *[destinée à corriger des discriminations passées]* ; **~ covenant** contrat énonçant une/des obligation(s) de faire ; **~ discrimination** discrimination positive ; **~ easement** servitude positive ; **~ economics** économie positive ; **~ feedback** rétroaction positive ; **~ ignition engine** moteur à allumage commandé ; **~ law** droit positif ; **~ vetting** *RU* contrôle de sécurité positif.

positron emission tomography scanning tomographie par émission de posit(r)ons.

possess *v. tr.* **1** posséder ; **to be ~ed of** *Dr.* posséder. **2** prendre ; **what ~ed him to leave the meeting?** qu'est-ce qui lui a pris de quitter la réunion ?

possession *n.* **1** possession. **2** détention *[de drogue].*

possessory *adj. Dr.* ✪ **action** *Dr. ÉU* action possessoire *[= action en justice visant à entrer en possession d'un bien immobilier]* ; **~ lien** privilège avec dépossession ; **~ security interest** sûreté avec dépossession.

possible *adj.* possible, éventuel, en puissance ; **a ~ conflict of interest should be disclosed** un conflit d'intérêts éventuel doit être divulgué.

possibly *adv.* peut-être, éventuellement, voire, le cas échéant.

POSSLQs (persons of the opposite sex sharing living quarters) *ÉU* personnes de sexes opposés partageant un logement.

post *v. tr.* **1** poster *[lettre].* **2** afficher *[message].* **3** annoncer, enregistrer ; **to ~ a big profit increase** annoncer une forte hausse des bénéfices ; **the company ~ed a third-quarter loss** la société a enregistré un déficit pour le troisième trimestre. **4** *Compt.* imputer ; **to ~ an item on an account** imputer un poste à un compte. **5** affecter *[fonctionnaire].* **6** verser *[caution].*

post *n.* ✪ **~ free** franc de port, franco ; **~ office box** boîte postale ; *Can.* case postale ; **~ paid** franc de port, franco ; **~ room** service courrier.

postal *adj.* ✪ **~ ballot** scrutin postal, élection par correspondance ; **postal code** code postal ; **delivery** distribution du courrier ; **~ franking machine** affranchisseuse ; **Postal Giro** *RU* administration des chèques postaux ; **~ money order** *ÉU* mandat (postal), mandat-poste ; **~ order** *RU* mandat-poste ; **~ voting** vote par correspondance.

postcode *n.* code postal.

post-edit *v. tr.* réviser *[traduction réalisée automatiquement].*

poster *n.* ✪ **~ advertising** publicité par voie d'affiches ; **~ presentation** communication affichée ; **~ session** séance d'affiches.

postgraduate *adj.* d'enseignement universitaire supérieur. ✪ **~ certificate in education** *RU* certificat d'aptitude à l'enseignement *[primaire ou secondaire]* ; **~ education** enseignement/études universitaire(s) supérieur(es) ; **~ school** *ÉU* école/faculté d'enseignement universitaire supérieur ; **~ student** étudiant poursuivant des études universitaires supérieures ; **~ university** *ÉU* établissement d'enseignement universitaire supérieur.

posting *n.* affectation *[d'un fonctionnaire]* ; **she refused an international ~** elle a refusé une affectation à l'étranger.

post-marketing surveillance pharmacovigilance, surveillance *[d'un médicament]* après la mise sur le marché.

postmaster *n.* **1** directeur de bureau de poste. **2** administrateur *[d'un serveur de courrier électronique].* ✪ **~ general** directeur de la poste.

postmenopausal *adj. [femme]* ménopausée.

post-mortem *n. Fig.* évaluation (a posteriori).

post-neo-natal mortality mortalité post-néonatale.

postpone *v. tr.* différer, renvoyer (à plus tard), remettre (à plus tard), ajourner, reporter, repousser, surseoir à.

post-school education *RU* enseignement postscolaire.

post-secondary *adj.* de l'enseignement supérieur.

post-traumatic stress disorder état/syndrome de stress post-traumatique.

posture *v.* **1** *tr.* placer, poser, mettre, disposer, installer, mettre en place *[objet].* **2** *intr.* gesticuler, se livrer à des gesticulations, faire le matamore, jouer les gros bras, s'agiter beaucoup pour impressionner *[l'adversaire, etc.],* parler/poser pour la galerie ; faire tout un cinéma. **3** *intr.* poser. **4 ~ as** se présenter comme, se camper en, donner de soi-même l'image de.

posture *n. Fig.* **1** position, attitude, point de vue ; **defensive ~** attitude défensive ; **to take an antigay ~** adopter une position hostile aux homosexuels. **2** pose. **3** image. **4** situation, état de choses.

posturing *n. Fig.* faux-semblants, déclarations grandiloquentes/hypocrites, fortes paroles, grandes envolées, paroles en l'air, proclamations, grandes phrases ; pose, affectation ; gesticulations, rodomontades, fanfaronnades ; cinéma, cirque, comédie, bluff.

pot *n.* herbe, marie-jeanne.

potato blight mildiou de la pomme de terre.

potential *n.* **to have the ~ to** être susceptible de.

potentialize *v. tr.* rendre possible.

poultry *n.* ✪ **~ farm** élevage de volailles, exploitation avicole ; **~ farming** aviculture ; **~ meat** viande de volaille.

pound sign 1 symbole £. **2** dièse, symbole #.

poundage *n. Fisc.* taux.

poverty *n.* ✪ **~ line** seuil de pauvreté ; **~ trap** piège de la pauvreté *[tout accroissement de revenu entraînant une réduction des allocations sociales à due concurrence].*

POW (prisoner of war) prisonnier de guerre.

power *v.* **1** *tr.* alimenter en énergie/électricité. **2** *tr. [moteur]* faire tourner, faire fonctionner, équiper *[machine],* propulser *[véhicule]* ; **the engine that ~s this new luxury car** le moteur qui équipe cette nouvelle voiture luxueuse. **3 ~ up for** *ÉU* se préparer à *[épreuve, confrontation].*

power *n.* **1** pouvoir, puissance ; force ; capacité, faculté ; droit ; *pl.* compétences ; prérogatives ; **to have the ~ to** être autorisé/habilité à ; **to get into ~** parvenir au pouvoir ; **to hold ~** être au pouvoir. **2** homme très puissant/influent, puissant personnage. **3** énergie ; électricité, courant ; **~ was restored two hours later** le courant a été rétabli deux heures plus tard. ✪ **~-assisted braking** freinage assisté ; **~-assisted steering** direction assistée ; **~ base** assise du pouvoir, assise politique, (groupe/noyau de) partisans, fief, clientèle (politique), soutien, appuis (politiques), source du pouvoir ; milieux qui soutiennent *[la personne désignée]* ; *[***he was very successful in undermining his opponent's ~ base** il a très bien réussi à affaiblir les appuis dont bénéficie son adversaire ; **she tries to expand his ~ base** elle s'efforce d'élargir sa clientèle politique ; **his only ~ base is his friendship with the dictator** son pouvoir repose exclusivement sur ses liens d'amitié avec le dictateur*]* ; **~ boat** bateau à moteur ; **~ broker** homme très puissant/influent, puissant personnage, homme/femme qui tire les ficelles ; **~ cable** ligne électrique ; **~ company** compagnie d'électricité ; **~ cut** *RU* panne de courant/d'électricité, coupure de courant ; **~-driven** *adj.* motorisé ; **~ failure** panne de courant/d'électricité ; **~ generation** production d'électricité ; **~ generator** a) groupe électrogène ; b) compagnie d'électricité ; **~ grid** *RU* réseau électrique ; **~-hungry** *adj.* a) assoiffé/avide de pouvoir ; b) gros consommateur d'énergie ; **~ line** ligne électrique ; **~ of attorney** procuration, pouvoir, mandat ; **~ of sale** *Dr.* faculté de faire vendre *[immeuble hypothéqué]* ; **~ outage** *ÉU* panne de courant/d'électricité, coupure de courant ; **~ output** puissance ; **~ pack** a) (bloc d') alimentation ; b) transformateur ; **~ plant** a) *ÉU* centrale électrique ; b) moteur ; **~ play** a) emploi de la force, coup de force ; affrontement, confrontation ; b) concentration de la pression sur des points névralgiques ; **~ point** *RU* prise (électrique/de courant) ; **~ politics** politique de coercition, politique de la canonnière/de force ; **~ reactor** *Nucl.* réacteur de puissance ; **~ station** *RU* centrale électrique ; **~ steering** direction assistée ; **~s that be** pouvoir en place, hautes sphères, *[les]* puissants ; **~ struggle** lutte pour le pouvoir ; **~ supply** a) fourniture d'énergie ; b) alimentation (électrique) ; *Inf.* (bloc d') alimentation ; **~ surge** surtension ; **~ switch** interrupteur ; **~ tool** outil équipé d'un moteur *[tronçonneuse, p. ex.]* ; **~ unit** groupe électrogène ; **~ vacuum** vide du pouvoir ; **~ user** *Inf.* utilisateur ayant besoin de performances élevées ; **under one's own ~** par ses propres moyens.

powered *suff.* alimenté en énergie *[solaire, etc.],* fonctionnant à l'énergie *[solaire, etc.],* à propulsion *[nucléaire, etc.]* ; **wind-~** *adj.* alimenté en énergie éolienne ; **battery-~ car** voiture à propulsion électrique.

powerhouse *n. Fig.* battant, personne très dynamique ; géant, colosse, poids lourd, ténor, mastodonte, titan, Goliath, personne/entreprise/pays d'un dynamisme exceptionnel ; **publishing ~** géant de l'édition ; **Japan is the economic ~ of Asia** le Japon est la première puissance économique d'Asie ; **the Ruhr is the industrial ~ of Germany** la Ruhr est la locomotive industrielle de l'Allemagne ; **Bechtel, the construction ~** Bechtel, la puissante société du secteur de la construction.

powerless *adj.* désarmé, impuissant, démuni.

PowerPoint presentation exposé PowerPoint.

pp. (pages) p. (pages).

p.p. (per procurationem) p. o. (par ordre).

p&p (postage and packing) frais de port et d'emballage.

ppb (part per billion) ppb (partie par milliard).

PPBS (planning-programming-budgeting system) RCB (rationalisation des choix budgétaires).

ppm (part per million) ppm (partie par million).

PPP (purchasing power parity) *Écon.* PPA (parité de pouvoir d'achat).

PPS (purchasing power standard) SPA (standard de pouvoir d'achat).

PQE (post-qualification experience) *RU* expérience postérieure à l'obtention du diplôme.

PR (proportional representation) système/scrutin proportionnel, (représentation) proportionnelle.

PR (public relations) relations publiques.

practicable *adj.* **1** réalisable, faisable, possible, réaliste ; **as soon as ~** dès que possible ; **not ~** guère possible ; **at the earliest ~ moment** dès que cela sera possible ; **the symptoms must be recorded as precisely as ~** les symptômes doivent être enregistrés avec toute la précision possible. **2** *[méthode]* utilisable, applicable ; **this method is not usually ~ in Africa** cette méthode n'est généralement pas utilisable en Afrique.

practical *n. Ens.* **1** travaux pratiques. **2** examen pratique.

practical *adj.* **1** *[difficultés, application, connaissances, formation, expérience, idée, considérations, utilité, conseil, guide]* pratique, *[raisons]* d'ordre pratique ; utile (dans la pratique), d'utilité pratique, *[solution]* commode, pragmatique, préférable ; **to be ~** avoir/présenter une utilité pratique ; **in ~ terms** sur le plan pratique, concrètement. **2** *[action, aide, proposition, exemple, utilisation, fonctionnement, réalité, possibilités, solution, résultats]* concret ; **the ~ needs of blind people** les besoins concrets des aveugles ; **~ expressions of solidarity** des expressions concrètes de solidarité. **3** *[solution]* réalisable, possible, réaliste, raisonnable, rationnel, **as soon as ~** dès que possible. **4** acceptable. **5** expérimenté. **6** formé par l'expérience/sur le tas, non titulaire d'un diplôme. **7** *[personne]* terre-à-terre. ✪ **~ agronomist** agronome de terrain ; **~ engineer** ingénieur maison ; **~ nurse** *ÉU* infirmier/infirmière auxiliaire ; **for all ~ purposes** dans la pratique, en fait, pour ainsi dire ; */***for all ~ purposes, the vice president is excluded from important decisions** dans la pratique, le vice-président ne participe pas aux décisions importantes*]* ; **~ science** science appliquée.

practicality *n.* **1** commodité. **2** viabilité, possibilité, utilité ; **he doubted the ~ of fighting crime through tougher sentences** il a mis en doute la possibilité de lutter contre la criminalité par un alourdissement des peines. **3** *sg. ou pl.* aspects/contingences/considérations pratiques, problèmes pratiques ; **he never loses sight of practicalities** il ne perd jamais de vue les considérations pratiques ; **practicalities often take precedence over ideology** les considérations pratiques l'emportent souvent sur l'idéologie.

practically speaking concrètement, dans la pratique, sur le plan pratique.

practice *v. voir* practise.

practice *n.* **1** pratique *[par opp. à théorie]* ; mise en pratique *[d'une idée]* ; **theory and ~** la théorie et la pratique ; **in ~** en pratique, dans la pratique ; **to put into ~** mettre en œuvre *[politique]*, mettre *[projet]* à exécution, appliquer *[théorie]*, concrétiser. **2** exercice, entraînement ; stage. **3** expérience *[d'une activité]*. **4** pratique *[d'une activité/religion]*, exercice, pratique *[d'une activité professionnelle]*, activités *[d'un membre d'une profession libérale]*. **5** cabinet *[médical, dentaire, d'avocat(s), de comptable(s)]* ; **large ~** cabinet important, clientèle nombreuse. **6** usage(s), coutume ; habitude ; **it is the ~ to** il est d'usage/de règle de. **7** pratique(s), méthode, procédé, façon d'agir/de faire/de procéder, action ; **to be common ~** être pratique courante ; **it is good ~ to** il est souhaitable de, il est de bonne règle de ; **sound managerial ~s** bonnes méthodes de gestion ; **discriminatory ~s** pratiques discriminatoires ; **farming ~s** méthodes de culture ; **industrial ~s** procédés industriels. **8** agissements. ✪ **~ nurse** *RU* infirmier/infirmière attaché(e) à un cabinet de généraliste ; **~ school** *ÉU* école d'application ; école annexe ; **~ teacher** *ÉU* professeur stagiaire ; **~ teaching** *ÉU* stage pédagogique.

practicing *adj. voir* practising.

practise *v.* **1** *tr.* exercer *[profession]* ; **to ~ medicine** pratiquer la médecine ; **to ~ law** exercer la profession d'avocat. **2** *intr.* exercer (sa profession). **3 ~ as** exercer la profession de.

practised *adj. [personne]* expérimenté.

practising *adj.* en activité, en fonctions, en exercice.

prairie *n.* steppe ; *ÉU, Can.* prairie.

praise *v. tr.* faire l'éloge de, dire du bien de, vanter les mérites de, rendre hommage à, complimenter, saluer, féliciter, se féliciter de, se déclarer très satisfait de, vanter, chanter les louanges de, exalter, encenser ; **widely ~d** *[œuvre]* très bien accueilli ; **to be widely ~d** recevoir un accueil élogieux ; **a highly ~d film** un film qui a été très bien reçu ; **her work is ~d by many** nombreux sont ceux qui admirent son œuvre ; **the plan has been ~d by UNESCO** le plan a été jugé très positif par l'UNESCO ; **the director ~d the work done by the staff** le directeur a rendu hommage à la qualité du travail accompli par le personnel ; **the Nobel committee ~d her courage** le comité chargé de décerner le prix Nobel a salué son courage ; **the president ~d him as a selfless dissident** le président a salué en lui un dissident plein d'abnégation.

praise *n.* éloge, hommage, félicitations ; *Fam.* coup de chapeau ; **special ~** éloge appuyé, vibrant hommage.

pray *v. intr.* ✪ **~ in aid of** *Dr.* invoquer.

PRC (People's Republic of China) République populaire de Chine.

preach *v. intr.* ✪ **~ to the choir** prêcher un/des convertis.

preamble *n.* préambule ; exposé des motifs *[d'une loi]*.

precaution *n.* ✪ **as a ~** par précaution, par mesure de sécurité, pour plus de sûreté, à titre conservatoire.

precautionary principle *Env.* principe de précaution.

precedence *n.* **to have/take ~ over** primer, prendre le pas sur, passer avant ; **to give environmental protection ~ over economic considerations** subordonner les considérations économiques à la protection de l'environnement.

precinct *n.* **1** *pl.* enceinte *[= a) terrain entourant un édifice ; b) ensemble de la propriété ; c) mur d'enceinte]*. **2** *pl.* environs. **3** *RU* **(pedestrian) ~** zone piétonne/piétonnière ; **(shopping) ~** centre commercial ; *Can.* centre d'achat(s). **4** *ÉU* circonscription électorale. **5** *ÉU* secteur *[relevant d'un commissariat de police]* ; commissariat (de police).

precision engineering *Secteur* fabrication d'instruments de précision.

preclude *v. tr.* **1** empêcher, faire obstacle à ; **(from)** interdire à *[qqn]* de, empêcher de, mettre dans l'impossibilité de ; **to be ~d from** être dans l'impossibilité de, ne pas pouvoir, ne pas avoir le droit de. **2** exclure, écarter *[possibilité]*.

pre-competitive *adj. [recherche]* situé en amont de la phase concurrentielle.

preconceived ideas préjugés.

precondition *n.* condition préalable, préalable ; **to be a ~ to** être indispensable à ; **without ~s** sans conditions préalables ; **one major ~ for membership has not been met** une importante condition préalable à l'adhésion n'a pas été remplie ; **a cease-fire is a ~ for negotiations** un cessez-le-feu est indispensable pour entamer des négociations ; **the economic and social ~s of health** les conditions économiques et sociales indispensables à la santé.

precursor *n.* **1** précurseur. **2** prédécesseur. **3** signe avant-coureur.

pre-date *v. tr.* être antérieur à.

predatory *adj. Écon.* d'éviction *[des concurrents]* ; **~ strategy** stratégie abusive d'élimination des concurrents ✪ **~ prices** prix artificiellement bas, prix d'éviction, prix prédateurs ; **~ pricing** vente à perte, vente à des prix artificiellement bas, bradage des prix.

predecessor in title *Dr.* auteur.

predicament *n.* situation difficile, difficultés, affres.

predicate *v. tr.* **1** affirmer, déclarer. **2 to be ~d on** reposer sur, supposer ; **mass production is ~d on heavy advertising** la production de masse suppose une vaste campagne publicitaire.

predict *v. tr.* prévoir, prédire, présager, pronostiquer ; **nobody could have ~ed the changes that occurred in Russia** personne n'aurait pu prévoir les changements qui se sont produits en Russie.

predictably *adv.* **1** comme il fallait s'y attendre, comme cela était à prévoir, assez naturellement, évidemment, bien entendu, il n'est pas surprenant que, il est évident que ; **~, the production of power came to an end as a result of the war** comme il fallait s'y attendre, la production d'énergie a été interrompue par la guerre ; **the workers were ~ dismayed by the closure of their plant** les travailleurs ont bien entendu été consternés par la fermeture de leur usine. **2** *[agir]* de façon prévisible.

prediction *n.* prévision, pronostic ; **her ~ came true** sa prévision s'est réalisée.

predictor *n.* facteur prédictif ; signe avant-coureur ; **the best ~ of throat cancer is alcohol and tobacco use** le meilleur facteur prédictif du cancer de la gorge est la consommation d'alcool et de tabac ; **past performance is the best ~ of future achievements** les résultats obtenus dans le passé constituent le critère le plus pertinent pour la prévision des réalisations futures.

predictive *adj.* prévisionnel.

pre-elementary school école maternelle.

pre-eminent *adj. [chef]* suprême.

pre-empt *v. tr.* **1** court-circuiter, couper l'herbe sous les pieds de, devancer, prévenir, prendre de court, prendre de vitesse ; désamorcer ; **the minister ~ed the publication of the report with a reassuring statement** le ministre a devancé la publication du rapport par une déclaration rassurante ; **the police tries to ~ terrorist attacks** la police s'efforce de prévenir les attentats terroristes ; **the announcement was intended to ~ objections from the trade unions** la déclaration visait à désamorcer les objections des syndicats. **2** prévenir, empêcher, éviter ; **to ~ a coup** empêcher un coup d'État. **3** *[émission, station de télévision]* remplacer *[émission]*, *[station de télévision]* déprogrammer *[émission]* ; **the station ~ed a network show in favor of a program of an independent producer** la station a remplacé une émission du réseau par une émission proposée par un producteur indépendant ; **the television networks try to deter affiliates from ~ing prime time fare** les réseaux de télévision s'efforcent de décourager leurs affiliés de substituer d'autres émissions à celles qu'ils proposent pour les heures de grande écoute. **4** vider de sa substance. **5** préjuger de (la décision de) ; **the contents of the proposal should not ~ the outcome of the negotiations** le contenu de la proposition ne doit pas préjuger du résultat des négociations. **6** *ÉU* s'arroger, s'approprier, accaparer, absorber ; **the arms race ~s resources that could be applied more usefully** la course aux armements accapare des ressources qui pourraient être mieux utilisées. **7** supplanter, prendre le pas sur, se substituer à.

pre-emptive attack/strike *Mil.* attaque/frappe préemptive ; *Fig.* action préventive ; **to launch a ~ strike** *Fig.* prendre les devants, couper l'herbe sous les pieds de l'adversaire.

pre-fab *n.* maison préfabriquée.

prefect *n. RU* élève responsable de la discipline.

prefer *v. tr.* **1** préférer. **2** *Dr.* donner la priorité à *[créancier]*. **3** présenter *[déclaration, accusation]*. **4** promouvoir, accorder une promotion à *[fonctionnaire]*.

preference *n.* ✪ **~ bond** obligation privilégiée ; **~ capital** portion du capital représentée par les actions privilégiées ; **~ dividend** dividende attribué aux actions privilégiées ; **~ share** *RU* action privilégiée/de priorité/de préférence.

preferential *adj.* ✪ **~ creditor** créancier privilégié ; **~ debt** créance privilégiée.

preferment *n.* **1** promotion *[d'un employé]*. **2** *Dr.* **~ of a bill of indictment** dépôt d'un acte d'accusation. **3** *Dr.* présentation *[d'une déclaration, d'informations]*.

preferred *adj. [solution, option]* préféré, préférentiel, privilégié, à privilégier, à retenir, idéal, le plus apprécié, souhaitable, souhaité, meilleur, optimal, recommandé ; **incineration is often the ~ option for waste disposal** l'incinération est souvent l'option privilégiée en matière d'élimination des déchets ; **the ~ approach should be to apply the polluter-pays principle** la démarche à privilégier doit être d'appliquer le principe pollueur-payeur ; **they developed a ~ policy** ils ont élaboré une politique optimale ; **the ~ drug for arthritis patients** le médicament de choix pour les arthritiques. ✪ **~ debt** créance privilégiée ; **~ share/stock** action privilégiée/de priorité/de préférence.

pregnancy-test kit test de grossesse.

pregnant *adj. [femme]* enceinte, *[mammifère]* gravide.

prejudice *v. tr.* **1** nuire à, porter atteinte à, compromettre, affecter ; *Dr.* faire grief à ; **this principle shall not ~ the application of enforcement measures under Chapter VII** ce principe ne porte en rien atteinte à l'application des mesures de coercition prévues au chapitre VII ; **to prevent sb's rights from being ~d** éviter que les droits de qqn ne soient lésés. **2** préjuger de, anticiper sur. **3** influencer ; **to ~ sb against sb else** créer chez qqn un préjugé défavorable contre qqn d'autre.

prejudice *n.* préjugé(s), idée préconçue. ✪ **without ~ to** sans préjudice de, sous réserve de ; *[***to be without ~ to** ne pas préjuger de, ne préjuger en rien de, n'exclure nullement*]*.

prejudicial *adj.* **to be ~ to** nuire à, porter atteinte à.

preliminary expenses *Sociétés* frais de premier établissement.

premature *adj.* ✪ **~ baby** prématuré ; **~ confinement/delivery** accouchement avant terme.

premier *adj.* principal ; **the US is the ~ source of software** les États-Unis constituent la principale source de logiciels.

premiership *n.* poste/charge/mandat de Premier ministre, présence à la tête du gouvernement, action à la tête du gouvernement.

premise *n.* **1** hypothèse, postulat, principe ; **to start from the ~ that** partir du principe que. **2** *pl.* locaux, siège, domicile, immeuble, bâtiment(s), installations, établissement.

premiss *n. voir* premise (1).

premium *n.* **1** *Comm.* prime *[= avantage offert aux acheteurs d'un article]*. **2** prime *[s'ajoutant à la rémunération]*. **3** majoration de prix, supplément *[à payer pour obtenir un produit/service particulier]* ; **consumers are willing to pay a ~ for better products** les consommateurs sont disposés à payer des prix plus élevés pour des produits de meilleure qualité. **4** pas de porte. **5** *Fin.* surcote *[= écart positif entre la valeur nominale et le cours actuel]* ; prime *[= a) écart positif entre le montant payé pour une action et sa valeur nominale ; b) écart positif entre le cours d'une pièce d'or et la valeur du métal]* ; prime de remboursement *[= écart positif entre le montant remboursé et la valeur nominale d'une obligation]* ; *Options* prix de l'option, *[l']* avec ; *Ass.* prime. **6** importance ; **to place/put a (high) ~ on** a) accorder une grande importance à ; b) favoriser, encourager, privilégier *[comportement]* ; c) rendre particulièrement souhaitable ; **the company places a high ~ on the reliability of its products** l'entreprise accorde une grande importance à la fiabilité de ses produits. ✪ **at a ~** a) à un prix particulièrement élevé ; b) rare, recherché, difficile à obtenir, précieux ; c) *Bourse* au-dessus du pair ; *[***to be at a ~** a) être particulièrement cher ; b) être rare/recherché/difficile à obtenir/précieux, se faire rare ; c) *Bourse* afficher une surcote, surcoter ; **space is at a ~ in submarines** l'espace est une denrée rare dans les sous-marins*]* ; **~ bond** a) *RU* obligation à lots ; b) *ÉU* obligation négociée au-dessus du pair ; **~ income** *Ass.* montant des primes encaissées ; **~ on capital stock** prime d'émission ; **~ on shares** prime d'émission ; **~ savings bond** *RU* obligation à lots ; **~ wage** salaire majoré.

premium *adj.* **1** *[produit]* de qualité supérieure, supérieur, haut de gamme, de luxe ; **price-conscious consumers tend to avoid buying ~ products** les consommateurs attentifs aux prix ont tendance à ne pas acheter les produits haut de gamme. **2** *[prix, loyer]* (très) élevé, supérieur à la normale, *[prix]* fort ; **a company that has a monopoly on a product can charge ~ prices** une entreprise qui jouit d'un monopole sur un produit peut demander des prix élevés. ✪ **~ gasoline/petrol** supercarburant.

prenuptial agreement contrat de mariage.

prepackage *v. tr.* concevoir, offrir *[ensemble intégré de services]*.

prepaid *adj. Transp.* prépayé ; *Poste* affranchi. ✪ **~ expenses** *Compt.* charges constatées d'avance ; **~ income** *Compt.* produits constatés d'avance ; **~ phone card** télécarte.

preparatory school **1** *RU* école primaire préparatoire *[payante, préparant les élèves aux public schools]*. **2** *ÉU* établissement d'enseignement secondaire préparatoire *[préparant les élèves à l'enseignement supérieur]*.

prepare *v.* **1** *tr.* préparer *[qqn, qqch.]*. **2** *tr.* établir *[rapport]*, rédiger *[texte]*, élaborer, concevoir ; **the staff ~d documents for the conference** le personnel a établi des documents en vue de la conférence. **3** *intr.* se préparer.

prepared *adj.* **to be ~ to** être disposé à.

preparedness *n.* état de préparation ; capacité de faire face *[à telle ou telle situation]* ; **emergency ~** préparation aux situations d'urgence.

preparer *n. Compt.* responsable de l'établissement des états financiers.

prepayment *n. pl. Compt.* charges constatées d'avance. ✪ **~s and accrued income** *Bilan* comptes de régularisation *[à l'actif du bilan]* ; **~ penalty** pénalité au titre d'un remboursement anticipé.

preprint *n.* prépublication.

prep school *voir* preparatory school.

prerequisite *n.* condition préalable/sine qua non ; **(for)** condition nécessaire/préalable/indispensable à ; **a stable currency is a ~ for economic development** une monnaie stable est la condition préalable du développement économique ; **a cease-fire is a ~ for negotiations with the IRA** un cessez-le-feu est un préalable à toute négociation avec l'IRA.

prerequisite *adj.* *[condition]* nécessaire, préalable, indispensable.

preschool *n. ÉU preschool ; approx.* école maternelle *[enfants ages d'environ 3 et 4 ans ; à partir de 5 ans, les enfants fréquentent le kindergarten]*.

prescription *n.* **1** ordonnance, prescription. **2** *Dr.* prescription (acquisitive). ✪ **~ drug** médicament délivré sur ordonnance ; **~ charge** *RU* ticket modérateur ; **~ medicine** médicament délivré (uniquement) sur ordonnance.

present *v. tr.* **1 (with)** présenter à, montrer à ; **to ~ sb with sth** présenter qqch. à qqn, montrer qqch. à qqn ; **the committee was ~ed with** le comité a été saisi de *[document]*. **2 (with)** offrir à. **3 (with)** poser *[problème]* à ; **this new development ~s the company with serious problems** cette évolution nouvelle pose d'importants problèmes à l'entreprise. ✪ **~ a bill for acceptance** présenter un effet/une traite à l'acceptation.

present *adj.* ✪ **~-day** *adj.* actuel, d'aujourd'hui, moderne ; *[***the difficulties facing ~-day society** les difficultés auxquelles est confrontée la société actuelle*]* ; **~ value/worth** *Fin.* valeur actuelle/actualisée ; *[***to determine the ~ value of an annuity** déterminer la valeur actuelle d'une rente*]*.

presentation *n.* **1** présentation *[de marchandises, d'un programme, d'un document]* ; dépôt *[d'une proposition]* ; *Lettre de change* présentation au paiement. **2** présentation, apparence, aspect. **3** exposé ; **the scientist made a convincing ~ on his team's discovery** le scientifique a présenté un exposé convaincant sur la découverte de son équipe. **4** *Inf.* présentation. **5** remise *[du prix Nobel, d'une médaille]*. **6** habillage *[d'une politique]*. ✪ **~ software/package** logiciel de présentation.

presentment *n.* **1** *Lettre de change* présentation au paiement. **2** *Dr. ÉU* (audience de) notification d'inculpation.

preservationist *n.* défenseur de l'environnement, défenseur de la nature, écologiste ; défenseur du patrimoine architectural.

preservative *n.* agent conservateur.

preserve *n.* **1** réserve *[naturelle]*. **2** *Fig.* domaine (exclusif), domaine de compétence exclusive ; apanage, chasse gardée ; **to be the ~ of** être du ressort exclusif de ; **free public education meant that literacy was no longer the ~ of the rich** depuis que l'enseignement était public et gratuit, l'apprentissage de la lecture et de l'écriture n'était plus réservé exclusivement aux enfants des classes aisées ; **are French political offices a ~ of ENA graduates?** les postes politiques en France constituent-ils une chasse gardée pour les diplômés de l'ÉNA ?

preside *v.* **I** *intr.* présider, exercer la présidence, assumer les fonctions de président. **II ~ over 1** présider *[conférence, conseil d'administration]*, être à la tête de, diriger *[parti, syndicat, gouvernement]*, être le président de *[association]* ; **the ceremony will be ~d over by the mayor** le maire présidera la cérémonie ; **he ~d over two coalition governments** il a dirigé deux gouvernements de coalition. **2** pouvoir se prévaloir de *[événement positif]*, être responsable de, (devoir) assumer la responsabilité de, laisser se produire sous son mandat, être incapable d'empêcher, accepter, se prêter à, ne rien faire pour empêcher *[événement fâcheux]*, être au pouvoir lorsque/alors que *[une évolution néfaste a lieu]* ; **he ~d over a strong economic recovery** une vigoureuse reprise économique a eu lieu lorsqu'il était au pouvoir ; **he refused to ~ over the breakup of his party** il a refusé de se prêter à l'éclatement du parti qu'il dirigeait ; **he would rather resign than ~ over a devaluation** il préférerait démissionner plutôt que d'assumer la responsabilité d'une dévaluation.

president *n.* *Sociétés ÉU* directeur général. ✪ **~-elect** *n. Pol.* président élu.

presiding *adj.* ✪ **~ judge** président *[d'une juridiction collégiale]* ; **~ officer** président de séance.

press *v.* **1** *tr. Inf.* appuyer sur *[touche]*. **2** *tr.* demander instamment/avec insistance ; **to ~ sb (in)to** insister auprès de qqn pour qu'il, faire pression sur qqn pour qu'il, presser qqn de. **3 to ~ a matter/point** insister ; *[***not to ~ the point** ne pas insister*]*. **4 ~ ahead** poursuivre (son action), aller de l'avant ; **to ~ ahead with** poursuivre (le processus de), faire progresser, poursuivre la mise en œuvre de. **5 ~ for** demander instamment, revendiquer, agir en faveur de ; insister pour que/en vue de ; **women ~ for equal opportunity** les femmes revendiquent l'égalité des chances. **6 ~ on with** poursuivre.

press *n.* ✪ **at ~ time** au moment de mettre sous presse, à l'heure du bouclage du présent numéro ; **go to ~** être imprimé ; *[***when this publication went to ~/as we went to ~/at the time of going to ~** au moment de mettre sous presse, à l'heure du bouclage du présent numéro*]* ; **in ~** *[livre]* sous presse ; **~ accounts** informations parues dans la presse ; **~ agency** agence de presse ; **~ agent** attaché de presse ; **~ articles** articles de presse, articles parus dans la presse ; **~ book** press book ; **~ briefing** réunion d'information destinée à la presse ; **~ corps** presse, journalistes ; *[***the White House ~ corps** les journalistes accrédités auprès de la Maison Blanche*]* ; **~ cuttings** coupures de presse ; **~ gallery** tribune de la presse ; **~ kit** dossier de presse ; **~ officer** attaché de presse ; **~ proof** bonnes feuilles ; **~ release** communiqué de presse ; **~ report** article (de presse) ; informations parues dans la presse ; **~ secretary** attaché de presse ; chef du service de presse.

pressing *adj.* *[problème]* pressant, *[question]* urgent, très préoccupant.

pressure *n.* pression ; *pl.* tensions, pressions, poussée, poids, influence ; **to put ~ on** exercer des pressions sur, mettre la pression sur, peser sur ; **inflationary ~s** tensions inflationnistes. ✪ **~ cooker** autocuiseur ; *Fig.* poudrière ; **~ sore** escarre (de décubitus).

pressurised water reactor réacteur à eau sous pression.

Prestel *n.* Prestel *[= service de vidéotex au Royaume-Uni]*.

prestressed concrete béton précontraint.

presumably *adv.* probablement, sans doute, vraisemblablement, on peut le supposer, on peut supposer que ; **~ no statistics are kept on minor diseases** on ne tient sans doute pas de statistiques sur les maladies bénignes.

presume *v. tr.* **1 (that)** supposer que, présumer que. **2 (to)** avoir la prétention de.

presumptive *adj.* **1** présumé. **2** *Méd. [diagnostic]* de présomption. ✪ **~ heir** a) *Dr.* héritier présomptif dans l'hypothèse d'un décès immédiat de l'auteur de la succession ; b) *Fig.* dauphin, successeur désigné ; **~ test** test d'identification présomptive.

pre-tax profit bénéfice avant impôt.

pretend *v. intr.* **(to)** feindre de, faire semblant de ; **when the dictator died, nobody ~ed to be sad** après la mort du dictateur, personne n'a fait semblant d'être attristé.

pre-testing *n. Publ.* pré-test.

pretrial *adj.* relatif à la mise en état (de l'affaire), préalable au procès. ✪ **~ custody** détention préventive ; **~ hearing** audience préliminaire.

prevail *v. intr.* **1** *[situation]* régner, sévir, exister, être observé/constaté ; **tolerance ~s in the Church of England** la tolérance règne dans l'Église anglicane. **2** *[idée]* être généralement admis, *[coutume]* être en vigueur. **3** *[méthode]* dominer, prédominer, s'imposer, *[candidat, conception, principe]* l'emporter, triompher ; **(against, over)** prévaloir sur, l'emporter sur, prendre le pas sur, prendre le meilleur sur, primer ; **the provisions of European regulations ~ over national law** les dispositions des règlements européens priment le droit national. **4** être le cas, se présenter, exister. **5 to ~ on sb to** convaincre/persuader qqn de ; **his co-workers ~ed on him to retract the accusations** ses collègues l'ont persuadé de retirer ses accusations.

prevailing *adj.* **1** *[prix]* habituellement pratiqué, *[rémunération]* normale, *[système]* en place, *[taux de change, normes]* en vigueur ; **~ rates for car loans** les taux en vigueur pour le financement des voitures. **2** *[opinion]* courant, le plus répandu, *[usage]* courant, *[idée, théorie, tendance, vents]* dominant, *[théorie]* le plus largement admis, *[circonstances]* actuel.

prevalence *n.* *Santé publique* prévalence *[= nombre de cas recensés à un moment donné]*.

prevalent *adj.* **1** courant, (très) répandu, *[théorie]* largement accepté ; **to be ~** régner, sévir, prévaloir, exister, être en vigueur, être observé/constaté ; **petrol-powered cars are the most ~ vehicles** les voitures à essence représentent le type de véhicule le plus courant ; **in some countries HIV infection is more ~ among male homosexuals** dans certains pays, l'infection à VIH est plus répandue parmi les homosexuels masculins.

prevarication *n.* faux-fuyants, dérobade, échappatoire, propos évasifs, arguties, tergiversations.

prevention of disease prévention des maladies, mesures prophylactiques.

preventive maintenance entretien préventif.

preview *v. tr.* examiner préalablement ; **they were able to ~ the report before its official publication** ils ont pu examiner le rapport avant sa publication officielle.

preview *n.* **1** avant-première. **2** bande-annonce. **3** *Fig.* aperçu/présentation de ce à quoi on peut s'attendre ; **to be a ~ of** préfigurer ; **they saw a ~ of the new products to be released next year** ils ont eu un aperçu des nouveaux produits qui seront commercialisés l'année prochaine. **4** *Inf.* prévisualisation.

prevue *n. ÉU* bande-annonce.

price *v.* **1** *tr.* fixer le prix de, facturer *[produit, service]* ; **to be ~d at** être vendu à ; **high-~d** *adj.* vendu à un prix élevé, coûteux ; **it is important to ~ one's services properly** il importe de fixer le prix de ses services à un niveau approprié. **2 ~ in** *Fin.* intégrer ; **the likely result of the election is already ~d in** le cours intègre déjà le résultat probable de l'élection. **3 ~ out** évincer/exclure par le biais des prix/en raison de prix trop élevés ; **extremely low labour costs allow the Chinese to ~ many other textile producers out of the market** grâce à des coûts de main-d'œuvre extrêmement bas, les Chinois sont en mesure d'évincer du marché de nombreux autres fabricants de produits textiles par le biais des prix ; **many native workers are ~d out of the housing market by the exorbitant prices charged to expatriates** de nombreux travailleurs autochtones n'ont pas les moyens d'acquérir un logement en raison des prix exorbitants demandés aux expatriés ; **to ~ oneself out of the market** fixer le prix de ses produits à des niveaux excessifs/inabordables, courir à la ruine en fixant ses prix à des niveaux excessifs ; perdre toute compétitivité ; **they ~ themselves out of the market** leurs prix les écartent du marché, ils s'excluent du marché par leurs prix.

price *n.* **1** prix ; tarif ; *Fin.* cours ; **commodity ~s** cours des produits de base. **2** *Fig.* rançon, prix/tribut à payer, contrepartie, inconvénient ; **they paid the ~ of their independence in human lives** leur indépendance a été acquise au prix de vies humaines ; **it is alleged that addiction is the ~ paid for the pain relief that morphine affords** certains prétendent que le soulagement de la douleur obtenu grâce à la morphine a pour inconvénient une dépendance à cette substance. ✪ **at a ~** a) à titre onéreux, contre espèces sonnantes et trébuchantes ; b) à certaines conditions ; au prix de/moyennant certains inconvénients ; *[***to come at a ~*** présenter un inconvénient]* ; **~ agreement** *ÉU* accord en matière de prix (minimums) imposés *[conclu entre un fabricant et des détaillants]* ; **~ allowance** rabais ; **~/book ratio** rapport cours-valeur comptable ; **~ breaks** prix de faveur ; **~ cartel** groupe/cartel de producteurs/distributeurs s'entendant sur les prix ; **~-ceiling** *n.* prix plafond ; **~ competition** concurrence par les prix ; **~ competitiveness** compétitivité-prix ; **~ control** contrôle/réglementation des prix ; **~ controls** réglementation des prix ; **~ discount** remise, ristourne ; **~ discrimination** pratique de prix discriminatoires ; **~-dividend ratio** ratio cours-dividende ; **~-earnings ratio** rapport cours-bénéfice (par action) ; **~ effect** *Écon.* effet prix ; **~-elastic** *adj.* à demande élastique par rapport au prix ; **~ elasticity** élasticité-prix, élasticité par rapport au prix ; **~ fixing** entente sur les prix ; **~ formula** formule de calcul des prix ; **~ inflation** inflation des prix ; **~-floor** *n.* prix plancher ; **~ freeze** blocage des prix ; **~ list** catalogue de prix, liste de prix, tarif, barème ; **~ maintenance** réglementation des prix ; **~ maker** fixeur de prix, décideur de prix ; **~ of money** loyer de l'argent ; **~ ring** groupe de producteurs/distributeurs s'entendant sur les prix ; **~ scale** tarif ; **~ sensitive** *[produit]* à demande élastique ; **~ sensitivity** élasticité-prix, élasticité par rapport au prix ; **~ setter** fixeur de prix, décideur de prix ; **~ setting** tarification ; **~ support** soutien des prix ; **~ tag** *Fig.* prix, coût, facture ; **~-taker** *n.* preneur de prix ; *[***monopolies force consumers to become simple ~-takers** en cas de monopole, les consommateurs n'ont aucune influence sur les prix*]*.

priceless *adj.* **1** *[objet d'art]* inestimable, sans prix. **2** *Fig. [avantage]* inestimable, inappréciable, (très/extrêmement) précieux, extrêmement utile, sans prix, irremplaçable, énorme, immense ; **the Earth's natural resources should be thought of as a ~ heirloom for humanity** les ressources naturelles de la Terre doivent être considérées comme un patrimoine irremplaçable de l'humanité.

pricer *n.* priseur.

pricing *n.* **1** détermination/établissement/fixation des prix, tarification ; politique de prix. **2** prix, tarif(s).

pride *v. tr.* **to ~ oneself on doing sth** se flatter de faire qqch., mettre un point d'honneur à faire qqch.

pride *n.* ✪ **~ of place** première place, place de choix ; **swallow one's ~** faire fi de son amour propre.

prima facie à première vue, de prime abord, en principe ; **to be ~ + adj.** être présumé + adj. de prime abord. ✪ **~ case** a) *Dr.* présomption, charges suffisantes ; b) argument qui justifie *[les mesures en cause]* ; *[***there is a ~ case*** Dr.* l'action paraît fondée de prime abord, il existe des éléments suffisants, la réclamation est à première vue sérieuse ; **to establish/make out a ~ case for a claim** *Dr.* établir, à première vue, le bien-fondé d'une réclamation, démontrer l'existence d'un *fumus boni juris* ; **the prosecution must make out a ~ case against the accused** le ministère public doit montrer que la culpabilité du prévenu est établie à première vue ; **a ~ case that has already convinced the jury of his guilt** des présomptions qui ont déjà convaincu le jury de sa culpabilité*]* ; **~ evidence** commencement de preuve, présomption, indices raisonnables, indices de culpabilité suffisants ; *[***to be ~ evidence of** faire foi, sauf preuve contraire, de ; constituer une présomption de ; **there is a ~ evidence that** tout porte à croire que ; **it will be quite difficult to refute such ~ evidence by the prosecution** il sera très difficile de réfuter les présomptions mises en avant par le ministère public ; **declaration of death issued in conformity with the present Convention in one Contracting State shall constitute ~ evidence of death until contrary evidence is submitted** les déclarations de décès prononcées conformément à la présente Convention font foi jusqu'à preuve du contraire dans les autres États contractants*]*.

primal *adj.* **1** originel, premier, primitif. **2** essentiel, fondamental. ✪ **~ scene** *Psych.* scène primitive ; **~ scream** a) *Psych.* cri primal ; b) *Cour.* cri du cœur.

primarily *adv.* principalement, essentiellement, surtout, avant tout ; **this software was designed ~ for small businesses** ce logiciel a été conçu avant tout pour les petites entreprises.

primary *adj.* **1** essentiel, fondamental, crucial, primordial, le plus important, principal, premier ; **our ~ goal** notre but principal ; **cigarette smoking is the ~ cause of lung cancer** la cigarette représente la principale cause du cancer du poumon. **2** *[stade]* initial. **3** *[école]* primaire. ✪ **~ care** soins primaires ; **~ commodity** matière première, produit de base ; **~ coolant circuit**

Nucl. circuit primaire de refroidissement ; **~ data** données primaires ; **~ election** *ÉU* primaire ; **~ energy** énergie primaire ; **~ health care** soins de santé primaires ; **~ immunization** primo-vaccination ; **~ industry** secteur primaire ; *[***fishing and farming are considered ~ industries** la pêche et l'agriculture sont considérées comme des secteurs primaires*]* ; **~ infection** primo-infection ; **~ market** *Fin.* marché primaire ; **~ product** matière première, produit de base ; **~ readership** lectorat primaire ; **~ teacher** instituteur, institutrice ; **~ school** a) *RU* école primaire *[accueille des élèves de 5 à 11 ans]* ; b) *ÉU primary school [accueille des élèves de 6 à 8/9 ans et inclut parfois l'école maternelle]* ; **~ sector** *Écon.* secteur primaire ; **~ teeth** dents de lait.

prime *adj.* **1** principal, essentiel, capital ; de choix, de prédilection ; **~ importance** importance capitale ; **~ location** emplacement de choix ; **leadership experience is the ~ requisite for this post** la possession d'une expérience de l'animation d'une équipe est la principale condition à remplir pour ce poste. **2** de grande valeur, de très bonne qualité, excellent. ✪ **~ bill** effet/traite de premier ordre ; **~ contractor** entrepreneur général ; **~ cost** *Compt.* coût primaire *[= coût direct des matières et coût de la main-d'œuvre directe]* ; **~ example** cas exemplaire, bon exemple, exemple particulièrement significatif ; **~ lending rate** *Banque* taux de base (bancaire) ; **~ mover** a) source de puissance motrice ; b) *Fig.* initiateur, fondateur, pionnier ; c) cause première ; **~ number** nombre premier ; **~ rate** *Banque* taux de base (bancaire) ; **~ suspect** suspect numéro un ; **~ target** cible de choix, cible toute désignée, cible privilégiée ; **~ time** *TV* heures de grande écoute/audience ; *[***ready for ~ time** *voir* ready*]* ; **~ trade bill** *ÉU* effet/traite de premier ordre.

primer *n. Ens.* premier manuel.

primeval soup soupe primitive.

primitively *adv.* **1** à l'origine, primitivement, initialement, dans un premier temps, au début. **2** de façon primitive.

primordial *adj.* **1** *[instinct]* primordial. **2** primordial *[= existant depuis l'origine de l'univers]*. **3** *[forêt]* originel.

Prince Edward Island Île-du-Prince-Édouard.

principal *n.* **1** directeur, supérieur, chef, responsable. **2** protagoniste. **3** *Ens.* chef d'établissement. **4** mandant ; commettant ; donneur d'ordre ; **to act as a ~** agir en son nom propre, agir pour son propre compte. **5** auteur principal *[d'une infraction, par opp. au complice]* ; auteur matériel *[par opp. à l'instigateur]* ; **the ~s were more severely punished than their accomplices who stayed behind the scenes** les auteurs principaux ont été punis plus sévèrement que leurs complices, qui sont restés dans l'ombre ; **only the ~, who actually planted the bomb, could be found and punished** seul l'auteur matériel, qui a posé la bombe, a pu être démasqué et puni. **6** débiteur principal *[par opp. au garant]*. **7** *Fin.* principal *[d'un emprunt]*.

principal *adj.* ✪ **~ amount** principal *[d'un emprunt]* ; **~ debtor** débiteur principal *[par opp. au garant]* ; **~ offender** *Dr.* auteur principal ; **~ office/place of business** siège.

principle *n.* ✪ **as a matter of ~** par principe ; *[***some doctors refuse to perform abortions as a matter of ~** certains médecins refusent de pratiquer des avortements par principe*]* ; **in ~** sur le plan des principes ; *[***to agree in ~ to** marquer son accord de principe sur*]* ; **of ~** *[personne]* qui a des principes ; **on ~** par principe, pour une question de principe ; *[***to be opposed to sth on ~** être hostile à qqch. pour des questions de principe*]*.

print *n.* ✪ **in ~** disponible ; **out of ~** épuisé ; **~ head** *Inf.* tête d'impression ; **~ media** a) publications imprimées ; b) presse écrite ; **~ preview** *Inf.* aperçu avant impression ; **~ run** tirage *[d'un livre]* ; **see ~** *[livre, article]* être publié.

printed *adj.* ✪ **~ circuit board** *Inf.* circuit imprimé ; **~ matters** imprimés ; **~ word** *Fig.* imprimé, ouvrages/publications imprimé(e)s ; *[***electronic publication will never completely replace the ~ word** les publications électroniques ne remplaceront jamais totalement les ouvrages imprimés*]*.

printer *Inf.* imprimante. ✪ **~ driver** pilote d'imprimante.

printhead *n. Inf.* tête d'impression.

printing *n.* impression, reproduction, tirage. ✪ **~ presses** *Fig.* planche à billets ; *[***the country's ~ presses are unable to keep up with its skyrocketing rate of inflation** malgré le recours à la planche à billets, le pays ne parvient pas à suivre le rythme effréné de l'inflation*]*.

print-out *n.* tirage, version imprimée, document/texte imprimé, copie papier.

prion disease maladie à prions.

prior *adj.* antérieur ; *[notification]* préalable ; **legal action will then be taken without ~ notification** une action en justice sera alors intentée sans préavis. ✪ **~ disclosure** *Brevets* publication antérieure ; **~ preference stock** *ÉU prior preference stock [= action assortie de droits prioritaires par rapport aux actions privilégiées émises antérieurement]*.

prioritize *v. tr.* **1** classer par ordre de priorité, établir l'ordre de priorité de, hiérarchiser ; **to ~ expenditures according to the most immediate needs** établir un ordre de priorité entre les dépenses compte tenu des besoins les plus immédiats. **2** donner un degré de priorité élevé à ; **to ~ an information campaign on the ways to prevent the spread of STDs** donner un degré de priorité élevé à une campagne d'information sur les façons de prévenir les MST.

priority *n.* priorité, objectif prioritaire ; degré/rang de priorité ; **a high ~** un degré élevé de priorité. ✪ **~ bond** obligation privilégiée.

prison *n.* ✪ **~ officer** gardien de prison, surveillant ; **~ population** population carcérale ; **~ term** peine d'emprisonnement.

prisoner *n.* détenu(e), prisonnier, prisonnière, prévenu(e), accusé(e) ; **~ awaiting trial** prisonnier en détention provisoire. ✪ **~ at the bar** prévenu, accusé ; **~ of conscience** prisonnier de conscience.

pristine *adj.* **in ~ condition** dans un état impeccable, comme neuf.

privacy *n.* **1** (intimité/respect de la) vie privée, confidentialité, protection des données personnelles ; **data ~** caractère privé/confidentialité des données ; **infringement of ~** atteinte à l'intimité de la vie privée ; **journalists must often weigh the public's right to know against celebrities' rights to ~** les journalistes doivent souvent mettre en balance le droit du public à l'information et la préservation de la vie privée des personnes célèbres ; **only the top executives know what takes place in the ~ of the boardroom** seuls les cadres supérieurs connaissent le contenu des délibérations confidentielles des conseils d'administration. **2** possibilité de s'isoler, possibilité de *[travailler]* sans être dérangé. ✪ **~ statement** *Internet* note sur l'utilisation des données personnelles.

private *n.* **court sitting in ~** tribunal siégeant en chambre du conseil ; **to hear a case in ~** juger une affaire à huis clos.

private *adj.* ✪ **~ agreement** contrat sous seing privé ; **~ arrangement** concordat ; **~ attorney** mandataire, fondé de pouvoir ; **~ automatic branch exchange** autocommutateur privé/d'entreprise ; **~ bank** banque privée ; **~ banking** gestion de patrimoine/de fortune ; **~ bill** *RU* proposition de loi de portée restreinte ; **~ branch exchange** autocommutateur privé/d'entreprise ; **~ brand** marque de distributeur ; **~ car** voiture particulière ; **~ carrier** transporteur pour compte propre ; **~ citizen** (simple) particulier ; **~ company** *RU* société constituée sans appel public à l'épargne ; **~ consumption** *Écon.* consommation des ménages/des particuliers ; **~ deed** acte sous seing privé ; **~ enterprise** libre entreprise ; **~ enterprise economy** économie de marché ; **~ eye** détective privé ; **~ individual** (simple) particulier, personne privée ; **~ international law** droit international privé ; **~ label** marque de distributeur ; **~-label good/product** produit commercialisé sous une marque de distributeur ; **~ law** droit privé ; **~ limited company** société à responsabilité limitée ; **~ member's bill** *RU* proposition de loi ; **~ nuisance** acte/omission préjudiciable à un particulier, atteinte à un intérêt privé ; trouble de jouissance ; **Private Office** *RU* cabinet *[d'un ministre]* ; **~ papers** archives personnelles ; **~ placement** *Fin.* placement de titres nouveaux auprès d'un nombre restreint d'investisseurs ; **~ practice** exercice libéral (de la profession) ; **~ prosecution** citation directe ; **~ secretary** *RU* chef de cabinet *[d'un ministre]* ; **~ treaty** contrat de gré à gré ; **~ trust** *trust* institué au bénéfice d'un particulier/de particuliers.

privateer *n. Fig.* entreprise privée qui fait main basse sur une entreprise publique.

privately *adv.* en privé, à titre privé ; dans son for intérieur. ✪ **~-held company** *ÉU* société ayant un nombre limité d'actionnaires ; **~-owned** *adj.* privé ; **~-owned company** a) entreprise privée ; b) *ÉU* société ayant un nombre limité d'actionnaires.

privilege *n.* **1** privilège, prérogative. **2** droit. **3** immunité *[diplomatique, parlementaire]* ; immunité *[d'un témoin]* contre les actions en diffamation ; secret (professionnel) ; **marital communications ~** *ÉU* dispense de déposition sur les communications entre conjoints, secret des communications entre conjoints ; **attorney-client ~** secret professionnel des avocats, secret des communications entre l'avocat et son client. **4** honneur ; **it is a ~ to** c'est un honneur de.

privileged *adj. [document]* protégé par le secret (professionnel) ; secret ✪ **~ debt** créance privilégiée.

privity *n.* **1** connaissance ; **without the ~ of** à l'insu de. **2** *Dr.* rapport juridique. ✪ **~ of contract** a) lien/rapport contractuel ; b) effet relatif des contrats.

privy *adj.* **(to) her contract forbade her to disclose information to which she had been ~** son contrat lui interdisait de révéler les informations auxquelles elle avait eu accès. ✪ **Privy Council** *RU Privy Council,* Conseil privé.

prize bond obligation à lots.

prized *adj.* convoité, recherché, apprécié ; **a consultant highly ~ for his skill and imagination** un consultant très apprécié pour ses compétences et son esprit imaginatif.

proactive *adj.* préventif, axé sur une démarche préventive, anticipé, prospectif, prévoyant ; *[personne]* enclin à prendre des initiatives ; **to be ~** *[personne]* anticiper, agir par anticipation/de manière préventive, prendre les devants, anticiper/devancer les événements, agir/intervenir en amont (des problèmes) ; **to be ~ rather than reactive** anticiper les événements plutôt que de rester à leur traîne ; **maintaining a healthy lifestyle is a form of proactive medicine against growing old** un mode de vie sain prévient les maladies de la vieillesse ; **the new government opted for a more ~ approach to the crime problem** le nouveau gouvernement a choisi d'agir en amont du problème de la criminalité ; **~ activities** activités menée par *[organisme]* de sa propre initiative.

proactively *adv.* préventivement, de façon anticipée, à un stade précoce, en amont (des problèmes), dans une optique prévoyante.

probable cause *Dr.* raisons suffisantes, motif(s) raisonnable(s) ; **no warrants will be issues but upon ~ cause** aucun mandat ne peut être délivré en l'absence d'un motif raisonnable.

probate *n.* **1** homologation **2** copie certifiée conforme d'un testament homologué. ✪ **~ court** *ÉU* tribunal des successions ; **~ law** *ÉU* droit des successions.

probation *n.* sursis probatoire, mise à l'épreuve, probation. ✪ **~ officer** agent de probation.

probationary *adj.* ✪ **~ official** fonctionnaire stagiaire ; **~ period** période d'essai.

probationer *n.* **1** probationnaire. **2** stagiaire, agent non titularisé.

probe *v.* **1** *intr.* faire un coup de sonde. **2** *tr.* explorer *[possibilité]*. **3** *tr.* examiner de façon approfondie, étudier ; **the commission was charged with probing into the problem of drug use among adolescents** la commission a été chargée d'étudier le problème de la toxicomanie parmi les adolescents.

probe *n.* **1** enquête. **2** *Esp.* sonde (spatiale).

problem *n.* problème, difficulté, embûche, écueil. ✪ **~ area** problème, domaine ; **~ child** *Psych.* enfant caractériel ; **~-oriented** axé sur les problèmes (à résoudre), axé sur la solution de problèmes concrets, pragmatique.

problem *adj.* en difficulté, à problème, en crise, critique, délicat, névralgique.

pro bono *Dr. ÉU [prestations]* d'un avocat commis d'office.

procedure *n.* **1** méthode, façon de procéder, marche à suivre, système, mode, règle(s) ; procédé ; modalités, démarche(s) ; **good managerial ~s** bonnes méthodes de gestion ; **the ~s employed must be carefully described in order that the results of the experiment are valid** il convient de décrire soigneusement les méthodes utilisées pour que les résultats de l'expérience soient valables ; **standard ~** façon de procéder habituelle ; **security ~s** système de sécurité ; **safety ~s** consignes de sécurité. **2** procédé *[de fabrication]*. **3** procédure ; **parliamentary ~** procédure parlementaire ; **administrative ~s** formalités/procédures administratives ; **the ~ for filing for divorce is very clearly laid out** la procédure à suivre pour introduire une demande en divorce est exposée très clairement. **4** opération ; **cleaning oil-polluted beaches is a lengthy ~** le nettoyage de plages polluées par du pétrole est une opération qui prend du temps. **5** *Méd.* intervention, opération, acte, geste, examen ; **surgical ~** acte/intervention chirurgical(e) ; **open-heart surgery can be a very delicate and dangerous ~** une opération à cœur ouvert peut être une intervention très délicate et très dangereuse.

proceed *v.* **I** *intr.* **1** s'y prendre, agir ; **to ~ with caution** agir avec prudence. **2** aller de l'avant. **3** *[négociations]* avancer, progresser, se dérouler ; être en marche ; continuer ; se poursuivre ; **the**

operation is ~ing well l'opération se déroule bien ; **work on site is ~ing quickly** les travaux sur le chantier avancent à un rythme rapide ; **the treatment is ~ing according to plan** le traitement se déroule comme prévu. **4 (to)** se rendre à, se diriger vers. **5** engager une procédure. **II ~ against** intenter un procès à, attaquer en justice, engager une action en justice contre ; **the Bank may ~ or be ~ed against in any court of competent jurisdiction** la Banque pourra ester en justice et être assignée devant toute juridiction compétente. **III ~ from 1** résulter de, découler de, émaner de ; **this entire situation ~s from a lack of initial organization** cette situation résulte d'un manque d'organisation dès le début. **2 to ~ from... to** passer de... à. **IV ~ to 1** se rendre à/dans ; **passengers may ~ to the departure gate** les passagers peuvent se rendre à la porte d'embarquement. **2** passer à *[point suivant de l'ordre du jour]*. **3** entreprendre ; **to ~ to + v.** se mettre à + v. ; **they ~ed to leave the negotiation table when the other side accused them of unethical conduct** ils ont quitté la table de négociation lorsque leurs interlocuteurs les ont accusés d'agir de façon contraire à l'éthique. **V ~ with 1** commencer *[qqch.]* ; **they ~ed with the meeting, despite the director's absence** la réunion a commencé, malgré l'absence du directeur ; **to ~ with doing sth** entreprendre de faire qqch., se mettre à faire qqch. **2** mettre à exécution, mettre en œuvre, mener à bien ; continuer de mettre en œuvre *[projet]* ; **the newly-elected governor announced his intention to ~ with the budget plan laid out by his predecessor** le nouveau gouverneur a annoncé son intention de mettre en œuvre le plan budgétaire élaboré par son prédécesseur. **3** poursuivre *[activité]*.

proceedings *n. pl.* **1** travaux, débats, délibérations, réunion ; **records of ~** comptes rendus de délibérations. **2** compte rendu (des travaux), procès-verbal, actes, rapport *[d'une conférence, d'un colloque]* ; **the ~ of the annual conference will be published in the Association's official journal** le compte rendu de la conférence annuelle sera publié dans le journal officiel de l'Association. **3** *Dr.* instance, procédure, procès, poursuites, recours, cause ; **in civil ~** en matière civile ; **to bring criminal ~** exercer/engager des poursuites (pénales).

proceeds *n. pl.* **1** produit *[d'une transaction commerciale ou financière, d'un impôt, d'un emprunt, d'une privatisation]* ; bénéfice, gain, recettes, rapport ; fruits ; **the ~ from the auction will be donated to charity** le produit de la vente aux enchères sera versé à des organisations charitables ; **over half of company ~ are reinvested in new product research** plus de la moitié des recettes de l'entreprise est réinvestie dans des travaux de recherche relatifs à de nouveaux produits ; **the ~ of a property** les fruits d'une propriété foncière. **2** *Ass.* indemnité.

process *v. tr.* **1** traiter *[données]*, transformer *[matières premières, aliments]*. **2** développer *[photographie]*. **3** analyser, dépouiller, exploiter ; instruire *[réclamation, demande]*, donner suite à *[demande, réclamation]*, exécuter *[commande]* ; **to ~ a questionnaire** dépouiller/exploiter un questionnaire ; **all complaints are recorded and ~ ed by our Customer Service Department** toutes les réclamations sont enregistrées et instruites par notre service clientèle. **4** examiner le cas/le dossier/la candidature de, s'occuper de/du cas de, régler le cas de *[qqn]* ; **to be ~ed** *[personne]* passer (par la filière).

process *n.* **1** processus ; opération(s), activités, action, déroulement des opérations, modalités ; phénomène ; **translation ~** (processus de) traduction ; **learning ~** (processus d') apprentissage ; **new fighting may disrupt the peace ~** la reprise des combats risque de perturber le processus de paix ; **the economic ~** l'activité économique. **2** procédé *[de fabrication]* ; **the wine-making ~** le procédé de vinification. **3** *Dr.* procédure (judiciaire), procès, instance. **4** *Dr.* assignation, citation à comparaître, acte introductif d'instance. ✪ **in ~** en cours ; **in the ~** ce faisant, en même temps, de ce fait, par là même, à cette occasion, par la même occasion, au cours de cette opération ; *[***we are now in the ~ of doing sth** nous nous employons actuellement à faire qqch. ; **unfortunately, the patient died in the ~** malheureusement, le patient en est mort ; **this program not only defragments disks, but also checks for damaged files in the ~** ce programme non seulement défragmente les disques, mais recherche en même temps les fichiers endommagés*]* ; **in the ~ of** au cours de ; *[***to be in the ~ of doing sth** être en train de faire qqch., s'employer à faire qqch., procéder à + n. ; **to be in the ~ of being recruited** être en voie d'être recruté ; **France is in the ~ of changing from compulsory to professional military service** la France passe du service militaire obligatoire à l'armée de métier ; **in the ~ of looking over the company's books, the new accountant discovered the fraud** alors qu'il examinait la comptabilité de l'entreprise, le comptable a découvert la fraude ; **a new set of tax laws is in the ~ of being drawn up** une nouvelle législation fiscale est en cours d'élaboration ; **the city is in the ~ of having a new public transportation system built** la ville construit actuellement un nouveau système de transports en commun*]* ; **~ control** régulation de processus industriels ; **~ engraving** photogravure ; **~ printing** (impression en) polychromie ; **~ redesign/re-engineering** *Gestion* refonte de l'organisation *[d'une entreprise]* ; **~ server** huissier de justice.

processed *adj.* ✪ **~ cheese** fromage fondu ; **~ food** aliments transformés ; **~ products** produits transformés.

processing *n.* transformation *[d'aliments]* ; traitement *[de l'information]* ; **wood ~** transformation du bois. ✪ **~ centre** centre d'acheminement *[de réfugiés]*.

processor *n. Inf.* processeur.

pro-choice en faveur de la légalisation de l'avortement, favorable à l'avortement libre ; **~ movement** mouvement pour l'avortement libre.

procurator-fiscal *Écosse* procureur.

procure *v.* **1** *tr.* se procurer, obtenir, acquérir ; acheter ; **to ~ secret information** obtenir des informations secrètes ; **to ~ the services of a hit-man** s'assurer les services d'un tueur à gages. **2** *tr.* **to ~ sb sth** *ÉU* procurer qqch. à qqn. **3** *tr.* **to ~ sb to do sth** veiller à ce que qqn fasse qqch., faire en sorte de qqn fasse qqch. ; **to perform or to ~ the performance of the carriage** effectuer ou faire effectuer le transport. **4** *tr.* inciter. **5** *intr.* se livrer au proxénétisme. **6** *tr.* offrir les services de *[prostituée]* ; offrir *[services sexuels]*. **7** *tr.* **to ~ an abortion** provoquer un avortement, faire avorter une femme.

procurement officer acheteur, responsable des achats.

procurer *n.* proxénète.

procuring *n.* proxénétisme.

produce *n.* produits agricoles ; fruits et légumes.

producer *n.* producteur, fabricant. ✪ **~('s) goods** biens d'équipement ; **~ price** prix à la production ; **~ price index** indice des prix à la production ; **~'s surplus** *Écon.* rente/surplus du producteur.

producing *suff.* -gène.

product *n.* ✪ **~ abandonment** cessation de la fabrication/vente d'un produit, abandon de produit ; **~ champion** spécialiste en marketing responsable d'un produit particulier ; **~ labour costs**

coûts salariaux par unité produite ; **~ cycle** cycle de vie du/des produit(s) ; **~ differentiation** différentiation des produits ; **~ engineer** ingénieur de fabrication ; **~ liability** responsabilité du fait de produits défectueux ; **~ life cycle** cycle de vie du/des produit(s) ; **~ line** ligne de produits *[= produits ayant des caractéristiques similaires] ;* **~ manager** *Marketing* chef de produit ; **~ market** marché pour un produit ; **~ mix** *Écon.* parts respectives des différents produits, ventilation de la production ; **~ positioning** *Marketing* positionnement du produit ; **~ portfolio** gamme/portefeuille de produits.

production *n.* **1** production *[industrielle, etc.].* **2** production *[d'un document].* ✪ **~ car** voiture de série ; **~ bonus** prime de productivité ; **~ control** gestion de la production ; **~ cost** coût de revient ; **~ engineer** ingénieur de fabrication ; **~ engineering** a) organisation de la production ; b) technique de la production ; **~ goods** biens d'équipement ; **~ line** chaîne de montage ; **~ loan** prêt à la production ; **~ manager** a) chef de fabrication, directeur de production ; b) directeur de production *[d'un film] ;* **~ run** série de production.

productive *adj.* ✪ **~ assets** capitaux productifs d'intérêts ; **~ labour** main-d'œuvre directe.

productivity *n.* ✪ **~ bonus** prime de rendement. **~ gains** accroissements de productivité.

profanity *n.* **1** blasphème, sacrilège. **2** jurons, langage cru/vulgaire/ordurier.

profess *v. tr.* **1** affecter *[sentiment, intérêt],* prétendre à *[aptitude, compétence] ;* **(that)** prétendre que ; **~ to + v.** prétendre + v. ; **he does not ~ to be an expert in nuclear physics** il ne prétend pas être un expert en physique nucléaire. **2** manifester *[sentiment, état d'esprit],* clamer *[son innocence] ;* **(that)** affirmer que, soutenir que, dire que ; **to ~ oneself + adj.** se dire/déclarer + adj. ; **to ~ ignorance** affirmer que l'on n'est pas au courant ; **she ~ed her surprise at the sudden turn of events** elle a exprimé sa surprise devant cette évolution soudaine de la situation ; **with this vote, the people ~ed their commitment to equal rights** par ce vote, le peuple a manifesté son attachement à l'égalité des droits. **3** affirmer *[foi],* avoir pour religion, être de *[telle ou telle]* confession ; être adepte de, être en faveur de, se réclamer de *[philosophie].* **4** exercer la profession de. **5** enseigner *[matière].*

professed *adj.* de (pure) façade.

profession *n.* **1** profession. **2** *pl.* a) professions ; b) professions libérales ; **more women are entering the ~s** un plus grand nombre de femmes accèdent aux professions libérales. **3** déclaration *[d'ignorance, de bonne foi],* protestation *[d'amitié, d'innocence].*

professional *n.* **1** travailleur intellectuel, personne exerçant une profession intellectuelle, travailleur/employé/fonctionnaire de niveau universitaire/diplômé de l'enseignement supérieur ; cadre ; expert ; *Adm.* administrateur ; *pl.* cadres (et assimilés), cadres et membres de professions libérales ; **computer literacy has become a necessity for ~s in every field of endeavour** la maîtrise de l'informatique est devenue indispensable pour les cadres dans tous les domaines d'activité. **2** professionnel *[= contraire d'amateur].*

professional *adj.* **1** professionnel. **2** *[profession]* libéral. **3** de niveau élevé, hautement qualifié. ✪ **~ advice** avis/conseils d'un spécialiste ; *[***to seek ~ advice** consulter un spécialiste*] ;* **~ body** association professionnelle ; **~ development** perfectionnement professionnel ; **~ ethics** (règles de) déontologie ; **~ misconduct** faute professionnelle ; **~ partnership** société civile professionnelle ; **~ services** services de membres de professions libérales ; **~ staff** cadres ; *Adm.* administrateurs.

professorship *n.* chaire.

proffer *v. tr.* offrir *[aide, conseil],* présenter *[démission, explication],* avancer, proposer *[explication],* soumettre, formuler *[proposition] ;* **two different scenarios have been ~ed by the scientists** les scientifiques ont avancé deux scénarios différents.

proficiency *n.* aptitude, compétence ; **~ in English** maîtrise de l'anglais ; **all students must pass a maths ~ examination in order to graduate** tous les étudiants doivent réussir un examen démontrant leur maîtrise des mathématiques pour obtenir leur diplôme.

profile *v. tr.* **1** décrire. **2** établir un profil de, analyser.

profile *n. voir* high profile, low profile ; **to raise the ~ of** faire mieux connaître, mettre davantage en évidence, mettre (mieux) en évidence (l'importance de).

profit *n.* bénéfices, profit. ✪ **~ and loss account** *RU* compte de résultat ; **~ and loss appropriation account** tableau des affectations du résultat ; **~ and loss statement** *ÉU* compte de résultat ; **~ centre** centre de profit ; **~-making** *adj. [entreprise]* commercial ; **~ margin** marge bénéficiaire ; **~ sharing** intéressement (aux résultats) ; **~-sharing bond** obligation participante ; **~-sharing scheme** système d'intéressement aux résultats ; **~s insurance/policy** assurance/police perte de bénéfices ; **~ squeeze** compression des bénéfices ; **~-taking** *n. Bourse* prise(s) de bénéfice ; **turn a ~** faire des bénéfices ; **~ warning** *Fin.* avertissement sur le résultat.

profitability *n.* rentabilité.

profitable *adj.* rentable, rémunérateur, lucratif.

profiteering *n.* réalisation de gains exorbitants ; **war ~** gains exorbitants réalisés à la faveur de la guerre.

pro forma invoice facture pro forma.

progestogen *n.* progestatif.

program *n.* **1** *Inf.* programme. **2** *ÉU voir* programme. ✪ **~ library** bibliothèque de programmes, programmathèque.

programme *n.* **1** programme. **2** *Radio, TV* émission. **3** *Ens.* études, cursus ; *Formation* cours. ✪ **~ budget** budget-programme ; **~ budgeting** méthode du budget-programme ; **~ evaluation and review technique** méthode PERT ; **~ manager/officer** *Adm.* responsable de programme ; **~ trading** *Bourse* vente et achat automatiques, arbitrage automatique, système de transactions automatiques.

programmed learning *Ens.* enseignement programmé.

programming language *Inf.* langage de programmation.

progress *n.* **1** progrès *[social, technique] ;* **the human genome programme has made incredible ~ over the last two years** le programme relatif au génome humain a accompli des progrès incroyables au cours des deux dernières années. **2** évolution *[d'une situation].* **3** (état d') avancement *[de travaux, de négociations].* ✪ **in ~** en cours (de réalisation) ; *[***to be in ~** se dérouler, avoir lieu ; **research on an improved model is already in ~** des recherches visant à concevoir un meilleur modèle sont déjà en cours*] ;* **~ payments** *Marchés publics* paiements périodiques ; **~ report** rapport de situation, informations/rapport/note sur l' (état d') avancement des travaux, rapport sur l'évolution de la situation, rapport faisant le point de la situation, rapport intérimaire.

progressive *adj.* **1** progressif, graduel ; *[impôt]* progressif. **2** progressiste, de progrès, novateur, moderne, tourné vers l'avenir, intéressé par l'innovation ; **the candidate was defeated in the elections because his platform was simply too ~ for a such a conservative constituency** le candidat a été battu lors des élections parce que son programme était trop novateur pour un électorat aussi conservateur. ✪ **~ muscular dystrophy** dystrophie musculaire progressive.

prohibition *n.* **1** interdiction. **2** *Dr.* ordonnance prescrivant à un tribunal de cesser d'excéder ses pouvoirs.

prohibitive impediment empêchement prohibitif.

prohibitively expensive hors de prix, extrêmement coûteux.

project *v. tr.* **1** calculer. **2** projeter *[film]*. **3** présenter, proposer *[programme]* ; donner de soi-même *[une certaine image]* ; **to ~ oneself** donner une image de soi-même ; **China tries to ~ a positive image of itself** la Chine s'efforce de donner une image positive d'elle-même ; **since the revolution, Cuba has always tried to ~ an image of social justice** depuis la révolution, Cuba s'efforce de se présenter comme un pays où règne la justice sociale. **4** prévoir ; **economists ~ that the national debt will double over the next 10 years** les économistes prévoient que la dette nationale doublera au cours des dix prochaines années. **5** extrapoler. **6** *Mil.* **to ~ military power** avoir/assurer une présence militaire, déployer des forces militaires *[loin de son territoire]* ; **the country tries to ~ its military power in the region** le pays s'efforce d'avoir une présence militaire dans la région.

project *n.* **1** projet, action, initiative, activité, opération, entreprise ; **the mayor has just launched a new ~ that will provide computer equipment to elementary schools** le maire vient de lancer une action visant à doter les écoles primaires de matériel informatique. **2** *Ens.* projet, travail, activités ; **~ work** travail sur projet. **3** chantier, ouvrage, aménagement, travaux ; **construction ~** chantier de construction ; **engineering ~** a) chantier de construction ; b) travaux de génie civil ; c) ouvrage d'art ; **a new building ~ will almost double available office space** la construction d'un nouveau bâtiment permettra de presque doubler la superficie des locaux à usage de bureaux. **4** *ÉU* cité (d'habitation), grand ensemble, HLM. ✪ **~ aid** aide sur projets ; **~ document** descriptif de projet ; **~ financing** a) financement sur projets ; b) financement de projets ; **~ management** gestion de projet ; **~ manager** a) *Construction* maître d'œuvre ; b) responsable de projet ; **~ officer** *Adm.* administrateur de projets.

projection *n.* **1** *Bâtiment* saillie. **2** *Audiovisuel, Cartographie, Math., Psych.* projection. **3** prévision. **4** *Mil.* projection *[de la puissance militaire]*, déploiement *[de forces]* ; **the ~ of American military power in the region was enough to squelch the threat of a rebellion** le déploiement de forces américaines dans la région a suffi pour étouffer toute menace de rébellion.

pro-life opposé à l'avortement.

prominence *n.* **1** centre de l'attention, place bien en vue ; **to come into ~** se retrouver au centre de l'attention, occuper le devant de la scène. **2** position en vue *[d'une personne]*, importance, place importante *[d'une chose]*.

prominent *adj.* *[personne]* éminent, distingué, de premier plan, en vue, bien connu, important, influent, de marque ; *[chose]* saillant, notable, important ; **Nixon remained a ~ figure in American politics** Nixon est resté une personnalité influente dans le monde politique aux États-Unis ; **a ~ company** une société bien connue ; **to be ~** *[activité]* occuper une place importante ; **to play a ~ part** jouer un rôle important ; **the health care issue will play a very ~ role in the coming elections** la question des soins de santé jouera un rôle important au cours des prochaines élections.

prominently *adv.* en évidence, de façon bien visible.

promiscuity *n.* multiplicité de partenaires (sexuels), relations sexuelles sans lendemain.

promiscuous *adj.* **1** ayant de multiples partenaires sexuels, changeant fréquemment de partenaire sexuel ; **to be ~** avoir des partenaires sexuels multiples ; **~ sex** relations sexuelles sans lendemain/avec le premier venu. **2** (réalisé) sans discernement ; **they have been quite ~ in their arms dealings, selling to anyone who could pay** ils n'ont fait preuve d'aucune sélectivité dans leurs ventes d'armes, le seul critère étant la capacité de payer.

promissory note billet à ordre.

promo *n.* spot publicitaire.

promote *v. tr.* **1** agir/œuvrer en faveur de, favoriser *[action, coopération]*, favoriser le progrès de, favoriser la réalisation de, faire avancer/progresser, prendre des mesures en faveur de, encourager *[action]*, renforcer, animer, développer, faciliter, aider à, stimuler, donner une impulsion à, protéger, assurer, améliorer, créer, fonder ; lancer, œuvrer à, faire le lit de ; **the Korean war ~d Japan's economy** la guerre de Corée a favorisé le développement économique du Japon ; **to ~ breast-feeding** encourager l'allaitement maternel ; **to ~ the integration of disabled people** faciliter l'intégration des handicapés. **2** défendre/servir (la cause de) ; faire l'apologie de ; **to ~ the cause of political freedom** défendre la cause de la liberté politique. **3** appuyer, soutenir ; **the Republican party is doing everything possible to ~ pro-life candidates** le Parti républicain met tout en œuvre pour soutenir des candidats opposés à l'avortement. **4** assurer/faire la promotion de, lancer, faire (mieux) connaître *[produit, livre]* ; promouvoir *[idée, méthode, comportement]*, préconiser, favoriser l'utilisation de, encourager le recours à *[méthode]*, faire campagne en faveur de ; mettre en valeur, valoriser, présenter sous un jour favorable, mettre en avant *[idée]* ; **to ~ oneself** se mettre en valeur ; **to ~ safe sex** faire campagne en faveur d'une sexualité sans risque ; **a campaign is being launched to ~ walking, cycling and using public transport** une campagne a été lancée pour encourager la marche, les déplacements à vélo et le recours aux transports en commun. **5** accorder une promotion à, donner de l'avancement à, promouvoir *[fonctionnaire]*.

promoter *n.* promoteur *[d'une idée]*, instigateur *[d'un mouvement]*. ✪ **~'s share** part bénéficiaire.

promotion *n.* ✪ **~ expenses** *Sociétés* frais d'établissement ; **~ roster** tableau d'avancement.

prompt *v. tr.* provoquer, entraîner ; **(to)** inciter à, pousser à, amener à, conduire à ; **the release of a new Microsoft product will ~ the release of similar products by other software companies** la diffusion d'un nouveau produit de Microsoft entraînera la commercialisation de produits analogues par d'autres sociétés de logiciel.

prompt *n.* *Inf.* invite ; **DOS ~** invite DOS.

prompter *n.* *TV* télésouffleur, (télé)prompteur.

promptly *adv.* sans retard.

promulgate *v. tr.* **1** promulguer *[décret]* ; adopter *[loi, règlement]* ; **to ~ and then strictly adhere to the new immigration laws** adopter et ensuite respecter strictement la nouvelle législation relative à l'immigration. **2** diffuser, répandre, faire connaître *[idée, théorie]* ; **a campaign to ~ the means of transmission of the AIDS virus** une campagne visant à faire connaître les modes de transmission du virus du sida. **3** défendre *[cause]*.

prone *adj.* **(to)** prédisposé à, sujet à, exposé à ; **to be ~ to** avoir tendance à ; **accident-~** *adj. [personne]* prédisposé aux accidents ; ayant tendance à provoquer des accidents ; **flood-~ area** zone sujette à des inondations ; **the country is ~ to earthquakes** le pays est sujet à des tremblements de terre ; **disaster-~** *adj. [région]* exposé à des catastrophes ; **men are more ~ to heart attacks than women** les hommes sont plus exposés aux crises cardiaques que les femmes.

pronounce *v. tr.* **1** prononcer *[son, mot]*. **2** *tr.* **(that)** déclarer que. **3** *intr.* **(on)** se prononcer sur, prendre position sur. **4** *tr.* **to ~ sth + adj.** déclarer (que) qqch. (est) + adj. ; **to ~ the accused guilty** déclarer l'accusé coupable. **5** *tr.* prononcer *[sentence]*, rendre *[verdict, jugement]* ; **to ~ judgement before all the information is known** porter un jugement avant de connaître toutes les informations. **6** *intr.* **(against)** *[juge]* statuer contre ; **(for)** *[juge]* statuer en faveur de ; **(on)** *[juge]* statuer sur.

pronouncement *n.* déclaration ; **the ~s made by the different heads of state were almost identical in tone and in meaning** les déclarations faites par les différents chefs d'État ont été presque identiques par leur contenu et leur ton.

proof *n. Dr.* ✪ **in the absence of ~ to the contrary** sauf preuve contraire.

proof *suff.* **acid-~** *adj.* résistant aux acides ; **bullet-~** *adj.* à l'épreuve des balles ; **rust-~** *adj.* antirouille ; **shock-~** *adj.* antichoc ; **weather-~** *adj.* à l'épreuve des intempéries ; **windshields must be made from shatter-~ glass** les pare-brise doivent être fabriqués en verre de sécurité.

prop *v.* **~ up** soutenir *[cours d'une action, entreprise en difficulté]*.

propellant *n. Esp.* ergol, propergol. ✪ **~ gas** (gaz) propulseur d'aérosol.

propensity *n. Écon.* propension *[à consommer/épargner/importer/investir]*.

proper *adj.* **1** approprié, adéquat, convenable, voulu, bien conçu, correct, légitime, bon, sain, opportun, judicieux, rationnel, dû ; *[personne]* compétent ; **all requests must pass through the ~ channels** toutes les demandes doivent passer par les voies appropriées ; **the ~ functioning of the company** le bon fonctionnement de l'entreprise ; **to determine the ~ course of action to be taken under the circumstances** déterminer les mesures à prendre compte tenu des circonstances ; **to keep ~ accounts/books** tenir une comptabilité en bonne et due forme ; **on his 25th birthday, he will be authorized to take his ~ place at the head of the family business** lors de son vingt-cinquième anniversaire, il pourra prendre la place qui lui revient à la tête de l'entreprise familiale ; **in the ~ manner** comme il se doit ; **~ authorities** autorités compétentes. **2** véritable, à part entière, en bonne et due forme. **3** proprement dit ; **Oakland is not a part of San Francisco ~** Oakland ne fait pas partie de la ville de San Francisco proprement dite.

properly *adv.* de façon appropriée, de façon satisfaisante, adéquatement, convenablement, comme il convient, comme il se doit, correctement, bien, judicieusement, rationnellement, à bon escient, avec discernement, soigneusement, dans les règles (de l'art), comme il se doit ; *Dr.* en bonne et due forme, dûment, selon les formes prescrites, régulièrement ; **the parents are suing the hospital because they say that their child's case was not handled ~** les parents intentent un procès à l'hôpital étant donné que, selon eux, leur enfant n'a pas reçu des soins appropriés ; **the plan was never ~ explained** le plan n'a jamais été expliqué de façon satisfaisante ; **income tax returns not ~ filed may result in fines** si le formulaire de déclaration de revenu n'est pas convenablement rempli, une amende peut être infligée ; **all vehicles should be ~ maintained** tous les véhicules doivent être correctement entretenus ; **this theory has not been ~ understood** cette théorie n'a pas été bien comprise ; **resources should be used ~** les ressources doivent être utilisées judicieusement ; **all samples must be ~ labelled and filed** tous les échantillons doivent être soigneusement étiquetés et classés ; **the disciplinary committee was ~ constituted** le comité de discipline était régulièrement constitué. ✪ **~ so called** au sens propre du terme.

property *n.* **1** bien(s) ; propriété ; **he was forced to sell most of his ~ to reimburse his debts** il a dû vendre la quasi-totalité de ses biens pour rembourser ses dettes. **2** bien immobilier, bien-fonds, propriété foncière ; *Bilan* terrains et constructions. **3** accessoire *[pour un film]*. ✪ **~ agent** agent immobilier ; **~ and equipment** *Bilan ÉU* terrains, constructions et installations ; **~ and liability insurance** *ÉU* assurance dommages autre que l'assurance incendie ; **~ company** société immobilière ; **~ damage** dommage(s) matériel(s) ; **~ deed** titre de propriété immobilière ; **~ developer** promoteur immobilier ; **~ development** promotion immobilière ; **~ in action** intérêt patrimonial incorporel ; **~ insurance** assurance de choses ; **~ investment** placement(s) immobilier(s) ; **~ law** droit des biens ; **~ loss** dommage matériel ; **~ man** accessoiriste ; **~ market** marché immobilier ; **~ mistress** accessoiriste ; **~ offence** atteinte à la propriété ; **~, plant and equipment** *Bilan* terrains, constructions et installations ; **~ right** droit de propriété ; droits patrimonial ; **~ speculator** spéculateur foncier ; **~ tax** impôt sur la propriété *[mobilière ou immobilière]* ; **~ unit trust** *RU* fonds de placement immobilier.

property *adj.* **1** patrimonial. **2** immobilier.

prophecy *n.* prédiction.

prophet of doom prophète de malheur.

prophylactic *n. ÉU* préservatif.

proponent *n.* partisan, tenant ; **~s of the treaty say that it will definitively restore peace in the region** les partisans du traité affirment qu'il rétablira définitivement la paix dans la région.

proportion *n.* proportion, fraction. ✪ **as a ~ of** par rapport à ; **out of (all) ~** de façon (tout à fait) disproportionnée ; *[***out of all ~ to** sans commune mesure avec, sans rapport avec ; **the president's role in the affair has been blown out of ~** le rôle du président dans cette affaire a été fortement exagéré ; **media coverage has been completely out of ~ to the real importance of the incident** l'attention accordée par les médias à cet incident a été tout à fait disproportionnée par rapport à son importance réelle*]*.

proportional representation *Pol.* système/scrutin proportionnel, (représentation) proportionnelle.

proportionnally, proportionately *adv.* **1** proportionnellement, dans les mêmes proportions ; **our costs are now higher but our budget has not increased ~** nos coûts sont maintenant plus élevés mais notre budget n'a pas augmenté dans les mêmes proportions ; **~ to** proportionnellement à ; en proportion de, dans les mêmes proportions que ; **the funds should be distributed ~ to the population of each area** il faut répartir les fonds proportionnellement à la population de chaque zone. **2** de façon proportionnée ; toutes proportions gardées.

propose *v.* **1** *tr.* proposer. **2** *intr.* se proposer (de), avoir l'intention (de), entendre.

proposed *adj.* **1** projet de *[résolution, budget] ;* **~ draft budget** avant-projet de budget. **2** dont la création est envisagée/ proposée ; envisagé.

proposer *n. Ass.* proposant.

proposition *n.* **1** affirmation. **2** affaire, problème ; **risky ~** entreprise hasardeuse ; **because of HIV, sex is now considered by many to be a risky ~** à cause du VIH, beaucoup de gens considèrent qu'il est risqué d'avoir des relations sexuelles ; **the new building project seems to be a very interesting ~** le projet de construction d'un bâtiment semble très intéressant ; **choosing computer equipment can be a difficult and confusing ~** le choix de matériel informatique peut être difficile et déroutant. **3** proposition.

propound *v. tr.* mettre en cause la validité de *[testament]*.

proprietary *adj.* **1** patrimonial, de propriété ; faisant l'objet d'un droit de propriété. **2** privé ; propre, qui lui appartient en propre. **3** *[technologie]* exclusif, protégé par des droits exclusifs ; *[produit]* breveté ; commercialisé sous une marque déposée. **4** *Inf. [logiciel]* propre au fabricant, propriétaire. ✪ **~ article** article commercialisé sous une marque ; **~ brand** marque (déposée) ; **~ company** a) holding ; b) société propriétaire de gisements miniers ; c) *Afr. du Sud, Austr., NZ* société à responsabilité limitée ; **~ drug** spécialité pharmaceutique ; **~ hospital** clinique privée, **~ interest** *Sociétés* participation (au capital) ; **~ medicinal product** spécialité pharmaceutique ; **~ medicine** spécialité pharmaceutique ; **~ name** marque déposée ; dénomination protégée ; **~ rights** droits patrimoniaux.

proprietor of a patent titulaire d'un brevet.

proprietorship *n.* entreprise individuelle ; **sole ~** entreprise individuelle.

propriety *n.* **1** bienséance, (respect des) convenances, savoir-vivre, respectabilité, bonnes manières, bonne tenue, correction, étiquette, formalisme, décorum. **2** légitimité, régularité, honorabilité, intégrité ; opportunité ; **to have doubts about the ~ of doing sth** avoir des doutes quant à l'opportunité de faire qqch. ; **to question the ~ of doing sth** mettre en doute qu'il soit convenable/approprié de faire qqch.

prorated *adj.* calculé/réparti au prorata *[de la période écoulée, du nombre de parts de chacun]*.

prorogation *n.* **1** clôture de la session *[d'une assemblée parlementaire]*. **2** *ÉU* clause attributive de compétence.

pros and cons avantages et inconvénients, le pour et le contre, arguments pour et contre ; **each of these methods has ~** chacune de ces méthodes a des avantages et des inconvénients.

prosecute *v. tr.* **1** poursuivre en justice, intenter un procès contre. **2** poursuivre, mener *[activité]*.

prosecuting *adj.* ✪ **~ attorney** *ÉU* procureur ; **~ barrister/counsel/lawyer/solicitor** *RU* procureur, avocat de l'accusation.

prosecution *n.* **1** (exercice de) poursuites pénales, action pénale/publique. **2** ministère public, accusation, partie poursuivante ; **the "innocent until proven guilty" ideal places the burden of proof on the ~** en vertu du principe selon lequel on est innocent tant que sa culpabilité n'a pas été prouvée, la charge de la preuve incombe au ministère public. ✪ **~ witness** témoin à charge.

prosecutor *n. Angl.* procureur, accusation, partie poursuivante, avocat de l'accusation, ministère public.

prospect *n.* **1** perspective(s), chance(s), évolution, avenir ; **the money-making ~s of this project are very slim** les perspectives de rentabilité de ce projet sont très limitées. **2** client potentiel, prospect.

prospective *adj.* **1** potentiel, éventuel ; candidat, aspirant ; futur ; **~ buyer** acheteur potentiel ; **the ~ financial gains to be made in the software industry are huge** les gains susceptibles d'être réalisés dans le secteur du logiciel sont énormes ; **the company should know the aims of its ~ partners** la société doit connaître les buts de ses partenaires éventuels ; **~ employee** candidat à un emploi ; **~ insurance agents** personnes désireuses d'exercer la profession d'agent d'assurance. **2** prospectif, tourné vers l'avenir ; **to take a ~ view** adopter une optique prospective. **3** prévisible, probable, prévu, attendu, anticipé, futur ; **judging from their past actions, it is easy to guess what their ~ reaction to this new situation will be** à en juger d'après leurs actions passées, il est facile de deviner comment ils réagiront face à cette situation nouvelle.

prospectively *adv.* préalablement.

prospectus *n. Bourse* note d'information.

protease inhibitor antiprotéase, inhibiteur de protéases.

protective measures mesures conservatoires.

protein *n.* ✪ **~ deficiency** carence protéique ; **~ products** *Agr.* protéagineux.

pro tem(pore) **1** faisant fonction, par intérim ; **mayor ~** maire par intérim ; **president ~** *ÉU* président par intérim du Sénat *[ou d'une autre assemblée]*. **2** temporairement, provisoirement.

protest *v.* **1** *tr.* **to ~ a bill** protester un effet/une lettre de change ; **to ~ one's innocence** protester de son innocence, clamer son innocence. **2 ~ against** protester contre, s'élever contre.

protest *n.* **1** protestation. **2** *Lettre de change* protêt. ✪ **in ~** en guise de protestation ; *[***they left the conference in ~** ils ont quitté la conférence en guise de protestation*] ;* **in ~ against/at** pour protester contre ; *[***a strike was organized in ~ against the lay-offs** une grève a été organisée pour protester contre les licenciements*] ;* **under ~** tout en réaffirmant son bon droit, *[paiement effectué]* sans reconnaissance préjudiciable ; *[***the farm bill was passed under heavy ~ from the opposition** le projet de loi sur l'agriculture a été adopté en dépit des protestations vigoureuses de l'opposition*]*.

protracted *adj.* prolongé, de longue durée ; **to be ~** durer longtemps.

protruding *adj.* saillant.

prove *v.* **1** *tr.* prouver. **2** *intr.* s'avérer ; **the reported discovery of Noah's Ark ~d to be a hoax** il s'est avéré que la prétendue découverte de l'Arche de Noé n'était qu'un canular ; **if the document ~s false** s'il apparaît que le document est un faux ; **all these years of research will ~ worthwhile if the vaccine actually works** toutes ces années de recherche auront en définitive été utiles si le vaccin est efficace.

provide *v.* **I** *tr.* **1** fournir, offrir, procurer, apporter, livrer, donner, distribuer, mettre à la disposition, accorder, octroyer, approvisionner en, pourvoir ; conférer *[pouvoirs]* ; doter de *[fonds]* ; prodiguer *[soins]*, dispenser *[enseignement, soins]* ; assurer, garantir, ménager, créer, engendrer ; mettre en place *[système]* ; **to ~ an answer** fournir une réponse ; **different charities ~ all the equipment needed by the laboratory** plusieurs organisations charitables fournissent tout le matériel dont le laboratoire a besoin ; **this new software package ~s all the tools necessary for the creation of Web pages** ce nouveau logiciel offre tous les outils nécessaires pour la création de pages sur la Toile ; **to ~ guidance to decision-makers** donner des conseils aux décideurs ; **to ~ proof that** donner la preuve que ; **the clinic ~s free health care for those in need** le centre de santé dispense gratuitement des soins de santé aux nécessiteux ; **the education ~d by the school** l'enseignement dispensé par l'école ; **to ~ job training** assurer une formation professionnelle ; **funding for this programme is ~d solely through private donations** le financement de ce programme est assuré uniquement par des dons privés ; **to ~ services** assurer des services ; **to ~ continuity** être le garant de la continuité ; **to ~ the flexible structure needed by managers** mettre en place la structure souple dont les gestionnaires ont besoin ; **to ~ jobs to the unemployed** créer/trouver des emplois pour les chômeurs. **2** communiquer *[informations]*, *[tableau]* présenter *[données]*, *[rapport]* contenir, présenter *[informations]* ; **statistics were ~d to us by the US Department of Health** des statistiques nous ont été communiquées par le ministère de la Santé des États-Unis. **3** constituer, représenter, servir de ; **his question ~s us with a good starting point for today's discussion** sa question représente un bon point de départ pour les discussions d'aujourd'hui. **4** *Dr.* **(that)** *[traité, article]* disposer que, prévoir que, prescrire que, *[clause, contrat]* stipuler que ; **Article 37 ~s that...** aux termes de l'article 37, ... **II ~ against 1** protéger contre, prémunir contre. **2** *Compt.* constituer une provision destinée à couvrir, provisionner *[risques, créances]*. **III ~ for 1** entretenir, subvenir/pourvoir/répondre aux besoins de ; **this new insurance policy also ~s for the spouses and children of employees** cette nouvelle police d'assurance prévoit aussi des prestations destinées aux conjoints et aux enfants des salariés. **2** assurer, permettre, pourvoir à, prendre des mesures en vue de ; **to ~ for the common defense and general welfare of the United States** pourvoir à la défense commune et à la prospérité générale des États-Unis ; **the consultations will also ~ for an exchange of views** les consultations permettront également de procéder à des échanges de vues. **3** prévoir ; instituer ; **we lost a lot of money because we did not ~ for the possibility that one of our partners might back out** nous avons perdu des sommes considérables parce que nous n'avions pas prévu que l'un de nos partenaires pourrait faire marche arrière. **4** prévoir la possibilité de, ménager. **5 to be ~d for** être prévu/inscrit/institué, faire l'objet ; être visé *[à l'article 3]*. **IV ~ with** fournir à, mettre à la disposition de, apporter à, doter de ; **they ~d them with the necessary equipment** ils leur ont fourni le matériel nécessaire ; **to ~ sb with health care** dispenser des soins de santé à qqn ; **to be ~d with** obtenir, recevoir, être pourvu/muni de, bénéficier de.

provided that pour autant que, à condition que, si tant est que ; **~ our information is valid, the situation demands immediate international attention** pour autant que nos informations soient exactes, la situation exige l'attention immédiate de la communauté internationale.

provident *adj.* ✪ **~ fund** fonds de prévoyance ; **~ society** association de secours mutuel.

provider *n.* prestataire *[de services]*, source *[d'emploi, de capitaux]*, bailleur *[de fonds]* ; **health care ~s** dispensateurs de soins de santé.

providing (that) pour autant que.

province *n. Fig.* domaine (de compétence), ressort, discipline, branche, spécialité ; **to be the ~ of** être du ressort de, relever de la compétence de ; **a child's education is the ~ of his parents, before it is that of his schoolteachers** l'éducation d'un enfant incombe à ses parents avant d'être du ressort des enseignants ; **our firm specializes in computer programming ; hardware repairs are not our ~** notre entreprise est spécialisée dans la conception de programmes informatiques ; la réparation de matériel ne relève pas de notre domaine de compétence.

provision *n.* **1** fourniture, approvisionnement, offre, mise à disposition, mise en place, octroi, distribution, dotation ; prestation *[de services]* ; **to expand the ~ of higher education** développer l'enseignement supérieur. **2** services (offerts), facilités, ressources, moyens. **3** *Compt.* provision, réserve. **4** disposition *[d'une loi, d'un traité]*, clause, stipulation *[d'un contrat]* ; règle ; **under the ~s of this Act** aux termes de cette loi. ✪ **make ~ for** a) prévoir, prendre des dispositions pour, assurer ; tenir compte de ; b) *Compt.* constituer une provision destinée à couvrir, provisionner *[risques, créances]* ; **~ for depreciation** provision pour dépréciation ; **~ for doubtful debts** provision pour créances douteuses **~ for exchange losses** provision pour perte de change.

Provisional *n.* membre de l'IRA provisoire.

provisional *adj.* ✪ **~ injunction** *Dr.* ordonnance de référé ; **~ measures** *Dr.* mesures conservatoires ; **Provisional IRA** IRA provisoire.

proviso *n.* **1** condition ; clause conditionnelle. **2** réserve.

Provo *n.* membre de l'IRA provisoire.

proximate *adj.* **1** prochain, (très) proche, imminent. **2** suivant ; le plus proche ; qui précède/suit immédiatement. **3** approximatif. **4** assez précis. ✪ **~ cause** *Dr.* cause immédiate.

proximity talks pourparlers indirects.

proxy *n.* **1** procuration, pouvoir *[= écrit constatant un mandat]*. **2** procuration, mandat. **3** mandataire, fondé de pouvoir. **4** représentant. **5** allié ; **by ~** par allié interposé ; **Israel's ~ militia in south Lebanon** la milice qui agit pour le compte d'Israël dans le sud du Liban. **6** succédané, ersatz. **7** *Enquêtes* substitut. ✪ **~ battle** bataille livrée à coups de procurations ; **~ data** données indirectes/supplétives ; **~ fight** bataille livrée à coups de procurations ; **~ statement** procuration ; **~ vote** vote par procuration ; **~ war** a) guerre menée par allié interposé ; b) guerre menée à coups de procurations.

proxy *adj.* indirect ; **~ indicator** indicateur indirect.

prudential *adj. Banque* prudentiel ; **~ supervision** surveillance prudentielle.

PSBR (public sector borrowing requirement) *RU* solde net à financer du secteur public, besoin de financement du secteur public/des administrations.

PSE (personal and social education) *Ens. RU* éducation personnelle et sociale.

PSNI (Police Service of Northern Ireland) Service de police d'Irlande du Nord.

psychoactive *adj. [médicament, substance]* psychotrope.

psychometric test test psychotechnique.

psychology *n.* **1** psychologie. **2** mentalité *[d'un peuple]* ; **the German ~** la mentalité des Allemands.

psychotropic *adj. [médicament, substance]* psychotrope.

pt (pint) *pint [RU = 568,3 ml ; ÉU = 473,2 ml].*

PTA (parent-teacher association) association des parents et des enseignants.

PTO (parent-teacher organization) *ÉU* association des parents et des enseignants.

PTO (please turn over) voir verso.

PTSD (post-traumatic stress disorder) syndrome de stress post-traumatique.

Pty (proprietary) *Afr. du Sud, Austr., NZ* société à responsabilité limitée.

public *n.* **1** population, citoyens ; opinion publique ; **the plan should have the support of the ~** il faut que la population soit favorable au projet. **2** public.

public *adj.* **1** public ; **~ ceremony** cérémonie publique ; **~ appearance** apparition en public. **2** de la population ; **~ consultation** consultation de la population ; **~ safety** sécurité de la population ; **~ mood** état d'esprit de la population ; **~ participation in decision-making** participation de la population à la prise de décision ; **at ~ expense** aux frais du contribuable. ✪ **go ~** a) se constituer en société anonyme, être introduit en Bourse ; b) faire des révélations, porter/mettre/étaler/déballer l'affaire sur la place publique, parler, dire tout ; *[***the family decided to go ~ with their accusations of misconduct against their child's teacher** la famille a décidé d'accuser publiquement l'instituteur de leur enfant d'avoir eu un comportement répréhensible à l'égard de celui-ci*]* ; **~-access television** télévision participative/d'accès public, octroi d'un temps d'antenne à des associations ; **~ accountant** expert comptable ; **~-address system** (système de) sonorisation ; **~ advocate** *ÉU* défenseur de l'intérêt général ; **~ affairs** a) affaires publiques, chose publique, vie publique, politique ; b) relations publiques ; **~ affairs officer** responsable des relations extérieures ; **~ affairs department** service des relations extérieures ; **~ authorities** administrations publiques, pouvoirs publics ; puissance publique ; **~ bill** *RU* projet/proposition de loi de portée générale ; **~ body** organisme (de droit) public ; **~ carrier** transporteur pour compte d'autrui ; **~ choice** *Écon.* choix public ; **~ bulletin board** tableau d'affichage électronique ; **~ company** a) *RU* société constituée avec appel public à l'épargne ; b) entreprise publique ; **~ consumption** consommation publique, consommation des administrations publiques ; **~ convenience** toilettes publiques ; **~ corporation** a) *RU* entreprise publique ; b) *ÉU* personne morale publique ; établissement public ; c) *ÉU* société anonyme ; **~ defender** *ÉU* avocat chargé de défendre les indigents, avocat commis d'office ; **~ domain** domaine public *[= a) biens appartenant à l'État ; b) biens non protégés par des droits de propriété intellectuelle]* ; **~ employee** fonctionnaire ; **~ engagement** apparition en public ; **~ enterprise** a) *RU* entreprise publique ; b) *ÉU* société anonyme ; **~ expenditure** dépenses publiques ; **~ eye** *[***to be in the ~ eye** a) susciter l'attention du public ; être bien connu ; b) être une personnalité connue/publique, être un personnage en vue, avoir/tenir la vedette (de l'actualité), tenir le devant de la scène, être sous les feux de l'actualité/des projecteurs ; **to bring into the ~ eye** faire connaître, déballer/étaler sur la place publique ; **out of the ~ eye** discrètement, en privé ; **to keep out of the ~ eye** rester dans l'ombre ; **his multiple appearances before the federal court have kept him in the ~ eye for many years** en raison de ses multiples comparutions devant le tribunal fédéral, il est un personnage connu du public depuis de nombreuses années ; **paparazzi make it almost impossible for celebrities to stay out of the ~ eye** à cause des paparazzi, les célébrités n'ont plus de vie privée*]* ; **~ facilities** établissements ouverts au public ; **~ figure** personnalité (publique), personnalité en vue ; **~ finance** finances publiques ; **~ funding** financement public ; deniers/fonds publics, crédits ; **~ funds** deniers/fonds publics ; **~ good** a) intérêt général/public, utilité publique, bien commun, intérêt de la société/collectivité ; b) *Écon.* bien public ; **~ hearing** audition publique ; **~ holiday** jour férié ; **~ house** *RU* café, pub, débit de boissons ; **~ housing** *ÉU* logements sociaux ; **~-information officer** agent/administrateur//fonctionnaire chargé de l'information ; responsable de l'information *[s'il n'y en a qu'un seul]* ; **~ interest** a) intérêt général/public, utilité publique, bien commun, intérêt de la société/collectivité ; *[***of ~ interest** *[information]* pouvant intéresser le public*]* ; **~-interest group** association à but non lucratif ; **~ international law** droit international public, droit des gens ; **~ issue** émission publique *[de valeurs mobilières]* ; **~ lands** *ÉU* terres domaniales ; **~ law** droit public ; **~ liability policy** police d'assurance responsabilité civile ; **~ liability insurance** assurance responsabilité civile ; **~ limited company** *RU* société anonyme ; **~ money** fonds/deniers publics ; **~ nuisance** acte/omission préjudiciable à la collectivité, atteinte à un intérêt collectif ; **~ offering** offre publique de vente *[de titres]* ; **~ office** fonction publique ; **~ officer** fonctionnaire, titulaire de fonctions officielles ; **~ official** fonctionnaire ; **~ opinion poll** sondage d'opinion ; **~ order** ordre public ; **~-order offence** atteinte à la tranquillité publique ; atteinte à l'ordre public ; **~ ownership** propriété collective/publique *[des moyens de production]* ; caractère public *[d'une entreprise]* ; **~ performance** représentation publique ; **~ policy** a) action/politique des pouvoirs publics, politique publique ; b) *Dr.* ordre public ; *[***issues of ~ policy** questions relevant de la politique des pouvoirs publics ; **these acts are illegal because they are contrary to ~ policy** ces actes sont illégaux car ils sont contraires à l'ordre public*]* ; **~-private partnership** partenariat public-privé ; **~ procurement** marchés publics ; **~ procurement contract** marché public ; **~ property** a) bien immobilier appartenant à l'État ; b) chose connue de tous ; **~ prosecutor** procureur, partie poursuivante, ministère public ; **~ prosecutor's office** ministère public ; **~ purse** a) Trésor ; b) deniers/fonds publics, deniers de l'État ; *[***the ~ purse will be unable to maintain the current Social Security system for much longer** les deniers publics ne pourront continuer à financer le régime de sécurité sociale pendant longtemps encore*]* ; **~ record** *[***to be a matter of ~ record** être notoire*]* ; **~ records** registres publics ; archives publiques ; **~ relations** relations publiques ; **~-relations officer** chargé de relations publiques ; **~ school** a) *Angl. public school,* établissement privé d'enseignement secondaire ; b) *Écosse, ÉU* école publique ; **~ sector borrowing requirement** solde net à financer du secteur public, besoin de financement du secteur public/des administrations ; **~-sector company** entreprise publique ; entreprise nationalisée ; **~ servant** fonctionnaire ; **~ service** a) service(s) public(s) ; b) fonction publique ; **~-service announcement** message d'intérêt général ; **~-service charges** tarifs publics ; **~-service corporation** *ÉU* société assurant un service public ; **~ services** services publics ; **~-service vehicle** véhicule affecté au transport rémunéré de voyageurs ; **~ spending** dépenses publiques ; **~-spirit** *n.* souci/sens de l'intérêt général, civisme, sens civique ; **~-spirited** *adj. [personne]* soucieux de l'intérêt général ; *[acte]* inspiré par le souci de l'intérêt général ; **~-spiritedness** *n.* souci/sens de l'intérêt général, civisme, sens civique ; ~ **stock offering** *ÉU* offre publique de vente d'actions ; ~-**supply contract** marché public de fournitures ; ~ **telephone** téléphone public, publiphone ; ~ **transport(ation)** transports en commun/publics/collectifs ; ~ **trust** œuvre de bienfaisance (constituée en *trust*/fiducie) ; ~ **utility** compagnie de distribution d'énergie ou de fournitures essentielles ; compagnie d'électricité ; ~ **utilities** services collectifs (distribution d'énergie, d'eau, etc.) ; ~ **walk** chemin de promenade public ; ~ **warehouse** magasin général ; ~ **weal** intérêt général, bien de la collectivité ; ~ **welfare** intérêt général ; ~-**works contract** marché public de travaux.

publican *n.* patron de café.

publicist *n.* **1** agent de publicité. **2** publiciste *[= spécialiste du droit public]*. **3** spécialiste du droit international.

publicity *n.* **1** publicité *[= large diffusion d'une information] ;* retentissement donné, écho donné par les médias *[à une nouvelle]*, tam-tam, battage, tapage ; **a blaze of** ~ une publicité considérable/tapageuse ; **adverse/bad/damaging/negative** ~ mauvaise publicité ; **to attract much** ~ avoir un grand retentissement, faire beaucoup de bruit ; **this case has attracted so much ~ that it has been extremely difficult to find impartial jurors to serve during the trial** cette affaire a fait tant de bruit qu'il a été extrêmement difficile de trouver des jurés impartiaux pour le procès. **2** publicité *[= activité de promotion d'un produit] ;* **Disney launched a massive ~ campaign a full two months before the film's release** Disney a lancé une vaste campagne de publicité deux mois avant la sortie du film. ✪ ~ **stunt** coup/opération publicitaire.

publicize *v. tr.* faire connaître, rendre public, diffuser (des informations sur), porter à la connaissance du public, attirer l'attention du public sur, porter/étaler sur la place publique, déballer en public ; faire de la publicité pour ; *[médias]* donner un large écho à ; **the Health Department continually ~s information on the dangers of smoking** le ministère de la santé diffuse en permanence des informations sur les risques inhérents au tabagisme.

publicized *adj.* **highly/much/well/widely** ~ qui (a) fait l'objet d'une large publicité, qui a reçu beaucoup de publicité, entouré de beaucoup de publicité, dont on parle beaucoup, dont on a beaucoup parlé, qui a fait grand bruit, auquel les médias ont fait largement écho, très médiatisé, qui a eu beaucoup de retentissement, qui a défrayé la chronique ; **a much ~ court case** un procès qui a fait grand bruit ; **several highly ~ incidents** plusieurs incidents dont on a beaucoup parlé ; **the Olympic Games are the most widely ~ sporting event internationally** les Jeux olympiques constituent la manifestation sportive qui jouit du plus grand retentissement sur le plan international.

publicly *adv.* ✪ ~ **funded** financé par les pouvoirs publics ; ~-**held company/corporation** *ÉU* société dont les actions circulent dans le public ; ~-**owned company/corporation** *ÉU* société dont les actions circulent dans le public ; ~-**owned enterprise/ undertaking** entreprise publique ; ~ **quoted/traded company** société dont les actions circulent dans le public ; ~ **traded fund** *FCP* fonds à capital fixe.

publish *v. tr.* **1** publier. **2** éditer. ✪ ~ **or perish** publier à tout prix, il est vital de publier.

publisher *n.* éditeur, maison d'édition.

publishing *n.* ✪ ~ **agreement** contrat d'édition ; ~ **house** maison d'édition, éditeur ; ~ **industry** édition.

publish or perish publier à mort.

puerperium *n.* **1** post-partum *[= période puerpérale]*. **2** puerpéralité, état puerpéral.

puisne judge *Angl.* (juge) assesseur du tribunal de grande instance.

pull *v.* **I** *tr.* **(from)** retirer de. **II ~ down** *Inf.* dérouler *[menu]*. **III ~ in** attirer *[clients, investissements]*. **IV ~ out 1** *[véhicule]* démarrer. **2** *[candidat]* se retirer. **V ~ off** *Fam.* réussir, accomplir, mener à bien *[qqch. d'extraordinaire]*. **VI ~ out** *[armée]* se retirer. **VII ~ out of** se retirer de *[organisation] ;* **the investors ~ed out of the deal at the last minute** les investisseurs ont renoncé à conclure le marché à la dernière minute. **VIII ~ over 1** *[conducteur de véhicule]* s'arrêter, se ranger. **2** *[police]* faire s'arrêter *[conducteur de véhicule]*. **IX ~ through** *[blessé]* s'en sortir. **X ~ together 1** rassembler *[éléments formant un tout, membres d'un groupe, informations]*, unir *[le pays]*. **2** se rassembler, s'unir, faire front, serrer les rangs, faire bloc. **3** réorganiser *[entreprise]*. **4 to ~ oneself together** se ressaisir, reprendre son sang-froid, redevenir maître de soi.

pull *n. Fig.* attraction. ✪ ~ **measures** *Transp.* mesures incitatives.

pull-down menu *Inf.* menu déroulant.

pull(ing) strategy *Marketing* stratégie tirer *[axée sur le consommateur]*.

pull-out *n.* **1** retrait *[de troupes]*. **2** *Journ.* supplément. **3** *Journ.* cahier.

pull quote passage mis en évidence, extrait mis en exergue, extrait significatif *[placé dans l'espace laissé par un retrait du texte et repris de celui-ci]*.

pulmonary circulation *Méd.* petite circulation.

pulse *n.* **1** impulsion *[= modification de courte durée d'une variable physique, suivie d'un retour à l'état initial]*. **2** pouls. ✪ ~ **rate** pouls.

pulses *n. pl.* légumes à cosse.

pump *n.* ✪ ~ **priming** amorçage ; ~-**priming finance** fonds/financement/aide de départ/lancement ; ~-**priming loan** prêt de démarrage.

punch *n.* ✪ **pull one's ~es** ménager son adversaire ; **roll with the ~es** surmonter l'adversité.

punchy *adj. Journ. [titre, style]* percutant.

pundit *n.* **1**. expert, spécialiste, autorité. **2** commentateur. **3** érudit.

Punjab *n. Inde, Pakistan* Pendjab.

punishing *adj. Fig. [emploi du temps]* éprouvant.

punitive *adj. [droits d'entrée, intérêts]* très élevé, prohibitif, exorbitant. ✪ ~ **damages** *Dr.* dommages-intérêts punitifs.

punitory damages *Dr.* dommages-intérêts punitifs.

pupillage *n. Dr. Angl.* stage *[accompli par le barrister débutant]*.

pupil-teacher ratio taux d'encadrement des élèves.

punt *n.* **1** livre irlandaise. **2** pari.

punter *n. Fam. RU* **1** client, acheteur. **2** parieur. **3** client *[d'une prostituée] ; Fam.* micheton.

puppet *n. Fig.* marionnette, fantoche. ✪ ~ **government** gouvernement fantoche ; ~ **state** satellite.

purchase *n.* ✪ **~ (accounting) method** *Compt. ÉU* méthode reposant sur la valeur du marché *[des actifs de la société absorbée]* ; **~ group** *Fin.* syndicat de garantie ; **~ order** commande ; **~s (day) book** *Compt.* journal des achats ; **~s journal** *Compt.* journal des achats ; **~s ledger** *Compt.* grand livre auxiliaire des fournisseurs.

purchasing *adj.* ✪ **~ authority** administration (chargée de la passation des marchés publics) ; **~ department** service des achats ; **~ manager** responsable/directeur des achats ; **~ managers' survey** *ÉU* enquête auprès des directeurs des achats ; **~ officer** acheteur *[dans une entreprise]* ; **~ power** pouvoir d'achat ; **~ power parity** *Écon.* parité de pouvoir d'achat ; **~ power standard** standard de pouvoir d'achat.

purdah *n.* confinement des femmes au foyer.

pure *adj.* ✪ **~-bred** *adj.* de race pure ; **~ monopoly** *Écon.* monopole absolu.

purge *v. tr. Dr.* **to ~ a contempt of court** faire amende honorable.

purification station station d'épuration.

purified water eau épurée.

Purim *n. Judaïsme* Pourim.

purport *v.* **1** *intr.* **(to)** viser à, avoir l'intention de, entendre. **2** *tr.* être censé, prétendre, avoir la prétention de ; **~ed** prétendu, soi-disant. **3** sembler ; **a ~ed sender is bound by a payment order** l'expéditeur apparent est lié par un ordre de paiement. **4** *tr.* signifier ; déclarer.

purportedly *adv.* prétendument, soi-disant ; **a ~ official statement from the governor** une déclaration prétendument officielle du gouverneur.

purpose *n.* **1** but, objectif, finalité, fin(s), visées, objet, dessein, intention ; destination, vocation ; raison d'être, sens ; **the ~ of the meeting is to hammer out a draft convention** la réunion a pour but de mettre au point un projet de convention ; **to serve one's ~** atteindre son but ; **the ~ of the lockout was to pre-empt a strike** l'objet du lock-out était de prévenir une grève ; **the main ~ is to** il s'agit avant tout de ; **for the ~s of** aux fins de, pour les besoins de ; **for the ~s of this Act** pour l'application de la présente loi ; **for the ~ of this Article** aux fins du présent article ; **for the ~ of clarity, I will first define a few terms as they are to be understood in this chapter** à des fins de clarté, je commencerai par définir quelques termes tels qu'ils doivent être compris dans le présent chapitre ; **for this/that ~** dans ce but, à cette fin, à cet effet ; **for the ~ of doing sth** dans le but/en vue de faire qqch. ; **for the sole ~ of doing sth** à seule fin de faire qqch. ; **for propaganda ~s** à des fins de propagande ; **for commercial ~s** à des fins commerciales ; destination ; **fit for ~** adapté à sa destination ; **when it suits his ~** quand cela l'arrange ; **the ~ of this foundation is to promote sustainable development** cette fondation a pour vocation d'agir en faveur du développement durable. **2** fonction, mission ; **to serve a ~** remplir une fonction ; **the organization's ~ is to denounce human rights abuses** l'organisation a pour mission de dénoncer les violations des droits de l'homme. **3** usage, utilité ; **what is the ~ of doing this?** à quoi sert-il de faire cela ? **it serves a ~** cela est utile ; **it serves no ~** cela ne sert à rien. **4** résolution, détermination ; motivation ; **lack of ~** absence de but précis, manque de motivation ; **sense of ~** *voir* sense. ✪ **on ~** à dessein, délibérément, de propos délibéré.

purposeful *adj. [action]* mené avec détermination, résolu, déterminé ; volontariste ; systématique. **2** *[acte]* intentionnel, prémédité.

purposefully *adv.* **1** résolument, avec détermination, avec décision. **2** délibérément, à dessein, de propos délibéré, volontairement.

purposely *adv.* délibérément, à dessein, de propos délibéré, volontairement ; sciemment ; **military officials ~ lied to UN nuclear inspection agents** des militaires ont sciemment menti aux fonctionnaires de l'ONU chargés d'inspecter les installations nucléaires.

purposive *adj.* **1** *[action]* orienté vers un but (précis), accompli dans un but déterminé. **2** *[personne, action]* résolu ; *[personne]* mû par un but. ✪ **~ sample** *Stat.* échantillon choisi à dessein ; **~ sampling** *Stat.* échantillonnage dirigé.

pursuance *n.* ✪ **in ~ of** conformément à.

pursuant to en exécution de, en vertu de, en application de, au titre de, dans le cadre de, conformément à, suivant, selon.

pursue *v. tr.* **1** poursuivre, pourchasser *[criminel]*. **2** rechercher, s'efforcer d'obtenir/de réaliser ; viser, chercher à atteindre *[objectif]*, servir *[intérêt]*, prendre des mesures en faveur de ; **to ~ one's own interests** agir dans son propre intérêt, servir ses propres intérêts ; **the programme's activities ~ these objectives** les activités du programme visent à atteindre ces objectifs ; **to ~ one's own agenda** s'efforcer d'atteindre ses propres objectifs ; **he has been pursuing the presidency since the beginning of his political career** depuis le début de sa carrière politique, son objectif est d'accéder à la présidence ; **the organization's goal is to ~ the interests of abused or neglected children** le but de l'organisation est de défendre les intérêts des enfants maltraités ou moralement abandonnés ; **to ~ a legitimate interest** agir dans un but légitime. **3** mener, réaliser, exécuter, mettre en œuvre *[politique, action, activités, programme]*, mener *[étude, travaux de recherche]*, appliquer *[stratégie]*, accomplir, se consacrer à *[activité]*, exercer *[profession]* ; assurer ; **a few scientists continue to ~ cold-fusion research** quelques scientifiques continuent de mener des recherches sur la fusion à froid ; **to ~ nuclear testing despite international disapproval** procéder à des essais nucléaires malgré la désapprobation de la communauté internationale ; **they ~d their plan for extensive deforestation, without regard for the disaster it would provoke** ils ont exécuté leur projet de déboisement sur une grande échelle en dépit de la catastrophe que cela devait provoquer ; **to ~ a claim** faire valoir ses droits, introduire une plainte/réclamation ; **to ~ a career in** faire carrière dans ; **to ~ the career of** exercer la profession de. **4** poursuivre, continuer. **5** étudier, examiner *[question, hypothèse, idée]* ; **to ~ a lead** *[police]* suivre une piste ; **as the vote was decisive, it is of no use pursuing the question any further** comme le vote a été décisif, il ne sert à rien de continuer à étudier la question.

pursuit *n.* **1** occupation, activité ; **leisure ~s** activités de loisirs ; **as their standard of living increases, people can devote more and more time to purely artistic and intellectual ~s** à mesure que leur niveau de vie augmente, les individus peuvent consacrer de plus en plus de temps à des activités purement intellectuelles et artistiques. **2** exercice *[d'une activité]* ; application *[d'une stratégie]*. **3** recherche, quête ; **politics is the ~ of power** l'objet de la politique est d'obtenir le pouvoir ; **Life, Liberty and the ~ of Happiness** la vie, la liberté et la recherche du bonheur ; **private funding allows us to continue our ~ for a cure for multiple sclerosis** des fonds privés nous permettent de continuer à rechercher un traitement pour la sclérose en plaque ; **they are constantly in ~ of new investment opportunities** ils s'efforcent en permanence de trouver de nouvelles possibilités d'investissement. **4** défense *[d'intérêts]*. **5** poursuite.

purview *n.* domaine (de compétence), compétence ; **to be within the ~ of** relever de.

push *v.* **1 ~ around** *Fam.* malmener, traiter sans égards/sans ménagement/de façon cavalière. **2 ~ aside** écarter. **3 ~ back** faire reculer *[limite],* différer, reporter, repousser *[date],* reculer *[date, datation].* **4 ~ for** demander ; préconiser, prôner, militer pour, faire campagne en faveur de, déployer des efforts pour ; **the prosecution is ~ing for the death penalty in this case** le ministère public requiert la peine de mort dans cette affaire. **5 ~ through** réaliser *[réforme] ;* (réussir à) faire adopter *[projet de loi par le parlement] ;* faire aboutir ; obtenir. **6 ~ up** augmenter, provoquer une augmentation de *[prix, taux d'intérêt].*

push *n. Fig.* effort, action, campagne, offensive ; **there is a big ~ to restrict agricultural imports** on déploie des efforts considérables pour limiter les importations agricoles. ✪ **at a ~** a) au maximum, tout au plus ; b) à la rigueur, éventuellement ; **at the ~ of a button** sur simple pression d'un bouton ; **if ~ comes to shove** quand/si la situation se corse/devient difficile, en cas de coup dur, faute de mieux, à la limite, à la rigueur, au pire ; **push measures** *Transp.* mesures dissuasives ; **when ~ comes to shove** quand/si la situation se corse/devient difficile, en cas de coup dur, faute de mieux, à la limite, à la rigueur, au pire.

pusher *n.* pourvoyeur de drogue.

push(ing) strategy *Marketing* stratégie pousser *[axée sur les distributeurs].*

pushover *n. Fam.* mauviette.

put *v.* **I** *tr.* mettre, apposer ; **to ~ a label on** apposer une étiquette sur. **II** *tr.* présenter *[qqch.] ;* **to ~ it differently** en d'autres termes ; **to ~ it simply** pour simplifier, en termes clairs ; **as Mr Smith ~s it** comme le dit M. Smith, selon la formulation de M. Smith. **III ~ across** faire passer *[message],* faire comprendre. **IV ~ aside 1** infirmer *[jugement frappé d'appel].* **2** mettre de côté *[intérêts particuliers],* tirer un trait sur *[différends passés] ;* faire abstraction de *;* **both parties were asked to ~ aside their ideological differences and work together** il a été demandé aux deux parties de faire abstraction de leurs différends idéologiques et de collaborer. **3** mettre en réserve ; **10% of our computer budget is ~ aside to cover repair costs** 10 % de notre budget informatique ont été réservés aux dépenses de réparation. **V ~ at** évaluer *[coût]* à. **VI ~ back** reporter, différer, retarder. **VII ~ before** présenter *[proposition]* à. **VIII ~ behind: to ~ sth behind one** oublier qqch., tourner la page. **IX ~ down 1** verser *[acompte].* **2** réprimer, écraser *[rébellion].* **3** abattre *[animal].* **X ~ down to** attribuer à, mettre sur le compte de ; **the failure has been ~ down to bad management** l'échec a été attribué à des erreurs de gestion. **XI ~ forward 1** proposer, suggérer, avancer, présenter *[idée],* présenter, soumettre *[projet],* faire valoir *[arguments],* opposer *[objections à qqn] ;* **Member States ~ forward candidates for appointment by the Executive Board** les États membres proposent des candidats en vue de leur nomination par le Conseil exécutif ; **several projects have already been ~ forward** plusieurs projets ont déjà été soumis. **2** mettre en exergue. **XII ~ in 1** passer *[commande].* **2** introduire *[demande] ;* **we will make our decision on the building project as soon as all the contractors have ~ in their bids** nous prendrons une décision sur le chantier de construction dès que tous les entrepreneurs auront soumis leurs offres. **XIII ~ off 1** remettre à plus tard, différer, retarder ; **(till, to, until)** remettre à, reporter à ; **the decision cannot be ~ off any longer** il n'est pas possible de continuer à différer la décision. **2** rebuter, décourager, dégoûter, déplaire ; dissuader, avoir un effet dissuasif sur ; **the jargon may ~ off some readers** le jargon risque de rebuter certains lecteurs ; **many clients are ~ off by their high-pressure sales strategy** de nombreux clients sont indisposés par leurs méthodes de vente agressives. **XIV ~ on** prendre *[du poids].* **XV ~ out 1** éteindre *[incendie].* **2** diffuser *[informations] ;* rendre public *[déclaration].* **XVI ~ right** corriger. **XVII ~ through 1** faire subir ; **to be ~ through** subir, endurer. **2** mener à bien, réaliser, faire aboutir. **3** obtenir l'adoption de *[projet de loi].* **4 (to)** mettre *[qqn]* en communication avec, transmettre *[appel]* à *[qqn] ;* **I ~ you through to New York** je vous passe New York. **5** obtenir *[communication téléphonique].* **6 to ~ through a call to** appeler *[qqn par téléphone].* **XVIII ~ together 1** constituer *[comité, gouvernement] ;* assembler ; **the secretariat ~ together a team of translators** le secrétariat a constitué une équipe de traducteurs. **2** élaborer, établir *[plan, programme].* **XIX ~ up 1** élever, ériger *[barricade].* **2** augmenter *[impôts, prix].* **3** opposer *[résistance] ;* **to ~ up a fight** se défendre, résister, ne pas se laisser faire. **4** mettre *[argent]* sur la table. **5** faire valoir, mettre en avant, présenter *[arguments].* **6** présenter *[candidat, idée].* **7 to ~ up for sale** mettre en vente. **XX ~ up with** supporter *[situation].* ✪ **~ paid to** *RU* mettre fin à, sonner le glas de, en finir avec, couper court à ; **~ up or shut up** agissez ou taisez-vous.

put *n. Bourse* ✪ **~ of more** option du double ; **~ (option)** option de vente.

putative *adj.* possible, présumé, éventuel.

puzzle *v.* **1** *tr.* déconcerter, laisser/rendre perplexe, plonger dans la perplexité, laisser rêveur, intriguer, dérouter, dépayser, troubler ; **the mission will answer many of the questions that currently ~ planetologists** la mission permettra de répondre à de nombreuses questions qui intriguent actuellement les planétologues. **2 ~ out** résoudre, trouver la solution de, comprendre *[problème complexe],* élucider, déchiffrer *[énigme],* tirer au clair, débrouiller, démêler, décortiquer *[affaire compliquée].* **3 ~ over** étudier *[problème complexe, énigme],* tenter de résoudre, tenter de trouver la solution de, tenter de comprendre *[problème complexe],* tenter d'élucider/de déchiffrer *[énigme],* tenter de tirer au clair/débrouiller/démêler *[affaire compliquée].*

puzzle *n.* énigme.

puzzled *adj.* déconcerté, dérouté, interloqué.

puzzlement *n.* incompréhension.

puzzling *adj.* incompréhensible, déroutant, troublant, surprenant, énigmatique, cabalistique.

PVC (polyvinyl chloride) PVC (chlorure de polyvinyle).

PWR (pressurized water reactor) REP (réacteur à eau sous pression).

pyramid *n.* ✪ **~ investment scheme** système de placement pyramidal ; **~ (sales) scheme** système de vente à la boule de neige, système de vente pyramidale ; **~ selling** vente à la boule de neige, vente pyramidale.

Q

Q (quarter) trimestre ; **2Q 2004** 2e trimestre 2004 ; **Q3 2004** 3e trimestre 2004.

QA (quality assurance) assurance qualité.

Q & A (questions and answers) (séance de) questions et réponses.

Qaddafi, Qadhafi *n.* Kadhafi.

Qatari *adj.* qatarien.

QC (quality control) contrôle de la qualité.

QC (Queen's Counsel) *RU barrister* de rang élevé, avocat chevronné, *Queen's Counsel.*

qt (quart) *quart [RU = 1,136 5 l ; ÉU = 0,946 25 l].*

qty (quantity) quantité.

quad bike quadricycle.

Quad Cities *ÉU* Davenport, Bettendorf, Rock Island et Moline.

quadratic mean *Stat.* moyenne quadratique.

quagmire *n.* bourbier, guêpier, situation inextricable/sans issue.

qualification *n.* **1** *pl.* qualifications, aptitudes, capacités, compétences ; **he has the ~s for the job** il possède les qualifications requises pour l'emploi ; **they doubted his ~s for such a position** ils doutaient qu'il ait les aptitudes requises pour occuper un tel poste ; **for this post, we need someone with both technical and administrative ~s** pour ce poste, nous avons besoin de quelqu'un qui possède des compétences administratives et techniques. **2** critère, condition ; **~s for membership** conditions d'adhésion ; **to tighten housing benefit ~s** rendre plus rigoureuses les conditions d'octroi de l'allocation logement. **3** *Ens.* titre, diplôme, grade ; **academic ~s** titres universitaires. **4** réserve, restriction, correctif, nuance, tempérament, précision ; *Fam.* bémol ; **without ~** sans réserve ; **to require ~** *[affirmation]* appeler des réserves, devoir être nuancé ; **the Security Council resolution was accepted by both sides without ~** la résolution du Conseil de sécurité a été acceptée sans réserve par les deux parties. ✪ **~ share** action de garantie.

qualified *adj.* **1** *[main-d'œuvre]* qualifié ; **(for)** remplissant/réunissant les conditions requises pour ; possédant les aptitudes/compétences requises pour occuper *[emploi],* ayant les aptitudes/compétences requises pour exercer *[fonctions] ;* **(to)** apte à, à même de ; remplissant/réunissant les conditions requises/voulues pour *[postuler un emploi, se présenter aux élections],* ayant qualité pour ; **he is ~ to serve on the committee** il possède les qualifications nécessaires pour siéger au comité ; **EU citizens are now ~ to vote in European elections in all Member States** les ressortissants de l'Union européenne ont maintenant le droit de voter aux élections européennes dans tous les États membres ; **many of his colleagues doubt that he is ~ to hold such an important position** un grand nombre de ses collègues doutent qu'il possède les compétences requises pour occuper un poste aussi important. **2** qualifié, bien placé *[pour porter une appréciation sur qqch.] ;* **to be ~ to do sth** être qualifié/bien placé pour faire qqch., avoir qualité pour faire qqch. **3** *[médecin, enseignant]* diplômé, possédant les titres nécessaires ; **newly ~ doctor** médecin venant d'obtenir son diplôme ; **since when has she been ~ to practice?** depuis quand possède-t-elle les titres nécessaires pour exercer la profession ? **4** avec/sous réserve, assorti de réserves, conditionnel, sous condition, restreint, relatif, mitigé, *[éloge]* nuancé, *[optimisme]* prudent ; **~ approval** approbation sous réserve/conditionnelle ; **~ support** appui réservé/conditionnel ; **~ success** succès relatif. ✪ **~ acceptance** a) *Lettre de change* acceptation sous réserve ; b) *Dr. des contrats ÉU* acceptation assortie de réserves ; **~ endorsement/indorsement** endossement assorti de réserves ; **~ majority** majorité qualifiée.

qualify *v.* **I 1** *tr.* *[formation]* conférer des compétences à, qualifier ; **(for)** permettre d'exercer *[fonctions],* rendre apte à occuper *[emploi] ;* **(to)** conférer les compétences requises pour, donner le droit de, autoriser à *[exercer une profession] ;* **this programme qualifies students to fly helicopters** ces cours confèrent aux étudiants les aptitudes requises pour le pilotage d'hélicoptères. **2** *intr.* **(for)** remplir les conditions requises pour ; **the customer does not ~ for a loan** le client ne remplit pas les conditions requises pour l'octroi d'un prêt. **3** *intr.* se voir reconnaître le droit d'exercer (la profession). **4** *intr.* se qualifier *[dans une épreuve sportive].* **5** *tr.* **(for)** donner droit à, ouvrir droit à, qualifier pour ; **(to)** donner le droit de, autoriser à, permettre de ; **her examination results ~ her to practice law in the state of Iowa** les résultats de ses examens lui donnent le droit d'exercer la profession d'avocat dans l'Iowa. **6** *tr.* restreindre/limiter la portée de, apporter des réserves/restrictions à, assortir de réserves, nuancer, préciser, tempérer, atténuer, modérer, relativiser *[déclaration] ;* **her enthusiasm for the new research proposal was qualified by the enormous amount of time and money that it would necessitate** son enthousiasme pour le nouveau projet de recherche était tempéré par le fait qu'il exigerait énormément de temps et d'argent. **II ~ as 1** obtenir un/son diplôme de, obtenir le titre de, terminer ses études de *[expert-comptable] ;* **she has recently qualified as a nurse** elle a récemment obtenu son diplôme d'infirmière. **2** pouvoir prétendre au statut de. **3 damages resulting from the recent earthquake ~ the region as a disaster area** en raison des dégâts causés par le récent tremblement de terre, la région a droit au statut de zone sinistrée. **4** être digne du nom de, mériter d'être appelé, avoir le statut de, constituer, être ; **though his books are popular, they do not ~ as literature** bien que ses livres aient du succès, il ne s'agit pas de littérature ; **this farmer qualifies as a producer of organic vegetables** cet agriculteur a droit au statut de producteur de légumes biologiques ; **he also qualifies as conservative** il mérite aussi l'étiquette de conservateur ; **the airline was criticized for carrying passengers unlikely to ~ as refugees** on a reproché à la compagnie aérienne de transporter des passagers qui avaient peu de chances de se voir reconnaître le statut de réfugié ; **a large area of the country qualifies as desert** une grande partie du pays est désertique. **5** qualifier de. **III ~ for** remplir les conditions requises pour (pouvoir) bénéficier de/obtenir *[prestations sociales]*/occuper *[emploi]*/exercer *[fonctions] ;* avoir droit à, pouvoir prétendre à, entrer en ligne de compte pour, pouvoir bénéficier de, avoir qualité pour ; **the people who ~ for income support** les personnes qui remplissent les conditions nécessaires pour bénéficier du complément de revenus ; **she does not ~ for unemployment benefits** elle n'a pas droit à des allocations de chômage ; **customers must purchase 12 books per year to ~ for a rebate** les clients doivent acheter 12 livres par an pour avoir droit à une ristourne.

qualifying *adj.* remplissant les conditions requises. ✪ **~ examination** examen d'aptitude ; **~ period** période d'attente ; **~ rounds** éliminatoires ; **~ share** action de garantie.

qualitative jump bond qualitatif.

quality *n.* ✪ **~ assurance** assurance qualité ; **~ circle** *Gestion* cercle de qualité ; **~ control** contrôle de la qualité ; **~ controller** travailleur affecté au contrôle de la qualité ; **~ newspaper** journal de haute tenue ; **~ point** *Ens. ÉU* note numérique ; **~ tested** ayant fait l'objet d'un contrôle de la qualité ; **~ time** temps passé avec sa famille.

qualms *n. pl.* états d'âme, scrupules.

quandary *n.* embarras, perplexité, doute ; dilemme ; **their candidate's sudden withdrawal from the race left party officials in a ~** les dirigeants du parti étaient bien embarrassés par le retrait soudain de leur candidat.

quango (quasi-autonomous non-governmental organization) *RU* établissement public *[Post Office, Arts Council, Rural Development Commission, p. ex.]* ; commission autonome *[Commission for Racial Equality, p. ex.]*.

quantify *v. tr.* quantifier, calculer, chiffrer.

quantile *n. Stat.* quantile.

quantity *n.* ✪ **~ discount/rebate** remise sur quantité ; **~ survey** métré ; **~ surveyor** métreur ; **~ theory of money** *Écon.* théorie quantitative de la monnaie.

quantum *n.* **1** *Dr.* quantité ; montant ; quantum *[d'une amende, d'une indemnité, d'une pension]* ; **~ of damages** montant des dommages-intérêts. **2** *Phys.* quantum. ✪ **~ chromodynamics** chromodynamique quantique ; **~ leap (forward)** bond en avant, bond de géant, progrès décisif ; **~ mechanics** mécanique quantique ; **~ physics** physique quantique ; **~ step forward** bond en avant, bond de géant, progrès décisif ; **~ theory** théorie des quanta.

quantum meruit *Dr.* (montant correspondant à la) valeur des prestations ; **to sue on a ~** engager une procédure pour obtenir le versement d'un montant correspondant à la valeur des prestations.

quarantine *v. tr. Fig.* isoler.

quarrying *n.* exploitation de carrières.

quart *n. quart [RU = 1,136 52 l ; ÉU = 0, 946 25 l].*

quarter *n.* **1** quart *[= 1/4]*. **2** quart d'heure. **3** trimestre. **4** *ÉU* (pièce de) 25 cents. **5** région, zone ; quartier *[d'une ville]*. **6** *pl.* logement(s), résidence, appartements ; **seamen's ~s** logements de l'équipage. **7** *pl.* milieux ; **business ~s** milieux d'affaires ; **from all ~s** de partout ; **their name is quite well-known in certain ~s** leur nom est bien connu dans certains milieux ; **in other ~s** ailleurs. ✪ **at/from/in close ~s** de près ; **in close ~s with** à proximité de.

quartile *n. Stat.* quartile.

quash *v. tr.* **1** réprimer, étouffer, écraser, mater *[révolte]*. **2** mettre fin à ; démentir *[rumeur]*. **3** *Dr.* annuler, infirmer, réformer, casser, mettre à néant *[jugement]*, censurer, invalider, frapper de nullité ; **to ~ a conviction** annuler une condamnation.

quasi *préf.* ✪ **~-autonomous non-governmental organization** *voir* quango ; **~-contract** *n.* quasi-contrat ; **~-corporate enterprises** *Compt. nat.* quasi-sociétés ; **~-money** *n. Écon.* quasi-monnaie, disponibilités quasi monétaires ; **~-rent** *n. Écon.* quasi-rente.

quayage, quay dues droit de quai.

Queen *n. RU* ✪ **~'s Bench Division** *Angl. Queen's Bench Division [= chambre de la High Court chargée de statuer sur des actions civiles en matière de contrat et de responsabilité civile]* ; **~'s Counsel** *barrister* de rang élevé, avocat chevronné, *Queen's Counsel* ; **~'s evidence** *RU* prévenu/accusé déposant/témoignant contre ses complices ; *[***to turn ~'s evidence** déposer/témoigner contre ses complices*]* ; **~'s speech** discours du trône.

query *n.* **1** question. **2** *Inf.* requête.

quest *n.* **1** recherche ; quête *[spirituelle, du bonheur]* ; **~ for truth** recherche de la vérité ; **~ for knowledge** quête de savoir. **2** efforts, action ; **Iran's ~ for nuclear capability** lés efforts déployés par l'Iran pour se doter d'une capacité nucléaire.

question *v. tr.* **1** interroger *[suspect, témoin]*, questionner, poser des questions à. **2** mettre en cause/en question/en doute, remettre en cause, douter de, émettre des doutes concernant ; contester *[décision]*, objecter à ; **their patriotism was ~ed** leur patriotisme a été mis en cause ; **many ~ the government's ability to enforce the newly-signed cease-fire** nombreux sont ceux qui mettent en doute l'aptitude du gouvernement à faire respecter l'accord de cessez-le-feu qui vient d'être signé ; **the programme forces polluters to ~ their practices** le programme oblige les pollueurs à remettre en cause leurs pratiques ; **the appointment of the new manager was ~ed by some staff members** la nomination du nouveau directeur a été contestée par certains membres du personnel.

question *n.* **1** question *[= interrogation]*. **2** question, point *[= problème, thème]* ; **to come into ~** être soulevé/abordé/évoqué ; **to put the ~** mettre la question aux voix. **3** doute, incertitude ; **there is no ~ that** il est indiscutable que ; **beyond (all) ~** incontestable(ment), sans le moindre doute, *[savoir]* pertinemment ; **to be beyond ~** être incontestable/manifeste ; **to bring into ~** mettre en cause ; **the enormous campaign contributions offered by the gun lobby brought some senators' honesty into ~** les sommes énormes offertes par le lobby des armes à feu ont mis en cause l'intégrité de certains sénateurs ; **to call in(to) ~** a) contester ; b) (re)mettre en cause/question ; **in ~** a) incertain, loin d'être assuré/acquis ; b) en question ; **there is some ~ as to whether** il n'est pas certain que ; **there is some ~ as to the legality of this plan** on peut s'interroger au sujet de la légalité de ce projet ; **there is no ~ about sth** il n'y a pas de doute au sujet de qqch., qqch. n'est pas en doute, qqch. ne fait pas de doute ; **there is no ~ that** il n'est pas douteux que, il est incontestable/indéniable que ; **there remains no ~ about his commitment** son dévouement n'est plus contestable ; **there is no ~ that any offensive on the part of the rebels would trigger all-out war in the region** il est incontestable que toute offensive des rebelles déclencherait une véritable guerre dans la région ; **her integrity is beyond ~** son intégrité ne peut être mise en doute. **4** question *[= possibilité]* ; **out of the ~** hors de question ; **there is no ~ of** il n'est pas question de, il est impossible de ; **there is no ~ that** il est exclu que ; **there is some ~ of** il est question de. **5** question, ce dont il s'agit ; **a ~ of money** une question d'argent ; **a ~ of time** une question de temps ; **it is not a ~ of** ce dont il s'agit n'est pas ; **beside the ~** hors de propos, étranger à la question. ✪ **beg the ~** a) *[personne]* faire une pétition de principe, *[déclaration]* anticiper sur la solution à retenir ; b) éluder la question ; c) soulever la question ; *[***his answer merely begged the ~** sa réponse se limitait à éluder la question*]* ; **call in(to) ~** mettre en cause/doute ; **~ of fact** *Dr.* point de fait ; **~ of law** *Dr.* point de droit ; **~ time** *RU* séance des questions au gouvernement, séance des questions d'actualité ; **without any ~** incontestablement.

questionable *adj.* **1** incertain, douteux, sujet à caution ; **it is ~ whether** il n'est pas certain que, rien ne garantit que ; **the accuracy of the report is very ~** l'exactitude du rapport est très sujette à caution. **2** *[pratiques]* critiquable, contestable, discutable, peu orthodoxe, douteux, peu scrupuleux ; **an investigation was launched into the ~ business deals made by the mayor's office** une enquête a été ouverte au sujet des contrats de légalité douteuse passés par la mairie avec certaines entreprises.

questioning *n.* **1** interrogatoire *[d'un suspect] ;* **to hold for ~** placer en garde à vue. **2** questions.

queue *v. tr. Inf.* placer dans la file d'attente.

queuing *n. Gestion* ✪ **~ theory, theory of ~** théorie des files d'attente.

quick *adj.* ✪ **in ~ succession** à quelques minutes/heures/jours d'intervalle, en quelques minutes/heures/jours/mois/années, en peu de temps, l'un après l'autre, coup sur coup ; **~ and dirty** *[méthode]* rudimentaire, assez grossier ; **~ assets** *Compt.* actifs réalisables à court terme ; **~ asset ratio** *ÉU* ratio de trésorerie réduite ; **~ fix** a) solution à court terme, rafistolage, palliatif ; b) solution rapide ; **~ mind** **/to have a ~ mind** être vif d'esprit*/ ;* **~ ratio** *ÉU* ratio de trésorerie réduite.

quid pro quo compensation, contrepartie.

quiet enjoyment *Dr.* jouissance paisible.

quintessential *adj.* typique ; **the ~ example of a traditional English judge** le prototype du juge anglais traditionnel.

quite *adv.* bien, sensiblement, notablement, très, particulièrement.

quixotic *adj.* naïvement idéaliste.

quota *n.* quota *[revenant à qqn, exigé de qqn],* contingent, quote-part ; *pl. FMI* quotes-parts, quotas ; **to fill/fulfil/meet a quota** remplir un quota. ✪ **~ hopping** cession de quotas ; **~ sample** échantillon constitué selon la méthode des quotas ; **~ sampling** *Stat.* échantillonnage selon la méthode des quotas.

quotation *n.* **1** *Bourse* cote ; cotation. **2** offre de prix ; prix offert ; devis. ✪ **~ list** *Bourse* cote officielle.

quote *v.* **1** *tr.* citer *[texte],* reprendre, reproduire ; indiquer, rappeler *[référence d'une lettre].* **2** *tr.* mettre *[explication]* en avant. **3** *tr.* offrir, indiquer, donner *[prix].* **4** *intr.* faire une offre de prix.

quote *n.* **1** *Bourse* cours. **2** offre de prix ; prix offert ; devis.

quoted *adj. Bourse* coté (en Bourse). ✪ **~ company** société cotée en Bourse ; **~ price** cours ; **~ securities** valeurs cotées en Bourse/inscrites à la cote ; **~ share** action cotée en Bourse/inscrite à la cote.

q.v. (quod vide) voir ce mot.

R

R (restricted) *Cinéma ÉU* interdit aux moins de 17 ans non accompagnés d'un adulte.

rabbit *n. Nucl.* furet.

race *n.* race ; **we have produced enough weapons to wipe out our own ~ four times over** nous avons fabriqué suffisamment d'armes pour anéantir le genre humain quatre fois ; **the damage we inflict on the environment can only make life more difficult for the future of our ~** il est inévitable que les dégâts que nous causons à l'environnement rendent plus difficile l'existence des générations futures. ✪ **~ against time** *Fig.* course contre la montre ; **~ relations** relations interraciales ; **~ riot** émeute raciale.

race *n. Fig.* course *[à la présidence],* bataille électorale ; **presidential ~** bataille présidentielle, course à la présidence ; **arms ~** course aux armements. ✪ **~ against time** *Fig.* course contre la montre ; **~ driver** pilote de course.

rack *v. Fig.* **1** *tr.* **to ~ one's brains** se creuser la tête, se torturer les méninges. **2 ~ up** engranger *[bénéfices],* subir *[pertes].*

rack rate tarif sans ristourne.

radar *n.* ✪ **~ antenna** antenne radar ; **~ astronomy** radarastronomie ; **~-dome** *n.* radôme ; **~ display** écran radar ; **~ echo** écho radar ; **~ gun** cinémomètre ; **~ image** image radar ; **~ operator** radariste ; **~ scope/screen** écran radar ; **~ trap** dispositif de contrôle de la vitesse par radar.

radiation *n.* rayonnement(s). ✪ **~-absorbed dose** dose de radiation ; **~ detector** détecteur de rayonnement ; **~ injury** radiolésion ; **~ monitor** détecteur de rayonnement ; **~ protection** radioprotection ; **~ sickness** maladie des rayons ; **~ therapy** radiothérapie.

radical *adj.* **1** *[changement]* radical. **2** *[différence, désaccord, erreur]* fondamental. **3** *[personne, idées]* extrémiste.

radio *adj.* ✪ **~ announcer** speaker ; **~ astronomy** radioastronomie ; **radio beacon** balise radio ; **~ commercial** message publicitaire radiophonique ; **~ dial** bouton de sélection des fréquences ; **~ direction finder** radiogoniomètre ; **~ frequencies** fréquences radiophoniques ; **~ galaxy** radiogalaxie ; **~ play** pièce radiophonique ; **~ programme** émission de radio ; **~ spectrum** spectre radio ; **~ telescope** radiotélescope ; **~ wave** onde radioélectrique.

radioactive *adj.* ✪ **~ decay/disintegration** décroissance/désintégration radioactive ; **~ fallout** retombées radioactives ; **~ tracer** marqueur/traceur radioactif *[utilisé en scintigraphie].*

radioactivity background level radioactivité ambiante.

radiocarbon dating datation par le radiocarbone.

radioimmunoassay *n.* radio-immunodosage.

radiological half-life période radiologique.

radionuclide scan *Méd.* scintigraphie.

rage *v. intr.* faire rage, sévir.

rage *n.* **all the ~** en vogue, très à la mode ; **to be all the ~** faire fureur, avoir un succès fou.

raid *v. tr.* **1** faire une descente dans *[établissement suspect],* faire une descente dans les bureaux/locaux de, procéder à une perquisition dans (les locaux de) *[entreprise].* **2** débaucher *[travailleurs d'autres entreprises].*

raid *n.* **1** raid, attaque, coup de main, attaque surprise, incursion ; **bank ~** attaque de banque. **2** descente (de police), perquisition, opération coup de poing, rafle. **3** opération de débauchage *[de travailleurs, de membres d'un parti].* **4** tentative de prise de contrôle *[d'une société]*

raider *n. Bourse* prédateur d'entreprises.

rail *n.* ✪ **~ gauge** écartement des rails ; **~-trailer service** ferroutage.

railcar *n.* autorail.

railroad *v. tr.* violer le droit *[de l'accusé]* à un procès équitable, ne laisser aucune chance à *[accusé].*

railroad *n. ÉU* ✪ **~ bill of lading** lettre de voiture ferroviaire ; **~ crossing** passage à niveau ; **~ tie** traverse ; **~ tracks** voies ferrées/de chemin de fer ; **~ worker** cheminot.

railway *n. RU* ✪ **~ bill of lading** lettre de voiture ferroviaire ; **~ junction** nœud ferroviaire ; **~ tracks** voies ferrées/de chemin de fer.

railwayman *n. RU* cheminot.

rain *n.* ✪ **~ forest** forêt pluviale ; **~ gauge** pluviomètre ; **~ gauge station** station pluviométrique.

rainbow coalition *Pol.* grand rassemblement, coalition plurielle.

rainfall *n.* **high ~** pluviométrie élevée.

rainfed *adj. [cultures, riz]* pluvial. ✪ **~ agriculture** culture sous pluie.

rainy day *Fig.* temps difficiles.

raise *v. tr.* **1** lever, soulever, dresser *[qqch.] ;* construire, ériger *[bâtiment, monument],* dresser, élever *[monument, statue] ;* hisser *[drapeau] ;* renflouer *[navire].* **2** élever *[qqn à une dignité],* élever au rang de *[cardinal],* promouvoir *[employé].* **3** augmenter *[salaires, impôts, loyer, valeur, température],* relever *[salaires],* accroître *[valeur],* faire monter *[température, tension artérielle],* améliorer *[niveau] ;* **(to)** porter à *[montant] ;* **the central bank decided to ~ interest rates to 11%** la banque centrale a décidé de porter les taux d'intérêt à 11 % ; **a campaign to ~ public awareness of the effects of alcohol on driving** une campagne destinée à sensibiliser le public aux effets de l'alcool sur la conduite d'un véhicule. **4** remonter *[moral].* **5** cultiver *[blé] ;* élever *[enfants, bétail].* **6** provoquer, engendrer, déclencher *[réactions, protestations],* soulever *[tempête de protestations],* faire naître, susciter *[espoirs, attente, doutes, soupçons, craintes],* faire/laisser entrevoir *[possibilité, perspective],* susciter *[préoccupations],* semer *[doute],* faire naître, éveiller *[soupçons, doutes, curiosité],* brandir, agiter *[menace],* faire planer, agiter *[spectre],* donner *[de l'espoir, des espoirs, l'alerte] ;* fomenter *[rébellion],* susciter *[troubles] ;* **this book is bound to ~ controversy** ce livre déclenchera inévitablement des controverses ; **to ~ hopes that** faire espérer que ; **to ~ fears that** faire craindre que ; **to ~ concerns** susciter des préoccupations. **7** soulever *[question, objection],* formuler *[objection],* évoquer *[question, possibilité],* mettre en avant ; **to ~ grounds** *Dr.* invoquer des moyens ; **the abortion issue ~s both moral and political questions** l'avortement soulève des questions morales et politiques. **8** recueillir, récolter, obtenir, collecter, rassembler, trouver, drainer, réunir, se procurer *[fonds, capitaux]* ; lever *[armée, troupes]* ; **the money ~d for charity was actually sent to South American revolutionaries** les fonds recueillis à des fins charitables avaient en fait été remis à des révolutionnaires d'Amérique du Sud. **9** lever *[interdiction, embargo, siège]*.

raisin *n.* raisins secs.

rake *v.* **~ in** gagner, engranger *[argent]* ; **business was so good that we could just sit back and ~ in the money** l'entreprise était tellement prospère qu'il nous suffisait d'engranger l'argent.

rally *v.* **I 1** *tr.* regrouper, rallier *[soldats, armée]*. **2** *tr.* rassembler *[partisans, population]*, unir ; **to ~ the party** rassembler le parti ; **to ~ support for** obtenir un appui/soutien pour ; **to ~ opposition to** organiser une opposition à, susciter un mouvement d'opposition à. **3** *tr.* **to ~ oneself to** se rallier à. **4** *intr.* se rassembler, s'unir, faire front, faire bloc, serrer les rangs ; **to ~ under the banner of** se ranger sous la bannière de, **to ~ in support of** soutenir. **5** *intr.* manifester, participer à une manifestation. **6** *intr. Bourse [cours, monnaie, marché]* se redresser, se raffermir ; **gold rallied as the dollar fell** le cours de l'or s'est redressé alors que le dollar baissait. **7** *intr.* **to ~ to sb's defence** se porter au secours de, venir à la rescousse de. **II ~ around** se rallier à *[principe]*. **III ~ behind** (re)serrer les rangs autour de/derrière, faire bloc autour de/derrière. **IV ~ round 1** faire bloc. **2** (re)serrer les rangs autour de/derrière, faire bloc derrière, se ranger sous la bannière de ; **to ~ round the flag** témoigner sa loyauté à la cause. **V ~ to** se rallier à la cause de ; **the people rallied to the cause of freedom** la population s'est ralliée à la cause de la liberté ; **to ~ to sb** se ranger sous la bannière de qqn, se rallier à qqn.

rally *n.* **1** rassemblement ; meeting. **2** *Bourse* reprise.

RAM (random-access memory) *Inf.* mémoire vive.

rambling *adj. [propos]* confus, décousu.

ramification *n. pl. Fig.* conséquences, incidences ; **the ~s of the Supreme Court decision concern many different fields** les conséquences de l'arrêt de la Cour suprême concernent de nombreux domaines.

ramp *v.* **I** *tr. Bourse* faire monter artificiellement le cours de *[action]*. **II ~ up 1** augmenter, accroître *[qqch.]*. **2** *[prix]* augmenter.

ramp *n.* **1** rampe, plan incliné. **2** *Av.* aire de stationnement. **3** *Av.* passerelle.

rampage *n.* actes de violence aveugle/déchaînée, déchaînement de violence, massacre(s), tuerie, boucherie, carnage ; **to go on a ~** tout détruire/saccager (sur son passage), se livrer à des actes de violence aveugle, commettre les pires excès ; **after their victory, the rebels went on a ~ that lasted 3 days** après leur victoire, les rebelles ont semé la terreur pendant trois jours ; **the psychopath's murderous ~ lasted more than 2 years** le psychopathe s'est livré à une série de meurtres pendant plus de deux ans.

rampant *adj.* déchaîné, effréné, débridé, incontrôlé, généralisé, endémique, omniprésent, *[inflation]* galopant ; **~ crime** criminalité endémique ; **to be ~** sévir sur une grande échelle, être monnaie courante ; **corruption is ~ in the country** la corruption est omniprésente dans le pays.

ramping *n. Techn.* augmentation/réduction graduelle.

rancher *n. ÉU* éleveur.

random *adj.* **1** aléatoire. **2** *[attentat]* aveugle ; **~ violence** acte(s) de violence aveugle(s)/gratuit(e)(s) ; **~ violence such as car and subway bombs** des actes de violence aveugle tels que des attentats à la voiture piégée et la pose de bombes dans le métro. ✪ **~ access** *Inf.* accès sélectif/direct ; **~-access memory** *Inf.* mémoire vive ; **~ checks** contrôles inopinés/impromptus/par sondage ; **~ distribution** *Stat.* distribution aléatoire ; **~ error** *Stat.* erreur aléatoire ; **~ killer** tireur fou, forcené ; **~ number** nombre aléatoire ; **~ sample** échantillon aléatoire/probabiliste ; **~ sampling** échantillonnage aléatoire ; **~ variable** *Stat.* variablc aléatoire ; **~ walk** a) *Bourse* progression aléatoire, théorie du « random walk » ; b) *Sondages* méthode des itinéraires.

randomization *n.* randomisation *[= répartition aléatoire des sujets en groupes lors d'une étude]*.

randomized trial essai randomisé *[= essai clinique caractérisé par une répartition aléatoire des sujets en groupes]*.

randomly *adv.* **1** aléatoirement. **2** au hasard, au petit bonheur, sans ordre particulier.

range *v.* **1** *tr.* parcourir, sillonner *[pays, monde]*. **2** *intr.* **(from... to)** aller de... à, varier/s'échelonner de... à, osciller entre... et, être compris entre... et, se situer entre... et, se situer dans une fourchette de... à, fluctuer entre... et ; **the prices of top-of-the-line microcomputers ~ from $4,000 to $5,000** les prix des micro-ordinateurs haut de gamme vont de 4 000 à 5 000 dollars ; **to ~ between 10% and 12%** osciller entre 10 % et 12 % ; **our camera equipment ~s in price from $500 to $12,000** les prix de notre matériel photographique varient de 500 à 12 000 dollars ; **starting salaries for engineers ~ from 60 to 80 thousand pounds** les rémunérations de départ des ingénieurs sont comprises entre 60 000 et 80 000 livres ; **the study involved men who ~d in age from 50 to 75** l'étude a porté sur des hommes âgés de 50 à 75 ans ; **the estimates of his assets ~ widely** les estimations concernant son patrimoine sont très variables. **3** *intr.* **(from ... to)** s'étendre de *[lieu, époque]* à/jusqu'à *[autre lieu, époque ultérieure]*, s'étirer de *[lieu]* à *[autre lieu]*, *[centres d'intérêt]* aller de... à ; **he has written about topics ranging from Mexican cooking to the Industrial Revolution** ses écrits portent sur des sujets qui vont de la cuisine mexicaine à la révolution industrielle ; **his interests ~ from foreign languages through chess to Japanese literature** ses centres d'intérêt vont des langues étrangères à la littérature japonaise, en passant par le jeu d'échecs. **4 ~ over** porter sur, aborder *[sujet, domaine]* ; **the negotiations ~d over all differences remaining between the two countries** les négociations ont porté sur tous les différends qui subsistent entre les deux pays.

range *n.* **1** gamme *[de produits, de coloris, d'activités, de possibilités, d'options]*, assortiment, choix *[de produits]*, série *[de sujets]*, ensemble *[de questions]*, panoplie *[de méthodes, de moyens d'action, d'armes, de services]*, palette *[de couleurs, de matériaux, d'aptitudes, de services]*, bouquet *[de services, de programmes de télévision]*, cortège *[de symptômes]*, plage *[de températures, d'intensités sonores]*, éventail *[de prix, de mesures, de qualifications, d'options]*, train, arsenal, catalogue *[de mesures]*, spectre ; **a ~ of** (toute) une gamme de, (toute) une série de, (tout) un éventail de, divers ; **the insurance scheme offers a ~ of benefits** le régime d'assurance offre diverses prestations ; **a whole ~ of** toute une série de ; **the ~ of** les divers ; **a wide ~ of** toute une gamme/série de, une large gamme de, (de types) très divers, de toutes espèces, de multiples/nombreux, un large éventail de, un vaste ensemble de ; **the whole ~ of** la panoplie de, l'arsenal de ; **the Internet gives you access to a wide ~ of freeware and shareware** Internet permet de télécharger une large gamme de logiciels du domaine public et de logiciels en libre essai ; **this film takes viewers through the entire ~ of human emotions** ce film fait passer le spectateur par l'ensemble des émotions humaines ; **our price ~ is between $200,000 and $250,000 for this type of product** notre éventail de prix pour ce type de produit va de 200 000 à 250 000 dollars. **2** diversité, variété, nombre ; **the country is notable for the great ~ of its wildlife** le pays est remarquable par la grande diversité de sa faune et de sa flore. **3** fourchette *[de prix, de valeurs, de revenus, d'âges]*, tranche, écart, intervalle, bande, marge ; échelle ; dispersion *[de valeurs numériques] ;* spectre, amplitude, valeurs/chiffres extrêmes, limites ; *Stat.* étendue *[= écart entre les deux valeurs extrêmes d'une série d'observations] ;* **the jobless rate is highest among those in the 20 to 30 age ~** le taux de chômage est le plus élevé dans la tranche d'âge des 20 à 30 ans ; **the average annual income of the free-lance translators surveyed is $12,600 with a ~ between $8,000 and $100,000** le revenu moyen des traducteurs sur lesquels l'enquête a porté s'élève à 12 600 dollars, avec une dispersion comprise entre 8 000 et 100 000 dollars ; **the clinical study covered the entire age ~** l'étude clinique a porté sur l'ensemble du spectre des âges ; **to be at the bottom of the ~** se situer en bas de l'échelle ; **intelligence was rated on a ~ from borderline to very high** le niveau d'intelligence a été noté sur une échelle allant de « légèrement inférieure à la moyenne » à « très élevée ». **4** ordre ; **in the ~ of** de l'ordre de ; **molecules with dimensions in the nanometre ~** des molécules dont les dimensions sont de l'ordre du nanomètre ; **random bombing in the country killed somewhere in the ~ of 20 to 30 per week last year** les attentats à la bombe aveugles commis dans le pays ont coûté la vie à un nombre de personnes compris entre 20 et 30 par semaine l'année dernière. **5** champ *[d'activité]*, domaine *[de compétences, de connaissance, d'activité] ;* registre *[d'un chanteur, d'un acteur, d'un écrivain] ;* **we feel that this post could easily be outside his ~ of capabilities** nous estimons qu'il y a un risque élevé que ce poste sorte de son domaine de compétences. **6** spectre, domaine *[d'ondes électromagnétiques]*, bande *[de fréquences] ;* **audio ~** domaine des fréquences audibles ; **microwave ~** domaine des micro-ondes ; **radiation from the sun in the visible ~** rayonnement solaire dans le domaine visible. **7** champ *[de vision]*, portée *[d'un canon, d'un missile, d'un émetteur] ;* distance, éloignement ; **modern mobile telephones have a ~ that was unimaginable just a few years ago** les téléphones mobiles modernes ont une portée qui était inimaginable il y a quelques années ; **intermediate-~ missile** missile à portée intermédiaire ; **out of ~ of** hors de portée de ; **beyond the ~ of** hors de portée de ; **property prices are so high that most young couples find buying a home to be out of their ~** le prix des biens immobiliers est tellement élevé que la plupart des jeunes couples n'ont pas les moyens d'acheter un logement ; **within ~ of** à portée de *[canon] ;* **at close ~** à faible distance, *[observer qqch.]* de près ; **at point-blank ~** à bout portant. **8** rayon ; **immediately after the blast, authorities evacuated everyone within a 2 mile ~** immédiatement après l'explosion, les autorités ont évacué toutes les personnes situées dans un rayon de 3 km. **9** rayon d'action *[d'un avion]*, autonomie *[d'un véhicule] ;* **an electric car with a ~ of 200 kilometres** une voiture électrique ayant une autonomie de 200 kilomètres. **10** *[court, long]* terme. **11** stand de tir *[pour armes légères] ;* champ de tir *[pour armes légères ou artillerie] ;* polygone de tir *[pour artillerie]*. **12** *ÉU* zone de pâturage. **13** aire de distribution *[d'un animal]*, aire d'extension *[d'une plante] ;* **the ~ of rabies-infected animals in Europe has stabilized** la zone occupée par des animaux infectés par la rage s'est stabilisée en Europe ; **the ~ of tigers is constantly shrinking in India** l'aire de distribution des tigres se réduit constamment en Inde. **14** chaîne de montagne. **15** *ÉU* cuisinière. ✪ **~ cattle** bovins élevés en plein air ; **~-finder** *n.* télémètre ; **~-finding** *n.* télémétrie.

rangeland *n.* zone de pâturage.

rank *v.* **1** *tr.* classer. **2** *intr.* se classer ; **to ~ high** se classer en bonne position. **3 ~ as** pouvoir être assimilé à. **4 ~ on** *Fam.* dénigrer, insulter.

rank *n. Stat.* rang. ✪ **break ~s** *Fig.* faire cavalier seul, ne pas observer la discipline de groupe ; **close ~s** se serrer/se tenir les coudes, faire bloc ; **close ~s behind** (re)serrer les rangs autour de/derrière, faire bloc autour de/derrière ; **pull ~** exercer son autorité, montrer qui commande ; **~ and file** base, membres, militants (de base) ; syndiqués ; *[***the ~ and file of the party is against the changes that the leaders have been making in the platform** les militants du parti sont hostiles aux modifications que les dirigeants ont apportées au programme du parti*] ;* **~-and-file** *adj.* ordinaire, de base, subalterne ; **~ order** classement ; **through the ~s** *[***to come up/move up/rise through the ~s** sortir du rang*]*.

ranked *adj. [liste]* hiérarchisé.

ranking *adj. ÉU* **1** le plus élevé, principal ; **~ officer** officier le plus élevé en grade ; **~ official** haut fonctionnaire ; **the ministry's third-~ official** le fonctionnaire qui occupe la troisième place dans la hiérarchie au ministère ; **in 1991 Iraq was said to have the fourth-~ army in the world** on a affirmé en 1991 que l'Irak possédait la quatrième armée du monde. **2** qui a le plus d'ancienneté ; **the committee's ~ Republican** le membre Républicain de la commission qui a le plus d'ancienneté. **3** en vue.

ransom *v. tr.* **1** payer la rançon de ; **the government refused to ~ the life of the policeman with the freedom of convicted terrorist bombers** le gouvernement a refusé d'obtenir la libération du policier en libérant des terroristes condamnés pour des attentats à la bombe. **2** rançonner.

rapid *adj.* ✪ **in ~ succession** à quelques minutes/heures/jours d'intervalle, en quelques minutes/heures/jours/mois/années, en peu de temps, l'un après l'autre, coup sur coup ; **~ deployment force** force d'action rapide ; **~ eye movement sleep** sommeil paradoxal.

rapport *n.* bonnes relations ; affinité(s), bon contact, atomes crochus, sympathie ; **his ~ with working-class voters** ses affinités avec les électeurs de la classe ouvrière ; **an easy ~ has finally been re-established between the US and Russia after the long, tense years of the Cold War** des relations harmonieuses ont finalement été rétablies entre les États-Unis et la Russie après la longue période de tension qui a marqué la guerre froide.

rap sheet casier judiciaire.

rare earth terre rare.

rarefied *adj. Fig.* **1** éloigné des réalités/du monde ordinaire/des contingences de la vie quotidienne, très intellectuel. **2** sélect, élitiste, réservé à quelques privilégiés/aux seuls initiés ; *[milieu]* très restreint ; peu nombreux ; *[groupe]* fermé, restreint ; **a ~**

world un monde réservé à une élite/à quelques privilégiés ; **~ air** *Fig.* milieu réservé à une élite. **3** *[idées]* subtil, *[préoccupations]* élevé, *[goût]* raffiné ; **the ~ discussions that took place during the congress** les discussions subtiles qui ont eu lieu lors du congrès.

Ras al Khaimah *Émirats arabes unis* Ras al-Khayma.

Rastafarian *n.* rasta(fari).

raster image processor *Inf. raster image processor.*

rat race 1 foire d'empoigne, mêlée, bataille permanente, compétition acharnée/forcenée, vie professionnelle frénétique/stressante/surmenante/trépidante/trop absorbante, course à l'échalote, panier de crabes ; **corporate ~** vie professionnelle frénétique/stressante/trépidante/trop absorbante. **2** vie frénétique/stressante/surmenante/trépidante, perpétuelle course contre la montre, existence dans laquelle on n'a jamais un moment à soi, existence dans laquelle on n'a jamais le temps de souffler, « métro, boulot, dodo » ; **to escape the ~** prendre le temps de vivre.

ratchet effect *Fig.* effet de cliquet.

rate *n.* **1** taux, cours, niveau, montant, tarif, barème ; **birth ~** taux de natalité ; **closing ~** *Bourse* cours de clôture ; **night ~** tarif de nuit ; **railway ~s** tarifs des chemins de fer. **2** coefficient, quotient. **3** rythme, cadence, allure, vitesse ; **at the ~ of** à raison de ; **to increase at a faster ~** augmenter à un rythme plus rapide ; **~ of increase** rythme de l'augmentation. **4** débit. **5** façon, mode, mesure, degré, niveau. **6** *pl. RU* taxe d'habitation, impôts locaux. ✪ **at any ~** quoi qu'il en soit, de toute façon, en tout cas, en toute hypothèse, en tout état de cause ; **~-deficiency grant** *Angl.* dotation de péréquation *[versée à certaines autorités locales]* ; **~ card** *Publ.* tarif (de la publicité) ; **~ payer** contribuable ; **~ of exchange** taux de change ; **~ of freight** fret ; **~ of return** taux de rendement.

rateable value *RU* valeur du bien aux fins des impôts locaux.

rather than plutôt que, et non, au lieu de.

rating *n.* **1** mesure ; évaluation. **2** *Sondages* score, cote ; *RTV* indice d'écoute, audience. **3** *Fin.* notation, cotation, évaluation ; **~ agency** agence de notation (financière). **4** *RU* a) *Mil.* matelot ou quartier-maître ; *pl.* matelots et quartiers-maîtres ; b) *Transp. mar.* matelot, marin, homme d'équipage.

ratio *n.* quotient, taux, rapport, proportion, pourcentage, coefficient, indice, ratio. ✪ **~ analysis** analyse reposant sur des ratios ; **~ decidendi** *Dr.* fondement (de la décision).

ration *n.* ✪ **~ book/card** carte de rationnement ; **~ coupon** ticket de rationnement.

rationale *n.* raison d'être, logique, raison(s), justification, principe, explication, motivation ; objet, but ; **what is the ~ behind the embargo on beef from Switzerland?** quelle est la raison d'être de l'embargo sur la viande bovine suisse ? **the ~ for the strike was more ideological than practical** la motivation de la grève était plus idéologique que pratique ; **the main ~ for launching this new magazine was to fill a gap in the market** le lancement de ce nouveau magazine visait principalement à combler un vide dans le marché.

rational expectations *Écon.* anticipations rationnelles.

raw *adj.* ✪ **~ coffee** café vert ; **~ data** données de base ; **~ deal** traitement injuste ; **~ hide** peau brute ; **~ materials** matières premières ; **~ milk** lait cru ; **~ sewage** eaux brutes d'égouts, effluents non traités ; **~ silk** soie brute/écrue/grège ; **~ water** *Env.* eau brute.

razor thin extrêmement faible.

R & D (research and development) R & D (recherche et développement), R-D (recherche-développement).

re *prép.* me/nous référant à, en réponse à *[lettre]* ; en ce qui concerne ; objet *[au début d'une lettre]*.

RE (religious education) *RU* éducation/instruction religieuse, enseignement religieux.

reach *v.* **1** *tr.* atteindre *[lieu, but, âge, niveau, sommet]* ; **the planes should ~ their target in 20 minutes** les avions devraient atteindre leur objectif en 20 minutes ; **sales ~ed $500 million last year** le chiffre d'affaires a atteint 500 millions de dollars l'année dernière. **2** *tr.* joindre, toucher, contacter *[qqn]*. **3** *tr.* parvenir à *[accord, conclusion, équilibre]*, tirer *[conclusion]*. **4 ~ out to** (s'efforcer d') établir le contact/le dialogue/la communication avec, nouer des relations avec, prendre contact avec, toucher, approcher, aller trouver, aller vers, aller au devant de, aller/se porter à la rencontre de, faire un geste en direction de, être à l'écoute de, se mettre à l'écoute de, tendre la main à, tendre une main secourable à, atteindre *[qqn, groupe]* ; **he urged the party workers to ~ out to the Muslim community** il a exhorté les militants du parti à établir le dialogue avec la communauté musulmane ; **the fall of the Iron Curtain has allowed Eastern Europe to ~ out to the rest of the world** la chute du rideau de fer a permis à l'Europe de l'Est de nouer des relations plus étroites avec le reste du monde ; **the purpose of the Peace Corps is to ~ out to the Third World with real help and solutions** le but du *Peace Corps* est de tendre une main secourable au tiers monde, en offrant une aide et des solutions réelles.

reach *n.* **1** portée ; **out of the ~ of children** hors de portée des enfants ; **within ~** en vue, à notre portée ; **within ~ of** à la portée de. **2** domaine couvert. **3** influence. **4** étendue *[de terre]* ; **the farthest ~es of** les confins de. **5** *Publ.* audience *[d'une station de radio ou de télévision]*. ✪ **within ~** en vue, à notre portée.

reactivate *v. tr.* relancer, donner une nouvelle impulsion à.

reactive *adj. [personne, organisation]* qui se borne à parer au plus pressé, peu enclin à prendre des initiatives. ✪ **~ depression** dépression réactionnelle.

reactor *n. Nucl.* ✪ **~ containment** enceinte de sécurité ; **~ coolant** fluide de refroidissement ; **~ core** cœur du réacteur ; **~ (pressure) vessel** cuve du réacteur.

read *v.* **I 1** *tr.* lire, donner lecture de ; **to ~ the indictment** donner lecture de l'acte d'accusation. **2** *intr. [texte]* être conçu/libellé ; **the communiqué ~s as follows** le communiqué est conçu comme suit. **3** *tr. Ens. RU* faire des études de, étudier *[droit, etc.]*. **II ~ for** *Ens. RU* faire des études en vue d'obtenir *[diplôme]* ; **to ~ for a degree** faire des études universitaires ; **to ~ for the bar** faire des études en vue d'être admis au barreau. **III ~ out 1** donner lecture de ; **the judge ~ out the charges** le juge a donné lecture de l'acte d'accusation. **2** exclure. **IV ~ through** lire. **V ~ up on** lire des ouvrages consacrés à ; obtenir des informations sur.

readable *adj.* **1** *[écriture]* lisible. **2** *[livre]* (de lecture) agréable, attrayant ; *[livre]* accessible.

reader *n.* **1** lecteur ; *Édition* lecteur. **2** *RTV* récitant. **3** correcteur d'épreuves. **4** releveur de compteurs. **5** *Ens. RU* maître de conférences ; *ÉU* assistant. **6** *Ens.* livre de lecture. **7** anthologie, recueil de textes choisis ; recueil *[de nouvelles, etc.]*. ✪ **~ enquiry/service** service lecteurs.

readership *n.* (cercle de(s)) lecteurs, lectorat ; **the new magazine is likely to attract a large ~** le nouveau magazine est de nature à intéresser un large public.

read head *Inf.* tête de lecture *[d'un lecteur de disque]*.

readily *adv.* **1** sans difficulté, *[admettre]* volontiers, sans se faire prier, *[accepter]* avec empressement ; **he ~ agreed** il s'est empressé d'accepter. **2** aisément, facilement, sans peine ; rapidement. ✪ **~ available** facile à obtenir/se procurer ; *[***cocaine has become ~ available** il est devenu facile de se procurer de la cocaïne ; **advice is ~ available from our customer-service department** des conseils peuvent être obtenus sur simple demande auprès de notre service clientèle ; **information on the rights of tenants can be ~ obtained through several non-profit organizations** on peut obtenir sans difficulté des informations sur les droits des locataires auprès de plusieurs associations à but non lucratif*]*.

readiness *n.* **1** bonne volonté, empressement ; propension *[à accepter de faire qqch.]*. **2 (to)** volonté de ; **to indicate/state one's ~ to** se déclarer disposé/prêt à. **3** état de préparation.

reading *n.* **1** lecture. **2** appréciation ; interprétation ; **the ~ of the economic situation** l'appréciation de la situation économique ; **the decision depends entirely upon the judge's ~ of the law** le jugement dépend entièrement de l'interprétation donnée à la législation par le juge. **3** mesure, relevé ; taux, valeur, chiffre ; **cholesterol ~** taux de cholestérol ; **a device that gives accurate ~s** un appareil qui permet d'obtenir des mesures précises. ✪ **~ assignments** *Ens.* lectures obligatoires, ouvrages à lire ; **~ head** *Inf.* tête de lecture ; **~ list** bibliographie ; pour en savoir plus *[= titre de rubrique]* ; **~ matter** a) partie rédactionnelle *[d'un journal]* ; b) de la lecture, de quoi lire ; **~ room** salle de lecture *[d'une bibliothèque]*.

readjustment *n.* **1** modification. **2** aménagement. **3** réorganisation *[d'une entreprise en difficulté]*.

read only *Inf.* lecture seule. ✪ **~ memory** *Inf.* mémoire morte.

readout *n. Inf.* affichage.

read-write head tête de lecture-écriture.

ready *adj.* **1** prêt ; **(for)** prêt à ; **(to)** prêt à, (tout) disposé à. **2 (to)** sur le point de. **3** *[réponse]* prompt, rapide, *[solution]* tout prêt. **4** immédiatement disponible ; **she has ~ reserves to cover any financial difficulties that may arise** elle dispose de réserves immédiatement disponibles qui lui permettraient de faire face à d'éventuelles difficultés financières. **5 to have ~ access to one's funds** pouvoir disposer immédiatement de ses fonds. ✪ **~ cash** argent liquide, liquidités ; **~ for prime time** *Fig.* au point ; *[***machine translation is not yet ~ for prime time** la traduction automatique n'est pas encore au point*]* ; **~-made** *adj.* *[vêtements]* de confection ; prêt à l'emploi ; *[***~-made solution** solution toute faite*]* ; **~ market** excellent marché, marché florissant ; *[***to find a ~ market** bien se vendre, s'écouler facilement ; **there is a ~ market for PCs** les PC sont très demandés/s'écoulent très facilement*]* ; **~-mix(ed) concrete** béton prêt à l'emploi ; **~ money** argent liquide ; **~ room** *Transp. aérien* salle d'attente du personnel navigant ; **~ sales** ventes faciles.

reafforestation *n.* reboisement.

real *adj. Écon. [croissance, rendement, salaires, taux d'intérêt]* réel. ✪ **in ~ terms** en valeur réelle, en volume, en termes réels ; **in ~ time** en temps réel, simultanément, instantanément ; **~ accounts** comptes *[du grand livre]* relatifs aux actifs et au capital ; **~ assets** a) biens/actifs immobiliers ; b) *Compt.* actifs vrais ; **~ capital** capital technique ; **~ estate** bien(s) immobilier(s), immeuble(s) ; **~ estate agency** agence immobilière ; **~ estate agent/broker** agent immobilier ; **~ estate company** société immobilière ; **~ estate developer** promoteur immobilier ; **~ estate investment trust** *ÉU* fonds commun de placement immobilier ; **~ evidence** *Dr.* preuve matérielle ; **Real IRA** *Irl. du Nord* IRA véritable ; **~ issues** vrais problèmes ; **~ life** réalité ; *[***in ~ life** dans la pratique, dans la réalité ; **~-life** *adj.* (tel qu'il se produit) dans la pratique, de la vie de tous les jours, (observé) sur le terrain, reposant sur la pratique, concret ; *[récit]* authentique ; **~ McCoy** chose authentique ; *[***researchers from the Smithsonian Institute spent months studying the documents to determine whether or not they were the ~ McCoy** des chercheurs du *Smithsonian Institute* ont étudié les documents pendant des mois pour déterminer s'ils étaient authentiques*]* ; **~ property** bien(s) immobilier(s), immeuble(s) ; **~ world** réalités ; *[***in the ~ world** dans la pratique*]* ; **~-world** *adj.* *[problèmes]* concret.

realign *v. tr.* aligner *[monnaies]*.

realignment *n.* **1** réalignement *[monétaire]*. **2** *Pol.* redistribution des cartes.

reality *n.* ✪ **~ check** leçon de réalisme ; examen objectif ; *[***to need a ~ check** avoir perdu le sens des réalités, se faire des illusions, prendre ses désirs pour des réalités, devoir être plus réaliste, devoir faire preuve de plus de réalisme, devoir redescendre/revenir sur terre ; **those who think the stock market will climb forever need a ~ check** ceux qui s'imaginent que la Bourse continuera d'augmenter indéfiniment feraient bien de redescendre sur terre ; **to conduct a ~ check** faire le point avec réalisme, procéder à un examen objectif, reprendre contact avec la réalité ; **to provide a ~ check** ramener aux réalités*]* ; **~ show** *TV* émission de télévision-réalité.

realizable assets *Compt.* actifs réalisables à court terme.

realize *v. tr.* **1** comprendre. **2** prendre conscience de, se rendre compte de, s'aviser de, penser ; **it took the scientists who worked on the first atomic bomb some time to ~ how powerful their new creation was** les scientifiques qui ont mis au point la première bombe atomique ont mis un certain temps avant de se rendre compte de la puissance de ce qu'ils avaient créé ; **the situation is more serious than most people ~** la situation est plus grave que la plupart des gens ne le pensent. **3** réaliser *[biens, actifs]*. **4** être vendu pour la somme de, atteindre un prix de ; rapporter *[intérêts]* ; **we were able to ~ 10% interest on our investment** notre placement nous a rapporté 10 % d'intérêts. **5** réaliser *[potentiel, ambition, économies]*. **6** obtenir *[avantage]*.

realized *adj.* ✪ **~ loss** moins-value sur réalisation d'actifs ; **~ profit** plus-value sur réalisation d'actifs.

reallocate *v. tr.* redéployer, redistribuer, transférer.

realtor *n. ÉU* agent immobilier.

realty *n. voir* real estate.

reapportion *v. tr.* **1** répartir à nouveau, redistribuer, réaffecter *[ressources, fonds]*. **2** *ÉU* procéder au redécoupage de *[circonscriptions électorales]*.

rearrange *v. tr.* **1** modifier (la disposition de), changer, réaménager ; **all staff members should ~ their calendars in order to attend this conference** tous les membres du personnel doivent modifier leur emploi du temps de façon à pouvoir participer à cette conférence. **2** réorganiser, restructurer. **3** modifier la date/l'heure de *[réunion].*

reason *n.* **there is every ~ to be optimistic** nous avons tout lieu d'être optimistes. ✪ **for this ~** c'est pourquoi, aussi, en conséquence ; **in ~** dans les limites du raisonnable ; **stand to ~** être clair/évident/logique, aller de soi/sans dire ; **with ~** à juste titre ; **within ~** dans les limites du raisonnable, dans des limites raisonnables, pour autant qu'on ne soit pas trop exigeant.

reasonable *adj.* **1** raisonnable. **2** plausible, suffisant, satisfaisant, acceptable, normal ; **a ~ degree of autonomy** une certaine autonomie. ✪ **beyond (a) ~ doubt** *Dr.* de façon à ce qu'il ne subsiste aucun doute raisonnable ; *Can.* hors de tout doute raisonnable ; */***the prosecution should establish the case against the accused beyond ~ doubt** le ministère public doit prouver la culpabilité du prévenu de sorte qu'il ne subsiste aucun doute raisonnable*/* ; **~ and probable cause** *Dr.* charges suffisantes *[pour arrêter un suspect] ;* **~ man** *Dr.* homme prudent et avisé.

reasonably *adv.* **1** raisonnablement. **2** relativement, assez, plutôt ; **to be ~ successful** connaître un succès satisfaisant/un certain succès ; **the system works ~ well** le système fonctionne plutôt bien.

reasoned *adj.* motivé ; bien argumenté ; **~ opinion** avis motivé.

reassemble *v. intr. [comité]* reprendre ses travaux, se réunir à nouveau.

reassert *v. tr.* **1** réaffirmer ; réaffirmer la validité de. **2** rétablir *[influence, autorité, domination, légalité],* imposer à nouveau *[autorité] ;* **to ~ control** reprendre la situation en main. **3** faire valoir à nouveau *[droit],* faire valoir à nouveau son droit à ; réclamer à nouveau. **4** reprendre (possession de) *[pouvoir].* **5** redonner *[toute son importance, la place qu'il mérite]* à, rendre à. **6 to ~ oneself** *[personne]* rétablir/retrouver sa situation/son influence/ses droits, s'imposer à nouveau, reprendre le dessus, se rétablir, montrer qu'on est à nouveau en pleine possession de ses moyens, reprendre du poil de la bête ; *[situation, système]* se rétablir, sévir à nouveau ; *[principe]* s'imposer à nouveau ; **to ~ oneself as** rétablir sa réputation de.

reassign *v. tr.* **1** réaffecter, redéployer, confier d'autres fonctions à, nommer à un autre poste ; **after a successful term at the embassy in India, he was ~ed to a post in the State Department** après avoir fait du bon travail à l'ambassade en Inde, il a été réaffecté au département d'État. **2** redistribuer *[pouvoirs d'un organisme supprimé].*

reassurance *n.* **1** réconfort ; paroles/propos rassurant(e)s/apaisant(e)s ; **the steadily decreasing rate of unemployment is a ~ to current university students** la baisse régulière du taux de chômage a de quoi rassurer les étudiants qui poursuivent actuellement leurs études ; **in her doubt as to whether or not she had made the right decision, she sought ~ from her colleagues** n'étant pas sûre d'avoir pris la bonne décision, elle a demandé à ses collègues de la rassurer. **2** garantie, assurances ; **despite constant ~s from industry officials, the local citizens were totally opposed to the idea of a nuclear power plant in the region** malgré les assurances répétées des responsables du secteur, les habitants étaient totalement hostiles à l'implantation d'une centrale nucléaire dans leur région.

reassuring *adj.* rassurant, sécurisant.

reassuringly *adv.* il est rassurant de savoir que.

rebel *n.* **1** insurgé. **2** *Pol. RU* député de la majorité ne respectant pas la discipline de vote, député frondeur ; **the government is unlikely to appease its backbench ~s** il y a peu de chances que le gouvernement amadoue les députés de la majorité qui refusent d'observer la discipline de vote.

reboot *v.* **1** *intr.* redémarrer l'ordinateur. **2** *tr.* redémarrer *[ordinateur].*

rebut *v. tr.* réfuter *[théorie] ; Dr.* combattre *[présomption].*

rebuttable presumption présomption simple/réfragable.

rebuttal *n.* **1** réponse, réplique, mise au point. **2** réfutation.

recall *v. tr.* **1** *Pol. RU* convoquer *[parlement]* en session extraordinaire. **2** rappeler *[ambassadeur, produit défectueux].* **3** se souvenir de, se rappeler, se remémorer.

recall *n.* **1** rappel *[d'un ambassadeur, d'un produit défectueux].* **2** *ÉU* révocation *[d'un élu par les électeurs].* **3** *Pol. RU* convocation *[du parlement]* en session extraordinaire. **4** remémoration, (évocation de) souvenir.

recant *v.* **1** *intr.* se rétracter, revenir sur sa/ses déclaration(s). **2** revenir sur *[déclaration, témoignage],* renier.

recapitalization *n.* recapitalisation *[d'une société].*

recede *v. intr.* reculer, s'éloigner, s'effacer progressivement, s'estomper ; *[danger]* perdre de son acuité, se réduire, diminuer, s'amenuiser, *[difficultés]* s'atténuer ; *[niveau d'eau]* baisser ; **to be receding** être en train de disparaître ; **to ~ into memory** s'estomper dans notre mémoire ; **the strict, authoritarian, listen-and-repeat way of teaching seems to be receding into the past** on semble assister à une disparition progressive de la pédagogie stricte et autoritaire selon laquelle les élèves doivent se borner à écouter et à répéter.

receding hairline début de calvitie.

receipt *n.* **1** reçu, récépissé, accusé de réception. **2** quittance ; acquit *[= reconnaissance écrite d'un paiement].* **3** réception *[d'un message, de marchandises] ;* **acknowledgement of ~** accusé de réception. **4** *pl.* recettes, rentrées. ✪ **~ slip** récépissé.

receivables *n.* créance (monétaire) ; *Compt.* compte/créances clients. ✪ **~ turnover** taux de rotation des créances clients.

receive *v. tr.* **1** recevoir. **2** accueillir ; **the white paper was well ~d** le livre blanc a été bien accueilli ; **the novel was well ~d** le roman a bénéficié de critiques favorables.

received wisdom opinion courante, conception généralement admise, idée(s) reçue(s), cliché, lieu commun ; **to question the ~** mettre en doute l'opinion courante.

receiver *n.* **1** *Transp.* réceptionnaire *[de marchandises].* **2** administrateur judiciaire, syndic de faillite. **3** combiné *[de téléphone].*

receivership *n.* faillite, désignation d'un administrateur judiciaire ; **to go into ~** faire faillite.

receiving *adj.* ✪ **~ end** */***to be at/on the ~ end of** recevoir *[réclamations],* être le destinataire de *[lettres d'injures],* être (la) victime de, devoir subir, faire l'objet de, se heurter à, devoir faire face à, être en butte à, être touché par, subir, endurer, essuyer ; **after years of questionable financial dealings, the governor**

found himself on the ~ end of some very heavy accusations après s'être livré pendant des années à des transactions financières douteuses, le gouverneur a été en butte à des accusations très sévères ; **to be at the ~ end of violence** être victime d'actes de violence*]* ; **~ order** ordonnance désignant un administrateur judiciaire.

receiving department service de réception des marchandises.

receiving stolen property *Dr.* recel.

recently *adv.* **as ~ as two days ago** il y a à peine deux jours ; **as ~ as yesterday** hier encore ; **until ~** jusqu'à une date/époque/période récente.

receptacle *n.* **1** récipient. **2** prise de courant.

reception *n.* **1** accueil ; **to get a cold ~** être fraîchement accueilli. **2** réception *[d'une émission télévisée].* ✪ **~ class** *RU* première année primaire ; **~ desk** réception.

recess *n.* **1** suspension de séance ; suspension d'audience. **2** suspension de l'instance. **3** vacances parlementaires ; vacances judiciaires. **4** *Ens.* récréation. **5** recoin, repli ; **in the dark ~es of her mind** dans les replis obscurs de sa conscience.

recipient *n.* **1** bénéficiaire *[d'une aide] ; Protection sociale* allocataire, prestataire ; lauréat *[d'un prix] ;* receveur *[d'une transfusion sanguine, d'une greffe].* **2** destinataire ; **it is perhaps too easy to send e-mails to multiple ~s** il est peut-être trop facile d'envoyer des messages électroniques à des destinataires multiples.

reciprocal *adj.* ✪ **~ holdings** participations croisées ; **~ insurance** assurance mutuelle ; **~ shareholdings** participations croisées.

reciprocate *v.* **1** *intr.* faire de même, rendre la pareille, rendre service à son tour. **2** *tr.* répondre positivement à.

reciprocity *n.* **on a basis of ~** sous réserve de réciprocité.

recitals *n. pl. Dr.* attendus, motifs, considérants *[d'un jugement],* préambule *[d'un traité],* dispositions liminaires *[d'un contrat].*

reckless *adj. [acte]* téméraire, irréfléchi, imprudent, dangereux, hasardeux, inconsidéré, irresponsable ; *[personne]* totalement insouciant, inconscient, irresponsable, totalement indifférent à la sécurité d'autrui/aux conséquences de ses actes ; **~ remark** observation irréfléchie ; **a ~ and misguided approach** une méthode dangereuse et mal inspirée. ✪ **~ disregard** *Dr.* indifférence totale *[aux conséquences de ses actes] ;* **~ endangerment** mise en danger d'autrui.

recklessly *adv.* à la légère, de manière irréfléchie, follement, sans se soucier des conséquences, à tort et à travers, en dépit du bon sens.

reclaim *v. tr.* **1** rentrer en possession de, reprendre possession de, récupérer *[objet perdu, bagage],* obtenir la restitution de ; *Mil.* reprendre *[territoire] ;* **the army ~ed the disputed territory** l'armée a repris possession du territoire faisant l'objet du différend. **2 (from)** récupérer *[matière]* à partir de *[déchets].* **3** rendre *[terres désertiques/en friche, marais]* cultivable, transformer *[désert]* en terre cultivable ; mettre en valeur, aménager, réaménager *[zone inutilisée/inexploitée] ;* **(from)** conquérir *[terres]* sur *[mer] ;* **to be ~ed by** *[terre cultivée/aménagée]* être reconquis par *[désert, forêt, mer] ;* **there is a project to ~ land from the sea** on envisage de conquérir des terres sur la mer. **4** demander à nouveau, exiger à nouveau, revendiquer à nouveau, prétendre à nouveau à, réclamer à nouveau, faire à nouveau valoir ses droits sur. **5** exiger la restitution/le remboursement de. **6** réformer *[délinquant],* remettre dans le droit chemin.

recognizance *n. Dr.* engagement *[pris devant un tribunal] ;* **release on own ~** libération sans caution.

recognition *n.* **1** identification, reconnaissance ; **beyond ~** de façon méconnaissable ; **to change beyond/out of all ~** changer du tout au tout/au point de devenir méconnaissable, se métamorphoser. **2** reconnaissance *[d'un gouvernement, de la souveraineté] ;* **the issue was international ~ of Taiwan** il s'agissait de la reconnaissance internationale de Taiwan. **3** reconnaissance *[des mérites de qqn] ;* prise de conscience ; appréciation ; **to receive ~ for** voir *[son travail]* apprécié à sa juste valeur ; **progress will require ~ of the following facts** pour accomplir des progrès, il faudra prendre conscience des réalités suivantes ; **they expected their discovery to receive ~ from the medical authorities** ils s'attendaient à ce que les autorités médicales prennent acte de leur découverte. **4** admission. **5** *Compt.* constatation ; **the financial statements must include ~ of the value of goods in progress** les états financiers doivent notamment constater la valeur de l'en-cours de fabrication. **6** estime, attention, accueil favorable. **7** *ÉU* **to seek ~** demander la parole *[au président de séance].* **8 in ~ of** a) compte tenu de, eu égard à, conscient de ; b) pour le remercier de, en guise de remerciement pour, en considération de, en reconnaissance de, pour *[services rendus] ;* **in ~ of this fact** c'est pourquoi ; **in ~ of his accomplishments Dario Fo was awarded the Nobel Prize for literature** l'œuvre de Dario Fo lui a valu le prix Nobel de littérature.

recognize *v. tr.* **1** reconnaître, admettre ; reconnaître la valeur de, *[travaux].* **2 to ~ as + adj.** reconnaître comme + adj., considérer comme + adj., juger + adj. **3** se rendre compte de, être conscient de, avoir conscience de, ne pas être insensible à, prendre conscience de, apprécier, mesurer, comprendre, savoir, ne pas perdre de vue ; **(that)** se rendre compte que, être conscient que, comprendre que, constater que, s'aviser que ; **to ~ the magnitude of the problem** mesurer l'ampleur du problème ; **it has been ~d that** il est apparu que, il s'est avéré que ; **first, the government must ~ the scale of the problem** le gouvernement doit d'abord prendre conscience de l'ampleur du problème ; **more and more countries are recognizing the importance of monetary union** de plus en plus de pays comprennent l'importance de l'union monétaire. **4** constater, percevoir, détecter, déceler. **5** récompenser *[services rendus].* **6** *ÉU* donner la parole à. **7** *Compt.* constater, comptabiliser *[opération] ;* déterminer le montant de, valoriser *[opération] ;* **revenues are ~d at the time of sale of the services or merchandise** les produits sont constatés lors de la vente des services ou des marchandises.

recognized *adj.* **1** reconnu ; éminent. **2** éprouvé, classique, consacré, reconnu. **3** reconnu, admis, indiscutable, évident, notoire, avéré ; **it is ~ that** il est admis que ; **jurisconsults of ~ competence in international law** jurisconsultes possédant une compétence notoire en droit international. **4** agréé ; officiel.

recombinant *adj. Biol. [organisme, molécule]* recombiné. ✪ **~ DNA** ADN recombiné ; **~ DNA techniques** techniques de recombinaison de l'ADN.

recommend *v.* **~ against** se prononcer contre.

recommended *adj.* ✪ **~ daily allowance** *ÉU* apport journalier recommandé ; **~ dietary allowance** *ÉU* apport alimentaire recommandé ; **~ (retail) price** prix (de vente) conseillé.

reconcile *v.* **1** *tr.* réconcilier *[personnes]* ; **to be ~d** se réconcilier ; **to be ~d with** s'être réconcilié avec ; se réconcilier avec. **2** *tr.* régler, mettre fin à *[différend]*. **3** *tr.* concilier, mettre en harmonie, faire coïncider *[intérêts]* ; **she is trying to ~ idealism with pragmatism** elle s'efforce de concilier l'idéalisme avec le pragmatisme. **4** *tr. Pol. [commission mixte paritaire]* unifier, faire la synthèse de *[deux versions d'un projet de loi après l'adoption d'amendements différents ou de deux projets de loi sur la même question]* ; **the ~d bill was debated again** le texte du projet de loi élaboré par la commission mixte paritaire a été réexaminé. **5** *tr. Compt.* rapprocher *[comptes, états financiers]*. **6** *tr.* faire accepter, permettre d'accepter ; **to be/become ~d to, to ~ oneself to** accepter, s'accommoder de, prendre son parti de, se résigner à *[son sort]*. **7 ~ to** accepter, s'accommoder de, prendre son parti de, se résigner à *[son sort]*.

reconciliation *n.* **1** réconciliation. **2** *Compt.* rapprochement *[de comptes]* ; **~ statement** état de rapprochement. **3** *Compt.* état de rapprochement. **4** *Pol.* élaboration d'un texte commun/identique *[après l'adoption d'amendements différents ou de deux projets de loi sur la même question]*.

reconsider *v.* **1** *tr.* réexaminer. **2** *intr.* réexaminer la question, revoir sa position.

reconstruction *n.* **1** *Dr. RU* redressement judiciaire. **2 Reconstruction** *ÉU* reconstruction *[1865-1877]*.

reconstructive surgery chirurgie reconstructrice.

record *v. tr.* **1** enregistrer, archiver, conserver la trace/la mémoire de, noter, prendre note de, prendre acte de, constater, inscrire, consigner (par écrit), reprendre, relever, mentionner, faire mention de, faire état de, retracer, dénombrer, recenser, comptabiliser, tenir une comptabilité de ; accuser *[pertes, déficit]* ; *Compt.* porter *[crédit, débit]* ; **the company ~ed profits of $200 million** l'entreprise a enregistré des bénéfices de 200 millions de dollars ; **the delegate asked that his views be ~ed in the minutes** le délégué a demandé que son opinion soit consignée au procès-verbal ; **during the clinical trial, no side effects were ~ed** au cours de l'essai clinique, aucun effet secondaire n'a été observé ; **the exhibition ~s the development of the dynasty** l'exposition retrace l'évolution de la dynastie. **2** faire connaître, faire état de, exprimer.

record *n.* **1** enregistrement, notation, note, inscription, trace (écrite), écriture ; **these files are the ~ of our transactions with suppliers** ces dossiers enregistrent nos transactions avec nos fournisseurs ; **to keep a ~ of** garder trace de, prendre note de, tenir des statistiques de ; **the organization has no ~ of his activities** l'organisation n'a aucune trace de ses activités ; **the ~ shows that the governor repeatedly increased taxes** il est un fait que le gouverneur a augmenté les impôts à plusieurs reprises. **2** *Inf.* enregistrement. **3** pièce, document, fiche, acte ; registre, dossier, documentation, fichier ; *pl.* comptabilité, livres ; *pl.* archives ; *pl.* annales ; **historical ~s** archives/documents historiques ; **to allow access to ~s** permettre de consulter des documents/archives. **4** *pl.* données, informations, renseignements, chiffres, statistiques ; **the gallery has no ~ of the exact date of the painting** la galerie ne dispose d'aucune information sur la date exacte du tableau ; **she is studying Hungary's growth ~** elle étudie les données relatives à la croissance en Hongrie ; **the country keeps good ~s of tobacco consumption** le pays établit des statistiques de bonne qualité sur la consommation de tabac. **5** compte rendu, relation ; procès-verbal, minute ; état, relevé ; **telephone ~** relevé d'appels téléphoniques. **6** passé, évolution passée, ce qui s'est passé, antécédents, œuvre, actif, acquis, réalisations (passées), action (passée), bilan, résultat(s) (obtenu(s)), palmarès, références, réputation ; états de service, carrière ; **past ~** activités antérieures, antécédents, passé ; **to have a good ~** s'être distingué, avoir fait du bon travail, avoir bon nombre de réalisations positives à son actif ; **safety ~** bilan en matière de sécurité ; **attendance ~** assiduité ; **military ~** états de service ; **the defendant had an excellent ~ in the army** le prévenu avait d'excellents états de service dans l'armée ; **the government has a terrible inflation ~** le bilan du gouvernement en matière d'inflation est désastreux ; **the ~ of the last few months shows how quickly the situation can change** ce qui s'est passé au cours des derniers mois montre que la situation peut évoluer rapidement ; **the incumbent fought the election on his ~** le député sortant a fait campagne en mettant en avant ses réalisations ; **the Tories were criticized for their poor ~ on development assistance** on a critiqué l'insuffisance des mesures prises par les Conservateurs en matière d'aide au développement ; **the regime's human rights ~ has again been condemned** on a de nouveau condamné l'action du régime dans le domaine des droits de l'homme ; **Afghanistan is criticized for its poor human rights ~** on critique l'Afghanistan pour son manque de respect des droits de l'homme ; **this police force has the worst ~ in the country for complaints of racism** cette unité de police est celle qui fait l'objet du plus grand nombre de plaintes pour racisme dans le pays ; **our organization's forecasters have the best ~** les prévisionnistes de notre organisation sont ceux qui ont obtenu les meilleurs résultats ; **the country is proud of its long ~ of religious tolerance** le pays est fier de la tolérance religieuse dont il fait preuve depuis de longues années ; **the study suggests that Glasgow has the worst heart-disease ~ in Europe** selon l'étude, Glasgow est la ville d'Europe où le taux de maladies cardiaques est le plus élevé ; **he defended the country's ~ on political freedom** il a défendu les réalisations du pays dans le domaine des libertés politiques ; **the president convincingly defended his ~ in the field of foreign policy** le président a défendu de façon convaincante son action en matière de politique étrangère ; **Mr Havel defended his ~ since becoming president** M. Havel s'est efforcé de démontrer qu'il s'était bien acquitté de ses fonctions de président ; **this airline has the worst safety ~ in the United States** cette compagnie aérienne est celle où la sécurité laisse le plus à désirer aux États-Unis ; **the laboratory has a superb ~ in product development** le laboratoire a enregistré des succès remarquables en matière de mise au point de produits ; **his ~ is one of corruption and scandals** son comportement passé se résume en deux mots : corruption et scandales ; **this manufacturer has a poor ~ of adapting its products to local markets** dans le passé, ce fabricant n'est guère parvenu à adapter ses produits aux marchés locaux. **7** antécédents judiciaires, passé judiciaire, casier judiciaire ; **a criminal with a long ~** un délinquant au casier judiciaire chargé/ayant de lourds antécédents. **8** record. **9** disque. ✪ **bear ~** porter témoignage ; **for the ~** a) à titre d'information, à titre documentaire, pour votre gouverne, pour votre information, pour mémoire, à toutes fins utiles ; b) je tiens à signaler que ; il est établi que ; **off-the-~** *adj.* non destiné à être cité, non destiné à la publication ; **off the ~** sous le couvert de l'anonymat, sous couvert d'anonymat, à condition de ne pas être cité, à titre privé, en privé, à titre confidentiel ; **of ~** a) enregistré ; b) établi, prouvé ; c) officiel ; *[***shareholder of ~** *ÉU* actionnaire inscrit (dans le registre de la société)*]* ; **on ~** a) (jamais) enregistré ; b) connu, public, établi, prouvé ; *[***the worst floods on ~** les pires inondations jamais enregistrées ; **this is the biggest monthly increase on ~** il s'agit de la plus forte augmentation qui se soit jamais produite ; **to go on ~ against** déclarer (publiquement) son opposition à ; **he went on ~ as favouring freedom of choice** il a déclaré (publiquement) qu'il était en faveur de la liberté de choix ; **he is on ~ as opposing abortion** dans le passé, il a déclaré (publiquement) qu'il était opposé à l'avortement*]* ; **on the ~ record** *[***to speak on the ~** parler en acceptant la divulgation de son identité*]* ; **place on ~** faire état de ; **put the ~ straight** rétablir la vérité, rétablir les faits, faire une mise au point, mettre les choses au point, clarifier un point, mettre les points sur les « i » ; **~ card** *Ens.* livret scolaire ; **~ company** maison de disques ; **~ date** *ÉU* date à prendre en considération pour la détermination des droits pécuniaires *[des actionnaires] ;* **~-keeper** *n.* a) archiviste ; b) personne responsable de la tenue d'un fichier/de dossiers, personne tenant à jour un fichier/ensemble de données ; *[***the secretary of our unit is a fastidious ~-keeper** le/la secrétaire de notre service garde méticuleusement trace de tout*]* ; **~ keeping** a) conservation de pièces/d'archives, gestion des archives ; b) tenue d'un fichier/de dossiers, conservation de(s) données ; *[***the consultants advised to bring in a new system of ~-keeping** les consultants ont conseillé de mettre en place un nouveau système de conservation des données*]* ; **~ label** maison de disques ; **~ library** discothèque ; **~ player** platine tourne-disque ; **~s clerk** *Adm.* commis aux archives ; **set the ~ straight** rétablir la vérité, rétablir les faits, faire une mise au point, mettre les choses au point, clarifier un point, mettre les points sur les « i », dissiper un malentendu ; *[***after the press speculation, she tried to set the ~ straight** à la suite des supputations émises par la presse, elle s'est efforcée de mettre les choses au point*]*.

recordable CD CD enregistrable.

recorded *adj.* ✪ **~ delivery** *Poste* distribution enregistrée ; **~ history** histoire.

recorder *n. Dr. Angl. recorder,* juge.

recording media supports d'enregistrement.

recoup *v.* **1** *tr.* récupérer *[dépenses engagées, montant perdu],* compenser *[perte],* obtenir le remboursement de *[dépenses]* ; **to ~ oneself for** récupérer *[dépenses engagées, montant perdu].* **2** *tr.* retrouver, recouvrer *[santé].* **3** *tr.* rembourser *[qqn] ;* indemniser *[qqn].* **4** *tr. Dr.* retenir, déduire *[partie d'une somme due].* **5** *intr.* récupérer le montant de ses pertes.

recourse *n. Lettre de change* recours.

recover *v.* **1** *tr.* récupérer ; recouvrer *[créance] ;* **only part of the stolen money was ~ed** une partie seulement de l'argent volé a été récupérée. **2** *intr.* guérir, se rétablir, en réchapper ; **(from)** se remettre de ; **to ~ after a heart attack** se rétablir après une crise cardiaque ; **the patient is not expected to ~** on ne s'attend pas à ce que le patient se rétablisse. **3** *intr. Bourse [cours]* se redresser ; **the stock market started to ~** la Bourse a commencé à regagner le terrain perdu.

recovery *n.* **1** récupération *[d'un montant versé indûment].* **2** récupération, recyclage *[de déchets].* **3** convalescence. **4** rétablissement *[= guérison].* **5** *Écon.* reprise ; *Bourse* redressement *[des cours].* ✪ **~ room** salle de réveil ; **~ vehicle** dépanneuse.

recreation *n.* loisirs, détente.

recreational *adj. [activités]* de loisir(s). ✪ **~ areas** espaces de loisirs ; **~ use of drugs** consommation occasionnelle de drogue ; **~ vehicle** autocaravane.

recuperate *v. intr.* **1** *Bourse [cours]* se redresser. **2** se rétablir ; **(from)** se remettre de *[maladie].* **3** se régénérer.

recuperation *n.* **1** rétablissement, convalescence *[d'un malade].* **2** récupération *[d'une somme d'argent].*

recurrence *n.* **1** résurgence. **2** *Méd.* récidive.

recurrent *adj.* **1** renouvelable, régulier, périodique, répété, à répétition, constant, permanent, chronique, cyclique, intermittent ; ordinaire, courant ; **the region suffers from ~ water shortages** la région souffre régulièrement de pénuries d'eau ; **~ industrial disputes destabilized the government** des conflits du travail à répétition ont déstabilisé le gouvernement. **2** *Méd.* récidivant, à répétition, récurrent. ✪ **~ expenses** dépenses de fonctionnement ; **~ theme** thème qui revient sans cesse, leitmotiv, fil rouge.

recurring *adj.* périodique. ✪ **~ theme** thème qui revient sans cesse, leitmotiv, fil rouge ; **~ profit** bénéfice minoré des charges exceptionnelles.

Recycle Bin *Inf.* corbeille *[dans Windows].*

red *n.* **in the ~** déficitaire, dans le rouge, *[compte en banque]* présentant un solde négatif ; **our trade with South America has gone into the ~** nos échanges avec l'Amérique du Sud sont devenus déficitaires ; **most major airlines were in the ~** la plupart des grandes compagnies aériennes enregistraient des pertes.

red *adj.* ✪ **~ alert** état d'alerte maximale ; **~ cap** a) *Transp. ferroviaires RU* porteur ; b) *ÉU* policier militaire ; **~ carpet** *Fig.* accueil fastueux/princier, accueil (habituellement) réservé aux hôtes de marque ; **~ card** carton rouge *[sens propre et figuré] ;* **Red Crescent** Croissant-Rouge ; **Red Cross** Croix-Rouge ; **~ dwarf** naine rouge ; **~ earth** terre rouge ; **~ eye** *Transp. aériens ÉU* vol de nuit ; **~ giant** géante rouge ; **~-handed** *adv.* la main dans le sac, en flagrant délit ; **~ herring** a) *Fig.* leurre, fausse piste, faux problème ; explication fallacieuse ; b) *Fin. ÉU* prospectus préliminaire ; *[***as a ~ herring, the party proposed raising the minimum age for smoking to eighteen** pour éviter d'aborder de front le problème, le parti a proposé de porter l'âge minimum de consommation de tabac à 18 ans*]* ; **~ ink** *Fig.* déficit ; **~ lead** minium ; **~-letter day** journée mémorable, grand jour, jour à marquer d'une pierre blanche ; **~-light district** quartier chaud ; **~ locust** criquet nomade ; **~ tape** lourdeurs/pesanteurs/lenteurs/contraintes/tracasseries/formalités administratives, bureaucratie, paperasserie ; *[***to cut (through) ~ tape** écarter les obstacles bureaucratiques, alléger la bureaucratie*]*.

redact *v. tr.* **1** réviser, remanier, apporter des modifications à, réécrire *[texte].* **2** rédiger.

redbrick university *RU* université de création assez récente.

redeem *v. tr.* **1** dégager *[chose remise en gage] ; [débiteur hypothécaire]* racheter *[hypothèque], [tiers détenteur]* purger *[hypothèque].* **2** rembourser *[dette, prêt, obligations].* **3** convertir *[bon en espèces/en marchandises].* **4 to ~ oneself** se racheter. **5** tenir *[promesse, engagement].*

redeemable *adj.* ✪ **~ bond** obligation remboursable par anticipation ; **~ debenture** *RU* obligation remboursable par anticipation ; **~ preference share** action privilégiée remboursable par anticipation ; **~ (preferred) stock** *ÉU* action privilégiée remboursable par anticipation.

redeeming *adj.* qui sauve, qui compense/fait pardonner ses imperfections/aspects négatifs, qui fait pardonner tout le reste, qui rachète la médiocrité/les défauts, qui incite à l'indulgence ; **the book's ~ feature** la qualité de l'ouvrage qui fait oublier ses imperfections ; **~ value** intérêt/qualités qui rachète(nt) *[œuvre pornographique] ;* **his plan has some ~ value** son projet comporte des aspects qui le rendent globalement intéressant.

redemption *n.* **1** *Fig.* **beyond/past/without ~** perdu, que rien ne peut plus sauver, irrémédiable(ment), fatal(ement). **2** rachat *[d'une hypothèque par le débiteur],* purge *[d'une hypothèque par un tiers détenteur].* **3** remboursement, amortissement *[d'une dette].* ✪ **~ bond** *ÉU* obligation d'amortissement *[d'obligations antérieures] ;* **~ charge** *FCP* droit de sortie ; **~ date** échéance ; **~ fee** *Banque* droit de remboursement ; **~ fund** fonds d'amortissement ; **~ table** calendrier d'amortissement ; **~ value** *FCP* prix de rachat, valeur liquidative ; **~ yield** rendement *[d'une obligation].*

redeploy *v. tr.* réorienter *[ressources],* réaffecter *[ressources, personnel].*

redeployment *n.* réorientation, réaffectation.

redevelopment *n.* reconversion, conversion ; réaménagement.

redhibitory *adj. Dr.* ✪ **~ action** action rédhibitoire ; **~ defect/vice** vice rédhibitoire.

re-direct examination *Dr. ÉU* nouvel interrogatoire *[d'un témoin par l'avocat/le procureur qui l'a fait citer].*

rediscount(ing) *n.* réescompte.

redesign *v. tr.* modifier (la conception de), améliorer.

redistricting *n. ÉU* redécoupage des circonscriptions (électorales), redécoupage électoral, nouvelle délimitation des circonscriptions (électorales).

redlining *n.* refus de consentir des prêts pour l'achat de logements dans des quartiers pauvres.

redox *n.* oxydoréduction.

redress *v. tr.* rétablir *[l'équilibre].*

redress *n. Dr.* réparation *[d'un préjudice].*

redshift *n.* redshift *[= décalage vers les grandes longueurs d'onde].*

redshifted *adj.* décalé vers le rouge.

reducing *adj.* ✪ **~ balance depreciation/method** amortissement dégressif ; **~ instalment system** amortissement dégressif.

reduction in force *ONU* compression de personnel ; compression des effectifs.

redundancy *n.* suppression d'emploi, licenciement (économique) ; *pl.* compressions d'emploi ; **~ pay(ment)** indemnité de licenciement.

redundant *adj.* **1** redondant, superflu, excédentaire, inutile ; désaffecté ; **to dispose of ~ production facilities** se défaire d'installations de production excédentaires. **2** *[travailleur]* licencié ; **five nurses were made ~** cinq infirmiers ont été licenciés.

reefer *n.* **1** véhicule frigorifique ; camion frigorifique ; remorque frigorifique ; wagon frigorifique ; cargo réfrigéré. **2** joint.

reek *v. intr. Fig.* **(of)** évoquer, faire penser à, être imprégné de, avoir des relents de.

reel *v. intr. Fig.* **to be ~ing** être durement touché.

re-election *n.* **she declared that she would not stand for ~** elle a déclaré qu'elle ne se représenterait pas.

re-emerge *v. intr.* revoir le jour, resurgir, refaire son apparition, refaire surface.

re-enact *v. tr.* **1** refaire, répéter, reproduire, imiter, procéder à la reconstitution de *[actes passés],* vivre à nouveau, rendre vie à *[événements passés].* **2** *[livre]* relater, décrire.

re-engineer *v. tr.* **1** modifier la conception de *[machine].* **2** *Gestion* réorganiser (de fond en comble) *[entreprise] ;* **the firm's success lies in its ability to ~ its business on a regular basis** le succès de l'entreprise réside dans son aptitude à réorganiser régulièrement ses activités ; **when companies ~ their structure some workers will invariably be made redundant** lorsqu'une entreprise modifie complètement son organisation, il en résulte inévitablement des licenciements.

re-engineering *n. Gestion* refonte de l'organisation *[d'une entreprise].*

re-entry *n.* **1** rentrée *[d'un engin spatial/d'un missile dans l'atmosphère].* **2** retour *[d'une personne].* ✪ **~ vehicle** *Esp.* véhicule de rentrée.

re-examination *n. Dr. Angl.* nouvel interrogatoire *[d'un témoin par l'avocat/le procureur qui l'a fait citer].*

refer *v.* **I (to) 1** *tr.* soumettre à, transmettre à, envoyer à ; **to ~ a takeover bid to the Monopolies and Mergers Commission** soumettre une offre publique d'achat à la Commission des monopoles et des fusions. **2** *intr.* s'en rapporter à, s'en remettre à, en référer à. **3** *tr. Dr.* renvoyer *[affaire]* à *[tribunal],* porter devant, soumettre à, déférer à ; **case ~red to a court** affaire déférée à un tribunal ; **to ~ a case/matter to a court** saisir un tribunal d'une affaire, porter une affaire devant un tribunal ; **the Commission may ~ the dispute to the International Court of Justice** la Commission peut soumettre le différend à la Cour internationale de justice ; **the matter will be ~red to the House of Lords** la Chambre des Lords sera saisie de cette affaire. **4** *tr.* adresser à, diriger vers, aiguiller vers ; **to ~ a patient to a specialist** adresser un malade à un spécialiste ; **her general practitioner ~red her to a neurologist** son médecin généraliste l'a envoyée chez un neurologue. **5** *intr.* mentionner, indiquer, viser, se référer à, faire référence à, faire allusion à, songer à, penser à, faire état de, aborder, traiter de, évoquer, rappeler ; **he was ~ring to the terrorist movement** il faisait allusion au mouvement terroriste. **6** *intr.* renvoyer à *[qqn, règlement, livre].* **7** *intr.* désigner ; **there are different ways of ~ring to the separatist movement** il y a différentes façons de désigner le mouvement séparatiste. **8** *intr.* concerner, avoir trait à, porter sur, viser ; **these figures ~ to the exchange rates on November 20** ces chiffres ont trait aux taux de change en date du 20 novembre. **9** *intr.* consulter, compulser, examiner, se reporter à, se référer à ; **to ~ to a dictionary** consulter un dictionnaire ; **they may refresh their memories by ~ring to notes** ils peuvent compulser des notes pour se rafraîchir la mémoire ; **for more information, ~ to the notes** pour obtenir de plus amples informations, reportez-vous aux notes. **II ~ to as 1** appeler, dénommer, désigner sous l'appellation de ; **~red to as** appelé, dénommé, dit ; **hereinafter ~red to as "the Bank"** ci-après dénommée « la Banque » ; **New**

York is popularly ~red to as the "Big Apple" New York est familièrement appelée la « Grosse Pomme ». **2** qualifier de.

referee *n.* **1** arbitre scientifique *[d'une revue scientifique].* **2** *Dr.* arbitre. **3** *RU* personne donnant/pouvant donner des références. ✪ **~ in case of need** *Lettre de change* besoin, recommandataire.

refereed *adj. [revue scientifique]* pratiquant l'examen collégial.

refereeing *n.* examen *[d'un article]* par un spécialiste (de la discipline).

reference *n.* **1** mention ; allusion ; **he wants more product ~ in the advertising** il veut que l'on mentionne davantage les produits dans la publicité. **2** renvoi *[à un livre, à un autre passage],* référence ; citation ; *pl.* références, bibliographie ; **~ should be made to** a) il convient de se reporter à, on se reportera utilement à ; b) il faut mentionner. **3** renvoi *[pour avis, pour décision] ; Dr.* renvoi *[d'une affaire/question à une autre juridiction].* **4** consultation *[de qqn, d'un livre] ;* examen ; référence ; **to write sth down for future ~** prendre note de qqch. en vue d'une utilisation ultérieure ; **please print this note for further ~** veuillez imprimer cette note pour pouvoir la consulter ultérieurement. **5** rapport, lien. **6** référence ; base. **7** référence *[dans une lettre] ;* référence, cote *[d'un document, d'un ouvrage].* **8** références ; personne donnant/pouvant donner des références. ✪ **in ~ to** en ce qui concerne, pour ce qui est de, à propos de ; en réponse à *[lettre],* me référant à ; **~ book** ouvrage de référence ; **~ desk** bureau des renseignements ; **~ library** bibliothèque de référence ; **~ mark** appel de note ; **~ material(s)** documents de référence ; **~ paper** document de référence ; **~ price** *UE* prix de référence ; **~ work** ouvrage de référence ; **with ~ to** en ce qui concerne, pour ce qui est de, à propos de ; en réponse à *[lettre],* me référant à ; **with (special) ~ to** (et) en particulier, (et) notamment, (et) surtout.

referencing *n.* présentation des références *[dans un article scientifique].*

referral *n.* orientation, aiguillage *[d'un malade vers un spécialiste].* ✪ **~ (sales) plan/scheme** *ÉU* (système de) vente à la boule de neige.

refinancing *n.* refinancement *[= remplacement d'une dette par une autre ayant des caractéristiques différentes].*

refine *v. tr.* améliorer, perfectionner, affiner, affûter, *Fam.* peaufiner ; **they have ~d their market research methods** ils ont perfectionné leurs méthodes d'étude de marché.

refined *adj.* **1** *[métal, pétrole]* raffiné. **2** perfectionné, élaboré, subtil, ingénieux, affûté, bien conçu ; **it was a highly ~ explanation of the conflict** il s'agissait d'une explication très subtile du conflit.

refinement *n.* subtilité, raffinement.

reflate *v. Écon.* **1** *intr.* mener une politique de relance/de reflation. **2** *tr.* relancer *[l'économie, la demande].*

reflation *n. Écon.* reflation, relance ; **~ of demand** relance de la demande.

reflationary *adj. Écon. [politique]* de relance.

reflect *v.* **I** *tr.* **1** traduire, témoigner de, mettre en évidence, indiquer, faire apparaître, révéler, être révélateur de, être la manifestation de, rendre compte de, illustrer, refléter, trahir ; **the chilly atmosphere during the talks ~ed the gulf between the two delegations** l'atmosphère glaciale qui a caractérisé les négociations témoignait du fossé qui existait entre les deux délégations ; **these figures can only ~ damage to the biosphere** ces chiffres ne peuvent qu'indiquer des dommages subis par la biosphère ; **these data ~ nothing about the cost to the environment** ces données ne font nullement apparaître la dégradation de l'environnement ; **the report was intended to ~ the latest information** le rapport visait à rendre compte des dernières informations disponibles ; **the national average does not ~ these wide variations** la moyenne nationale ne rend pas compte de ces importantes variations ; **this policy ~s a return to Victorian values** cette politique marque un retour aux valeurs victoriennes. **2** exprimer, représenter, être l'expression/la manifestation/le signe de, dénoter ; **the Spanish proposals ~ed a viewpoint common to all wine-producing countries** les propositions de l'Espagne représentaient le point de vue commun de tous les pays producteurs de vin ; **the increase in fundamentalism ~s a deep disaffection with the government among the country's population** le développement de l'intégrisme est la manifestation d'un profond mécontentement de la population du pays à l'égard du gouvernement ; **this carelessness ~s complacency** cette négligence trahit un excès de confiance ; **the company's success in Scandinavia ~s the commercial team's effort there** les succès enregistrés par l'entreprise en Scandinavie sont à la mesure des efforts déployés par l'équipe commerciale dans cette région. **3** correspondre à, cadrer avec, répondre à, devoir être rapproché de, être conforme à, se situer dans la ligne de, s'inspirer de ; relever de, tenir de ; **the new job title ~s the nature of the work more accurately** la nouvelle désignation du poste correspond plus exactement à la nature du travail ; **her suggestions ~ current thinking on development assistance** ses propositions sont conformes aux conceptions actuelles en matière d'aide au développement ; **her fears concerning artificial intelligence ~ science fiction more than reality** ses craintes concernant l'intelligence artificielle relèvent plus de la science-fiction que de la réalité ; **it was said that British aid merely ~ed UK foreign policy interests** on a affirmé que l'aide britannique ne visait qu'à servir les intérêts du Royaume-Uni en matière de politique étrangère ; **the welfare system of a country ~s its national values** le régime de protection sociale d'un pays est imprégné des valeurs de celui-ci. **4** être dû à, être lié à, s'expliquer par ; **~ing** sous l'effet de, par suite de ; **the recent decline in investment ~s a loss of confidence** la baisse récente des investissements est due à une perte de confiance ; **these excesses ~ed the malaise of affluence** ces excès étaient le produit du malaise inhérent à la société d'abondance ; **our continuing financial successes ~ outstanding customer satisfaction** la confirmation de notre succès financier s'explique par le degré élevé de satisfaction de nos clients. **5** tenir compte de, prendre en considération ; **the mood among voters does not ~ the improved unemployment figures** l'état d'esprit de l'électorat ne tient pas compte de l'amélioration des statistiques en matière de chômage. **6** reproduire, se faire l'écho de. **7 to be ~ed in** se retrouver dans, trouver son expression dans, faire sentir ses effets sur, apparaître dans, transparaître dans, ressortir de, figurer dans, être consigné dans, trouver son pendant/reflet dans ; se traduire par, entraîner ; **the Bundesbank views are expected to be ~ed in the final report** les vues de la Bundesbank trouveront sans doute leur expression dans le rapport final ; **she did not explain why recent technological changes are not yet ~ed in productivity statistics** elle n'a pas expliqué pourquoi les changements technologiques récents ne font pas encore sentir leurs effets sur les statistiques de productivité ; **the Islamic aspect of the revolution was ~ed in the country's new**

name le caractère islamique de la révolution transparaissait dans le nouveau nom du pays ; **the simplicity of the concept is ~ed in the clarity of the book** la simplicité de cette idée trouve son pendant dans la clarté de l'ouvrage ; **the views of the minority were not ~ed in the summary** les vues de la minorité ne figuraient pas dans le résumé ; **these findings should be ~ed in the report** ces constatations doivent être consignées dans le rapport ; **these developments are ~ed even today in managerial attitudes** cette évolution influence encore aujourd'hui la mentalité des cadres ; **some of this thinking is ~ed in the structure of this book** certaines de ces conceptions ont influencé la structure du présent ouvrage ; **the slide in sterling will be ~ed in rising domestic prices** la baisse de la livre sterling se traduira par une augmentation des prix dans le pays ; **the rise of the dollar was ~ed in an increase in imports** la hausse du dollar a entraîné une augmentation des importations. **8** réfléchir *[lumière, chaleur].* **II ~ on 1** réfléchir sur, examiner, se pencher sur, s'arrêter sur. **2** discréditer, nuire à la réputation de, salir/ternir la réputation de, éclabousser, rejaillir sur, donner une piètre image de, donner une image peu flatteuse de, en dire long sur, causer du tort à, porter atteinte à, mettre en cause ; **the revelation ~ed not only on the minister but on the whole government** cette révélation a éclaboussé non seulement le ministre mais aussi l'ensemble du gouvernement ; **will this accident ~ on the good name of the company?** cet accident portera-t-il atteinte à la réputation de l'entreprise ? **3 to ~ well on** montrer/mettre en évidence la qualité de, donner une image positive de, faire honneur à ; **this book ~s well on his author** ce livre fait honneur à son auteur.

reflection *n. Fig.* **to be a ~ on** *voir* reflect (II 2) ; **visitors often find the heavy security a ~ on their honesty** les visiteurs considèrent souvent que le lourd dispositif de sécurité revient à mettre en doute leur honnêteté.

reflex camera (appareil) reflex.

reflexology *n.* réflexologie plantaire *[= technique de médecine douce].*

refocus *v.* **1** *tr. [entreprise]* réorienter, recentrer *[activités].* **2 ~ on** *[entreprise]* réorienter ses activités vers.

reforestation *n.* reboisement.

reformatory, reform school *ÉU* établissement d'éducation surveillée.

reframe *v. tr.* **1** *Psych.* réinterpréter *[p. ex., le verre à moitié vide est en fait à moitié plein].* **2** présenter sous un jour nouveau, présenter une conception nouvelle de.

refresh *v. tr. Fig.* **1** rafraîchir *[mémoire].* **2** dynamiser, stimuler ; **we have been ~ed by a new insight into our own life** nous avons été stimulés en découvrant notre existence sous un jour nouveau.

refreshed *adj.* en forme, d'attaque, vivifié, revigoré ; reposé, frais et dispos.

refresher course cours de remise à niveau/de rafraîchissement des connaissances.

refreshing *adj. Fig.* agréable, bienvenu, réconfortant, encourageant ; nouveau, original ; inhabituel, peu commun, rare ; **the ~ clarity of the report** la clarté du rapport, qui surprend agréablement.

refrigerated *adj.* ✪ **~ truck** camion frigorifique ; **~ vessel** navire frigorifique.

refuel *v. intr.* (re)faire le plein de carburant.

refuge *n.* **1** refuge. **2** foyer (pour femmes battues).

refunding *n. Obligations* conversion. ✪ **~ bond** obligation de conversion.

refurbish *v. tr.* **1** remettre à neuf, rénover *[bâtiment, locaux].* **2** rénover, moderniser, rajeunir, dépoussiérer, réformer *[système]* ; remettre à niveau, rafraîchir *[connaissances].* **3 to ~ the reputation of** redorer le blason de.

refuse *n. RU* ✪ **~ chute** vide-ordures ; **~ collection** collecte/enlèvement/ramassage des ordures ; **~ collection vehicle** camion/benne à ordures/de ramassage des ordures ; **~ collector** éboueur ; **~ disposal** enlèvement des ordures ; destruction des ordures ; **~ sack** sac poubelle ; **~ tip** dépotoir.

refute *v. tr.* **1** réfuter *[raisonnement].* **2** rejeter, s'inscrire en faux contre *[affirmation],* démentir *[allégations],* contester *[argument].*

regain *v. tr.* récupérer *[chose perdue],* retrouver *[chose perdue, équilibre, unité, influence],* rentrer en possession de, reprendre possession de, obtenir à nouveau *[chose perdue],* recouvrer *[santé],* regagner, retrouver *[la confiance de qqn],* reconquérir *[territoire perdu, présidence],* regagner *[du terrain],* reprendre *[l'espoir, le dessus, l'initiative, du poids],* obtenir la restitution de ; **to ~ one's composure** se ressaisir, reprendre son sang-froid, redevenir maître de soi, se rasséréner ; **to ~ control** reprendre la maîtrise de la situation ; **to ~ control of** maîtriser à nouveau ; **to ~ power** reprendre le pouvoir, revenir au pouvoir.

regard *v. tr.* considérer ; **booksellers are more highly ~ed than grocers** les libraires jouissent d'une plus grande considération que les épiciers.

regard *n.* **1** considération, estime ; **a biologist held in high ~** un biologiste éminent. **2 having ~ to** compte tenu de ; **having ~ to Article 41 of the Statute of the Court** vu l'article 41 du Statut de la Cour ; **with (due) ~ to** compte (dûment) tenu de ; **to have little ~ for** ne guère se préoccuper de, faire peu de cas de ; **in ~ to** concernant ; **with ~ to** en ce qui concerne ; **without ~ for/to** sans tenir compte de, indépendamment de, sans considération de, par-delà ; **officials should be recruited without ~ to nationality** les fonctionnaires doivent être recrutés indépendamment de leur nationalité.

regardless *adv.* malgré tout. ✪ **~ of** sans tenir compte de, quel que soit, indépendamment de, sans considération de, par delà ; **taxes will increase ~ of which party wins** les impôts augmenteront quel que soit le parti qui l'emporte.

regenerate *v. Fig.* **1** *tr.* rendre vie à *[pratique ancienne]* ; rétablir ; **to ~ oneself** se reconstituer, se régénérer. **2** rénover, revitaliser. **3** *intr.* se reconstituer, se régénérer.

regime *n.* **1** régime *[politique].* **2** système. **3** régime, dispositions, cadre réglementaire, réglementation.

Regina *n. Dr. Angl.* ministère public.

region *n.* ✪ **in the ~ of** d'environ, de l'ordre de.

regional planning aménagement régional.

register *v.* **1** *tr.* enregistrer, recenser. **2** *tr.* inscrire *[participant à une conférence]* ; immatriculer ; **company ~ed in Spain** société immatriculée en Espagne/de droit espagnol. **3** *intr. [participant à une conférence]* s'inscrire ; **(with)** se faire immatriculer par ; **to ~ as unemployed** s'inscrire au chômage. **4** *[appareil de mesure]* indiquer. **5** marquer, exprimer, manifester *[son accord/ opposition/mécontentement] ;* **in declining the invitation, she ~ed her discontent** en refusant l'invitation, elle a manifesté son mécontentement ; **voters ~ed their lack of confidence in the party in power** les électeurs ont exprimé leur manque de confiance dans le parti au pouvoir. **6** *tr.* recommander *[lettre].*

register *n.* ✪ **~ of charges** *RU* registre des sûretés ; **~ of directors** *RU* registre des administrateurs ; **~ of electors** liste électorale ; **~ office** (bureau de l') état civil ; **~ of members** *Sociétés RU* registre des actionnaires ; **~ ton** tonneau de jauge *[= 2,83m^3] ;* **~ tonnage** jauge.

registered *adj.* **1** enregistré, inscrit, immatriculé ; *[marque]* déposé ; *[information]* repris *[dans un registre] ; [personne, établissement]* agréé ; *[toxicomane, prostituée, suspect]* fiché, *[prostituée]* en fiche. **2** *Poste [lettre]* recommandé ; **by ~ mail/post** en recommandé. ✪ **~ bond** obligation nominative ; **~ capital** capital social ; **~ debenture** *RU* obligation nominative ; **~ design** modèle déposé ; **~ nurse** infirmier diplômé ; **~ office** *Sociétés RU* siège social ; **~ security** titre nominatif ; **~ share/stock** action nominative ; **~ tonnage** jauge ; **~ trademark** marque déposée ; **~ unemployed** chômeurs inscrits ; **~ voter** électeur inscrit.

registrar *n.* **1** secrétaire, responsable du registre ; officier de l'état civil ; conservateur des hypothèques ; *Ens.* secrétaire général *[d'une université] ; Can.* registraire *[d'une université] ; Sociétés RU* responsable du registre des actionnaires ; **~ of births, deaths and marriages** officier de l'état civil ; **Registrar of Companies** *RU* directeur du registre des sociétés ; **~ of deeds** conservateur des actes. **2** *Dr.* secrétaire (du tribunal) *[qui a des fonctions administratives et judiciaires] ;* greffier *[de la Cour internationale de justice, de la Cour de justice des Communautés européennes] ;* **Registrar in Bankruptcy** juge des faillites. **3** *RU registrar [= médecin/dentiste travaillant dans un hôpital tout en suivant une formation supérieure].*

registration *n.* **1** inscription *[d'un participant à une conférence, d'un électeur] ;* immatriculation *[d'une voiture, d'un navire].* **2** *Dr.* inscription *[d'une sûreté, d'une hypothèque].* ✪ **~ fees** droits d'enregistrement ; **~ number** numéro d'immatriculation *[d'une voiture] ;* **~ officer** *RU* fonctionnaire responsable de la liste électorale ; **~ plate** plaque d'immatriculation.

registry *n.* **1** enregistrement, inscription. **2** registre. **3** *Transp. mar.* pavillon ; **vessels of British ~** navires battant pavillon britannique. **4** bureau d'enregistrement. ✪ **~ office** (bureau de l') état civil.

regression *n. Stat.* régression *[= relation existant entre une variable dépendante et une ou plusieurs variables indépendantes] ;* **~ of x on y** régression de x sur y ; **~ curve** courbe de régression.

regressive *adj. [impôt]* régressif ; *[amortissement]* dégressif.

regular *adj.* courant, ordinaire. ✪ **~ budget** budget ordinaire *[d'une organisation internationale] ;* **~ gasoline** *ÉU* essence ordinaire.

regulate *v. tr.* **1** régir, régler ; **these rules ~ the behaviour of members** ces règles régissent le comportement des membres. **2** réglementer, édicter des règles concernant ; **the new law will ~ the possession of firearms** la nouvelle loi réglementera la possession d'armes à feu ; **this agency ~s safety in multiplex theatres** cet organisme édicte des règles concernant la sécurité dans les complexes multisalles. **3** assurer la régulation de, réguler *[mécanisme].*

regulating *adj.* ✪ **~ reservoir** réservoir régulateur ; **~ dam** barrage régulateur.

regulation *n.* **1** règlement, réglementation ; *pl.* régime, dispositions (réglementaires), règles, prescriptions ; statut ; **Council ~** *UE* règlement du Conseil ; **financial ~s** règlement financier ; **staff ~s** statut du personnel/des fonctionnaires. **2** réglementation *[d'une activité] ;* **banking ~** réglementation des activités bancaires.

regulator *n. sg. ou pl.* organisme de surveillance, autorité de contrôle, commission de contrôle/surveillance *[veille au respect de règles] ; Fam.* gendarme ; organisme de réglementation *[édicte et fait respecter des règles] ;* **the stock market ~s** l'organisme de surveillance de la Bourse.

regulatory *adj.* **1** réglementaire, de réglementation. **2** soumis à réglementation. ✪ **~ agency/authority/body ~** *voir* regulator ; **measures** mesures réglementaires ; **~ organization** *voir* regulator.

rehabilitation *n.* **1** remise en état *[d'un bâtiment],* réfection *[d'un bâtiment, d'une route],* rénovation, réaménagement, modernisation, régénération, assainissement, reconstruction *[de biens matériels] ;* restauration *[d'un bâtiment ancien] ;* **housing ~** rénovation de logements ; **financial ~** assainissement des finances. **2** relèvement, redressement *[d'un pays, de l'économie] ;* assainissement *[d'une entreprise].* **3** rééducation (et réinsertion), réadaptation (et réinsertion) *[d'un blessé, d'un malade].* **4** réinsertion *[d'un délinquant, d'une prostituée].* **5** réhabilitation *[d'une victime d'erreur judiciaire, d'un dissident].*

rehash *n.* version à peine retravaillée.

rehearing *n. Dr.* réexamen de l'affaire.

reignite *v. tr.* relancer, faire redémarrer *[inflation],* provoquer une résurgence/recrudescence de ; **it is feared that the incident will ~ tensions** on craint que l'incident ne provoque une recrudescence des tensions ; **Toyota's decision to build the factory in France ~d fears that being outside the monetary union would be damaging to the UK** la décision de Toyota de construire l'usine en France a fait renaître les craintes que le Royaume-Uni risque de subir un préjudice s'il n'entre pas dans l'union monétaire.

rein *v.* **~ in** modérer, freiner, mettre un frein à, ralentir, restreindre, maîtriser, brider, juguler, enrayer, limiter, réduire, contenir, endiguer, refréner, réfréner, porter un coup d'arrêt à ; **to ~ in one's emotions** maîtriser ses émotions ; **it will take another few months to ~ in inflation** il faudra encore quelques mois pour juguler l'inflation.

reinstate *v. tr.* rétablir *[système] ;* réintégrer *[travailleur licencié].*

reinstatement order *Dr. Angl.* ordonnance de réintégration *[d'un travailleur licencié].*

reinsurance treaty traité de réassurance.

reinvigorate *v. tr.* relancer, stimuler *[économie],* donner/ imprimer un nouvel élan à *[programme],* revitaliser, redonner vie à *[région],* donner un coup de fouet à *[industrie],* dynamiser, revigorer, revivifier, donner une impulsion nouvelle à, insuffler un nouveau dynamisme à *[parti politique],* réactiver ; **to ~ the**

peace process donner une impulsion nouvelle au processus de paix.

reiterate *v. tr.* **1** réitérer *[engagement, exigence, souhait]*. **2** réaffirmer, exprimer à nouveau *[position, opposition]*.

reject *n. pl.* rebuts.

rejection *n.* **1** rejet, refus ; rebuffade. **2** réponse négative *[à une demande d'emploi]*, réaction négative. **3** *Méd.* rejet *[d'une greffe]*.

rejoinder *n. Dr. CIJ* duplique.

rejuvenate *v. tr.* **1** rajeunir. **2** dynamiser, moderniser, rénover, rationaliser, donner une efficacité accrue à, rendre plus performant, donner un coup de jeune à.

related *adj.* **1** lié, connexe, similaire, analogue, apparenté, voisin, corollaire, concomitant ; interdépendant ; **(to)** lié à, apparenté à, relatif à, se rapportant à, afférent à ; **to be ~ to** ne pas être étranger à ; **the presentation ranged over several related topics** l'exposé a porté sur plusieurs questions liées entre elles ; **this is good news for the steel industry and all ~ sectors** il s'agit d'une bonne nouvelle pour la sidérurgie et tous les secteurs connexes ; **a ~ question is…** dans ce contexte, dans le même ordre d'idées… **2** apparenté *[à qqn]*. ✪ **~ company** société apparentée.

relating thereto y afférent.

relation *n.* **1** relation, rapport ; **to bear no ~ to** a) être sans rapport avec, n'avoir rien à voir avec ; b) être sans commune mesure avec. **2** parent ; **no ~** aucun lien de parenté.

relational database *Inf.* base de données relationnelle.

relative *n.* membre de la famille ; *pl.* famille, parents et alliés. ✪ **~ by blood** parent ; **~ by law/marriage** allié.

relative *adj.* ✪ **~ frequency** *Stat.* fréquence relative ; **~ humidity** humidité relative.

relative to par rapport à ; **to cut the value of pensions ~ salaries** réduire le montant des pensions par rapport aux rémunérations.

relax *v. tr.* assouplir *[réglementation, sanctions]*, alléger, réduire, atténuer, desserrer.

relaxation *n.* **1** allégement ; assouplissement ; **she is arguing for a ~ in quarantine requirements** elle se prononce en faveur d'un assouplissement de la réglementation en matière de quarantaine. **2** détente.

relay station *TV* relais.

release *v. tr.* **1** libérer, mettre en liberté, délivrer, relâcher, élargir, relaxer *[prisonnier]* ; lâcher *[organisme transgénique dans la nature]*. **2 the decision ~d a great deal of creative energy** cette décision a mobilisé des énergies créatrices considérables. **3** libérer *[énergie, hormone]*, dégager *[chaleur, gaz]*, émettre, laisser échapper *[gaz]*, rejeter, déverser *[polluant]* ; disséminer *[microbes, organismes génétiquement modifiés]* ; sécréter ; **the report will deal with energy ~d during incineration of wastes** le rapport portera sur l'énergie libérée lors de l'incinération de déchets ; **the implant ~s contraceptive steroids** l'implant libère des stéroïdes contraceptifs ; **the measurements concern chemicals ~d by heating systems** les mesures portent sur les produits chimiques qui sont dégagés par les systèmes de chauffage ; **the explosion ~d highly poisonous gases** l'explosion a émis des gaz très toxiques ; **the spokesperson denied that radioactive materials had been ~d into the local environment** le porte-parole a démenti que des substances radioactives aient été rejetées dans l'environnement local ; **petroleum ~d into the sea** pétrole déversé dans la mer. **4** autoriser *[malade hospitalisé]* à quitter l'hôpital/à rentrer chez lui. **5** desserrer, lâcher, relâcher. **6** décharger, libérer, dégager, délier *[d'une obligation]*, relever ; dispenser, exempter, exonérer *[qqn d'une responsabilité]* ; soulager. **7** débloquer *[fonds]* ; **the bank is now authorized to ~ the frozen assets** la banque est maintenant autorisée à débloquer les actifs gelés. **8** renoncer à, abandonner *[droit]*. **9** publier, rendre public, diffuser ; divulguer ; **the company's report was ~d last week** la société a rendu public son rapport la semaine dernière ; **the forecast was ~d on the Internet** la prévision a été diffusée sur Internet ; **details of the agreement were ~d last week** les dispositions précises de l'accord ont été divulguées la semaine dernière. **10** mettre sur le marché, sortir, mettre en circulation.

release *n.* **1** libération, mise en liberté, élargissement, relaxe. **2** rejet, déversement, émission *[de polluants]* ; libération *[d'énergie]*, dégagement *[de chaleur]*, dissémination *[de microbes, d'organismes génétiquement modifiés]* ; **the Kyoto Protocol should lead to a reduction in the ~ of greenhouse gases** le Protocole de Kyoto devrait entraîner une réduction des rejets de gaz à effet de serre ; **the ~ of genetically engineered insects** la libération d'insectes obtenus par des techniques de génie génétique. **3** autorisation de sortie (de l'hôpital). **4** libération *[d'une obligation]* ; **~ of a debt** remise de dette. **5** exemption, exonération, dispense. **6** abandon, renonciation *[à un droit]*, désistement ; quittance. **7** décharge, quitus. **8** déblocage *[de fonds]*. **9** sortie, distribution *[d'un film]*, publication, diffusion ; livre, film, disque (nouveau) ; mise en circulation ; *Inf.* version *[d'un logiciel]* ; **we are waiting for the ~ of the findings** nous attendons la publication des résultats ; **to purchase the latest ~ of a program** acheter la version la plus récente d'un logiciel. ✪ **~ for consumption** mise à la consommation ; **~ on licence/parole** libération conditionnelle.

relentless *adj.* **1** *[ennemi]* impitoyable, implacable. **2** *[évolution]* inexorable ; **the ~ growth of the debt** la croissance inexorable de la dette. **3** obstiné, opiniâtre ; constant, inlassable, incessant ; **the Mexican government is trying to curtail the ~ migration to the capital** le gouvernement mexicain s'efforce de réduire l'afflux incessant de migrants dans la capitale.

relentlessly *adv.* **1** impitoyablement, implacablement. **2** sans relâche, sans répit, constamment, sans discontinuer, inexorablement. **3** obstinément, opiniâtrement ; inlassablement.

relevance *n.* pertinence, admissibilité, justesse, validité, valeur, intérêt, utilité (pratique), portée, importance, signification, applicabilité, adéquation, actualité ; rapport ; **to have ~ for** présenter un intérêt pour ; **issues of current ~** questions à l'ordre du jour, questions actuelles/d'actualité, enjeux du moment ; **of special ~ to** intéressant/concernant/touchant (plus) particulièrement ; **the programme's ~ to the needs of Member States** la mesure dans laquelle le programme répond aux besoins des États membres ; **issues of direct ~ to ordinary citizens** des questions intéressant directement le simple citoyen ; **the vocational ~ of the curriculum** l'adéquation du programme aux réalités de la vie professionnelle ; **information that has little ~ to the project** des informations qui ne présentent guère d'intérêt pour le projet ; **the issue has direct ~ to local voters** la question touche directement les électeurs locaux ; **she questioned the ~ to humans of their tests on animals** elle a mis en doute que leurs expériences sur les animaux permettent de tirer des conclusions valables pour les êtres humains ; **the ~ of Darwin today** l'actualité des idées de Darwin ; **students are more than ever choosing degree subjects with ~ to future employment** plus que jamais, les étudiants choisissent leur domaine d'études compte tenu des perspectives d'emploi.

relevant *adj.* **1** pertinent, valable, approprié, adéquat, à propos, de mise, significatif, à prendre en considération, entrant en ligne de compte, digne d'être pris en considération. **2** qui présente un intérêt, digne d'attention/d'intérêt, intéressant, utile, voulu, applicable ; qui compte, important ; **some women's magazines also deal with issues ~ to a male audience** certains magazines féminins abordent des questions qui présentent un intérêt pour un public masculin ; **your task will be to find ~ information** votre tâche consistera à trouver des informations utiles ; **to provide all ~ information** communiquer tous les renseignements voulus ; **the ~ rule** la règle applicable ; **to be ~** compter. **3** correspondant, considéré, en cause, en question, en la matière, dans ce domaine, qui s'y rapporte, y afférent ; **during the ~ period** pendant la période considérée. **4** voulu, requis, nécessaire. **5** concerné, intéressé ; *[autorités]* compétent, responsable ; **comments will be sought from all ~ organizations** toutes les organisations concernées seront invitées à formuler des observations ; **she will see the ~ civil servants on Friday** elle rencontrera vendredi les fonctionnaires compétents. **6** utilisable, (bien) adapté, adapté aux besoins/aux réalités, bien conçu. **7** *[organisation]* proche des réalités ; actuel, d'actualité, **where ~** s'il y a lieu ; **he claims that the Marxist ideology is still ~ today** il prétend que l'idéologie marxiste n'a rien perdu de son actualité ; **in her view the CIS is no longer ~** selon elle, la CEI a perdu sa raison d'être. **8 (to)** adapté à, lié à, en rapport avec, correspondant à, concernant, relatif à, afférent à ; **to be ~ to** concerner, intéresser, concerner, correspondre à, présenter un intérêt pour/dans le cadre de, revêtir de l'importance pour ; **is the school curriculum ~ to today's world?** le programme scolaire est-il adapté aux réalités actuelles ? **the training is ~ to the tasks to be performed** la formation est liée aux tâches à accomplir ; **her background was particularly ~ to the programme** son expérience avait un rapport direct avec le programme ; **~ work experience** expérience professionnelle correspondant à l'emploi ; **the lecture was not really ~ to the course** l'exposé ne présentait pas de véritable intérêt pour le cours ; **the chairperson warned him to stop making remarks that were not ~ to the debate** le président lui a demandé de cesser de tenir des propos étrangers au sujet du débat ; **the study may be ~ to the BSE crisis** l'étude peut apporter des enseignements sur la crise engendrée par la maladie de la vache folle.

reliable *adj.* fiable, digne de foi, sérieux, solide, sûr, (digne) de confiance, crédible, *[méthode]* éprouvé ; **an able and ~ translator** un traducteur compétent et sérieux.

reliance *adj.* **(on) 1** utilisation de, recours à ; **~ on obsolete management methods** recours à des méthodes de gestion dépassées. **2** dépendance à l'égard de ; **the sales team was blamed for its ~ on a few long-standing customers** il a été reproché à l'équipe de vente d'être trop tributaire d'un petit nombre de clients de longue date.

relief *n.* **1** soulagement *[de la douleur]*, délivrance. **2** secours, aide, assistance ; **humanitarian ~** aide humanitaire. **3** relève *[de troupes]*. **4** exonération, franchise ; dégrèvement, abattement, allégement fiscal ; **liability to income tax is substantially reduced by the operation of various ~s** les impôts sur le revenu dus se trouvent fortement réduits par le jeu de divers dégrèvements. **5** *Dr.* réparation, indemnisation ; **to seek ~** demander réparation. ✪ **~ agency** organisme/organisation de secours, organisation humanitaire ; **~ operation** opération de secours ; **~ supplies** secours ; produits de première nécessité ; **~ worker** a) agent d'organisme de secours, agent d'organisation humanitaire ; b) secouriste ; *pl.* équipes de secours *[en cas de catastrophe]*.

relieve *v. tr.* **1** soulager, réduire, atténuer, calmer, apaiser *[douleur]* ; **the drug ~s arthritis** le médicament a des effets bénéfiques pour les arthritiques ; **to ~ the suffering of the population** atténuer les souffrances de la population. **2** réduire *[pression]*, atténuer, alléger ; remédier à. **3** venir en aide à, aider, secourir *[victimes d'une catastrophe]*. **4** libérer, décharger, relever, dégager, délier (d'une obligation) ; dispenser ; **to ~ sb of sth** épargner qqch. à qqn. **5** relever *[troupes]*. **6** relever *[qqn de ses fonctions]*, limoger ; **the president ~d the general of his command** le président a limogé le général.

relocate *v.* **1** *intr.* *[entreprise]* déplacer/transférer le siège de ses activités, changer son lieu d'implantation ; *[personne]* s'installer/s'établir ailleurs, changer de lieu de résidence ; **half the community was forced to ~** la moitié des habitants de la localité ont dû s'installer ailleurs ; **international civil servants are expected to be willing to ~** on attend des fonctionnaires internationaux qu'ils soient disposés à changer de lieu de résidence. **2** *tr.* changer/transférer le lieu d'implantation de *[entreprise]*, délocaliser *[usine]* ; changer le lieu d'affectation de *[employé]*.

relocation *n.* changement de lieu d'affectation, transfert *[d'un travailleur]* ; changement de lieu d'implantation, transfert, délocalisation, *[d'une entreprise]*, transfert de lieu de résidence *[d'un particulier]*. ✪ **~ allowance** indemnité de réinstallation.

reluctance *n.* hésitation, répugnance, réticence(s), manque d'empressement, scrupules ; **the company's ~ to fire employees** la répugnance de l'entreprise à licencier des travailleurs.

reluctant *adj.* hésitant, réservé, tiède, réticent ; **(to)** peu disposé à, peu enclin à, peu favorable à, peu désireux de ; **to be ~ to** hésiter à, répugner à ; *Fam.* rechigner à ; **the opposition gave ~ support to the treaty** l'opposition a approuvé le traité à contrecœur ; **the campaign informs ~ women about birth control** la campagne informe des femmes réticentes sur les moyens de limitation des naissances ; **the Prime Minister was ~ to act** le Premier ministre était peu disposé à agir ; **the biology professor is a ~ celebrity** le professeur de biologie est célèbre malgré lui ; **banks are ~ to lend to private individuals** les banques hésitent à consentir des prêts aux particuliers ; **they are ~ to admit that the initiative was a failure** ils répugnent à admettre que l'initiative s'est soldée par un échec.

reluctantly *adv.* de mauvais gré, à contrecœur, sans enthousiasme, pas de gaieté de cœur, à regret, du bout des lèvres.

rely *v.* **~ on 1** compter sur *[qqn]* ; **we can ~ on her** nous pouvons compter sur elle. **2** faire confiance à, se fier à, s'en remettre à, s'en rapporter à, se reposer sur, se fonder sur, s'appuyer sur, se baser sur ; **the government seems content to ~ on the market to control supply** le gouvernement semble faire confiance au marché pour la régulation de l'offre ; **can her evidence be relied on?** peut-on se fier à son témoignage ? **3** escompter, tabler sur, miser sur, s'attendre à. **4** dépendre de, être tributaire de, avoir besoin de ; **we should not ~ too much on one supplier** nous devons éviter de dépendre trop d'un seul fournisseur ; **the island relies exclusively on tourism** l'île est entièrement tributaire du tourisme ; **the programme's reception will ~ largely on the attitude of the press** la façon dont le programme sera accueilli dépendra dans une large mesure de l'attitude de la presse. **5** avoir recours à (aux services de), faire appel à, utiliser, se servir de ; **to dispel the rumours, the firm will ~ on a public-relations campaign** pour faire taire les rumeurs, l'entreprise aura recours à une campagne de relations publiques ; **to ~ more on markets to allocate goods** faire davantage appel au marché pour l'affectation des biens ; **many translators ~ mainly on the Internet as a source of terminological information** de nombreux traducteurs utilisent principalement Internet comme source terminologique. **6** invoquer, se prévaloir de, se fonder sur *[loi],* exciper de *[contrat, prescription],* faire état de *[preuves, arguments, pièces],* soulever *[moyen],* articuler *[faits, moyens, arguments],* opposer *[moyen] ;* **the barrister relied on his client's past good character** l'avocat a fait état des bons antécédents de son client.

REM (rapid eye movement) *voir* REM sleep.

remains *n. pl.* dépouille mortelle.

remainderman *n.* grevé ; nu-propriétaire.

remake *n.* nouvelle version, remake.

remand *v. tr.* **1** mettre *[inculpé]* à la disposition de la justice ; **(to)** renvoyer *[inculpé]* à *[tribunal],* ordonner le placement de *[inculpé]* en détention provisoire dans *[maison d'arrêt] ;* **to ~ in custody** placer en détention provisoire, placer sous mandat de dépôt, ordonner le transfert de *[inculpé]* en maison d'arrêt ; écrouer ; **to ~ on bail** libérer sous caution ; **the suspect was ~ed to trial** il a été ordonné que le suspect serait traduit en justice. **2 (to)** renvoyer *[affaire à autre juridiction].* **3 to ~ a child to sb's custody** confier la garde d'un enfant à qqn.

remand *n.* ✪ **on ~** en détention provisoire ; **~ prisoner** *RU* prisonnier en détention provisoire, détenu provisoire ; **~ centre** *RU* maison d'arrêt/de dépôt ; **~ home** foyer pour jeunes inculpés ; **~ in custody** placement en détention provisoire, placement sous mandat de dépôt ; **~ on bail** libération sous caution ; **~ order** ordonnance de placement en détention provisoire ou de libération sous caution.

remark *n.* observation ; remarque, réflexion *[désobligeante]*

remedial *adj.* ✪ **~ action** mesures correctives ; **~ class** classe de rattrapage ; **~ course** cours de rattrapage ; **~ exercise** exercices de réadaptation/rééducation ; **~ measures** mesures correctives ; **~ teacher** enseignant qui donne des cours de rattrapage.

remediation *n. Env.* dépollution, assainissement.

remedy *n.* **1** remède, solution, recours, mesure à prendre. **2** *Dr.* voie de droit ; (moyen de) recours, voie de recours *[contre une administration] ;* moyen d'obtenir réparation ; action *[ouverte à une partie lésée] ;* **the Commission may deal with the matter only after all domestic remedies have been exhausted** la Commission ne peut être saisie qu'après l'épuisement des voies de recours internes. **3** réparation, dédommagement.

remission *n.* **1** *Méd.* rémission. **2** remise de peine.

remit *v. tr.* **1** envoyer, transférer *[fonds].* **2** annuler *[taxe, amende].* **3** renvoyer *[affaire à autre juridiction].* **4** remettre à plus tard, reporter, différer.

remit *n. RU* domaine de compétence ; mandat, mission, tâche, attributions ; **the ~ of the monitoring team also covers the conduct of elections** le mandat des observateurs inclut également l'organisation d'élections ; **the ~ of the Central Committee shall cover all questions of a general nature** le mandat du Comité central porte sur toutes les questions générales.

remittance *n.* envoi/transfert de fonds (par un émigré à sa famille) ; fonds envoyés/transférés.

remitter *n. Dr.* renvoi *[d'une affaire à autre juridiction].*

rem judicatam *voir* res judicata.

remodel *v. tr.* **1** réaménager, réarranger, rénover *[bâtiment].* **2** modifier, réviser. **3** réorganiser, réformer *[administration, économie].*

remortgage *v. tr.* prendre une deuxième hypothèque sur *[bien immobilier].*

remote *n.* télécommande, commande à distance.

remote *adj.* **1** *[lieu]* éloigné, lointain, distant ; isolé, reculé, situé loin de tout, perdu, peu accessible, d'accès difficile, à l'écart ; *[passé]* lointain ; *[ressemblance]* vague ; *[lien, chance]* ténu, *[lien]* indirect ; *Inf.* distant ; **a ~ island in the Pacific Ocean** une île perdue de l'océan Pacifique ; **the modernization programme mainly concerns the most ~ regions** le programme de modernisation concerne principalement les régions périphériques. **2** *[personne]* distant. **3** à distance. **4** hypothétique, *[chance]* mince, ténu, faible, petit, *[probabilité]* faible, *[éventualité]* (très) improbable, peu plausible ; **there is a ~ possibility that** il se pourrait à la rigueur que, il est théoriquement possible que ; **the speech was about the ~ prospects of an independent Corsica** le discours a porté sur la perspective improbable de l'octroi de l'indépendance à la Corse. ✪ **~ access** *Inf.* accès à distance ; **~ control** télécommande, commande à distance ; **~-controlled** *adj. [bombe]* commandé à distance ; **~-operated vehicle** véhicule téléguidé ; **~ processing** *Inf.* télétraitement ; **~ sensing** télédétection.

remotely *adv.* **1** *[situé]* à l'écart. **2** *[lié]* de façon indirecte. **3** un tant soit peu ; **not ~** pas du tout ; **the minister is against anything that is ~ élitist** le ministre est hostile à toute initiative un tant soit peu élitiste. ✪ **~-operated vehicle** véhicule téléguidé.

removable *adj.* amovible. ✪ **~ hard disk** *Inf.* disque dur amovible.

remove *v. tr.* **1** enlever, emporter *[qqch.],* transférer *[qqn, qqch.],* évacuer *[personnes],* retirer *[troupes, enfant d'une classe],* **obsolete books were ~d from the library** les ouvrages dépassés ont été retirés de la bibliothèque. **2** supprimer *[mention],* barrer *[mot],* biffer, rayer *[nom d'une liste] ;* radier *[membre] ;* **to ~ a case from the list** *Dr.* rayer une affaire du rôle. **3** déplacer *[qqch.].* **4** dérober, soustraire, détourner ; **the manager of the fund ~d £500,000** le gestionnaire du fonds a détourné 500 000 livres. **5** supprimer, éliminer, faire disparaître, se débarrasser de ; **to ~ sth from** débarrasser de qqch., dépouiller de qqch. ; **the treaty ~s customs barriers between the two countries** le traité supprime les obstacles douaniers entre les deux pays ; **to ~ the sources of tension** supprimer les sources de tension ; **to ~ an item from the agenda** supprimer un point de l'ordre du jour ; **to ~ a competitor** éliminer un concurrent ; **to ~ impurities from the product** éliminer les impuretés du produit. **6** mettre fin à ; dissiper *[craintes, doutes, incertitude, soupçons],* écarter *[danger, menace, difficultés],* lever *[obstacle, sanctions, incertitude, ambiguïté],* extirper *[corruption] ;* **the antibiotics ~d the infection** les antibiotiques sont venus à bout de l'infection ; **the idea is to ~ support for the terrorists** il s'agit de priver les terroristes de soutien. **7** *Méd.* exciser *[tumeur],* pratiquer l'ablation de, procéder à l'ablation de *[organe],* prélever *[organe à transplanter].* **8** chasser, déloger ; **the Watergate affair ~d Nixon from the White House** l'affaire du Watergate a chassé Nixon de la Maison Blanche. **9** démettre/relever de ses fonctions, révoquer, destituer, limoger, licencier ; écarter, évincer, renverser ; **to ~ from office** démettre de ses fonctions ; **the director was ~d from his post** le directeur a été révoqué ; **it is said that the CIA ~d the dictator from power** on dit que c'est la CIA qui a renversé le dictateur.

remove *n.* distance. ✪ **at many ~s** de très loin ; **at one ~ from** à deux doigts de.

removed *adj.* **(from)** éloigné de.

REM sleep sommeil paradoxal.

rendering *n.* **1** traduction. **2** rendu *[d'une couleur],* restitution *[d'une image],* représentation ; relation *[d'événements],* description ; **the painter's ~ of water is particularly effective** la façon dont le peintre représente l'eau est particulièrement réussie. **3** interprétation *[d'une œuvre musicale ou dramatique].* **4** équarrissage. **5** *Construction RU* enduit. ✪ **~ of accounts** reddition de compte(s) ; **~ plant/works** équarrissoir.

renewed bill traite prolongé(e).

rent *n.* **1** loyer. **2** *Écon.* rente (foncière) *[= rémunération du facteur de production constitué par la terre].* **3** *Écon.* rente *[= surplus d'un revenu par rapport à un revenu normal en raison d'un avantage particulier].* ✪ **~ boy** *RU* jeune prostitué ; **~ control** encadrement/réglementation des loyers ; **~ seeking** *Écon.* activités d'acquisition de rentes *[en particulier, efforts qu'une entreprise déploie pour obtenir des pouvoirs publics la prise de décisions qui lui sont favorables] ;* **~ subsidies** allocation logement.

rental *n.* ✪ **~ car** voiture de location ; **~-car agency** agence de location de voitures ; **~ library** *ÉU* bibliothèque de prêt payant ; **~ value** valeur locative.

re-offend *v. intr.* récidiver.

reopen *v.* **1** *tr.* rouvrir *[magasin, école, ambassade, aéroport, enquête, dossier, blessures] ;* **the prosecutor ~ed the case** le procureur à rouvert le dossier. **2** *intr. [magasin, entreprise]* rouvrir (ses portes), *[aéroport]* être rouvert. **3** *tr.* reprendre *[négociations].* **4** *tr.* rétablir *[relations].* **5** *tr.* réexaminer *[question, affaire (judiciaire)].* **6** *tr.* relancer *[débat],* faire rebondir *[scandale].* **7** *tr.* remettre en cause *[accord].*

reorganization *n.* **1** réorganisation, restructuration *[d'une entreprise],* aménagement, redéploiement, réforme, assainissement ; **~ of the shipbuilding industry** restructuration du secteur de la construction navale ; **~ of working time** aménagement du temps de travail. **2** redressement judiciaire. ✪ **~ bond** obligation de restructuration.

repackage *v. tr. Fig.* mettre à jour, actualiser.

repair *n.* ✪ **beyond ~** *Fig.* irrémédiablement ; **~ shop** atelier de réparation ; **~ yard** chantier de réparation navale.

repatriation *n.* rapatriement, retour. ✪ **~ grant** a) aide au retour ; b) *ONU* prime de rapatriement.

repay *v. tr.* **1** rembourser, amortir *[dette].* **2** récompenser.

repayment schedule *Fin.* calendrier d'amortissement.

repeal *v. tr.* abroger *[arrêté].*

repeat *v. tr.* **to ~ a class** redoubler (une classe).

repeat *n.* **1** répétition, réédition *[d'un événement] ;* **small investors are afraid of a ~ of Black Friday** les petits investisseurs craignent un nouveau vendredi noir. **2** rediffusion *[d'une émission].* ✪ **~ business** vente à un client satisfait ; **~ customer** client qui procède à un nouvel achat ; **~ dial** rappel automatique ; **~ offender** récidiviste ; **~ performance** *Fig.* réédition.

repeatedly *adv.* à de nombreuses/diverses/maintes/plusieurs reprises, maintes fois, souvent.

repellent *adj.* **insect-~** *adj.* insectifuge ; **mite-~** *adj.* acarifuge.

repetitive strain injury lésions dues à des gestes répétitifs.

rephrase *v. tr.* reformuler, exprimer/libeller autrement, modifier la formulation/le libellé/ les termes de.

replace *v. tr.* **1** remplacer *[qqn, pièce de machine] ;* succéder à *[qqn].* **2** remettre en place *[chose précédemment enlevée].*

replacement *n.* **1** remplacement. **2** successeur ; **if the chairman resigns, the board will appoint his ~ next week** si le président donne sa démission, le conseil d'administration nommera son successeur la semaine prochaine. ✪ **~ cost** *Compt.* coût de remplacement ; **~ rate** *Dém.* taux de reproduction/de remplacement.

replenishment *n.* reconstitution *[de stocks, d'une réserve, d'un fonds].*

replete *adj.* **to be ~ with** abonder en.

replicate *v.* **1** *intr. [virus]* se reproduire, se répliquer. **2** *tr.* reproduire *[expérience, travail scientifique].*

replication *n.* réplication *[d'un virus, de l'ADN].*

reply *n. Dr.* réplique.

repo rate taux de(s) prise(s) en pension.

report *v.* **I 1** *tr.* rendre compte de, faire/présenter un compte rendu de, faire part de, faire rapport sur, relater, décrire, retracer ; **the expert group ~ed its findings to the Education Secretary** le groupe d'experts a fait part de ses conclusions au ministre de l'Éducation ; **the discovery was ~ed in a medical journal** la découverte a été décrite dans une revue médicale. **2** *tr.* établir un compte rendu de, établir le procès-verbal de *[réunion],* consigner. **3** *tr. Journ.* rendre compte de, faire un compte rendu de, couvrir *[événement, procès] ;* se faire l'écho de ; *[journal]* publier *[informations],* relater ; **a colourful and well-~ed article** un article vivant reposant sur un travail d'investigation sérieux. **4** *intr.* établir/présenter/remettre/adresser un rapport, présenter/déposer son rapport ; **(to)** faire rapport à. **5** *tr.* signaler, faire état de, indiquer, faire connaître, faire part de, annoncer, porter à la connaissance, déclarer, notifier, communiquer, transmettre ; **there is nothing new to ~** il n'y a rien (de nouveau) à signaler ; **to ~ a theft to the police** déclarer un vol à la police ; **the company ~ed earnings of $250 million** la société a annoncé un bénéfice de 250 millions de dollars ; **17,000 cases of AIDS were ~ed** 17 000 cas de sida ont été notifiés. **6** *intr. [personne]* se manifester ; **the lorry driver was told to ~ when the unloading was over** le chauffeur a reçu l'ordre de se manifester une fois que le camion aurait été déchargé. **7 he is ~ed to be** il serait ; **it is ~ed that** on a dit/affirmé que ; **real unemployment is ~ed to be close to 20%** selon les données disponibles, le taux de chômage réel serait proche de 20 %. **8** *intr. Journ.* **(for)** être reporter à *[journal].* **9** *intr.* se présenter *[à un endroit particulier]* ; **(to)** se présenter devant, se rendre chez *[supérieur hiérarchique]* ; **to ~ periodically to the police** se présenter régulièrement à la police ; **to ~ for duty** se rendre à son travail, prendre son service ; **this is the second time he has failed to ~ for duty** c'est la deuxième fois qu'il ne s'est pas présenté à son travail ; **he ~ed drunk for duty** il est arrivé au travail en état d'ivresse. **II ~ back** faire rapport. **III ~ on 1** rendre compte de, faire/présenter un compte rendu de, faire rapport sur, relater, décrire, retracer. **2** dénoncer ; **to fight tax evasion, it is useless to encourage individuals to ~ on tax dodgers** si l'on veut lutter contre la fraude fiscale, il ne sert à rien d'encourager les particuliers à dénoncer les fraudeurs. **IV ~ to** être placé sous l'autorité (directe) de, relever (directement) de, dépendre de, être rattaché à *[supérieur hiérarchique]* ; **she ~s directly to the president** elle relève directement du président ; **the Head of Department has seventeen people ~ing to her** le chef de service exerce son autorité sur 17 personnes.

report *n.* **1** rapport *[= document].* **2** compte rendu, relation, exposé, constat, mémoire ; avis, message, communication, notification, procès-verbal, relevé, état, information(s) ; **a ~ of every mortgage delinquency should be made to the head office** toute interruption du remboursement d'un prêt hypothécaire doit être notifiée au siège central ; **newspaper ~s** informations parues dans la presse ; **~s of his resignation proved to be false** les informations faisant état de sa démission se sont révélées inexactes. **3** *Journ.* reportage, article, enquête. **4** rumeur, bruit. ✪ **~ card** *Ens.* livret scolaire, bulletin (scolaire), carnet de notes.

reportage *n.* **1** informations ; **~ of the Prime Minister's speech is dominated by reactions overseas** les informations diffusées par la presse au sujet du discours du Premier ministre mettent surtout l'accent sur les réactions enregistrées à l'étranger. **2** présentation de l'information ; présentation *[d'une information].* **3** reportage.

reported speech discours indirect.

reportedly *adv.* selon les informations disponibles/obtenues ; **he is ~ intending to call an election** il aurait l'intention d'appeler les électeurs aux urnes.

reporting *n.* **1** déclaration(s), notification(s) ; communication/ diffusion de données/d'informations, information. **2** établissement d'un rapport/de rapports ; présentation d'un rapport/de rapports. **3** établissement des états financiers. **4** *Journ.* présentation de l'information ; informations. ✪ **~ currency** monnaie utilisée dans les états financiers ; **~ requirements** informations à communiquer/divulguer ; **~ restrictions** *Journ.* interdiction de rendre compte de certaines informations.

repossess *v. tr.* rentrer en possession de, reprendre possession de, (faire) saisir *[bien loué/vendu à crédit]* ; **300 homes have been ~ed since the plant closed** depuis la fermeture de l'usine, il a été procédé à la saisie de 300 logements.

repossession *n.* rentrée en possession, récupération *[d'un bien non payé].*

representation *n.* **1** représentation. **2** déclaration, allégation ; *pl.* observations, suggestions, déclarations, allégations, objections, protestations, réclamations, doléances, revendications, demande, requête ; **to make ~s** présenter des observations/doléances, protester, exposer ses vues ; **the company was accused of making exaggerated ~s about the new drug** on a accusé l'entreprise d'exagérer l'efficacité du nouveau médicament.

representative *n.* **1** représentant. **2** *Dr.* mandataire.

representative *adj.* ✪ **~ action** *Dr.* procédure collective ; *Can.* recours collectif ; **~ money** monnaie scripturale ; **~ office** bureau de représentation ; **~ sample** échantillon représentatif.

repressed inflation inflation larvée.

reprimand *n.* blâme.

reprint *n.* **1** réimpression, retirage. **2** tiré à part *[d'un article]* ; tirage à part.

reprinted *adj.* **(from)** publié précédemment dans.

reprocessing *n. Nucl.* retraitement *[de combustible nucléaire].* ✪ **~ plant** usine de retraitement.

reproduction rate *Dém.* taux de reproduction/de remplacement.

reproductive health santé génésique.

Republican *adj.* **1** *Pol. ÉU [candidat]* républicain. **2** *RU* partisan du rattachement de l'Irlande du Nord à la République d'Irlande.

Republika Srpska *[la]* Republika Srpska.

repudiation *n.* dénonciation *[d'un contrat],* rescision *[d'un contrat par un mineur].*

repugnant *adj.* **1** répugnant, ignoble. **2 (to)** incompatible avec, contraire à ; **his behaviour is ~ to the organization** l'organisation juge son comportement inacceptable.

reputable *adj.* honorablement connu, digne de confiance.

repurchase *n.* ✪ **~ agreement** mise en pension *[du point de vue du vendeur],* prise en pension *[du point de vue de l'acheteur]* ; **~ rate** taux des prises en pension.

repurpose *v. tr.* adapter (en vue d'un but/d'une utilisation différent(e)), utiliser à d'autres fins, réutiliser, recycler.

reputed *adj.* présumé.

request *n.* **at sb's ~** à la demande de qqn ; *Dr.* à la requête de qqn, à la diligence de qqn ; **on ~** sur demande.

require *v. tr.* **1** exiger, nécessiter, imposer, requérir, demander, appeler, justifier, passer par, dicter ; **a problem that ~s some imagination** un problème dont la solution exige de l'imagination ; **to be ~d to** être tenu de, devoir ; **as may be ~d** selon le cas ; **the next paragraph ~s clarification** le paragraphe suivant appelle des éclaircissements ; **is the organization ~d to pay travel costs?** l'organisation est-elle tenue de payer les frais de voyage ? **2** demander, prier, inviter. **3 (to)** obliger à, prescrire de, faire obligation de. **4** avoir besoin de ; **sodium and magnesium are also ~d by the body** l'organisme a aussi besoin de sodium et de magnésium. **5 (to)** *[règlement]* faire obligation de, imposer de ; **a law requiring companies to declare all donations to political parties** une loi faisant obligation aux sociétés de déclarer tous les dons à des partis politiques ; **the Constitution ~s that** aux termes de la Constitution.

required *adj.* nécessaire, de rigueur, de mise, voulu, réglementaire, obligatoire ; **to be ~** s'imposer, être de rigueur ; **the measures ~** les mesures qui s'imposent ; **proper dress is ~** une tenue appropriée est de rigueur.

requirement *n.* **1** condition (à observer). **2** norme, disposition, prescription, clause, règle, obligation ; **educational ~s** formation requise ; **the ~s of the agreement have not been met** il n'a pas été satisfait aux clauses de l'accord ; **it is a legal ~ that two witnesses be present** aux termes de la législation, deux témoins doivent être présents. **3** besoin(s), nécessité, exigence, impératif ; **they calculated the city's water ~s** ils ont calculé les besoins en eau de la ville ; **resource ~s** ressources nécessaires.

rerecording *n.* mixage.

rerun *n.* **1** rediffusion *[d'une émission]*. **2** *Fig.* répétition *[d'un événement antérieur]*.

resale *n.* ✪ **~ price agreement** *ÉU* accord en matière de prix minimum(s) imposé(s) *[conclu entre un fabricant et des détaillants]* ; **~ price maintenance** système de prix minimum(s) imposé(s) ; **~ value** valeur sur le marché de l'occasion.

reschedule *v. tr.* **1** rééchelonner *[dette]*. **2** modifier la date/l'heure de *[réunion]*, reprogrammer *[émission]*.

rescind *v. tr.* annuler *[ordre, jugement]*, casser, mettre à néant *[jugement]*, rapporter *[décret, mesure]*, abroger *[loi]*, résilier, résoudre *[contrat]*.

rescission *n. Dr.* annulation *[d'un jugement]*, abrogation *[d'une loi]*, résiliation, résolution, rescision *[d'un contrat]*.

rescue package plan de sauvetage *[d'une entreprise]*.

research *v. tr.* faire des recherches sur ; se documenter/faire des recherches pour écrire/en vue de la publication de, rassembler des matériaux pour, préparer *[livre]* ; **to ~ a thesis** préparer un mémoire ; **a carefully ~ed biography** une biographie reposant sur des recherches soigneuses ; **he is ~ing a book on Peru** il mène des recherches en vue d'écrire un livre sur le Pérou ; **she always writes impeccably ~ed articles** ses articles reposent toujours sur un travail de documentation irréprochable.

research *n.* (travail/travaux de) recherche, travaux des chercheurs, études ; **recent ~ shows that** selon des études récentes ; **to conduct ~** effectuer des travaux de recherche, faire de la recherche. ✪ **~ and development** recherche-développement, recherche et développement ; **~ assistant** chercheur adjoint ; **~ establishment** a) centre/institut de recherche ; b) capacités de recherche ; **~ fellow** chercheur ; **~ fellowship** poste de chercheur ; **~ grant** bourse de recherche ; **~ project** (travail de) recherche ; **~ institution** centre/institut de recherche ; **~ paper** travail de recherche, étude ; **~ scientist** chercheur ; **~ supervisor** *Ens.* directeur de recherche ; **~ worker** chercheur.

resent *v. tr.* prendre mal, être irrité par.

resentment *n.* mécontentement, ressentiment, amertume.

reservation *n. Dr. int.* réserve. ✪ **~ of title** réserve de propriété ; **~ price** prix de réserve *[d'une œuvre mise aux enchères]*.

reserve *v. tr.* **to ~ decision** *Dr. ÉU* a) réserver sa décision, remettre à plus tard sa décision *[sur un point de droit]* ; b) surseoir à statuer ; **to ~ judgement** a) *Dr. Angl.* mettre *[jugement]* en délibéré ; b) *Cour.* ne pas encore se prononcer, attendre avant de se prononcer, suspendre son jugement ; **she chose to ~ judgement on the matter** elle a choisi de ne pas encore se prononcer sur cette question ; **to ~ one's position on** ne pas encore se prononcer sur, ne pas se prononcer définitivement sur ; **to ~ the right to** se réserver (le droit/la possibilité) de.

reserve *n.* **1** *Compt.* réserve, provision. **2** *pl.* réserves (de change). **3** *pl.* réserves (obligatoires) *[des banques]* ; *Ass.* provisions. ✪ **~ against/for bad and doubtful debts** provision pour créances douteuses et irrécouvrables ; **Reserve Board** *ÉU* Conseil des gouverneurs de la Réserve fédérale ; **~ currency** monnaie de réserve ; **~ for contingencies** provision pour risques ; provision pour imprévus ; **~ on consolidation** plus-value de consolidation ; **~ price** prix de réserve *[d'une œuvre mise aux enchères]* ; **~ requirements** *Banque* a) réserves obligatoires ; b) obligation de constituer des réserves.

reserving state *Dr. int.* État réservataire.

reservoir *n.* bassin de retenue, réservoir.

reset *v. tr.* remettre *[compteur]* à zéro.

resettlement *n.* transfert *[de population]* ; réinstallation *[de population]*.

reshape *v. tr.* transformer, changer, rénover, réorienter, réorganiser, réformer.

residence hall foyer pour étudiants, résidence universitaire.

residential *adj.* ✪ **~ area** zone d'habitation, quartier résidentiel ; **~ block** habitation collective, immeuble collectif ; **~ building** immeuble à usage d'habitation ; **~ care** soins en établissement ; **~ construction** construction de logements ; **~ course (of study)** cours/études/formation en régime d'internat ; **~ customer** *Télécomm.* client/abonné privé ; **~ property** immeuble(s) à usage d'habitation ; **~ school** internat.

residual *n.* **1** résidu. **2** *Stat.* résidu. **3** *pl.* séquelles *[d'une maladie/opération]*. **4** *pl.* droits dus au titre des rediffusions/des diffusions multiples *[d'une émission, d'un spot publicitaire]*.

residual unemployment chômage résiduel.

residuary *adj.* ✪ **~ bequest** legs universel ; **~ devisee** légataire universel des biens immobiliers ; **~ estate** actif net successoral ; **~ gift** legs universel ; **~ legacy** legs universel des biens mobiliers ; **~ legatee** légataire universel des biens mobiliers ; **~ rule** règle supplétive.

residue, residuum *n. Dr.* ✪ **~ of an estate** succession mobilière nette de charges.

resign *v.* **1** *tr.* démissionner de *[poste]*. **2** *intr.* démissionner, quitter ses fonctions ; **(from)** démissionner de *[poste]* ; **she ~ed from the committee** elle a démissionné du comité. **3** *tr.* **to ~ oneself/one's mind to** se résigner à.

resilient *adj. Fig.* fort dans l'adversité, résistant, vigoureux, robuste, solide, vivace ; capable d'adaptation ; **to be ~** avoir de la ressource/du ressort/de la force morale/du caractère, ne pas se laisser abattre, tenir bon.

resistant *adj.* **chloroquine-~** *adj.* résistant à la chloroquine.

resisting arrest *Dr.* résistance à arrestation, rébellion.

resite *v. tr.* changer/transférer le lieu d'implantation de *[entreprise]*, délocaliser *[usine]*.

res judicata *Dr.* principe de la chose jugée ; **estoppel per rem judicatam** fin de non-recevoir tirée de l'autorité de la chose jugée ; **plea of ~** exception de chose jugée.

resolve *v.* **1** *intr.* **(to, that)** décider de ; **she ~d to tell the truth** elle a décidé de dire la vérité. **2** *tr.* résoudre, régler *[problème]* ; trancher *[différend, question]*. **3** *tr.* dissiper *[doutes]*. **4** *tr.* **(into)**

décomposer en *[plusieurs éléments]*, réduire à *[ses éléments constitutifs]*. **5** *tr.* **to ~ oneself into** se transformer en.

resonate *v.* **~ with 1** *[déclaration]* aller dans le même sens que *[autre déclaration] ; [action, idée]* être approuvé par, *[idée]* trouver un écho parmi, faire des adeptes parmi. **2** évoquer.

resort *n.* **1 as a last ~** en dernière extrémité, en dernier recours, faute de mieux, en désespoir de cause, au pis-aller, à la rigueur, si tout le reste échoue, lorsque tous les autres moyens ont été épuisés. **2** station touristique, lieu de villégiature.

resound *v. Fig.* **1** *intr.* avoir des incidences, faire sentir ses effets. **2 ~ with** trouver un écho auprès de ; **the calls for new investments in education ~ed with voters** les appels lancés en faveur de nouveaux investissements dans l'enseignement ont trouvé un écho auprès des électeurs.

resounding *adj. Fig. [victoire, succès]* éclatant, *[succès, échec]* retentissant, *[défaite]* cuisant, écrasant, *[rejet]* massif, catégorique, *[oui]* (franc et) massif.

resource *n.* **1** *pl.* ressources *[financières, naturelles, humaines]*, moyens ; moyens financiers, disponibilités, fonds ; **to be left to one's own ~s** être livré à soi-même ; **~ allocation** *Écon.* allocation des ressources. **2** source d'information ; *pl.* ouvrages de référence ; **information ~** source d'informations ; **the Internet is an invaluable ~ for translators** le réseau Internet représente une source d'informations extrêmement précieuse pour les traducteurs. **3** *Ens.* auxiliaire didactique/éducatif ; *pl.* matériels/moyens didactiques/éducatifs/pédagogiques ; matériel didactique/éducatif. **4** ingéniosité, ressource. ✪ **~ base** ressources ; **~ centre** centre de documentation ; **~ materials** matériels/moyens didactiques/éducatifs/pédagogiques ; matériel didactique/éducatif ; **~ person** spécialiste, expert, conseiller technique.

resourceful *adj.* imaginatif, ingénieux ; **to be ~** faire preuve d'imagination.

respect *n.* **pay one's (last/final) ~s to** s'incliner devant *[dépouille mortelle]*, rendre un dernier hommage à *[défunt] ;* **with all due ~** sans vouloir vous offenser.

respectable bill of exchange traite de premier ordre.

respected *adj. [fonctionnaire]* bien considéré, bien noté, apprécié, *[homme politique]* qui jouit de l'estime/la considération générale, *[scientifique]* éminent, *[entreprise]* réputé ; **the organizers invited several of Britains's most ~ historians** les organisateurs ont invité plusieurs des historiens les plus éminents du Royaume-Uni.

respectfully *adv.* **the Committee is ~ requested to** il est demandé au Comité de bien vouloir.

respirator *n. Méd.* respirateur (artificiel).

respiratory *adj.* ✪ **~ distress** détresse respiratoire ; **~ failure** insuffisance respiratoire ; **~ system** *Méd.* appareil respiratoire ; **~ tract** voies respiratoires.

respite care relève (temporaire) de la/des personne(s) prodiguant des soins.

respond *v. intr.* **(to)** réagir à, répondre à, prendre des mesures à l'égard de, faire face à, lutter contre, donner suite à ; tenir compte de ; **to ~ to treatment** *[malade]* accomplir des progrès, être sensible au traitement ; **the president was accused of ~ing to events rather than shaping them** on a accusé le président de réagir à la situation au lieu de déterminer son évolution ; **the firm's success is due to its ability to ~ to the changing market** le succès de l'entreprise est dû à son aptitude à faire face à l'évolution du marché ; **the new government ~ed to the challenge** le nouveau gouvernement a relevé le défi ; **the AIDS virus manages to undermine the body's ability to ~ to infection** le virus du sida parvient à affaiblir l'aptitude de l'organisme à lutter contre l'infection.

respondent *n.* **1** *Sondage* personne interrogée, répondant, enquêté, sondé. **2** *Dr.* a) défendeur *[dans les instances introduites par « petition »] ;* b) intimé. ✪ **~ burden** *Enquêtes* charge des répondants, charge pesant sur les répondants.

response *n.* **1** réaction, réponse, riposte, parade, réplique ; **to give a proper ~ to aggression** riposter comme il se doit à l'agression ; **in ~ to** après, à la suite de, sous l'effet de, face à, compte tenu de, pour répondre/donner suite à, conformément à, en réaction à, devant ; **the liquid quickly changes colour in ~ to a rise in temperature** le liquide change rapidement de couleur sous l'effet d'une augmentation de température. **2** action, mesures, intervention, initiative ; suite donnée/réservée ; lutte ; **the ~ to these problems should be comprehensive** les mesures prises pour faire face à ces problèmes doivent avoir un caractère global. **3** écho, accueil ; **the government's proposals for welfare reforms are meeting a cool ~** les mesures proposées par le gouvernement pour réformer le système de protection sociale sont accueillies sans enthousiasme.

responsibility *n.* **to be the ~ of** incomber à, appartenir à, relever de (la compétence de) ; **the committee has a particular ~ to promote transparency** il incombe plus particulièrement au comité de favoriser la transparence ; **education is the ~ of local authorities** l'enseignement relève de la compétence des autorités locales.

responsible *adj.* **1** responsable ; **to be ~ for** être responsable de/chargé de, avoir pour mission de ; se charger de, assumer ; **to be ~ to** relever de ; **~ position** poste à responsabilité. **2** responsable, doté du sens des responsabilités, conscient de ses responsabilités, consciencieux, sérieux, digne de confiance, digne de ce nom, fiable ; constructif, (mûrement) réfléchi, avisé, prudent, raisonnable, raisonné, sage, rationnel.

responsibly *adv.* après mûre réflexion, en connaissance de cause, sérieusement, consciencieusement, en prenant ses responsabilités, en âme et conscience.

responsive *adj. [personne]* de bonne volonté, coopératif, souple, apte à faire face à diverses situations ; *[mesures]* adaptable/adapté à la situation ; **(to)** attentif à, sensible à, sensible aux besoins de, réceptif à, prompt à réagir à, bien disposé à l'égard de, à l'écoute de, ouvert à ; *[malade]* sensible à *[traitement] ;* **to be ~ to** réagir positivement face à, bien réagir devant, adopter une attitude positive envers, ne pas être indifférent à, être sensible/sensibilisé/attentif aux besoins de, tenir compte de ; **the local police force is proud of its reputation for being ~** la police locale est fière de sa réputation d'être sensible aux besoins de la population ; **the journalists were not ~ enough to their readers' concerns** les journalistes n'ont pas tenu assez compte des préoccupations de leurs lecteurs.

responsiveness *n.* **1** capacité de réaction (rapide), rapidité/souplesse de réaction ; capacité d'adaptation, réactivité, aptitude à faire face à diverses situations, aptitude à répondre aux attentes ; **the company has a good record of customer ~** l'entreprise a montré qu'elle est capable de répondre aux besoins de ses clients. **2** sensibilité.

rest *v.* **1** *intr.* se reposer. **2** *tr.* **to ~ one's case** *[procureur, avocat]* avoir terminé sa démonstration, n'avoir plus rien à ajouter. **3** *intr.* *[procureur, avocat]* avoir terminé sa démonstration, n'avoir plus rien à ajouter. **4 ~ on** reposer sur. **5 ~ up** *ÉU* se reposer. **6 ~ with** *[responsabilité, décision]* incomber à, revenir à, appartenir à ; **the decision ~s with the local government** la décision appartient à l'administration locale.

rest *n.* **to lay/put to ~** dissiper *[craintes]*, couper court à, faire taire *[rumeurs, allégations, accusations]*, faire un sort à, faire justice de *[rumeur, mythe]*, mettre fin à, mettre un point final à ; réfuter *[théorie]*. ✪ **~ area** *ÉU* aire de repos ; **~ cure** cure de repos ; **~ home** maison de santé ; **~ room** *ÉU* toilettes ; **~ stop** *ÉU* aire de repos.

rest *n.* ✪ **~ of the world** *Compt. nat.* reste du monde.

restate *v. tr.* **1** réaffirmer, réitérer, répéter ; **she ~d her opposition to abortion** elle a réaffirmé son hostilité à l'avortement. **2** reformuler. **3** *Compt.* retraiter *[état financier]*, recalculer *[montant]* ; **the results have been ~d to reflect the merger** les résultats ont été recalculés compte tenu de la fusion.

restatement *n.* **1** réaffirmation. **2** formulation nouvelle.

restitution *n.* **1** réparation *[d'un préjudice]*. **2** restitution *[de qqch.]* ; rétablissement *[de droits]*.

restlessness *n.* agitation.

restocking *n.* *Écon.* **1** reconstitution des stocks. **2** repeuplement *[en matière de pêche, etc.]*.

restoration *n.* ✪ **~ of prior contributory service** *ONU* restitution d'une période d'affiliation antérieure.

restore *v. tr.* **1** rétablir *[l'ordre, la confiance, un droit, un impôt, la peine de mort, la paix, l'équilibre, la confiance]*, remettre en vigueur *[loi, usage]* ; **UN troops tried to ~ peace in the area** les casques bleus se sont efforcés de rétablir la paix dans la région ; **Britain and Argentina ~d diplomatic relations** le Royaume-Uni et l'Argentine ont rétabli leurs relations diplomatiques ; **to ~ the economy** redresser l'économie. **2 to ~ sth to sb** rendre qqch. à qqn, restituer qqch. à qqn. **3 to ~ sb to sth** rendre *[emploi]* à *[travailleur licencié]* ; **to be ~d to** récupérer, retrouver. **4** restaurer *[bâtiment ancien]* ; **the council voted to ~ the landmarked building** le conseil municipal a voté en faveur d'une restauration du bâtiment classé.

restrain *v. tr.* **1** entraver, freiner, limiter, restreindre, modérer ; **the government wants to halt or at least restrain the increase in unemployment** le gouvernement souhaite arrêter ou au moins freiner la hausse du chômage ; **peace talks were held to ~ the outbreaks of violence** des négociations de paix ont eu lieu en vue de limiter les actes de violence. **2 (from)** empêcher de.

restraining order *ÉU* ordonnance d'interdiction temporaire ; ordonnance interdisant à une personne d'en approcher une autre.

restraint *n.* **1** modération, mesure ; réserve, retenue, maîtrise de soi, (auto)discipline, sang-froid ; **wage ~** modération salariale. **2** limitation, restriction, entrave. ✪ **~ of trade** atteinte à la liberté du commerce ; *[***contract in ~ of trade** contrat portant atteinte à la liberté du commerce*]*.

restricted *adj.* **1** *[choix]* limité ; **(to)** réservé à, limité à. **2** *[lieu]* à accès limité. ✪ **~ access** accès limité ; **~ retained earnings** *ÉU* partie des bénéfices non distribués ne pouvant servir au versement de dividendes en vertu de la loi ; **~ stock** actions distribuées aux cadres supérieurs ; **~ surplus** *ÉU* partie des bénéfices non distribués ne pouvant servir au versement de dividendes en vertu de la loi.

restriction enzyme enzyme de restriction.

restrictive *adj.* restrictif ; austérité, de rigueur. ✪ **~ covenant** convention/clause limitant la liberté d'action d'une partie ; **~ (labour) practice** pratique restrictive imposée par les travailleurs, méthode de travail visant à protéger l'emploi ; **~ (trade) practice** pratique restrictive, pratique restreignant la concurrence, pratique restreignant la liberté du commerce.

restructuring charge(s) provision pour restructuration.

result *v.* **1 ~ from** résulter de, être la conséquence de, découler de, dériver de, être issu de, procéder de, tenir à, être l'aboutissement de, être le fruit de. **2 ~ in** engendrer, aboutir à, entraîner, provoquer, avoir pour effet, déclencher, se traduire par, conduire à, déboucher sur, se solder par, donner lieu à, se concrétiser par, faire naître: **the accident ~ed in the loss of more than 250 lives** l'accident a provoqué la mort de plus de 250 personnes ; **this disease always ~s in death** cette maladie est toujours mortelle.

result *n.* **1** *pl.* résultats, fruits, moisson, acquis, bilan. **2** *pl.* conséquences, incidences, répercussions, retombées, effets, retentissement, contrecoup. **3** *Compt.* **(company/trading) ~s** résultats. ✪ **as a ~** par conséquent, en conséquence, de ce fait, ainsi, donc, par là même, partant, par contrecoup, par suite, par ricochet, dès lors, aussi, du coup, il s'ensuit que, c'est dire si ; **as a ~ of** à la suite de, par suite de, en raison de, grâce à.

resume *v. tr.* reprendre *[action interrompue]* ; **to ~ work** retravailler.

resume, résumé *n.* **1** résumé. **2** *ÉU* curriculum vitæ ; **to get a job, you should send your ~ to as many firms as possible** pour décrocher un emploi, il faut envoyer son curriculum vitæ à autant d'entreprises que possible.

resurface *v. intr.* revoir le jour, resurgir, refaire son apparition, refaire surface.

resurgence *n.* **1** résurgence, réapparition, renaissance, réveil, renouveau ; regain *[d'intérêt, de faveur]*, reprise *[des combats, de l'inflation]*, recrudescence *[de l'inflation]*, retour (en force), réveil *[du nationalisme, du sentiment religieux]* ; redémarrage ; **there has been a ~ of tuberculosis** la tuberculose est en recrudescence ; **the ~ of economic growth** la reprise de la croissance économique. **2** remontée *[d'une monnaie]*. **3** *Hydrologie* résurgence.

resuscitate *v. tr.* **1** *Méd.* réanimer. **2** *Fig.* relancer *[l'économie]*, assurer le redressement de *[marché, pays]*.

resuscitation *n.* *Méd.* réanimation.

Ret (retired) à la retraite.

retail *n.* ✪ **~ bank** banque grand public, banque de détail ; **~ banking** banque de détail, activité des banques grand public/de détail, opérations bancaires de détail, services bancaires destinés aux particuliers ; **~ outlet** point de vente, magasin (de vente au détail) ; **~ price** prix de détail ; **~ price index** indice des prix de détail ; **~ price maintenance** réglementation des prix ; **~ sales** ventes au détail ; **~ trade** commerce de détail ; **~ value** valeur à la vente.

retailing *n.* *Secteur* distribution.

retain *v. tr.* **1** engager, s'assurer les services de ; **the group has managed to ~ the best lawyers** le groupe est parvenu à s'assurer les services des meilleurs juristes. **2** garder, conserver ; **this material ~s its suppleness at very low temperatures** ce matériau conserve sa souplesse à de très basses températures. **3** fidéliser *[client]* ; *[entreprise]* conserver *[travailleur]* à son service, fidéliser, éviter le départ de *[travailleur]* ; **we should attract and ~ qualified teachers** nous devons attirer des enseignants qualifiés et veiller à ce qu'ils ne quittent pas la profession. **4** maintenir. **5** *[barrage]* retenir *[eau]*. **6** retenir, se souvenir de, garder en mémoire.

retained earnings/income/profit bénéfices non distribués.

retainer *n.* avance sur honoraires (garantissant la disponibilité du prestataire de service).

retaining *adj.* ✪ **~ lien** privilège avec droit de rétention ; **~ wall** mur de soutènement.

retake *n. Ens.* repassage *[d'un examen]*.

retaliatory measures mesures de rétorsion.

retd (retired) en retraite.

retention *n.* **1** maintien, conservation ; fidélisation *[de travailleurs]* ; **and ~ of highly qualified staff is recruitement essential** il est essentiel de recruter et de fidéliser du personnel très qualifié. **2** rétention. ✪ **~ of title clause** clause de réserve de propriété.

rethink *v. tr.* repenser, revoir, modifier *[théorie]*, réinventer ; **they had to ~ their approach to the prison system** ils ont dû revoir leurs idées sur le système pénitentiaire.

rethink(ing) *n.* réexamen, remise à plat, remise en cause ; **a ~ of the whole policy is necessary** il faut revoir l'ensemble de la politique ; **he is in favour of a radical ~ of the role of the church** il est en faveur d'une remise en cause fondamentale du rôle de l'Église ; **the new political climate has led to a ~ of the role of the police force** compte tenu du nouvel environnement politique, on a revu la fonction de la police.

reticence *n.* discrétion, réserve, retenue.

reticent *adj.* peu bavard, peu loquace, peu disert ; **(about)** peu disposé à parler de.

retire *v.* **1** *intr.* prendre sa retraite, partir à la retraite. **2** *tr.* mettre à la retraite. **3** *tr.* retirer *[lettre de change]* de la circulation *[en la payant de façon anticipée ou en la remplaçant par une autre]* ; rembourser, amortir *[dette, obligation]* ; racheter *[actions]* ; **the company hopes to ~ 75% of the debt by March** la société espère rembourser 75 % de la dette d'ici le mois de mars. **4** *tr.* retirer *[machine, avion]* du service ; déclasser.

retired bill traite retirée de la circulation.

retirement *n.* **1** retraite. **2** départ à la retraite. ✪ **~ benefits** prestations de retraite ; **~ home** maison de retraite ; **~ plan** régime de retraite.

retiring member membre sortant.

retool *v. tr.* **1** *tr.* équiper *[usine]* de nouvelles machines, modifier/moderniser l'équipement de. **2** *intr.* *[usine]* modifier/aménager ses installations ; **the plant has to ~ to comply with new regulations** l'usine doit modifier ses installations pour se conformer à la nouvelle réglementation. **3** *tr.* réorganiser *[entreprise, économie]*, rénover *[programme]*, réformer *[système]* ; **he is still against ~ing the teaching of mathematics** il reste opposé à la rénovation de l'enseignement des mathématiques. **4** *intr.* *[entreprise]* se réorganiser ; **the college has again ~ed to keep up with the computer age** l'université a de nouveau modifié son enseignement pour s'adapter à l'ère de l'informatique. **5** *intr.* se recycler ; **they are not ready to ~ for career changes** ils ne sont pas prêts à se recycler pour changer de carrière. **6** *tr.* modifier, aménager, améliorer, retravailler ; remanier *[document]*.

retrace *v. tr.* **1** reconstituer (par la pensée), *[événements passés]*, reproduire, refaire. **2** relater. **3** refaire *[voyage]* en sens inverse ; **to ~one's steps** rebrousser chemin, parcourir le même chemin en sens inverse ; **to ~ sb's steps** reconstituer l'itinéraire/l'emploi du temps de qqn.

retraining *n.* recyclage ; reconversion.

retreat *n. Bourse* repli.

retrenchment *n.* **1** réduction *[des dépenses, du potentiel militaire]* ; réduction/compression des dépenses, mesures d'économie, restrictions (budgétaires), rigueur budgétaire, austérité ; **there will be further ~s in aid projects** il y aura de nouvelles réductions des dépenses consacrées aux projets d'assistance. **2** suppression *[d'un paragraphe]*. **3** *Mil.* retranchement.

retrial *n.* nouveau procès ; **she was granted a ~** elle a obtenu d'être rejugée.

retribution *n.* châtiment, punition ; vengeance, représailles ; **the victim's family said they were against seeking ~** la famille de la victime a déclaré qu'elle était opposée à toute vengeance.

retrieval *n. Inf.* recherche, extraction *[de données]*.

retrieve *v. tr.* retrouver *[informations, document]*, récupérer *[données, informations]* ; *Inf.* rechercher, extraire *[données]*.

retrofit *v. tr.* incorporer *[améliorations techniques]* ; installer *[pièces de conception nouvelle]* ; **all features of the new design could be ~ted into existing engines** il est possible d'incorporer toutes les améliorations dans les moteurs existants.

retrofit(ting) *n.* remise à niveau, rattrapage. ✪ **~ kit** trousse/lot de rattrapage.

retrospective *adj.* **1** rétrospectif, a posteriori. **2** *Dr.* rétroactif.

return *v.* **1** *intr.* *[symptôme, phénomène]* réapparaître, refaire son apparition, se manifester à nouveau, reprendre, *[événement cyclique]* revenir ; **snow ~ed to the Highlands** la neige a refait son apparition dans les Highlands. **2** *intr.* **(to)** *[personne]* revenir à/dans/en, retourner à/dans/en, se rendre à nouveau à/dans/en, rentrer à/dans/en, regagner, rejoindre, réintégrer. **3** *intr.* (en) revenir à, renouer avec *[méthode/pratique/tradition abandonnée]* ; revenir sur *[question déjà abordée]* ; **to ~ to power** revenir au pouvoir/aux affaires ; **to ~ home** regagner son domicile ; **to ~ to normal** *[service interrompu]* reprendre normalement ; **he ~ed to the government for the third time** il est revenu au gouvernement pour la troisième fois ; **it is impossible to ~ to the certainties of the past** il est impossible d'en revenir aux certitudes du passé ; **they finally ~ed to their original strategy** ils sont finalement revenus à leur stratégie initiale ; **in Japan many people are ~ing to traditional medicine** au Japon, de nombreux patients renouent avec la médecine traditionnelle ; **I shall ~ to this point in the next chapter** je reviendrai sur cette question au chapitre suivant. **4** *intr.* **(to)** retrouver *[situation antérieure]*, reprendre *[place perdue]* ; reprendre *[activité, travail]* ; **some forecasters think the economy can ~ to the growth rates of the 1960s** certains prévisonnistes pensent que l'économie peut retrouver les taux de croissance des années 60. **5** *tr.* **(to)** ramener à, faire réintégrer ; **to ~ inflation rates to their 1999 levels** ramener les taux d'inflation aux niveaux de 1999 ; **he ~ed the region to economic growth** il a permis à la région de renouer avec la croissance économique ; **the government is striving to ~ the country to tolerance** le gouvernement s'efforce de rétablir la tolérance dans le pays. **6** *intr.* **(to)** *[bien]* être restitué à. **7** *tr.* rendre, restituer, rapporter *[qqch.],* renvoyer *[invendus, coupon-réponse]* ; rendre *[salut]* ; donner suite à *[appel téléphonique]* ; **the computer is defective and should be ~ed to the manufacturer** l'ordinateur est défectueux et doit être renvoyé au fabricant ; **if you are not completely satisfied, ~ the item for a full refund** si vous n'êtes pas entièrement satisfait, renvoyez-nous cet article et nous vous rembourserons intégralement **the matter has been ~ed to the lower court** l'affaire a été renvoyée à la juridiction inférieure. **8** *tr.* remettre, replacer *[objet].* **9** *tr.* rendre *[verdict]* ; **the jury ~ed a guilty verdict** le jury a rendu un verdict de culpabilité. **10** *tr.* élire ; **England ~s no member to the Scottish parliament but Scotland continues to ~ members to Westminster** l'Angleterre n'élit aucun député du parlement écossais, mais l'Écosse continuera d'élire des députés au parlement britannique. **11** *tr.* déclarer *[revenus].* **12** *tr.* *[placement]* produire *[rendement, intérêts],* avoir un rendement de ; dégager *[bénéfices]* ; **the shares ~ed 12% last year** les actions ont eu un rendement de 12 % l'année dernière ; **the firm ~ed its biggest ever profit** l'entreprise a obtenu les bénéfices les plus élevés de son histoire.

return *n.* **1** retour ; réapparition ; **~ journey** voyage de retour ; **there was a gradual ~ to normality** on en est revenu progressivement à une situation normale ; **a ~ to basics** un retour aux valeurs fondamentales ; **the ~ to peace** le rétablissement de la paix. **2** restitution, retour ; renvoi ; *pl.* marchandises renvoyées au fournisseur *[généralement parce qu'elles sont défectueuses]* ; *pl.* retours *[= livres invendus renvoyés à l'éditeur]* ; **they requested the ~ of the confiscated goods** ils ont demandé la restitution des marchandises confisquées ; **Hong Kong's ~ to China may be followed by a closer look at the future of Gibraltar** il se peut que le retour de Hongkong à la Chine soit suivi d'un réexamen de l'avenir de Gibraltar ; **no deposit, no ~** emballage perdu. **3** déclaration, état, relevé ; *pl.* informations (périodiques), chiffres/données communiqué(e)s ; **statistical ~s** relevés statistiques ; **tax ~** (formulaire de) déclaration d'impôts (sur le revenu) ; **census ~s** résultats du recensement ; **all opinion poll ~s were studied by the same consultants** tous les résultats des enquêtes d'opinion ont été étudiés par les mêmes consultants. **4** *pl.* résultats ; **(election) ~s** résultats des élections ; **early ~s suggested a swing to the nationalists** selon les premiers résultats, il semble que les nationalistes aient progressé ; **each House shall be the judge of the elections, ~s, and qualifications of its own members** chaque Chambre est juge de l'élection de ses membres, du nombre de voix qu'ils ont obtenues et de leur éligibilité. **5** rendement *[d'un placement],* bénéfice, gain *[retiré d'une transaction]* ; **the investment promised high ~s** le placement semblait devoir produire des rendements élevés. **6** (billet) aller-retour. ✪ **by ~ (of post)** par retour du courrier ; **in ~** en échange, en guise de contrepartie ; **in ~ for** en échange de, moyennant ; pour remercier *[qqn]* de ; **~ address** (adresse de l') expéditeur ; **~ fare** tarif aller et retour ; **~ on assets** rapport bénéfices/actifs ; **~ on capital** rendement du capital ; **~ on equity** rapport bénéfice net après impôt/capitaux propres, rendement sur capitaux propres ; **~ on funds** rendement du capital ; **~ on investment** a) rendement des capitaux investis ; b) rendement du placement ; **~s to scale** *Écon.* rendements à l'échelle ; **~ ticket** (billet) aller-retour ; **~ to work** reprise du travail ; **~ travel** (voyage) aller-retour.

returnable *adj.* ✪ **~ bottle** bouteille consignée ; **~ container/package** emballage réutilisable/consigné.

returned cheque chèque restitué au présentateur.

returnee *n.* **1** émigré rentré au pays. **2** rapatrié.

returner *n.* personne reprenant ses activités professionnelles.

returning officer *RU* responsable d'une élection *[pour une circonscription].*

revaluation reserve *Compt.* réserve de réévaluation.

revamp *v. tr.* **1** rénover, réaménager *[maison, locaux].* **2** réviser, aménager *[politique]* ; réformer *[système],* réorganiser, restructurer *[(activités d'une) entreprise/administration],* restructurer *[industrie]* ; **curricula have been totally ~ed** les programmes d'études ont été complètement modifiés.

revenue *n.* rentrées, recettes, ressources ; chiffre d'affaires ; *Compt.* produit ; **tax ~s** recettes fiscales ; **estimated ~** prévisions de recettes ; **proposals for balancing ~ and expenditures** propositions visant à équilibrer les recettes et les dépenses ; **we are pleased with the ~ generated last autumn** nous sommes satisfaits du chiffre d'affaires obtenu l'automne dernier. ✪ **~ account** compte de résultat ; **~ bill** *ÉU* projet de loi instituant un impôt ; **~ bond** *revenue bond [= obligation dont le service des intérêts et le remboursement sont financés par les recettes d'un investissement]* ; **Revenue Canada** Revenu Canada ; **~ collector** *ÉU* percepteur de recettes ; **~ reserves** *Sociétés* réserve(s) facultative(s) ; **~ sharing** *ÉU* versement d'une partie des recettes fiscales aux autorités locales ; **~ support grant** *RU* dotation de l'État central *[à une collectivité locale].*

reverberate *v. intr. Fig.* **1** avoir des incidences, faire sentir ses effets, se propager ; **Renault's decision to close the factory ~d throughout Europe** la décision de Renault de fermer l'usine a fait sentir ses effets dans l'Europe tout entière. **2** susciter de l'émoi/un vif émoi.

reverse *v.* **1** *tr.* intervertir *[deux choses],* inverser *[l'ordre de deux choses],* mettre à l'envers, renverser, retourner *[qqch.].* **2** *tr.* inverser *[mécanisme, processus, tendance, direction],* annuler ; **last week's gains have been completely ~d** les progressions enregistrées la semaine dernière ont été entièrement annulées. **3** *intr.* *[mécanisme, processus, tendance]* s'inverser, changer de sens. **4** *tr.* inverser *[tendance],* changer radicalement, revenir sur *[décision, politique]* ; **to ~ oneself** se raviser, revenir sur sa décision, se déjuger. **5** *tr.* supprimer ; **the treatment aims to ~ the symptoms** le traitement vise à supprimer les symptômes. **6** *tr.* mettre fin à *[réforme].* **7** *tr.* annuler *[décret, jugement, condamnation, décision],* infirmer, mettre à néant *[jugement].* ✪ **~ charge call** *RU* appel en PCV, appel taxé à l'arrivée.

reverse *adj.* ✪ **~ discrimination** discrimination à rebours ; **~ engineering** ingénierie inverse, décortication d'inventions d'autrui ; **~ osmosis** osmose inverse ; **~ split** *Bourse* regroupement *[d'actions]* ; **~ transcriptase** transcriptase inverse, rétrotranscriptase ; **~ video** *Inf.* vidéo inverse.

reversionary annuity rente de réversion.

review *v. tr.* **1** examiner, procéder à un examen de, se pencher sur, étudier, passer en revue ; analyser, évaluer, faire le point sur, faire le bilan de ; contrôler, passer au crible ; **researchers ~ed the reports sent in from the field** les chercheurs ont examiné les rapports provenant du terrain ; **in the next presentation, I shall ~ Britain's contribution to nuclear physics** dans le prochain exposé, je passerai en revue la contribution du Royaume-Uni à la physique nucléaire. **2** passer en revue *[troupes]*. **3** réexaminer. **4** *Dr.* réexaminer *[jugement rendu par un tribunal de degré inférieur] ;* **the sentence of the court cannot be ~ed** la décision du tribunal n'est pas susceptible d'appel. **5** faire la critique de *[livre]*. **6** réviser *[texte]*.

review *n.* **1** examen, étude, exposé, tour d'horizon, aperçu, compte rendu, rétrospective ; analyse, évaluation, bilan, inventaire ; contrôle ; **a careful ~ of the data is required** il convient d'examiner attentivement les données ; **to keep under ~** examiner périodiquement, procéder à un examen permanent de, suivre *[question] ;* **the period under ~** la période considérée. **2** revue *[de troupes]*. **3** réexamen. **4** *Dr.* réexamen *[d'un jugement rendu par un tribunal de degré inférieur] ;* **there will be a ~ of the guilty verdict** le verdict de culpabilité fera l'objet d'un réexamen. **5** critique, recension, compte rendu *[d'un livre]*. **6** révision *[de prix]*. **7** revue, périodique.

reviewer *n.* arbitre scientifique *[d'une revue scientifique]*.

revisit *v. tr.* réexaminer, revoir.

revisited *adj.* **global warming ~** un regard neuf sur le réchauffement planétaire.

revitalize *v. tr.* relancer, stimuler *[économie]*, donner/imprimer un nouvel élan à *[programme]*, revitaliser, redonner vie à *[région]*, donner un coup de fouet à *[industrie]*, dynamiser, revigorer, revivifier, donner une impulsion nouvelle à, insuffler un nouveau dynamisme à *[parti politique]*, réactiver.

revival *n.* **1** renouveau, renaissance, retour (en force), réveil *[du sentiment religieux] ;* relance, redémarrage *[de l'économie]*, reprise *[de l'économie, de l'inflation, du marché immobilier]*, recrudescence, résurgence *[de l'inflation]*, regain *[d'intérêt, de faveur]*. **2** réanimation *[d'un blessé]*.

revive *v.* **1** *intr.* *[malade]* reprendre conscience. **2** *tr.* réanimer *[malade]*. **3** *tr.* réactiver *[comité mis en veilleuse]*. **4** *intr.* *[confiance]* se rétablir. **5** *tr.* relancer *[économie, débat]*, rétablir ; **the minister is hoping to ~ confidence in the railway service** le ministre espère rétablir la confiance dans le service ferroviaire.

revocable *adj.* ✪ **~ credit** crédit révocable ; **~ letter of credit** lettre de crédit révocable.

revolutions per minute tours par minute.

revolve *v. Fig.* **~ around** être centré sur, être axé sur ; porter sur, avoir trait à.

revolving *adj.* tournant, pivotant, rotatif. ✪ **~ credit (facility)** crédit « revolving »/renouvelable/permanent ; **~ door** *Fig.* a) entreprise à taux élevé de rotation du personnel/des propriétaires, entreprise changeant sans cesse de propriétaires ; b) système/organisation *[judiciaire, médical(e)]* s'employant à régler au plus vite le cas des individus qui relèvent de lui/d'elle, véritable usine à malades, machine judiciaire (travaillant à la chaîne) ; c) *ÉU* passage de la fonction publique au secteur privé/du secteur privé à la fonction publique/de la politique au journalisme ; **~-door government** gouvernement éphémère ; **~ fund** fonds autorenouvelable ; **~ presidency** présidence tournante.

reward *n.* **1** récompense. **2** satisfactions, gratifications, avantages, intérêt ; **she abandoned teaching as she thought that the ~s were not worth the hard work** elle a quitté l'enseignement, car elle estimait que les satisfactions offertes par la profession ne valaient pas le travail considérable requis. **3** gain, bénéfice, dividende, fruits ; rémunération ; **if the business is successful, the ~s will be immense** si l'entreprise marche, les bénéfices seront énormes.

rewarding *adj.* **1** satisfaisant, gratifiant, enrichissant, agréable, avantageux, intéressant. **2** lucratif, profitable, rentable.

rephrase *v. tr.* reformuler, exprimer/libeller autrement, modifier la formulation/le libellé/ les termes de.

rework *v. tr.* modifier, retravailler, remettre sur le métier ; remanier *[texte]*.

rewritable *adj.* *[CD-Rom]* réinscriptible.

rewrite *v. tr.* réécrire *[article]*.

rhetoric *n. Fig.* (beaux) discours, discours creux, (belles/fortes) paroles, mots, verbe, proclamations, paroles en l'air, déclarations grandiloquentes, grandes déclaration/phrases/envolées, outrance verbale, phraséologie, propos polémiques, arguments, argumentation, diatribe ; **there was no relation between ~ and reality** il n'y avait aucun rapport entre les discours et la réalité ; **using much of the ~ of his Tory opponents, Mr Blair is winning sections of their middle-class support** M. Blair utilise largement le langage de ses adversaires conservateurs pour obtenir le soutien d'une partie de la classe moyenne auparavant acquise à ces derniers ; **he was ready to go from ~ to action** il était prêt à passer des paroles à l'action ; **the press conference was a triumph of ~ over honesty** la conférence de presse a représenté le triomphe du verbe sur la sincérité ; **the ~ proved to be utterly empty** il s'est avéré que les proclamations étaient totalement dépourvues de signification.

Rhineland-Palatinate *n. Allemagne [la]* Rhénanie-Palatinat.

rhumb *n.* ✪ **~ line** loxodromie ; **~-line route** route loxodromique.

rhythm method méthode du rythme *[= méthode de contraception]*.

RI (religious instruction) *RU* éducation/instruction religieuse, enseignement religieux.

rice *n.* ✪ **~ cultivation** riziculture ; **~ field** rizière ; **farmer** riziculteur ; **~ grain** *Fig.* granule *[sur la photosphère solaire] ;* **~ grower** riziculteur ; **~ growing** riziculture ; **~-growing** *adj. [région]* rizicole, rizière ; **~ husk** balle de riz ; **~ mill** rizerie ; **~ paddy** rizière ; **~ production** production rizicole ; **~ straw** paille de riz ; **~ threshing** battage du riz.

RICO laws *ÉU* (racketeer influenced and corrupt organizations laws) lois contre la criminalité organisée.

rider *n.* avenant ; clause additionnelle ; *Pol.* cavalier *[ajouté à un projet de loi]*.

ridicule *v. tr.* tourner *[idée]* en dérision.

riding *n. Can.* circonscription électorale.

rife *adj.* *[corruption]* omniprésent ; **to be ~** régner, sévir ; **organized crime is said to be ~ in the capital** on prétend que la criminalité organisée règne dans la capitale ; **speculations are ~** les supputations vont bon train ; **to be ~ with rumours** bruire de rumeurs ; **to run ~** *[maladie]* se propager de façon effrénée.

rift *n. Fig.* division, divorce, désaccord, différend, discorde, mésentente, conflit, dissension, fracture. ✪ **Rift Valley fever** fièvre de la vallée du Rift.

rig *v. tr.* truquer *[élection] ;* **~ged bidding** procédure d'adjudication truquée ; **to ~ the market** a) fausser le marché ; b) *Bourse* manipuler les cours.

right *n.* ✪ **as of ~** a) de droit ; b) en bonne justice ; **by ~** a) de droit ; b) en bonne justice ; **by ~ of** en vertu de ; **by ~s** en bonne justice ; **do ~ by sb** traiter qqn équitablement ; **in one's own ~** à titre personnel, individuellement, pris isolément, par ses mérites propres, (en/par) lui-même, en propre, en cette qualité, en tant que tel, de son propre chef, comme tel, véritable ; **in the ~** *[***to be in the ~** avoir raison*] ;* **of ~** a) de droit ; b) en bonne justice ; **put sth to ~s** remettre de l'ordre dans qqch. ; **~ in action** droit incorporel ; **~ in rem** droit réel ; droit *erga omnes ;* **~ of abode** droit de résidence ; **~ of access** a) droit de consulter *[documents] ;* b) *Dr. de la mer* droit de passage ; *[***~ of access to information** droit d'obtenir communication d'informations*] ;* **~ of assembly** liberté de réunion ; **~ of audience** droit de plaider ; *[***foreign lawyers do not have ~ of audience in the criminal courts** les avocats étrangers ne peuvent plaider devant les tribunaux pénaux*] ;* **~ of first refusal** droit de préemption ; **~ of hot pursuit** *Dr. de la mer* droit de poursuite ; **~ of innocent passage** *Dr. de la mer* droit de passage inoffensif ; **~ of redemption** droit *[du débiteur hypothécaire défaillant]* de racheter l'hypothèque ; **~ of way** a) droit de passage ; b) priorité ; **~s issue** émission de droits de souscription ; **~-to-die** *adj.* favorable à l'euthanasie ; autorisant l'euthanasie ; **~-to-life** *adj.* opposé à l'avortement, qui milite en faveur du droit à la vie ; **~-to-lifer** *n.* adversaire de l'avortement, militant du droit à la vie ; **~-to-work law** *ÉU* loi interdisant de refuser d'engager un travailleur parce qu'il n'est pas syndiqué ; **set sth to ~s** remettre de l'ordre dans qqch.

right *adj.* **1** bon, souhaitable, juste, pertinent, approprié, le plus approprié, le mieux adapté, qui convient le mieux ; **the ~ strategy** la bonne stratégie ; **it was a question of being in the ~ place at the ~ time** il s'agissait d'être au bon moment au bon endroit ; **choosing the ~ computer can be difficult** il peut être difficile de choisir l'ordinateur le mieux adapté à ses besoins ; **76 applicants were interviewed before the ~ person was chosen** on a eu des entretiens avec 76 personnes avant de choisir celle qui convenait le mieux ; **to make the ~ decision** prendre la décision qui s'impose. **2** *[moment]* opportun, favorable ; **we will buy dollars when the conditions are ~** nous achèterons des dollars lorsque les conditions seront favorables. **3 the product will sell if the price is ~** le produit se vendra bien si son prix est jugé intéressant par les consommateurs. ✪ **~ angle** angle droit ; **~-hand man** bras droit, lieutenant ; **~ mind** *[***to be in one's ~ mind** être sain d'esprit*] ;* **~-of-centre** *adj.* de droite ; **~-winger** *n.* homme de droite.

right-click *v. tr.* cliquer du bouton droit sur.

rightful *adj.* légitime. ✪ **~ claimant** ayant droit.

rigidity *n. pl.* manque de souplesse, immobilisme, sclérose, pesanteurs.

ring *n. Fig.* **1** association de malfaiteurs, bande organisée, réseau criminel, gang ; **prostitution ~** réseau de prostitution ; **child sex ~** réseau d'exploitation sexuelle d'enfants. **2** *Marché à terme* corbeille. **3** *Fam. RU* coup de fil. ✪ **~ road** boulevard périphérique.

ring-fence *v. tr. Fig.* fixer de façon irrévocable l'affectation de, donner un caractère irrévocable à l'affectation de *[fonds]*.

ringing *adj. [approbation]* sans réserve ; **the editor made a ~ affirmation of his faith in the reporter** le rédacteur en chef a réaffirmé énergiquement qu'il avait toute confiance en son reporter.

ringleader *n.* chef *[d'un groupe de terroristes/d'espions, d'une secte, d'un complot]*, meneur.

ringpull tab languette *[d'une boîte de boisson]*.

riot *v. intr.* prendre part à une émeute.

riot *n.* ✪ **read the ~ act to** réprimander sévèrement ; **~ police** police anti-émeute.

RIP (raster image processor) *Inf.* RIP (raster image processor).

riparian states États riverains.

ripple effect effet d'entraînement, répercussions ; **to have a ~** se propager.

RISC (reduced instruction set computer) RISC (ordinateur à jeu d'instructions réduit).

rise *v.* **1** *intr.* se soulever ; **the population rose against the oppressors** la population s'est soulevée contre ceux qui l'oppressaient. **2 ~ up** se soulever.

rise *n.* poussée, montée, ascension, progression, essor ; **we are witnessing the ~ of the Internet generation** nous assistons à la montée de la génération Internet ; **to be on the ~** progresser. ✪ **give ~ to** entraîner (l'apparition de), engendrer, causer, être la cause de, provoquer, occasionner, susciter, être à l'origine de, donner naissance à, donner lieu à, soulever, produire, déboucher sur, conduire à, être facteur de, être une source de, inspirer, éveiller ; poser *[problèmes] ;* **~ and fall** essor/ascension et déclin, grandeur et décadence.

risk *n.* ✪ **at ~** vulnérable, menacé, en danger, en péril, en situation de risque, exposé, hypothéqué ; *[***our children are at ~** nos enfants sont en danger ; **the report pinpointed groups particularly at ~ from heart disease** le rapport a désigné les groupes qui sont particulièrement vulnérables aux maladies cardiaques*] ;* **~ allowance** provision pour risques ; **~ averse** peu disposé à prendre des risques ; **~ capital** capital-risque, capital à risque ; **~ insurance** assurance dommages ; **~ premium** *Fin.* prime de risque.

risky *adj.* risqué, dangereux, périlleux, aventureux.

rite of passage rite de passage.

rival goods *Écon.* bien divisibles.

river *n.* ✪ **~ basin** bassin d'alimentation/hydrographique/hydrologique ; **~ bill of lading** connaissement fluvial ; **~ blindness** cécité des rivières, onchocercose ; **~ charges/dues** droits de navigation ; **River Plate** Rio de la Plata ; **sell down the ~** trahir.

RN (registered nurse) infirmier/infirmière diplômé(e).

RNA (ribonucleic acid) ARN (acide ribonucléique). ✪ **~ polymerase** ARN polymérase.

road *n.* ✪ **down the ~** *[***six months down the ~** dans six mois*] ;* **~ block** barrage routier ; **~ crash** accident de la circulation ; **~ haulage** transport routier ; **~ hump** ralentisseur ; *Can.* casse-vitesse ; **~ map** a) carte routière ; b) *Fig.* indications générales, guide, lignes directrices, texte de référence, voie à suivre ; **~ rage** rage au volant, accès de rage d'un automobiliste/usager de la route ; **~ safety** sécurité routière ; **~ show** a) spectacle itinérant/en tournée ; b) *Fig.* exposition itinérante ; **~ side** bord de la route, bas-côté ; **~ traffic** circulation routière ; **~ user** usager de la route.

roadside *adj.* placé le long de la route, situé au bord de la/d'une route, situé en bordure de route ; **~ billboard** panneau d'affichage situé au bord de la route ; **~ restaurant** restoroute.

roaming *n. Téléphonie* roaming, itinérance.

roasted coffee café torréfié.

robbery *n. Dr.* vol qualifié.

robust *adj.* **1** *[personne]* robuste, *[machine]* robuste, solide, résistant, *[santé]* bonne, *[reprise, croissance, économie]* vigoureux, *[mesures]* énergique ; **employment grew a ~ 5.2%** l'emploi a progressé de pas moins de 5,2 %. **2** *[estimation, étude]* capable de résister à un examen critique. **3** applicable dans de nombreux cas de figure, polyvalent, apte à faire face au changement, tolérant aux aléas.

rock *n.* **the Rock** Gibraltar. ✪ **between a ~ and a hard place** devant/aux prises avec un dilemme ; **~ art** art rupestre ; **~ bottom** point le plus bas ; *[***morale is at ~ bottom** le moral est au plus bas*]* ; **~-bottom** *adj.* extrêmement/très bas, le plus bas ; *[***~-bottom level** niveau le plus bas ; **~-bottom prices** prix sacrifiés/cassés/imbattables/très bas/planchers/défiant toute concurrence ; **~-bottom birth rates** taux de natalité extrêmement bas ; **morale is ~-bottom** le moral est au plus bas*]* ; **~-fill dam** barrage en enrochement ; **~ paintings** peintures rupestres ; **~ salt** sel gemme ; **~-solid** *adj.* à toute épreuve ; **~ wool** laine de roche.

rocket *v. intr. [prix]* s'envoler, monter en flèche, flamber, *[dépenses]* exploser.

rocket *n.* **1** fusée. **2** roquette. ✪ **~ booster** propulseur auxiliaire/d'appoint ; **~ launcher** lance-roquettes ; **~ scientist** *Fig.* génie, homme/femme extrêmement/extraordinairement intelligent(e).

Rocky Mountain spotted fever fièvre pourprée des montagnes Rocheuses.

rod *n. Biol.* bacille.

Roentgen ray rayon X.

rogatory letters commission rogatoire.

rogue *n.* **1** individu peu recommandable, filou, forban, fripouille, gredin, scélérat. **2** franc-tireur. ✪ **~s' gallery** a) recueil de photographies de criminels ; b) ramassis, bande, brochette, groupe d'individus peu recommandables ; *[***a ~s' gallery of shady politicians** une brochette de politiciens véreux*]*.

rogue *adj. [personne, organisation]* indiscipliné, indocile, rebelle, anticonformiste, récalcitrant ; sorti du droit chemin, dévoyé, peu scrupuleux, sans scrupules, malveillant, indélicat, malhonnête, véreux, corrompu, qui se livre à des opérations illicites, peu recommandable ; *[avocat]* marron ; *[groupe]* dissident, rebelle ; *[chose]* anormal, non standard, non officiel, peu orthodoxe ; *[opération]* non autorisé, illicite ; **~ country/state** État paria/infréquentable, pays mis au ban de la communauté internationale ; **~ individual** a) brebis galeuse ; b) franc-tireur ; **~ cop** ripou ; **~ regimes such as Iran and Libya** des régimes peu recommandables tels que ceux qui sont au pouvoir en Iran et en Libye ; **~ bank** banque qui se livre à des opérations illicites ; **~ statistics** statistiques non officielles ; **~ gene** gène anormal ; **it is believed that BSE is caused by ~ proteins** on pense que l'ESB est causée par des protéines anormales. ✪ **~ elephant** éléphant solitaire.

ROI (return on investment) **1** rendement du capital. **2** rendement du placement.

roil *v. tr.* perturber, inquiéter ; **economic forecasts for the region have ~ed the stock market** des prévisions sur l'économie de la région ont inquiété les opérateurs boursiers.

role *n.* rôle, fonction, mission, responsabilité, tâches ; **the Secretary General emphasized the ~ of the committee in fostering negotiations** le Secrétaire général a souligné qu'il incombait au comité de favoriser des négociations. ✪ **~ expectations** attentes de rôle ; **~ model** *Fig.* personne servant de modèle, modèle (d'identification), modèle à imiter/auquel s'identifier, exemple, héros, source d'inspiration ; *[***her students regarded her as the perfect ~ model** ses étudiants considéraient qu'elle représentait un modèle idéal ; **emigration of the brightest scientists deprived the students at home of ~ models of success** l'émigration des scientifiques les plus brillants a eu pour effet que les étudiants de leur pays d'origine ont été privés de tout contact avec des personnes incarnant la réussite ; **for many women, Germaine Greer has been an enduring ~ model** pour de nombreuses femmes, Germaine Greer fait depuis longtemps figure d'héroïne ; **South Africa is now taken as a ~ model in conflict resolution** on considère aujourd'hui que l'Afrique du Sud montre la voie à suivre en matière de résolution des conflits ; **they should act as ~ models** ils devraient donner l'exemple*]* ; **~ play(ing)** jeu de rôle(s).

roll *v.* **I ~ back 1** faire reculer, repousser *[ennemi, armée]* ; réduire, faire régresser, battre en brèche ; **the Greens want to ~ back the dominance of the car** les Verts veulent réduire la domination de la voiture ; **they are hoping to ~ back the tide of privatization** ils espèrent battre en brèche le mouvement de privatisation. **2** reculer, battre en retraite. **3** supprimer, mettre à néant, abolir, annuler, démanteler ; **the new leaders want to ~ back the period of modernization of the party** les nouveaux dirigeants veulent mettre à néant la modernisation du parti ; **the opposition intends to ~ back the recent reforms** l'opposition a l'intention d'annuler les réformes récentes. **4** faire baisser *[prix, inflation]*, réduire *[prix]*, ramener *[prix]* à son niveau antérieur ; **Thatcherism ~ed back the power of the unions** le thatchérisme a réduit le pouvoir des syndicats. **II ~ off: to ~ off the production line** être fabriqué. **III ~ out** présenter, lancer, sortir *[produit nouveau]*. **IV ~ over** renouveler *[crédit]*.

roll *n.* **1** liste ; **he may be struck off the ~ of doctors** il risque d'être radié de la liste des médecins autorisés à exercer. **2** rôle *[d'un tribunal]*. ✪ **on a ~** *[***to be on a ~** aller de succès en succès, prospérer*]* ; **~-call vote** vote par appel nominal.

rolled into one tout à la fois.

roller coaster, roller-coaster ride *Fig.* bouleversements perpétuels, fluctuations constantes/erratiques, turbulences, source constante d'émotions fortes, épreuve pour les nerfs ; alternance *[d'émotions contraires, d'euphorie et de désespoir]*.

rolling *adj. [processus]* continu. ✪ **~ mill** laminoir ; **~ plan** plan continu/glissant/à horizon mobile ; **~ stock** matériel roulant.

roll-on roll-off ✪ **~ ship** navire roulier ; **~ transport** transroulage.

rollout *n.* lancement, présentation *[d'un nouveau produit/service].*

rollover *n. Obligations* renouvellement.

roll-over *adj.* **1** *[crédit]* « roll-over ». **2** *[crédit, prêt hypothécaire]* à taux révisable.

ROM (read-only memory) *Inf.* mémoire morte.

Roma *n. pl.* Rom *[Tsiganes, plus particulièrement d'Europe centrale].*

Roman *adj.* **1** romain. **2** *[alphabet]* latin. ✪ **~ Catholic Church** Église catholique.

room *n.* **1** place ; espace ; **to make ~ for** faire place à ; **the party can have no ~ for racists** le parti ne peut accepter des racistes en son sein. **2** pièce, chambre, local, bureau, salle ; **conference ~** salle de conférence. **3** *Fig.* possibilité(s), latitude, faculté, liberté, marge (de manœuvre) ; **(for)** marge de, place pour, potentiel de ; **there is ~ for doubt** on peut éprouver des doutes ; **there is no ~ for doubt** le doute n'est pas permis ; **there was no ~ for compromise** il n'y avait pas de possibilité de transiger ; **the company still has ~ for reducing prices** l'entreprise peut encore réduire ses prix ; **there is no ~ for error** il n'y a pas de marge d'erreur ; **the figures leave no ~ for complacency** les chiffres n'autorisent aucun relâchement des efforts ; **the speech left a lot of ~ for interpretations** le discours se prêtait à des interprétations très diverses. ✪ **~ and board** a) hébergement et repas, chambre avec pension ; logé et nourri ; b) frais de séjour (hébergement et repas) ; **~ for manoeuvre** marge de manœuvre ; *[***we were left with no ~ for manoeuvre** nous ne disposions d'aucune marge de manœuvre*]* ; **~ service** service à l'étage ; **~ temperature** température ambiante.

root *n. Fig.* origine, base ; **to have its ~s in** résulter de. ✪ **at ~** fondamentalement, à la base ; **~ and branch** a) fondement ; b) de fond en comble ; **~-and-branch** *adj. [réforme]* radical, en profondeur ; **~ cause** cause première, cause profonde, fond du problème ; **~ crop** plante cultivée pour sa racine, plante-racine.

rooted *adj.* **the government's changes of mind were ~ in various kinds of corruption** les changements d'avis du gouvernement étaient dus à diverses corruptions.

ROR (released on own recognizance) libéré sans caution.

ro-ro *adj.* ✪ **~ ship** navire roulier ; **~ transport** transroulage.

Rosh Hashanah *Judaïsme* Roch Hachana.

roster *n.* **1** liste *[du personnel, des orateurs],* registre. **2** tableau *[des gardes/astreintes],* tableau de service.

rosy *adj.* idéal, idyllique, *[situation, perspectives]* prometteur.

rota *n. RU* tableau *[des gardes/astreintes],* tableau de service. ✪ **by ~, on a ~ basis** par roulement, à tour de rôle ; **~ system** roulement du personnel.

rotary *n. ÉU* rond-point.

rotary *adj. [pompe]* rotatif, *[chaise]* tournant ; circulaire. ✪ **~-dial telephone** téléphone à cadran ; **~ engine** moteur rotatif ; **~ press** (presse) rotative ; **~ telephone** téléphone à cadran ; **~-wing aircraft** aéronef/appareil à voilure tournante, giravion.

rotating *adj.* ✪ **~ presidency** présidence tournante ; **~ shift system** travail posté avec roulement ; **~-wing aircraft** aéronef/appareil à voilure tournante, giravion.

rotation *n.* **1** rotation *[autour d'un axe].* **2** rotation *[du personnel, des cultures].* **3** roulement *[d'équipes de travailleurs, de la présidence d'un comité].* ✪ **in ~** à tour de rôle, selon un cycle régulier.

rotational farming assolement, rotation des cultures.

rote *n.* ✪ **by ~** par cœur ; **~ learning** apprentissage mécanique/par cœur, pure mémorisation.

rotor *n.* rotor, voile tournante. ✪ **~ blade** pale.

rough *adj.* **1** *[terrain]* accidenté. **2** approximatif, schématique, sommaire, simplifié, ébauche de ; **~ estimate** estimation approximative ; **~ translation** traduction approximative. **3** grossier, brut, mal dégrossi. ✪ **~ cut** *Cinéma* bout-à-bout ; **~ justice** justice expéditive/sommaire, une certaine justice ; **~ weather** gros temps.

rough *adv.* **to live/sleep ~** *RU* (être réduit à) dormir dans la rue/sur le trottoir, dormir dans la nature.

rough-and-tumble *n.* cadre/univers désordonné, univers/jeu impitoyable, jeu brutal, mêlée, bagarre, foire d'empoigne, jungle, arène, tohu-bohu ; **he is tired of the ~ of journalism** il est las de la jungle du journalisme ; **he likes the ~ of working directly with the public** il aime le travail émaillé d'incidents divers qui est le lot de ceux qui sont en contact direct avec le public.

rough-and-tumble *adj.* mouvementé, plein d'imprévus, émaillé d'incidents divers, peu civilisé, libre de toute contrainte, sans interdits, qui n'obéit à aucune règle, *[lutte]* où tous les coups sont permis ; **politics is a ~ world** la politique est un univers impitoyable.

roughly *adv.* environ, approximativement, grosso modo, à peu près, essentiellement, schématiquement.

roughshod *n.* ✪ **ride ~ over** ne tenir aucun compte (de l'avis) de *[qqn].*

round *v.* **I ~ out** compléter *[liste].* **II ~ up 1** arrêter *[suspect] ;* ramasser, embarquer *[clochards].* **2** passer en revue.

round *n.* **1** session *[de négociations],* train *[de réformes],* série, vague ; **Uruguay Round** Uruguay Round, cycle d'Uruguay ; **pay ~** négociations salariales ; **~ of negotiations** session de négociations ; **wage ~** négociations salariales ; **there will be another ~ of public meetings** il y aura une autre série de réunions publiques ; **the government fears a new ~ of closures** le gouvernement craint une nouvelle vague de fermetures d'entreprises. **2** phase, étape, vague, opération, processus, partie, élément, composante, édition, version. **3** tour (de scrutin). **4** balle ; obus.

round *adj., adv.* ✪ **~ lot** *Bourse* nombre de titres égal à la quotité de négociation ou à un multiple de celle-ci ; **~ number** nombre rond ; **~ trip** voyage aller-retour ; **~-trip ticket** (billet) aller-retour ; **~-trip trade** *Bourse* aller et retour ; **~ turn** *Bourse* aller et retour ; **turn ~** provoquer un redressement de *[monnaie].*

round *prép.* d'un bout à l'autre de ; **~ the clock** 24 heures sur 24, sans interruption, en continu ; **~-the-clock** *adj.* continu, permanent, ininterrompu.

rounded *adj.* **1** arrondi. **2** *[rapport]* équilibré.

rounding *n.* arrondissement ; **figures may not add up to 100 due to ~** les chiffres ayant été arrondis, leur somme n'est pas nécessairement égale à 100.

roundly *adv.* 1 *[critiquer]* sévèrement, durement, sans ménagement, *[condamner]* énergiquement ; **the candidate was ~ criticized for his remarks** le candidat a été sévèrement critiqué pour ses propos. 2 catégoriquement, sans ambages, sans détour ; **his claims were ~ dismissed** ses affirmations ont été rejetées catégoriquement. 3 *[battre]* à plate(s) couture(s), nettement ; **to be ~ defeated** subir une défaite cuisante.

route *v. tr.* acheminer.

route *n.* 1 itinéraire *[d'un autobus] ; Aéron.* route. 2 *ÉU* tournée *[de distribution de journaux, de livraison]*. 3 *Fig.* voie.

routine *n.* train-train ; **our daily ~ is still the same** notre train-train quotidien reste inchangé.

routine *adj.* 1 régulier, normal, courant, ordinaire, habituel, typique, banal, anodin, quotidien, d'usage, monnaie courante ; de routine ; **~ consultations** consultations régulières ; **the company's ~ activities** les activités courantes de l'entreprise. 2 systématique, automatique, réalisé d'office ; **~ screening** dépistage systématique ; **the tape-recording of telephone calls became ~** l'enregistrement de conversations téléphoniques est devenu systématique. 3 routinier, fastidieux, terne, insipide. ✪ **~ maintenance** entretien courant.

routinely *adv.* 1 régulièrement, normalement, couramment, ordinairement, habituellement, typiquement, quotidiennement, au quotidien ; **these drugs are ~ given to elderly people** ces médicaments sont couramment administrés aux personnes âgées. 2 systématiquement, automatiquement, d'office ; **children are ~ vaccinated against polio** les enfants sont vaccinés systématiquement contre la poliomyélite ; **he overcharged customers almost ~** il facturait des montants excessifs de façon presque automatique.

routing *n.* acheminement. ✪ **~ slip** note d'accompagnement.

ROV (remotely operated vehicle) véhicule téléguidé.

rover *n. Esp.* astromobile, véhicule téléguidé.

roving *n. Fig.* itinérant, nomade. ✪ **~ ambassador** ambassadeur itinérant.

row *n.* 1 rangée *[d'objets semblables]*. 2 *pl. ÉU* maisons disposées en rangée. 3 ligne *[d'un tableau, par opp. à colonne]*. 4 (tempête/vague de) protestations, levée de boucliers, polémique, tumulte, controverse, tollé, vive émotion. ✪ **in a ~** d'affilée, consécutivement ; *Can.* de file.

royal *adj.* ✪ **Royal Assent** sanction royale ; **Royal Canadian Mounted Police** Gendarmerie royale du Canada ; **Royal Mail** Poste ; **Royal Mint** Monnaie royale ; **Royal Society for the Prevention of Cruelty to Animals** *RU* Société royale de protection des animaux.

royalties *n. pl.* 1 *Brevets, Mines, Pétrole* royalties, redevances. 2 *Dr. d'auteur* redevances ; droits d'auteur.

RPI (retail price index) indice des prix de détail.

RPM (retail price maintenance) réglementation des prix.

r.p.m. (revolutions per minute) t. p. m. (tours par minute).

RRP (recommended retail price) prix (de vente) conseillé.

RSA (Republic of South Africa) République d'Afrique du Sud.

RSI (repetitive strain injury) lésions dues à des gestes répétitifs.

RSPCA (Royal Society for the Prevention of Cruelty to Animals) *RU* Société royale de protection des animaux.

RTF (rich text format) RTF (format de texte enrichi/conservant les enrichissements).

Rt. Hon. (Right Honourable) *RU* M., Mme.

RTOL (reduced take-off and landing) décollage et atterrissage réduits. ✪ **~ aircraft** adar (avion à décollage et atterrissage réduits).

RUB (rouble) *ISO* RUB (rouble).

rubber cheque chèque en bois.

rubberstamp *v. tr.* entériner d'office.

rubberstamp *n. Fig.* 1 accord/entérinement donné d'office. 2 (simple) chambre d'enregistrement ; **~ Parliament** (simple) chambre d'enregistrement ; **he regarded Parliament as a ~ for government policy** il considérait que le parlement n'était qu'une chambre d'enregistrement chargée d'entériner d'office la politique du gouvernement.

rubbish *v. tr.* critiquer sévèrement, dénigrer.

rubbish *n. Fig. RU* 1 article(s)/chose(s)/objet(s)/œuvre(s) sans valeur ; idée nulle et non avenue, fatras d'idées sans valeur. 2 absurdités, âneries, balivernes, bêtises, fadaises, idioties, inepties, niaiseries, sottises. ✪ **~ bin** poubelle ; **~ chute** vide-ordures ; **~ dump/heap/tip** dépotoir.

Rube Goldberg *Fam. ÉU [projet, système]* totalement irréaliste, d'une complexité ahurissante/inouïe ; **~ scheme** usine à gaz ; **the conference department devised a ~ system to ensure simultaneous interpretation of the proceedings in 12 languages** le département des conférences a mis au point un système d'une complexité ahurissante pour assurer l'interprétation simultanée des débats en 12 langues.

rude *adj.* grossier.

rudder *n. Aéron.* gouverne de direction.

rudderless *adj. Fig.* à la dérive.

rugged *adj.* 1 robuste, très résistant, à toute épreuve. 2 *[relief]* tourmenté.

ruin *v. tr.* 1 ruiner *[concurrent]*. 2 endommager gravement/irrémédiablement, gâcher, détruire, rendre inutilisable ; réduire à néant *[efforts, chances]*, causer un tort irréparable à, mettre à mal *[réputation]*, porter un coup fatal à.

rule *v.* 1 *tr.* diriger *[pays]*. 2 *intr.* être au pouvoir, exercer le pouvoir, gouverner ; **they ~d with sensitivity to minority groups** ils gouvernaient en tenant compte des besoins des groupes minoritaires. 3 *intr.* juger, décider, statuer, trancher ; **(on)** *[tribunal]* statuer sur, se prononcer sur, rendre un arrêt sur ; **(against)** *[tribunal]* donner tort à *[partie]*, débouter *[demandeur]* ; **(in favour of)** donner gain de cause à ; **(that)** estimer que, juger que, décider que. 4 **~ in** tenir pour acquis ; **nothing is ~d in or out** rien n'est acquis a priori et il ne faut rien exclure non plus. 5 **~ out** exclure, écarter ; **the candidate ~d out tax increases** le candidat a exclu toute augmentation d'impôts.

rule *n.* 1 autorité, domination, férule ; administration, pouvoir, gouvernement, régime ; **direct ~** administration directe ; **the return to civilian ~** le rétablissement d'un gouvernement civil ; **military ~** régime militaire. 2 règle, principe, norme, disposition (réglementaire) ; *pl.* règles, modalités, réglementation, règlement, statut, régime. ✪ **as a (general) ~** en règle générale, en principe, normalement ; **~s of engagement** *Mil.* consignes réglementant l'ouverture du feu, consignes d'ouverture du feu ; **~ of law** a) primauté du droit, respect du droit/de la légalité, b) règle de droit ; *[***the military authorities had little regard for democracy and the ~ of law** les autorités militaires ne se préoccupaient guère de la démocratie et de l'État de droit*] ;* **~s of procedure** règlement intérieur ; **Rules of the Court** *CIJ* Règlement de la Cour ; **~ of thumb** règle empirique ; **work to ~** faire la grève du zèle.

ruling *n. Dr.* jugement, décision (de justice), arrêt.

ruling *adj. [parti]* au pouvoir, *[classe]* dirigeant ; **the ~ coalition in Austria** la coalition au pouvoir en Autriche.

rump *adj. Fig.* **1** *[parlement]* croupion, non représentatif. **2** tronqué, réduit à peu de chose, amputé de la plus grande partie de sa substance ; vestiges de ; ~ **Yugoslavia** ce qui reste de la Yougoslavie.

run *v. Fig.* **I 1** *intr. [liquide]* couler. **2** *intr. [autobus, train]* circuler. **3** *tr.* assurer un service de *[autobus, train].* **4** *tr.* (faire) passer en contrebande, introduire en contrebande, introduire/faire entrer en fraude, faire la contrebande de. **5** *tr.* **to ~ errands** faire des courses. **6** *tr.* gérer, diriger, organiser, mener ; exploiter ; posséder ; tenir *[magasin] ;* **to ~ the country** diriger le pays ; **UNICEF ran an information campaign in the area** l'UNICEF a mené une campagne d'information dans la zone. **7** *tr.* faire fonctionner *[machine].* **8** *intr. [usine, moteur]* tourner, *[machine]* fonctionner, marcher ; **(on)** être alimenté par *[source d'énergie] ;* **the plant is now ~ning at 55% capacity** l'usine tourne maintenant à 55 % de sa capacité. **9** *tr.* effectuer *[test],* mener, procéder à *[expérience].* **10** *tr. Inf.* exécuter *[logiciel] ;* **we could not ~ the program on the old laptop** nous n'avons pas pu exécuter le programme sur le vieil ordinateur portable. **11** *intr. Inf. [logiciel]* tourner *[sur un ordinateur] ;* **the program ~s on any of our computers** le programme tourne sur tous nos ordinateurs. **12** *tr.* enregistrer, accuser *[passif, déficit],* avoir, enregistrer *[excédent commercial/budgétaire] ;* **to ~ an overdraft** avoir un découvert ; **the country is ~ning a surplus of $20bn a year** l'excédent de la balance des paiements courants du pays s'élève à 20 milliards de dollars par an ; **the local government is again ~ning large deficits** l'administration locale enregistre de nouveau d'importants déficits budgétaires. **13** *intr.* se présenter *[aux élections],* être candidat ; **(for)** briguer *[mandat électif] ;* **to ~ for office** se présenter aux élections ; **to ~ for president** être candidat à l'élection présidentielle, briguer la présidence ; **she ran as a Republican** elle a fait campagne sous la bannière du Parti républicain. **14** *tr.* présenter *[candidats].* **15** *intr. [processus]* se dérouler ; **the promotion campaign is ~ning smoothly** la campagne de promotion se déroule sans anicroche. **16** *tr. [journal]* publier *[article, photo, annonce] ; [annonceur]* faire publier, insérer, passer *[annonce] ;* diffuser *[émission] ;* **the paper refused to ~ the story** le journal a refusé de publier la nouvelle ; **to ~ a small ad in a local newspaper** insérer une petite annonce dans un journal local. **17** *intr. [article, annonce]* être publié, paraître, *[émission]* être diffusé ; **the public information broadcasts will ~ for three weeks** les émissions d'information du public seront diffusées pendant trois semaines ; **to attract as many applicants as possible the advertisement should ~ on a Wednesday** pour susciter autant de candidatures que possible, l'annonce doit être publiée un mercredi. **18** *intr.* revenir ; **a theme that ~s throughout the report** un thème que l'on retrouve tout au long du rapport. **19** *intr.* **a president who lies to the nation about his private life, ~s the argument, will do the same in his public life** on fait valoir qu'un président qui ment au pays à propos de sa vie privée en fera autant en ce qui concerne sa vie publique. **20** *intr.* être valable, durer, avoir une durée de ; **the contract ~s from 1 January to 31 July** la période de validité du contrat va du 1er janvier au 31 juillet ; **the contract will ~ until 31 December 2007** le contrat viendra à expiration le 31 décembre 2007 ; **the contract will ~ for five years** le contrat aura une durée de validité de cinq ans. **21** *intr.* **he received seven sentences which are to ~ consecutively** sept condamnations ont été prononcées, avec cumul des peines. **II ~ against** rencontrer, se heurter à *[problème].* **III ~ aground/ashore** *[navire]* s'échouer. **IV ~ at** *[inflation, déficit]* s'élever à ; **the country has a current account deficit which is ~ning at $2bn a month** la balance des opérations courantes du pays enregistre un déficit de 2 milliards de dollars par mois. **V ~ away 1** s'enfuir. **2** faire une fugue. **VI ~ behind: the restoration of the building is ~ning six months behind schedule** la restauration du bâtiment a pris six mois de retard. **VII ~ counter to** *[actions]* aller à l'encontre de *[promesses],* contredire ; être démenti par *[les faits] ;* **these findings ~ counter to the laws of physics** ces résultats vont à l'encontre des lois de la physique. **VIII ~ down 1** réduire *[stocks, effectifs] ;* **the company will try to ~ down stocks** l'entreprise s'efforcera de réduire ses stocks. **2** réduire progressivement *[activités],* cesser progressivement l'exploitation de, mettre fin progressivement aux activités de ; **it took nine years to ~ down the steel industry** il a fallu neuf années pour mettre fin aux activités du secteur sidérurgique. **3** *[industrie]* être en déclin, disparaître progressivement. **4** dénigrer. **5** passer en revue *[série de points].* **6** se détériorer ; **the company let its old equipment completely ~ down** l'entreprise a laissé son matériel ancien se détériorer complètement. **7** renverser *[piéton].* **8** arrêter *[criminel].* **9** *[police]* suivre *[piste].* **IX ~ into 1** *[fleuve]* se jeter dans *[mer].* **2** se heurter à, éprouver, rencontrer *[difficultés] ;* **reform of welfare is ~ning into heavy opposition** la réforme du système de protection sociale se heurte à une vive opposition. **3 to ~ into debt** a) endetter ; b) s'endetter. **4** *[montant]* s'élever à ; **the cost of the oil spill could ~ into millions of dollars** le coût de la marée noire pourrait s'élever à plusieurs millions de dollars. **X ~ out 1** *[délai, bail]* expirer, arriver à expiration. **2** *[réserves]* s'épuiser ; **time is ~ning out** le temps presse, il ne reste plus beaucoup de temps, il sera bientôt trop tard ; **before time ~s out** avant qu'il ne soit trop tard ; **water resources are in danger of ~ning out** il y a un risque d'épuisement des ressources en eau. **XI ~ out of** être à court de, (commencer à) manquer de ; perdre *[patience] ;* **the computer ran out of disk space** l'ordinateur est à court d'espace disque ; **the pension fund is ~ning out of money** la caisse de retraite commence à manquer de capitaux. **XII ~ over 1** *[voiture]* renverser, faucher *[piéton].* **2** réviser *[leçon].* **XIII ~ through 1** *[cours d'eau]* traverser *[pays].* **2** se retrouver dans l'ensemble de ; **a theme ~ning through the whole document** un leitmotiv qui apparaît dans l'ensemble du document ; **the concept of positive discrimination ~s through the whole policy** la notion de discrimination positive revient sans cesse dans l'ensemble de la politique. **XIV ~ to** compter ; **the confidential report ran to 2,000 pages** le rapport confidentiel comptait 2000 pages. **XV ~ up** accumuler *[dettes].* **XVI ~ up against** se heurter à *[obstacle, difficultés],* rencontrer *[problèmes].*

run *n. Fig.* **1** ruée ; **after his death, there was a ~ on copies of his biography** après son décès, sa biographie s'est très bien vendue. **2 ~ on a bank** retraits massifs de dépôts ; **~ on a currency** ventes massives d'une monnaie. **3** *Inf.* passage (en machine) ; **program ~** passage de programme. **4** parcours ;

tournée. **5** tirage *[d'un livre]*. **6** lot ; **a ~ of defective diskettes was found** un lot de disquettes défectueuses a été découvert. **7 in the long/short ~** à long/court terme. ✪ **give sb a ~ for his/her money** donner du fil à retordre à qqn, ne pas se laisser faire par qqn ; **~-of-paper position** *Publ.* emplacement déterminé par la publication ; **~-of-river power station** centrale (hydroélectrique) au fil de l'eau ; **~-of-the-mill/mine** *adj.* courant, ordinaire, banal, moyen ; **on the ~** *[criminel]* en fuite, en cavale.

runaway *n.* fugitif ; fugueur ; déserteur.

runaway *adj. [dépenses, déficit]* sans cesse plus élevé, en augmentation constante, effréné, débridé, impossible à maîtriser ; *[inflation, croissance démographique]* galopant ; *[succès]* extraordinaire, énorme ; **~ growth of cells** multiplication effrénée de cellules ; **~ economy** économie en surchauffe.

rundown *n.* **1** suppression. **2** déclin ; **the government did nothing to halt the ~ of the shipbuilding industry** le gouvernement n'a rien fait pour mettre fin au déclin du secteur de la construction navale. **3** réduction, diminution. **4** détérioration. **5** récapitulation ; liste.

run-down *adj. [bâtiment]* délabré, *[quartier]* dégradé.

runner-up *n.* deuxième.

running *n.* **in the ~** a) *RU [candidat]* capable de l'emporter ; b) *ÉU [candidat]* en lice ; **in the ~ for sth** qui a une chance d'obtenir qqch. ; **out of the ~ for sth** qui n'a aucune chance d'obtenir qqch.

running *adj.* **1** continu, permanent, ininterrompu, incessant. **2** *[total]* constamment mis à jour. **3** *[mois]* en cours ; *[prix]* en vigueur. **4** *[plusieurs jours]* d'affilée ; *Can.* de file ; **profits fell for the fifth quarter ~** les bénéfices ont baissé pour le cinquième trimestre d'affilée. ✪ **~ account** compte courant ; **~ battle** a) bataille *[entre des manifestants et la police qui les poursuit]* ; b) lutte incessante ; **~ costs** coûts d'exploitation ; frais de fonctionnement ; **~ days** jours civils ; **~ dog** *Pol.* valet, suppôt *[de l'impérialisme]* ; **~ expenses** dépenses courantes, frais de fonctionnement ; **~ mate** *Pol.* colistier ; **~ order** *[***in ~ order** en état de marche*]* ; **~ repairs** petites réparations ; **~ start** *Fig.* longueur d'avance ; **~ story** *Journ.* article faisant partie d'une série, série d'articles ; **~ text** partie rédactionnelle *[d'un journal]* ; **~ time** durée *[d'un film]* ; **~ translation** traduction simultanée ; **~ water** eau courante.

run-off *n.* **1** (eaux de) ruissellement. **2** *Pol.* deuxième tour.

run-up *n.* **1 (to)** période précédant, période préparatoire à, derniers jours avant, veille de, prologue de, préparation/préparatifs de ; **~ to the elections** période électorale/préélectorale ; **in the ~ to** à quelques semaines/jours de, à l'approche de, à la veille de, à l'orée de, avant ; **various spectacular projects have been suggested in the ~ to the millennium** divers projets spectaculaires ont été proposés à l'approche du changement de millénaire. **2** augmentation *[de prix, de cours]*. **3** élan.

runway *n.* **1** *Aéron.* piste. **2** podium (de défilé de mode).

rural *adj.* ✪ **~ dwellers** ruraux **; ~ planning** aménagement rural.

Ruritania *n.* pays imaginaire, pays X.

rush *v.* **1** *intr.* se hâter, se précipiter ; voler *[au secours de qqn]*. **2** *intr.* **(to)** se rendre d'urgence à. **3** *tr.* envoyer/expédier d'urgence *[colis]* ; transporter/conduire d'urgence *[blessé à l'hôpital]*. **4** *tr.* faire/réaliser/effectuer/exécuter hâtivement/à toute allure, précipitamment ; **the investigation was ~ed** l'enquête a été menée hâtivement ; **the surgeon ~ed the operation** le chirurgien a réalisé l'opération de façon précipitée. **5** *tr.* dire/ordonner à *[qqn]* de faire vite, presser. **6** *tr.* prendre d'assaut. **II ~ in 1** arriver à toute allure, faire irruption ; s'engouffrer dans la brèche. **2** envoyer/expédier d'urgence. **III ~ out** s'empresser de publier *[livre]*, s'empresser de rendre public *[rapport]*. **IV ~ over** se rendre aussitôt sur place.

rush *n.* **1** hâte, précipitation. **2** ruée. **3** euphorie, exaltation ; **adrenaline ~** décharge/poussée d'adrénaline. **4** succession rapide. **5** *pl.* épreuves de tournage, rush(e)s. ✪ **~ hour** heure de pointe ; **~ to judgment** conclusions hâtives.

rush *adj. [travail]* effectué hâtivement.

rust belt 1 région(s) industrielle(s) en déclin ; **Flemish nationalists described Wallonia as having a ~ economy** selon les nationalistes flamands, l'économie de la Wallonie était en déclin. **2** *ÉU* zone très industrialisée du nord-est.

RV (recreational vehicle) autocaravane.

Rwandan *adj.* rwandais.

Rx (prescription) ordonnance.

Riyadh *n. Arabie saoudite* Riyad.

S

s. (section) article *[d'une loi].*

Saar *n. Allemagne* Sarre.

Saarbrücken *n. Allemagne* Sarrebruck.

Saarland *n. Allemagne [la]* Sarre.

sabre rattling menace d'intervention/d'emploi de la force, bruit de bottes, discours/propos belliqueux, paroles belliqueuses ; manœuvre d'intimidation, démonstration de force.

sac *n. Méd.* cavité, sac, poche.

SACEUR (Supreme Allied Commander in Europe) *OTAN* SACEUR (Commandant suprême des forces alliées en Europe).

SACLAND (Supreme Allied Commander Atlantic) *OTAN* SACLAND (Commandant suprême allié Atlantique).

SADC (Southern African Development Community) Communauté pour le développement de l'Afrique australe.

saddle *n. Fig.* **to be in the ~** être au pouvoir.

saddled *adj.* **(with)** pliant sous le fardeau de, accablé par le fardeau de, desservi par, handicapé par ; **to be ~ with** devoir faire face à, être aux prises avec ; **we are still ~ with the debts built up by the previous administration** nous restons accablés par le fardeau des dettes accumulées par le gouvernement précédent.

sadly *adv.* hélas, malheureusement, las.

SADR (Sahrawi Arab Democratic Republic) RASD (République arabe sahraouie démocratique).

SAE (self-addressed envelope) enveloppe portant votre adresse.

SAE (stamped addressed envelope) enveloppe affranchie et portant votre adresse.

safe *adj.* **1** *[personne]* à l'abri du danger, en sécurité ; **to be ~** n'avoir rien à craindre, ne courir aucun risque ; **(from)** à l'abri de ; **to be ~ from** ne pas risquer de ; **to be on the ~ side** par mesure de précaution ; **Britain is ~ with the Tories** avec les Conservateurs, la Grande-Bretagne n'a rien à craindre ; **Mr Clinton was no longer completely ~ from impeachment** M. Clinton n'était plus totalement à l'abri d'une procédure de mise en accusation. **2** *[chose, lieu]* sûr ; *[machine, médicament]* sûr, sans danger, *[produit]* inoffensif, non toxique, *[placement]* sûr, sans risque ; prudent ; **in a ~ place** en lieu sûr ; **the vaccine is no longer considered ~** le vaccin n'est plus considéré comme sûr ; **~ storage** stockage dans de bonnes conditions de sécurité ; **environmentally ~** sans danger pour l'environnement ; **is beef really ~?** la viande de bœuf ne présente-t-elle vraiment aucun danger ? **~ motherhood** maternité sans risque ; **it would be ~r to** il serait plus prudent de ; **they are searching for a ~ pesticide** ils s'efforcent de mettre au point un pesticide non toxique. **3 ~ (and sound/well)** *[personne]* sain et sauf, indemne, hors de danger. **4** *[supposition]* fondé ; **it is ~ to say that** on peut affirmer sans risque d'erreur que, il n'est pas exagéré de dire que ; **it is ~ to assume that** on peut considérer que. **5** bon, fiable ; **the ~ delivery of a letter to the addressee** la remise effective d'une lettre à son destinataire. **7** *[sujet, question]* qui ne prête pas à controverse, anodin. ✪ **make ~** neutraliser *[bombe],* rendre inoffensif ; **play it ~** être prudent, agir prudemment, ne pas prendre de risques ; **~ custody** *Banque* conservation *[de titres] ; [***charge for ~ custody** droit de garde*] ;* **~ deposit box** *Banque* coffre ; **~ drinking water** eau potable ; **~ haven** a) *Fin.* valeur refuge ; b) zone de sécurité, refuge ; *[***to give ~ haven to** abriter*] ;* **~-haven currency** monnaie refuge ; **~ house** lieu sûr, planque, cache ; **~-keeping** *n. Banque* conservation *[de titres] ;* **~ sex** sexualité sans risque, pratiques sexuelles sans risque/non dangereuses ; *[***to practice ~ sex** avoir un comportement sexuel sans risque*] ;* **~ water** eau saine/non polluée/potable/propre à la consommation ; **~ area** *Mil.* zone de sécurité ; **~ disposal** élimination *[de déchets]* dans de bonnes conditions de sécurité, mise en lieu sûr *[de déchets radioactifs] ;* **~ seat** *Pol.* siège qui ne risque pas d'échapper *[au parti].*

safeguard *n.* **1** sauvegarde. **2** garantie ; garde-fou ; **he supports euthanasia with ~s** il est en faveur de l'euthanasie, pour autant qu'elle soit assortie de garde-fous. ✪ **~ clause** clause de sauvegarde.

safekeeping *n.* garde ; *Banque* conservation de titres.

safely *adv.* **1** sans danger, sans risque, en toute sécurité, dans de bonnes conditions de sécurité, sans encombre, bien ; **children cannot cycle ~ in this neighbourhood** les enfants ne peuvent faire du vélo en toute sécurité dans ce quartier ; **the plane landed ~** l'avion a atterri sans encombre ; **drive ~** roulez prudemment. **2** *[affirmer, penser]* sans risque d'erreur ; certainement ; **it can be ~ said that** on peut affirmer sans risque d'erreur que ; **that possibility can be ~ ruled out** cette éventualité peut certainement être exclue.

safety *n.* sécurité ; *Nucl.* sûreté ; innocuité *[d'un produit].* ✪ **~-critical** mettant en jeu la sécurité ; **~ deposit box** *Banque* coffre ; **~ first** priorité à la sécurité ; **~ glass** verre de sécurité ; **~ net** *Fig.* système de protection, filet de protection, garanties ; *[***to establish ~ nets to protect vulnerable people against hardship** mettre en place des systèmes de protection des personnes vulnérables contre l'adversité ; **social ~ net** système/régime de protection sociale ; **the social ~ net seems to get lower and lower** le filet de protection sociale semble s'amenuiser sans cesse*] ;* **~ record** bilan en matière de sécurité ; *[***the airline is proud of its ~ record** la compagnie aérienne est fière de son bilan en matière de sécurité*] ;* **~ regulations** règles de sécurité ; **~ valve** soupape de sécurité ; **there is ~ in numbers** on se sent plus fort à plusieurs/en nombreuse compagnie.

saga *n. Fig.* feuilleton, histoire mouvementée, saga ; **it was yet another twist in the ~ around tobacco sponsorship** il s'agissait d'un nouveau rebondissement dans le feuilleton du parrainage de manifestations par des entreprises de tabac.

sagging *adj.* en baisse ; **~ imports** baisse des importations.

Sahrawi Arab Democratic Republic République arabe sahraouie démocratique.

sake *n.* **for the ~ of, for... ('s) ~** pour, pour des considérations/des raisons de, en raison de, dans un souci de, dans un but de, au nom de, à cause de, par égard pour, dans l'intérêt de, pour le bien de, pour les besoins de, pour le plaisir de ; **art for art's ~** l'art pour l'art ; **for the ~ of continuity** pour assurer la continuité ; **for the ~ of completeness** pour être complet, pour mémoire ; **for the ~ of simplicity** pour simplifier, dans un souci de simplification ; **change for change's ~** le changement comme fin en soi ; **for the ~ of the country** pour le bien du pays ; **for clarity's ~** pour plus de clarté, dans un but/souci de clarté, pour la clarté de l'exposé ; **for convenience('s) ~** pour plus de commodité, pour des raisons de commodité, pour la commodité de l'exposé, pour des raisons d'ordre pratique ; **for the ~ of argument** de façon purement/tout à fait hypothétique, pour fixer les idées ; **for argument's ~, let us assume that** supposons un instant que ; pour prendre un exemple ;

a solution must be found for the ~ of future generations il faut trouver une solution dans l'intérêt des générations futures ; **he accepted the compromise for the ~ of the alliance** il a accepté le compromis pour préserver l'alliance ; **it would also be a good idea for our own ~** cela représenterait également une bonne idée dans notre propre intérêt ; **for its own ~/for the ~ of it** en tant que tel, pour lui-même, en tant que fin en soi ; **it is pointless to exchange information for its own ~** l'échange d'informations n'est pas une fin en soi ; **power for its own ~** le pouvoir pour le pouvoir ; **she seems to be protesting for the ~ of it** il semble qu'elle proteste pour le plaisir de protester ; **critics said the state of emergency was declared for the ~ of it** certains ont affirmé que l'état d'urgence avait été proclamé comme s'il s'agissait d'une fin en soi.

salaried *adj.* percevant un traitement ; **~ employee/worker** employé.

salary *n.* ✪ **salaries accrued** *Bilan* salaires à payer ; **~ increment** augmentation de rémunération *[automatique et périodique] ; ONU* avancement d'échelon ; **~ continuation scheme** *ÉU* a) plan de maintien de la rémunération *[en cas de maladie, etc.]* ; b) plan de rémunération différée *[financé par l'employeur, il prévoit des prestations supplémentaires en cas de maladie, d'invalidité, de retraite ou de décès]* ; **~ scale** barème/grille des rémunérations/traitements ; **~ package** rémunération et indemnités ; **~ requirements** prétentions ; **~ statement** bulletin de rémunération.

sale *n.* **1** vente ; **to go on ~** *[produit]* être commercialisé ; **to offer for ~** mettre en vente ; **to make a ~** conclure une vente. **2** *pl.* soldes. **3** *pl.* chiffre d'affaires ; **~s increased by 30%** le chiffre d'affaires a augmenté de 30 %. ✪ **on ~** a) en vente ; b) en solde ; **put up for ~** mettre en vente ; **~ on approval** vente à l'essai/à l'agréage/à condition ; **~ or return** vente à condition ; **~s agent** *Comm.* consignataire ; **~s area** secteur de vente ; **~s assistant** vendeur, vendeuse ; **~s charge** *FCP* droit de sortie ; **~s check** *ÉU* ticket de caisse ; **~s clerk** *ÉU* vendeur, vendeuse ; **~s day book** *Compt.* journal des ventes ; **~s department** service commercial ; **~s engineer** ingénieur de vente ; **~s engineering** technique de vente ; **~s figures** a) chiffres/données relatives aux ventes ; b) chiffre d'affaires ; **~s finance company** a) *ÉU* société de recouvrement de créances ; b) société de financement *[de ventes à crédit]* ; **~s force** équipe/personnel de vente, vendeurs ; **~s ledger** grand livre auxiliaire des clients ; **~s management** direction commerciale, direction des ventes ; **~s manager** directeur commercial, directeur des ventes ; **~s outlet** point de vente ; **~s people** *ÉU* vendeurs ; **~s pitch** a) argument de vente ; b) (action de) promotion ; **~s promotion** promotion des ventes ; **~s quota** quota de vente ; **~s receipt** *ÉU* ticket de caisse ; **~s representative** représentant ; **~s revenue** chiffre d'affaires ; **~s slip** *ÉU* ticket de caisse ; **~s tax** taxe sur le chiffre d'affaires ; **up for ~** à vendre.

salesmanship *n.* art de vendre.

salesperson *n.* *ÉU* vendeur, vendeuse.

saloon (car) *RU* voiture à quatre places ; berline *[4 portes]* ; coupé *[2 portes]*.

SALT (Strategic Arms Limitation Talks) SALT (négociations sur la limitation des armes stratégiques).

salutation *n.* formule d'appel *[dans une lettre]*.

salvage *n.* renflouage ; récupération. ✪ **~ value** *Compt.* valeur résiduelle *[d'un bien à amortir]*.

SAM (surface-to-air missile) missile surface-air.

samaritan *n. Fig.* **1** personne charitable/secourable, bon Samaritain. **2 The Samaritans** *RU* les *Samaritans [= service d'aide psychologique]*.

same-sex *adj.* de même sexe, homosexuel.

Samoan *adj.* samoan.

sample *v.* **1** *intr.* effectuer un/des prélèvement(s). **2** *tr. Enquêtes* inclure dans l'échantillon. **3** *tr. Fig.* se faire une idée de, obtenir/avoir un aperçu de, se rendre compte de, faire l'expérience de, essayer.

sample *n.* **1** échantillon ; **free ~** échantillon gratuit ; **blood ~** échantillon de sang ; **representative ~** échantillon représentatif ; **please send a ~ of your work to** veuillez envoyer un échantillon de votre travail à. **2** spécimen, exemplaire. **3** exemple ; aperçu. ✪ **~ contract** contrat type ; **~ flat** appartement témoin ; **~ frame** *Enquêtes* base de sondage ; **~ order** commande d'essai ; **~ survey** enquête par sondage.

sample *adj.* type, modèle, représentatif.

sampling *n.* **1** prélèvement(s) (d'échantillons), collecte/prise d'échantillons. **2** *Enquêtes* échantillonnage. **3** *Promotion des ventes* distribution d'échantillons publicitaires. ✪ **~ distribution** *Stat.* distribution d'échantillonnage ; **~ error** *Stat.* erreur d'échantillonnage ; **~ frame** base de sondage ; **~ unit** *Stat.* unité d'échantillonnage.

sanatarium *n.* *ÉU* maison de convalescence ; établissement pour malades chroniques ; sanatorium.

sanatorium *n.* maison de convalescence ; établissement pour malades chroniques ; sanatorium.

sanction *v. tr.* autoriser, approuver, ratifier, donner son aval à, donner sa caution à ; **the Prime Minister could not ~ this behaviour** le Premier ministre ne pouvait approuver ce comportement ; **these activities are not ~ed by society** ces activités sont vues d'un mauvais œil par la société.

sanction *n.* **1** approbation, aval, caution. **2** sanction. ✪ **~ busting** violation des sanctions.

sanctity *n. Fig.* caractère sacré *[de la vie humaine, d'un serment]*, inviolabilité *[du domicile]*, intangibilité.

sanctuary *n.* **1** sanctuaire. **2** asile ; **to give ~ to** donner asile à. **3** refuge, sanctuaire *[= lieu où des maquisards, etc. peuvent se réfugier]* ; **the dictator sought ~ in Uganda** le dictateur s'est réfugié en Ouganda. **4** réserve naturelle, sanctuaire.

sanctum sanctorum Saint des Saints.

S and H (shipping and handling) *ÉU* frais administratifs et d'expédition.

sandwich course (cours de) formation en alternance.

sandwiched *adj.* **(between)** entouré de, flanqué de, coincé entre.

sanguine *adj.* optimiste.

sanitary *adj.* ✪ **~ engineer** ingénieur du génie sanitaire ; **~ landfill** décharge contrôlée.

sanitation *n.* **1** (installation/réseau/services d') assainissement ; **many houses in the area lack basic ~** de nombreuses maisons du quartier ne sont pas raccordées à un réseau d'assainissement approprié. **2** *ÉU* enlèvement des ordures, voirie. ✪ **~ facilities** installations d'assainissement ; **~ man** *ÉU* éboueur ; **~ truck** *ÉU* camion de ramassage des ordures ; **~ worker** *ÉU* éboueur.

sanitize *v. tr.* **1** désinfecter. **2** *Fig.* édulcorer.

sanitized *adj. Fig. [compte rendu]* aseptisé, édulcoré.

San Marino Saint-Marin *[pas d'article].*

sans serif *Typographie* sans empattement.

Santo Domingo *République dominicaine* Saint-Domingue *[= capitale].*

São Tomé and Príncipe São Tomé et Príncipe ; *ONU* Sao Tomé-et-Principe.

SAS (Special Air Service) *RU Special Air Service [= régiment chargé d'opérations spéciales].*

SASE (self-addressed stamped envelope) *ÉU* enveloppe affranchie et portant votre adresse.

Saskatchewan *Can.* Saskatchewan.

SAT (Scholastic Aptitude Test) *ÉU* épreuve d'admission à l'enseignement supérieur.

SAT (Standard Assessment Task) *Ens. RU* épreuve d'évaluation normalisée *[subie par les élèves âgés de 7, 11 et 14 ans].*

satellite *n.* ✪ **~ broadcasting** radiodiffusion par satellite ; **~ dish** antenne satellitaire ; **~ images** images satellitaires.

satellite *adj. [activités]* annexe ; *[réunion]* parallèle ; secondaire.

satisfaction *n. Dr.* exécution *[d'une obligation] ;* remboursement *[d'une dette] ;* **to institute legal proceedings to have a property sold in ~ of a debt** engager une action en justice pour obtenir la vente d'un bien en remboursement d'une dette.

satisfy *v. tr.* **1** satisfaire. **2** répondre à *[besoin, exigence],* correspondre à, rencontrer, remplir ; **the company is trying to ~ a changing market** l'entreprise s'efforce de répondre aux exigences d'un marché en évolution constante. **3** exécuter *[jugement].* **4** convaincre ; **to be satisfied that** être convaincu que, avoir acquis la conviction que, avoir pu s'assurer/établir que, estimer que, constater que, considérer que ; **to ~ oneself that** s'assurer que, constater que, se convaincre de ce que ; **the bank will want to ~ itself of our ability to pay back the loan** la banque souhaitera s'assurer de notre aptitude à rembourser le prêt.

save *v. tr.* **1** économiser ; **in order to ~ money** par mesure d'économie. **2** *Inf.* enregistrer, sauvegarder *[fichier].* ✪ **~ as you earn** *RU* plan d'épargne populaire.

saving *n.* ✪ **~s account** compte d'épargne ; **Savings and Loan (Association)** *ÉU* société de prêt au logement, association d'épargne et de crédit, caisse d'épargne ; **~s bank** caisse/banque d'épargne ; **~s bond/certificate** bon de caisse ; **~s passbook** livret d'épargne ; **~s plan** plan d'épargne ; **~s rate/ratio** taux d'épargne.

savoury *adj.* **1** salé ou épicé. **2** savoureux. **3 not ~** *[sujet]* déplaisant ; *[réputation]* peu flatteuse.

Saxony *n. Allemagne* Saxe.

Saxony-Anhalt *n. Allemagne [la]* Saxe-Anhalt.

say *v.* ✪ **that is to ~** en d'autres termes ; **when all is said and done** en fin de compte, en définitive, tout bien considéré, somme toute.

say *n.* voix au chapitre, mot à dire, influence, droit de regard ; **shareholders wanted more ~ in how the company was run** les actionnaires voulaient avoir une plus grande influence sur la façon dont l'entreprise était gérée.

Say *n.* ✪ **~'s law** loi des débouchés (de Say) ; **~'s theory of markets** loi des débouchés (de Say).

say *adv.* par exemple.

SAYE (save as you earn) *RU* plan d'épargne populaire.

sc. (scilicet) à savoir, c'est-à-dire.

scab *n.* jaune, briseur de grève.

scads *n. pl.* **(of)** de très nombreux.

scalable *adj. [système]* évolutif. ✪ **~ font** *Inf.* police vectorielle.

scale *v.* **1 ~ back** réduire (l'ampleur de) ; **the company is scaling back production of the bigger cars** l'entreprise réduit la production de grosses voitures. **2 ~ back on** réduire ; **it will be necessary to ~ back on investment in equipment** il faudra réduire les investissements dans des installations de production. **3 ~ back to** ramener à. **4 ~ down** réduire ; réduire l'ampleur de *[activités] ;* **the airline tried to ~ down its fleet** la compagnie aérienne s'est efforcée de réduire sa flotte. **5 ~ up** renforcer, développer, augmenter, accroître, élargir, donner une ampleur accrue à.

scale *n.* **1** barème, grille *[de traitements].* **2** échelle *[d'une carte].* **3** échelle ; **graduated ~** échelle graduée ; **Richter ~** échelle de Richter ; **on a ~ from 1 to 6** sur une échelle allant de 1 à 6 ; **~ of values** échelle de valeurs. **4** échelle, niveau, échelon ; **on a global ~** à l'échelle mondiale ; **the theory will be put into practice on a small ~** la théorie sera mise en pratique sur une petite échelle ; **the reform should be implemented on a national ~** la réforme doit être mise en œuvre au niveau de l'ensemble du pays. **5** ampleur, dimension(s) *[d'un problème],* volume, importance, amplitude, taille, mesure, degré ; **the ~ of our operations has remained steady** l'ampleur de nos activités est restée constante ; **a full-~ war** une véritable guerre ; **to be on a ~ with** être d'ampleur comparable à. **6** éventail ; **at one end of the ~** à un extrême ; **at the other end of the ~** à l'autre extrême ; **at the lower end of the ~** au niveau le plus bas, à l'extrémité inférieure de la fourchette. ✪ **~-intensive** *adj. [secteur]* présentant de grandes potentialités d'économies d'échelle ; **~ model** modèle réduit, maquette ; **tip the ~(s)** faire pencher la balance, être l'élément décisif.

scalping *n.* **1** boursicotage. **2** revente illicite de billets.

scan *v. tr.* **1** examiner attentivement. **2** parcourir, feuilleter *[magazine].* **3** *Inf.* numériser, scanner *[image, texte].* **4** balayer *[objet observé pour en établir une image].* **5** *Méd.* procéder à un examen *[radiologique, tomodensitométrique]* de, soumettre *[partie du corps]* à un examen *[radiologique, tomodensitométrique].*

scan *n. Méd.* examen *[radiologique, tomodensitométrique, échographique] ;* radiographie ; scanographie, tomodensitométrie ; **brain ~** scanographie du cerveau.

scanner *n.* **1** *Méd.* scanner (X), tomodensitomètre, scanographe. **2** *Inf.* numériseur, scanne(u)r.

scanning *adj.* numérisation, scannage *[d'un texte].* ✪ **~ electron microscope** microscope électronique à balayage ; **~ tunnelling microscope** microscope à balayage à effet tunnel.

scarce *adj. [ressources]* limité, rare, peu abondant, maigre ; **water is a ~ commodity in Palestine** l'eau est un bien rare en Palestine.

scarcely *adv.* **1** à peine. **2** certainement pas. **3 to be ~ + adj.** être loin d'être + adj.

scarcity *n.* rareté, pénurie.

scare *n.* **1** craintes, appréhension(s), frayeur, anxiété, inquiétude(s) (plus ou moins fondée(s)), réaction apeurée du public, (réaction d') effroi. **2** alerte, (vent de) panique, affolement, peur irraisonnée, psychose ; **bomb ~** alerte à la bombe ; **food ~** alerte alimentaire. **3** crise, événements. **4** informations alarmistes ; nouvelles alarmantes ; **~ tactics** manœuvre(s)/procédé visant à alarmer le public.

scatter chart/diagram diagramme de dispersion.

scattered *adj.* disséminé, dispersé, éclaté.

scavenger *n.* **1** détritivore, nécrophage, nécrophore, scatophage, coprophage, saprophage *[selon le cas]*. **2** personne vivant de la récupération de déchets, personne récupérant des déchets.

scene *n. Fig.* **1** lieu ; **the ~ of the crime** le lieu du crime. **2** panorama, paysage *[politique]*. **3** domaine, théâtre, arène, scène, échiquier ; **the international ~** la scène internationale. ✪ **behind the ~s** dans l'ombre, en coulisse, dans la coulisse ; *[***behind-the-~s manoeuvrings** manœuvres en coulisse*]* ; **set the ~** planter le décor, présenter le contexte ; **set the ~ for** créer les conditions requises pour, ouvrir la voie à, préparer ; *[***the ~ is set for** tout est en place pour, il faut s'attendre à, les conditions requises pour *[qqch.]* sont réunies*]*.

scenic *adj.* **1** *[paysage]* grandiose, d'une grande beauté, spectaculaire, impressionnant. **2** du paysage.

schedule *v. tr.* **1** fixer la date de, programmer *[réunion]* ; prévoir ; **the ~d elections were cancelled** les élections prévues ont été annulées. **2** classer *[bâtiment]*.

schedule *n.* **1** calendrier, échéancier, horaire, programme (de travaux), emploi du temps, plan, projet ; **debt-repayment ~** calendrier de remboursement de la dette ; **the patient must observe the strict ~ for the treatment** le patient doit respecter scrupuleusement le calendrier du traitement. **2** tableau, grille, liste, tarif, barème ; **a ~ of pay rates is called a scale** un barème de rémunérations est appelé « grille des traitements ». **3** annexe *[d'un règlement]*. **4** questionnaire. ✪ **ahead of ~** plus tôt que prévu, avant la date prévue, en avance sur le calendrier ; **behind ~** en retard (sur le programme) ; *[***to be behind ~** prendre du retard ; **the tunnel is already a year behind ~** la construction du tunnel a déjà un an de retard par rapport au calendrier*]* ; **on ~** à la date prévue, dans les délais prévus, dans les temps ; *[***to proceed on ~** progresser selon les prévisions*]*.

scheduled *adj.* **1** régulier ; **the buses run at ~ times** les autobus circulent conformément à un horaire. **2** prévu. **3** *RU [bâtiment, monument]* classé. ✪ **~ airline/carrier** compagnie de transports aériens réguliers ; **~ flight** vol régulier ; **~ services** *Transp.* services réguliers.

scheduling *n.* **1** calendrier, échelonnement, programmation ; *RTV* programmation. **2** classement *[d'un bâtiment]*. **3** inscription sur la liste.

Schelde *n. Belg.* Escaut.

scheme *n.* **1** programme, projet, plan, formule, régime, mécanisme, système, dispositif. **2** stratagème, astuce, machination, combinaison. ✪ **~ of arrangement** concordat ; **~ of things** a) façon de voir, conception (des choses) ; b) organisation du monde, ordre des choses.

Schleswig-Holstein *n. Allemagne [le]* Schleswig-Holstein.

scholar *n.* **1** savant, érudit, universitaire. **2** expert, spécialiste, auteur. **3** *Ens.* boursier.

scholarly *adj.* ✪ **~ opinion** *Dr.* doctrine ; **~ output** *Ens.* publication de travaux de recherche ; **~ work** ouvrage d'érudition.

scholarship *n.* **1** bourse d'études. **2** travaux (savants), (travaux de) recherche, travaux d'érudition ; **the quality of the ~ is unquestionable** la qualité du travail de recherche est incontestable. **3** valeur scientifique *[d'une étude]*.

Scholastic Aptitude Test *ÉU* épreuve d'admission à l'enseignement supérieur.

school *n.* ✪ **~ board** a) administration locale de l'enseignement b) *ÉU* conseil d'école/d'établissement ; **~ bus** car de ramassage scolaire ; *Can.* autobus scolaire ; **~ district** secteur scolaire ; **~ fees** droits de scolarité ; **~-leaver** *n.* jeune sortant/récemment sorti du système scolaire, jeune qui vient de terminer ses études/d'achever sa scolarité ; *[***today's ~-leavers are better qualified** aujourd'hui, les jeunes possèdent des qualifications plus étendues à l'issue de leurs études ; **~-leavers' chances of employment are slim** les chances de trouver un emploi au sortir de l'école sont minces*]* ; **~-leaving age** âge de fin de scolarité obligatoire ; **~ report** *RU* livret scolaire, bulletin (scolaire), carnet de notes ; **~ term** trimestre scolaire.

science *n.* **1** science. **2** fondements scientifiques ; connaissances scientifiques ; **the proposal is not based on good ~** la proposition ne repose pas sur des fondements scientifiques rigoureux. ✪ **~ park** parc scientifique.

scientific *n.* ✪ **~ management** organisation scientifique du travail ; **~ officer** *Adm.* agent scientifique.

scientist *n.* scientifique, homme de science, savant ; chercheur.

Scilly Islands/Isles *RU* îles Sorlingues.

SCM (supply-chain management) gestion de la chaîne logistique.

scoop *v. tr. Journ.* griller *[concurrents]*.

scoop *n. Journ.* information exclusive.

scope *n.* **1** champ/domaine couvert/d'application, champ d'observation/d'étude, questions étudiées/abordées, **the ~ of the report** les questions abordées dans le rapport ; **to fall within the ~ of** entrer dans le champ d'application de, relever de, se situer dans le cadre de ; *[action illicite]* tomber sous le coup de ; **to fall outside the ~ of** sortir du champ d'application de, sortir du cadre de, ne pas être du ressort de ; **aesthetic questions are beyond the ~ of this report** les questions esthétiques ne sont pas abordées dans ce rapport ; **the minister wanted to broaden the ~ of the study** le ministre voulait élargir le champ de l'étude. **2** champ/rayon d'action, domaine d'activité. **3** domaine de compétence, ressort. **4** éventail, spectre. **5** portée, objet, délimitation, limites, contenu, gamme, définition, importance, envergure, dimension, extension, cadre, contours, limites ; périmètre ; paramètres ; **this rule has truly universal ~** cette règle a une portée véritablement universelle ; **within the ~ of** dans le cadre de ; dans les limites de ; **issues beyond the ~ of the report** questions qui débordent du cadre du rapport. **6** latitude, liberté d'action, marge (de manœuvre/d'appréciation). **7** possibilité(s) (d'action), perspectives, chances, place, potentiel, moyens ; **there is ~ for** il est possible de ; **there is no ~ for tax cuts** aucune réduction d'impôt n'est possible ; **there remains plenty of ~ for an enquiring mind** un esprit curieux peut encore largement s'exprimer.

score *n.* **1** point (de vue) ; **the newspaper failed completely on the second ~** le journal a complètement échoué en ce qui concerne le second point ; **on this ~** sur ce point, à cet égard, de ce point de vue ; **on this ~ alone the book is essential reading**

de ce seul point de vue, il est essentiel de lire cet ouvrage. **2** musique de film. ✪ **settle ~s** régler des comptes.

scoring *n. Banque* évaluation par score.

Scottish Office Exécutif écossais.

scourge *n.* fléau, plaie, cancer ; **to save future generations from the ~ of war** préserver les générations futures du fléau de la guerre.

Scouse *n. RU* personne originaire de Liverpool ; habitant de Liverpool.

scout car *Mil.* véhicule de reconnaissance.

scramble *v. tr.* crypter, embrouiller *[émission de télévision]*.

scrambled *adj. [émission]* crypté.

scrap *v. tr.* **1** réformer, mettre au rebut/à la ferraille, retirer du service *[machines dépassées]*. **2** supprimer *[règlement, système]*, abolir, abroger ; éliminer ; abandonner, renoncer à *[projet]*.

scrap *n.* ✪ **~ heap of history** *[***to consign to/to place in/to throw in the ~ heap of history** jeter à la poubelle de l'histoire*]* ; **~ iron** ferraille ; **~ metal** vieux métaux ; **~ value** valeur de récupération, valeur à la casse.

scrape *v. tr.* **to ~ a living** parvenir tout juste à subsister.

scrapie *n.* tremblante du mouton.

scratch *v. tr.* **to ~ (out) a living** parvenir tout juste à subsister.

scratch *n.* **from ~** en partant de rien/zéro ; depuis le début, sur des bases entièrement nouvelles ; **to start again from ~** reprendre tout à zéro.

scratchcard *n.* carte à gratter.

screamer *n. Journ.* gros titre, manchette.

screen *v. tr. Fig.* **1** soumettre *[candidats]* à une procédure de sélection ; sélectionner, trier *[candidats] ;* présélectionner ; **carefully ~ed** trié sur le volet. **2** filtrer ; **all phone calls to the minister are ~ed** tous les appels téléphoniques destinés au ministre font l'objet d'un filtrage. **3** examiner, étudier *[demandes, candidatures] ;* **researchers ~ed 2,000 samples** les chercheurs ont étudié 2000 échantillons ; **the ambassador's speeches are ~ed before approval** les discours de l'ambassadeur sont passés au crible avant d'être approuvés. **4** soumettre à un contrôle (de sécurité) ; **all visitors to the compound are carefully ~ed** toutes les personnes qui demandent à pénétrer dans l'enceinte font l'objet d'un contrôle minutieux. **5 (for)** *Méd.* faire subir un examen de dépistage de, dépister *[maladie]*, rechercher *[anticorps]*, tester *[don sanguin]* pour *[maladie] ;* **athletes were ~ed for steroids** les athlètes ont fait l'objet d'un contrôle visant à détecter les stéroïdes. **6** projeter, passer *[film] ;* diffuser *[émission de télévision]*, retransmettre *[match, spectacle] ;* visionner *[film] ;* **to be ~ed** *[film]* être projeté, passer *[dans une salle de cinéma]*. **7 (from)** protéger de, mettre à l'abri de. **8 ~ out** écarter, éliminer *[candidats]*.

screen *n.* ✪ **~ display** écran de visualisation ; **~ print** sérigraphie *[= œuvre] ;* **~ printing** sérigraphie *[= procédé] ;* **~ refresh** rafraîchissement d'écran ; **~ saver** *Inf.* économiseur d'écran ; **~ test** bout d'essai ; **~ tip** *Inf.* info-bulle.

screened *adj. [sang]* testé *[pour le virus du sida, etc.]*.

screening *n.* **1** sélection ; tri ; **~ of projects** sélection de(s) projets ; **would-be adoptive parents face a rigorous ~ process** les personnes désireuses d'adopter un enfant font l'objet d'une sélection rigoureuse. **2** *Méd.* dépistage ; **antibody ~** recherche des anticorps ; **drug ~** dépistage des toxicomanies. ✪ **~ test** test de dépistage.

screw *v.* **~ up** *Fam.* **1** gâcher *[sa vie]*, rater. **2** se planter, ne pas faire son boulot correctement ; faire une connerie ; rater son coup.

screwball comedy comédie farfelue/loufoque.

screwdriver plant usine tournevis.

scrip *n.* certificat provisoire d'actions/d'obligations. ✪ **~ certificate** certificat provisoire d'actions/d'obligations ; **~ dividend** actions/obligations distribuées à titre de dividende ; **~ issue** attribution d'actions gratuites.

script *n.* **1** script, scénario *[d'un film] ;* texte *[d'une pièce/dramatique]*. **2** copie (d'examen). **3** *Dr.* original. **4** alphabet, caractères *[cyrillique(s), etc.]*. **5** écriture manuscrite, caractères écrits ; écriture cursive, lettres cursives, cursive. **6** (écriture) script. **7** *Typographie* caractère de civilité. **8** *Fam.* ordonnance *[délivrée par un médecin]*.

scripted *adj. [événement censément spontané]* scénarisé, réglé comme du papier à musique.

scroll *v. Inf.* **1** *tr.* faire défiler *[page]*. **2** *intr.* faire défiler la page.

scroll bar *Inf.* barre de défilement.

scrolling *n. Inf.* défilement.

scrounger *n.* parasite.

scrutinize *v. tr.* passer au crible/au peigne fin, examiner sur/sous toutes les coutures/à la loupe, éplucher *[comptabilité]*, creuser.

scrutiny *n.* **1** examen approfondi/attentif/minutieux/détaillé, étude approfondie, épluchage, grande attention ; **relations between Labour ministers and tobacco firms are under ~** les relations entre les ministres travaillistes et les entreprises de tabac font l'objet d'un examen attentif ; **to come under ~** faire l'objet d'un examen attentif, être passé au crible ; **their investigation methods are coming under ~** leurs méthodes d'enquête sont actuellement passées au crible ; **the credentials of delegates shall be subject to ~ by the Conference** les pouvoirs des délégués sont soumis à la vérification de la Conférence. **2** surveillance ; **oil companies have recently been under intense ~** les compagnies pétrolières font depuis quelque temps l'objet d'une surveillance étroite. **3** *RU* nouveau décompte (des bulletins de vote). ✪ **~ reserve** réserve d'examen approfondi.

scuttle *v. tr. Fig.* faire avorter/capoter/échouer, torpiller *[projet]*, annuler, abandonner *[programme]*, réduire à néant *[espoir]*, mettre fin à, mettre un terme à, couper court à.

S&D (special and differential treatment) traitement spécial et différencié.

SDI (Strategic Defense Initiative) initiative de défense stratégique.

SDLP (Social Democratic and Labour Party) *RU Social Democratic and Labour Party.*

SDR (special drawing rights) DTS (droits de tirage spéciaux).

sea *n.* ✪ **~ anchor** ancre flottante ; **~ bed** fond de la mer, fond des mers, fonds marins ; **~-board** *n.* littoral ; **~ change** *Fig.* tournant, transformation, changement radical/révolutionnaire, renversement de situation ; **~-dumping** *n.* déversement/ immersion de déchets en mer ; **~ floor** fond de la mer, fond des mers, fonds marins ; **~ forces** *Mil.* forces navales ; **~-ground**

missile missile mer-sol ; **~-lane** *n.* route/voie maritime, route de navigation ; couloir de navigation *[dans une zone de navigation très fréquentée]* ; **~-launched cruise missile** missile de croisière installé à bord d'un navire ; **~ lion** lion de mer ; **~ otter** loutre de mer ; **~-port** port maritime ; **~-skimming** *[missile]* ayant une trajectoire au ras des vagues ; **~ wall** digue ; **~ waybill** lettre de transport maritime *[n'est pas un connaissement]*.

seaborne trade trafic maritime.

seafarer *n.* marin ; *pl.* gens de mer.

seagoing *adj.* de (haute) mer, maritime. ✪ **~ ship** navire de mer ; **~ traffic** trafic maritime ; **~ vessel** navire de mer.

seal *v.* **~ off 1** boucler, isoler *[zone]*. **2** apposer des scellés sur.

seal *n.* ✪ **~ of approval** *Comm.* label ; **under ~** *[acte]* authentique.

seal pup bébé phoque.

seaman *n.* marin, matelot.

seamless *adj.* sans solution de continuité, continu, intégré, homogène, harmonieux ; régulier, graduel, progressif, fluide ; **the recordings were edited into a ~, fluent interview** on a monté les enregistrements de façon à obtenir une interview fluide et sans solution de continuité ; **the Schengen agreement moves Europe closer to the goal of a ~ union** l'accord de Schengen fait évoluer l'Europe vers une union homogène.

seamlessly *adv.* sans solution de continuité ; sans heurts, en douceur.

Seanad Éireann *Irl.* Sénat.

seaplane hydravion.

SEAQ (Stock Exchange Automated Quotations) *RU* système automatisé de cotation boursière.

sear *v. tr. Fig.* **this tragic accident seems to have ~ed itself into our memories** cet accident tragique semble s'être gravé dans notre mémoire.

search *n.* **1** recherche(s) ; **in ~ of** à la recherche de, en quête de. **2** fouille *[d'une personne, d'un véhicule]*, perquisition ; ratissage *[d'un quartier]*. **3** visite *[d'un navire]*. ✪ **~ and replace** *Inf.* recherche et remplacement ; **~ and rescue** recherche et sauvetage ; **~ engine** *Internet* moteur de recherche ; **~ warrant** mandat de perquisition.

searching *adj.* **1** *[étude]* approfondi, détaillé, précis ; **~ debate** débat approfondi ; **~ questions** questions très précises. **2** insistant ; pénétrant.

season *n.* ✪ **in ~** a) *[femelle]* en chaleur ; b) *[fruit, légumes]* de saison ; c) pendant la saison, en (haute) saison ; d) pendant la période d'ouverture de la chasse ; **~-ticket** *n.* carte d'abonnement.

seasonal *adj.* ✪ **~ bus pass** *ÉU* carte d'abonnement autobus ; **~ credit** crédit de campagne ; **~ high/peak** période de pointe saisonnière ; **~ train pass** *ÉU* carte d'abonnement chemin de fer ; **~ unemployment** chômage saisonnier.

seasonally adjusted corrigé des variations saisonnières, désaisonnalisé.

seasoned *adj.* **1** chevronné, expérimenté, qui a du métier. **2** endurci, aguerri.

seating *n.* **1** capacité d'accueil, nombre de places disponibles. **2** attribution des places. ✪ **~ arrangements** attribution des places.

SEATO (South-East Asia Treaty Organization) OTASE (Organisation du Traité de l'Asie du Sud-Est).

seaway *n.* voie fluviale pouvant recevoir des navires de mer.

seaworthiness *n.* (bon état de) navigabilité. ✪ **~ certificate** certificat de navigabilité.

seaworthy *adj.* en bon état de navigabilité.

SEC (Securities and Exchange Commission) *ÉU Securities and Exchange Commission [= organisme chargé de surveiller l'émission et la négociation des valeurs mobilières]*.

second *adj.* **Keats is regarded as ~ only to Shakespeare in English poetry** on considère que seul Shakespeare surpasse Keats dans la poésie anglaise ; **Mandela is ~ only to Gandhi as a symbol of the struggle for freedom** si l'on fait exception de Gandhi, Mandela est l'homme qui incarne le mieux la lutte pour la liberté. ✪ **~-best** *adj.* a) deuxième meilleur ; b) à ne retenir que faute de mieux ; *[***~-best solution** pis-aller*]* ; **~-class citizens** citoyens de deuxième ordre ; **~-class mail** *RU* courrier économique ; **~ coming** a) **Second Coming** second avènement *[du Christ]* ; b) **the ~ coming of** un nouveau *[Darwin, Marx]* ; c) retour ; d) événement extraordinaire ; e) répétition *[d'un événement marquant]* ; **~ cover** deuxième de couverture *[d'un magazine]* ; **~-degree murder** *ÉU* meurtre simple ; **~-hand** *adj.* d'occasion, de réemploi ; **~ hand** *[***(at) ~ hand** *[apprendre qqch.]* indirectement*]* ; **~-hand evidence** preuve par commune renommée ; **~-hand goods** biens d'occasion ; **~-hand smoke** fumée de tabac présente dans l'air ambiant, fumée des autres/d'un(e) autre ; **~-hand smoke exposure** tabagisme passif ; **~ home** résidence secondaire ; **~ last** avant-dernier ; **~ mortgage** hypothèque de second rang ; **~ name** a) nom de famille ; b) deuxième prénom ; **~ opinion** autre avis ; *[***to ask a ~ opinion** prendre l'avis d'un autre médecin, etc.*]* ; **~-rate** *adj.* médiocre ; au rabais ; **~ reading** examen en deuxième lecture *[d'un projet de loi]* ; **~ round** *Pol.* deuxième tour ; **~ strike capability** potentiel de riposte, capacité de frappe en second ; **~ thoughts** doutes, états d'âme ; *[***to have ~ thoughts** (commencer à) se poser des questions ; **to have ~ thought(s) about doing sth** se demander s'il est vraiment judicieux/sage/opportun de faire qqch., remettre en cause sa décision de faire qqch. ; **on ~ thought(s)** réflexion faite, tout bien considéré, tout compte fait*]* ; **~ to none** excellent, brillant, de premier ordre ; *[***to be ~ to none** ne le céder en rien à ses concurrents ; **her results are ~ to none** personne n'obtient de meilleurs résultats qu'elle ; **our modern language department is ~ to none** nous n'avons rien à envier à aucun autre département de langues vivantes*]* ; **Second World War** Seconde guerre mondiale.

secondary *adj.* ✪ **~ market** *Fin.* marché secondaire ; **~ strike** grève de solidarité.

second-guess *v. tr.* **1** critiquer après coup/à la lumière des événements ultérieurs. **2** prévoir, anticiper, prédire, deviner.

secret *adj.* ✪ **~ ballot** scrutin secret ; *[***by ~ ballot** au scrutin secret, *[voter]* à bulletins secrets*]* ; **~ reserves** réserves occultes ; **Secret Service** *ÉU* Service de protection du président *[a également des responsabilités dans le domaine de la lutte contre les contrefacteurs]* ; **~ vote** scrutin secret.

secretariat *n.* ✪ **Secretariat of the Pacific Community** Secrétariat général de la Communauté du Pacifique ; **Secretariat of the United Nations** Secrétariat des Nations Unies.

secretary *n.* **1** secrétaire. **2** *Dr. des sociétés RU* responsable des services administratifs. **3** ministre ; **Secretary of Transportation** *ÉU* ministre des Transports ; **Education Secretary** *RU* ministre de l'Éducation. ✪ **Secretary-General of the United Nations** Secrétaire général des Nations Unies/de l'ONU ; **Secretary of State** a) *ÉU* secrétaire d'État, ministre des Affaires étrangères ; b) *RU* ministre ; *[***Secretary of State for Health** ministre de la Santé*] ;* **Secretary of State for Northern Ireland** ministre chargé de l'Irlande du Nord ; **Secretary of State for Scotland** ministre chargé de l'Écosse ; **Secretary of State for Wales** ministre chargé du pays de Galles ; **Secretary of/to the Cabinet** *RU* secrétaire du Cabinet.

secretive *adj.* cultivant le secret, enclin à révéler/divulguer le moins possible, soucieux de ne rien révéler/de ne rien laisser filtrer, extrêmement discret, peu bavard, d'une grande discrétion, cachant son jeu, d'où rien ne filtre, qui préfère rester dans l'ombre ; **to be ~** entourer ses activités de mystère, bien cacher son jeu ; **the country's nuclear programme is very ~** le programme nucléaire du pays est entouré du plus grand secret.

secretiveness *n.* goût du secret.

section *v. tr.* **1** sectionner. **2** faire interner *[malade mental].*

section *n.* **1** groupe, couche, catégorie, composante *[de la population] ;* **the poorest ~s of the community** les couches les plus démunies de la société. **2** quartier *[d'une ville] ;* zone. **3** article *[d'une loi].* **4** section *[d'un rapport].* **5** *Journ.* page(s) ; rubrique, section ; **sports ~** pages sportives.

sectional *adj.* ✪ **~ interests** intérêts locaux ; intérêts catégoriels ; **~ politics** politique locale.

secular *adj.* **1** *[école, enseignement]* laïc. **2** *[littérature, art, œuvre]* profane ; **he also composed ~ music** il a également composé des œuvres musicales profanes. ✪ **~ trend** *Stat.* tendance séculaire.

secularism *n.* laïcité.

secure *v. tr.* **1** attacher, fixer, arrimer. **2** défendre, sauvegarder ; **to ~ sb's interests** défendre les intérêts de qqn ; **(against, from)** mettre à l'abri de, protéger contre. **3** obtenir, se procurer ; aboutir à ; veiller à ; **to ~ a loan** obtenir un prêt ; **to ~ the necessary funds** obtenir les fonds nécessaires ; **to ~ a job** décrocher un emploi ; **to ~ the release of the hostages** obtenir la libération des otages ; **the candidate failed to ~ his party's nomination** le candidat n'a pas obtenu l'investiture de son parti. **4** garantir ; **to ~ the repayment of a debt** garantir le remboursement d'une dette ; **debt ~d on the family home** dette garantie par le logement familial ; **he took out a loan ~d on the house** il a souscrit à un prêt garanti par une hypothèque sur la maison. **5** préserver l'intégrité de *[lieu du crime].*

secure *adj.* **1** sûr, en sécurité, sans risque, à l'abri du danger, *[cadre de vie]* protecteur, stable, *[situation]* durable, *[position]* solide, *[assise]* ferme, inébranlable, *[avenir]* assuré. **2** sûr de soi. **3** *Internet [connexion, paiement]* sécurisé. ✪ **~ accommodation** *RU* centre de détention pour jeunes délinquants ; **~ unit** centre de détention pour jeunes délinquants ; centre d'internement.

secured *adj. [créance]* garanti, assorti d'une garantie. ✪ **~ bond** obligation garantie ; **~ credit** crédit garanti ; **~ creditor** créancier privilégié ; **~ debt** dette garantie ; **~ loan** prêt garanti.

securitization *n. Fin.* titrisation.

security *n.* **1** sécurité ; dispositif/mesures de sécurité ; **the pope's visit was smothered in tight ~** un dispositif de sécurité extrêmement contraignant a été mis en place pour la visite du pape ; **our enemies are only waiting for a relaxation in our ~** nos ennemis n'attendent qu'un assouplissement de nos mesures de sécurité. **2** garantie, caution, cautionnement, sûreté ; **to borrow on the ~ of an asset** emprunter en affectant un bien en garantie ; **shares used as a ~ for a loan** actions affectées à la garantie d'un prêt ; **the car was accepted as ~ for the overdraft** il a été accepté que la voiture soit affectée en garantie du découvert. **3** valeur (mobilière), titre ; **securities dealt in on a stock market** titres cotés en Bourse. ✪ **Securities and Exchange Commission** *ÉU Securities and Exchange Commission [= organisme chargé de surveiller l'émission et la négociation des valeurs mobilières] ;* **Securities and Investment Board** *RU Securities and Investment Board [= organisme chargé de surveiller les entreprises du secteur financier] ;* **securities dealer** courtier en valeurs mobilières ; **securities department** *Banque* service titres ; **securities firm/house** société de valeurs mobilières ; **securities market** marché boursier ; **securities trader** opérateur sur valeurs mobilières ; **~ blanket** *Fig.* a) (source de) réconfort, (dispositif de) protection, porte-bonheur, talisman ; b) mur du silence *[visant à dissimuler des informations sur une question de sécurité nationale],* grande discrétion *[sur les déplacements d'une personnalité] ; [***the ~ blanket provided by state pension schemes is getting thinner and thinner** la protection offerte par les régimes de retraite de l'État se réduit comme une peau de chagrin*] ;* **~ breach** a) manquement aux règles/consignes de sécurité, non-respect des consignes de sécurité ; b) défaillance du dispositif de sécurité, faille dans le dispositif de sécurité, (mise en) échec du dispositif de sécurité ; **~ clearance** a) contrôle de sécurité *[concernant une personne appelée à avoir accès à des informations confidentielles] ;* b) avis favorable *[des services de sécurité] ;* c) autorisation des services de sécurité, droit d'accès à des informations confidentielles ; **~ deposit** dépôt de garantie ; **~ guard** agent de sécurité, vigile ; **~ interest** *Dr.* sûreté ; **~ lapse** défaillance du dispositif de sécurité, faille dans le dispositif de sécurité, (mise en) échec du dispositif de sécurité ; **~ officer** agent de sécurité, vigile ; **~ of tenure** a) sécurité d'emploi ; inamovibilité ; b) sécurité d'occupation ; *[***public sector tenants have ~ of tenure** les locataires des logements sociaux ont la garantie de ne pouvoir être expulsés*] ;* **~ van** fourgon blindé, camion de transport de fonds.

sedan *n. ÉU* voiture à quatre places ; berline *[4 portes] ;* coupé *[2 portes].*

see *v.* **I** *intr.* **(that, to it that)** veiller à ce que, prendre des mesures pour que, faire en sorte que. **II ~ into** examiner, étudier. **III ~ through 1** mener à bien, mener à son terme ; **to ~ sth through to a successful conclusion** mener qqch. à bien ; **to ~ sth through to its logical conclusion** mener qqch. jusqu'à sa conclusion logique. **2** ne pas se laisser abuser par *[stratagème],* percer à jour, pénétrer *[intentions de qqn].*

seed *v. tr. Fig.* **(with)** lancer *[activité]* au moyen de *[fonds].*

seed *n.* **1** *Agr.* plant ; **~ potatoes** plants de pommes de terre. **2** *Fig.* germe. ✪ **go to ~** décliner, se détériorer, se dégrader ; **~ bank** banque de semences ; **~ capital** capital d'amorçage ; **~ corn** *Fig.* germe, source ; **"~ corn" loan** prêt d'amorçage ; **~ money** capital d'amorçage.

seedbed *n. Fig.* foyer *[d'agitation].*

seek *v. tr.* **1** chercher, rechercher, être à la recherche de, viser ; vouloir. **2** essayer, s'efforcer. **3** solliciter, demander ; briguer *[présidence] ;* **to ~ the extradition of** demander l'extradition de ; **to ~ advice from** a) demander/prendre l'avis de ; b) demander conseil à ; **to ~ legal advice** consulter un avocat/juriste ; **to ~ medical advice** consulter un médecin, faire appel à un médecin ; **to ~ treatment** se faire soigner ; **to ~ the views of** recueillir les avis de ; **to ~ a court order** demander à un tribunal de rendre une ordonnance ; **to ~ a second term** briguer un second mandat.

seize *v. tr.* **to be ~d of a property** détenir un bien.

segment *n.* **1** segment ; **market ~** segment de marché. **2** partie, élément, composante. **3** *TV* séquence, sujet ; épisode. **4** groupe, couche *[de la population],* catégorie *[sociale].*

segregate *v. tr.* isoler.

seismic *adj. Fig.* **the late eighties saw ~ change in the political landscape of eastern Europe** à la fin des années 80, des bouleversements considérables se sont produits en Europe orientale.

sei whale rorqual de Rudolphi.

seizure *n. Méd.* convulsions, crise convulsive.

select *v. tr.* choisir, sélectionner, retenir ; *Pol.* choisir *[candidat].*

select *adj. [groupe]* restreint, d'élite, élitiste, trié sur le volet ; **he tried to confine the discussions to a ~ circle** il s'est efforcé de limiter les discussions à un cercle restreint. ✪ **~ committee** *RU* commission parlementaire d'enquête.

selected *adj.* **1** particulier, déterminé, ponctuel, précis, restreint, *pl.* certains, quelques. **2** choisi ; **the product was tested in ~ areas** le produit a été testé dans certaines zones. ✪ **~ text** *Inf.* texte sélectionné.

selection *n.* **1** choix, sélection. **2** *Pol.* désignation *[d'un candidat].*

selective *adj.* **the ~ abortion of healthy foetuses is unethical** l'avortement sélectif de fœtus sains est contraire à l'éthique. ✪ **~ strike** grève bouchon.

self *n.* soi, sa propre personne ; individu.

self-activating *adj.* qui se déclenche automatiquement.

self-actualization *n.* accomplissement de soi.

self-addressed *adj. [enveloppe]* libellé à votre adresse, portant votre adresse.

self-administered questionnaire questionnaire autoadministré.

self-administration *n.* autonomie, administration *[de la province, du territoire]* par ses habitants.

self-appointed *adj.* autoproclamé ; soi-disant ; **~ experts** soi-disant experts.

self-assertive *adj.* sûr de soi ; désireux de s'affirmer/de faire entendre sa voix ; qui tend à se mettre en avant ; entreprenant ; **to be ~** faire preuve d'autorité/d'assurance.

self-assertiveness *n.* affirmation de soi, assurance, autorité.

self-assurance *n.* confiance en soi, assurance, aplomb.

self-assured *adj.* sûr de soi, confiant en ses possibilités.

self-care *n.* soins à soi-même.

self-catering *adj. [logement]* équipé pour la préparation de repas ; *[vacances]* ne comprenant pas de services de restauration.

self-centred *adj.* a) égocentrique ; b) indépendant ; autonome.

self-cheque *n.* chèque à soi-même.

self-confessed *adj.* déclaré ; **he is a ~ member of a neo-nazi party** il est, de son propre aveu, membre d'un parti néo-nazi.

self-confidence *n.* confiance en soi, assurance, aplomb.

self-confident *adj.* sûr de soi, confiant dans ses possibilités.

self-conscious *adj.* **1** timide. **2** conscient de sa propre existence.

self-consistent *adj.* doté d'une logique interne, présentant une cohérence interne, logique, cohérent, conséquent, homogène, uniforme, harmonieux, fidèle à soi-même.

self-consumption *n. Écon.* autoconsommation.

self-contained *adj.* complet, formant un tout/ensemble complet, autonome, indépendant, autosuffisant, complet en soi ; *[appartement]* comportant toutes les commodités nécessaires ; **to be ~** constituer/former un tout, se suffire à soi-même ; **~ towns with their own industry, services and amenities** des villes autonomes, dotées de leurs propres installations industrielles, réseaux de services et structures d'accueil ; **each book of the series is ~** chaque livre de la collection peut se lire indépendamment ; **the study is made up of seven ~ sections** l'étude comprend sept chapitres, qui forment chacun un tout.

self-control *n.* maîtrise de soi.

self-deception *n.* aveuglement, manque de lucidité.

self-defeating *adj.* voué à l'échec ; contre-productif ; **to be ~** aller à l'encontre du but recherché, avoir des effets contraires à ceux espérés/attendus/escomptés, faire plus de tort que de bien, ne faire qu'aggraver le problème, se retourner contre son auteur ; **Tory Euro-scepticism was ultimately ~** l'euroscepticisme des Conservateurs est allé en définitive à l'encontre du but recherché ; **the steps he took to demolish the competition proved ~** les mesures qu'il a prises pour éliminer toute concurrence se sont retournées contre lui ; **this kind of personal attack is usually ~** ce genre d'attaque personnelle a généralement un effet boomerang.

self-defence *n.* autodéfense ; *Dr.* légitime défense ; **in ~** pour se défendre, en cas de légitime défense.

self-delusion *n.* aveuglement, manque de lucidité.

self-denial *n.* abnégation, renoncement, sacrifice.

self-denying *adj. [comportement]* empreint d'abnégation.

self-designated *adj.* autoproclamé.

self-destruct *v. intr.* causer sa propre perte.

self-determination *n.* maîtrise de son propre destin ; *Pol.* autodétermination, droit des peuples à disposer d'eux-mêmes.

self-drive car voiture destinée à être conduite par la personne qui la loue.

self-educated *adj.* autodidacte.

self-education *n.* apprentissage personnel, autodidactisme.

self-efficacy *n.* efficacité personnelle perçue *[= conviction d'être capable de faire face de façon appropriée à une situation donnée],* confiance en soi, sentiment d'être à la hauteur.

self-employed *adj.* indépendant, exerçant une activité indépendante, non salarié ; **to be ~** être à son compte ; **~ fisherman** patron pêcheur.

self-employment *n.* activité indépendante, emploi/travail indépendant.

self-esteem *n.* bonne opinion/image de soi, image positive de soi, confiance dans/de sa propre valeur, estime de soi ; amour-propre ; **low ~** piètre opinion de soi-même, image négative de soi, mésestime de soi.

self-evident évident, accepté comme une évidence ; **to be ~** aller de soi, aller sans dire, tomber sous le sens, être une évidence, s'imposer comme une évidence, sauter aux yeux, crever les yeux, ne plus être à démontrer ; **it is ~ that the new road will just lead to more traffic** il tombe sous le sens que la nouvelle route ne fera qu'accroître la circulation ; **we hold these truths to be ~, that** nous tenons pour vérités d'évidence que.

self-examination *n.* **1** examen de conscience. **2** autopalpation *[des seins].*

self-executing *adj. [loi, contrat]* immédiatement exécutoire, *[traité]* ayant automatiquement force de loi.

self-exiled *adj.* en exil volontaire.

self-explanatory *adj.* (suffisamment) explicite, ne nécessitant pas d'explications, éloquent ; **the figures are ~** les chiffres parlent d'eux-mêmes/se passent de commentaires/sont éloquents.

self-extracting file *Inf.* fichier autoextractible.

self-financing *adj.* **1** autofinancement. **2** financièrement autonome.

self-fulfilling *adj.* qui crée les conditions de sa propre réalisation ; **~ prophecy** prédiction créatrice, prédiction engendrant sa propre réalisation, prédiction autoréalisatrice ; **the business world is full of ~ confidence** dans le monde des affaires, la confiance crée souvent les conditions qui la justifient ; **this kind of financial pessimism can be ~** il arrive que ce genre de pessimisme en matière financière provoque la réalisation des craintes qui sont à son origine ; **his belief that he could not reach his goal was ~** c'est parce qu'il était convaincu que son but n'était pas à sa portée qu'il n'est pas parvenu à l'atteindre ; **pessimism is ~** le pessimisme crée une situation qui semble le justifier *a posteriori.*

self-governance *n.* autonomie *[d'une collectivité territoriale] ;* indépendance (politique) *[d'une nation].*

self-governing *adj.* autonome ; **universities in Britain are ~ institutions** les universités britanniques sont des établissements autonomes.

self-government *n.* autonomie *[d'une collectivité territoriale] ;* indépendance (politique) *[d'une nation] ;* **local ~** autonomie locale.

self-help *n.* effort individuel/personnel, efforts propres, initiative individuelle/personnelle ; entraide, assistance mutuelle ; **~ group** groupe d'entraide.

self-identity *n.* identité perçue *[par l'intéressé].*

self-important *adj.* imbu de sa propre importance, suffisant.

self-imposed *adj. [exil, isolement]* volontaire, *[obligation]* librement accepté/choisi, *[tâche]* entrepris de sa propre initiative ; délibéré ; **~ code of conduct** code de bonne conduite volontaire ; **she finally ended her ~ silence** elle a finalement rompu le silence auquel elle s'était astreinte.

self-indulgence *n.* **1** faiblesse. **2** hédonisme.

self-incrimination *n.* auto-accusation, déposition contre soi-même.

self-inflicted *adj. [préjudice]* dû à ses propres erreurs/errements, dont on est soi-même responsable, pour lequel on ne peut s'en prendre qu'à soi-même ; *[blessure]* dû à son propre fait.

self-insurance *n.* auto-assurance.

self-interest *n.* **1** intérêt (personnel), propre intérêt ; **what held them together was mutual ~** ils étaient liés par un intérêt commun ; **to be driven by ~** être mû par l'intérêt personnel. **2** égoïsme, calcul égoïste.

selfless *adj.* dévoué, désintéressé, altruiste, plein d'abnégation, prêt à se sacrifier pour les autres/sa cause.

self-limited, self-limiting *adj. [maladie]* bénin.

self-liquidating *adj. Banque [crédit] self-liquidating.* ✪ **~ premium** *Promotion des ventes* prime auto-payante.

self-made man homme qui s'est élevé à la force des poignets.

self-mockery *n.* autodérision.

self-ordained *adj.* autoproclamé ; soi-disant.

self-perpetuating *adj.* auto-entretenu, qui se perpétue naturellement.

self-pity *n.* apitoiement sur soi-même/sur son propre sort.

self-pollinating *adj. [plante]* autogame, cléistogame.

self-possessed *adj.* plein de sang-froid, maître de soi.

self-possession *n.* sang-froid.

self-preservation *n.* instinct de conservation.

self-propelled *adj.* automoteur, autopropulsé, automobile ; **~ artillery pieces** pièces d'artillerie automotrices.

self-raising flour *RU* farine levante.

self-realization *n.* accomplissement de soi.

self-realizing *adj. [prévision, crainte]* qui crée les conditions de sa propre réalisation.

self-regulating *adj.* autorégulateur.

self-regulation *n.* dispositions adoptées librement (par la profession/le secteur), autoréglementation, autodiscipline.

self-regulatory *adj.* surveillé par la profession elle-même, *[système]* reposant sur l'autoréglementation, *[mesures]* d'autoréglementation ; **~ organization** *RU* organisation chargée de surveiller ses propres membres.

self-reliance *n.* autonomie, indépendance ; **the course also develops a sense of ~** le cours développe également l'autonomie ; **~ is essential** il est essentiel de ne compter que sur ses propres forces.

self-reliant *adj.* indépendant, autonome. ; **all our salesmen are capable of being ~** tous nos vendeurs sont capables de travailler de façon autonome.

self-respect *n.* respect de soi.

self-respecting *adj.* **1** digne de ce nom ; *Fam.* qui se respecte. **2** *[personne]* honorable, *[pays]* civilisé ; **every ~ translator should have a copy of this dictionary** tout traducteur digne de ce nom se doit de posséder un exemplaire de ce dictionnaire.

self-restraint *n.* modération, retenue, mesure, autodiscipline ; **~ agreement** *Écon.* accord d'autolimitation.

self-righteous *adj. [personne]* imbu/pénétré de sa propre droiture/vertu, prompt à faire la morale/à donner des leçons de morale, *[indignation]* du juste, *[ton]* moralisateur ; **to be ~** se poser en donneur de leçons.

self-righteousness *n.* pharisaïsme, ostentation de vertu, indignation vertueuse ; ton moralisateur, propension à faire la morale/à donner des leçons de morale.

self-rising flour *ÉU* farine levante.

self-rule *n.* autonomie.

self-seeking *n.* recherche de l'intérêt personnel ; égoïsme.

self-seeking *adj.* soucieux de son propre intérêt ; égoïste.

self-service *n.* libre-service.

self-service laundry laverie.

self-serving *adj. [personne]* préoccupé uniquement/avant tout par ses propres intérêts ; *[acte]* (accompli dans un but) intéressé, *[déclaration]* intéressé, *[plaidoyer]* pro domo, *[discours, livre]* destiné à servir les intérêts de l'auteur, destiné à mettre en valeur l'intéressé, destiné à se mettre en valeur soi-même, *[présentation des faits]* complaisant, flatteur ; ~ **memoirs** mémoires dans lesquels l'auteur se présente sous un jour favorable/fait son propre panégyrique ; **to be** ~ servir les intérêts de *[la personne en cause].*

self-standing *adj.* autonome.

self-styled *adj.* soi-disant, autoproclamé, qui se pare du titre de, qui se fait appeler ; **the ~ freedom-fighters** les soi-disant combattants de la liberté.

self-sufficiency *n.* **1** *Écon.* autosuffisance. **2** autonomie. **3** suffisance, autosatisfaction.

self-sufficient *adj.* **1** *Écon.* autosuffisant ; **to be** ~ (être capable de) subvenir à ses (propres) besoins ; **once ~, the country now imports most of its wheat** alors que le pays était autrefois capable de faire face seul à ses besoins, il importe maintenant la plus grande partie du blé qu'il consomme ; **very few industrialized countries are ~ in energy** très peu de pays industrialisés sont capables de produire eux-mêmes l'énergie dont ils ont besoin. **2** autonome. **3** *[personne]* suffisant.

self-supply *n.* auto-approvisionnement.

self-supporting *adj.* financièrement indépendant.

self-sustained *adj.* **1** autonome ; rentable, viable ; **the ~ development of the country** le développement autonome du pays. **2** *[phénomène]* auto-entretenu.

self-sustaining *adj.* **1** autonome ; ~ **development** développement autonome. **2** *[phénomène]* auto-entretenu ; **to be** ~ s'entretenir de soi-même, se poursuivre indéfiniment.

self-taught, self-trained *adj.* autodidacte.

self-training *n.* autoformation, apprentissage en autodidacte.

sell *v.* **I 1** *tr.* vendre *[produit].* **2** *intr. [produit]* se vendre, être vendu. **II ~ at 1** vendre à *[tel prix].* **2** se vendre à *[tel prix], [actions, monnaie]* se négocier à, être négocié à, s'échanger à, se traiter à *[tel cours].* **III ~ for** se vendre à *[tel prix].* **IV ~ off** vendre, liquider *[actifs d'une société en difficulté] ;* brader. **V ~ out 1** lâcher *[allié],* trahir *[qqn] ;* abandonner *[principe] ;* **many felt that Hong Kong was sold out by the British** nombreux sont ceux qui ont estimé que la Grande-Bretagne a trahi Hongkong. **2** trahir ; **those who sign the agreement will be accused of ~ing out** ceux qui signent l'accord seront accusés de trahison. **3** vendre la totalité de. **4** *[produits]* être tous vendus. **5** *ÉU* vendre tous ses actifs. **VI ~ out to** passer dans le camp de, passer du côté de *[l'ennemi].*

sell-by date date limite de vente.

seller *n.* ✪ **~'s lien** privilège du vendeur ; **~'s option** option de vente ; **~'s/~s' market** marché favorable aux vendeurs.

selling *n.* ✪ ~ **agent** *Comm.* consignataire ; ~ **order** *Bourse* ordre de vente ; ~ **point** argument de vente ; ~ **price** prix de vente ; *Bourse* cours vendeur ; ~ **rate** cours vendeur.

sell order *Bourse* ordre de vente.

sellout *n.* trahison.

semi *n.* **1** *RU* maison jumelée. **2** *ÉU* semi-remorque.

semi *préf.* ✪ **~-detached house** *RU* maison jumelée ; **~-durable goods** biens semi-durables ; **~-finished/manufactured goods/products** produits semi-finis ; **~-official** *adj.* officieux ; **~-skilled worker** ouvrier spécialisé ; **~-skimmed milk** lait demi-écrémé ; **~-trailer** *n.* a) *ÉU* semi-remorque *[dans les deux sens du mot] ;* b) *RU* semi-remorque *[= remorque sans essieu avant].*

semiconductor chip *Inf.* puce semi-conductrice.

seminal *adj. Fig.* créatif, créateur, *[théorie, idée]* fécond, prometteur, destiné à faire école, *[étude, penseur, œuvre]* novateur, (très) original, *[livre, théorie]* riche en idées nouvelles, qui ouvre des horizons nouveaux, influent, fondateur, *[influence]* décisif, majeur, *[événement]* marquant, lourd de conséquences, décisif ; **to be ~ for** avoir (exercé) une grande influence sur (l'évolution de), destiné à influencer considérablement (l'évolution de), destiné à révolutionner ; **Chomsky is regarded by some as the ~ linguist of the 20th century** certains considèrent Chomsky comme le linguiste le plus novateur du XXe siècle ; **Skidmore's ~ study of economic stabilization** l'étude novatrice que Skidmore a consacrée à la stabilisation économique ; **Paul Hankar was one of the ~ architects active in the 1890s** Paul Hankar était l'un de ceux qui ont eu le plus d'influence sur l'architecture pendant les années 1890 ; **the ~ book on evolution was written by Darwin** le livre fondateur sur l'évolution a été écrit par Darwin ; **many observers believe that 2005 will be a ~ year** de nombreux observateurs pensent que 2005 sera une année décisive ; **the court made a ~ decision in awarding damages to the Welsh miners** le tribunal a rendu un jugement qui fera date en accordant des dommages-intérêts aux mineurs gallois.

semitrailer *n. ÉU* semi-remorque *[dans les deux sens du mot].*

Semtex *n.* Semtex ; ~ **bomb** bombe au Semtex.

Sen. (Senator) *ÉU* sénateur.

Senate *n.* **1** sénat. **2** *Ens.* conseil d'administration *[d'une université] ;* conseil consultatif *[d'une université] ;* conseil de discipline *[d'une université].*

send-off *n.* marques de sympathie lors du départ.

senior *adj.* de rang élevé, de haut rang, de haut niveau, haut placé, occupant une position élevée/un poste à responsabilité, supérieur, principal, en chef, chevronné, confirmé ; ~ **translator** traducteur chevronné ; *Adm.* traducteur principal. ✪ ~ **citizens** personnes âgées/du troisième âge, seniors ; ~ **civil servant** haut fonctionnaire ; ~ **college** *ÉU* université, *senior college ;* ~ **combination/common room** *RU* local des professeurs ; ~ **cycle** *Ens. Irl.* deuxième cycle de l'enseignement secondaire ; ~ **debt** dette privilégiée, dette de premier rang ; ~ **executive** cadre supérieur ; ~ **high school** *ÉU* établissement d'enseignement secondaire du deuxième cycle *[10e à 12e années] ;* ~ **lecturer** *RU* maître de conférences ; **~-level job** poste de haut niveau/de cadre supérieur ; ~ **management** cadres supérieurs ; ~ **military officer** officier supérieur ; ~ **nursing officer** infirmier/infirmière général(e) *[= responsable des soins infirmiers dans un hôpital],* surveillant(e) ; ~ **officer** cadre supérieur, responsable ; ~ **official**

haut fonctionnaire, responsable ; **~ partner** associé principal ; **~ position/post** poste important/à responsabilité ; **~ school** *RU* établissement d'enseignement secondaire ; **~ share** *RU* action privilégiée/de priorité/de préférence ; **~ staff** cadres supérieurs ; **~ year** *ÉU* dernière année d'études.

seniority *n.* rang (élevé), niveau de responsabilité ; ancienneté ; **promotion by ~** avancement à l'ancienneté.

sense *n.* **1** *[l'un des 5]* sens ; sensation *[de froid]* ; **~ organs** organes des sens ; **~ of hearing** ouïe. **2** sentiment *[de sécurité, de culpabilité]* ; **~ of well-being** sentiment de bien-être ; **~ of belonging** sentiment d'appartenance. **3** sens *[moral, du devoir, de la discipline]* ; sens *[artistique, de l'humour, du ridicule, de l'orientation, des affaires]* ; **~ of timing** art de choisir le moment approprié. **4** sens ; *pl.* raison ; **to come to one's ~s** revenir à la raison, devenir raisonnable ; **there is no ~ in doing sth** cela ne sert à rien de faire qqch. ; **in a ~** dans un certain sens, d'une certaine façon ; **in no ~** certainement pas, nullement, en aucun cas, pas du tout ; **to make (good) ~** a) être logique/raisonnable/judicieux/avantageux, se justifier ; avoir un sens, être intelligible ; b) présenter de l'intérêt ; **an explanation that makes ~** une explication raisonnable ; **not to make ~** ne rimer à rien, ne pas tenir debout ; **it makes no sense to her** cela lui paraît absurde ; elle n'y comprend rien ; **supporting Saddam Hussein made strategic ~ until 1988** le soutien de Saddam Hussein se justifiait du point de vue stratégique jusqu'en 1988 ; **such advice makes perfect ~** ce conseil est tout à fait logique ; **the information begins to make ~** les informations commencent à devenir intelligibles ; **reducing occupational injuries would make economic ~** une réduction du nombre d'accidents du travail serait économiquement avantageuse ; **the proposal makes good economic ~** la proposition est judicieuse sur le plan économique ; **to make ~ of** comprendre, interpréter, expliquer, déchiffrer, donner un sens à. **5** opinion, conviction ; compréhension, perception ; notion ; conscience ; **De Klerk had a better ~ than his predecessors of what needed to be reformed** De Klerk a mieux compris que ses prédécesseurs quelles réformes devaient être réalisées. **6** opinion *[d'une assemblée]* ; **the ~ of the meeting** le consensus qui se dégage de la réunion ; **it is the ~ of the Senate that** le Sénat estime que. **7** discernement, jugement, intelligence, sagesse, bon sens ; **to have the ~ to do sth** avoir le bon sens de faire quelque chose ; **to have the good ~ to** avoir le bon sens/l'intelligence de. **8** *pl.* raison *[= santé mentale]* ; **to come to one's ~s** a) revenir à la raison, se ressaisir ; b) voir (9). **9** conscience ; **to regain one's ~s** reprendre connaissance ; **to come to one's ~s** a) reprendre connaissance ; b) voir (8). **10** sens, signification. ✪ **~ of accomplishment** satisfaction de l'œuvre accomplie, sentiment d'avoir fait œuvre utile ; (profonde) satisfaction *[récompensant un travail bien fait]* ; *[***as the work reached its completion, we all felt a definite ~ of accomplishment** lorsque nous avons mené à bien le travail entrepris, nous avons eu le sentiment très net d'avoir fait œuvre utile*]* ; **~ of occasion** sentiment de participer à qqch. d'important ; **~ of purpose** a) résolution, détermination, ténacité ; b) but (dans l'existence), but à atteindre, sentiment d'agir dans un but bien précis, motivation, orientation claire ; *[***to regain one's ~ of purpose** retrouver un but ; **to give the team a new ~ of purpose** donner à l'équipe une nouvelle motivation ; **the Prime Minister seems to have lost his ~ of purpose** il semble que le Premier ministre ait perdu le feu sacré*]* ; **~ of urgency** conscience de l'urgence de la situation ; *[***to have a ~ of urgency** avoir le sentiment que le temps presse, juger nécessaire d'agir d'urgence ; **to give a ~ of urgency to the peace process** placer le processus de paix sous le signe de l'urgence ; **the issue has taken on a new ~ of urgency** la question est depuis peu d'une grande actualité ; **the Kyoto conference gave a ~ of urgency to measures about greenhouse gases** la conférence de Kyoto a placé au centre des préoccupations les mesures relatives aux gaz à effet de serre*]*.

senseless *adj. [violence]* gratuit.

sensible *adj.* raisonnable, avisé, intelligent, logique, rationnel, sensé, de bon sens, adapté, sage, judicieux, réaliste, sain, sensé, bien conçu ; **to drink wine in ~ quantities** boire du vin avec modération.

sensitive *adj.* **1** *[personne, appareil de mesure]* sensible ; **(to)** attentif à, sensible à, sensible aux besoins de, réceptif à, prompt à réagir à, bien disposé à l'égard de, à l'écoute de, ouvert à ; **to be ~ to** réagir positivement face à, bien réagir devant, adopter une attitude positive envers, ne pas être indifférent à, être sensible/sensibilisé/attentif aux besoins de, tenir compte de ; **~ to pain** sensible à la douleur. **2** susceptible. **3** *[question]* délicat, sensible, névralgique, explosif ; vulnérable, fragile ; brûlant, problématique, embarrassant, épineux ; fragile ; **a ~ political issue** une question politique délicate ; **an environmentally ~ area** une zone écologiquement fragile. **4** *[information]* confidentiel, secret. **5** diplomate ; **they handled the problem in a ~ way** ils ont abordé le problème avec doigté.

sensitivity *n.* **1** tact, doigté, diplomatie. **2** sensibilité. **3** susceptibilité ; **you cannot ignore Arab sensitivities** il faut tenir compte de la susceptibilité des Arabes. **4** point de vue, conception. ✪ **~ analysis** analyse de sensibilité.

sensor *n.* détecteur, capteur, palpeur.

sensory deprivation *Psych.* isolement sensoriel.

sentence *n. Dr.* condamnation ; peine ; **death ~** peine de mort.

sentencing *n.* prononcé/fixation de la peine.

sentiment *n.* **1** opinion ; idée ; état d'esprit, disposition, tendance ; aspirations ; **anti-Semitic ~** antisémitisme ; **antiestablishment ~** hostilité envers l'establishment ; **anti-immigration ~** hostilité à l'égard de l'immigration ; **currently ~ in the country is against fox hunting** actuellement, le courant d'opinion dominant dans le pays est hostile à la chasse au renard. **2** *Écon., Fin.* état d'esprit (des agents économiques/des opérateurs) ; **as is often the case, the market is driven by ~ as much as by balanced reasoning** comme c'est souvent le cas, le marché est influencé autant par l'état d'esprit des opérateurs que par un raisonnement objectif ; **bullish ~ among brokers** optimisme parmi les courtiers ; **~ on the bond market is very negative** sur le marché obligataire, le climat est très négatif ; **market ~ about the new Bosnian currency will be important** l'attitude du marché vis-à-vis de la nouvelle monnaie bosniaque revêtira une grande importance ; **once again market ~ about the pound was negative** une fois de plus, le marché s'est montré pessimiste quant à l'évolution du cours de la livre.

separate *adj.* distinct, séparé, autre. ✪ **in a ~ development** par ailleurs, d'autre part ; **~ maintenance** pension alimentaire ; **~ sewerage** égouts en système séparatif ; **under ~ cover** sous pli séparé.

separately *adv.* **1** séparément ; à part. **2** chacun de son côté. **3** individuellement, isolément, chacun à son tour, un par un. **4** par ailleurs, d'autre part.

separation *n.* **1** séparation. **2** départ, cessation de service *[d'un travailleur]*. **3** *Dr.* séparation de corps. ✪ **~ a mensa et toro** *Dr.* séparation légale.

separatrix *n.* **1** ligne de séparation. **2** barre oblique.

Sephardic *adj.* séfarade.

sepsis *n.* **1** infection. **2** septicémie.

septic *adj.* ✪ **~ shock** choc septique ; **~ tank** fosse septique.

sequel *n.* suite ; **to be a ~ to** faire suite à ; **he has written a ~ to his book on Japanese civilization** il a écrit une suite à son ouvrage sur la civilisation japonaise.

sequence *v. tr.* **1** déterminer l'ordre de. **2** *Biol.* séquencer *[ADN]*.

sequence *n.* **1** suite, succession, enchaînement, déroulement successif, déroulement/exécution par étapes ; **~ of events** suite d'événements. **2** ordre *[alphabétique, chronologique]* ; **the ~ in which the documents should be translated** l'ordre dans lequel il faut traduire les documents. **3** *Biol.* séquence *[d'ADN, peptidique, d'acides aminés, de bases, de nucléotides]*. **4** séquence *[d'un film]*.

sequencing *n. Biol.* séquençage.

sequential access *Inf.* accès séquentiel.

sequester *v. tr.* priver *[jury]* de communications avec l'extérieur, mettre au secret.

sequestration *n.* **1** (mise sous) séquestre, saisie. **2** séquestration ; **carbon dioxide ~** piégeage du dioxyde de carbone.

serendipity *n.* heureux hasard, heureux concours de circonstances, hasard providentiel, pure chance, main heureuse.

serial *adj. Inf. [port, imprimante]* série. ✪ **~ access** *Inf.* accès séquentiel ; **~ correlation** *Stat.* corrélation sériale ; **~ killer** tueur en série ; **~ murders** meurtres en série ; **~ number** a) (numéro) matricule *[d'un militaire]* ; b) numéro de série *[d'un produit]*.

series *n.* **1** série. **2** chiffres, statistiques. **3** collection (de publications). **4** *TV* série.

serif *n. Typographie* empattement.

serious *adj.* **1** sérieux. **2** sérieux, préoccupant, funeste, *[situation, infraction]* grave. **3** de grande portée, considérable, lourd (de conséquences). **4** *[candidat]* valable. **5 to be ~ about doing sth** vouloir vraiment/sincèrement faire qqch., être déterminé à faire qqch. ; **the party is ~ about reform** le parti a réellement l'intention de procéder à des réformes ; **the government is ~ about the environment** le gouvernement a vraiment l'intention de sauvegarder l'environnement. ✪ **Serious Fraud Office** *RU* Brigade financière.

SERPS (state earnings-related pension scheme) *RU* régime de retraite complémentaire de l'État.

servant *n. Dr.* préposé.

serve *v.* **I 1** *intr.* **(as)** *[militaire]* accomplir son service militaire avec le grade de, servir avec le grade de ; *[employé]* exercer/occuper les fonctions de, s'acquitter des fonctions de, être *[directeur]* ; travailler en qualité de ; *[comité]* jouer le rôle de ; *[chose]* servir de ; être, constituer ; **(in, on)** être militaire dans, accomplir son service militaire dans, servir dans *[unité]*, combattre pendant *[guerre]* ; siéger à *[au parlement, à un comité, au gouvernement, à un tribunal]*, être membre de, faire partie de *[comité, gouvernement, jury]*, occuper un poste dans *[gouvernement]*, être en poste à, être affecté à *[ville]* ; travailler dans *[administration]* ; **(under)** servir/être sous le commandement/les ordres de *[général]* ; être placé sous l'autorité/les ordres de, exercer ses fonctions sous l'autorité de, dépendre de *[chef]* ; **the general ~d two times as Defence Secretary** le général a été deux fois ministre de la défense ; **he has ~d in the air force** il a servi dans l'armée de l'air ; **thousands of British soldiers ~d in the Falkland war** des milliers de soldats britanniques ont combattu pendant la guerre des Falklands ; **she refused to ~ in the coalition government** elle a refusé de faire partie du gouvernement de coalition ; **the former teacher has ~d as Education Secretary in two governments** l'ancien enseignant a été ministre de l'Éducation dans deux gouvernements, **she ~d directly under the Secretary-General** elle dépendait directement du Secrétaire général. **2** *tr.* s'acquitter de *[mandat]* ; **he ~d three terms as governor of Virginia** il s'est acquitté de trois mandats de gouverneur de Virginie. **3** *tr.* servir *[son pays, une cause, des intérêts]*, servir les intérêts de, être au service de ; **he only intended to ~ the Party** son seul but était de servir le parti. **4** *tr.* **~ well** être utile à, rendre de grands services à, être bénéfique à, venir à point à ; **her negotiating experience ~d her well in government** son expérience de la négociation lui a été utile dans l'exercice de ses fonctions ministérielles ; **cohesiveness of Japanese society has ~d the country well** la cohésion de la société japonaise a été bénéfique au pays ; **distrust between management and unions ~d Britain badly** le climat de défiance entre les employeurs et les syndicats au Royaume-Uni a eu des effets nocifs. **5** *tr. [hôpital, transports en commun]* desservir *[région, population]* ; **an airport serving 5 million people** un aéroport desservant 5 millions de personnes. **6** *tr.* répondre à *[besoin]*, concourir à la réalisation de *[but]* ; **to ~ its purpose** convenir, faire l'affaire ; atteindre son but ; **to ~ sb's purpose** convenir à qqn, répondre aux besoins de qqn ; **to ~ a (useful) purpose** être utile ; **to ~ no useful purpose** ne servir à rien ; **democracy will survive because it ~s human purposes very effectively** la démocratie survivra car elle répond très efficacement aux besoins de la société ; **the conference ~d its purpose very well** la conférence a pleinement atteint son but. **7** *intr.* **(as)** *[chose]* être, constituer, servir de ; **the constitution ~d as a model for several African states** la constitution a été un modèle pour plusieurs États africains. **8** *intr.* **(to)** avoir pour effet de ; **to ~ only to** ne faire que ; **the president's speech only ~d to increase speculation** le discours du président n'a fait qu'exacerber la spéculation ; **the embargo only ~d to strengthen support for the government** le seul effet de l'embargo a été de renforcer le soutien dont jouit le gouvernement. **9** *tr.* purger *[peine]*, purger une peine de *[5 ans]*, faire *[5 ans]* de prison, passer *[5 ans]* en prison ; **to ~ time** être en prison, faire de la prison, purger une peine de prison ; **he is serving a 10-year sentence** il purge une peine de 10 ans ; **to ~ life** purger une peine de réclusion à perpétuité ; **he ~d 3 years in prison** il a fait 3 ans de prison. **10** *tr.* signifier, notifier, remettre *[acte de procédure]* ; **to ~ notice on sb to** mettre qqn en demeure de ; **to ~ a summons on sb** signifier une assignation à qqn ; **to ~ sb (with) a summons** signifier une assignation à qqn ; **to ~ notice on sb that** notifier/signifier à qqn que ; **the speech was designed to ~ warning on the country's enemies** l'objet du discours était de lancer un avertissement aux ennemis du pays. **II ~ as: Martin Luther King ~d as his inspiration** Martin Luther King lui a servi de modèle. **III ~ out 1** purger le reste de *[peine]*. **2** achever, s'acquitter jusqu'au bout de *[mandat]*.

server *n. Inf.* serveur.

service *v. tr.* **1** desservir *[région, population]*. **2** assurer le service de *[dette]*. **3** réparer *[machine]*.

service *n.* **1** service ; **goods and ~s** biens et services ; **in the ~ of** au service de ; **military ~** service militaire. **2** service, office *[religieux]* ; culte *[protestant]*. **3** exercice de fonctions ; **after eighteen years in opposition, none of Mr Blair's men and**

women had known cabinet ~ après 18 ans d'opposition, aucun travailliste n'avait exercé de responsabilités ministérielles. **4** réparation *[d'une machine]*. **5** *Mil.* arme ; *pl.* forces armées. **6** *Dr.* signification *[d'une assignation]*. ✪ **~ charge** a) redevance ; b) service *[dans un restaurant]* ; c) charges *[dans un immeuble d'habitation]* ; d) *Fin.* commission *[en contrepartie de l'organisation d'un prêt]* ; **~ agreement/contract** contrat d'emploi (d'un cadre supérieur) ; **~ fee** commission ; **~ flat** *RU* appartement avec services ; **~ industry** secteur tertiaire ; **~ mark** marque de service ; **~ personnel** personnel des forces armées ; **~ provider** prestataire de services.

serviceable *adj.* **1** utile, commode, pratique, fonctionnel. **2** d'entretien facile. **3** en état de marche.

servicing *n.* entretien et réparation, entretien ou réparation.

servient tenement *Dr.* fonds servant.

serving *adj.* *[militaire]* d'active, en activité.

servocontrol *n.* servocommande.

servomechanism *n.* servomécanisme.

session *n.* **1** séance (de travail) ; audience *[d'un tribunal]* ; *Bourse* séance ; session *[d'un parlement, de l'Assemblée générale des Nations Unies]* ; **negotiating ~** séance/session de négociation ; **to be in ~** *[tribunal, parlement]* siéger ; **the MP was invited to a public question-and-answer ~** on a invité le député à participer à une séance publique de questions et de réponses. **2** *Inf.* session.

set *v.* **I 1** *tr.* installer, mettre en place, monter ; tendre *[piège]*. **2** régler *[réveil]*. **3** *tr.* fixer *[date, prix, règles, objectif, limite, priorité]*, établir *[règles, tarif, calendrier, record]*, créer, constituer *[précédent]*, fixer, établir, déterminer *[montant]* ; donner *[le ton, l'exemple]* ; **the organization ~ itself five goals** l'organisation s'est fixé cinq buts ; **to ~ the standard for** établir une norme pour, constituer une référence pour, servir de modèle pour ; **to ~ a course** définir/fixer une politique ; **the book ~s a standard that will have to be matched by future publications** la qualité de l'ouvrage en fait un modèle pour les publications ultérieures ; **the decision ~s a poor precedent** cette décision a créé un précédent malencontreux. **4** *tr.* confier *[tâche]*. **6** *tr.* **(in)** situer dans *[contexte]* ; **to ~ sth in a broader context** situer qqch. dans un contexte plus large. **6** *tr.* situer l'action de *[roman, film]* ; **Clueless is set in Los Angeles** l'action de *Clueless* se déroule à Los Angeles. **7** *tr.* **to be ~ to** devoir (normalement), avoir toutes les chances de, avoir toute chance de ; **GDP is ~ to grow 2.5% this year** le PIB devrait croître de 2,5 % cette année ; **unemployment is ~ to rise next year** il faut s'attendre à une augmentation du chômage l'année prochaine ; **the United Nations is ~ to authorize a relaxation of the sanctions** l'ONU s'apprête à autoriser un assouplissement des sanctions. **8** *intr.* *[soleil]* se coucher. **9** *intr.* **to ~ to work** se mettre au travail. **10** *tr.* **to ~ a broken leg** réduire une fracture de la jambe. **II ~ ablaze** mettre le feu à. **III ~ about: to ~ about doing sth** entreprendre de faire qqch. **IV ~ against 1** imputer sur ; **this advance payment is ~ against a company's liability to corporation tax** cet acompte est imputé sur l'impôt sur les sociétés. **2** comparer avec. **3 to be ~ against** avoir pour toile de fond. **V ~ apart** distinguer, mettre à part ; rendre différent ; **what ~s him apart is his absolute honesty** ce qui le distingue des autres, c'est son honnêteté totale. **VI ~ apart from** distinguer de, différencier de. **VII ~ aside 1** annuler, casser *[acte, jugement, mariage, testament]*, infirmer, mettre à néant *[jugement]*, déclarer nul *[contrat]* ; **the appeal court ~ aside the verdict** la cour d'appel a infirmé le verdict. **2** ne pas tenir compte de, écarter, rejeter *[objection]* ; mettre entre parenthèses, faire abstraction de, laisser/mettre de côté *[considération, différend]*, oublier *[différend/antagonisme pour adopter une attitude constructive]*, faire table rase de, tirer un trait sur *[passé]* ; **to ~ aside one's prejudices** faire abstraction de ses préjugés ; **they decided to ~ aside their differences** ils ont décidé d'oublier leurs différends/de mettre leurs différends entre parenthèses. **3** économiser. **4** mettre en réserve *[montant]*, réserver *[période de temps, ressources]*, affecter *[crédits]* ; **(for)** consacrer *[montant]* à/au financement de ; **the board ~ aside $250 million for bad debts** le conseil d'administration a mis en réserve un montant de 250 millions de dollars pour couvrir les créances irrécouvrables ; **the European Commission has ~ aside 1 million euros for research in this area** la Commission européenne a affecté un million d'euros à la recherche dans ce domaine ; **huge amounts are ~ aside for development aid** des sommes énormes sont consacrées au financement de l'aide au développement. **5** *UE* geler *[terre agricole]* ; **this field is ~ aside as part of the Common Agricultural Policy** ce champ est gelé dans le cadre de la politique agricole commune. **VIII ~ back 1** coûter à ; **the project ~ us back $2m** ce projet nous a coûté 2 millions de dollars ; **a similar building would now ~ you back twice as much** le prix d'un immeuble comparable serait maintenant deux fois plus élevé. **2** retarder. **3 to ~ back the clock** *Fig.* a) revenir en arrière ; b) constituer une régression. **IX ~ down 1** consigner par écrit. **2** fixer, établir, énoncer *[règles]* ; **the terms of the deal must be ~ down** il faut énoncer les conditions de la transaction. **3** atterrir. **X ~ down to** attribuer *[qqch.]* à *[cause]*. **XI ~ forth** énoncer, exposer, présenter, formuler *[idées, objections]*, rendre compte de, décrire. **XII ~ free** libérer, mettre en liberté, relaxer. **XIII ~ in** *[état d'esprit]* s'installer ; se mettre en place, se manifester, apparaître ; *[infection]* se déclarer ; **complacency ~ in** un certain laisser-aller s'est installé ; **after the euphoria, disappointment soon ~ in** l'euphorie n'a pas tardé à faire place à la déception. **XIV ~ off 1** déclencher, provoquer ; **to ~ off an alarm** déclencher un système d'alarme. **2** faire exploser. **3** compenser *[inconvénient, dette]*. **XV ~ off against: this tax credit can be ~ off against any liability in income tax** ce crédit d'impôt peut être déduit de tout montant dû au titre de l'impôt sur le revenu. **XVI ~ off for** entreprendre de se rendre à. **XVII ~ on** attaquer. **XVIII ~ out 1** énoncer, exposer *[idées, raisons]* ; présenter, traiter de *[questions]* ; décrire *[processus]* ; **Article 26 ~s out a number of principles** l'article 26 énonce un certain nombre de principes. **2** rendre compte de. **3** se mettre en route, prendre le départ. **XIX ~ out for** se rendre en/au *[pays]*. **XX ~ out to 1** entreprendre de, se mettre à. **2** avoir l'intention de, viser à. **XX ~ over** *Dr.* reporter *[affaire]*. **XXI ~ right** mettre de l'ordre dans. **XXII ~ straight** corriger, rectifier *[erreur]* ; attirer l'attention de *[qqn]* sur une erreur. **XXIII ~ up 1** installer, monter *[qqch.]*, mettre en place *[barrage routier]*, ériger *[statue]* ; **the equipment had been wrongly ~ up** le matériel avait été mal installé. **2** mettre en place *[dispositif, programme, système]* ; **the Department of Energy ~ up an extensive research programme** le ministère de l'Énergie a mis en place un vaste programme de recherche. **3** constituer, créer *[comité, entreprise, organisation]*, instituer *[comité]*, créer *[école, entreprise]*, monter *[entreprise]*, fonder *[société]*, constituer *[gouvernement]* ; **he decided to ~ up his own party** il a décidé de créer son propre parti ; **to ~ up business** créer son entreprise, se mettre à son compte ; **he ~ up his practice in Glasgow** il a ouvert un cabinet à Glasgow. **4** organiser *[réunion]* ; **to ~ up evening classes** organiser des cours du soir. **5** *[entreprise]* s'établir. **6 to ~ up (in business)** créer son entreprise, créer sa propre entreprise, se mettre à son compte. **7** déclencher, provoquer. **8** ouvrir, diligenter *[enquête]*. **9** *Dr.* invoquer *[moyen]*. **10** ourdir une machination contre *[qqn]* ; **to be**

~ up être victime d'une machination. **XXIV ~ up against** opposer à. ✪ **~ in motion** déclencher, enclencher, lancer.

set *n.* **1** ensemble, jeu, catalogue, groupe, série, collection, cortège, batterie, faisceau, complexe, arsenal, palette, éventail, corps ; train *[de mesures] ; Math.* ensemble. **2** *Ens.* groupe d'aptitudes/de niveau. **3** appareil ; **television ~** téléviseur. **4** *Cinéma, TV* plateau.

set-aside *n. UE* (programme de) gel de terres.

setback *n.* **1** revers, déconvenue, coup dur ; *pl.* déboires. **2** baisse ; **there was a sudden ~ in cereal prices** il s'est produit une baisse soudaine du cours des céréales.

SETI (Search for Extra-Terrestrial Intelligence) Programme de recherche d'intelligence extraterrestre.

setoff *n.* compensation *[d'une créance par une autre].*

setover *n. Dr.* report *[d'une affaire].*

set piece *Fig.* activité réglée, événement soigneusement préparé, manifestation bien ordonnée, grand-messe, cérémonie.

set phrase expression (toute faite/lexicalisée), syntagme lexicalisé.

set-piece *adj.* soigneusement préparé, dont le déroulement est minutieusement réglé, ne laissant rien à l'improvisation ; **~ battle** bataille rangée.

setting *n.* **1** cadre, environnement ; lieu, situation ; *Santé publique* cadre (de soins) ; **the team filmed the elephants in their natural ~** l'équipe a filmé les éléphants dans leur cadre de vie naturel. **2** fixation *[de buts].* **3** *Ens.* groupement selon les aptitudes. **4** *pl. Inf.* paramètres.

settle *v.* **I 1** *intr. [personnes, population]* s'établir ; s'installer, s'implanter ; **many Cuban exiles ~d in Florida** de nombreux exilés cubains se sont établis en Floride. **2** *tr.* coloniser *[région, terres en friche].* **3** *tr.* sédentariser *[nomades].* **4** *intr.* se déposer ; (se) décanter. **5** *intr.* se stabiliser. **6** *tr.* régler, parvenir à un règlement de, trancher *[question, différend],* liquider, clôturer ; arranger, déterminer, établir, fixer ; **to ~ the war in Chechnya** parvenir à un règlement de paix en Tchétchénie. **7** *intr.* parvenir à un règlement ; conclure un accord, s'arranger ; **to ~ out of court** s'arranger à l'amiable. **8** *tr.* payer, régler *[facture],* liquider, apurer, acquitter, solder ; **to ~ a claim** *Ass.* régler un sinistre ; **to ~ a dispute** mettre fin à un différend ; **to ~ an account** régler un compte ; **to ~ scores** régler des comptes. **9** *tr. Bourse* liquider, dénouer *[transaction].* **II ~ for 1** se contenter de, s'accommoder de *[option peu attrayante],* se résigner à accepter *[emploi] ;* **to ~ for less** en rabattre, réduire ses prétentions, transiger. **2** porter son choix sur.

settlement *n.* **1** établissement, installation, colonisation, implantation, colonie, peuplement, habitat ; sédentarisation ; *Palestine* colonie (de peuplement) ; **the ~ of arid areas** l'établissement de populations dans des zones arides. **2** agglomération, localité ; **Lake Charles is a ~ of 75,000 people** Lake Charles est une localité de 75 000 habitants. **3** résolution, solution, règlement, accord, arrangement, convention, conciliation, transaction ; **peace ~** règlement de paix ; **peaceful ~** règlement pacifique ; **pay ~** accord salarial. **4** indemnité. **5** liquidation, apurement, règlement ; *Bourse* liquidation, dénouement *[de transaction] ;* **in full and final ~** pour solde de tous comptes. **6** donation. ✪ **~ day** *Bourse* (jour de la) liquidation.

settler *n. Palestine* colon.

settling *adj.* ✪ **~ day** *Bourse* (jour de la) liquidation ; **~ tank** bassin de décantation, décanteur.

set-top (box/decoder) décodeur.

setup *n.* **1** organisation, système, mécanisme, structure. **2** coup monté, machination.

Seventh-Day Adventist Church Église adventiste du septième jour.

seventies *n. pl. cf.* forties.

severance allowance/pay/payment/wage indemnité de licenciement.

severe *adj.* rigoureux, strict, dur, rude, pénible, aigu, douloureux, grave, sérieux, intense, marqué, prononcé, lourd, extrême, intense, exigeant, sévère, cruel, contraignant, radical, draconien, difficile, âpre, vif, impitoyable, fort, violent ; **~ cold** froid rigoureux ; **~ rules** règles strictes/rigoureuses ; **~ malnutrition** malnutrition grave ; **~ episodes of diarrhoea** accès graves de diarrhée ; **~ pain** douleur intense ; **~ losses** lourdes pertes ; **~ sentence** lourde peine ; **they placed ~ limits on what questions journalists could ask** ils ont limité de façon contraignante les questions que les journalistes pouvaient poser ; **~ competition** vive concurrence.

severely disabled person handicapé profond.

sewage *n.* eaux usées/d'égout. ✪ **~ sludge** boues résiduaires ; **~ system** réseau d'égouts ; **~-treatment plant/works** station d'épuration.

sewerage *n.* **1** évacuation des eaux usées. **2** système d'évacuation des eaux usées, réseau d'égouts. **3** eaux usées/d'égout. ✪ **~ system** réseau d'égouts ; **~ work** station d'épuration.

sewer system réseau d'égouts.

sex *n.* **1** sexe ; sexualité. **2** rapport (sexuel) ; relations sexuelles, ébats sexuels ; faveurs sexuelles. ✪ **~ abuse** abus sexuel(s), agression(s) sexuelle(s), sévices sexuels, violences sexuelles ; **~ cell** gamète, cellule germinale ; **~ chromosome** gonosome, chromosome sexuel ; **~ discrimination** discrimination fondée sur le sexe, discrimination sexuelle ; **~ distribution** *Stat.* structure par sexe ; **~ offence** délit/crime (d'ordre) sexuel ; **~ offender** auteur de délit(s)/crime(s) sexuel(s), délinquant(e) sexuel(e) ; **~ ratio** *Dém.* rapport de masculinité ; **~ reassignment** changement de sexe ; **~ therapist** sexothérapeute ; **~ therapy** sexothérapie ; **~ worker** travailleur du sexe.

sexual *adj.* ✪ **~ abuse** abus sexuel(s), agression(s) sexuelle(s), sévices sexuels, violences sexuelles ; **~ aggression** agression sexuelle ; **~ drive** a) pulsion sexuelle ; b) libido ; **~ harassment** harcèlement sexuel ; **~ offender** auteur de délit(s)/crime(s) sexuel(s), délinquant sexuel ; **~ orientation** orientation sexuelle ; **~ reproduction** reproduction sexuée.

sexually transmitted disease maladie sexuellement transmissible.

sexy *adj. Fig.* **1** excitant, attrayant, séduisant, alléchant. **2** chic, *[cause]* populaire.

Seychelles *adj.* seychellois.

SFO (Serious Fraud Office) *RU* Brigade financière.

SFOR (Stabilization Force) SFOR (Force de stabilisation).

SG&A costs/expenses (selling, general and administrative costs/expenses) frais commerciaux, généraux et administratifs.

SGD (Singapore dollar) *ISO* SGD (dollar de Singapour).

S & H (shipping and handling) *ÉU* frais administratifs et d'expédition.

Shabat *n. Judaïsme* Sabbat, Chabbath.

shade *n.* **1** *Pol.* tendance. **2** *Fig.* nuance. **3** petit peu ; **a ~ below the usual standard** légèrement au-dessous de la norme habituelle.

shaded *adj. [cadre, case]* en grisé.

shadow *v. tr. [monnaie]* suivre (les fluctuations de) *[autre monnaie], [fonds de placement]* suivre de près, coller à *[indice boursier].*

shadow *n. Fig.* **1** menace (constante) ; (climat de) peur, pessimisme, désespoir, morosité, affliction, incertitude, doute ; **the Cold War period was marked by the ~ of nuclear holocaust** la guerre froide était marquée par la menace constante d'un holocauste nucléaire ; **to cast a ~ on/over** *[mauvaise nouvelle]* assombrir *[réunion, festivités]* ; faire planer une menace sur, mettre en péril, compromettre, porter atteinte à, avoir des effets/répercussions négatifs/négatives sur, rendre problématique/aléatoire ; **this new phenomenon casts a ~ over our future** ce phénomène nouveau fait planer une menace sur notre avenir ; **these redundancies will cast a ~ over confidence in the company** ces licenciements porteront atteinte à la confiance dont jouit l'entreprise. **2** influence ; **to cast a ~ over** exercer une influence sur ; **the leader of the opposition's comments cast an imposing ~ over the referendum about the country joining NATO** les propos du chef de l'opposition ont une influence considérable sur le référendum concernant l'adhésion du pays à l'OTAN. **4 to be the ~ of one's former self** n'être plus que l'ombre de soi-même. ✪ **beyond the ~ of a doubt** *Dr.* sans que le moindre doute puisse subsister ; **~ economy** économie parallèle/souterraine/clandestine ; **~ price** *Écon. shadow price,* prix virtuel ; **~ RAM** *Inf.* mémoire miroir.

shadow *adj. Pol.* fantôme ; **Shadow Cabinet** gouvernement fantôme ; **Shadow Secretary of Commerce** porte-parole de l'opposition pour le commerce ; **Shadow Chancellor** porte-parole de l'opposition pour les finances.

shady *adj. [personne, entreprise]* louche, véreux, douteux, peu recommandable, peu scrupuleux, *[avocat]* marron, *[activités]* de légalité douteuse, illicite, inavouable ; *[opération]* douteux, trouble, suspect, plus ou moins malhonnête.

shaken *adj.* perturbé. ✪ **~ but not stirred** perturbé mais pas au point de changer d'avis/de comportement.

shake-out *n.* **1** disparition (des entreprises les moins performantes), élimination *[d'entreprises]* ; réorganisation *[d'un secteur],* crise ; licenciements, délestages (de main-d'œuvre) ; **the area has been badly affected by the ~ in the steel industry** la région a été durement touchée par la crise de la sidérurgie. **2** *Bourse* forte baisse ; **the news led to a ~ in bond prices** la nouvelle a entraîné une forte baisse du cours des obligations.

shake-up *n.* **1** bouleversement. **2** remaniement, réorganisation, réforme, remise en ordre, purge.

shaky *adj. Fig.* instable, sur le point de s'effondrer, déstabilisé, vacillant, chancelant, précaire, fragile, incertain, douteux, peu convaincant, contesté, mal assuré ; **~ cease-fire** cessez-le-feu précaire ; **~ faith** foi chancelante ; **~ alliance** alliance fragile ; **~ company** entreprise mal en point ; **~ argument** argument peu convaincant ; **~ authority** autorité contestée ; **to be on ~ ground** être en position de faiblesse, défendre une position contestable ; **the programme is ethically ~** le programme est contestable sur le plan de l'éthique.

shale oil huile de schiste.

shallow *adj.* **1** peu profond, mince, superficiel. **2** *[personne]* superficiel.

shamelessly *adv.* sans vergogne, de façon éhontée, effrontément, sans complexe.

SHAPE (Supreme Headquarters Allied Powers Europe) SHAPE (Grand Quartier général des forces alliées en Europe).

shape *v.* **1** *tr.* façonner, modeler, déterminer, définir, orienter ; décider de ; **we are working out the ideas that will ~ the next ten years** nous sommes en train de concevoir les idées qui détermineront ce que seront les dix prochaines années. **2 ~ up** modifier son comportement.

shape of things to come (préfiguration de) l'avenir, ce que l'avenir nous réserve.

shaped charge *Mil.* charge creuse.

share *v.* **1** *tr.* partager, avoir en commun ; **politicians and industrialists do not ~ the same attitudes towards foreign trade** les hommes politiques et les industriels ne conçoivent pas le commerce extérieur de la même façon. **2** *tr.* se communiquer *[informations]* ; **(with)** communiquer *[informations]* à. **3 ~ in** participer à ; **to ~ in decision-making** participer à la prise de décisions.

share *n.* **1** part ; quote-part. **2** *Bourse RU* action. ✪ **~ broker** courtier en actions ; **~ buy-back** rachat d'actions *[par la société qui les a émises]* ; **~ capital** capital social, capital-actions ; **~ cropper** métayer ; **~ cropping** métayage ; **~ cum rights** action négociée droits attachés ; **~ dealings** transactions sur actions ; **~ dividend** dividende payé en actions ; **~ ex rights** action négociée droits détachés ; **~ index** indice boursier, indice des actions ; **~ issue** émission d'actions ; **~ ledger** registre des actionnaires ; **~ market** marché des actions ; **~ offer(ing)** émission d'actions ; **~ ownership** actionnariat ; **~ ownership plan/scheme** plan d'acquisition d'actions par le personnel ; **~ premium** prime d'émission ; **~ premium account** *Bilan* primes d'émission ; **~ price** cours (de l'action) ; **~ repurchase** rachat d'actions *[par la société qui les a émises]* ; **~ split(ting)** division/fractionnement des actions ; **~ warrant** bon de souscription (d'action).

shared *adj.* commun, collectif ; partagé ; identique ; **~ values** valeurs communes.

shareholder *n.* actionnaire ; *pl.* actionnariat ; **small ~s** petits porteurs. ✪ **~s' equity** *Bilan ÉU* capitaux/fonds propres ; **~s' funds** *Bilan* capitaux/fonds propres ; **~s' investment** *Bilan ÉU* capitaux/fonds propres ; **~s meeting** assemblée générale des actionnaires ; **~ value** valeur actionnariale.

shareholding *n.* participation.

shareware *n.* logiciel en libre essai.

Sharia *n. Islam* charia.

Sharjah *n. Émirats arabes unis* Chardjah.

sharp *adj.* **1** *[objet]* tranchant, acéré, pointu. **2** *[froid]* glacial, mordant, polaire. **3** *[image]* net, contrasté, *[distinction]* tranché, net, marqué, *[contraste]* marqué ; *[différence]* grand, net, *[différence, divergence de vues]* important, considérable, marqué, prononcé, *[désaccord]* profond ; **to be in ~ contrast with**

contraster nettement avec. **4** *[message]* extrêmement clair, dépourvu d'ambiguïté. **5** *[changement]* abrupt, brusque, soudain ; *[changement (d'orientation)]* radical, marqué, important, considérable ; **it was a ~ departure from party ideology** il s'agissait d'une rupture nette avec l'idéologie du parti. **6** *[hausse, baisse]* brutal, fort ; *[réduction]* fort, important, prononcé ; **a ~ fall in equity prices** une forte baisse du cours des actions. **7** *[paroles]* dur, acrimonieux, *[critique]* sévère, vif, virulent ; *[observation]* très critique, désobligeant, incisif ; *[question]* très précis, incisif, *[échange de propos]* incisif, vif, empreint de vivacité. **8** *[démenti]* catégorique. **9** *[douleur physique ou morale]* intense, vif, *[douleur physique]* violent, aigu, fulgurant, *[douleur morale]* profond ; *[revers]* cuisant. **10** *[personne]* intelligent, doté d'une intelligence pénétrante, perspicace, subtil, très avisé, *[observateur]* lucide, *[intelligence]* pénétrant, subtil, aigu, grand, vif, pénétrant ; *[esprit, analyse]* pénétrant ; *[humour]* caustique, corrosif, mordant ; *[souvenir]* précis, *[mémoire]* bon ; *[vue, regard]* perçant, *[sens]* très développé. **11** *[vêtements]* élégant, chic ; *[lignes d'une voiture, esthétique d'un produit]* élégant, *[voiture]* élégant, racé. **12** *[examen]* très attentif. **13** *[limitation]* strict. ✪ **at the ~ end** en première ligne ; **bring into ~ focus** mettre en évidence ; **come into ~ focus** susciter une attention considérable ; **~ practice** pratiques peu scrupuleuses, procédés indélicats ; **~ tongue** causticité, propension à tenir des propos incisifs ; **throw into ~ relief** mettre en évidence.

sharpen *v. Fig.* **I** *tr.* **1** rendre plus net ; préciser, définir de façon plus précise ; *Marketing* mieux définir *[image]* ; **it is time to ~ the company's image** il est temps de mieux définir l'image de l'entreprise ; **the speech delivered by the leader ~ed the focus of party workers** le discours prononcé par le chef de file du parti a permis aux militants de mieux cibler leurs efforts. **2** renforcer, accentuer, intensifier, raviver, attiser, aviver, envenimer, exacerber, accroître ; aggraver ; **fundamentalists ~ed their attacks on the West** les intégristes ont renforcé leurs attaques contre l'Occident ; **the incident ~ed their distrust of journalists** l'incident a accentué leur défiance vis-à-vis des journalistes. **3** améliorer, perfectionner, affiner, affûter, peaufiner ; développer *[aptitudes]* ; **the debate enabled her to ~ her arguments** le débat lui a permis d'affiner ses arguments. **II ~ up 1** améliorer ses performances. **2** rendre plus net, donner plus de contraste à.

Shatt-al-Arab *n.* Chatt al-Arab.

shatter *v.* **1** *tr.* briser *[rêve]* ; faire voler en éclats ; disloquer ; pulvériser *[record]*. **2** *intr.* voler en éclats. **3** *tr.* mettre/réduire en charpie. **4** *tr.* ébranler *[confiance]*, porter un coup fatal à, détruire, démolir, réduire à néant ; **this gaffe will ~ his reputation** cette gaffe portera un coup fatal à sa réputation.

shattering *adj.* terrible, effroyable, épouvantable, catastrophique, destructeur, *[coup]* très grave, très dur, *[expérience]* traumatisant, très éprouvant ; *[nouvelle]* consternant, stupéfiant ; *[défaite]* cuisant.

shatterproof glass verre de sécurité.

Shavuot *n. Judaïsme* Chavou'oth.

shed *v. tr.* **1** verser *[sang, larmes]*. **2** se débarrasser de ; se défaire de, se séparer de, licencier *[travailleurs]*, supprimer *[emplois]* ; **the company intends to ~ several unprofitable affiliates** la société a l'intention de se défaire de plusieurs filiales non rentables. **3** *Bourse* perdre ; **the company ~ $5.12, to $74.37** le cours de l'action de la société a perdu 5,12 dollars, pour s'établir à 74,37 dollars. **4 to ~ light on** *voir* light.

sheep breeding/farming élevage ovin.

sheepmeat *n.* viande ovine.

sheer *adj.* **1** pur (et simple), véritable, sans mélange ; **~ bad luck** pure malchance ; **~ malice** malveillance pure et simple ; **~ madness** *Fig.* folie furieuse ; **~ information** informations à l'état brut. **2** seul, simple, même ; **through ~ willpower she managed to overcome her disability** par sa seule force de volonté, elle est parvenue à surmonter son handicap ; **the ~ volume of information is problematic** le volume d'informations pose à lui seul un problème ; **it is a difficult task and the ~ amount of work is already disheartening** la tâche est difficile et le seul volume de travail suffit à décourager ; **the ~ presence of the police was enough to prevent violence** la simple présence de la police a suffi pour empêcher tout acte de violence ; **one problem was the ~ volume of evidence** le volume même des éléments de preuve faisait problème. **3** total, complet, absolu, sans bornes, considérable ; **we were astonished by the ~ naivety of the plan** la naïveté considérable du projet nous a étonnés.

sheet *n.* ✪ **~ anchor** *Fig.* fondement, pilier ; *[***the ~ anchor of our peace at home and safety abroad** le fondement de la paix dans le pays et de la sécurité en dehors de nos frontières*]* ; **~ feeder** *Inf.* introducteur automatique de feuilles.

sheik *n.* cheikh.

shelf *n.* ✪ **off-the-~** *adj.* immédiatement disponible, en stock ; tout prêt, prêt à l'emploi, standard ; **off-the-~ company** société prête à l'emploi *[son acquisition permet à un entrepreneur d'entamer immédiatement des activités quelconques]* ; **~ company** a) société écran, société fictive ; b) société prête à l'emploi *[son acquisition permet à un entrepreneur d'entamer immédiatement des activités quelconques]* ; **~ life** durée de conservation *[d'un aliment]*.

shell *v. tr.* bombarder, pilonner.

shell *n.* **1** *Inf.* a) interface *[= gestionnaire de fichiers]* ; b) interpréteur de commandes. **2** société écran. **3** *RU* société prête à l'emploi *[son acquisition permet à un entrepreneur d'entamer immédiatement des activités quelconques]*. **4** *Phys.* couche *[d'électrons]*. ✪ **~ casing** douille (de projectile) ; **~ company** a) société écran, société fictive ; b) *RU* société prête à l'emploi *[son acquisition permet à un entrepreneur d'entamer immédiatement des activités quelconques]* ; **~ game** duperie ; **~-shocked** *adj. Fig.* traumatisé.

shellfish *n.* crustacés. ✪ **~ farming** conchyliculture.

shelter *n.* **1** logement, hébergement, abri, toit ; **to give ~ to** loger, héberger, abriter *[personnes]*. **2** centre/foyer d'hébergement, foyer pour sans-abri.

sheltered workshop atelier protégé.

shelve *v. tr.* **1** ajourner, reporter (à plus tard), renvoyer à plus tard, différer, repousser indéfiniment, mettre en veilleuse, mettre de côté. **2** abandonner, écarter, renoncer à, classer, enterrer *[projet]* ; **the company ~d its plan to develop a new jet engine** l'entreprise a renoncé à mettre au point un nouveau moteur à réaction.

shepherd *v. tr. Fig.* **1** accompagner, favoriser, protéger, permettre de prospérer, entretenir soigneusement, cultiver, veiller à l'épanouissement de. **2** être responsable de, diriger, conduire, piloter, guider, veiller à la réalisation de/au bon déroulement de.

sheriff *n. ÉU* shérif. ✪ **~'s sale** vente forcée.

SHF (superhigh frequency) ondes centimétriques.

Shia(h) *n.* chiite.

shield *n. Nucl.* bouclier.

shift *v.* **1** *tr.* modifier. **2** *intr.* évoluer, se modifier, changer. **3** *tr.* changer de. **4** *tr.* réorienter, infléchir ; **the bank ~ed its focus to South America** la banque a réorienté ses activités vers les pays d'Amérique latine ; **to ~ Russia to a market economy** faire passer la Russie à l'économie de marché. **5** *intr.* changer d'orientation/de direction, se réorienter, s'infléchir. **6** *tr.* déplacer, décaler, transférer, redéployer ; répercuter *[hausse de prix] ;* **to ~ the blame on sb else** imputer la responsabilité à qqn d'autre ; **to ~ the tax burden to the better-off** déplacer le fardeau fiscal vers les couches de la population les plus aisées ; **to ~ one's attention to** porter son attention sur. **7** *intr.* se déplacer, glisser, passer ; **the company is ~ing away from semi-manufactured products to more value-added goods** l'entreprise abandonne progressivement la fabrication de produits semi-finis pour se consacrer davantage à la production de biens à plus forte valeur ajoutée ; **jobs are ~ing to the "tiger" economies** des emplois se déplacent vers les « tigres » ; **the emphasis is ~ing to service industries** on accorde une plus grande importance aux secteurs de service ; **the country quickly ~ed from an agricultural society to a technological one** le pays est passé rapidement d'une société agricole à une société technologique ; **support among women is ~ing from the extremists to the pragmatists** les femmes se détournent des extrémistes au profit des pragmatistes ; **the national agenda ~ed from foreign policy to economics** le centre des préoccupations nationales est passé de la politique étrangère à l'économie ; **the emphasis has ~ed from new building to rehabilitation** on privilégie désormais la rénovation au détriment de la construction neuve ; **investment is ~ing away from Asia toward Latin America** les investissements se déplacent de l'Asie à l'Amérique latine ; **the choice of university degree is ~ing towards those that offer employability and security** les étudiants ont maintenant tendance à donner la préférence aux études universitaires qui offrent des perspectives d'emploi et une plus grande sécurité ; **the reform seems to ~ the burden of taxes to the poorer** la réforme semble faire peser plus lourdement le fardeau fiscal sur les défavorisés. **II ~ back 1** revenir à. **2 to ~ sth back: the fundamentalists want to ~ the country back 500 years** les intégristes veulent ramener le pays 500 ans en arrière ; **to ~ back to** ramener à, restituer à ; **to ~ the attention back to an issue** remettre une question au centre des préoccupations. **III ~ towards** s'orienter vers.

shift *n.* **1** changement (d'orientation/de direction/d'attitude), modification, variation, évolution, transition ; réorientation, infléchissement, revirement ; **~ of emphasis** changement d'orientation ; **~ in priorities** changement de priorités ; **~ in policy** changement de politique, réorientation de la politique ; **there has been a ~ towards a much freer press** il s'est produit une évolution vers une presse beaucoup plus libre ; **the report argues for a ~ in investment towards environmentally-friendly projects** le rapport préconise un recentrage des investissements vers des projets respectueux de l'environnement. **2** déplacement, glissement, transfert, mouvement, passage ; **~ in supply curve** déplacement de la courbe de l'offre ; **there has been a gradual ~ in the meaning of "alien" from "foreign" towards "extraterrestrial"** il s'est produit un glissement progressif du sens du mot *alien* d'« étranger » à « extraterrestre » ; **the ~ to daylight saving time** le passage à l'heure d'été ; **major ~s between economic sectors** importantes redistributions entre secteurs économiques. **3** remplacement, substitution. **4** équipe *[de travailleurs] ;* poste, équipe *[= période de travail] ;* **he worked the night ~ for six months** il a travaillé dans l'équipe de nuit pendant six mois ; **the miners are expected to work 10-hour ~s** les ouvriers doivent travailler en postes de 10 heures. ✪ **~ away from** abandon de, rejet de ; *[***a general ~ away from intensive agriculture** un abandon général de l'agriculture intensive ; **the cities' gradual ~ away from manufacturing** l'abandon progressif des activités manufacturières par les villes ; **it was the beginning of the ~ away from heavy industry** il s'agissait du début du déclin de l'industrie lourde*] ;* **~ work** travail posté, travail en/par équipes (successives) ; **~ worker** travailleur posté, salarié travaillant en équipes successives.

shifting cultivation culture itinérante.

Shi'ite, Shiite *n., adj.* chiite.

shilling mark barre oblique.

Shining Path *Pérou* Sentier lumineux.

ship *v. tr.* **1** expédier. **2** commercialiser ; **the company no longer ~s the older type of printer** l'entreprise ne commercialise plus l'ancien modèle d'imprimante.

ship *n.* ✪ **~ agent** *Transp. mar.* consignataire de navire ; **~-broker** *n. Transp. mar.* courtier maritime ; **~-repair yard** chantier de réparation navale.

shipbuilding *n. Secteur* construction navale. ✪ **~ yard** chantier naval.

shipmaster *n. Transp. mar.* capitaine.

shipowner *n. Transp. mar.* armateur, armement.

shipped bill of lading *Transp. mar.* connaissement « à bord »/« embarqué ».

shipper *n. Transp.* expéditeur, chargeur.

shipping *n.* **1** navigation maritime, transports maritimes. **2** expédition. ✪ **~ agent** *Transp. mar.* consignataire de navire ; **~ and handling** *ÉU* frais administratifs et d'expédition ; **~ broker** courtier maritime ; **~ company** compagnie maritime ; **~ documents** documents d'expédition ; **~ exchange** Bourse maritime ; **~ lane** route de navigation ; couloir de navigation ; rail ; **~ line** compagnie maritime ; **~ route** route de navigation ; **~ services** services maritimes ; **~ ton** *shipping ton [= 40 pieds cubes ou 1,132* m^3*]*.

shock *v. tr.* **1** choquer, scandaliser. **2** bouleverser, consterner, atterrer, traumatiser.

shock *n.* ✪ **~ therapy** *Fig.* traitement de choc ; **~ wave** onde de choc.

shocking *adj.* **1** consternant, terrible, effroyable, épouvantable, atroce, stupéfiant ; *[coup]* très grave, très dur ; **~ news** nouvelle consternante. **2** choquant, scandaleux, éhonté, inacceptable, intolérable, répugnant, révoltant, abominable ; *[images]* horrifiant, insoutenable.

shoestring *n. Fig.* budget très limité/serré, moyens très limités ; **~ budget** budget très limité/serré ; **the company is a ~ operation** l'entreprise a un budget très serré ; **a research team who works on a ~** une équipe de recherche qui ne dispose que de moyens très limités.

shoo-in *n. ÉU* candidat dont l'élection est assurée ; projet de loi dont l'adoption ne fait pas de doute.

shoot *v.* **1** *tr.* tourner *[film]*. **2** *tr.* tirer sur. **3 ~ up** *[prix, monnaie]* monter en flèche. ✪ **shot dead** tué par balle(s).

shooting down destruction en vol *[d'un avion].*

shooting range stand de tir ; champ de tir.

shoot-out *n.* fusillade.

shoot-to-kill *adj. [répression]* visant délibérément à tuer, conçu pour tuer.

shop *v.* **~ around** comparer les prix, comparer avant d'acheter, faire jouer la concurrence, rechercher le(s) prix le(s) plus avantageux, rechercher l'offre la plus avantageuse, étudier le marché ; **to ~ around for the best price** rechercher le prix le plus avantageux ; **more customers are ~ping around for cheaper deals** un plus grand nombre de clients procèdent à des comparaisons pour obtenir une offre plus avantageuse.

shop *n.* **1** magasin. **2** atelier. ✪ **hold the ~** *Fam.* tenir la boutique ; **set up ~** *Fig. [entreprise]* s'établir ; **~ assistant** *RU* vendeur ; **~ floor** a) locaux industriels, ateliers ; (niveau de la) production ; b) ouvriers, main-d'œuvre (ouvrière) ; travailleurs ordinaires ; *[la]* base ; *[***~ floor employees/workers** ouvriers ; **the pay differential between the ~ floor and the board room** l'écart de rémunérations entre les ouvriers et les administrateurs*]* ; **~ steward** délégué syndical ; **talk ~** *Fam.* parler métier, parler boutique, discuter du boulot.

shopper *n. Publ.* journal gratuit.

shoplifting *n.* vol à l'étalage.

shopping *n.* ✪ **~ arcade** galerie marchande ; **~ area** quartier commerçant ; **~-bag lady** clocharde ; **~ basket** *Fig.* panier de la ménagère ; **~ cart** *ÉU* caddie ; *[***add to ~ cart** *Internet* commander cet article*]* ; **~ centre** centre commercial ; *Can.* centre d'achat(s) ; **~ district** quartier commerçant ; **~ goods** produits à achat réfléchi ; **~ hours** heures d'ouverture des magasins ; **~ list** *Fig.* liste de tâches à accomplir ; **~ mall** *ÉU* centre commercial ; *Can.* centre d'achat(s) ; **~ precinct** centre commercial ; *Can.* centre d'achat(s) ; **~ spree** razzia dans les magasins ; *Fig.* achats massifs/de grande ampleur, série spectaculaire d'achats, frénésie d'achats ; **~ trolley** *RU* caddie.

shore-based *adj.* terrestre.

short *adj.* **1** court, bref, *[rapport]* succinct, *[formation]* de courte durée ; **within a ~ time** à bref délai. **2** *[titre, nom]* abrégé. **3 (of)** qui manque de, à court de ; **to be ~ of manpower** manquer de main-d'œuvre ; **the government is two seats ~ of an overall majority** il manque au gouvernement deux sièges pour disposer de la majorité absolue ; **the family is constantly ~ of money** la famille manque constamment d'argent. ✪ **fall ~** ne pas répondre aux attentes ; *[***the inflation-control plan fell ~** le programme de lutte contre l'inflation n'a pas répondu aux attentes*]* ; **fall ~ of** être/rester inférieur à, rester en deçà de *[montant],* ne pas atteindre *[but]* ; ne pas constituer véritablement ; *[***to fall ~ of one's commitments** ne pas tenir pleinement ses engagements ; **to fall ~ of having done sth** ne pas avoir réussi à faire qqch. ; **job creation fell a good way ~ of last month's figures** le nombre d'emplois créés est resté nettement en deçà du niveau du mois dernier ; **results fell ~ of expectations** les résultats obtenus n'ont pas répondu aux attentes ; **the study's findings fell ~ of pointing the finger of blame at the education secretary** les résultats de l'étude n'ont pas été jusqu'à incriminer le ministre de l'Éducation ; **this statement falls ~ of an admission of guilt** cette déclaration ne constitue pas véritablement un aveu de culpabilité*]* ; **for ~** en abrégé ; **go ~** *Marché à terme, Options* se porter vendeur, prendre une position courte ; **in ~ order** sans tarder, rapidement, promptement, presque aussitôt, peu après, un peu plus tard ; **nothing ~ of** tout à fait ; **run ~** *[provisions]* être sur le point de s'épuiser ; *[***time is running ~** il ne reste plus beaucoup de temps*]* ; **run ~ of** commencer à manquer de/à être à court de ; **sell ~** a) vendre *[valeurs mobilières]* à découvert ; b) sous-estimer ; **~-dated bond** obligation à courte échéance ; **~ delivery** livraison incomplète ; poids insuffisant ; **in the ~ term** à court terme, dans l'immédiat ; **~ account** *Bourse* position à la baisse ; **~ bill** effet à courte échéance ; **~ bond** obligation à courte échéance ; **~-handed** *adj.* doté d'un personnel insuffisant, qui manque de personnel ; **~-haul airplane** (avion) court-courrier ; **~ hedge** *Bourse* position courte ; **~ list** première sélection, présélection ; liste des meilleurs candidats, liste des candidats les plus aptes, liste d'aptitude ; *[***the personnel manager drew up a ~ list of suitable applicants** le chef du personnel a sélectionné les candidats les plus valables*]* ; **~-lived** *adj.* de courte durée, éphémère, fugace ; *[***to be ~** ne pas durer, n'être qu'un feu de paille*]* ; **~ of** en deçà de ; sauf, à moins de, si ce n'est ; sans aller jusqu'à ; *[***little/nothing ~ of** tout à fait ; **the findings were little ~ of amazing** les conclusions étaient tout à fait étonnantes*]* ; **~ position** *Bourse* position courte ; **~-range** *adj. [missile]* à courte portée ; **~ sale** *Bourse* vente à découvert ; **~ seller** spéculateur à la baisse ; **~ selling** *Bourse* vente à découvert ; **~ sharp shock** sanction rapide et efficace ; **~ shrift** *[***to give sth ~ shrift/to make ~ shrift of sth** expédier qqch.*]* ; **~-staffed** *adj.* qui manque de personnel ; **~ story** nouvelle ; **~ supply** pénurie ; *[***to be in ~ supply** *[ressources]* être rare/difficile à se procurer, être trop peu nombreux, être en quantité insuffisante, être en nombre insuffisant, faire (cruellement) défaut, manquer ; **skills are in ~ supply** il existe une pénurie de qualifications*]* ; **~-takeoff-and-landing airplane** avion à décollage et atterrissage courts ; **~ temper** irascibilité ; **~-term** *adj.* à court terme, de courte durée ; **~-termism** *n.* vision à court terme, myopie ; **~-term memory** mémoire à court terme ; **~ time** temps partiel ; **~-time work(ing)** chômage partiel ; **~ ton** *ÉU* tonne courte *[= 2000 livres ou 907,2 kg]* ; **~ answer** formule lapidaire ; *[***the ~ answer is that** pour utiliser une formule lapidaire, en bref*]* ; **stop ~ of** ne pas aller jusqu'à, s'abstenir de, se garder de ; *[***they stopped ~ of advocating the legalization of cannabis** ils ne sont pas allés jusqu'à préconiser la légalisation du cannabis ; **the Prime Minister stopped ~ of criticizing the Chancellor of the Exchequer** le Premier ministre s'est abstenu de critiquer le Chancelier de l'Échiquier ; **the president stopped ~ of promising military support** le président n'a toutefois pas promis un soutien militaire*]*.

shortage *n.* pénurie *[d'eau],* déficit, manque ; **housing ~** crise du logement.

shortcoming *n.* insuffisance, faiblesse, inconvénient, carence, défaillance, manquement, lacune, point faible, imperfection, faille, défaut, déficience, défectuosité, tare, erreur.

shortfall *n.* **1** déficit. **2** pénurie, insuffisance (des fonds), fonds manquants ; manque à gagner ; montant manquant.

shorthand *n.* **~ for** abréviation de.

shortlist *v. tr.* présélectionner *[candidats],* inscrire sur la liste des meilleurs candidats/liste des candidats les plus aptes/liste d'aptitude.

shortly *adv.* prochainement ; incessamment.

shot *n.* ✪ **call the ~s** décider, être celui qui décide, prendre les décisions, dicter sa loi, tenir les leviers de commande ; **~ in the arm** *Fig.* ballon d'oxygène, coup de fouet.

shoulder *v. tr. Fig.* **1** assumer *[responsabilité].* **2** prendre à sa charge *[dépenses],* prendre en charge, supporter *[fardeau],* se charger de *[problème].*

shouting match altercation.

show *v.* **I** *tr.* **1** montrer, présenter, indiquer, faire apparaître, représenter, révéler, témoigner de, accuser, se solder par, illustrer, reproduire ; présenter *[caractéristiques, variations, symptômes],* reprendre, faire ressortir, mettre en évidence, afficher ; arborer *[pavillon] ;* **the report ~s inconsistencies** le rapport contient certaines contradictions ; **to be ~n** figurer, être repris ; se caractériser par, faire preuve de ; **to ~ an improvement of 5%** connaître une amélioration de 5 % ; **to ~ a deficit** accuser un déficit ; **to ~ a surplus** dégager un excédent ; **the second report ~s an improvement** le deuxième rapport témoigne d'une amélioration ; **infant mortality rates ~ huge variations** les taux de mortalité infantile accusent des variations considérables ; **all treated animals ~ed toxic nephrosis** tous les animaux traités présentaient une néphrose toxique ; **all our businesses ~ed a substantial improvement in profitability** toutes nos entreprises ont enregistré une importante amélioration de leur rentabilité. **2** manifester, faire preuve de *[sentiment, attitude],* faire montre de, montrer *[retenue],* se caractériser par. **II ~ for: to have sth to ~ for sth** avoir réalisé qqch., avoir obtenu des résultats, avoir retiré qqch. de qqch. ; **they have little to ~ for these weeks of negotiation** après des semaines de négociation, ils n'ont pas réalisé grand-chose ; **there is not yet much to ~ for all the investment** les résultats de tous ces investissements sont encore bien minces. **III ~ off 1** présenter. **2** faire étalage de. **IV ~ up 1** apparaître ; **a fact that does not ~ up in the statistics** une réalité qui n'apparaît pas dans les statistiques. **2** mettre en évidence, faire apparaître, révéler ; **tests on his clothes ~ed up human blood** les examens effectués sur ses vêtements ont mis en évidence la présence de sang humain ; **closer scrutiny ~ed up the same problem** un examen plus attentif a fait apparaître le même problème. **2** venir, se présenter, être présent.

show *n.* **1** salon ; **agricultural ~** salon de l'agriculture. **2** manifestation, expression, démonstration, témoignage, révélation, marque ; **~ of unity** manifestation d'unité. ✪ **~ business** monde du spectacle ; **~ flat** appartement témoin ; **~ house** maison témoin ; **~ of force** démonstration de force ; **~ of hands** vote à main levée ; **~ of strength** démonstration de force ; **~ trial** procès à grand spectacle, procès-spectacle.

showcase *v. tr.* présenter *[une réalisation]* exemplaire, montrer, exposer, mettre en évidence.

showcase *n. Fig.* vitrine, exemple édifiant ; **the company is a ~ for worker participation** l'entreprise est une vitrine de la participation des travailleurs à la gestion ; **the State Department hopes that South Korea will become a democracy ~ in Asia** le Département d'État espère que la Corée du Sud deviendra un exemple édifiant de démocratie pour l'Asie ; **one of the most striking ~s of the effects of an economic embargo** l'une des illustrations les plus frappantes d'un embargo économique ; **the museum is a ~ for local artists** le musée permet aux artistes de la région de montrer leur savoir-faire.

showcase *adj.* modèle.

showdown *n.* confrontation, grande explication, heure de vérité, épreuve de force.

showing *n.* **1** performance, prestation ; *Pol.* résultats électoraux *[d'un parti] ;* **a firm ~ of sterling against the D-Mark** la fermeté de la livre par rapport au deutschemark ; **the poor ~ of Labour in last week's vote** les mauvais résultats obtenus par les travaillistes lors du scrutin de la semaine dernière. **2** exposition.

showroom *n.* hall d'exposition ; *Can.* salle de montre.

shredder *n.* déchiqueteur, déchiqueteuse, destructeur de documents.

shrine *n.* **1** tombeau de saint. **2** reliquaire, châsse. **3** autel, chapelle, sanctuaire, église, temple, édifice religieux, lieu de culte/de prière.

shrink-wrapped *adj.* emballé sous cellophane/sous film rétractable.

shrug *v.* **~ off** rejeter *[allégation],* ne pas retenir, exclure *[possibilité],* écarter (avec dédain), ne pas prendre au sérieux ; dénier toute importance à, ne pas prêter foi à *[affirmation],* traiter *[rumeur]* par le mépris, dédaigner, considérer avec dédain, ignorer, faire fi de, laisser de côté/à l'écart, n'accorder aucune considération à, accueillir avec indifférence, rester indifférent à, faire peu de cas de, ne pas se soucier de, ne pas se préoccuper de.

shut *v.* **I** *tr.* fermer les portes de, interrompre les activités de ; paralyser (l'activité de) ; **Channel ports were ~ for several days during the lorry-drivers' action** les ports de la Manche ont été paralysés pendant plusieurs jours par le mouvement des routiers. **II ~ down 1** arrêter *[réacteur nucléaire] ;* couper *[moteur] ;* paralyser ; **the railway was briefly ~ down by the storm** le service ferroviaire a été interrompu pendant une brève période en raison de la tempête ; **a mistaken instruction ~ down the entire computer network** une instruction erronée a eu pour effet de mettre hors service l'ensemble du réseau informatique. **2** fermer *[entreprise],* mettre fin à *[activités],* mettre fin aux activités de *[service d'une entreprise, réseau criminel] ;* **to ~ down inefficient plants** fermer des usines peu performantes. **3** *[machine]* s'arrêter, *[entreprise, usine]* arrêter ses activités, fermer ses portes, *[usine]* être retiré du service ; **the sanctions will cause several factories to ~ down** les sanctions forceront plusieurs usines à arrêter leurs activités. **4** éteindre *[ordinateur],* mettre hors service *[machine].* **III ~ out** exclure, écarter, rejeter *[qqn].*

shut-in *n.* personne confinée à son domicile/incapable de sortir de chez elle.

shuttering *n. Construction* coffrage.

shuttle diplomacy diplomatie itinérante/de la navette.

shy *v.* **~ away from** éviter de, s'abstenir de, répugner à.

SI (International System of Units) SI (Système international d'unités).

SIB (Securities and Investment Board) *RU Securities and Investment Board [= organisme chargé de surveiller les entreprises du secteur financier].*

sibling *n.* frère ou sœur, membre de la fratrie ; *pl.* frères et sœurs.

sick *adj.* ✪ **~ and tired** *Fam. [***to be ~ and tired** en avoir ras le bol, en avoir sa claque, en avoir marre*] ;* **~ building syndrome** syndrome des bâtiments malsains ; **~ leave** congé de maladie ; **~ pay** indemnités de maladie *[versées par l'employeur].*

sickle-cell anaemia/disease anémie des cellules falciformes ; drépanocytose.

sickness *n.* ✪ **~ benefit** *RU* indemnités (journalières) de maladie *[versées par le régime de sécurité sociale] ;* **~ fund** caisse d'assurance maladie ; **~ insurance** assurance maladie ; **~ table** table de morbidité.

sickout *n. ÉU* grève prenant la forme d'absences pour maladie.

side *n.* **1** côté. **2** bord *[de la route].* **3** aspect, facette. **4** partie ; **the Japanese ~** la partie japonaise, les Japonais, le Japon ; **the two ~s of industry** les partenaires sociaux ; **the other ~ did not meet its commitments** l'autre partie n'a pas tenu ses engagements. **5** camp ; **to switch ~s** changer de camp ; **to take ~s** prendre parti. **6** aspect. **7 to be on the low ~** être plutôt bas ; **in order to be on the safe ~** par précaution, par mesure de sécurité, pour plus de sûreté. **8** *Math.* membre *[d'une équation] ;* **the left-hand ~ of the equation** le membre de gauche de l'équation. ✪ **~ by ~ with** parallèlement à ; *[***to exist ~ by ~ with** côtoyer*] ;* **~-effect** *n.* effet secondaire, conséquence (indirecte) ; **~ issue** *RU* question accessoire/secondaire.

sideshow *n.* manifestation/phénomène secondaire/périphérique/ sans importance, épiphénomène.

sidebar *n. ÉU* **1** *Journ.* encadré. **2** complément. **3 ~ (discussion/conference)** *Dr.* entretien en aparté/conciliabule entre le juge, le procureur et l'avocat de la défense.

sideline *v. tr. Fig.* mettre sur la touche, écarter/exclure *[qqn]* de la prise de décision ; reléguer *[qqch.]* au second plan.

sideline *n.* **1** activité/travail d'appoint/secondaire. **2 to sit/stay on the ~s** rester dans l'expectative, rester inactif, ne pas intervenir, être un observateur impuissant.

sideshow *n. Fig.* **1** question secondaire. **2** manifestation secondaire.

side-step *v. tr.* **1** esquiver *[question].* **2** contourner *[difficulté],* se dérober à.

side-track *v. tr.* **1** détourner l'attention de. **2** faire s'écarter *[qqn]* de son sujet, faire digresser, entraîner dans une digression. **3** faire dévier *[politique]* de son objet initial. **4** retarder, bloquer *[réforme].* **5** reléguer *[problème]* au second plan.

SIDS (sudden infant death syndrome) syndrome de la mort subite du nourrisson.

Siena *n. Italie* Sienne.

Sierra Leone *n. [la]* Sierra Leone.

Sierra Leonean *adj.* sierra-léonais.

sight *n.* ✪ **~ bill** lettre de change à vue ; **~ debt** dette à vue ; **~ deposit** *Banque* dépôt à vue ; **~ letter of credit** lettre de crédit à vue ; **~ unseen** ni vu ni connu.

sighting *n.* observation ; apparition ; **UFO ~** observation d'OVNI ; **there have been several ~s of lynxes recently** des lynx ont été aperçus à plusieurs reprises ces derniers temps ; **the last ~ of the victim** la dernière fois que la victime a été aperçue.

sign *v.* **I** *tr.* signer *[lettre, accord, chèque] ;* **to ~ a bill into law** *ÉU* promulguer une loi. **2** *tr.* dédicacer *[livre].* **II ~ away** renoncer par écrit à, céder *[droit].* **III ~ in** signer le registre *[lors de son arrivée].* **IV ~ off 1** démissionner. **2** conclure. **3** prendre congé. **4** *[station de radio/télévision]* interrompre ses émissions ; **the local TV station ~s off at midnight** les émissions de la station de télévision locale prennent fin à minuit. **V ~ off from** *Internet* se désabonner *[d'une liste de diffusion].* **VI ~ off on** *ÉU* autoriser, marquer son accord sur. **VII ~ on 1** commencer à travailler. **2** s'engager *[dans l'armée].* **3** recruter, engager *[travailleur].* **4** *[station de radio/télévision]* reprendre ses émissions. **5** *RU* être au chômage. **VIII ~ on with** accepter un emploi auprès de. **IX ~ out** signer le registre *[lors de son départ].* **X ~ over** transférer, transmettre la propriété de *[bien].* **XI ~ up 1** s'inscrire. **2** recruter *[membre, travailleur],* engager *[travailleur] ;* signer un contrat avec ; *[université]* admettre *[étudiant].* **XII ~ up for** s'inscrire à *[cours],* conclure un contrat d'emploi de, accepter un emploi offert par *[entreprise],* s'engager dans *[l'armée],* s'abonner à *[service],* adhérer à *[accord].* **XIII ~ up to** souscrire à *[accord] ;* **to be ~ed up to** souscrire à *[idée].* **XIV ~ up with** conclure un contrat avec.

sign *n.* **1** signe ; **the ~s are that** tout donne à penser que. **2** panneau *[de signalisation],* écriteau. **3** enseigne ; **neon ~** enseigne (lumineuse) au néon. ✪ **~ language** langue des signes *[utilisée par les sourds].*

signal *v. tr.* **1 (to)** faire signe de ; ordonner de ; donner le signal de. **2** manifester *[intention, mécontentement].* **3** annoncer, marquer *[le début/la fin de qqch.],* laisser entrevoir. **4** donner le coup d'envoi de ; **John Smith's death ~led another leadership contest** la mort de John Smith a donné le coup d'envoi d'une nouvelle bataille pour le poste de chef de file du parti. **5** indiquer, être le signe de ; **the statement ~led the possibility of a settlement** la déclaration a laissé entrevoir la possibilité d'un règlement.

signal *n.* ✪ **~ processing** *Inf.* traitement du signal ; **~-to-noise ratio** rapport signal-bruit.

signal *adj.* remarquable, *[succès, victoire]* éclatant, *[échec]* retentissant.

signally *adv.* manifestement, singulièrement.

significance *n.* importance ; portée, dimension ; répercussions ; **the choice of a Polish pontiff had a greater ~ than most people first realized** l'élection d'un pape polonais a eu une portée plus importante que la plupart des observateurs ne l'ont imaginé initialement. ✪ **~ level** *Stat.* niveau de signification.

significant *adj.* **1** important, appréciable, tangible, sensible, net, fort, marqué, prononcé, substantiel, non négligeable, notable, lourd de conséquences, marquant, vigoureux ; **the dispatch of the aircraft carrier was a most ~ initiative** l'envoi du porte-avions a constitué une initiative extrêmement importante ; **a ~ number of** bon nombre de. **2** significatif, révélateur, symptomatique ; **statistically ~** statistiquement significatif. ✪ **~ other** a) partenaire *[= concubin] ;* b) proche.

significantly *adv.* beaucoup, nettement ; **~ more** beaucoup plus ; **more ~** surtout.

signing bonus prime d'entrée en service.

signoff *n.* approbation, autorisation, visa.

sign-on bonus prime d'entrée en service.

signpost *v. tr.* indiquer.

signpost *n. Fig.* **1** indication. **2** signe avant-coureur ; **to be a ~ of** préfigurer, laisser entrevoir.

silence *v. tr.* faire taire *[les armes, la presse],* réduire au silence, museler.

silent *adj. Dr.* muet. ✪ **~ partner** commanditaire.

silicon *n.* silicium.

silk *n. Dr. Angl.* avocat chevronné, *Queen's Counsel* ; **to take ~** accéder au rang de *Queen's Counsel.* ✪ **~ farm** magnanerie ; **~ farming** sériciculture.

silkscreen *n.* sérigraphie *[= procédé ou œuvre réalisée par ce procédé].* ✪ **~ process** sérigraphie *[= procédé].*

silly season *Journ.* période pendant laquelle les journalistes sont en manque de copie/n'ont pas grand-chose à se mettre sous la dent, période pauvre en nouvelles sérieuses ; **this year stories about haunted houses were frequent during the ~** cette année, pendant la période pauvre en nouvelles sérieuses, les articles sur des maisons hantées ont été nombreux dans la presse.

silting *n.* envasement.

silver *n. Fin.* argent-métal. ✪ **~ screen** écran de cinéma ; *Fig.* grand écran.

silverfish *n.* **1** silverfish *[désigne divers poissons argentés].* **2** petit poisson d'argent, lépisme.

simian immunodeficiency virus virus de l'immunodéficience du singe.

similar *adj.* analogue, similaire, semblable, de ce type, du même type, approchant, voisin ; **to be ~ to** s'apparenter à.

similarly *adv.* de même, de façon similaire.

simple *adj.* ✪ **keep it ~** la simplicité avant tout, ne pas chercher midi à 14 heures, éviter de compliquer les choses ; **~ contract** contrat verbal *[par opp. à deed] ;* **~ larceny** *Dr. ÉU* vol simple ; **~ majority** *ÉU* majorité absolue ; **~ majority system** *RU* scrutin majoritaire à un tour ; **~ trust** *Dr. trust/*fiducie simple.

Singaporean *adj.* singapourien.

single *v.* **~ out 1** mentionner plus/tout particulièrement, désigner, épingler, montrer du doigt, mettre le doigt sur, isoler, sélectionner, porter son choix sur, retenir, repérer, mettre en évidence, **to ~ out as** désigner comme ; **the draft report ~d out seven areas** le projet de rapport a mis en évidence sept domaines ; **the journalist's reports from Africa were ~d out for special praise** les reportages d'Afrique du journaliste ont fait l'objet d'éloges appuyés ; **the jury ~d out the young painter for special approval** le jury s'est montré particulièrement élogieux à l'égard du jeune peintre. **2** s'en prendre particulièrement à, stigmatiser, réserver un traitement particulier à, traiter différemment ; **to be ~d out** être spécifiquement visé ; **the journalist did not know why he was ~d out for expulsion** le journaliste ignorait pourquoi lui en particulier faisait l'objet d'une mesure d'expulsion ; **local estate agents were ~d out for special criticism** les agents immobiliers locaux ont été plus particulièrement critiqués ; **he ~d out the PLO for blame while ignoring the continued building of Jewish settlements** il a fait de l'OLP la cible unique de ses critiques, sans tenir compte de la poursuite de la construction de colonies juives ; **the private car was ~d out as the greatest cause of air pollution** il a été indiqué que la voiture particulière était la principale cause de pollution atmosphérique ; **it would be too easy to ~ her out as a scapegoat** il serait trop facile de faire d'elle un bouc émissaire. **3 (from)** *[caractéristique, qualité]* distinguer *[qqn]* de *[qqn d'autre].*

single *adj.* pris isolément, à lui tout seul ; **paying back the national debt is the country's largest ~ expenditure** le remboursement de la dette nationale représente la plus importante dépense du pays. ✪ **~ allowance** *Fisc.* abattement pour personne seule ; **~-blind trial** essai à simple insu, essai en simple aveugle ; **~ bond** reconnaissance de dette inconditionnelle ; **~-celled** *adj. [organisme]* unicellulaire ; **~-chamber** *adj. Pol.* monocaméral ; **~-crop farming** monoculture ; **~-drive** *adj.* à un essieu moteur ; **~-entry bookkeeping** comptabilité en partie simple ; **Single European Act** *UE* Acte unique européen ; **~ European market** marché unique européen ; **~ figure** nombre inférieur à 10 ; *[***inflation will soon be down to ~ figures** l'inflation sera prochainement ramenée à moins de 10 %*] ;* **~ file** file indienne ; **~-handed(ly)** tout seul, sans aide extérieure ; **~-issue** *adj. [association]* axé sur un problème unique, faisant campagne sur une question unique ; **~ market** *UE* marché unique ; **~-minded** *adj.* a) *[programme]* orienté vers un but unique ; b) *[personne]* accaparé par un but unique, résolu, obstiné ; *[***to be ~-minded** n'avoir qu'une idée en tête, ne s'intéresser qu'à une seule chose, n'avoir qu'un seul centre d'intérêt*] ;* **~-mindedly** *adv.* en n'ayant qu'une idée en tête ; **~ mother** mère célibataire ; **~ parent** parent seul/isolé/sans conjoint ; **~-parent family** famille monoparentale ; **~ parenthood** situation monoparentale ; **~ person('s) allowance** *Fisc.* abattement pour personne seule ; **~ premium policy** *Ass.* police à prime unique ; **~ proprietorship** entreprise individuelle ; **~-purpose** *adj.* à fonction unique ; **~ room** chambre pour une personne ; **~-sex** *adj.* non mixte, homogène sur le plan sexuel, sexuellement homogène/ségrégué, distinct pour chaque sexe ; **~-sex school** école non mixte ; **~ spacing** interligne simple ; **~ span bridge** pont à travée unique ; **~ tendering** procédure d'attribution de marché de gré à gré, (passation sous forme de) marché négocié ; **~ ticket** aller simple ; **~-use** *adj.* à usage unique.

singleness of purpose détermination.

signature *adj.* caractéristique.

signature tune indicatif *[d'une émission].*

Sinhalese *adj.* cinghalais.

sinister *adj.* **1** sinistre. **2** répréhensible, inavouable, peu recommandable, condamnable, irrégulier, illégitime, illicite, grave, sérieux, préoccupant, inquiétant, négatif ; **it was found that the Conservative Party had received funds from a company involved in ~ activities** il est apparu que le Parti conservateur avait reçu des fonds d'une entreprise qui se livrait à des activités répréhensibles ; **he avoided the phrase "gene splicing" because of its ~ associations** il a évité l'expression « manipulation génétique » en raison de sa connotation négative.

sink *v. Fig.* **1** *tr.* faire capoter. **2 ~ in** être compris.

sink *n. Env.* puits *[= voie d'élimination d'une substance chimique] ;* **carbon ~** puits de carbone.

sinking fund fonds d'amortissement.

siphon *v. Fig.* **1** *tr.* détourner *[fonds].* **2 ~ off** détourner *[fonds].*

sister *n.* ✪ **~ organization** organisation apparentée ; **~ ship** navire-jumeau.

sit *v.* **I 1** *intr. [juge, parlementaire]* siéger, *[parlement]* être en session ; **to ~ on a committee** siéger à un comité, faire partie d'un comité ; **it is here the parliament ~s** c'est ici le siège du parlement. **2** *tr.* passer *[examen].* **II ~ for** passer *[examen].* **III ~ in** suivre les cours en qualité d'auditeur libre. **IV ~ in on** assister à. **V ~ in for** remplacer *[qqn].* **VI ~ out 1** ne pas participer à, rester en dehors de. **2** accomplir *[mandat]* jusqu'au bout.

sitcom *n. TV* sitcom *[f.].*

sit-down *n. voir* sit-in.

site *v. tr.* implanter, établir *[usine].*

site *n.* **1** situation, emplacement, lieu, endroit, position ; aire ; **accident ~** lieu de l'accident. **2** terrain ; siège ; centre ; lieu d'implantation *[d'une entreprise] ;* **caravan ~** terrain de caravaning ; **manufacturing ~** centre de production, usine. **3** chantier ; **construction ~** chantier (de construction) ; **dam ~** chantier de construction de barrage. **4** localisation, siège *[d'une affection, d'un cancer].* **5** site *[Internet].* ✪ **off-~** *adv.* à l'extérieur ; **on-~** *adv.* sur place ; **on-~ maintenance** *Inf.* maintenance sur site ; **~ development** aménagement du terrain ;

~ **map** *Internet* plan du site ; ~ **of special scientific interest** *RU* site présentant un intérêt scientifique particulier.

sit-in *n.* **1** grève sur le tas, (grève avec) occupation de l'usine/des locaux/de l'entreprise. **2** sit-in, obstruction de la voie publique.

siting *n.* **1** (lieu d') implantation *[d'une usine]*, installation, localisation, emplacement. **2** choix de l'emplacement.

sitting *n.* séance *[d'une assemblée législative]*, audience *[d'un tribunal]*.

sitting *adj. Pol.* en poste ; *[député]* sortant. ✪ ~ **duck/target** cible facile/toute désignée/de choix/privilégiée/idéale, objectif très vulnérable.

SIV (simian immunodeficiency virus) VIS (virus de l'immunodéficience du singe).

sixth form *RU* cycle supérieur de l'enseignement secondaire. ✪ ~ **college** école du cycle supérieur de l'enseignement secondaire *[organise des études réparties sur deux années et destinées à des élèves âgés de 16 à 18 ans]*.

sixties *n. pl. cf.* forties.

size *v. tr.* **1** calibrer. **2** évaluer, jauger.

size *n.* taille, dimensions, importance (numérique), volume ; effectifs ; **the ~ of the committee was criticized** on a critiqué le nombre élevé des membres du comité.

sizeable *adj. [augmentation]* appréciable, non négligeable, important, de taille ; **a ~ delegation** une importante délégation.

Sjælland *n. Danemark* Seeland.

skein *n. Fig.* (toute une) série.

skeletal *adj. Fig.* réduit au minimum ; **in ~ form** sous forme d'ébauche ; **the country's infrastructure is still ~** les infrastructures du pays sont encore très peu développées.

skeleton *n. Fig.* **1** ossature *[d'un bâtiment/système]*. **2** schéma *[d'un livre]*. ✪ ~ **key** passe-partout ; ~ **service** service minimum ; permanence ; ~ **staff/team** permanence ; équipe réduite, nombre très réduit d'agents, personnel très réduit.

skeleton *adj. [exposé]* schématique, succinct ; **they have put forward a ~ proposal** ils ont présenté une proposition schématique.

skew *v. tr.* fausser *[résultats d'une étude]*.

skew *adj. Stat. [courbe]* asymétrique.

skewed *adj.* **1** faussé. **2** *Stat. [courbe]* asymétrique ; **positively ~** étalé vers la gauche ; **negatively ~** étalé vers la droite ~ **left** *[distribution]* étalé vers la gauche ; ~ **right** *[distribution]* étalé vers la droite.

skewness *n. Stat.* asymétrie.

Ski-doo, skidoo *n.* scooter des neiges, motoneige.

skid row *ÉU* quartier fréquenté par des alcooliques et des clochards ; ~ **hotel** hôtel borgne.

skilful *adj.* habile, expert, compétent.

skill *n.* qualification, aptitude, capacité, compétence, savoir-faire, technique, disposition, don, facilité, bagage, talent. ✪ ~ **centre** *RU* centre de formation professionnelle ; ~ **mix** combinaison équilibrée de compétences *[au sein d'une équipe de travailleurs]*.

skilfully *adv.* habilement, avec compétence, avec savoir-faire.

skilled *adj. [main-d'œuvre]* qualifié ; compétent ; **highly ~ in** passé maître dans l'art de.

skim *v.* **1** *tr.* parcourir, survoler, lire en diagonale *[article, livre]*, feuilleter *[livre]*. **2** ~ **through** parcourir, survoler, lire en diagonale *[article, livre]*, feuilleter *[livre]*. **3** ~ **over** survoler *[sujet]*.

skimming *n. Marketing* écrémage.

skimobile *n.* autoneige.

skin *adj.* cutané ; ~ **infection** infection cutanée. ✪ ~ **patch** timbre.

skin patch timbre, dispositif transdermique.

skycap *n. Transp. aériens* porteur.

sky-high *adj. [prix]* exorbitant, prohibitif, faramineux, astronomique, *[taux d'inflation]* extrêmement élevé ; *[confiance]* illimité, *[moral]* au plus haut.

skyjack *v. tr.* détourner *[avion]*.

skyjacker *n.* pirate de l'air, auteur de détournement.

skyrocket *v. intr. [prix]* s'envoler, grimper/monter en flèche, flamber, *[dépenses]* exploser, s'envoler, *[ventes]* augmenter spectaculairement.

skytrooper *n.* parachutiste.

skyway *n.* **1** voie aérienne. **2** route surélevée.

slack *n. Écon.* ralentissement/baisse de l'activité, baisse de la production ; phase de basse conjoncture ; capacités/ressources inutilisées/inemployées ; sous-emploi, sous-utilisation *[d'un facteur de production]* ; **to take up the ~** a) utiliser des capacités inemployées, réduire les capacités inutilisées ; accroître l'activité ; b) compenser le ralentissement de l'activité ; compenser l'absence/la diminution *[de qqch.]*, combler le vide *[laissé par qqch.]* ; **the information technologies should help take up the ~ resulting from the decline of manufacturing** les technologies de l'information devraient contribuer à compenser la réduction de l'activité qui résulte du déclin de l'industrie manufacturière ; **to take up the ~ of** compenser *[baisse des exportations]*.

slack *adj. Écon. [activité]* calme, languissant, *[marché]* languissant, déprimé, morose, *[demande]* déprimé, peu soutenu ; ~ **season** morte saison ; ~ **periods** périodes creuses d'activité.

slacken *v. intr.* baisser, (se) ralentir, fléchir, s'affaiblir.

slander *n. Dr.* diffamation *[orale]*.

slant *n. Fig.* **1** façon d'envisager les choses, optique, perspective, point de vue, orientation, tendance, inclination. **2** aspect privilégié, dominante, importance, place importante/de choix, accent. **3** coloration ; touche ; sous-entendus, connotation, relents.

slap on the wrist *Fig.* sanction dérisoire.

slash *v. tr.* réduire considérablement/fortement/radicalement *[dépenses, effectifs, dividendes]*, sabrer/tailler dans, faire des coupes claires dans *[dépenses, budget, effectifs]*, amputer *[budget]*, casser *[prix]* ; **the company ~ed its payroll** l'entreprise a réduit considérablement ses effectifs ; **Compaq ~ed the price of its best-selling computer** Compaq a fortement réduit le prix de son ordinateur qui se vend le mieux.

slash *n.* barre oblique. ✪ ~ **mark** barre oblique.

slash-and-burn agriculture culture sur brûlis.

slate *n. Fig.* **1** liste *[de candidats/de films/de séries télévisées/d'émissions de télévision]*. **2** nouveau départ ; **with a clean ~** en repartant sur des bases nouvelles, en faisant table rase du passé ; sans passé compromettant ; sans handicap, sans traîner de boulet ; **to wipe the ~ clean** remettre les compteurs à zéro ; tourner la page ; **to start from a clean ~** partir de zéro. **3 blank ~** a) page blanche/vierge ; b) *voir* clean slate ; **is the mind of a newborn child a blank ~?** l'esprit d'un nouveau-né est-il une page blanche ?

slaughter animals animaux de boucherie.

slave labour 1 travail servile, travail de personnes réduites en servitude. **2** main-d'œuvre astreinte à des travaux forcés. **3** travaux forcés. ✪ **~ camp** camp de travail.

SLBM (submarine-launched ballistic missile) missile balistique installé à bord d'un sous-marin.

SLCM (sea-launched cruise missile) missile de croisière installé à bord d'un navire.

sleaze *n. Pol. RU* inconduite, immoralité, malhonnêteté, agissements inavouables, pratiques peu scrupuleuses ; scandale(s), affaires ; **the ~ factor** les affaires, les scandales.

sleep *n.* ✪ **put to ~** a) anesthésier ; b) *Fig.* avoir un effet soporifique sur, ennuyer mortellement ; c) euthanasier *[animal]*.

sleeper *n.* agent dormant.

sleeping partner *Dr.* commanditaire.

slick *adj.* **1** *[personne]* suave, mielleux. **2** *[personne]* adroit, habile, ingénieux, astucieux, (un peu trop) habile, plein de bagout. **3** *[chose, action]* réalisé habilement, ingénieux, (superficiellement) attrayant, (extérieurement) brillant, (un peu trop) séduisant ; tapageur, de mauvais goût ; **this ~ presentation will not alter the reality** cette représentation séduisante des choses ne modifiera en rien la réalité.

slide magazine panier.

sliding *adj.* ✪ **~ parity** parité glissante ; **~ scale** barème/taux variable ; tarif variable/dégressif ; *[***the contributions of the Member States will be calculated on a ~ scale linked to ability to pay** les contributions des États membres seront calculées selon un barème dégressif lié à leurs ressources*]*.

slip *v.* **1** *intr. Bourse* perdre du terrain. **2 ~ into** se livrer à, s'adonner à, céder à, verser dans, se laisser aller à, sacrifier à ; se rendre coupable de, commettre.

slip *n.* **1** bordereau. **2** a) cale de construction ; b) cale de radoub. **3** erreur, raté, lapsus. **4** gaffe. **5** baisse. ✪ **~ case** coffret *[d'un livre]* ; **~ of the tongue** *lapsus linguae* ; **~ of the pen** *lapsus calami* ; **~ road** a) bretelle *[d'accès ou de* sortie*]* ; b) rocade.

slippery slope doigt dans l'engrenage.

slipway *n.* cale de halage.

slope *n. Stat.* pente *[d'une droite]*.

slot *n.* **1** *Transp. aériens* créneau. **2** poste (vacant). ✪ **~ machine** a) machine à sous ; b) distributeur automatique.

slow *adj.* ✪ **go ~** *Rel. du travail* ralentir les cadences, faire la grève perlée ; **~ learner** élève en difficulté ; **~-release** *adj. [médicament]* retard, à libération lente.

slow-down strike *ÉU* grève perlée, ralentissement des cadences.

sluggish *adj. [marché financier]* déprimé, léthargique, languissant, maussade, morose, *[demande]* peu soutenu, *[croissance]* anémique, *[cours]* déprimé, *[économie]* en stagnation ; **~ investment** marasme de l'investissement.

sluggishness *n.* lenteur, torpeur, léthargie, marasme, atonie.

sluice-gate price *UE* prix d'écluse.

slum *n.* taudis, logements insalubres ; **~ clearance** démolition des taudis.

slumlord *n.* propriétaire de taudis.

slump *n.* **1** récession, fort ralentissement de l'activité (économique). **2** forte baisse, chute *[des prix, de la production, des investissements]*.

slumpflation *n. Écon.* slumpflation.

slush fund caisse noire.

small *adj.* petit, exigu. ✪ **~ boat** bâtiment/navire de faible tonnage ; **~ change** menue monnaie ; **~ comfort** maigre/piètre consolation ; *[***to be ~ comfort** ne pas être d'un grand secours, ne pas servir à grand-chose*]* ; **~ craft** bâtiment/navire de faible tonnage ; **~ farmer** petit exploitant ; **~ investor** petit épargnant ; petit porteur ; **~-scale** *adj.* de faible ampleur, petit, limité, d'envergure limitée ; **Small Magellanic Cloud** Petit Nuage de Magellan ; **~-minded** *adj.* mesquin ; **~ print** clauses imprimées en petits caractères/en caractères minuscules ; *Fig.* détail des clauses, clauses peu apparentes ; *[***the ~ print of the contract should be read carefully** il faut lire soigneusement le détail des clauses du contrat*]* ; **~ saver certificate** *ÉU* dépôt à terme à taux fixe *[échéance de 18 mois]* ; **~ scale** petite échelle ; *[***on a ~ scale** sur une petite échelle*]* ; **~-scale** *adj.* petit, d'ampleur limitée, de faible envergure, *[activité]* artisanal ; **~-size** *adj.* réduit, petit ; **~ talk** conversation (anodine), menus propos ; *[***to make ~ talk** parler de choses et d'autres, faire la conversation*]* ; **~ vessel** bâtiment/navire de faible tonnage.

smallholder *n.* petit exploitant/agriculteur.

smart *adj.* **1** intelligent, avisé. **2** élégant, chic. ✪ **~ bomb** bombe autoguidée ; **~ card** carte à microprocesseur, carte à puce ; **~ drug** médicament nootrope ; **~ money** a) *Dr.* dommages-intérêts punitifs ; b) *Fig.* gens avisés.

smash hit grand succès.

smear *n.* **1** dénigrement ; **~ campaign** campagne de dénigrement. **2** *Méd.* frottis. ✪ **~ test** *Méd.* examen de frottis.

smelting *n.* extraction de métal/métaux par fusion. ✪ **~ furnace** four de fusion ; **~ plant** fonderie.

SMEs (small and medium-sized enterprises) PME (petites et moyennes entreprises).

smiley (face) *n. Inf.* binette.

smoke *n.* ✪ **~ alarm** détecteur de fumée ; **~ and mirrors** *Fig.* poudre aux yeux, miroir aux alouettes, esbroufe, attrape-nigaud ; **~ bomb** bombe fumigène ; **~ detector** détecteur de fumée ; **~-free** *adj.* non-fumeurs ; *[***~-free working environment** cadre de travail non-fumeurs*]* ; **~ hood** *Transp. aériens* capuchon antifumée ; **~ plume** panache de fumée ; **~ screen** *Fig.* écran de fumée.

smokestack industries industries traditionnelles.

smoking *n.* tabagisme. ✪ **~ cessation** arrêt du tabac, sevrage tabagique.

smoking gun *Fig.* preuve incontestable/irréfutable/accablante.

smooth *v.* **1** *tr.* faciliter. **2 ~ out** lisser *[courbe].*

smooth *adj.* sans heurts, en douceur, bon, harmonieux, aisé, facile, souple, ordonné, régulier, graduel, fluide, progressif, bien organisé, bien huilé ; **~ operation** bon fonctionnement, bonne marche ; **~ transition** transition sans heurts/sans accroc/en douceur ; **in order to ensure a ~ customs clearance** pour que le dédouanement se déroule sans problème. ✪ **~ muscle** muscle lisse.

smoothed curve courbe lissée.

smoothing *n.* lissage *[d'une courbe].*

smoothly *adv.* en douceur, sans difficulté, bien, sans incident, sans heurts, sans accroc, harmonieusement, sans encombre, sans anicroche, sans bavure, sans douleur, souplement, en souplesse, sans à-coups, régulièrement, graduellement, progressivement ; **to work ~** bien fonctionner ; **operating ~** bien rodé ; **the system runs ~** le système fonctionne bien.

smorgasbord *n. Fig.* large éventail/gamme, toute une gamme/série ; **a ~ of proposals** des propositions très diverses, un large éventail de propositions.

smuggle *v.* **1** *tr.* (faire) passer/introduire en contrebande, introduire/faire entrer en fraude/illégalement, faire la contrebande de *[produits],* faire entrer clandestinement *[immigrants].* **2 ~ in** introduire en contrebande, introduire/faire entrer en fraude *[produits],* faire entrer clandestinement *[immigrants].* **3 ~ out** faire sortir *[qqn]* clandestinement, sortir/(faire) passer *[qqch.]* clandestinement/en fraude ; faire sortir en cachette/en douce/discrètement ; **a video on labour camps was ~d out of China** un film vidéo sur des camps de travail a été sorti clandestinement de Chine.

smuggler *n.* passeur *[de drogue].*

smuggling *n.* contrebande ; passage en fraude ; introduction clandestine *[d'êtres humains].*

S/N (serial number) numéro de série *[d'un produit].*

SNA (System of National Accounts) SNC (Système de comptabilité nationale).

snack *n.* **1** collation. **2** aliment (destiné à être) consommé en dehors des repas ; **~ foods** aliments (destinés à être) consommés en dehors des repas.

snafu *n. Fam.* pagaille, binz.

snailmail *n.* courrier postal.

snap *n.* **in a ~** en un rien de temps.

snap *adj. [décision]* instantané, soudain, hâtif, improvisé, irréfléchi ; *[réaction]* immédiat, *[action]* inopiné, impromptu, effectué à l'improviste. ✪ **~ decision** décision prise sans trop réfléchir, coup de tête ; **~ election** élection(s) anticipée(s) ; **~ sample** *Env.* échantillon ponctuel.

snappy *adj. [slogan, titre]* percutant.

snapshot *n. Fig.* aperçu, instantané.

sneakers *n. pl. ÉU* tennis, baskets ; *Can.* espadrilles.

sneak preview avant-première.

SNG (substitute natural gas) gaz naturel de substitution.

sniffer dog chien renifleur, chien de détection, chien détecteur de drogue.

sniper *n.* **1** tireur isolé/embusqué. **2** tireur d'élite.

snow cover manteau neigeux.

snowball effect effet d'entraînement, effet « boule de neige ».

Snowbelt *n.* partie septentrionale des États-Unis.

snowcat *n.* autoneige.

snow *n.* ✪ **~ cover** couvert neigeux ; **~ line** ligne des neiges.

snowmobile *n.* autoneige.

SNP (Scottish National Party) Parti national écossais.

snuff *n.* **1** tabac à priser. **2** tabac à usage oral.

so *adv.* ✪ **or ~** environ ; **~ far** a) jusqu'à présent, à ce jour, pour le moment, pour l'heure ; b) jusqu'à un certain point ; *[***the donation to the charity will only go ~ far** le don versé à l'organisation charitable ne pourra financer indéfiniment ses activités ; **customers' loyalty only goes ~ far** la loyauté des clients n'est pas illimitée*]* ; **~ far, ~ good** jusqu'à présent, tout va bien, jusqu'ici, pas de problème ; **~ many** *[***the country can only take ~ many refugees** il y a des limites au nombre de réfugiés que le pays peut accueillir*]* ; **~ much** *[***the country can produce only ~ much wheat** le pays ne peut produire des quantités illimitées de blé ; **a security company can only provide ~ much protection** une entreprise de sécurité ne peut offrir une protection illimitée*]* ; **~ much for** c'en est fini de, on ne doit plus compter sur, voilà qui en dit long sur ; **~ much ~ that** tant et si bien que.

soap (opera) feuilleton à l'eau de rose, feuilleton radiophonique/télévisé (populaire).

soar *v. intr. [cours, prix]* bondir, faire un bond, monter en flèche, s'envoler, flamber.

sober *adj.* **1 to be ~** ne pas avoir bu, ne pas être ivre. **2** *[personne]* réaliste, lucide, posé, *[évaluation]* réaliste. **3** calme, posé ; sérieux. **4** sobre, dépouillé.

sobering *adj.* (assez) peu réjouissant/rassurant/encourageant/ enthousiasmant, qui ne prête guère à l'optimisme, moins exaltant, de nature à tempérer l'enthousiasme/l'optimisme, qui donne à réfléchir, qui ramène aux réalités, plus réaliste, empreint de réalisme ; **~ effect** effet d'une douche froide ; **~ experience** dur réveil, leçon d'humilité ; **~ thought** réflexion qui n'incite guère à l'optimisme, réflexion de nature à refroidir l'enthousiasme ; **the Chancellor of the Exchequer struck a ~ note when he began to speak about "hard choices"** le chancelier de l'Échiquier a ramené aux réalités lorsqu'il s'est mis à parler de « choix difficiles » ; **this is a ~ fact** voilà qui n'incite pas à l'autosatisfaction ; **the most ~ discovery was that the Oklahoma City bombers were "patriotic" Americans** ce qui a donné le plus à réfléchir, c'est la révélation du fait que les auteurs de l'attentat d'Oklahoma City étaient des Américains « patriotiques ».

so-called *adj.* prétendu, soi-disant, dit, ce qu'il est convenu d'appeler ; **the ~ golden sixties** ce qu'il est convenu d'appeler la période faste des années 60.

social *adj.* ✪ **~ assistance** aide sociale ; **~ audit** bilan/audit social ; **~ benefit** prestation sociale ; **~ capital** ressources sociales ; **~ care** services sociaux ; **~ cleansing** nettoyage social ; **~ climber** arriviste ; **~ column** *Journ.* carnet mondain ; **~ control** emprise de la société sur l'individu, restrictions imposées par la société ; **Social Development Fund** *Conseil de l'Europe* Fonds de développement social ; **~ drinking** consommation d'alcool en compagnie ; **~ dumping** dumping social ; **~ engineering** volonté de déterminer l'évolution de la société, (tentative de) transformation de la société, mesures visant à transformer la société, mesures visant à modeler la société sur un idéal abstrait ; **~ environment** entourage, environnement social ; **~ event** réception, soirée, rencontre, réunion entre amis, fête ; **~ exclusion** exclusion ; **Social Fund** *RU* fonds de prêts sociaux ; **~ interaction** relations sociales, contacts sociaux ; **~ issues** problèmes de société ; **~ life** a) vie en société ; b) vie mondaine ; **~ market economy** économie de marché sociale/tempérée par des préoccupations sociales ; **~ network** réseau de relations ; **~ occasion** réception, soirée, rencontre, réunion entre amis, fête ; **~ programme** programme de réceptions ; **Social Register** Bottin mondain ; **~ scientist** sociologue ; **~-security benefits** prestations sociales/de la sécurité sociale ; **~ security contributions** cotisations sociales ; **~ service** action sociale ; *pl.* services sociaux ; **~ skills** entregent, sociabilité, aptitudes/qualités relationnelles, aisance relationnelle, sens du contact/des relations humaines, sociabilité, bon contact (humain) ; **~ status** position sociale ; niveau socioéconomique ; considération sociale ; **~ unrest** tensions sociales, agitation sociale, mouvements/troubles sociaux, désordre ; *[***racial discrimination breeds ~ unrest** la discrimination raciale est un facteur d'agitation sociale*]* ; **~ upheaval** troubles sociaux ; **~ welfare** protection sociale, sécurité sociale, avantages sociaux ; affaires sociales ; (activités des) services sociaux ; **~ work** action sociale, aide sociale, travail social ; **~ worker** assistant(e) social(e), travailleur/travailleuse social(e).

socialize *v. intr.* **1** avoir des relations sociales ; se rencontrer. **2** participer à des mondanités.

socializing *n.* relations sociales.

socially handicapped inadapté (social).

societal *adj.* relatif à la société, sociétal, social.

society *n.* ✪ **Society for the Prevention of Cruelty to Animals** *ÉU* Société protectrice des animaux ; **Society for the Prevention of Cruelty to Children** *ÉU* Société de protection de l'enfance.

socioeconomic status niveau socioéconomique.

soda ash soude.

soft *adj. Fig.* **1** indulgent, accommodant ; clément ; laxiste ; **~ approach** laxisme ; **to be ~ on** être trop accommodant à l'égard de *[des pays communistes]*, (être enclin à) ménager, se montrer indulgent/tolérant envers ; **~ on crime** partisan de la clémence envers les délinquants. **2** intangible, immatériel, (plus) abstrait, organisationnel. **3** relatif à des services. ✪ **~ copy** *Inf.* image sur écran ; **~ currency** monnaie/devise faible ; **~ data** données peu fiables ; **~ drink** boissons non alcoolisée ; **~ drug** drogue douce ; **~ goods** biens de consommation non durables ; **~ key** *Inf.* touche programmable ; **~ landing** *Écon.* atterrissage en douceur ; **~ law** dispositions juridiques non contraignantes ; **~ loan** prêt (consenti) à des conditions avantageuses/de faveur ; **~ market** marché déprimé ; **~ money** a) billets ; b) *Pol. ÉU* dons aux partis politiques *[ne sont soumis à aucune limite]* ; **~ option** option la plus facile, solution de facilité ; **~ palate** voile du palais ; **~-porn** *adj.* érotique ; **~ science** science humaine ; **~ shoulder** accotement non stabilisé ; **~-spoken** *adj. [personne]* qui s'exprime sans élever la voix ; **~ spot** a) point faible/vulnérable, faiblesse ; b) faible ; **~ target** *Mil.* cible vulnérable/peu protégée, objectif non protégé ; **~ technology** technologie(s) « intellectuelle(s) »/constituée(s) par des compétences *[incorporée(s) dans des activités de conception, de gestion, de formation, etc.]* ; **~ tissues** *Méd.* tissus mous ; **~ touch** *Fam.* poire ; **~ water** eau douce ; **~ wheat** blé tendre.

softly spoken *adj. [personne]* qui s'exprime sans élever la voix.

software *n.* ✪ **~ agent** agent intelligent ; **~ company** société de services et de conseils en informatique ; **~ design** création/conception de logiciels ; **~ developer** programmeur, créateur/concepteur/développeur de logiciel ; **~ development** création/conception de logiciels ; **~ engineer** ingénieur logiciel ; **~ engineering** génie logiciel ; **~ firm/house** société de services et de conseils en informatique ; **~ package** progiciel ; **~ piracy** contrefaçon/piratage de logiciels ; **~ pirate** contrefacteur de logiciel ; **~ programming** conception de logiciel(s) ; **~ publisher** éditeur de logiciels ; **~ suite** suite ; **~ upgrade** mise à jour de logiciel ; **~ writer** programmeur, créateur/concepteur/ développeur de logiciel ; **~ writing** conception de logiciels.

softwood *n.* bois de conifère.

soil *n.* ✪ **~ conservation** *Agr.* conservation des sols ; **~ depletion** épuisement du sol ; **~ dressing** amendement du sol ; **~ erosion** érosion du sol ; **~ improvement** amendement des sols ; **~ mechanics** mécanique des sols ; **~ science** pédologie.

solar *adj.* ✪ **~ cell** cellule solaire, photopile (solaire) ; **~ cell panel** panneau de photopiles solaires ; **~ cell plant** centrale photovoltaïque ; **~ chimney** cheminée solaire ; **~ collector** capteur/collecteur solaire ; **~ corona** couronne solaire ; **~ farm** centrale solaire ; **~ flare** éruption solaire ; **~ furnace** four solaire ; **~ hothouse** serre solaire ; **~ panel** panneau solaire ; **~ power** énergie solaire ; **~-powered** *adj.* alimenté en énergie solaire, fonctionnant à l'énergie solaire, *[véhicule]* à propulsion solaire ; **~ power plant/station** centrale solaire ; **~ power tower** centrale solaire à tour ; **~ water heater** chauffe-eau solaire ; **~ wind** vent solaire.

sold note *Bourse* avis d'exécution de vente.

sole *adj.* ✪ **for the ~ purpose of** à seule fin de ; **~ agency** représentation exclusive ; **~ agent** agent exclusif ; **~ article** *Dr.* article unique ; **~ custody** garde confiée à un seul des parents ; **~ proprietor** entrepreneur individuel ; **~ proprietorship** entreprise unipersonnelle ; **~ trader** entrepreneur individuel.

soliciting *n.* racolage.

solicitor *n. Dr. Angl.* avoué, *solicitor* ; *ÉU* conseiller juridique *[d'une ville, d'un ministère]*. ✪ **~ for the prosecution** *RU* avocat de l'accusation ; **Solicitor(-)General** a) *Angl. Solicitor-General [= adjoint de l'Attorney-General]* ; b) *ÉU Solicitor General [= adjoint de l'Attorney General]* ; *Can.* solliciteur général.

solid *adj.* **1** solide ; ferme, *[soutien]* massif, presque unanime, monolithique, sans faille ; **Mr Aznar found ~ backing among the young middle class** M. Aznar a obtenu un appui massif auprès des jeunes électeurs de la classe moyenne ; **the conference was a ~ success** la conférence a été très fructueuse ; **~ evidence** preuve(s) tangible(s)/concrète(s)/solide(s), fait/données probant(es). **2 ~ citizen** citoyen irréprochable/respectable, bon citoyen. **3** massif *[= contraire de creux]* ; plein ; **~ gold** or massif. **4** compact. **5** *[ligne]* continu ; ininterrompu ; d'un seul tenant ; **four ~ hours** quatre heures d'affilée. **6** *ÉU [couleur]* uni ; **~ red** rouge uni. ✪ **~-state** *adj.* à semi-conducteurs ; **~-state physics** physique de l'état solide ; **~ waste** déchets solides, ordures.

solidly *adv.* **the South used to be ~ Democratic** auparavant, le Sud était un bastion démocrate.

solido *n.* **in ~** *Dr.* solidairement.

solitary confinement emprisonnement cellulaire, secret, (régime d') isolement (pénitentiaire).

Solomon Islander Salomonien.

Solomon Islands, Solomons (îles) Salomon.

solvency ratio ratio de solvabilité.

solvent abuse toxicomanie aux solvants, inhalation de vapeurs de solvants.

Somali *adj.* somalien.

somehow *adv.* d'une façon ou d'une autre, par l'un ou l'autre moyen, tant bien que mal ; il se fait que, sans que l'on sache comment, inexplicablement, assez curieusement, pour l'une ou l'autre raison, pour une raison qui n'apparaît pas clairement.

somewhat *adv.* dans une certaine mesure, assez, plutôt, plus ou moins, un peu, quelque peu, un tant soit peu, légèrement ; **this claim is ~ dubious** cette affirmation est quelque peu sujette à caution.

song *n.* ✪ **Song of Solomon** Cantique des cantiques ; **Song of Songs** Cantique des cantiques.

songwriter *n.* auteur-compositeur.

sonic boom bang supersonique.

sonogram *n.* échographie.

soon *adv.* **1** prochainement, bientôt, à bref délai, dans un futur rapproché ; **she will ~ change her mind** elle ne tardera pas à changer d'avis. **2** rapidement. ✪ **as ~ as possible** dès que possible, au plus vite ; **~er rather than later** à bref délai.

sop *n.* concession, mesure d'apaisement, (lot de) consolation, os à ronger.

sophisticated *adj.* **1** *[technique, produit, méthode, système]* perfectionné, avancé, moderne, pointu, de pointe, évolué, très poussé, (très) élaboré, très étudié, d'avant-garde, ingénieux, intelligemment conçu, intelligent, raffiné, recherché, complexe, savant, subtil ; **the company used highly ~ means to spy on its competitors** l'entreprise a eu recours à des méthodes particulièrement élaborées pour espionner ses concurrents ; **tax evasion is a ~ type of crime** la fraude fiscale constitue un type de criminalité qui met en jeu des techniques complexes ; **the terrorist group had a very ~ knowledge of explosives** le groupe terroriste avait des connaissances très poussées en matière d'explosifs. **2** *[individu]* bien informé, averti, cultivé, astucieux, éclairé, expérimenté, intelligent, avisé, évolué, rompu aux subtilités *[de qqch.]*, habile ; **~ investors had sold their shares before the stock exchange collapsed** les investisseurs avertis avaient vendu leurs actions avant l'effondrement de la Bourse.

sophistication *n.* **1** perfectionnement, complexité *[d'une technique]*, technicité, raffinement. **2** subtilité, discernement, intelligence, finesse, sagacité.

sophomore *n.* *ÉU* élève/étudiant(e) de deuxième année.

sorely needed qui fait cruellement défaut, dont on a tant besoin.

sort *v.* **I** *tr.* classer *[documents]*, trier *[ordures]*, faire un tri parmi. **II ~ into** classer en *[groupes]*. **III ~ out 1** mettre de l'ordre dans *[objets, ses affaires, ses idées]* ; **sb will have to ~ out these 950 documents** qqn devra mettre de l'ordre dans ces 950 documents ; **the company tries to ~ itself out** l'entreprise s'efforce de mettre de l'ordre dans ses affaires. **2** trier *[objets]*, faire le tri de ; **to ~ out the wheat from the chaff** séparer le bon grain de l'ivraie. **3** résoudre, régler, remédier à, venir à bout de *[problème]*, démêler, débrouiller, séparer, établir, définir, déterminer, décanter, arranger, aplanir, clarifier ; **the court had to ~ out the dispute** le tribunal a dû résoudre le différend ; **to ~ out a jumble/muddle/tangle** débrouiller un écheveau/une situation compliquée. **IV ~ through** trier, ranger, faire un tri parmi.

sort code *Banque RU* code guichet.

sorting *n.* ✪ **~ code (number)** *Banque RU* code guichet ; **~ office** centre de tri (postal).

soul searching examen de conscience ; introspection ; interrogations angoissées.

sound *v.* **1** *tr.* **to ~ a note of caution** inciter à la prudence. **2 ~ out** pressentir *[qqn]* ; **they intend to ~ out Mr Smith for the job** ils ont l'intention de pressentir M. Smith pour ce poste.

sound *n.* **1** son. **2** détroit. **3** *Méd.* sonde. ✪ **~-absorbing** *adj.* insonorisant ; **~ archives** archives sonores ; **~ barrier** mur du son ; **~-bite** *n.* bref extrait de discours, petite phrase ; **~ board** *Inf.* carte son ; **~ broadcasting** diffusion radiophonique ; **~ card** *Inf.* carte son ; **~ effects** bruitage ; **~ engineer** ingénieur du son ; **~ insulation** isolation acoustique/phonique ; **~ level** niveau sonore ; **~ mixer** ingénieur du son ; **~-proof** *adj.* insonorisé ; **~ recording** a) enregistrement sonore ; b) *Dr. d'auteur* phonogramme ; c) prise de son ; **~ recordings library** phonothèque ; **~ recordist** ingénieur du son ; **~ track** bande-son, bande sonore ; bande originale *[d'un film]*.

sound *adj.* sain, bon, de qualité, solide, valable, satisfaisant, sérieux, rigoureux, rationnel, raisonnable, bien conçu, *[décision]* judicieux, avisé ; **to apply ~ financial principles** appliquer les principes d'une saine gestion financière ; **~ advice** bons conseils, conseils judicieux ; **~ assessment** évaluation judicieuse ; **the management of the organization has been ~** l'organisation a été bien gérée ; **in accordance with ~ engineering practices** selon les règles de l'art ; **scientifically ~ information** informations rigoureuses sur le plan scientifique ; **environmentally ~** respectueux de l'environnement.

sounding board *Fig.* caisse de résonance.

soundman *n.* **1** preneur de son. **2** ingénieur du son. **3** bruiteur.

soundness *n.* **1** caractère rationnel, validité, rigueur, bien-fondé, sérieux, justification. **2** solidité, viabilité ; **the financial ~ of the company** la solidité financière de l'entreprise.

sour grapes *Fig.* rancune, rancœur, ressentiment, dépit.

source *v. tr.* **1** déterminer l'origine de *[produit, information]*. **2** indiquer la source de, indiquer/mentionner comme source ; **the leak was ~d to his private office** il est apparu que la fuite provenait de son cabinet. **3** s'approvisionner en, se procurer, acquérir, acheter *[composants]* ; **components ~d in Europe** des composants acquis auprès de fabricants européens ; **to ~ raw materials from Africa** se procurer des matières premières provenant d'Afrique.

source *n.* ✪ **~ code** *Inf.* code source ; **~ documents** *Compt.* pièces justificatives ; **~ language** langue de départ ; **~ material** documents de base, sources ; **~s and application of funds** *Bilan* origine et utilisation des fonds ; **~ records** *Compt.* pièces justificatives.

sourcing *n.* approvisionnement ; **the company will increase local ~ of electronic components** l'entreprise augmentera ses approvisionnements en composants électroniques fabriqués localement.

South *adj.* ✪ **~ Australia** Australie-Méridionale ; **~ China Sea** mer de Chine méridionale ; **South-East Asia** Asie du Sud-Est ; **~-East Asia Treaty Organization** Organisation du Traité de l'Asie du Sud-Est ; ~ **Pacific Bureau for Economic Co-operation** Bureau de coopération économique du Pacifique Sud.

southern *adj.* (du) sud, austral. ✪ **Southern Africa** Afrique australe ; **Southern African Development Community** Communauté pour le développement de l'Afrique australe ; ~ **hemisphere** hémisphère sud/austral ; **Southern Ocean** océan Glacial Antarctique, océan Austral ; ~ **winter** hiver austral.

sovereign *adj.* ✪ ~ **credit** crédit souverain ; ~ **immunity** *Dr. int.* immunité de l'État/des États, immunité souveraine ; ~ **risk** risque d'insolvabilité de l'État emprunteur, risque souverain.

soy(a) (bean) *n. ÉU* soja, soya.

S&P (Standard & Poor) indice Standard and Poor.

space *n.* place, emplacement, espace. ✪ ~ **arbitrage** *Bourse* arbitrage dans l'espace ; *Marché à terme de marchandises* arbitrage de place à place ; *Changes* arbitrage de place ; ~ **bar** *Inf.* barre d'espacement ; ~ **mark** dièse, symbole # ; ~ **platform** station spatiale ; ~ **probe** sonde spatiale ; ~ **shuttle** navette spatiale ; ~ **station** station spatiale ; ~ **suit** combinaison spatiale ; **~-time (continuum)** espace-temps ; ~ **travel** voyage dans l'espace ; ~ **walk** marche/sortie dans l'espace.

spacecraft *n.* vaisseau spatial, astronef, engin spatial.

spacelab *n.* laboratoire spatial.

spaceship *n.* vaisseau spatial, astronef, engin spatial. ✪ **Spaceship Earth** Terre, milieu/écosystème aux ressources limitées *[= nom + expression apposée].*

spadework *n.* travail minutieux/patient/de fourmi.

spallation *n.* spallation.

spam *v.* **1** *tr.* diffuser massivement *[messages électroniques commerciaux ou publicitaires].* **2** *intr.* envoyer (massivement) des messages électroniques commerciaux/publicitaires.

spam *n.* messages (électroniques) commerciaux/publicitaires.

spammer *n.* expéditeur de messages (électroniques) commerciaux/publicitaires.

spamming *n.* envoi (massif) de messages électroniques commerciaux/publicitaires, publipostage électronique.

span *v. tr.* **1** s'étendre sur *[période, zone] ;* couvrir *[large gamme].* **2** transcender ; dépasser, ne pas être limité par *[divergences de vues, différences, catégories sociales, clivages, frontières].*

span *n.* **1** période ; durée. **2** envergure *[d'un avion].* **3** longueur ; **the bridge will be 640 meters in ~** le pont aura 640 mètres de long.

spare *adj.* de réserve. ✪ ~ **capacity** capacités inutilisées ; ~ **parts** pièces de rechange ; *Av.* rechanges ; ~ **time** temps libre, loisirs ; *[***she wrote a grammar in her ~ time** elle a écrit une grammaire pendant ses loisirs*].*

sparingly *adv.* avec parcimonie, parcimonieusement, au compte-gouttes.

spark *v.* **1** déclencher, provoquer, susciter *[controverse] ;* **this announcement ~ed a weakening of the dollar** cette déclaration a provoqué une baisse du dollar. **2** éveiller *[intérêt].* **3 ~ off** déclencher, provoquer ; faire surgir *[idée].*

spark-ignition engine moteur à allumage commandé.

sparkling *adj.* **1** brillant (de mille feux), éclatant, scintillant, resplendissant, rutilant. **2** *Fig.* brillant, éblouissant, étincelant, étourdissant, magnifique, splendide. **3** gazeux. ✪ ~ **drink** boisson gazeuse ; ~ **water** eau gazeuse ; ~ **wine** vin pétillant, mousseux.

sparse *adj.* **1** *[population]* dispersé, clairsemé, peu dense. **2** peu abondant ; *[informations]* sommaire, peu détaillé.

spate *n. Fig.* **1** vague, série *[d'arrestations, d'attentats],* bordée, flot, torrent *[d'injures],* salve *[d'accusations],* succession ininterrompue, avalanche, déluge, rafale, déferlement, afflux, multitude, grande quantité, grand nombre. **2** brève période, accès, poussée, montée, flambée ; **a short ~ of poaching can unravel years of conservation work** une flambée de braconnage peut réduire à néant des années d'efforts de protection d'espèces menacées.

spawning ground lieu/zone de frai, frayère.

SPC (Secretariat of the Pacific Community) CPS (Secrétariat général de la Communauté du Pacifique).

SPCA (Society for the Prevention of Cruelty to Animals) *ÉU* Société protectrice des animaux.

SPCC (Society for the Prevention of Cruelty to Children) *ÉU* Société de protection de l'enfance.

speak *v.* **I** *intr.* parler, prendre la parole. **I ~ against** se prononcer contre ; dénoncer. **III ~ for 1** se prononcer en faveur de. **2** parler au nom de, être le porte-parole de, se faire l'interprète de. **3 to be spoken for** être pris/réservé ; **the first three months of production are already spoken for** la production des trois premiers mois a déjà été réservée à un client particulier. **IV ~ out** parler, sortir de son silence, se faire entendre, faire entendre sa voix, s'exprimer, exprimer son opinion, donner son avis. **V ~ out against** se prononcer contre ; dénoncer. ✪ ~ **for itself** se suffire à soi-même, se passer de commentaire, être éloquent, être convaincant en lui-même ; *[***the figures ~ for themselves** les chiffres sont éloquents*] ;* ~ **only for oneself** n'exprimer qu'une opinion personnelle ; **to ~ of** pour ainsi dire, pratiquement ; *[***no danger to ~ of** pratiquement aucun danger*].*

speaker *n.* **1** orateur, intervenant ; conférencier. **2** *Pol.* Speaker, président *[d'une assemblée législative].* **3** locuteur, personne s'exprimant en *[langue en question].*

speakerphone *n.* téléphone mains libres.

speaking *adj.* ✪ ~ **engagement** *[***she went to the US for a series of ~ engagements** elle s'est rendue aux États-Unis pour y faire une série de conférences*] ;* ~ **note** schéma d'intervention ; ~ **terms** *[***on ~ terms** en bons termes ; **to be no longer on speaking terms, not to be on ~ terms** ne plus s'adresser la parole*].*

spearhead *v. tr. Fig.* **1** être à la tête de, diriger, mener. **2** être l'initiateur/le précurseur/le pionnier de, faire œuvre de pionnier dans, ouvrir la voie à, préparer, s'engager le premier dans, être aux avant-postes de, lancer, se lancer dans, s'aventurer dans.

spearhead *n. Fig.* fer de lance.

special *adj.* **1** particulier ; **an issue of ~ concern to women** une question qui intéresse surtout les femmes. **2** spécial. **3** *[session]* extraordinaire. ✪ ~ **acceptance** lettre de change assortie de conditions particulières ; ~ **agent** *Dr.* titulaire d'un mandat spécial ; **Special Air Service** *RU Special Air Service [= régiment chargé d'opérations spéciales] ;* ~ **authority** *Dr.* mandat spécial ; **Special Branch** *RU* service de renseignement antiterroriste *[chargé également de la protection de personnalités] ;* ~ **crossing** *Banque* barrement spécial ; ~ **damages** *Dr.* a) dommages-intérêts compensant un préjudice quantifiable ; b) *special damages [= dommages-intérêts compensant un préjudice qui n'est pas la conséquence naturelle et probable d'un acte ou d'une omission] ;* **~ delivery** par exprès ; **Special Drawing Rights** droits de tirage spéciaux ; **~ effects** *Cinéma* effets spéciaux ; **~ interests** intérêts catégoriels/particuliers ; groupes de pression ; *[***there are thousands of lobbyists representing ~ interests in Washington** il y a des milliers de lobbyistes représentant des intérêts catégoriels à Washington*] ;* **~-interests group** groupe d'intérêt, groupe de pression, groupe de défense d'intérêts catégoriels, groupement d'intérêts catégoriels ; **~ language** langue de spécialité ; **~ offer** *Comm.* promotion ; **~ partner** commanditaire ; **~ partnership** société en commandite simple ; **~ pleading** plaidoyer pro domo ; **~ power of attorney** mandat spécial ; **~-purpose** *adj.* spécialisé, ad hoc ; **~ rates** tarifs préférentiels ; **~ referee** surarbitre ; **~ relationship** relation privilégiée, liens privilégiés ; **~ relativity** relativité restreinte ; **~ school** a) école spéciale ; b) école pour enfants doués ; **~ session of the UN General Assembly** session extraordinaire de l'Assemblée générale de l'ONU ; **~ theory of relativity** théorie de la relativité restreinte ; **~ trust** *trust* assignant des tâches particulières au *trustee.*

specialize *v.* **~ in** être un spécialiste de, être spécialisé dans.

specialist *adj. [vocabulaire, dictionnaire, connaissances]* spécialisé.

specialized agency *Nations Unies* institution spécialisée.

specialty *adj.* spécialisé. ✪ **~ advertising** distribution de cadeaux publicitaires ; **~ store** *ÉU* magasin spécialisé.

specie *n.* monnaie métallique/de billon.

species *n.* espèce ; essence *[d'arbre].*

specific *adj.* **1** précis, (bien) circonscrit, ponctuel, concret ; certain, tel ou tel, explicite, exprès, propre, sélectif ; **the instructions were not sufficiently ~** les instructions n'étaient pas suffisamment précises ; **their talks led to no ~ agreements** leurs discussions n'ont débouché sur aucun accord précis. **2 country-~ programmes** programmes adaptés aux besoins des différents pays ; **age-~ fertility rate** taux de fécondité par âge ; **problem-~** *adj.* axé sur les problèmes ; **job-~ skills** compétences liées à des emplois particuliers. ✪ **~ learning difficulty** dyslexie ; **~ legacy** legs (à titre) particulier ; **~ bequest** legs (à titre) particulier portant sur un bien mobilier ; **~ devise** legs (à titre) particulier portant sur un bien immobilier ; **~ performance** *Dr.* exécution forcée *[d'un contrat].*

specifically *adv.* en particulier, plus particulièrement ; **more ~** en particulier, plus particulièrement.

specifications *n. pl.* spécifications, caractéristiques (techniques), données techniques ; *Marchés publics* cahier des clauses techniques particulières, prescriptions techniques.

specifics *n. pl.* détails, questions/points de détail, questions plus détaillées ; **not to give ~** ne pas entrer dans les détails, rester vague ; **the two heads of state said they did not agree on all ~** les deux chefs d'État ont déclaré qu'ils n'étaient pas d'accord sur tous les détails.

specify *v. tr.* préciser, mieux définir, désigner expressément, détailler, spécifier, fixer, déterminer, *[contrat, clause]* stipuler ; **please ~** veuillez préciser ; **the conditions specified in the contract were not met** les conditions stipulées dans le contrat n'étaient pas remplies.

specimen *n.* échantillon.

specs (specifications) *voir* specification.

spectrum *n.* **1** gamme, éventail ; **here, within a 300-mile radius, you have a broad ~ of landscapes and climates** on peut observer, dans un rayon de 500 km, une gamme très diversifiée de paysages et de climats ; **the new convention will define the ~ of EU aid to ACP countries** la nouvelle convention définira la panoplie des instruments utilisés pour l'aide aux pays ACP ; **political ~** échiquier politique ; **price ~** éventail des prix ; **to receive support from across the political ~** être soutenu par l'ensemble de la classe politique, toutes tendances confondues ; **both sides of the political ~** les deux côtés de l'échiquier politique ; **politicians across a wide ~** des hommes politiques de tendances très diverses ; **there is a wide ~ of consumption patterns** les modes de consommation sont très variés. **2** spectre *[électromagnétique, de fréquences].*

speculate *v.* **1** *tr.* **(that)** émettre l'hypothèse que. **2** *intr.* émettre des hypothèses.

speculation *n. sg. ou pl.* conjectures, suppositions, supputations, hypothèses.

speech *n.* ✪ **~ clinic** centre d'orthophonie ; **~ defect** défaut d'élocution/de prononciation ; **~ disorder** trouble de la parole ; **Speech from the Throne** *Can.* discours du Trône ; **~ impairment/impediment** défaut d'élocution/de prononciation ; **~ reading** lecture labiale ; **~ recognition** *Inf.* reconnaissance de la parole ; **~ synthesis** *Inf.* synthèse de la parole ; **~ therapist** orthophoniste ; **~ therapy** orthophonie, logopédie.

speechwriter *n.* rédacteur de discours.

speed *n. Fig.* amphétamines. ✪ **~ bump** ralentisseur ; *Can.* casse-vitesse ; **~ limit** limitation de vitesse ; vitesse maximale autorisée ; **~ retarder** ralentisseur ; *Can.* casse-vitesse ; **~ trap** dispositif de contrôle de la vitesse.

speeding *n.* excès de vitesse. ✪ **~ ticket** amende/contravention pour excès de vitesse.

spell *v. Fig.* **I** *tr.* signifier, constituer, représenter, se traduire par, être synonyme de, équivaloir à, revenir à ; **to ~ the end of** sonner le glas de ; **the announcement ~ed the end of the unitary Czechoslovakia** la déclaration a sonné le glas de la Tchécoslovaquie unitaire ; **the power struggle within the IRA ~ed hope for the peace process** la lutte pour le pouvoir au sein de l'IRA représentait un espoir dans la perspective du processus de paix ; **a decision that could ~ disaster** une décision qui pourrait s'avérer désastreuse. **II ~ out 1** détailler, donner des précisions/détails/éclaircissements sur, définir, (bien) préciser, expliquer (clairement), formuler clairement, expliciter, exposer, présenter, décrire ; énoncer *[règle de droit] ;* **the title ~s out the book's main message** le titre définit l'essentiel du message contenu dans l'ouvrage ; **in his speech, he ~ed out the party's new approach** dans son discours, il a présenté la nouvelle démarche adoptée par le parti. **2** développer *[abréviation].*

spell *n.* **1** durée ; période ; séjour, temps passé *[en prison],* passage *[dans l'opposition, dans une entreprise] ;* affectation ; **dry ~** période de sécheresse ; **to go through a ~ of unemployment** passer par une période de chômage ; **a ~ in prison** un séjour en prison. **2** accès ; **dizzy ~** accès de vertige. **3** *[jeter]* sort.

spellchecker *n. Inf.* vérificateur d'orthographe, correcteur orthographique.

spelling checker *Inf.* vérificateur d'orthographe, correcteur orthographique.

spent *adj.* *[pile]* usé. ✪ **~ cartridge case/casing** douille (de projectile) ; **~ force** *[***the party is a ~ force** le parti est au bout du rouleau*]* ; **~ fuel** *Nucl.* combustible irradié.

sperm *n.* **1** spermatozoïde. **2** sperme. ✪ **~ cell** spermatozoïde ; **~ count** numération des spermatozoïdes ; **~-whale** *n.* cachalot.

sphere *n. Fig.* domaine (de compétence), champ, zone ; **~ of influence** sphère/zone d'influence, pré carré.

spike *n.* pic *[dans un graphique]*.

spill *v.* **1 ~ over** faire tache d'huile, déborder. **2 ~ over into/to** *[conflit]* s'étendre à, se propager à ; **fighting could ~ over into Georgia** les combats risquent de s'étendre à la Géorgie.

spill, spillage *n.* déversement *[de polluants]*.

spillover *n.* **1** débordement. **2** diffusion, propagation. **3** effets externes. **4** effets secondaires, répercussions, conséquences inattendues, effet d'entraînement, retombées. ✪ **~ effects** a) effets externes ; b) effets d'entraînement, répercussions.

spin *v.* **I ~ off 1** engendrer. **2** se défaire de, céder, constituer en société distincte *[division, établissement, filiale, activité, par cession aux actionnaires de la société (mère) ou aux cadres en cas de rachat de l'entité par ses cadres]* ; **a number of small enterprises have been spun off this retail group** ce groupe du secteur de la distribution s'est défait d'un certain nombre de petites entreprises ; **the group has spun off a lot of its less prestigious brands** le groupe a cédé à ses actionnaires un grand nombre de sociétés exploitant des marques peu prestigieuses ; **the workers fear that the mother company is preparing to ~ them off** les ouvriers de l'entreprise craignent que la société mère ne s'apprête à la constituer en société distincte ; **surprisingly, the record company was spun off the Virgin group** contrairement à toute attente, la société de disques a été détachée du groupe Virgin ; **the weekly newspaper will be spun off into a new company** les activités de l'hebdomadaire seront menées dans le cadre d'une société nouvelle. **II ~ off from** résulter de, découler de, dériver de, être issu de ; **this was one of many smaller contracts spun off from the deal** il s'agissait de l'un des nombreux petits contrats qui ont résulté de l'accord. **III ~ off to** déboucher sur.

spin *n.* **1** *Pol.* interprétation (favorable) *[d'un événement, d'une évolution]* ; **the PR men tried to put a positive ~ on the figures** les spécialistes des relations publiques se sont efforcés de présenter les chiffres sous un jour favorable ; **the candidate put his own ~ on the story** le candidat a donné sa propre interprétation de la nouvelle. **2** *Phys.* spin *[d'un électron]*. **3.** rotation *[de la Terre]*. ✪ **send into a ~** bouleverser, mettre sens dessus dessous, créer la plus grande confusion dans/parmi ; **~ control** façon de présenter les événements ; **~ doctor** spécialiste de la communication, spécialiste des relations publiques ; *[***as usual, the ~ doctors immediately started working on the speech** comme d'habitude, les spécialistes de la communication se sont empressés de rédiger un discours ; **he says that ~ doctors are one of the most influential groups in contemporary politics** il affirme que les spécialistes des relations publiques constituent l'un des groupes les plus influents dans la politique contemporaine*]* ; **throw into a ~** bouleverser, mettre sens dessus dessous, créer la plus grande confusion dans/parmi.

spina bifida *Méd.* spina bifida *[m.]*.

spinmeister *n.* spécialiste de la communication, spécialiste des relations publiques.

spin-off *n.* **1** dérivé, excroissance, retombées, produit, sous-produit, prolongement, conséquences, effets secondaires/ indirects ; **the Internet is yet another ~ from American military communications** Internet représente l'une des retombées du dispositif de communications militaires des États-Unis ; **the television programme is a ~ from research going on at Liverpool University** l'émission de télévision est un produit des travaux de recherche qui ont lieu à l'Université de Liverpool ; **the new material is a ~ of the physicist's work** le nouveau matériau découle des travaux du physicien ; **the death of the party leader actually had a number of positive ~s** le décès du chef de file du parti a eu en fait un certain nombre de conséquences positives ; **the rise in interest rates has had some beneficial ~s** la hausse des taux d'intérêt a eu des effets secondaires bénéfiques. **2** cession, vente *[d'une division, d'un établissement, d'une filiale, aux actionnaires de la société (mère) ou aux cadres en cas de rachat de l'entité en cause par ses cadres]*, constitution en société distincte. **3 Value Consultants is a Bugless Software ~** Value Consultants est une société issue de Bugless Software. ✪ **~ series** *TV* série inspirée d'un film.

spin-off *adj.* indirect ; dérivé ; **~ jobs** emplois indirects.

spiral *v.* **1** *intr. [prix, cours]* monter en flèche, augmenter considérablement/vertigineusement, s'envoler ; augmenter sans cesse ; **housing costs ~led, driving many local families away** le coût des logements a augmenté en flèche, ce qui a fait fuir de nombreuses familles ; **transfer fees for top players ~led to £10m** les montants des transferts des joueurs les plus cotés ont considérablement augmenté, pour atteindre 10 millions de livres. **2 ~ down** dégringoler.

spiral *n. Fig.* spirale, engrenage.

spiralling *adj.* *[augmentation]* vertigineux, exponentiel ; *[coût]* de plus en plus élevé, qui ne cesse d'augmenter ; **the contractor is worried by ~ costs** l'entrepreneur est préoccupé par l'augmentation vertigineuse des coûts ; **the ~ costs of health care** l'emballement des coûts des soins de santé.

spirit *n.* **1** esprit. **2** humeur, état d'esprit. **3** tournure d'esprit, mentalité. **4** nature, façon d'être *[d'une population]* ; *Litt.* génie. **5** énergie, dynamisme, enthousiasme, force morale. **6** *pl. RU* spiritueux.

spirited *adj.* *[personne, plaidoyer]* énergique, dynamique, enthousiaste, *[plaidoyer]* vibrant, enflammé, passionné, *[propos]* vif, *[débat]* animé.

spiritual peer évêque ou archevêque siégeant à la Chambre des Lords.

spiteful *adj.* blessant, malveillant, hargneux, acerbe, acrimonieux, venimeux.

splash *n. Fig.* agitation, bruit, remous, sensation, vive impression ; **to make a ~** attirer l'attention, faire de l'effet, ne pas passer inaperçu, faire sensation, produire une vive impression ; **to make one's first ~** *[acteur]* se faire un nom, sortir de l'anonymat, se faire connaître.

splashdown *n. Esp.* amerrissage.

splicing *n. Biol.* épissage.

splinter group groupe dissident, groupe de dissidents, faction, dissidence.

split *v.* **I 1** *tr.* couper, scinder, subdiviser, fractionner ; **to ~ a cell into two** scinder en deux une cellule. **2** *intr. [deux personnes]* se séparer. **3** *intr.* se diviser, se scinder, éclater, se fragmenter ; **the party is likely to ~** il est probable que le parti éclatera. **4** *tr.* diviser *[membres d'un parti]* ; faire éclater *[parti]*. **5** partager ; **to ~ sth with** partager qqch. avec ; **the two consultants will ~ the fee** les deux consultants se partageront les honoraires. **II ~ into 1** répartir en *[catégories]*, diviser en. **2** se scinder en, se diviser en ; se répartir en *[plusieurs groupes]* ; **to ~ in two** se diviser en deux. **III ~ between** répartir entre. **IV ~ off from** quitter ; **Mr Scargill finally ~ off from Labour** M. Scargill a fini par quitter le Parti travailliste. **V ~ up** se séparer. **VI ~ up into** se scinder en, se diviser en ; se répartir en *[plusieurs groupes]*. ✪ **~ the difference** se rencontrer à mi-chemin, trouver un compromis à mi-chemin, faire la moitié du chemin, couper la poire en deux ; **~ the ticket** *ÉU* voter pour des candidats de plusieurs partis.

split *n.* **1** répartition. **2** séparation. **3** différence, distinction, dichotomie, opposition, coupure, clivage, cassure, fracture, rupture, scission, division, divorce, schisme ; **mind-body ~** dichotomie corps-esprit ; **the temporal-spiritual ~ was again a part of the debate** l'opposition temporel-spirituel a de nouveau été abordée lors du débat. **4** commission *[prise par un intermédiaire]*.

split *adj.* ✪ **~ run** *Publ.* tirage fractionné ; **~ share** action fractionnée.

splitting *n. Bourse* division *[d'une action]*.

spoil *v. tr.* ✪ **~ one's ballot paper** émettre un vote nul, voter blanc.

spoiler *n. Aéron.* spoiler, déporteur.

spoils system *ÉU* (système de) nomination de fonctionnaires affiliés au parti au pouvoir.

spoilt ballot paper bulletin de vote nul.

sponsor *v. tr.* **1** présenter *[résolution]*, parrainer *[proposition]*, présenter, déposer *[projet/proposition de loi]* ; *[organisation, parti]* proposer, appuyer, patronner, investir *[candidat]* ; **~ed by Spain, the draft resolution received nine votes and there were four abstentions** présenté à l'initiative de l'Espagne, le projet de résolution a été appuyé par neuf pays et il y a eu quatre abstentions ; **EU-~ed peace plan** plan de paix proposé par l'Union européenne ; **the Home Secretary has ~ed no gun control legislation** le ministre de l'Intérieur n'a déposé aucun projet de loi en matière de réglementation de la détention d'armes à feu. **2** parrainer *[sportif, compétition]*. **3** financer, subventionner *[activités]*. **4** organiser ; patronner, promouvoir, soutenir ; **~ed by** *[conférence]* organisé par/à l'initiative de, placé sous l'égide de/les auspices de/le patronage de, se déroulant dans le cadre de, *[étude]* réalisé à la demande de, soutenu par, financé par ; **UN-~ed negotiations** négociations menées sous l'égide de l'ONU ; **an FAO-~ed study** une étude réalisée à la demande de la FAO ; **nations that ~ terrorism** les pays qui soutiennent le terrorisme ; **CIA-~ed coup** coup d'État réalisé avec le concours de la CIA.

sponsor *n.* **1** mécène, commanditaire, bailleur de fonds. **2** parraineur *[d'une émission de télévision, d'un spectacle, d'une manifestation sportive]*, partenaire *[d'une manifestation sportive]*. **3** auteur *[d'un projet de résolution, d'une proposition de loi]*. **4** promoteur, organisateur, responsable, initiateur, maître d'œuvre, animateur ; organisme qui soutient *[activité dont il s'agit]* ; **the Ministry of the Industry was the ~ of the household survey** le ministère de l'Industrie était l'initiateur de l'enquête auprès des ménages.

sponsorship *n.* **1** égide. **2** soutien financier, mécénat, patronage, parrainage ; *Can.* commandite.

sport utility vehicle (véhicule) utilitaire sportif, utilitaire sport.

spot *v. tr.* repérer *[problème]*, déceler, détecter, apercevoir, remarquer *[erreur]* ; **a good businessman is able to ~ gaps in the market** un homme d'affaires avisé est capable de repérer les besoins qui ne sont pas couverts par le marché ; **the new equipment enables us to ~ deformities at a very early stage** le nouveau matériel nous permet de déceler les malformations à un stade très précoce ; **as the name "Stealth" implies, the plane cannot easily be ~ted by radar** comme l'expression « avion furtif » le laisse entendre, il est difficile de détecter l'appareil par radar ; **the pilot ~ted three survivors** le pilote a aperçu trois survivants ; **the police officer ~ted a suspicious package** l'agent de police a remarqué un paquet qui a éveillé ses soupçons.

spot *n.* **1** lieu, endroit. **2** *Publ.* message publicitaire. ✪ **on the ~** a) sur place, sur le terrain ; b) sur-le-champ ; c) dans une position inconfortable ; sur la sellette.

spot *adj.* ✪ **~ cash** argent comptant ; **~ check** a) vérification par sondage ; b) contrôle impromptu/réalisé à l'improviste, inspection/visite impromptue ; **~ deal** opération au comptant ; **~ delivery** livraison immédiate ; **~ exchange rate** taux de change au comptant ; **~ exchange transaction** opération de change au comptant ; **~ fine** amende payable sur-le-champ ; **~ market** marché au comptant ; *Produits de base* marché du disponible ; *Énergie* marché libre ; **~ price** prix/cours au comptant ; *Énergie* prix du marché libre ; **~ rate** cours au comptant ; **~ sample** *Env.* échantillon ponctuel ; **~ transaction** opération au comptant.

sprawling *adj.* en pleine expansion.

spray *v. tr.* pulvériser *[insecticide]*.

spray *n.* **1** aérosol *[= nuage de particules liquides ou solides]*. **2** pulvérisateur, atomiseur, (bombe) aérosol, vaporisateur, nébuliseur, brumisateur ; **nasal ~** vaporisateur nasal. **3** liquide à vaporiser, produit conditionné en bombe aérosol. ✪ **~ booth** cabine de peinture ; **~ can** bombe aérosol ; **~ gun** bombe aérosol, pulvérisateur, pistolet, aérographe ; **~ irrigation** irrigation par aspersion ; **~(-can) propellant** (gaz) propulseur pour aérosol ; **~ paint** peinture à pulvériser ; **~-painted** *adj.* peint au pistolet ; **~ painting** peinture au pistolet.

spread *v.* **I 1** *tr. [oiseau]* déployer *[ailes]*. **2** diffuser, répandre *[nouvelle, idée, doctrine]*. **3** *intr. [nouvelle, rumeur]* se répandre, *[mécontentement]* s'amplifier, *[virus]* se propager, proliférer ; **(to)** gagner ; **the epidemic is ~ing rapidly in Russia** l'épidémie se propage rapidement en Russie. **4** *tr.* répartir *[risques]* ; **to ~ one's investments** diversifier ses placements. **5** *intr. [mouvement]* faire tache d'huile, *[ville]* s'étendre. **II ~ beyond** déborder des limites de. **III ~ out 1** échelonner *[paiements]*. **2** *[entreprise]* se développer. **IV ~ over** échelonner sur, étaler *[remboursement]* sur ; **payments can be ~ over three years** les paiements peuvent être étalés sur trois années. **V ~ to** s'étendre à, se propager à, gagner ; **the war might ~ to neighbouring countries** la guerre risque de s'étendre aux pays voisins.

spread *n.* **1** extension, expansion, développement ; **to check the ~ of fundamentalism** porter un coup d'arrêt à l'expansion de l'intégrisme. **2** diffusion, propagation, dissémination, prolifération, généralisation ; **the ~ of information technology** la diffusion des technologies de l'information ; **to reduce the ~ of AIDS among drug addicts** réduire la propagation du sida parmi les toxicomanes ; **to control the ~ of nuclear weapons** limiter la dissémination des armes nucléaires. **3** répartition ; **to improve the geographical ~ of investment** améliorer la répartition géographique des investissements. **4** éventail ; écart, dispersion, maximum et minimum, fourchette ; **the ~ between the estimates and the actual costs** l'écart entre les estimations et les coûts réels. **5** gamme, éventail, spectre, distribution ; écart, dispersion. **6** *Fin.* écart ; **for this mutual fund the bid-offer ~ is 3%** pour ce fonds de placement, l'écart entre la valeur liquidative et le prix d'achat est de 3 %. **7** *Bourse* écart *[entre les cours au comptant et à terme]*. **8** *Changes* écart *[entre le cours vendeur et le cours acheteur]*. **9** *Banque* marge *[entre le taux des emprunts et celui des prêts]*. **10** *Banque* marge *[par rapport à un taux de référence] ;* **a ~ of 1.2% above the base rate** une marge de 1,2 % au-dessus du taux de base. **11** *Bourse* opération à cheval. **12** *Publ.* annonce double page.

spreader *n. Manutention* palonnier.

spreadsheet *n. Inf.* **1** tableur *[= logiciel qui permet d'effectuer des calculs sur une série de nombres] ; Can.* chiffrier (électronique). **2** feuille de calcul *[= grille d'un tableur, composée de cellules, dans lesquelles l'utilisateur introduit des nombres, qui font l'objet de calculs] ;* **the participants were overwhelmed by the huge number of ~s distributed** les participants avaient du mal à s'y retrouver dans l'énorme liasse de feuilles de calcul distribuées. ✪ **~ package/software** tableur.

spree *n.* vague, frénésie ; **spending ~** frénésie d'achats ; **drinking ~** beuverie ; **shopping ~** razzia dans les magasins ; **takeover ~** vague d'OPA.

sprinkler *n.* **1** asperseur ; tourniquet. **2** extincteur automatique (à eau). ✪ **~ irrigation** irrigation par aspersion ; **~ system** système d'extinction automatique.

sprocket hole *Inf.* picot.

spur *v. tr. Fig.* encourager, inciter, stimuler.

spur *n.* **on the ~ of the moment** sans (trop) réfléchir, impulsivement.

spur-of-the-moment *adj.* improvisé.

spy ring réseau d'espions.

sq. (square) carré ; **~ km** km^2.

sqq. (sequentes) et suivant(s).

squad *n.* brigade ; **antidrug ~** brigade des stupéfiants.

squalid *adj.* sordide, où les conditions d'hygiène sont déplorables ; **~ conditions** conditions d'hygiène déplorables.

squalor *n.* conditions d'hygiène déplorables.

square *n.* ✪ **back to ~ one** retour à la case départ.

square *adj.* ✪ **~ bracket** *Typographie* crochet ; **~ deal** traitement équitable ; **~ mile** mille carré *[= 2,59 km^2] ;* **Square Mile** *RU* City, centre financier de Londres, institutions financières de Londres ; **~ peg (in a round hole)** personne qui n'est pas à sa place/à la hauteur ; **~ root** racine carrée.

squarely *adv.* sans ambages.

squatter *n.* squatteur, squatter, occupant sans titre.

squeakly clean au-dessus de tout soupçon.

squeeze *v. Fig.* **I 1** *tr.* comprimer, réduire considérablement/fortement/radicalement *[budget, bénéfices, dépenses, effectifs, dividendes],* sabrer/tailler dans, faire des coupes claires dans *[dépenses, budget, effectifs],* amputer *[budget]*. **2** *intr. [sanctions]* faire sentir ses effets, faire mal. **3** *tr.* mettre sous pression, placer dans une position intenable. **II ~ from** arracher de. **III ~ in** intercaler. **IV ~ into: to ~ sb into doing sth** forcer qqn à faire qqch. **V ~ onto** faire tenir dans/sur. **VI ~ out 1** extraire. **2** exclure. **VII ~ out of 1** obtenir (avec les plus grandes difficultés) de, arracher *[concessions]* de, soutirer, extorquer. **2** écarter de, évincer de *[marché]*.

squeeze *n. Fig.* restrictions, compression, tassement, réduction, contraction, pénurie ; manque d'argent/de ressources, difficultés économiques/financières ; pression ; situation intenable ; **to put the ~ on** placer dans une situation intenable/très difficile, mener la vie dure à, mettre en difficulté ; asphyxier ; **credit ~** rationnement du crédit ; **liquidity ~** pénurie de liquidités ; **profit ~** compression des bénéfices ; **the ~ on beds for AIDS sufferers is occurring in the context of a bed surplus otherwise** la pénurie de lits pour les malades du sida contraste avec un excédent de lits dans l'ensemble ; **the article deplores the ~ on small businessmen** l'article déplore les difficultés auxquelles se heurtent les petites entreprises.

squeezed *adj.* **1** pris en tenaille, pris entre le marteau et l'enclume, en proie à de grandes difficultés ; **~ by** en proie à. **2** à l'étroit, entassés les uns sur les autres.

squirt gun 1 bombe aérosol, pulvérisateur, pistolet, aérographe. **2** pistolet à eau.

Sri Lanka Sri Lanka *[pas d'article] ;* **of ~** sri-lankais.

SRN (state registered nurse) *RU* infirmier diplômé.

SRO (self-regulatory organization) *RU* organisation chargée de surveiller ses propres membres.

SSN (Social Security number) *ÉU* numéro d'immatriculation à la Sécurité sociale.

SST (supersonic transport) avion de transport supersonique.

stabbing pain douleur fulgurante.

Stabex *UE* Stabex.

Stability Pact for South Eastern Europe Pacte de stabilité pour l'Europe du Sud-Est.

stabilization *n.* ✪ **Stabilization Force** Force de stabilisation ; **~ tank** bassin de stabilisation.

staff *v. tr.* **1** fournir des travailleurs pour, doter en main-d'œuvre/personnel, affecter du personnel à ; **~ed with** employant, où travaillent ; **to build and ~ a steel mill** construire une aciérie et recruter son personnel ; **a research department ~ed by hundreds of engineers** un service de recherche constitué de centaines d'ingénieurs. **2** faire fonctionner, assurer la conduite/la manœuvre de *[machine] ;* travailler à *[machine],* travailler dans *[installations],* être en service à/dans, être en poste à *[usine]*.

staff *n.* (membres du) personnel, agents, employés, collaborateurs, fonctionnaires ; effectifs ; **to be on the ~ of** travailler à ; **the company employs more than 200 ~** l'entreprise emploie plus de 200 personnes. ✪ **~ costs** dépenses de personnel ; **~ development** développement des compétences, valorisation des ressources humaines, perfectionnement du personnel ; **~ management** administration/gestion du personnel ; **~ manager** a) responsable des questions de personnel ; b) cadre fonctionnel *[par opp. à cadre hiérarchique] ;* **~ newspaper** journal/magazine (interne) d'entreprise ; **~ numbers** effectifs ; **~ nurse** infirmier/infirmière principal(e) ; **~ regulations** statut du personnel/des fonctionnaires, règlement du personnel ; **~ room** *Ens.* salle des professeurs ; **~ rules** statut du personnel/des fonctionnaires ; **~ time** heures/journées de travail.

staff *adj.* **1** du personnel. **2** permanent, qui est à son service ; **~ translator** traducteur salarié ; **a Newsweek ~ writer** un journaliste attaché à Newsweek.

staffing *n.* effectifs, dotation/disponibilités en personnel, composition. ✪ **~ costs** dépenses de personnel ; **~ level** (niveau des) effectifs ; **~ table** tableau des effectifs.

stage *v. tr. Fig.* **1** mener, organiser, mettre sur pied, se livrer à, monter, participer à, prendre part à ; **to ~ a demonstration** organiser une manifestation, manifester ; **to ~ a coup** faire un coup d'État ; **the terrorists ~d a series of attacks** les terroristes ont commis une série d'attentats ; **airport staff ~d a 24-hour strike** le personnel de l'aéroport a fait grève pendant 24 heures. **2** mettre en scène *[simulacre]*.

stage *n.* **1** scène ; *Fig.* théâtre. planches. **2** estrade, tribune, podium. **3** *Fig.* scène *[politique]*. **4** tranche, phase, stade, étape, *[opération réalisée en deux]* temps ; **the different ~s of the preparation of the report** les différents stades de l'élaboration du rapport ; **the early ~s of human evolution** les premières phases de l'évolution de l'homme. **5** étage *[de fusée]*. ✪ **set the ~ for** a) planter le décor de ; b) *Fig.* créer les conditions requises pour, ouvrir la voie à, préparer ; *[***the ~ is set for** tout est en place pour, les conditions requises pour *[qqch.]* sont réunies, il faut s'attendre à ; **the reform has set the ~ for the liberalization of capital movements** la réforme a ouvert la voie à la libéralisation des mouvements de capitaux ; **the Norwegians helped to set the ~ for the peace process** les Norvégiens ont contribué à préparer le terrain pour le processus de paix*]*.

staged *adj.* progressif, graduel ; **there will be a ~ return to diplomatic relations** les relations diplomatiques seront rétablies progressivement.

stage-manage *v. tr.* organiser/orchestrer soigneusement/minutieusement.

stagflation *n.* stagflation.

stagger *v. tr.* échelonner, étaler (dans le temps) ; **the pay increase for nurses will be ~ed** l'augmentation des rémunérations des infirmières sera échelonnée sur une certaine période.

staggered strike grève bouchon.

staggering *n.* **~ of holidays** étalement des vacances.

staggering *adj.* stupéfiant, affolant, *[montant]* énorme, colossal, faramineux ; *[coût]* exorbitant, vertigineux, prohibitif, ruineux ; **after the bank lost a ~ £450 million, it went bankrupt** après avoir perdu la somme énorme de 450 millions de livres, la banque a fait faillite.

staging *adj.* ✪ **~ area** zone de rassemblement de troupes ; **~ post** étape.

stair stepping *Inf.* crénelage.

stake *v.* **I** *tr.* **1 (on)** engager *[sa réputation]* dans, jouer *[sa réputation]* sur, mettre en jeu dans, risquer de compromettre *[sa réputation]* avec/à l'égard de, être prêt à garantir *[la qualité de qqch.]* au prix de *[sa réputation]* ; **the Finance Minister ~d his credibility on the control of inflation** le ministre des Finances a engagé toute sa crédibilité dans la maîtrise de l'inflation ; **the Foreign Secretary ~d his reputation on the result of these negotiations** le ministre des Affaires étrangères a joué sa réputation sur l'issue de ces négociations ; **he ~d his political future on the outcome of the referendum** il a lié son avenir politique au résultat du référendum. **2 to ~ a claim to** revendiquer ; **Mr Redwood ~d his claim to lead the Conservatives** M. Redwood a annoncé son ambition de diriger le Parti conservateur. **II ~ out 1** délimiter. **2** définir, prendre *[position]* ; **he ~d out a clear position on European integration** il a pris clairement position sur l'intégration européenne ; **he ~d out the group's opposition to a common currency** il a manifesté l'opposition du groupe à une monnaie commune. **3** se réserver, s'attribuer, s'approprier une part de *[bénéfices, marché]* ; faire valoir *[droits]* ; **they will have to ~ out their future in the growing cable television business** ils devront déterminer ce qui leur reviendra à l'avenir dans un marché de la télévision câblée appelé à se développer ; **he ~d out his role as the leading proponent of an Australian republic** il s'est campé dans le rôle du partisan le plus en vue d'une république en Australie. **4** *[police]* mettre *[immeuble]* sous surveillance.

stake *n.* **1** mise. **2** enjeu ; **the ~s are high** les enjeux sont considérables ; **to be at ~** être en jeu ; **her safety is at ~** il y va de sa sécurité ; **to raise/up the ~s** faire monter les enjeux. **3** compétition ; **to be high in the popularity ~s** avoir une cote de popularité élevée. **4** rôle, intérêt ; **to have a ~ in** jouer un rôle dans, participer à, être partie prenante dans, être intéressé/concerné par. **5** participation *[dans une société]* ; **to acquire a 30% ~ in a company** prendre une participation de 30 % dans une société ; **Bugless Software has a minority ~ in 3D Consultants** Bugless Software détient une participation minoritaire dans 3D Consultants.

stakeholder *n.* partie prenante/intéressée, partenaire ; **a company has many ~s** une entreprise doit servir les intérêts de nombreux partenaires.

stale *adj. Fig.* usé, éculé, fatigué, ressassé, rebattu, répétitif, sempiternel, qui a perdu toute sa fraîcheur, dépassé ; *Fam.* ringard. ✪ **~ cheque** chèque périmé.

stalemate *n. Fig.* impasse, blocage, point mort.

stalk *v. tr.* traquer, pourchasser *[qqn]*.

stalker *n.* « traqueur » *[= personne qui en poursuit une autre d'assiduités agressives]*.

stalking *n.* « traque » *[= assiduités ayant un caractère agressif]*.

stalking-horse **1** *Fig.* paravent. **2** *Pol.* candidat préparant l'entrée en lice d'une personnalité plus importante ; candidat dont le seul but est d'enlever des voix à un autre candidat.

stall *v.* **1** *intr. [moteur]* caler, *[machine]* s'arrêter, *[avion]* décrocher. **2** *tr.* caler *[moteur]*, provoquer le décrochage de *[avion]*. **3** *intr.* ne plus progresser, être au point mort ; **the investigation has ~ed** l'enquête ne progresse plus ; **after a few hours, the talks ~ed** au bout de quelques heures, les négociations ont abouti à une impasse. **4** *intr. [entreprise]* ne pas aboutir, faire long feu. **5** *tr.* bloquer *[projet]*. **6** *tr.* retarder. **7** *intr.* tergiverser ; temporiser, gagner du temps, faire de l'obstruction.

stall *n. Aéron.* décrochage.

stalled *adj. [négociations]* au point mort.

stamina *n.* résistance physique, endurance, énergie, puissance de travail, grande capacité de travail.

stamp *v.* **~ out** mettre fin à *[abus]*, éliminer, éradiquer, extirper *[corruption]* ; écraser *[rébellion]*.

stamp *n.* ✪ **no ~ required** ne pas affranchir ; ~ **duty** droit de timbre ; ~ **of approval** *Fig.* approbation.

stamping ground **1** habitat *[d'une espèce]*. **2** repaire.

stance *n.* **1** attitude, point de vue, position, prise de position. **2** orientation, stratégie, politique ; **fiscal ~** politique budgétaire.

stand *v.* **I 1** *intr.* se situer, se trouver ; **to ~ in the way of** entraver, être un obstacle à ; **to know where one ~s** savoir à quoi s'en tenir. **2** *intr.* être ; **as it ~s** tel quel ; **as matters/things ~** dans l'état actuel des choses ; **to ~ corrected** reconnaître son erreur. **3** *intr.* avoir une position ; **where does she ~ on this issue?** quelle est sa position sur cette question ? **4** *intr.* **to ~ + adj.** être + adj. ; **to ~ fast/firm** rester sur ses positions, faire preuve de fermeté, ne pas céder, tenir bon, ne pas se laisser influencer ; **the building stood unused for three years** le bâtiment est resté inutilisé pendant trois ans. **5** *intr. [décision, offre, texte, accord]* rester valable, rester inchangé, *[loi]* rester en vigueur ; *[jugement]* ne pas être infirmé en appel. **6** *intr. RU* se présenter (aux suffrages des électeurs), être candidat, présenter sa candidature, briguer le mandat *[de maire]* ; **to ~ for election** se présenter aux élections/aux suffrages des électeurs ; **to ~ for re-election** se représenter (devant les électeurs) ; **to ~ for a third term** briguer un troisième mandat ; **to ~ as the Labour candidate** se présenter sous l'étiquette/la bannière travailliste, défendre les couleurs du Parti travailliste ; **to ~ for Parliament** se présenter aux élections législatives. **7** *tr.* supporter *[épreuve]*, tolérer *[critique]* ; soutenir *[la comparaison]* ; *[arguments]* résister à *[examen approfondi]* ; **she cannot ~ jargon** elle est allergique au jargon. **8** *tr.* avoir *[une chance de]* ; **the proposal ~s a good chance of being passed** la proposition a une bonne chance d'être adoptée ; **the project ~s a 50-50 chance of success** le projet a une chance sur deux d'être couronné de succès. **II ~ alone** être autonome ; **the abstract should be able to ~ alone** le résumé doit pouvoir être lu indépendamment du texte dont il est la synthèse. **III ~ at** s'élever à, se situer à, atteindre *[niveau, montant]* ; **unemployment ~s at 8.5%** le taux de chômage s'élève à 8,5 % ; **illiteracy ~s at around 50%** l'analphabétisme atteint environ 50 %. **IV ~ back** prendre du recul. **V ~ behind 1** être aux côtés de, soutenir (moralement). **2** être à la base de, sous-tendre. **VI ~ by 1** être présent. **2** assister passivement/en spectateur, ne pas réagir, ne pas intervenir, ne rien faire, laisser faire, ne pas bouger, rester passif/inactif/inerte, rester les bras croisés ; **witnesses said the police stood by while the fascists ransacked the party's headquarters** selon des témoins, la police s'est gardée d'intervenir alors que les fascistes mettaient à sac le siège du parti. **3** attendre, être en alerte, se tenir prêt, être/se tenir prêt à intervenir. **4** s'en tenir à *[accord, décision]*, ne pas dévier de *[politique]*, être/rester fidèle à, ne pas revenir sur *[engagement]* ; **the Chinese ~ by a strict interpretation of the treaty** les Chinois s'en tiennent à une interprétation stricte du traité ; **the government will ~ by its education policy** le gouvernement ne déviera pas de sa politique en matière d'enseignement. **5** maintenir *[version des faits]* ; **the Times ~s by its story** le Times réaffirme la véracité de son article ; **the researchers stood by their findings** les chercheurs ont maintenu que leurs conclusions étaient correctes. **6** être/rester aux côtés de, soutenir (moralement), faire cause commune avec. **VII ~ down 1** *[homme politique]* démissionner, quitter ses fonctions, s'effacer, passer la main, abandonner le pouvoir, laisser la place à qqn d'autre ; *[candidat]* se retirer, se désister. **2** *[témoin]* quitter la barre des témoins. **VIII ~ for 1** *[sigle]* signifier, recouvrir, représenter, correspondre à. **2** *[idéologie, parti]* représenter, être synonyme de ; **Marxism and all that it ~s for** le marxisme et tout ce qu'il représente. **3** défendre, être pour, être en faveur de, être partisan de *[idées]* ; **to ~ for peace and justice** être pour la paix et la justice ; **Amnesty International ~s for human rights and political freedom** Amnesty International défend les droits de l'homme et les libertés politiques. **4** accepter, admettre, tolérer ; **the sales people are afraid that shoppers will not ~ for another price increase** les commerciaux craignent que les consommateurs n'accepteront pas une nouvelle augmentation de prix. **5** *voir* (I 7). **IX ~ in for** remplacer *[qqn temporairement]* ; représenter. **X ~ on 1** rester fidèle à *[ses principes]*, exiger le respect de, défendre, ne pas renoncer à *[ses droits]*. **2** maintenir *[version des faits]*. **XI ~ out 1** saillir. **2** ressortir, se détacher nettement, être bien visible, être en évidence/bien en vue/bien apparent, se remarquer. **3** se distinguer, occuper la première place, sortir du lot ; **two applicants stood out** deux candidats sortaient du lot. **XII ~ out against 1** se détacher clairement de. **2** maintenir son opposition à. **XIII ~ over 1** observer, surveiller, superviser ; **the Secretary-General said the UN would ~ over the agreement** le Secrétaire général a déclaré que l'ONU superviserait l'exécution de l'accord. **2** subsister ; rester en suspens ; être reporté/remis/différé. **XIV ~ to** avoir des chances de, avoir de bonnes chances de, avoir toutes chances de, pouvoir, être susceptible de, devoir (normalement), risquer (fort) de ; **to ~ to gain from** devoir normalement bénéficier de, avoir tout à gagner de ; **she ~s to be the first female leader of the party** elle a de bonnes chances de devenir la première femme à diriger le parti ; **both countries ~ to benefit from a relaxation of tensions** une réduction des tensions profiterait aux deux pays. **XV ~ up** *[explication]* résister à l'analyse, être plausible, tenir (debout). **XVI ~ up for** défendre *[droits, valeurs, qqn]*, se battre pour *[droits]*. **XVII ~ up to** résister à, supporter, faire face à, affronter *[épreuve, difficultés]*, faire face à *[concurrence]* ; tenir tête à *[qqn]* ; **these allegations do not ~ up to scrutiny** ces affirmations ne résistent pas à l'analyse ; **the strength of the dollar will make it difficult for us to ~ up to foreign competitors** en raison de la fermeté du dollar, nous aurons du mal à faire face à la concurrence des entreprises étrangères ; **the new leader of the party had the courage to ~ up to the militant tendency** le nouveau dirigeant du parti a eu le courage d'affronter la fraction extrémiste.

stand *n.* **1** position ; **to take a ~ on** prendre position sur *[question, problème]* ; **the government has taken no ~ on the matter** le gouvernement n'a pas pris position sur cette question. **2** barre des témoins ; **to call to the ~** appeler à la barre des témoins ; **to take the ~** témoigner, déposer.

stand-alone *adj. Inf. [ordinateur, terminal]* autonome ; *[version]* monoposte *[d'un logiciel]*.

standard *n.* **1** norme *[établie par un organisme de normalisation]*. **2** standard *[défini unilatéralement par un fabricant]*. **3** critère, norme ; **during his trial, the terrorist, considering himself a political prisoner, said he must be judged by different ~s** pendant son procès, le terroriste, qui se considérait comme un prisonnier politique, a déclaré qu'il devait être jugé selon des critères différents ; **it was a case of an African matter being assessed by European ~s** on jugeait un problème africain en utilisant des normes européennes ; **by + adj. + ~s, by the ~s of** pour, par comparaison avec, par rapport à, dans le contexte de ; **by Korean ~s, the elections were free and fair** dans le contexte coréen, il s'est agi d'élections libres et démocratiques ; **even by Sudanese ~s, this is a very serious drought** il s'agit d'une très grave sécheresse, même pour le Soudan ; **by recent ~s, the turnout for the election was quite high** par rapport aux consultations récentes, le taux de participation aux élections a été très élevé ; **the price of long-distance calls is high by US ~s** le prix des communications interurbaines est élevé par comparaison avec les tarifs pratiqués aux États-Unis ; **by historical ~s** par rapport aux précédents historiques ; **by historical ~s, this nationalist feeling is quite limited** ce nationalisme est très modéré par rapport à ce qui a été observé dans le passé ; **by international ~s** par comparaison avec l'étranger, par rapport aux autres pays ; **the economy is doing surprisingly well by international ~s** l'économie est étonnamment prospère par comparaison avec l'étranger. **4** étalon ; référence ; **French wine growers still set the ~ for the world** les viticulteurs français restent la référence dans le monde entier. **5** niveau, qualité ; **of a high ~** de qualité élevée ; **below ~** médiocre ; **to be below ~** laisser à désirer ; **up to ~** *[personne]* à la hauteur ; *[chose]* satisfaisant, adéquat, approprié, bon, valable ; **to raise educational ~s** améliorer la qualité de l'enseignement ; **transportation facilities are of a high ~** l'infrastructure de transports est d'un niveau élevé. **6** *pl.* principes, règles, conceptions, valeurs. ✪ **by any ~** incontestablement, nul ne contestera que, quel que soit le critère retenu/utilisé ; *[***the conditions endured by the refugees are appalling by any ~s** les conditions de vie des réfugiés sont absolument épouvantables ; **the crime rates are high by any ~** les taux de criminalité sont élevés, quel que soit le point de comparaison retenu*]* ; **~-bearer** *n. Fig.* porte-drapeau ; champion *[d'une cause]* ; **~ of living** niveau de vie ; train de vie ; **~ of proof** exigences en matière de preuve, conditions *[plus ou moins rigoureuses]* que la preuve doit remplir ; *Can.* critère de preuve ; *CIJ* niveau de preuve.

standard *adj.* **1** ordinaire, courant, le plus courant, normal, répandu, habituel, usuel, type, typique, d'usage ; de qualité normale ; **~ practice/procedure** pratique normale/d'usage, usage ; **opposition to immigration is the ~ theme of his speeches** l'hostilité à l'immigration est le thème qui revient constamment dans ses discours. **2** standard, courant ; de série, monté en série ; normalisé ; uniforme, unifié, homogène ; étalon. **3** régulier, réglementaire, officiel. **4** bien établi, bien connu ; **the statement reaffirmed the ~ Iranian position** la déclaration réaffirmait la position bien connue de l'Iran. **5** *[ouvrage]* classique ; éprouvé ; traditionnel ; **~ work** ouvrage classique, classique ; **all the ~ ideas will be incorporated into the training programme** toutes les idées classiques seront incorporées dans le programme de formation. **6** *[français]* standard. ✪ **~ abatement** *Fisc. RU* abattement forfaitaire ; **~ contract** contrat type ; **~ deduction** *Fisc. ÉU* abattement forfaitaire ; **~ deviation** *Stat.* écart-type ; **~ error** *Stat.* erreur-type ; **~ model** *Phys.* modèle standard ; **~ rate** *Fisc.* taux de base *[de l'impôt sur le revenu]* ; taux normal *[de TVA]* ; **~ spending grant** *RU* dotation de l'État central *[à une collectivité locale]* ; **~ time** heure légale ; temps légal ; *Can.* heure normale.

standardization *n.* normalisation.

standby *n.* **1** état d'alerte ; attente ; **on ~** en alerte, prêt à intervenir ; en veilleuse ; **the police was on ~** la police se tenait prête à intervenir. **2** veille ; **to turn the TV set to ~** mettre le téléviseur en veille. ✪ **~ arrangement** *FMI* accord de confirmation ; **~ cost** *Gestion ÉU* coût fixe/constant ; **~ loan** ligne de crédit, crédit stand-by ; **~ mode** veille ; **~ ticket** *Transp. aériens* billet stand-by.

standby *adj.* de secours, de réserve, auxiliaire.

standing *n.* **1** rang, position (sociale), situation, statut, place, importance, niveau, cote, réputation, considération, respect, prestige, estime, honorabilité, intégrité, autorité, influence, image, compétence ; *Fin.* qualité *[d'un emprunteur]* ; **of ~** de niveau élevé, respecté, éminent ; honorablement connu ; **~ in opinion polls** cote dans les sondages ; **he was the only scientist of real ~ at the meeting** il était le seul scientifique véritablement réputé lors de la réunion ; **a financial institution of widely recognized ~** un établissement financier de réputation largement reconnue ; **she fell down in her ~ with the president** la considération dont elle jouissait auprès du président a baissé ; **his public ~ is very high** la considération dont il jouit auprès du public est très élevée ; **the conference was part of an attempt to enhance Turkey's ~ in the world** la conférence faisait partie des efforts menés par la Turquie pour rehausser son prestige dans le monde ; **the Prime Minister's ~ in public-opinion surveys has declined** d'après les sondages, la cote de popularité du Premier ministre a baissé ; **members chosen by reason of the personal ~ they enjoy in their respective countries** membres choisis en raison de l'autorité dont ils jouissent dans leurs pays respectifs ; **the Helsinki declaration has no legal ~** la déclaration d'Helsinki est dépourvue de valeur juridique ; **she wants the teaching of arithmetic to have equal ~ with that of reading and writing** elle veut mettre l'enseignement du calcul sur le même pied que l'enseignement de la lecture et de l'écriture. **2** durée ; ancienneté ; **of long ~** ancien ; **the Israeli commitment to the peace process was of four years' ~** les Israéliens soutenaient le processus de paix depuis quatre années ; **only US citizens of at least seven years' standing can become members of the House of Representatives** pour siéger à la Chambre des représentants, il faut être citoyen des États-Unis depuis au moins sept années ; **they are all surgeons of many years' ~** ils ont tous de nombreuses années d'expérience de la chirurgie ; **candidates should be selected from party members of at least three years' ~** les candidats doivent être choisis parmi les membres du parti qui ont adhéré il y a au moins trois ans. **3** *Dr. ÉU* droit d'agir (en justice) ; *CIJ* qualité pour agir. **4 financial ~** situation financière, capacité financière, assise/solidité financière, solvabilité, crédit, surface (financière), moyens, ressources. **5 in good ~** a) bien considéré ; b) en situation régulière ; **he is one of the few government ministers still in good ~ with the unions** il est l'un des rares ministres à jouir encore de la considération des syndicats. ✪ **~ to sue** *voir* standing (3).

standing *adj.* **1** permanent. **2** *Agr. [culture]* sur pied. ✪ **~ army** a) armée permanente ; b) armée active ; *[***Costa Rica has no ~ army** le Costa Rica n'a pas d'armée permanente ; **the country has the largest ~ army in the world** le pays est doté de l'armée active la plus importante du monde*]* ; **~ committee** commission permanente ; **~ charges** frais généraux ; **~ crops** cultures sur pied ; **~ expenses** frais généraux ; **~ order** *Banque* ordre permanent ; **~ orders** règlement intérieur ; **~ ovation** ovation debout ; *[***to give sb a ~ ovation** acclamer qqn debout, (se lever pour) ovationner qqn ; **to get/receive a ~ ovation** être ovationné*]* ; **~ position/posture** position debout ; **~ rules** règlement intérieur ; **~ timber** bois sur pied.

standpipe *n.* **1** colonne-fontaine, fontaine publique, prise d'eau. **2** *Techn.* colonne montante d'alimentation ; tuyau vertical.

standstill *n.* **1** arrêt, paralysie, blocage, point mort, stagnation, enlisement, statu quo ; **to be at a ~** être paralysé, ne pas avancer, faire du sur-place ; **during the strike the port was at a ~** pendant la grève, le port était paralysé ; **to bring to a ~** paralyser, bloquer ; **production has come to a ~** la production s'est arrêtée. **2** moratoire, gel. ✪ **~ cease-fire** cessez-le-feu sur place.

standup comedian humoriste (de scène).

staple *n.* **1** produit de base/principal ; produit de consommation courante, produit essentiel/de première nécessité. **2** denrées alimentaires essentielles/de base. **3** *Fig.* élément important ; **to be a ~ in/on** occuper une place importante dans. ✪ **~ crop** culture de base ; **~ foods** aliments/produits alimentaires/denrées (alimentaires) de base ; **~ goods** *voir* staple (1, 2) ; **~ industry** industrie de base ; **~ products** *voir* staple (1, 2).

star *n.* **1** étoile. **2** vedette. **3** astérisque. ✪ **~ cluster** amas d'étoiles ; **~ network** réseau en étoile ; **Stars and Stripes, Star-Spangled Banner** *ÉU* a) Bannière étoilée ; b) hymne national des États-Unis ; **Star Wars** *Mil.* guerre des étoiles.

stare decisis *Dr.* (principe/doctrine du) respect des précédents ; *CIJ* autorité des précédents ; **to be ~** constituer un précédent faisant autorité, devoir être suivi, lier.

stark *adj.* **1** *[lieu]* désolé, austère, sinistre. **2** *[description]* sobre, sans fioritures, réaliste, sans complaisance, *[style, illustration]* sobre, dépouillé, *[constatation, statistiques]* froid. **3** *[réalité]* dur, brutal, cruel ; sombre, peu encourageant, peu réjouissant, rigoureux, rude, pénible, aigu, douloureux, grave, sérieux, intense, marqué, prononcé, exigeant, sévère, âpre, vif, impitoyable, fort, lourd, violent ; **~ reminder** rappel brutal ; **unemployment is particularly ~ in Northern Ireland** le chômage est particulièrement aigu en Irlande du Nord ; **the report paints a ~ picture** le rapport dresse un tableau peu réjouissant. **4** *[choix]* difficile ; **~ choice** dilemme, choix cruel/difficile ; **we face some ~ choices** nous devons faire des choix difficiles. **5** *[distinction, différence]* (bien) net, clair, manifeste, frappant, *[contraste]* net, (bien) marqué, saisissant, *[séparation]* bien tranché, *[contradiction]* manifeste, flagrant. **6** *[folie]* total, absolu, pur (et simple).

starred *adj.* marqué d'un astérisque.

START (Strategic Arms Reduction Talks) START (négociations sur la réduction des armes stratégiques).

start *v.* **1** *tr.* commencer, lancer, amorcer, engager, entamer, entreprendre, donner le coup d'envoi à, faire démarrer, déclencher, mettre en route/en train/en chantier ; **to ~ a business** créer une entreprise. **2** *tr. Inf.* lancer, faire démarrer *[programme]*. **3** *intr.* débuter, démarrer, s'amorcer. **4 ~ over** repartir ; **to ~ over from scratch** repartir de zéro.

start *n.* **1** début. **2** départ. ✪ **for a ~** tout d'abord ; **(right) from the ~** dès le début, d'emblée, d'entrée de jeu.

starter home *RU* premier logement.

starters *n.* ✪ **for ~** pour commencer.

starting *adj.* ✪ **~ pistol** pistolet de starter ; **~ point** prémices, amorce, situation de départ/initiale.

startup *n.* **1** création, lancement *[d'une entreprise]*, création d'entreprise. **2** entreprise de création récente ; jeune entreprise, jeune pousse. **3** mise en service. ✪ **~ business/company** entreprise de création récente ; jeune pousse ; **~ costs/expenses** *Sociétés* frais de premier établissement ; *Can.* frais de démarrage.

starvation *n.* privation de nourriture ; *Nutrition* inanition.

starve *v. intr.* mourir de faim ; souffrir de la faim.

state *v. tr.* **1** déclarer, assurer, affirmer, faire observer, relever, préciser, avancer, stipuler, disposer, indiquer, exposer, énoncer, exprimer, proférer, formuler, annoncer, faire connaître, faire état de, communiquer, définir, mentionner, énumérer, désigner, expliquer ; décliner *[identité]* ; **Article 37 ~s that** l'article 37 dispose que, aux termes de l'article 37 ; **unless otherwise ~d** sauf indication contraire ; **~ clearly the circumstances of the accident** indiquez clairement les circonstances de l'accident ; **they have ~d that they do not intend to reduce social benefits** ils ont annoncé leur intention de ne pas réduire les prestations sociales. **2** *Compt.* évaluer ; **shares are ~d at their purchase price** les actions sont évaluées à leur coût d'acquisition.

state *n.* **1** état *[de santé, d'esprit]*. **2** État ; *ÉU* État (fédéré) ; **the individual ~s** *ÉU* les États de l'Union. **3** *voir* State Department. **4** *pl.* États-Unis. **5** *Dr. ÉU* accusation, ministère public ; **~'s evidence** *ÉU* a) éléments de preuve présentés par l'accusation ; b) témoin à charge *[déposant contre son/ses complice(s)]* ; **to turn ~'s evidence** déposer contre son/ses complice(s). ✪ **~ aid** aide publique ; *UE* aide d'État ; **~ benefits** prestations sociales (versées par l'État) ; **~-controlled** *adj.* d'État, officiel, public, nationalisé, (placé) sous la tutelle de l'État, administré par les pouvoirs publics ; *[***~-controlled unions** syndicats placés sous la tutelle de l'État*]* ; **State Council** *Chine* Conseil des affaires d'État, gouvernement chinois ; **State Department** *ÉU* Département d'État ; **~ earnings-related pension scheme** *RU* régime de retraite complémentaire de l'État ; **~ enterprise** entreprise publique ; **~ immunity** *Dr. int.* immunité de l'État/des États, immunité souveraine ; **~ legislature** *ÉU* parlement/assemblée d'État ; **~-owned** *adj. [entreprise]* public ; **~ enterprise** entreprise publique ; **~ of affairs** état de choses ; **~ of play** *Fig.* stade atteint, situation actuelle ; **~ of the art** a) *Brevets* état de la technique ; b) état actuel des/de nos connaissances ; état des connaissances (actuelles), état des connaissances et du savoir-faire, état d'avancement actuel ; c) méthodes/techniques les plus récentes/modernes, sommet de la technicité ; **~-of-the-art** *adj.* a) *Brevets* reflétant l'état de la technique ; b) *[technologie, machine]* de pointe, le plus avancé, le plus moderne, ultramoderne, dernier cri ; **State of the Union address/message/speech** message sur l'État de l'Union ; **~-owned company** entreprise publique, **~ ownership** propriété de l'État ; propriété collective *[des moyens de production]* ; **State Party** *Dr. int.* État partie ; **~ registered nurse** *RU* infirmier diplômé ; **~-run** *adj. [entreprise]* public ; **~ school** école publique ; **~ support** aide d'État ; **~-trading country** pays à commerce d'État ; **~ visit** visite officielle ; **~-wide** *adj. ÉU* à l'échelon de l'État, *[réseau]* qui s'étend à l'ensemble de l'État.

statecraft *n.* art de gouverner.

stated *adj.* défini, déterminé, prédéterminé.

statehood *n.* statut d'État, qualité d'État (indépendant).

statelessness *n.* apatridie.

statesmanlike *adj.* digne d'un homme d'État.

statement *n.* **1** déclaration, intervention, discours, allocution, communication, communiqué. **2** affirmation, assertion, observation, remarque, constatation, prise de position ; déposition, attestation ; mention ; **to take a ~ from a witness** entendre un témoin, recueillir la déposition d'un témoin. **3** relevé, énoncé, texte, note, état, décompte, tableau, liste, énumération, énonciation, compte rendu, mémoire, exposé ; **problem ~** énoncé du problème ; **accounting ~** état comptable ; **financial ~** état financier. ✪ **~ of account** relevé de compte ; **~ of affairs** bilan de liquidation ; **~ of claim** *Dr.* exposé des faits établi par le demandeur ; **~ of changes in financial position** *ÉU* tableau de financement ; **~ of income** compte de résultats ; **~ of operations** *ÉU* compte d'exploitation ; **~ of sources and application of funds** *Bilan* origine et utilisation des fonds.

statesmanship *n.* qualités/capacités d'homme d'État, stature d'homme d'État, sens/sagesse/acuité/finesse politique.

station house *ÉU* commissariat de police.

stationary *adj.* ✪ **~ bicycle** a) vélo d'appartement ; *Méd.* bicyclette ergométrique ; **~ source** *Env.* source fixe *[de pollution].*

stationery *n.* matériel et fournitures de papeterie.

statistical *adj.* ✪ **~ agency** institut de statistique ; **~ deviation** écart statistique ; **Statistical Office of the European Communities** Office statistique des Communautés européennes.

statistics *n.* **1** statistique *[= discipline] ;* **to apply ~ to production problems** utiliser la statistique pour résoudre des problèmes de production. **2** statistiques. ✪ **Statistics Canada** Statistique Canada.

status *n.* **1** statut *[= situation juridique] ;* **diplomatic ~** statut diplomatique ; **Convention relating to the ~ of refugees** Convention relative au statut des réfugiés ; **one of the first moves of the new government was to restore the legal ~ of the union at GCHQ** l'une des premières mesures prises par le nouveau gouvernement a consisté à légaliser à nouveau le syndicat des travailleurs du Centre d'écoute des télécommunications. **2** situation *[au regard de],* état, niveau, nature, caractère, qualité, importance ; *Sociol.* statut ; **their ~ as veterans** leur qualité d'anciens combattants ; **Germany's economic superpower ~** le statut de superpuissance économique de l'Allemagne. **3** état d'avancement *[d'activités],* point ; **she enquired about the ~ of her claim for compensation** elle a demandé où en était sa demande d'indemnisation. **4** régime, rôle, place à donner/reconnaître, autorité, force. **5** prestige, rang (social), statut social, position (sociale), place, sort, condition, stature, considération (sociale), valeur ; **there is also a certain ~ bestowed by the holding of a university degree** il faut également mentionner que la possession d'un diplôme universitaire confère un certain prestige ; **high ~** position sociale élevée ; **to have a high ~** avoir un rang élevé ; être bien considéré ; **low-~** *adj. [emploi]* subalterne ; peu valorisant ; **social ~** condition sociale ; **to raise one's social ~** s'élever dans l'échelle sociale ; **the ~ of women** la condition féminine/de la femme ; **the moral ~ of the PLO** le degré de respectabilité de l'OLP ; **we must raise the ~ of nursery education** nous devons accorder une plus grande importance à l'enseignement maternel ; **the low economic ~ of women** la position économique inférieure de la femme ; **to raise the ~ of primary-school teachers** accroître la considération dont jouissent les instituteurs ; **the ~ attached to car ownership** la considération sociale qu'assure la possession d'une voiture ; **the lecture was about the ~ of single mothers** la conférence a porté sur la situation des mères célibataires. ✪ **~ bar** *Inf.* barre d'état ; **~ quo ante** situation antérieure, situation avant les faits/événements ; **~ report** informations sur l'état d'avancement des travaux, rapport d'étape ; **~ symbol** moyen d'affirmation sociale, signe de réussite sociale, bien socialement valorisant ; *[***the motor car has ceased to be a ~ symbol** l'automobile a cessé d'être un signe de différentiation sociale*]*.

status quo statu quo. ✪ **~ ante** situation antérieure.

statute *n.* **1** loi (écrite). **2** Statut *[de l'Agence internationale de l'énergie atomique, du Conseil de l'Europe, de la Cour internationale de justice, de la Cour de justice des Communautés européennes].* ✪ **~-barred** *adj. Dr. [action]* prescrit ; **~ law** droit législatif ; **~ mile** mile *[= 1609 m] ;* **~ of limitation(s)** loi sur la prescription *[extinctive] ;* **~ books** *[***the situation will change when the bill is on the ~ books** la situation changera lorsque le projet de loi aura force de loi*] ;* **~s of Canada** lois du Canada.

statutory *adj.* légal, réglementaire ; statutaire ; officiel, public ; obligatoire. ✪ **~ authority** pouvoir conféré par une loi ; **~ body** organisme officiel/de droit public ; **~ instrument** *RU* règlement ; *Can.* texte réglementaire ; **~ law** droit législatif ; **~ provisions** loi ; **~ rape** *ÉU Dr.* relations sexuelles avec une personne n'ayant pas l'âge du consentement ; atteinte sexuelle sur mineur ; *Cour.* détournement de mineur ; **~ reserve** réserve statutaire ; **~ sick pay** *RU* indemnités de maladie *[versées par l'employeur].*

staunch *adj. [défenseur]* farouche, ardent, acharné, *[partisan]* chaud, *[démocrate]* convaincu, *[allié]* fidèle.

stay *v.* **1** *tr.* suspendre, arrêter *[instance] ;* **the objection shall not have the effect of ~ing enforcement of the judgement** l'opposition ne suspend pas l'exécution de l'arrêt ; **the commission requested that the proceedings be ~ed** la commission a demandé l'arrêt de la procédure. **2 ~ on** rester à son poste. **3 ~ out of** ne pas s'occuper/se mêler de.

stay *n. Dr.* suspension ; **they are hoping to obtain a ~ of the injunction** ils espèrent obtenir une suspension de l'ordonnance. ✪ **~ of execution** a) sursis à exécution *[d'un jugement] ;* b) sursis *[accordé à un condamné à mort] ;* **~ of proceedings** *Dr. pénal* arrêt des poursuites.

staying power résistance, endurance, pérennité.

stay-in (strike) *RU* grève sur le tas, grève des bras croisés, (grève avec) occupation de l'usine/des locaux/de l'entreprise.

St Christopher-Nevis Saint-Christophe et Niévès.

STD (sexually transmitted diseases) MST (maladies sexuellement transmissibles).

STD (subscriber trunk dialling) téléphone/téléphonie interurbain(e) automatique. ✪ **~ (code)** indicatif de zone.

steady *adj.* constant, continu, permanent, inchangé, stable, durable ; **to hold ~** rester inchangé.

steal *v. tr.* **to ~ a march on** couper l'herbe sous les pieds de, devancer, prendre de court, prendre de vitesse *[concurrents].*

stealth *n.* furtivité, discrétion *[d'un sous-marin].* ✪ **~ aircraft** avion furtif.

steam *n. Fig.* **to gain/gather/pick up ~** s'accélérer, aller s'accélérant, passer à la vitesse supérieure, se précipiter, augmenter, progresser, s'accentuer, s'intensifier, se renforcer, monter en puissance ; gagner du terrain, prendre de l'ampleur, prendre une ampleur accrue, s'amplifier ; **to lose ~** baisser, régresser, perdre du terrain ; **to run out of ~** *[reprise économique]* s'essouffler, s'affaiblir, faire long feu ; **under one's own ~** par ses propres moyens. ✪ **let off ~** se défouler.

steamroll *v. tr.* **to ~ a bill through parliament** forcer le passage d'un projet de loi.

steamy *adj. Fig.* **1** érotique, suggestif, osé, torride ; croustillant. **2** enflammé, passionné.

steel *n.* ✪ **~ industry** industrie sidérurgique ; **~ mill/plant** aciérie.

steep *adj. [baisse]* abrupt, brutal, fort ; important, considérable, *[augmentation]* fort, *[taux d'inflation, prix]* élevé, *[note, addition]* salé. ✪ **~ curve** courbe à forte pente/à pente prononcée.

steeply *adv.* vite, fortement ; **to rise ~** monter en flèche.

steer *v. Fig.* **1** *tr.* guider, orienter. **2** *tr.* **to ~ a course** suivre une ligne de conduite ; **to ~ a middle course** adopter/suivre une voie/démarche/ligne de conduite/politique/stratégie intermédiaire/de compromis. **3 ~ away from** détourner de. **4 ~ back to** ramener *[discussion]* à. **5 ~ through** guider. ✪ **~, not row** dire ce qu'il faut faire et non le faire soi-même, faire faire et non faire, diriger et non exécuter, faire moins et diriger plus, guider la manœuvre.

steering *adj.* ✪ **~ column** colonne de direction ; **~ committee/group** comité directeur ; **~ wheel** volant.

stellar *adj. Fig.* excellent, brillant, de premier ordre. ✪ **~ cluster** amas stellaire.

Steller's sea lion lion de mer de Steller.

stem *v.* **1** *tr.* faire cesser, mettre fin à, arrêter, porter un coup d'arrêt à ; endiguer *[afflux de réfugiés]* ; **more traditional methods will ~ the decline in numeracy** le recours à des méthodes traditionnelles mettra fin à la baisse de l'aptitude au calcul ; **to ~ the flow of blood** arrêter l'hémorragie. **2 ~ from** résulter de, être dû à.

stem cell *Biol.* cellule souche.

Sten gun pistolet mitrailleur.

stent *n. Méd.* endoprothèse.

step *v.* **I ~ aside** passer la main, s'effacer ; *[candidat]* se retirer, se désister ; **to ~ aside for** *[homme politique]* s'effacer devant *[autre homme politique]*. **II ~ back** *Fig.* prendre le temps de la réflexion, se mettre à réfléchir, (prendre du recul pour) faire le point. **III ~ down 1** *[homme politique]* démissionner, quitter ses fonctions, s'effacer, s'en aller, passer la main, laisser la place à qqn d'autre, abandonner/quitter le pouvoir ; **he ~ped down as CIA director** il a démissionné de son poste de directeur de la CIA. **2 you may ~ down** vous pouvez vous retirer *[dit par le juge à un témoin]*. **IV ~ in** intervenir ; s'interposer, s'entremettre. **V ~ out** s'absenter brièvement, sortir un moment. **VI ~ up** intensifier *[efforts]*, donner une ampleur accrue à, approfondir, développer, multiplier, renforcer, accroître, accélérer, accentuer, donner une importance accrue à ; **security arrangements were ~ped up** le dispositif de sécurité a été renforcé ; **to ~ up one's efforts** redoubler d'efforts.

step *n.* **1** pas ; **~ forward** pas en avant, progrès ; **a ~ in the right direction** un pas dans la bonne direction, une mesure qui va dans le bon sens ; **one ~ ahead** une longueur d'avance. **2** mesure, initiative, démarche, acte, action ; **to take ~s** prendre des mesures/dispositions ; **to take ~s to** s'employer à ; **to go one ~ further** aller plus loin. **3** étape, phase, stade, temps, opération, niveau, palier ; **as a first ~** dans un premier temps ; **the next ~ will be to** la prochaine étape consistera à ; **the process involves carefully planned ~s** le processus comprend plusieurs étapes soigneusement planifiées. **4** échelon *[dans un barème de rémunérations]*. **5** marche *[d'un escalier]*. ✪ **in ~ with** en harmonie avec, en phase avec ; *[***he failed to keep in ~ with public opinion** il n'est pas resté en phase avec l'opinion publique*]* ; **out of ~ with** en porte-à-faux avec, en décalage par rapport à ; **~ by ~** graduellement, progressivement, pas à pas, étape par étape ; *[expliquer qqch.]* point par point ; **~-by-~** *adj. [méthode]* graduel, progressif ; échelonné ; **~ change** changement soudain/brusque, net changement ; **~ chart** graphique en escalier ; **~ increase** *ONU* avancement d'échelon.

stepping stone tremplin, étape.

stepwise *adv.* progressivement, graduellement, par étapes, par paliers.

stereotype *n.* préjugé ; image stéréotypée *[d'un type de personne, de l'Américain, du drogué]*, cliché ; **negative ~s about women** des préjugés relatifs aux femmes ; **he merely repeated old ~s** il s'est borné à répéter des clichés fatigués.

stereotypical *adj.* **1** stéréotypé. **2** caractéristique.

stet *v. intr.* annuler la correction.

stevedore *n.* **1** docker. **2** aconier.

steward *n.* **1** régisseur (de propriété) ; gestionnaire. **2** délégué syndical. **3** membre du service d'ordre *[d'une manifestation publique]*. **4** *Transp. aériens* steward.

stewardship *n.* direction ; gestion, administration, conduite (des affaires) ; **economic ~** conduite des affaires économiques ; **Mr Kohl's ~ of the unification process will secure him a place in history** la façon dont M. Kohl a dirigé le processus d'unification lui garantit qu'il laissera son nom dans l'histoire.

St Gallen *Suisse* Saint-Gall *[= canton]*.

stick *v.* **I ~ at 1** poursuivre (obstinément) *[activité]*. **2** se laisser décourager par. **3** ne pas être disposé à, refuser de ; **to ~ at nothing** être prêt à tout. **II ~ by** rester loyal à *[qqn]*, rester fidèle à *[principes]*, tenir *[promesses]*. **III out 1** ressortir, se détacher nettement, être bien visible, être en évidence/bien en vue/bien apparent, se remarquer. **2** tenir bon, ne pas céder, refuser de céder/de se soumettre, persister dans son attitude de refus, camper/rester sur ses positions. **IV ~ out against** maintenir son opposition à. **V ~ out for** continuer à exiger. **VI ~ to 1** respecter *[règle, accord]*, tenir *[promesse]*, s'en tenir à, ne pas dévier de, ne pas s'écarter de *[ligne de conduite]* ; se cantonner dans ; maintenir *[affirmation]* ; **to ~ to doing sth** continuer à faire qqch. ; **the company intends to ~ to its policy** l'entreprise a l'intention de s'en tenir à sa politique. **2** conserver, garder. **3** continuer obstinément à. **4** rester fidèle à *[principe]*, s'en tenir à *[décision]*, maintenir *[version des faits]*, tenir *[promesse]* ; **the defendant stuck to his original version of events** le prévenu a maintenu sa version des faits initiale. **VII ~ together** rester uni, se serrer les coudes. **VIII ~ up** attaquer *[banque]*. **IX ~ up for** soutenir *[qqn, qqch.]*. **2** défendre *[droits, intérêts]*, faire valoir *[droits]*. **X ~ with 1** poursuivre (obstinément) *[activité]* ; **Mr Mandelson decided to ~ with the Millennium Dome project** M. Mandelson a décidé de continuer à mener à bien le projet de construction du Dôme du millénaire. **2** maintenir *[décision]*. **3** rester loyal à.

sticker price prix catalogue *[supérieur aux prix effectivement pratiqués]*.

sticking point pierre d'achoppement, écueil, obstacle.

stickup *n.* attaque à main armée, braquage.

stiff *adj.* *[opposition]* vif, fort, farouche, *[concurrence]* âpre, intense, vif, rude, féroce, acharné, *[prix]* très élevé. ✪ **~ upper lip** *Fig.* stoïcisme ; *[***to keep a ~ upper lip** rester impassible, serrer les dents*]*.

stigma *n.* caractère infamant/honteux/inavouable *[attribué à qqch.]*, déshonneur, infamie, honte, ignominie ; déconsidération, dévalorisation, discrédit, tache, flétrissure ; réprobation (sociale), condamnation sociale, jugement moral négatif, mépris, préjugés ; **social ~** attitude réprobatrice de la société ; **the ~ of unemployment** le caractère honteux du chômage ; **bearing the ~ of** désigné à l'opprobre public par, discrédité par ; **to be a ~** être infamant, être mal vu ; **the ~ attached to AIDS** le caractère de maladie honteuse attribué au sida ; **his links with organized crime left a ~ which followed him for a long time** ses liens avec la criminalité organisée ont entaché durablement sa réputation ; **a certain ~ is also attached to alcohol abuse** la consommation excessive d'alcool suscite aussi une certaine réprobation ; **prostitution carries a ~** la prostitution suscite le mépris.

stigmatization *n.* déconsidération, dévalorisation, discrédit, tache, flétrissure ; réprobation (sociale), condamnation sociale, jugement moral négatif, mépris, préjugés, rejet, comportement/réaction d'intolérance.

stigmatize *v. tr.* déconsidérer, considérer avec mépris, jeter le discrédit sur, montrer du doigt, cataloguer, réprouver, rejeter, clouer au pilori, traiter comme un paria/pestiféré ; *Litt.* jeter l'opprobre sur, désigner à l'opprobre, couvrir d'opprobre, marquer du sceau de l'infamie ; **to ~ AIDS victims** montrer du doigt les sidéens ; **single mothers are often ~d** les mères célibataires sont souvent victimes d'une certaine réprobation ; **infertile couples feel ~d by society** les couples stériles se sentent mis au ban de la société.

stigmatized *adj.* mal vu, déconsidéré, méprisé, rejeté, considéré avec suspicion ; **a ~ group** un groupe considéré avec suspicion ; **in that society, a raped woman is ~** dans cette société, une femme violée est marquée du sceau de l'infamie ; **sexual harassment is now a highly ~ behaviour** le harcèlement sexuel suscite maintenant la réprobation générale.

stigmatizing *adj.* dévalorisant, teinté de mépris.

still *n.* image fixe.

still *adj.* ✪ **sit ~** *Fig.* croiser les bras ; **~ pictures** images fixes ; **~ wine** vin tranquille.

stillbirth *n.* mortinaissance, naissance d'un enfant mort-né. ✪ **~ rate** taux de mortinatalité.

stimulus *n.* incitation, encouragement, motivation, stimulant ; **the Cold War was a ~ for excellence in space exploration** la guerre froide a stimulé l'excellence dans le domaine de l'exploration spatiale ; **geopolitics and oil were the stimuli for the Gulf war** la géopolitique et le pétrole ont été les facteurs de déclenchement de la guerre du Golfe.

sting *n. Fig.* **1** arnaque, escroquerie. **2 ~ (operation)** montage de la police, piège tendu par la police.

stipend *n.* **1** allocation périodique ; pension. **2** rémunération *[d'un enseignant, d'un ecclésiastique].*

stipendiary magistrate juge professionnel.

stipulate *v.* **1** *tr. Dr.* stipuler *[condition] ;* **(that)** stipuler que ; **to ~ a rule** poser une règle. **2** *tr. Dr. [partie, avocat]* tenir pour acquis, ne pas contester. **3 ~ for** exiger.

stir *v. Fig.* **I 1** *tr.* remuer, brasser. **2** *intr.* bouger. **3** *tr.* émouvoir. **4** *tr.* **(to)** pousser à, inciter à ; **to ~ into action** inciter à prendre des mesures, faire agir/réagir. **5** *tr.* susciter *[préoccupation, sentiment],* éveiller *[intérêt],* déclencher, provoquer, engendrer *[conflit, hostilité, mécontentement],* semer *[zizanie] ;* **to ~ trouble** a) créer des difficultés ; b) semer le désordre. **II ~ up 1** susciter *[préoccupation, sentiment],* déclencher, provoquer, engendrer *[conflit, hostilité, mécontentement],* semer *[zizanie] ;* **to ~ up trouble** a) créer des difficultés ; b) provoquer des désordres, semer le désordre/la pagaille. **2** exciter *[qqn].*

stir *n. Fig.* vive émotion, (beaucoup d') émoi, vif émoi, agitation, retentissement, remous, tumulte, vives réactions, réactions hostiles, indignation, (tempête/vague de) protestations, tollé, levée de boucliers.

St Kitts-Nevis Saint-Christophe et Niévès.

St Lawrence Seaway *Can.* voie maritime du Saint-Laurent.

stock *v. tr.* avoir en stock, vendre ; **the shop ~s only a limited range of articles** le magasin n'offre qu'un assortiment limité d'articles ; **a well-~ed supermarket** un supermarché bien approvisionné. **2 ~ up on/with** constituer des stocks de.

stock *n.* **1** stock(s), marchandises. **2** *Bourse ÉU* action. **3** population *[d'une espèce animale] ; pl.* ressources ; **fish ~s** ressources en poissons ; **the idea is to replenish elephant ~s in the territory** il s'agit de reconstituer la population d'éléphants dans le territoire. **4** cheptel, animaux. **5** ascendance, origine ; **of Irish ~** d'origine irlandaise. **6** estime, considération. ✪ **out of ~** non disponible, épuisé ; en rupture de stock ; **put great ~ in** accorder beaucoup d'importance à ; **~ association** *ÉU* société par actions à responsabilité illimitée ; **~ broker** agent de change ; **~ certificates** certificats d'actions, actions ; **~ control** gestion des stocks ; **~ dividend** *ÉU* dividende payé en actions ; **~ dividend issue** *ÉU* émission d'actions gratuites ; **~ exchange** Bourse (des valeurs) ; **Stock Exchange Daily Official List** *RU* Cote officielle ; **~-exchange index** indice boursier ; **~-exchange list** cote officielle ; **~ exchange quotation** cotation en Bourse ; **~ farmer** éleveur ; **~ farming** élevage ; **~ index** indice boursier ; **~-index fund** *FCP* fonds indiciel d'actions ; **~-index futures** opérations à terme sur indice(s) boursier(s) ; **~ in hand** stock disponible, marchandises en magasin ; **~ insurance company** *ÉU* compagnie d'assurance constituée en société anonyme ; **~-in-trade** *n.* a) marchandises destinées à la vente ; marchandises vendues ; *Compt.* marchandises en magasin ; b) *Fig.* ressource, atout ; **~ market** Bourse (des valeurs) ; **~ market crash** krach boursier ; **~ market listing** inscription à la cote, entrée/introduction en Bourse ; **~ market value** capitalisation boursière ; **~ manipulation** manipulation des cours (des actions) ; **~ offering** *ÉU* émission d'actions ; **~ of money** masse monétaire ; **~ on hand** stock disponible, marchandises en magasin ; **~ option** option d'achat d'actions ; **~-option plan/scheme** plan d'option sur titres, plan d'option d'achat d'actions ; **~ picking** sélection des actions ; **~ portfolio** *ÉU* portefeuille d'actions ; **~ prices** cours des actions ; **~ shot** image(s) d'archives ; **~ split** *ÉU* division/fractionnement des actions ; **~ swap** échange d'actions ; **take ~ of** a) faire l'inventaire de ; b) *Fig.* faire le point/bilan de, se rendre compte de, prendre la mesure de, prendre le pouls de ; **~ trader** *ÉU* opérateur sur actions ; **~ turnover** rotation des stocks.

stockbroker *n.* agent de change.

stockbrokerage, stockbrokering, stockbroking *n.* (services) de courtage.

stockholder *n.* ✪ **~ of record** *ÉU* actionnaire inscrit (dans le registre de la société) ; **~s' equity** *ÉU* capitaux propres.

stockist *n. RU* **1** stockiste. **2** *Cour.* commerçant vendant/distribuant *[le produit dont il s'agit],* distributeur, revendeur.

stockjobber *n.* contrepartiste.

stockman *n.* ouvrier d'élevage.

stocktaking *n.* **1** inventaire. **2** *Fig.* évaluation de la situation.

stoke *v. Fig.* **~ up** alimenter, nourrir, entretenir, activer, renforcer, intensifier, accentuer, raviver, attiser, aviver, envenimer, aggraver, exacerber ; **such pay deals will ~ up inflation** de tels accords salariaux auront des effets inflationnistes ; **the tax increase may ~ up anti-government feelings** l'augmentation d'impôts risque d'exacerber le mécontentement à l'égard du gouvernement.

STOL (short take-off and landing) **1** décollage et atterrissage courts. **2** ADAC (avion à décollage et atterrissage courts).

stoma *n. Méd.* stomie. ✪ **~ care** soins aux malades stomisés.

stomping ground lieu familier.

stone *n.* ✪ **cast in ~** *Fig.* non susceptible d'être modifié, immuable, intangible ; **leave no ~ unturned** remuer ciel et terre, tout tenter, ne rien négliger, envisager toutes les hypothèses, ne négliger aucune piste ; **set in ~** *Fig.* non susceptible d'être modifié, immuable ; **~ fruit** fruit à noyau.

stonewall *v.* **1** *intr.* faire de l'obstruction. **2** *tr.* bloquer.

stop *v. tr.* **1** arrêter, mettre un terme à ; **to ~ doing sth** cesser de faire qqch. **2 (from)** empêcher de ; **to ~ rumours from spreading** empêcher les rumeurs de se propager. **3** *Pol.* barrer la route à *[parti, homme politique] ; Banque* faire opposition à *[chèque].* ✪ **~ and search** *Mar.* arraisonner ; **~ and think** prendre le temps de la réflexion, se mettre à réfléchir, (prendre du recul pour) faire le point.

stop *n.* ✪ **pull all the ~s** faire le maximum, mettre tout en œuvre, remuer ciel et terre ; *Fam.* mettre le paquet ; **~-and-go policy** politique alternée de freinage et d'accélération, succession de coups de frein et d'accélérations ; **~ buy order** *Bourse* ordre d'achat stop ; **~ codon** *Biol.* codon stop ; **~-go policy** politique alternée de freinage et d'accélération, succession de coups de frein et d'accélérations ; **~ loss order** *Bourse* ordre de vente à seuil de déclenchement ; **~ motion** dispositif d'arrêt sur image ; **~ order** a) *Bourse* ordre stop ; b) *Banque* opposition au paiement *[d'un chèque] ;* **~ sell order** *Bourse* ordre de vente à seuil de déclenchement.

stopgap *n.* (simple) palliatif, expédient, mesure visant à parer au plus pressé.

stopgap *adj.* de fortune, provisoire, palliatif ; **~ remedy** remède à court terme.

storage *n.* stockage ; *Inf.* stockage, archivage ; **data ~** stockage de données. ✪ **~ charges** frais d'entreposage ; **~ device** *Inf.* unité de stockage ; **~ life** durée de conservation ; **~ medium** *Inf.* support de stockage ; **~ pond** bassin de retenue ; **~ reservoir** réservoir ; **~ space** *Inf.* capacité de stockage.

store *v. tr. Inf.* emmagasiner, stocker *[information] ;* **memory chips can ~ huge quantities of information** les puces à mémoire sont capables d'emmagasiner d'énormes quantités d'information.

store *n.* **1** magasin, commerce. **2** *pl. Mar.* avitaillement. **3 in ~: what is in ~?** que nous réserve l'avenir ? **4 to set great ~ by/on** accorder une grande importance à, attacher beaucoup d'importance à ; **the Liberal Democrats set great ~ by the need to commit more funds to education** les Libéraux démocrates accordent une grande importance à l'affectation de crédits plus élevés à l'enseignement ✪ **~ card** carte privative ; **~ chain** chaîne de magasins.

stored value card porte-monnaie électronique.

storey *n.* **first ~** rez-de-chaussée ; *Can.* premier niveau ; **second ~** premier étage ; *Can.* deuxième niveau ; **two-~ house** maison à un étage.

storm *v. tr.* donner l'assaut à, prendre d'assaut *[avion détourné].*

storm *n. Échelle de Beaufort* violente tempête. ✪ **~-drainage system** réseau d'égouts pluviaux ; **~ water** eaux pluviales ; **~ water basin** bassin d'orage ; **~ (water) sewer** égout pluvial.

story *n.* **1** histoire, anecdote ; récit, version des faits ; affirmations, dires. **2** explication ; **to tell a different ~** donner une représentation différente de la réalité ; **early results from the survey tell a different ~** les premiers résultats de l'enquête suggèrent une explication différente ; **the report tells a depressing ~** le rapport brosse un tableau peu encourageant ; **that/this is not the whole ~/this is just/only half the ~** la question est plus complexe, il y a plus, cela n'est pas tout, cela ne rend pas pleinement compte de la situation, d'autres aspects doivent être pris en considération ; **not to tell the whole ~** ne pas être complet/exhaustif ; **this explanation does not tell the whole ~** cette explication est incomplète ; **the Cuban case was another ~** il en a été autrement à Cuba ; **the new unemployment figures tell the same ~** les statistiques les plus récentes sur le chômage vont dans le même sens ; **a similar ~ is told by American studies** des conclusions analogues se dégagent d'études réalisées aux États-Unis. **3** situation ; **it is a different ~** il en va autrement, la situation est différente ; **in Japan, it is a different ~** au Japon, la situation est différente ; **the ~ is different for** il en va autrement de. **4** *Journ.* article, reportage ; *TV* séquence, sujet ; **newspapers continue to publish stories violating the privacy of ordinary people** les journaux continuent à publier des articles portant atteinte à la vie privée de gens ordinaires. **5** *Journ.* nouvelle, question d'actualité, événement, faits, sujet (d'article) ; **a ~ picked up by several papers** une nouvelle reprise par plusieurs journaux ; **the public's view of the world is greatly influenced by which stories are chosen for coverage** la façon dont le public voit le monde est considérablement influencée par les événements dont les médias décident de rendre compte. ✪ **~ board** *story board,* scénarimage ; **~ line** intrigue *[d'un récit] ;* **~ teller** conteur ; **~ telling** récit oral.

St Petersburg *n.* Saint-Pétersbourg.

straddle *v. Fig.* **1** *tr.* être situé de part et d'autre de *[frontière],* être à cheval sur *[deux périodes].* **2** *tr.* couvrir, s'étendre à *[vaste région].* **3** *tr.* combiner, jeter un pont entre, faire la liaison/synthèse entre *[deux choses].* **4** *tr.* surmonter *[dichotomie].* **5** *tr.* ne pas prendre clairement position sur *[question].* **6** *intr.* ne pas prendre clairement position.

straddle *n. Bourse* ordre lié. ✪ **~ carrier** *Manutention* chariot cavalier ; **~ option** *Bourse* stellage.

straight *n.* ✪ **the ~ and narrow** le droit chemin.

straight *adj. Fig.* **1** classique, ordinaire. **2** simple. **3** sans fioritures. **4** franc ; **~ answer** réponse sans détour. **5** honnête ; respectueux des lois. **6** clair. **7** sérieux ; **with a ~ face** *[affirmer qqch.]* sans plaisanter. **8** hétérosexuel. **9** ne s'adonnant pas à la drogue. **10** d'affilée, successif ; *Can.* de file ; **the debate went on for five ~ days/five days ~** le débat s'est poursuivi pendant cinq jours d'affilée ; **the third ~ year of dismal results** la troisième année d'affilée de résultats catastrophiques. ✪ **get one's facts ~** bien s'informer ; **~ arrow** personne irréprochable ; **~-A student** élève/étudiant brillant ; **~ baseline** *Dr. de la mer* ligne de base droite ; **~ bond** obligation ordinaire/non convertible ; **~ life insurance** assurance vie entière ; **~-line depreciation** amortissement constant/linéaire ; **~ matter** *Journ.* a) corps *[d'un article] ;* b) texte rédactionnel *[par opp. à de la publicité] ;* **~-ticket vote** vote en tête de liste.

straight *adv.* **1** tout de suite. **2** droit, directement ; **to come ~ from/out of** venir droit de ; **to go ~ to** aller droit à. **3** *[parler]* sans détour. ✪ **~ away/off** tout de suite, d'emblée ; **~ out** sans détour.

straighten *v.* **~ out** dissiper *[malentendu].*

straightforward *adj.* **1** franc. **2** simple, classique, ordinaire, pur et simple, sans nuance, sans fioritures ; direct. **3** facile.

strain *v. tr.* créer une tension dans *[relations] ;* mettre à rude épreuve ; **these legal bills will ~ our finances** ces factures d'avocat obéreront nos finances ; **the war ~ed the country's limited resources** la guerre a pesé lourdement sur les ressources limitées du pays.

strain *n.* **1** tension(s), épreuve, pression, *pl.* difficultés ; **inflationary ~s** tensions inflationnistes ; **under ~** en proie à des tensions ; **to be under severe ~** être mis à rude épreuve ; **the ~s within the European Union** les tensions au sein de l'Union européenne. **2** fardeau, charge, astreinte, effort, fatigue, contrainte, perturbation, poids, surmenage ; pénibilité. **3** *Biol.* a) souche *[de bactérie/virus] ;* b) variété ; **virus ~** souche virale.

strained *adj.* surchargé.

straitjacket *n. Fig.* corset, carcan, entrave ; **the party is in an ideological ~** le parti est prisonnier d'un carcan idéologique.

straitjacket *adj.* extrêmement restrictif, très contraignant.

Strait of Dover pas de Calais.

strand *n. Fig.* **1** élément, axe, volet *[d'un programme].* **2** courant *[de pensée],* tendance ; **the new leader wants to represent all ~s within the party** le nouveau chef de file du parti entend représenter toutes les tendances. **3** *Biol.* brin *[d'ADN].*

stranded *adj.* **1** *[navire]* échoué. **2** bloqué, immobilisé. ✪ **~ costs** *Pétrole, Gaz* dépenses d'équipement irrécupérables (« stranded costs ») *[à la suite d'une déréglementation, d'une ouverture du marché, etc.].*

strange *adj.* ✪ **~ bedfellows** partenaires mal assortis, alliés inattendus, association contre nature, coalition hétéroclite ; **~ particle** *Phys.* particule étrange.

stranger *n.* inconnu, étranger. ✪ **~ rape** viol commis par un inconnu.

stranglehold *n.* domination totale, mainmise ; carcan, étau.

strapped *adj.* **(for)** à court de, en mal de ; **~ for cash** à court d'argent/de liquidités, (financièrement) exsangue ; **a country ~ for foreign exchange** un pays à court de devises ; **to subsidize financially-~ hospitals** subventionner des hôpitaux connaissant des difficultés financières.

strata *n. pl. Enquêtes* strates.

strategic *adj.* ✪ **Strategic Arms Limitation Talks** négociations sur la limitation des armes stratégiques ; **Strategic Arms Reduction Talks** négociations sur la réduction des armes stratégiques ; **Strategic Defense Initiative** initiative de défense stratégique.

stratified sample *Enquêtes* échantillon stratifié.

stratum *n. Enquêtes* strate.

straw *n.* ✪ **~ ballot/poll** vote indicatif ; **~ that breaks the camel's back** goutte d'eau qui fait déborder le vase ; **~ vote** vote indicatif.

streaker *n. Fin.* obligation sans coupon.

stream *n. Fig.* **1** afflux *[d'immigrants].* **2** flux (continu/ininterrompu) ; **revenue ~s** flux de recettes ; **a ~ of pointless faxes** un flux continu de télécopies dépourvues d'intérêt. **3** suite ininterrompue, toute une série. **4** *Ens.* groupe de niveau. **5** *Ens.* groupe d'étudiants ; section *[correspondant à une subdivision d'un cursus décliné en plusieurs variantes].* ✪ **come on ~** commencer à fonctionner, entrer en exploitation/service, être mis en service, démarrer ; **on ~** en service, en fonctionnement, en exploitation ; **~ of consciousness** monologue intérieur.

streamer *n.* **1** *Inf.* streamer, dérouleur de bande(s) magnétique(s). **2** *Journ.* gros titre, manchette.

streaming *n. Ens. RU* groupement par aptitudes, répartition en classes homogènes, système de classes homogènes.

streamline *v. tr.* rationaliser, rendre plus efficace, simplifier, réorganiser, moderniser ; **the organization will have to ~ its staff** l'organisation devra alléger ses effectifs.

streamlined *adj. [structures]* rationalisé, simplifié, allégé.

stream of consciousness monologue intérieur.

street *n.* ✪ **~ arab** vagabond ; **~ children** enfants des rues ; **~ girl** prostituée ; **~ market** a) marché en plein air ; b) *Bourse* marché libre, marché hors cote ; **~ price** prix effectif/effectivement pratiqué *[inférieur au prix catalogue et au prix de vente recommandé par le fabricant] ;* **~ value** valeur à la revente *[de drogue] ;* **take to the ~s** descendre dans la rue.

streetwalker *n.* prostituée.

streetwise *adj.* futé, malin, débrouillard, dégourdi.

strength *n.* **1** vigueur *[de la reprise économique],* dynamisme, résistance ; fermeté, bonne tenue *[d'une monnaie].* **2** point fort, atout ; **the ~s and weaknesses of the proposal** les points forts et les faiblesses de la proposition ; **capitalism has its ~s** le capitalisme comporte des aspects positifs. **3** poids ; **to lend ~ to** donner du poids à. ✪ **go from ~ to ~** accomplir des progrès constants, progresser constamment, renforcer sans cesse sa position, avoir le vent en poupe, aller de succès en succès ; **on the ~ of** sur la base de ; grâce à ; au vu de, sur la foi de ; *[***these results were achieved on the ~ of one advertising campaign** ces résultats ont été obtenus grâce à une seule campagne de publicité*] ;* **play to one's ~s** ne pas sortir de son domaine de compétence.

strengthen *v.* **1** *tr.* renforcer. **2** *intr. [monnaie]* se raffermir.

strenuous *adj.* **1** *[tâche]* exigeant un effort considérable. **2** *Fig. [personne]* très énergique, infatigable ; *[efforts, opposition]* acharné, opiniâtre, considérable, *[opposition]* âpre, farouche, *[opposition, protestations]* (le plus) vif, énergique, vigoureux, *[protestations]* virulent.

strenuously *adv. [démentir]* farouchement, catégoriquement.

stress *v. tr.* souligner, mettre en évidence/en avant/en exergue, insister sur, attirer l'attention sur.

stress *n.* **1** pénibilité, astreinte, pression, fardeau, charge, surcharge, poids, contraintes, perturbation, agression ; difficultés ; **under ~** en proie à des difficultés. **2** *Env.* agression ; **ecological ~** agressions contre l'environnement. **3** stress. **4** *Résistance des matériaux* effort, tension, contrainte, pression *[= force exercée sur un corps] ;* effort, travail, fatigue *[= réaction du corps contre cette force] ;* charge *[= intensité de cette force].* **5** accent tonique. **6 to place great ~ on** accorder beaucoup d'importance à. ✪ **~ fracture** fracture de fatigue ; **~ management** lutte contre le stress ; **~ test** *Méd.* épreuve d'effort.

stressed-out *adj.* stressé.

stressful *adj. [travail]* stressant, générateur de stress.

stretch *v. Fig.* **1** *tr.* mettre à l'épreuve/à rude épreuve ; **to ~ to the limits/to its limits** pousser à ses limites, solliciter jusqu'à la limite de rupture, mobiliser toutes les ressources de. **2** *tr.* altérer, déformer, fausser, prendre des libertés avec *[vérité],* gauchir, solliciter *[faits] ;* **to ~ it** exagérer. **3** *tr.* **to ~ a point** a) faire preuve de souplesse/bonne volonté, faire une concession, transiger, assouplir la règle, se montrer conciliant, faire un effort ; b) aller un peu loin, être excessif, recourir à une interprétation large ; **if you ~ a point, to ~ a point** à la rigueur. **4 ~ from (to)** s'étendre de *[lieu]* à *[autre lieu].* **5 ~ out** prolonger.

stretch *n.* **1** étirement, distension. **2** exagération ; **it is a ~ to say sth** il est excessif d'affirmer qqch. **3** élasticité. **4** longueur, distance. **4** partie, portion, tronçon *[d'une route]*. **5** étendue, superficie, zone. **6** période, phase, laps de temps. **7** peine de prison. **8** tâche difficile. ✪ **at a ~** d'affilée, sans interruption ; **at full ~** *[travailler]* à plein régime, d'arrache-pied ; **not by any ~/by no ~ of the imagination** en aucun cas, certainement pas, même avec beaucoup d'imagination, jamais, au grand jamais ; *[***by no ~ of the imagination can it be said that** il serait tout à fait abusif d'affirmer que*]* ; **~ marks** vergetures.

stretched *adj. [finances]* obéré ; **to reduce an already ~ budget** réduire un budget qui suffit déjà à peine à faire face aux besoins.

stricken *adj.* **1** *[personne]* très éprouvé ; **grief-~** *adj.* en deuil, très éprouvé/affecté, éperdu de douleur ; **panic-~** *adj.* pris de panique. **2** *[région]* frappé, durement touché *[par une catastrophe] ; [région, économie]* sinistré, *[entreprise]* en difficulté ; *[navire]* accidenté, en détresse ; **poverty-~** *adj.* pauvre, misérable, où règne la pauvreté ; **drought-~** *adj.* durement touché par la sécheresse. **3** atteint de *[maladie]* ; **~ by a heart attack** terrassé par une crise cardiaque.

strict liability **1** *Dr. pénal* responsabilité sans intention délictueuse. **2** *Dr. civil* responsabilité objective/sans faute.

strictly speaking à proprement parler, en toute rigueur.

stricture *n. pl.* **1** restrictions, contraintes, carcan, règles (contraignantes) ; **the usual airport ~s were in operation** le dispositif de sécurité habituel était en place à l'aéroport. **2** observations, critiques.

stride *n.* ✪ **take it on one's ~** *Fam.* le prendre du bon côté, ne pas s'en faire ; **take sth in (one's) ~** prendre qqch. sans se laisser démonter/décourager/en haussant les épaules/sans s'en soucier/avec sérénité/avec indifférence, faire contre mauvaise fortune bon cœur.

strident *adj. Fig. [critiques]* agressif, acerbe ; véhément.

strike *v.* **I 1** *tr.* frapper *[qqn]* ; renverser, faucher *[piéton]*. **2** *tr.* heurter *[obstacle]*. **3** *intr. [catastrophe]* frapper, se produire. **4** *tr.* frapper, toucher ; **the building was struck by a missile** l'immeuble a été touché par un missile ; **Ethiopia was struck by a protracted famine** l'Éthiopie a été touchée par une famine prolongée. **5** *tr.* attaquer ; *[avion]* bombarder. **6** *tr. Fig.* frapper ; **to ~ sb as** paraître *[étonnant, bizarre, etc.]* à qqn ; **it ~s me as very odd** cela me paraît très étrange. **7** *tr.* inspirer *[crainte]*. **8** *tr.* venir à l'esprit de. **9** *tr.* conclure *[accord, transaction]*. **10** *tr.* supprimer, rayer ; **to ~ a remark from the record** rayer une observation du procès-verbal. **11** *tr.* découvrir un gisement de ; **to ~ gold** *Fig.* décrocher/tirer/toucher le gros lot. **12** *intr.* faire grève. **II ~ at** attaquer, être dirigé contre. **III ~ back** riposter. **IV ~ down 1** *[voiture]* renverser, faucher *[piéton]*. **1** *Dr. ÉU [Cour suprême]* annuler *[loi]*, déclarer *[loi]* inconstitutionnel/anticonstitutionnelle. **2** *[maladie]* faucher ; **to be struck down by** être atteint de *[grave maladie]* ; être fauché par *[maladie]*, être foudroyé par *[crise cardiaque]*. **V ~ off** radier *[avocat du barreau, affaire du rôle]*, rayer, biffer *[nom d'une liste]*. **VI ~ out 1** rayer ; **to ~ out a remark from the record** rayer une observation du procès-verbal ; **the defendant's lawyer asked that the remark be struck out** l'avocat du prévenu a demandé que cette observation soit rayée du compte rendu. **2** *ÉU* échouer. **3 to ~ out alone/on one's own** voler de ses propres ailes ; s'établir/s'installer/se mettre à son compte. **VII ~ up 1** conclure *[accord, transaction]*. **2** nouer *[relation]*.

strike *n.* **1** *Mil.* attaque, frappe ; **air ~** attaque aérienne. **2** grève, arrêt du travail, débrayage. **3** *Pétrole* découverte (d'un gisement). **4** *Options* prix d'exercice. ✪ **~ pay** indemnité de grève ; **~ price** *Options* prix d'exercice.

striking *adj.* frappant, spectaculaire, remarquable. ✪ **~ price** *Options* prix d'exercice.

string *n.* **1** suite, série, succession *[d'événements]*, cascade *[d'erreurs]*, cortège ; **after a ~ of successes, she was promoted again** après avoir accumulé les succès, elle a de nouveau été promue ; **a ~ of failures** une série/succession d'échecs. **2** *Fig.* influence ; ficelle ; **to pull (a few/some) ~s to** user de son influence pour ; **to pull the ~s** tirer les ficelles. **3** *pl. Fig.* conditions ; **with no ~s attached** inconditionnellement, sans condition, purement et simplement, sans rien exiger en retour ; non soumis à des conditions, non assorti de restrictions ; sans engagement ; **development aid is offered with ~s attached** l'aide au développement est subordonnée à certaines conditions ; **there is no such thing as financing with no ~s attached** un financement n'est jamais inconditionnel. **4** *Phys.* corde. **5** *Inf.* chaîne.

stringency *n.* rigueur, austérité.

strip *n.* ✪ **~ mining** exploitation (minière) à ciel ouvert ; **~ pack** *Pharmacie* plaquette sous film thermosoudé.

stripe *n. Fig. ÉU* type, genre ; opinion, tendance.

stripping *n.* **1** *Bourse* démembrement. **2** *Transp.* dépotage *[= fait de vider un conteneur]*.

stroke *n.* **1** trait ; **at/with the ~ of a pen** d'un trait de plume. **2** coup *[de chance, de génie]*, idée, trait *[de génie]* ; **bold ~** action audacieuse, coup d'audace ; **at a (single) ~/at one ~/in one ~** a) d'un coup, sur-le-champ, sans autre forme de procès ; b) à la fois. **3** *Méd.* accident vasculaire cérébral, attaque (cérébrale). ✪ **in broad ~s** à grands traits.

strong *adj.* **1** *[monnaie, gouvernement, marché, pouvoir, opposition]* fort, *[économie]* robuste, *[syndicat]* puissant, *[opposition]* vif, *[mesures, personne]* énergique ; *[soutien]* ferme, vigoureux, *[preuves]* solide ; *[liens]* étroit ; bien développé ; **she has a ~ background in chemical engineering** elle possède une solide expérience dans le domaine du génie chimique ; **~ stance** prise de position ferme. **2** *[tendance]* prononcé, marqué, net, *[effets]* marqué ; *[idées]* bien arrêté. **3** courageux. **4 a 100,000-~ Hungarian minority** une minorité hongroise de 100 000 personnes. ✪ **~ breeze** *Échelle de Beaufort* vent frais ; **~ currency** monnaie/devise forte ; **~ feelings** émotions/sentiments d'une grande intensité, émoi considérable ; **~ force** *Phys.* interaction forte ; **~ gale** *Échelle de Beaufort* fort coup de vent ; **~ hand** position de force ; **~ suit** point fort, spécialité.

strong-arm *v. tr.* employer la méthode forte avec, forcer la main à ; **we were ~ed into accepting the deal** nous avons accepté le marché contraints et forcés.

strong-arm *adj. [diplomatie]* musclé ; **~ tactics** manière forte.

stronghold *n. Pol.* bastion, fief.

structural *adj.* **1** structurel. **2** de construction. ✪ **~ adjustment** *Écon.* ajustement structurel ; **Structural Adjustment Facility** *FMI* facilité d'ajustement structurel ; **~ engineering** génie civil ; **~ steel** acier de construction ; **~ unemployment** chômage structurel.

structure *n.* **1** structure ; **the future ~ of European security** l'architecture future de la sécurité européenne. **2** construction, ouvrage (d'art), bâtiment, édifice ; **it is the largest glass ~ in the world** il s'agit de la plus grande construction en verre du monde ; **man-made ~s** ouvrages construits par l'homme.

struggle *v.* **1** *intr.* se battre, lutter, batailler, ferrailler. **2** *intr.* éprouver des difficultés, peiner ; **(to)** avoir bien du mal à, déployer des efforts considérables pour, s'employer à, s'évertuer à ; **engineers are struggling to save the Leaning Tower of Pisa** les ingénieurs déploient des efforts considérables pour sauver la tour penchée de Pise ; **the country ~s to reduce its budget deficit** le pays s'emploie à réduire son déficit budgétaire. **3 ~ with** être en proie à, être aux prises avec, faire face à, lutter contre.

struggle for life *Biol.* concurrence vitale, lutte pour la vie/l'existence.

struggling *adj. [entreprise]* en difficulté.

studded tyre pneu à clous.

student *n.* **1** étudiant ; élève. **2** observateur ; **~s of Nazi Germany** ceux qui étudient l'Allemagne nazie. ✪ **~ hostel** foyer pour étudiants, résidence universitaire ; **~-staff ratio** *Ens.* taux d'encadrement ; **~ teacher** professeur stagiaire.

stud farm haras.

study *n.* **1** étude(s) ; **European studies** enseignement sur l'Europe. **2** bureau *[dans un logement].* ✪ **~ grant** bourse d'études ; **~ loan** prêt d'études ; **~ tour** séjour/voyage d'études.

stuffing *n.* empotage *[= remplissage d'un conteneur].*

stumble *v. intr. Fig.* **1** trébucher, commettre une erreur. **2** *[entreprise]* connaître des difficultés ; **(against)** se heurter à, buter contre, achopper sur *[difficulté]* ; **(over)** buter sur *[mot].* **3 (across, on, onto)** découvrir (par hasard), tomber (par hasard) sur.

stumbling block pierre d'achoppement, écueil, obstacle.

stump *v. tr.* rendre perplexe.

stump *n. Pol.* **to go on the ~** faire campagne.

stun *adj.* ✪ **~ grenade** grenade incapacitante ; **~ gun** matraque électrique.

stunning *n.* étourdissement *[des animaux de boucherie].*

stunning *adj.* stupéfiant, ahurissant ; étourdissant, extraordinaire, éblouissant, époustouflant, bluffant, à vous couper le souffle.

stunt *n.* **1** coup d'audace ; exploit ; acte insensé. **2** coup/opération publicitaire. **3** *Cinéma* cascade.

stunted growth retard de croissance.

St Vincent and the Grenadines Saint-Vincent-et-les-Grenadines.

style *n.* **1** style ; **bad ~** mauvais goût ; **American-~ deregulation** déréglementation à l'américaine/sur le modèle américain ; **an expensive, California-~ divorce settlement was made** un règlement de divorce coûteux, digne de ce qui se fait en Californie, a été conclu ; **a Chernobyl-~ accident is unlikely to happen soon** il y a peu de chances qu'un accident analogue à celui Tchernobyl se produise prochainement ; **an intractable, Northern Ireland-~ conundrum** un casse-tête impossible à résoudre, qui rappelle la situation en Irlande du Nord. **2** attitude, comportement, façons ; **his tactless ~ puts off his subordinates** son manque de tact déplait à ses subordonnés ; arrogant ~ arrogance. **3** titre ; **business ~** raison sociale. ✪ **in ~** avec brio, brillamment ; **~ guide** consignes pour la rédaction, règles à respecter par les auteurs, guide de rédaction ; **~ sheet** *Inf.* feuille de style.

styling *n.* esthétique.

Styrofoam *n.* mousse de polystyrène expansé.

sua sponte *Dr.* d'office.

sub *n. Fam.* **1** sous-marin. **2** *Journ.* secrétaire de rédaction. **3** abonnement.

subatomic particle particule subatomique.

subcontract *v. tr.* sous-traiter.

subcontract *n.* contrat de sous-traitance.

subcontracting *n.* sous-traitance.

subcontractor *n.* sous-traitant.

sub-directory *n. Inf.* sous-répertoire.

subdued *adj.* en demi-teinte ; *[Bourse]* hésitant ; **inflation is expected to remain ~** l'inflation devrait rester modérée.

sub-editor *n. Journ. RU* secrétaire de rédaction.

sub-fund *n. FCP* compartiment.

subheading *n.* intertitre.

subject *v. tr.* **1 to be ~ed to** faire l'objet de, donner lieu à, être soumis à ; **the articles are ~ed to careful scrutiny before publication** les articles sont soumis à un examen attentif avant leur publication. **2 to be ~ed to** encourir, relever de.

subject *n.* **1** question, sujet, thème ; objet ; **the ~ of a dispute** l'objet d'un différend ; **~ of international law** sujet de droit international ; **the proposals are the ~ of careful assessment** les propositions font l'objet d'une évaluation soigneuse. **2** *Ens.* matière ; domaine, discipline. **3** sujet *[d'une expérience].* ✪ **~ ability grouping** groupement par aptitudes pour l'enseignement d'une matière ; **~ area** domaine ; **~ index** index des matières ; **~ line** champ « objet » *[d'un logiciel de messagerie électronique]* ; **~ matter** sujet, thème, objet ; **~-oriented** *adj.* thématique.

subject *adj.* **(to)** susceptible de, exposé à, concerné par, régi par, visé par, soumis à, assujetti à, astreint à, tenu à, passible de, subordonné à ; **to be ~ to** a) faire l'objet de ; b) relever de ; **judgement ~ to appeal** jugement susceptible d'appel ; **extradition shall be ~ to the other conditions provided by the law** l'extradition est subordonnée aux autres conditions prévues par la loi.

subject to sous réserve de, quitte à, étant entendu que, moyennant, sauf, compte tenu de, en fonction de, selon ; **~ to Article 4** sous réserve des dispositions de l'article 4 ; **~ to reducing the amount if** quitte à réduire le montant si. ✪ **~ to collection** *Banque* sauf bonne fin.

sub judice *Dr. [affaire]* dont la justice est saisie, entre les mains de la justice, pendant, en instance ; **he declined to comment on the accusations because the matter was ~** il s'est refusé à toute déclaration sur les accusations parce que l'affaire était entre les mains de la justice.

sub-machine gun pistolet mitrailleur.

submarine-launched ballistic missile missile balistique installé à bord d'un sous-marin.

submerged economy économie parallèle/souterraine/clandestine.

submission *n.* **1** soumission, docilité. **2** présentation, soumission, production *[d'un document].* **3** opinion, point de vue, thèse, théorie. **4** proposition. **5** communication ; **~s received from Member States** communications reçues des États membres. **6** *Dr.* plaidoirie ; mémoire ; argument, argumentation, observations, moyen ; *pl. CIJ* conclusions *[des parties].*

submit *v.* **1** *tr.* soumettre. **2** *tr.* présenter *[rapport]*, adresser, soumettre, déposer ; **to ~ one's resignation** présenter sa démission ; **to ~ a dispute to** porter un différend devant, saisir d'un différend. **3** *tr.* affirmer, soutenir, prétendre, faire valoir, avancer, exposer, alléguer, relever, faire observer ; **the lawyer ~ted to the court that the dismissal was racially motivated** l'avocat a fait valoir à l'audience que le licenciement avait été décidé pour des raisons d'ordre racial. **4 ~ to** se soumettre à, s'incliner devant ; **he ~ted to the president's arguments** il s'est incliné devant les arguments du président ; **they finally ~ted to our terms** ils ont fini par accepter nos conditions ; **to ~ to the jurisdiction of the court** reconnaître la compétence de la juridiction/du tribunal. **5** *Internet* valider, envoyer.

subnormal *adj.* **1** inférieur à la normale. **2** mentalement déficient.

subnotebook *n. Inf.* portable miniature.

subordinate *adj.* **1** subordonné, subalterne. **2** secondaire, accessoire, moins important ; **to be ~ to** compter moins que, passer après, devoir s'effacer devant.

subordinated *adj. [dette, prêt]* de rang inférieur, subordonné, non privilégié.

sub-paragraph *n.* **1** alinéa. **2** sous-alinéa.

subpoena *v. tr. Dr.* convoquer (en qualité de témoin) ; *ÉU* ordonner la production/communication de *[pièces]* ; **two advisers to the president were ~ed to appear before a grand jury** deux conseillers du président ont été cités en qualité de témoins devant un jury d'accusation ; **the court ~ed the relevant files** le tribunal a ordonné la communication des dossiers relatifs à l'affaire.

subpoena *n. Dr.* convocation (en qualité de témoin) ; *ÉU* ordonnance de production de pièces ; **he had a ~ to appear before a state grand jury** il devait comparaître devant un jury d'accusation de l'État ; **she received a ~ to appear in court** elle a été citée en qualité de témoin ; **to issue a ~ to sb** convoquer qqn en qualité de témoin.

subpopulation *n.* groupe.

sub-post-office *RU* bureau de poste de proximité.

subnational *adj.* régional, sous-national.

sub-routine *n. Inf.* sous-programme.

sub-Saharan Africa Afrique subsaharienne.

subscribe *v.* **1** *intr.* **(to)** souscrire à *[émission d'actions]* ; s'abonner à *[journal, liste de diffusion]*, être abonné à ; souscrire *[police d'assurance]*. **2** *intr.* **(to)** souscrire à *[proposition]*, cautionner *[acte]*, adhérer à *[théorie]*, soutenir *[politique]*. **3** *tr.* signer *[contrat]*.

subscribed capital capital souscrit.

subscript *n.* indice.

subscription *n.* **1** abonnement. **2** souscription *[= engagement à acheter un ouvrage]*. **3** souscription *[d'un emprunt]*. ✪ **~ price** *FCP* prix d'achat ; **~ right** *Bourse* droit de souscription.

sub-second *adj.* inférieur à une seconde.

sub-section *n.* paragraphe *[d'un article de loi]*.

subsequent *adj.* ultérieur, qui va suivre ; **~ to** après. ✪ **~ condition** *Dr.* condition résolutoire.

subsequently *adv.* par la suite, plus tard, ultérieurement.

subservient *adj.* docile ; **the press is ~** la presse est inféodée au pouvoir.

subsidence *n.* affaissement de terrain ; *Météor.* subsidence.

subsidiary *adj.* ✪ **~ book of account** journal auxiliaire ; **~ ledger** grand livre auxiliaire.

subsidized *adj.* ✪ **~ housing** logements sociaux ; **~ loan** prêt aidé/bonifié.

subsistence *n.* ✪ **~ agriculture** agriculture de subsistance ; **~ allowance** indemnité de séjour ; **~ farmer** paysan pratiquant l'agriculture de subsistance ; **~ farming** agriculture de subsistance ; **~ law of wages** loi d'airain des salaires ; **~ level** niveau de subsistance ; **~ money** indemnité de séjour ; **~ wage** salaire permettant de subsister.

substance *n.* **1** substance ; **to give ~ to** donner corps à, donner de la consistance à ; corroborer. **2** fond (de la question), contenu, substance, consistance ; **issues of ~** questions de fond ; **a continuity in form if not in ~** une continuité dans la forme sinon dans le fond ; **~ and form** fond et forme ; **a change of style rather than of ~** un changement de style plus que de fond ; **equal opportunities exist more in form than in ~** l'égalité des chances existe plus en théorie que dans la pratique ; **the appearance rather than the ~ of justice** une apparence de justice et non la justice elle-même. ✪ **in ~** en fait ; *[***this, in ~, was a threat of military attack** il s'agissait en fait d'une menace d'attaque militaire*]* ; **on the ~ of the case** *Dr.* au principal ; **~ abuse** consommation de substances engendrant une dépendance, consommation de substances toxiques ; **~ abuser** consommateur de substances toxiques.

substandard *adj.* inférieur (à la moyenne), non conforme aux normes, ne répondant pas aux normes, médiocre, de qualité inférieure, de mauvaise qualité, insuffisant, déficient ; non conforme ; *Fam.* au rabais ; **~ housing conditions** conditions de logement déplorables.

substantia nigra *Anatomie* substance noire.

substantial *adj.* **1** sérieux, important, grand, large, sensible, profond, marqué, prononcé, net, non négligeable, notable, considérable, de taille, substantiel ; **~ support** appui de poids ; **~ fine** lourde amende ; **~ minority** minorité importante ; **to be in ~ agreement** être d'accord sur l'essentiel. **2** *[personne]* influent, riche. ✪ **~ damages** *Dr.* a) dommages-intérêts compensant un préjudice matériel ; b) dommages-intérêts élevés.

substantially *adv.* **1** considérablement, beaucoup, fortement, nettement. **2** en grande partie, dans une large mesure, sensiblement ; presque totalement, pour l'essentiel, essentiellement ; **~ the same** essentiellement le même.

substantive *adj.* **1** important, significatif, substantiel. **2** concret. **3** essentiel, de fond, quant au fond, profond ; **~ negotiations** négociations sur le fond. **4** technique, intrinsèque ; **a good programme from a ~ point of view** un bon programme sur le plan technique. **5** *Dr.* de fond *[par opp. à procédural]* ; **~ provisions** règles de fond ; **~ law** règles de fond, droit matériel/substantiel.

substitute *v.* **1** *tr.* **(for)** substituer à ; **to ~ capital for labour** substituer du capital au travail, remplacer le travail par du capital. **2 ~ for** remplacer *[qqn]*.

substitute *n.* **1** suppléant, remplaçant. **2** produit de remplacement, substitut, succédané ; **breast-milk ~s** substituts du lait maternel. ✪ **~ goods** *Écon.* biens de substitution ; **~ natural gas** gaz naturel de substitution.

substitute *adj. [produit]* de remplacement, de substitution.

substitutional goods *Écon.* biens de substitution.

substitution effect *Écon.* effet de substitution.

subsume *v. tr.* **(in, within)** inclure dans, englober dans, incorporer dans, reprendre dans ; **(under)** classer sous *[rubrique]*, ranger dans *[catégorie]* ; **(into)** regrouper en, fusionner en ; **to be ~d within** n'être qu'un élément de ; **the term "tiger economy" ~s all those highly competitive states around the Pacific Rim** l'expression « tigre » désigne tous les pays très compétitifs du pourtour du Pacifique ; **the simple but revolutionary idea of the euro is to ~ the European currencies into one** l'idée simple mais révolutionnaire qui est à la base de l'euro est de regrouper les monnaies européennes en une seule unité monétaire.

subtext *n.* message implicite, message présent en filigrane, non-dit.

subterranean economy économie parallèle/souterraine/ clandestine.

subtotal *n.* total partiel.

subunderwriter *n. Banque* membre de syndicat de garantie.

subunit *n.* élément constitutif.

suburbia *n. ÉU* (habitants des) banlieues ; classe moyenne.

subversion *n.* subversion, menées subversives ; actions de nature à provoquer la chute/le renversement/la ruine/la destruction ; **~ of a government** menées subversives contre un gouvernement.

subvert *v. tr.* **1** renverser, mettre à bas *[gouvernement]*, détruire *[fondements de la société]*, réduire à néant *[valeurs morales]* ; **a plot to ~ the government** un complot visant à renverser le gouvernement ; **to ~ the liberties of the people** asservir le peuple ; **the increasing cost of imported oil ~ed inflation controls** l'augmentation du coût du pétrole importé a fait échec aux mesures visant à contenir l'inflation ; **Socrates was accused of ~ing the youth** Socrate fut accusé de corrompre la jeunesse. **2** tenter de renverser *[gouvernement]*, ébranler, menacer *[gouvernement, société, autorité, souveraineté]*, miner, saper, porter atteinte à *[l'autorité de qqn]* ; **there was an attempt to ~ the democratic system** il y a eu une tentative visant à ébranler le système démocratique ; **to ~ the authority of the government** saper l'autorité du gouvernement ; **these incidents ~ed the peace process** ces incidents ont fait capoter le processus de paix ; **the fundamentalists are trying to ~ the whole region** les intégristes s'efforcent de livrer l'ensemble de la région à la subversion ; **the rebels' activities to ~ the country** les menées subversives des insurgés dans le pays. **3** ébranler, porter un rude coup à *[idée, théorie]*.

subway *n.* **1** passage souterrain. **2** *ÉU* métro. ✪ **~ train** rame de métro.

succeed *v. intr.* réussir, aboutir, être couronné de succès, être efficace.

successful *adj.* réussi, efficace, à succès, rémunérateur, éprouvé, accompli, fructueux, qui porte ses fruits, fécond, qui donne de bons résultats, payant, probant, concluant, bon, positif, utile, heureux, populaire, favorable, performant, *[entreprise]* prospère, florissant ; *[période]* faste, *[publication]* bien accueilli ; **~ test** essai probant ; **~ operation** bon fonctionnement ; **to be ~** atteindre son but, arriver/parvenir à ses fins, marquer des points, aboutir, faire recette, donner satisfaction, porter ses fruits, s'avérer utile, être un succès/une réussite, marcher, prospérer, donner de bons résultats, conduire au succès, être bien accueilli, susciter beaucoup d'intérêt, faire recette, faire florès, rencontrer un succès certain, faire ses preuves ; **to be ~ in doing sth** réussir à faire qqch. ; **to be very ~** remporter un grand/franc/vif succès, être couronné de succès, faire fureur, faire merveille ; *Fam.* faire un tabac ; **~ conclusion** aboutissement ; **to pursue to a ~ conclusion** mener à bien, mener à bonne fin ; **the ~ implementation of the plan** la bonne réalisation du projet. ✪ **bring to a ~ conclusion** mener à bien, mener à bonne fin ; **~ candidate** lauréat, candidat retenu ; **~ litigant/party** *Dr.* plaideur/partie obtenant gain de cause, partie gagnante ; **~ tenderer** soumissionnaire retenu, adjudicataire.

successfully *adv.* avec succès, avec bonheur, non sans bonheur, heureusement, de façon satisfaisante ; **to complete sth ~** mener qqch. à bonne fin.

succession *n.* ✪ **in rapid ~** coup sur coup ; **~ of states** *Dr. int.* succession d'États.

successive *adj.* **the ~ governments** les gouvernements qui se sont succédé.

successor in title ayant cause.

success story grand/remarquable succès, succès total, triomphe, suite de succès, réussite brillante/spectaculaire/exemplaire ; **to be a ~** connaître un vif succès, aller de succès en succès ; **a public-relations ~** un triomphe en matière de relations publiques ; **the perfume industry is a great French ~** l'industrie française des parfums connaît un succès remarquable ; **his chain of restaurants was not a ~** sa chaîne de restaurant n'a pas été couronnée de succès ; **the ~ of Ronald Reagan during his first term** la réussite spectaculaire de Ronald Reagan au cours de son premier mandat ; **Taiwan and Hong Kong are regarded as ~ economies** on considère que Taiwan et Hongkong ont connu une réussite brillante sur le plan économique ; **Spain's ~ in tourism** le succès spectaculaire de l'Espagne dans le secteur du tourisme.

Succoth *n. Judaïsme* Soukkoth.

such that **1** tel que. **2** de (telle) façon/manière/sorte que.

suckler cow vache allaitante.

sudden infant death syndrome *Méd.* syndrome de la mort subite du nourrisson.

sue *v. tr.* attaquer en justice, faire un procès à, intenter une procédure contre, assigner (en justice).

sufferance *n.* ✪ **on ~** à contrecœur.

sufferer *n.* malade ; **mesothelioma ~** personne atteinte de mésothéliome.

suffice *v. intr.* ✪ **~ it to say that** on se bornera à dire que.

sugar daddy généreux protecteur *[= homme d'âge mûr qui se montre généreux envers une jeune femme intéressée]*.

suggest *v. tr.* **1** avancer, affirmer, faire observer, laisser entendre, donner à entendre, sous-entendre, insinuer ; **she ~s that** selon elle. **2** proposer, suggérer, recommander, préconiser. **3** laisser entrevoir/augurer, porter à croire, permettre de penser, donner à penser, sembler indiquer, faire penser à, tendre à indiquer ; **recent surveys ~ that** il ressort d'enquêtes récentes que ; **figures ~ that** si l'on en croit les chiffres ; **the evidence available ~s that** d'après les données disponibles, les faits montrent que, il semble que ; **there is evidence to ~ that** nous disposons de données qui permettent de penser que.

suggested (retail) price prix (de vente) conseillé.

suggestion *n.* suggestion, proposition, idée.

suggestive *adj.* **1** *[propos]* suggestif ; **sexually ~** suggestif, érotique. **2** implicite, qui se borne à suggérer. **3** révélateur, évocateur ; **the investigation is ~ of human error as the cause of accident** l'enquête semble indiquer que l'accident est dû à une erreur humaine ; **the unemployment rate is also ~** le taux de chômage fournit aussi une indication. **4** indicatif ; **the findings of the study are only ~** les résultats de l'étude se bornent à donner certaines indications. **5 (of)** qui évoque, qui rappelle, qui fait penser à ; **symptoms ~ of** symptômes évoquant. **6** *[personne]* qui tend à influencer *[qqn].*

suicide bomber auteur d'un attentat suicide.

suit *n.* **to file a ~** intenter un procès. ✪ **follow ~** suivre le mouvement, faire de même, suivre cet exemple, prendre exemple sur lui, en faire autant, se mettre au diapason, adopter la même solution/politique, s'engager dans la même voie, prendre des mesures analogues/allant dans le même sens.

suitability *n.* adéquation, caractère satisfaisant, qualité, efficacité, validité, pertinence, caractère judicieux.

suitable *adj.* *[personne]* compétent, qualifié, apte ; *[chose]* approprié, adéquat, adapté, satisfaisant, bon, convenable, indiqué, utile, valable, acceptable, propre ; **to be ~** convenir ; *Fam.* faire l'affaire ; **to be ~ for** se prêter à ; **~ for human consumption** propre à la consommation humaine.

suite *n.* **1** suite *[dans un hôtel].* **2** bureaux. **3** *Inf.* suite. ✪ **~ of offices** bureaux.

Sukkoth *n. Judaïsme* Soukkoth.

sulfide, sulphide *n.* sulfure.

sulfur, sulphur *n.* soufre. ✪ **~ dioxide** dioxyde de soufre, anhydride sulfureux ; **~ trioxide** anhydride sulfurique.

summa cum laude *Ens.* avec mention très bien.

summarily *adv.* de façon expéditive, sans autre forme de procès.

summary *n.* résumé, abrégé, récapitulation, sommaire, synthèse.

summary *adj.* **1** bref, court, succinct, résumé, abrégé, récapitulatif, de synthèse. **2** sommaire. **3** expéditif, sans autre forme de procès ; *Dr. [procédure]* simplifié ; **the ~ deportation of illegal aliens** l'expulsion sans autre forme de procès des étrangers en situation irrégulière. ✪ **~ arrest** arrestation sans mandat ; **~ conviction** condamnation à l'issue d'une procédure simplifiée ; *[***offence punishable on ~ conviction** *Can.* infraction punissable sur déclaration de culpabilité par procédure sommaire*]* ; **~ conviction offence** *Can.* infraction punissable sur déclaration de culpabilité par procédure sommaire ; **~ dismissal** licenciement/renvoi sans préavis ; **~ justice** justice expéditive ; **~ offence** *Angl.* infraction mineure *[jugée selon une procédure simplifiée]* ; **~ proceedings** a) procédure simplifiée ; b) référé ; **~ record** *ONU* compte rendu analytique ; **~ report** compte rendu succinct ; **~ table** tableau récapitulatif.

summation *n. Dr. ÉU* **1** plaidoirie. **2** réquisitoire.

summative *adj.* cumulatif. ✪ **~ evaluation** évaluation sommative.

summer *n.* ✪ **~ break/holidays** *Ens.* grandes vacances ; **~ time** *RU* heure d'été.

summing up *Dr.* récapitulation des éléments de preuve ; *Can.* résumé.

summitry *n.* diplomatie du sommet.

summon *v. tr.* convoquer.

sumptuary *adj.* **1** *[législation]* restreignant les dépenses somptuaires. **2** *[législation]* réglementant les comportements contraires à la morale ou à la religion.

sum *n.* ✪ **~-of-the-years' digits method** *Compt. ÉU* méthode Softy ; **~ total** ensemble.

sunbed *n.* lit UVA ; *Can.* lit de bronzage.

Sunbelt *n.* partie méridionale des États-Unis.

Sunday *n.* ✪ **~ school** (cours de) catéchisme ; **~ trading** ouverture des magasins le dimanche, ouverture dominicale des magasins.

sunk costs *Écon.* dépenses potentiellement irrécupérables *[à passer par pertes et profit en cas d'évolution défavorable de la situation].*

Sunni *n., adj.* sunnite.

sun-powered *adj.* alimenté en énergie solaire.

sunrise industry secteur/industrie d'avenir.

sunset *n.* ✪ **~ industry** industrie en déclin ; **~ law** *ÉU* loi prévoyant la suppression automatique d'un organisme/programme officiel *[à l'issue d'une période déterminée].*

sunshine *n.* ensoleillement, insolation. ✪ **~ act/law** *ÉU* loi prévoyant la publicité des réunions des organismes publics et des procès-verbaux de ces réunions.

sunspot *n.* tache solaire.

superannuation fund caisse de retraite/pension.

superb *adj.* de premier ordre, magnifique, admirable, extraordinaire.

superbug *n.* microbe particulièrement résistant.

supercomputer *n.* super-calculateur, super-ordinateur.

superconducting *adj.* supraconducteur.

superconductor *n.* supraconducteur.

Superfund *n. ÉU Superfund [= crédits utilisés par l'Environmental Protection Agency pour l'élimination de déchets dangereux].*

supergrass *n. RU* indicateur (de police) important.

superhighway *n. Fig. ÉU* autoroute(s) de l'information.

superimpose *v. tr.* **1** superposer ; **the red spots ~d on the map indicate suspected weapon sites** les pastilles rouges figurant sur la carte indiquent les endroits où l'on soupçonne la présence d'entrepôts d'armes ; **~d on the figure is a chart of yearly earnings** la courbe en surimpression indique les bénéfices annuels. **2** *TV* incruster. **3** surajouter, plaquer.

superintendent *n.* **1** chef, directeur. **2** commissaire (de police). **3** *ÉU* responsable de l'entretien *[d'un immeuble collectif].*

superjacent waters *Dr. de la mer* eaux sur-jacentes.

super majority majorité qualifiée.

supermarket trolley *RU* caddie.

super NOW account *Banque ÉU* compte « *super NOW* » *[= compte rémunéré pour lequel le taux d'intérêt et le solde minimum sont plus élevés que dans le cas d'un « NOW account »].*

superordinate *n.* terme générique.

superordinate *adj.* supérieur ; **~ category** grande catégorie.

superscript *n.* exposant.

supersede *v. tr.* supprimer, remplacer, se substituer à, annuler et remplacer, détrôner, prendre le relais de.

supersonic *adj.* ✪ **~ bang** bang supersonique ; **~ transport** avion de transport supersonique.

superstore *n. RU* hypermarché.

superstring *n. Phys.* supercorde.

supertanker *n.* superpétrolier.

super *adj.* ✪ **~ Tuesday** *ÉU* mardi à élections primaires multiples *[en vue de l'élection du président]* ; **~ VGA** *Inf. [carte, moniteur]* Super VGA.

superuser *n. Inf.* superutilisateur.

supervene *v. intr. [événement]* se produire.

supervise *v. tr.* diriger, superviser, surveiller, contrôler, encadrer.

supervisor *n.* chef (direct), supérieur (hiérarchique), cadre, chef d'équipe, chef de service/d'atelier, contremaître, agent de maîtrise, surveillant, superviseur.

supervisory *adj.* ✪ **~ authorities** autorités de tutelle ; **~ board** conseil de surveillance *[d'une société]* ; **~ body** organisme de contrôle ; **~ staff** personnel d'encadrement ; *[***three ~ staff** trois personnes assurant l'encadrement*]*.

supplant *v. tr.* **1** supplanter, détrôner ; **it took the private car just eight years to ~ bicycles** la voiture individuelle est parvenue à détrôner le vélo en seulement huit années. **2** remplacer.

supplement *v. tr.* compléter ; arrondir *[revenus]* ; **she translates books to ~ her income** elle traduit des livres pour arrondir ses revenus.

supplement *n. Journ.* cahier.

supplementary *adj.* **1** complémentaire. **2** supplémentaire. ✪ **~ insurance** assurance complémentaire.

supplementation *n.* supplémentation *[en fer]*.

supplier *n.* fournisseur *[d'un produit]*, prestataire *[d'un service]* ; pourvoyeur. ✪ **~('s) credit** crédit fournisseur.

supply *v.* **1** *tr.* fournir. **2** communiquer, transmettre *[informations]*. **3 (with)** fournir *[qqch.]* à *[qqn]*, apporter *[qqch.]* à *[qqn]*, procurer *[qqch.]* à *[qqn]*, mettre *[qqch.]* à la disposition de *[qqn]*, approvisionner *[qqn]* en *[qqch.]*, doter *[qqn]* de *[qqch.]*, ravitailler *[qqn]* en *[qqch.]*, pourvoir *[qqn]* de *[qqch.]* ; **vegetables can ~ the body with all the vitamin C it needs** les légumes peuvent fournir à l'organisme toutes les vitamines C dont il a besoin.

supply *n.* **1** approvisionnement, ravitaillement, distribution, alimentation, fourniture, livraison, apport ; **electricity ~** approvisionnement en électricité ; **the company was involved in the ~ of arms to several dictatorships** l'entreprise a fourni des armes à plusieurs régimes dictatoriaux ; **clean water supplies** approvisionnement en eau potable. **2** quantité, stock, disponibilités, réserve ; **a 4-week supply of vitamins** un stock de vitamine suffisant pour quatre semaines ; **food ~** disponibilités alimentaires ; **in short ~** rare, limité ; **to be in short ~** être/se faire rare ; **grain is in short ~** il y a une pénurie de céréales. **3** *pl.* ravitaillement, provisions, vivres, matériel, produits, fournitures, stocks. **4** *Écon.* offre ; **labour ~** offre de main-d'œuvre. ✪ **~ cable** câble d'alimentation ; **~ chain** chaîne logistique *[= ensemble des opérations dont l'objet est de répondre à la demande des utilisateurs finals]* ; **~-chain management** gestion de la chaîne logistique ; **~ curve** *Écon.* courbe d'offre ; **~ schedule** barème d'offre, tableau de l'offre ; **~ line** conduite d'alimentation ; **~ lines** voies/filières d'approvisionnement/de ravitaillement ; *[***the government hopes to cut off the terrorists' main ~ lines** le gouvernement espère couper les principales filières d'approvisionnement des terroristes*]* ; **~ officer** *Adm.* fonctionnaire chargé des approvisionnements ; **~ of money** masse monétaire, offre d'argent ; **~ ship** (navire) ravitailleur, bateau de ravitaillement ; **~ side** offre ; *[***~-side measures** mesures de stimulation de l'offre/de relance par l'offre*]* ; **~-side policy** politique de (relance par) l'offre ; **~-sider** *n.* partisan de l'économie de l'offre ; **~ teacher** remplaçant ; **~ vessel** (navire) ravitailleur, bateau de ravitaillement ; **while ~ lasts** jusqu'à l'épuisement des stocks.

support *v. tr.* **1** subvenir aux besoins de, entretenir, faire vivre ; financer, subventionner ; permettre de financer ; **to ~ oneself** subvenir à ses besoins, gagner sa vie ; **he is not able to ~ his family** il n'est pas en mesure de subvenir aux besoins de sa famille ; **to obtain a tourist visa, you must be able to prove you can ~ yourself** pour obtenir un visa touristique, il faut prouver que l'on dispose de moyens d'existence ; **a magazine ~ed by its subscribers** un magazine financé par ses abonnés ; **the local government ~ed the theatre through its financial crisis** l'administration locale a aidé le théâtre lorsque celui-ci a connu des difficultés financières ; **the local population is ~ed mainly by tourism** la population locale vit principalement du tourisme ; **the area can only ~ a dozen bears** la zone ne permet la survie que d'une douzaine d'ours. **2** financer *[vice]* ; **she became a prostitute to ~ her drug habit** elle s'est mise à se prostituer pour pouvoir s'acheter de la drogue. **3** soutenir, appuyer ; aider, assister, épauler, venir en aide à, prêter son concours à, accompagner ; **they ~ed each other** ils se soutenaient mutuellement ; **the negotiating team was ~ed by a group of advisers** l'équipe de négociation était assistée d'un groupe de conseillers. **4** favoriser ; accompagner *[opération]* ; **the aim is to ~ closer collaboration between firms in the area** il s'agit de favoriser une coopération plus étroite entre les entreprises de la zone. **5** *[personne]* soutenir, apporter son soutien à, appuyer, souscrire à, être favorable à *[proposition]*, être partisan de, être en faveur de, adhérer à, s'associer à, défendre, plaider en faveur de ; **to ~ a bill** soutenir un projet de loi ; **to ~ the opinion of** se ranger à l'avis de ; **to ~ peaceful coexistence** être en faveur de la coexistence pacifique ; **most interviewees ~ed the death penalty** la plupart des personnes interrogées étaient favorables à la peine de mort ; **the organization ~s the rights of Native Americans** l'organisation défend les droits des Américains d'origine indienne. **6** *[données]* (sembler) confirmer (la validité de), tendre à confirmer, venir à l'appui de, aller dans le sens de, corroborer, étayer, conforter *[théorie, interprétation]* ; **some recent developments ~ this theory** des événements récents confirment la validité de cette théorie ; **the accusations were ~ed by several documents** les accusations étaient étayées par plusieurs documents ; **recent research ~s the view that** des travaux de recherche récents tendent à confirmer que ; **government figures ~ this view** les chiffres officiels corroborent cette opinion ; **recent studies seem to ~ her views** des études récentes semblent lui donner raison ; **the first evidence to ~ the theory that** les premiers éléments qui vont dans le sens de la théorie selon laquelle ; **a claim not ~ed by the facts** une affirmation qui ne correspond pas à la réalité. **7** *[documents]* accompagner ; **his application was ~ed by an impressive résumé** sa candidature était accompagnée d'un curriculum vitæ impressionnant. **8** *Inf.* prendre en charge.

support *n.* **1** soutien, appui, aide, assistance, concours, facilités ; **financial ~** aide financière ; **in ~ of** concourant à, renforçant, complétant, au service de, en faveur de ; **~ for** mesures en faveur de ; **to come out in ~ of sb** afficher sa solidarité avec qqn ; **the ban on fox-hunting will command the ~ of the majority of voters** la majorité des électeurs seront en faveur de l'interdiction de la chasse au renard ; **farm ~** subventions agricoles. **2** soutien, adhésion ; **to win ~ for unconventional ideas** susciter une adhésion à des idées peu orthodoxes. **3** soutien, réconfort. **4** *Inf.* prise en charge. ✪ **in ~ of** en faveur de, au service de ; **~ area** *Bourse* support ; **~ group** association d'entraide, groupe de soutien psychologique ; **~ level** *Bourse* support ; **~ price** prix garanti, prix de soutien ; **~ staff** personnel d'exécution, assistants ; **~ worker** adjoint administratif, employé chargé de tâches d'exécution.

support *adj.* d'accompagnement ; d'appui ; d'appoint ; **~ measures** mesures d'accompagnement.

supporter *n.* sympathisant, partisan, tenant, adepte, défenseur, zélateur, chantre, homme lige ; allié ; **financial ~** bailleur de fonds.

supporting *adj.* complémentaire, connexe, accessoire, secondaire. ✪ **~ documents** pièces justificatives, justificatifs ; **~ role** a) *Cinéma* second rôle ; b) *Fig.* rôle secondaire ; **~ staff** personnel d'exécution/subalterne.

supportive *adj.* *[personne]* offrant un soutien/une assistance, favorable ; coopératif, serviable, désireux de rendre service, sur qui on peut compter, dévoué, solidaire, loyal ; *[attitude]* réconfortant, coopératif, solidaire, loyal ; favorable, propice, créant des conditions favorables ; **to be ~** être une source de réconfort ; **to be ~ of sb** soutenir qqn., être soucieux du bien-être de qqn.

supposed *adj.* censé ; **computers are ~ to increase productivity** les ordinateurs sont censés accroître la productivité ; **publicans are not ~ to serve alcoholic drinks to persons under 21** les patrons de café ne peuvent servir des boissons alcoolisées aux personnes de moins de 21 ans ; **she was not ~ to know that the job would soon be available** il ne fallait pas qu'elle sache que l'emploi serait prochainement vacant.

supposedly *adv.* en principe, officiellement, il paraît que, on affirme que, apparemment ; prétendument, censément ; **the committee was ~ established to draft recommendations** la tâche du comité consistait en principe à élaborer des recommandations ; **she searched in vain the database, that ~ listed all meeting rooms** elle a fait une recherche infructueuse dans la base de données, qui était censée contenir une liste de toutes les salles de réunion.

suppress *v. tr.* **1** réprimer *[rébellion, émeute, activité criminelle]*, écraser *[rébellion]* ; étouffer *[liberté]* ; **to ~ free speech** étouffer la liberté d'expression ; **once again, an anti-government demonstration was brutally ~ed** une fois de plus, une manifestation antigouvernementale a été réprimée sauvagement. **2** réduire au silence *[opposants]*, bâillonner, museler, faire taire *[presse]* ; empêcher la diffusion de *[émission]*, empêcher la publication de *[livre]*, empêcher la divulgation de, garder secret *[informations]*, empêcher l'expression de *[idées]*, faire disparaître *[document]*, mettre *[rapport]* sous le boisseau, étouffer *[la vérité]* ; **Mr Murdoch seemed to want to ~ the memoirs of the former governor of Hong Kong** il semblait que M. Murdoch voulait empêcher la publication des mémoires de l'ancien gouverneur de Hongkong ; **to ~ a newspaper** faire taire un journal ; **the government will try to ~ this piece of information** le gouvernement essayera d'empêcher la divulgation de cette information ; **news of his arrest was ~ed until the negotiations were over** son arrestation a été gardée secrète jusqu'à la fin des négociations ; **we hope that the report will not be ~ed** nous espérons que le rapport ne sera pas mis sous le boisseau. **3 to ~ evidence** a) faire disparaître des preuves ; dissimuler des preuves ; b) *Dr.* exclure un élément de preuve *[parce qu'il a été obtenu illégalement ou manque de pertinence]*. **4** contenir, juguler, inhiber ; prévenir, empêcher ; **the increase in unemployment had the effect of ~ing inflation** l'augmentation du chômage a eu pour effet de contenir l'inflation ; **the study confirmed that fluoridation of water ~es tooth decay** l'étude a confirmé que la fluorisation de l'eau prévient les caries dentaires.

suppressed inflation inflation larvée.

suppressor *adj.* ✪ **~ T cell** cellule T suppressive ; **~ T lymphocyte** lymphocyte T suppresseur.

supreme *adj.* ✪ **Supreme Allied Commander Atlantic** *OTAN* Commandant suprême allié Atlantique ; **Supreme Allied Commander in Europe** *OTAN* Commandant suprême des forces alliées en Europe ; **Supreme Headquarters Allied Powers Europe** Quartier général suprême des puissances alliées en Europe.

supremo *n.* **1** chef (suprême), numéro un. **2** chef, coordinateur ; **she is regarded as the foreign policy ~** elle est considérée comme la personne qui détermine la politique étrangère.

surcharge *n.* surtaxe ; majoration, supplément, majoration.

sure *adj.* ✪ **for ~** certainement ; avec certitude, sans le moindre doute ; *[***to know for ~** être sûr ; **the police does not know for ~ who the rapist is** la police n'est pas sûre de l'identité du violeur ; **in order to know for ~** pour en avoir le cœur net*]* ; **make ~ that** a) veiller à ce que, faire en sorte que, prendre les dispositions/mesures voulues pour que ; b) s'assurer que ; **~ enough** comme prévu, comme on pouvait s'y attendre, comme annoncé ; **to be ~** a) bien entendu ; b) certes.

surety *n.* garant ; répondant, caution *[= personne qui garantit le remboursement d'une dette]* ; **to stand ~ for** se porter caution pour *[qqn]*. ✪ **~ bond** cautionnement.

suretyship *n.* garant, caution *[= personne qui garantit le remboursement d'une dette]*. ✪ **~ insurance** assurance caution.

surf *v. tr.* surfer sur, naviguer sur *[Internet]*.

surface *v.* **1** *intr.* *[personne]* remonter à la surface ; *[sous-marin]* émerger, faire surface. **2** *tr.* poser un revêtement sur, revêtir *[route]*. **3** *intr.* *[problème]* apparaître, *[doutes, inquiétudes]* se faire jour, se manifester, *[informations]* être révélé, *[rumeur]* commencer à circuler.

surface *n.* ✪ **on the ~** en apparence ; **~-active agent** agent de surface, surfactant ; **~ antibody** anticorps de surface ; **~ area** superficie, **~ effect ship** hydroglisseur ; **~ mail** courrier transporté par voie de surface ; **~ tension** tension superficielle ; **~-to-~** *adj.* *[missile]* surface-surface ; **~ transport** transports de surface ; **~ water** eau(x) superficielle(s)/de surface ; **~ worker** *Mines* ouvrier du jour.

surfactant *n.* agent de surface, surfactant.

surfeit *n.* excès, pléthore, surabondance.

surge *v. intr.* augmenter considérablement ; **(by)** faire un bond de ; **sales ~d last year** le chiffre d'affaires a fortement augmenté l'année dernière.

surge *n.* **1** forte augmentation *[de la productivité, de l'activité]*, poussée *[des exportations]*, flambée *[des prix, des cours, de* *l'inflation]* ; **a ~ in investment** une forte augmentation des investissements. **2** vague, montée, grand élan, vaste mouvement.

Surgeon General *ÉU* directeur général de la santé.

surgery *n.* **1** chirurgie ; intervention chirurgicale, opération ; **she underwent ~** elle a subi une intervention chirurgicale. **2** *RU* cabinet *[d'un médecin, d'un dentiste]*. **3** *RU* consultation *[d'un médecin/dentiste]* ; **~ hours** heures de consultation. **4** *Pol. RU* permanence *[d'un député]*.

surgical *adj.* ✪ **~ removal** ablation, excision, exérèse, résection ; **~ procedure** intervention chirurgicale ; **~ strike** *Mil.* frappe chirurgicale.

Surinamese *adj.* surinamais.

surname *n.* nom de famille, patronyme.

surplus *adj.* excédentaire, surnuméraire ; **~ capacity** excédent de capacités ; **to be ~ to requirements** ne plus être nécessaire, être superflu.

surprise *adj. [inspection]* inopiné.

surprisingly *adv.* de manière inattendue, contre toute attente, étonnamment, à la surprise générale, (assez) curieusement, singulièrement, paradoxalement, si curieux que cela puisse paraître, et c'est une surprise, il est surprenant de constater que ; **not ~** comme il fallait s'y attendre, comme cela était à prévoir, très logiquement, assez naturellement, bien entendu, il n'est pas surprenant que, on ne s'étonnera pas de constater que.

surrender *v.* **1** *tr.* abandonner *[territoire]*. **2** *intr.* se rendre, se constituer prisonnier ; capituler, déposer les armes. **3** remettre, livrer *[personne]*. **4 ~ to** céder à *[adversaire]*.

surrender value *Ass.* valeur de rachat.

surrogacy *n.* maternité de substitution.

surrogate *n.* **1** substitut *[parental]*. **2** agent *[de qqn]*, acolyte ; satellite, fantoche. **3** *pl. Stat.* données de substitution.

surrogate *adj.* ✪ **~ mother** mère porteuse/de substitution ; **~ motherhood** maternité de substitution, maternité pour autrui ; **~ war** guerre par alliés interposés.

surroundings *n. pl.* cadre, environnement, décor.

surround sound sonorité d'ambiance.

surveillance radar radar de veille.

survey *v. tr.* **1** interroger *[qqn dans le cadre d'une enquête]* ; recenser ; recueillir des données sur ; **66% of housewives ~ed said that** 66 % des ménagères interrogées ont déclaré que. **2** examiner, inspecter *[site d'une catastrophe]*. **3** examiner, étudier *[question]*. **4 to ~ a building** dresser l'état des lieux d'un bâtiment ; **to ~ a site** procéder au levé d'un site.

survey *n.* **1** enquête ; **~ data** données provenant d'enquêtes. **2** enquête d'opinion, sondage. **3** étude, inventaire, aperçu, bilan, vue d'ensemble, tour d'horizon, prospection, recensement, examen, inspection, évaluation ; **hydrographic ~** étude hydrographique ; **to give a ~ of** passer en revue. **4** *Ass.* expertise. **5** levé, relevé *[topographique]*. ✪ **~ report** *Ass.* rapport d'expertise.

surveying *n.* **1** géodésie. **2** arpentage, levé, nivellement.

surveyor *n.* **1** géomètre, géomètre expert, arpenteur. **2** *Ass.* expert.

survival *n.* ✪ **~ kit** équipement de survie ; **~ of the fittest** survie du plus apte.

surviving spouse's benefit pension de réversion.

survivor *n.* **1** survivant, rescapé. **2** *Fig.* personne capable de surmonter l'adversité. ✪ **~'s pension** pension de survie.

susceptibility *n.* **1** risque. **2** vulnérabilité ; prédisposition.

susceptible *adj.* **1 (to)** susceptible de, pouvant, risquant de ; **to be ~ to** prêter à ; **theory ~ to proof** théorie pouvant être prouvée ; **the draft is ~ to alterations** le projet pourra faire l'objet de modifications. **2 (to)** vulnérable à, exposé à, sensible à, à la merci de ; prédisposé à *[maladie]* ; **areas ~ to earthquakes** zones menacées de tremblements de terre ; **the organization is very ~ to internal conflict** l'organisation est très exposée à des conflits internes ; **some people are genetically ~ to alcoholism** certaines personnes sont génétiquement prédisposées à l'alcoolisme ; **the young unemployed are more ~ to homelessness** les jeunes chômeurs courent un plus grand risque de devenir sans abri. **3 (to)** réceptif à, ouvert à, sensible à ; **the report indicated that judges are ~ to the colour and social class of defendants** il ressort du rapport que les juges ne sont pas indifférents à la race et à la classe sociale des prévenus ; **the population is highly ~ to manipulation by the media** la population se laisse très facilement manipuler par les médias. **4** émotif, sensible, impressionnable, influençable ; **the director claimed that the staff is not ~ to bribes** le directeur a déclaré que les fonctionnaires ne sont pas disposés à accepter des pots-de-vin.

suspended *adj.* ✪ **~ animation** paralysie, inaction, inertie, immobilisme, léthargie, torpeur ; suspens ; **~ matter** matières en suspension ; **~ particulate matter** particules en suspension ; **~ sentence** peine assortie du sursis ; *[***to receive a two-year ~ sentence** être condamné à deux ans d'emprisonnement avec sursis*]* ; **~ solids** matières en suspension.

suspension bridge pont suspendu.

sustain *v. tr.* **1** soutenir *[qqn dans l'adversité, cause, charge]*, réconforter. **2** *Dr. [juge]* reconnaître la validité de *[objection, prétention]* ; **~ed** objection retenue. **3** confirmer *[opinion, soupçon]*. **4** maintenir *[croissance économique, niveau des exportations]*, poursuivre *[activité]* ; **the company was able to lay off personnel while ~ing levels of output** l'entreprise a pu licencier du personnel sans réduire la production. **5** pourvoir à la subsistance de *[qqn]* ; maintenir en vie. **6** subir, essuyer *[perte]*, recevoir *[blessures]*.

sustainability *n.* durabilité, viabilité (à long terme), pérennité ; **she is analyzing the ~ of present levels of oil consumption** elle examine s'il est viable de maintenir les niveaux actuels de consommation de pétrole.

sustainable *adj.* viable (à long terme), durable, stable, inscrit dans la durée, susceptible d'être maintenu (à long terme), supportable, tenable ; **~ development** développement durable ; **~ logging** exploitation forestière viable ; **to adopt ~ economic policies** adopter des politiques économiques inscrites dans la durée ; **the economy is slowing down to a more ~ level of growth** la croissance économique redescend à niveau plus susceptible de se maintenir.

sustained *adj.* suivi, durable, de longue durée, prolongé, permanent, *[effort]* soutenu ; **~ economic growth** croissance économique soutenue ; **a ~ period of dollar weakness** une période prolongée de faiblesse du dollar ; **the changes obtained were not ~** les changements obtenus ne se sont pas maintenus.

sustenance *n.* **1** aliments, nourriture ; alimentation ; valeur nutritive. **2** moyens de subsistance ; subsistance. **3** (source de) réconfort/force, aide.

SUV (sport utility vehicle) (véhicule) utilitaire sportif, utilitaire sport.

SVGA (super video graphics array) *Inf. [carte, moniteur]* SVGA.

swap *n. Fin.* swap, crédit croisé. ✪ **~ agreement** accord de swap ; **~ body** *Transp.* caisse mobile ; **~ credit** swap, crédit croisé ; **~ transactions** opérations de swap.

swaption *n.* option de swap.

SWAT (Special Weapons and Tactics) groupe d'intervention ; **~ squad/team** groupe d'intervention.

swath, swathe *n.* **1** bande de terre ; zone, étendue, superficie ; **to cut a ~ across/through** s'étendre dans/sur. **2** partie, segment. **3** passage dévastateur *[d'un cyclone] ;* ravages, destruction ; **to cut a ~ across/through** détruire une partie considérable de, faire des ravages considérables dans. **4 to cut a ~** *[personne]* faire de l'effet ; **to cut a wide ~** a) *[chômage, récession]* faire durement sentir ses effets, faire des ravages considérables ; b) *[personne]* jouer un rôle important, avoir une grande influence. **5** gamme.

Swazi *adj.* swazi *[inv.].*

swearing-in *n. Pol.* prestation de serment.

sweat *n.* ✪ **~ equity** a) quote-part dans la propriété d'un immeuble au titre de la participation à sa rénovation ou à son entretien ; b) apport en travail ; **~ gland** glande sudoripare.

sweatshop *n.* atelier clandestin, atelier à main-d'œuvre sous-payée, atelier pratiquant l'exploitation de la main-d'œuvre, atelier où la main-d'œuvre est exploitée, atelier où règnent des conditions de travail déplorables.

sweep *v.* **I 1** *tr. [inondation]* balayer, emporter (sur son passage). **2** *tr. [vague de nationalisme]* déferler sur *[pays] ;* frapper, s'abattre sur. **3** *tr.* draguer *[étendue d'eau minée].* **4** *tr.* passer *[immeuble, quartier]* au peigne fin. **5** *tr. [projecteur]* balayer *[ciel].* **6** *tr. Pol.* remporter *[élection]* avec une majorité écrasante, s'adjuger sans difficulté *[grand nombre de sièges] ;* l'emporter largement dans *[circonscription],* remporter une victoire écrasante dans *[pays].* **7** *tr. Pol.* **to ~ sb to power** propulser qqn au pouvoir. **8** *intr. Pol.* **to ~ to victory** remporter une victoire écrasante. **9** *tr. Banque* virer *[montant d'un compte d'épargne à un compte à vue].* **II ~ along: to be swept along by** être conquis/enthousiasmé par. **III ~ aside** balayer *[objection, armée].* **IV ~ away 1** balayer. **2 to be swept away by** être conquis/enthousiasmé par. **V ~ into: to ~ into power** conquérir le pouvoir sans coup férir/sans difficulté. **VI ~ through 1** remporter un vif succès auprès de. **2** *[incendie, maladie, mode]* se propager rapidement dans, *[rumeur]* se répandre comme une traînée de poudre. ✪ **~ under the carpet/rug** essayer de dissimuler, escamoter, ne pas aborder.

sweep *n.* **1** *pl. TV ÉU* période de mesure d'audience *[pendant laquelle les indices d'écoute servent à établir les tarifs de la publicité].* **2** *Aéron.* flèche *[d'une aile].* **3** *Banque* virement automatique de l'excédent.

sweeping *adj. Fig.* **1** *[mesures, réforme, changement]* radical, profond, en profondeur, poussé, fondamental, (très) important, de grande envergure, d'envergure, vaste, ambitieux, d'une grande portée, considérable, lourd de conséquences, *[réduction budgétaire, sanctions]* draconien ; **~ powers** pouvoirs très étendus ; **~ changes** mutation, bouleversements. **2** *[victoire électorale]* écrasant. **3** *[déclaration]* catégorique, irréfléchi, inconsidéré.

sweetener *n. Fig.* incitation, avantage ; **the government offered ~s to potential investors** le gouvernement a offert des incitations aux investisseurs potentiels.

sweetening agent édulcorant.

sweetheart *adj.* ✪ **~ agreement/contract** *Rel. du travail* convention collective de complaisance/préjudiciable aux syndiqués ; **~ prices** prix de faveur.

swept wing *Aéronautique* aile en flèche. ✪ **~ aircraft** avion à aile en flèche.

SWIFT (Society for Worldwide Interbank Financial Telecommunications) SWIFT. ✪ **~ code** code SWIFT *[utilisé pour les virements bancaires internationaux].*

swimming-pool reactor *Nucl.* pile piscine.

swine fever peste porcine.

swing *v. tr. Fig.* **1** *intr.* **(to)** *[opinion publique]* basculer vers *[parti].* **2** *tr.* faire basculer *[élection, opinion publique] ;* **to ~ the balance in favour of** faire pencher la balance en faveur de.

swing *n. Fig.* **1** mouvement, variation, changement, fluctuation ; **mood ~s** sautes d'humeur ; **currency ~s** fluctuations des monnaies ; **~s in oil prices** fluctuations des cours du pétrole. **2** *Pol.* glissement, basculement *[de l'électorat]?* **early returns suggest a ~ to the Conservatives** selon les premiers résultats, il semble que les Conservateurs aient progressé. ✪ **~ bridge** pont tournant ; **~ line** crédit de sécurité ; **~ loan** crédit de relais, crédit(-)relais ; **~ of the pendulum** retour du balancier ; **~ vote** vote décisif ; **~ voter** électeur indépendant/sans allégeance partisane ; *pl.* électorat flottant, arbitres de l'élection ; **~ wing** aile à flèche variable.

Swiss cheese *ÉU* fromage de type Emmenthal.

switch *v.* **I 1** *tr.* changer de ; **the opposition has ~ed tactics** l'opposition a changé de tactique ; **cigarette manufacturers claim that the purpose of advertising is to make existing smokers ~ brands** les cigarettiers affirment que le but de la publicité est de faire passer les fumeurs d'une marque à l'autre. **2** *intr.* passer ; **investors are able to ~ between funds** les investisseurs peuvent passer d'un fonds à l'autre. **II ~ off** mettre *[appareil]* hors tension, éteindre ; couper *[moteur].* **III ~ on 1** mettre *[appareil]* sous tension, allumer. **2** *Biol.* activer *[gène].* **IV ~ over to** adopter, passer à, basculer à *[nouveau système].* **V ~ to** adopter, passer à, basculer à *[nouveau système],* se convertir à ; se tourner vers ; changer de ; **to ~ to gas heating** passer au chauffage au gaz ; **some companies are reluctant to ~ to the new version of the software package** certaines entreprises hésitent à adopter la nouvelle version du logiciel.

switch *n.* **1 (to)** passage à, adoption de ; **the Dutch are preparing for the ~ to the euro** les Néerlandais se préparent au passage à l'euro. **2** interrupteur ; commutateur. **3** *Marché à terme* report.

switched network réseau commuté.

switching *n. Télécomm.* commutation.

sworn translator traducteur assermenté.

SWOT analysis analyse des points forts, des faiblesses, des possibilités et des menaces.

syllabus *n. Ens.* plan d'études ; plan de cours.

symbol *n.* ✪ **~s and abbreviations** signes et abréviations ; **~s employed** signes conventionnels.

sympathetic *adj.* compatissant ; **(to)** ouvert à, favorable à, bien disposé envers, compréhensif à l'égard de ; **to be ~ to** compatir à, s'intéresser à, accueillir/considérer favorablement/avec sympathie/bienveillance, être bien disposé à l'égard de ; **to be ~ to communism** être un sympathisant communiste ; **Italy was ~ to the French argument** l'Italie a accueilli favorablement l'argument de la France ; **the government was not ~ to the fishing community** le gouvernement n'était pas bien disposé à l'égard des marins pêcheurs ; **the minister was ~ to the refugees' plight** le ministre n'était pas indifférent à la situation difficile des réfugiés ; **the minister was more ~ to the problems of cattle breeders** le ministre a fait preuve d'une plus grande compréhension à l'égard des problèmes des éleveurs de bétail. ✪ **~ strike** grève de solidarité.

sympathy *n.* **1** compréhension ; **they have ~ with these concerns** ils comprennent ces préoccupations. **2** accord ; **we are in ~ with their cause, but not with their methods** nous adhérons à leur cause, sans pour autant approuver leurs méthodes. **3** compassion. **4** sympathie ; **there is no ~ between the two men** le courant ne passe pas entre les deux hommes. **5** condoléances ; **the Prime Minister sent a letter of ~ to the family** le Premier ministre a envoyé une lettre de condoléances à la famille. ✪ **~ strike** grève de solidarité.

symposium *n.* colloque.

synchrotron radiation rayonnement synchrotron.

syndicalism *n.* **1** anarcho-syndicalisme. **2** syndicalisme.

syndicate *v. tr.* **1** *Journ.* vendre, autoriser la publication de *[article]*. **2** *Fin.* consortialiser *[prêt]*.

syndicate *n.* syndicat *[bancaire, financier]*. ✪ **~ manager** banque chef de file.

syndicated *adj.* ✪ **~ columnist** *Journ. ÉU* journaliste indépendant ; **~ loan** prêt/crédit consortial/syndiqué.

syndication *n. Fin.* syndication.

syndicator *n. TV ÉU* producteur distribuant ses émissions en dehors du circuit des réseaux de télévision, producteur indépendant.

synfuel *n.* combustible de synthèse.

synthetic fuel combustible de synthèse.

system *n.* **1** système, régime, mécanisme, structure, architecture, formule, circuit ; **health insurance ~** régime d'assurance maladie. **2** réseau ; **water distribution ~** réseau de distribution d'eau ; **railway ~** réseau ferroviaire. **3** *Inf.* ordinateur ; **desktop ~** ordinateur de bureau. **4** appareil, dispositif. ✪ **~ administrator** *Inf.* administrateur de système ; **~ analysis** *Inf.* analyse fonctionnelle ; **~ building** construction industrialisée ; **System of National Accounts** Système de comptabilité nationale ; **~ of taxation** régime fiscal ; **~ programmer** *Inf.* programmeur système **~ requirements** *Inf.* configuration minimale *[pour exécuter un logiciel]* ; **~s engineer** *Inf.* ingénieur système ; **~s programmer** *Inf.* programmeur système.

systematize *v. tr.* **1** systématiser. **2** ordonner méthodiquement.

systemic *adj.* ✪ **~ infection** infection systémique ; **~ risk** *Fin.* risque systémique ; **~ symptoms** *Méd.* symptômes généraux.

T

tab *v. tr.* nommer, désigner ; **(as)** qualifier de.

tab *n.* **1** tabulation. **2** comprimé. **3** *ÉU* facture, coût, montant/prix à payer ; **to pick up the ~** prendre les frais à sa charge, payer la facture ; **in organizing the conference, we ran up a ~ of $350,000** l'organisation de la conférence nous a coûté 350 000 dollars ; **many students wishing to enroll at Harvard find the ~ prohibitive** de nombreux étudiants désireux de s'inscrire à Harvard trouvent que les droits d'inscription sont prohibitifs. **4** languette *[d'une boîte de boisson]*. **5** *Inf.* onglet. ✪ **keep a ~ on, keep ~ on, keep ~s on** recueillir des informations sur, suivre, surveiller ; *[***they intend to keep ~s on contacts between local politicians and businesses** ils ont l'intention de suivre les contacts qui ont lieu entre les hommes politiques locaux et des entreprises ; **the company keeps close ~s on all outgoing calls** l'entreprise surveille de près les appels extérieurs*]* ; **~ key** touche TAB.

table *v. tr.* **1** *RU* présenter, déposer *[rapport, proposition, projet de loi, amendement]* ; **he will ~ a question in the Commons** il posera une question à la Chambre des communes. **2** *ÉU* ajourner sine die l'examen de *[proposition, motion, projet de loi]*.

table *n. Fig.* table *[de multiplication]*, tableau, barème. ✪ **on the ~** a) à l'ordre du jour ; b) *ÉU [question]* en suspens, non encore résolu/réglé ; *[***to put a proposal on the ~** présenter une proposition ; **the question of the proposed new road is still on the ~** la question de la construction d'une nouvelle route n'est pas encore réglée*]* ; **~ of contents** table des matières ; sommaire ; **~ of organization** organigramme ; **turn the ~s** renverser la situation, inverser les rôles.

tablet *n.* **1** *Pharmacie* comprimé. **2** plaque *[commémorative]*. **3** bloc-notes.

tabloid *n.* **1** journal de format tabloïde. **2** journal populaire/à scandales/à sensation ; *pl.* presse populaire/à scandales/à sensation.

tabs (tablets) *Pharmacie* comprimés.

tabs (tabloids) journaux populaires/à scandales/à sensation, presse populaire/à scandales/à sensation.

tabular *adj.* **in ~ form** *[présenter des statistiques]* sous forme de tableau/dans un tableau ; **~ information on the release of chemicals into the sea** des informations contenues dans des tableaux relatifs aux déversements de produits chimiques dans la mer.

tabulate *v. tr.* présenter *[données]* sous forme de tableau/dans un tableau ; **she has been collecting and tabulating sales figures for the various products** elle recueille des statistiques et établit des tableaux sur la vente des différents produits.

tabulation *n.* présentation tabulaire.

tachograph *n. Transp. routiers* chronotachygraphe.

TACIS (Technical Assistance to the Commonwealth of Independent States) TACIS (Programme d'assistance technique à la Communauté des États indépendants).

tack *v.* **I** *tr.* attacher, fixer, accrocher *[objet]*. **II ~ on 1** ajouter, surajouter, joindre ; **the Republicans intend to ~ these provisions onto a bill about civil liberties** les Républicains ont l'intention d'ajouter ces dispositions à une proposition de loi relatives aux libertés du citoyen ; **the airport ~s a $10 surcharge on all passengers** l'aéroport perçoit un supplément de 10 dollars pour chaque passager. **2** *[cours d'une action]* progresser ; **IBM ~ed on 13 cents to $238.47** IBM a progressé de 13 cents pour atteindre 238,47 dollars.

tack *n. Fig.* **1** démarche, façon de faire, façon/manière de procéder, système, formule, stratégie, politique, ligne de conduite ; **change of ~** changement d'orientation/de cap, réorientation ; **to change ~** changer de méthode/de système/d'angle d'attaque/de stratégie/de politique/de cap, changer son fusil d'épaule ; **to take a different ~** adopter une démarche différente ; **our best ~ will be to avoid purely personal criticisms** la meilleure stratégie pour nous consistera à éviter toute critique purement personnelle. **2** orientation, tendance, caractère, point de vue, parti pris ; **several ministerial statements took a moralistic ~** plusieurs déclarations ministérielles avaient un caractère moralisateur.

tackle *v. tr.* aborder, envisager, examiner *[question]* ; faire face à, affronter, s'attaquer à, agir sur, influer sur, prendre des mesures à l'égard de, lutter contre, tenter de venir à bout de *[problème]* ; **the book also ~s the question of the exploitation of illegal immigrants** le livre aborde aussi la question de l'exploitation des immigrés clandestins ; **a new drug was developed to ~ impotence** on a mis au point un médicament contre l'impuissance.

tactful *adj.* délicat, empreint de tact, exprimé avec tact, diplomatique, courtois ; **~ reminder** rappel courtois ; **to be ~** avoir du tact/doigté, faire preuve de tact.

tactfully *adv.* avec tact, en y mettant les formes.

tactical *adj.* ✪ **~ voting** vote utile ; **~ withdrawal** retraite tactique.

tactically *adv. [voter]* utile.

tactile *adj.* **1** *[organe]* du toucher. **2** tactile. **3** agréable au toucher.

tag *n.* **1** étiquette. **2** *ÉU* plaque d'immatriculation. **3** bracelet électronique **4** dispositif électronique antivol. **5** expression ; cliché, lieu commun. **6** tag. **7** *Internet* balise *[HTML]*. ✪ **~ line** slogan.

tagged *adj. Biol. [anticorps, molécule]* marqué *[par un radionucléide, au carbone 14]*.

tagging *n.* **1** *Biol.* marquage *[chimique, radioactif, d'une molécule par un isotope radioactif, par un fluorochrome, par un traceur, avec un corps fluorescent]*. **2** système du bracelet électronique *[porté par un délinquant assigné à résidence]*.

tail *n. pl. Mines* résidus. ✪ **~ assembly** *Aéron.* empennage ; **~ end** *Fig.* fin, dernière partie ; **~ lamps/lights** feux arrière ; **~ pipe** *ÉU* tuyau d'échappement *[d'une voiture]* ; **~ plane** *Aéron. RU* empennage horizontal ; **~ rotor** *Aéron.* rotor de queue, rotor anticouple ; **~ section/unit** *Aéron.* empennage ; **~ wind** *Mar.* vent arrière ; **the ~ is wagging the dog** l'accessoire régit l'essentiel, c'est le monde à l'envers.

tailings *n. pl.* déchets, résidus ; terril.

tailor *v. tr. Fig.* tailler sur mesure ; **(to)** adapter à ; **to ~ sth to the needs of sb** adapter qqch. aux besoins de qqn ; **to ~ the product to Japanese tastes** adapter le produit aux goûts des consommateurs japonais ; **to ~ advertising to individual**

countries adapter la publicité aux spécificités des différents pays ; **our policy should be ~ed to meet these various problems** notre politique doit être conçue de façon à pouvoir faire face à ces différents problèmes.

tailor-made *adj. Fig.* adapté aux besoins (de l'utilisateur), sur mesure, à la carte ; **(to, for)** (spécialement) conçu pour, adapté à, idéal dans la perspective de ; **(for)** particulièrement bien adapté à, qui convient parfaitement/à merveille à ; **the issue of immigration is ~ for nationalist posturing** la question de l'immigration se prête particulièrement bien aux envolées nationalistes ; **the job is ~ for Mrs Robinson** ce poste convient particulièrement bien à Mme Robinson ; **this role is ~ for the former senator** ce rôle va à la perfection à l'ancien sénateur.

tailspin *n. Fig.* **to go into a ~** *[marché]* s'effondrer ; **to send the market in a ~** provoquer l'effondrement du marché.

taint *v. tr.* **1** entacher de ; **his career advance has been ~ed by nepotism** sa progression professionnelle a été entachée de népotisme. **2** salir, ternir *[réputation]*, salir/ternir la réputation de, éclabousser *[qqn]*.

tainted *adj. [aliment, eau, sang]* contaminé, *[aliment]* avarié ; *[personne]* éclaboussé *[par un scandale]*, *[action, élection]* entaché d'irrégularité, *[réputation]* terni ; vicié ; **blood ~ with hepatitis B virus** produits sanguins contaminés par le virus de l'hépatite B ; **scandal-~** *adj.* éclaboussé par des scandales ; **financial deals ~ with money paid under the table** des accords financiers entachés de paiements illicites.

Taiwan Strait détroit de Formose/Taiwan.

Tajik *adj.* tadjik(e).

take *v.* **I** *tr.* **1** prendre *[qqch., du temps, médicament]*. **2** ôter *[vie]* ; **the explosion took the life of six workers** l'explosion a tué six ouvriers ; **she took her (own) life** elle a mis fin à ses jours. **3** emmener *[qqn]*. **4** contenir. **5** suivre *[conseil]*. **6** falloir ; **what will it ~ to end this war?** que faudra-t-il pour mettre fin à cette guerre ? **7 (that)** supposer que ; **I ~ it that the agenda is adopted** je considère que l'ordre du jour est adopté. **8** passer *[examen]*. **II ~ aback** déconcerter, laisser/rendre perplexe, plonger dans la perplexité, laisser rêveur, dérouter, troubler ; décontenancer, désarçonner, interloquer, prendre à contre-pied/de court, surprendre ; **she was ~n aback by that statement** cette affirmation l'a prise de court. **III ~ apart 1** démonter *[machine]*. **2** analyser, décortiquer. **3** *[critique]* démolir, éreinter, descendre en flamme *[livre]*. **IV ~ away 1** enlever. **2** emporter. **3** supprimer. **4** faire disparaître. **5** retirer. **V ~ away from** minimiser. **VI ~ back 1** reprendre. **2** rapporter. **3** retirer, revenir sur *[affirmation]*. **VII ~ down 1** enlever. **2** noter, prendre note de. **VIII ~ for** prendre pour. **IX ~ forward** faire avancer/progresser, donner une impulsion à. **X ~ in 1** absorber *[informations]*. **2** inclure, englober, comprendre, incorporer, intégrer ; **the city ~s in 385 square miles** la ville a une superficie de 997 km^2 ; **the scope of the study ~s in all aspects of the nutrition of children** l'étude porte sur tous les aspects de l'alimentation des enfants ; **to extend family benefits to ~ in single parents** étendre les prestations familiales aux parents célibataires. **3** observer, prendre connaissance de, enregistrer. **4** percevoir *[impôts]*. **5** loger. **6** tromper. **XI ~ into 1 to ~ into account** prendre en considération ; **to be ~n into account** entrer en ligne de compte. **2 to ~ into custody** placer en détention. **XI ~ off 1** enlever, ôter *[vêtements]*. **2** prendre *[jours]* de congé. **3** *[avion, fusée]* décoller. **4** *Écon. [économie]* décoller, démarrer ; **the Vietnamese economy is finally taking off** l'économie du Viêt-nam décolle enfin. **5** démarrer, prendre son essor ; **the epidemic took off** l'épidémie a démarré ; **after a slow start shopping via the Internet is finally taking off** après un départ laborieux, les achats via Internet prennent enfin leur essor. **6** retirer *[film]* de l'affiche, mettre fin aux représentations de. **7** dessaisir *[qqn]* de *[dossier]*. **8** rayer *[d'une liste]*. **XII ~ on 1** recruter, engager, embaucher. **2** prendre *[aspect, signification, importance accrue]*. **3** accepter, assumer, prendre en charge, se charger de, entreprendre, s'atteler à *[tâche]* ; **to ~ on a case** *[avocat]* se charger d'une affaire ; **more students are taking on summer jobs to complement their grants** un plus grand nombre d'étudiants travaillent en été pour arrondir leur bourse. **4** s'attaquer à, s'en prendre à ; **the company intends to ~ on the market leader** l'entreprise a l'intention de s'attaquer au numéro un du marché. **5** embarquer *[passagers]*. **XIII ~ out 1** supprimer, enlever, éliminer. **2** souscrire *[police d'assurance]*, contracter *[prêt]* ; **to ~ out a subscription to** s'abonner à *[périodique]*. **3** prendre *[brevet]*. **4** *Mil.* tuer *[soldat]*, détruire *[objectif]*. **XIV ~ over 1** prendre la relève, reprendre le flambeau, prendre le relais. **2** arriver au pouvoir ; prendre les rênes ; **Suharto took over in 1965** Suharto s'empara du pouvoir en 1965 ; **as soon as he took over as chief executive officer morale rose** dès qu'il a pris les rênes de l'entreprise en tant que président-directeur général, le moral du personnel s'est redressé. **3** prendre en charge/à sa charge ; prendre en main les destinées de, prendre les rênes de, prendre les commandes de ; **to ~ over the leadership** prendre les rênes. **4** prendre possession de. **5** s'emparer de, mettre la main sur, s'attribuer, s'adjuger, s'arroger, faire main basse sur ; **the Soviet Union took over the Baltic States** l'Union soviétique s'empara des pays baltes. **6** prendre le contrôle de, reprendre, absorber, racheter *[société]* ; **the company took over several family-owned enterprises** la société a absorbé plusieurs entreprises familiales. **XV ~ over from** prendre la succession/la suite/le relais de ; **the new newspaper will ~ over from the two older ones which will cease to exist** le nouveau journal prendra le relais des deux anciennes publications, qui cesseront d'exister. **XVI ~ up 1** absorber, accaparer ; prendre *[du temps, de la place]* ; occuper *[espace]* ; **most of her time is ~n up by meetings** la plus grande partie de son temps est accaparé par des réunions **2** prendre *[position]*. **3** prendre *[ses fonctions]* ; **to ~ up one's post** prendre ses fonctions. **4** reprendre *[activités/exposé interrompu(es)]*. **5 to ~ up where sb/sth left off** prendre le relais de qqn/qqch., faire suite à qqch. ; **the second episode ~s up where the first one left off** le deuxième épisode est la suite du premier ; **freed from jail after five years, the human rights activist took up where he had left off** libéré après cinq années de détention, le militant des droits de l'homme a repris son combat dans le droit fil de ses activités antérieures. **6** aborder, examiner, soulever, évoquer, discuter de ; **the committee will ~ up the issue soon** le comité examinera la question prochainement. **7** accepter *[offre, proposition, invitation]*, souscrire à, adopter, reprendre à son compte *[proposition, idée]*, embrasser *[profession]*, épouser *[cause]* ; relever *[défi]*. **8** *Bourse* lever *[option]*. **9** souscrire à *[émission d'actions]*. **10** exercer *[activité professionnelle]*. **11** se mettre à ; (commencer à) s'intéresser à ; **to ~up smoking** se mettre à fumer ; **after studying linguistics, she took up sociology** après avoir étudié la linguistique, elle s'est mise à s'intéresser à la sociologie. **12 to ~ up a bill** payer/honorer un effet/une traite. **13 to ~ up residence in** commencer à résider à/en ; **to ~ up residence in a foreign country** transférer sa résidence à l'étranger. **14 to ~ sb up** prendre qqn sous son aile. **XVII ~ up with** soumettre *[question]* à ; **this matter should be**

~n up with the Customer Services Department il faut soumettre cette question au service clientèle. **XVIII ~ upon: to ~ it upon oneself to** prendre la responsabilité de, prendre sur soi de, se permettre de.

take *n.* **1** recettes. **2** prélèvement, ponction *[fiscal(e)].* **3 to be on the ~** être corrompu, toucher des pots-de-vin. **4** point de vue, façon de voir les choses, conception, idées ; **his ~ on pornography outrages feminists** ses idées sur la pornographie suscite l'indignation des féministes. **5** *Cinéma* prise.

takeaway *n.* **1** *Rel. du travail* suppression d'avantage, avantage supprimé. **2** *RU* établissement offrant des plats à emporter.

takeaway *adj. RU [repas]* à emporter.

take-home pay rémunération nette.

takeoff *n.* **1** décollage *[d'un avion, d'une économie].* **2** parodie. ✪ **~ rocket** propulseur auxiliaire/d'appoint, *booster.*

take-one *n.* tract, dépliant, prospectus.

takeout *n. ÉU* **1** plat préparé à emporter. **2** établissement offrant des plats à emporter. **3** prêt hypothécaire servant à rembourser un prêt à la construction à court terme.

takeover *n.* **1** rachat, prise de contrôle, reprise, absorption *[d'une entreprise].* **2** prise de pouvoir. ✪ **~ bid** offre publique d'achat.

taker *n. Bourse* vendeur *[d'une option].*

takeup *n.* **1** acceptation ; adoption. **2** *Aide sociale* perception des prestations, mesure dans laquelle les bénéficiaires potentiels font valoir leurs droits *[à une prestation sociale].*

takings *n.* recettes.

talent scout découvreur de talents.

talk *n.* **1** conversation. **2** exposé ; causerie. **3** *pl.* discussions, entretiens, échanges de vue, dialogue, consultations, pourparlers, négociations. ✪ **~ shop** réunion dépourvue d'utilité pratique ; **~-show** *n. ÉU* émission d'entretiens, *talk-show.*

talking *adj.* ✪ **~ book** livre sonore ; **~ shop** réunion dépourvue d'utilité pratique.

tall order *Fig.* tâche difficile ; *Fam.* vaste programme ; **to be a ~** ne pas être une mince affaire.

tally *v.* **1** *tr.* compter. **2 ~ with** *[déclaration]* concorder avec *[autre déclaration] ;* correspondre à, coïncider avec, s'harmoniser avec, s'accorder avec.

tally *n.* décompte. ✪ **~ sheet** feuille de pointage.

tallyshop *n. RU* magasin pratiquant la vente à tempérament.

talon *n. Bourse* talon de contrôle.

Tamil *adj.* tamoul.

tamper *v.* **~ with 1** changer, modifier, toucher à ; **one should not ~ with a winning formula** il ne faut pas modifier une formule qui rencontre beaucoup de succès. **2** trafiquer, altérer, dénaturer ; frelater *[produit alimentaire] ;* falsifier *[document] ;* manipuler *[cours de Bourse] ;* **investigations proved that the evidence had been ~ed with** une enquête a prouvé qu'une altération des éléments de preuve avait eu lieu. **3** influencer de façon illicite, corrompre, intimider *[jury, témoin],* suborner *[témoin].*

tampering *n.* **1** changement, modification. **2** altération, dénaturation, frelatage ; falsification, manipulation ; **economists highlighted the danger of any ~ with interest rates** des économistes ont mis en évidence le danger de toute manipulation des taux d'intérêt. **3** intimidation, corruption *[d'un jury],* subornation *[d'un témoin].*

tamper-proof *[emballage]* inviolable.

tandem *n. Fig.* tandem, paire, couple ; association, partenariat, attelage ; **in ~** en parallèle, de concert, ensemble, à deux ; **in ~ with** en liaison avec, en combinaison avec, en même temps que, concurremment avec ; en collaboration/coopération avec, avec la coopération de, associé à, en association avec, avec le concours de ; en même temps que, parallèlement à ; **to be in ~ with** aller de pair avec ; **to work in ~** collaborer (étroitement) ; **tighter fiscal policy in ~ with increased investment was urged by the IMF** le FMI a préconisé de mener une politique budgétaire plus rigoureuse tout en accroissant les investissements.

TANF (Temporary Assistance to Needy Families) *ÉU* assistance temporaire aux familles dans le besoin.

tangential *adj. Fig. [informations, déclaration]* qui ne présente qu'un rapport indirect/guère de rapport avec le sujet, éloigné du sujet ; *[observation]* relevant de la digression ; accessoire ; **(to)** ne présentant qu'un rapport indirect/guère de rapport avec ; **the speech was ~ and therefore irrelevant** le discours n'abordait pas directement le thème de la réunion et était dès lors dépourvu d'intérêt.

tangible *adj.* ✪ **~ assets** actifs corporels, immobilisations corporelles ; **~ good** *Dr.* bien corporel ; **~ investment** investissement physique ; **~ property** biens corporels.

tangibles *n.* actifs corporels.

Tangier, Tangiers *n. Maroc* Tanger.

tangle *n. Fig.* **1** écheveau, enchevêtrement. **2** situation confuse.

tango *v. intr. Fig.* ✪ **it takes two to ~** il faut être deux pour négocier, etc..

tank *n.* ✪ **~ car** wagon-citerne ; **~ container** conteneur-citerne.

tanker *n.* navire-citerne ; camion-citerne.

tank(er) truck *ÉU* camion-citerne.

tantalize *v. tr.* mettre l'eau à la bouche de, laisser insatisfait, mettre sur des charbons ardents, donner un aperçu de l'inaccessible à, donner des envies inassouvissables à, faire rêver, titiller, aguicher ; attirer irrésistiblement ; **this advertisement is designed to ~ consumers** l'objet de cette publicité est de mettre l'eau à la bouche du consommateur ; **the scientific debate about the origins of humanity ~s without proving conclusive** le débat scientifique sur les origines de l'humanité aiguise l'appétit mais laisse insatisfait ; **the head of the publication unit is constantly being ~d by new machine-translation programs** le chef du service des publications reçoit constamment des informations sur des logiciels de traduction automatique qui le font rêver.

tantalizing *adj.* qui met l'eau à la bouche, si proche et pourtant inaccessible, d'une inaccessibilité frustrante, frustrant ; *[informations fragmentaires]* qui donne envie d'en savoir davantage, *[nouveauté]* qui fait rêver, qui laisse entrevoir des perspectives extraordinaires ; *[proposition]* alléchant, (doté) d'un attrait irrésistible, très tentant, très/extrêmement séduisant ; **the discovery has given birth to ~ new hypotheses** la découverte a donné naissance à des hypothèses nouvelles qui ouvrent des perspectives qui font rêver ; **the directors found the idea of a**

share issue a ~ prospect les membres du conseil d'administration ont estimé que l'idée d'émettre des actions nouvelles était très tentante ; **the film offers a ~ perspective of what life may be like in the future** le film donne une représentation très séduisante de ce que la vie pourrait être à l'avenir.

tantalizingly *adv.* irrésistiblement ; **~ close to** à deux doigts de, si proche mais si lointain en même temps de ; **~ out of reach** hors de portée malgré les apparences.

tantamount *adj.* **to be ~ to** constituer, équivaloir à, revenir à, être synonyme de, être assimilable à ; **the Muslim community claimed that the verdict was ~ to racism** la communauté musulmane a affirmé que le verdict était une manifestation de racisme ; **the contradictory statement was ~ to perjury** la déclaration contradictoire équivalait à un parjure ; **the surprising U-turn is ~ to an admission of failure** la volte-face revient à un aveu d'échec.

Taoiseach *n. Irl.* Premier ministre.

tap *v.* **I 1** *tr.* soutirer. **2** *tr.* utiliser, exploiter *[potentiel, ressources] ;* **to ~ the capital market** faire appel au marché des capitaux. **3** *tr.* mettre/placer *[qqn, ligne téléphonique]* sur écoute téléphonique, mettre *[ligne téléphonique]* sur table d'écoute. **4** *intr.* **(at, on)** taper sur, pianoter sur *[clavier] ;* **as the deadline approached, they continued ~ping furiously at the computer keyboard** à mesure que la date limite approchait, ils continuaient à pianoter frénétiquement sur le clavier de l'ordinateur. **II ~ into 1** introduire *[données]* dans *[ordinateur]*. **2** avoir accès à, consulter ; **to ~ into databases** consulter des bases de données. **3** exploiter *[marché] ;* **school computers enable pupils to ~ into previously unavailable resources** les ordinateurs permettent aux élèves d'exploiter des ressources qui n'étaient pas disponibles auparavant **III ~ out** taper *[lettre]*.

tap *n.* **to place a ~ on** placer *[téléphone]* sur écoute. ✪ **issue on ~** émission à guichets ouverts ; **on ~** *Comm.* immédiatement disponible ; **~ issue** *RU* émission d'obligations d'État destinés à une administration publique ; **~ stock** a) titres à marché large ; b) *RU* obligations d'État vendues par des administrations publiques dès que le cours atteint un certain niveau ; **~ water** eau de distribution.

tape *n.* ✪ **~ deck** a) platine *[f.]* ; b) *Inf.* unité à bande ; **~ drive** *Inf.* unité à bande ; **~ library** a) magnétothèque ; b) *Inf.* bandothèque ; **~ streamer** unité de sauvegarde sur bande, *streamer,* dérouleur de bande ; **~ unit** *Inf.* unité à bande.

tape-record *v. tr.* enregistrer (sur magnétophone).

tapering rate tarif dégressif.

tapeworm *n.* cestode.

tapping *n.* mise/placement sur écoute téléphonique, écoutes téléphoniques.

target *v.* **1** *tr.* avoir/prendre pour cible, viser, attaquer *[objectif]*, s'en prendre à ; **the advertising campaign was ~ing drink-drivers** la campagne de publicité visait les personnes qui conduisent en état d'ivresse ; **the new law is ~ing benefit cheats** la nouvelle loi s'en prend à ceux qui perçoivent indûment des prestations sociales. **2** *tr. [services sociaux]* prendre en charge *[groupe de la population]*. **3** *tr.* s'attaquer à *[marché] ;* cibler *[clients d'un produit]*, s'adresser à, chercher à atteindre, être destiné à *[public particulier] ;* **the new product ~s private individuals** le nouveau produit s'adresse aux particuliers ; **the health authority's campaign ~s the elderly** le programme de l'administration locale de la santé est destiné aux personnes âgées. **4** *tr.* viser, chercher à atteindre *[but] ;* **the new editor is ~ing a 5% increase in circulation** le nouveau rédacteur en chef s'est fixé pour but une augmentation de la diffusion de 5 %. **5** *tr.* diriger *[missile]* (vers sa cible). **6** *tr.* **(at, on, to, toward)** orienter vers, destiner à ; affecter, utiliser *[fonds] ;* canaliser *[efforts]* vers, orienter ses efforts vers *[but] ;* **MPs claimed that lottery funds should be ~ed at charitable causes** selon des membres du parlement, les fonds récoltés grâce à la loterie doivent servir à financer des œuvres charitables ; **initiatives ~ed towards the long-term unemployed** des initiatives en faveur des chômeurs de longue durée ; **the new magazine is ~ed at young women** le nouveau magazine est destiné aux femmes jeunes ; **financing was ~ed at structural improvements for the disabled** les fonds ont été affectés à l'aménagement de bâtiments pour répondre aux besoins des handicapés ; **~ing resources on poorer families and single mothers** utiliser les ressources pour venir en aide aux familles défavorisées et aux mères célibataires. **7 ~ (in) on** se fixer comme objectif.

target *n.* **1** cible ; **to be the ~ of an investigation** faire l'objet d'une enquête. **2** objectif. ✪ **on ~** *[***to be on ~ to** être en bonne voie de ; **several countries are on ~ to meet the convergence criteria** plusieurs pays sont en bonne voie de remplir les critères de convergence*]* ; **~ audience** destinataires ; **~ date** date limite/butoir ; **~ figure** chiffre à atteindre ; **~ group** groupe cible, destinataires, bénéficiaires ; **~ language** langue d'arrivée ; **~ population** population cible, population visée ; **~ practice** exercice de tir ; **~ price** *UE* prix d'objectif.

targeted *adj.* ciblé, sélectif.

targeting *n.* **1** ciblage ; sélectivité ; affectation ; **the effective ~ of aid is equally important** l'affectation judicieuse de l'aide est tout aussi importante. **2** choix des objectifs.

tariff *n.* **1** droit de douane. **2** tarif douanier. **3** *Dr. RU* peine d'emprisonnement minimale. ✪ **~ agreement** accord tarifaire ; **~ barriers** barrières douanières, obstacles douaniers ; **~ heading** position tarifaire ; **~ increase** augmentation des droits de douane ; **~ item** position tarifaire ; **~ negotiations** négociations tarifaires ; **~ protection** protection douanière/tarifaire.

tar sand sable asphaltique/bitumeux.

task *v. tr.* **1** mettre *[qqn]* à rude épreuve, poser des difficultés considérables à *[qqn]*, solliciter considérablement *[imagination]*. **2 (with)** charger de.

task *n.* ✪ **take to ~** critiquer (vivement), fustiger, s'en prendre à, prendre à partie, faire le procès de, ne pas ménager ; **~ force** a) *Mil.* force d'intervention, corps expéditionnaire ; force navale, flotte, armada ; b) équipe spéciale/opérationnelle, groupe spécial/ad hoc ; *[***the US is considering dispatching a ~ force to the war zone** les États-Unis envisagent d'envoyer une escadre dans la zone de guerre*]*.

taskbar *n. Inf.* barre des tâches.

tax *v. tr.* **1** taxer, imposer. **2** *Dr.* déterminer le montant de *[dépens]*. **3** mettre *[qqn, patience]* à rude épreuve, poser des difficultés considérables à *[qqn]*, solliciter considérablement *[imagination] ;* grever *[ressources]*. **4 (with)** taxer de, accuser de *[négligence]*. **5 (sb with)** présenter *[pièces à conviction]* à qqn, mettre qqn en présence de *[preuves]*.

tax *n.* ✪ **~ allowance** a) abattement, déduction ; b) charge/dépense déductible ; *[***businesses will have an increased ~ allowance against expenditures on company cars** les entreprises pourront déduire un montant plus élevé au titre des dépenses relatives à leurs voitures*]* ; **~ assessment** a) calcul/établissement (du montant) de l'impôt, liquidation, taxation *[= calcul du montant de l'impôt]* ; b) détermination de l'assiette de l'impôt ; c) montant de l'impôt ; d) avis d'imposition ; **~ assessor** *ÉU* contrôleur des impôts ; **~ attorney** fiscaliste ; **~ authorities** administration fiscale, fisc ; **~ avoidance** évasion fiscale ; **~ band** tranche d'imposition ; **~ base/basis** assiette (de l'impôt), base d'imposition ; **~ bill** facture fiscale, impôts payables ; **~ bracket** tranche d'imposition ; **~ break** réduction d'impôt ; **~ burden** pression fiscale ; **~ cheat** contribuable se livrant à la fraude fiscale ; **~ collection** recouvrement des impôts ; **~ collector** percepteur (des impôts) ; **~ concession** dégrèvement d'impôts/fiscal, allégement fiscal ; **~ consultant** conseiller fiscal ; **Tax Court** *ÉU* tribunal fiscal ; **~ credit** a) crédit d'impôt ; b) avoir fiscal ; **~ cut** réduction d'impôts ; **~ disc** *RU* vignette automobile ; **~ dodge** fraude fiscale: **~ dodger** contribuable se livrant à la fraude fiscale ; **~ dollars** *ÉU* argent du contribuable ; **~ efficient** *[placement]* fiscalement avantageux ; **~es on expenditures** *RU* taxes sur les dépenses ; **~ evasion** fraude fiscale ; **~-exempt** *adj.* exonéré d'impôts, détaxé ; **~ exemption** exonération fiscale ; **~-free** *adj.* en exonération de taxe, en franchise d'impôts ; **~-free allowance** a) *RU* montant exonéré d'impôts ; b) franchise fiscale ; **~-free shop** boutique hors taxes/franche, boutique sous douane ; **~ haven** paradis fiscal ; **~ holiday** exemption d'impôt temporaire, période d'exonération fiscale ; **~ incentive** incitation fiscale ; **~ inspector** *RU* contrôleur des impôts ; **~ lawyer** fiscaliste ; **~ liability** obligation de payer des impôts, impôts dus/à payer ; *[***the accused had failed to honour his German ~ liability** le prévenu n'avait pas rempli ses obligations fiscales en Allemagne*]* ; **~ man** fisc ; **~ office** *RU* centre des impôts ; **~ rebate** dégrèvement fiscal *[= annulation ou réduction d'impôt accordée pour rectifier une erreur]* ; **~ receipts** recettes/rentrées fiscales ; **~ refund** dégrèvement fiscal ; **~ relief** réduction d'impôt ; **~ return** (formulaire de) déclaration d'impôts ; **~ revenue(s)** recettes fiscales ; *[***the Chancellor confirmed that the fall in unemployment had resulted in increased ~ revenues** le Chancelier de l'Échiquier a confirmé que la baisse du chômage s'était traduite par une augmentation des recettes fiscales*]* ; **~ shelter** abri fiscal ; **~ shifting** répercussion de l'impôt ; **~ system** fiscalité ; **~ treaty** convention fiscale ; **~ value** valeur fiscale ; **~ voucher** *RU* justificatif de l'impôt retenu à la source *[sur les dividendes]*.

taxability *n.* assujettissement à l'impôt.

taxable *adj.* ✪ **~ person** assujetti ; **~ year** exercice fiscal.

taxation *n.* **1** fiscalité ; imposition, taxation. **2 ~ of costs** *Dr.* liquidation des dépens.

taxi *n.* ✪ **~ plane** avion taxi ; **~ rank** *RU* station de taxis ; **~ stand** *ÉU* station de taxis.

taxiway *n. Av.* voie de circulation.

taxon *n.* taxon.

TB (tuberculosis) tuberculose.

T-bill *n. ÉU* bon du Trésor (à court terme).

T-bond *n. ÉU* bon du Trésor à long terme.

tce (ton (of) coal equivalent) tec (tonne équivalent charbon).

T cell cellule T.

TCP/IP (Transmission Control Protocol/Internet Protocol) TCP/IP.

TD (Teachtaí Dála) *Irl.* député.

teacher *n.* enseignant(e), professeur, maître, instituteur, institutrice. ✪ **~ materials** aides/outils pédagogiques ; **~-pupil/student ratio** taux d'encadrement des élèves ; **~(s') centre** centre pédagogique ; **~s college** *ÉU* établissement de formation d'enseignants ; **~s' conference** réunion des enseignants/professeurs ; **~ training** formation des enseignants ; **~-training college** *RU* institut universitaire de formation des maîtres.

teaching *adj.* ✪ **~ aid** auxiliaire didactique/éducatif/pédagogique ; *pl.* matériels/moyens didactiques/éducatifs/pédagogiques ; **~ hospital** hôpital universitaire ; **~ materials** matériels didactiques/éducatifs ; **~ practice** stage pédagogique ; **~ staff** corps/personnel enseignant, enseignants.

Teachtaí Dála *Irl.* député.

teachware *n. Inf.* didacticiel, logiciel éducatif.

team *v.* **~ up** unir leurs efforts, s'associer, faire équipe ; **(with)** collaborer avec, s'associer à/avec, s'allier à/avec, faire équipe avec ; **British Telecom intends to ~ up with an American telecommunications company** British Telecom a l'intention de s'associer avec une entreprise de télécommunications des États-Unis.

team *n.* ✪ **~ building** *Gestion* motivation des collaborateurs/d'une équipe ; **~ player** *Fig. [***she is a ~** elle a l'esprit d'équipe, elle fait preuve d'esprit d'équipe*]*.

tear *v.* **I ~ apart 1** déchirer. **2** dénigrer. **II ~ down 1** détruire, démolir *[immeuble, système]* ; **Mr Gorbatchev, ~ down this wall** M. Gorbatchev, détruisez ce mur. **2** démonter *[machine]*.

tearsheet *n. Publ.* justificatif.

tease *v.* **~ out** dégager, extraire.

technical *adj.* ✪ **~ analysis** *Bourse* analyse technique ; **~ correction** *Bourse* correction technique ; **~ decline/drop** *Bourse* repli technique ; **~ officer** *Adm.* technicien ; **~ rally** *Bourse* reprise technique ; **~ research** *Bourse* analyse technique ; **~ reserves** *Ass.* réserves mathématiques ; **~ support** *Inf.* assistance technique.

technicality *n.* **1** *pl.* points de détail, détails/aspects techniques ; **the deal was delayed by technicalities** la conclusion de l'accord a été retardée car il a fallu régler certains points de détail. **2** point de droit/de procédure, (pure) question de forme ; raisons de (pure) forme ; vice de forme/de procédure ; interprétation/application stricte de la loi/réglementation ; subtilité/astuce/finesse/argutie juridique ; **the verdict was quashed on a legal ~** le verdict a été annulé pour des raisons de forme ; **the real issue was obscured by the ~ which dominated court proceedings** la question de fond a été escamotée en raison de subtilités juridiques qui ont primé lors du procès.

technically *adv.* à proprement parler ; en principe, théoriquement, en théorie, juridiquement parlant ; en droit, au sens strict (du terme) ; **the Crown can ~ prosecute, although few cases ever get that far** le ministère public peut en principe engager des poursuites, mais peu d'affaires atteignent ce stade ; **~, the protesters have no right to be on the land but the public**

support for them is overwhelming en droit, les protestataires ne sont pas autorisés à se trouver sur la propriété, mais ils bénéficient d'un soutien massif du public ; **this action is ~ legal but very unfair** ces mesures sont conformes à la lettre de la loi mais très injustes.

technology *n.* technologie ; technique. ✪ **~ intensity** (coefficient de) valeur ajoutée technologique ; **~-intensive** *adj.* *[secteur, entreprise]* à forte valeur ajoutée technologique, de haute technologie.

tectonism *n. Géol.* diastrophisme.

tectonics *n.* tectonique.

teen *n.* personne âgée de 13 à 19 ans, adolescent(e) ; *Fam.* ado ; **these tobacco ads are aimed at ~s** ces publicités pour des produits à base de tabac sont dirigées vers les 13-19 ans ; **parents voiced their concern over a new sex education initiative for ~s** des parents ont exprimé leurs inquiétudes concernant une nouvelle initiative concernant des cours d'éducation sexuelle destinés à des adolescents ; **~ pregnancy** grossesse d'adolescente/d'une femme/fille de moins de 20 ans, grossesse précoce ; phénomène des grossesses précoces.

teenage *adj.* âgé de 13 à 19 ans. ✪ **~ pregnancy** grossesse d'adolescente/d'une femme/fille de moins de 20 ans, grossesse précoce ; phénomène des grossesses précoces.

teenager *n.* personne âgée de 13 à 19 ans, adolescent(e) ; *Fam.* ado ; *pl. [les]* 13-19 ans.

teens *n. pl.* adolescence.

teething problems/pains *Fig.* problèmes initiaux/de démarrage.

telecentre *n.* télécentre.

telecine *n.* téléciném a.

telecommunications carrier entreprise de télécommunications.

telecommute *v. intr.* pratiquer le télétravail.

telecommuter *n.* télétravailleur.

telecommuting *n.* télétravail.

teleconferencing *n.* téléconférence.

telecottage *n.* télécentre.

telemarketing *n.* promotion par téléphone ; vente par téléphone.

telemetry *n.* télémesure.

teleobjective lens téléobjectif.

telephone *n.* ✪ **~ answering machine** répondeur téléphonique ; **~ banking** banque par téléphone ; **~ book** annuaire du téléphone ; **~ booth/box** cabine téléphonique ; **~ carrier** exploitant de réseau téléphonique ; **~ charges** a) taxes téléphoniques ; b) tarif des communications ; **~ directory** annuaire du téléphone ; **~ exchange** central téléphonique ; **~ extension** poste téléphonique ; **~ jack** prise de téléphone ; **~ kiosk** *RU* cabine téléphonique ; **~ marketing** marketing téléphonique ; **~ operator** téléphoniste ; **~ tag** *Fam.* vaines tentatives pour joindre qqn par téléphone ; **~ tapping/taps** écoutes téléphoniques.

telephoto(graphic) lens téléobjectif.

teleplay *n.* téléfilm.

teleprocessing *n. Inf.* télétraitement.

teleshopping *n.* télé-achat.

teleprinter *n.* téléimprimeur.

telethon *n.* téléthon.

television *n.* ✪ **~ camera** caméra de télévision ; **~ channel** chaîne de télévision ; **~ commercial** spot publicitaire télévisé, message publicitaire télévisé ; **~ licence** redevance télévision ; **~ shopping** téléachat.

telework(ing) *n.* télétravail.

tell *v.* **1** *tr.* **(from) to ~ right from wrong** distinguer le bien du mal. **2 ~ apart** distinguer *[deux choses l'une de l'autre]*.

telltale *v. tr.* révélateur, caractéristique.

temp *n. voir* temporary.

temperamental *adj.* **1** *[personne]* capricieux, imprévisible. **2** *Fig. [machine]* capricieux, peu coopératif, récalcitrant, rebelle, rétif. **3** *[personne]* lunatique, d'humeur changeante ; irritable. **4** *[aversion]* inné.

temperature *n.* **to run a ~** avoir de la fièvre. ✪ **~ inversion** inversion thermique.

template *n. Inf.* modèle *[dans un logiciel de traitement de texte]*. **2** *Génétique* matrice.

Temple Mount esplanade des Mosquées.

temporal peer membre laïc de la Chambre des Lords.

temporary *n.* travailleur temporaire/intérimaire, intérimaire.

temporary *adj.* ✪ **~ admission** *Douane* admission temporaire ; **~ annuity** rente temporaire ; **~ disability** incapacité temporaire ; **~ employment agency** entreprise de travail temporaire, agence d'intérim ; **~ staff agency/contractor** entreprise de travail temporaire, entreprise d'intérim ; **~ total disability** incapacité temporaire totale ; **~ worker** travailleur temporaire/intérimaire, intérimaire.

tenable *adj.* **1** *[opinion, théorie]* défendable. **2** *[situation]* supportable, tenable. **3 to be ~ for** avoir une durée de ; **the post will be ~ for up to two years** le poste est à pourvoir pour une durée pouvant aller jusqu'à deux années.

tenancy *n.* **1** bail ; location. **2** durée du bail.

tenant farmer fermier.

tender *v.* **1** *tr.* donner *[conseils, démission]*, remettre, présenter *[démission]*. **2** *intr.* soumissionner.

tender *n.* **1** offre, soumission ; **by ~** par voie d'adjudication ; **to invite ~s** lancer un appel d'offres. **2** camion-citerne *[utilisé dans la lutte contre un incendie]*. **3** (navire) ravitailleur. **4** embarcation *[servant à transporter des personnes entre un navire et la côte]*. ✪ **~ bond/guarantee** cautionnement de soumission ; **~ notice** avis d'appel d'offres ; **~ offer** *Fin.* offre (publique) d'achat *[d'actions]* ; **~ panel** *Obligations* syndicat soumissionnaire.

tender *adj. Méd.* douloureux/sensible à la palpation.

tenderer *n.* soumissionnaire.

tendering *n.* appel à la concurrence.

tenement *n.* **1** habitation collective *[située dans un quartier populaire]*, logements populaires ; taudis. **2** bien (foncier) donné en location. ✪ **~ house** habitation collective.

tenor *n.* **1** sens (général) ; objet ; orientation ; **the ~ of the environmental debate has changed radically in the last decade** l'orientation du débat relatif à l'environnement a changé radicalement au cours de la décennie écoulée. **2** teneur *[d'un document]* ; **the tone and ~ of the report reveal the committee's indecision** le ton et la teneur du rapport mettent en évidence l'indécision du comité. **3** nature, niveau, qualité. **4** ambiance, atmosphère, climat. **5** cours. **6** argumentation. **7** délai de paiement *[d'une lettre de change].*

tentative *adj.* approximatif, (à caractère) indicatif ; projet de, tentative de, ébauche de, préliminaire, provisoire, hésitant, timide, modeste, premier ; hypothétique, *[aléatoire],* conditionnel, assorti de réserves, expérimental ; **~ agreement** projet d'accord, accord préliminaire, pré-accord ; **~ answer** début de réponse ; **~ classification** tentative de classification ; **~ conclusions** ébauches de conclusions, conclusions préliminaires/ émises sous réserve ; **the consultant's tentative conclusion was that the renewal of the fleet of vehicles was not warranted** le consultant a conclu que, pour autant qu'il puisse en juger, il ne semblait pas justifié de renouveler le parc de véhicules ; **the above analysis allows us to draw the following ~ conclusions** l'analyse qui précède nous permet de tirer les ébauches de conclusions suivantes ; **~ estimates** premières estimations ; **~ schedule** projet de calendrier ; **the ~ policy document leaves room for manoeuvre** le document énonçant la politique à titre provisoire ménage une marge de manœuvre ; **to make ~ efforts to boost exports** accomplir des efforts timides pour développer les exportations ; **he expressed ~ agreement, depending on political developments** il a manifesté son approbation conditionnelle, subordonnée à l'évolution de la situation politique ; **the result of the test allowed the scientists to draw ~ conclusions** les résultats de l'essai ont permis aux scientifiques de tirer des conclusions provisoires ; **a ~ decision was made to meet representatives of the rebels** on a approuvé le principe d'une rencontre avec les insurgés.

tentatively *adv.* **1** de façon hésitante ; avec des réserves ; **the administration is moving ~** l'administration agit de façon hésitante. **2** provisoirement, en principe ; sous réserve de confirmation, à confirmer, avec les réserves d'usage ; **she is writing a book ~ titled 'Better Translations'** elle écrit un livre dont le titre provisoire est « Better Translations » ; **your presentation is ~ scheduled for next Tuesday** en principe, vous présenterez votre exposé mardi prochain. **3** à titre indicatif, très approximativement ; **the number of tigers in India has been ~ estimated at 500** le nombre de tigres en Inde a été estimé très approximativement à 500.

tenure *n.* **1** exercice (de fonctions/d'un mandat), occupation (d'un poste) ; **the decision was made during Mr Smith's ~ as chairman** la décision a été prise lorsque M. Smith occupait le poste de président ; **the independence war has continued during Yeltsin's ~** la guerre d'indépendance s'est poursuivie alors que M. Eltsine était au pouvoir. **2** mandat *[= période pendant laquelle une charge est exercée]* ; période d'occupation du poste ; durée du mandat, période pendant laquelle il/elle a été à la tête *[de l'administration/entreprise en cause]* ; durée d'occupation du poste ; mandat, présidence ; **during his ~** sous sa direction ; **in the early days of the Prime Minister's ~** au début du mandat du Premier ministre ; **during her ~ as Chief Medical Officer** lorsqu'elle occupait les fonctions de directeur général de la santé. **3** (degré de) sécurité d'emploi, inamovibilité *[d'un fonctionnaire/enseignant]* ; *Ens. ÉU* poste (universitaire) permanent ; *Ens. Can.* permanence ; **lifetime ~** emploi à vie. **4** *ÉU* titularisation *[d'un fonctionnaire]* ; **to receive ~** être titularisé. **5** *Dr.* (droit/régime) de possession, (droit/régime d') occupation *[d'un bien immobilier],* régime foncier. ✪ **~ of office** mandat.

tenured *adj. [professeur]* titulaire.

term *n.* **1** terme (ou expression), mot, vocable ; expression ; membre de phrase ; syntagme ; dénomination ; *pl.* termes et expressions ; **the ~ "constructive engagement" is very difficult to define** il est très difficile de définir l'expression « dialogue constructif » ; **the ~s used are defined in the glossary** les mots et expressions utilisés sont définis dans le glossaire. **2** période, durée ; (durée du) mandat *[d'un élu],* mandature, période au pouvoir *[d'un parti]* ; délai ; (durée de la) session ; **~ of a loan** durée d'un prêt ; **jail ~s of between five and ten years** des peines de prison comprises entre cinq et dix ans. **3** *Fin.* durée *[d'un prêt],* délai de paiement *[d'une lettre de change].* **4** *Ens.* a) trimestre ; b) *ÉU* période scolaire/universitaire ; trimestre ; semestre. **5** *pl.* dispositions, clauses, conditions, modalités ; termes, libellé, teneur ; **on ~s that** à condition que ; **to negotiate the ~s of a peace settlement** négocier les conditions d'un règlement de paix ; **the US envoy is working on the ~s of a cease-fire** l'émissaire des États-Unis est en train d'élaborer les modalités d'un cessez-le-feu. **6 in absolute ~s** en chiffres absolus, en valeur absolue ; **in dollar ~s** exprimé en dollars ; **in economic ~s** sur le plan économique, économiquement parlant ; **in Jamaican ~s, the election was peaceful** les élections se sont déroulées paisiblement, pour la Jamaïque ; **in money ~s** d'ordre monétaire ; **on equal ~s** à armes égales, sur un pied d'égalité. ✪ **bring to ~s** faire céder ; **come to ~s with** a) transiger avec, composer avec, se mettre d'accord avec, passer un accord avec, parvenir à un modus vivendi avec *[qqn]* ; b) se faire à (l'idée de), accepter, s'adapter à, s'accommoder de, faire face à, prendre son parti de, se résigner à, se résoudre à, accepter *[épreuve, situation],* assumer, surmonter ; **/the British are coming to ~s with devolution** les Britanniques se font progressivement à l'idée de la décentralisation des pouvoirs ; **Afrikaners are struggling to come to ~s with the new political landscape** les Afrikaners s'efforcent de s'adapter à la nouvelle situation politique ; **civil servants refuse to come to ~s with change** les fonctionnaires n'acceptent pas le changement ; **Japan finds it hard to come to ~s with its past** le Japon éprouve des difficultés à assumer son passé*/* ; **in real ~s** en valeur réelle ; **in ~s of** par, sur le plan de, du point de vue de, sous l'angle de, au regard de, dans l'optique de, en matière de, eu égard à, par rapport à, au niveau de ; (exprimé) en/par, à l'aune de, quant à, en fonction de ; **/the announcement was a huge success in ~s of creating publicity** la communication a eu un succès énorme si l'on en juge par la publicité qu'elle a engendrée ; **a company cannot be judged solely in ~s of its profits** on ne peut porter un jugement sur une société en ne tenant compte que de ses bénéfices ; **the impact of inflation in ~s of high-street spending** les effets de l'inflation au niveau des dépenses de consommation ; **politics can no longer be considered in ~s of left and right** on ne peut plus concevoir la politique en la réduisant à une dichotomie gauche-droite ; **in Britain, the TGWU is the largest union in ~s of members** au Royaume-Uni, le TGWU est le syndicat le plus important par le nombre de membres ; **teachers object to the principle of measuring success in ~s of examination passes** les enseignants sont hostiles à l'idée de mesurer leur succès en se référant aux statistiques concernant les réussites aux examens ; **in Singaporean ~s, the elections were free and fair** dans le contexte de Singapour, on peut parler d'élections libres et démocratiques ; **effectiveness is measured in ~s of results**

l'efficacité se mesure à l'aune des résultats obtenus*]* ; **in no uncertain ~s** sans ambiguïté ; **in the long ~** a) à long terme ; b) pendant une longue période ; **on good ~s** en bons termes ; **on his (own) ~s** comme il l'entend ; **~ annuity** rente temporaire ; **~ assurance** assurance temporaire ; **~ bill** lettre de change à terme ; **~ delivery** accouchement à terme ; **~ deposit** dépôt à terme ; **~ infant** nourrisson né à terme ; **~ of office** (durée du) mandat ; mandature ; **~s and conditions** *Dr.* clauses, stipulations *[d'un contrat] ;* conditions (générales) ; **~s of payment** conditions/modalités de paiement ; **~s of reference** mandat, mission, attributions ; **~s of services** *Internet* conditions d'utilisation des services ; **~s of trade** termes de l'échange ; **~s of trade loss** détérioration des termes de l'échange ; **~ paper** *ÉU* composition trimestrielle ; composition semestrielle.

terminable annuity rente temporaire.

terminal *n.* **1** *Transp. aériens* a) aérogare *[= bâtiment d'un aéroport destiné aux voyageurs] ;* b) aérogare (urbaine). **2** *Transp. ferroviaires* terminal. **3** gare d'autobus. **4** terminal *[pétrolier]*. **5** *Inf.* terminal. ✪ **~ building** *Transp. aériens* aérogare.

terminal *adj. Méd. [maladie]* incurable, mortel ; *[malade]* condamné, en phase terminale, en fin de vie, *[soins]* palliatif ; **a ~ condition that claims at least 5,000 lives a year** une affection mortelle qui provoque au moins 5000 décès par an. ✪ **~ examinations** examens de fin de trimestre ; **~ qualification** *Ens.* titre/diplôme terminal ; **~ velocity** vitesse limite *[d'un corps en chute libre] ;* **~ wage** indemnité de licenciement.

terminally ill incurable, condamné, patient souffrant d'une maladie mortelle.

terminate *v.* **1** *tr.* supprimer, démanteler, abolir. **2** *tr.* interrompre *[grossesse]*, mettre fin à, mettre un terme à *[activités]*, clore. **3** *intr.* s'achever, prendre fin. **4** *intr.* **(at)** *[train, bus]* avoir son terminus à/en gare de, ne pas aller au-delà de. **5** *tr.* résilier, dénoncer *[contrat] ;* licencier *[employé] ;* **the parties agreed to ~ the contract with immediate effect** les parties sont convenues de résilier le contrat avec effet immédiat.

termination *n.* **1** suppression, démantèlement, abolition. **2** résiliation *[d'un contrat] ;* extinction *[d'un droit] ;* **non-payment will result in the ~ of the insurance policy** le défaut de paiement entraîne la résiliation de la police d'assurance. **3** cessation, fin ; **a possible ~ of sanctions against Iraq** une éventuelle fin des sanctions contre l'Irak. **4** licenciement. ✪ **~ allowance** indemnité de licenciement ; **~ of marriage** dissolution du mariage ; **~ of pregnancy** interruption de grossesse ; **~ pay** indemnité de licenciement.

terrace *n.* **1** terrasse. **2** rangée de maisons. **3** *pl. RU* gradins.

terraced house *pl. RU* maisons disposées en rangée ; rangée de maisons.

terracing *n.* culture en terrasses.

terrain *n.* **1** sol, terrain ; **rugged ~** terrain accidenté ; **fertile ~** *Fig.* terrain/terreau fertile. **2** *Mil.* terrain *[= champ de bataille]*. **3** *Fig.* domaine, arène, scène, échiquier, champ (clos) ; cadre, monde, univers ; **the point got lost on the disputatious ~ of party politics** cet aspect des choses a été escamoté dans l'arène conflictuelle de la politique partisane. **4** question, sujet, thème ; **the report avoids the problematic ~ of direct taxation** le rapport évite d'aborder la question délicate de l'imposition directe.

terrible *adj.* **1** *[nouvelle, accident, situation]* terrible, horrible, affreux, abominable, épouvantable ; *[situation]* très mauvais, très défavorable ; **~ driving conditions** des conditions de circulation très défavorables. **2** *[travail]* très mauvais, atroce, consternant, affligeant.

territorial *adj.* ✪ **Territorial Army** *RU* réserve ; **~ sea** *Dr. de la mer* mer territoriale ; **~ waters** *Dr. de la mer* eaux territoriales.

territory *n.* **1** territoire. **2** domaine d'activité ; discipline *[d'un scientifique]*, domaine *[de compétence] ;* sujet. ✪ **come/go with the ~** être inévitable ; *[***it comes/goes with the ~** l'un ne va pas sans l'autre*]*.

tertiary *adj.* ✪ **~ college** *RU* école destinée aux 16-18 ans ; **~ education** enseignement supérieur.

test *v. tr.* **I 1** essayer, vérifier, contrôler, s'assurer de, déterminer, mesurer. **2** expérimenter, utiliser à titre expérimental *[méthode nouvelle]*, tester *[produit]*. **3** évaluer, sonder ; **housewives were interviewed to ~ public opinion** on a interrogé des ménagères pour sonder l'opinion publique. **4** *Ens.* soumettre *[élèves]* à un test, faire passer un test à. **5** déterminer/vérifier la validité de *[théorie, hypothèse]*. **6** mettre à l'épreuve ; mettre à rude épreuve ; **party unity is being severely ~ed** l'unité du parti est mise à rude épreuve. **II ~ for 1** rechercher, procéder à la recherche de *[anticorps]*. **2 to ~ positive/negative for** être dépisté positif pour *[sida] ;* **more women are regularly ~ed for cervical cancer** un plus grand nombre de femmes subissent un test de dépistage du cancer du col de l'utérus ; **three athletes were ~ed positive for anabolic steroids** trois athlètes ont été contrôlés positifs pour des anabolisants. **3** vérifier *[propriété]* de *[qqch.]*. **III ~ out** mettre à l'épreuve.

test *n.* **1** essai, test, épreuve, contrôle, vérification ; expérience ; **to put to the ~** mettre à l'épreuve, déterminer/vérifier la validité de *[théorie] ;* **to put sorely to the ~** mettre à rude épreuve ; **a stern ~ of American diplomacy** un test redoutable pour la diplomatie américaine. **2** analyse *[de laboratoire] ; Méd.* examen ; **clinical ~** essai clinique ; **blood ~** examen du sang ; **eye ~** examen ophtalmologique/de la vue. **3** *Ens.* contrôle, épreuve ; **written ~** épreuve écrite ; **to take a ~** subir une épreuve. **4** critère, condition ; révélateur, pierre de touche ; **the ~ for leadership is not stamina** la pierre de touche de l'aptitude à exercer le pouvoir n'est pas la résistance physique. ✪ **stand the ~ of time** résister à l'épreuve du temps, bien résister au passage du temps, garder longtemps sa validité, rester valable à long terme, ne pas de démoder (rapidement) ; être éprouvé, faire ses preuves ; **~ animals** animaux de laboratoire ; **~ audit** vérification par sondage ; **~ ban** interdiction des essais nucléaires ; **~ bed** a) banc d'essai ; b) *Fig.* laboratoire ; **~ bench** banc d'essai ; **~ card** *TV* mire ; **~ case** a) *Dr.* affaire pilote, affaire de nature à susciter une décision de principe ; b) *Fig.* test *[= situation permettant de juger de qqch.]*, situation/problème dont la résolution aura valeur de précédent/test ; *[***the party conference will be a ~ case for its newly found stability** le congrès du parti aura valeur de test pour la stabilité nouvelle acquise par ce dernier ; **the treatment of the former miners is a ~ case of New Labour theories** le traitement réservé aux anciens mineurs permet d'apprécier la mise en œuvre des théories du Parti travailliste rénové*] ;* **~ chart** *TV* mire ; **~ market** marché-test ; **~ paper** *Ens. ÉU* copie (d'examen) ; **~ pattern** *TV* mire ; **~ pilot** pilote d'essai ; **~ run** répétition générale, essai, galop d'essai ; **~ tube** éprouvette, tube à essai ; **~ tube experiments** essais *in vitro*.

test *adj.* expérimental.

testament *n.* **1** testament. **2** témoignage, indication ; **to be (a) ~ to** témoigner de, attester de ; **reduced crime figures are a ~ to the effectiveness of the police** la baisse de la criminalité met en évidence l'efficacité de la police.

testamentary disposition disposition testamentaire.

testate succession succession testamentaire.

testimonial *n.* **1** références *[données par un ancien employeur].* **2** avis favorable, témoignage *[de consommateur/client satisfait] ;* **the unit trust's brochure includes several ~s from investors** la brochure du fonds de placement reproduit plusieurs témoignages d'investisseurs.

testimonial evidence *Dr.* preuve testimoniale.

testimony *n.* **to bear ~ to** témoigner de.

testing *n.* essai(s) ; **nuclear ~** essais nucléaires ; **animal ~** essais sur les animaux. ✪ **~ ground** *Fig.* laboratoire *[d'une réforme/innovation].*

TEU (twenty-foot equivalent unit) *Transp.* EVP (conteneur équivalent vingt pieds).

text *n.* **1** texte. **2** rédaction, version. ✪ **~ cursor** *Inf.* curseur texte ; **~ editor** *Inf.* éditeur de texte ; **~ file** *Inf.* fichier texte.

textbook *n.* manuel.

th *suff.* **1** ^{e} ; **the 55th session of the committee** la 55e session du comité. **2** *Math.* -ième ; **to raise x to the kth power** élever x à la k-ième puissance.

that is en d'autres termes.

thank *n.* **special ~s go to** je tiens à remercier tout particulièrement.

thankfully *adv.* **1** avec gratitude. **2** heureusement.

theatre *n.* **1** salle d'opération. **2** théâtre. **3** *EU* salle de cinéma. ✪ **~ nuclear weapons** armes nucléaires de théâtre/d'opérations ; **~ nurse/sister** infirmier/infirmière de salle d'opération.

theft *n. Dr.* vol simple. ✪ **~ insurance** assurance (contre le) vol.

The Hague *Pays-Bas* La Haye.

theme park parc de loisir, parc à thème.

theory *n.* ✪ **~ of comparative costs** théorie des coûts comparés ; **~ of everything** *Phys.* théorie du tout.

therapist *n.* **1** thérapeute. **2** psychothérapeute.

therapy *n.* **1** traitement, thérapeutique. **2** psychothérapie.

there and then tout de suite, immédiatement, sans délai.

therefore *adv.* aussi, dans ces conditions.

thereon *adv.* à ce sujet, sur ce point.

thermal *adj.* ✪ **~ inversion** *Météor.* inversion thermique ; **~ loss** déperdition thermique ; **~ shield** *Nucl.* bouclier thermique ; **~ power station** centrale thermique ; **~ printer** *Inf.* imprimante à transfert thermique.

Thessalonike *n. Grèce* Thessalonique.

thickening agent épaississant.

thick on the ground nombreux.

thin *adj. Fig. [population]* dispersé, clairsemé, peu dense. ✪ **spread too ~** *[***the health authority is concerned about spreading itself too ~** l'administration locale de la santé craint de disperser ses efforts*] ;* **out of ~ air** à partir de rien, de nulle part, comme par magie ; **~ end of a wedge** première brèche, début d'un engrenage, début/première phase d'un processus ; **~ ice** *Fig. [***on ~ ice** dans une situation périlleuse*] ;* **~-layer chromatography** chromatographie sur couche mince ; **~ market** *Bourse* marché étroit ; **~ on the ground** peu nombreux, rares ; **~ trading** *Bourse* faible volume de transactions, transactions peu étoffées ; **vanish into ~ air** se volatiliser.

thing *n.* ✪ **all ~s to all men/people** *[***to be all ~s to all people** donner satisfaction à tous*] ;* **among other ~s** notamment, entre autres ; entre autres dispositions/stipulations ; **as ~s stand** dans l'état actuel des choses ; **be a ~ of the past** appartenir au passé, avoir disparu, ne plus exister, être révolu, avoir vécu, ne plus être qu'un souvenir ; **become a ~ of the past** disparaître ; **for one ~** a) d'une part ; b) en particulier ; **do one's own ~** agir indépendamment ; **get ~s done** obtenir des résultats (concrets), faire bouger les choses ; *[***management is keen to get ~s done** la direction tient à obtenir des résultats concrets*] ;* **there's no such ~ as a free lunch** on n'a rien pour rien.

think *v.* **1** *intr.* **~ again** détrompez-vous. **2 ~ through** examiner/étudier soigneusement, étudier les conséquences de *[question, politique].*

thinking *n.* conception(s), idée(s), pensée, (mode de) réflexion, philosophie, doctrine, vues ; raisonnement, façon de raisonner, considérations ; **in line with current ~** conformément à la tendance actuelle ; **farmers find themselves at odds with the government's ~ on the issue** les agriculteurs sont en porte-à-faux avec la façon dont le gouvernement conçoit les choses ; **science promotes rational ~** la science favorise un mode de réflexion rationnel. ✪ **to my way of ~** à mon avis.

think-tank *n.* groupe/cellule/club de réflexion, groupe d'experts, institut.

thinly veiled *[critique]* à peine voilé, mal dissimulé, *[allusion]* transparent, *[manœuvre]* facile à percer à jour, qui ne trompe personne ; **the labour leader's statement is being seen by employers as a ~ threat** les employeurs considèrent que la déclaration du dirigeant syndical constitue une menace à peine voilée.

third *adj.* ✪ **~ party** tiers, tierce personne ; **~ party insurance** assurance responsabilité civile ; assurance aux tiers *[dans la branche automobile] ;* **~-party liability** responsabilité civile ; **~-party payment system** tiers payant ; **~ rail** rail conducteur.

thirties *n. pl.* âge compris entre 30 et 39 ans ; *cf.* forties ; **athletes can continue competing well into their ~** les athlètes peuvent continuer à participer à des compétitions alors qu'ils ont largement dépassé la trentaine.

Thomas Aquinas Thomas d'Aquin.

Thorazine *n.* Largactil.

thorough *adj.* complet, *[étude, examen]* approfondi, détaillé, minutieux, consciencieux, exhaustif, sérieux ; **to be ~** traiter le sujet à fond, aller au fond des choses ; **a ~ analysis of the data** une analyse exhaustive des données ; **the doctor insisted on giving her a ~ checkup** le médecin a tenu à l'examiner de façon approfondie ; **the council promised a ~ investigation** le conseil a promis qu'il procéderait à une enquête qui irait au fond des choses.

thoroughly *adv.* **1** complètement, de façon approfondie/détaillée/minutieuse/consciencieuse/exhaustive, à fond, de fond en comble. **2** totalement, tout à fait.

thought-provoking *adj.* qui donne à réfléchir, qui incite à la réflexion ; fécond ; **to be ~** stimuler la réflexion, faire réfléchir.

thrash *v.* **~ out 1** élaborer (à l'issue de longues discussions), mettre au point, parvenir à *[plan, accord, solution]*. **2** venir à bout de, résoudre *[problème]*, régler *[différend]*. **3** discuter de façon approfondie de.

thread *n. Internet* fil (de la discussion).

Threadneedle Street *Fig.* Banque d'Angleterre.

three *adj.* ✪ **~-dimensional** *adj.* tridimensionnel ; **~-engine aircraft** trimoteur ; **Three Gorges Dam** *Chine* barrage des Trois Gorges ; **~-piece suit** costume trois-pièces ; **~ Rs** *Ens.* lecture, écriture et calcul ; **~ strikes and you're out** *Fig.* après trois crimes, c'est la prison à perpétuité ; **~-way catalytic converter** convertisseur catalytique à trois voies ; **~-yearly** *adj.* triennal.

threshold *n.* **on the ~ of** à l'aube de. ✪ **~ country** *Banque mondiale* pays entrant dans la catégorie des cas limites ; **~ price** *UE* prix de seuil.

thrift *n. Fin. ÉU* caisse d'épargne. ✪ **~ institution** caisse d'épargne.

thriftshop *n.* magasin d'occasions.

thrill *n.* **1** frémissement (de joie/d'horreur), effervescence, vive émotion, exaltation. **2** *pl.* poussée d'adrénaline, sensation(s) forte(s).

thrilled *adj.* enthousiasmé.

thriller *n.* film/roman à suspense.

thrive *v.* **1** *intr. [nourrisson]* bien se développer. **2** *[entreprise]* être prospère. **3 ~ on** être stimulé par *[difficultés]*.

through *prép.* **1** par, à travers ; sous l'action de, par le jeu de, à la faveur de, grâce à, au moyen de, à l'aide de, par l'intermédiaire de, par le truchement de, via, par le biais de, par le canal de, par les soins de. **2 ~ 2005** jusqu'en 2005 inclus ; **despite protests about the noise, building work will continue right ~ 2006** malgré les protestations relatives au bruit, les travaux de construction se poursuivront jusqu'à la fin de l'année 2006.

through bill of lading connaissement direct.

throughout *adv.* **1** d'un bout à l'autre, de bout en bout, du début à la fin, tout le temps. **2** partout.

throughout *prép.* **1** tout au long de, d'un bout à l'autre de, du début à la fin de, pendant toute la durée de ; **~ life** d'un bout à l'autre de la vie. **2** dans tout, dans l'ensemble de ; **to travel ~ the country** sillonner tout le pays ; **~ Europe** dans l'Europe tout entière ; **the impact will be felt ~ the country** les effets se feront sentir dans l'ensemble du pays.

throw *v.* **I** *tr.* **1** jeter. **2** donner *[réception]*. **II ~ away** jeter ; **to lock up rapists and ~ away the key** emprisonner les violeurs pour le restant de leurs jours. **III ~ down** lancer *[défi]*. **IV ~ in** ajouter *[élément supplémentaire]*. **V ~ off 1** s'affranchir de, se débarrasser de *[joug]*. **2** se départir de *[attitude]*, tourner le dos à, abandonner *[politique]*. **VI ~ out 1** jeter. **2** expulser. **3** *Dr. [court d'appel]* annuler *[condamnation]* ; *[juge]* déclarer *[réclamation, accusation]* dépourvu de fondement ; *[Cour suprême]* déclarer inconstitutionnel. **VII ~ together** rassembler. **VIII ~ up 1** vomir. **2** soulever *[question]*.

throwaway *n.* observation faite en passant, parenthèse.

throwaway *adj.* **1** jetable. **2** *[observation]* faite en passant.

throwback *n.* **1 (to)** retour à *[époque révolue]* ; incarnation moderne de ; **to be a ~ to** rappeler (irrésistiblement), appartenir à *[époque révolue]*. **2** homme du passé ; relique du passé, chose conçue selon des principes dépassés.

throw-weight *n.* capacité d'emport.

thrust *n.* **1** poussée *[d'un moteur, d'une fusée, d'une voûte]*. **2** *Mil.* coup de boutoir, attaque, offensive ; **the Armenian ~ failed to secure the airport** l'offensive de l'armée arménienne ne lui a pas permis de s'emparer de l'aéroport. **3** poussée, impulsion, mouvement. **4** élan, effort(s), campagne, lutte ; **the current ~ to recover the money belonging to Jewish families which was lost during the Second World War** les efforts déployés actuellement pour récupérer les sommes perdues par les familles juives pendant la Seconde guerre mondiale ; **the ~ for full employment** la campagne en faveur du plein emploi ; **the ~ for full independence of Chechnya** la lutte pour l'indépendance totale de la Tchétchénie. **5** orientation (générale), grande(s) orientation(s), direction, sens général, axe, grands axes, élément central, idée (directrice/maîtresse), idée(s)-force(s), lignes de force, grandes lignes ; volet ; objectif ; **the main ~ of the programme will be** le programme sera principalement axé sur/visera avant tout à ; **our foreign policy comprises four main ~s** notre politique étrangère comporte quatre grands axes ; **the ~ of the speech was the importance of education** l'idée maîtresse du discours était l'importance de l'enseignement ; **the main ~s of the report** les principales idées énoncées dans le rapport ; **the logic of increased taxation was the ~ of his statement** l'idée-force de sa déclaration était que l'augmentation d'impôts répond à une logique ; **the broad ~ of the joint declaration** les lignes de force de la déclaration commune ; **the policy document contains five ~s** le document énonçant la politique comprend cinq volets. ✪ **~ fault** *Géol.* faille de chevauchement ; **~ reverser** *Aéron.* inverseur de poussée.

thumbnail (image) *Internet* imagette.

Thuringia *n. Allemagne [la]* Thuringe.

thwart *v. tr.* mettre en échec, faire échec à, tenir en échec, déjouer, empêcher (d'aboutir), contrer, contrecarrer, déjouer, faire pièce à ; **to be ~ed** se heurter (à) ; **the enactment of essential legislation was ~ed by delaying tactics** l'adoption de dispositions législatives essentielles a été mise en échec par des manœuvres dilatoires.

Ticino *n. Suisse* Tessin *[= canton]*.

tick *v.* **1** *tr.* cocher *[case]*. **2** *intr.* fonctionner ; **they understand what makes the stock market ~** ils comprennent le mode de fonctionnement de la Bourse ; **it is important for teachers to know what makes their students ~** il importe que les enseignants connaissent les ressorts du comportement des étudiants.

tick *n. Bourse* échelon de cotation. ✪ **~ list** *Inf.* liste de cases à cocher.

ticket *n.* **1** *Pol. ÉU* tandem ; liste de candidats ; **he is running for parliament on the nationalist ~** il se présente aux élections législatives sur la liste nationaliste ; **the Republican ~** le tandem républicain. **2** amende ; *Fam.* contravention ; **parking ~** amende pour stationnement en infraction. ✪ **~ agency** billetterie ; **~ agent** billettiste ; **~ collector** *Transp. ferr.* contrôleur ; **Ticket Day** *RU* jour de règlement des comptes entre membres de la Bourse et leurs clients ; **~-office** *n.* billetterie ; **~ scalping** revente illicite de billets ; **~ tout** *RU* revendeur de billets à la sauvette.

tidal *adj.* ✪ **~ amplitude** marnage ; **~ bore** mascaret ; **~ current** courant de marée ; **~ energy** énergie marémotrice ; **~ inlet** goulet de marée ; **~ power** énergie marémotrice ; **~ power plant/station** centrale marémotrice ; **~ range** marnage ; **~ stream** courant de marée ; **~ water** marée ; *pl.* zones soumises aux marées ; **~ wave** a) raz-de-marée ; b) *Fig.* grand mouvement, déferlement *[d'enthousiasme]*, vague *[d'indignation]*, avalanche *[de réclamations]*, quantité énorme, afflux massif ; *[***tobacco companies feared that the court's ruling would lead to a ~ wave of fresh claims** les cigarettiers craignaient que le jugement du tribunal n'engendre une avalanche de réclamations ; **a ~ wave of immigrants** un afflux massif d'immigrants*]*.

tide *v.* **~ over** permettre *[à qqn]* de tenir, sortir d'embarras, dépanner, permettre *[à qqn]* de faire la soudure.

tide *n. Fig.* **1** vague *[de nationalisme, de criminalité]*, vague de fond, raz-de-marée, (vaste) mouvement, progression, avance, montée, poussée ; **to stem the ~ of** endiguer la vague/montée de ; **to stem the ~ of inflation** porter un coup d'arrêt à l'inflation ; **police chiefs hope that surveillance cameras will stem the ~ of inner-city crime** les commissaires de police espèrent que les caméras de surveillance endigueront la vague de criminalité dans les centres-villes. **2** afflux massif *[de réfugiés]*, déferlement *[de troupes]*. **3** cours (des événements/des choses), orientation, tendance ; **to turn the ~** renverser le cours des choses, changer le cours des événements, redresser la situation, renverser la vapeur ; **the ~ has turned** la situation a changé, un retournement de situation s'est produit ; **the ~ of public opinion** la tendance de l'opinion publique ; **the television debate could turn the ~ of the presidential election** le débat télévisé pourrait modifier le résultat de l'élection présidentielle.

tidy *adj.* **1** (bien) ordonné, bien rangé ; *[maison]* coquet, pimpant. **2** *[somme]* coquet, *[bénéfices]* plantureux.

tie *v.* **I ~ in with 1** être (étroitement) lié à, se rattacher à ; être en rapport avec ; **to be ~d in with** être (étroitement) lié à. **2** lier étroitement à. **3** concorder avec. **II ~ up 1** immobiliser *[fonds] ;* **to ~ up one's capital for a long period** immobiliser son capital pour une longue période. **2 to ~ up loose ends** régler les problèmes en suspens.

tie *n. Pol.* partage des voix.

tied *adj. [aide, prêt, crédit]* lié *[= subordonné à l'achat de produits provenant du pays donateur].* ✪ **~ agent** *Ass.* agent général ; **~ share** action à cessibilité restreinte.

tie-in *adj.* **1** *[film, jouet, livre]* dérivé *[d'une autre production de l'esprit]*. **2** *Comm.* vente liée.

tie-up *n.* **1** alliance, rapprochement *[entre deux entreprises]*. **2** lien (étroit). **3** *ÉU* embouteillage. **4** *ÉU* blocage, arrêt ; ralentissement.

tiger economy « tigre ».

tight *adj.* **1** *[réglementation]* strict, rigoureux, contraignant ; précis, *[politique monétaire]* restrictif ; *[restrictions, emprise]* considérable ; **~ controls** réglementation rigoureuse ; **the governor of the Bank of England reiterated his commitment to maintaining ~ control on inflation** le gouverneur de la Banque d'Angleterre a réaffirmé sa volonté de juguler strictement l'inflation. **2** *[liens, cercle de conseillers, surveillance, union]* étroit, *[espace]* réduit, limité, *[locaux]* exigu. **3** *[emploi du temps]* (très) chargé, *[emploi du temps, calendrier, budget, élection]* serré ; *[budget]* calculé au plus juste, très limité ; **~ race** *Pol.* bataille électorale serrée ; **her schedule was ~** son emploi du temps était serré. **4** *[marché]* tendu *[= sur lequel l'offre est nettement inférieure à la demande] ;* **~ labour market** marché du travail tendu/caractérisé par une pénurie de main-d'œuvre. **5** *Fam.* éméché. ✪ **~-fisted** *adj. Fam.* radin, économe, parcimonieux ; **~-knit** *adj.* (étroitement) soudé, très uni, étroit ; **~-lipped** *adj.* peu bavard ; **~ money** a) *Écon.* argent cher ; b) manque/pénurie d'argent ; *[***~ money policy** politique de resserrement du crédit ; **money is ~** on ne dispose pas de beaucoup de fonds*] ;* **~ security** important dispositif de sécurité, strictes conditions de sécurité ; **~ spot** situation difficile.

tighten *v.* **1** *tr.* renforcer ; **the party ~s its grip on power** le parti renforce sa mainmise sur le pouvoir. **2** *tr.* restreindre, limiter. **3** *tr.* rendre plus rigoureux *[règles]*, resserrer, durcir *[politique monétaire] ;* **immigration laws have been ~ed** la législation concernant l'immigration a été rendue plus rigoureuse ; **to ~ credit policy** adopter une politique de crédit plus rigoureuse. **4** *tr.* rationaliser ; **the company decided to ~ operations abroad** l'entreprise a décidé de rationaliser les activités à l'étranger. **5 ~ up** renforcer, rationaliser, rendre plus efficace, améliorer, rendre plus rigoureux, durcir, prévoir des dispositions plus restrictives pour ; durcir, resserrer *[politique monétaire] ;* **to ~ up the rules** durcir la réglementation.

tightening *n.* resserrement *[du crédit]*, durcissement, contraction, tour de vis ; **monetary ~** durcissement/resserrement de la politique monétaire, adoption d'une politique monétaire plus restrictive.

till receipt ticket de caisse.

tilt *v. Fig.* **1** *intr.* **to ~ toward** *[personne]* être (plutôt) favorable à, avoir un parti pris en faveur de, pencher pour *[parti, solution]*, basculer vers *[parti]*, prendre parti pour ; **to be ~ed toward** *[système]* favoriser ; **the balance is ~ing toward the opposition** l'opposition commence à prendre le dessus. **2** *tr.* **to ~ the balance/scales in favour of** faire pencher la balance en faveur de ; **the reforms of the eighties ~ed the balance of power away from the unions** les réformes des années 80 ont mis les syndicats en position de faiblesse par rapport aux employeurs. **3 ~ at** attaquer *[verbalement ou par écrit]*.

tilt *n.* **1** orientation. **2** inclinaison. **3 (toward)** préjugé en faveur de, parti pris en faveur de.

timber *n.* **1** bois. **2** bois d'œuvre. **3** *Fig.* trempe, étoffe. ✪ **~ carrier** grumier ; **~ operator** exploitant forestier ; **~ ship** grumier.

time *v. tr.* **1** mesurer la durée de, chronométrer. **2** fixer l'heure de *[réunion]*, fixer la date de, choisir le moment de ; **ill-~d** *adj.* réalisé à un moment peu propice ; **the product launch was ~d to coincide with increased high-street spending** on a veillé à ce que le lancement du produit coïncide avec une augmentation des dépenses de consommation.

time *n.* **1** temps, délai, période, durée, laps de temps ; intervalle ; **within a reasonable ~** dans un délai raisonnable ; **in five years' ~** dans cinq ans ; **during ~s of stability** en période de stabilité ; **~ is on her side** le temps joue en sa faveur. **2** moment ; **the ~ has come to** le moment est venu de ; **it is ~ for a change** un changement s'impose, cela a assez duré. **3** heure ; **local ~** heure locale ; **departure ~** heure de départ. **4** fois ; **next ~** la prochaine fois ; **one at a ~** un à la fois. **5 to do/serve ~** être en prison, faire de la prison, purger une peine de prison. **6 to be/keep abreast of the ~s** être de son temps, vivre avec son temps, se tenir au courant (des nouveautés/des progrès accomplis/de l'évolution), suivre l'évolution de la situation ; **to change/keep up/move with the ~s** être de son temps, vivre avec son temps ; **~s are changing** il n'en va plus de même aujourd'hui, autre temps, autres mœurs ; **~s have changed** les choses ont changé ; **the country faces tough ~s** le pays est confronté à une situation difficile. ✪ **about ~** grand temps ; **ahead of one's ~** en avance sur son temps ; **ahead of ~** a) d'avance, en temps utile ; b) avant la date/l'heure prévue, plus tôt que prévu ; **all the ~** tout le temps, en permanence, sans cesse, continuellement ; *[***new drugs are being found all the ~** on ne cesse de découvrir de nouveaux médicaments*] ;* **any ~** n'importe quand, à tout moment ; **any ~ soon** prochainement ; **at all ~s** a) toujours, en toutes circonstances ; b) en permanence, constamment, 24 heures sur 24 ; *[***be sure to carry your passport at all ~s** veillez à être toujours muni de votre passeport*] ;* **at any one ~** en permanence ; *[***at least 12 workers were working on the site at any one ~** il y avait en permanence au moins douze ouvriers qui travaillaient sur le chantier*] ;* **at any ~** à tout moment, en tout temps ; **at a ~ when** à une époque où, alors (même) que ; **at no ~** jamais ; **at one ~** jadis ; **at that ~** à l'époque (des faits), alors ; **at the best of ~s** même dans les circonstances les plus favorables, même quand tout va bien ; **at the present ~** actuellement, en ce moment, pour le moment, aujourd'hui ; **at the same ~** a) en même temps, au même moment, simultanément ; parallèlement ; b) à la même heure ; c) or, cependant ; ce faisant ; d) par ailleurs, en outre ; **at the ~** à l'époque (des faits), alors ; **at the same ~** a) en même temps ; b) par ailleurs ; **at this ~** *ÉU* actuellement, en ce moment, pour le moment, aujourd'hui ; **at this ~ and place** maintenant et ici ; **at ~s** parfois ; **before one's ~** *RU* a) en avance sur son temps ; b) prématurément ; **buy ~** gagner du temps ; **by that ~** d'ici là ; **by the ~** lorsque ; **for a ~** pendant un certain temps ; **for the ~ being** pour le moment, pour l'heure ; **have a difficult ~ doing sth** avoir du mal à faire qqch. ; **high ~** grand temps ; **in good ~** a) suffisamment à l'avance, bien avant l'heure, avec une avance confortable, quelques jours auparavant ; b) en temps utile/opportun/voulu ; **in no ~** très rapidement, en un rien de temps ; *[***the problem was solved in no ~** le problème a été résolu très rapidement*] ;* **in ~** a) à temps ; b) ultérieurement, par la suite ; tôt ou tard, à la longue, avec le temps, un jour, le moment venu ; c) dans le temps ; *[***the situation will improve in ~** la situation finira par s'améliorer*] ;* **mark ~** *Fig.* a) attendre son heure ; b) *[négociations]* piétiner ; **not before ~** pas trop tôt ; **one ~** un jour ; **only ~ will tell** qui vivra verra, ce n'est qu'à l'expérience qu'on pourra s'en rendre compte ; **on ~** à l'heure ; à temps ; **over ~** à la longue, au fil du temps, avec le temps ; *[observer un phénomène]* dans le temps ; *[***to evolve over ~** évoluer (à mesure que le temps passe) ; **the system had changed over ~** le système avait entretemps été modifié*] ;* **own ~** temps libre ; *[***the workers built the school in their own ~** les ouvriers ont construit l'école pendant leur temps libre*] ;* **play for ~** chercher à gagner du temps, temporiser ; **serve ~** faire de la prison ; **some ~** un jour ; **this ~ (around/round)** cette fois-ci ; **~ after ~** à diverses reprises, à de multiples reprises ; **~ and a half** *[être rémunéré]* à 150 % du salaire normal ; **~ and (~) again** à diverses reprises, à de multiples reprises, constamment, continuellement ; **~ and motion engineering/study** *Gestion* analyse des tâches ; **~ arbitrage** opération « terme contre terme », *[le, un]* terme contre terme ; **~-bar** *n. Dr.* a) prescription ; b) forclusion ; **~ bargain** *Bourse* opération à terme ; **~-barred** *adj. Dr.* a) prescrit ; b) forclos ; **~-bill** *n.* a) horaire ; b) lettre de change à terme ; **~ bomb** a) bombe à retardement ; b) *Fig.* situation potentiellement explosive ; **~ budget** budget temps ; **~ card** *ÉU* relevé des heures de travail ; **~ charter** *Transp.* affrètement à temps ; **~ clock** pointeuse ; **~-consuming** *adj.* long, de longue haleine ; *[***to be ~-consuming** prendre/demander/exiger un temps considérable ; **the arrest of the suspect required ~-consuming investigations** l'arrestation du suspect a exigé une longue enquête*] ;* **~ deposit** *Banque* dépôt à terme ; *ÉU* dépôt à préavis ; **~ deposit account** *ÉU* compte à préavis ; **~ difference** décalage horaire ; **~ draft** effet/traite à terme ; **~-expired** *adj. Comm. [produit]* dont la date limite de conservation a été dépassée ; **~ flies** le temps passe vite ; **~ frame** délai ; **~-honoured** *adj.* traditionnel, ancien, *[tradition]* long ; **~ immemorial** temps immémoriaux ; *[***from/since ~ immemorial** de tout temps, toujours, depuis les temps les plus reculés, depuis la nuit des temps, depuis des temps immémoriaux*] ;* **~ is of the essence** le temps presse, il n'y a pas de temps à perdre, il y a urgence ; *[***in any humanitarian crisis, ~ is of the essence** dans toute situation d'urgence humanitaire, il est essentiel d'agir sans retard*] ;* **~ keeping** a) ponctualité, b) respect des horaires ; **~-lag** *n.* décalage (dans le temps), intervalle (de temps), retard, délai (de réalisation/de réaction) ; *[***the ~-lag between the design of a product and its marketing** le délai entre la conception et la commercialisation d'un produit*] ;* **~ lapse** laps de temps, intervalle, période ; **~-lapse filming/photography** accéléré ; **~ limit** a) limite de temps, limitation de la durée, délai, durée maximale, temps imparti ; b) date butoir/limite ; c) délai de prescription ; *[***to set a ~ limit** fixer un délai ; **within a ~ limit of two months** dans un délai de deux mois, dans les deux mois ; **~ line** frise chronologique ; **~ loan** prêt à terme ; **~ of day** heure ; **~ off** congé ; **~ off (for good behaviour)** réduction de peine (pour bonne conduite) ; **~ off in lieu** congé compensatoire ; **~ off work** congé ; **~ on one's hands** temps à perdre ; **~ out of mind** temps immémorial, passé très lointain ; *[***since ~ out of mind** de tout temps, toujours, depuis les temps les plus reculés, depuis la nuit des temps, depuis des temps immémoriaux*] ;* **~ policy** *Ass. mar.* police d'abonnement ; **~ pressure** nécessité d'agir à bref délai ; *[***under ~ pressure** *[travailler]* en respectant des délais impératifs, en étant soumis à des contraintes de délai ; **the negotiations are taking place under ~ pressure** les négociations prennent la forme d'une course contre la montre*] ;* **~-release** *adj. [médicament]* retard, à libération lente ; **~ saver** dispositif/fonctionnalité qui permet de gagner du temps ; **~ scale** délai, temps imparti, durée, laps de temps, temps nécessaire, période ; **~ series** séries chronologiques ; **~-server** *n.* a) opportuniste ; b) employé peu diligent ; **~-serving** *n.* indolence ; **~s have changed** la situation a évolué ; **~ share** logement en multipropriété ; **~-share flat** appartement en multipropriété ; **~-share owner** multipropriétaire ; **~-sharer** *n.* multipropriétaire ; **~ sharing** a) *Inf.* temps partagé ; b) *Immobilier* multipropriété ; **~ sheet** relevé des heures de travail ; **~ signal** top ; **~ slot** *TV* tranche/créneau horaire ; **~ span** période, intervalle de temps ; durée ; **~ switch** *RU* minuteur ; **~ table** calendrier, programme, échéancier, horaire ; chronologie ; **~-to-market** *n.* délai de mise sur le marché *[= temps nécessaire pour passer d'une idée de produit ou service nouveau à la commercialisation de ce* *dernier] ;* ~ **value** *Bourse* valeur temps ; ~ **wage** salaire au temps ; ~ **warp** distorsion du temps, décalage temporel ; univers où le temps semble s'être arrêté ; [**to live in a ~ warp** vivre dans le passé] ; ~ **will tell** qui vivra verra, ce n'est qu'à l'expérience qu'on pourra s'en rendre compte, l'avenir le dira ; ~ **work** salaire au temps ; ~ **zone** fuseau horaire ; **~-zone difference** décalage horaire ; **~-zone disease/fatigue** effets du décalage horaire ; **when the ~ comes** le moment venu ; **with ~** après un certain temps.

timed-released *adj. [médicament]* retard, à libération lente.

timeframe *n.* délai ; **EU ministers are unwilling to alter the current ~ for monetary union** les ministres de l'Union européenne ne veulent pas modifier le délai de réalisation de l'union monétaire.

timekeeper *n.* **a good ~** un employé/ouvrier ponctuel.

timeless *adj.* intemporel, indémodable, qui ne se démodera pas, classique.

timeline *n.* échéancier.

timeliness *n.* **1** actualité. **2** respect des délais ; ponctualité. **3** communication/obtention en temps voulu *[d'informations].*

timely *adj. [informations]* disponible en temps utile, diffusé au moment voulu, présenté dans les délais ; *[action]* réalisé dans les délais, intervenant à temps, opportun ; *[question]* d'actualité ; régulier, ponctuel ; **to give ~ advice** donner des conseils en temps utile ; **~ dissemination of data** diffusion en temps voulu des données ; **to be ~** arriver/venir à point nommé/au bon moment/dans les délais/dans des délais appropriés, venir fort à propos, venir à son heure ; **in a ~ fashion/manner/way** en temps utile/voulu, au bon moment, à temps, dans les délais impartis ; à point nommé ; **~ delivery** respect des délais de livraison ; **we need ~ feedback from our customers** nous avons besoin d'obtenir en temps utile les réactions de nos clients ; **a ~ intervention from a backbencher spared the minister embarrassment** une intervention au bon moment d'un député a évité au ministre de se trouver dans une situation embarrassante ; **yesterday's lowering of interest rates was ~** la baisse des taux d'intérêt intervenue hier est venue à point nommé ; **the Prime Minister's visit to Moscow is ~** le voyage du Premier ministre à Moscou vient à son heure ; **to publish ~ data on new services** publier des données à jour sur les services nouveaux.

timer *n.* temporisateur, minuteur, dispositif d'horlogerie.

times *prép.* fois.

timesaving *adj. [machine]* qui permet de gagner du temps.

timing *n.* **1** choix/détermination du (bon) moment, moment (choisi), date (retenue) ; **the ~ is right** le moment est bien choisi ; **correct ~ is required** il faut agir au bon moment ; **good ~ is crucial to success** pour réussir, il est essentiel d'agir au bon moment ; **the party attributed its new public support to good ~, not good luck** le parti a attribué son regain d'audience auprès du public à une action menée au bon moment et non à la chance ; **the ~ of the devaluation** le moment choisi pour la dévaluation ; **the government lost the elections because of poor ~** le gouvernement a perdu les élections parce qu'il a convoqué les électeurs aux urnes à un moment défavorable ; **the ~ of the elections** la date des élections. **2** échelonnement, planification, phasage, minutage, découpage, calendrier, chronologie, plan, horaire ; **the ~ of the debt repayments** l'échelonnement du remboursement de la dette ; **frequency and ~ of sampling** fréquence et calendrier des prélèvements. **3** répartition dans le temps, étapes, phases ; périodicité, rythme, synchronisation ; **the ~ of rainfall** la répartition des pluies dans le temps. **4** chronométrage. ✪ **~ device** minuteur *[d'une bombe, d'un appareil ménager],* mouvement d'horlogerie *[d'une bombe].*

Timorese *adj.* timorais.

tinkering *n.* modifications mineures, réformette.

tip *v.* **1** *tr.* **some commentators ~ Mr Portillo as a future Prime Minister** certains commentateurs voient en M. Portillo un futur Premier ministre. **2 ~ off** informer, avertir.

tip *n.* **1** pourboire. **2** tuyau ; astuce, conseil, truc. **3** extrémité, bout, pointe. **4** décharge. ✪ **~ of the iceberg** partie visible/émergée de l'iceberg.

tip-off *n.* dénonciation.

tipper lorry *RU* tombereau.

tipping *n.* déversement *[de déchets].*

tissue *n.* ✪ **~ culture** culture tissulaire ; **~ typing** groupage tissulaire, détermination du groupe tissulaire.

tit for tat représailles, mesures de rétorsion, *[rendre]* coup pour coup ; échange de mauvais procédés, *[rendre la]* monnaie de sa pièce.

title *n.* **1** titre *[d'une œuvre, d'une personne].* **2** *pl.* qualités *[d'une personne].* **3** fonctions *[dans un formulaire].* **4** civilité *[= Mme, M., Dr, etc.].* **5** (droit de) propriété ; droit ; **to have ~ to** avoir la propriété de ; **~ to land** propriété d'un terrain ; **to take ~ to the goods** devenir propriétaire des marchandises, acquérir la propriété des marchandises ; **the British ~ to these islands is derived from early settlement** le titre de souveraineté du Royaume-Uni sur ces îles découle de l'établissement d'une colonie britannique à une date très ancienne. ✪ **~ deed** titre de propriété ; **~ role** rôle titre/éponyme.

titular *adj. [chef]* nominal.

TLC (tender, loving care) soins attentionnés.

T lymphocyte lymphocyte T.

tn (trillion) billion.

T-note *n. ÉU* bon du Trésor *[à échéance de 1 à 5 ans].*

to-and-fro *n.* mouvement alternatif, va-et-vient, flux et reflux.

Tobin tax taxe Tobin *[sur les transactions au comptant donnant lieu à une conversion monétaire].*

toddler *n.* enfant commençant à marcher.

toe (ton oil equivalent) TEP (tonne équivalent pétrole).

togetherness *n.* joie d'être ensemble, convivialité, chaleur du groupe, liens étroits, étroitesse des liens, liens affectifs, contact étroit, fraternité, camaraderie, intimité ; solidarité, cohésion ; vie commune.

together with avec, ainsi que, conjugué à.

toggle *v. intr. Inf.* basculer ; **to ~ between bold and normal characters** basculer entre les caractères gras et normaux.

toggle switch interrupteur à bascule.

tokamak *n. Nucl.* tokamak.

token *n. adj.* symbolique, de pure forme, **~ gesture** simple geste ; **the strikers felt that the proposals were a ~ gesture** les grévistes considéraient que les propositions ne constituaient qu'un geste purement symbolique ; **the government's ~ female minister** la femme alibi du gouvernement. ✪ **by the same ~** par là même, de ce fait (même), pour la même raison, pour cette raison même, du même coup, ipso facto, ce faisant, au passage, donc, dès lors, c'est (du reste) pourquoi, partant, en conséquence, par voie de conséquence, il s'ensuit que ; pareillement, de même, de la même façon ; dans cet esprit, dans le même ordre d'idées, selon le même raisonnement ; *[***promiscuity is on the increase ; by the same ~ there has been an explosion in the number of teenage pregnancy** les relations sexuelles sans lendemain se multiplient ; de ce fait, on assiste à une augmentation exponentielle du nombre de grossesses d'adolescentes*] ;* **~ entry** *Compt.* pour mémoire ; **~ money** monnaie fiduciaire ; **~ ring** *Inf.* anneau à jeton ; **~ strike** grève d'avertissement.

tokenism *n.* mesure(s)/geste(s) purement symbolique(s) ; politique/tactique de gestes purement symboliques ; **Mr Taylor's installation as party chairman has been labelled as ~ by spokespeople for the black community** la nomination de M. Taylor au poste de président du parti a été qualifié de geste purement symbolique par des porte-parole de la communauté noire.

tolerance *n. Méd.* accoutumance.

toll *n.* **1** ravages, effets négatifs, conséquences néfastes ; *[payer un lourd]* tribut ; **to take one's ~** causer des dégâts, avoir des conséquences néfastes, faire sentir ses effets, faire des ravages, sévir ; **to take one's ~ on sb** éprouver qqn ; **to take a heavy ~** coûter cher, faire des ravages, prélever un lourd tribut ; **tuberculosis still takes a heavy ~ in Russia** la tuberculose fait encore des ravages considérables en Russie ; **this incident took its ~ on the diplomatic relations between the two countries** cet incident a provoqué une dégradation considérable des relations diplomatiques entre les deux pays ; **medical research has confirmed that repetitive blows to the head take their ~ on boxers' brains** la recherche médicale a confirmé que des coups répétés à la tête ont des effets néfastes sur le cerveau des boxeurs. **2** nombre de victimes ; **the Iraqi death ~ from operation Desert Storm was enormous** le nombre de soldats irakiens tués lors de l'opération Tempête du désert a été énorme. **3** péage. ✪ **~ booth** (poste de) péage ; **~ bridge** pont à péage ; **~ call** appel interurbain ; **~ collector** péagiste ; **~-free** *adj. [appel téléphonique]* gratuit ; **~-free telephone number** *ÉU* numéro vert ; **~ keeper** péagiste ; **~ road** route à péage ; **~ station** (poste de) péage.

tollway *n.* route à péage.

tombstone *n. Fin.* avis financier.

ton *n.* **1** *RU voir* long ton. **2** *ÉU voir* short ton. **3** *voir* metric ton. **4** *voir* register ton. **5** *voir* freight ton. **6** *voir* displacement ton. **7** *voir* shipping ton. ✪**~ (of) coal equivalent** tonne équivalent charbon ; **~ oil equivalent** tonne équivalent pétrole.

tone *v.* **~ down** modérer, tempérer, atténuer, adoucir *[ses propos]*, affaiblir, édulcorer, affadir, mettre une sourdine à, faire preuve de plus de tact/de modération/de retenue dans, être moins catégorique dans, être plus nuancé dans ; exprimer/présenter *[revendications]* de façon plus diplomatique, rédiger *[lettre]* avec plus de tact ; **unions were persuaded to ~ down their criticism of the board** on a persuadé les syndicats de mettre une sourdine à leurs critiques contre le conseil d'administration ; **tabloid editors are considering toning down future coverage of the Royals** les rédacteurs en chef des journaux populaires envisagent de faire preuve de plus de modération à l'avenir dans les articles relatifs à la famille royale.

tone dialling composition de numéro par tonalité.

toner *n. Inf.* toner *[pour imprimante laser].* ✪ **~ cartridge** cartouche de toner.

Tongan *adj.* tonguien ; *ONU* tongan.

tongue *n.* **~-in-cheek** *adj.* humoristique ; **~ in cheek** par boutade, avec une pointe d'humour/d'ironie, non sans ironie, ironiquement, avec un clin d'œil ; **~ lashing** *Fam.* savon.

toolbar *n. Inf.* barre d'outils *[d'un logiciel].*

toolbox *n. Inf.* boîte à outils *[d'un logiciel].*

tool *n. Fig.* moyen, instrument, outil, mécanisme, dispositif, ressource, atout, auxiliaire, service utile, infrastructure utile. ✪ **~ kit** *Fig.* panoplie.

tooth *n.* ✪ **~ and nail** bec et ongle ; **~ decay** carie(s) dentaire(s).

toothless *adj. Fig. [organisme]* dépourvu de pouvoirs (réels) ; *[réglementation]* non assorti de sanctions.

top *v.* **1** *tr.* être en tête de *[liste, sondages] ;* **unemployment ~s the list of public concerns** le chômage est le principal sujet de préoccupation de la population ; **to ~ the conference agenda** être en tête de l'ordre du jour de la conférence. **2** *tr.* dépasser *[montant] ;* **profits for last year are expected to ~ £500 million** on s'attend à ce que les bénéfices de l'année dernière dépassent 500 millions de livres. **3** *tr.* couronner ; **to ~ it all** pour couronner le tout, par dessus le marché. **4 ~ off** couronner ; **to ~ it all off** pour couronner le tout, par dessus le marché. **5 ~ up** compléter *[ressources insuffisantes] ;* **grants for university students have to be ~ped up by loans** les bourses accordées aux étudiants doivent être complétées par des prêts.

top *n.* **1** tête *[d'une liste],* premier rang *[des préoccupations, des priorités] ;* partie supérieure, sommet ; **at the ~ of the screen** dans la partie supérieure de l'écran ; **~-selling products** produits qui se vendent le mieux ; **delegates wish to see education at the ~ of the conference agenda** les délégués souhaitent que l'enseignement constitue la question la plus importante de l'ordre du jour de la conférence ; **in spite of the accompanying pressure, the CEO is believed to enjoy life at the ~** on estime que, malgré le stress, le PDG apprécie de se trouver au sommet de la pyramide ; **~-performing mutual funds** les fonds de placement qui ont obtenu les meilleurs résultats ; **~-performing employees** les collaborateurs les plus performants. **2** bouchon. ✪ **from ~ to bottom** *Fig.* complètement, de fond en comble ; **get on ~ of** maîtriser ; **on ~** en sus ; **on ~ of** en plus de, outre ; *[***to come on ~ of** s'ajouter à ; **to get on ~ of** maîtriser ; **to stay on ~ of** a) maîtriser ; b) se tenir au courant de ; **to stay on ~ of current events** se tenir au courant de l'actualité*] ;* **over-the-~** *adj.* excessif, exagéré, qui dépasse les bornes, théâtral, *[acteur]* qui en fait trop, *[comédie]* loufoque, farfelu, *[film]* grand-guignolesque ; **over the ~** *[***to go over the ~** *[candidat]* l'emporter ; dépasser les bornes, *[acteur]* en faire trop, en faire des tonnes ; **to put a candidate over the ~** permettre à un candidat de l'emporter*] ;* **~-down** *adj. [processus]* descendant ; *[mesure]* décidé en haut lieu, imposé d'en haut, imposé par les dirigeants/les autorités, *[décision]* pris en haut lieu, *[organisation]* reposant sur le principe hiérarchique ; **~-heavy** *adj. [entreprise]* pléthorique au sommet, comportant une pléthore de cadres supérieurs ; **~-of-the-**

line *adj.* haut de gamme, de luxe ; **~-of-the-range** *adj.* a) haut de gamme, de luxe ; b) le plus perfectionné ; **~-quality** *adj.* haut de gamme, de luxe ; **~-ranking official** haut fonctionnaire ; fonctionnaire qui occupe le rang le plus élevé ; **~-rated** *adj. [émission]* qui enregistre des chiffres d'audience très élevés ; **~-to-bottom** *adj. [examen]* très approfondi, *[réforme]* radical, en profondeur ; **~ view** vue du dessus.

top *adj.* le plus élevé, le plus important, le plus en vue, le plus réputé, le meilleur ; de premier plan, principal, de tête, *[place]* premier, *[emploi, responsable]* de haut niveau ; **~ scientist** scientifique de premier plan ; **a ~ advertising firm** une agence de publicité de premier plan ; **~ school** école de haut niveau ; **the country's ~ producer of machine tools** le premier fabricant de machines-outils du pays ; **one of the ~ 20 pharmaceutical companies in the world** l'une des 20 plus grandes entreprises pharmaceutiques du monde. ✪ **~-class** *adj.* excellent ; **~ copy** original ; **~ executive** cadre supérieur ; **~ floor** dernier étage ; **~-hat pension** pension complémentaire de cadre supérieur ; **~ job** emploi de cadre supérieur, emploi de haut niveau ; *[***the ~ job** le poste de directeur (général) ; **she is widely considered the only serious candidate for the ~ job** on la considère comme la seule candidate valable pour le poste de directeur*]* ; **~ management** cadres supérieurs, direction, état-major *[d'une société]* ; **~ marginal (income tax) rate** *Fisc.* taux marginal maximal (de l'impôt sur le revenu) ; **~ official** haut fonctionnaire ; **~ people** cadres supérieurs ; **~ priority** priorité numéro un, priorité des priorités, priorité la plus urgente, priorité absolue, la plus grande priorité, priorité essentielle ; *[***AIDS treatment remains a ~ priority for scientists** le traitement du sida reste une priorité essentielle pour les scientifiques*]* ; **~-rate taxpayer** contribuable imposé au taux maximum ; **~-secret** *adj.* ultrasecret ; **~ speed** vitesse maximale ; **~ spot** a) première place? poste de directeur (général) ; **~ staff** cadres supérieurs.

topical *adj.* **1** actuel, *[problèmes]* d'actualité, à l'ordre du jour. **2** *Méd.* local, administré localement. ✪ **~ antiseptics** antiseptiques locaux ; **~ therapy** traitement local.

topographic survey levé/relevé topographique.

topsoil *n.* sol agricole, terre arable/végétale.

Torah *n. Judaïsme* Tora *[f.]*.

torch *n. Fig.* **1** flambeau, témoin ; **to hand over the ~ to** transmettre le flambeau à, passer le témoin à. **2** incendiaire.

Tories *n. RU* conservateurs, Parti conservateur.

tort *n. Dr.* **1** quasi-délit, acte dommageable. **2** responsabilité (civile) délictuelle.

tortfeasor *n.* auteur du quasi-délit.

tortious act fait dommageable.

Tory Party *RU* Parti conservateur.

TOS (terms of service) conditions de prestation de services.

toss-up *n.* **to be a ~** être imprévisible, pouvoir se décider aussi bien dans un sens que dans l'autre.

total *adj.* ✪ **~ allowable catch** total admissible de capture ; **~ asset value** actif comptable ; **~ carbon dioxide** *Env.* dioxyde de carbone total ; **~ disability** incapacité totale ; **~ quality management** gestion de/par la qualité totale ; **~ suspended matter** matières en suspension totales.

touch *v.* **I** *tr.* toucher. **II ~ down** *[avion]* atterrir. **III ~ off** déclencher. **IV ~ on 1** porter sur. **2** mentionner, évoquer, effleurer, survoler *[question]*.

touch *n. Fig.* petite quantité de, un peu ; **a ~ above** un peu au-dessus de. ✪ **at the ~ of** en appuyant sur *[bouton]* ; **in ~ with** à l'écoute de, sur la même longueur d'onde que/au diapason de, en phase avec, proche de, en prise (directe) sur, branché sur, attentif à/aux réalités de ; *[***to be in ~ with** a) être en contact avec ; b) se tenir au courant de ; c) parler le même langage que ; **to keep/remain/stay in ~ with** a) garder/maintenir le contact avec, rester en contact/relations avec, rester proche de ; b) se tenir au courant de ; **to get in ~ with** prendre contact avec, contacter ; **to lose ~ with** perdre de vue ; **to put in ~ with** mettre en rapport/relation/contact avec ; **the agency is designed to put adoptees in ~ with their birth parents** la mission de cet organisme est d'établir le contact entre des enfants adoptés et leurs parents biologiques*]* ; **lose one's ~** ne plus être à la hauteur, ne plus maîtriser son sujet ; **out of ~** coupé de la/des réalité(s), déphasé, hors du coup ; *[***to be out of ~ (with reality)** être coupé des réalités, avoir perdu tout contact avec la réalité ; **out of ~ with real life** coupé des réalités*]* ; **~ pad** a) *Inf. touch pad* ; b) touche à effleurement *[d'un appareil audio, p. ex.]* ; **~-screen** *n. Inf.* écran tactile ; **~-sensitive screen** *Inf.* écran tactile ; **~-tone dialling** composition de numéro par tonalité ; **~-tone (tele)phone** téléphone à touches musicales.

touch-and-go *adj.* dont l'issue est très incertaine.

touch-type *v. int.* dactylographier sans regarder le clavier.

touchy *adj. [personne]* susceptible ; *[question]* délicat ; **affirmative action is a still ~ subject** l'action positive reste une question délicate.

tough *v.* ✪ **~ it out** résister, tenir bon, ne pas céder, refuser de céder/de se soumettre, persister dans son attitude de refus, camper/rester sur ses positions, tenir (le coup), ne pas désarmer, ne pas se rendre.

tough *adj.* **1** *[personne]* endurci, infatigable, *[interlocuteur]* intraitable, *[négociateur]* pugnace, *[adversaire]* redoutable, tenace, coriace. **2** *[problème]* épineux, *[tâche]* ardue, *[choix, décision, tâche]* difficile, *[épreuve]* pénible, douloureux, rigoureux, *[attitude]* ferme, sévère, *[critique]* sévère, vif, *[amende]* lourd, *[peine]* lourd, sévère, *[prise de position]* énergique, *[opposition]* vif, *[concurrence]* âpre, intense, vif, rude, féroce, acharné, *[politique, attitude]* dur, strict, intransigeant, de fermeté, *[réglementation]* strict, rigoureux, contraignant, *[mesures]* énergique, draconien, radical ; *[négociations]* serré, âpre, *[discours, réaction]* musclé ; *[matériel]* résistant, robuste, à toute épreuve ; **times are ~** les temps sont difficiles ; **a ~er interpretation of immigration law is expected** on s'attend à une interprétation plus stricte de la législation sur l'immigration ; **the country took drastic steps to meet the ~ convergence criteria** le pays a pris des mesures draconiennes pour se conformer aux rigoureux critères de convergence ; **~ decisions will need to be taken** des décisions énergiques s'imposeront ; **~er penalties are being seen as the answer to rising crime** on considère que, pour faire face à l'augmentation de la criminalité, il faut infliger des peines plus lourdes ; **modern fabrics are both ~er and lighter** les tissus modernes sont à la fois plus résistants et plus légers. ✪ **~ act** *Fig.* *[***Kofi Annan will be a ~ act to follow** le successeur de Kofi Annan aura du mal à faire aussi bien que lui*]* ; **~ time** *[***to give sb a ~ time** donner du fil à retordre à qqn, rendre la vie difficile à qqn, poser des problèmes considérables à qqn ; **to have a ~ time doing sth** avoir du mal à faire qqch.*]*.

tour *n.* voyage ; excursion. ✪ **~ guide** guide touristique ; **~ of duty** période de service ; **~-operator** *n.* voyagiste, tour-opérateur.

Tourette syndrome, Tourette's disorder maladie de Gilles de la Tourette, syndrome de Gilles de la Tourette.

tourist *adj.* ✪ **~ board** office du tourisme ; **~ class** classe touriste ; **~ fare** tarif de classe touriste ; **~ (information) office** syndicat d'initiative.

tourniquet *n. Méd.* garrot.

toward(s) *prép.* à valoir sur ; **the organization plans to raise $100,000 ~ the funding of the project** l'organisation prévoit de recueillir 100 000 dollars, qui serviront à financer le projet.

tow car dépanneuse.

towel *n.* ✪ **throw in the ~** *Fig.* abandonner (la lutte/partie), renoncer, capituler, baisser les bras, jeter l'éponge.

tower *v.* ✪ **~ above** faire paraître petit/minuscule/dérisoire, écraser, reléguer au second plan.

towering *adj.* **1** très grand, énorme, imposant. **2** remarquable, exceptionnel, hors pair.

town *n.* localité, ville. ✪ **~ and country planning** aménagement du territoire ; **~ bill** effet sur place ; **~ hall** hôtel de ville, mairie ; **~ house** a) *ÉU* maison de maître ; b) *ÉU* maison attenante aux maisons voisines, maison située dans une rangée de maisons ; c) maison en ville ; **~ planning** urbanisme.

township *n. Afr. du Sud* cité (noire).

tow car/truck dépanneuse.

toxic shock syndrome choc toxique staphylococcique.

toy *n.* ✪ **~ gun** pistolet factice ; **~ library** ludothèque.

trace *v. tr.* **1** retrouver (la trace de) *[personne disparue]*, localiser, repérer *[fuyard]*, retrouver, repérer *[véhicule volé] ;* remonter jusqu'à ; rechercher ; déterminer *[cause]*, déterminer l'origine de ; **to ~ a call** déterminer l'origine d'un appel (téléphonique) ; **adoptees are better equipped than ever to ~ their birth parents** les enfants adoptés disposent de moyens plus efficaces que jamais pour retrouver leurs parents biologiques ; **tax inspectors ~d the accused through a trail of invoices** les contrôleurs des impôts ont retrouvé la trace du prévenu en suivant la piste indiquée par une série de factures ; **the police tried unsuccessfully to ~ the call** la police s'est efforcée sans succès de déterminer l'origine de l'appel. **2 (to)** faire remonter à ; **Rastafarians have ~d the origins of their movement to a village in Ethiopia** les rastas ont établi que leur mouvement trouvait son origine dans un village d'Éthiopie ; **this idea can be ~d to** cette idée a été exprimée pour la première fois dans/par. **3 (to)** attribuer à, imputer à ; **health officials have ~d the source of the outbreak to a town in Yorkshire** les responsables des services de santé ont établi que l'épidémie avait sa source dans une localité du Yorkshire ; **the drought has been ~d to El Niño** la sécheresse a été attribuée au phénomène El Niño. **4 ~ back to** faire remonter (jusqu') à *[période du passé]*, retrouver/déterminer l'origine de *[problème]* dans ; **the problem can be ~d back to** le problème est dû à/trouve son origine dans/a pour origine ; **the union's frailty can be ~d back to its defeat in the 1984-85 miners' strike** la fragilité du syndicat remonte à sa défaite lors de la grève des mineurs de 1984-85.

trace *n.* ✪ **~ element** a) élément-trace ; b) *Nutrition* oligo-élément ; **~ metals** métaux-traces.

tracer *n.* traceur *[utilisé dans la tomoscintigraphie, etc.]*.

tracing paper papier calque.

track *v.* **1** *tr.* suivre (les mouvements/l'évolution de), suivre les déplacements de *[baleines]*, pister *[qqn, véhicule]*, suivre la trajectoire de *[cible] ;* localiser, repérer, déterminer la position de ; cerner ; **epidemiologists are seeking to ~ the increase in cases of skin cancer** les épidémiologistes s'efforcent de suivre l'augmentation du nombre de cas de cancer de la peau ; **the Department of Employment ~s levels of youth unemployment** le ministère de l'Emploi suit l'évolution du chômage des jeunes ; **new technology will enable the police to ~ people released on bail** une technologie nouvelle permettra à la police de surveiller les déplacements de personnes libérées sous caution. **2 ~ down** trouver, retrouver *[qqn] ;* localiser, repérer, cerner, repérer, débusquer ; identifier *[qqn] ;* **the police is confident it will be able to ~ down the killer** la police est convaincue qu'elle parviendra à trouver le meurtrier ; **computer systems help researchers ~ down information quickly** des systèmes informatiques aident les chercheurs à obtenir rapidement les informations qui les intéressent.

track *n.* **1** sentier, piste. **2** voie ; **the project seems to be on ~** le projet semble être en voie d'aboutir ; **on the right ~** sur la bonne voie ; **to be on the right ~** ne pas faire fausse route ; **to be on (the right) ~ to do sth** être en bonne voie pour faire qqch. ; **the company is on ~ to double its earnings** du train où vont les choses, l'entreprise devrait doubler ses bénéfices ; **to get/put sb back on (the right) ~** replacer qqn sur la bonne voie ; **bring/get back sth on ~** remettre qqch. sur les rails ; **to be on the wrong ~** faire fausse route, se fourvoyer. **3** *sg. ou pl.* voie(s) *[de chemin de fer]*. **4** *ÉU* quai *[de chemin de fer]*. **5** *Ens. ÉU* groupe de niveau. **6** orientation ; *Ens.* filière ; **to change ~** changer d'orientation *[dans le domaine professionnel]*. **7** *Inf.* piste *[d'un disque]*. **8** plage *[d'un disque phonographique]*, morceau. **9** chenille *[d'un char]*. **10** trace ; piste *[d'un criminel] ;* **to cover one's ~** veiller à ne laisser aucun indice. **11** trajectoire *[d'un satellite, d'une comète, d'un cyclone]*. ✪ **cover one's ~s** brouiller les pistes, tout camoufler, faire disparaître les (éléments de) preuves ; **keep ~ of** a) se tenir au courant de, suivre (l'évolution de), suivre, surveiller ; b) enregistrer, conserver/garder une trace de, conserver la trace/la mémoire de, tenir une comptabilité de ; *[***to keep ~ of consumers' expectations** se tenir au courant des attentes des consommateurs*] ;* **stop dead in its ~s** s'arrêter net ; **stop sth in its ~s** arrêter/stopper net qqch. ; **~ and field** athlétisme ; **~ gauge** écartement des voies ; **~ is on his side** le temps joue en sa faveur ; **~ record** expérience, antécédents, passé, parcours (professionnel), itinéraire (personnel), profil, références *[d'un candidat à un emploi] ;* réalisations (passées), action *[d'un homme politique]*, résultats (obtenus), résultats antérieurs, bilan ; *[***to have an established/good/proven ~ record** avoir fait ses preuves ; **mutual funds with a ~ record of at least three years** des fonds de placement existant depuis au moins trois ans ; **an impressive ~ record in controlling inflation** des résultats remarquables en matière de lutte contre l'inflation ; **police chiefs pointed to their excellent ~ record on drug seizures in recent years** les responsables des services de police ont attiré l'attention sur les succès remarquables qu'ils avaient enregistrés en matière de saisie de drogue ces dernières années ; **companies with a proven ~ record** des entreprises qui ont fait leurs preuves ; **only**

candidates with a proven ~ record in sales need apply seules les personnes qui peuvent faire état d'une expérience réussie dans le domaine de la vente peuvent poser leur candidature ; **the British press has a bad ~ record on the privacy issue** la presse britannique est loin d'être un modèle en matière de respect de la vie privée ; **countries with a ~ record of currency instability** des pays où l'instabilité monétaire est de règle*]* ; **~ system** *Ens.* groupement selon les aptitudes.

trackball *n. Inf.* boule de commande.

tracked *adj. [véhicule]* à chenilles, chenillé.

tracker *n. FCP* fonds indiciel.

tracker *adj.* ✪ **~ dog** chien policier ; **~ fund** *FCP* fonds indiciel.

tracking *n. Ens. ÉU* groupement selon les aptitudes.

tracking *adj.* ✪ **~ poll** sondage sur la base d'un échantillon roulant ; **~ satellite** satellite de poursuite ; **~ station** *Esp.* station de poursuite ; **~ system** *Ens.* groupement selon les aptitudes.

trackpad *n. Inf.* pavé tactile.

tract *n.* **1** pamphlet. **2** étendue. **3** *Méd.* appareil, voies ; **biliary ~** voies biliaires ; **genital ~** appareil génital.

tradable permit *Env.* permis négociable.

trade *v.* **I 1** *tr.* échanger ; **to ~ insults** s'insulter mutuellement. **2** *tr.* négocier *[valeurs mobilières]* ; **to be ~d** faire l'objet de transactions commerciales ; **securities ~d on the stock exchange** titres négociés en Bourse ; **12 million shares were ~d on the Frankfurt exchange** 12 millions d'actions ont été échangées à la Bourse de Francfort. **3** *intr. [actions, monnaie]* se négocier, être négocié, s'échanger, se traiter ; **IBM ~s at $101.81** les actions d'IBM se négocient à 101,81 dollars ; **Alcoa stock is currently trading at $75.42 a share** l'action d'Alcoa s'échange à 75,42 dollars. **4** *intr. [personne]* exercer une activité ; *[entreprise]* avoir des activités (commerciales) ; **to cease trading** fermer ses portes, cesser/arrêter ses activités, mettre fin à ses activités ; **most businesses cease trading after a few years** la plupart des entreprises ferment leurs portes après quelques années ; **only those suitably qualified may ~ as auditors** seules les personnes possédant les titres requis peuvent exercer la profession d'auditeur. **II ~ in 1** (acheter et) vendre *[marchandises]*, négocier *[valeurs mobilières]* ; **this operator only ~s in equities** cet opérateur se limite à acheter et à vendre des actions. **2** *ÉU* faire reprendre *[bien usagé]* (lors de l'achat d'un nouveau). **III ~ on** profiter de, tirer parti de, mettre à profit, exploiter. **IV ~ out** échanger, troquer. **V ~ out of** *Fin.* vendre *[actif financier]*. **VI ~ up 1** remplacer *[bien, logement]* par un *[bien, logement]* d'une plus grande valeur. **VII ~ with** commercer avec, avoir des relations commerciales avec ; **the Foreign Secretary made it clear that British companies should not ~ with oppressive regimes** le ministre des Affaires étrangères a indiqué clairement que les entreprises britanniques ne doivent pas avoir de relations commerciales avec les États qui oppriment leur population. ✪ **~ the account** *Bourse RU* faire un aller et retour *[pendant la même quinzaine boursière]*.

trade *n.* **1** commerce, échanges ; **agricultural ~** échanges agricoles. **2** *Bourse* transaction. **3** profession, métier ; branche (d'activité), secteur ; professionnels ; *pl.* corps de métiers ; **he is a plumber by ~** il est plombier de son état. **4** *Transp.* transport, trafic. **5** *pl.* alizés. ✪ **~ acceptance** *Lettre de change* effet de commerce accepté ; **~ advertising** publicité dirigée vers les grossistes ou les détaillants ; **~ agreement** a) accord commercial ; traité commercial ; b) *ÉU* convention collective ; **~ allowance** *ÉU* remise *[accordée aux distributeurs]* ; **~ association** groupement professionnel, association professionnelle ; **~ balance** balance commerciale ; **~ barrier** entrave au commerce ; **~ bill** effet de commerce, papier commercial ; **~ bloc** zone de libre-échange, marché commun ; **~ body** groupement professionnel, association professionnelle ; **~ book** livre destiné à la vente dans les librairies ordinaires ; **~ commissioner** *RU* attaché commercial *[d'une ambassade]* ; **Trade Committee** *OCDE* Comité des échanges ; **~ convention** salon professionnel ; **~ credit** crédit fournisseur ; **~ cycle** cycle conjoncturel ; **~ deficit** déficit commercial ; **~ description** *RU* a) indications sur la nature des marchandises ; b) désignation commerciale ; **Trade Description Act** *RU* loi sur les désignations commerciales ; **~ directory** annuaire professionnel ; **~ discount** remise *[accordée aux détaillants]* ; **~ dispute** conflit du travail ; **~ edition** édition ordinaire/distribuée dans les librairies générales ; **~ fair** salon professionnel ; foire (commerciale) ; **~ figures** chiffres du commerce extérieur ; **~ flows** courants d'échanges ; **~ gap** déficit de la balance commerciale ; **~ group** groupement professionnel, association professionnelle ; **~-in** *n. Comm.* a) bien repris ; b) achat avec reprise ; **~-in value** *Comm.* valeur du bien repris ; **~ investment** *RU* placement en actions d'une société du même secteur ; **~ journal/magazine** revue professionnelle ; **~ margin** marge commerciale ; **~ marketing** marketing dirigé vers les distributeurs ; **~ mission** mission commerciale ; **~ name** nom commercial, dénomination commerciale, marque *[d'un produit]* ; raison sociale *[d'une entreprise]* ; **~ organization** association professionnelle, groupement professionnel ; **~ paper** revue professionnelle ; **~ paperback** semi-poche ; **~ press** presse professionnelle ; **~ price** a) prix de vente pratiqué entre commerçants du même secteur ; b) prix de vente du grossiste aux détaillants ; **~ publication** revue professionnelle ; **~ sale** vente aux enchères entre professionnels ; **~ school** *ÉU* école professionnelle ; **~ secret** secret de fabrication ; **~ show** salon professionnel ; **~ surplus** excédent de la balance commerciale, excédent commercial ; **Trades Union Congress** *RU* Confédération syndicale britannique ; **~ union** syndicat (professionnel) ; **~-unionist** *n.* syndiqué, membre d'un syndicat ; **~-weighted** *adj.* pondéré en fonction des échanges ; *[***a rise in the pound's ~-weighted value** une augmentation de la valeur de la livre, pondérée en fonction des échanges ; **the dollar declined on the ~-weighted index** le dollar a baissé selon l'indice pondéré en fonction des échanges*]* ; **~ winds** alizés ; **~ zone** zone de libre-échange.

traded option option à l'américaine/négociable.

trademark *n.* **1** marque. **2** *Fig.* signe distinctif.

trademark *adj.* caractéristique.

tradeoff *n.* **1** échange ; compensation ; compromis ; concession ; **conciliators engineered a ~ between the Education Secretary and the teachers** les conciliateurs ont obtenu l'acceptation d'un compromis entre le ministre de l'Éducation et les enseignants. **2** équilibre, dosage ; importance relative accordée à *[deux considérations]*. **3** arbitrage, corrélation négative, alternative ; **the ~ between infrastructural investment and dividends** l'arbitrage entre l'investissement en infrastructures et les dividendes ; **some economists think there is a ~ between low inflation and employment** certains économistes pensent qu'il existe une corrélation négative entre une inflation peu élevée et l'emploi. **4** le pour et le contre, avantages et inconvénients ; **what is the ~?** quels sont les avantages et les inconvénients ?

trader *n.* **1** commerçant. **2** *Bourse* opérateur, négociateur, *trader ; Changes* cambiste.

trading *n.* **1** commerce, échanges. **2** activités *[d'une entreprise]*. **3** *Bourse* a) négociation *[d'actions]* ; b) opérations, transactions ; **~ in the company's share was suspended** la négociation des actions de la société a été suspendue ; **the news did not affect ~ on the London Stock Market** la nouvelle n'a pas eu d'influence sur les transactions à la Bourse de Londres ; **in early ~** en début de séance. ✪ **~ account** a) compte d'exploitation ; b) *RU* quinzaine boursière ; **~ bank** *Austr.* banque commerciale, banque de dépôts ; **~ bloc** zone de libre-échange, marché commun, groupement commercial de pays ; **~ card** carte à collectionner ; **~ centre** centre de commerce ; **~ certificate** *RU* certificat d'immatriculation au registre du commerce ; **~ company** compagnie de commerce, compagnie d'import-export ; **~ concern** commerce, magasin ; **~ day** *Bourse* séance (boursière) ; **~ estate** zone industrielle ; **~ floor** *Bourse* corbeille, parquet ; **~ laws** législation sur les pratiques commerciales ; **~ loss** perte d'exploitation ; **~ name** nom commercial *[d'une entreprise quelconque]* ; raison sociale *[d'une société de personnes]* ; dénomination sociale *[d'une société de capitaux]* ; **~ partner** partenaire commercial ; **~ practices** pratiques commerciales ; **~ profit** bénéfice d'exploitation ; **~ results** *Compt.* résultats ; **~ room** *Bourse* salle des marchés ; **~ session** *Bourse* séance ; **~ stamps** timbres-ristourne ; **~ standards officer** *RU* inspecteur des pratiques commerciales ; **~ stock** stock(s) en magasin ; **~ system** système des échanges ; **~ volume** *Bourse* volume des transactions.

trading *adj.* ✪ **~ nation** *[***Germany is the third largest ~ in the world** l'Allemagne est le troisième pays du monde par son commerce extérieur*]* ; **~ partner** partenaire commercial.

traditional *adj.* ✪ **~ birth attendant** accoucheuse traditionnelle ; **~ healer** guérisseur.

traduce *v. tr. ÉU* calomnier.

traffic *n.* **1** circulation, trafic ; **~ accident** accident de la circulation. **2** traite *[d'êtres humains]*. ✪ **~ circle** *ÉU* rond-point ; **~ congestion** embouteillage(s), encombrement des routes ; **~ fumes** gaz d'échappement ; **~ island** îlot directionnel ; **~ jam** embouteillage ; **~ lane** voie de circulation ; **~ lights** feux de signalisation ; **~ offence** infraction au code de la route ; **~ safety** sécurité routière ; **~ violation** infraction au code de la route ; **~ warden** contractuel.

trafficking *n.* traite *[des êtres humains]*.

tragically *adv.* hélas, malheureusement ; **the jaywalker was ~ killed** malheureusement, le piéton imprudent est décédé.

trail *v.* **1** *tr.* ne pas (pouvoir) suivre, avoir du retard sur, ne pas suivre le rythme de, se laisser distancer par, être distancé par *[concurrent]*. **2 ~ behind** être à la traîne.

trailblazer *n.* précurseur, pionnier.

trailblazing *adj.* novateur, innovateur, inventif, original, inédit, neuf, révolutionnaire.

trailer camp/court/park terrain de caravaning.

trailing edge *Aéron.* bord de fuite. ✪ **~ flap** volet hypersustentateur postérieur.

train *v. tr.* **1** former. **2** entraîner *[soldats]*.

train *n. Fig.* **1** série, suite, succession *[d'événements]* ; **~ of thought** fil de ses idées. **2** suites, conséquences ; **in the ~ of** à la suite de ; **to bring in its ~** entraîner (dans son sillage), déclencher. ✪ **in good ~** en bonne voie ; **in ~** en cours, en voie de réalisation ; **put in ~** mettre en œuvre, entreprendre *[mesures]* ; **set in ~** déclencher, engager, mettre en route, lancer *[mesures]* ; **~ terminal** terminal ferroviaire.

trained *adj. [personnel]* qualifié ; **a ~ translator** un traducteur qualifié. ✪ **~ nurse** infirmier/infirmière diplômé(e).

trainee *n.* personne en cours de formation, personne à former, participant (à un stage/une action de formation), bénéficiaire d'une formation, stagiaire ; **~ solicitor** avoué stagiaire ; **~ teacher** professeur stagiaire.

traineeship *n.* (période de) formation.

trainer *n.* **1** formateur, instructeur, moniteur. **2** avion-école ; simulateur ; *Mil.* avion d'entraînement. **3** *pl.* chaussures de sport.

training *n.* **1** formation, apprentissage, instruction, entraînement. **2** dressage *[d'un animal]*. **3** études ; **medical ~** études de médecine. ✪ **~ aircraft** avion d'entraînement, avion-école ; **~ course** cours/cycle/programme de formation ; stage (de formation) ; **~ materials** matériels de formation ; **~ officer** *Adm.* agent/fonctionnaire chargé de la formation ; **~ period** stage ; **~ place** poste de formation ; **~ programme** cours de formation ; **~ ship** navire-école.

trait *n.* caractéristique.

tram *n.* **1** *RU* tram(way). **2** trolleybus.

tramping *n.* tramping, transport maritime à la demande.

transact *v.* **1** *intr.* négocier. **2** *intr.* faire affaire. **3** *intr.* transiger. **4** *tr.* mener à bien *[négociation, activité, opération commerciale]*.

transactions money *Écon.* disponibilités monétaires.

transboundary, transborder *adj.* transfrontalier.

transceiver *n.* émetteur-récepteur.

transducer *n.* transducteur.

transcript *n.* **1** transcription. **2** compte rendu in extenso/sténographique.

transfer *v. tr.* **1** céder. **2** *Banque, Compt.* virer ; **to ~ an amount from one account to another** virer un montant d'un compte à un autre. **3** muter *[fonctionnaire]*. **4** transférer *[technologies]*.

transfer *n.* **1** cession. **2** *Banque, Compt.* virement. **3** mutation, changement d'affectation *[d'un fonctionnaire]*. **4** transfert *[de technologies] ; Transp. aériens* transfert *[d'un vol à un autre ou de l'aérogare à la ville]*. ✪ **~ fee** montant du transfert *[d'un sportif]* ; **~ orbit** orbite de transfert ; **~ order** *Banque* ordre de virement ; **~ passenger** passager en transit ; **~ price** prix de cession interne ; **~ protocol** protocole de transfert ; **~ rate** *Inf.* taux de transfert *[d'un disque, d'une connexion Internet]* ; **~ RNA** ARN de transfert.

transferable security valeur mobilière.

transferee *n.* cessionnaire.

transgenic *adj. [animal, organisme]* transgénique.

transient *n.* **1** hôte de passage, voyageur, travailleur itinérant. **2** *ÉU* sans-abri ; clochard.

transit *n.* **1** transport ; **in ~** pendant le transport. **2** transit ; **passenger in ~** *Transp. aériens* passager en transit. ✪ **~ lounge** *Transp. aériens* salle de transit ; **~ passage** *Dr. de la mer* passage en transit.

transition *n.* **1** passage *[d'une situation à une autre] ;* changement, évolution ; tournant ; **~ from the laboratory to the market place** passage du laboratoire au marché ; **~ to democracy** démocratisation. **2** transition. ✪ **~ country** pays en transition *[adoptant progressivement l'économie de marché]*.

translation *n. Fin.* conversion *[de monnaies]*.

transmission *n. Énergie* transport *[de gaz, d'électricité]*.

transmit *v. tr.* transmettre, communiquer.

transmitter *n.* **radio ~** émetteur radio ; **television ~** émetteur de télévision.

transparency *n.* **1** transparence. **2** diapositive. **3** transparent.

transpire *v. intr. Fig.* **1** se passer, avoir lieu, se produire, se dérouler ; **polls reveal that the British public are far removed from what ~s in Parliament** les sondages révèlent que les Britanniques ne se sentent pas du tout concernés par ce qui se passe au parlement. **2** apparaître, être divulgué/révélé, transpirer ; **it later ~d that the main prosecution witness had been lying** il est apparu plus tard que le principal témoin à charge avait menti.

transplant *n.* **1** greffe. **2** *Écon.* usine d'assemblage locale.

transplantation *n.* **~ of rice plant/shoots** repiquage.

transplanted *adj. [usine]* délocalisé.

transponder *n.* transpondeur.

transport *n.* ✪ **~ for hire and/or reward** transport pour compte d'autrui ; **~ on own account** transport pour compte propre ; **~ to and from** transport au départ et à destination de.

transputer *n. Inf.* transputer.

trans-shipment *n.* transbordement.

trash heap of history *Fig.* **to consign to/to place in/to throw in the ~** jeter à la poubelle de l'histoire.

travails *n. pl.* **1** difficultés, ennuis. **2** efforts pénibles.

travel *n.* voyage, déplacement ; mission. ✪ **~ advisory** recommandation aux voyageurs ; **~ allowance** indemnité de déplacement.

traveller *n.* **1** voyageur. **2** tsigane, tzigane ; *pl.* gens du voyage. **3** *RU* membre d'un groupe itinérant *[New Age]*. ✪ **~'s cheque** chèque de voyage.

travelling *adj.* itinérant, ambulant. ✪ **~ allowance** indemnité de déplacement ; **~ crane** pont roulant ; **~ library** bibliothèque ambulante/circulante ; bibliobus.

traverse *v. tr. Fig.* **1** examiner l'ensemble de. **2** démentir *[allégation]*. **3** mettre en échec, faire échec à, tenir en échec, déjouer, empêcher (d'aboutir), contrer, contrecarrer, déjouer *[projet] ;* être hostile à, se déclarer hostile à, être opposé à, manifester son opposition à, s'élever contre *[opinion]*.

travesty *n.* parodie, simulacre.

travolator *n.* trottoir roulant.

treadmill *n.* **1** tapis roulant. **2** tapis de course/de jogging. **3** *Fig.* travail fatigant ; travail pénible ; travail routinier. **4** train-train quotidien.

treasure *v. tr.* accorder beaucoup d'importance à, être très attaché à, tenir beaucoup à, chérir.

treasure *n.* ✪ **~ hunt** a) chasse au trésor ; b) jeu de piste ; **~ trove** *Fig.* trésor, riche source, source (presque) inépuisable, corne d'abondance, manne, caverne d'Ali Baba, mine d'or, joyau ; mine *[d'informations] ;* butin/patrimoine/possession/ressources d'une valeur inestimable.

treasury *n.* ✪ **Treasury bill** *ÉU* bon du Trésor (à court terme) ; **Treasury bills issued on tap** bons du Trésor émis au robinet ; **Treasury bond** *ÉU* bon du Trésor à long terme ; **Treasury certificate** bon du Trésor *[à échéance d'un an en général] ;* **Treasury Department** *ÉU* ministère des Finances ; **Treasury note** *ÉU* bon du Trésor *[à échéance de 1 à 5 ans] ;* **~ shares/stock** actions propres ; **Treasury stock** *RU* bon du Trésor ; **~ swap** échange cambiste.

treat *v. tr.* **to be ~ed as** être considéré comme, être assimilé à.

treatment *n.* régime (applicable) ; **the tax ~ of company cars** le régime fiscal appliqué aux voitures de fonction.

treaty *n.* ✪ **~-contract** *n. Dr. int.* traité-contrat ; **~ law** droit des traités ; **~ making** conclusion de traité ; **Treaty on European Union** traité sur l'Union européenne ; **~ shopping** chalandage fiscal

tree *n.* ✪ **~ cover** couvert forestier ; **~ crops** cultures arboricoles ; **~ line** limite des arbres ; **~ nursery** pépinière ; **~ ring** cerne, anneau ligneux ; **~ species** essence.

tremendous *adj.* considérable, énorme, gigantesque, massif, colossal, spectaculaire, exceptionnel, sans précédent, fantastique, extraordinaire, prodigieux, stupéfiant, formidable ; **a ~ asset** un atout extrêmement précieux ; **a ~ mistake** une erreur gigantesque ; **a ~ amount** un montant faramineux.

tremendously *adv.* considérablement, extrêmement, spectaculairement, exceptionnellement, extraordinairement, prodigieusement.

tremolite *n.* trémolite *[f.]*.

trenchant *adj.* **1** *[personne, ironie, critique]* incisif, mordant, acerbe, caustique. **2** *[argument]* de poids, convaincant. **3** *[propos]* vigoureux, percutant. **4** *[politique]* vigoureux, dynamique. **5** *[observateur]* perspicace, *[observation]* pénétrant, perspicace, pertinent, judicieux, *[idée]* d'une grande/rare perspicacité. **6** *[distinction]* tranché, net. **7** *[idées]* bien arrêté.

trend *n.* tendance, évolution, orientation.

trepidation *n.* (vive) inquiétude, (beaucoup d') appréhension, vive appréhension, craintes, anxiété, nervosité, agitation ; **further erosion of the nation state would be cause for ~ among the British** toute nouvelle atteinte à l'État-nation causerait une vive appréhension au Royaume-Uni.

trespass *n.* **1** *Dr.* atteinte à la personne ; atteinte aux biens d'autrui ; atteinte aux droits d'autrui. **2** *Cour.* violation de propriété privée. ✪ **~ de bonis asportatis** *Dr.* atteinte à la propriété mobilière ; **~ quare clausum fregit** *Dr.* atteinte à la propriété foncière, violation de propriété privée ; **~ to land** *Dr.* atteinte à la propriété foncière, violation de propriété privée.

trial *n.* **1** procès ; **to put on ~** traduire en justice ; **to be put on ~** passer en jugement, être jugé, être traduit en justice ; **to bring to ~** traduire en justice ; **to be brought to ~** passer en justice ; **to go to ~** *[personne, affaire]* passer en justice ; **to stand ~** passer en justice, passer en jugement, être jugé. **2** essai ; **under ~** à l'essai ; **~ subscription** abonnement à l'essai ; **for a ~ period** à l'essai ; à titre expérimental ; **clinical ~** essai clinique. **3** épreuve, adversité.

✪ **by ~ and error** par tâtonnements, en tâtonnant, par essais successifs, par approximations successives, de façon empirique, suivant une méthode empirique ; *[***as the instructions were inadequate, she had to work out how to use the software by ~ and error** comme le mode d'emploi laissait à désirer, elle a dû apprendre à utiliser le logiciel par tâtonnements*]* ; **~ balance** *Compt.* balance (de vérification) ; **~ balloon** ballon d'essai ; **~ by jury** procès avec jury ; **~ court** a) tribunal jugeant au fond, juge du fond *[par opp. au juge du droit]* ; b) tribunal de première instance *[par opp. à la juridiction d'appel]* ; **~ issue** *Journ.* numéro zéro ; **~ judge** a) juge du fond *[par opp. au juge du droit]* ; b) juge de première instance/du premier degré *[par opp. au juge d'appel]* ; **~ lawyer** avocat ; **~ of strength** épreuve de force, bras de fer ; **~ order** commande d'essai ; **~ period** période d'essai/probatoire ; **~ run** répétition générale, essai, galop d'essai.

tribulation *n.* adversité, épreuve pénible.

tribute *n. Fig.* **1** hommage ; **to pay ~ to** rendre hommage à. **2** témoignage ; **it is a ~ to the quality of the product** cela témoigne de la qualité du produit ; **it is a ~ to the writer's skills that** telle est l'habileté de l'écrivain que.

trickle *v.* **~ down: the idea that wealth will ~ down is hotly disputed** l'idée que la richesse finit par se propager aux couches les plus modestes de la population est très controversée.

trickledown *n.* retombées, percolation ; **Ronald Reagan firmly believed in the ~ theory** Ronald Reagan était convaincu que la prospérité des plus riches se traduit en définitive par une amélioration du sort des plus démunis.

trickle irrigation irrigation goutte à goutte.

tricky *adj.* **1** *[action]* difficile. **2** *[problèmes éthiques]* délicat.

tried *adj.* *[méthode, théorie]* éprouvé, qui a fait ses preuves. ✪ **~ and tested/true/trusted** *[méthode, théorie]* éprouvé, qui a fait ses preuves.

Trier *n. Allemagne* Trèves.

trigger *v. tr.* déclencher, provoquer, susciter, servir de détonateur à, être le détonateur de, précipiter, donner l'impulsion à, mettre en branle, mettre en mouvement ; **there were fears that police intervention might ~ a riot** on craignait qu'une intervention de la police ne déclenche une émeute.

trigger *n. Fig.* détonateur, élément déclenchant ; **(for)** l'événement/l'élément/ce qui a déclenché. ✪ **~-happy** *adj.* qui a la gâchette facile ; **~ price** *UE* prix-gâchette.

trigger *adj.* de déclenchement.

trillion *n.* billion.

trim *v. tr.* réduire *[effectifs, coûts, déficit]* ; **management intends to ~ services in order to cut costs** la direction a l'intention de réduire les services pour réaliser des économies.

trimming *n. pl.* accessoires, extras ; **with all the ~** avec tous les extras. ✪ **~ tab** *Aéron.* volet compensateur.

TRIMs (trade-related investment measures) MIC (mesures concernant les investissements et liées au commerce).

trim tab *Aéron.* volet compensateur.

triple therapy trithérapie *[contre le sida]*.

TRIPs (trade-related aspects of intellectual property rights) ADPIC (aspects des droits de propriété intellectuelle qui touchent au commerce).

trip wire *Fig.* sonnette d'alarme.

trivia *n.* informations anecdotiques, détails sans importance, questions futiles.

trivial *adj.* **1** banal, insignifiant, négligeable, mineur, sans importance, dénué d'importance/d'intérêt, anodin ; **the board of directors is unlikely to waste time on such ~ matters** il y a peu de chances que le conseil d'administration perde son temps à examiner des questions aussi insignifiantes ; **what were considered to be ~ levels of radiation are now believed to be harmful by some experts** certains experts estiment que des doses de rayonnement autrefois jugées négligeables sont en fait nocives ; **he was sacked for a ~ breach of safety rules** il a été licencié pour un manquement mineur aux consignes de sécurité. **2** simple, évident ; **moving the appliance is hard work, but setting it up is a ~ affair** il est très difficile de déplacer l'appareil, mais son installation est un jeu d'enfant.

trivialize *v. tr.* banaliser.

tRNA (transfer RNA) tARN (ARN de transfert).

trocar *n. Méd.* trocart.

troll *n. Internet* personne qui se plait à envoyer des messages provocateurs.

trolley *n. ÉU* tramway.

Trooping the Colour *RU* Revue des couleurs.

tropical storm tempête tropicale.

trouble *n.* **1** difficulté(s), problème(s), ennui(s) ; désordre, pagaille ; **engine ~** ennuis de moteur ; **to be in ~** être en difficulté ; **to get into ~** avoir des ennuis, s'attirer des ennuis ; **to ask for ~** aller au devant d'ennuis ; **to have no ~ doing sth** n'avoir aucun mal à faire qqch. **the company was quick to put its ~s down to misfortune** l'entreprise s'est empressée de mettre ses difficultés sur le compte de la malchance. **2** peine, effort ; **to take the ~ to** prendre la peine de ; **most delegates had not taken the ~ to study the draft declaration** la plupart des délégués n'avaient pas pris la peine d'étudier le projet de déclaration ; **is it worth the ~?** cela en vaut-il la peine ? **to go to considerable ~ to** se donner beaucoup de mal pour ; **to have ~ doing sth** avoir du mal à faire qqch. ; **these patients have ~ making decisions** ces patients ont du mal à prendre des décisions. **3** troubles, désordre(s), actes de violence, grabuge ; **the Troubles** *RU* les événements d'Irlande du Nord. ✪ **~-free** *adj.* qui s'est déroulé sans incident ; **~ spot** zone de conflit, point chaud ; poudrière ; source de difficultés.

troubled *adj.* *[entreprise]* en difficulté. ✪ **~ waters** *Fig.* situation difficile.

troublemaker *n.* fauteur de troubles, trublion, trouble-fête.

troubleshooter *n.* conciliateur ; spécialiste de la résolution de problèmes.

troubleshooting *n.* **1** conciliation ; assistance/intervention en cas de difficulté(s). **2** dépannage.

troublesome *adj.* **1** *[personne]* difficile (à supporter), peu commode, dérangeant, *[question]* épineux, source de difficultés considérables, *[situation]* très embarrassant ; **to be ~** poser des difficultés considérables. 2 *[négociations]* difficile, laborieux.

troubling *adj.* préoccupant, inquiétant.

trough *n.* creux, point le plus bas *[dans un graphique]*.

troy ounce once troy.

truancy *n.* absentéisme scolaire, école buissonnière.

truant *n.*, *adj.* **to play ~** faire l'école buissonnière, sécher les cours.

truck *n. ÉU* camion. ✪ **~ bill of lading** lettre de voiture ; **~ driver** chauffeur/conducteur de camion, routier ; camionneur.

trucking company entreprise de transports routiers.

truculent *n.* agressif, belliqueux, provoquant.

true *adj.* **this is particularly ~ in the case of** cela se vérifie en particulier pour, c'est notamment le cas de ; **the same is ~ of** cette observation est également valable pour ; **the reverse is ~** c'est l'inverse, il n'en est rien ; **this is not ~ of** ce n'est pas le cas de ; **this is still ~ today** il en est encore de même aujourd'hui ; **this is no longer ~ in the days of the global market** il n'en est plus de même dans cette période caractérisée par la mondialisation des marchés. ✪ **come ~** *[prévision]* se réaliser ; **~ and fair view** *[***the accounts give a ~ and fair view of the situation of the company** les comptes donnent une image fidèle de la situation de la société*]* ; **~-blue** *adj.* de stricte obédience, pur et dur ; **~ copy** copie conforme ; **~ discount** escompte rationnel/en dedans ; **~ north** nord vrai ; **True Path Party** *Turquie* Parti de la juste voie.

trumped-up *[accusations]* fabriqué de toutes pièces.

trumpet *v. tr.* 1 proclamer, claironner ; **Microsoft is ~ing Word 2005 as the ultimate word-processing software** Microsoft proclame que Word 2005 est un logiciel de traitement de texte insurpassable. 2 diffuser largement, mener une grande action de promotion en faveur de, faire beaucoup de battage autour de. ✪ **blow one's own ~** chanter ses propres louanges, vanter ses propres mérites, se livrer à de l'autopromotion.

trunk *n.* ✪ **~ call** *RU* communication interurbaine ; **~ exchange** central interurbain ; **~ road** grand axe, route principale, route à grande circulation ; **~ sewer** égout collecteur.

trust *v. tr.* 1 faire confiance à, avoir confiance en. 2 **to ~ sb to** compter sur qqn pour ; **I ~ that you will keep me informed** je compte sur vous pour me tenir au courant. 3 **(that)** s'attendre à ce que, ne pas douter que.

trust *n.* 1 *Dr. trust,* fiducie ; *Can.* fiducie ; **property held in ~ for** bien administré pour le compte de. 2 **Trust** *RU Santé publique voir* NHS Trust. 3 *ÉU* trust *[= société qui entrave la concurrence de par sa position sur le marché]*. ✪ **~ fund** fonds spécial, fonds d'affectation spéciale ; **~ territory** *ONU* territoire sous tutelle.

trustee *n.* 1 *trustee,* fiduciaire ; *Can.* fiduciaire. 2 administrateur. 3 membre du conseil d'administration. ✪ **~ (in bankruptcy)** *RU* syndic de faillite ; **~ securities** valeurs de bon père de famille.

trusteeship *n. ONU* tutelle.

trusty *n.* détenu(e) bénéficiant de certains privilèges.

trusty *adj.* bon vieux ; **I found this definition in my ~ Petit Larousse** j'ai trouvé cette définition dans mon bon vieux Petit Larousse.

try *v. tr.* 1 essayer, tenter, s'efforcer de. 2 juger *[suspect, affaire]* ; **nobody can be tried twice for the same offence** nul ne peut être jugé deux fois pour la même infraction. 3 mettre *[patience]* à l'épreuve.

trying *adj.* 1 éprouvant, pénible, difficile. 2 irritant, fâcheux, désagréable.

tsar *n. Fig.* 1 coordinateur ; **drug ~** coordinateur de la lutte contre la drogue, « Monsieur drogue » ; **the Home Office is considering appointing a crime ~** le ministère de l'Intérieur envisage de nommer un coordinateur de la lutte contre la criminalité. 2 gros bonnet.

tubal ligation ligature des trompes.

tube *n. Fam.* télé.

TUC (Trade Union Congress) TUC (Confédération syndicale britannique).

tug *n.* ✪ **~-of-love** *n.* conflit concernant la garde d'un enfant ; **~-of-war** *n.* lutte acharnée/sans merci pour la suprématie.

tuition (fees) droits de scolarité ; droits d'inscription *[à l'université]*.

tumbling *adj.* en chute libre.

tumultuous *adj.* riche en rebondissements.

tune *v.* **~ out** ignorer *[bruit]*.

tune *n. Fig.* ✪ **call the ~** prendre les décisions, diriger les opérations, tenir les rênes/les leviers de commande ; **change one's ~** tenir un autre langage ; **in ~ with** en phase avec *[qqn]* ; en résonance avec *[esprit du temps]* ; en prise sur *[réalité]* ; **out of ~ with to** inadapté à ; **to the ~ of** à hauteur de *[montant]* ; *[***taxpayers are subsidizing the rehabilitation of the building to the ~ of £25 million** le contribuable subventionne la rénovation du bâtiment à hauteur de 25 millions de livres*]*.

tuner *n.* syntoniseur.

tuning *n.* accord ; réglage.

tunelling machine tunnelier.

tunnel vision *Fig.* étroitesse d'esprit/de vues, myopie, œillères ; **the leader of the opposition blamed the minister's inflexibility on ~** le chef de file de l'opposition a attribué l'inflexibilité du ministre à une incapacité à considérer la situation dans son ensemble.

turf *n.* plates-bandes, territoire, chasse gardée, pré carré, terrain de chasse. ✪ **~ war** bagarre/conflit/lutte/querelle de territoire.

Turkmen *n. sg. ou pl.* Turkmène(s).

Turks and Caicos Islands îles Turks et Caïques ; *ONU* îles Turques et Caïques.

turmoil *n.* tempête, tourmente, turbulences, crise, remous *[sur les marchés financiers]* ; **in ~** en ébullition, en proie à une agitation considérable.

turn *v.* **I 1** *intr.* tourner. 2 retourner *[arme contre soi-même]*. 3 *tr.* faire tourner. 4 *tr.* **(to)** porter *[son attention]* sur ; **let us now ~ our attention to** passons maintenant à. 5 *intr.* *[situation]* évoluer *[en faveur de qqn]*. 6 **(into)** transformer en, convertir en, traduire en, passer de *[qqch.]* à *[qqch. d'autre]* ; bâtir *[entreprise prospère]* en commençant avec *[peu de chose]*, édifier *[fortune]* avec une mise de départ de *[quelques milliers de dollars]*, exploiter *[idée, brevet,* *circonstances favorables]* pour constituer *[fortune]*, utiliser *[sa réputation]* pour obtenir *[avantage] ;* **to ~ Congo into a stable country** faire du Congo un pays stable ; **the new chairman's aim was to ~ losses into profits** le but du nouveau président était de remplacer les pertes par des bénéfices ; **the difficulty of ~ing policy into legislation** la difficulté qu'il y a à traduire la politique en dispositions législatives ; **industrial emissions are ~ing the river into an environmental black spot** les rejets industriels polluent fortement le cours d'eau. **7** *intr.* devenir ; **a businessman ~ed politician** un homme d'affaires qui s'est reconverti dans la politique ; **the dream could ~ sour** le rêve pourrait se transformer en cauchemar ; **to ~ professional** passer professionnel. **8** *tr.* atteindre l'âge de ; **workers are retired when they ~ 60** les travailleurs sont mis à la retraite à l'âge de 60 ans. **9** *tr.* dégager, réaliser *[bénéfices].* **II ~ around 1** remettre sur pied, assainir *[entreprise, l'économie] ;* redresser la situation de *[entreprise] ;* transformer complètement *[situation critique] ;* remettre sur les rails ; **the evidence suggests that the previous Chancellor had already ~ed the economy around** selon les indications disponibles, le précédent ministre des Finances avait déjà redressé l'économie ; **she ~ed the company around in just six months** il ne lui a fallu que six mois pour redresser la situation de l'entreprise. **2** *[activité économique]* reprendre. **3** *[situation]* prendre un tour nouveau, s'améliorer. **4** inverser *[tendance].* **5** éluder *[question embarrassante]*, esquiver, se dérober à. **6** *[véhicule]* faire demi-tour ; *Fig.* faire marche arrière. **7** *[valeurs mobilières]* changer d'orientation. **III ~ aside** rejeter *[demande, offre].* **IV ~ away 1** refuser l'accès à, refuser d'accueillir, ne pas laisser entrer, ne pas admettre, prier de s'en aller, refouler *[qqn] ;* rejeter *[demande].* **V ~ away from** bouder, se détourner de, se désintéresser ; **students are ~ing away from science** les étudiants boudent les sciences. **VI ~ back 1** revenir sur ses pas. **2** refouler *[qqn].* **3 to ~ back the clock** revenir en arrière. **VII ~ down** rejeter, ne pas accepter *[offre]*, refuser *[invitation, offre d'emploi] ;* opposer une fin de non-recevoir à *[qqn] ;* **to ~ down a job offer** ne pas accepter une offre d'emploi. **VIII ~ in 1** remettre, déposer *[rapport].* **2** livrer *[criminel à la police] ;* **to ~ oneself in** se livrer. **IX ~ into** se transformer en, devenir ; **the dream ~ed into a nightmare** le rêve est devenu cauchemar. **X ~ off 1** mettre *[appareil]* hors tension ; couper *[moteur].* **2** rebuter. **XI ~ on 1** mettre *[appareil]* sous tension ; **is the computer ~ed on?** l'ordinateur est-il sous tension ? **2** *Biol.* activer *[gène].* **3** dépendre de. **4** être centré/axé sur ; **the whole election could ~ on the tax debate** les élections pourraient être entièrement centrées sur le débat relatif à la fiscalité. **XII ~ out 1 on a warm day, tourists ~ out in droves** les jours où il fait beau, il y a un grand afflux de touristes. **2** *[électeur]* voter ; **only 50% of the electorate ~ed out** un électeur sur deux seulement a voté ; **Conservative voters failed to ~ out in numbers** les électeurs conservateurs ont été peu nombreux à se rendre aux urnes. **3** *[université]* produire *[diplômé] ;* **universities are accused of ~ing out graduates with few practical skills** on accuse les universités de produire des diplômés qui ne possèdent que peu d'aptitudes pratiques. **4 as it ~ed out** comme la suite l'a montré ; **it ~ed out to be a hoax** on s'est finalement rendu compte qu'il s'agissait d'un canular ; **that speech ~ed out to be the last of his parliamentary career** il s'est avéré par la suite que ce discours était le dernier de sa carrière parlementaire ; **the accused's brother ~ed out to be the culprit** il est apparu que le frère de l'accusé était le coupable. **XIII ~ over 1** remettre *[documents]*, transmettre, confier *[tâche]* à ; **control of the company was ~ed over to a relative of the main shareholder** la direction de l'entreprise a été confiée à un parent du principal actionnaire. **2** céder *[bien].* **XIV ~ round** provoquer un redressement de *[monnaie].* **XV ~ to 1** se référer à *[telle page d'un livre]*, se reporter à *[graphique]*, examiner, consulter *[notes].* **2** devenir, se transformer en, tourner à, faire place à ; **surprise has ~ed to outrage** la surprise a fait place à de l'indignation. **3** s'adresser à, faire appel à *[qqn] ;* recourir à, avoir recours à *[moyen] ;* adopter *[méthode] ;* **the employees ~ed to their union for help** les salariés ont demandé à leur syndicat de les aider ; **students are encouraged to ~ to their tutors for academic support** on conseille aux étudiants de demander de l'aide à leur directeur d'études ; **the company ~ed to its lawyer for advice** l'entreprise a demandé à son avocat de la conseiller ; **to ~ to another method** recourir à une autre méthode ; **some patients are ~ing to acupuncture** certains patients ont recours à l'acupuncture. **4** passer à, examiner ensuite, aborder, évoquer *[question] ;* porter son attention sur *[question].* **5** s'orienter vers. **6 to ~ to (one's) advantage** tirer parti de, exploiter, utiliser à son profit ; **these very problems must be ~ed to advantage** nous devons tirer parti de nos difficultés mêmes ; **it is not resources he lacks, but the capacity to ~ them to advantage** il ne manque pas de ressources, mais n'est pas à même de les exploiter. **XVI ~ towards** s'orienter vers. **XVII ~ up 1** *[économie]* se redresser. **2** *[personne]* être présent, *[chose]* apparaître, se présenter, être trouvé ; **tests showed that abnormal cells also ~ed up in low-risk groups** les examens ont montré que des cellules anormales étaient également détectées chez des personnes faisant partie de groupes à faible risque.

turn *n.* tournure *[des événements, d'esprit] ;* **to take a ~ for the better/worse** s'améliorer/empirer. ✪ **at every ~** a) partout ; b) à tout bout de champ, tout le temps, constamment, en permanence ; **at the ~ of the century** au début du siècle/de ce siècle ; **in its ~** a) à son tour ; b) de son côté, pour sa part ; **in ~** a) à son tour ; b) de son côté, pour sa part ; c) l'un après l'autre, successivement, tour à tour ; **speak out of ~** commettre une gaffe.

turnabout *n.* **1** volte-face, revirement. **2** renversement de situation/tendance, retournement. **3** *ÉU* changement de camp.

turnaround *n.* **1** volte-face, revirement. **2** complète transformation *[de la situation]*, renversement, retournement *[de la tendance].* **3** redressement *[d'une entreprise, de l'économie] ;* **the ~ in profit** le redressement des bénéfices.

turnkey *adj. [contrat, usine]* clés en main, *solution, technologie]* prêt à l'emploi.

turnout *n. Pol.* (taux de) participation (aux élections) ; **the ~ was low by Indian standards** le taux de participation a été faible pour un pays comme l'Inde.

turnover *n.* **1** rotation *[du personnel, des stocks].* **2** renouvellement. **3** chiffre d'affaires. **4** *Bourse* montant des transactions. ✪ **~ tax** impôt sur le chiffre d'affaires.

turnpike (road) *ÉU* autoroute à péage.

turnround *n. voir* turnaround.

turntable *n.* platine tourne-disque.

tutor *n.* **1** précepteur. **2** répétiteur. **3** directeur d'études *[d'un étudiant, d'un groupe d'étudiants]*, tuteur. **4** *ÉU* assistant *[dans une université].* **5** *ÉU* conseiller pédagogique *[dans une université].*

tutorial *n.* **1** *Ens.* séance d'explications (en petit groupe). **2** séance d'explications individuelle. **3** *Inf.* tutoriel. ✪ **~ college** *RU* école de préparation aux examens de fin d'études secondaires ; **~ program** *Inf.* tutoriel.

tutoring *n.* **1** leçons particulières. **2** assistance pédagogique, tutorat.

Tutsi *n.* Tutsi ; *pl.* Tutsi(s).

TV (television) télévision. ✪ **~-top box** décodeur ; **~-top terminal** décodeur.

tweak *v. tr. Fig.* affiner, modifier légèrement *[système].*

twenties *n. pl. cf.* forties.

twenty~-foot equivalent unit *Transp.* conteneur équivalent vingt pieds.

twice *adv.* ✪ **think ~** réfléchir à deux fois.

twin *adj.* **1** jumeau. **2** double. ✪ **Twin Cities** *ÉU* St. Paul et Minneapolis ; **~-engine aircraft** bimoteur ; **~(-engine) jet** biréacteur ; **~-rotor helicopter** (hélicoptère) birotor ; **~-track** *adj.* double ; *[***~-track approach** stratégie à deux volets*].*

twist *n. Fig.* **1** rebondissement ; changement d'orientation, revirement ; **new ~** orientation nouvelle ; **to take another ~** connaître un nouveau rebondissement. **2** variante ; particularité, spécificité. **3** interprétation/facture personnelle/originale, interprétation propre, touche d'originalité, style nouveau, conception nouvelle/originale, griffe propre, patte, marque personnelle. **4** tour, coloration ; touche *[d'ironie]* ; **then the protests took a religious ~** ensuite, le mouvement de protestation a pris un tour religieux. ✪ **~ of fate/fortune** hasard, ironie du sort ; **~s and turns** évolutions, péripéties, rebondissements ; *[***the journalist has been following the ~s and turns in relations between Iraq and the US** le journaliste a suivi les diverses péripéties des relations entre les États-Unis et l'Irak ; **the latest ~s and turns of the scandal** les rebondissements les plus récents du scandale*].*

twisted pair of copper wires paire torsadée de fils de cuivre.

two *adj.* ✪ **of ~ minds** ambivalent ; **put ~ and ~ together** tirer la conclusion logique ; faire le rapprochement ; **~-chamber** *adj. [système, parlement]* bicaméral ; **~-chamber system** bicamér(al)isme ; **~-door saloon** *RU* coupé ; **~-faced** *adj.* hypocrite ; **~-handed approach** stratégie à deux volets ; **~ or more** plusieurs ; **~-page spread** double page ; **~-pronged** *adj.* double ; *[***~-pronged attack** attaque sur deux fronts ; **~-pronged strategy** stratégie comportant deux axes*]* ; **~ sides of industry** partenaires sociaux ; **~-stroke engine** moteur à deux temps ; **~-tier(ed)** *adj.* à deux niveaux, à deux vitesses, double ; *[***~-tier education** éducation à deux vitesses ; **Thatcherism led to a ~-tiered society** le thatchérisme a créé une société à deux vitesses*]* ; **~-tier market** double marché *[des changes]* ; **~-track** *adj.* double, à deux volets ; **~-way** *adj.* a) bidirectionnel, bilatéral, allant dans les deux sens ; b) mutuel, réciproque ; *[***communication is a ~-way process** la communication est un processus bidirectionnel ; **the meetings will facilitate ~-way communication** les réunions faciliteront une communication allant dans les deux sens*]* ; **~-way street** *Fig. [***to be a ~-way street** ne pas être à sens unique*]* ; **~-way table** *Stat.* tableau à double entrée ; **~ wrongs do not make a right** une injustice/mauvaise action n'en justifie pas une autre, un acte illicite/condamnable n'en justifie pas un autre ; **~-year college** *ÉU* établissement universitaire à cycle court.

twofold increase multiplication par deux.

type *v.* **~ in** taper *[mot de passe].*

type *n.* **1** catégorie, type, genre, nature, ordre, mode. **2** *voir* typeface. ✪ **~-approval** *n.* homologation ; *UE* réception.

typeface *n. Typographie* caractères ; police ; **in italic ~** en italique.

typically *adv.* généralement, d'une manière générale, en règle générale, ordinairement, le plus souvent ; **the inspections ~ require a five-man team** les inspections nécessitent généralement une équipe de cinq personnes.

typify *v. tr.* **1** être un exemple caractéristique/représentatif/typique/classique de, présenter toutes les caractéristiques de, bien illustrer, mettre en évidence ; **the industry is typified by low pay** le secteur est caractérisé par des emplois mal rémunérés ; **ethnic violence in Yugoslavia typified the perils of abrupt change** les actes de violence interethniques en Yougoslavie ont bien illustré les risques inhérents à des changements brusques. **2** caractériser.

typing *n. Méd.* groupage *[sanguin, tissulaire].*

typing pool central dactylographique.

U

UAE (United Arab Emirates) Émirats arabes unis.

uberrima fides *Dr.* bonne foi la plus rigoureuse. ✪ **uberrimae fidei** *Dr. [contrat]* impliquant une confiance totale entre les parties, exigeant une bonne foi totale.

ubiquitous *adj.* omniprésent, universel, envahissant, généralisé, très répandu, que l'on retrouve partout, *[bureaucratie]* tentaculaire ; **these social scientists are studying the ~ occurrence of the same conflicts** ces sociologues étudient l'omniprésence de conflits identiques ; **the ~ downsizing of plants** la réduction généralisée de la taille des unités de production ; **the climatic changes seem to be ~** les changements climatiques semblent se retrouver partout.

UCITS (undertaking for collective investment in transferable securities) *UE* OPCVM (organisme de placement collectif en valeurs mobilières).

UCK (Kosovo Liberation Army) UCK (Armée de libération du Kosovo).

UDA (Ulster Defence Association) *RU Ulster Defence Association.*

UDI (unilateral declaration of independence) déclaration/proclamation unilatérale d'indépendance.

UDP (Ulster Democratic Party) *RU Ulster Democratic Party.*

UFF (Ulster Freedom Fighters) *RU Ulster Freedom Fighters.*

ugly *adj. Fig.* **1** *[scène]* pénible. **2** peu glorieux.

UHF (ultra-high frequency) UHF (ultra-haute fréquence).

UHT milk lait UHT.

Uighur *n.* Ouïg(h)our.

UK (United Kingdom) Royaume-Uni.

ULCC (ultra large crude carrier) superpétrolier ULCC.

ULD (unit load device) *Transp.* unité de chargement.

ulterior *adj.* **1** caché ; ~ **motive** arrière-pensée, idée derrière la tête, intention cachée, motif caché/inavoué ; **this disease may have an ~ cause** il se peut que cette maladie ait une cause cachée. **2** ultérieur. **3** plus éloigné.

ultimate *n.* sommet, summum, nec plus ultra, fin du fin, dernier chic, ce qui se fait de mieux ; **this is the ~ in protectionism** il s'agit d'un protectionnisme poussé à l'extrême ; **he described the radar system as the ~ in road safety** selon lui, ce système radar est ce qui se fait de mieux en matière de sécurité routière.

ultimate *adj.* **1** absolu, suprême, extrême, le plus achevé, meilleur, idéal, insurpassable, par excellence, s'il en est ; **the ~ sacrifice** le sacrifice suprême ; **the Conservatives regard freedom of choice as the ~ weapon against the Socialists** les conservateurs considèrent que la liberté de choix est l'arme absolue contre les socialistes ; **she is now the ~ authority on Wagner** elle est maintenant l'autorité suprême en ce qui concerne Wagner ; **the House of Lords is also the ~ court of appeal** la Chambre des Lords est également la cour d'appel qui statue en dernier ressort ; **a common currency is the ~ form of integration** une monnaie commune constitue la forme la plus achevée d'intégration ; **equities are the ~ hedge against inflation** les actions représentent le meilleur rempart contre l'inflation. **2** fondamental. **3** ultime, dernier, final ; ultérieur ; *[cause]* premier, profond ; ~ **purchaser** acheteur final ; **the ~ beneficiaries of the system will be our children** les bénéficiaires du système seront en dernière analyse nos enfants ; **the ~ source of the record company's wealth is the artists it has under contract** la source première de la richesse de la société de disques est constituée par les artistes avec lesquels elle a conclu des contrats. ✪ ~ **price** sacrifice suprême ; *[***to pay the** perdre la vie*]*.

ultimately *adv.* finalement, en définitive, en fin de compte, au bout du compte, en bout de chaîne, en dernière analyse, en dernier ressort, à terme, à la longue ; essentiellement, fondamentalement ; ~ **responsible** responsable en dernier ressort.

ultra-high frequency ultra-haute fréquence.

ultra large crude carrier superpétrolier ULCC.

ultralight plane ultra-léger motorisé, ULM.

ultrasonic *n.* ✪ ~ **examination/scanning** *Méd.* échographie, examen échographique ; ~ **waves** ondes ultrasonores.

ultrasonography *n. Méd.* échographie.

ultrasound *n. Méd.* échographie *[= examen ou technique]*, examen échographique. ✪ ~ **examination** échographie, examen échographique ; ~ **scan** échographie *[= examen]*, examen échographique ; ~ **scanning** échographie *[= technique]*.

ultra vires *Dr.* constitutif d'un excès de pouvoir ; **to act ~** a) commettre un excès de pouvoir ; b) *Sociétés* accomplir un acte sortant de l'objet social. ✪ ~ **act** excès de pouvoir ; *Sociétés* acte sortant de l'objet social ; ~ **action** recours pour excès de pouvoir.

UMB (upper memory block) *Inf.* bloc de mémoire haute.

umbrella *n. Fig.* **1** égide, auspices ; cadre (général) ; **under the ~ of** a) sous l'égide de, sous les auspices de ; b) dans le cadre de ; ~ **programme** programme cadre ; **the idea was to bring Russia under the ~ of the Council of Europe** il s'agissait d'inciter la Russie à adhérer au Conseil de l'Europe. **2** ~ **(body/group/organization)** organisme de coordination, organe fédérateur, fédération, groupement, organisation ; **the Countryside Alliance is an ~ group of associations concerned about different aspects of rural life** la *Countryside Alliance* est un groupement d'associations qui se préoccupent de différents aspects de la vie rurale ; **the ecology party was described as an ~ group that would not hold together** on a dit du parti écologique qu'il s'agissait d'un rassemblement d'organisations incapable de maintenir sa cohésion ; **it is the ~ body for lawyers and legal advisers** il s'agit d'un organisme qui regroupe des avocats et des conseillers juridiques ; **an ~ group representing various Muslim organizations in Britain** un organisme qui coiffe différentes organisations musulmanes du Royaume-Uni. **3** *Fin.* fonds (commun de placement) à compartiments. ✪ ~ **fund** *FCP* fonds à compartiments ; ~ **term** terme générique.

umbrella *adj.* comportant plusieurs éléments.

Umm al Quwain *Émirats arabes unis* Oumm al-Qaïwaïn.

umpire *n. Dr.* surarbitre.

UMTS (Universal Mobile Telecommunications System) UMTS (Universal Mobile Telecommunications System).

UN (United Nations) **1** ONU (Organisation des Nations Unies) ; Nations Unies ; **~ ambassador** ambassadeur auprès de l'ONU ; **the ~ Secretary-General** le Secrétaire général de l'ONU ; **she works only for ~ organizations** elle travaille uniquement pour des organismes des Nations Unies. **2** de l'ONU, des Nations Unies ; onusien ; **~ terminology is sometimes cryptic** la terminologie onusienne est parfois difficile à comprendre. ✪ **~ agency** institution des Nations Unies.

unabated *adj.* continu, ininterrompu, persistant, soutenu, prolongé, durable, constant, permanent ; tenace ; qui perdure ; *[se poursuivre]* sans relâche, avec autant d'intensité, sans rien perdre de son intensité/sa vigueur, sans fléchir, sans perdre de sa virulence ; **the ~ rise in inflation** l'augmentation constante de l'inflation ; **indiscriminate logging continues ~** l'exploitation sauvage des forêts continue sans relâche.

unaccompanied baggage/luggage bagages non accompagnés.

unaccountable *adj.* **1** inexplicable. **2** dispensé de rendre compte de ses actes, qui n'est soumis à aucun contrôle.

unaccountably *adv.* sans que l'on sache pourquoi, pour une raison inconnue.

unaccounted *adj.* **(for)** *[personne]* porté disparu, introuvable, *[chose]* manquant, introuvable, dont on a perdu la trace ; **four fishermen are still ~ for** quatre marins-pêcheurs manquent encore à l'appel.

UNAIDS (Joint United Nations Programme on HIV/AIDS) ONUSIDA (Programme commun des Nations Unies sur le VIH/SIDA).

un-American *adj.* **1** peu conforme aux valeurs/normes des États-Unis, peu conforme à ce qui se fait aux États-Unis. **2** non américain.

unannounced *adj.* *[inspection]* inopiné, impromptu, surprise.

unanswerable *adj.* **to make an ~ case for** prouver irréfutablement.

unapologetic *adj.* sans complexe ; **to be ~** estimer qu'on n'a rien à se reprocher, ne rien regretter.

unapproachable *adj.* **1** *[personne]* distant. **2** *[lieu]* inaccessible, peu accessible, d'accès difficile, éloigné, lointain, distant ; isolé, reculé, situé loin de tout, perdu, à l'écart.

unappropriated reserve *ÉU* réserve facultative.

unashamedly *adv.* sans honte, sans complexe ; **his approach is ~ pragmatic** il n'a pas honte de reconnaître que sa démarche est purement pragmatique ; **in her speech she was ~ nationalistic** elle a prononcé sans complexe un discours nationaliste.

unassuming *adj.* sans prétention, modeste.

UNAT (United Nations Administrative Tribunal) Tribunal administratif des Nations Unies.

unattended *adj.* **1** *[personne, chose]* (laissé) sans surveillance, abandonné, *[enfant]* seul, laissé/livré à lui-même, *[passage à niveau]* non gardé. **2** *[blessure]* non soigné.

unattributably *adv.* *Journ.* sans que les propos tenus puissent être attribués à leur auteur, étant entendu que son nom ne serait pas cité, sous le couvert de l'anonymat.

unavailing *adj.* inutile, inefficace.

unawares *adv.* **1** par inadvertance, inconsciemment. **2** par surprise.

unbeknown, unbeknowst *adv.* **(to)** à l'insu de.

unbiased *adj.* *[données, conseils]* objectif, *[comportement]* impartial, neutre.

unborn *adj.* *[enfant]* à naître.

unbranded good produit sans marque.

unbridgeable *adj.* **1** *[écart]* impossible à combler. **2** *[divergence de vues]* insurmontable.

unbuilt *adj.* *[terrain]* non bâti, nu.

unbundle *v. tr.* **1** décomposer en ses différents éléments ; scinder, dissocier. **2** vendre séparément.

unburned hydrocarbons *Env.* hydrocarbures imbrûlés.

uncalled *adj.* ✪ **~ capital** capital non appelé ; **~ for** injustifié, déplacé, intempestif, indu ; **~ subscribed capital** capital souscrit non appelé.

UNCED (United Nations Conference on Environment and Development) CNUED (Conférence des Nations Unies sur l'environnement et le développement).

unceremoniously *adv.* sans prendre de gants, sans ménagement, sans autre forme de procès.

uncertain *adj.* incertain, aléatoire ; flou ; **in no ~ manner** *[déclarer qqch.]* sans ambiguïté, sans ambages ; **in no ~ terms** de façon très explicite.

uncertainty principle *Phys.* principe d'incertitude.

unchallenged *adj.* **1** *[chef, suprématie]* incontesté, indiscuté. **2** qui ne se heurte à aucune opposition ; **this idea remained ~ for decades** pendant des décennies, cette idée n'a jamais été mise en doute.

unchallenged *adv.* sans rencontrer de résistance.

unchanged *adj.* inchangé, en l'état.

unchartered *adj.* *Fig.* peu familier, mal connu, dépourvu de points de repère, inexploré. ✪ **~ territory/waters** *Fig.* inconnu, terrain nouveau, terrain non balisé.

unchecked *adj.* non maîtrisé, débridé, effréné, sauvage, libre (de toute entrave), sans restrictions, anarchique, chaotique, échevelé, à tous crins ; **~ urbanization** urbanisation anarchique ; **~ population growth** explosion démographique.

UNCITRAL (United Nations Commission on International Trade Law) CNUDCI (Commission des Nations Unies pour le droit commercial international).

unclaimed dividend dividende non réclamé.

unclean bill of lading *Transp. mar.* connaissement clausé.

unclear *adj.* **1** peu clair, nébuleux ; **it is ~ whether** il est malaisé de déterminer si. **2 to be ~ whether** ne pas savoir au juste si.

uncomfortable *adj.* **1** *[chose]* inconfortable ; désagréable, pénible ; **the symptoms of shingles are described as particularly ~** on dit que les symptômes du zona sont particulièrement pénibles. **2** *[personne]* incommodé *[physiquement]*, mal à l'aise, embarrassé, gêné *[moralement]*.

uncommitted *adj.* libre, non engagé, neutre, indépendant, sans attaches, *[électeur]* indécis ; **to be ~** ne pas prendre position, ne pas se prononcer, ne pas s'engager.

uncommon *adj.* rare.

uncompromising *adj.* *[personne, position]* intransigeant, *[personne]* peu disposé à faire des concessions, *[partisan, adversaire]* résolu, *[ennemi]* juré ; sans concession, pur et dur.

unconcerned *adj.* serein, détaché ; **to be ~ with** ne pas se soucier de.

unconditional *adj.* pur et simple, absolu, sans réserve, *[reddition]* sans condition, inconditionnel.

unconfirmed documentary credit crédit documentaire non confirmé.

unconscionable bargain *Dr.* contrat léonin.

uncontentious *adj.* admis par tous.

uncontrollable *adj.* impossible à maîtriser, effréné, débridé, chaotique, à la dérive, indépendant de notre volonté.

uncontrolled *adj.* **1** désordonné, mal/non maîtrisé, effréné, débridé, sauvage, libre (de toute entrave), sans restrictions, qui n'est soumis à aucune restriction, qui ne fait l'objet d'aucune restriction, anarchique, chaotique, échevelé, à tous crins ; débridé ; *[inflation]* galopante ; **~ population growth** explosion démographique ; **~ urban expansion** expansion urbaine anarchique. **2** non réglementé.

uncouple *v. tr.* déconnecter.

uncover *v. tr.* **1** révéler, rendre public, mettre au jour. **2** découvrir *[complot, cache d'armes]* ; **the journalist has ~ed papers which show the government's real intentions** le journaliste a découvert des documents qui montrent les intentions réelles du gouvernement.

uncovered option *Bourse* option non couverte, option nue.

UNCTAD (United Nations Conference on Trade and Development) CNUCED (Conférence des Nations Unies sur le commerce et le développement).

undaunted *adj.* sans se décourager.

UNDCP (United Nations International Drug Control Programme) PNUCID (Programme des Nations Unies pour le contrôle international des drogues).

undefended *adj. Dr.* **1** *[affaire]* jugé par défaut, dans lequel le défendeur est défaillant. **2** *[prévenu]* non défendu.

undependable *adj.* peu fiable, capricieux.

under *prép. Dr.* selon, suivant, d'après, en vertu de, en application de, conformément à, aux termes de, au regard de *[dispositions juridiques]* ; sous l'empire de *[loi]* ; au titre de ; dans le cadre de ; visé par, relevant de, découlant de ; **obligations ~ international law** obligations découlant du droit international. ✪ **~ night** à la faveur de la nuit ; **~ the name of** sous le pseudonyme de ; **~ the weather** *ÉU* malade.

underachiever *n. Ens.* mauvais élève.

underage *adj.* n'ayant pas l'âge légal *[pour consommer des boissons alcoolisées, etc.]* ; n'ayant pas l'âge du consentement sexuel.

underbid *v.* **1** *tr.* présenter une offre d'un montant inférieur à, présenter une offre plus avantageuse que *[autre offre]* ; présenter une offre d'un montant inférieur à celle de, présenter une offre plus avantageuse que celle de *[autre soumissionnaire]*. **2** *intr.* présenter une offre d'un montant inférieur/plus avantageuse. **3** *intr.* présenter une offre d'un montant anormalement bas. **4** *tr.* offrir des prix/tarifs inférieurs à, offrir des conditions plus avantageuses que *[ceux/celles d'un concurrent]*, vendre ses produits/services moins cher que *[concurrents]* ; casser *[prix]*. **5** *tr.* faire une enchère trop basse pour *[bien mis aux enchères]*.

underbidder *n.* avant-dernier enchérisseur.

underbidding *n.* écrasement des prix, dumping.

undercarriage *n.* **1** *Transp. ferr.* bogie, boggie. **2** *Aéron.* train d'atterrissage.

underclass *n.* *ÉU* (classe/population d') exclus, laissés-pour-compte, sous-prolétariat, quart-monde, *[les]* plus défavorisés, *[les]* plus démunis, indigents ; **the ~ seems to have grown bigger in recent years** le nombre d'exclus semble avoir augmenté ces dernières années ; **if the proposed welfare reform goes through, single mothers will become an ~** si le projet de réforme du système de protection sociale est mis en œuvre, les mères célibataires se retrouveront dans le plus grand dénuement ; **the idea is to incite people in the ~ to believe in society again** il s'agit d'aider les personnes du quart-monde à croire à nouveau à la société.

undercover *adj.* *[policier]* infiltré ; *[opération]* clandestin, secret.

undercurrent *n.* phénomène/mouvement/élément/sentiment caché/inexprimé/sous-jacent/souterrain, soubassement, non-dit, message implicite ; **~ of fear** peur sourde ; **~ of racism** racisme sous-jacent ; **suspicion of corruption in the police force was an ~ in the disturbances** les soupçons de corruption de la police ont été l'un des éléments sous-jacents qui ont joué un rôle dans les troubles.

undercut *v. tr.* **1** offrir des prix/tarifs inférieurs à, offrir des conditions plus avantageuses que *[ceux/celles d'un concurrent]*, vendre ses produits/services moins cher que *[concurrents]* ; casser *[prix]*. **2** ébranler, porter atteinte à, saper, miner, fragiliser, décrédibiliser, compromettre, s'attaquer à, mettre en péril, hypothéquer, menacer, nuire à, réduire l'efficacité de, affaiblir, amoindrir, mettre à mal, porter un coup à, détruire, réduire à néant, entamer, altérer, attaquer, mettre en cause ; **the possibility of a change in government ~s investors' confidence** la possibilité d'un changement de gouvernement ébranle la confiance des investisseurs.

undercutting *n.* sous-cotation(s).

underfinanced *adj.* *voir* underfunded.

under-five enfants de moins de cinq ans. ✪ **~ clinics** *UNICEF* centres de consultations pour les « moins de 5 ans ».

underfunded *adj.* *[organisme]* ne disposant pas de ressources suffisantes, dont le budget est insuffisant, sous-doté ; **the study showed that pre-school education is severely ~** l'étude a montré que les crédits affectés à l'enseignement maternel sont très insuffisants.

undergo *v. tr.* connaître *[changements]* ; **the banking sector is ~ing significant changes** des changements considérables se produisent dans le secteur bancaire.

undergraduate *n.* **undergraduate** *n.* étudiant (préparant un premier diplôme/poursuivant des études sanctionnées par une licence).

undergraduate *adj.* ✪ **~ student** étudiant (préparant un premier diplôme/poursuivant des études sanctionnées par une licence) ; **~ education/studies** études sanctionnées par une licence.

underground *n.* **1** *RU* métro. **2** clandestinité ; résistance.

underground *adj.* ✪ **~ economy** économie parallèle/souterraine/ clandestine ; **~ movement** mouvement clandestin ; **~ worker** *Mines* ouvrier du fond.

underground *adv.* **to go ~** entrer dans la clandestinité, prendre le maquis.

underlie *v. tr.* être à la base de, fonder, être à l'origine de, sous-tendre, déterminer, expliquer, présider à, inspirer, imprégner ; **the principles underlying the proposal** les principes sur lesquels la proposition repose ; **fear of criticism at home underlay his cautious approach to the negotiations** la crainte de critiques sur le plan national était à la base de la prudence dont il faisait preuve dans les négociations ; **the economic facts which ~ the communal conflict** les réalités économiques qui sont à l'origine du conflit interethnique ; **underlying this phenomenon, there is** la cause profonde de ce phénomène est ; **underlying their activity in Antarctica is the belief that oil may be discovered there** leurs activités en Antarctique reposent sur l'espoir d'y découvrir des gisements de pétrole ; **underlying the discontent was the growing conviction that the politicians had no real respect for those who had elected them** le mécontentement résultait de la conviction que les hommes politiques n'avaient aucun respect véritable pour ceux qui les avaient élus.

underlying *adj.* **1** profond, sous-jacent, de fond, structurel, essentiel, fondamental, profond, *[tendance]* à long terme, sur la longue période ; latent, tendanciel ; *[volume des importations]* corrigé ; **~ cause** cause profonde ; **this drug does not remove the ~ cause of the disease** ce médicament n'élimine pas la cause profonde de la maladie ; **~ trend** tendance fondamentale/de fond ; **in spite of some spectacular fluctuations, the ~ trend remains the same** malgré des fluctuations spectaculaires, la tendance de fond reste la même ; **the party's ~ strength is its unity** la solidité du parti est due essentiellement à son unité. **2** *Bourse* servant de support *[à un produit dérivé]* ; **the value of the option is linked to the price of the ~ security** la valeur de l'option est liée au cours du titre qui lui sert de support ; **stock prices rose out of proportion with the performance of their ~ companies** les actions ont atteint des cours sans rapport avec les résultats des sociétés qu'elles représentent. ✪ **~ asset** actif sous-jacent ; **~ inflation** inflation sous-jacente ; **~ instrument** *Options* titre/valeur sous-jacent(e), valeur-support, (titre servant de) support ; **~ security** *Marché à terme, Options* titre/valeur sous-jacent(e), valeur-support, (titre servant de) support, support (physique), *[le]* physique ; **~ stock** action sous-jacente.

undermanned *adj.* *[armée, service]* manquant d'effectifs, disposant d'effectifs insuffisants ; **to be ~** manquer de personnel.

undermine *v. tr.* ébranler *[théorie, confiance]*, affaiblir, porter atteinte à, saper, miner, fragiliser, compromettre, s'attaquer à, mettre en péril, hypothéquer, menacer, nuire à, réduire l'efficacité de, amoindrir, mettre à mal, détruire, réduire à néant, entamer, altérer, attaquer, porter un coup à, mettre en cause, décrédibiliser ; **his image has been ~d** son prestige a souffert ; **the revelations ~d confidence in the judicial system** les révélations ont ébranlé la confiance dans le système judiciaire ; **they wish to change the leader without undermining the success of the economy** ils veulent changer de dirigeant sans porter atteinte à la prospérité de l'économie ; **too much publicity for the peace talks seemed to ~ its chances of success** la publicité excessive qui entourait les négociations de paix semblait nuire aux chances de succès.

undernutrition *n.* dénutrition.

undernourishment *n.* sous-alimentation.

underpass *n.* **1** passage inférieur *[dans le cas d'une route passant sous une voie ferrée]*. **2** passage souterrain.

underperform *v. intr.* *[placement financier]* laisser à désirer, *[actions]* offrir un rendement peu satisfaisant.

underpinning *n.* base, fondement(s), cause ; **she underlined the cultural ~ of the organization** elle a mis l'accent sur les fondements culturels de l'organisation ; **the genetic ~s of the disease** les causes génétiques de la maladie.

underplay *v. tr.* minimiser.

underprice *v. tr.* **1** pratiquer des prix plus bas que *[concurrents]*. **2** brader *[prix]*, fixer *[prix]* à un niveau trop bas.

underpriced *adj. Bourse* sous-coté.

underpricing *n. Bourse* sous-cotation.

underprivileged *adj.* défavorisé, déshérité, pauvre.

Under-Secretary General *ONU* Secrétaire général adjoint.

undersea *adj. [câble]* sous-marin.

undersell *v. tr.* vendre à des prix plus bas que *[concurrents]*.

undershoot *v. tr. Fig.* être inférieur à.

understaffed *adj. adj. [armée, service]* manquant d'effectifs, disposant d'effectifs insuffisants ; **to be ~** manquer de personnel, ne pas avoir des effectifs suffisants.

understaffing *n.* insuffisance des effectifs.

understand *v. tr.* **1** comprendre. **2** penser, croire, croire comprendre ; **we ~ that** nous croyons comprendre/savoir que, il semble que ; **it is understood that** il semble que ; **in 1990 Saddam Hussein understood that the US would regard the invasion of Kuwait as a purely Arab question** en 1990, Saddam Hussein croyait que les États-Unis considéreraient l'invasion du Koweït comme une question purement arabe.

understandably *adv.* bien entendu, naturellement.

understanding *n.* **1** compréhension, intelligence *[de qqch.]*. **2** accord. **3** conception(s), idées. ✪ **beyond ~** incompréhensible ; **on/with the ~ that** étant entendu que, pour autant que.

understate *v. tr.* sous-estimer, sous-évaluer, donner une idée trop faible de, minimiser.

understatement *n.* **1** euphémisme, description atténuée/optimiste, expression faible/atténuée, propos voilés, propos en dessous de la réalité, litote. **2** sous-estimation, sous-évaluation.

undersurface *n. Aéron.* intrados.

undertaking *n.* **1** entreprise. **2** engagement. ✪ **~ for collective investment in transferable securities** *UE* organisme de placement collectif en valeurs mobilières.

undertones *n. pl.* relents *[de racisme]* ; sous-entendus, connotation, coloration, accents ; **to have racist ~s** être teinté de racisme, être d'inspiration raciste ; **his rhetoric had fascist ~s** son discours avait des relents de fascisme.

underway *adj.* en cours, engagé.

underwhelm *v. tr.* ne pas impressionner *[qqn]* ; **the audience was distinctly ~ed by the president's promises** les promesses du président n'ont pas du tout convaincu l'auditoire.

underworld *n.* pègre, milieu.

underwrite *v. tr.* **1** *Ass.* assurer ; émettre *[police d'assurance]*. **2** *Fin.* garantir (le placement de) *[émission]*. **3** financer, prendre à sa charge le coût de. **4** approuver, entériner ; **the federal government will ~ the agreement** le gouvernement fédéral entérinera l'accord.

underwriter *n.* **1** assureur. **2** *Ass.* souscripteur professionnel. **3** *Fin.* membre d'un syndicat de garantie.

underwriting *n.* **1** *Ass.* production. **2** *Fin.* garantie d'émission(s). ✪ **~ commission** *Fin.* commission de garantie ; **~ consortium** *Fin.* syndicat de garantie ; **~ department** *Ass.* service production ; **~ fee** *Fin.* commission de garantie ; **~ group** *Fin.* syndicat de garantie ; **~ loss** *Ass.* perte sur les opérations d'assurance ; **~ profits** *Ass.* bénéfices sur les opérations d'assurance ; **~ results** *Ass.* résultats des opérations d'assurance ; **~ syndicate** *Fin.* syndicat de garantie.

undesirable *adj.* intempestif, inopportun, malencontreux, indésirable, négatif, inapproprié, néfaste, nuisible, pernicieux, dangereux, contre-indiqué, à éviter, à déconseiller, peu recommandé, peu souhaitable, pervers, funeste, fâcheux, abusif.

undeveloped *adj. [terrain]* non bâti, nu.

undischarged bankrupt failli non réhabilité.

undisclosed reserves *Sociétés* réserves occultes.

undistinguished *adj.* quelconque, médiocre, moyen ; terne, sans éclat.

undistributable reserve *Sociétés* réserve légale.

undistributed profits bénéfices non distribués.

undisturbed *adj.* intact.

undivided *adj.* **1** uni ; non divisé ; exclusif ; **~ loyalty** loyauté absolue ; **an ~ Jerusalem** une ville de Jérusalem non divisée. **2** plein et entier ; **we had their ~ attention** nous avions toute leur attention ; **to give one's ~ attention to** se préoccuper exclusivement de.

undo *v. tr.* **1** réduire à néant, anéantir, abolir, annuler, effacer ; **to ~ an error** réparer une erreur. **2** *Inf.* annuler. ✪ **~ command** *Inf.* commande Annuler.

undo *n. Inf.* commande Annuler.

undocumented *adj. [étranger]* sans papiers (d'identité).

undoing *n.* perte ; **to be the ~ of** être fatal à, causer la perte de *[qqn]*, provoquer l'échec de *[qqch.]* ; **his greed will be his ~** son avidité causera sa perte ; **it was once again foreign policy that was the ~ of the government** une fois de plus, c'est la politique étrangère qui a provoqué la chute du gouvernement.

UNDP (United Nations Development Programme) PNUD (Programme des Nations Unies pour le développement).

UNDRO (Office of the United Nations Disaster Relief Coordinator) UNDRO (Bureau du Coordonnateur des Nations Unies pour les secours en cas de catastrophe).

undue *adj.* indu, excessif, intempestif, néfaste, inapproprié, injustifié, exagéré, immodéré, illégitime, illicite, abusif, injustifiable, trop marqué, critiquable, peu fondé, mal inspiré, inconsidéré, superflu, anormal ; **to do sth without ~ delay** faire qqch. sans retard excessif ; **without ~ difficulty** sans trop de difficulté ; **~ risks** risques inconsidérés. ✪ **~ influence** *Dr.* violence morale, pression morale.

unduly *adv.* (par) trop, excessivement, inutilement, inconsidérément, exagérément, outre mesure, abusivement, sans raison, anormalement ; **~ costly** trop coûteux.

unearned *adj.* ✪ **~ income** a) *Fisc.* revenu du capital ; b) *Compt.* produits constatés d'avance ; **~ increment** plus-value.

unearth *v. tr. Fig.* découvrir, retrouver.

UN/ECE (United Nations Economic Commission for Europe) CEE-ONU (Commission économique pour l'Europe de l'Organisation des Nations Unies).

uneconomic(al) *adj. [entreprise]* non rentable ; *[activité]* non viable sur le plan économique ; désavantageux sur le plan économique ; **the company closed three ~ branches** l'entreprise a fermé trois succursales non rentables.

unedited *adj. [document]* non révisé, non soumis à un contrôle rédactionnel ; sans retouche, sans coupure, non expurgé ; **she asked to see an ~ version of the document** elle a demandé à voir une version non révisée du document ; **the ~ text of his memoirs** la version sans retouche de ses mémoires.

uneducated *adj.* peu instruit.

unemotional *adj.* impassible, serein, dépourvu d'émotion, flegmatique, calme, neutre.

unemployable *adj.* inapte au travail.

unemployment *n.* ✪ **~ allowance/benefits** allocations/indemnités de chômage ; **~ insurance** assurance chômage ; **~ pay** allocations/indemnités de chômage.

unenforceable *adj.* **1** *[acte notarié, acte administratif, jugement]* inexécutoire ; **to be ~** ne pas avoir force exécutoire ; *[accord, droit, obligation]* non susceptible d'être sanctionné en justice, non susceptible d'exécution. **2** *[loi, réforme]* inapplicable, impossible à mettre en œuvre.

unenforced *adj. [règles]* non appliqué.

UNEP (United Nations Environment Programme) PNUE (Programme des Nations Unies pour l'environnement).

unequivocal *adj.* clair.

UNESCO (United Nations Educational, Scientific and Cultural Organization) UNESCO (Organisation des Nations Unies pour l'éducation, la science et la culture).

unethical *adj. [personne]* peu soucieux d'éthique, peu scrupuleux, peu regardant, *[comportement]* immoral, peu scrupuleux, *[expérience scientifique]* contraire à l'éthique, inacceptable sur le plan éthique.

uneven playing field *Fig.* absence d'égalité des chances, compétition truquée, deux poids, deux mesures.

uneventful *adj.* sans histoire.

unexpected *adj.* inattendu, imprévu, soudain, surprenant, inopiné, (surgissant) à l'improviste, non programmé ; inespéré, providentiel.

unexpectedly *adv.* contre toute attente, étonnamment, à la surprise générale ; à l'improviste, inopinément, contrairement aux prévisions, alors que rien ne le laissait prévoir.

unfair *adj. [concurrence]* déloyal, *[licenciement]* abusif ; déséquilibré, irrégulier, illégitime, injustifié, inéquitable, indu, partial, injuste, tendancieux ; *[lutte]* inégal ; *[contrat]* léonin ; **~ advantage** avantage déloyal ; **~ trade practices** pratiques commerciales déloyales.

unfamiliar *adj.* mal connu.

unfathomable *adj.* énigmatique.

unfavourable balance (of payments/of trade) balance (des paiements/commerciale) déficitaire.

unfettered *adj.* non maîtrisé, débridé, effréné, sauvage, libre (de toute entrave), sans restrictions, exempt de restrictions, qui n'est soumis à aucune restriction, qui ne fait l'objet d'aucune restriction, anarchique, chaotique, échevelé, à tous crins ; **~ population growth** explosion démographique ; **the ~ expansion of cities** l'expansion anarchique des villes.

UNFCCC (United Nations Framework Convention on Climate Change) Convention-cadre des Nations Unies sur les changements climatiques.

UNFICYP (United Nations Peacekeeping Force in Cyprus) Force des Nations Unies chargée du maintien de la paix à Chypre.

unfit *adj.* **1** inadéquat, inapproprié, inadapté, mauvais, mal conçu, défavorable, contre-indiqué, inopportun ; **(for)** impropre à, qui ne convient pas à, qui ne se prête pas à ; indigne de ; **~ for consumption** impropre à la consommation ; **lands ~ for cultivation** terres ne se prêtant pas à l'exploitation agricole ; **~ parent** parent indigne. **2** incapable, incompétent. **3** en mauvaise condition physique ; **(for)** incapable de, inapte à ; **~ for military service** inapte au service militaire ; **~ to work** inapte au travail.

unfold *v.* **1** *intr.* se dérouler, avoir lieu, se produire. **2** *tr.* déployer. **3** *intr.* se révéler. **4** *tr.* révéler.

unfortunate *adj.* **1** regrettable, fâcheux, malencontreux. **2** manqué, avorté, *[initiative]* malheureux.

UNFPA (United Nations Population Fund) FNUAP (Fonds des Nations Unies pour la population).

unfriendly takeover OPA inamicale.

unfunded *adj. [régime de retraite]* reposant sur la répartition. ✪ **~ debt** dette flottante ; **~ pension plan** régime de retraite reposant sur la répartition.

unhappy *adj.* **1** malheureux. **2** insatisfait, mécontent ; **to be ~ with** déplorer ; **the workers were ~ with the report's recommendations** les travailleurs n'étaient pas satisfaits des recommandations contenues dans le rapport.

unharmed *adj.* sain et sauf.

UNHCR (United Nations High Commissioner's Office for Refugees) HCR (Haut-Commissariat des Nations Unies pour les réfugiés).

unhealthy *adj. [personne]* en mauvaise santé ; *[climat]* malsain, insalubre.

unhelpful *adj. [personne]* peu coopératif ; *[chose]* de peu d'utilité, qui n'apporte pas grand-chose ; peu constructif, stérile, regrettable, inopportun, intempestif ; **the witness's answers were ~** les réponses du témoin ne présentaient guère d'utilité.

unheralded *adj.* discret, ne faisant l'objet d'aucune publicité.

unholy *adj. [alliance]* contre nature ; **an ~ alliance between right-wingers and communists** une alliance contre nature entre hommes de droite et communistes.

UNICE (Union of Industrial and Employers' Confederations of Europe) UNICE (Union des confédérations de l'industrie et des employeurs d'Europe).

UNICEF (United Nations Children's Fund) UNICEF, FISE (Fonds des Nations Unies pour l'enfance).

UNIDIR (United Nations Institute for Disarmament Research) UNIDIR (Institut des Nations Unies pour la recherche sur le désarmement).

UNIDO (United Nations Industrial Development Organization) ONUDI (Organisation des Nations Unies pour le développement industriel).

unified *adj.* ✪ **~ bond** obligation consolidée ; **~ transfer tax** *ÉU* droits de succession et sur les donations.

UNIFEM (United Nations Development Fund for Women) UNIFEM (Fonds de développement des Nations Unies pour la femme).

UNIFIL (United Nations Interim Force in Lebanon) FINUL (Force intérimaire des Nations Unies au Liban).

uniform department *RU* division des agents en uniforme.

unifying *adj.* fédérateur.

unimpaired *adj.* sans entrave.

unimpeachable *adj. [personne]* d'une grande droiture/intégrité/moralité, irréprochable, au-dessus de tout soupçon, *[réputation]* irréprochable, inattaquable, *[témoignage]* irréfutable, irrécusable, indiscutable.

unimpeded *adj.* sans entrave.

unimpressed *adj.* **1** indifférent ; peu enthousiaste ; **to be ~** ne pas être (très) impressionné, être un peu déçu, rester sur sa faim, ne montrer aucun enthousiasme, rester indifférent ; **to be ~ by/with** juger médiocre, ne pas avoir une haute opinion de, juger sévèrement, ne pas accorder beaucoup d'importance à, ne pas faire grand cas de ; **to remain ~ by** ne pas se laisser impressionner par, ne pas être convaincu ; **to leave ~** ne pas convaincre. **2** sceptique, dubitatif.

unimpressive *adj.* modeste, médiocre, terne, peu convaincant.

unincorporated *adj.* **1** ne jouissant pas de/non doté de/dépourvu de la personnalité morale/juridique. **2** *[entreprise]* non constitué en société.

uninspired *adj.* **1** manquant d'imagination, à court d'idées. **2** *[discours]* banal, fade, insipide, terne, plat.

uninspiring *adj.* **1** peu enthousiasmant, peu mobilisateur. **2** banal, plat, fade, insipide. **3** dépourvu de charisme.

uninstall *v. tr. Inf.* désinstaller *[logiciel]*.

uninstaller *n. Inf.* désinstallateur.

unintentionally *adv.* sans le vouloir, involontairement, malgré soi, à son corps défendant, sans le faire exprès, par inadvertance, par mégarde, par méprise.

uninterruptible power supply *Inf.* onduleur.

union *n.* ✪ **~ contract** convention collective ; **Union flag/Jack** drapeau britannique ; **~ leader** chef syndicaliste ; **Union of Industrial and Employers' Confederation of Europe** Union des confédérations de l'industrie et des employeurs d'Europe ; **Union of Industrial and Employers' Confederations of Europe** Union des confédérations de l'industrie et des employeurs d'Europe ; **~ steward** délégué syndical.

unionist *n.* **1** membre d'un syndicat. **2** unioniste *[= partisan du maintien de l'union entre la Grande-Bretagne et l'Irlande du Nord]*.

unionized *adj.* syndiqué.

unique *adj.* original, inédit, unique (en son genre/au monde), (tout) particulier, tout à fait particulier, (très) spécifique, singulier, (qui lui est) propre, exclusif, sui generis, sans égal, inégalé, sans équivalent, à nul autre pareil, à part, hors série, hors norme, hors du commun, peu commun, sortant de l'ordinaire, extraordinaire, pas comme les autres, incomparable, exceptionnel, d'exception, irremplaçable, privilégié, remarquable, de choix ; **~ opportunity** occasion exceptionnelle/qui a peu de chance de se représenter ; **language poses ~ problems in India** la pluralité des langues pose des problèmes particuliers en Inde ; **the country needs a coalition government to solve the ~ problems it faces** le pays a besoin d'un gouvernement de coalition pour résoudre les problèmes spécifiques auxquels il est confronté ; **the project was tailored to the ~ circumstances of Benin** le projet était adapté aux spécificités du Bénin ; **the Japanese have a ~ way of thinking** la façon de penser des Japonais est sans équivalent dans d'autres cultures ; **an important health problem ~ to Africa** un problème de santé que l'Afrique est seule à connaître ; **this disease is ~ to India** cette maladie qui ne s'observe qu'en Inde ; **each e-mail user has a ~ address** chaque utilisateur du courrier électronique possède une adresse qui lui est propre ; **the Commonwealth is a ~ forum for debate and co-operation between richer countries and emerging democracies** le Commonwealth est une instance privilégiée pour des discussions et une coopération entre des pays riches et des démocraties de création récente ; **a ~ gesture of forgiveness** un geste remarquable de pardon ; **we find ourselves in a ~ position to act as referees** nous sommes mieux placés que quiconque pour jouer un rôle d'arbitre ; **we hope to engage all sides in this ~ endeavour** nous espérons associer toutes les parties à cette grande entreprise.

uniquely *adv.* spécifiquement, idéalement ; **to be ~ placed to** être exceptionnellement bien placé pour, être mieux placé que quiconque pour ; **this species is ~ suited to the local climate** cette espèce est idéalement adaptée au climat local.

uniqueness *n.* originalité, spécificité, unicité.

unissued capital actions non émises.

unit *n.* **1** unité *[militaire]*. **2** *Fin.* part *[dans un fonds commun de placement]*. **3** installations ; dispositif, appareil, système, machine, groupe, ensemble, entité, unité ; élément, bloc. **4** service, bureau, organe, équipe ; **statistical ~** service des statistiques. ✪ **~ bank** *ÉU* banque sans succursale ; **~ banking** *ÉU* système de banques sans succursale ; **~ cost** coût unitaire ; **~-holder** *n.* détenteur de parts de fonds commun de placement (à capital variable) ; **~ labour costs** coût unitaire de la main-d'œuvre ; **~-linked life assurance** assurance sur la vie adossée à un/des fonds commun(s) de placement ; **~-linked policy** *Ass.* police d'assurance adossée à un/des fonds commun(s) de placement ; **~ load device** *Transp.* unité de chargement ; **~ of account** unité de compte ; **~ of blood** unité de sang ; **~ of currency** monnaie ; **~ of output** *Écon.* unité produite ; **~ of trading** *Bourse* quotité de négociation ; **~ price** a) prix unitaire *[= prix par unité de mesure]* ; b) prix tout compris ; **~ pricing** *Comm.* indication du prix par unité de mesure ; **~ trust** *RU* fonds commun de placement (à capital variable).

UNITAR (United Nations Institute for Training and Research) UNITAR (Institut des Nations Unies pour la formation et la recherche).

united *adj.* **1** *[efforts]* conjugué ; **to be ~ in purpose** avoir les mêmes buts. ✪ **United Nations** Organisation des Nations Unies, ONU ; **United Nations Administrative Tribunal** Tribunal administratif des Nations Unies ; **United Nations agency** institution des Nations Unies ; **United Nations Centre for Human Settlements** Centre des Nations Unies pour les établissements humains ; **United Nations Children's Fund** Fonds des Nations Unies pour l'enfance ; **United Nations Commission on Human Rights** Commission des droits de l'homme des Nations Unies ; **United Nations Commission on International Trade Law** Commission des Nations Unies pour le droit commercial international ; **United Nations Conference on Environment and Development** Conférence des Nations Unies sur l'environnement et le développement ; **United Nations Conference on Human Settlements** Conférence des Nations Unies sur les établissements humains ; **United Nations Conference on Trade and Development** Conférence des Nations Unies sur le commerce et le développement ; **United Nations Department of Humanitarian Affairs** Département des affaires humanitaires de l'ONU ; **United Nations Development Fund for Women** Fonds de développement des Nations Unies pour la femme ; **United Nations Development Programme** Programme des Nations Unies pour le développement ; **United Nations Educational, Scientific and Cultural Organization** Organisation des Nations Unies pour l'éducation, la science et la culture ; **United Nations Environment Programme** Programme des Nations Unies pour l'environnement ; **United Nations Framework Convention on Climate Change** Convention-cadre des Nations Unies sur les changements climatiques ; **United Nations High Commisioner for Human Rights** Haut-Commissaire des Nations Unies aux droits de l'homme ; **United Nations High Commissioner for Refugees** Haut-Commissaire des Nations Unies pour les réfugiés ; **United Nations High Commissioner's Office for Refugees** Haut-Commissariat des Nations Unies pour les réfugiés ; **United Nations Industrial Development Organization** Organisation des Nations Unies pour le développement industriel ; **United Nations Institute for Disarmament Research** Institut des Nations Unies pour la recherche sur le désarmement ; **United Nations Institute for Training and Research** Institut des Nations Unies pour la formation et la recherche ; **United Nations Interim Administration in Kosovo** Mission d'administration intérimaire des Nations Unies au Kosovo ; **United Nations Interim Force in Lebanon** Force intérimaire des Nations Unies au Liban ; **United Nations International Drug Control Programme** Programme des Nations Unies pour le contrôle international des drogues ; **United Nations Joint Staff Pension Fund** Caisse commune des pensions du personnel des Nations Unies ; **United Nations**

Office at Geneva Office des Nations Unies à Genève ; **United Nations Office for Project Services** Bureau des Nations Unies pour les services d'appui aux projets ;**United Nations Office at Vienna** Office des Nations Unies à Vienne ; **United Nations Office for Drug Control and Crime Prevention** Office des Nations Unies pour le contrôle des drogues et la prévention du crime ; **United Nations Organization** Organisation des Nations Unies ; **United Nations Population Fund** Fonds des Nations Unies pour la population ; **United Nations Relief and Works Agency for Palestine Refugees in the Near East** Office de secours et de travaux des Nations Unies pour les réfugiés de Palestine dans le Proche-Orient ; **United Nations Secretariat** Secrétariat de l'Organisation des Nations Unies ; **United Nations Special Commission** Commission spéciale des Nations Unies sur le désarmement de l'Irak ; **United Nations system** système des Nations Unies, l'ONU et les organisations qui gravitent autour d'elle ; **United Nations University** Université des Nations Unies ; **United Nations Volunteers** Volontaires des Nations Unies ; **United States Agency for International Development** Agence pour le développement international des États-Unis ; **United States Attorney** procureur fédéral ; **United States Claims Court** Cour des réclamations ; **United States Information Agency** Office d'information des États-Unis.

universal *adj.* ✪ **~ bank** banque universelle ; **~ banking** banque universelle ; **Universal Declaration of Human Rights** Déclaration universelle des droits de l'homme ; **~ franchise** suffrage universel ; **Universal Postal Union** Union postale universelle.

university *n.* ✪ **~ degree** diplôme universitaire ; **~ extension** cours du soir (organisés par une université).

UNJSPF (United Nations Joint Staff Pension Fund) Caisse commune des pensions du personnel des Nations Unies.

unkind *adj.* peu charitable, désobligeant.

unknowingly *adv.* à son insu, sans le savoir, sans s'en rendre compte, sans s'en apercevoir.

unknown quantity inconnue.

unlawful *adj.* illégal, illicite, interdit. ✪ **~ assembly** *Dr.* attroupement.

unleaded petrol essence sans plomb.

unleash *v. tr. Fig.* 1 déclencher, provoquer. 2 libérer *[énergie]*, déchaîner *[passions]* ; **this breakthrough will ~ the power of a new technology** cette découverte permettra à une nouvelle technologie de donner toute sa mesure.

unless *prép.* ✪ **~ otherwise specified** sauf indication contraire ; **~ otherwise provided** s'il n'en est autrement disposé.

unlike *adv.* contrairement à, à la différence de.

unlikely *adj.* 1 improbable, peu plausible, douteux ; **this strategy is ~ to succeed** cette stratégie a peu de chances d'aboutir ; **this success is ~ to last** il y a peu de chances que ce succès soit durable. 2 inattendu, surprenant, curieux, étrange, insolite, incongru ; **~ alliance** alliance inattendue/curieuse ; **~ government coalition** coalition gouvernementale inattendue.

unlimited *adj.* ✪ **~ company** société à responsabilité illimitée ; **~ partner** commandité ; **~ securities** titres non cotés.

unliquidated damages dommages-intérêts fixés par le juge *[et non par contrat]*.

unlisted *adj. [numéro de téléphone]* sur la liste rouge ; *[valeurs mobilières]* non inscrit à la Cote officielle. ✪ **~ market** marché libre, marché hors cote.

unmanageable *adj. [personne]* indiscipliné, indocile, insoumis, insubordonné, indomptable ; *[situation]* impossible à maîtriser, ingérable, intenable, *[phénomène]* effréné, débridé, *[problème]* insoluble.

unmanned *adj. [machine]* automatique, automatisé, sans conducteur ; *[sous-marin]* sans équipage. ✪ **~ aerial vehicle** véhicule aérien sans pilote ; **~ spacecraft** engin spatial non habité ; **~ level crossing** passage à niveau non gardé.

unmarked car voiture banalisée.

unmatched *adj.* unique (en son genre), sans égal, inégalé, sans équivalent, à part, hors série, hors du commun, peu commun, à nul autre pareil, incomparable, exceptionnel.

UNMIK (United Nations Interim Administration in Kosovo) MINUK (Mission d'administration intérimaire des Nations Unies au Kosovo).

unmistakable *adj.* facile à reconnaître, manifeste, très clair, incontestable, dépourvu d'ambiguïté, qui ne peut prêter à confusion ; caractéristique ; explicite ; **~ signs of weakness** signes manifestes de faiblesse.

unmistakably *adv.* sans erreur possible, à n'en pas douter, à l'évidence ; *[montrer]* très clairement, manifestement.

unnecessary *adj.* 1 inutile, superflu ; **to be ~** ne pas être nécessaire ; **it is ~ to** il ne sert à rien de. 2 évitable, facile à éviter ; injustifié ; **the statement led to ~ fears that the factory would close** la déclaration a fait naître la crainte injustifiée d'une fermeture de l'usine.

unnerve *v. tr.* mettre mal à l'aise, troubler, perturber.

unnoticed *adj.* **to go ~** passer inaperçu, ne pas être décelé.

UNO (United Nations Organization) ONU (Organisation des Nations Unies).

unobstructed *adj. [vue]* dégagé.

unofficial *adj.* ✪ **~ market** marché libre, marché hors cote ; **~ strike** grève sauvage.

unofficially *adv.* à titre officieux.

UNOG (United Nations Office at Geneva) ONUG (Office des Nations Unies à Genève).

unopposed *adj.* sans rencontrer de résistance.

UNOPS (United Nations Office for Project Services) UNOPS (Bureau des Nations Unies pour les services d'appui aux projets).

UNOV (United Nations Office at Vienna) ONUV (Office des Nations Unies à Vienne).

unpaid *adj.* ✪ **~ capital** capital non versé ; **~ family worker** auxiliaire familial ; **~ leave** congé pour convenances personnelles, congé sans solde.

unpalatable *adj. Fig.* désagréable (à dire/à entendre), déplaisant, peu enthousiasmant, impopulaire ; **~ truth** vérité désagréable à entendre ; **to be ~ to** déplaire à, ne pas être pour plaire à ; **~ tax increases** augmentations d'impôts impopulaires.

unparalleled *adj.* unique (en son genre), sans égal, inégalé, sans équivalent, sans précédent, à part, hors série, hors du commun, peu commun, à nul autre pareil, incomparable, exceptionnel.

unpeg *v. tr.* décrocher *[monnaie d'une autre].*

unpopular *adj.* **1** *[gouvernement, programme, prise de position]* impopulaire. **2 to be ~ with** susciter le mécontentement/la grogne de, être mal accueilli par. **3** mal vu, peu apprécié.

unpowered *adj.* sans moteur.

unprecedented *adj.* sans précédent, inconnu jusqu'ici/alors, inédit.

unprincipled *adj.* *[personne]* dépourvu de sens moral, amoral, peu scrupuleux, sans scrupules, prêt à toutes les compromissions ; *[acte]* traduisant une absence de sens moral.

unprocessed *adj.* *[produit]* non transformé, (à l'état) brut. ✪ **~ milk** lait cru.

unproductive *adj.* **1** *[discussions]* qui n'a donné aucun résultat, vain, infructueux, *[mesures]* (resté) sans effet, inopérant, inutile ; *[terre]* stérile, improductif ; *[activité]* improductif. **2** *[travailleur, entreprise]* dont la productivité est insuffisante. **3** *Écon.* improductif *[= qui ne crée pas de richesse matérielle].* ✪ **~ capital** capital improductif.

unprofitable *adj.* *[entreprise]* non rentable.

unpublished *adj.* inédit.

unputdownable *adj.* *[livre]* passionnant, qui se lit d'une traite.

unqualified *adj.* **1** *[personne]* non qualifié. **2** *[mot]* utilisé sans qualificatif. **3** pur et simple, sans réserves, sans concession, absolu, inconditionnel ; *[succès]* total, complet, franc.

unquestionable *adj.* incontestable ; *[intégrité]* au-dessus de tout soupçon.

unquoted *adj.* *[société]* non coté en Bourse ; *[valeurs mobilières]* non inscrit à la Cote officielle.

unravel *v. Fig.* **1** *tr.* élucider, déchiffrer *[énigme],* tirer au clair, débrouiller, démêler, décortiquer *[affaire compliquée],* percer, pénétrer *[secret],* éclaircir, lever *[mystère],* résoudre *[problème],* décrypter *[déclaration peu claire] ;* **the scientists are only beginning to ~ the workings of the brain** les scientifiques ne font que commencer à élucider le mode de fonctionnement du cerveau ; **it was difficult to ~ the web of lies told by the witness to the court** il a été difficile de démêler l'écheveau de mensonges présenté par le témoin au tribunal ; **the paper tries to ~ the mysteries of the origin of the universe** l'auteur de l'article s'efforce de déchiffrer le mystère de la création de l'univers. **2** *intr.* s'éclaircir, livrer ses secrets/mystères ; **the mystery is beginning to ~** le mystère commence à se dissiper ; **as the Rainbow Warrior story ~led, it became clear that the French secret service was responsible** lorsque l'affaire du Rainbow Warrior s'est éclaircie, il est devenu manifeste que les services secrets français étaient responsables ; **the facts will eventually ~** la vérité finira par éclater. **3** *tr.* détruire, réduire à néant, mettre à mal *[projet, accord],* démanteler *[réseau de terroristes] ;* **the leak ~led years of work** la fuite a réduit à néant des années de travail. **4** *intr.* *[système]* s'effondrer, se désintégrer ; *Fam.* se déglinguer ; **the party leaders fear that the country's social structure will start to ~** les dirigeants du parti craignent que le tissu social du pays ne commence à se désintégrer ; **rapidly the notion of a unified Czechoslovakia began to ~** l'idée d'une Tchécoslovaquie unitaire n'a pas tardé à s'en aller en eau de boudin.

unrealized *adj.* ✪ **~ loss** moins-value latente ; **~ profit** plus-value latente.

unreasonable *adj.* déraisonnable, excessif, abusif, exorbitant, extravagant, dépassant les bornes, disproportionné, démesuré, irréaliste, utopique, injustifié, dénué de fondement, inadmissible, inacceptable, irrationnel, illogique, absurde, insensé ; *[coût]* prohibitif ; **to protect people's rights against ~ searches and seizures** protéger le droit des individus de ne pas être victimes de perquisitions et saisies injustifiées.

unreasonably *adv.* abusivement, indûment.

unreconstructed *adj.* invétéré, impénitent, incorrigible ; **~ communist** communiste impénitent.

unregenerate *adj.* invétéré, impénitent, incorrigible.

unrelated *adj.* **to be ~ to** n'avoir rien à voir avec.

unreliable *adj.* *[informations]* peu sûr/fiable, sujet à caution, à prendre avec beaucoup de réserve ; **the data for Russia are ~** les données concernant la Russie sont sujettes à caution.

unrepentant *adj.* **1** endurci, impénitent, incorrigible, invétéré. **2** sans complexe ; **to be ~** estimer qu'on n'a rien à se reprocher, ne rien regretter.

unrequited *adj.* sans contrepartie, unilatéral, gratuit, à fonds perdu ; **~ transfers** transferts unilatéraux/sans contrepartie.

unrest *n.* agitation *[politique, sociale],* remous, mouvements *[sociaux],* malaise, effervescence, troubles, désordres, tension, inquiétude, perturbation, crise, grogne, mécontentement.

unrestrained *adj.* débridé, effréné, sauvage, libre (de toute entrave), sans restrictions, anarchique, chaotique, échevelé, à tous crins.

UNRWA (United Nations Relief and Works Agency for Palestine Refugees in the Near East) UNRWA (Office de secours et de travaux des Nations Unies pour les réfugiés de Palestine dans le Proche-Orient).

unsafe *adj.* **1** *[personne]* en danger, vulnérable ; *[machine]* dangereux, présentant un risque, *[action]* risqué ; *[situation]* peu sûr, dangereux, périlleux ; *[comportement]* à risque ; **~ working conditions** conditions de travail dangereuses ; **~ sex** comportement sexuel à risque ; **~ abortion** avortement pratiqué dans de mauvaises conditions ; *[verdict]* sujet à caution.

unsatisfactory *adj.* peu satisfaisant, défavorable, insuffisant.

unscathed *adj.* indemne, sain et sauf.

UNSCOM (United Nations Special Commission) Commission spéciale des Nations Unies *[sur le désarmement de l'Irak].*

unscramble *v. tr.* décoder *[message].*

unseasonal *adj.* *[temps]* anormal pour la saison, anormalement doux, anormalement chaud/froid.

unsecured *adj.* *[crédit, avance, prêt, obligation, dette]* non garanti, à découvert, *[créancier]* chirographaire. ✪ **~ stock** titres d'emprunt.

unsentimental *adj.* froid.

unsettle *v. tr.* perturber, inquiéter *[qqn] ;* ébranler *[qqch.].*

unsettled *adj.* **1** *[question]* non réglé, qui reste/est resté en suspens, *[affaire]* en souffrance ; *[controverse]* non résolu ; **to leave a question ~** laisser une question en suspens, ne pas régler une question. **2** *[facture]* non payé. **3** *[région]* inhabité. **4** *[situation]* incertain, instable, imprévisible ; *[période]* troublé.

unsettling *adj.* **1** préoccupant, inquiétant, alarmant, choquant, troublant, qui met mal à l'aise, dérangeant. **2** perturbateur, déstabilisant.

unskilled worker manœuvre.

unsocial hours horaire contraignant/difficile/pénible/décalé ; heures indues/tardives/inhabituelles ; moment peu commode.

unsophisticated *adj.* *[personne]* inexpérimenté, naïf, crédule, peu averti, non averti, simple, peu évolué, peu au fait des subtilités de, facile à berner ; *[méthode]* peu raffiné, *[machine, méthode]* primitif, fruste, rustique ; sans recherche, sans apprêts, simple ; **the sect found it easy to win over ~ teenagers** la secte n'a guère éprouvé de difficulté à gagner la confiance d'adolescents naïfs ; **it is easy to sell useless products to ~ people** il est facile de vendre des produits inutiles à des gens simples ; **a young and ~ country** un pays jeune et peu évolué ; **the company regards the native population as friendly but ~** la société considère que les autochtones sont gentils mais mal dégrossis.

unsound *adj.* irrationnel, mal conçu, risqué, malsain. ✪ **person of ~ mind** aliéné.

unsoundness of mind *Dr.* altération des facultés mentales *[grave et durable]*, aliénation.

unstuck *adj.* **to come ~** *[personne]* flancher, être bloqué, rencontrer un obstacle insurmontable ; *[projet, système]* faire long feu, ne pas marcher.

unstuffing *n. Transp.* dépotage *[= fait de vider un conteneur]*.

unsuccessful *adj.* manqué, avorté, vain, *[initiative]* sans lendemain, malheureux ; *[candidat]* malheureux, non retenu ; **to be ~** échouer, avorter, faire long feu, ne pas aboutir. ✪ **~ party** *Dr.* partie succombante/qui succombe.

unsuitable *adj.* inadéquat, inapproprié, inadapté, mauvais, malencontreux, mal conçu, défavorable, contre-indiqué, inopportun ; **(for)** impropre à, qui ne convient pas à, qui ne se prête pas à.

unsuspecting *adj.* confiant, naïf, peu averti.

unsustainable *adj.* **1** qui ne peut durer, éphémère, précaire ; **analysts think that share prices have reached ~ levels** les analystes estiment que les cours des actions ont atteint des niveaux qui ne pourront se maintenir. **2** *[développement, exploitation forestière]* non durable/viable ; **economic reform without democratization is ~** les réformes économiques ne sont pas viables en l'absence d'une démocratisation. **3** *[situation]* intolérable, insupportable.

untainted *adj.* *[personne]* irréprochable.

untapped *adj.* *[ressources, marché]* inexploité ; **an ~ source of information** une source d'information inexploitée.

untested *adj.* *[personne]* inexpérimenté.

untied *adj.* *[crédit, aide]* non lié *[= indépendant de l'achat de produits provenant du pays donateur]*.

until *conj.* **1** jusqu'à ce que ; avant que. **2** tant que... ne... pas. ✪ **~ recently** jusqu'à une date récente, jusqu'à une époque récente, il n'y a pas si longtemps, récemment encore.

untimely *adj.* intempestif, inopportun, prématuré, inopiné ; **~ death** décès inopiné.

unto ✪ **~ itself** original, unique (en son genre), (tout) particulier, (très) spécifique, singulier, (qui lui est) propre, exclusif, sui generis, sans égal, inégalé, sans équivalent, à nul autre pareil, à part, hors série, hors du commun, peu commun, pas comme les autres, à incomparable, exceptionnel, irremplaçable, privilégié ; **~ oneself** autonome, à soi tout seul ; *[***to be a law ~ oneself** obéir à ses propres règles, n'en faire qu'à sa tête, être imprévisible ; **no man is an island ~ himself** nul ne peut vivre en vase clos*]*.

untold *adj.* **1** incalculable, innombrable, myriades de. **2** énorme, immense, inouï, indicible, dévastateur, épouvantable ; **the plant is causing ~ damage to the environment** l'usine est responsable d'une énorme pollution de l'environnement ; **racism has brought untold suffering to millions** le racisme a infligé d'indicibles souffrances à des millions de personnes ; **~ carnage** carnage épouvantable. **3** secret, inconnu ; **the ~ story of** les dessous de.

UNU (United Nations University) UNU (Université des Nations Unies).

unusual *adj.* inhabituel, peu répandu, rare, peu commun, sortant de l'ordinaire, insolite, original, inusité ; **he is one of the more ~ Congressmen** il s'agit d'un membre du Congrès particulièrement original.

UNV (United Nations Volunteers) VNU (Volontaires des Nations Unies).

unvarnished *adj.* *[vérité]* sans fard, *[compte rendu]* sans complaisance.

unveil *v. tr. Fig.* présenter, annoncer *[produit nouveau]*, rendre public, faire connaître *[plan]*, divulguer, révéler.

unwanted *adj.* indésirable, indésiré, superflu ; intempestif ; **~ pregnancy** grossesse indésirée ; **~ sex** rapport sexuel non consensuel ; **~ sexual advances** avances sexuelles intempestives.

unwarranted *adj.* injustifié, abusif.

unwelcome *adj.* *[personne, chose]* indésirable, *[chose]* néfaste, funeste, pervers, négatif, fâcheux, intempestif, malencontreux, inapproprié, nuisible, dangereux, contre-indiqué, inopportun, non sollicité, déplacé, inacceptable ; **~ effects** effets pervers.

unwieldy *adj.* **1** difficile à manipuler, encombrant, (trop) volumineux. **2** *Fig.* lourd, pesant, difficile d'emploi, peu pratique, peu commode, complexe, (trop) compliqué, difficile à gérer/maîtriser, peu maniable.

unwilling *adj.* **to be ~ to** ne pas être disposé à, refuser de.

unwillingness *n.* **~ to do sth** répugnance/réticence à faire qqch.

unwind *v. tr. Bourse* dénouer *[position]*.

unwittingly *adv.* à son insu, sans le savoir, sans s'en rendre compte, sans s'en apercevoir.

unworkable *adj.* *[idée, projet]* irréalisable, impossible à mettre en œuvre, *[accord]* inapplicable ; **to be ~** poser des problèmes insurmontables.

unwritten agreement accord tacite.

up *n., adj., adv., prép.* ✪ **~ against** en proie à *[difficultés]* ; **~ and running** en service, en état de marche, en fonctionnement, utilisable, opérationnel ; *[***to be ~ and running** fonctionner (correctement), être en service ; **to get ~ and running** a) démarrer, entrer en service/en activité, être mis en service, commencer à fonctionner (effectivement) ; b) rendre opérationnel*]* ; **~ and about** sur pied ; **~ for re-election** *[***to be ~ for re-election** devoir se représenter devant les électeurs*]* ; **~ for sale** *[***to be ~ for sale** être (remis) en vente*]* ; **~s and downs** hauts et bas, vicissitudes, satisfactions et difficultés, succès et échecs, joies et peines ; *[***there were ~s and downs** cela n'a pas toujours été facile*]* ; **~ to** a) un maximum de, jusqu'à ; b) à la hauteur de *[tâche]* ; *[***~ to 5 days** un maximum de 5 jours, jusqu'à 5 jours*]* ; **~-to-date** *adj.* à jour, récent, actualisé, de pointe ; (le plus) moderne ; **~ to date** au courant ; *[***to keep sb ~ to date** tenir qqn au courant ; **to bring sb ~ on** informer qqn sur les derniers développements de la situation concernant*]* ; **~-to-the-minute** *adj.* a) ultramoderne ; (du modèle) le plus récent ; b) *[informations]* à jour.

upbeat *adj.* optimiste.

update *v. tr.* **1** mettre à jour, actualiser, moderniser, mettre au goût du jour, tenir à jour ; **the organization wants to ~ its computer equipment** l'organisation veut moderniser son matériel informatique. **2 to ~ sb on** informer qqn sur les derniers développements de la situation concernant.

update *n.* **1** mise à jour, actualisation ; **an ~ of the policy is required** une actualisation de la politique est nécessaire. **2** version actualisée ; **an ~ of the report will be issued in the near future** une version actualisée du rapport sera rendue publique prochainement. **3** informations à jour/actualisées, (communication des) informations les plus récentes, compte rendu sur les faits nouveaux/l'évolution récente/les initiatives récentes/les tendances récentes/les éléments nouveaux ; **(on)** rapport sur l'état de ; **to give/provide an ~ on** communiquer des informations à jour/actualisées sur, communiquer les informations les plus récentes sur, faire le point de (la situation concernant) ; **she gave us an ~ on the situation around the earthquake in northern Afghanistan** elle nous a communiqué les informations les plus récentes sur la situation relative au tremblement de terre dans le nord de l'Afghanistan ; **to get an ~ on** être mis au courant de l'évolution de. **4** *Journ.* point (de la situation) ; derniers rebondissements ; **financial ~** le point de la situation financière ; **~ on diphtheria outbreak in Russia** le point sur l'épidémie de diphtérie en Russie. **5** version mise à jour, nouvelle version ; nouveau modèle.

uperized milk lait upérisé.

upfront *adj.* **1** situé à l'avant. **2** initial, préalable. **3** *[position]* de premier plan, en vue, important. **4** *[paiement]* effectué d'avance, *[montant]* payé d'avance. **5** franc. ✪ **~ cash** montant payé d'avance ; **~ charge/fee** *FCP* droit d'entrée.

upfront *adv.* **1** *[disposer d'un certain montant]* au début, au départ, initialement, au stade initial, pour commencer. **2** *[payer]* tout de suite, d'avance. **3** d'emblée, d'abord.

upgradable *adj. Inf. [ordinateur]* évolutif, susceptible d'être mis à niveau.

upgradability *n. Inf.* possibilité de mise à niveau.

upgrade *v. tr.* **1** *tr.* améliorer, perfectionner, moderniser, renforcer, augmenter, accroître l'importance de, revaloriser ; **to ~ the telephone system** moderniser le réseau téléphonique. **2** *Inf.* mettre à niveau *[matériel, logiciel]* ; **upgrading to 128 Mb is simple** il est facile de porter la mémoire à 128 Mo.

upgrade *n.* **1** pente. **2** augmentation. **3** amélioration. **4** version améliorée, nouveau modèle ; *Inf.* mise à jour *[d'un logiciel].*

upheaval *n.* bouleversement(s), crise, tempête ; désorganisation ; troubles ; **political ~** bouleversements politiques ; **the company was in a state of complete ~** l'entreprise était complètement désorganisée.

uphill battle/struggle *Fig.* tâche ardue.

uphold *v. tr.* **1** *Dr. [tribunal]* confirmer *[jugement frappé d'appel, condamnation],* confirmer la légalité de *[règlement],* confirmer la constitutionnalité de *[loi],* déclarer *[plainte]* fondé, reconnaître le bien-fondé de *[plainte]* ; **the court upheld the conviction** la cour a confirmé la légalité de la condamnation ; **the court upheld affirmative action** la cour a confirmé la constitutionnalité de l'action positive ; **the ruling upheld the law** le jugement a confirmé la constitutionnalité de la loi. **2** défendre, soutenir, se prononcer en faveur de *[principe, politique, système]* ; soutenir *[le moral, qqn dans l'adversité],* défendre *[qqn, intérêt, droit],* protéger, veiller au respect de *[droit],* faire respecter *[la loi]* ; respecter *[tradition]* ; **to ~ democratic values** défendre les valeurs démocratiques ; **to ~ traditions** maintenir les traditions. **3** faire respecter *[loi, réglementation].*

upholstery *n.* capitonnage, rembourrage.

upland *n.* zone située en altitude, terres hautes ; plateau ; zone de collines ; zone de montagne. ✪ **~ rice** riz de montagne.

upload *v. tr. Inf.* transférer *[fichier]* à un serveur.

upmarket *adj.* haut de gamme.

upper *adj.* **1** supérieur, haut ; **~ body** partie supérieure du corps ; **the ~ end of the market** le segment supérieur du marché ; **the ~ east side** le nord-est *[de Manhattan]*. **2** *[limite]* maximal. ✪ **~ atmosphere** haute atmosphère, hautes couches de l'atmosphère ; **~ case** haut de casse ; **~ chamber** *Pol.* chambre haute ; **~ chambers of the heart** oreillettes ; **~ class** classe aisée, bourgeoisie, classe dominante, nantis ; **~ crust** gratin ; **~ hand** position dominante ; *[***to gain the ~ hand** prendre le dessus, l'emporter ; **to have the ~ hand** être en position de force, avoir l'avantage*]* ; **~ house** *Pol.* chambre haute ; **~-income** *adj.* à revenus élevés ; **~ memory area** zone de mémoire haute ; **~ memory block** bloc de mémoire haute ; **~-middle income country** *Banque mondiale* pays à revenu intermédiaire (tranche supérieure) ; **~ reaches** a) cours supérieur *[d'une rivière]* ; b) *Fig.* sommet, hautes sphères ; **~ surface** *Aéron.* extrados.

uprate *v. tr.* **1** améliorer. **2** augmenter, majorer *[prix],* revaloriser *[prestations sociales]* ; **the minister said that benefits may be ~d in six months' time** le ministre a déclaré que les prestations sociales pourraient être revalorisées dans six mois.

upright *adj.* ✪ **~ position** a) station verticale *[d'un animal]* ; b) position verticale *[d'un siège d'avion]* ; **~ posture** station verticale *[d'un animal].*

uproar *n.* (tempête/vague de) protestations, tollé, indignation, vive émotion, vif émoi, levée de boucliers ; **Mr Blair's apparent broken promise about tuition fees had students in an ~** le fait que M. Blair était apparemment revenu sur sa promesse relative aux droits de scolarité a provoqué une vive émotion parmi les étudiants.

UPS (uninterruptible power supply) *Inf.* onduleur.

upscale *adj. ÉU* haut de gamme.

upset *v. tr.* **1** perturber, bouleverser, indigner, offenser, offusquer, heurter la sensibilité de, émouvoir, mécontenter, indisposer, contrarier *[qqn],* créer un vif émoi parmi. **2** perturber, désorganiser, ébranler, bouleverser, bousculer *[qqch.],* rompre *[équilibre] ;* mettre sens dessus dessous, créer la plus grande confusion dans/parmi ; *Fam.* chambouler ; **the demonstration ~ the city's traffic system for several hours** la manifestation a perturbé la circulation dans la ville pendant plusieurs heures ; **to ~ a delicate balance** perturber un équilibre fragile ; **the new law is likely to ~ the present industrial relations structure** la nouvelle loi est de nature à bouleverser la structure actuelle des relations du travail ; **the merger may ~ the financial and commercial balance of the two companies involved** la fusion risque de rompre l'équilibre financier et commercial des deux sociétés concernées.

upset *n. Pol.* **~ (victory)** victoire inattendue/surprise.

upset *adj.* perturbé, irrité, énervé, indigné, en émoi, froissé, blessé, choqué, offusqué, offensé, ulcéré, très mécontent, outré ; **very ~** bouleversé, dans tous ses états.

upside *n.* **1** aspect positif ; **on the ~** sur le plan positif. **2** *Bourse* potentiel de hausse *[d'une action],* potentiel d'appréciation *[d'une monnaie].*

upstage *v. tr.* éclipser, ravir la vedette à.

upstate *adj. ÉU* relatif à l'État, à l'exclusion de la ville principale ; **~ New York** État de New York, à l'exclusion de la ville de New York, « province new-yorkaise » ; **an ~ New York town** une ville de l'État de New York.

upstream *v. tr.* entreprendre à un stade plus précoce.

upstream *adj. Écon. [activités]* d'amont.

upstream *adv. Écon.* en amont.

upsurge *n.* **1** forte augmentation/progression, augmentation/progression considérable/rapide, essor, envolée, multiplication du nombre, forte poussée/recrudescence ; **there has been an ~ in juvenile crime** il s'est produit une forte augmentation de la délinquance juvénile ; **an ~ in international trade** un essor du commerce international ; **an ~ in violence** une multiplication du nombre des actes de violence. **2** *Écon.* reprise vigoureuse, forte expansion, essor (économique).

upswing *n.* **1** forte augmentation/progression, augmentation/progression considérable/rapide, multiplication du nombre, envolée, forte poussée/recrudescence ; **to be on the ~** augmenter/progresser fortement. **2** *Écon.* redressement, reprise, hausse, poussée, phase ascendante.

uptake *n.* **1** absorption *[d'apports nutritionnels par l'organisme].* **2** mesure dans laquelle *[service]* est utilisé, utilisation (effective des services), mesure dans laquelle *[prestation sociale]* est réclamé ; **the service will continue because of the high ~** le service continuera d'être assuré étant donné qu'il est très utilisé. **3** compréhension ; **to be slow on the ~** mettre beaucoup de temps à comprendre.

uptime *n.* durée/période/temps de bon fonctionnement.

upturn *n.* reprise *[de l'activité économique, de l'emploi, de l'inflation],* redressement, remontée ; **an unexpected ~ in interest rates** une remontée inattendue des taux d'intérêt.

UPU (Universal Postal Union) UPU (Union postale universelle).

upward *adj.* ✪ **~ compatibility** *Inf.* compatibilité avec la version ultérieure *[d'un ordinateur, d'un logiciel] ;* **~ mobility** (possibilité de/d') promotion/ascension sociale.

upwardly mobile ayant vocation à s'élever dans la hiérarchie sociale, en pleine ascension sociale.

urban *adj.* ✪ **~ blight/decay** détérioration du tissu urbain/des conditions de vie dans la ville, **~ design** urbanisme ; **~ development** aménagement urbain ; **~ district council** *Irl.* conseil municipal ; **~ planner** urbaniste ; **~ planning** urbanisme ; **~ renewal** rénovation urbaine ; **~ sprawl** expansion (anarchique) de la/des ville(s), étalement des villes ; **~ studies** *Ens.* urbanisme.

urge *v. tr.* **1** demander (instamment), engager, enjoindre, presser, insister (pour que), conjurer, exhorter, inciter, pousser, encourager (vivement), lancer un appel, inviter (fermement) ; **the employers' organization ~d the government to boost domestic demand** l'organisation patronale a demandé instamment au gouvernement de stimuler la demande intérieure. **2** recommander, préconiser *[mesures] ;* **to ~ caution** recommander la prudence ; **she ~d a study of funding of political parties** elle a préconisé la réalisation d'une étude sur le financement des partis politiques ; **to ~ structural changes** préconiser des réformes structurelles ; **commentators welcomed the second cease-fire but ~d caution** les commentateurs se sont félicités du deuxième cessez-le-feu mais ont recommandé la prudence ; **to ~ the need for reforms** souligner la nécessité de réformes.

urgency *n.* **as a matter of ~** d'urgence ; **to add ~ to** donner un caractère d'urgence à ; **the reporter exposed the shameful lack of ~ in the original police investigation** le reporter a dénoncé la lenteur scandaleuse de l'enquête initiale de la police.

URL (uniform resource locator) adresse URL. ✪ **~ address** adresse URL.

Uruguay Round Uruguay Round ; *OMC* cycle d'Uruguay.

US (United States) États-Unis. ✪ **~$** USD ; **~ Attorney** procureur fédéral ; **~ marshall** agent fédéral de la force publique ; **~ ton** *ÉU* tonne courte *[= 2000 livres ou 907,2 kg].*

USAID (United States Agency for International Development) Agence pour le développement international des États-Unis.

USD (United States dollar) *ISO* USD (dollar des États-Unis).

USDA (United States Department of Agriculture) ministère de l'Agriculture des États-Unis.

use *n.* **1** utilisation. **2** consommation *[de drogue, d'alcool].* **3 it is no ~ doing sth** il ne sert à rien de faire qqch., il est inutile/vain de faire qqch. ✪ **in ~** utilisé, en service ; **~-by date** date limite de conservation ; **~ value** valeur d'usage.

used car voiture d'occasion.

useful life *Compt.* durée d'utilisation, vie utile *[d'un élément d'actif à amortir].*

user *n.* utilisateur, usager ; consommateur ; **cocaine ~** consommateur de cocaïne. ✪ **~ charge/fee** redevance couvrant l'utilisation de services ; **~-friendly** *adj.* accessible, facile d'emploi, facile à l'emploi/à l'utilisation, conçu pour la facilité/commodité de l'utilisateur, facile/simple à utiliser, proche de l'utilisateur, d'un maniement facile ; *Inf.* convivial ; *[***many software packages are far from ~-friendly** de nombreux logiciels sont loin d'être faciles à utiliser*] ;* **~ ID** *Inf.* identifiant ;

~ interface *Inf.* interface utilisateur ; **~ name** *Inf.* identifiant ; **~'s fee** redevance couvrant l'utilisation de services ; **~'s guide** *Inf.* guide de l'utilisateur.

usher *v.* **I** *tr.* **(into)** engager sur la voie de, faire franchir le cap de ; **the idea was to ~ Russia into the democratic order** il s'agissait d'engager la Russie sur la voie de la démocratie. **II ~ in** *Fig.* **1** annoncer (le début de), marquer le début/démarrage de, inaugurer ; **the fall of the Iron Curtain ~ed in an era of profound change and uncertainty** l'effondrement du rideau de fer a marqué le début d'une période de changements profonds et d'incertitude. **2** instaurer, lancer, introduire, établir, mettre en place, préparer la voie à ; **the emergency government was supposed to ~ in an elected administration** le gouvernement provisoire était censé préparer la voie à un gouvernement élu. **3** être à l'origine de, provoquer, déclencher. **4** commencer.

USIA (United States Information Agency) Office d'information des États-Unis.

usual *adj.* ✪ **as ~** *[***business as ~** *voir* business ; **to reject politics as ~** rejeter la politique traditionnelle*]* ; **through the ~ channels** *Pol. RU* par concertation entre les deux *whips* principaux.

usurp *v. tr.* **1** usurper ; **to ~ sb's role** se substituer à qqn. **2** s'approprier, s'arroger ; s'emparer de, faire main basse sur. **3** remplacer ; **our competitors are ~ing our products with cheaper alternatives** nos concurrents remplacent nos produits par des variantes qui reviennent moins cher.

us vs. them: to see the problem in terms of ~ envisager le problème dans une optique antagoniste/de confrontation.

utility *n.* **1** utilité. **2** compagnie de distribution d'énergie ou de fournitures essentielles ; exploitant de services collectifs (distribution d'énergie, d'eau, etc.), compagnie de distribution d'énergie, de téléphone, etc. ; **electric ~** compagnie d'électricité ; **telecommunications ~** compagnie de télécommunications ; **water ~** compagnie de distribution d'eau. **3** *pl.* services collectifs (distribution d'énergie, d'eau, etc.), services essentiels (distribution d'énergie, d'eau, etc.) ; compagnies de distribution d'énergie, d'eau, de téléphone, etc. ; exploitants de services collectifs (distribution d'énergie, d'eau, etc.), compagnies de distribution d'énergie, de téléphone, etc. **4** *Inf.* utilitaire. **5** petit camion, camionnette. ✪ **~ company** compagnie de distribution d'énergie ou de fournitures essentielles ; exploitant de services collectifs, compagnie de distribution d'énergies, de téléphone, etc. ; **~ patent** brevet d'invention ; **~ program** *Inf.* utilitaire ; **~ truck** petit camion, camionnette.

utmost *n.* **to do one's ~** mettre tout en œuvre, faire le maximum, ne pas ménager ses efforts, donner le meilleur de soi-même, faire tout son possible, faire tout ce qui est en son pouvoir, remuer ciel et terre.

utter *adj.* absolu, total, sans bornes ; **~ failure** échec retentissant/cuisant, fiasco.

U-turn *n. Fig.* volte-face, revirement marche arrière, reculade, virage à cent quatre-vingt degrés ; **to make a ~** faire volte-face/marche arrière/machine arrière, battre en retraite.

UUP (Ulster Unionist Party) *RU Ulster Unionist Party,* Parti unioniste d'Ulster.

UVF (Ulster Volunteer Force) *RU Ulster Volunteer Force.*

Uzbek *adj.* ouzbek *[f. ouzbèke].*

V

v. (versus) *voir* versus.

vacancy *n.* **1** vacance d'emploi ; poste à pourvoir/vacant ; **to fill a ~** pourvoir un poste vacant. **2** siège vacant. ✪ **~ announcement/notice** avis de vacance de poste ; **~ rate** *Immobilier* taux d'inoccupation.

vacant lot/site terrain vague.

vacate *v. tr.* **1** libérer, cesser d'occuper *[locaux, appartement]*. **2** annuler, casser *[jugement]*, infirmer, mettre à néant *[jugement]*, déclarer nul *[contrat]*.

vacillate *v. intr.* hésiter ; **(between)** osciller entre.

vacillation *n.* hésitation, flottement.

vacuous *adj. [observation]* inepte, stupide.

vacuum *n.* **in a ~** en vase clos ; **to occur/take place in a ~** être un phénomène isolé de tout contexte, se situer dans l'abstrait, ne pas reposer sur des bases concrètes ; **to develop in a ~** naître de rien, surgir à partir de rien, naître par génération spontanée. ✪ **~ chamber** chambre à vide.

vagary *n. pl.* caprices, soubresauts, irrégularités, aléas, vicissitudes ; **the vagaries of the business cycle** les caprices du cycle conjoncturel ; **the rice harvest will depend on the vagaries of the weather** la récolte de riz dépendra des caprices de la météorologie ; **the beef industry should not be purely subjected to the vagaries of the market** le secteur de la viande bovine ne devrait pas être à la merci des aléas du marché.

vaginal birth accouchement par voie naturelle.

vainglory *n.* vanité, gloriole.

Valencia *n. Espagne* Valence.

valet *n.* **1** valet. **2** voiturier *[d'un hôtel, d'un restaurant]*.

valid *adj. [raison, données]* valable ; *[passeport, permis de conduire]* en cours de validité.

valour *n.* courage ; **in calling a leadership election, Mr Duncan Smith showed much political ~** en décidant de déclencher une élection pour le poste de chef de file du parti, M. Duncan Smith a fait preuve d'un grand courage politique.

valuable *adj.* précieux, très intéressant, très/extrêmement utile, fructueux, de (grande) valeur, excellent, appréciable, digne d'intérêt, très positif, recherché ; **water is a ~ resource** l'eau est une ressource précieuse. ✪ **for ~ consideration** à titre onéreux ; **without ~ consideration** à titre gratuit.

valuables *n. pl.* objets de valeur.

value *v. tr.* **1** évaluer, estimer la valeur de, expertiser ; **(at)** évaluer *[actifs financiers, immeuble]* à. **2** apprécier *[comportement, méthode]*, accorder de l'importance à, être attaché à, tenir à, chérir ; **the British ~ their political system highly** les Britanniques sont très attachés à leur système politique.

value *n.* **1** valeur, utilité, intérêt, avantages, effets positifs ; **of ~** utile ; **the practical ~ of these principles** l'utilité pratique de ces principes ; **this book is of great practical ~** cet ouvrage présente un grand intérêt pratique. **2** montant. ✪ **for ~** *Dr.* à titre onéreux ; **~ date** *Banque* date de valeur ; **~-added network** *Inf.* réseau à valeur ajoutée ; **~-added reseller** revendeur offrant aide et conseils, revendeur à valeur ajoutée ; **~ added tax** taxe sur la valeur ajoutée ; **~ chain** chaîne de valeur *[= système de création de valeur comportant plusieurs étapes (maillons), qui doivent toutes être optimisées]* ; **~ driver** levier de valeur ; **~ for money** bon rapport qualité-prix, bon rapport coût-résultats, bon rapport coût-performance ; *[***to demand ~ for money** en vouloir pour son argent ; **to get ~ for money** en avoir pour son argent ; **to give ~ for money** valoir son coût ; **to ensure ~ for money** utiliser les ressources de façon optimale sur le plan économique ; **to provide better ~ for money** offrir un meilleur rapport qualité-prix ; **it will be important to emphasize the ~ for money aspect** il importera de mettre l'accent sur le bon rapport qualité-prix ; **to ensure that the public is given better ~ for money** assurer une meilleure utilisation des deniers publics ; **the market research study turned out to be excellent ~ for money** le coût de l'étude de marché a été dérisoire par rapport aux précieux enseignements qu'elle a livrés ; **consumers are very concerned about ~ for money** les consommateurs sont très désireux d'en avoir pour leur argent*]* ; **~ in exchange** *Écon.* valeur d'échange ; **~ in use** *Écon.* valeur d'usage ; **~ proposition** point fort, atout, plus, force, avantage.

valued *adj.* apprécié, prisé.

valve *n.* soupape, valve, clapet, vanne.

VAN (value-added network) *Inf.* réseau à valeur ajoutée.

van *n.* **1** camion (fermé). **2** fourgonnette. **3** *Transp. ferroviaire RU* a) fourgon ; b) wagon couvert.

van der Waals forces forces de van der Waals.

vanilla *adj.* sans fioritures, ordinaire.

vanishingly small infime, minuscule, extrêmement faible/petit.

vanity ✪ **~ bag/box/case** vanity-case ; **~ plate** plaque (d'immatriculation) personnalisée ; **~ press/publisher** éditeur à compte d'auteur ; **~ publishing** publication à compte d'auteur ; **~ telephone number** numéro de téléphone personnalisé.

vantage point **1** lieu/poste d'observation. **2** angle, perspective, point de vue ; **from an African ~, the situation is rather different** d'un point de vue africain, la situation se présente sous un jour assez différent.

vapourware *n. Inf.* produit informatique annoncé à grand renfort de publicité mais dont la commercialisation est reportée de mois en mois.

VAR (value-added reseller) *Inf.* revendeur offrant aide et conseils, revendeur à valeur ajoutée.

variance *n.* **1** désaccord, différend ; **at ~** *[idées]* opposé ; **at ~ with** *[personne]*, en conflit avec *[autre personne]* ; différent de *[qqch.]*, en contradiction avec, contraire à, incompatible avec *[qqch.]* ; **to be at ~ with** *[chose]* ne pas correspondre avec, ne pas cadrer avec, cadrer mal avec, être en contradiction avec, ne pas être en harmonie avec. **2** variation(s), fluctuations. **3** *Stat.* variance *[= moyenne des carrés des écarts des valeurs observées par rapport à la moyenne de ces valeurs]*. **4** *ÉU* autorisation accordant une dérogation à un règlement (sur l'occupation des sols). ✪ **~ analysis** *Stat.* analyse de la variance.

variant *n.* **1** variant *[d'un virus]*. **2** variante *[d'un produit]*.

variation *n.* **1** *Stat.* variance. **2** déclinaison magnétique, variation locale. ✪ **~ analysis** *Stat.* analyse de la variance.

varied *adj.* **1** divers. **2** varié, diversifié. **3** *Dr.* modifié.

variety *n.* **1** variété, diversité, nombre, quantité ; **a ~ of** divers, toute une gamme/série de, une riche gamme de ; **a ~ of explanations** diverses explications ; **children should learn to eat a ~ of foods** les enfants doivent apprendre à consommer des aliments variés. **2** *Biol.* variété. ✪ **~ show** spectacle de variétés/de music-hall ; **~ store** *ÉU* prisunic.

vary *v.* **1** *intr.* **(with)** varier selon/en fonction de ; **to ~ with time** évoluer dans le temps. **2** *tr.* modifier ; **the provisions of Article 7 may not be varied by agreement** les dispositions de l'article 7 ne peuvent être modifiées par convention ; **the International Court of Justice may affirm, vary or reverse any of the findings or recommendations of the Commission of Inquiry, if any** les conclusions ou recommandations éventuelles de la Commission d'enquête pourront être confirmées, amendées ou annulées par la Cour internationale de justice.

vast *adj.* **1** *[zone]* vaste. **2** énorme, immense, de très grandes dimensions, très important, de grande envergure, *[montant]* considérable, faramineux ; vertigineux, *[majorité]* écrasant ; **~ experience** expérience considérable ; **the BBC World Service has a ~ world audience** le service mondial de la BBC est très écouté dans le monde.

VAT (value added tax) TVA (taxe sur la valeur ajoutée).

V-chip *n.* puce antiviolence.

VCR (video-cassette recorder) magnétoscope (à cassette).

VD (venereal disease) MST (maladie sexuellement transmissible), maladie vénérienne.

VDT (visual display terminal) écran de visualisation.

VDU (visual display unit) écran de visualisation.

V-E Day jour de la victoire en Europe *[en 1945]*.

vehemently *adv.* véhémentement, avec véhémence, haut et fort, à cor et à cri.

vehicle *n.* **1** véhicule. **2** *Fig.* moyen, système, mode, instrument, outil, support, canal ; **the company perceives sponsorship of sports events as a ~ to raise its profile in Europe** l'entreprise considère que le parrainage de manifestations sportives est un moyen de se faire mieux connaître en Europe ; **investment ~** instrument de placement ; **she sees the common currency as a ~ for European political union** elle considère que la monnaie commune est un instrument au service de l'union politique européenne ; **advertising ~** support publicitaire ; **this is an independent newspaper, not a ~ for government propaganda** il s'agit d'un journal indépendant et non d'un organe de propagande pour le gouvernement ; **the Internet is the ideal ~ for this type of information** Internet est le support idéal pour ce type d'informations ; **the party regards its conference as a ~ for presenting its political vision** le parti considère que son congrès est une tribune qui lui permet de présenter son projet politique. ✪ **~ fleet** parc de véhicules.

veil of incorporation *Dr.* principe de la personnalité propre d'une société.

vein *n.* ✪ **in the same ~** dans le même esprit, dans le même ordre d'idées.

velocity *n.* *Écon.* **income ~ of demand** élasticité de la demande par rapport au revenu ; **~ of circulation** vitesse de circulation de la monnaie.

vending machine distributeur automatique.

vendor *n.* **1** fournisseur ; prestataire de services ; fabricant. **2** vendeur *[de journaux, de hot-dogs, etc.]* ; *Dr.* vendeur *[d'un bien immobilier]*. **3** distributeur automatique. ✪ **~'s lien** privilège du vendeur ; **~ placing** placement d'actions nouvelles auprès d'un non-actionnaire.

vengeance *n.* **with a ~** à outrance, allègrement, à qui mieux-mieux, de plus belle, en force ; **criticism of the government resumed with a ~** les critiques contre le gouvernement ont décuplé ; **after a brief period of consensus, the adversarial system is back with a ~** après une brève période de consensus, la confrontation est plus que jamais à l'ordre du jour ; **the demonstrations resumed with a ~** les manifestations ont repris de plus belle ; **syphilis is back with a ~** la syphilis revient en force.

vent *v. tr.* donner/laisser libre cours à *[colère]*.

vent *n.* **1** orifice, trou. **2** conduit d'aération *[d'un appareil de chauffage]* ; évent. **3** bouche d'aération. **4** prise d'air *[d'un moteur]*. **5** cheminée (d'alimentation) *[d'un volcan]*. **6** cloaque *[d'un oiseau, d'un reptile]*. **7 to give ~ to** donner libre cours à.

ventilate *v. tr.* **1** aérer *[local]*. **2** *Fig.* soumettre *[question]* à la discussion. **3** *Fig.* exprimer, donner expression à, exposer, faire connaître, émettre *[opinions, revendications, griefs]*.

ventilation *n.* *Méd.* ventilation (artificielle). ✪ **~ shaft** gaine de ventilation.

ventilator *n.* *Méd.* respirateur.

ventricular fibrillation fibrillation ventriculaire.

venture *n.* entreprise, initiative, projet. ✪ **~ capital** capital à risque, capital-risque ; **~ capital company/firm** société de capital-risque ; **~ capitalist** capital-risqueur.

venue *n.* *Dr.* lieu du procès.

verbatim record compte rendu sténographique.

verify *v. tr.* **1** vérifier. **2** confirmer (la véracité de).

versatile *adj.* polyvalent, universel, souple, adaptable, aux aspects/usages multiples ; **plastic is a ~ material** le plastique est un matériau universel.

verse *n.* verset *[du Coran]*.

versus *prép.* **1** contre, par opposition à ; **Smith ~ Brown** *Dr.* (affaire) Smith contre Brown ; **theoretical ~ practical problems** les problèmes théoriques par opposition aux problèmes pratiques ; **nature-~-nurture** *n.* opposition nature-culture ; **it is a case of principle ~ expedience** il faut choisir entre les principes et l'opportunisme ; **the demonstration highlighted the town ~ country debate** la manifestation a mis en évidence l'opposition ville-campagne. **2** par rapport à ; **burglaries increased 11% ~ the same period last year** le nombre de cambriolages a augmenté de 11 % par rapport à la période correspondante de l'année dernière. **3 ratio for x ~ y** rapport de x à y.

vertical *adj.* ✪ **~ fin/stabilizer** *Aéron.* empennage vertical ; **~ take-off aircraft** *Aéron.* avion à décollage vertical ; **~ take-off and landing aircraft** *Aéron.* avion à décollage et atterrissage verticaux ; **~ tail** *Aéron.* empennage vertical ; **~ union** *ÉU* syndicat industriel.

very *adj.* **1** très. **2** même ; **that ~ day** le jour même. ✪ **by its ~ nature** par définition. **~ high frequency** très haute fréquence ; ~

large crude carrier superpétrolier VLCC ; **~ large-scale integration** intégration à très grande échelle, intégration VLSI ; **~ low frequency** très basse fréquence.

very *adv.* tout ; **the ~ last page** la toute dernière page.

vessel *n.* bâtiment *[terme le plus général]*, navire. ✪ **~ ton** tonneau de jauge brute *[= 2,83 m^3]*.

vest *v.* **1** *tr.* **(in)** transmettre/transférer la propriété de *[bien]* à *[qqn]* ; mettre *[qqn]* en possession de *[bien]*, investir *[qqn]* de *[droit, pouvoir]*, octroyer *[droit]* à, transmettre à, confier à, attribuer à, conférer à, donner à ; **to be ~ed in** être dévolu/attribué/conféré/transmis à, revenir à, appartenir à, résider dans ; **powers ~ed in** pouvoirs conférés à ; **the ceremony ~s the solemn rights and duties relating to the medical profession in the newly-qualified doctors** la cérémonie investit les médecins qui viennent d'obtenir leur diplôme des droits et obligations qui sont liés à la profession médicale ; **all the powers of the Bank shall be ~ed in the Board of Governors** tous les pouvoirs de la Banque sont dévolus au Conseil des gouverneurs ; **all legislative powers herein granted shall be ~ed in a Congress of the United States** tous les pouvoirs législatifs institués par la présente constitution sont attribués au Congrès des États-Unis ; **the executive power shall be ~ed in a President of the United States of America** le pouvoir exécutif est conféré au président des États-Unis d'Amérique ; **the Board proposes to ~ more responsibility in some company employees** le conseil d'administration propose de donner des responsabilités accrues à certains salariés ; **disciplinary powers over the parliamentary members of the party are ~ed in the leadership** des pouvoirs disciplinaires sur les parlementaires du parti sont attribués aux dirigeants de celui-ci ; **a great deal of power remains ~ed in the commission** la commission continue d'exercer un pouvoir considérable. **2** *intr.* *[droit]* être acquis ; **(in)** être dévolu à, revenir à ; **the law deals with how property ~s in the inheritors after a death** la loi porte sur la façon dont les biens sont dévolus aux héritiers après un décès.

vested interest intérêt(s) ; *pl.* intérêts catégoriels, (défenseurs de) positions acquises, (groupes défendant des) intérêts particuliers, parties intéressées ; **~ group** groupe d'intérêt, groupe de pression, groupe de défense d'intérêts catégoriels, groupement d'intérêts catégoriels ; **powerful financial ~s** de puissants intérêts financiers ; **powerful ~s defeated the attempt to regulate this industry** des groupes puissants ont mis en échec les efforts entrepris pour réglementer ce secteur ; **to have a ~ in** avoir (tout) intérêt à ; **he should have declared that he had a ~ in the wine trade** il aurait dû déclarer qu'il avait des intérêts dans le commerce du vin ; **the MP was influenced by free services he accepted from ~s** le député a été influencé par des services gratuits qui lui ont été offerts par certaines parties intéressées ; **the journalist maintained that the bill was the result of lobbying by certain companies with ~s** le journaliste a maintenu que le projet de loi résultait de pressions exercées par des entreprises intéressées par son adoption.

vestibular-ocular reflex réflexe vestibulo-oculaire.

vet *v. tr. Fam.* **1** examiner soigneusement *[document]*, inspecter ; vérifier, contrôler. **2** évaluer. **3** réviser. **4** se renseigner sur, procéder à une enquête sur ; effectuer un contrôle de sécurité sur *[fonctionnaire]* ; **borrowers are carefully ~ted** les emprunteurs font l'objet d'une évaluation soigneuse. **5** *[médecin]* examiner *[patient]*.

vet *n. ÉU* ancien combattant.

veteran *n.* ancien combattant ; **Vietnam ~** ancien du Viêt-nam.

veteran *adj.* chevronné.

veto *v. tr.* opposer/mettre son veto à.

vetting *n.* contrôle de sécurité.

vexatious *adj.* **1** irritant, *[question]* épineux, *[situation]* très embarrassant. **2** *Dr. [procédure]* frustratoire, abusif, malveillant.

vexed *adj.* *[question, problème]* faisant l'objet de beaucoup de discussions ; très controversé, difficile, délicat.

vexing *adj.* irritant, fâcheux, désagréable.

VFR (visual flight rules) règles de vol à vue.

VGA (video graphics array) *Inf. [carte, moniteur]* VGA.

VHF (very high frequency) très haute fréquence.

vibrant *adj. Fig.* animé, plein de vie, énergique, (très) dynamique, débordant de vitalité, agité, trépidant, effervescent, bouillonnant (de vie), survolté ; **Ireland is, arguably, now more economically ~ than Britain** on peut soutenir qu'actuellement, l'Irlande est plus dynamique que le Royaume-Uni sur le plan économique ; **the aim is to make the film industry more ~ in Europe** il s'agit de donner un coup de fouet au secteur cinématographique en Europe.

vicar *n.* curé.

vicarious liability/responsibility responsabilité du fait d'autrui.

vice-chancellor *Ens. RU* président, recteur *[d'université]*.

vice president *Sociétés ÉU* directeur général adjoint ; **Vice President for Sales and Marketing** directeur des ventes et du marketing.

vice squad brigade des mœurs.

vicious *adj.* **1** *[personne]* très dangereux, prêt à tout ; *[acte]* d'une extrême/rare violence, particulièrement violent, barbare, cruel, sanguinaire, odieux ; *[conflit, lutte]* âpre, implacable, acharné, dur, féroce ; **a ~ attack on a pregnant woman** une agression d'une rare violence contre une femme enceinte ; **suddenly, Saddam Hussein's government was portrayed as one of the most ~ in the world** du jour au lendemain, on a décrit le gouvernement de Saddam Hussein comme l'un des plus odieux du monde. **2** *[mensonges]* particulièrement vil, bas, d'une grande malveillance. **3** *[critiques, lutte]* féroce, *[propos]* venimeux ; **they published ~ anti-homosexual literature** ils ont diffusé des publications traînant les homosexuels dans la boue. **4** vicieux, dépravé. **5** mauvais ; **a child is never ~ by nature** un enfant n'est jamais foncièrement mauvais.

victimization *n.* **1** traitement injuste/inéquitable. **2** harcèlement.

victimize *v. tr.* **1** traiter de façon injuste/inéquitable. **2** duper, escroquer. **3** s'en prendre à, attaquer, malmener, persécuter, harceler, soumettre à des mesures vexatoires.

video *n.* **1** vidéo, film vidéo. **2** magnétoscope.

video *adj.* vidéo *[inv.]*. ✪ **~ arcade** galerie de jeux vidéo ; **~ board** *Inf.* carte vidéo ; **~ camera** caméra vidéo ; **~ card** *Inf.* carte vidéo ; **~ cassette** cassette vidéo ; **~ cassette recorder** magnétoscope ; **~ clip** clip (vidéo), vidéo-clip ; **~ conferencing** système de visioconférence ; **~ disk** vidéodisque ; **~ display terminal** écran de visualisation ; **~ display unit** console/écran de visualisation ; **~ frequency** vidéofréquence ; **~ game** jeu vidéo ;

~ game console console de jeu vidéo ; **~ jockey** présentateur/présentatrice de vidéoclips ; **~ memory** *Inf.* mémoire vidéo ; **~ monitor** moniteur vidéo ; **~ nasty** vidéocassette classée X, vidéocassette pornographique ou d'épouvante ; **~-on-demand** *n.* vidéo à la demande ; **~ port** *Inf.* port vidéo ; **~ recorder** magnétoscope ; **~ recording** vidéogramme ; **~ rental shop** vidéoclub ; **~ shop/store** vidéoclub ; **~ tape** bande vidéo.

videocassette recorder magnétoscope (à cassette).

videoconference *n.* visioconférence.

videoconferencing *n.* système de visioconférence.

videofit *n.* portrait robot.

videogram *n.* film vidéo ; *Dr. d'auteur* vidéogramme.

videophone *n.* visiophone.

videotape *v. tr.* enregistrer sur vidéocassette.

videotape *n.* bande vidéo. ✪ **~ recorder** magnétoscope.

videotelephone *n.* visiophone.

Vietnam *n.* Viêt-nam ; *ONU* Viet Nam.

view *n.* avis, opinion, conception, point de vue, idée, thèse ; *pl.* position ; **she expressed the ~s of her organization** elle a exposé la position de son organisation ; **to take the ~ that** considérer que, estimer que, être d'avis que ; **with this in ~** dans cette perspective ; **the ~s expressed by the author are solely his responsibility** les opinions exprimées par l'auteur n'engagent que lui ; **in my ~** à mon avis, à mon sens.

viewdata *n.* vidéotex.

viewer *n.* **1** *TV* téléspectateur. **2** *Inf.* visionneuse.

viewership *n.* *TV* audience.

viewing figures *TV* indices d'écoute.

vigilante *n.* justicier, membre d'une milice privée/d'un groupe d'autodéfense. ✪ **~ group** groupe/milice d'autodéfense, milice privée.

vignette *n.* *Fig.* brève description, croquis, évocation, aperçu, tableau, anecdote, portrait, (petite) scène, scène de la vie quotidienne, sketch, (petit) dialogue, conversation ; **the programme offers a series of ~s showing how Europe with a single currency might work** l'émission présente plusieurs sketchs qui montrent le fonctionnement d'une monnaie européenne commune.

vilify *v. tr.* dénigrer.

Vilnius *n.* *Lituanie* Vilnious.

vindicate *v. tr.* **1** disculper, innocenter, mettre hors de cause, blanchir ; **when the enquiry was over, she was completely ~d** à l'issue de l'enquête, elle a été complètement blanchie ; **his warnings have been ~d** ses mises en garde se sont avérées fondées. **2** donner raison à, justifier ; **these revelations ~d her scepticism** ces révélations ont justifié son scepticisme. **3** confirmer la validité de *[idée].*

vindictive damages dommages-intérêts punitifs.

vine growing viticulture.

vintage *n.* **1** millésime. **2** vendanges.

vintage *adj.* **1** *[machine]* antique, antédiluvien, (très) ancien. **2** d'époque. **3** égal à lui-même, caractéristique, typique, dans le plus pur style de ; ***Union Street* is ~ Barker** *Union Street* est un livre caractéristique de Barker. ✪ **~ car** voiture de collection/d'époque ; **~ wine** grand cru.

vinyl *n.* ✪ **~ chloride** chlorure de vinyle ; **~ chloride monomer** chlorure de vinyle monomère.

violence *n.* (actes de) violence, violences ; **communal ~** (actes de) violence interethnique(s).

violent disorder *Dr. Angl.* attroupement.

VIP (very important person) personnalité de marque.

viral *adj.* ✪ **~ burden** charge virale ; **~ disease** maladie à virus/virale ; **~ load** charge virale.

vires *n.* *RU* objet social *[d'une société].*

Virgin Birth Immaculée Conception.

virgule *n.* barre oblique.

virtual *adj.* presque total ; **~ unanimity** quasi-unanimité. ✪ **~ reality** réalité virtuelle.

virtually *adv.* presque, pratiquement, pour ainsi dire ; **he pointed out that there is ~ no rabies in Europe** il a fait observer que la rage est pratiquement inexistante en Europe.

virtue *n.* **by ~ of** en raison de.

visibility *n.* place bien en vue, notoriété ; retentissement ; **to give ~ to** mettre en évidence, attirer l'attention sur, faire mieux connaître ; **to enhance the ~ of** faire mieux connaître ; **to gain ~** se faire connaître ; **low ~** discrétion ; **to ensure the ~ of the Organization** veiller à la notoriété des activités de l'Organisation ; **we aim to give more ~ to the plight of single mothers** notre intention est de mieux faire connaître les difficultés des mères célibataires ; **these charitable activities also have great public ~** ces activités charitables sont bien connues du public.

visible *adj.* **1** visible, apparent, manifeste, (bien) en vue, en évidence, évident, remarqué ; *[activité]* bénéficiant d'une large publicité ; **to be highly ~** attirer l'attention ; **to make more ~** faire mieux connaître, mettre davantage en évidence, mettre (mieux) en évidence (l'importance de). **2** *Écon.* **~ export/import** exportations/importations visibles.

vision *n.* *Fig.* **1** vision (des choses), représentation, façon de voir/concevoir, conception, une certaine idée *[de qqch.],* philosophie ; **her ~ of the country's future** la façon dont elle conçoit l'avenir du pays ; **the book will enable him to publicize his ~** ce livre lui permettra de mieux faire connaître sa philosophie ; **this was a typical man's ~ of women** il s'agissait d'une conception typiquement masculine de la femme. **2** (sens de l') imagination, intuition, discernement remarquable ; **lack of ~** manque d'imagination. **3** capacité d'anticiper, sens de l'anticipation, vision de l'avenir, intuition juste de l'avenir, clairvoyance, prescience ; **he had the ~ to predict more or less how South Africa would change** il a eu l'intuition nécessaire pour prévoir dans les grandes lignes la façon dont l'Afrique du Sud évoluerait. **4** dessein/projet (mobilisateur), (grand) dessein, idée, idéal, idées nouvelles ; **the removal of national borders is a part of this ~** la suppression des frontières nationales fait partie de ce projet ; **the party needs a ~ to inspire the voters** le parti a besoin d'un grand dessein pour galvaniser l'électorat ; **the**

Czechs saw Mr Havel as the man with the right ~ les Tchèques ont vu dans M. Havel un homme inspiré par un idéal adapté aux circonstances.

visionary *adj.* **1** clairvoyant ; **to be ~** proposer une conception novatrice de l'avenir. **2** *[projet]* chimérique, sans portée pratique, irréalisable.

visit *v. tr.* visiter ; se rendre à/en/dans ; **to ~ a country** se rendre dans un pays ; **the President will ~ China next year** le président se rendra en Chine l'année prochaine ; **~ our Web site** consultez notre site Web.

visit *n.* **1** visite. **2** séjour, voyage ; passage ; mission *[d'un expert dans un pays]*.

visiting *adj.* de passage. ✪ ~ **professor** professeur invité/d'un autre établissement.

visitor *n.* **1** visiteur, voyageur. **2** touriste.

visual *n.* document visuel ; *pl.* dessins/schémas/figures/photos/diapositives et graphiques.

visual *adj.* **the publisher understood the importance of ~ appeal** l'éditeur a compris l'importance d'une présentation attrayante. ✪ **~ aid** document visuel, dessins/schémas/photos/diapositives et graphiques ; **~ arts** arts plastiques ; **Visual Basic** *Inf.* Visual Basic ; **~ flight rules** règles de vol à vue ; **~ display terminal/unit** écran de visualisation.

visualize *v. tr.* **1** imaginer, voir, se représenter, se faire une idée de, obtenir une représentation concrète de, se figurer, se rendre compte de ; **it is difficult to ~ how this problem could be solved** on voit mal comment ce problème pourrait être résolu. **2** envisager.

visually disabled/handicapped/impaired malvoyant.

vital *adj.* vital, indispensable, essentiel. ✪ **~ records** actes de l'état civil ; **~ statistics** statistiques d'état civil/de l'état civil.

vitamin deficiency carence/déficit vitaminique, hypovitaminose ; **vitamin A ~** hypovitaminose A.

vitiate *v. tr.* **1** affaiblir, diminuer ; déprécier ; dégrader, nuire à, porter atteinte à, affecter, altérer ; **the witness declarations ~d the lawyer's arguments** la déposition du témoin a affaibli l'argumentation de l'avocat. **2** gâcher, ternir, entacher. **3** réduire à néant.

viva (voce) examen oral, oral.

vivid *adj. Fig. [imagination]* grand, vif, *[souvenir]* (très) clair, (très) précis, *[description]* clair, détaillé, vivant, évocateur, parlant, haut en couleur, coloré, pittoresque, expressif, saisissant.

viz. (vide licet) à savoir, c'est-à-dire.

VJ video jockey) présentateur/présentatrice de vidéoclips.

V-J Day jour de la victoire sur le Japon *[en 1945]*.

VLCC (very large crude carrier) VLCC (superpétrolier VLCC).

VLF (very low frequency) très basse fréquence.

VLSI (very large-scale integration) intégration à très grande échelle, intégration VLSI.

VLT (Very Large Telescope) VLT (Très grand télescope).

VOCs (volatile organic compounds) COV (composés organiques volatils).

vocal *adj. Fig. [personne]* qui fait entendre sa voix, prompt à s'exprimer (de façon péremptoire) ; *[minorité]* bruyant, actif, agissant, remuant, véhément, virulent ; *[défenseur]* actif, agissant, vigoureux, persistant, *[plaidoyer]* énergique, *[critiques]* formulé à haute voix ; **to be very ~ about** faire beaucoup de bruit autour de, se faire beaucoup entendre au sujet de, manifester bruyamment ses opinions au sujet de, exprimer avec force ses opinions au sujet de, s'exprimer avec beaucoup de conviction au sujet de ; **a ~ minority** une minorité qui s'agite beaucoup ; **he is a highly ~ defender of fox hunting** il défend très activement la chasse au renard ; **the opposition to this bill has been very ~ on both sides of the House** l'opposition à ce projet de loi s'est manifestée avec beaucoup d'énergie au parlement, tant au sein de la majorité que parmi les députés de l'opposition ; **~ advocacy of nature conservation** défense énergique de la préservation de la nature ; **the Italians were also ~ critics of this undiplomatic approach** les Italiens ont également vivement critiqué cette méthode peu diplomatique ; **there have been many ~ demands for an investigation** de nombreuses personnes ont exigé avec force l'ouverture d'une enquête.

vocational *adj.* professionnel. ✪ **~ education** enseignement professionnel ; **~ guidance** orientation professionnelle ; **~ training** formation professionnelle.

voice *v. tr.* exprimer *[demande, inquiétude]*, donner expression à *[préoccupation]*, faire part de *[sentiment]* ; **she wrote an article voicing her concern** elle a écrit un article dans lequel elle a exprimé son inquiétude.

voice *n. Fig.* **1** possibilité de s'exprimer/de se faire entendre, moyen d'expression, *[avoir/donner la]* parole ; point de vue, perspective ; **to give ~ to** exprimer *[crainte, mécontentement]* ; **to give a ~ to sb** permettre à qqn de s'exprimer ; **the idea is to give minorities a ~** il s'agit de permettre aux minorités de se faire entendre ; **housewives do not have a political ~** les femmes au foyer sont dépourvues d'un moyen d'expression politique ; **to listen to the ~ of the Asian community** écouter ce que la communauté asiatique a à dire ; **our ~ should be heard** nous devons avoir la possibilité d'exprimer notre point de vue. **2** porte-parole. **3** mot à dire ; voix au chapitre, influence, rôle ; **she argued for a greater ~ for native Americans** elle a préconisé de tenir davantage compte de l'avis des Amérindiens. **4** volonté *[du peuple]*, verdict *[des électeurs]*. **5** protagoniste ; **new ~s are demanding to be heard** de nouveaux protagonistes veulent se faire entendre. ✪ **speak with one ~** s'exprimer d'une seule voix, défendre une position commune ; **~-activated** *adj.* à commande vocale ; **~ box** larynx ; **~ mail** messagerie vocale ; **~ message** message vocal ; **~ messaging** messagerie vocale ; **~-over** *n.* voix hors champ, commentaire ; **~ vote** vote par appel des « oui » et des « non » ; **~ recognition** *Inf.* reconnaissance de la parole.

voice-over *n.* commentaire *[d'un film]*.

void *v. tr.* prononcer la résolution de.

void *adj.* nul, frappé de nullité ; réputé non écrit *[s'agissant d'une clause dont la nullité n'affecte pas la validité de l'acte tout entier]* ; **to be ~ as against** être inopposable à.

voidable *adj.* frappé/entaché de nullité relative.

voir(e) dire *Dr.* **1** interrogatoire préliminaire d'un témoin/juré potentiel. **2** serment préalable à l'interrogatoire d'un témoin/juré potentiel.

voivodship *n. Pologne* voïvodie.

Vojvodina *n. Yougoslavie* Vojvodine.

volatile *adj. Fig.* **1** instable, changeant, imprévisible, capricieux, irrégulier, versatile, désordonné. **2** *[situation]* explosif ; **the situation in Sri Lanka is ~** la situation au Sri Lanka est explosive. **3** *Fin. [cours]* volatile. ✪ **~ organic compounds** composés organiques volatils.

volatility *n. Fin.* volatilité.

volcanic vent cheminée (d'alimentation) d'un volcan.

voltage *n. Énergie* tension ; **high ~** haute tension.

volume *n.* **in ~ (terms)** en volume, en termes réels ; **imports in ~ terms** volume des importations. ✪ **speak ~s** en dire long ; **~ car** voiture produite en grandes séries ; **~ control** réglage du volume ; **~ discount** remise sur quantité ; **~ production** production en grandes séries ; **~ purchasing discount** remise sur quantité ; **~ rebate** remise sur quantité.

volumetric ton tonneau de jauge brut *[= 2,83 m^3]*.

voluntarily *adv.* volontairement, de son plein gré, délibérément.

voluntary *adj.* **1** volontaire, délibéré, librement consenti, libre, spontané ; **~ code of conduct** code de conduite librement consenti, propre code de conduite ; **on a ~ basis** a) bénévolement ; b) de son plein gré ; **2,500 employees took early retirement on a ~ basis** 2500 travailleurs ont choisi de prendre une retraite anticipée ; **separations will take place on a ~ basis** les cessations de service reposeront sur le volontariat. **2** facultatif ; **~ rules** règles facultatives. **3** bénévole, désintéressé, privé, non subventionné, indépendant, autonome, à but non lucratif, sans but lucratif, gracieux ; **~ work** travail bénévole ; **~ worker** bénévole. **4** *[organisme]* privé ; *[secteur]* associatif. ✪ **~ agency** organisme privé ; **~ agreement** accord ; **~-aided school** *RU* école libre ; **~ body** organisme privé ; **~ fund** fonds de contributions volontaires ; **~ hospital** clinique privée ; **~ organization** association ; *pl.* mouvement associatif ; **~ reserves** *Banque* réserves libres ; **~ restraint agreement** accord d'autolimitation ; **~ school** *RU* école libre ; **~ sector** monde/mouvement/secteur associatif ; *[***the public, private and ~ sectors** les secteurs public, privé et associatif*]*.

volunteer *v. tr.* **1** *tr.* communiquer/révéler spontanément *[informations] ;* **(that)** dire/admettre spontanément que. **2** proposer, offrir *[aide] ;* **he ~ed his time to support the campaign** il a consacré du temps à soutenir la campagne ; **all employees ~ed their services** tous les salariés ont travaillé bénévolement. **3** *intr.* se porter volontaire ; **(to)** offrir de, proposer de, se déclarer prêt à *[faire qqch.] ;* **Norway ~ed to act as an honest broker** la Norvège a proposé de servir d'intermédiaire.

volunteer *n.* **1** bénévole ; volontaire *[un volontaire accepte une tâche précise et peut être un salarié, tandis qu'un bénévole peut avoir l'habitude d'offrir ses services et n'est pas rémunéré].* **2** *Mil.* volontaire.

volunteer *adj.* bénévole.

volunteering *n.* bénévolat.

volunteerism *n.* **1** bénévolat. **2** *Mil.* volontariat.

VOR (vestibular-ocular reflex) réflexe vestibulo-oculaire.

VOR (VHF omnidirectional radio range) *Aéron.* VOR.

vortex *n.* **1** *Météor.* vortex. **2** tourbillon. **3** *Fig.* tourbillon, maelström, malstrom.

vostro account compte vostro.

vote *v.* **1 ~ down** rejeter *[projet de loi].* **2 ~ up** adopter *[projet de loi].*

vote *n.* **1** vote, scrutin, suffrage, voix ; **to put the question to the ~** mettre la question aux voix. **2** *Fin.* budget, chapitre budgétaire, enveloppe budgétaire, crédit ; **she wants to increase the development aid ~ by £50 million** elle veut augmenter de 50 millions de livres les crédits affectés à l'aide au développement. ✪ **~ buying** *Pol.* achat de voix ; **~ by proxy** vote par procuration ; **~ by roll call** vote par appel nominal ; **~ by a show of hands** vote à main levée ; **~ by standing** vote par assis et levés ; **~ of censure** vote de censure/défiance ; **~ of confidence** vote de confiance ; **~ of no confidence** vote de censure/défiance ; **~ rigging** fraude électorale ; **~-winner** *n.* mesure populaire (auprès de l'électorat), mesure de nature à rapporter des voix.

voter *n.* ✪ **~ registration card** carte d'électeur ; **~ registry/roll** registre électoral.

voting *n.* vote ; **the ~ is void unless the total number of votes cast is equal to half the number of the delegates attending the conference** aucun vote n'est acquis si le nombre des suffrages exprimés est inférieur à la moitié du nombre des délégués présents lors de la conférence. ✪ **~ bloc** grand groupe d'électeurs ; **~ booth** isoloir ; **~ record** façon dont *[l'homme politique désigné]* a voté dans le passé ; **~ rights** *Bourse* droits de vote ; **~ share/stock** action à droit de vote ; **~ system** mode de scrutin ; **~ station** bureau de vote.

voucher *n.* **1** pièce justificative *[d'une dépense],* preuve de paiement, reçu. **2** autorisation *[écrite].* **3** bon, bon de réduction, bon d'achat, coupon, ticket, billet, chèque, chèque-ristourne ; *Ens.* chèque-études ; **luncheon ~** chèque-restaurant, ticket-restaurant. ✪ **~ plan/system** *Ens. ÉU* système du chèque-études *[les parents reçoivent un bon représentant un montant, qu'ils peuvent utiliser pour inscrire leur enfant dans une école de leur choix].*

voyage *n.* ✪ ~ **charter** affrètement au voyage ; **~ policy** *Ass. mar.* police au voyage.

VP (Vice President) *ÉU* vice-président.

VR (virtual reality) réalité virtuelle.

vs (versus) *voir* versus.

VTOL (vertical take-off and landing) **1** décollage et atterrissage verticaux. **2** ADAV (avion à décollage et atterrissage verticaux).

vulnerable *adj.* **(to)** vulnérable à, à la merci de ; **~ to surprise attack** à la merci d'une attaque par surprise.

W

W3 (World Wide Web) W3, Web, Toile (mondiale).

wafer *n. Inf.* tranche, *wafer [de silicium, etc.]*. ✪ **~-thin** *adj. Fig.* minuscule, *[majorité]* très faible.

wage *n.* ✪ **~ and price control** réglementation des salaires et des prix ; **~ agreement** accord salarial ; **~ bill** masse salariale ; **~ bracket** tranche de rémunération ; **~ differential** écart de salaire ; **~ drift** dérive des salaires ; **~ earner** salarié ; **~ floor** *ÉU* salaire de base ; **~ freeze** blocage des salaires ; **~ hike** augmentation de salaire ; **~ incentive** prime de rendement ; **~ inflation** inflation salariale ; **~ packet** enveloppe de paie ; **~-push inflation** inflation salariale ; **~ restraint** modération salariale ; **~ round** négociations salariales ; **~ scale** barème/grille des salaires ; **~s council** conseil mixte de fixation des salaires ; **~(s) slip** feuille de paie.

waifs and strays *RU* sans-abri.

Wailing Wall Mur des lamentations.

wait *v.* **~ on** servir *[clients]*. ✪ **~ and see** rester dans l'expectative, voir venir, demeurer/être en position d'attente, attendre les événements, attendre ; **~-and-see approach/attitude** attitude attentiste, position d'attente, attentisme.

waiting period *Ass.* délai d'attente/de carence ; *Protection sociale* délai de carence.

waive *v. tr.* renoncer à (l'application de), abandonner, lever, retirer, ne pas appliquer, écarter, déroger à, accorder une dérogation à ; *Dr.* se désister de ; **to be ~d** ne pas être exigé ; **to ~ a debt** annuler une dette ; **to ~ sb's diplomatic immunity** lever l'immunité diplomatique de qqn ; **to ~ all claims against** renoncer à toute réclamation contre ; **the artists ~d theirs rights in order to raise money for the human-rights cause** les artistes ont renoncé à leurs droits afin de récolter des fonds pour la cause des droits de l'homme.

waiver *n.* **1** renonciation, abandon *[à/d'un droit]*, désistement ; **~ of the right to consult a lawyer** renonciation au droit de consulter un avocat. **2** dérogation ; dispense. **3** *Ass.* franchise.

wake *v.* **~ up to** se rendre compte de.

wake *n.* **in the ~ of** dans la foulée de, dans le sillage de, à la suite de, après, au lendemain de, à l'issue de, provoqué par, consécutif à, sur la lancée de, dans le prolongement de.

wake-up call *Fig.* sonnerie d'alarme, coup de semonce, avertissement, réveil brutal.

walk *v.* **I** *tr.* **he had to ~ a very fine line** il devait manœuvrer dans une situation très délicate ; **he ~ed a fine line between idealism and credibility** il a eu beaucoup de mal à concilier l'idéalisme et la crédibilité. **II ~ out 1** s'en aller. **2** quitter la salle/la réunion *[en guise de protestation]*. **III ~ out of** quitter *[salle]*.

walk *n.* ✪ **from all ~s of life** (issus) des milieux/horizons les plus divers, (venus) de tous les milieux/horizons, de toutes conditions.

walkabout *n.* bain de foule.

walker *n.* déambulateur.

walkie-talkie *n.* émetteur-récepteur portatif de radio.

walk-in *adj. [client, patient]* qui se présente à l'improviste/sans rendez-vous, *[centre de soins]* accessible sans rendez-vous.

walking-frame *n.* déambulateur.

walk-on role rôle de figurant.

walk-out *n.* **1** grève, débrayage, arrêt de travail. **2** départ soudain.

walky-talky *n.* émetteur-récepteur portatif de radio.

wall *n. Fig.* **to go to the ~** être acculé à la faillite, faire faillite, déposer son bilan, sombrer ; **to drive one's competitors to the ~** acculer ses concurrents à la faillite. ✪ **off-the-~** *adj. ÉU* extravagant, insensé, farfelu ; **~ painting** peinture murale, fresque ; **~-to-~** *adj. Fig.* intégral, total.

Walvis Bay Walvis Bay.

WAN (wide area network) réseau étendu.

wane *n.* **to be on the ~** être sur le/son déclin.

want *v. intr.* **they ~ for nothing** ils ne manquent de rien.

want *n.* ✪ **for ~ of** en raison d'un manque de, à défaut de, faute de ; *[***some hospitals had to refuse patients for ~ of beds** des hôpitaux ont été obligés de refuser des patients en raison d'une pénurie de lits ; **she referred the journalists to her earlier explanations for ~ of a better answer** à défaut d'une réponse plus satisfaisante, elle a renvoyé les journalistes à ses explications antérieures*]*.

wanting *adj.* **1** inadéquat, inapproprié, insatisfaisant, inadapté ; déficient, défectueux ; **to be ~** laisser à désirer. **2** absent ; **to be ~** être absent, faire défaut.

wanton *adj.* **1** *[violence, cruauté, destruction]* injustifié, gratuit. **2** *[acte]* téméraire, irréfléchi, imprudent, hasardeux, inconsidéré, irresponsable.

war *n.* ✪ **War Between the States** *ÉU* guerre de Sécession ; **~ chest** *Fig.* trésor de guerre ; **War College** *ÉU* War College ; **~ correspondent** correspondant de guerre ; **~ footing** pied de guerre ; **~ game** jeu de guerre, kriegspiel ; **~ memorial** monument aux morts ; **~ risk** *Ass.* risque de guerre ; **~ room** a) salle de commandement ; b) salle de décision ; **~-torn** *adj.* ravagé par la guerre ; **~ zone** zone d'hostilités.

ward *v.* **~ off 1** protéger contre, prévenir, empêcher, éviter, parer. **2** se protéger contre, se mettre à l'abri de, se prémunir contre.

ward *n.* **1** pupille ; **~ in chancery/of court** pupille en tutelle judiciaire. **2** service, salle, pavillon *[d'un hôpital]*. **3** circonscription électorale.

wardship *n.* tutelle.

warhead *n.* charge (militaire).

warlord *n.* chef de guerre, seigneur de la guerre.

warm-blooded *adj.* à sang chaud.

warmonger *n.* fauteur de guerre, va-t-en-guerre, belliciste.

warning *n.* avertissement, mise en garde ; préavis. ✪ **sound a ~** tirer la sonnette d'alarme, pousser un cri d'alarme ; **~ bell** sonnette d'alarme ; **~ light** voyant ; **~ sign** signe avant-coureur ; **~ shot** coup de semonce.

warrant *n.* **1** justification. **2** mandat *[d'arrêt, de perquisition]* ; ordonnance ; **~ for arrest** mandat d'amener. **3** garantie. **4**

autorisation, certificat, ordre ; droit (préférentiel) de souscription. **5** bon de souscription, warrant. ✪ **~ officer** a) adjudant *[armée de terre/armée de l'air RU et ÉU, Royal Marines RU, Marine Corps ÉU]* ; b) premier-maître *[marine]*.

warranty insurance assurance d'exécution de contrat.

warring *adj.* belligérant.

WASP (White Anglo-Saxon Protestant) *ÉU* protestant anglo-saxon de race blanche.

waste *n.* déchets, ordures, effluents ; **domestic ~** ordures ménagères. ✪ **lay (to) ~** anéantir, dévaster, ravager ; **~ basket** corbeille à papier ; **~ bin** a) corbeille à papier ; b) *Inf.* corbeille ; **~ collection** collecte/ramassage des ordures ; **~ disposal dump** dépotoir ; **~ disposal site** décharge ; dépotoir ; **~ dump** dépotoir ; **~ ground** terrain vague ; **~ land** terrain vague ; **~ management** gestion des déchets ; **~ matter** déchets, résidus ; **~ product** résidu ; **~ repository** décharge ; dépotoir ; **~ site** décharge ; dépotoir ; **~ tip** *RU* dépotoir ; **~ water** eaux usées/résiduaires ; *[***treatment of ~ water** épuration des eaux usées/résiduaires*]* ; **~ water disposal** évacuation des eaux usées/résiduaires.

wasting *n. Méd.* cachexie.

wasting asset actif consommable.

wasteland *n.* **1** terre/zone incultivable ; terre/zone inculte. **2** zone inutilisable/laissée à l'abandon *[en raison de la pollution]*. **3** terrain vague. **4** zone dévastée *[par une catastrophe, par la guerre]*. **5** désert *[= sens propre et figuré]*.

watch *v. tr.* ✪ **~ this space** *Journ.* nous reviendrons sur cette question, à suivre.

watch *n.* **1** surveillance (continue). **2** veille. ✪ **~ list** liste de personnes/entreprises à suivre/surveiller.

watchdog *n. Fig.* comité/organisme de surveillance, gendarme ; censeur, observateur critique ; **the insurance ~** l'organisme chargé de surveiller les activités des compagnies d'assurance ; **the ~ for financial services** l'organisme chargé de surveiller les services financiers ; **the stock-exchange ~** le gendarme de la Bourse.

watchword *n.* signal ; mot d'ordre, maxime, maître mot, cri de ralliement.

water *v.* **~ down** affaiblir *[rapport, réglementation]*, tempérer, atténuer, modérer, adoucir, édulcorer, vider d'une bonne partie de sa substance ; **the western countries ~ed down the General Assembly resolution** les pays occidentaux ont vidé la résolution de l'Assemblée générale d'une bonne partie de sa substance.

water *n.* ✪ **test the ~(s)** tâter le terrain, procéder à un sondage, évaluer la situation, se rendre compte de la situation, prendre la température, faire un essai ; **~ abstraction** captage/prélèvement d'eau ; **~ balance** a) bilan hydrique ; b) bilan hydrologique *[pour un bassin versant]* ; **~-bearing** *adj. [roche]* aquifère ; **~ bomber** bombardier d'eau, canadair ; **~-borne disease** maladie à transmission hydrique ; **~ cannon** canon à eau ; **~ chlorination** chloration de l'eau ; **~ company** compagnie de distribution d'eau ; **~ content** teneur en eau ; **~ cooler** refroidisseur d'eau ; **~ damage insurance** assurance dégâts des eaux ; **~ development** mise en valeur des ressources en eau ; **~ disposal** évacuation des eaux ; **~ engineer** hydraulicien ; **~ engineering** a) hydraulique ; b) ouvrages hydrauliques ; **~ erosion** érosion par l'eau ; **~ fluoridation** fluorisation de l'eau ; **~ gas** gaz à eau ; **~ head** pression d'eau ; **~-heater** *n.* chauffe-eau ; **~ line** a) ligne de flottaison ; b) canalisation/conduite d'eau ; **~ main** conduite d'eau principale ; **~ oats** riz sauvage, zizanie ; **~ pipe** canalisation/conduite d'eau ; **~ power** énergie hydraulique ; **~ purification** épuration de l'eau ; **~-purifying plant** installation d'épuration d'eau ; **~-purifying tablet** comprimé/pastille de désinfection de l'eau, pastille désinfectante ; **~-repellent** *adj.* hydrofuge ; **~ resources** ressources hydriques/hydrauliques ; **~ resources development** mise en valeur des ressources hydrauliques ; **~ rice** riz sauvage, zizanie ; **~-softener** *n.* adoucisseur ; **~-soluble** *adj.* soluble dans l'eau ; **~ sports** sports nautiques ; **~-sprinkler system** système d'extinction automatique ; **~ supply** approvisionnement en eau, distribution d'eau, alimentation en eau, (système d') adduction d'eau ; **~ table** aquifère ; niveau hydrostatique ; **~ tower** château d'eau ; **~ utility** compagnie de distribution d'eau ; **~ treatment plant** station d'épuration.

waterbed *n.* lit d'eau, lit à eau.

waterlogged *adj.* gorgé d'eau.

waterproof *adj.* étanche à l'eau, *[ciment]* imperméable, *[tissu]* imperméabilisé, *[peinture]* hydrofuge.

waterproofing *n.* imperméabilisation *[d'un tissu, d'un papier, du sol]*.

watershed *n.* **1** bassin hydrographique. **2** *Fig.* tournant, charnière ; **the 1990s were a ~ in the history of Hong Kong** les années 90 ont représenté un tournant dans l'histoire de Hongkong. **3** *RU* heure de début des émissions pour adultes *[= 21 heures]*.

watertight *adj. Fig. [argument]* indiscutable, irréfutable ; sans faille.

waterways bill of lading connaissement fluvial.

wave *n. Fig.* **~ of inflation** flambée d'inflation. ✪ **~ energy/power** énergie de la houle.

wavering *adj. [personne]* hésitant, indécis.

wax crayon *n. RU* pastel.

way *n.* **1** chemin, voie, route ; passage ; **the researchers have some ~ to go** les chercheurs doivent encore accomplir des progrès ; **women have still a long ~ to go** les femmes doivent encore accomplir beaucoup de progrès. **2** façon, manière, méthode, moyen. **3** voie ; **three-~ cock** robinet à trois voies. **4 to talk one's ~ out of** se débarrasser de *[problème]* par des paroles convaincantes, se tirer de *[situation difficile]* par de belles paroles. ✪ **all the ~** complètement ; **all the ~ to** jusque ; **along the ~** en cours de route, chemin faisant, en passant ; **clear the ~ for** permettre, rendre possible ; *[***the initiative cleared the ~ for further peace talks** l'initiative a rendu possibles de nouvelles négociations de paix*]* ; **both ~s** dans les deux sens ; **by ~ of** a) en guise de, à titre de ; par le biais de ; b) via, en passant par *[lieu]* ; *[***by ~ of exception** exceptionnellement ; **by ~ of example** à titre d'exemple ; **by ~ of derogation from** par dérogation à*]* ; **come a long ~** progresser considérablement, accomplir des progrès considérables ; *[***genetics has come a long ~ since Mendel's experiments** la génétique a beaucoup progressé depuis les expériences de Mendel*]* ; **find one's ~ into** se retrouver dans ; **get in the ~ of** faire obstacle à, gêner ; **get one's ~** obtenir satisfaction, parvenir à ses fins ; *[***terrorists must never be allowed to get their ~** il ne faut jamais laisser les terroristes parvenir à leurs fins ; **the strikers seem to be about to get their ~** il semble que les grévistes soient sur le point d'obtenir satisfaction*]* ; **give ~** céder ; **give ~ to** a) céder la place à, faire place à, s'effacer devant, être remplacé par ; b) céder (face) à ; c) céder le passage à *[autre usager de la route]* ; *[***optimism gave ~ to despair** l'optimisme a fait place au désespoir ; **the boom gave ~ to recession** la récession a succédé à la période de haute conjoncture ; **then idealism gave ~ to cynicism** à ce moment, l'idéalisme a été remplacé par le cynisme ; **he argued that the one-party system must give ~ to pluralism** il a défendu la position selon laquelle le système de parti unique doit céder la place au pluralisme*]* ; **go a long ~** a) aller loin ; b) *Fig.* contribuer largement ; *[***it goes a long ~ towards solving the problem** cela résout en grande partie le problème ; **the implementation of this system would go a long ~ towards reducing inflation** l'application de ce système permettrait de réduire considérablement l'inflation*]* ; **go out of one's ~ to** mettre tout en œuvre pour, s'évertuer à, tout faire pour ; **go some ~ to(wards) doing sth** contribuer dans une certaine mesure à faire qqch., (permettre de) faire qqch. dans une certaine mesure ; *[***the new drug could go some ~ to treating this patient** le nouveau médicament pourrait permettre dans une certaine mesure de traiter ce patient*]* ; **have a ~ with** avoir un don pour, savoir s'y prendre avec ; *[***to have a ~ with words** s'exprimer/rédiger avec élégance, avoir un don pour l'expression écrite*]* ; **have one's ~** obtenir satisfaction, parvenir à ses fins ; **have it both ~ s** avoir le beurre et l'argent du beurre, obtenir les avantages des deux systèmes/options/solutions, obtenir satisfaction dans les deux domaines ; **in a ~** dans un sens ; **in many ~s** à bien des égards ; **in no** ~ nullement, en rien, pas du tout, en aucune façon ; **in the ~ of** en matière de ; *[***the country still has very little in the ~ of open political debate** il n'y a pour ainsi pas de libre débat politique dans le pays ; **there was little in the ~ of economic growth to explain the government's popularity** la croissance économique était trop faible pour expliquer la popularité du gouvernement*]* ; **know one's ~ around** bien connaître ; **lead the ~ for** préparer le terrain pour ; *[***he led the ~ for other right-wing politicians** il a préparé le terrain pour d'autres hommes politiques de droite*]* ; **lead the ~ in** prendre l'initiative de, engager, entreprendre, lancer, mettre en chantier/mouvement/route, amorcer, impulser, entamer, enclencher, être à l'origine de, provoquer, déclencher, entamer, commencer, être l'initiateur/le précurseur/le pionnier de, faire œuvre de pionnier dans, ouvrir la voie à, être le premier à (utiliser/fabriquer), utiliser le premier, s'engager le premier dans ; *[***to lead the ~ in doing sth** être le premier à faire qqch.*]* ; **long ~ off** *[***a long ~ off** pas pour demain, très éloigné (dans le temps) ; **the development of an AIDS vaccine is still a long ~ off** la mise au point d'un vaccin contre le sida n'est pas pour demain*]* ; **long ~ to go** *[***in the field of housing Turkey has a long ~ to go** dans le domaine du logement, beaucoup reste à faire en Turquie*]* ; **lose one's** ~ se fourvoyer ; **make one's ~** réussir ; **make one's ~ to** se rendre à ; **make ~ for** a) faire place à, être remplacé par ; b) laisser la voie libre à, s'effacer devant *[qqn]* ; c) céder le passage à ; **one ~ or another** de l'une ou l'autre façon ; **on the ~** en cours de réalisation ; **other ~ (a)round** contraire, inverse ; **out of the ~** a) éloigné, lointain, distant ; isolé, reculé, situé loin de tout/au bout du monde, perdu, à l'écart ; b) *[problème]* réglé, surmonté, résolu, *[obstacle]* éliminé ; **out of the ~ of** hors de portée de *[enfants]* ; **stand in the ~ of** faire obstacle à ; *[***to stand in sb's ~** faire obstacle aux ambitions de qqn*]* ; **the other ~ around** l'inverse ; **under ~** en cours ; *[***to get under ~** s'amorcer, s'engager, démarrer ; **well under ~** bien avancé/engagé, à un stade avancé*]* ; **~ ahead/forward** voie à suivre, moyen d'accomplir des progrès ; *[***public transport is the ~ forward** les transports en commun représentent une solution rationnelle ; **the only ~ forward** la seule façon de progresser*]* ; **~ of life** a) mode de vie ; b) élément essentiel de l'existence ; c) monnaie courante, chose banale/normale/courante/naturelle, chose la plus naturelle du monde, phénomène permanent/quotidien/omniprésent ; *[***to be a ~ of life** être dans l'ordre des choses, faire partie du cours normal des choses, aller de soi, ne plus étonner personne, faire partie du paysage, être inscrit dans les mentalités ; **political compromise is a ~ of life in Belgium** les compromis font partie intégrante de la vie politique en Belgique*]* ; **~ out** *Fig.* solution, issue, porte de sortie ; *[***on the ~ out** en voie de disparition ; **he thought that suicide was the only ~ out** il pensait que le suicide était la seule issue*]* ; **~s and means** a) moyens ; b) ressources (budgétaires) ; c) méthodes, modalités ; **Ways and Means Committee** commission des ressources budgétaires ; **~ station** étape, relais ; **work one's ~** *[***to work its ~ through** faire sentir ses effets ; **to work one's ~ up** gravir les échelons ; **to work one's ~ up the corporate hierarchy** gravir les échelons de la hiérarchie de l'entreprise ; **she worked her ~ from the production line to the board room** elle s'est élevée dans la hiérarchie, passant progressivement de la chaîne de production au conseil d'administration*]*.

way *adv.* beaucoup, très, considérablement, nettement ; **~ beyond** bien au-delà de.

waybill *n.* bordereau d'expédition.

wayside *n.* ✪ **fall by the ~** ne pas aller jusqu'au bout, renoncer, se désister, abandonner la partie, abandonner en cours de route/d'épreuve, être éliminé.

wayward *adj.* **1** indiscipliné, indocile, rebelle, récalcitrant ; sorti du droit chemin, dévoyé, incontrôlable ; **~ countries holding chemical weapons** des pays incontrôlables disposant d'armes chimiques. **2** capricieux. **3** (au comportement) imprévisible.

WCED (World Commission on Environment and Development) CMED (Commission mondiale de l'environnement et du développement).

WCO (World Customs Organization) OMD (Organisation mondiale des douanes).

weak *adj.* ✪ **~est link** maillon le plus faible ; **~ force** *Phys.* interaction faible ; **~ spot** point faible.

wealth *n.* **1** fortune, patrimoine. **2 a ~ of** beaucoup de, (une très grande) quantité de, une multiplicité de, une masse de, une large gamme de, d'innombrables, une profusion de, un foisonnement de, une débauche de, un luxe de ; **a ~ of data** une très grande quantité de données ; **the study produced a ~ of valuable data** l'étude a permis d'obtenir une masse d'informations de grande valeur ; **a ~ of experience** une vaste expérience, une expérience considérable ; **he brought the government a ~ of industrial relations experience** il a fait bénéficier le gouvernement de sa vaste expérience des relations du travail ; **the Caspian, with its ~ of natural resources, is a tremendous asset for the riparian countries** la mer Caspienne, qui regorge de ressources naturelles, représente un atout extrêmement précieux pour les pays riverains. ✪ **~ tax** impôt sur la fortune.

wealthy *n.* **the ~** les nantis.

weapon *n.* ✪ **~s-grade** *[matière nucléaire]* de qualité militaire ; **~s system** système d'armes.

wear and tear usure, détérioration due à l'utilisation ; *Ass.* dépréciation, vétusté.

weather *v. tr.* surmonter *[crise],* (bien) résister à, supporter, absorber, faire face à, franchir (sans encombre) le cap de ; sortir indemne de. ✪ **~ the storm** *Fig.* surmonter les difficultés/l'adversité ; *[***once again, the president ~ed the storm** une fois de plus, le président est sorti indemne de ses difficultés*]*.

weather *n.* ✪ **~ balloon** ballon-sonde ; **~ bureau** bureau météorologique ; **~ deck** pont supérieur ; **~ insurance** assurance contre les intempéries ; **~-proof** *adj.* à l'épreuve des intempéries ; **~ satellite** satellite météorologique ; **~ vane** girouette.

weathering *n.* **1** exposition aux intempéries ; dégradation due aux intempéries. **2** *Géol.* météorisation.

weatherproof *adj.* résistant aux intempéries.

web *n. Fig.* **1** ensemble complexe, écheveau, enchevêtrement, dédale, labyrinthe, maquis, méandres ; **she is trying to untangle the complex ~ of relationships between councillors and local firms** elle essaye de démêler l'écheveau complexe de relations entre les conseillers municipaux et les entreprises locales ; **the Home Secretary promised to simplify the ~ of rules on immigration** le ministre de l'Intérieur a promis de simplifier le maquis de la réglementation en matière d'immigration. **2** réseau ; **he has created a nation-wide ~ of supermarkets** il a créé un réseau national de supermarchés. **3 Web** *Internet* Web. **4** bobine *[de papier, etc.].* ✪ **Web-based** *[courrier électronique]* via le Web, *[boîte aux lettres électroniques]* consultable sur le Web, *[adresse électronique]* sur le Web ; **Web browser** logiciel de navigation sur le Web ; **Web hosting** hébergement de site Web ; **Web page** page Web ; **Web server** serveur Web ; **Web site** site Web ; **Web surfer** internaute.

webcam *n. Internet* webcam.

webmaster *n.* administrateur de site, webmestre.

website *n.* site Web.

WEC (World Energy Council) CME (Conseil mondial de l'énergie).

wedge *n.* **to drive a ~ between** enfoncer un coin entre, créer la discorde entre, semer la zizanie entre *[deux alliés].*

weed *v.* **~ out** *Fig.* écarter, éliminer.

weed *n. Fig.* herbe, marie-jeanne. ✪ **~ control** lutte contre les mauvaises herbes ; **~ killer** herbicide.

week *n.* **today ~** aujourd'hui en huit ; **Friday ~** vendredi en huit.

wedlock *n.* **child born out of ~** enfant naturel/né hors mariage.

weigh *v. Fig.* **I** *tr.* **1** peser *[ses mots].* **2** *tr.* examiner, évaluer, soupeser, tenir compte de, prendre en considération. **3** *intr.* jouer un rôle. **4** *tr.* pondérer ; **~ed by** pondéré en fonction de. **5** *tr.* **to be ~ed in favour of** être déséquilibré en faveur de. **II ~ against** mettre en balance *[avantages]* avec *[inconvénients],* comparer à, apprécier compte tenu de ; **to ~ the risks against the benefits** mettre en balance les risques et les avantages. **III ~ down: to be ~ed down by** plier sous le poids de, ployer sous le fardeau de, être écrasé sous le poids de. **IV ~ in** *Fig.* **1** intervenir, participer. **2** intervenir dans le débat ; **the BBC has ~ed in enthusiastically** la BBC a participé à l'opération avec enthousiasme. **V ~ in against** se prononcer contre ; **the union of schoolteachers ~ed in against the plan** le syndicat des enseignants s'est prononcé contre le projet. **VI ~ in on 1** influencer *[projet].* **2** intervenir dans *[débat].* **VII ~ in to** intervenir dans *[débat].* **VIII ~ in with** intervenir dans la discussion/prendre la parole en présentant, présenter, avancer, proposer, mettre en avant *[proposition, avis, argument],* donner *[avis].* **IX ~ on** peser sur. **X ~ up 1** examiner (soigneusement), étudier, prendre en considération, envisager ; **they ~ed up all options** ils ont examiné toutes les options. **2** évaluer. **3 to ~ anchor** lever l'ancre.

weigh-bridge *n.* pont-bascule.

weight *n. Fig.* **1** poids, importance ; influence ; **to lend ~ to** donner plus de poids à ; **the discussion was about the ~ to be given to the views of the minority** le débat a porté sur l'importance à accorder à l'opinion de la minorité ; **to carry little ~** *[personne]* posséder une influence limitée. **2** autorité. **3** importance relative. **4 the ~ of the evidence** ce que semblent indiquer les données disponibles ; force de conviction de l'ensemble des éléments de preuve ; **on the ~ of evidence heard by the jury, there was nothing to convict the accused** sur la base des témoignages et des pièces à conviction présentés au jury, aucun élément ne permettait de condamner l'accusé. **5** *Stat.* poids *[= part d'un produit donné dans un indice des prix, p. ex.] ;* coefficient de pondération. ✪ **add ~ to** conforter *[théorie] ;* **carry ~** compter beaucoup ; **throw one's ~ behind** soutenir *[qqn] ;* **~ for ~** à poids égal ; **~ gain** prise de poids ; **~ loss** *Méd.* perte de poids ; **~ of evidence** orientation/tendance générale des données disponibles, majorité des données disponibles, (prise en compte de l'ensemble des) données disponibles, ensemble des données/éléments de preuves disponibles ; **~ ton** tonne forte *[= 2240 livres ou 1016 kg].*

weighted average moyenne pondérée.

weighting *n. RU* indemnité de résidence/de vie chère ; **London ~** indemnité de résidence à Londres.

weightless economy économie intangible.

welcome *v. tr.* **1** souhaiter la bienvenue à, réserver un accueil *[chaleureux]* à. **2** accueillir/recevoir favorablement, bien accueillir, faire bon accueil à, réserver un bon accueil à, accueillir positivement/avec satisfaction, noter/relever avec satisfaction, se féliciter de, apprécier, saluer, considérer favorablement ; être favorable à, voir d'un bon œil, approuver, accepter ; **the committee ~d the Dutch proposal** le comité a accueilli favorablement la proposition néerlandaise ; **the Member States ~d the report** les États membres ont bien accueilli le rapport ; **we would ~ your comments** nous souhaiterions recevoir vos observations ; **the country ~s American investment** le pays est favorable aux investissements américains ; **rain is ~d by farmers** les agriculteurs apprécient la pluie ; **to ~ the fact that** se réjouir de/que, se féliciter de ; **this event has been ~d with great enthusiasm** cet événement a soulevé un grand enthousiasme ; **the committee would ~ a reaction** le comité serait heureux d'obtenir une réaction.

welcome *adj.* bienvenu, heureux, opportun, qui vient à point nommé, apprécié, encourageant, bon, positif ; **spouses are ~** les conjoints sont les bienvenus ; **~ news** bonne nouvelle ; **to be ~** être le bienvenu ; venir/arriver à point nommé, rencontrer de l'intérêt.

welfare *n.* **1** bien-être, bien, qualité de la vie, protection ; sécurité ; prospérité *[d'un pays, d'une organisation] ;* **child ~** protection de l'enfance ; **the company is committed to the ~ of employees** l'entreprise est soucieuse du bien-être des salariés ; **the Secretary-General is very concerned about the ~ of the staff in Sudan** le Secrétaire général est très préoccupé par le sort du personnel en poste au Soudan. **2** protection sociale, sécurité sociale, avantages sociaux ; affaires sociales ; (activités des) services sociaux ; **Ministry of Welfare** ministère des Affaires sociales/de la Protection sociale. **3** *ÉU* allocations sociales ; **to be on ~** bénéficier d'allocations sociales ; **the minister claims he is helping to get people off ~ into work** le ministre affirme qu'il aide les bénéficiaires d'allocations à travailler ; **he regards those on ~ as a burden on the tax-payer** il considère que les personnes qui perçoivent des allocations sociales représentent un fardeau pour le contribuable. ✪ ~ **agency** organisme de protection sociale ; œuvre (de bienfaisance) à vocation sociale ; **~ benefits** a) avantages sociaux ; b) allocations sociales ; **~ fund** fonds de prévoyance sociale ; ~ **mother** mère bénéficiant d'allocations sociales ; ~ **officer** assistant(e) social(e) *[d'une entreprise]* ; **Welfare Party** *Turquie* Parti de la prospérité ; ~ **queen** *ÉU* femme abusant du régime d'allocations sociales ; **~ recipient** *ÉU* bénéficiaire d'allocations sociales ; **~ roll** *ÉU [***to leave the ~ roll** cesser de bénéficier d'allocations sociales ; **~ rolls** *ÉU* nombre de bénéficiaires d'allocations sociales*]* ; ~ **service** service social *[d'une université]* ; **~ services** services sociaux ; **~ state** (système de) protection sociale, acquis sociaux ; État providence, société d'assistance, assistanat ; *[***the nature of the ~ state is changing profoundly** le système de protection sociale subit de profondes transformations*]* ; **~ system** *ÉU* régime d'allocations sociales ; ~ **work** activités des services sociaux ; ~ **worker** assistant(e) social(e).

well *adv.* ✪ **~-advised** *adj. [***to be ~-advised to** *[personne]* avoir tout intérêt à ; **the declaration that an inquiry would take place was ~-advised** il a été judicieux d'annoncer l'ouverture d'une enquête*]* ; **~-appointed** *adj.* bien aménagé, bien équipé ; **~-found** *adj.* bien équipé, entièrement équipé ; **~-founded** *adj. Dr.* fondé ; **~-meaning** *adj. [acte]* louable ; *[personne]* de bonne volonté, bien intentionné, animé de bons sentiments ; **~-meant** *adj. [***to be ~-meant** partir d'un bon sentiment*]* ; **~-off** *adj.* aisé ; **~-to-do** *adj.* aisé.

well-child visit examen médical périodique (d'un enfant).

wellspring *n. Fig.* source inépuisable.

well-wisher *n.* sympathisant *[de qqn]*.

Welsh *adj.* ✪ ~ **Office** Exécutif du pays de Galles ; ~ **secretary** *RU* ministre chargé du pays de Galles.

West *adj.* ✪ ~ **African Economic Community** Communauté économique de l'Afrique de l'Ouest ; ~ **African Monetary Union** Union monétaire ouest-africaine ; **~ Bank** Cisjordanie ; ~ **Coast** *ÉU* côte Pacifique ; **~ Country** sud-ouest de l'Angleterre ; ~ **Indian** antillais ; ~ **Indies** Antilles ; ~ **Lothian question** *Pol. RU* question du rôle des députés écossais au parlement britannique dans l'hypothèse de l'institution d'un parlement écossais.

western *adj.* ✪ **Western Australia** Australie-Occidentale ; **Western blot** Western blot ; **Western Cape** *Afr. du Sud* Cap-Ouest ; **Western European Union** Union de l'Europe occidentale ; **Western Isles** *RU* îles Hébrides ; **Western Sahara** Sahara occidental ; **Western Samoa** Samoa occidentales ; **Western Wall** Mur occidental ; *Cour.* Mur des lamentations.

Westminster *n. RU* parlement ; **his ~ career is over** sa carrière parlementaire est terminée.

wet *adj.* ✪ **~-and-dry-bulb thermometer** psychromètre ; **~ bar** *wet bar* ; ~ **blanket** *Fig.* rabat-joie ; **~-bulb thermometer** thermomètre à réservoir humide ; ~ **cell** pile liquide ; ~ **cultivation** culture aquatique *[du riz]* ; **~ dock** bassin à flot ; ~ **fish** poisson frais ; **~ lease** location d'avion avec équipage ; ~ **lung** *Méd.* poumon noyé ; **~ nurse** nourrice ; **~ season** saison des pluies ; **~ suit** combinaison de plongée.

wetback *n. ÉU* Mexicain en situation irrégulière.

wetland *n.* zone humide.

wets *n. pl. Péj. Pol. RU* conservateurs modérés, « mous ».

wetware *n.* cerveau humain.

WEU (Western European Union) UEO (Union de l'Europe occidentale).

WFP (World Food Programme) PAM (Programme alimentaire mondial).

WHA (World Health Assembly) *OMS* Assemblée mondiale de la santé.

whale *n.* ✪ ~ **hunting** chasse à la baleine ; ~ **shark** requin-baleine.

whalebone whale mysticète.

whaling *n.* chasse à la baleine. ✪ ~ **boat** bateau utilisé pour la chasse à la baleine, chasseur.

whatever *pron.* quel que soit, indépendamment de, par delà ; ~ **the merits of the rescue plan, bankruptcy is unavoidable** si bien conçu que soit le plan de sauvetage, la faillite est inévitable. ✪ ~ **that means** expression dont le sens n'apparaît pas clairement, (comprenne qui pourra) ; **the working party is supposed to prepare "strategic templates", ~ that means** le groupe de travail est censé élaborer des « modèles stratégiques » (comprenne qui pourra).

whatsoever *adv.* **there is no problem ~** il n'y a pas le moindre problème.

wheat *n.* ✪ **separate/sort the ~ from the chaff** séparer le bon grain de l'ivraie.

wheel *n.* ✪ **grease/oil the ~s of** huiler les rouages de, faciliter ; *[***bribes are greasing the ~s of the Chinese economy** la corruption facilite le fonctionnement de l'économie chinoise*]* ; ~ **clamp** sabot de Denver ; **~-clamping** *n.* immobilisation de véhicule.

wheeler-dealer *n. ÉU* homme d'affaires peu scrupuleux, affairiste ; homme politique peu scrupuleux.

wheeling and dealing *ÉU* course au profit ; affairisme ; manœuvres politiques peu scrupuleuses.

where *adv.* ~ **applicable** le cas échéant, s'il y a lieu ; ~ **appropriate/necessary/required** au besoin, le cas échéant, pour autant que de besoin, si besoin est, s'il y a lieu.

whereabouts *n. pl.* lieu de séjour *[de qqn]*, lieu où *[qqn, qqch.]* se trouve, situation (géographique) ; **to discover the ~ of sb** localiser qqn.

whereas *conj.* **1** attendu que, considérant que. **2** tandis que.

whether *conj.* **the question is ~...** la question qui se pose est la suivante : ... ; **to decide ~ or to what extent the project is consistent with these criteria** se prononcer sur la compatibilité absolue ou relative du projet avec ces critères ; ~ **to do sth** l'opportunité de faire qqch. ; **if you have any difficulties, ~ they be financial or personal** si vous éprouvez des difficultés, qu'elles soient d'ordre financier ou personnel ; **when she is representing the company, ~ it is at home or abroad** lorsqu'elle représente l'entreprise, que ce soit dans le pays ou à l'étranger ; **when the government receives criticism, ~ it is about policy or ~ it is about presentation** lorsque le gouvernement est critiqué, soit sur sa politique soit sur la façon dont il la présente.

whichever *pron.* ✪ **~ comes first** et en tout état de cause ; *[***maintenance should take place every 100 operation hours or 30 days, ~ comes first** l'entretien doit être réalisé toutes les 100 heures de fonctionnement et, en tout état de cause, tous les 30 jours*]* ; **~ is appropriate** selon le cas ; **whichever is the earlier** la date la plus rapprochée étant retenue ; **~ is the later** la date la plus lointaine étant retenue ; **~ is the lower** le montant le moins élevé étant retenu ; **~ may be applicable** selon que l'un ou l'autre est applicable ; **~ it may be** selon le cas.

while *conj.* **1** alors que, pendant que, quand, tandis que, cependant que ; **she accepted the proposal ~ disagreeing with some provisions** elle a accepté la proposition tout en étant en désaccord avec certaines de ses dispositions. **2** si, s'il est vrai que ; (certes) ..., mais ; **~ his novel does not sell well, it won critical acclaim** son roman ne se vend pas bien, mais il a été bien accueilli par les critiques.

whip *v. tr. Fig.* **1** battre, vaincre, venir à bout de, avoir raison de, l'emporter sur ; **once again we have ~ped the competition** une fois de plus, nous avons battu nos concurrents. **2** *Bourse* obtenir de meilleurs résultats que, faire mieux que, réaliser une meilleure performance que, surclasser, battre.

whip *n. Pol.* **1** responsable de la discipline de groupe, *whip*. **2** consigne en matière de présence. **3** consigne de vote ; **to vote against the ~** enfreindre la consigne de vote. **4** *RU* **to withdraw/lose the party ~** retirer/perdre l'investiture du parti ; **both MPs were stripped of the party ~** les deux députés se sont vu retirer l'investiture du parti. ✪ **one-line ~** consigne « présence souhaitée » ; **two-line ~** consigne « présence particulièrement souhaitée » ; **three-line ~** consigne « présence essentielle ».

whiplash *n.* coup du lapin.

whipping boy *Fig.* bouc émissaire.

whistle *n. Fig. ÉU* ✪ **blow the ~** dénoncer des abus ; **~-blower** *n.* personne dénonçant des abus ; **~-blowing** *n.* dénonciation d'abus.

white *adj.* ✪ **~ asbestos** amiante blanc, chrysotile*[m.]* ; **~ blood cell** globule blanc ; **~ board** tableau blanc ; **~-collar worker** col blanc, travailleur non manuel, employé de bureau ; **~-collar crime** criminalité en col blanc ; **~ dwarf** naine blanche ; **~ elephant** a) installations coûteuses et inutiles ; b) objet dont il est difficile de se débarrasser ; **~ goods** *ÉU* produits blancs ; **White House** Maison Blanche ; **~ paper** livre blanc ; **~ rice** riz blanchi/usiné ; **~ room** salle blanche ; **~ slavery** condition des femmes victimes de la traite des Blanches ; **~ supremacist** partisan de la suprématie de la race blanche ; **~ whale** baleine blanche.

Whitehall *n. RU* **1** administration (centrale) ; **he underestimated the power of ~** il a sous-estimé le pouvoir de l'administration. **2** gouvernement central et administration.

whitewash *n. Fig.* tentative d'étouffer l'affaire ; imposture, mystification, simulacre ; **to be a ~** ne viser qu'à faire illusion ; **the report is a ~** le rapport n'est qu'un trompe-l'œil.

whiz kid petit génie, jeune surdoué.

WHO (World Health Organization) OMS (Organisation mondiale de la santé).

whole *n.* tout, ensemble, totalité, intégralité, entité unique, bloc, univers ; **as a ~** tout entier, dans son ensemble, dans sa globalité ; **in Wales and the UK as a ~** au pays de Galles et dans l'ensemble du Royaume-Uni ; **in ~ or in part** en tout ou en partie ; **on the ~** dans l'ensemble ; **taken as a ~** dans l'ensemble ; **the author managed to bring all these ideas together into one ~** l'auteur est parvenu à faire la synthèse de ces idées ; **the electorate as a ~** le corps électoral tout entier. ✪ **the ~ is more than the sum of its parts** le tout est plus que la somme des parties, l'ensemble a une valeur supérieure à la somme des parties.

whole *adj.* ✪ **~ blood** sang total ; **~ gale** *Échelle de Beaufort* tempête ; **~-grain bread** pain complet ; **~-life assurance/insurance** assurance vie entière ; **~ life policy** police vie entière ; **~ milk** lait entier.

wholehearted *adj.* chaleureux, *[soutien]* total, sans réserve, enthousiaste, plein et entier.

wholeheartedly *adv.* chaleureusement, de tout cœur, *[soutenir]* sans réserve, sans arrière-pensée ; avec enthousiasme, ardemment, à fond, à corps perdu ; **the committee ~ endorses the proposal** le comité souscrit sans réserve à la proposition.

wholesale *adj.* **1** *Comm.* de gros ; **~ buying** achat en gros ; **~ price** prix de gros ; **~ trade** commerce de gros ; **~ banking** activités des banques de gros. **2** *Fig.* massif, radical, vaste ; **~ changes** changements radicaux ; **we cannot justify the ~ destruction of our forests** la destruction de vastes étendues de forêt est inacceptable. **3** général, global, systématique, aveugle, complet, intégral, total, généralisé, en bloc ; **the devolution programme became part of a ~ reconsideration of the Constitution** le programme de décentralisation a été intégré dans un réexamen global de la constitution ; **she wants a ~ ban on the transportation of live calves** elle veut une interdiction totale du transport de veaux vivants ; **~ condemnation of a package of reforms** condamnation en bloc d'un ensemble de réformes.

wholesale *adv.* **1** massivement, radicalement, sur une grande échelle. **2** en bloc, intégralement.

wholly-owned subsidiary filiale (détenue) à 100 %.

who's who répertoire biographique ; *Fig.* Gotha.

wide *adj., adv.* **the ~r world** le reste du monde ; **the ~r society** la société tout entière, l'ensemble de la société. ✪ **~-angle lens** grand-angulaire, grand-angle ; **~ area network** réseau étendu ; **~-band network** réseau à large bande ; **~-bodied aircraft** avion à fuselage large ; **~ of the mark** *[prévision]* très éloigné de la vérité ; **~-ranging** *adj. [débat]* large, *[rapport]* qui couvre un champ très large, *[disposition]* de portée large ; vaste ; diversifié ; *[***to be ~-ranging** être d'une grande ampleur ; **a ~-ranging report** un rapport couvrant un champ très large ; **a ~ study of** une étude de toute une série d'aspects liés à*]* ; **~ screen** écran large *[de télévision]*.

wide *suff.* d'ampleur ; **nation-~** *adv.* à l'échelle nationale ; **industry-~** *adv.* à l'échelle de l'ensemble de l'industrie ; **a country-~ phenomenon** un phénomène qui s'étend à l'ensemble du pays.

widely *adv.* **1** considérablement ; **commodity prices fluctuated ~ last year ~** les cours des produits de base ont fluctué considérablement l'année dernière. **2** souvent ; **doctors say that this drug is ~ misused** selon les médecins, ce médicament est souvent utilisé à mauvais escient. ✪ **more ~** dans une perspective plus large.

widespread *adj.* (très) élevé, grand, considérable, étendu ; *[phénomène]* courant, très répandu, généralisé, omniprésent, sur une grande échelle ; (très) nombreux, multiples ; **~ unemployment** chômage élevé ; **there is ~ agreement that** on s'accorde généralement à reconnaître que ; **corruption is ~ in Russia** la corruption sévit sur une grande échelle en Russie ; **the postal strike has led to ~ disruption** la grève des postiers a entraîné des perturbations considérables ; **pollution has become ~ in the region** la pollution a pris une ampleur considérable dans la région.

widget *n. Écon.* produit X, produit quelconque.

widow's allowance allocation de veuvage.

wield *v. tr. Fig.* **1** exercer *[pouvoir, influence]* ; **to ~ considerable power** disposer de pouvoirs très étendus ; **the party leadership is studying new procedures for ~ing authority** la direction du parti étudie de nouvelles procédures pour l'exercice de l'autorité. **2** utiliser, faire usage de, se servir de ; **once again, the president ~ed his veto power** une fois de plus, le président a fait usage de son droit de veto.

wiggle room marge de manœuvre.

wild *n.* **1** région sauvage. **2** milieu naturel ; **in the ~** dans leur milieu naturel, à l'état sauvage, en liberté ; **pandas face extinction in the ~** les pandas sont menacés d'extinction dans leur milieu naturel.

wild *adj. Fig.* **1** *[affirmation]* très exagéré, fantaisiste, extravagant, *[théorie]* extravagant, *[ambition]* démesuré, *[projet]* irréaliste, chimérique, utopique, aberrant, insensé ; **in one's ~est dreams** dans ses rêves les plus fous, dans ses plus grands accès d'optimisme ; **sales exceeded our ~est expectations** les ventes ont dépassé tout ce que nous pouvions imaginer. **2** non maîtrisé, débridé, effréné, sauvage, libre (de toute entrave), sans restrictions, anarchique, chaotique, échevelé, à tous crins. **3** énorme, extrême ; **~ currency fluctuations** d'énormes fluctuations monétaires. **4** *[personne]* rebelle, *[passé]* tumultueux. ✪ **~ and woolly** *ÉU* fruste, brutal ; **~ card** *Inf.* caractère générique ; **~-eyed** *adj. Fig.* irrationnel ; **~ goose chase** recherche qui n'a aucune chance d'aboutir ; **~ guess** hypothèse présentée sous toutes réserves ; **~ rice** riz sauvage, zizanie.

wildcard character *Inf.* caractère générique.

wildcat strike grève sauvage.

wilderness *n. Pol.* exclusion du pouvoir ; **years in the ~** traversée du désert ; **he spent 13 years in the political ~** il n'a exercé aucune responsabilité politique pendant 13 années.

wildfire *n.* (vaste) incendie *[ravageant de grandes superficies de forêt ou de terrain broussailleux].* ✪ **spread like ~** se répandre/se propager très rapidement ; *[idées]* faire rapidement un grand nombre d'adeptes.

wildland *n.* terres non cultivées/impropres à l'exploitation agricole ; zone de nature.

wildlife *n.* espèces sauvages, faune et flore (sauvages) ; **Convention on the Conservation of European wildlife and natural habitats** Convention relative à la conservation de la vie sauvage et du milieu naturel de l'Europe. ✪ **~ sanctuary** réserve naturelle.

wildly *adv.* totalement ; **~ inaccurate** totalement inexact ; **to fluctuate ~** présenter des fluctuations énormes ; **~ exaggerated rumours about a plot to overthrow the government** des rumeurs démesurément exagérées sur un complot visant à renverser le gouvernement.

wilfully *adv.* de propos délibéré.

will *n.* ✪ **at ~** a) à sa guise, à son gré, à sa discrétion, selon son bon plaisir, comme on le veut ; b) à tout moment, quand il le juge bon.

will-call *n. ÉU* (système de la) vente par anticipation ; article vendu selon le système de la vente par anticipation.

willing *adj.* bien disposé ; **(to)** dispose à, désireux de.

willingly *adv.* volontiers, de bon gré, de son plein gré, volontairement, de bonne grâce, sans se faire prier.

willingness *n.* **1** bonnes dispositions, bonne volonté ; propension. **2** volonté ; accord, consentement ; **to indicate/state one's ~ to** se déclarer disposé/prêt à ; **the guerrillas expressed a ~ to negotiate** les maquisards se sont montrés disposés à négocier ; **~ to pay** consentement à payer.

win *v.* **1** *tr.* remporter *[élections]*. **2** *tr.* obtenir *[approbation, appui, assurances, commande, contrat]*. **3 ~ out** l'emporter, prendre le dessus. **4 ~ over** rallier à sa cause/à ses vues, obtenir l'adhésion de, gagner la confiance de.

wind *v.* **I ~ down 1** se détendre. **2** mettre fin à *[activités]*. **3** réduire. **II ~ up 1** clôturer, régler *[compte]*. **2** mettre fin à, clôturer. **3** liquider *[société]*, dissoudre *[association]*. **4** finir, se retrouver, terminer sa course.

wind *n.* ✪ **get ~ of** avoir vent de ; **~-chill factor/index** *Can.* indice de refroidissement éolien ; **~ energy** énergie éolienne ; **~ erosion** érosion éolienne ; **~ farm** parc éolien ; **~ gauge** anémomètre ; **~ power** énergie éolienne ; **~ power station** centrale éolienne ; **~ shear** cisaillement du vent ; **~ surfing** planche à voile ; **~ tunnel** soufflerie ; **~ turbine** éolienne.

windfall *n. Fig.* aubaine, manne, gain/avantage inattendu/inespéré, rentrée inattendue. ✪ **~ profit** bénéfice exceptionnel ; **~ tax** impôt sur les bénéfices exceptionnels.

winding-up *n.* liquidation *[d'une entreprise]*.

windmill *n.* éolienne. ✪ **tilt at ~s** se battre contre des moulins à vent.

windstorm *n.* vents de tempête.

window *n.* **1** fenêtre ; vitre *[d'une voiture]* ; hublot *[d'un navire, d'un avion]* ; vitrine *[d'un magasin]*. **2** guichet. **3** *Fig.* lucarne *[= moyen d'observer un univers mal connu]*, lieu/poste d'observation ; **to provide a ~ into, to open a ~ on** permettre d'observer, lever le voile sur, donner un aperçu de/une idée de, permettre d'observer/de mieux connaître/comprendre, éclairer ; **this magazine provides a ~ into the lives of the rich and famous** ce magazine permet d'observer la vie de personnalités riches et célèbres ; **the film is a ~ into a secretive profession** le film lève le voile sur une profession qui préfère rester dans l'ombre. **4** *Fig.* créneau *[= espace de temps limité]*. **5** *Fig.* possibilité, occasion à saisir. **6** *Inf.* fenêtre. **7 Windows** *Inf.* Windows. ✪ **go out of the ~** *Fam.* disparaître, se perdre, s'envoler, passer à la trappe ; **~ display** étalage, devanture, vitrine ; **~ dresser** étalagiste ; **~-dressing** *n. Fig.* a) présentation d'une image flatteuse ; poudre aux yeux ; b) *Fin.*

habillage/maquillage *[d'un bilan]* ; *[***the minister's appearance on television seemed to be an exercise in ~ dressing** l'intervention du ministre à la télévision semblait avoir pour but de jeter de la poudre aux yeux*]* ; **~ envelope** enveloppe à fenêtre ; **~ frame** châssis de fenêtre ; **~ of opportunity** *Fig.* occasion, chance (de succès) ; possibilité d'agir ; période (très) favorable/propice ; **~ of vulnerability** vulnérabilité ; **~ pane** vitre ; **Windows application** *Inf.* application Windows ; **Windows development** *Inf.* développement de programmes Windows ; **Windows environment** *Inf.* environnement Windows ; **~-shop** *v. intr.* faire du lèche-vitrine ; **~ shopping** lèche-vitrine ; **Windows NT** Windows NT ; **Windows program** *Inf.* programme (tournant sous) Windows.

windward *adj.* au vent *[= exposé aux vents dominants]*. ✪ **Windward Islands** îles Windward.

windward *adv.* au vent *[= dans la direction du vent]*.

wine and dine offrir un/des repas à, inviter *[qqn]* au restaurant.

wine *n.* ✪ **~ cellar** cave à vin ; **~ grower** viticulteur ; **~ sector** secteur viti-vinicole ; **~ tanker** pinardier.

wing *n.* **1** aile *[d'un oiseau, d'un avion, d'un bâtiment, d'un parti, d'une voiture]*. **2** *Mil.* escadre. **3** *pl.* coulisses. ✪ **spread one's ~s** élargir le champ de ses activités ; **~ drag** *Aéron.* traînée de l'aile ; **~ flap** *Aéron.* volet hypersustentateur ; **~ lift** *Aéron.* portance de l'aile ; **~ tip** *Aéron.* extrémité de l'aile.

wingspan *n.* envergure *[d'un oiseau, d'un avion]*.

winner *n.* **1** vainqueur, gagnant. **2** lauréat *[d'un prix]*. **3** livre/pièce/film à succès, succès, produit qui se vend particulièrement bien, produit qui remporte un grand succès.

winning party *Dr.* gagnant, partie gagnante, partie qui triomphe, partie qui obtient/a obtenu gain de cause.

Winter of Discontent *RU* grèves de l'hiver 1978-79, hiver chaud de 1978-79.

winterize *v. tr.* adapter en vue d'une utilisation par grand froid, adapter à des conditions hivernales.

win-win situation **1** situation avantageuse pour tous/dans laquelle tout le monde est gagnant. **2** situation dans laquelle on est gagnant quoi qu'il arrive.

wipe *v.* **I** *tr.* **to ~ off the map** rayer de la carte. **II ~ out** **1** annuler. **2** exterminer.

WIPO (World Intellectual Property Organization) OMPI (Organisation mondiale de la propriété intellectuelle).

wire *n. Fig.* **1 to pull ~s to** *ÉU* user de son influence pour. **2** ligne d'arrivée, limite, stade final, bout du chemin ; **to be down to the ~** arriver au bout du chemin ; **to do sth down to the ~** faire qqch. jusqu'au bout/jusqu'au dernier moment. ✪ **~ agency** agence de presse ; **~ drawing** tréfilage ; **~ fraud** escroquerie par le réseau de télécommunications, utilisation frauduleuse du réseau de télécommunications ; **~ service** agence de presse ; **~ taps** écoutes téléphoniques.

wired *adj.* branché, relié *[à un réseau]*.

wireless *adj.* **1** sans fil. **2** *RU* radio ; **~ broadcast** émission radiophonique. ✪ **~ microphone** microphone émetteur/sans fil ; **~(tele)phone** téléphone portable.

wiretap *v. tr.* placer sur écoutes téléphoniques.

wiretapping *n.* écoute(s) téléphonique(s).

wisdom *n.* **1** sagesse. **2** opportunité, intérêt, bien-fondé *[de qqch.]*. **3 (accepted) ~** opinion courante ; **the ~ at the time was that privatization would lead to greater efficiency** à l'époque, il était généralement admis que la privatisation se traduirait par une plus grande efficacité.

wishful thinking désirs pris pour des réalités, vœu pieux.

withdraw *v.* **1** *tr.* retirer *[argent, troupes, amendement, réclamation, déclaration]*, revenir sur *[déclaration]* ; rapporter *[mesure]*. **2** *intr. [troupes]* se retirer. **3** *intr.* **to ~ from a treaty** dénoncer un traité. **4** *intr. [candidat]* se désister. **5** *tr.* supprimer, mettre fin à, cesser (de fournir) ; **to ~ one's support for** cesser de soutenir ; **to ~ one's labour** refuser de travailler, faire grève.

withdrawal *n.* **1** retrait *[de troupes]*, désistement *[d'un candidat]*. **2** révocation ; désistement. **3** retrait, coït interrompu. **4** sevrage ; (état de) manque ; **~ symptoms** symptômes de sevrage. **5** *Psych.* repli sur soi. ✪ **~ settlement** *ONU* versement de départ au titre de la liquidation des droits ; **~ syndrome** syndrome de manque/de sevrage/d'abstinence.

withhold *v. tr.* **1 to ~ payment** surseoir au paiement ; **to ~ one's labour** refuser de travailler, faire grève ; **to ~ military aid from countries with a poor human rights record** ne pas accorder d'aide militaire aux pays qui ne respectent pas les droits de l'homme. **2** omettre de produire *[document]*, dissimuler, cacher, ne pas divulguer/révéler *[informations]* ; **he was accused of ~ing information from parliament** il a été accusé d'avoir caché des informations au parlement ; **the board wanted to ~ the figures** le conseil d'administration ne voulait pas divulguer les chiffres ; **the document was presented to the jury but withheld by the judge from public access** le document a été présenté au jury mais le juge s'est refusé à le rendre public. **3** retirer *[permis de conduire]*. **4** retenir *[impôt à la source]*.

withholding tax impôt retenu à la source.

within *prép.* **1** dans, au sein de, à l'intérieur de, dans le cadre de, dans les limites de, dans l'espace de ; **~ available resources** dans les limites des ressources disponibles. **2** dans un délai de, dans les *[3 mois]* ; **all ordered items are despatched ~ 7 days** tous les articles commandés sont expédiés sous 7 jours.

without prejudice to sans préjudice de, sous réserve de.

with-profit *adj. Ass. [contrat, police]* avec participation (aux bénéfices).

witness *v. tr.* assister à, se rendre compte de, être présent lors de ; **several reporters ~ed the riot** plusieurs reporters étaient présents lors de l'émeute ; **the signature of the truce was ~ed by the American envoy** la signature de l'accord de trêve a eu lieu en présence de l'émissaire des États-Unis.

witness *n.* **1** témoin ; **to bear ~** rendre témoignage ; **to be (a) ~ to/to bear ~ to** montrer, prouver, mettre en évidence. **2** à preuve. ✪ **in ~ thereof/whereof** en foi de quoi ; **~ bar** barre des témoins ; **~ box** *RU* box des témoins ; **~ for the defence** témoin à décharge ; **~ for the prosecution** témoin à charge ; **~ stand** *ÉU* barre des témoins.

witty *adj.* humoristique, plein d'esprit/d'humour, spirituel.

wizard *n.* **1** *Fig.* as, génie. **2** *Inf.* assistant.

WMO (World Meteorological Organization) OMM (Organisation météorologique mondiale).

women *n. pl.* ✪ **~'s group** association féminine ; **~'s issues** questions intéressant les femmes ; condition de la femme ; **~'s magazine** magazine féminin ; **~'s studies** étude de la condition féminine.

wonder *n.* **it is no ~ that, it is little ~ that** il n'est pas surprenant que. ✪ **~ drug** médicament miracle.

wood *n.* ✪ **not see the ~ for the trees** se perdre dans le détail, les arbres cachent la forêt ; **out of the ~** sorti/tiré d'affaire, au bout de ses peines ; **~ alcohol** méthanol ; **~ coal** a) lignite ; b) charbon de bois ; **~ pulp** pâte de bois ; **~ spirit** méthanol.

woodland *n.* zone(s) boisée(s).

woodwork *n.* **to come/crawl out of the ~** se manifester soudainement, apparaître soudainement, surgir comme par enchantement.

woolly *adj. Fig. [idées, rapport]* flou, vague, confus.

word *n.* **1** mot, terme, vocable ; parole ; *pl.* propos, discours. **2** information, nouvelle ; **the ~ spread** la nouvelle s'est répandue ; **to receive ~ of** être informé de ; **to receive ~ that** apprendre que ; **the ~ is that** selon les informations disponibles. ✪ **at a ~** sur le champ ; **be as good as one's ~** tenir parole ; **beyond ~s** au-delà de toute expression ; **from the ~ go** dès le début ; **in other ~s** en d'autres termes, autrement dit, en somme ; **in so many ~s** expressément ; **in the ~s of** pour citer, comme l'a dit/écrit *[qqn]* ; **mind one's ~s** s'exprimer avec prudence ; **my ~ is my bond** je n'ai qu'une parole ; **of few ~s** *[personne]* taciturne, peu bavard/loquace ; **spread the ~** diffuser le message, porter la bonne parole, faire de la publicité ; **take sb's ~ (for it)** croire qqn sur parole ; **~-for-~** *adv.* mot à mot ; **~ of advice** conseil ; **~ of mouth** bouche à oreille ; *[***by ~ of mouth** oralement, par le téléphone arabe*]* ; **~-of-mouth** *adj. [affirmation]* oral ; **~ processing** traitement de texte ; **~-processing package/program/software** logiciel de traitement de texte ; **~ processor** a) machine de traitement de texte ; b) logiciel de traitement de texte ; c) opérateur/opératrice de traitement de texte ; **~-wrap** *n. Inf.* retour à la ligne.

wording *n.* libellé, formulation, termes, énoncé, rédaction, version, teneur, texte ; lettre *[par opp. à esprit]*.

WordPad *n. Inf.* Bloc-notes.

work *v.* **I 1** *intr.* travailler, œuvrer, mener des activités ; **(on)** travailler sur, mettre au point ; **(with)** collaborer avec, coopérer avec ; **the mediator will ~ toward a peaceful settlement** le médiateur s'emploiera à obtenir un règlement pacifique. **2** *intr.* (bien) fonctionner ; être efficace, donner des résultats, donner le résultat escompté, porter ses fruits ; *Fam.* marcher ; *[médicament]* agir ; **the system is ~ing** le système fonctionne bien ; **the book explains how the British political system ~s** l'ouvrage explique le mode de fonctionnement du système politique britannique ; **consensus ~s better than government by decree** le consensus est plus efficace que des décisions autoritaires prises par le gouvernement. **3** *tr.* faire fonctionner *[machine]*. **4** *tr.* cultiver *[terre]*. **5** exploiter *[mine, puits de pétrole]* ; **the company intends to ~ oil fields in the south of the country** l'entreprise a l'intention d'exploiter des champs pétrolifères du sud du pays. **6** *tr.* transformer. **7 to ~ wonders** donner des résultats extraordinaires. **II ~ around** tourner *[difficulté]*, contourner, surmonter, résoudre *[problème]*. **III ~ in** insérer. **IV ~ into** insérer. **V ~ off** se débarrasser de *[qqch.]* à force de travail. **VI ~ out 1** déterminer, définir, établir ; élaborer, mettre au point, trouver, rechercher, calculer, régler ; **to ~ out a programme** élaborer un programme ; **meteorologists have ~ed out a way to predict cyclones** les météorologistes ont mis au point une méthode permettant de prévoir les cyclones ; **to ~ out the role of each factor** déterminer le rôle de chaque facteur ; **the personnel unit has ~ed out the profile of the ideal candidate** le service du personnel a établi le profil du candidat idéal ; **to ~ out ways to boost the economy** trouver des moyens de donner un coup de fouet à l'économie ; **astronomers have ~ed out the exact time of the next eclipse** les astronomes ont calculé la date et l'heure de la prochaine éclipse ; **to ~ out the details** régler les questions de détail. **2** *[coût]* s'élever. **3** résoudre, mettre au point, arranger ; **the situation will ~ itself out** la situation s'arrangera d'elle-même. **4** s'arranger. **5** aboutir, être efficace. **6** rembourser *[dette]* en travaillant. **7** faire de l'exercice *[dans un centre de culture physique]*. **VI ~ through** mener à bien. **VIII ~ together** collaborer, coopérer, travailler ensemble/de concert. **IX ~ with 1** collaborer avec, coopérer avec. **2** *[assistante sociale]* s'occuper de, prendre en charge, travailler auprès de.

work *n.* **1** travail ; vie professionnelle ; **safety at ~** sécurité sur le lieu de travail ; **to balance ~ and family commitments** trouver un équilibre entre la vie professionnelle et les obligations familiales. **2** travaux, activités, action, œuvre ; **to be the ~ of** être l'œuvre/le fait de. **3** *pl.* usine *[souvent utilisé comme un sg.]* ; **cement ~s** cimenterie. **4** œuvre ; ouvrage *[= livre]*. ✪ **at ~** *[installation]* en service ; *[processus]* à l'œuvre ; *[***to be at ~** *[influence]* se faire sentir, faire sentir ses effets, jouer un rôle ; **several factors are at ~** plusieurs facteurs jouent un rôle*]* ; **get to ~** se mettre au travail ; **have one's ~ cut out** avoir fort à faire, avoir du pain sur la planche, être sur les dents ; **in the ~s** en préparation, à l'état de projet ; en cours de réalisation, inachevé ; **out of ~** au chômage ; **~ course** *Ens.* travaux pratiques ; **~ environment** cadre/milieu de travail ; **~ ethic** a) culte du travail ; valeurs liées au travail ; b) attitude à l'égard du travail ; **~ experience** a) stage en entreprise ; b) expérience professionnelle ; **~ in process/progress** en-cours de fabrication/production, production(s) en cours ; **~ permit** permis de travail ; **~ process** opération *[= élément de l'activité d'une entreprise]* ; **~ rules** (règles d') organisation du travail ; **~s committee** comité d'entreprise ; **~s contract** marché de travaux ; **~s council** comité d'entreprise ; **~ sharing** partage du travail ; **~s in process/progress** en-cours de fabrication/production, production(s) en cours ; **~ site** lieu de travail ; **~s package** *Inf.* (logiciel) intégré ; **~ station** a) poste de travail ; b) *Inf.* station de travail ; **~ study** *Gestion RU* analyse des tâches ; **~ therapy** ergothérapie ; **~-to-rule** *n.* grève du zèle ; **~ training scheme** programme de formation professionnelle.

workable *adj.* efficace, réalisable, réaliste, valable, effectif ; exploitable.

workaholic *n.* esclave/drogué/forçat/obsédé du travail, bourreau de travail, stakhanoviste ; *Fam.* accro du boulot/travail.

work-around *n.* moyen de tourner la difficulté/contourner le problème/surmonter le problème.

worker *n.* **1** travailleur, agent, fonctionnaire ; ouvrier. **2** militant ; **party ~** militant ; **human rights ~** militant des droits de l'homme. **3 ~ (ant/bee)** ouvrière. ✪ **~s' compensation (insurance)** *ÉU* assurance contre les accidents du travail.

workfare *n. ÉU* mise au travail des allocataires sociaux.

workflow *n.* séquence des tâches, ordonnancement des opérations.

workforce *n.* **1** main-d'œuvre. **2** effectifs.

workhorse *n.* **1** travailleur diligent/infatigable, esclave/drogué/forçat/obsédé du travail, bourreau de travail, stakhanoviste. **2** machine à toute épreuve/infatigable/increvable ; **heavy goods vehicles are the ~s of the national economy** les poids lourds sillonnent le réseau routier sans relâche au service de l'économie nationale.

working *n.* **1** travail. **2** *sg. ou pl.* (mode de) fonctionnement *[d'une machine, d'une organisation, d'un système]*, mécanismes ; **Figure 7 illustrates the ~ of an atomic force microscope** la figure 7 illustre le fonctionnement d'un microscope à force atomique ; **we still know relatively little about the ~s of the brain** nous connaissons encore assez peu de choses sur le fonctionnement du cerveau ; **the ~s of the stock market** le mode de fonctionnement de la Bourse ; **the ~s of nature** les mécanismes de la nature. **3** *pl.* mine ; carrière. **4** exploitation *[d'une mine, d'un gisement]*.

working *adj.* **1** de travail, professionnel. **2** *[machine]* en état de fonctionnement. **3** pratique, applicable dans la pratique, pragmatique. **4** *[évaluation]* provisoire. ✪ **~ assets** actif circulant ; **~ capital** a) fonds de roulement ; b) *Compt.* actif circulant ; **~ capital ratio** ratio de liquidité générale ; **~ class** classe laborieuse/ouvrière ; *[***a ~-class district of Buenos Aires** un quartier populaire de Buenos Aires*]* ; **~ day** a) journée de travail ; b) jour ouvré ; **~ document** document de travail ; **~ environment** cadre/milieu de travail ; **~ expenses** charges/frais d'exploitation ; **~ girl** prostituée ; **~ hours** durée du travail ; *[***average ~ hours are 10 per day** la durée moyenne du travail est de 10 heures par jour*]* ; **~ knowledge** connaissance pratique ; *[***she has a ~ knowledge of statistics** elle a une connaissance pratique de la statistique*]* ; **~ language** langue de travail *[d'une organisation internationale]* ; **~ life** a) vie active/professionnelle ; b) durée de vie *[d'une machine]* ; **~ mother** mère au travail ; **~ order** *[***to be in ~ order** être en état de marche*]* ; **~ paper** a) document de travail ; b) *ÉU* permis de travail *[pour un jeune âgé de moins de 16 ans]* ; **~ partner** commandité ; **~ population** population active ; **~ time** temps de travail ; horaire de travail, durée du travail ; **~ title** titre provisoire.

workmanlike *adj. [travail]* de bonne facture ; *Fig.* **a low-profile but ~ conference** une conférence entourée de peu de publicité mais au cours de laquelle on a fait du bon travail.

workmanship **1** habileté, savoir-faire *[d'un ouvrier, d'un artisan]*. **2** qualité (du travail), exécution (du travail) ; **shoddy ~** travail bâclé ; **the firm is renowned for the ~ of its products** l'entreprise est connue pour la bonne qualité de ses produits. **3** fini de l'exécution, finition, facture.

workload *n.* charge/volume de travail ; plan de charge.

workmen's compensation insurance assurance contre les accidents du travail et les maladies professionnelles.

workout *n.* **1** (séance d') exercice physique. **2** entraînement *[d'un sportif]*.

worksheet *n. Inf.* feuille de calcul *[= grille d'un tableur, composée de cellules, dans lesquelles l'utilisateur introduit des nombres, qui font l'objet de calculs]*.

workshop *n. Fig.* atelier.

workstation *n. Inf.* station de travail.

world *n.* ✪ **not for the ~** en aucun cas ; **out of this ~** *Fam.* extraordinaire, incroyable, fabuleux ; **see the ~** voir du pays ; **the ~ over** dans le monde entier ; **World Bank** Banque mondiale ; **~-beater** *n.* numéro un (mondial), le meilleur ; **~-beating** *adj.* inégalé, sans égal, hors pair, incomparable, très supérieur ; *[***the government wants to help companies develop ~-beating products** le gouvernement veut aider les entreprises à concevoir des produits hors pair*]* ; **~-class** *adj.* excellent, de premier ordre, incomparable, (figurant parmi) les plus performants ; **World Climate Programme** Programme climatologique mondial ; **World Commission on Environment and Development** Commission mondiale de l'environnement et du développement ; **World Council of Churches** Conseil œcuménique des églises ; **World Customs Organization** Organisation mondiale des douanes ; **World Economic Forum** Forum économique mondial *[se tient à Davos]* ; **World Energy Council** Conseil mondial de l'énergie ; **~ fair** exposition universelle ; **~-famous** *adj.* mondialement renommé ; **World Food Council** *FAO* Conseil mondial de l'alimentation ; **World Food Programme** Programme alimentaire mondial ; **World Health Assembly** *OMS* Assemblée mondiale de la santé ; **World Health Organization** Organisation mondiale de la santé ; **World Heritage List** *UNESCO* Liste du patrimoine mondial ; **World Intellectual Property Organization** Organisation mondiale de la propriété intellectuelle ; **World Jewish Congress** Congrès juif mondial ; **World Meteorological Organization** Organisation météorologique mondiale ; **~ of difference** différence énorme ; **~ receiver** récepteur ondes courtes ; **~-renowned** mondialement renommé ; **~s apart** très éloignés l'un de l'autre ; diamétralement opposés ; **~'s fair** exposition universelle ; **~ stage** arène internationale, échiquier mondial ; **World Tourism Organization** Organisation mondiale du tourisme ; **World Trade Organization** Organisation mondiale du commerce ; **World War II** Seconde Guerre mondiale ; **World Weather Watch** Veille météorologique mondiale ; **World Wide Fund for Nature** Fonds mondial pour la nature ; **World Wide Web** Toile mondiale.

worldwide *adj.* mondial, d'ampleur/d'envergure mondiale, dans le monde entier, qui s'étend au monde entier ; **a ~ campaign to protect endangered species** une campagne d'envergure mondiale visant à protéger les espèces menacées d'extinction.

worldwide *adv.* dans le monde (entier), à travers le monde.

WORM (write-once read many) *Inf.* disque optique numérique non réinscriptible.

wormhole *n. Phys.* « wormhole », tunnel spatio-temporel.

worse *adj.* ✪ **to make matters/things ~** pour couronner le tout, comme si cela ne suffisait pas, pour ne rien arranger, pour tout compliquer, pis encore, plus grave encore ; **~ off** a) plus pauvre b) moins bien loti, dans une situation plus défavorable ; *[***if the 35-hour week is introduced, workers might end up ~ off** si l'on instaure la semaine de 35 heures, il se peut que cela soit au détriment des travailleurs*]*.

worship *v.* **1** *intr.* assister à un office religieux, assister à l'office ; **it was the church where the president ~ped** il s'agissait de l'église fréquentée par le président. **2** *tr.* vouer un culte à, vénérer, éprouver une grande admiration pour.

worship *n.* culte, pratique religieuse ; **freedom of ~** liberté de culte ; **ancestor ~** culte des ancêtres ; **all forms of ~ were forbidden** toute pratique religieuse était interdite ; **act of ~** office/service religieux, culte, (séance de) prière ; **all children take part in a daily corporate act of ~** tous les élèves participent chaque jour à une prière en commun ; **place of ~** lieu de culte, lieu de prière.

worshipper *n.* fidèle.

worst case scenario scénario catastrophe, hypothèse la plus pessimiste.

worth *n.* **to prove its ~** faire ses preuves.

worth *adj.* **it is ~ noting that** il convient de noter que, il est à noter que ; **it is ~ mentioning** on peut mentionner. ✪ **for all one is ~** sans ménager ses efforts, en se donnant à fond ; **~ one's salt** digne de ce nom.

worthwhile *adj.* valable, utile, intéressant ; **is it ~?** le jeu en vaut-il la chandelle ?

worthy *adj.* bon, valable, utile.

would-be *adj.* potentiel, éventuel, candidat, en puissance, en herbe ; **The Would-Be Gentleman** Le Bourgeois gentilhomme.

wounding with intent *Dr. RU* coups et blessures volontaires.

wrap *v. Fig.* **~ up 1** récapituler, faire la synthèse de. **2** mener à bien *[tâche].*

wreck *v. tr.* **1** détruire, dévaster, faire d'énormes ravages parmi, ravager. **2** faire avorter/capoter/échouer, torpiller, sonner le glas de.

wreck *n.* **1** naufrage. **2** épave *[de navire, de voiture].* **3** *ÉU* accident *[de la route]*, catastrophe *[aérienne, ferroviaire].*

wrecking ball boulet de démolition.

Wren *n. RU* marin féminin, femme servant dans la marine britannique.

wrist pad/rest *Inf.* appuie-poignets.

writ *n.* **1** ordonnance *[d'un tribunal].* **2 ~ (of summons)** assignation, acte introductif d'instance ; **to issue libel ~s against** attaquer en diffamation ; **a ~ was issued against the newspaper** le journal a été assigné en justice. **3** *Fig.* autorité *[d'un gouvernement].* **4 holy ~** écritures saintes ; *Fig.* parole d'évangile.

write *v.* **I ~ down 1** noter, écrire, prendre note de, consigner par écrit. **2** amortir. **3** réduire la valeur comptable de. **4 the company wrote down its third-quarter earnings by £20 million** la société a défalqué 20 millions de livres de ses bénéfices du troisième trimestre. **II ~ off 1** amortir, passer par profits et pertes *[élément d'actif, créance irrécouvrable].* **2** *Fisc.* déduire *[dépenses]* ; **he wrote off thousands of dollars of holiday expense as business travel** il a déduit des milliers de dollars dépensés pour des vacances en les faisant passer pour des frais de voyage d'affaires. **3** considérer comme perdu ; renoncer à ; se désintéresser de ; se résigner à la perte de ; s'accommoder de la perte de, faire son deuil de. **4** déclasser. **5** annuler, remettre *[dette].* **6** juger irrécupérable, enterrer, faire une croix sur, faire son deuil de ; **after the two bomb attacks, the Egyptians virtually wrote off the rest of the tourist season** après les deux attentats à la bombe, les Égyptiens ont pour ainsi dire fait une croix sur le reste de la saison touristique. **7** annuler *[dette].* **8** juger *[qqn]* fini ; **this candidate should not be written off** ce candidat conserve ses chances. **III ~ off against** *Fisc.* déduire *[dépenses]* de *[montant imposable].* **IV ~ up 1** rédiger *[rapport]*, consigner par écrit ; coucher sur le papier. **2** faire la critique de *[film]*

write-down *n. Compt.* **1** amortissement *[= constatation d'une moins-value].* **2** moins-value.

write head *Inf.* tête d'écriture.

write-in *n. ÉU* **1** candidat dont le nom n'est pas préimprimé sur le bulletin de vote. **2 ~ (vote)** vote pour un candidat non déclaré/non repris sur le bulletin de vote.

write-off *n.* **debt ~** remise de dette.

write-once read many *Inf.* disque optique numérique non réinscriptible.

write-protect *v. tr. Inf.* protéger contre l'écriture.

writer *n.* **1** auteur, femme auteur, auteure, écrivain, écrivaine ; *Cinéma* scénariste. 2 rédacteur, rédactrice. **3** scripteur. **4** *Journ.* journaliste, rédacteur, rédactrice ; **Newsweek ~** journaliste à Newsweek. ✪ **~'s block** angoisse/affres de la page blanche, tarissement de l'inspiration, incapacité d'écrire (une seule ligne), paralysie devant la page blanche.

write-up *n.* critique *[de film, etc.]*

writing *n.* **1** écriture, rédaction. **2** *pl. Dr.* doctrine. ✪ **as of this ~, at the time of ~, at this ~** au moment où ces lignes sont écrites, au moment de la rédaction de ces lignes/du présent article/document/ouvrage, à l'heure actuelle ; *[***as of this ~ the dictator seems to be in control** au moment de la rédaction de ces lignes, le dictateur semble avoir la situation bien en main*]* ; **commit to ~** consigner *[idées, projet]* par écrit ; **~ on the wall** présage funeste, présage d'une catastrophe ; imminence de la défaite, début de la fin ; *[***to read the ~ on the wall** comprendre que sa fin est proche ; **to see the ~ on the wall for sth** comprendre/se rendre compte que la fin de qqch. est proche ; **the ~ is on the wall for the company** l'entreprise est appelée à disparaître ; **the ~ is on the wall for the typewriter** l'ère de la machine à écrire sera bientôt révolue*]* ; **~ tablet** *Inf.* bloc-notes.

writ large 1 en grandes lettres. **2** sur une grande échelle ; plus grand que nature. **3** évident, manifeste.

written down value *Compt.* valeur résiduelle comptable.

written pleadings *CIJ* pièces de procédure.

wrong *adj.* **1** faux, inexact, erroné. **2** inadapté, qui ne convient pas ; **the surgeon operated on the ~ patient** le chirurgien s'est trompé de patient. **3** injustifié, indéfendable, condamnable ; immoral ; **he knows that what he did was ~** il se rend compte que son acte est indéfendable ; **to be ~** se tromper ; **to prove sb ~** prouver que qqn s'est trompé ; **it would be ~ for us to market that defective product** nous aurions tort de commercialiser ce produit défectueux. **4** mauvais, mal inspiré, inapproprié, maladroit, malencontreux, inconsidéré, inopportun, intempestif, fâcheux, imprudent, déraisonnable ; **to make a/the ~ choice** faire un mauvais choix, faire un choix malencontreux, se tromper, se fourvoyer. **5** anormal. ✪ **fall into the ~ hands** *[chose]* entrer en possession d'individus peu scrupuleux, *[informations]* parvenir à la connaissance d'individus peu scrupuleux ; **go ~** a) *[personne]* se tromper, se fourvoyer, commettre une erreur ; b) *[chose]* mal tourner, prendre une tournure défavorable, se gâter, dégénérer, aller de travers, aller mal, mal se passer, ne pas se passer comme prévu ; *[***what went ~?** comment en est-on arrivé là ? que s'est-il (donc) passé ? quelles erreurs a-t-on commises ? **where did we go ~?** quelle erreur avons-nous commise ? **things can go ~** un accident peut se produire, des problèmes peuvent surgir ; **the**

operation that allegedly went ~ l'opération qui aurait mal tourné ; **everything went ~** rien ne s'est passé comme prévu*]*.

wrongdoing *n.* acte(s) illicite(s)/répréhensible(s), agissements ; **the employer denies any ~** l'employeur affirme qu'il n'a rien à se reprocher.

wrongful *adj.* *[acte]* illicite, répréhensible, illégal ; *[condamnation]* injuste ; *[licenciement]* abusif. ✪ **~ arrest** arrestation arbitraire/illégale.

wrongly *adv.* mal, erronément, à tort, indûment.

WTC (World Trade Center) World Trade Center.

WTO (World Tourism Organization) OMT (Organisation mondiale du tourisme).

WTO (World Trade Organization) OMC (Organisation mondiale du commerce).

WW (World War) *ÉU* guerre mondiale ; **WWII** Seconde Guerre mondiale.

WWF (World Wide Fund for Nature) WWF (Fonds mondial pour la nature).

WWW (World Weather Watch) VMM (Veille météorologique mondiale).

WWW (World Wide Web) Web, Toile mondiale. ✪ **~ site** site Web, site sur la Toile, site Internet.

wysiwyg *n. Inf.* conformité affichage-sortie papier, conformité du texte affiché avec le texte imprimé.

wysiwyg *adj. Inf.* *[affichage]* wysiwyg, tel qu'il s'imprimera, conforme au texte imprimé.

X Y Z

X (cross) *voir* cross *préf.*

x (extension) poste *[téléphonique].*

XAF (CFA franc) *ISO* XAF (franc CFA) *[l'autorité responsable est la Banque des États de l'Afrique centrale].*

Xanadu *n.* monde idéal/merveilleux.

x axis abscisse.

Xmas (Christmas) Noël.

XML (Extensible Markup Language) (langage) XML.

XOF (CFA franc) *ISO* XOF (franc CFA) *[l'autorité responsable est la Banque centrale des États de l'Afrique de l'Ouest].*

X-ray *n.* **1** *pl.* rayons X. **2** radiographie. ✪ **~ astronomy** astronomie X ; **~ laser** laser à rayons X ; **~ microscope** microscope à rayons X ; **~ spectrometer** spectromètre de rayons X ; **~ tube** tube à rayons X.

Y (yen) yen.

yacht harbour marina.

Yangtze (Kiang) *n. Chine* Yangzi Jiang *[aussi appelé Chang Jiang, dénomination chinoise moderne].*

yaw *n. Aéron.* mouvement de lacet.

yard *n.* yard *[= 91,44 cm].*

yardstick *n.* étalon, mesure, façon de mesurer, critère, aune.

y axis ordonnée.

yd (yard) yard *[= 91,44 cm].*

year *n.* année, exercice, saison ; campagne (agricole). ✪ **add ~s to one's life** vivre plus vieux ; **over the ~s** au fil des années ; **~ of assessment** *Fisc.* exercice fiscal ; **~-end bonus** prime de fin d'année ; **~ ended** exercice clos *[à la date indiquée]* ; **~-on-~** *adj. [variation]* sur une/des période(s) de 12 mois, d'une période de 12 mois à l'autre, d'un exercice à l'autre, de l'avant-dernier exercice au suivant ; **~ on ~** *[augmenter de 2%]* au cours des 12 derniers mois, par rapport à la période correspondante de l'année dernière ; **~-round** *adj.* a) qui dure d'un bout à l'autre de l'année, s'étendant sur toute l'année ; b) tout au long de l'année, d'un bout à l'autre de l'année ; **~-round education/schooling** *ÉU* scolarité non interrompue par des grandes vacances ; **~ to** période de 12 mois allant jusqu'à ; *[***the company's share price rose by 23% in the ~ to April** le cours de l'action de la société a augmenté de 23 % au cours de la période de 12 mois allant jusqu'avril dernier inclus*]* ; **~ to date** depuis le début de l'année, du 1er janvier de cette année à aujourd'hui.

yellow *adj. Fig. [presse]* à scandale. ✪ **~-dog contract** contrat faisant obligation au travailleur de quitter son syndicat ou de ne pas se syndiquer ; **~ metal** métal jaune ; **~ press** presse à scandale/à sensation ; **~** spot tache jaune *[de la rétine]* ; **~ union** syndicat maison ; **Yellow Pages** pages jaunes ; **~ peril** péril jaune.

Yerevan *n. Arménie* Erevan.

yes-man *n.* béni-oui-oui.

yet *adv.* encore ; **~ another press release has been issued** un nouveau communiqué de presse a été publié ; **~ another English-French dictionary** un dictionnaire anglais-français de plus ; **the report has ~ to be drafted** le rapport n'a pas encore été rédigé ; **several problems have ~ to be solved** plusieurs problèmes restent à résoudre.

yield *v. tr.* **1** céder ; abandonner ; **higher-~ing investments** placements plus rémunérateurs. **2** *[obligation]* avoir un rendement de.

yield *n.* rendement *[financier, agricole, énergétique]* ; **bond ~** rendement des obligations ; **high-~ securities** titres à haut rendement. ✪ **~ curve** *Fin.* courbe des rendements ; **~ to maturity** rendement actuariel brut.

Yom Kippur *Judaïsme* Kippour.

young *adj. Dr. Angl.* ✪ **~ adult offender** jeune délinquant adulte *[âgé de 17 à 20 ans]* ; **~ child** enfant en bas âge ; **~ offender** mineur délinquant, jeune délinquant *[âgé de 14 à 16 ans]* ; **~ person** mineur.

your *adj.* ✪ **Your Majesty** Sire, Madame ; **Your Honour** *Dr.* Monsieur le Président, Madame la Présidente.

Yours faithfully/truly Veuillez agréer, Monsieur/Madame, l'expression de ma considération distinguée.

youth *n.* ✪ **~ camp** centre de vacances pour enfants ; **~ custody** *Angl.* détention dans un centre pour jeunes délinquants ; **~ custody centre** *Angl.* centre de détention pour jeunes délinquants ; **~ court** *Can.* tribunal pour adolescents ; **~ gang** bande d'adolescents ; **~ hostel** auberge de (la) jeunesse ; **~ leader** animateur de groupe de jeunes ; **~ organization** mouvement de jeunesse ; **~ squad** brigade des mineurs ; **~ worker** animateur de groupe de jeunes, animateur pour la jeunesse, organisateur d'activités destinées aux jeunes.

y/y (year-on-year) *voir* year-on-year.

ZAR (rand) *ISO* ZAR (rand) *[= monnaie de l'Afrique du Sud].*

zebra crossing *RU* passage pour piéton.

Zealand *n. Danemark* Seeland.

zealot *n.* **1** personne (excessivement) zélée. **2** fanatique. **3** zélateur.

Zeigarnik effect *Psych.* effet Zeigarnik.

zeitgeist *n.* conceptions actuelles/de l'époque.

zero *v.* **~ in on 1** viser *[objectif].* **2** porter son attention sur, se polariser sur, se focaliser sur, axer/concentrer ses efforts sur. **3** se rapprocher de.

zero *n.* ✪ **~-based budgeting** budget base zéro ; **~-coupon bond** obligation à coupon zéro ; **~ growth** croissance zéro ; *[***a ~ growth budget in real terms** une croissance zéro du budget en termes réels*]* ; **~ option** option zéro *[en matière d'armements]* ; **~-rated** *adj.* a) *RU* taxé au taux zéro ; b) exonéré ; **~-sum game** jeu à somme nulle.

Zimbabwean *adj.* zimbabwéen.

zip *v. tr. Inf.* zipper, compresser *[fichier].*

zip (code) *ÉU* code postal.

ziplock bag sachet à fermeture par pression et glissière.

zone *v. tr. Urb.* procéder au zonage de *[ville] ;* déterminer la vocation de *[espace urbain],* attribuer une affectation à *[zone].*

zoning *n.* zonage. ✪ **~ regulation** règlement sur l'occupation des sols ; **~ law** loi sur l'occupation des sols ; **~ map** plan d'occupation des sols.

zoom *v. Inf.* **1 ~ in** faire un zoom avant. **2 ~ in on** zoomer sur, agrandir *[détail, partie d'image].* **3 ~ out** faire un zoom arrière.

zoom (lens) objectif à (distance) focale variable, zoom.

Zug *n. Suisse* Zoug *[= canton].*

0-9

101 *ÉU* **economics ~** éléments d'économie.

1040 *ÉU* (formulaire de) déclaration de revenu.

1922 Committee *RU* Comité des parlementaires conservateurs (sans responsabilités gouvernementales).

24/7 (24 hours a day, 7 days a week) 7j/7, 24h/24, (ouvert/disponible) en permanence, sans interruption, 24 heures sur 24, 7 jours sur 7.

21st century XXIe siècle.

3D, 3-D (three-dimensional) 3D (tridimensionnel).

3 Rs *Ens.* lecture, écriture et calcul.

4WD (four-wheel-drive) véhicule à quatre roues motrices, 4x4, véhicule tout-terrain.

401(k) plan *ÉU* plan d'épargne-retraite 401(k) *[conforme à l'article 401(k) du Code des impôts ; les revenus placés sont exonérés d'impôts et l'imposition des revenus du placement est différée jusqu'à la prise de la retraite].*

7-Eleven 7-Eleven *[chaîne de magasins ouverts en permanence aux États-Unis ; cette enseigne est aussi implantée dans d'autres pays].*

800 number *ÉU* numéro vert.

911 *ÉU* services d'urgence.

9-11 attentats du 11 septembre 2001.

999 *RU* services d'urgence.